MARCELLO CAETANO

MARCELLO CAETANO
UMA BIOGRAFIA POLÍTICA
AUTOR
José Manuel Tavares Castilho
EDITOR
EDIÇÕES ALMEDINA, S.A.
Rua Fernandes Tomás, nºs 76, 78 e 79
3000-167 Coimbra
Tel.: 239 851 904 · Fax: 239 851 901
www.almedina.net · editora@almedina.net
DESIGN DE CAPA
FBA.
PRÉ-IMPRESSÃO
EDIÇÕES ALMEDINA, S.A.
IMPRESSÃO E ACABAMENTO
NORPRINT
Novembro, 2012
DEPÓSITO LEGAL
350966/12

Os dados e as opiniões inseridos na presente publicação são da exclusiva responsabilidade do(s) seu(s) autor(es).
Toda a reprodução desta obra, por fotocópia ou outro qualquer processo, sem prévia autorização escrita do Editor, é ilícita e passível de procedimento judicial contra o infrator.

BIBLIOTECA NACIONAL DE PORTUGAL – CATALOGAÇÃO NA PUBLICAÇÃO

CASTILHO, José Manuel Tavares, 1947-

Marcello Caetano : uma biografia política
ISBN 978-972-40-4986-1

CDU 929

JOSÉ MANUEL TAVARES CASTILHO

MARCELLO CAETANO
Uma biografia política

MARCELO REBELO DE SOUSA
Prefácio

Para a minha Família,
em especial, a Tila, o João Nuno e o José Luís.
E, agora, também para a Ana.

A História talvez um dia haja um historiador objetivo e imparcial que a escreva analisando serenamente tantos documentos que deixei do meu Governo. [...] Para se fazer o processo da minha «indecisão» e das responsabilidades de cada um. Mas será que algum dia se escreverá uma história imparcial?

(MARCELLO CAETANO, *O 25 de abril e o Ultramar*)

ÍNDICE

Agradecimentos	13
Prefácio	15
Introdução	19

LIVRO PRIMEIRO
NA SOMBRA DE SALAZAR   25

Parte I: As raízes (1906-1929)   27
1. «Faço parte da gente humilde que teve de subir na vida a pulso»   29
2. «[...]de cuja irmandade do Senhor dos Passos sou irmão quase
   desde nascença»   39
3. «Não me venham falar em vocações»   45
4. «Eu gostava daquela vida e ganhava o suficiente»   51
5. «Juntámos a nossa imaginação e a nossa vontade em muitos lances
   de ação»   59
6. «Inesquecível mestre»   69
7. «Decididamente estava-se em plena Revolução»   77

Parte II: Educador e apóstolo (1929-1944)   85
1. «Secretariei-o nesse trabalho, no meio de grande sigilo»   87
2. «Serei um herege na política que felizmente nos rege»   99
3. «Começava [...] a ser solicitado para o apostolado das novas ideias
   corporativas»   109
4. «Eu era o jovem impertinente que se permitia atitudes rebeldes»   127
5. «Dessa organização que tanto amei»   151
6. «Eu [...] já tenho vergonha de falar em corporativismo»   165

MARCELLO CAETANO UMA BIOGRAFIA POLÍTICA

Parte III: O homem público (1944-1968)   183

1. «Novo, e tendo-me na conta de dinâmico, comecei a agir assim que tomei conta do Ministério das Colónias»   185
2. «[...] a seguir ao Presidente do Conselho, a principal figura do Governo»   211
3. «[...] reduzido a um serviço de intermediário entre a província e o Ministério do Interior»   247
4. «Começava um novo ciclo de colaboração com Salazar»   285
5. «A continuação do Estado Novo para além de Salazar não constitui problema»   311
6. «[...] eu era, porém, para as classes possidentes e para a direita monárquica, pura e simplesmente o chefe da esquerda do regime»   335
7. «E aceitei, na ideia de que com tal discurso pôr termo à minha carreira política»   367
8. «A Universidade é o lugar de encontro do escol de cada geração»   385

LIVRO SEGUNDO
PRESIDENTE DO CONSELHO DE MINISTROS   409

Ano Zero
[6 a 27 de setembro de 1968]   411

Ano Um
[27 de setembro de 1968 a 27 de setembro de 1969]   425
1. «[...] suceder a um homem de génio...»   427
2. «...Mudar de estilo, procurar captar e conquistar»   441
3. «É essa conversa em família que vou tentar estabelecer de vez em quando...»   459
4. «Mas está convencionado que a genuína linguagem democrática é a dos votos»   485

Ano Dois
[27 de setembro de 1969 a 27 de setembro de 1970]   507
1. «Não prometi de mais nem cumpri de menos»   509
2. «Sobre os meus ombros pesam redobradas responsabilidades»   527
3. «[...] a liberalização tinha de ser cautelosa»   553
4. «O Papa não abençoa nem podia abençoar a terroristas como tais»   581

Ano Três

[27 de setembro de 1970 a 27 de setembro de 1971] 607

1. «Nenhum governo pode deixar-se bater em questões essenciais numa assembleia parlamentar» 609
2. «Quem está com o Chefe do Governo?» 633
3. «Nem comunismo opressor, nem liberalismo suicida!» 651

Ano Quatro

[27 de setembro de 1971 a 27 de setembro de 1972] 671

1. «[...] é preferível sair da Guiné com uma derrota militar com honra...» 673
2. «Restava o problema do candidato» 693
3. «Progresso em paz... uma aspiração, um programa» 705

Ano Cinco

[27 de setembro de 1972 a 27 de setembro de 1973] 713

1. «Já tenho explicado que tal negociação é impossível» 715
2. «Eu, por mim, sempre me tive na conta de liberal» 735

Ano Seis

[27 de setembro de 1973 a 25 de Abril de 1974] 763

1. «Por mim, não tinha apego ao Poder, e se as Forças Armadas queriam impor a sua vontade só tinham uma coisa a fazer – assumir o governo» 765
2. «Precisamos de tempo. Temos de ganhar tempo» 781
3. «[...] fica-me a tranquilidade de ter sempre procurado cumprir retamente o meu dever para com o País, que o mesmo é dizer, para com o Povo Português» 807

Epílogo breve 827

[...] um leão sem juba e sem garras» 829

Notas 837
Antologia 909
Cronologia 939
Fontes 965
Bibliografia 967
Índices 985

AGRADECIMENTOS

Este livro é o resultado da primeira fase de um projeto de investigação mais vasto, ainda em curso, realizado no âmbito de uma Bolsa de Pós-Doutoramento, atribuída pela Fundação para a Ciência e a Tecnologia (FCT), subordinado ao tema «As elites políticas ibéricas e a crise final das ditaduras (1968-1977)». Sem este apoio essencial, não teria sido possível a sua realização.

No âmbito institucional, devo também assinalar o pronto acolhimento do projeto pelo Centro de Estudos de Sociologia da Universidade Nova de Lisboa (CesNova) e o apoio do Prof. Doutor Pedro Tavares de Almeida, que aceitou a respetiva supervisão científica.

Pude ainda contar com várias outras contribuições que não posso deixar de agradecer.

Em primeiro lugar, o incentivo do Prof. Doutor Diogo Ramada Curto, que me desafiou a meter ombros à construção da biografia política de Marcello Caetano.

O Dr. Pedro Bernardo, das Edições Almedina, assumiu e apoiou o projeto editorial, e a sua colaboração foi inexcedível nas várias fases da preparação deste livro, desde o seu esboço inicial até à publicação.

Uma palavra de especial agradecimento ao Prof. Doutor Fernando Manuel dos Santos Martins, que me disponibilizou a versão integral do seu magistral estudo *Pedro Theotónio Pereira: Uma biografia (1902-1972)*, ainda inédito.

Não posso também esquecer a pronta e leal colaboração do Dr. Miguel Caetano, que, apesar das múltiplas divergências que manifestou, me cedeu «memórias» familiares e outros documentos inéditos, e de quem recebi, através de depoimentos orais e escritos, achegas biográficas com que pude enriquecer esta biografia.

O Doutor António de Araújo, leu, comentou e discutiu o texto que lhe fui submetendo, com a amizade, o empenho e a honestidade intelectual de sempre.

Finalmente, devo um agradecimento muito especial ao Prof. Doutor Marcelo Rebelo de Sousa, que me honrou com uma contribuição relevante a todos os títulos: para além da leitura crítica do texto inicial, da qual resultaram sugestões e comentários oportuníssimos e esclarecidos, cuja oportunidade se revelou de grande importância para a fixação do texto definitivo deste livro, escreveu o prefácio, que não deixará de contribuir para esbater e complementar insuficiências e limitações.

Apesar de redundante, não posso deixar de assumir que todas as eventuais deficiências no resultado final devem ser exclusivamente imputadas ao autor.

A todos, o meu bem-haja.

Agosto de 2012

PREFÁCIO

1. Só a gentil condescendência do Professor Doutor José Manuel Tavares Castilho explica o convite para escrever as linhas que se seguem, convite esse dirigido a quem tem da vida em geral e do biografado em especial pré-compreensões e compreensões manifestamente muito diversas das suas.

2. Mas, se há qualidade que não deve ser regateada ao autor da presente obra é a humildade científica, bem expressa na ideia de ter escrito não a biografia por excelência de Marcello Caetano, mas uma biografia política, que se junta aos demais enfoques já conhecidos ou a conhecer nos anos vindouros.

3. O biógrafo teve de escolher um caminho. E esse foi o de seleccionar uma parte – a seu ver mais significativa – do manancial de factos e de juízos recenseáveis, de preferir Marcello Caetano – o político a Marcello Caetano – o homem e a Marcello Caetano – o universitário, o investigador e o professor, de atribuir aos seus últimos cinco anos e meio de vida política o mesmo espaço que dedica às mais de quatro décadas que os antecederam, de privilegiar a evocação recorrente das posições doutrinárias da juventude – dentro da ideia de que, ao fim e ao cabo, o político maduro e o político senador mais não são, no fundamental, do que a reafirmação do político jovem –, de cultivar o paralelo entre os percursos de Marcello Caetano e de Pedro Theotónio Pereira, este último objecto de estudo inédito que patentemente o seduz.

4. Como todas as escolhas, a efectuada pelo autor tem custos. Subalterniza domínios relevantes para a visão global do biografado – já que o político é inseparável do homem e do académico –, deixa, de quando em vez, a sensação de que as densas citações de textos apagam os factos e até as intersecções pessoais, esbate os dados da mudança de ideias e posturas em homenagem ao acesso constante às posições de

partida e, sobretudo, vive dominada pela preocupação de responder a uma questão nuclear: por que se passou o que se passou entre 1968 e 1974.

Em termos mais específicos, ficam, por exemplo, mais pobres períodos políticos menos interessantes para o entrecho – como a Mocidade Portuguesa e, especialmente, o Ministério das Colónias –, menos ricos de textos políticos – como a travessia do deserto dos anos 60 e os anos 70 no Brasil –, ou dimensões não políticas puras da governação como as económicas, sociais e administrativas, quer do Ministro da Presidência, quer do Presidente do Conselho de Ministros.

5. Como não há, nesta como noutras matérias, senão sem bela, a obra revela incansável pesquisa documental, inteligência, nomeadamente, preocupação de equilíbrio entre análise e sintese, e tem momentos altos no enquadramento familiar inicial, nas polémicas juvenis, na União Nacional, na Câmara Corporativa, na componente política pura do cargo de Ministro da Presidência, na tensão com Fernando Santos Costa, na amizade fraternal com Pedro Theotónio Pereira, e na procura de explicação para o relacionamento institucional e pessoal entre Marcello Caetano e Américo Thomaz naqueles anos que críticos de um e de outro, pela direita e pela esquerda, adequadamente qualificaram de anos do fim.

6. Atentamente lido e relido o texto – e com toda a limitação própria de quem, como eu, descende do mais lúcido e leal marcelista – no insuspeito julgamento de Adriano Moreira –, esteve para ser afilhado de Marcello Caetano, foi seu dedicado aluno em Direito, mas não escapou às suas iras como principiante tarefeiro no Ministério da Educação –, é impossível deixar de sublinhar o que existe de mais impressivo no retrato final que o Professor Doutor José Manuel Tavares Castilho traça do último Chefe do Governo do Estado Novo.

Impressivas são a precocidade da vocação política, o estilo independente e polemista, a cultura de raiz francófona, com actualização e diversificação apreciáveis para a época e o contexto político até ao início da década de sessenta, a inesgotável capacidade de trabalho, a riqueza do currículo político, a invulgar concatenação de inteligência teórica e prática, a qualidade expositiva, a percepção dos novos meios de comunicação, a complexa conjugação de reserva e distância pessoal com ambição e posicionamento político atento à lógica do poder, a interessantíssima relação de admiração condicional e de rebeldia contida perante Salazar.

E ainda o conhecimento profundo do Estado, das instituições e das virtualidades do Direito e a busca do balanceamento impossível entre regime autoritário de facto e liberdades cívicas de tese, entre suspeição do capitalismo e dos capitalistas e defesa da abertura ao mercado, entre Potugalidade e Europa, entre defesa do Ultramar e criação de novos Brasis, uma e outra fora do devido contexto.

Tudo isto ressalta do retrato do autor.

Umas vezes, mais rendido à multiplicidade de facetas de uma carreira – em tempo e modo – ímpar, mesmo num regime com muitos e sucessivos delfins.

Outras vezes, agreste para com excessos de ambição, suspeitos tacticismos, radicalismos de posições de raiz ou declarações rebarbativas dos anos em que a crença na eternidade dos Impérios Coloniais não poupou, mesmo se ao de leve, muito bom vulto de esquerda democrática, como o futuro e visionário líder da construção europeia François Mitterrand.

7. Em suma, temos perante nós uma obra que convida a mais uma perspectiva de Marcello Caetano e que até termina com o novo e inesperado entendimento de que tanto ou mais do que a falta de vontade ou de liderança de Marcello Caetano, a queda do regime foi devida ao comportamento ambíguo, indefinido, indeciso ou incapaz de Américo Thomaz.

E temos, também, um biografado que, nas suas qualidades como nos seus defeitos, se revela bem mais interessante de estudar e de entender do que aquela personagem cinzenta, apagada, conjugação de todas as incapacidades e impotências que, durante longos anos, foi identificada com Marcello Caetano.

8. Uma nota última, ao correr da pena, aliás como todo este prefácio.

Para recordar duas coisas que o horizonte de quase quarenta anos torna ainda mais claras: que o Salazarismo, já em crise irreversível nos anos derradeiros de Salazar, era irreconvertível; que Marcello Caetano chegou tarde demais – na sua vida, na do regime, na do País e na do Mundo – ao encontro com a História porventura sonhado ou antevisto para 1951 ou 1958.

Duas facetas de tomo adicionais.

Que não servem de passa-culpas. Mas conferem acrescida credibilidade a essa fascinante tarefa de muitos historiadores ou politólogos, que é a de explorar a narrativa depois de já conhecerem o seu fim.

MARCELO REBELO DE SOUSA

Agosto de 2012

INTRODUÇÃO

No dia 27 de setembro de 1968, Marcello Caetano toma posse do cargo de Presidente do Conselho de Ministros – atingindo o que parece ter sido o grande objetivo da sua carreira política –, sucedendo a Oliveira Salazar, que ficara definitivamente incapacitado para o exercício das funções, na sequência de um acidente vascular-cerebral que o acometera no início do mês. Cinco anos e meio de pois, a 25 de Abril de 1974, era deposto por um golpe militar que derrubou o Estado Novo.

No dia em que atinge o topo do Poder, Marcello Caetano tem atrás de si uma carreira política e universitária notáveis, que fazem dele um dos protagonistas mais destacadas do Estado Novo. No seu percurso político, quase tão longo como o de Salazar, desempenhara todas as funções mais relevantes, tanto nas organizações políticas do regime – comissões Executiva e Central da União Nacional e Comissário Nacional da Mocidade Portuguesa –, como nos órgãos superiores do Estado – ministro das Colónias e, mais tarde, da Presidência, Presidente da Câmara Corporativa e membro vitalício do Conselho de Estado.

Foi adquirindo, na *praxis* política da sua intervenção empenhada e persistente na vida pública, a qualificação de líder da «ala esquerda» do regime, não só no que se refere à liberalização económica, que lhe seria definitivamente colada a partir da sua intervenção, enquanto ministro da Presidência, no Congresso dos Industriais e Economistas (1957), no qual apelara à participação e à cooperação de todos os portugueses, mas também como defensor de uma solução para a questão colonial, expendida no seu parecer de 1961, para o Conselho Superior Ultramarino, no qual admite a transformação do «Estado unitário que hoje somos num Estado federal». Neste contexto, torna-se o ponto de referência de todos os que pretendiam a reforma do Estado Novo, no sentido da democratização, e *a contrario*, no inimigo público número um daqueles que defendiam a subsistência do *status quo* salazarista, que assumia a configuração de um

Estado autoritário e unitário que abarcava, no seu todo, os limites definidos pelas fronteiras do Minho a Timor, segundo o Ato Colonial de 1930.

No outono de 1968, para esperança de uns e deceção de outros, Marcello Caetano torna-se um facto consumado. A contragosto e por falta de alternativas, o Presidente da República, Américo Tomás, nomeia-o Presidente do Conselho de Ministros. Não era a opção ideal, mas o mal menor para resolver, pelo menos de momento, a grave crise aberta pelo colapso físico de Salazar.

Assumia o Poder no contexto de um regime autoritário monopolizado pelo homem que o construíra e definira à sua imagem e semelhança, em termos tais que pareciam não contemplar a sua continuação: o Estado Novo nascera consigo e para si, e desapareceria no momento da sua morte política, tão definidas eram as baias do sistema.

Enquanto os ultramontanos do regime temem pela perenidade da Pátria, na configuração que lhe fora impressa pelo Ditador agonizante, as novas gerações inspiram o ar de renovação: era a hora e era o homem!

No primeiro discurso pronunciado após a posse, Marcello Caetano falou de «continuidade e renovação», deixando claro que a tónica estava na primeira: «*Disse há pouco da minha preocupação imediata de assegurar a continuidade. Essa continuidade será procurada, não apenas na ordem administrativa, como no plano político.*» Estas afirmações não eram senão a retoma daquilo que afirmara no «Discurso de Coimbra», em 1951: «*A continuação do Estado Novo para além de Salazar não constitui problema justamente porque existe a sua doutrina e a sua obra [...]. E no dia [...] em que os desígnios de Deus impuserem que outro homem tome o seu lugar, tenho a firme esperança de que o Estado Novo se manterá sem custo no rumo traçado [...]*».

Teoricamente, a subida de Marcello Caetano à presidência do Governo corresponderia à vitória do partido civilista/moderno, que liderava, e inscrever-se-ia numa perspetiva de conformação do regime a um modelo que, conservando embora a mesma matriz, o tornasse mais consentâneo com os novos tempos e realidades históricas. Pressuposto que mobilizou as elites portuguesas, tanto no sentido positivo como negativo, em torno do que foi tomado por um processo de liberalização designado de «primavera marcelista».

O marcelismo procurou estruturar-se em torno de uma série de equívocos, dos quais se destaca a coexistência de várias correntes políticas opostas, se não antagónicas, no seio do então presumido programa de renovação do agora Presidente do Conselho, que, não obstante a expectativa benevolente com que foi recebido, não conseguiu estabelecer um sistema coerente de alianças com vista à obtenção dos apoios e das vontades necessárias e suficientes para construir um projeto estruturado capaz de reformar o regime a partir do seu interior. Bem pelo contrário, após um período inicial de certa euforia, que correu até finais de 1970, a ação de Marcello Caetano foi perdendo gradualmente todo o caráter de renovação, infletindo no sentido oposto.

É hoje bem claro que não existia identidade de pontos de vista, nem sequer de proximidade, entre o marcelismo de Marcello Caetano e o «marcelismo» daqueles que se diziam seus discípulos e seguidores. O Presidente do Conselho procurava assegurar a sobrevivência do Estado Novo, num quadro em que se mantinham os princípios essenciais herdados de Salazar, entre os quais avultava a questão colonial, que se tornava cada vez mais premente, tanto no quadro da manutenção da guerra em três frentes e dos seus reflexos no País, como no crescente e progressivo isolamento do governo de Lisboa na área internacional. Embora não pusessem em causa a política colonial – taticamente ou não – os grupos «liberais» insistiam na liberalização política.

Depressa se evidenciou a falta de correspondência entre as expectativas e as realidades. Os «liberais», advindos à política ativa a partir da militância nos sectores modernos do catolicismo, apostavam nos princípios essenciais da democracia, na altura reafirmados e legitimados pela autoridade das encíclicas papais de João XIII e Paulo VI e dos documentos emanados do Concílio Vaticano II. Por seu lado, Marcello Caetano insistia num *aggiornamento* limitado e cauteloso do sistema político que herdara e que devia evoluir segundo os princípios que defendia, de acordo com a sua própria agenda e sob a sua superior direção. O sol dessa «primavera» sem verão, que contemplara alguns arranjos, que se revelaram sobretudo «cosméticos», das instituições – Censura, PIDE, União Nacional – a breve trecho, quando se tratou de passar das palavras aos atos, transformou-se num «outono», de que a revisão constitucional de 1971 é um marco incontornável e definitivo. Segue-se um «inverno» sem esperança, no termo do qual Marcello Caetano é apeado, assistindo-se, simultaneamente, à derrocada definitiva e inevitável de todo o sistema político do Estado Novo.

A produção historiográfica sobre Marcello Caetano e o seu consulado – incluindo a literatura memorialista e de justificação – insiste na responsabilização praticamente exclusiva do último Presidente do Conselho na queda do regime: da banda dos salazaristas ortodoxos fala-se, de forma clara ou subentendida, em «traição»; do lado oposto, sobressaem sobretudo os termos «medo», «hesitação» e «impotência». Por outro lado, fala-se ainda de «transição falhada», o que pressupõe, à partida, a existência de um plano marcelista de transição para a democracia.

A história do Marcelismo é, assim, feita do fim para o princípio e a análise permanece muitas vezes refém do seu desfecho, em face das expectativas geradas pela sua nomeação e pelo «falhanço» do seu presumido projeto político.

Contra estas interpretações, Vasco Pulido Valente alertou para o facto de ninguém ter perguntado «quem era na realidade Marcello Caetano, se ele verdadeiramente adotara este caminho – ou se o achava realista e justo – ou sequer se tinha uma alternativa, embora manifestamente arriscada, de salvar as suas convicções». E Jorge Borges de Macedo chamou a atenção para a necessidade de se fazer a distinção entre Marcello Caetano – ele próprio – e o Marcelismo enquanto corrente dentro do quadro geral do Estado Novo e, finalmente, enquanto poder; e ainda para a saída dos militares dos quartéis para intervirem diretamente – e uma vez mais, à semelhança do que acontecera em 28 de maio de 1926 – na luta política.

Nesse sentido, o fulcro central desta biografia assenta essencialmente na re-problematização do marcelismo, procurando separar as águas de um processo histórico no qual, sob a aparente «clareza» resultante da responsabilização do último Presidente do Conselho, é deixada na sombra a responsabilidade objetiva de grande parte dos atores do processo político para encontrar – com Marcello Caetano ou contra ele – uma solução para a saída do impasse.

Analisados criticamente os princípios de atuação política expressos nos discursos pronunciados por Marcello Caetano, na sua qualidade de Presidente do Conselho ou como presidente da Ação Nacional Popular – o que, no fundo, é a mesma coisa –, conclui-se que a generalidade das elites, tanto da parte dos reformistas, como do lado daqueles que se debatiam pela manutenção da herança salazarista, se fixou no seu discurso da tomada de posse, ouvindo sobretudo aquilo que desejava ouvir e menos o que realmente foi dito. Por isso, insistiu-se na vertente da «renovação» e ignorou-se que, como atrás foi referido, a tónica assentava na «continuidade», numa linha de fidelidade aos princípios políticos definidos por Salazar.

De Marcello Caetano já se disse tudo: uma coisa e o seu contrário. O setor salazarista, subsistente à morte política do seu mentor, fala de traição ao espírito do Estado Novo; as hostes da renovação, criadas e educadas segundo os princípios democráticos recorrentes no pós-guerra e que apostaram em Marcello Caetano para levar a cabo o seu projeto, sentem-se também ludibriadas. O último Presidente do Conselho não satisfaz nenhum dos setores.

Neste quadro, tornava-se imperativo e essencial responder às seguintes questões:

Marcello Caetano, que, no seu discurso de posse falara de «continuidade e renovação», faltara ao prometido? Ou guinara à direita, peado pelas condições impostas por Américo Tomás e seu séquito – que, na essência, assumiam o pensamento do núcleo mais conservador do espectro político, com destaque para os comandos superiores das Forças Armadas –, como condição essencial para a sua nomeação, e pela pressão dos «ultras» do regime?

Dito de outra forma: Marcello Caetano estava refém da ala mais conservadora do regime que se agrupava em torno de Américo Tomás, como ele próprio deixava crer, ou estava refém de si próprio, dos seus alicerces políticos e do ideário que vinha construindo desde a sua juventude?

Esta última é a questão essencial, que se impõe clarificar com o rigor possível, para evitar cair em generalizações apressadas e recorrentes: definir o pensamento autêntico de Marcello Caetano. Não só do ponto de vista formal, mas no seu conteúdo essencial, ou seja, através das respetivas palavras, fazer o levantamento das suas matrizes políticas ao longo de um percurso que se iniciara nos longínquos anos da década de 1920. O que implicava a reconstituição do seu pensamento e dos alicerces ideológicos em que se movia.

Os equívocos persistentes, não só durante o seu consulado, mas também na respetiva análise histórica feita posteriormente, só podem ser clarificados através da fixação objetiva e rigorosa do pensamento político autêntico de Marcello Caetano, ou seja, dos seus fundamentos ideológicos, com vista à obtenção de respostas credíveis e cientificamente escoradas, não a partir de «interpretações» genéricas, mas segundo as suas próprias definições.

Por isso, nesta biografia foi dada primazia, quase absoluta, a Marcello Caetano e à sua filosofia política, na tentativa de reconstituir, tão fielmente quanto possível, o respetivo ideário.

Em primeiro lugar, foram fixadas as bases ideológicas que serviram de ponto de partida para uma carreira envolvente e empenhada, que fazem dele um dos políticos mais ativos do regime, desde a sua instauração, em 1933. Depois, acompanhando o percurso em que percorre todas as mais altas funções do Estado e das suas instituições, e analisando criticamente os textos produzidos, tanto políticos como doutrinais, são clarificados os princípios políticos essenciais até ao momento em que substituiu Oliveira Salazar. Finalmente, na análise do seu consulado à frente do Governo, tratou-se de avaliar a questão da continuidade e da descontinuidade, ou seja, da coerência entre os princípios e a prática, num contexto dialético em que se confrontam diversas perspetivas, segundo os diferentes atores políticos.

Foi privilegiado o discurso direto, percorrendo – através da construção de uma biografia panorâmica, cientificamente rigorosa mas simultaneamente acessível a um público menos «académico» – todo o seu percurso político, desde os primórdios da sua formação na década de 1920, até ao fim do seu consulado, à frente do Governo, em 1974, trabalho que consideramos essencial e indispensável para a compreensão do ciclo terminal do Estado Novo – o Marcelismo.

Numa palavra, esta biografia pretende responder à pergunta: Quem foi Marcello Caetano, enquanto político?

Daqui resulta que este livro não é, nem nunca foi esse o objetivo do autor, «"a" biografia», mas apenas «"uma" biografia política», de Marcello Caetano, construída, essencialmente, a partir das suas palavras e reflexões, que deixou para a posterioridade em milhares de páginas que, no seu todo, constituem um dos mais importantes dos patrimónios filosófico-políticos alguma vez construído por um estadista português.

Por isso, tanto o seu brilhantíssimo percurso académico, como humano, apenas foram cotejados quando se considerou terem influído na sua longa e espetacular carreira política.

LIVRO PRIMEIRO

NA SOMBRA DE SALAZAR

PARTE I

As raízes

1

«FAÇO PARTE DA GENTE HUMILDE QUE TEVE DE LUTAR PARA SUBIR NA VIDA A PULSO»

Dois meses antes de morrer, Marcello Caetano, questionado por Joaquim Veríssimo Serrão sobre os seus principais adversários políticos da área da esquerda, desabafou:

> Não nasci em berço de ouro como Álvaro Cunhal, que era filho de um advogado com nome e dinheiro. Também Mário Soares nunca precisou de trabalhar, porque o pai se incumbia de o fazer no colégio que tinha em Lisboa. Foi sempre o que pode chamar-se um menino rico.
>
> Quem devia então sentir complexos de classe? Eles ou o Doutor Salazar e eu que viemos da humildade da terra e somos, na realidade, filhos do povo?
>
> Por isso sempre amei o povo donde vim. Faço parte da gente humilde que teve de lutar para subir na vida a pulso.[1]

As raízes profundas da família de Marcello Caetano encontram-se nas povoações disseminadas pelas faldas da Serra da Lousã, repartindo-se por um conjunto de concelhos que formavam, na antiga divisão comarcã, a Comarca de Arganil, que, além deste concelho, integrava ainda os da Pampilhosa da Serra e de Góis. Foi nestas paragens que viveram os seus antepassados e nasceram seus pais, em meados do século XIX. O pai, José Maria Alves Caetano nasceu em 1863, reinava D. Luís, que sucedera a seu irmão, D. Pedro V, morto prematuramente, dois anos antes, sem ter deixado descendência.

Vivia-se por esta altura em pleno período da Regeneração, movimento político e militar em grande parte planeado por Alexandre Herculano e chefiado pelo duque de Saldanha, que derrubara Costa Cabral em maio de 1851.

A história do liberalismo em Portugal, desde a sua implantação, em 1820, até ao fim da guerra civil, em junho de 1847, é a história de um longo período de agitação, golpes, contragolpes e lutas violentas entre o Portugal do Antigo Regime, que tentava resistir e persistir, e as forças emergentes a partir da Revolução Liberal de 1820, que procuravam implantar em Portugal os ideais libertários da Revolução Francesa – liberdade, igualdade e fraternidade – que, em meados da década de 1910, o Integralismo Lusitano consideraria uma «construção intelectual, de um artificialismo grosseiro»[2].

O período de acalmia política resultante do pacto informal entre Regeneradores e Históricos, que se alternavam no poder, nem sempre de maneira politicamente ética, permitiu o lançamento do capitalismo português, consubstanciado, no essencial, por um amplo programa de fomento em que dominavam o lançamento da rede de caminhos-de-ferro – base em que, segundo Fontes Pereira de Melo, assentava o progresso: «Acima do cavalo da diligência está o trâmuei, acima deste a locomotiva, e acima de tudo o progresso!»[3] – e a construção de centenas de quilómetros de estradas macadamizadas, que, teoricamente, facilitariam a aproximação dos grandes centros – ou seja, Lisboa e Porto – às zonas do interior do País. Simultaneamente, introduzia-se o telégrafo e davam-se os primeiros passos de um processo de industrialização e de mecanização da agricultura extensiva que, apesar das suas limitações, indiciavam que Portugal, ainda que numa escala ínfima, procurava acertar o passo com uma Europa então dominada pela Revolução Industrial. Finalmente, era também o tempo em que se lançavam as bases do sistema financeiro, tanto na área da banca como dos seguros, de que é exemplo a Companhia de Seguros Fidelidade em cuja direção a família de Pedro Theotónio Pereira virá a ter mais tarde um papel destacado e, por via deste, será o primeiro trabalho profissional de Marcello Caetano.

Mas tudo isto se passava ao largo, demasiado ao largo daqueles lugarejos perdidos nos vales e encostas da Cordilheira Central, de que a Serra da Lousã é parte integrante, cujo retrato magistral será feito por Orlando Ribeiro, quase um século depois:

> Ainda não há hoje no Sul nada de comparável à rudeza primitiva de algumas povoações perdidas nas serranias setentrionais, com as suas casas de pedra solta, tal como nos redutos castrejos, cobertas de lousa ou colmo, sem qualquer reboco ou caiação que esconda o aparelho tosco dos blocos de granito ou xisto. Tudo leva a pensar que as invasões e transformações históricas não alteraram sensivelmente nem a composição nem a maneira de viver da gente que se abriga detrás dos seus pobres muros. Apartado pela rudeza das montanhas, pela fundura dos vales, pelo impraticável dos caminhos, aqui viverão ainda os descendentes da mais remota estirpe nacional.[4]

A zona era pobre e predominavam «as formas mais rudimentares da economia da montanha»:

> A pobreza de gado grosso era tal que os animais de lavoura eram quase desconhecidos e, da surriba ao carrejo, tudo se fazia a braço de homem. Nem as ovelhas se acomodavam ao magro pascigo, onde só as cabras encontravam alimento. [...] As sementeiras recentes de pinhal, que restringem os terrenos de mato e pastagem, vêm limitar ainda mais as possibilidades de desenvolvimento da população que, não encontrando recursos na terra, emigra, para fora do País, para os baixos mesteres da capital [...][5].

Foi neste ambiente economicamente deprimido e limitado que, no dia 11 de outubro de 1863, nasceu José Maria Alves Caetano, pai de Marcello. Embora os avós deste último, Albino Alves Caetano, alfaiate de profissão, e sua mulher Ana Rita de Almeida, fiadeira, residissem no lugar do Ramalhão (Simantorta), pertencente à freguesia de Alvares, do concelho de Góis, o pai nasceu acidentalmente na freguesia de Pessegueiro de Cima, em circunstâncias descritas nos «anais» da família, coligidos por Miguel Caetano[6], a partir das memórias familiares:

> O casal já tinha um filho, Manuel, e, naquele princípio de outubro, Ana Rita estava já no final da segunda gravidez. Apesar do seu estado, não resistiu a ir à «festa da cachola», percorrendo, talvez a pé, a légua que separava o lugar do Ramalhão, da Aldeia do Pessegueiro.

Andar a pé é o «*leitmotiv* inevitável» sempre que se evocam as recordações daqueles tempos:

> As idas à aldeia vizinha, à courela mais distante, ao mercado semanal na vila, ou, em mais raras deslocações, à sede autárquica, traduziam-se em horas – quando não em dias – de jornada a pé. Na verdade, nem todos os carreiros pedestres permitiam a passagem dos carros de besta; bens, mercadorias ou produtos da terra eram carregados a dorso masculino ou à cabeça das mulheres. [...]
>
> Na realidade, não há diferenças de monta, para a zona do pinhal, entre o vazio viário que já se observava há dois milénios, ao tempo da ocupação romana da Península Ibérica, e o relativo vácuo que ainda hoje se observa.»[7]

Por isso, «o espectro permanente do isolamento e do "andar a pé" mantém-se vivo na memória das gentes da serra»[8]:

> A partida para o trabalho agrícola, de noite fechada, para que a tarefa de sol a sol pudesse ser cumprida; o transporte de compras com natureza e volume excecionais, destinados à boda de casamento; o enterro, onde o suor do esforço no vencer das encostas e das distâncias se somavam ao incómodo do trajo de cerimónia e ao desgosto da ocasião; a ansiedade na doença, no acidente ou no parto difícil, pela demora da marcha para ir buscar a trazer auxílio de localidades distantes; e as longas jornadas para acompanhar uma família em partida para muito longe, para novo emprego, para serviço militar ou, raramente, para ir estudar.»

O casal, agora com dois filhos, regressa à sua aldeia, onde morava numa casa em tudo semelhante à dos outros moradores: «uma casa térrea, de forma retangular, com uma ou duas portas para a rua e uma ou duas janelas pequenas na fachada principal; construída em pedra, teria uma escada interior que conduzia ao piso de cima, destinado à habitação, servindo o piso térreo para arrecadação ou curral dos animais; as janelas não tinham vidros nem ferragens, mas apenas espigão e portas de coiceira; a cozinha era pequena e escura, sem janelas, apenas com uns postigos de 20 por 30 centímetros a arejá-las; a comida era feita à lareira, sobre o chão coberto de lousa»[9].

Nos citados «anais» da família Alves Caetano, os seus antepassados são descritos como «pessoas humildes, cultivando os seus pequenos socalcos, pastoreando os seus pequenos rebanhos, tirando o mel das suas colmeias. O seu mundo estendia-se à sede da freguesia, onde iam religiosamente à missa dominical e às festas, romarias e feiras das redondezas. Era através desses encontros que, muitas vezes, rapazes e raparigas se olhavam e se acertavam os casamentos»[10]. Neste quadro, a alfaiataria do avô de Marcello Caetano «não deveria ser grande negócio, e certamente que Albino teria, também, que semear milho, trigo, centeio, feijão e criar algumas ovelhas e cabras, talvez um porco»[11].

Numa zona, numa época e num meio social de analfabetismo crónico, a família Alves Caetano cultivava uma tradição que a distinguia da grande maioria: «a tradição de os pais ensinarem a ler os filhos nos serões à lareira, à luz ténue do lume e da candeia. Foi acontecendo, de

geração em geração, que os Alves Caetano eram inteligentes e se tornaram autodidatas e, até onde a memória consente, todos escreviam e liam
fluentemente»[12].

José Maria fica órfão de pai em 1874, tinha então 11 anos. Numa terra
pobre, de acessos difíceis, em que a maioria das pessoas vivia de uma agricultura de subsistência em pequeníssimas parcelas disseminadas pelos
socalcos das encostas, a vida era dura, os horizontes esbarravam nas serra-
nias e as perspetivas de futuro demasiado estreitas.

Referindo-se às condições de vida dos assalariados rurais nalguns
concelhos do distrito de Coimbra em 1871, entre os quais os de Góis e
de Pampilhosa da Serra, calculadas com base numa jorna diária de 200
réis, Alexandre Herculano conclui pela sua absoluta insuficiência mesmo
tendo em conta apenas as necessidades alimentares, perguntando: «E as
pobres roupas e os trajos? E a pobríssima habitação? E os impostos em
dinheiro ou em trabalho? E a falta de serviços? E a doença? Que o jorna-
leiro não tenha um único vício; que não gaste mal um ceitil. Terá por sorte
a miséria.»[13]

Por isso, José Maria migra com destino a Lisboa «para trabalhar, como
empregado de balcão ou marçano, para um comerciante, parente ou
patrício com certeza»[14], devendo enviar à mãe parte do seu modesto salário, como era hábito naqueles tempos. Consta e é provável que terá feito
boa parte de viagem a pé.

A partir daí fez pela vida, aproveitando o facto, extremamente relevante para a época, de saber ler, escrever e contar.

Aos 16 anos chegou a altura de ir «às sortes», ou seja, à inspeção
militar. Segundo a crónica familiar, «Foi, ficou apurado, mas "tirou um
número alto", isto é, o número que em sorte lhe coube era superior ao do
número de mancebos que a sua Freguesia "dava às fileiras"; pelo sim, pelo
não, como o excesso não era por aí além (2, 3...) teve o cuidado de pedir
ao primo Padre que acompanhasse lá o assunto na terra onde nascera, em
Pessegueiro – e regressou a Lisboa, satisfeito e tranquilo.»[15] Mas a recomendação foi esquecida e ninguém o avisou de que tinha havido uma alteração na lista e José Maria acaba por ser dado como refratário, pelo que,
nos termos da lei, ficava obrigado a servir no exército por um período de
dez anos, «infelicidade» que, voluntarioso como se veio a revelar, tomou
como ponto de partida para a construção de uma carreira que o levaria
ao tão desejado funcionalismo público, garantia de estabilidade profissional e de ordenado certo. A vida profissional de Alves Caetano foi construída por etapas, sendo cada uma delas ponto de partida para a seguinte,

transpondo «os mais difíceis obstáculos no caminho da ascensão social» da família[16].

Incorporado em Artilharia, como refratário, a 13 de março de 1886, logo que pôde, frequentou a escola de cabos e, depois, as de sargentos. Em 13 de março de 1886, é promovido a 1.º cabo; um anos depois, a 2.º sargento; e, no ano seguinte, a 1.º sargento, percorrendo as três armas do exército: infantaria, cavalaria e artilharia.

Ocupava este último posto quando se opõe, com êxito, ao concurso aberto para 2.º sargento da Guarda-Fiscal, onde passou a servir, a partir de 28 de março de 1889, integrando o Batalhão n.º 4 sediado em Évora.

Aparentemente, tratar-se-ia de uma despromoção. Mas, bem pelo contrário, obedecia a um plano arquitetado por José Maria que, desde muito cedo, soube planear, com método e inteligência, o seu futuro, como explica o seu filho Nuno Caetano:

> Parecerá, à primeira vista, que teria havido uma despromoção. Não é verdade [...] a G.-F. tinha muitas vantagens, não só em termos de serviço, mas também de ordem prática: vencimento bastante mais alto (um 2.º sargento da G.-F. ganhava mais do que um 1.º sargento do Exército), regalias sociais e, acima de tudo – o que mais motivava o nosso Pai –, a possibilidade de, a partir de 1.º sarg., concorrer às Alfândegas e regressar assim à vida civil.[17]

Com a vida organizada, José Maria decide casar. A noiva, Josefa Maria das Neves, era natural do Colmeal, lugar que, tal como a sede do concelho de Góis a que pertencia, ficava situada no vale cavado pelo rio Ceira entre as serras do Rabadão e do Carvalhal – «um tão profundo vale, que poucas vezes lhe entra o sol de inverno»[18] – onde nascera no dia 25 de julho de 1859. À data do pedido em casamento, residia em Lisboa, na Rua da Procissão (hoje Cecílio de Sousa), ao Príncipe Real, freguesia das Mercês, onde seu pai, Joaquim das Neves, se estabelecera com uma mercearia, aliás com pouco êxito.

Já lhe foi atribuída a descendência de José Acúrsio das Neves[*], mas, segundo o neto, Miguel Caetano, «nunca na família ouvi falar em tal ligação familiar»[19]. Também na família de Josefa se cultivava a instrução[**], presumindo-se que soubesse ler e escrever.

---

[*] José Acúrsio das Neves (1766-1834), político, magistrado, historiador, ensaísta e pioneiro dos estudos sobre a economia portuguesa, nasceu no concelho de Fajão, hoje município da Pampilhosa da Serra. Foi um dos precursores do industrialismo em Portugal.

[**] Um dos irmãos, António Joaquim das Neves, foi professor primário no Colmeal e em Sintra. Da sua descendência distinguem-se o seu filho, Hermano Neves (1884-1929)

Casaram na igreja de Santo Antão, em Évora, em 26 de julho de 1890, um dia depois de ela ter completado 31 anos, sendo portanto quatro anos mais velha que José Maria, que, recorde-se, era à data 2.º sargento do batalhão municiado junto da Guarda-Fiscal. Foram testemunhas o irmão da noiva, António Joaquim das Neves, professor do ensino primário oficial em Sintra, e o colega do noivo João Thomás Morgado.

O casal manteve-se nesta cidade, onde lhes nasceu a primeira filha, Arminda, até 1893, ano em que por imperativos da mobilidade ligados à carreira militar, abandona o Alentejo para iniciar um périplo pelo país. Neste ano, José Maria é colocado em Santarém e, a 15 de julho, nasce em Sintra, em casa do cunhado onde a mulher se acolhera devido ao facto de a gravidez ter coincidido com o processo da transferência, a segunda filha, Emília.

Em meados do ano seguinte, José Maria é colocado no Porto, sendo promovido a 1.º sargento, nascendo nesta cidade, em abril, o seu primeiro filho varão, João Maria, que virá a falecer, com menos de um ano de idade, em março do ano seguinte.

Entre finais de 1895 e princípios de 1896[20] fixa-se, finalmente em Lisboa, onde residirá até à sua morte.

Foi na zona da Graça, típico bairro de Lisboa situado na zona oriental da cidade e um dos pontos de confluência das vagas migratórias que desciam da serra até à capital, que o casal se fixou e manteve durante quase duas dezenas de anos. Primeiro, no n.º 40 do Largo das Olarias, e, depois de passarem pela Rua da Verónica, na freguesia de Santa Engrácia, onde nasceu Lucinda, a quarta filha do casal, fixaram-se na Travessa das Mónicas, n.º 45 – 2.º Esq., onde nasceu Marcello Caetano, e permaneceram até 1914, ano em que a melhoria das condições de vida lhes permitiu a mudança definitiva para o 4.º andar do n.º 56 da Rua Palmira, nas traseiras da então recém-restaurada igreja dos Anjos.

Entretanto, por decreto de 27 de julho de 1900, José Maria regressara à vida civil com a nomeação para terceiro-aspirante da Alfândega de Lisboa, onde se manteve até à aposentação, em 1933, «exercendo sucessivos cargos, alguns de responsabilidade e confiança»[21]. «Tal como acontecera no Exército e na Guarda-Fiscal – conta outro filho, Nuno Caetano –, impôs-se na Alfândega: chefiou várias Delegações (algumas

---

que, apesar de formado em Medicina na Alemanha, numa exerceu a profissão. Dotado de «uma vasta cultura literária e científica, revelou-se um dos mais notáveis jornalistas do seu tempo, modelar em todos os géneros – na crítica, no comentário, na crónica e fundamentalmente na grande reportagem.

delas, a pedido dos Diretores-gerais para pô-las em ordem [...], tesou-reiro e, por fim, subinspetor aduaneiro, sempre com o maior prestígio e de maneira exemplar»[22].

A sua experiência de vida, o facto de saber ler, escrever e contar, a posi-ção que alcançara nos quadros do funcionalismo público e o espírito de serviço fizeram dele um ponto de referência e de apoio para os conterrâ-neos que se abalançavam a descer à capital, em cujos meandros de movi-mentava expeditamente, entre «repartições e escritórios à procura [tanto] de empregos para os desocupados, como de orfanatos e asilos para colo-car crianças, hospitais para internar doentes»[23]. Transformado numa espé-cie de «patriarca» e figura tutelar da comunidade serrana do seu bairro, Alves Caetano chegou mesmo a assumir o papel de guarda dos reduzidos pecúlios que iam amealhando, como recorda Marcello:

> E eram numerosos os conterrâneos que ao chegarem a Lisboa para por lá ganharem a vida, começavam a procurar o Sr. Alves Caetano, a fim de que os orientasse, apoiasse e encaminhasse no trabalho. A ele traziam depois alguns deles os cobres poupados, pedindo que lhos guardasse para quando regres-sassem ao torrão. Porque quase todos possuíam na terra as suas fazendas que as mulheres iam cuidando de inverno enquanto os maridos granjeavam em Lisboa o dinheiro que a agricultura, suficiente para a sustentação da família, não lhe podia porém proporcionar. E então, quando o verão chegava, lá iam a casa do Sr. Alves Caetano buscar os rolos de moedas de prata, de níquel, de cobre que meu pai conservava nas suas gavetas, cuidadosamente rotulados com os nomes dos donos e contabilizados, e lhes entregava prontamente – recebendo os agradecimentos e as despedidas "até pró ano".[24]

Alves Caetano manteve sempre uma forte ligação afetiva à terra que o vira nascer, revelando-se um regionalista ativo sobretudo nas páginas do jornal *A Comarca de Arganil*, onde escrevia regularmente sobre temas que tinham em vista «esclarecer o povo» e «promover o progresso da região»[25]. Colaborará ainda com assiduidade nos jornais *O Alvarense* e *O Celavi-sense* e, já depois de reformado, foi um dos fundadores e diretor do jornal *A Gazeta das Serras*, mensário regionalista, defensor dos interesses do con-celho da Pampilhosa da Serra e dos concelhos limítrofes, cujo primeiro número saiu em 31 de janeiro de 1935.

A sua intensa e prolixa atividade jornalística, mantida ininterrupta-mente de 15 de agosto de 1911 até 25 de agosto de 1937, está espelhada em cerca de duas centenas e meia de artigos, inventariados pelo seu filho mais novo, António Alves Caetano[26], nos quais aborda os acontecimentos políticos, temas sociais e religiosos, sendo que a sua esmagadora maioria incide na defesa dos interesses da sua região natal, da qual foi não só um pioneiro, mas também um defensor intransigente.

É provável que tenha frequentado a Casa da Comarca de Arganil, a maior estrutura de associativismo regionalista existente em Lisboa, cujos fins estatutários assentavam perfeitamente no seu perfil. Fundada em 1929, definia-se como

> [...] uma associação fundamentalmente regionalista, de propaganda, iniciativa, defesa e valorização, destinada a estudar, promover, auxiliar ou defender quaisquer atos ou medidas tendentes à solidariedade da colónia arganilense em Lisboa, ao aperfeiçoamento moral e material dos seus asso-ciados e ao engrandecimento, aperfeiçoamento e prestígio dos referidos três concelhos da comarca de Arganil e seus naturais.[27]

Estas características idiossincráticas do então funcionário da Alfân-dega de Lisboa são, aliás, comuns às gentes emigradas daquela região que mantêm uma forte ligação afetiva, tanto do ponto de vista moral como material, com o lar paterno de origem e procuram por todos os meios contribuir para o progresso da sua aldeia[28], visando, como estratégia global, a manutenção «da coesão de um grupo em risco de perder a sua identidade»[29].

2

«... DE CUJA TRADICIONAL IRMANDADE DO SENHOR DOS PASSOS SOU IRMÃO QUASE DESDE NASCENÇA»

O tempo histórico em que decorre a infância e a adolescência de Marcello Caetano é de uma densidade política notável. Inicia-se com a queda da Monarquia e a proclamação da República a 5 de Outubro de 1910. Não pode ter deixado de ouvir relatar o assassinato de D. Carlos e do príncipe herdeiro, ocorrido em fevereiro de 1908, que seu pai, «católico e monárquico, por educação e convicção»[30], lembraria com amargura e virá a aperceber-se do anticlericalismo do novo regime, cujo texto emblemático é a Lei da Separação de 1911. No ano em que entra para o liceu (1916), rebenta a Grande Guerra, na qual Portugal se envolverá empenhadamente, com resultados assaz desastrosos a todos os níveis: militares, económicos e sociais. Tem 12 anos quando Sidónio Pais derruba o Partido Democrático e acaba assassinado no Rossio (1918), no mesmo ano em que a pneumónica, só no mês de dezembro, matou mais de 22 mil pessoas. Terá ouvido falar da Monarquia do Norte e da revolta monárquica de Monsanto, em Lisboa, no ano seguinte. E quando, em 1922, entra para a Universidade, o ambiente é de crise generalizada: greves, bombas, desordens. É claro que a história da 1.ª República não se resume nem é rigorosamente apenas isto, bem pelo contrário. Mas, para uma criança e adolescente criado num ambiente católico e monárquico, é natural que estes fossem alguns dos factos mais marcantes.

Marcello Caetano nasceu no dia 17 de agosto de 1906, na citada morada da Travessa das Mónicas, quando a mãe já contava 47 anos. Era o quinto filho vivo e o primeiro varão, sobrevivo. Foi batizado na igreja da Graça, da freguesia de Santo André e Santa Marinha, onde os pais residiam, com pouco mais de meio ano de idade, a 3 de março do ano seguinte, tendo como padrinhos o casal Josefina e José Marcelino Carrilho. Benjamim numa família bastante numerosa, em que a irmã mais velha já tinha 15 anos, é natural que a criança – ainda por cima, um rapaz – fosse o enlevo da casa, sobretudo do pai, que se tornaria a grande e primeira referência de Marcello.

Profundamente católico e homem muito dado às organizações da paróquia, como por exemplo «a prática assídua da caridade na Conferência de Vicente de Paulo», de que foi um dos fundadores, tesoureiro e o maior dinamizador na freguesia dos Anjos[31], Alves Caetano inscreve o filho, quando este ainda não tinha sequer dois anos, na Irmandade da Santa Cruz dos Passos da Graça, uma das mais antigas e tradicionais devoções do povo de Lisboa que, desde finais do século XVI até à República, realizava anualmente a procissão do Senhor dos Paços da Graça, a mais concorrida da capital.

Mais tarde, aos 20 anos, no seu primeiro artigo escrito a solo para o número inaugural da *Ordem Nova*, retrata em tom mordaz a procissão do Senhor dos Passos, entretanto restaurada, que se realizara na primeira sexta-feira da quaresma daquele ano de 1926:

> Mas todos os anos, os antigos devotos não faltam a recordar com saudade os bons tempos de S. Roque figurando ativos na cerimónia, opas finas de seda roxa e vara de prata na mão.
>
> O povo também não falta. É vê-la, a multidão, comprimindo-se dentro e fora da Igreja, na ânsia de contemplar aquela imagem bem vestida, bem tratada, representando um Senhor dos Passos de resplendor de prata, barba feita, e vergado ao peso duma cruz envernizada de madeira preciosa. Vem a procissão. Os sinos tocam. Desfilam os senhores, graves, recolhidos, compenetrados do grande papel que representam acompanhando o Senhor que sofreu por nós. Lá em cima, no coro, os melhores cantores de música sacra de Lisboa, entoam motetes a quatro vozes. Passam anjos, guiões, andores. O Santo lenho vem sob o pálio no meio de ricas capas de asperges onde rebrilha o oiro e a prata. Passou. E começa a debandada dos devotos. A Graça agita-se coberta de gente [...].
>
> Na Igreja, um pregador afamado, voz potente, gesto largo, faz um sermão empolado que ninguém ouve e custa centos de mil réis. No altar da Irmandade brilham centenas de luzes. Um barulho ininterrupto enche o vasto templo: gente que sai, gente que entra. E os senhores da Mesa da Irmandade, azafamados, extenuados, num derreamento à noite, descansando, impam de puro gozo – tudo feito em grande! Que pompa! – e mamam satisfeitos o charuto de após o jantar.[32]

De entre as grandes preocupações do casal Caetano avultava a da instrução. Conscientes da sua importância, num tempo em que o analfabetismo era dominante, sobretudo entre as mulheres, todas as filhas fizeram não só a instrução primária mas prosseguiram os estudos: Arminda e Emília, as mais velhas, foram professoras primárias; Olga, que, mais tarde, acompanharia Marcello Caetano no exílio no Brasil, fez o sétimo ano do liceu e foi orientadora das alunas no Instituto de Odivelas; e Lucinda também estudou mas não seguiu qualquer carreira profissional[33].

Marcello começou a aprender a ler e a escrever numa escola particular da Rua da Graça, passando depois para a Escola n.º 4, no Campo de Santa Clara, onde teve oportunidade de assistir ao bulício da *Feira da Ladra* que, após sucessivas localizações, se fixara naquele local desde finais do século XIX, mais precisamente em 1882[34]. Passou ainda por outras escolas oficiais, consoante as mudanças de residência da família, entre as quais a Escola n.º 1, no Campo de Santana e, finalmente, a Escola n.º 68, na Penha de França, onde concluiu a instrução primária com o exame do 2.º grau, realizado em 15 de agosto de 1916, sendo «aprovado por distinção»[35].

Em tudo o mais, a sua vida foi de uma criança normal, no seu tempo e enquadramento históricos, como dirá muitos anos depois, quando, como chefe do Governo, visitou a Câmara Municipal de Lisboa:

> Rapaz, palmilhei a cidade inteira, em tempos de ruas calmas e de trânsito pacato, percorrendo mais os bairros velhos do que as avenidas novas. Vivi os sucessos do tempo, misturado na multidão, fossem os grandes incêndios, fossem os solenes festejos, as manifestações, os cortejos, os cataclismos e as revoluções. Andei no povo curioso e versátil, vibrei com as suas cóleras e os seus entusiasmos, corri os seus riscos e participei das suas exaltações.[36]

A educação recebida num ambiente familiar em que o pai – a primeira figura tutelar e referencial de Marcello –, para além do catolicismo e da «piedade esclarecida», cultivava uma enorme disponibilidade para ajudar os outros, tanto no âmbito da paróquia como nas restantes necessidades do dia-a-dia, veio a ser complementada pela influência do futuro «monsenhor» Pereira dos Reis, que, em 1917, é nomeado prior da paróquia dos Anjos, estabelecendo uma intensa ligação com o Sr. Alves Caetano.

José Manuel Pereira dos Reis (1879-1960) fora ordenado sacerdote a 19 de novembro de 1903, sendo mais tarde elevado às categorias honoríficas de Cónego e de Monsenhor. Licenciou-se na Faculdade de Teologia da Universidade de Coimbra, de que só não foi professor porque a mesma foi extinta pelo Governo Provisório, chefiado por Afonso Costa. Regressado ao Patriarcado de Lisboa, torna-se professor do Seminário de Santarém, assistente eclesiástico da Juventude Católica de Lisboa, secretário pessoal do cardeal Mendes Belo e pároco da freguesia de Nossa Senhora dos Anjos. Pereira dos Reis notabilizou-se como Reitor do Seminário dos Olivais (1931-1945). Desempenhou o cargo de conselheiro eclesiástico da embaixada de Portugal junto da Santa Sé entre 1945 e 1948, ano em que regressa a Portugal para reassumir a reitoria do referido seminário até 1951. Foi um dos precursores da teologia do Corpo Místico de Cristo e um grande dinamizador do movimento litúrgico. A 13 de novembro de 1951 entra no Mosteiro de Singeverga, onde morreu como oblato regular da Ordem de S. Bento.

Marcello terá conhecido Pereira dos Reis ainda antes de este ter vindo para os Anjos, na sede da Juventude Católica de Lisboa, à Rua de Santo António dos Capuchos, «aonde meu pai me levava, às vezes, em tempos de dúvida e de perseguição»[37], e da qual o segundo era assistente eclesiástico. Uma destas deslocações verificou-se quando, com menos de nove anos, acompanhou o pai à apresentação ao público de Lisboa dos candidatos católicos às eleições de 1915, naquela sala[38]. Com o rodar dos anos e através de um convívio permanente, Pereira dos Reis tornou-se na sua segunda referência tutelar, moldando o seu catolicismo e exercendo sobre ele um fascínio pessoal e intelectual que não deixou de testemunhar.

> Fora da família nenhuma influência recebi na minha formação que se possa comparar à dele. Pelo que aprendi nos ramos das ciências do espírito que lhe eram familiares. Pela iniciação que me proporcionou numa visão clara da Religião, despida de preconceitos e superstições, mas intensamente espiritualizada, onde o culto se sublimava pelo conhecimento da Liturgia e a oração se amplificava pela participação na Comunidade dos fiéis traduzida na Igreja Universal. Igreja que se não fechava sobre si mesma, porque era apenas a parte esclarecida da Humanidade, toda ela remida pelo sangue de Cristo e por isso chamada a participar do Seu Corpo Místico. Pereira dos Reis, note-se, foi das primeiras pessoas a divulgar em Portugal a doutrina ecuménica do Corpo Místico de Cristo, e quantos sofreram a sua influência espiritual acusaram o toque dessa ideia.[39]

Para além deste legado espiritual, Marcello admirava-lhe o porte, a elegância, o gosto pelo saber, a graça em ensinar e a ironia espirituosa fruída das leituras de Eça de Queirós e Ramalho Ortigão.

As influências, paterna e de Pereira dos Reis, e a «sólida educação religiosa»[40] deles recebida levaram-no, na sua juventude, ao escutismo, a trabalhar como «vicentino» na ajuda aos pobres e fizeram dele um católico profundamente convicto e senhor de uma cultura religiosa notável para um leigo, bem transparente nos seus escritos e conferências ao longo da vida. A admiração de Marcello pelo padre Pereira dos Reis – «esse homem admirado que mais do que nenhum me impressionou»[41] – foi tal, que chegou a considerar a hipótese de entrar para o seminário, a qual não se concretizou porque «não senti afinal esse chamamento interior que se chama vocação»[42].

A amizade entre Pereira dos Reis e o seu então jovem discípulo manteve-se ao longo dos anos, como testemunha o facto de, aquando da sua morte, em 1960, aquele lhe ter legado o anel de cónego da Sé de Lisboa, que Marcello conservou ao longo da vida «como uma herança preciosa»[43].

3
«NÃO ME VENHAM FALAR EM VOCAÇÕES»

Em 1916 vira-se uma página na vida de Marcello Caetano. No início do ano letivo de 1916-1917 ingressa no Liceu Camões. Tinha 10 anos de idade.

Poucos meses depois, no dia 1 de março de 1917, a mãe, Josefa das Neves, morre de insuficiência cardíaca. A mudança de ambiente escolar e o choque provocado pela morte da mãe refletiram-se no aproveitamento de Marcello, que não foi brilhante. Por outro lado, em novembro do mesmo ano, o pai casou novamente, facto que não terá contribuído para a estabilidade emocional da criança que, no curto espaço de pouco mais de um ano, vê substancialmente alteradas as relações familiares e afetivas.

Ao entrar para o Liceu Camões, um magnífico edifício da traça do arquiteto Ventura Terra inaugurado cerca de meia dúzia anos antes, a 16 de outubro de 1909, Marcello dava um passo fundamental para a sua vida futura. O «filho do povo» mergulhava num ambiente em que a esmagadora maioria dos colegas eram oriundos da média e alta burguesias, onde cultivou amigos e relações cuja vantagem soube e pôde aproveitar para construir uma carreira brilhante, tanto na Universidade como na política:

> [...] como a minha juventude era tímida! [...] porque vindo de uma família de baixa burguesia me faltava à-vontade no meio dos rapazes da minha idade, com mais mundo e mais dinheiro...[44]

Entre estes, destaca-se Henrique de Barros, filho de João de Barros e de Raquel Teixeira de Queiroz, ambos oriundos de famílias com tradições e pergaminhos.

João de Barros era filho de Ernesto Afonso de Barros, que, embora ostentasse o título de Visconde da Marinha Grande, não era um aristocrata. A sua notoriedade advinha-lhe do facto de ser um bem-sucedido comerciante de bacalhau na Figueira da Foz, e o título fora-lhe atribuído pelo rei D. Carlos pelas suas ações de benemerência. A esposa, Raquel Teixeira de Queirós, era filha do escritor, jornalista e político Francisco Teixeira de Queirós*. Além de Raquel, Teixeira de Queirós tinha mais quatro filhas e um filho, dos quais descendiam 24 netos, que mantiveram durante toda a vida relações de amizade muito próximas e, com a plêiade de amigos, se reuniam na casa do avô, transformando-a num espaço de reunião e tertúlia, onde se misturavam professores universitários, membros do governo e também um ramo pertencente às áreas financeira e empresarial. É neste meio que, pela mão do seu colega de liceu, Henrique de Barros, Marcello Caetano é aceite[45] desde a sua juventude, ganhando desde logo o apreço enleado das tias do primeiro, que lhe admiravam a militância no seio das correntes católicas, tradicionalistas e conservadoras, e sobretudo a sua imensa e convicta cultura religiosa.

João de Barros (1881-1960), foi um democrata de vulto da 1.ª República, que se distinguiu como poeta, ensaísta, pedagogo e professor. Presidiu com João de Deus, à comissão encarregada da Reforma da Instrução Primária, de que resultou o Decreto de 29 de março de 1911, que englobava o ensino infantil e o ensino normal primário; mais tarde, foi Diretor-Geral do Ministério da Instrução Pública e, a 22 de novembro de 1924, assumiu as funções de ministro dos Negócios Estrangeiros num dos últimos governos da 1.ª República, chefiado por José Domingos dos Santos, que caiu menos de três meses depois. Derrubado o regime republicano, voltou à sua profissão de professor do liceu. João de Barros foi ainda um grande defensor e animador da aproximação entre Portugal e o Brasil, dirigindo com João do Rio a revista *Atlântida* (1915-1920), que publicou trabalhos dos principais escritores de ambos os países, daquela década, pelo que, em 1920, foi eleito sócio da Academia Brasileira de Letras. Esta proximidade de João de Barros ao Brasil e a sua influência sobre o futuro genro caíram em solo propício e Marcello Caetano veio a tornar-se, ao longo dos anos e até ao fim da vida, um dos grandes cultores e defensores da aproximação com o Brasil e daquilo que, mais tarde, veio a chamar-se a «Comunidade

---

* Francisco Teixeira de Queirós (1849-1919) licenciou-se em Medicina na Universidade de Coimbra. Exerceu clínica em Lisboa (1875-1879), posto o que se dedicou exclusivamente ao jornalismo, literatura e política. Foi cofundador do jornal *O Século* (1880); deputado nas listas do Partido Republicano (1893); vereador da Câmara Municipal de Lisboa (1885) e presidente da Academia das Ciências de Lisboa. Eleito novamente deputado nas eleições de 28 de maio de 1911, participou nos trabalhos da Assembleia Nacional Constituinte. Finalmente, foi ministro dos Negócios Estrangeiros, no governo de José de Castro (1915).

Luso-Brasileira», da qual afirmou, já quase no termo do seu consulado como Presidente do Conselho, que «não vem da vontade dos governos nem da construção artificial dos técnicos ou dos ideólogos» já que «mesmo que a quiséssemos destruir, não poderíamos, porque nasce irreprimivelmente das raízes da vida»[46].

O casal Queirós de Barros, que vivia num andar relativamente modesto, atendendo à sua posição social, na Avenida 5 de Outubro, além de Henrique, o mais velho, tinha mais dois filhos: Teresa, da mesma idade de Marcello, e Paulo, dois anos mais novo.

Henrique Teixeira de Queirós de Barros, era dois anos mais velho que Marcello Caetano, mas, devido a problemas de saúde, que atrasaram o seu percurso escolar, ambos frequentavam o 5.º ano do liceu. Marcello Caetano sempre se «considerara com vocação para as Ciências Naturais e aspirava ser médico», embora não soubesse «se isso seria realizável», dado o facto de o pai, funcionário da Alfândega, ter «encargos pesados com a família» e um curso superior ser «demorado e caro»[47]. Por isso, tinham, no início, os mesmos interesses intelectuais. Tornaram-se grandes amigos, privando quotidianamente, no liceu e nos tempos livres, como, por exemplo, nos escuteiros onde Marcello atingiu o grau de «escuteiro-chefe», na primeira escola de chefes realizada no país[48]. Comentando as relações entre o Pai e o Tio, Miguel Caetano afirma:

> As relações com Henrique, que foi até ao fim da Faculdade «o melhor amigo», continuaram boas ao longo da vida, mas sem a intimidade que marcou os anos de Liceu e os imediatamente a seguir – alguns equívocos políticos criaram certo mau estar, que nunca obstou ao convívio familiar normal.[49]

Por sinal, a projeção política de um começou quando a do outro terminou: Henrique de Barros foi o Presidente da Assembleia Constituinte, de que saiu a primeira Constituição Política do regime democrático instaurado em 25 de Abril de 1974. Morreu em Lisboa, no dia 21 de agosto de 2000.

Marcello passou a frequentar assiduamente a casa da família do amigo. E ambos, acompanhados de mais alguns outros amigos, empenharam-se nos estudos e decidiram ganhar tempo, fazendo, de uma assentada, o 6.º e o 7.º anos do curso liceal, para o que, contaram com a colaboração de João de Barros que, na sua qualidade de professor, os propôs a exame.

Apesar de não se poder afirmar ter havido uma intenção específica nesse sentido, a verdade é que a convivência assídua com a família Queirós de Barros se tornou o primeiro passo de Marcello para quebrar as limitações a que o meio de que provinha, naturalmente, o sujeitava. As duas famílias estavam nos antípodas uma da outra: de um lado, a burguesia republicana e laica assente nos ideais democráticos; do outro, a sociedade tradicional, monárquica e católica; na casa da Avenida 5 de Outubro, uma família culta, em que as crianças faziam os estudos do ensino primário em casa com professores particulares; ao passo que no lar da Rua Palmira as primeiras letras eram aprendidas nas escolas oficiais. Por outro lado, esta convivência e o fascínio que João de Barros exercia sobre ele, complementaram o quadro de valores tradicionais colhidos de seu pai e de Pereira dos Reis, embora mantivesse os seus princípios ideológicos católicos e políticos de direita.

Outro dos motivos que tanto prendiam Marcello à casa dos Queirós de Barros era, sem dúvida, Teresa de Barros, a irmã de Henrique, que tinha a mesma idade de Marcello. A relação de amizade foi-se transformando, paulatinamente, num romance, que os pais dela nunca contrariaram, não obstante as origens humildes do pretendente e o seu percurso ideológico de direita radical, nos antípodas da ideologia republicana e democrática que imperava na família.

Marcello Caetano enveredou pelo Direito como poderia seguido outro curso qualquer. No fim do 5.º ano era necessário optar pela secção de Letras ou de Ciências. Nessa altura, parece que a vocação para as Ciências Naturais já se tinha esbatido, porque se tinha começado a destacar «nas aulas de português pelo conhecimento dos autores e das escolas literárias» e tinha «facilidade em redigir»[50]. Os amigos sentenciaram que ele ia para Letras. Como o seu «desconhecimento das coisas práticas era quase total» e «gostava de Letras», decidiu que iria para a Faculdade de Letras[51].

> Aqui intervieram outros mais esclarecidos: não, não caias nisso! O curso de Letras só dá para professor do Liceu. Vamos para Direito! Que ser advogado rende muito dinheiro!
> Bom, irei com vocês para Direito... – acabei por condescender.
> Assim ingressei em 1922 na Faculdade de Direito de Lisboa em pleno estado de inocência jurídica, por ter bossa para a literatura... Não me venham falar em vocações. Deve havê-las: nunca as conheci em mim. Jeito para ensinar, sim, escolhi e amei a profissão de professor. Mas vocação...[52]

Assim, em 1922, tinha 16 anos, Marcello Caetano entra para a Faculdade de Direito da Universidade de Lisboa, que, na altura, funcionava no Campo de Santana, bem perto da sua residência na Rua Palmira, iniciando a construção de uma carreira em que ganhou prestígio e notoriedade, sobretudo como mestre na área do Direito Administrativo.

4

«EU GOSTAVA DAQUELA VIDA
E GANHAVA O SUFICIENTE...»

Apesar de alguma natural desorientação inicial – «a linguagem que escutei nas primeiras aulas [...] eram tão distantes das minhas preocupações, afigurava-se tão ininteligível que cheguei a pensar em desistir do curso»[53] –, Marcello Caetano depressa se adaptou, tornando-se um aluno distinto. E pouco mais resta para dizer sobre o seu percurso académico, enquanto aluno da Faculdade de Direito da Universidade de Lisboa, tão escassas são as informações. No entanto, parecem não existir dúvidas quanto ao seu valor intelectual, que começava a sobressair, a ponto de, logo no 1.º ano, se ter tornado, com outro colega, *sebenteiro* de Armindo Monteiro[*], recém-chegado à cátedra.

> [Armindo Monteiro] foi reger a cadeira de Economia Política no 1.º ano [...] cheio de fogo, desejoso de brilhar e de encontrar nos seus primeiros alunos quem o entendesse [...] Infelizmente o que lhe sobrava de saber e de boa vontade faltava-lhe em qualidades didáticas. O seu pendor literário fazia com que sacrificasse à tentação da bela frase e da imagem sugestiva o

---

[*] Armindo Rodrigues de Sttau Monteiro (1896-1955), professor universitário, empresário, diplomata e político. Licenciou-se em Direito e doutorou-se em Finanças Públicas, na Universidade de Lisboa. Politicamente, militou em partidos republicanos conservadores da fase terminal da 1.ª República, apoiou o golpe militar de 28 de maio de 1926 e colaborou com a Ditadura Militar na sua fase inicial. Ministro das Colónias (1931-1935) e dos Negócios Estrangeiros (1935-1936), no início da Segunda Guerra Mundial, foi nomeado embaixador em Londres, posto que conservou até 1943. Foi Procurador à Câmara Corporativa (1949-1951) e membro vitalício do Conselho de Estado. Regressado de Londres, retomou a sua cátedra na Faculdade de Direito de Lisboa e assumiu um papel importante na atividade empresarial como membro do Conselho de Administração da então denominada Refinaria Colonial, uma das empresas do grupo Sena Sugar Estates de Moçambique, empresa a que permaneceu vinculado até à sua morte. (Pedro Aires de Oliveira, *Armindo Monteiro – Uma biografia política*, Venda Nova, Bertrand Editora, 2000).

rigor dos conceitos e a precisão da linguagem. O curso foi sobrecarregado de matérias dispensáveis perdendo nitidez de linhas com a adição excessiva de assuntos apressadamente lidos nas aulas. Os rapazes mal o acompanhavam.[54]

Foi o primeiro estudante a quem o futuro subsecretário de Estado e depois ministro das Colónias «deu no exame uma distinção»[55]. E em 1925 a *Nação Portuguesa* referia-se-lhe com «aluno distinto da Faculdade de Direito da Universidade de Lisboa e uma das mais cultas e mais disciplinadas inteligências da geração que desponta»[56].

À data da sua entrada na Universidade, do segundo casamento do pai já tinham nascido três meios-irmãos: Maria do Céu, Nuno José e José Pedro e, posteriormente, viriam Manuel José e António José. Tudo indica que as três irmãs mais velhas já tinham deixado a casa e organizado as suas vidas, mas mesmo assim as condições de vida da família não eram folgadas. Para ajudar a pagar as despesas do curso, Marcello dá explicações, primeiro a alunos do liceu e depois, à medida que ia avançando, a colegas do curso de Direito.

Inicia-se também no jornalismo, no diário católico *A Época*, onde, ao contrário do que tem sido afirmado, não escrevia «crónicas tauromáquicas», mas redigia uma pequena e escondida coluna intitulada «Tauromaquia», que mais não era do que o anúncio, em meia dúzia de linhas, dos eventos tauromáquicos a realizar ou, por vezes, a notícia de touradas realizadas. Por exemplo, a 30 de abril de 1923 e sob o título «António Luiz Lopes toma a alternativa», escreve: «Realiza-se na próxima quinta feira 3, no Campo Pequeno, uma tourada em que o cavaleiro amador sr. António Luiz Lopes, receberá alternativa das mãos de Simão, pai. A tourada é de gala, em homenagem ao Brasil, comemorando o seu descobrimento.»[57] Podia, por vezes, espraiar-se um pouco mais, descrevendo os pormenores da vistosa tourada à portuguesa, como o fez em 17 de maio:

> Os nossos aficionados e o público em geral acolhem sempre com satisfação [a] notícia de que vai realizar-se uma tourada à antiga portuguesa. O assunto das cortesias, a abertura das festas pela banda de charameleiros a cavalo, o luxo dos coches e dos trajes dos lidadores, o numeroso pessoal auxiliar, com as suas librés tradicionais, o neto e os pajens, depois a emocionante «Casa da guarda», pelos forcados, tudo constitui detalhes de animação e de colorido que dão vida ao torneio.

Muito maior é o entusiasmo quando na lide tomam parte amadores distintos como acontece no domingo.[58]

Como se vê, nada evidencia, por parte do aprendiz de jornalista, um especial conhecimento do mundo da tauromaquia, nem tal seria de esperar de um jovem de 16 anos nascido numa família que, dadas a sua origem, a extração social e o meio em que se inseria, não teria contactos com aquele meio.

Com efeito, Marcello Caetano não sabia nada de touradas e a sua entrada nesta área jornalística deveu-se a um acaso fortuito. O jovem estudante fazia uns «biscates» no jornal e, um dia, na falta do habitual crítico tauromáquico, o chefe da redação mandou-o ao Campo Pequeno, «porque era o mais novo (ainda pau para toda a obra)»: «chegou lá e sentou-se ao lado dos críticos dos outros jornais, explicando a sua situação ao que se encontrava ao seu lado». Tratava-se do Dr. Saraiva Lima, que, como contaria, anos mais tarde, a Miguel Caetano, o ajudou a escrever a sua crónica: «Fui eu que ensinei ao seu pai a fazer crónicas tauromáquicas»[59].

A Época foi muito importante na formação política de Marcello, não pelo que percebia pelas insignificantes notícias sobre a «festa brava», com o que, somado às importâncias recebidas das explicações, compunha o orçamento mensal da família e ajudava a pagar os estudos, mas porque lhe permitiu integrar-se nos meios católicos e monárquicos mais radicais que conspiravam ativamente contra o regime republicano.

O jornal, de que era diretor o Conselheiro Fernando de Sousa* – um homem que contribuiu decisivamente na «preparação da mentalidade

---

* José Fernando de Sousa («Nemo»), (1895-1942. Engenheiro, militar, político e jornalista, frequentou a Escola Politécnica e concluiu o curso de Engenharia na Escola Militar em 1876. Foi um dos maiores técnicos ferroviários do seu tempo, área em que exerceu numerosas funções, tanto públicas como privadas. Destacou-se na reorganização dos Caminhos de Ferro do Estado, de que foi administrador até janeiro de 1911, data em que se demitiu na sequência de uma greve de ferroviários – o combate às greves, em que o período da República foi fértil, foi um dos *leit-motivs* dos seus escritos – em que foi acusado de «reacionário». Qualificativo que quadra perfeitamente com a sua postura ideológica e política evidenciada na atividade jornalística que manteve, paralelamente com a atividade profissional, desde 1895 até à sua morte, que foi reconhecida pelo seu biógrafo, o jesuíta Domingos Maurício, como «francamente católica e reacionária». A partir de 1897, dirigiu vários diários: *Correio Nacional* (órgão do episcopado português), *A Palavra*, *Portugal*, *A Ordem* (1916-1919), *A Época* (1919-1927), e *A Voz* (1927-1942). (Barreto, «Sousa, José Fernando de», in António Barreto e Maria Filomena Mónica (Coord.), *Dicionário de História de Portugal*, vol. IX, Suplemento, Porto, Figueirinhas, 2000, pp. 474-475).

que em Portugal viabilizou o 28 de maio», obra em que «antecedeu, de facto, a geração do Integralismo Lusitano, movimento de jovens que olhou com simpatia, mas no qual não se integrou»[60] – e chefe de redação Mário Martins, tendo como administrador o padre José Alves Terças, começou a publicar-se em Lisboa a 25 de março de 1919, inserindo-se «nos vários esforços que foram feitos para afirmar uma imprensa católica diária durante a Primeira República». Assumia-se como «diário independente, católico sem caráter oficial, monárquico sem filiação partidária e ao serviço de quanto se lhe afigurasse serviço de Deus, da Igreja e da Pátria» e tornou-se «um aríete, que sem descanso combateu aquela fortaleza da desordem [a República]»[61].

Virá a ser dissolvido pelo seu fundador, em janeiro de 1927, face às divergências com a hierarquia católica sobre a posição a assumir perante o regime republicano então vigente[62], divergências essas que não eram novas e que já em 1922 tinham dado origem a uma longa polémica com Salazar, à data dirigente do Centro Católico, devido à orientação deste no sentido da integração na estabelecida ordem republicana, em sintonia com a tática política do episcopado português e posteriormente ratificada pelo papa Bento XV. Perante a intransigência de Fernando de Sousa em manter a luta contra o regime, em 1925 os bispos «retiram ao jornal o papel orientador da ação social e política dos católicos» e, dois anos mais tarde, já depois do 28 de maio, voltam a reprovar a orientação do que era até então o órgão, se não oficial, pelo menos oficioso da igreja católica, do que resultou a dissolução do jornal[63]. Esta versão é contrariada por Marcello Caetano que, no número de *A Voz*, comemorativo do cinquentenário do diário, escreveu: «Posso asseverar que, até ao momento em que *A Época* foi suspensa, o Prelado lisbonense nunca condenou o jornal ou o seu diretor, nem este deixou de acatar as indicações recebidas diretamente dele ou do seu auxiliar, que era também assistente do Centro [Católico]»[64]. Fosse como fosse, com ou sem condenação formal, no braço de ferro que envolveu o jornal de Fernando de Sousa e o Centro Católico, em que pontificava Salazar, que continuava a construir as condições para assumir o poder, ganhou o mais forte, e o jornal publicaria a sua última edição em 26 de janeiro de 1927.

Como já foi dito, a incursão tangencial de Marcello Caetano às lides tauromáquicas, aliás nunca referida nas suas memórias, deveu-se a necessidades económicas. Era preciso fazer pela vida e o jovem estudante, que, então, como durante toda a sua vida, embora nunca tivesse sido um oportunista, sempre soube aproveitar, através da sua inteligência de sobredotado, do seu esforço e de um trabalho intenso de todos os dias, as oportunidades que se lhe ofereciam para singrar, não hesitou. Tanto ou mais importantes do que o ordenado auferido com os linguados sobre as faenas do Campo Pequeno, foram, sem dúvida, as relações que pôde cultivar na redação do jornal, na qual terá pelo menos assistido, se não colaborado, no lançamento por Theotónio Pereira da campanha de «Higiene Moral» desencadeada em 1923, com a qual uma autodenominada Liga de Ação dos Estudantes de Lisboa se propunha «reprimir, com a máxima energia e *por todos os meios*, a continuação e aumento do miserável estado social»[65], visando perseguir os homossexuais efeminados e, simultaneamente, segundo Theotónio – o seu verdadeiro autor e dinamizador – «fiscalizar as livrarias e meter também na ordem os artigos decadentes, os poetas de Sodoma[66], os editores, autores e vendedores de livros imorais»[67].

A partir da experiência e dos ensinamentos colhidos na redação de *A Época*, Marcello Caetano desenvolverá uma intensa ação na imprensa que durou mais de uma dezena de anos.

Em 1925, inicia uma longa colaboração na revista *Nação Portuguesa*, órgão central do Integralismo Lusitano. Fundada em 1914, sob o impulso de Alberto Monsaraz, que foi o seu primeiro diretor, António Sardinha e Hipólito Raposo, definia-se como uma «revista de filosofia política» que, na linha do ideário integralista, contrapunha ao positivismo, ainda reinante nas ciências humanas em Portugal nas primeiras décadas do século XX, a «exigência de relacionar a natureza do Estado com uma conceção ontológica do poder, e tirar daí as consequências essenciais»[68], pelo que a sua mensagem era «sobretudo [...] histórica na sua formulação, com fortes incidências no campo do direito, na organização do Estado, com o ataque ao parlamentarismo, uma análise da política sindical e a defesa das corporações, assim como uma crítica severa à ilusão da separação de poderes, etc.»[69]

Marcello estreia-se, em 1925, com a publicação em três números sucessivos[70], do ensaio «Um grande jurista português – Frei Serafim de Freitas», um trabalho que apresentara na cadeira de Direito Internacional Público, do curso de Direito que frequentava, o qual será posteriormente publicado em separata da revista[71]. Não deixa de ser significativo o facto de o primeiro trabalho publicado do futuro jurista e político se inscrever no âmbito da História, prenunciando uma carreira intelectual que se repartirá entre ambas as áreas, que nele se complementam em termos de interdisciplinaridade: «Foi um jurista ao serviço da história, um historiador ao serviço da ciência política.»[72] Manter-se-á como redator da revista pelo menos até 1932, tendo assumido as funções de Secretário da Redação a partir do n.º 2 da 4.ª Série, referente a agosto de 1928, quando era diretor Manuel Múrias, que substituíra, naquelas funções, António Sardinha, desde a sua morte em janeiro de 1925. Além do já citado trabalho sobre Frei Serafim de Freitas, os artigos de Marcello Caetano revelam uma versatilidade de temas impressionante, que seria confirmada nos artigos publicados nos vários jornais e revistas em que colaborou.

Em março de 1926, com 20 anos, como adiante se pormenorizará, aparece com um dos redatores fundadores da revista *Ordem Nova*.

Em princípios de 1927, integra a redação do jornal diário da tarde *A Ideia Nacional*, fundado e dirigido por João do Amaral*, ao qual Ascensão Ramos chamou uma «obra de aventura e de habilidade»[73], que visava a unidade dos integralistas, divididos desde o Pacto de Paris (1922), entre legitimistas e manuelistas, contra a linha definida pela Junta Central do Integralismo Lusitano. Tratava-se de «uma redação boémia, cheia de literatos e poucos profissionais», que se assumiam «defensores da Nação e da autoridade do Estado»[74]. O jornal teve curta duração, acabando por ser encerrado pelos militares, então no poder, devido ao facto de o seu diretor ter sido acusado de envolvimento no «Golpe dos Fifis», de 12 de agosto do mesmo ano.

Mas Marcello Caetano não ficou desempregado. De imediato, passa a trabalhar para o diário *A Voz*, aparecido em janeiro de 1927, que, tal como *A Época*, que vinha substituir, era dirigido pelo Fernando de Sousa e mantinha a mesma orientação católica e monárquica, mas independente das respetivas hierarquias. Como se lerá no último número da sua publicação, eram seus objetivos «defender as ideias de Deus e Sua Igreja, de Pátria e de Ordem Social, cujo fundamento é a Família»[75].

---

* João Mendes do Amaral (1893-1981), um dos fundadores do Integralismo Lusitano, licenciou-se em Direito pela Universidade de Coimbra (1918), mas nunca exerceu advocacia, dedicando-se ao jornalismo. Colaborou em *O Intransigente* e *A Monarquia*; foi diretor de *A Ideia Nacional*, (1927) e subdiretor do *Diário de Notícias* (1938-1939), sendo também colaborador da revista *A Nação Portuguesa*. Companheiro de Coimbra de Salazar e frequentador dos Grilos, manteve uma constante devoção a Salazar, sendo um dos indefetíveis do regime saído do 28 de maio, pelo qual zelou ao longo de toda a sua carreira política. Foi um nacionalista monárquico entusiasta, embora tenha começado como republicano. Durante o Estado Novo, foi deputado à Assembleia Nacional em todas as legislaturas do salazarismo (1935-1973) e pertenceu à primeira Junta Consultiva da União Nacional (1933). Fez parte dos Conselhos de Administração da Companhia Nacional de Navegação e da Companhia de Seguros "A Mundial",e do Conselho Fiscal da Companhia Portuguesa de Tabacos.

Convidado pelo seu administrador, padre Terças, para redator do quadro, recebe a missão «de manter viva a chama de duas campanhas» que o jornal mantinha: uma contra o analfabetismo e a outra contra o alcoolismo; além disso, «escreveria [...] artigos que podiam ser assinados e me seriam pagos à parte»[76]. Nestas últimos, tal como acontecia na *Alma Nacional*, os temas também são variados e, só no segundo semestre de 1927, percorrem um leque que vai do urbanismo às reflexões sobre o nacionalismo português, passando ainda pelo Código do Trabalho então em projeto, pelos fundamentos do Estado moderno em que defende uma Assembleia Nacional não eleita e como mero órgão de consulta e auxiliar do Governo, sendo altamente representativo do seu conservadorismo o artigo publicado no número de 5 de setembro, com o título «Uma questão vital – um decreto moralizador – acabou a coeducação dos sexos nas escolas primárias»[77].

A última incursão de Marcello Caetano pela imprensa iniciou-se em 1932, já num outro contexto político. Salazar, que assumira a pasta das Finanças em 1928 e procurava afirmar-se como o homem-chave da nova situação política, necessitava de apoio, já que «Nenhum dos órgãos da imprensa diária estava nessa altura a seu lado. Quase todos os cronistas económicos e financeiros lhe faziam reservas.»[78]

Disso foi encarregado Marcello, que, a pedido do respetivo diretor, Diniz Bordalo, começou a colaborar no *Jornal do Comércio e das Colónias*, com a missão específica de apoiar a ação do Ministro das Finanças[79], sendo significativo o facto de ter sido o já então sogro, João de Barros, quem os apresentou[80].

Com os proventos do jornalismo e a manutenção das explicações, Marcello ganhava algum fôlego: «Eu gostava daquela vida e ganhava o suficiente, e até bem demais para as minhas necessidades»[81].

5

«JUNTÁMOS A NOSSA IMAGINAÇÃO E A NOSSA VONTADE EM MUITOS LANCES DA AÇÃO»

Segundo as respetivas «Memórias», Marcello Caetano começou a destacar-se, ainda estudante, na Ação Católica, mas sobretudo como militante do Integralismo Lusitano[82]. É nestas lides de militância política e ideológica que conhece aquele que virá a ser um dos seus maiores, se não o maior, dos amigos, «uma amizade fundada em afinidades ideológicas e na consideração mútua», Pedro Theotónio Pereira, cuja «personalidade já se impunha à gente da geração a que pertencíamos»[83]. Alunos de faculdades diferentes – Theotónio frequentava Faculdade de Ciências –, encontraram-se pela primeira vez «numa reunião de estudantes católicos de Lisboa em que ambos nos salientamos pelas intervenções que tivemos»[84].

Ditas desta forma e com estas palavras, fica a ideia – parece ser essa a intenção de Marcello – de que os percursos políticos de ambos são paralelos, o que está longe de ser verdade e de corresponder à realidade comprovada pelos factos. Marcello procura colocar-se ao mesmo nível de militância política de Theotónio, quando, tudo o indica, é muito provável que, nesta altura, ele seja sobretudo um seguidor do segundo. Nesta fase etária da vida, a diferença de quatro anos é um dado que não deve ser ignorado e pode significar, como é o caso, a diferença entre um adolescente que desperta para a vida... e para a política e um jovem dinâmico e líder natural, quatro anos mais velho, que se impunha «Não apenas pela estatura física... Mas pela irradiante simpatia, pela alegria espirituosa e bem humorada, pela cultura humanística e por um gosto das ideias nobres e dos sentimentos elevados que muitas vezes se traduziam em expressões imaginosas a que não faltava a poesia.»[85]

Também natural de Lisboa, onde nascera a 7 de novembro de 1902, Pedro Theotónio Pereira, pertencia a uma família da alta burguesia. O pai, João Theotónio Pereira Júnior, era um grande comerciante de vinhos e foi administrador da Companhia de Seguros Fidelidade, de que o avô fora cofundador em 1835[86]. A mãe, Virgínia Hermann[87], a quem cabia «a obrigação e o desejo de educar e formar os filhos em todos os mais pequenos pormenores», teve um papel destacado na formação ideológica de Pedro: «monárquica e profundamente católica [...], transmitiu-lhes naturalmente a importância da devoção pelos princípios monárquicos e católicos»[88]. Por isso, não admira que os acontecimentos relacionados com a queda da Monarquia e a implantação de uma República jacobina, que fez do anticlericalismo uma bandeira, tenham marcado a sua infância, de cujas recordações destacará a emoção do pai aquando do regicídio (1908) e o pranto em que caiu com o derrube da monarquia (1910)[89].

Depois de ter passado pelo Colégio Académico e pelo Liceu Passos Manuel, Pedro matricula-se, para fazer o último ano do liceu no ano letivo de 1918-1919, no Liceu Camões, onde Marcello iniciava então o 3.º ano, sendo natural que, dada a diferença de idades e a distância curricular, não se tenham relacionado.

E é aqui que, em plena adolescência, se dá o primeiro encontro de Theotónio Pereira com a política, desencadeado pela morte e funeral de Sidónio Pais (1918), «herói nacional» e «mártir», morto às mãos das «sociedades secretas»[90], sobre quem deixou um emotivo testemunho:

> Sidónio era como um arcanjo que todos os demais talentos tivessem adornado. Falava como um predestinado que não esquecesse os segredos da alma do povo, e onde aparecia era ele que absorvia a admiração dos homens e o amor das mulheres. Passou no céu de Portugal como um meteorito e todos julgaram que o seu fim estava próximo, porque homens daquele espírito não eram para se demorar entre a mediocridade humana.[91]

Concluído o ensino liceal, que fizera «sem esmero», mas ainda assim com direito a um cruzeiro às ilhas[92], em 1919 matriculou-se no curso de Matemáticas Superiores da Faculdade de Ciências de Lisboa, em plena ressaca da frustrada tentativa de restauração da Monarquia em Lisboa e no Porto, ocorrida nos dois primeiros meses do ano, que, contrariamente ao esperado, não obtiveram a adesão geral, o que significava que «alguma coisa tinha morrido», designadamente o apelo da Monarquia baseado na Carta Constitucional, abrindo definitivamente o caminho de Theotónio Pereira «para o campo do Integralismo Lusitano [...], com o qual terá contactado pela primeira vez durante o consulado sidonista»[93].

Foi na Faculdade de Ciências que iniciou uma longa carreira política, no seguimento natural dos princípios em que fora educado e dos meios em que se movia: «em família e com alguns amigos era já politicamente católico, monárquico (miguelista) e nacionalista, tendo podido aprender nos meios que frequentava alguma coisa com a experiência do republicanismo sidonista»[94].

Nesta altura, Marcello, que entrava na adolescência, era ainda demasiado jovem para acompanhar nas lides políticas o seu futuro amigo. Por isso, não é provável que o encontro entre os dois tenha ocorrido antes da sua entrada para a Faculdade de Direito, em 1922, ano em que Theotónio já presidia à Junta Escolar de Lisboa do Integralismo Lusitano, movimento em que militava, embora sem ligação formal, pelo menos desde finais do ano de 1920[95].

Ao contrário de Marcello, um intelectual em todos os sentidos da palavra, Theotónio, que confessava ter «falta de pachorra para a retórica»[96], era sobretudo um «homem de ação»[97], e o Integralismo Lusitano era um movimento que lhe surgia como terreno propício aos seus ímpetos: «O movimento integralista [...] sem se limitar ao papel de os combater em todos os terrenos [os partidos políticos], apresentava pela primeira vez ao País um programa de ação que se apoiava nas fontes mais puras do nacionalismo português, ao mesmo tempo que proclamava, com igual ardor, inadiáveis reformas no domínio económico e social»[98].

É indiscutível que o Integralismo Lusitano marcou decisivamente a cultura portuguesa do primeiro quartel do século XX, conseguindo «sintetizar de forma criadora e durável os fundamentos de um novo nacionalismo reacionário tipicamente português»[99] e construindo «uma alternativa coerente ao liberalismo republicano»[100]. Foi um movimento ideológico e político que ganhou consistência na conjuntura de crise posterior à Grande Guerra, agitando uma ideia de regeneração nacional pelo regresso às origens. Os tempos eram de crise e a República, profundamente ferida pelas sequelas do conflito, revelava-se incapaz de resolver os problemas nacionais, resvalando para a degenerescência das próprias instituições, de que a pulverização partidária, os sucessivos golpes e contragolpes, e a instabilidade governativa eram os sinais mais evidentes.

Quando a expressão «Integralismo Lusitano» surgiu pela primeira vez nas páginas da *Alma Portuguesa* (1913), significava apenas um movimento estético, filosófico e religioso, mas no ano seguinte evoluiu para o plano político, quando, no primeiro número da revista *Nação Portuguesa*[101], é publicado o «Programa Integralista», que definia como seu objetivo a construção de uma «monarquia orgânica, tradicionalista, antiparlamentar». Tratava-se de uma «corrente intelectual baseada em numerosos estudos históricos sobre a identidade nacional portuguesa, reinventando a "tradição" de uma sociedade orgânica e corporativa de que o Portugal medieval teria sido paradigma e que o liberalismo do século XIX, produto de "importação", veio a destruir»[102]. O tradicionalismo integralista não se revia no período pré-liberal, mas no período «áureo» dos descobrimentos ou até antes, no período da fundação e construção do reino de Portugal, correspondente à primeira dinastia. Daí que sejam desse período as instituições a copiar, de cujo estabelecimento ressurgiria a grandeza da raça baseada nos valores da moral feudal. Concebiam as corporações à imagem das corporações medievais, tendo por fim a conciliação de classes, com o que ficaria resolvida a «questão social».

A partir de um artigo de Pequito Rebelo publicado na *Nação Portuguesa*, António Costa Pinto, dá-nos um retrato preciso do projeto integralista:

> À pretensa soberania popular («multidão com a sua baixa psicologia e as suas inferiores reações de sentimentos») opunham a Nação organizada e hierarquizada segundo a tradição. Ao sufrágio universal opunham a representação corporativa dos núcleos tradicionais: a família, os municípios, as profissões. O parlamento seria substituído por uma Assembleia Nacional representativa destas «forças vivas», com um caráter consultivo e técnico. À centralização do Estado liberal, destruidor da vida local e causador da urbanização desenfreada, opunham a descentralização anticosmopolita e ruralizante, que permitisse ao «país eminentemente agrícola o cumprimento da sua missão histórica». A solução corporativa era também solução para a economia liberal e para a «agitação desastrosa da sua luta de classes».[103]

Movimento de elites, o seu projeto social é também eminentemente hierarquizador, já que transpõe as três ordens da monarquia absoluta – clero, nobreza e povo – para uma nova hierarquia: a plebe, a burguesia e a nobreza[104], numa escala assente nas desigualdades sociais. Aliás, como adiante se verá, o elitismo, a par do corporativismo, serão alguns dos princípios de Marcello Caetano reterá da sua militância integralista e aos quais se manterá fiel ao longo de toda a sua carreira política.

Revisitado por Marcello Caetano, muitos anos depois (1937), o Integralismo Lusitano é definido como tendo sido «simultaneamente escola política, sistema social, corrente literária, tendência artística, procurando abranger numa expressão integral todas as modalidades da libertação do génio português, [chamando] para as suas fileiras os melhores valores da juventude»[105]. Historiando a génese do movimento, enquadra-o sobretudo como uma reação ao facto de os republicanos – que eram «quase todos livres-pensadores, ateus e anticlericais» e cuja propaganda andou «sempre muito ligada à luta contra a Igreja, contra as ordens religiosas, contra os padres» –, quando chegaram ao poder, em 1910, terem expulsado os jesuítas, proibido as ordens religiosas e, através da Lei da Separação, de fevereiro de 1911, confiscado os bens eclesiásticos a favor do Estado[106], provocando a reação das massas católicas, que viam na República «um regime antirreligioso [...] que feria as suas convicções e perseguia a sua Igreja, uma heresia que Deus não podia aprovar»[107]. O ambiente político dos meados da década de 1910 dava ao jovem português todas as razões para, dedutivamente, «consolidar as crenças católicas e a fé monárquica: a Igreja, remoçada pela perseguição, desenvolvia entre os moços o estudo da apologética e revelava-lhes a filosofia escolástica, e o Integralismo mostrava-lhes como seria possível um Estado isento de vícios, da anarquia, da vergonhosa decomposição em que se debatia o regime republicano»[108]. A síntese entre o Catolicismo e a Monarquia foi feita por António Sardinha, um republicano desiludido com o novo regime, recém-convertido à monarquia, que, sobretudo a partir de 1922, se tornou na referência ideológica e o grande mestre daquela geração:

> Não sei dizer-vos a extensão e a profundidade da influência que António Sardinha exerceu nos rapazes da minha geração, ele, o António Sardinha vivo, o coração mais generosamente aberto a todas as afeições e a todos os ideais, a inteligência mais inquieta e a curiosidade mais penetrante em contínuo esforço de compreender e de saber, a palavra mais eloquente e mais desartificiosa, a arte mais espontânea e mais pura, – e por sobre isto a vontade mais iluminada, o chefe mais animoso, a labareda mais alta sempre a arder em esperança, em confiança e em desejo![109]

> Os jovens que o rodeavam ouviam-no deslumbrados. Havia da sua fala acentos épicos, incentivos irresistíveis à ação, a uma ação generosa e iluminada cujos fundamentos e cujos objetivos, esses, estavam largamente doseados do lirismo lusíada.[110]

O Integralismo aparecia, pois, como um movimento feito à medida das gerações de estudantes – porque se tratava de um movimento de intelectuais para intelectuais – educados segundo a tradição conservadora, católica e monárquica, designadamente para Pedro Theotónio Pereira que, como vimos, foi um dos primeiros aderentes, e para Marcello Caetano, acabado de chegar à Universidade. Integravam a segunda geração integralista, que emergiu após a autodissolução da respetiva Junta Central, em 1922[111], facto que, segundo Braga da Cruz, marca o início da «involução política do *integralismo lusitano*»[112] e da transferência da sua ação para um âmbito predominantemente doutrinário, na qual dominava, em absoluto, a personalidade e o verbo de António Sardinha, cimento aglutinador do que restava do Integralismo, que assume a direção do reaparecido periódico *A Nação Portuguesa*, em cujas páginas continua a defender o seu projeto assente na Monarquia orgânica e tradicionalista[113].

À luz da documentação disponível, não é hoje possível pormenorizar a militância política nos meios católicos dos dois amigos – Marcello Caetano e Pedro Theotónio –, área em que ambos são omissos nas respetivas memórias. Nem tão pouco restam elementos concretos sobre as circunstâncias em que se conheceram e construíram a amizade que os uniria até ao final da vida do segundo, em 1972. Pelo que, Fernando Martins constrói como possível o seguinte quadro:

> Não se pode afastar a possibilidade de que se tenham conhecido na *Época* – uma vez que neste periódico Marcello Caetano colaborou desde muito jovem como autor de crónicas tauromáquicas –, onde falariam menos de touros e mais de política. Por outro lado, é também possível que se tivessem conhecido através dos organismos estudantis da academia lisboeta – integralistas e/ou católicos – que chegaram a frequentar simultaneamente apesar de Marcello ser mais novo quatro anos do que Pedro. No caso de organismo integralista, estaria em causa a Junta Escolar de Lisboa. No caso de organismo católico, tratar-se-ia, precisamente, do Centro Académico da Juventude Católica de Lisboa.[114]

A primeira vez que os nomes dos dois amigos aparecem juntos, num acontecimento público, data de 1924. Em finais de março e princípios de abril deslocam-se a Coimbra, onde, participaram no Congresso Preparatório da União dos Estudantes Católicos Portugueses, realizado sob a égide do Centro Académico da Democracia Cristã (CADC), que tinha por objetivo a organização dos estudantes portugueses numa associação homogénea. Também nesse ano, Marcello e Pedro aparecem a liderar um projetado Instituto dos Estudantes Católicos de Lisboa, sendo suas as duas primeiras assinaturas no topo de uma exposição ao cardeal-patriarca de Lisboa, redigida pelo primeiro, na qual se pede o respetivo reconhecimento canónico com a seguinte justificação: «Composto por rapazes cheios de fé e obedientes à Santa Igreja, o Instituto será um poderoso elemento de cristianização, um órgão de formação e elites católicas e um instrumento de combate.»[115]

Tudo isto, além de prenunciar futuras aproximações políticas, significa para ambos o «natural e progressivo afastamento do Integralismo e uma cada vez maior identificação com o modelo cristão social corporizado em Portugal pelo autoritarismo pragmático protagonizado por Oliveira Salazar e vários dos seus companheiros políticos dos meios católicos coimbrões»[116].

Pouco depois do aparecimento da *Ordem Nova*, em abril de 1926 é inaugurado o Instituto António Sardinha que, segundo a declaração que antecedia os respetivos boletins de inscrição, se definia como «um centro de estudos nacionalistas destinado a fomentar o desenvolvimento e a expansão das doutrinas a que António Sardinha deu o melhor da sua inteligência e da sua atividade». A iniciativa partira da Junta Central do Integralismo Lusitano e nos órgãos diretivos apareciam Domingos Gusmão de Araújo, um integralista das primeiras horas, e Manuel Múrias, que assumira a direção da *Nação Portuguesa*, depois da morte de António Sardinha, como Presidente e Vice-presidente, respetivamente; Theotónio Pereira e Marcello Caetano, como 1.º e 2.º secretários; e, como vogais, José Maria Ribeiro da Silva, Francisco Beliz e António Rodrigues Cavalheiro.

O Instituto terá uma vida efémera e atribulada. Foi encerrado pelas autoridades em finais de fevereiro de 1927, pela aplicação do decreto n.º 13 138, de 15 do mesmo mês, que dissolvia não só as forças do Exército e da GNR que tinham tomado parte nos movimentos revolucionários, mas também todos os centros políticos e associações de qualquer natureza que, direta ou indiretamente, estivessem implicados na preparação ou na execução do movimento insurrecional contra a Ditadura Militar ocorrido nas duas primeiras semanas do mês. Parece que, de facto, pelo menos, um dos diretores do Instituto estivera implicado, mas, segundo os seus membros, «para o sufocar, batendo-se voluntariamente ao lado do Governo». O certo é que, em finais de abril, o Instituto mantinha-se encerrado, enquanto outros centros tinham sido reabertos e a sede da *Seara Nova* nem sequer fora alvo de qualquer medida restritiva[117].

Por outro lado, o Instituto teria ficado sob vigilância a partir de uma conferência pronunciada por Marcello Caetano, no dia 1 de dezembro de 1926, na sede da Juventude Católica de Lisboa, intitulada «A Restauração de Portugal», na qual teria cometido dois «crimes»: em primeiro lugar – e *dentro do maior rigor histórico*, note-se – afirmou:

Nem a dominação espanhola foi para nós um cativeiro em todos os 60 anos que durou, nem o rei Filipe II «usurpou» a coroa de Portugal! [...]

A verdade [...] é que Filipe II de Espanha constituía em 1580 a única solução legítima e a única solução consentânea com os interesses nacionais.[118]

A conferência provocou polémica, alvoroçou os meios intelectuais e políticos, e levantou contra ela e contra o seu autor, entre outros que vieram a terreiro, o conselheiro Fernando de Sousa, nas páginas de *A Época*, e a Sociedade Histórica da Independência de Portugal, que fora fundada em 1861 «como reação ao sentimento iberista que grassava em largos setores da sociedade portuguesa»[119].

Em segundo lugar, além da rutura com a «verdade instituída» sobre a usurpação filipina – ainda por cima numa data tão emblemática e solene como a das comemorações da independência de Portugal –, restava outra acusação, porventura mais grave: a da «traição» consubstanciada no iberismo ou, dito de outra forma, a da defesa de uma pretensa unificação entre as duas nações, que não poderia significar senão a absorção de Portugal pela Espanha, questão atávica no seio da cultura política portuguesa, que mantinha o permanente sobressalto do «perigo espanhol». Refira-se, de passagem, que este «perigo» se manteve ao longo dos anos, constituindo mesmo um dos pilares da política externa portuguesa de Salazar e do seu ministro dos Negócios Estrangeiros, Franco Nogueira, o qual, comentando a investidura de Marcello Caetano, já então Presidente do Conselho, como Doutor *Honoris Causa* pela Universidade de Santiago de Compostela, em setembro de 1970, o criticará pela «ausência de afirmações claras quanto à dualidade peninsular» deixando «pairar alguma ambiguidade sobre as relações que [...] pretenderia imprimir às relações luso-espanholas»[120].

Com Fernando de Sousa, a questão focou resolvida, depois de «uma troca de explicações»[121]. A reação contra os homens da Sociedade Histórica da Independência de Portugal, a que na altura presidia o coronel Francisco de Sales Ramos da Fonseca, e que Caetano apelida de «gansos do Capitólio do Largo de S. Domingos»[122], foi mais violenta, provocando uma «Nota mensal» publicada no último número da *Ordem Nova*, escrita bem ao estilo sarcástico e agressivo de Marcello Caetano.

Ex.mo Senhor Presidente da Comissão Central 1.º de Dezembro, hoje Sociedade Histórica da Independência de Portugal:

O abaixo assinado é Diretor do Instituto António Sardinha e o único responsável pela ignominiosa acusação que, por instigações de V. Ex.ª, pesa sobre esse Centro de estudos nacionalistas.

De facto, o signatário teve a ousadia inqualificável de, publicamente, romper com o lugar-comum de que V. Ex.ᵃˢ são mui dignos guardiães, num discurso que proferiu no dia 1 de dezembro de 1926.

Não ignora ele a fealdade do seu crime, antes reconhece que todo o Código Penal se ergue em bloco para o infamar. Trata-se, indubitavelmente, de um crime contra as pessoas, por ter havido atentado contra a imobilidade intelectual de V. Ex.ᵃˢ, de um crime contra a propriedade, por ter lesado um património da banalidade que V. Ex.ᵃˢ fizeram seu, de um crime contra a segurança do Estado, por existir conjura cavilosa e secreta contra a independência nacional e, além disso, de um crime contra a ordem e tranquilidade públicas e de uma clara e arrojada provocação, seguida de perniciosos efeitos.

Nestas condições e considerando que é altura de proporcionar a V. Ex.ᵃˢ uma ocasião de serem coerentes com a tolerância, a liberdade de pensamento e a liberdade de consciência que V. Ex.ᵃˢ pregam e defendem;

considerando que é inadmissível que seja quem for tente manifestar por forma tão chocante, espírito crítico, saúde mental e desassombro;

considerando que é imoral a ofensa ao lugar-comum;

considerando que é indecente e atentatório contra a independência nacional o amor à verdade, o espírito desapaixonado e a serenidade no julgamento;

considerando que todo o bom patriota deve odiar rancorosamente a Espanha, sob pena de traição;

considerando que é indispensável e urgente a instituição em Portugal da muralha da China;

e considerando muito mais coisas igualmente consideráveis;

o suplicante requer a V. Ex.ª para que essa Comissão sempre zelosa da integridade nacional e do bem pátrio, use dos meios legais para o punir por tão nefastos e miseráveis delitos com todo o rigor da lei confessando-se desde já réu contumaz e tredo vilão.

E. R. J.

Lisboa, 25 de fevereiro de 1927

Marcello José das Neves Alves Caetano.

Para que não restassem dúvidas, o jovem finalista de Direito publicara, em dezembro, uma declaração formal em que afirma o seu nacionalismo, repudiando «qualquer combinação política entre as duas nações peninsulares tendo por objetivo constituir uma "União Ibérica"», confessando-se, no entanto, um «grande admirador da Espanha, e, principalmente da cultura espanhola; partidário de uma aliança peninsular tal como a queria António Sardinha; mas português acima de tudo, conscientemente português, devotadamente português.»[123]

O Instituto António Sardinha acabou por ser dissolvido, por iniciativa de Pedro Theotónio Pereira e Marcello Caetano, que na circunstância representavam toda a direção, em março de 1929, rompendo definitivamente com a Junta Central do Integralismo Lusitano e com as suas reservas acerca da evolução da situação política da Ditadura Militar. Consuma-se assim o afastamento da 2.ª geração integralista, iniciado em 1927[124], que resultava não só do desaparecimento de António Sardinha, que fora, de 1922 a 1925, o cimento aglutinador daquela corrente nacionalista, mas sobretudo do facto de «se constituírem num núcleo de figuras que criaram laços que lhes permitiram constituir no seio da Ditadura Militar e, mais tarde, do salazarismo, num curto espaço de tempo, uma pequena fação organizada que regularmente demonstrou ser necessário ter em conta»[125].

6

«INESQUECÍVEL MESTRE»

A morte prematura de António Sardinha, a 10 de janeiro de 1925, deixa os jovens membros da segunda geração integralista entregues a uma orfandade política da qual nunca conseguiram libertar-se, como se no féretro depositado no jazigo do cemitério de Monforte, além dos restos mortais do autor de *Ao Princípio Era o Verbo*, tivesse ficado encerrado o que restava do Integralismo Lusitano.

Por muito intenso que tenha sido o fascínio pessoal e a influência intelectual de António Sardinha em Marcello Caetano, confessados por este nas já citadas páginas de *Problemas da Revolução Corporativa*, não existiu, de facto, uma proximidade efetiva e «qualquer contacto entre os dois terá sido mínimo»[126], ao contrário do que acontecia com Theotónio Pereira, esse sim, amigo íntimo, com quem se correspondia frequentemente, e que acorreu ao leito do moribundo logo que soube da gravidade da doença, integrando o «número restrito de amigos políticos e pessoais que consolou e acompanhou o «Mestre» nos derradeiros momentos de vida»[127]. Marcello, então com 19 anos, aluno do 3.º ano e membro da direção da Associação da Faculdade de Direito de Lisboa, teve de limitar-se a escrever e assinar, em nome desta, a carta de condolências à viúva, «numa letra aplicada e redonda», na qual «afirmava pela primeira, mas não pela última vez, a sua admiração nunca desmentida por aquele a quem, em carta a Ana Júlia, datada de 1927, chamaria o "inesquecível mestre"»[128]. Um mestre que, depois do fracasso da tentativa restauracionista da monarquia em 1919 e do exílio subsequente, e, sobretudo, após a cisão ocorrida nas hostes integralistas, em 1922, se fixara na sua Quinta do Bispo, em Elvas, a cujo município presidia, e de onde, periodicamente, subia a Lisboa, hospedando-se no Hotel Borges, na Rua Garrett, bem rente à «Brasileira do Chiado», onde tomava café e, por certo, acolhia aquele grupo de jovens discípulos, todos na casa dos vinte e poucos anos, em que se contavam, para citar apenas aqueles que mais tarde vieram a aderir e a colaborar ativamente com Salazar na edificação e consolidação do Estado Novo, Rodrigues Cavalheiro, Theotónio Pereira, Manuel Múrias e Rui de Sá Carneiro*. Marcello Caetano, que andaria então pelos 18 anos, não pertencia ao grupo dos eleitos de Sardinha, nem nunca viria a pertencer, dada a morte precoce do Mestre. Segundo Rodrigues Cavalheiro, fazia parte de uma lista que este preparava para «lançar na batalha»[129], na qual, além dele, constavam os nomes de João Ameal e António Júlio de Castro Fernandes, entre vários outros que não vieram a ter notoriedade política**. Marcello era, portanto, ainda um militante de segunda linha, como aliás é reconhecido pelo seu amigo Pedro Theotónio, numa carta escrita em setembro de 1924: «Vamos ter um inverno de trabalho intenso e você tem que ganhar, meu velho Marcelo, as suas esporas de ouro. Tenho uma sincera esperança no seu valor e no seu futuro. Pense sempre no entanto, quanto temos de lutar com nós mesmos!»[130]

Além dos estudos, Marcello Caetano, mantinha uma postura de ativista político, sobretudo a nível intelectual e teórico. Não tendo sido nunca um homem de ação, deve ser visto como um intelectual, que teorizava e comentava os acontecimentos à luz de princípios ideológicos em que ressaltavam o catolicismo, mais do que o integralismo. Com efeito, a avaliar pelos seus escritos e intervenções públicas, Marcello, «tanto ou mais do que um integralista, era católico e monárquico»[131].

Marcello chegou ao Integralismo Lusitano, simultaneamente, demasiado cedo e demasiado tarde. Demasiado cedo, porque era ainda um jovem adolescente de 16 anos quanto, ao entrar para a Universidade, em 1922, toma um contacto mais direto com aquele movimento político-ideológico, onde outros, como Theotónio Pereira e Rodrigues Cavalheiro já se destacavam, restando-lhe o papel de neófito; demasiado tarde, porque, quando podia cimentar e consolidar a sua militância e os confessados ímpetos de ação, já o Integralismo se encontrava em acentuada decadência, iniciada com a frustrada tentativa de restauração da Monar-

---

* Rodrigues Cavalheiro e Manuel Múrias estrear-se-ão como deputados à Assembleia Nacional na III Legislatura (1942-1945); Pedro Theotónio Pereira será Subsecretário de Estado das Corporações no primeiro governo do Estado Novo, empossado a 11 de abril de 1933; Rui de Sá Carneiro será Diretor Geral do Fomento Colonial e Secretário Geral do Ministério das Colónias durante o mandato ministerial de Francisco José Vieira Machado.

** João Ameal será deputado à Assembleia Nacional na III Legislatura (1942-1945); Castro Fernandes e Marcello Caetano serão procuradores à Câmara Corporativa logo na I Legislatura (1935-1938).

quia (1919) e tornada irreversível com a cisão das hostes monárquicas decorrentes do Pacto de Paris (1922).

Em 1925, Marcello inicia uma colaboração, que será longa e durará pelo menos até 1932, na *Nação Portuguesa*, à data dirigida por Manuel Múrias, onde, como noutras revistas e periódicos, publicou textos de história, comentário e teoria política, e ainda crítica literária, patenteando uma cultura vasta e abrangente que fará dele um dos casos notáveis e um dos políticos mais proeminentes do Estado Novo de Salazar.

Mas a partir de certa altura, a revista «parecia a muitos desses rapazes excessivamente comedida e pacata para a luta a que se haviam lançado», afigurando-se a esta segunda geração integralista «demasiado pacífica e académica»[132]. É neste contexto que, em março de 1926, surge a *Ordem Nova*, um «título que tinha sido sugerido por Sardinha numa carta» a Albano de Magalhães[133], a qual se autodefine, «belicosamente» – o adjetivo é de Marcello Caetano – como uma

> Revista antimoderna, antiliberal, antidemocrática, antiburguesa e antibolchevista. Contrarrevolucionária; reacionária; católica, apostólica e romana; monárquica; intolerante e intransigente; insolidária com escritores, jornalistas e quaisquer profissionais das letras, das artes e da imprensa.

No «Boletim de inscrição», distribuído durante a campanha prévia ao lançamento da revista, esta é apresentada como se abrangesse toda a comunidade universitária do País, aparecendo como redatores-fundadores: «Marcello Caetano – Da Universidade de Lisboa, Artur Marques de Carvalho – Da Universidade do Porto e Albano Pereira Dias de Magalhães – Da Universidade de Coimbra». É editor e administrador Fernando Correia Santos, e a sede da administração é na Rua dos Militares, n.º 30, em Coimbra[134].

No entanto, quando sai o primeiro número, em março de 1926, os fundadores ficam reduzidos aos dois «representantes» de Coimbra e de Lisboa, o que aliás se compagina com a história da *Ordem Nova*, feita por Marcello Caetano no artigo de despedida da publicação, no qual afirma que esta partiu «de uma antiga ideia em que nos encontramos, eu e Albano de Magalhães» e que teve como «padrinhos» em Lisboa, Pedro Theotónio Pereira e Adriano Pimenta da Gama[135].

Para além de Theotónio Pereira, foram vários os colaboradores, militantes da direita radical, entre os quais Nuno de Montemor, Domingos Gusmão de Araújo, Manuel Múrias, Rodrigues Cavalheiro, Ângelo

César, o tenente José Ribeiro da Silva, Adriano Pimenta da Gama, Leão Ramos Ascenção e ainda os padres Meira de Lima e o jesuíta Durão Alves[136].

A revista abre com um longo texto intitulado «Anunciação»[137], título por certo inspirado no artigo da abertura do segundo número da revista *Alma Portuguesa*[138], da autoria de Luís de Almeida Braga, em que pela primeira vez aparece a expressão «Integralismo lusitano»[139], e retomado no primeiro número da *Nação Portuguesa*, saído no ano seguinte[140], precisamente aquele em que é publicado o «Programa Integralista», baseado na «monarquia orgânica, tradicionalista, antiparlamentar». É como se para os seus autores – Marcello Caetano e Theotónio Pereira – se tratasse de uma refundação do Integralismo Lusitano que, morto António Sardinha, caminhava inexoravelmente para o fim, perdendo toda a dinâmica de ação política.

O artigo inicia-se com uma citação da Epístola do apóstolo Paulo aos Romanos – «Não queirais conformar-vos com este século» – cujas palavras «são ainda hoje a declaração de guerra que nós fazemos ao mundo moderno», caracterizado pela degenerescência total e absoluta, em parágrafos gongóricos, em que se fala de «corpos podres» e «almas dormindo», de «homens em quem a dignidade viril cedeu lugar a uma relaxação torpe feita de falsetes na voz» e «mulheres prostituindo-se, oferecendo os corpos desnudos a quem os quer ver», de «americanismos soezes ecos de batuques dos antepassados da Libéria, exotismos idiotas dum oriente de caixas de xarão, fumos dum ópio fabricado nas boticas de Montmarte», da «indisciplina completa, confusão turbulenta no campo das ciências e da filosofia»:

> Não nos iludamos: esta sociedade que contempla embevecida as últimas conquistas científicas, que goza a rebolar-se na comodidade dos «maples» as maravilhas dos aviões e da telefonia sem fio, esta sociedade que procura aflita quatro membros para se atirar às upas na carreira poeirenta do ginete do Progresso, esta sociedade sem senso moral, feita de novos inconscientes ou pedantes e de velhos de um caquetismo precoce, esta sociedade de judeus ávidos, com um olho sempre no cofre forte e o outro na face de António espreitando o momento de lhe tirar as duas onças de carne, esta sociedade de gente facilmente enriquecida, de filósofos amorais, de literatos pretensiosos ou cabotinos, de moços sem ideais, de mulheres sem pudor e de profissionais sem profissão, de homens cúpidos, gananciosos, ignorantes e cretinos; esta sociedade não ouve verdades que lhe não sejam ditas em voz bem alta, não

recebe reclamações que não lhe sejam feitas ao som de canhões, não atende pedidos senão quando se vê perdida e busca aflita por qualquer preço de uma tábua de salvação!

E mais adiante:

> Será preciso que apontemos o drama que se desenrola pelo mundo fora no governo dos povos? Será preciso que revivamos mais uma vez essa tragédia baixa, sem grandeza e com cenas de mágica-bufa que tem sido a democracia com as suas mentiras danosas e sangrentas – o sufrágio universal, a soberania nacional, o parlamentarismo, a opinião pública?

A grande responsável pelo apocalíptico estado de coisas assim retratado era a burguesia, classe a que, anos depois, Marcello colaria o adjetivo de «estúpida», classificação que manterá e vincará, sobretudo nos anos terminais da sua carreira política, depois de atingido o topo do Poder, e de que agora, nos estertores de uma República precoce e jacobina, que não soubera construir o país novo que alimentara muitas esperanças e apoios, deixa um retrato demolidor:

> Sim! São anti-humanos esses burgueses asquerosos que tranquila e comodamente se instalaram na vida e que agora a vêem passar, só perturbados pela leitura sobressaltada dos jornais das cotações da bolsa e das alterações da ordem pública, que amam só o imediato, [...] racionalistas ignorantes ou católicos com medo do Inferno, (disfarçado, já se vê, para não parecer mal), que respeitam todas as opiniões e não são pelo que eles chamam os exageros – *est modus in rebus!* – que fazem concessões nos dogmas e restrições na crença. Gente sem fé, sem ideal, sem elevação, preocupada apenas com as suas doenças gástricas e só desejando que não perturbem o aconchego do cobertor de papa e da botija elétrica; funcionários públicos que nunca souberam o que fosse autoiniciativa, assegurado o ordenado certo, mal puderam acolher-se à sombra protetora do Estado, – espécie de ama recém-chegada da província [...].

Contra esta burguesia, decadente e amorfa, propõem um novo modelo, decalcado sobre a hierarquização elitista da doutrina integralista:

> [...] nós queremos [uma burguesia] formada de elites, classe social bem definida mas ativamente colaboradora das classes inferiores quer nos meste-

res, quer na finança, quer na burocracia, classe de dirigentes próximos orientada e dirigida superiormente pelo escol intelectual e moral da nação – a nobreza rural, a Igreja, a tradição e a Inteligência!

Como corolário, defendem um regime assente na «ordem», trecho em que ecoam as pulsões autoritárias que se vinham manifestando pela Europa ao longo primeira metade da década de 1920: na Itália, em outubro de 1922, Mussolini, «Chefe» do Partido Nacional Fascista, realiza a «Marcha sobre Roma» e é nomeado presidente do Conselho; em setembro do ano seguinte, em Espanha, na sequência de um pronunciamento militar, Primo de Rivera instaura um regime ditatorial e autoritário de direita; o mesmo acontecendo na Grécia, a 25 de junho de 1925, pela mão do general Pangolos; e, davam-se os primeiros passos para a nazificação da Alemanha com a publicação do *Mein Kampf*, de Hitler, ocorrida em abril desse ano.

> Por toda a parte o clamor se ergue pedindo um chefe. Entoa-se pela Europa fora o elogio da Autoridade. Reconhecida a gravidade do momento requer-se que no cortejo que passa o chefe seja precedido do fascio símbolo da justiça, no qual o machado simboliza o *jus vitae et necis*.

A Ordem Nova é definida como «a ordem humana, a ordem natural, a ordem divina, a única ordem», e é «em nome do que é humano» que se assumem como católicos e monárquicos.

> Monárquicos somos e é bom que claramente fique assente que o somos por uma forma integral e completa. Somos contrarrevolucionários e vemos na reação o único remédio para o nosso mal. Monárquicos [...] porque queremos um Rei que reine e tenha a obrigação de governar, um Rei que reine embora não administre, que seja verdadeiramente o chefe, chefe económico, chefe político, chefe nacional. Um Rei que com o seu poder concentrado, rodeado pelas suas elites, assistido pelos conselhos técnicos, aconselhado pelas Cortes gerais, seja, parafraseando a fase de Maurras – o chefe das repúblicas portuguesas.

Apesar da agressividade do texto, uma litania em que se repetem todos os lugares-comuns do radicalismo da direita, naquele período histórico, sobre os princípios liberais – a democracia, o sufrágio universal, a soberania nacional, o parlamentarismo e a opinião pública –, e em que sobressai um profundo pessimismo ontológico de tom hobbesiano e uma crítica cerrada e implacável à burguesia, os restantes textos são, por via de regra, inócuos e não se distinguem particularmente dos conteúdos teóricos da *Nação Portuguesa*, que pretenderia ultrapassar. Segundo os objetivos dos seus fundadores, a *Ordem Nova* «seria qualquer coisa de novo e de audaz, em que procuraríamos pôr mocidade, com a sua licença irreverente e cáustica, com o seu riso claro e a sua força enérgica e decidida»[141]. Mas, afinal, verifica-se que não passou de mais um título, fugaz e irrelevante do ponto da vista da influência na marcha da política, em que os seus colaboradores repetiram o que escreviam noutros periódicos e na qual se afirmaram princípios, nomeadamente por parte de Marcello Caetano – «Monárquicos somos e bom é que claramente fique assente que o somos por uma forma integral e completa»[142] –, que em breve seriam esquecidos...

7
«DECIDIDAMENTE ESTAVA-SE EM PLENA REVOLUÇÃO!»

No dia 28 de maio de 1926, é desencadeado o golpe militar que derruba a Primeira República. Não se tratou «apenas uma intervenção militar de tipo pretoriano na vida política», mas resultou da vontade de «uma coligação heterogénea de militares com o apoio de diversos partidos e grupos de pressão», ou seja, um exército dividido e politizado, fundamentalmente a partir da intervenção portuguesa na Grande Guerra, no interior da qual coexistiam fações organizadas «que iam desde os republicanos conservadores, aos católicos-sociais e à extrema-direita, integralistas e correspondentes apêndices fascistas»[143], e remete para a crise de legitimidade da República proclamada em 1910, a qual, revolteando-se nas suas próprias contradições, se mostrava incapaz de resolver a grave situação em que o País mergulhara, congraçando contra si quase todos os setores da sociedade portuguesa.

Na extrema-direita, os integralistas e os setores católicos que frequentavam a redação de *A Época*, sob a égide de Fernando de Sousa, reclamando o regresso da monarquia absolutista, católica, apostólica e romana, e das suas instituições, segundo o modelo feudal, com repúdio de todo o sistema liberal, sobretudo do sistema parlamentar, que tinha subjacente os partidos políticos, apontados como causadores de todos os males; depois os católicos agrupados no Centro Católico, em que pontificava Salazar e o seu grupo, que abandonara a questão do regime e se concentrava no catolicismo social emanado das encíclicas papais, sobretudo da *Rerum Novarum* de Leão XIII, publicada em 1891, mantendo-se intransigentes na defesa dos direitos da Igreja contra o jacobinismo republicano; a seguir os republicanos conservadores, que defendiam a reforma do regime, através de um parlamentarismo moderado, mas mantendo a matriz democrática do sistema político. Além destes, até alguns setores da esquerda, exemplarmente representados pelo grupo da *Seara Nova*, clamavam contra o estado caótico a que se chegara e a ingovernabilidade do País, defendendo a reforma do pluripartidarismo por um outro tipo de representação que pusesse termo à instabilidade política sistemática, resultante do domínio absoluto do Parlamento em que dominava a obstrução parlamentar, tornando inconsistente e precária qualquer tentativa de governação.

Desta coligação negativa, resultou a Ditadura Militar que, não obstante a supressão dos partidos e o encerramento do Parlamento – supostamente, os males maiores do regime deposto –, não conseguiu resolver os problemas cuja resolução justificara a tomada do poder.

Ao contrário do seu amigo Pedro Theotónio Pereira, Marcello Caetano não tivera qualquer papel ativo no 18 de abril de 1925, que, pela primeira vez, misturava no seu programa objetivos meramente militares com outros de caráter político e social, destacando-se entre os primeiros as alterações tanto no sistema eleitoral, no sentido corporativo da representação das classes, resultantes da influência dos integralistas, como na revisão do próprio texto constitucional[144]. A sua presença também não é notada nos bastidores conspirativos do 28 de maio, apesar de frequentar assiduamente a redação de *A Época*, um dos centros mais ativos da conspiração, ao nível civil, a cujos quadros pertencia e onde amigos e correligionários manobravam e conspiravam, como testemunha Theotónio Pereira:

> Depois da morte de António Sardinha foi *A Época* que agrupou os escritores de tendência nacionalista e manteve o fogo do ataque no campo dos princípios que havia de fazer desmoronar-se o regime dos partidos e a política de ateísmo que alguns dos autores da República tinham intentado implantar em Portugal.
>
> *A Época* tornou-se o reduto das ideias que haviam de pôr em marcha o movimento nacional de 28 de maio.[145]

Nas suas «Memórias» Marcello Caetano refere-se apenas de passagem ao golpe, e exclusivamente para apontar as suas causas. E sobre o período que medeia entre o 28 de maio e o mês de abril de 1928, data em que Salazar assume a pasta das Finanças, também pouco diz, embora confesse:

> Tomei parte em muitas reuniões e conciliábulos dos primeiros tempos da Ditadura Militar. Assisti ao fazer e desfazer de muitos planos e programas. Vi surgir e desaparecer muitos homens que se julgavam providenciais. Cheguei a descrer de que, por falta de ideias assentes e de comando firme, se fosse até ao fim.[146]

No início do outono de 1926, Marcello Caetano, então aluno finalista do Curso de Direito, foi um dos impulsionadores da greve académica contra a inscrição obrigatória na então recém-criada Ordem dos Advogados para a prática da advocacia, precedida de um estágio de 18 meses, «em condições vexatórias e desprimorosas, não só para os estudantes como para os mestres que os ensinaram», segundo um comunicado redigido por ele próprio[147].

Em junho de 1927, em vésperas de fazer 21 anos, termina a licenciatura com a elevada classificação de 18 valores, abrindo-se-lhe as portas para os voos mais altos na carreira universitária.

Terminado o curso, Marcello Caetano começa a ficar preocupado, porque tem de fazer pela vida. É certo que mantinha a sua atividade jornalística e continuava a dar explicações, o que, se era mais do que suficiente para as suas necessidades, não constituía um ponto de partida consistente para o seu projeto de vida, já então definido: «concorrer um dia a professor da Faculdade»[148]. Para tanto, teria de fazer o doutoramento e este consistia na redação e defesa de uma dissertação impressa, realizações que não eram muito compatíveis com a atividade de jornalista: «O jornal tirava-me muito tempo e, sobretudo, dispersava-me.»[149]

Nestas circunstâncias, aceita «levianamente» – a expressão é sua – concorrer ao lugar de oficial do Registo Civil de Óbidos. A notícia da vaga fora-lhe trazida pelo ajudante daquela repartição, que procurava manter-se nas funções, lugar que via ameaçado, pedindo-lhe que salvasse o pão de um chefe de família. Ele trataria de tudo, desde as formalidades burocráticas aos papéis necessários.

> Ao ouvir isto, sentia-me profundamente lisonjeado e importante. Com a minha classificação universitária eu podia valer a uma família! E sem pensar mais no caso, tendo ouvido sempre dizer que aqueles lugares eram sinecuras deixadas pelos titulares aos cuidados dos ajudantes, ignorando mesmo onde ficava, ao certo, Óbidos, disse condescendentemente que sim. [...]
>
> Assinei o requerimento que o interessado me trouxe e não pensei mais no caso. Até ao dia em que comecei a ser procurado por pessoas de Óbidos, a cumprimentar-me pela nomeação e a interessar-se por candidatos ao lugar de ajudante, não deixando de denegrir para o efeito o atual ajudante, com quem me comprometera levianamente, sem saber nada a seu respeito.[150]

Dada a alta média obtida no curso, ganhou o concurso e foi nomeado oficial do Registo Civil de Óbidos, a 20 de dezembro de 1927. A partir de

27 de julho de 1928, desempenhará também as funções de Subdelegado do Procurador da República na Comarca das Caldas da Rainha.

Com 21 anos, Marcello Caetano vê-se, pela primeira vez, a viver sozinho durante alguns meses, entre 1928 e 1929.

Quando chegou a Óbidos, nesse final de ano de 1927, a vila «vegetava na mais triste decadência»[151]. Cerca de um ano depois, num artigo publicado na *Nação Portuguesa*[152], depois de historiar o papel importante que Óbidos desempenhara até ao século XIX, conclui que esta decadência resultara da emergência do liberalismo:

> O sol da liberdade raiou. A populaça invadiu o castelo, o paço, as venerandas torres, e proclamou a independência no meio da consternação dos melhores. Era a vida nova. E com o alcaide-mor foram-se as honras, proeminências, dignidades, prerrogativas e franquias locais... Ao fausto sucedeu-se o apagamento total. À grandeza a decadência.

Por esta altura, já Marcello Caetano tinha pedido Teresa de Barros em casamento. Como vimos, a aproximação à família de João de Barros fez-se através da amizade estabelecida com o seu filho Henrique, no Liceu Camões; vimos também que o ambiente em que vivia e se movia aquela família, bem distinto, para não dizer nos antípodas do da sua, seduziu desde cedo o jovem Marcello, que continuou a frequentá-la mesmo depois de Henrique ter seguido para Agronomia, faculdade de que seria mais tarde professor catedrático, enquanto Marcello ingressava na Faculdade de Direito, onde atingiria o topo.

A personalidade de João de Barros e a sua abertura de espírito permitiram uma amizade sólida, assente no respeito mútuo e na sã convivência, não obstante os ideais políticos diametralmente opostos pelos quais militavam, podendo afirmar-se que as relações de Marcello Caetano com o sogro «foram sempre extraordinárias, refletindo-se ao longo da vida na correspondência e nas dedicatórias de livros, para além do convívio»[153]. João de Barros manteve-se sempre republicano e liberal, em torno dos respetivos ideais democráticos. Marcello, católico e monárquico, inflete cada vez mais para a direita radical, reivindicando-se dos ideais integralistas, que promoviam uma guerra sem quartel à República e ao seu ideário. Tudo indica que o que os unia era o respeito de cada um pelo valor intelectual do outro e o cuidado em separar as águas, torneando tudo o que os pudesse dividir.

Apesar de professarmos credos políticos diferentes, de pertencermos a gerações distintas e de termos as nossas relações pessoais em campos diversos [...] ligou-nos toda a vida uma profunda amizade. [...]

Não passava um dia sem que fosse a minha casa. Falávamos de literatura, trazia-me livros novos, através dele conheci escritores brasileiros [...]. Falávamos de muita coisa em que nos podíamos entender, evitando cuidadosamente tocar no que sabíamos que pudesse magoar o outro. Assim decorreram mais de trinta anos de amizade sem mácula [...] com respeito mútuo e afeição sincera, atuando em campos opostos e sem sacrifício da ação de cada um.[154]

Apesar de educada num meio republicano e laico, Teresa de Barros converteu-se ao catolicismo quando tinha 18 anos, aproximando ainda mais os dois jovens, cujo romance, não só não era contrariado pelo pai, como era acompanhado com simpatia pela mãe, Raquel Teixeira de Queirós. A única advertência que o pai lhe fez, quando ela lhes comunicou o desejo de casar, foi de ordem prática: «Ele é um rapaz muito inteligente e vai muito longe, mas se calhar vais ter de abdicar de algumas coisas para ele continuar a estudar»[155].

Entretanto, a 25 de março de 1928, Carmona é eleito Presidente da República. O integralista que, menos de dois anos antes, escrevia, indignado, contra aqueles que afirmavam que este grupo ia aderir à República, reafirmando-se monárquico, até porque «a adesão do Integralismo à República era... a negação do Integralismo!»[156], esse mesmo acaba a colaborar na campanha eleitoral, acompanhando o administrador do concelho de Óbidos «no giro da praxe a visitar os eleitores influentes para solicitar-lhes os votos»[157].

No dia 18 de abril de 1928, toma posse um novo ministério presidido pelo general José Vicente de Freitas, no qual Salazar, considerando que finalmente estavam reunidas as condições políticas que exigia – «máxima liberdade de ação, de escolha e de direção»[158] – figura como ministro das Finanças, funções a partir das quais, pela obra de saneamento das finanças públicas, a que meteu ombros, foi construído o mito[159] que a breve trecho faria dele presidente do Ministério (1930) e, com a instauração do Estado Novo, em 1933, Presidente do Conselho (1933), tornando-se, na prática, o senhor absoluto do País, que chefiou ininterruptamente até ser derrubado por uma cadeira mal segura, no final do verão de 1968. A posse de Salazar verificou-se no dia 27, porque fora necessário negociar os termos por ele impostos para assumir as funções.

Marcello Caetano continuava a exercer as funções públicas em Óbidos e nas Caldas da Rainha. Em 16 de outubro de 1928 é restaurada a Faculdade de Direito de Lisboa, com a promulgação da respetiva Lei Orgânica[160], e Marcello, de acordo com os seus objetivos e incentivado pela noiva, prepara-se para retomar os estudos, agora destinados ao doutoramento, até porque «era preciso arrancar para estabelecer a vida em termos de podermos casar»[161]. Simultaneamente, Pedro Theotónio Pereira, no regresso de um estágio na Suíça, onde se especializara em cálculo atuarial, começa a montar o Ramo Vida na Companhia de Seguros Fidelidade, em que a família tinha um peso considerável. Precisava de um chefe de contencioso e convida o seu amigo Marcello que aceita de imediato o lugar:

> A oferta caía como a sopa no mel. Aceitei logo. Ficava com as manhãs livres para as pesquisas necessárias à preparação da minha dissertação e à tarde iria à Companhia. O vencimento era pequeno, mas isso na altura pouco importava. Tanto mais que manteria o lugar em Óbidos aonde daria uma saltada de vez em quando.[162]

Os dois amigos estreitam assim uma amizade que os unia desde o tempo da Universidade, juntando as respetivas competências num projeto comum, facto que, por arrastamento, teria uma influência decisiva no percurso político de Marcello Caetano.

Ainda antes de ter entrado para o Governo, Salazar já conhecia Pedro Theotónio Pereira, que se fizera notado pela sua militância ativa nos movimentos que derrubaram a Primeira República e pela constante intervenção nos jornais, onde publicara inúmeros artigos, não só de conteúdo político, mas também de caráter técnico. Entre estes últimos, destacava-se uma série saída no jornal *Novidades*, sobre seguros sociais e seguros em geral, que o primeiro tinha lido com agrado, facto que transmitiu ao segundo, ficando «assente que nos encontraríamos por ocasião da sua próxima vinda a Lisboa»[163].

A evolução dos acontecimentos políticos determinou que essa descida de Salazar à capital resultasse da sua integração no rol dos ministros do quarto ministério da Ditadura Militar.

Na noite do próprio dia em que tomou posse, o novo ministro das Finanças, a seu pedido, tem uma longa conversa com Pedro Theotónio Pereira, na casa do amigo comum, Joaquim Dinis da Fonseca, da qual nasce uma colaboração que se prolongará por muitos anos e que fará de Theotónio um dos seus homens de confiança.

Aí estava Salazar sozinho. Não havia nenhum partido à sua volta, nem apaniguados, nem amigos políticos condicionando o seu apoio. Nem grupos, nem postulantes, nem destes impacientes aventureiros que se atrelam por toda a parte ao carro do vencedor.

Nem sequer tinha família consigo porque vivera sempre só. Salazar começava assim o seu labor no Governo com uma conversa quase de trabalho [...], sentando, sempre que podia, do outro lado da mesa, não propriamente um correligionário nem um membro do seu partido – que não existia –, mas um amigo que pudesse ser útil.[164]

Segundo as memórias do visitante, escritas mais de quatro dezenas de anos depois, a entrevista, ao que tudo indica da iniciativa de Salazar, destinava-se sobretudo a pedir apoio técnico para a reforma dos seguros sociais e para a atualização da lei de seguros de João Franco, datada de 1907, que condicionava as atividades seguradoras.

Parece pouco provável que a preocupação imediata de Salazar, no dia da posse, fosse a reforma dos seguros. A entrevista terá obedecido a razões ideológicas, políticas e técnicas: o novo ministro das Finanças terá pretendido sobretudo sensibilizar e sondar uma nova geração que despontava, desafiando-a para colaborar na construção da nova ordem política que tinha em mente; por outro lado, resultava da «necessidade de se rodear de técnicos capazes que com ele colaborassem nas respetivas áreas de especialidade»[165].

A par das medidas tendentes ao saneamento das finanças públicas do País, que eram sem dúvida a grande prioridade de Salazar, este viera encontrar em estado relativamente adiantado um projeto da autoria do ministro que o precedera nas funções, Sinel de Cordes, que nacionalizava os resseguros, tendo decidido aproveitar a oportunidade para proceder a uma revisão das atividades seguradoras, libertando-as da tutela do Estado. Tal como prometera, Salazar chama Theotónio Pereira para o assessorar na matéria e passam a reunir frequentemente para estudar o assunto.

Colaborador direto do último, na Fidelidade, Marcello sugere-lhe que apresente, logo à partida, um trabalho tecnicamente perfeito:

A minha opinião foi logo que seria preferível o Pedro apresentar projetos já redigidos com as melhores soluções, o que permitiria que as estudássemos e discutíssemos primeiro entre nós, levando ele depois de bem sabidas as razões em que se fundamentavam.[166]

Desta forma, Marcello Caetano aproximava-se do círculo próximo do homem forte das Finanças, já que o rigor jurídico das propostas que lhe eram apresentadas, de todo ausentes das competências profissionais e académicas de Theotónio, não deixaria de ser notado por Salazar, que não tardou a perguntar-lhe quem é que o assistia nestas matérias jurídicas. Informado sobre o seu nome e dadas «informações pormenorizadas» a seu respeito, Salazar ordenou: «Mande-mo a minha casa amanhã às dez da manhã!»[167]

No essencial, a conversa tinha um objetivo. Estava vago o lugar de auditor jurídico do Ministério das Finanças e

> Era altura de o preencher por alguém com ideias novas que reunisse à cultura jurídica a preparação económica e que pudesse auxiliar o Ministro na fase reformadora que se atravessava. Pelo que sabia a meu respeito eu servia para a função, onde também ajudaria a pôr em marcha a nova legislação de seguros cujo espírito conhecia melhor que ninguém.[168]

Marcello Caetano diz ter ficado atordoado com o convite: argumentou que tinha apenas 23 anos e, depois, com o facto de o lugar oferecido poder comprometer os trabalhos em curso para a tese de doutoramento e, consequentemente, a sua carreira universitária. Salazar que, «como depois verificaria, era indiferente às situações particulares quando queria alguma coisa de alguém»[169], desvalorizou as objeções. E, no dia 13 de novembro de 1929, Marcello Caetano toma posse das funções, subindo assim o primeiro degrau de uma escada que o conduziria ao topo do Poder. E fá-lo com um indubitável sentimento da satisfação e indisfarçável orgulho:

> O Auditor único daquele Ministério, o mais importante desde sempre da Administração Pública portuguesa, com 23 anos!
>
> Decididamente, estava-se em plena Revolução![170]

PARTE II

Educador e Apóstolo

1

«SECRETARIEI-O NESSE TRABALHO, NO MEIO DE GRANDE SIGILO»

Em agosto de 1930, Marcello Caetano casa com Teresa de Barros, consumando o longo romance remotamente iniciado nos tempos em que era aluno do liceu Camões e colega do irmão desta, Henrique de Barros, que o introduziu no círculo daquela família enorme, que formava «uma comunidade imensa, que mantinha laços de grande afetividade e uma grande proximidade física»[171], permitindo-lhe a inserção nos círculos de uma classe média alta, de que a sua família de origem estava de todo afastada, e que seria determinante na sua carreira social e política.

De início, o filho do funcionário da Alfândega de Lisboa, dadas as suas origens humildes, terá sido olhado com poucas simpatias pelo clã[172]. Mas o catolicismo apologético, proclamado por Marcello numa conferência pronunciada no liceu Camões, venceu as reticências, sendo «aprovado com distinção» pelas tias maternas de Teresa, velhas e beatas, «que passaram a adorar «o rapaz» e a sua «inteligência maravilhosa», promovendo-o, de um dia para o outro, a «membro honorário da família»[173].

Esta união é feita de «contradições», um termo que estará presente em toda a vida do último Presidente do Conselho do Estado Novo. Enquanto a noiva, que mantinha pelo pai uma relação de grande proximidade, mantinha uma postura politicamente discreta, recusando «participar ao seu lado em atividades políticas, tipo comícios, explicando sempre que só não o fazia porque não queria magoar o seu pai, João de Barros»[174], Marcello guinava à direita, movimento de que são exemplos, entre muitos outros que se poderiam citar, a já referida fundação da *Ordem Nova* e a integração nos quadros da redação do jornal *A Voz*, que, como atrás se descreveu, era o diário mais conservador da imprensa católica. No entanto, segundo Miguel Caetano, «sempre a vi solidária com o meu pai em ideais e conceções sociais que tinham muito a ver com a orientação da Igreja

Católica, embora ambos tivessem uma cultura religiosa muito avançada para a época.

A explicação parece residir «na paixão» que Teresa lhe devotou ao longo de toda a vida, e enquanto as condições de saúde o permitiram, a qual, era correspondida por Marcello que, um dia, já exilado no Brasil e em finais de vida, confessou à filha Ana Maria: «Se eu me apaixonei por ela? Meu Deus, eu até ouvia cantar os passarinhos como se fosse primavera.» Aliás, este estado de alma de Marcello está bem patente no artigo sobre Óbidos que publicou na *Nação Portuguesa*[176], onde deixa estas palavras:

> Não é terra para se ver com curiosidade: é uma relíquia para contemplar com amor; não quer grosseria de maneiras, mas delicadeza de gestos; não pede exclamações de espanto, mas sim murmúrios de ternura; numa palavra, não é para turistas, é para namorados.

Fixaram residência num primeiro andar da Avenida Barbosa du Bocage, em Lisboa, na zona do Saldanha, durante cerca de três a quatro anos, de onde se mudaram para a Rua Luís Bivar e, depois, para a Rua Fernão Lopes. Mantiveram sempre um convívio assíduo com os pais de Teresa, tanto pelas visitas do patriarca da família, João de Barros, que «numa altura em que, amargurado com a vida pública, mais se refugiou nas relações familiares», «não se passava um dia sem que fosse à minha casa»[177]. Tinham uma vida discreta, limitada a um pequeno círculo de amigos e familiares, e na família imperava uma conduta quase espartana: raramente iam a restaurantes, quando saíam, mesmo a receções oficiais, regressavam a casa à meia-noite em ponto, e a hora de levantar, fosse que dia fosse, era às oito horas, prática que se manteve ao longo de toda a vida[178].

Do casamento nasceram quatro filhos: João, que seria arquiteto (1931); José Maria, licenciado em Direito (1933); Miguel (1935), também licenciado na mesma área, que viria a integrar as elites tecnocráticas e renovadoras do Marcelismo, como membro da SEDES e, depois do 25 de Abril, foi assessor de Ramalho Eanes, na presidência da República, e membro do Partido Renovador Democrático a que este dera origem; e Ana Maria, terapeuta da fala e diretora de um estabelecimento de ensino privado (1937).

Na altura do casamento, a grande preocupação de Marcello Caetano era a preparação da tese de doutoramento, que lhe ocupava todos os momentos disponíveis, que, aliás, não seriam muitos, o que lhe exigiria um esforço enorme e uma disciplina rigorosa, já que, para além das funções que desempenhava no Ministério das Finanças, mantinha o trabalho na Companhia de Seguros, de que viria a ser nomeado Diretor em 1934.

Mesmo assim, não abandonara de todo a militância política em torno do ideário em que se movia. Por exemplo, a 24 de junho de 1930, pronunciou uma conferência sobre o tema «Apologia do Espírito Ortodoxo»[179], que lhe fora sugerido por um livro de Chesterton, escritor inglês que defendia os valores cristãos contra as correntes modernas, opondo-se ao apelo que o socialismo, o relativismo, o materialismo e o ceticismo despertavam nos intelectuais europeus da primeira metade do século xx. Partindo de uma análise profundamente pessimista da crise com que se defrontava o «velho mundo» no pós-guerra de 1914-1918, o conferencista conclui que se está «a conceber uma ordem nova» que deve ser liderada pelos ocidentais, contra as ameaças que vêm do Oriente e que cabe à Igreja, cujo papel essencial na luta contra as heresias ao longo da História «enche-nos de um espanto que não está longe de se converter em gratidão e ternura», o papel de guia, porque «o problema é predominantemente espiritual: pertencem ao domínio do espírito as armas que se usam e os objetivos que se pretendem alcançar».

Tal como Salazar previra na conversa em que o convidou para as funções de auditor, Marcello Caetano depressa conseguiu compatibilizar o trabalho com os trabalhos de investigação e a redação da sua dissertação de Doutoramento, sobre o tema *A Depreciação da Moeda depois da Guerra*.

Tudo indicia que as provas públicas para a obtenção do grau de doutor não foram dos momentos mais felizes da sua da carreira universitária, aliás brilhante. Em 1961 – era ao tempo Reitor da Universidade de Lisboa –, referiu-se ao caso, embora tenha sido vago e omitisse quaisquer dados que o ligassem à sua pessoa: «Dez anos decorridos sobre os últimos doutoramentos realizados na Faculdade, teve lugar, no meio de certa agitação, uma nova prova para conquista do grau de Doutor.»[180] E, quando escreveu as suas «Memórias», publicadas em 1977, acrescentou alguns pormenores, juntando à «agitação» a relevância política: «Aquilo que noutras ocasiões seria um exame como outro qualquer, apenas destacado pela dificuldade tradicional das provas e pela raridade delas [...] transformou-se, por via das circunstâncias, em acontecimento político.»[181]

Orgulhoso e altivo como era, Marcello Caetano enjeita as suas responsabilidades nas dificuldades então experimentadas. E foram bastantes, a avaliar pela expressão que usou no sucinto relato sobre o seu doutoramento: «*Valeu-me* o último interrogatório, sobre Direito Administrativo [...]»[182]. E a partir daí constrói um cenário de vitimização, segundo o qual aparece como sujeito de uma cabala, envolvendo não apenas o arguente, mas também a imprensa de esquerda:

> No ambiente apaixonado em que se debatiam partidários e adversários da Ditadura e do Ministro, eu apareci como íntimo colaborador deste, uma espécie de seu mensageiro na Universidade, que era preciso abater.
>
> No público e no júri formavam-se partidos. O jornal República publicava reportagens de página inteira em que procurava achincalhar o candidato insinuando a sua ignorância ou estupidez. E consoante o professor arguente era favorável ou não, eu já sabia que tinha interrogatório conduzido de boa ou má fé![183]

Graças à imprensa da época é hoje possível reconstituir, no essencial, o que se passou na Sala Grande da Faculdade de Direito de Lisboa nos dias 12, 16 e 17 de junho de 1931. Foram três os jornais diários que se referiram ao acontecimento: *República*, *Diário de Notícias* e *Diário de Lisboa*.

Tradicionalmente difíceis, as provas do doutoramento iniciaram-se no dia 12 de junho de 1931, com a apresentação da dissertação pelo candidato. O arguente, Doutor Albino Vieira da Rocha[*], fez uma crítica cerrada ao texto e à respetiva apresentação. Segundo a reportagem do vespertino *República*[**], o arguente foi implacável e, porventura, demasiado duro:

---

[*] Albino Vieira da Rocha (1885-1950), advogado, professor universitário e político, licenciou-se em Direito na Faculdade de Direito da Universidade de Coimbra (1911) e, dois anos depois é nomeado professor da Faculdade de Direito de Lisboa, onde obtém o grau de doutor em 1918, e regeu as cadeiras de Finanças, Economia Política, História do Direito Português, Direitos Reais e Direito Administrativo. Foi Secretário de Estado das Finanças (1917) e em 1922, foi um dos fundadores do Partido Republicano Liberal. Após o 28 de maio adere à nova situação. Consultor jurídico da presidência do ministério (1926), juiz conselheiro do Tribunal de Contas (1930), Procurador à Câmara Corporativa (1935-1949).

[**] A única reportagem do jornal, com o título «SOBRE ECONOMIA POLITICA – Na Faculdade de Direito iniciaram-se hoje as provas do concurso para o doutoramento», foi publicada na tarde do dia 12 de junho de 1931, o primeiro dia das provas, não numa página inteira, mas à largura das duas colunas centrais da 1.ª página, ocupando menos de metade

Elogia, em primeiro lugar, o trabalho de recolha de elementos, se bem que essa recolha se deva considerar incompleta. Mas considera o trabalho apresentado como não satisfazendo as exigências legais.

A lei exige – diz o sr. dr. Vieira da Rocha – um trabalho original. E o trabalho não tem nada, absolutamente nada de original.

A crítica do sr. dr. Vieira da Rocha produz grande sensação no auditório.

E o sr. dr. Vieira da Rocha, depois, continuando a classificar como simples enumeração o trabalho, afirma que, ainda mesmo como enumeração, é incompletíssimo, pois não se fez a mais breve referência a uma multidão de doutrinas novas.

Pelo que se refere à crítica feita às doutrinas de que o doutorando lançou mão, considera-a incompletíssima.

– O sr. – diz o dr. Vieira Rocha, dirigindo-se ao concorrente – prendeu-se às doutrinas de Kaftalion. Mas esse não é um economista, é um estatístico, apenas. Limitou-se a fazer a constatação estatística dos fenómenos económicos e essa constatação apenas serve para o economista estabelecer as suas conclusões. A sua dissertação não satisfaz, portanto, porque lhe falta o requisito legal da originalidade.

O sr. M. Caeiro da Mata concede a palavra ao concorrente, que pretende defender-se da crítica que lhe foi feita.

Sobre a questão da originalidade do seu trabalho, diz que era impossível. Em vez de estabelecer uma tese alucinada, formulada meramente sobre a fantasia, preferiu – diz – lançar mão da observação de fenómenos económicos constatados e criticar as mais sólidas doutrinas já existentes.

Entre o dr. Vieira da Rocha e o concorrente, sr. Marcelo Caetano, trava-se viva discussão, que atinge, por vezes, certa dureza.

---

do espaço. Antes da descrição das provas, é feito o seu enquadramento, que justifica o relevo dado, e descrita a composição do júri: «Na Faculdade de Direito de Lisboa, realizou-se hoje o ato de prestação de provas para doutoramento, pelo antigo aluno daquela Faculdade, sr. Marcelo Caetano. / O ato despertou grande interesse, pois que, de há oito anos até agora, nenhum idêntico se realizara. [...] / O último foi o do sr. dr. Armindo Monteiro, atualmente professor, também, da Faculdade. / O ato realizou-se na sala grande da Faculdade, tendo presidido o sr. Dr. Caeiro da Mata, reitor da Universidade de Lisboa. À sua direita sentavam-se os professores, dr. Abel de Andrade, diretor da Faculdade; dr. Pinto Coelho, dr. Carneiro Pacheco, Dr. Fernando Emídio da Silva, dr. Barbosa de Magalhães e dr. Daniel Rodrigues. À esquerda, os professores, dr. Artur Montenegro, decano do corpo docente; dr. Pedro Martins, dr. Rocha Saraiva, dr. Alvares Serrão, dr. Martinho Nobre de Melo. (*República*, 12 de junho de 1931, p. 1).

MARCELLO CAETANO UMA BIOGRAFIA POLÍTICA

Finalmente, o jornal transcreve algumas opiniões expressas pelo arguente:

– O seu trabalho é o de um repórter e não o de um cientista que vem apresentar um trabalho perante a faculdade.
Depois:
– A sua crítica não é uma crítica para apresentar perante professores; é uma crítica para apresentar perante economistas de café.
No final:
– Não consigo, sr. Marcelo Caetano, desfazer a impressão que tinha, quando acabei de ler o seu trabalho, sobre a sua ignorância acerca das doutrinas a que não faz referência.

Embora cru e duro na transcrição dos atos académicos, o texto jornalístico não atenta contra a dignidade de Marcello Caetano, nem a sua qualidade de colaborador de Salazar é alguma vez referida ou sequer insinuada[184].

Pelo *Diário de Notícias*[185], ficamos a conhecer o programa das provas para os dias seguintes:

O Dr. Vieira da Rocha, professor de economia política, vai interrogar hoje sobre os seguintes pontos: Escolas económicas contemporâneas. – Os preços como índices simultâneos dos movimentos da atividade económica. – A mobilização da propriedade imóvel pelos títulos de crédito.
O Dr. Nobre de Melo, professor de Direito Administrativo, fará amanhã o seu interrogatório sobre os seguintes pontos: O Supremo Conselho de Administração Publica (Decreto n.º 18 017, de 25 de fevereiro de 1930) e a ampliação do contencioso administrativo tradicional. – Código administrativo de 18 de Março de 1842. Sua história e crítica. – Atribuições e competências dos corpos administrativos. Alterações fundamentais introduzidas de 1926-1930: sua indicação e crítica.

No dia 18, este jornal insere, numa coluna com várias notícias sobre a faculdade, a seguinte informação: «Terminaram ontem as provas de doutoramento do licenciado em Direito Marcelo Caetano, que ficou aprovado.»[186]

No mesmo dia, o *Diário de Lisboa* dá, na 5.ª página, sob a foto do novo doutor, a seguinte notícia: «Terminaram ontem na Faculdade de Direito de Lisboa as provas de doutoramento em Ciências Económicas e Políticas do sr. Dr. Marcelo Caetano, que concluiu brilhantemente a defesa da sua tese, tendo merecido do júri uma honrosa aprovação.»[187]

Para além desta imprecisão de rigor histórico no que se refere à imprensa, Marcello põe em causa a probidade intelectual do arguente, embora nunca refira o seu nome, o qual teria agido de má-fé. Em sentido oposto, defende a imparcialidade de Martinho Nobre de Melo[*] a quem coube a última parte da prova, sobre Direito Administrativo: «Valeu-me o último interrogatório, sobre Direito Administrativo, ser feito por um professor que, não sendo parcial, fez uma prova dura mas leal de que me saí o melhor possível.»[188]

Para rematar o incidente, Salazar reservava-lhe uma deceção: quando esperava «uma palavra amiga de felicitações» do seu ministro, «recebi um bilhete bastante seco de agradecimento pela oferta da dissertação com cumprimentos para o novo Doutor.»[189]

Os dois primeiros anos da Ditadura Militar caracterizaram-se pela flutuação e indefinição do poder, deixando clara a presença de inúmeras clivagens no seio do bloco que apoiou o 28 de maio, sobretudo no que se refere ao projeto político, na circunstância representadas, sumariamente, por uma ala conservadora militar que defendia a reforma das institui-ções políticas numa linha de continuidade do sistema definido pela Cons-tituição de 1911, contra a qual se levantava um setor radical que jogava tudo na rutura e insistia numa nova política assente na autoridade e na ordem.

Como resumiu Marcello Caetano, quando se deu o 28 de maio «todos sabíamos o que não queríamos»: nem «o regime demagógico em que fal-tava a autoridade ao Poder, a segurança às pessoas, a paz nas ruas e nos espíritos», nem «a ficção de um governo parlamentar em que uma classe profissional de políticos se arrogava a representação nacional para jogar um jogo de ambições e interesses do qual a Nação estava ausente», nem

---

[*] Martinho Nobre de Melo (1891-1985), professor universitário, político, diplomata e jornalista. Formado em Direito pela Universidade de Coimbra, foi professor da Facul-dade de Direito de Lisboa, onde, entre outras, regeu as cadeiras de Legislação Civil, Direito Comparado, Processos Especiais e Direito Colonial. Ministro da Justiça e dos Cul-tos (1918), dos Negócios Estrangeiros (1926). Em 1927 é um dos fundadores da organi-zação para-fascista «Liga 28 de maio». Embaixador no Brasil (1932-1946) e a partir desta data passa a dedicar-se aos negócios, ao ensino e às letras, tendo sido ainda diretor do vespertino *Diário Popular* de Lisboa (1958-1974).

«a esterilidade de uma política que agitava todos os problemas sem resolver nenhum e nos conduzira à ruína financeira, à miséria económica, à ineficácia da Administração»[190]. Contra este estado de coisas havia apenas uma ideia difusa, assente na instauração de um regime que fosse o contrário de tudo isso. «O que não acertávamos sempre era com a maneira de atingir esse desejo.»[191]

Pelo contrário, Salazar – que sabia o que queria e para onde ia –, era um homem «cheio de certezas», tanto científicas como político-religiosas: as primeiras, provinham da sua cátedra universitária, em que ensinava Finanças, e as segundas radicavam na sua fé, segundo a qual «não podia conformar-se com a ideia de que Deus tivesse abandonado o seu País: se os homens cumprissem com o seu dever segundo a natureza, não havia de faltar-lhes a graça sobrenatural»[192].

Esta análise da personalidade de Salazar, feita à distância de quatro décadas, é bastante redutora e passa ao lado da verdadeira personalidade do então ministro das Finanças que, não obstante as suas competências teóricas na área das finanças públicas e o catolicismo matricial do seu pensamento político, contava sobretudo consigo mesmo e com o grau de autoridade que conseguisse obter para conformar o sistema político à sua imagem e semelhança.

Ao assumir as funções ministeriais, Salazar inaugurou um novo estilo de governação. Pouco simpático e isolado, o ministro cortou cerce com o corrupio de políticos, militares e influentes que se sucediam nas antecâmaras do seu gabinete, reduzindo «ao mínimo a concessão de audiências pedidas pelas pessoas, chamando ele as que lhe interessava ouvir, uma de cada vez e quando chegasse a altura própria. Mesmo tratando-se de algum magnate que mencionasse questão importante a versar, ele pedia que esperasse», método que irritou muita gente[193].

> Eu próprio sofri com isso. Auditor Jurídico do Ministério, recebia por terceiras pessoas o encargo de tratar disto ou daquilo, e às vezes queria falar com o Ministro para colher um esclarecimento ou dar uma sugestão: a barreira do silêncio tolhia-me o entusiasmo. Continuo convencido de que poderia ter sido um colaborador mais útil e menos burocrático.[194]

Pode dizer-se que Marcello Caetano viu bastante frustradas as suas expectativas iniciais. Tinha-se perspetivado como um colaborador assíduo e próximo do homem que se tornava a sua última referência intelectual e política, um interveniente ativo na construção da nova ordem. Mas, afinal, restava-lhe um papel de burocrata que, com as funções de auditor, acumulava as de subinspetor em Direito, para as quais fora nomeado em 29 de novembro de 1929. Fazendo o balanço das suas relações com Salazar, à data da posse deste como Presidente do Ministério, em 5 de julho de 1932, escreveu:

> As minhas relações com ele nos quase três anos decorridos desde a minha entrada como funcionário para o Ministério das Finanças tinham sido de pouca intimidade. A expectativa que me animara de início, de ser um colaborador intensamente aproveitado, foi-se desvanecendo do com o tempo. Cheio de trabalho no meu gabinete, onde encontrei acumuladas centenas de processos atrasados e sobre o qual constantemente chovia consultas raramente recebia alguma mensagem do Ministro transmitida por um secretário. Nos dois primeiros anos de serviço apenas uma vez ou outra fui recebido por Salazar, para me ouvir sobre qualquer questão ou me encarregar de algum trabalho mais delicado, sobretudo para a redação das respostas aos recursos interpostos de atos do Ministro perante o tribunal supremo a que estava confiado o contencioso administrativo.[195]

A integração de Marcello Caetano nos quadros do Ministério das Finanças coincide com a consolidação política de Salazar, numa altura em que se adensavam as tensões no seio do governo, entre este e o grupo que defendia um regresso gradual, mas firme, à legitimidade constitucional – com destaque para o presidente do Ministério, Ivens Ferraz – e com o lançamento dos alicerces do Estado Novo.

Em finais de 1929, era já claro para que lado pendia a política. Salazar continua o seu caminho ascendente e Carmona sacrifica-lhe Ivens Ferraz, que pede a demissão coletiva do Ministério, no dia 10 de janeiro de 1930. Consciente do apoio do presidente da República, Salazar força o confronto, numa luta de que sairá numa posição cada vez mais proeminente, tornando-se o centro da decisão política, como se comprova pelo facto de a constituição do novo governo, presidido pelo general Domingos de Oliveira, ter sido feita sob a sua supervisão[196]. Neste governo, empossado a 21 de janeiro de 1930, Salazar é já, na prática, o homem forte por quem passam as grandes decisões e a orientação da política governativa, e os acontecimentos que rodearam a gorada tentativa de formação de um governo presidido pelo general Passos e Sousa evidenciam o boicote ativo do ministro das Finanças ao homem que seria a última esperança dos republicanos e espelha bem o seu ascendente sob Carmona.

Fortalecido no poder, que extravasava muito para além do seu gabinete do Ministério das Finanças, Salazar começa a delinear decisivamente o seu projeto político, porque «se até agora a sua presença no governo tem servido para travar as teses dos republicanos conservadores», neste momento «tem já certezas sobre o caminho político que a ditadura deve trilhar»[197]. Assim, no discurso que proferiu nas comemorações do 4.º aniversário do 28 de maio, depois de caracterizar a situação anterior ao golpe militar nos termos catastróficos recorrentes na retórica legitimadora da Ditadura, defende que esta «deve resolver o problema político português» através «duma obra educativa que modifique os defeitos principais da nossa formação, substitua a organização à desorganização atual e integre a Nação, toda a Nação no Estado, por meio de novo estatuto constitucional»[198].

Não restam dúvidas de que o gabinete do Ministério das Finanças se tinha tornado o centro político nevrálgico, a partir do qual era dirigida a vida do País a todos os níveis, facto de que Marcello Caetano não poderia ter deixado de se aperceber, acentuando a sua frustração, por se ver reduzido às funções burocráticas em que Salazar o mantinha, completamente à margem da intervenção e influência políticas, que o seu percurso posterior indicia ter sido um dos grandes objetivos da sua vida.

É também por esta altura que se multiplicam as referências à necessidade de preparar um texto constitucional, que desse seguimento à Ditadura Militar.

Segundo Marcello Caetano, o primeiro esboço do projeto constitucional teria sido redigido por Quirino de Jesus* e depois submetido a Salazar que o discutiu «artigo por artigo, eu diria palavra por palavra, na ausência do autor», reunindo depois em sua casa um grupo de colaboradores que trabalhou o texto[199]. António de Araújo, que estudou a fundo

---

* Quirino Avelino de Jesus (1855-1935), político e bancário, licenciou-se em Direito pela Universidade de Coimbra (1892). Embora tivesse aberto escritório de advocacia e, até 1919, fosse advogado do proprietário da mais importante fábrica de açúcar da Madeira, Harry Hinton, distinguiu-se sobretudo como funcionário superior da Caixa Geral de Depósitos. Sem nunca ter ocupado cargos de governo, não deixou por isso de se movimentar nos círculos próximos do poder, com o objetivo de o influenciar. Criou à sua volta uma imagem de «eminência parda» que estaria na retaguarda de Salazar, e quem se deveriam as bases de textos legais determinantes do Estado Novo – Ato Colonial, Estatutos da União Nacional (1930), e o projeto inicial da Constituição de 1933, cuja autoria reivindica no seu livro *Nacionalismo Português*, publicado em 1932.

a génese da Constituição Política de 1933, contesta esta sobrevalorização do papel de Quirino de Jesus, que não teria outro objetivo senão o de «menorizar o papel de Salazar, fazendo-o surgir como um títere do maquiavélico jurista madeirense»[200]. Para o autor, «o grande técnico constitucional» de que Salazar se socorreu foi Fezas Vital, «presença constante [...] quer no "primeiro ciclo" dos trabalhos constituintes [...] quer sobretudo no "segundo ciclo", ou seja, em 1933»[201]. Também Marcello Caetano corrobora esta tese, quando afirma: «O Doutor Domingos Fezas Vital, professor de Direito Constitucional em Coimbra, é o técnico que acompanha a revisão»[202].

O projeto da nova Constituição, depois de variadíssimas versões e emendas e da consulta do Conselho Político Nacional[*], ficou pronto na primavera de 1932. E no dia 28 de maio – 6.º aniversário da Ditadura Nacional – a imprensa diária publicou com grande destaque o «Projeto da Constituição Política da República Portuguesa», antecedido de um longo «Relatório», de que foi autor Pedro Theotónio Pereira, destinado a trocar por miúdos «todos os conceitos, especialmente as novidades económicas (e eram muitas!) que a Constituição comportava»; de outra maneira, podia a massa do povo não se dar conta da importância do diploma constitucional que ficaria possivelmente confinado aos cultores do Direito[203].

Marcello Caetano não deixou de estranhar, com algum desalento e amargura, o facto de ter sido o seu amigo Theotónio, que não era jurista nem até aí tivera intervenção na preparação do texto, o encarregado da redação do relatório:

> Nunca compreendi o motivo por que para redigir o relatório anteposto ao projeto resolveu afastar as pessoas que tinham colaborado até aí com ele

---

[*] O Conselho Político Nacional (CPN) foi criado pelo Decreto n.º 20 643, de 22 de dezembro de 1931. Era um organismo consultivo do Presidente da República e, segundo o seu artigo 5.º, seria ouvido em todos os assuntos de política e administração que sejam do superior interesse público no plano da reorganização do Estado, e especialmente sobre os Projetos de Constituição Política e dos Códigos Administrativo e Eleitoral e sobre a organização do regime corporativo do Estado. Era composto por membros natos e onze membros nomeados pelo Presidente da República «de entre homens públicos de superior competência». Os membros natos eram: o Presidente da República, Óscar Carmona; o Presidente do Ministério, Oliveira Salazar; o Ministro do Interior, Mário Pais de Sousa; o Presidente do Supremo Tribunal de Justiça, Eduardo de Sousa Monteiro; e o Procurador Geral da República, Francisco Góis. Para preencher os restantes lugares Carmona nomeou o coronel Passos e Sousa, os generais José Vicente de Freitas e Daniel de Sousa, o comandante Jaime Afreixo e seis civis: Oliveira Salazar, Armindo Monteiro, Manuel Rodrigues, Martinho Nobre de Melo, Mário de Figueiredo e José Alberto dos Reis.

e chamar alguém que não era jurista nem até aí participara na preparação da lei: o Dr. Pedro Teotónio Pereira. Salazar, por causa da sua conjuntivite, não podia escrever e, por não ser hábito nesse tempo, não sabia ditar. Então deu ao Pedro Teotónio a ideia do que queria e encarregou-o da redação. Estou convencido de que pretendeu evitar que alguém se arrogasse em exclusivo a colaboração nessa obra fundamental: assim foram vários a ajudá-lo, uns nisto, outros naquilo, diluindo-se no trabalho de equipa a contribuição de cada qual.[204]

A deceção é ainda mais acentuada devido ao facto de, à data, já estarem «apertados os laços entre nós, para além das simples relações de funcionário para Ministro, laços de colaboração política»[205], que resultaram das sessões de trabalho para a elaboração do projeto da Constituição:

> Algumas vezes me reteve para almoçar com ele e num dia de maio de 1932 em que concluíamos a revisão final, almoçámos e jantámos juntos. Nos intervalos conversávamos sobre os problemas nacionais, as perspetivas políticas, o modo de ser dos militares, as reformas que projetava e as dificuldades com que lutava.[206]

A diluição da contribuição individual no trabalho de equipa, para que ninguém pudesse arrogar-se do exclusivo da contribuição no projeto – explicação encontrada por Marcello Caetano para a escolha de Theotónio Pereira –, ignora outras hipóteses: por um lado, Theotónio era e sempre foi muito mais próximo de Salazar do que Marcello; por outro, é bem possível que Salazar tenha muito simplesmente considerado que este não tinha, na altura, competências políticas para o fazer. Só que este era incapaz de considerar tal hipótese. Dotado de grande inteligência, possuidor de uma vasta cultura e competentíssimo nas tarefas que lhe eram entregues, e consciente disso mesmo, considerava-se um homem superior ou, para usar uma categoria que trazia do Integralismo e que usaria constantemente, um membro do *escol*, essa classe superior que pode interpretar, e até adivinhar, a soberania nacional e sabe «dar consciência a tendências latentes, mas ignoradas ou passivas, no seio da coletividade»[207].

2

«SEREI UM HEREGE NA POLÍTICA QUE FELIZMENTE NOS REGE...»

Realizado o golpe militar de 28 de maio, desde muito cedo se perspetivou a necessidade de constituir uma ampla base de apoio que integrasse a sociedade civil nos objetivos políticos da Ditadura Militar, ainda que em termos muito difusos, e até contraditórios, que espelhavam os vários projetos das fações e grupos que procuravam canalizar em seu proveito a marcha dos acontecimentos políticos. Foi a partir de 1930, no momento em que, já sob a orientação de Salazar, se começam a delinear os contornos da nova situação política, que se deu início ao processo de lançamento da União Nacional, perspetivada como «uma Liga Patriótica [...] que reúna os bons portugueses animados da mesma fé e devoção patriótica, dispostos a apoiar a Ditadura na sublime missão de salvação e engrandecimento de Portugal»[208].

O lançamento da União Nacional, feito a 30 de julho de 1930, na sala do Conselho de Estado, reveste-se do aparato litúrgico dos grandes momentos do regime, como se se tratasse de um momento fundador – e de alguma maneira o foi – e insere-se nos atos preparatórios da nova ordem constitucional. Perante os representantes de todos os distritos e concelhos do País, o presidente do Ministério, general Domingos de Oliveira, apresenta o «Manifesto do Governo», mas é Oliveira Salazar, já na altura constituído ideólogo da Ditadura, que faz o discurso político em que descreve «os princípios fundamentais da nova ordem das coisas», salientando que «a União Nacional [...] não pode abandonar o campo meramente nacional e patriótico para se imbuir do espírito de partido, porque seria criminoso, e além de criminoso ridículo, acrescentar aos que existem, o partido... dos que não querem partidos»[209]. Termina o ministro do Interior, Lopes Mateus, que, apesar de ser o Governo quem determina os seus objetivos, a financia e a controla, insiste em definir a nova organização como independente da vida do Estado e convoca «todos os portugueses isentos de facciosismo e amigos dedicados da sua Pátria para que ingressem na União Nacional»[210].

Apesar de se ter iniciado imediatamente a sua implantação por todo o País, a respetiva formalização e institucionalização só vieram a verificar-se dois anos depois, com a aprovação dos estatutos, pelo Decreto-lei n.º 21 608, de 20 de agosto de 1932, segundo os quais esta «é uma Associação sem caráter de partido e independente do Estado, destinada a assegurar a ordem cívica [...], a defesa dos princípios consignados nestes estatutos, com pleno acatamento das instituições vigentes».

Salazar – que, depois de ter vencido todas as resistências e marginalizado a extrema-direita, atingira no mês anterior os seus objetivos ao assumir as funções de presidente do Ministério, sob o pretexto de congregar os cidadãos, independentemente da «escola política» ou da confissão religiosa –, procurava monopolizar a representação política, revertendo em seu favor o vasto e heterogéneo bloco de apoio à Ditadura e a marginalização dos setores que lhe eram desafetos[211].

Os primeiros corpos diretivos da União Nacional (UN) serão nomeados a 12 de novembro. A Comissão Central, a que Salazar presidiria até à sua extinção e substituição pela Acção Nacional Popular (1970), era composta por Bissaia Barreto, Lopes Mateus, Armindo Monteiro, Manuel Rodrigues, Antunes Guimarães, Nunes Mexia e Albino dos Reis. Na Junta Consultiva aparece Marcello Caetano, ao lado de personalidades como o general Passos e Sousa, João do Amaral, Joaquim do Amaral, José Gabriel Pinto Coelho, Mário Pais de Sousa, Mira da Silva, Carlos Santos e João Alberto Faria.

O nome de Marcello Caetano já tinha sido sugerido a Salazar para integrar a Comissão Central provisória que seria eleita em 18 de maio de 1931, por Quirino de Jesus, sendo por este referido como o «Consultor jurídico das finanças»[212]. Dos nomes sugeridos, só Marcello acaba por integrar esta Junta Consultiva, sendo «o benjamim daquele colégio de respeitáveis figuras, o único da minha geração, com grande diferença do vogal que se me seguia, o João Amaral, com mais treze anos do que eu»[213]. Com efeito, com 26 anos de idade, num grupo em que a média de idades era de 41 anos, tratava-se do mais novo de todos, devendo apenas retificar-se o facto de o membro que se lhe seguia ser Joaquim do Amaral, que tinha 36 anos. Marcello dava assim um segundo passo em direção à integração das elites políticas do novo sistema político, que começava a materializar-se, numa altura em que «já estavam apertados os laços entre nós [Salazar e Caetano], para além das simples relações de funcionário para Ministro, laços de colaboração política»[214], que tinham por antecedentes a sua já referenciada colaboração na preparação do texto da Constituição. Repare-se que Caetano se refere apenas ao estreitamento na área da colaboração política. Como anota Fernando Martins, «neste período [1932-1934], e mesmo anos mais tarde, é evidente que ao contrário de Pedro Theotónio Pereira, Marcello Caetano não era em absoluto um apoiante e colaborador incondicional de Salazar», mantendo-se «uma forte incompatibilidade pessoal e também política entre os dois»[215], bem patente, aliás, nos acontecimentos que se seguirão.

Entretanto, em abril de 1932, o *Jornal do Comércio e das Colónias*, que até aí era o que «na gíria dos meios da imprensa de então se chamava "um pastelão"», que trazia «na primeira página artigos que ninguém lia»[216], é remodelado, passando a ser dirigido por um triunvirato que integrava Diniz Bordalo Pinheiro[217], o verdadeiro diretor executivo, por sinal, amigo de João de Barros, sogro de Marcello Caetano, que os apresentou. O novo diretor convidou-o a escrever uma coluna sobre Economia e Finanças, «desejando que o jornal apoiasse Salazar»[218], intenção que Marcello aceitou e abraçou fervorosamente.

O primeiro artigo do novo colaborador é publicado no dia 5 de maio, mantendo-se, a partir daí, uma participação por vezes muito intensa, alternada com João Pinto da Costa Leite (Lumbralles), em que ambos vão comentando a política económica e financeira do Governo, a qual se manterá, pelo menos, até 1934, ano em que publica o artigo «A obra financeira de Oliveira Salazar», por ocasião do 6.º aniversário da posse deste como ministro das Finanças, que será, posteriormente, editado em opúsculo pelo Secretariado da Propaganda Nacional. Trata-se de uma crónica em que historia em termos panegíricos o trabalho realizado e que termina assim:

> Salazar com o seu governo, a sua inteligência, a sua dignidade, a sua competência, a sua honestidade, a sua sensatez – é para todos nós, portugueses, motivo de grande e legítimo orgulho.
>
> Orgulhemo-nos de Portugal ressurgido, orgulhemo-nos, não já das glórias do passado, mas das certezas consoladoras do presente e das promessas fecundas do futuro. Tem defeitos a obra? Tem defeitos o homem? Nada é perfeito no mundo e os defeitos que se possam apontar são vulgares – ao passo que as suas virtudes, essas, são raras. A obra e o homem são já património de

Portugal – e dos portugueses. Acarinhemo-los, exaltemo-los, para com eles e por eles sermos também exaltados até ao esplendor das grandes Pátrias e ao prémio dos grandes destinos![219]

A colaboração no jornal dará origem à primeira de uma longa série de cartas para Salazar, que referira a Pedro Theotónio Pereira ter estranhado os termos de um artigo que Marcello Caetano publicara.

Recenseada a dúzia e meia de artigos do autor da missiva, publicados naquele jornal, durante o ano de 1932, tudo indica que as queixas do chefe do Governo estariam relacionadas com um pequeno período de duas linhas com que Marcello Caetano terminara a sua apreciação sobre a distribuição das verbas do Orçamento de Estado para o ano económico de 1933-1944, textualmente:

> Quanto à instrução, embora todos os anos melhore a sua dotação, tem humilde posto nas nossas contas, ficando mais cara apenas que a justiça – cujo custo é quase integralmente satisfeito por taxas e emolumentos extraorçamentais.[220]

O mais importante da carta de Marcello Caetano é o facto de ele se procurar perfilar, embora de forma genérica, não só como um colaborador, mas também como um observador crítico, que necessitava de «umas horas» para se explicar verbalmente, já que uma carta que escrevera e que desistira de enviar «era longa de mais e tudo o que nela digo não chega a ser uma parte importante do que ainda tenho para dizer». Nos subentendidos destas palavras, Marcello deixa claro que tem muito a dizer, tanto que, apesar de saber da agenda preenchidíssima do ministro, não se acanha em solicitar algumas horas do seu tempo, o que só pode justificar-se com o facto de considerar deveras importante o conteúdo das suas reflexões e a respetiva relevância, no contexto da marcha da política delineada e seguida pelo Governo. Acaba por se justificar, afirmando que «nas palavras do artigo em questão há mágoa, há um pouco de dúvida, mas não há desconsideração». Como irá fazendo sempre ao longo dos anos, mesmo nos períodos em que as relações entre ambos se tornaram mais tensas, ressalva a sua «muita admiração e fiel amizade»[221].

Infelizmente, Marcello Caetano não enviou a carta a que faz referência, nem tão pouco guardou o rascunho[222]. Se o tivesse feito, teríamos hoje um retrato mais rigoroso e detalhado do seu pensamento sobre o então Presidente do Conselho e a situação política naquele momento preparatório do lançamento do Estado Novo.

Não há dúvida que o fascismo exerceu sobre parte das elites portuguesas das décadas de 1920 e 1930 um inegável fascínio.

Como Hermínio Martins precursoramente afirmou, em finais da década de 1960, a história contemporânea de Portugal não pode ser separada, como um fenómeno excecional[223], mas deve ser contextualizada na história de uma Europa que, no período entre as duas guerras, se revolvia numa crise que era, afinal, a crise do sistema liberal em que se confrontavam, nas suas variantes, três linhas de força: a crise da democracia clássica, ou seja, do sistema liberal; o comunismo soviético e a sua irradiação; e o fascismo[224].

Contornando a análise da imensa literatura teórica sobre a natureza do fascismo, que não se justifica no escopo desta biografia, retenham-se as suas referências histórico-cronológicas e as suas bases gerais. Nasceu na Itália, nos escombros da Grande Guerra, na sequência da qual antigos combatentes se constituíram em associações que tomaram o nome de *fascio*. Tal como aconteceu com os *sovietes*, que acabaram por servir de rótulo a um regime e à sua ideologia, também os *fascios* acabaram por designar o sistema político fundado por Mussolini, em 1922, primeiramente no país de origem, estendendo-se depois às várias experiências realizadas noutros países, acabando por designar «todos os regimes, todos os movimentos, todas as organizações, que apresentem alguma afinidade com o regime de Mussolini»[225] e que em Portugal acabou por se corporizar no Movimento Nacional-Sindicalista (MNS).

O MSN é um movimento político fascista, que tem como antecedentes o Integralismo Lusitano, e emergiu a partir de grupos integralistas e da Liga 28 de maio, reunidos em torno do jornal diário *Revolução*, que começou a publicar-se em fevereiro de 1932, e teve como líder carismático Francisco Rolão Preto[*]. Como resume António Costa Pinto, enquanto

---

[*] Francisco de Barcelos Rolão Preto (1894-1977). Tinha apenas 17 anos quando se juntou às tropas de Paiva Couceiro e às incursões monárquicas de 1911-1912, motivo porque teve de se exilar na Bélgica, onde se tornou secretário da revista *Alma Portuguesa*. Licenciou-se em Ciências Sociais na Universidade de Lovaina e em 1917 concluiu o curso de Direito na Universidade de Toulouse. Regressado a Portugal em finais deste ano, tornou-se um dos principais responsáveis do jornal integralista *A Monarquia*, do qual seria nomeado diretor em 1920, e, simultaneamente, integrava os órgãos diretivos do Integralismo Lusitano, para cuja Junta Central foi cooptado em 1922. Veio a colaborar ativamente nos movimentos conspirativos contra a 1.ª República e teve um papel destacado no 28 maio, tornando-se um íntimo colaborador de Gomes da Costa para quem redigiu alguns «manifestos». Fundou o «Movimento Nacional-Sindicalista» (MNS), em fevereiro de 1932, tornando-se o seu líder carismático e uma figura incontornável na política nacional.

partido político, o MSN «foi o ponto de unificação tardio de uma corrente fascista constituída a partir da ampla mas dividida família da direita radical portuguesa do pós-guerra» em que «desembocaram as franjas mais radicais de anteriores partidos e grupos de pressão ideológicos criados durante os últimos tempos da República parlamentar (1910-26) e da Ditadura Militar de 1926»[226]. Tal como os restantes partidos fascistas, que se multiplicaram pela Europa naquele período, assumia-se como um partido de massas, «antidemocrático e anticonservador, adepto de um Estado nacionalista e "corporativo integral"». Embora, tal como o Integralismo, que era uma das suas raízes, fosse um movimento de estudantes, ou seja, um movimento de elites intelectuais, o MSN apostava na mobilização das classes médias baixas e populares para a causa fascista através da multiplicação de comícios, logrando uma implantação considerável, que, em 1933, atingiria cerca de 19 mil militantes, quase tantos como a União Nacional.

Os nacionais-sindicalistas depressa entram em confronto com Salazar, sobretudo a partir das críticas à Constituição, que acusavam de ceder aos princípios liberais e de não obedecer ao corporativismo integral, e à União Nacional, por esta acolher os republicanos conservadores. Além disso, Rolão Preto afrontava diretamente o homem que liderava a construção do novo sistema político, através da publicação, em janeiro de 1933, de *Salazar e a sua época: comentário às entrevistas do atual chefe do governo com o jornalista António Ferro*[227], um pequeno opúsculo de 32 páginas, nas quais põe em dúvida a sua capacidade para ser um chefe político. Para ele, Salazar não passava de um antirrevolucionário, um financeiro, um economista, uma mentalidade ponderada e tranquila, um homem de equilíbrio incapaz de vestir, como os chefes das nações que se estão libertando das ruínas europeias, «uma farda e uma camisa de combate»[228]. É a rutura definitiva, se é que – ao contrário do que pensava Marcello Caetano – alguma vez tivesse havido alguma hipótese de conciliação dos projetos nacional--sindicalista e salazarista, estruturalmente opostos nos seus pressupostos políticos.

Foi um dos grandes críticos políticos de Oliveira Salazar e do Salazarismo, alinhando ao lado da oposição democrática, no apoio ao MUD (1945), na candidatura de Quintão Meireles à presidência da República (1951) e na candidatura de Humberto Delgado (1958). Em 1969 foi candidato às primeiras eleições legislativas do marcelismo e, depois da instauração do regime democrático, em maio de 1974, foi um dos fundadores do Partido Popular Monárquico, no qual assume as funções de presidente do Diretório e do Congresso.

LIVRO PRIMEIRO NA SOMBRA DE SALAZAR 105

Salazar não estava, nem nunca esteve, preparado para aceitar o fascismo nos seus postulados teóricos. O fascismo italiano era uma força genuinamente moderna e modernizadora, características que, embora fossem mais fortes na sua fase de movimento, se mantiveram no regime de Mussolini[229]. Os traços essenciais do fascismo foram «o primado do político sobre o económico, a preocupação de fundir o privado com o público, a subordinação da vida intelectual e coletiva à supremacia absoluta do Estado»[230]; dito de outra forma: «por meio de um partido único e da mobilização permanente da população, principais instrumentos de uma política de massas fundada sobre o *uso racional do irracional*, através de uma mitologia e de uma liturgia política cuja função era moldar a consciência individual e coletiva segundo um modelo de *homem novo*, privando os seres humanos da sua individualidade, de maneira a transformá-los em elementos celulares da coletividade nacional, enquadrada na organização capilar do Estado totalitário»[231].

O fascismo era um movimento e uma ideologia «moderna», resultante da evolução ideológica e política subsequente à Grande Guerra de 1914-1918, a rutura com a ordem instalada no século anterior. E Salazar cristalizara no século XIX e no catolicismo social emanado das encíclicas de Leão XIII. O fascismo era movimento, impacto de massas galvanizadas por um ideal, e Salazar nunca deixou de se assumir como o *pater famílias* de uma Nação que, embora antiga de oito séculos e orgulhosa de um património no qual se inscrevia o facto de no século XVI ter cavalgado a onda do Progresso, dando «novos mundos ao mundo», ele encarava como uma grande quinta da qual era o feitor, e os portugueses os tarefeiros submissos, pobres, mas dignos e obedientes, sem sobressaltos de modernidade. Embora admirasse em Mussolini o homem e a obra, criticava-lhe os métodos, designadamente a paramilitarização e o paganismo triunfante, nos momentos rituais do fascismo italiano. Ao que contrapunha a necessidade de levar os portugueses a «viver habitualmente».

No dia 15 de janeiro de 1933, a polícia impede a realização de uma conferência que Rolão Preto devia proferir na sede da Liga 28 de maio, em Coimbra, de que era diretor João Pinto da Costa Leite (Lumbralles), amigo de Marcello Caetano, a quem o segundo escreve «magoadíssimo com o agravo público que lhe foi infligido»[232]. Fazendo-se eco destas queixas, Caetano aproveita para escrever a Salazar uma carta, cujo conteúdo se reveste de uma importância crucial na sua biografia política: por um lado, revela a sua sedução pelo nacional-sindicalismo, embora – por razões táticas? – se tenha mantido à margem do movimento; por outro, porque inaugura «uma constante do seu relacionamento com Salazar: fazer-lhe críticas cruas e duras, mas protestando sempre a lealdade e a admiração pelo líder»[233].

Tudo isto reforça a ideia, atrás expendida, de que Marcello não é um apoiante incondicional de Salazar, permitindo-se dirigir-lhe frontalmente – e, por vezes, a roçar a impertinência – as críticas e as análises à governação, sugerindo soluções e apontando rumos.

A carta não está datada, mas, pelos assuntos que trata, deve ter sido enviada em janeiro de 1933. Foi escrita obedecendo a um imperativo de consciência e tem por objetivo exprimir a sua opinião «sobre a situação política do Governo». Em boa verdade, trata-se de criticar a ação governamental sobre o Nacional-Sindicalismo, «esse movimento de rapazes, sem norte definido, sem ideias precisas, batido por influências contraditórias», cuja atitude para com Salazar condena.

> Uma coisa, porém, reconheço: é que o Nacional-Sindicalismo representa o primeiro movimento espontâneo de opinião que surge desde que há Ditadura; um movimento que não foi dolorosamente posto em marcha pelo Ministério do Interior, que não é obra dos governadores civis, que não se sustenta à custa dos favores do Governo, que não é uma agência eleitoral.
>
> Nele se agrupam alguns valores e um número considerável de mocidades entusiásticas – que há um ano já se achavam tentadas pela sedução comunista.
>
> A ele se deve o termos saído de uma modorra ideológica; a ele se deve a esperança na política da Ditadura, pela certeza de que não nos faltavam as camadas novas; transformando-se um pouco o ambiente hostil das Universidades; à *Revolução* (e só à *Revolução*) se deve a diminuição da tiragem dos jornais republicanos, a liquidação dos seus homens; e estes serviços têm que ser reconhecidos.
>
> V.ª Ex.ª não quis, de início, chamar a si essa corrente de entusiasmo, de generosidade, de mocidade: e teria sido fácil fazê-lo.

O membro da Junta Consultiva da União Nacional, que se confessa «admirador e discípulo muito dedicado» de Salazar, critica veladamente o partido fundado sob a sua égide, o qual não seria mais do que uma «agência eleitoral», e realça as virtualidades de um movimento que apostava na ação e que poderia, se aproveitado, galvanizar o País em torno do

projeto político em construção. Em vez disso, segundo afirma: proíbem-
-se conferências, fecham-se agremiações, cortam-se artigos doutrinários
em jornais... «Serei um herege na política que felizmente nos rege, mas
discordo absolutamente» desta forma de proceder, mesmo quando se
trate dos adversários da Ditadura. «Às ideias opõem-se ideias e não governadores civis». Conclui que, embora já seja «tarde para fazer aquilo que
teria sido fácil há três meses: chamar a nós o Nacional-Sindicalismo», ao
menos «não se destrua o que tem o mérito da espontaneidade, do entusiasmo, da homogeneidade relativa que pode tornar-se mais perfeita».

Salazar não respondeu e continuou a perseguir os nacionais-sindicalistas, num crescendo que culminou com a ilegalização e consequente dissolução do MSN, comunicada ao País por nota oficiosa datada de 29 de
julho de 1934.

3
«EU ERA O JOVEM IMPERTINENTE
QUE SE PERMITIA ATITUDES REBELDES»

No dia 19 de março de 1933 foi realizado um plebiscito singular, em que as abstenções contaram como votos favoráveis, que aprovou o texto constitucional fundador do Estado Novo, em cujo art.º 5.º se afirmava:

> O Estado português é uma república unitária e corporativa, baseada na igualdade dos cidadãos perante a lei, no livre acesso de todas as classes aos benefícios da civilização e na interferência de todos os elementos estruturais da Nação na vida administrativa e na feitura das leis.[234]

A configuração corporativa da Nação, liminarmente assumida pela Constituição de 1933, tinha por objetivo reestruturar a sociedade portuguesa, assumindo como ponto de partida a oposição ao Estado atomista da Revolução Francesa, ao liberalismo e ao partidarismo. Tratava-se de esconjurar «o processo artificial da constituição racionalista, os esquemas inorgânicos da seleção dos chefes pelos partidos políticos, o sistema representativo assente em critérios individualistas, exclusivamente políticos»[235], contexto em que se insere a definição do Estado português como república corporativa, assente na interferência de todos os elementos estruturais na Nação na vida administrativa e na elaboração da legislação. Apontava-se, assim, para a adoção de um corporativismo integral, que envolveria não só o enquadramento socioprofissional dos indivíduos em organismos corporativos, mas também a estruturação corporativa de toda a sociedade, bases em que assentaria a representação política da coletividade[236]. Contudo, o corporativismo integral nunca se realizou, nem mesmo depois da instituição das Corporações, a partir dos finais da década de 1950, subsistindo várias entidades pré-corporativas, entre as quais se destacam os organismos de coordenação económica. E disso se dão conta alguns dos seus mais importantes teóricos e militantes, designadamente Marcello Caetano que, em 1950, reconhecia que «ao fim de 17 anos de regime corporativo não temos corporações. Portugal é um Estado corporativo em intenção: não de facto. O mais que se pode dizer é que temos um Estado de base sindical corporativa ou de tendência corporativa: mas não um Estado corporativo»[237]. Nessa mesma altura, José Pires Cardoso defendia a constituição imediata das corporações e a consequente extinção dos organismos de coordenação económica, porque estes, enquanto órgãos do Estado, não eram verdadeiros organismos corporativos[238], assunto que retoma em discurso pronunciado no 20.º aniversário da Câmara Corporativa, falando de «um corporativismo que, doutrinariamente, vimos proclamando de há muito, mas que ainda não conseguimos traduzir totalmente nos factos»[239]. A principal limitação para a adoção do corporativismo integral resultava do próprio hibridismo da Constituição de 1933, nos termos da qual os principais órgãos de soberania – Presidente da República, Governo e Assembleia Nacional – não assentavam em qualquer tipo de representatividade corporativa, a que acresce o facto de a Câmara Corporativa, teoricamente o órgão de topo da respetiva hierarquia, nunca ter tido senão funções consultivas, com a particularidade de se manter ferida na sua representatividade corporativa pelo facto de sempre ter mantido um número significativo de procuradores nomeados pelo Governo, através do Conselho Corporativo, «cuja importância acabaria por ser acentuada na prática constitucional»[240]. Outro exemplo claro está na alteração do modo de eleição presidencial para o sufrágio indireto, ocorrida em 1959, justificada, entre outros argumentos, com a necessidade de completar, no vértice, a estrutura corporativa do Estado, que seria realizada com a participação no colégio eleitoral dos Procuradores à Câmara Corporativa e de representantes eleitos pelas autarquias[241]. Mas, na realidade, «a composição do colégio presidencial englobaria membros por completo alheios à lógica da representação corporativa, como os Deputados à Assembleia Nacional e nela pesaria dominantemente, de forma sensível, o Governo e o partido político liderante, e, mediatamente, o Presidente do Conselho de Ministros»[242].

Pela mão de Salazar, a Constituição de 1933 assumiu um caráter sincrético em que se justapõem as várias correntes ideológicas existentes no seio da Ditadura Militar, resultando um texto híbrido e de compromisso, que foi sendo formatado ao longo de toda a primeira Legislatura da Assembleia Nacional (1935-1938) e, posteriormente, através de frequentes leis de revisão constitucional, conformando-a com os reais princípios políticos do Presidente do Conselho. Pode dizer-se que foi, na altura da sua redação, o texto possível numa conjuntura política ainda não totalmente consolidada e, tudo o indica, não aquele que Salazar teria preferido. Segundo Marcello Caetano, o objetivo teria sido o estabelecimento de uma plataforma de colaboração entre os portugueses desavindos, evitando posições extremas, optando por uma orientação ideológica eclética e organizando um sistema de governo misto, em que se conglomeram alguns princípios do modelo democrático, balanceados com as disposições relativas aos órgão de governo e as relações entre os respetivos poderes[243], de matriz autoritária. Tratava-se de um compromisso transitório, aliás explicitamente reconhecido por Salazar, meia dúzia de anos depois: «Na regulamentação dos poderes do Estado, a Constituição portuguesa é *ainda um compromisso* entre o passado e o presente, ainda escravo, em certos pormenores, de outros princípios» [...] A fórmula que se afigura melhor, talvez a fórmula do futuro, é legislar o Governo, com a colaboração duma Câmara Corporativa, possivelmente com um Conselho Técnico de leis»[244]. Segundo Braga da Cruz, estamos em face de um corporativismo conservador, ou seja, «um corporativismo de princípio associativo, e de concretização parcial e mista, que consente a coexistência de formas de representação política e orgânica, em que o Estado «quer apenas um Governo forte, e não pretende estadualizar as corporações, nem erigir a representação corporativa em única representação política»[245].

Certo é que, afastando-se da tradição do constitucionalismo português que, com exceção da Constituição de 1822, sempre adotara o bicameralismo perfeito – concurso das duas Câmaras em igualdade de poderes na elaboração das leis – o legislador constituinte de 1933 optou pelo monocameralismo, uma vez que a Constituição institui uma Câmara deliberativa única – a Assembleia Nacional –, junto da qual funciona a Câmaras Corporativa, em lugar «subalterno e apagado [...] funcionando apenas durante as sessões legislativas desta como seu órgão consultivo»[246].

Ultrapassadas as hesitações das primeiras horas, domesticadas as várias tendências políticas em torno do seu projeto, silenciadas, pelo menos provisoriamente, as oposições, Salazar pôde, em 1940, definir claramente o sistema político do Estado Novo como antidemocrata, antiliberal, autoritário e intervencionista[247], quadro teórico em deve inserir-se o texto constitucional de 1933, o qual, não obstante esses pressupostos políticos e ideológicos, configura o Poder segundo os poderes tradicionais – Executivo, Legislativo e Judicial –, segundo a matriz da Carta Constitucional da Monarquia, que lhe adiciona o poder Moderador, «em que os governos se apoiavam sobretudo, para não dizer *apenas*, na confiança do Chefe do

Estado e em que este constituía de direito e de facto, o fecho da abóbada da construção política»[248]. Neste contexto, a soberania, que «reside em a Nação»[249], tem por órgãos o Chefe do Estado (Moderador), a Assembleia Nacional (Legislativo), o Governo (Executivo) e os Tribunais (Judicial). A primazia é conferida ao Governo, «tão legítimo órgão de soberania como qualquer outro e pela sua situação e função legitimamente investido do fecundo poder de iniciativa», e agora transformado no «grande centro propulsor da vida do Estado» sob a direção superior do Presidente da República. Concretizava-se a teoria salazarista de que «não há Estado forte onde o Governo o não é», através de um governo independente de quaisquer intromissões políticas, sem ter de se preocupar «nem com a confiança ou a desconfiança das Câmaras, nem com artificiosos movimentos de opinião, nem com a sustentação de clientelas partidárias», respondendo apenas perante o Presidente da República, que ocupava o vértice da pirâmide do Poder e era o único garante da sua legitimidade[250]. Às Câmaras, designadamente à Assembleia Nacional, pouco se deixava. Para além da reduzida duração das sessões legislativas, partilhava com o Governo a iniciativa legislativa e via restringido o conteúdo das leis às bases fundamentais dos respetivos regimes jurídicos, podendo o Governo legislar por decretos-leis e até modificar as leis, em certos casos, através de simples decretos.

Era a rutura com a tradição constitucional portuguesa, nas quais o Executivo se suportava nas maiorias parlamentares realizadas segundo o sistema de partidos políticos, cuja existência era agora liminarmente excluída. Tão pouco se apoiava no partido único – a União Nacional – então definido como uma ampla frente que abrangia todos os que estivessem dispostos a colaborar na regeneração política do País, independentemente das suas ideias. Mais do que às massas, a União Nacional dirigia-se às elites, nacionais ou locais, e mais do que suporte do Poder, subsumia-se como meio de difusão e amplificação da ação do Executivo. Daí que nunca tivesse sido o *locus*, por excelência, de recrutamento das elites políticas do Regime, nem sequer das elites parlamentares, não obstante as eleições legislativas (e não só) terem sido sempre realizadas sobre a sua égide.

Era preciso constituir o primeiro governo da nova constitucionalidade, ao qual caberia concretizar, na prática, os princípios políticos estabelecidos, procedendo à sua institucionalização. E, nesta área, um dos domínios essenciais era o que se prendia com a corporativização do Estado. Para o efeito, Salazar procura um executor à altura do desafio, consultando Pedro Theotónio Pereira, a quem começa por lisonjear, dizendo-lhe saber que ele não tinha «ambições políticas nem pressa de trepar» e reconhecendo que «o seu espírito de independência e isenção pessoal sobrelevam o desejo normal em toda a gente com méritos reconhecidos de ocupar um lugar apropriado»; mas recorria a ele «nesta ocasião particularmente premente»[251]:

> Eu tenho de arranjar um subsecretário de Estado das Corporações e Previdência Social. Pensei muito no caso e resolvi que seja a esse nível que se faça a nomeação do novo membro do Governo encarregado das reformas económicas e sociais, mas integrado na Presidência do Conselho, o que lhe dará mais força do que em qualquer outro Ministério.[252]

Salazar tinha na sua frente uma lista de nomes para a recomposição do Governo, os quais «no geral eram pessoas que já se tinham salientado no quadro político do País como particularmente conhecedoras das diferentes matérias e desfrutando paralelamente de prestígio pessoal e político». E no fim da lista estava o lugar referente às Corporações e Previdência Social, com um ponto de interrogação: «Este é o seu lugar. Está reservado para si [...]»[253].

Embora pareça ter-se fixado, desde início, no nome de Theotónio Pereira, Salazar faz outras consultas, hábito que manteria ao longo de todo o seu consulado. A 7 de abril, convoca Marcello Caetano, anunciando-lhe a criação do referido subsecretariado. Para lhe presidir «procurava um homem novo, e fixara três nomes de entre os quais queria escolher»[254]: além do seu, constavam da lista o de João Pinto da Costa Leite, que o substituíra na cátedra de Finanças na Universidade de Coimbra, e o de Pedro Theotónio. Este último, que recomendava, com a maior insistência, o nome de Marcello, reconhecia, no entanto, que dado o facto de ele estar prestes a prestar provas públicas para professor universitário, «Não era humanamente o momento de lhe pedir que virasse as costas à carreira que nele era uma verdadeira vocação.»[255] E, de facto, Marcello Caetano, que entretanto descobrira que tinha uma vocação, ou, pelo menos, um sonho, recusa:

> Mas, por mais honroso que para os 26 anos que então contava fosse o convite, não o pude aceitar. Estava à beira de prestar provas de concurso para Professor da Faculdade de Direito de Lisboa, com dissertação impressa e

data marcada, e para tais provas me tinha longa e arduamente preparado. A carreira universitária era a minha aspiração. Se naquela altura entrasse para o Governo isso significaria a renúncia ao rumo que há tantos anos projetara dar à vida, a ruína total dos meus mais acarinhados sonhos.[256]

De facto, Marcello estava na altura na fase final da preparação das provas para o concurso de professor da Faculdade de Direito, que viria a concluir a 19 de junho de 1933. Certamente recordado do doutoramento em que sobressaíra na área do Direito Administrativo, de que viria, aliás, a tornar-se um dos maiores especialistas no seu tempo, escolhera para tema da dissertação *O Poder Disciplinar no Direito Administrativo Português*.

A recusa de Caetano não significava, porém, que deixasse de ter intervenção política, nem que tivesse abandonado de todo as suas ambições, que foi negando ao longo da sua vida, mas que eram evidentes. Aliás foi ele próprio quem, com alguma candura, se encarregou do desmentido quando, ao comentar as suas relações com Salazar, nos primeiros anos em que desempenhou as funções de auditor jurídico do Ministério das Finanças, se confessou desiludido: «A expectativa que me animara de início de ser um colaborador intensamente aproveitado, foi-se desvanecendo com o tempo».[257] A este propósito, alguns dos seus inimigos políticos, chegam mesmo a atribui-lhe uma ambição desmedida pelo poder. Freitas da Costa – um dos seus mais encarniçados detratores – conta uma história que se teria passado durante uma visita privada a S. Bento, na companhia de um amigo e do arquiteto que orientara os trabalhos da adaptação que o edifício recebera para a instalação da Assembleia Nacional a eleger. Chegados ao gabinete destinado ao Presidente do Conselho, «enquanto o arquiteto e o amigo se limitavam a assomar à porta [...], o jovem Marcelo Caetano – não teria ainda 30 anos – avançou desembaraçadamente, sentou-se com sôfrego à-vontade na cadeira presidencial, poisou as mãos dominadoras no tampo da secretária e interpelou risonho: "Ó Higino: E quando tu me vires instalado nesta cadeira?"»[258].

No próprio dia da entrada em vigor da Constituição, 11 de abril de 1933, Salazar apresenta a demissão coletiva do gabinete, sendo, de imediato, nomeado o novo ministério em que, relativamente ao anterior, apenas mudam os titulares das pastas da Guerra e dos Negócios Estrangeiros, e em que Pedro Theotónio Pereira se torna o primeiro subsecretário de Estado das Corporações e Previdência Social. Este toma posse, no dia seguinte, no gabinete do Ministro das Finanças, num ambiente de grande intimidade, ato a que assistiram apenas cerca de meia dúzia de pessoas, entre as quais Marcello Caetano, que se mantinha como auditor jurídico do ministério. Este estava ali como amigo de longa data e, sem dúvida, para lhe manifestar o seu apoio, um apoio que tornara público na edição do *Jornal do Comércio e das Colónias* desse dia, e que não era de mera circunstância, mas «o primeiro e mais sólido»[259] que Theotónio Pereira recebeu. Começa por comentar a criação do Subsecretariado das Corporações:

> Depois da Constituição, é este último facto que, quanto a nós, reveste mais transcendente significado. O espírito do Estado novo, anti-individualista e corporativo, encarna no órgão que se destina a dar forma a uma Nação quase-amorfa. A sorte do texto constitucional, que a partir do dia 12 domina a ordem jurídica de um novo regime legal, depende pura e simplesmente do labor ingrato dessa pequena peça que se introduziu na velha máquina administrativa, com a função de ativar o seu ritmo e de lhe imprimir novas direções.
>
> Não é de invejar, evidentemente, a sorte do homem a quem foi cometida tão árdua tarefa. Entregaram-lhe nas mãos duas ideias – duas meras hipóteses, que o seu talento, a sua atividade e a sua energia têm de converter em realidades duradouras e inabaláveis.
>
> Para isso é-lhe mister não só trabalhar com afinco, dedicando exclusivamente todos os momentos de meditação e de ação à tarefa que na sua frente se estende, mas ainda ser apóstolo, ensinando, persuadindo, convertendo à boa nova de uma organização social solidarista a multidão dos indivíduos indiferentes, ignorantes ou céticos.

Ao apoio político, Marcello junta o apoio pessoal:

> O dr. Pedro Theotónio Pereira é, realmente, um dos homens mais completos da sua e minha geração. Amigos de sempre, não me cega a amizade ao afirmá-lo porque, quanto a mim, a intimidade só serve para pôr em relevo as virtudes e os vícios daqueles com quem convivo.
>
> O simples facto de ter sido o dr. Theotónio Pereira chamado ao mais difícil posto que neste momento existe no Governo de Portugal é bastante para incutir ânimo e esperança a quantos olhavam duvidosos o futuro da ideia corporativa entre nós. Ponto é que o novo Subsecretariado seja dotado com

os instrumentos de trabalho absolutamente indispensáveis para poder realizar a sua dificílima missão. Por mais excelente que seja um homem, as suas forças são sempre limitadas. Não lhe exijamos impossíveis, nem lhe neguemos tão-pouco auxílio e cooperação.

Mas não foi só em palavras que se traduziu o apoio de Marcello Caetano. Quando se tratou de passar à prática, ou seja, à construção do estado corporativo, segundo os termos da nova constitucionalidade, Theotónio Pereira pôde contar, entre muitas outras, com a «preciosa colaboração» do seu «brilhante e dedicado amigo» que redigiu «em curtíssimo prazo» os «três bem condensados artigos que resumiam tudo o que havia de novo no assunto e o clima em que íamos trabalhar neste domínio»[260] do Estatuto do Trabalho Nacional (ETN)*, referentes à magistratura do trabalho,

---

* Émulo português da *Carta del Lavoro* italiana, à qual, segundo Marcello Caetano, correspondia exatamente pela sua natureza, estrutura e finalidade, o Estatuto do Trabalho Nacional (ETN), promulgado pelo Decreto-lei n.º 23 048, de 23 de setembro de 1933, divide-se em quatro títulos. I – Os indivíduos, a Nação e o Estado na ordem económica e social; II – A propriedade, o capital e o trabalho; III – A organização corporativa; IV – Magistratura do trabalho. No Título I reafirmam-se os princípios ideológicos definidos pelo estatuto constitucional, muitas vezes transcritos literalmente, designadamente: a definição unitária da Nação Portuguesa, «moral, política e económica», que prevalece sobre os interesses dos indivíduos e grupos que a compõem; o princípio constitucional segundo o qual a organização económica «deverá realizar o máximo de produção e riqueza socialmente útil e estabelecer uma vida coletiva de quer resultem poderio para o Estado e justiça entre todos os cidadãos»; o corporativismo, assumido nos termos do Artigo 5.º da Constituição; a iniciativa privada, referida como «o mais fecundo instrumento do progresso e da economia da Nação», quadro em que se insere «a liberdade de trabalho e de escolha de profissão em qualquer ramo de atividade»; a harmonia entre o capital e o trabalho, ou seja, a colaboração das classes e grupos sociais – referida no texto como «paz social» –, segundo o princípio de que «a função da justiça pertence exclusivamente ao Estado», do que decorre a proibição da greve e do *lock-out*; e, finalmente, o caráter estatista do corporativismo português claramente definido no Artigo 7.º do ETN, segundo o qual «O Estado tem o direito e a obrigação de coordenar e regular superiormente a vida económica e social», com vista a «promover a formação e o desenvolvimento da economia nacional corporativa num espírito de cooperação que permita aos seus elementos realizar os justos objetivos da sociedade e deles próprios, evitando que estabeleçam entre si oposição prejudicial ou concorrência desregrada, ou que pretendam relegar para o Estado funções que devem ser atributo da atividade particular». O Título II trata da propriedade, do capital e do trabalho, reconhecendo o direito de propriedade e definindo os princípios que regem o capital. No que se refere ao trabalho, define que este «é para todos os portugueses um dever de solidariedade social», garantindo-se o «direito ao trabalho e ao salário humanamente suficiente», salvaguardada a ordem económica, jurídica e moral da sociedade; tanto na sua vertente intelectual como manual, o trabalhador «é colaborador nato da empresa onde exerça a sua atividade», estando associado aos seus destinos pelo «vínculo

e que tratam da justiça do trabalho, das funções conciliatórias e arbitrais dos juízes do trabalho e da independência dos juízes do trabalho e Ministério Público[261].

No mesmo dia 23 de setembro de 1933 – que se tornou, aliás, uma data fetiche do corporativismo português, já que todos os diplomas fundamentais a ele referentes, incluindo os que instituem as corporações, em fins da década de 1950, são publicados neste dia e mês – são promulgados os restantes decretos que constituem a coluna dorsal do edifício corporativo, dos quais se destacam os seguintes: Decreto-lei n.º 23 049 que define as bases para a instituição Grémios; Decreto-lei n.º 23 050 que reorganiza os Sindicatos Nacionais; Decreto-lei n.º 23 051 que autoriza as Casas do Povo; e Decreto-lei n.º 23 053 que cria o Instituto Nacional do Trabalho

---

corporativo»; o direito ao trabalho realiza-se através dos contratos individuais ou coletivos, nunca o podendo ser «pela imposição do trabalhador, dos organismos corporativos ou do Estado». A contratação coletiva «consubstancia a solidariedade dos vários fatores de cada ramo das atividades económicas, subordinando os interesses parciais às conveniências superiores da economia nacional», carecendo os contratos coletivos de trabalho de obter a sanção dos organismos corporativos superiores e a aprovação do Governo, posto o que «obrigam os patrões e trabalhadores da mesma indústria, comércio ou profissão, quer estejam ou não inscritos nos grémios e sindicatos nacionais respetivos». A organização corporativa, matéria do Título III, rege-se pelos seguintes princípios fundamentais: A organização profissional abrange tanto o domínio económico, como o exercício das profissões livres e das artes; como norma geral, «a organização profissional não é obrigatória», mas incumbe ao Estado reconhecer os organismos que a representam e promover e auxiliar a sua formação»; os sindicatos nacionais e os grémios são o elemento primário da organização corporativa, agrupando-se em organismos intermédios; finalmente, e no topo, as Corporações «constituem a organização unitária das forças de produção e representam integralmente os seus interesses»; os sindicatos nacionais e os grémios «representam legalmente toda a categoria dos patrões, empregados ou assalariados do mesmo comércio, indústria ou profissão, estejam ou não neles inscritos» e «ajustam contratos coletivos de trabalho, obrigatórios para todos os que pertencem à mesma categoria»; as corporações representam, simultaneamente, os interesses unitários da produção e as atividades da Nação, competindo-lhe pelos seus vários órgãos tomar parte na eleição das Câmaras Municipais e dos Conselhos de Província, e na constituição da Câmara Corporativa». É sobre este quadro político e ideológico, em que ressalta sobretudo o centralismo estatal e a conciliação das classes, que ficam manietadas à partida pela integração praticamente forçada nos sindicatos nacionais e nos grémios, que se constrói o corporativismo do Estado Novo. (Cf. J. M. Tavares Castilho, *Os Procuradores...*, op. cit., pp. 54-57; Manuel de Lucena, *A Evolução do Sistema Corporativo Português*, vol. I, *cit.*, pp. 179 e segs; José Barreto, «Estatuto do Trabalho Nacional», *in* António Barreto e Maria Filomena Mónica (coord.), *Dicionário de História de Portugal – Suplemento*, vol. I, op. cit., pp. 680-684; José Carlos Valente, «Estatuto do Trabalho Nacional», in Fernando Rosas e J. M. Brandão de Brito (dir.), *Dicionário de História do Estado Novo*, vol. I, op. cit., pp. 319-320.)

(INTP), no quadro do Subsecretariado das Corporações e Previdência Social Previdência Social[262].

Comentando esta legislação, Marcello Caetano escreveu, na sua coluna habitual do *Jornal do Comércio e das Colónias*:

> Está para sempre enterrada a ilusão do Liberalismo. [...]
> O retorno do liberalismo é impossível: e em face desta verdade só dois caminhos restam – ou suprimir de todo a liberdade, tornando o indivíduo simples peça da máquina social, submetendo a massa à tirania de uns poucos, e temos a solução comunista para a qual tendem mais ou menos declaradamente todas as fórmulas socialistas; ou salvar o que se puder aproveitar, desse mesmo liberalismo, salvar a autonomia individual de que a propriedade privada é o mais forte reduto, salvar sobretudo a liberdade espiritual pela separação entre o político, o económico e o religioso, e temos a segunda solução que melhor ou pior, com maior ou menor perfeição, os nacionalismos procuram realizar.[263]

Neste texto, Marcello Caetano aflora o essencial do seu pensamento, que adiante se pormenorizará, sobre o corporativismo, detetando-se já a contradição em que se debate, como teórico, entre o «princípio corporativo [que] pressupõe a colaboração de atividades livres»[264], num sistema político autoritário, assente no dirigismo estatal, para a qual construirá uma justificação engenhosa mas longe de resolver a questão.

Do ponto de vista pessoal, este período, decorrido entre meados de 1933 e o final da década, é especialmente gratificante para Marcello Caetano, que o reconhece, quando se lhe refere como uma fase da sua vida «cheia de interesse e de trabalho»[265]. Pode afirmar-se que, aos trinta anos, Marcello tinha um futuro promissor solidamente escorado à sua frente, estando criadas condições necessárias à realização das suas ambições. Por um lado, é a estabilização familiar, com o nascimento dos quatro filhos, entre 1933 e 1937, que com a mulher constituíam um agregado ao qual «dedicava todo o carinho e atenção que podia»; por outro, o início de uma vida profissional proveitosa em que «começava a ser consultado como jurisconsulto»[266] e se inclui a nomeação para Diretor da Companhia de Seguros Fidelidade (1934); finalmente, uma carreira académica vertiginosa que será sempre o suporte essencial da sua vida, tanto pessoal como política.

Em junho de 1933, Marcello Caetano realiza, nos dias 5, 8 e 12, provas para o concurso aberto para professor auxiliar no 3.º grupo (Ciências Políticas) da Faculdade de Direito de Lisboa, sendo o único concorrente a opor-se ao concurso. Apresentou uma dissertação intitulada *Do Poder Disciplinar no Direito Administrativo Português*, que foi avaliada por um júri presidido pelo Vice-reitor em exercício, Prof. Carneiro Pacheco e composto pelos professores catedráticos de Lisboa e pelo Prof. Mário da Figueiredo, catedrático da Universidade de Coimbra. Foi arguente o Prof. Rocha Saraiva, que também arguiu sobre a *Função legislativa do Presidente da República e do Governo*. Aprovado por unanimidade, com 27 anos, torna-se professor auxiliar, sendo nomeado para o cargo por Decreto de 19 de junho, data em que o Conselho da Faculdade deliberou que tomasse posse provisória do cargo e passasse de imediato a fazer parte do júri de exames, sendo nomeado para os seguintes: 2.º ano (Direito Administrativo e Direito Internacional Público) e 3.º ano (Administração Colonial). A posse definitiva, verificou-se a 12 de julho, data da publicação do Decreto[267].

Correspondendo aos princípios políticos definidos pela Constituição, o Decreto-lei n.º 23 308, de 10 de dezembro de 1933, alterou o plano de estudos do curso de Direito, substituindo o Curso de Economia Social, do Grupo de Ciências Económicas, pelo Curso de Direito Corporativo. Este curso foi ministrado pela primeira vez no segundo semestre do ano letivo de 1933-1934 e a sua regência foi entregue a Marcello Caetano, que já se ocupava das cadeiras de Direito Administrativo e Curso de Administração Colonial (3.º ano), e Direito Internacional Público (5.º ano do Curso Complementar de Ciências Político-Económicas). Por sinal, entre os alunos do primeiro Curso de Direito Corporativo, contavam-se Álvaro Cunhal e António Jorge da Mota Veiga; o primeiro seria Secretário-Geral do Partido Comunista, a partir de 1961, e o segundo, depois de uma intensa carreira na organização corporativa, seria o último ministro de Estado de Salazar, entre 1965 e 1968.

Por impedimento de Caeiro da Mata, na altura ocupado com a presidência da delegação portuguesa na Sociedade das Nações, a 14 de janeiro de 1937 é-lhe entregue a regência da cadeira de Direito Penal e no mesmo ano letivo (1936-1937) é criada a cadeira de Direito Municipal, no Curso da Ciências Político-Económicas, de cuja regência se ocupa.

Segundo as normas em vigor, os professores auxiliares podiam ascender à cátedra decorridos dois anos de exercício efetivo de professor auxiliar. No entanto, segundo uma circular do Ministério da Instrução Pública, à data presidido por Carneiro Pacheco, datada de 2 de novembro de 1936, os concursos para provimento das vagas de professores nos quadros das universidades estavam suspensos, sob o pretexto da preparação de uma reforma do ensino universitário. Marcello Caetano que, de acordo com a legislação, tinha condições para atingir a cátedra, a partir de junho de 1935, vê-se – e, com ele, outros em situação idêntica – prejudicado na carreira. Para resolver o impasse, a 10 de outubro de 1938, o Conselho da Faculdade deliberou propor que os professores que se encontravam nessa situação fossem contratados como professores catedráticos, proposta que foi aceite e, em consequência, os contratos foram aprovados em abril de 1939[268].

Cerca de oito anos depois de ter obtido o doutoramento, e contados cinco anos sobre o início das funções docentes, Marcello Caetano atinge o topo da carreira universitária, como professor catedrático do 3.º grupo (Ciências Políticas) da Faculdade de Direito de Lisboa, aos 32 anos de idade. Esta carreira culminará com a sua nomeação para as funções de Reitor da Universidade de Lisboa, a 16 de janeiro de 1959, as quais manterá até 10 de abril de 1962, data em que se demite, consumando uma rutura funcional, que não política, com o regime de que fora um dos maiores obreiros, em circunstâncias que, a seu tempo, serão descritas.

Como sempre, Marcello Caetano não abandona nunca a atividade política, seja por *motu proprio*, seja para responder a solicitações formuladas pelo poder constituído. Foi o que se passou em outubro de 1933, quando a Comissão Central da União Nacional, a que presidia Salazar, atenta a necessidade da difusão e aplicação dos novos princípios constitucionais, reformula a orgânica da organização, com o objetivo de esta se empenhar na consciencialização popular. Para tanto, foi criada uma Comissão Executiva, constituída por três membros: os dois primeiros eram Albino dos Reis*

---

* Albino Soares Pinto dos Reis Júnior (1888-1983), magistrado e político, licenciou-se em Direito pela Universidade de Coimbra (1913). Católico e republicano, foi membro do Partido Republicano Liberal e do Partido Republicano Nacionalista, partidos pelos quais foi deputado em 1921 e 1925, respetivamente. Conservador do Registo Civil em Oliveira de Azeméis (1919-1927) e São João da Madeira (1927-1933), presidente da Câmara Municipal de Oliveira de Azeméis (1922-1936), Governador Civil de Coimbra (1931-1932), em 1932 torna-se Ministro do Interior no primeiro governo de Salazar. Juiz conselheiro do Supremo Tribunal Administrativo (1933-1936), assumiu a respetiva presidência em 1936. Na União Nacional, foi membro da Junta Consultiva (1932), Vice-presidente da Comissão Central (1933), Presidente da Comissão Executiva (1933-1945) e Vice-presidente da

e Carneiro Pacheco*; quanto ao terceiro, Salazar contava com Marcello Caetano que «decerto não [se] recusaria a prestar esse serviço»[269] e, como era de esperar, este não recusou, até porque a função lhe permitiria influir no desenvolvimento da União Nacional, no sentido de uma real intervenção e doutrinação políticas, ou seja, transformando aquilo que ele já havia chamado uma «agência eleitoral» num motor efetivo da consciência política do País, em torno dos princípios políticos do Estado Novo. Ou seja, bem vistas as coisas e atentas as posições posteriormente assumidas, para o jovem Marcello, que sempre reclamara a necessidade da doutrinação e do aprofundamento ideológico, tratava-se de dar àquilo que não passava ainda de uma organização de contornos indefinidos e difusos a consistência de um verdadeiro partido político, que, além de abrangente, fosse mobilizador da sociedade portuguesa na prossecução dos objetivos políticos e ideológicos da nova situação inaugurada a 11 de abril de 1933. Por isso, assumiu as funções com entusiasmo, delineando, de imediato,

---

Comissão Central (1945-1968). Em 1936 foi nomeado membro vitalício do Conselho de Estado. Presidiu ao quinto (e último) Congresso da União Nacional (1970) tornando-se Presidente da Comissão Consultiva da Ação Nacional Popular então criada. Deputado à Assembleia Nacional do primeiro ao último dia do seu funcionamento, foi seu presidente da IV à VII legislaturas (1945-1968). Apesar de integrar a corrente mais liberal do regime, foi um dos conselheiros políticos de Salazar, com uma palavra a dizer sobre a composição das listas da União Nacional. Morreu em 1983. (Para as biografias sucintas dos deputados à Assembleia Nacional e dos procuradores à Câmara Corporativa, ver J. M. Tavares Castilho, *Os Deputados da Assembleia Nacional...*, op. cit., e Idem, *Os Procuradores da Câmara Corporativa...*, op. cit..

* António Faria Carneiro Pacheco (1887-1957), professor universitário e político, licenciou-se e doutorou-se na Faculdade de Direito de Coimbra, da qual se tornou catedrático com apenas 26 anos (1913). Em 1922 transferiu-se para a Faculdade de Direito de Lisboa, da qual foi Vice-Reitor (1931-1936). No mesmo ano e até 1934 foi membro do Conselho Geral do Banco de Portugal. Profundamente católico, monárquico e sidonista, em 1919 foi acusado pelo Ministro da Instrução Pública de «atos de hostilidade à República», acusação que também abrangia Salazar, entre outros. Ainda estudante em Coimbra, dirigiu um movimento de combate à greve académica (1908) e no mesmo ano fundou com amigos e colegas o Centro Monárquico Académico D. Manuel II e foi deputado sidonista, por Santo Tirso (1918). Membro das delegações enviadas a Genebra para negociarem o empréstimo externo (1927-1928). Vogal e depois Presidente da Comissão Executiva da União Nacional (1933-1934), ministro da Instrução Pública, designação que mudou para Ministério da Educação Nacional (1936-1940). Enquanto Ministro, criou a Mocidade Portuguesa (1936), a Obra das Mães pela Educação Nacional (1936), a Junta Nacional de Educação, o Instituto de Alta Cultura, a Academia Portuguesa da História e o Instituto Nacional de Educação Física. Foi ainda deputado à Assembleia Nacional (1935-1940) e procurador à Câmara Corporativa (1953-1957). Exerceu ainda as funções de embaixador extraordinário e plenipotenciário junto da Santa Sé (1940-1945) e embaixador em Madrid (1945-1953).

um plano de ação que expôs a Salazar, logo na primeira reunião, ao que tudo indica, no mês de outubro: «Era preciso criar um objetivo imediato em função do qual se intensificaria a organização das comissões locais, o recrutamento de filiados, o debate das ideias, a mobilização dos recursos», objetivo que seria atingido com a realização do 1.º Congresso da União Nacional, a realizar em 28 de maio de 1934. O tempo urgia, mas os seis meses de intervalo eram bastantes, se o tempo fosse bem aproveitado. Salazar aceitou a proposta e o proponente ficou encarregado de lhe submeter, para aprovação, «um plano pormenorizado das fases preparatórias e o plano do Congresso»[270]. Marcello Caetano trabalhou intensa e rapidamente, como sempre, sacrificando não só o seu tempo, como o repouso, e, pouco tempo depois, comunicava ao chefe de gabinete do Presidente do Conselho, Leal Marques, que o trabalho estava pronto e que ficava a aguardar a marcação de uma audiência para fazer a respetiva apresentação.

Mas Salazar não tinha, como nunca teve, pressa. Nem comungava dos ardores de Marcello Caetano. Naquele outono de 1933, estaria sobretudo preocupado com a atividade dos nacional-sindicalistas e com os permanentes rumores de crise e de revolução, para além da necessidade de implantar as novas instituições[271]. Por isso, o tempo foi passando sem que ele desse resposta aos insistentes pedidos de audiência para aprovação do projeto. Inconformado, Marcello bate com a porta, inaugurando uma constante do seu relacionamento político com Salazar: pretextando falta de tempo e de saúde, e o facto de a simples assistência às reuniões bissemanais da Comissão Executiva estar a prejudicar a sua «vida ocupadíssima e metódica», pede a demissão, realçando que a mesma não se deve a razões políticas[272]:

> No princípio da vida o trabalho que tenho de realizar para a estrita obtenção dos meios indispensáveis para fazer face aos encargos que tenho, junto às muitas preocupações de espírito, absorve-me por inteiro. As forças faltam-me às vezes; há coisas que não faço como queria, nem como devia: nestas condições assumir mais responsabilidades é condenar-me voluntariamente à esterilidade senão à inutilidade.

Também já foi sugerido que esta demissão estaria sobretudo relacionada com a facto de ele ter sabido, através de terceiros, que Salazar teria preferido um outro plano da autoria de Quirino de Jesus.

Salazar ainda tenta segurar Marcello Caetano. Mas, quando Leal Marques lhe telefonou a comunicar que o Presidente do Conselho estava pronto a recebê-lo, respondeu que «era tarde: todo o cronograma que projetara estava prejudicado e não sabia trabalhar assim»[273]. Esta atitude deu origem a um período difícil nas relações entre ambos: «Salazar não levou a bem que eu tivesse procedido como procedi, e eu fiquei agastado com a falta de interesse dele. Houve um arrufo entre nós que durou anos.»[274]

Apesar da tensão existente entre ambos, não tardou que Salazar voltasse a solicitar os serviços de Marcello Caetano. Em maio de 1934, chama Fezas Vital incumbindo-o da elaboração do projeto do novo Código Administrativo e dizendo-lhe que deveria contactar Marcello que «tinha ideias a esse respeito». Ressentido com Salazar e, por certo, despeitado por receber o pedido por interposta pessoa, o jovem professor responde que, se ele queria a sua intervenção, devia dizer-lho pessoalmente. O Presidente do Conselho cede uma segunda vez: «Passados dias recebeu-nos aos dois, a Fezas Vital e a mim. Estava carrancudo comigo e dirigia-se na conversa sobretudo ao meu colega.»[275] Aliás, apesar de a elaboração do código ter sido «um dos maiores serviços por mim prestados ao regime», Salazar tratava sempre só com Fezas Vital os assuntos a ele referentes. Foi «a época de maior frieza das minhas relações com Salazar [...] Eu era o jovem impertinente que se permitia atitudes rebeldes». Quando recorda estes acontecimentos, muitos anos mais tarde, reconhece que «não tinha um feitio cómodo e que eram muitas as verduras da mocidade»[276].

Marcello Caetano lança mãos à obra com a prontidão e a eficiência habituais, sacrificando «as férias e todos os momentos de necessário descanso». E quatro meses depois, a 5 de setembro, escreveu a Salazar informando-o de que tinha prontos 350 artigos correspondentes à primeira parte do Código, referente aos concelhos urbanos, que entregara a Fezas Vital, para revisão[277]. Nesta primeira parte – Organização Administrativa – são definidos os princípios essenciais e basilares da nova ordenação administrativa do País, ressaltando o facto de ficar definitivamente liquidado o pouco que restava das tradicionais franquias municipais, ou seja, da autonomia de que os concelhos gozaram até ao século XIX, momento em que começaram a ser erodidas com a centralização administrativa iniciada com a reforma de Mouzinho da Silveira, em 1832, num processo em que a monarquia constitucional foi oscilando «entre a "valorização" do município como entidade autárquica relativamente autónoma e as tentativas de "amarrar" e limitar as prerrogativas municipais aos ditames imperativos do poder central»[278]. Apesar das promessas feitas durante o período de propaganda e dos pressupostos do seu património político, uma vez conquistado o poder em 1910, os republicanos não conseguiram alterar significativamente a situação, mantendo-se o «centralismo administrativo mitigado»[279] herdado do regime anterior, facto que será, aliás, utilizado pelo Integralismo Lusitano como argumento de combate contra o regime republicano.

Em 1926, refletindo sobre a organização administrativa portuguesa, Marcello Caetano escreveu:

> Parece-me que numa tentativa séria de nacionalização de Portugal o que haveria que fazer era dar o maior incremento à vida Municipal; fazer do concelho a base, o fulcro de toda a vida local.[280]

Pouco mais de meia dúzia de anos depois, o autor destas palavras produz um Código Administrativo que renega em absoluto todo o ideário integralista sobre esta questão, condensado em 1930 por Hipólito Raposo nos seguintes termos:

> Como expressão de uma necessidade coletiva, económica e política, o município é o agregado anterior à lei escrita e existiu para a Nação, antes que a Nação existisse para ele. [...]
>
> Da sua origem e pelo destino que teve na vida nacional, claramente se verifica como a sua independência é justa e necessária [...] O município deveria governar-se e administrar-se por magistrados seus eleitos, competindo ao Estado intervir apenas para que a vida local não degenere em abusos e a coexistência dos interesses dos diversos agregados se mantenha em harmonia e equilíbrio para o bem geral. [...]
>
> Hoje, não há que reformar o município, há que restaurá-lo inteiramente, reerguendo-o de raiz, para poder ser restabelecida a vida local em sua plena força e consciência.[281]

O Código Administrativo, do qual Marcello Caetano sempre reivindicou a paternidade, faz tábua rasa dos princípios do municipalismo integralista, facto exemplarmente documentado pelo facto de Presidente e o Vice-presidente da Câmara serem livremente nomeados pelo Governo, «de entre os respetivos munícipes, de preferência vogais do conselho municipal, antigos vereadores ou diplomados com um curso superior»[282].

Como sucede constantemente na legislação do Estado Novo, deixa-se a porta aberta à discricionariedade governamental: por um lado, «quando circunstâncias excecionais o justifiquem» pode o Governo fazer estas nomeações «sem sujeição a qualquer das restrições indicadas»[283]; por outro, ambos podem ser demitidos «livremente ou em consequência de processo disciplinar»[284]. Compete-lhe a dupla função de chefiar a administração municipal e a de representar o Governo como magistrado administrativo[285], sendo, na prática e para todos os efeitos, um funcionário público vinculado ao regime e, como tal, obrigado a não ter revelado espírito de oposição aos princípios fundamentais da Constituição política e dar garantias de cooperar na realização dos fins superiores do Estado; declarar, sob compromisso de honra, que não pertence, nem jamais pertencerá a qualquer associação ou instituto de caráter secreto; e a declarar que está integrado na ordem social existente, com ativo repúdio do comunismo e de todas as ideias subversivas[286].

Esta centralização será justificada por Marcello Caetano em conferência pronunciada na Sociedade de Geografia, a 16 de janeiro de 1936, na qual, criticando os Códigos Administrativos do século XIX, por transferirem «para os concelhos torpes preocupações de política partidária», levando a que o Município deixasse de ser «uma unidade, o ponto de convergência dos interesses vicinais, em que os apetites eram mais importantes que os programas»[287], afirma:

> Uma nação não é um feixe de instituições. Sem a realização objetiva de certas ideias pelo respeito de princípios que delas necessariamente decorrem como meios para a consecução do fim, impondo-se à vontade caprichosa dos indivíduos e fazendo-os servir na humilde comunhão de uma obra coletiva, não há unidade nacional mas apenas multidões desordenadas, privadas de personalidade, de história e de futuro.
>
> Na vida cívica só importa o esforço individual que se incorpora no património coletivo; só conta o que enriquece a herança recebida e se pode transmitir para ser continuado pelos vindouros. Uma sociedade só ganha foros de Nação e de Estado quando cria alma capaz de sobreviver aos homens e de aglutinar na sequência dos séculos as vontades dispersas numa só e consciente e impessoal vontade.[288]

4
«...O APOSTOLADO DAS NOVAS IDEIAS CORPORATIVAS...»

Imposto a partir de cima, pela sua definição como princípio constitucional, em abril de 1933, e materializado pela legislação sobre o trabalho, em setembro seguinte, o corporativismo português necessitava de um *corpus* teórico a partir do qual o País fosse educado e mobilizado para a construção da nova ordem política, paradigmaticamente consagrada na expressão «Estado Novo».

Como quase sempre, quando se trata de definir os princípios políticos fundamentais, também a Constituição, tão normativa em vários aspetos, estabelece um quadro bastante genérico e abstrato, segundo o qual «o Estado português é uma República unitária e corporativa, baseada [...] na interferência de todos os elementos estruturais da Nação na vida administrativa e na feitura das leis», incumbindo-lhe «promover a unidade moral e estabelecer a ordem jurídica da Nação, definindo e fazendo respeitar os direitos e garantias resultantes da natureza ou da lei, em favor dos indivíduos, das famílias, das autarquias locais e das corporações morais e económicas», bases em que assentaria a representação política da coletividade[289].

Como acentuou Hermínio Martins, neste como noutros aspetos, o regime mostrou-se vago e generalista: «Definindo-se como "corporativo", [...] procurou impedir classificações e identificações políticas mais precisas. Servindo-se também de outros conceitos, procurou, todavia, definir com cautela a sua própria fisionomia, asseverando que o seu corporativismo estava salpicado de valores cristãos, que era mais um *corporativisme d'association* do que um *corporativisme d'état* e que era integral, pelo menos na medida em que procurava compreender as corporações "morais" e "culturais" na mesma medida das meramente "económicas"»[290].

O corporativismo moderno remonta ao século XIX. Numa primeira fase, foi uma resposta conservadora à abolição das corporações tradicionais operada pela Revolução Francesa; depois procurou encontrar uma solução, nem marxista nem liberal, para a «questão social». Como ideologia, surge inicialmente na Alemanha, Áustria, França, Bélgica e Itália, estende-se a toda a Europa no fim do século e torna-se um dos vértices do debate político no período entre as duas guerras. Apesar de não caber aqui uma análise sistemática da arqueologia do corporativismo, que alguns autores fazem remontar às civilizações clássicas, mas que ganham um peso decisivo na organização social das sociedades medievais europeias, refira-se que o conceito de corporativismo político começa a ganhar forma logo a seguir à Revolução Francesa e à sua teoria do Estado liberal e individualista. Em 1821, Hegel, nos *Princípios da Filosofia do Direito*, inclui uma secção referente à «administração e corporação», onde dedica alguns parágrafos à corporação, considerando-a, depois da família, «a segunda raiz moral do Estado»[291]. A esta ideia, que assume ainda contornos difusos e embrionários, Emile Durkheim acrescenta, no final do século, uma defesa vibrante da organização corporativa, como um dos remédios fundamentais para o «estado de anomia jurídica e moral em que atualmente se encontra a vida económica»[292].

Em Portugal, a defesa do princípio do sufrágio corporativo está diretamente ligada à crise da monarquia liberal e ao estado de degradação em se transformara o sistema de partidos do rotativismo, marcado pelo «predomínio das candidaturas únicas, a par do simulacro de concorrência entre as listas na maioria dos círculos plurinominais» e pelo facto de, embora formalmente livres, os atos eleitorais se assemelharem «a meros rituais plebiscitários de aclamação, quer por os eleitores terem apenas uma possibilidade remota de interferir na escolha dos governantes, quer por o desfecho dos escrutínios ser, com uma pequena margem de incerteza, antecipadamente conhecido»[293]. Embora tenha sido teorizado por diversos autores oitocentistas, coube a Oliveira Martins a crítica mais sustentada do sistema eleitoral da Carta Constitucional, contrapondo-lhe o princípio da representação orgânica[294]. Considerando que no modelo de representação política liberal, assente no sufrágio individual, a soberania popular se torna uma «abstração metafísica», em que o representante não representa coisa nenhuma, defende que a verdadeira representação nacional deve traduzir na sua realidade as forças e os elementos sociais, ou seja, as classes, e, ao lado delas, as instituições e o meio físico e moral, não podendo ser confiada aos partidos.

Outra das fontes do corporativismo político é a doutrina social da Igreja e tem como ponto de partida a encíclica *Rerum Novarum*, de Leão XIII, datada de 15 de maio de 1891, cujos princípios serão desenvolvidos pela encíclica *Quadragesimo Anno*, publicada por Pio XI a 15 de maio de 1931[295]. Sendo a «questão social» um dos principais temas em torno do qual se desenrola o debate ideológico desde a segunda metade do século xix, sobretudo após a publicação do «Manifesto Comunista» (1848), a encíclica assume como escopo principal tratar da «condição dos operários» que «estão pela maior parte numa imerecida situação de infortúnio e de miséria». Afirma que as causas do mal-estar do operariado residem na extinção das antigas corporações, deixando os trabalhadores isolados e sem defesa, e na ambição dos patrões, que, através do «monopólio do trabalho e dos papéis de crédito [...] impõem [...] um jugo quase servil à imensa multidão dos proletários», e conclui que o socialismo é um falso remédio, já que se trata de uma teoria «sumamente injusta, por violar os direitos legítimos dos proprietários, viciar as funções do Estado e tender a subverter completamente o edifício social». Criticado o sistema liberal e refutado em absoluto o sistema socialista, a principal inovação do texto é uma abertura ao «sindicato operário», cuja legitimidade era reconhecida, ainda que um pouco a contragosto, e que seria de algum modo uma versão modernizada da corporação do Antigo Regime. Apesar de não se debruçar especificamente sobre a questão da representação política e de não transformar o corporativismo político em ideologia oficial do catolicismo social, «a verdade é que a *Rerum Novarum* determinou o desenvolvimento doutrinário de uma conceção orgânica da sociedade que viria a ter aplicações políticas através do modelo corporativo de representação política»[296].

Segundo Braga da Cruz[297], «um movimento social católico, integrado "por operários", e não só "para operários"» surge apenas em 1898, com o lançamento dos Círculos Católicos de Operários[298]. De expressão e influência reduzidas, assentavam num «projeto interclassista de reabilitação das velhas *corporações* medievais, de cunho quer antissocialista quer veleitariamente anticapitalista, [visando] não só o operariado nascente, mas também as "classes médias", cuja dimensão ganhava terreno»[299]. Foi preciso esperar pelo aparecimento do Centro Académico de Democracia Cristã (CADC), para que os princípios do catolicismo social se desenvolvessem e difundissem. A esta fase, designada de «"sindicalismo" católico antissocialista», segue-se a da «intervenção e expressão política organizada»[300], que culminará com a fundação do Centro Católico Português, em 1917. Em suma, o catolicismo social em Portugal evoluiu em patamares sucessivos: numa primeira fase, nos primórdios do século xx, assenta na reação contra o socialismo nascente; a seguir, passa para a negação do regime democrático em que assentava a sociedade liberal, no período terminal da monarquia; e, finalmente, aproveita a crise da representatividade democrática do sistema parlamentar liberal, que se adensará durante a 1.ª República, e a incapacidade da representação partidária, quer para organizar socialmente a classe operária quer para satisfazer as suas mais elementares necessidades, para «contrapor à democracia política partidária um projeto de democracia social assente fundamentalmente na representação corporativa dos grupos sociais»[301].

A primeira assunção do corporativismo, como ideologia e como base do sistema político, foi feita pelo Integralismo Lusitano, cuja influência na vida política se densificou no consulado de Sidónio Pais (1917-1918). Como escreveu Hipólito Raposo, coube a este movimento «o destino de inspirar a doutrina e colaborar em alguns diplomas de renovação política»[302]. Após o desaparecimento de Sidónio, os integralistas movimentaram-se nos bastidores dos golpes realizados pelos militares, nomeadamente no 18 de abril de 1925 e no 28 de maio de 1926. A sua influência é particularmente visível junto do general Gomes da Costa, para quem redigiram as proclamações que foi distribuindo ao longo da sua marcha desde Braga até Lisboa[303], mas sobretudo no «Programa» por este apresentado na reunião do Conselho de Ministros de 14 de junho de 1926, que, entre muitas outras medidas, propunha uma «Câmara das Corporações» e a «libertação do trabalho nacional», que consistia em «promover a organização corporativa de toda a economia nacional, por meio da atribuição de privilégios políticos e sociais àquelas corporações que se organizarem contra a luta de classes e realizarem a representação de todos os elementos da produção (capitalistas, proprietários, chefes de empresas, empregados e operários)».

O grande teórico do corporativismo português foi Marcello Caetano, que também se tornou no seu maior arauto e apóstolo, apostando tudo numa corporativização tendencialmente integral do regime, princípio segundo o qual, como exporá em 1950, «não se compreende que as Corporações se encontrem, no seio do Estado, num compartimento à parte. Todos os ministérios têm de ser das corporações, no sentido de deverem proceder com espírito corporativo e em íntimo contacto, em perfeito entendimento, com os organismos corporativos»[304].

O papel pioneiro de Marcello Caetano, num âmbito mais formal e institucional, inicia-se no primeiro semestre de 1934, quando, como foi descrito, é encarregado de lecionar o curso de Direito Corporativo.

Mas além do seu múnus universitário, Marcello estende a sua ação apologética à generalidade da população, não só através da publicação de artigos na imprensa periódica, como das muitas conferências que proferiu, destinadas a instruir os portugueses «no espírito da nova ordem constitucional», com destaque para os «dirigentes da organização corporativa», mas, sobretudo, para os «dirigentes e graduados da Mocidade Portuguesa, em cujas mãos estará o futuro do Estado Novo e dos seus princípios»[305].

O pioneirismo de Marcello Caetano na abordagem da temática do corporativismo é, aliás, anterior à promulgação da Constituição, o que demonstra a sua total identificação com os princípios que seriam assumidos no texto basilar e fundador da nova ordem política. Em fevereiro de 1933, cerca de um mês antes da realização do plebiscito que aprovaria a Constituição, publica no *Jornal do Comércio a das Colónias* um artigo em que ensaia um enquadramento do corporativismo enquanto resposta para a profunda crise da democracia individualista e igualitária concebida no século XVIII e realizada pela Revolução Francesa.

> Por esse mundo fervem as críticas, multiplicam-se as queixas, estalam as revoltas contra as instituições que o século passado considerara conquistas preciosas e definitivas do espírito humano, formas eternas de perfeição social. Descrê-se do sufrágio universal, descrê-se do regime parlamentar, descrê-se da utilidade dos partidos, descrê-se, numa palavra, dos benefícios da liberdade política.[306]

Para obviar à crise, levantam-se três correntes: uma primeira, mantém-se fiel aos princípios de 1789, defendendo apenas o aperfeiçoamento da máquina democrática através de alguns retoques no sistema eleitoral, no regimento das câmaras e na organização administrativa; a segunda, assenta na doutrina bolchevista, na qual se preconiza o uso do poder como instrumento do domínio da classe proletária representada pelo partido comunista, suprimindo-se a liberdade política e a propriedade privada, com o que se obteria a igualdade económica e a uniformidade social; para responder a estas posições extremas, destaca-se uma terceira, identificada por «certas reações nacionalistas», segundo as quais «para conseguir uma maior justiça social e evitar as ruínas que a economia liberal a cada passo acumula, bastará federar todos os interesses e integrá-los no Estado, atribuindo-lhes a função de limitar as investidas deste e procurando transformá-lo no dócil servidor do interesse nacional».

Contra estas correntes, defende que o corporativismo é uma doutrina de equilíbrio.

A doutrina corporativa pretende em primeiro lugar conciliar patrões e operários, sob a égide do comum interesse da produção; depois agregá--los em grémios profissionais, onde os respetivos interesses encontrem uma expressão jurídica; enfim, federar esses grémios em grandes corporações nacionais que regulem a sua vida interna e deleguem em representantes qualificados a missão de defender esses interesses na operação delicadíssima da elaboração das leis.

Os seus princípios fundamentais são:

[...] a conservação da propriedade privada, reduto insubstituível da liberdade individual [...]; a defesa e o robustecimento dos agregados nacionais e o respeito das suas tradições; a regulamentação da vida económica de acordo com os supremos interesses da Nação e o melhoramento das condições do operariado.

Estas eram, segundo Marcello Caetano, as bases doutrinárias em que assentava o corporativismo em Portugal, que, até ao momento, tinham sido consagradas pelo Decreto n.º 20 342, de 24 de setembro de 1931, que criara o Conselho Superior de Economia Nacional, o qual não passou das páginas do *Diário do Governo**, e eram defendidas na revista

---

* Ao lado do projeto de Salazar, que se traduzia na elaboração de um novo texto constitucional de matriz corporativa, surge, por antecipação, este decreto, da responsabilidade da Presidência do Ministério, que é todo ele já uma efetiva organização corporativa do tecido económico. Apesar de ter sido assinado por Salazar – que é citado no respetivo preâmbulo –, como, aliás, por todos os membros do governo, o decreto não parece ter a sua intervenção. Tanto na semântica como na fundamentação política, nada identifica o diploma com o ministro das Finanças. No preâmbulo, a criação do Conselho é justificada, como sendo o início da «tarefa do lançamento da futura democracia portuguesa», promulgando «as providências que devem moldar a constituição e funcionamento dos organismos representativos das profissões e dos interesses económicos dos grandes grupos de atividades». Adotando «a fórmula democrática [...] orgânica» e «afastando-se do conceito arcaico de cidadão [...], procura desde já dar realidade e força social a um dos aspetos mais salientes da intervenção do indivíduo na força coletiva; agora é o produtor, o dirigente das forças de produção, o responsável por esta, que nos aparecem a intervir no funcionamento do Estado com toda a sua importância real, integrados numa organização bem definida, responsável e hierárquica». Além de orgânica, é também «estruturalmente antirrevolucionária», dando «aos que nela colaborem a certeza do limitado poder de ação do homem,

Cadernos Corporativos e «por uma organização incipiente mas fogosa – o Nacional-Sincalismo».

Quatro dias depois, no mesmo jornal, reflete sobre o panorama corporativo português, designadamente sobre as «suas possibilidades de realização»[307]. Parte de uma retrospetiva histórica, em que acentua a ineficiência das antigas corporações medievais, as quais, «tirante uma função religiosa-decorativa, o registo dos profissionais, a representação discreta numa ou noutra Câmara Municipal», sempre mantiveram «uma vida apagada e sem grandeza». Refere depois a existência, ao tempo em que escrevia, de «algumas manifestações interessantes de associativismo independente do Estado e por este reconhecido»: as Associações Comerciais, a Associação Industrial Portuguesa e a Associação Central da Agricultura Portuguesa, outras de menor dimensão que agrupam os membros de certos ramos do comércio e da indústria, e, finalmente, bastantes associações operárias de caráter puramente profissional que em geral eram controladas por chefes «a quem a massa passiva obedece». Todas elas padecem de deficiências graves:

1.º falta de uniformidade na organização e distribuição desigual pelo país;

2.º descoordenação: as associações patronais federaram-se em tempos, na União dos Interesses Económicos que, depois de algumas manifestações de atividade real, parece estar hoje reduzida a um papel quase burocrático, as associações operárias, ou têm ligações políticas, ou vivem isoladas;

---

da fraca possibilidade de modificar as coisas sociais, tornando-os modestos nas suas aspirações e fazendo-os esperar resultados sérios apenas da lenta transformação das almas». A nova organização é unitária: «quando a vontade de uma classe ou de um conjunto delas é formulada perante o Estado, aparece como um todo, que abrange o País inteiro, resultando a fusão ou limitação das vontades das organizações locais ou regionais sem que por estas possa ser contrariada, porque as contém todas, na parte em que umas às outras se não excluem mutuamente». Finalmente, é definida como hierárquica, na medida em que o desejo de um organismo local não pode sobrepor-se ao de um organismo regional ou deste ao de um conselho nacional. O princípio fundamental em que assenta a constituição do CSEN é o da «liberdade do trabalho e da iniciativa económica individuais como principais fatores da prosperidade da Nação» e, consequentemente, «o direito de apropriação e disposição do produto do trabalho e da iniciativa económica». No entanto, a liberdade está sujeita a limitações de ordem moral, não só resultantes da própria vida coletiva, mas sobretudo do interesse nacional. Justifica o nacionalismo e o intervencionismo do Estado com uma transcrição retirada do discurso de Salazar de 30 de junho de 1930, quadro em que defende limitações à livre concorrência. (Ver J. M. Tavares Castilho, *Os Procuradores...*, op. cit., pp. 38-41).

3.º fraco espírito associativo, com algumas exceções;

4.º diminuta influência dentro da própria classe ou profissão, por manifesta incapacidade de criação de um direito social interno;

5.º atividade reduzida à defesa dos interesses dos associados em face das autoridades públicas.

A este panorama pouco animador do espírito corporativo em Portugal, Marcello Caetano opõe, nos anos posteriores à vigência da Constituição, um autêntico manancial doutrinário em que define, caracteriza e propõe as linhas essenciais do que ele entendia ser o corporativismo português que, do seu ponto de vista, daria consistência política ao Estado Novo, quadro em que, para além das aulas de Direito Corporativo na Faculdade de Direito, se multiplicou em artigos, conferências e outro tipo de intervenções, que fazem dele o maior apóstolo do corporativismo em toda a história do Estado Novo.

Empenhado desde muito novo em construir uma carreira política, Marcello Caetano não deixou nunca os seus créditos por mãos alheias. Dando corpo à afirmação de Salazar de que «politicamente só existe o que o público sabe que existe»[308], nunca deixou de publicar, em coletânea, os principais discursos e intervenções proferidos nesta fase preparatória da sua vida pública. O essencial do seu pensamento corporativo está reunido em três livros: *Lições de Direito Corporativo*[309], *O Sistema Corporativo*[310] e *Problemas da Revolução Corporativa*[311]; a estes deve ainda acrescentar-se o opúsculo *Posição Atual do Corporativismo Português*[312].

O primeiro está diretamente relacionado com o curso que ministrava na Faculdade de Direito; o segundo é, para o seu autor, «um trabalho de doutrinação e vulgarização, por meio de fórmulas simples e de sínteses», procurando dar «uma visão de conjunto do sistema corporativo»[313]; o terceiro, porventura o mais rico do ponto de vista doutrinal e teórico, recolhe um conjunto de cinco conferências pronunciadas entre 1934 e 1939, e em cuja introdução, redigida em 1941, proclama a sua fé no ideal corporativo:

> [...] sou um corporativista que vive as ideias desde o primeiro momento, que sofre quando as vê mal transpostas para a ação, que rejubila com os seus triunfos, que segue apaixonadamente as suas vicissitudes.
>
> [...] não posso reduzir-me a observador desinteressado que por dever de ofício construa doutrinas segundo presumidas intenções do legislador.

Tenho fé, tenho ardente esperança, luto como sei e posso pela vitória dos princípios corporativo na sua maior pureza compatível com a dura realidade.[*]

Finalmente, na conferência pronunciada na Sociedade de Geografia, a 23 de março de 1950, faz um balanço do corporativismo português a partir dos princípios doutrinários do corporativismo enquanto doutrina e da sua aplicação em Portugal, dezassete anos decorridos sobre a sua assunção como princípio constitucional. Este texto acaba por ser de todos o mais citado, por fazer uma crítica contundente e implacável à inadequação entre os princípios definidos e a *praxis* política, quando conclui que «ao fim de 17 anos de regime corporativo não temos corporações».[314]

Regressando ao ponto de partida. O que é o corporativismo?

Marcello Caetano manteve-se sempre fiel à definição clássica dada pela União Católica de Friburgo em 1884, precursora da doutrina social da Igreja e da citada encíclica *Rerum Novarum*, segundo a qual o corporativismo é um «sistema de organização social que tem por base o agrupamento dos homens segundo a comunidade dos seus interesses naturais

---

[*] Marcello Caetano, *Problemas da Revolução Corporativa*, op. cit., p. 10. Com um empenho semelhante, embora de forma muito mais discreta, pode referenciar-se José Pires Cardoso. Nascido em 1904, licenciou-se em Direito pela Universidade de Lisboa e em Economia pelo Instituto Superior de Ciências Económicas e Financeiras de Lisboa (ISCEF), instituição em que se doutorou em 1941. Integrou a Direção administrativa da Emissora Nacional (1935-1945) e foi vogal das Comissões Administrativas das Obras dos Celeiros e do Plano de Obras da Cidade Universitária de Coimbra e presidente do Sindicato Nacional dos Comercialistas. Membro da Junta Nacional de Investigação, em 1954 foi nomeado administrador da Caixa Geral de Depósitos, Crédito e Previdência e em 1958 desempenhou as funções de ministro do Interior, apenas durante três meses. Na área dos estudos corporativos, foi presidente do Gabinete de Estudos Corporativos e diretor da respetiva revista, que, em 1963 se transformou na *Análise Social*, do então Gabinete de Investigações Sociais (GIS) e que dirigiu ainda durante algum tempo, sucedendo-lhe nas funções o seu companheiro dos primórdios da sociologia em Portugal, Adérito Sedas Nunes. Em 1953, foi designado pelo Conselho Corporativo para a XII secção da Câmara Corporativa, provavelmente por indicação de Marcello Caetano que já na preparação da V Legislatura referira o seu nome na carta em que aceita voltar à Câmara: «Da gente da minha idade lembro o Dr. José Pires Cardoso, cuja formação conheço do tempo em que éramos estudantes e que vejo hoje rodeado de prestígio nas suas funções docentes. Estou certo de que seria um ótimo elemento de trabalho.» (Carta para Salazar, datada de 19 de novembro de 1949, in José Freire Antunes, *Salazar e Caetano...*, op. cit., p. 250). Seria procurador na legislatura seguinte e manter-se-ia nas funções até à última legislatura do consulado de Salazar (1965-1969).

e das suas funções sociais e por necessário coroamento a representação pública e distinta desses diversos organismos»[315] e «compreende uma conceção completa da organização social, sob todos os aspetos»[316].

No essencial, procurava ser uma resposta à luta de classes, através da reunião no seio de um único organismo – a Corporação – de «todos os que, como empresários, técnicos ou operários, participam em certa forma de atividade produtiva para que da colaboração saia o entendimento na resolução dos problemas económicos e sociais»[317].

Este sistema elimina toda a individualidade, com o argumento segundo o qual «todo o homem pertence, necessariamente, ao grupo ou grupos a que o liga a sua atividade social», os quais têm uma autoridade própria e impõem uma disciplina interna reconhecida e sancionada pelo Estado[318]. O indivíduo é também dissolvido num agregado ainda mais vasto: a *pessoa moral*, ou seja, «o conjunto de interesses integradores da função social que os seus membros desempenham»[319]. Por isso:

> Como a função corresponde à atividade desenvolvida para alcançar o fim social, resulta daí que os organismos corporativos reúnem todos os homens que concorrem para esse fim, independentemente da forma por que atuam ou da classe a que pertencem.[320]

No sistema corporativo os fins que determinam a ação social dos indivíduos estão dependentes ou subordinados a outros fins superiores, designadamente, ao bem comum e à plenitude espiritual, concluindo-se que todas as funções sociais, tanto de caráter espiritual como económico, são suscetíveis de ser expressos corporativamente. Na lógica do raciocínio,

> A corporação deve ter um papel ativo na vida política, pois que, sendo a Nação uma sociedade com existência distinta dos elementos que a compõem, mas que resulta da conjunção e da atividade de uma pluralidade de sociedades menores, o Estado, que é a sua personificação política, deve representar um organismo em que os diversos órgãos distintos da Nação funcionem harmonicamente para a realização dos fins superiores comuns.[321]

Embora reconheça que as corporações, as autarquias locais e os institutos públicos são pessoas morais autónomas distintas do aparelho político do Estado, defende a supremacia do interesse nacional – que é o fim superior do Estado –, assumindo-o como medida da legitimidade corporativa:

O interesse do grupo, num sistema corporativo, será tanto mais legítimo quanto mais se aproximar do interesse nacional; e o interesse nacional será tanto mais perfeitamente definido, quanto melhor integrar os legítimos interesses dos grupos.[322]

O que Marcello Caetano defende teoricamente é a corporativização integral, numa lógica segundo a qual o Estado Corporativo não seria mais do que uma pirâmide construída a partir da base – os variados interesses, materiais e espirituais, organizados segundo as funções – em patamares sucessivos, numa relação de intercomunicabilidade recíproca. Mas, na prática, embora defina o sistema como descentralizador, assume sempre o Estado como o catalisador, endossando-lhe a ação de o «promover e animar, destruindo os obstáculos existentes à sua instituição e exercendo uma ação docente e estimulante até que a organização possa funcionar por si»[323]. Ou seja – e o autor escrevia quando já não restavam dúvidas quanto à natureza estatista do corporativismo português –, o Corporativismo de Estado, característica essencial do sistema político vigente desde 1933.

Para Marcello Caetano, o corporativismo não é uma mera construção intelectual experimentada «como solução possível de males aflitivos da Humanidade», mas radica na própria História que nos mostra que

[...] a organização e disciplina corporativas constituem uma tendência natural, realizada e desenvolvida através dos séculos com a falta de lógica própria de todas as instituições crescidas ao sabor do tempo, e com as fraquezas, defeitos e transitórios desfalecimentos que sempre acompanham as coisas humanas.[324]

Como experiência histórica, e cingindo-se apenas a Portugal, refere que até ao século XVIII o regime político foi a *Monarquia orgânica*, assente em corporações como a Igreja, os concelhos, a Universidade e os grémios de artes e ofícios. Estes últimos, constituídos por mestres, oficiais e aprendizes, enquadravam os profissionais segundo o seu ramo de atividade, servindo não só para promover a aprendizagem como também para fiscalizar a submissão dos mestres aos regimentos disciplinares do ofício e a perfeição dos trabalhos realizados. Considerados estorvos ao desenvolvimento da indústria nacional e incompatíveis com o espírito da Carta Constitucional, vieram a ser extintos em 1834. Mas as corporações não económicas, mais ou menos combalidas, foram resistindo ao individualismo liberal do século xix e «lá vão existindo ainda com a sua autonomia administrativa, o seu património próprio, o seu recrutamento exclusivo de novos membros, e a sua personalidade moral»[325].

Além destas raízes históricas no quadro do Antigo Regime, Marcello Caetano refere o pensamento de alguns autores oitocentistas, como Gama e Castro, Adriano Forjaz e Costa Lobo, que apesar de contribuírem «para a preparação do meio, não chegaram, porém, a constituir um sistema adotado por uma escola que o difundisse e popularizasse»[326].

Como é óbvio, o catolicismo social de Leão XIII, em cuja base se formou a *escola corporativa católica*, é citado como uma das traves mestras do corporativismo português, até porque um dos seus principais polos de difusão foi o Centro Académico de Democracia Cristã, de que Salazar e muitos dos homens que o acompanharam foram membros: «Por isso, é profunda a sua influência na atual doutrina e política corporativa portuguesa, especialmente pelo que toca à defesa e proteção da pessoa humana.»[327]

Recordado o papel do Integralismo Lusitano na defesa do Estado *orgânico*, refere, por último, «a considerável influência que no rejuvenescimento do pensamento corporativo tem exercido a experiência italiana»[328] e a sua influência no corporativismo português:

> A escola italiana influiu inegavelmente os primórdios da política corporativa portuguesa como é patente na Constituição e no Estatuto do Trabalho Nacional, diploma este que corresponde exatamente, pela sua natureza, estrutura e fins, à Carta del Lavoro italiana, da qual até traduz algumas fórmulas de doutrina e organização. Como o corporativismo fascista, o português não admite a liberdade sindical, atribuindo as funções de representação e disciplina profissional em cada distrito a um só sindicato autorizado – o sindicato nacional.[329]

Uma das características essenciais do pensamento político de Marcello Caetano foi a sua constante preocupação em justificar a matriz autoritária do sistema político corporativo do Estado Novo. Para tanto, construirá um *corpus* doutrinário em torno do conceito de «liberdade», através do qual procura, como sempre, provar que o autoritarismo do sistema é muito mais a resultante da necessidade lógica da sua organização em prol do bem-comum e menos uma imposição discricionária do Estado. Por outras palavras e resumindo, é a própria liberdade que exige a autoridade.

Desenvolvendo a definição de corporativismo, defende que é a «construção de uma ordem moral», ou seja, da *Ordem social* que, «sendo humana, há-de contar com a inteligência e a liberdade dos homens», caso contrário, «não será Ordem»[330].

> A necessidade de [o homem] viver em sociedade impede, porém, que se deixe a cada um pleno arbítrio na escolha da ação, plena liberdade para agir. O grupo é uma realidade tão humana como o próprio homem. E nas relações que o grupo impõe, a Ordem, essa Ordem moral que se não obtém por mero efeito da coação, só pode resultar da justiça.[331]

O liberalismo cometeu o erro de pensar que a liberdade valia mais do que a justiça e o socialismo defendeu que a justiça era a igualdade. No fundo, ambas as ideologias radicaram em mitos, ignorando que o homem continua hoje, como há quatro mil anos, «fiel [...] aos mesmos instintos, aos mesmos sentimentos, às mesmas reações», sendo baldadas as esperanças pelo «advento desse dia de felicidade profetizado pelos falsos profetas do ideal libertário»[332].

Levanta-se aqui a questão crucial: o exercício da justiça não exigirá a supressão da liberdade? E a supressão desta não será também essencial para assegurar a equitativa distribuição de rendimentos, o justo preço dos produtos, o acesso dos mais capazes aos postos que lhes competem e a vitória das melhores ideias, técnicas, e empresas?

> A estas perguntas responde o corporativismo com a afirmação de que a justiça é compatível com a liberdade; de que a liberdade e a justiça podem e devem ser os dois pilares da ordem social.[333]

O que se entende por liberdade?

No liberalismo e na democracia do século XIX, pensou-se definidamente resolvido o problema das relações entre o Estado e o indivíduo, pela identificação do primeiro com o conjunto dos segundos, então vistos como cidadãos. O indivíduo torna-se o centro de toda a ordem política e económica, com o que ficaria eliminada a clássica antítese entre a autoridade e a liberdade: «a autoridade era função da liberdade; graças à liberdade, a autoridade era fiscalizada e policiada, de modo a obter-se um equilíbrio salutar»[334]. O Poder, que tinha como supremo destino a garantia dos direitos individuais, era exercido pelo conjunto dos cidadãos, ou seja, pelos próprios titulares desses direitos, que o exerciam

MARCELLO CAETANO UMA BIOGRAFIA POLÍTICA

através do sufrágio universal. Daqui ressalta, segundo Marcello Caetano, «a distinção necessária entre liberdade civil e liberdade política»[335]. Define a primeira como sendo «o respeito dos direitos fundamentais da livre existência, conservação e progresso do indivíduo», e a segunda como «a garantia desses direitos pela participação efetiva no Governo e na Administração do Estado»[336].

A liberdade civil é uma conquista cristã:

> Foi o cristianismo que contrapôs ao conceito pagão e [...] totalitário do Estado, a afirmação de que o homem não é uma simples unidade que se adiciona ou subtrai indiferente à massa, mas um inestimável valor, única criatura racional dotada por Deus com uma alma feita à sua imagem e semelhança e que na terra passa na prossecução de um fim sobrenatural. Este homem [...] tem uma eminente dignidade: a sua origem é divina, o seu destino é celeste, a sua vida é sagrada. Ao gesto omnipotente de César que, arrogando-se a representação de todos, dispõe a seu capricho de cada um, a Igreja responde com um anátema. A concupiscência do Poder pelo Poder passa a ser um pecado, e a autoridade só se concebe como serviço do próximo, ato de Caridade que as fraquezas da queda tornam imprescindível à ordem humana.[337]

O liberalismo do século xix não é mais do que a «transposição lírica, a exaltação romântica, destas positivas verdades cristãs», sendo que «a democracia é a sua projeção política, é a liberdade política considerada como complemento natural e necessário da liberdade civil»[338]. Os homens do liberalismo consideraram ainda que a liberdade económica era consequência da liberdade civil.

> O liberalismo cometeu o erro de julgar que estas três formas de liberdade de tão diferente valor humano e jurídico, constituíam uma só categoria, e criou um absoluto: a Liberdade com L grande.[339]

Marcello Caetano, na data em que pronunciava aquela conferência, em 1934, tinha por ponto assente que «o liberalismo passou, a democracia, como fórmula política, passou»[340].

Por sua vez, «a vitória da revolução social» – leia-se, o coletivismo marxista ou o comunismo – que, segundo o autor resultou e resultará sempre da necessária falência do sistema liberal, mesmo que mitigado e sob o regime democrático, representa a supressão das três liberdades: política, económica e civil[341].

Em síntese, para Marcello Caetano, ao considerar a posição do homem em sociedade, devem distinguir-se três formas de liberdade: «a liberdade civil, a liberdade política e a liberdade económica»[342].

A primeira – a *liberdade civil* – «é a razão de ser e a justificação das outras» e «consiste no direito natural que todo o homem tem a existir, e a procurar o seu aperfeiçoamento na ordem material como na espiritual»; enquanto esta «respeita à própria e natural dignidade e personalidade humana», as duas restantes – a *liberdade política* e a *liberdade económica* – são «fórmulas que respeitam predominantemente ao arranjo social dos indivíduos»[343].

> A perda da liberdade civil é a escravidão – a redução do homem à categoria jurídica de «coisa». A perda ou a restrição da liberdade política e da liberdade económica, pelo contrário, só interessam na medida em que ponham em perigo a liberdade civil. Concebe-se até que revistam novas modalidades, ou sejam substituídas por outros meios de garantia mais engenhosos e eficazes.[344]

Esta é a grande contribuição de Marcello Caetano para a filosofia política do corporativismo do Estado Novo. Aos 28 anos de idade revela uma mestria notável para dirimir com as palavras numa argumentação de tipo escolástico, tão à maneira de Tomás de Aquino, que tanto gostava de citar. E estas são também as balizas teóricas em que se alicerçará a sua atuação política, sobretudo quando tiver de dirigir o País, a partir de setembro de 1968.

Marcello Caetano nunca reformulou a sua teoria da liberdade, de que aliás se orgulhava, até pela sua «originalidade». Limitou-se a explicitá--la, distinguindo entre dois tipos de liberdade: as «liberdades essenciais» – ou seja a liberdade civil – que são «as de deslocação, de escolha de trabalho e de profissão, de constituir família e de educar os filhos, de professar uma religião e de fruir e dispor da propriedade, visto que onde não há um mínimo de autoridade económica – a do proprietário – é sempre precária a liberdade»; e as «liberdades instrumentais» que foram inventadas para garantia das anteriores e que são a liberdade de reunião, de associação, de expressão, de escolha de representantes políticos, etc.»[345].

> As primeiras liberdades devemos tê-las por irrenunciáveis: ao contrário, as segundas só têm valor na medida em que efetivamente sirvam para nos manter as primeiras. Porque se as liberdades políticas podem conduzir ao suicídio da sociedade livre, e a liberdade de associação, de reunião e

de expressão é utilizada para fomentar a destruição das outras liberdades, então só por inconsciência ou por abulia se explica que continuem ilimitadas.[346]

Cabe ao sistema corporativo substituir as precárias garantias que o liberalismo dava às liberdades essenciais do homem:

> Deste modo, os organismos corporativos aparecem-me como as trincheiras, os redutos onde a liberdade civil se vai acolher contra os perigos que a ameaçam, e nem capitulará enfraquecida pelas transigências democráticas, nem ruirá vencida pela violência revolucionária!
>
> Sobre as corporações se reconstruirá uma nova cidade em que o homem gozará de uma liberdade mais digna e mais sólida do que aquela de que o liberalismo lhe concedeu a ficção. Mas tudo o que o liberalismo teve de verdadeiramente bom e humano, nós o salvaremos![347]

Com este exercício singular e exímio da arte de manipular palavras e conceitos, Marcello Caetano visa a legitimação do regime autoritário do Estado Novo... em nome da liberdade!

Entretanto, continuava a institucionalização do Estado Novo. Em novembro de 1934, Salazar empenha-se pessoalmente na preparação da instalação da Assembleia Nacional e da Câmara Corporativa, recolhendo sugestões de várias fontes, mas reservando para si próprio a definição da estrutura e do formato das listas dos candidatos a deputado e dos procuradores[348].

Marcello Caetano tinha lugar assegurado na Câmara Corporativa, por direito próprio, na qualidade de Presidente da Direção do Grémio dos Seguradores que desempenhava em representação da Companhia de Seguros Fidelidade, da qual a família Theotónio Pereira acabara de o nomear diretor. Esta câmara, tinha um lugar subalterno na estrutura política do regime, dado que lhe competia apenas dar parecer – aliás, não vinculativo – sobre os projetos e propostas de lei submetidos à Assembleia Nacional, facto que lhe retirava peso político.

Salazar, ainda ressentido e distante, mas tendo porventura em atenção os relevantes serviços que Marcello Caetano vinha prestando ao regime, designadamente na elaboração do Código Administrativo, e conhecendo as suas ambições políticas, entendeu dar-lhe uma explicação sobre a sua não inclusão na lista de candidatos e deputado. Fê-lo, por escrito, porque embora tivesse gostado de lho dizer pessoalmente, era-lhe «difícil recebê--lo neste momento». Na curta missiva, diz-lhe ter hesitado muito sobre a sua inclusão no rol dos deputados, tendo posto a ideia de parte, devido ao facto de na Câmara Corporativa ele poder contribuir para que esta, logo no início, «ao menos na generalidade das secções tenha valor real»[349].

Marcello Caetano responde no dia imediato:

> Agradeço a V. Ex.ª a atenção que se dignou ter comigo.
>
> Eu não teria, de resto, consentido em ser proposto ao sufrágio para a Assembleia Nacional porque, para quem, como eu, tem o feitio de homem de estudo e o ideal da ordem e da serenidade interiores, a política, que não está saneada como as finanças, é uma tentação diabólica a esconjurar e a vencer.
>
> A minha vocação única é a Universidade: pesa-me ter de traí-la por absoluta necessidade, mas espero que o não farei nunca de vontade.[350]

Apesar do conteúdo da carta e da afirmação de que não teria nunca consentido na sua inclusão na lista de deputados, a verdade é que Marcello, quando escreveu as «Memórias», acabou por deixar patente algum despeito. Na sua interpretação dos factos, a não inclusão como deputado, nem sequer para um lugar de procurador de nomeação governamental, deveu-se ao facto de o Presidente do Conselho temer as suas «irreverência e impertinência»[351]. Bem mais do que um temor, é bem provável que Salazar – o homem que, segundo alguém muito próximo, perdoava mas não esquecia – lhe quisesse fazer sentir o desagrado resultante das suas atitudes recentes, principalmente por causa da demissão de membro da Comissão Executiva da União Nacional, e ainda pela sua recusa em aceitar o convite para trabalhar no Código Administrativo através de um intermediário. Por outro lado, ter-se-á também apercebido, e bem, de que Marcello Caetano não era – nem nunca seria – um tribuno, pelo que a sua personalidade de homem de estudo e de reflexão quadrava melhor na câmara consultiva do que na Assembleia Nacional, até porque não era líquido que alinhasse – como Salazar esperava dos deputados que escolhia nome a nome[352] – com as perspetivas e diretivas governamentais. Esta carta de Caetano em nada contribuiu para a melhoria das relações entre ambos, bem pelo contrário. Com efeito, segue-se uma longa pausa de mais de dois anos até que voltem a trocar correspondência.

Desempenhou as funções de procurador apenas durante a 1.ª sessão legislativa (janeiro a abril de 1935), porque na sessão seguinte foi substituído por quem o rendera na presidência do Grémio. Não se esqueceu de sublinhar o trabalho desenvolvido, sobretudo o facto de «o peso da reunião preparatória» ter recaído sobre si, já que, escolhido para relator da Comissão de Verificação de Poderes, foi obrigado «a trabalhar o dia inteiro no exame das credenciais dos procuradores e na redação do minucioso Acórdão»[353], sendo ainda «o primeiro procurador a usar da palavra após a leitura do Acórdão para o sustentar»[354]. Durante o mandato, foi ainda eleito para a comissão encarregada de redigir o Regimento da Câmara, tendo também relatado o Parecer n.º 21/I, sobre o projeto de lei referente aos seguros de vida dos funcionários públicos, área em que podia ser considerado um especialista, dado o facto de trabalhar nesse ramo na Companhia de Seguros Fidelidade.

Em janeiro de 1936, completados cerca de dez anos sobre o 28 de maio e três sobre a respetiva posse, Salazar procede a uma remodelação do Governo, pressionado por um conjunto de circunstâncias, entre as quais se destacam o esgotamento político do ministro do Interior, Linhares de Lima, responsabilizado pela União Nacional pelos problemas causados pela oposição nos finais de 1934; por outro lado, Pedro Theotónio Pereira, considerando ter concluídas as estruturas essenciais do sistema corporativo, mas sobretudo por ver adiada por Salazar a corporativização de todo o Estado, como defendia desde o início[355], insistia na sua substituição como subsecretário de Estado das Corporações e Previdência Social; avultava ainda o caso de Duarte Pacheco, ministro das Obras Públicas, que, embora gozasse de popularidade e admiração no País, era politicamente contestado pela União Nacional e pelos setores ortodoxos do regime[356]; finalmente, o ministro da Guerra, general Passos e Sousa, também queria ser libertado das funções. Salazar, firmemente decidido a acabar com a turbulência entre os militares, reconduzindo-os aos quartéis, quer aproveitar a oportunidade para acumular as funções deste ministério, mas o presidente da República, Óscar Carmona, entendeu não ser ainda o momento oportuno, pelo que o general se manterá em funções até maio, momento em que, aproveitando as desinteligências entre o ministro e o major-general do Exército, Morais Sarmento, Salazar decide a favor do segundo, forçando a queda do primeiro[357]. No dia 11 de maio, o Presidente do Conselho assume interinamente a condução do Ministério da Guerra – uma «interinidade» que durará oito anos – sendo coadjuvado pelo capitão Fernando dos Santos Costa, como subsecretário de

Estado da Guerra, o qual se tornará num dos braços direitos de Salazar e num dos homens fortes do Estado Novo, e com o qual Marcello Caetano virá a travar um dos mais significativos duelos políticos não só da sua carreira ministerial como do próprio Estado Novo, na versão salazarista.

Marcello Caetano mantém-se e/ou é mantido à margem de todas estas movimentações, permanecendo nas fímbrias do sistema. Não obstante, o seu nome continua a ser aproveitado e reconhecido.

A 27 de abril de 1936, é eleito, por cooptação, para o provimento de uma vaga no Conselho do Império Colonial, criado pela Lei n.º 1913, de 23 de maio de 1935, como «órgão superior da governação pública» e Supremo Tribunal Administrativo do Ultramar, com base no facto de ser professor de Administração Colonial na Faculdade de Direito de Lisboa, sendo nomeado por portaria de 6 de maio seguinte[358].

Esta nomeação tinha como antecedentes, aliás reconhecidos pelo próprio, a sua participação como «Diretor Cultural» do 1.º Cruzeiro de Férias dos Estudantes da Metrópole às Colónias, realizado por iniciativa da revista *Mundo Português*, que era publicada pela Agência Geral das Colónias. O convite partira do próprio Ministro das Colónias, José Ferreira Bossa*, e proporcionou ao jovem professor do Curso de Administração Colonial da Faculdade de Direito o seu primeiro contacto com a realidade ultramarina portuguesa. Até aí esta aproximação fora apenas intelectual, base que serviu para a redação da «Carta a um jovem português sobre o serviço do Império», publicada em 1934[359], na qual aconselha o amigo António (real ou hipotético?), dotado de todas as qualidades humanas e intelectuais, ou seja «um homem de escol», a optar pela carreira «de servidor do Império no Ultramar», como administrador de circunscrição, porque, se «o escol dos primeiros anos deste século [se] formou nos governos coloniais e nas campanhas da ocupação militar», é «no governo e na administração do Império [que] se hão-de formar os valores marcantes de amanhã». Esta é a missão mais digna para «os melhores das gerações que hoje nas escolas se educam no culto do génio português e no amor à ação e ao claro sol!», ou seja, a missão dos que querem contribuir para a construção de um Portugal maior e melhor:

---

* José Silvestre Ferreira Bossa (1894-1970), magistrado e político, licenciou-se em Direito pela Universidade de Coimbra e exerceu magistratura nas colónias. Foi subsecretário de Estado das Colónias (1935), ministro das Colónias (1935-1936), inspetor-superior colonial e Governador do Estado da Índia (1945-1948).

É a unidade imperial que se realiza na submissão e no amor, conseguida pela justiça e pela civilização. É o espírito português que se infunde a traslada, fazendo nascer mais uma Pátria no mundo, sob o signo da nossa raça e na toada da nossa linguagem.

Repare-se que aparece neste texto, pela primeira vez, a ideia de construção de novas pátrias sob o signo da colonização portuguesa, numa referência subliminar ao Brasil, questão que virá a tornar-se crucial da sua governação como Presidente do Conselho.

O cruzeiro teve a duração de dois meses (10 de agosto a 3 de outubro de 1935), e foi utilizado o navio *Moçambique* – um dos barcos apreendidos por Portugal à Alemanha, em 1916 – a bordo do qual aportaram às colónias de vertente ocidental de África: Cabo Verde, Guiné, S. Tomé e Príncipe e Angola. No final, fez relatos das impressões que colhera, sobretudo em Angola, que vivia num ambiente de crise, já que «a passagem de um jovem professor com relações no Governo era aproveitada para me explicarem situações, me formularem problemas, me apresentarem queixas». Falou ao ministro e ao próprio Presidente do Conselho, que rebateu críticas e explicou as orientações contestadas. Simultaneamente, publicava no *Jornal do Comércio e das Colónias*, de que continuava colaborador, alguns artigos que tiveram bom acolhimento no Ultramar[360] e que condensou num dos capítulos das suas *Perspetivas da Política, da Economia e da Vida Colonial*, sob o título «Impressões de uma viagem à África Ocidental Portuguesa»[361], que desenvolve em torno dos seguintes pontos: *1)* Roteiro; *2)* Portuguesismo; *3)* O poder do passado; *4)* As missões católicas; *5)* Heróis da ocupação administrativa; *6)* Situação económica e financeira; *7)* Conclusão. Um dos pontos mais interessantes deste «Relatório» em que faz uma análise genérica da vida e da economia das colónias visitadas está no seu final:

> Sobre o sangue e as ossadas dos missionários, dos soldados e dos colonos, constrói-se um Império onde as cores de Portugal são amadas e aclamadas por milhões de indígenas. Por toda a parte onde passámos, na Guiné, em S. Tomé, no sertão de Angola, sentimos a unidade política e moral de brancos e negros, em louvor da Pátria comum. Presenciámos em Luanda o espetáculo emocionante de alguns milhares de indígenas, saudarem num delírio apoteótico a Bandeira Nacional que agitavam nas mãos, enquanto a artilharia salvava e o pavilhão subia lentamente no mastro de honra do campo dos Coqueiros. Momento inolvidável [...].

Marcello Caetano que, nos antípodas de Salazar, sempre se mostraria sensível às aclamações das multidões, indicia já aqui alguma confusão entre as aparências e os factos. Tomando e nuvem por Juno, confunde facilmente o «delírio apoteótico» de alguns milhares de indígenas que agitavam nas mãos a Bandeira Nacional com a adesão e integração de milhões de indígenas no projeto colonial português, esquecendo o caráter artificial de tais manifestações, construídas pelo poder coercivo das autoridades brancas ou «assimiladas», desejosas de ficar bem na fotografia perante o Poder Central. O que, se é compreensível num jovem de trinta anos, ainda pouco rodado na política colonial, se tornará fatal, quando tiver nas mãos a condução dos destinos do «Império» à beira da rutura.

No último dia do ano de 1935, é promulgado o Código Administrativo, que devia vigorar por um período experimental de quatro anos. E, «apesar das relações frias entre ambos, Salazar, devido ao seu "espírito de justiça"», fê-lo agraciar com a Grã-Cruz de Cristo, juntamente com Fezas Vital[362].

A partir deste momento, Marcello Caetano fica livre da tutela de Fezas Vital, por quem parece não ter nutrido grande simpatia, a que acresce uma emulação profissional resultante do facto de este ser professor de Direito Constitucional, portanto «hóspede no Administrativo». Retrata-o como um «homem sério e de caráter, profundamente coimbrão» – este último adjetivo, dito por Marcello Caetano, não pode considerar-se um elogio – que, tendo falhado como Reitor da Universidade de Coimbra, pedira para vir em comissão para a faculdade de Lisboa. Além disso, «Sofria porém de uma terrível insegurança, passava a vida a perguntar aos outros se o que fazia estava bem, se o que escrevia estava certo, era um indeciso»[363]. Não obstante, «a relação pessoal aparentava ser boa, pois viviam no mesmo bairro e conversavam amistosamente sempre que se cruzavam»[364]. Já foi afirmado que o jovem professor teria, anos mais tarde, cortado relações com Fezas Vital, por causa da regência de uma cadeira na universidade, afirmação que Miguel Caetano põe em dúvida, afirmando que «os filhos eram amigos e nunca souberam de qualquer corte de relações entre ambos»[365].

As divergências esboçaram-se logo durante a primeira conversa com Salazar. Fezas Vital considerava que só com muito tempo e estudo seria possível elaborar o projeto, ao que o jovem Marcello contrapôs que, dada a sua investigação anterior, que se debruçara não apenas sobre a codificação administrativa em Portugal mas também sobre a legislação estrangeira, podia comprometer-se a apresentar o trabalho num curto espaço de tempo, submetendo-o à revisão. Obtida luz verde, Marcello Caetano deita mãos à obra e, conforme prometera, conseguiu em poucos meses erguer o corpo fundamental do código.

Marcello Caetano nunca aceitou de bom grado a superintendência de Fezas Vital neste trabalho e deixou-o bem claro até ao último momento, inclusivamente na última carta que dirigiu a Salazar sobre o assunto, destinada a desfazer os mal-entendidos que a seu respeito, «são o pão--nosso de cada dia»[366]. Este teria dito estar convencido de que o jovem professor de Direito «trabalhara até à última, com a mesma intensidade, no Código Administrativo». Caetano esclarece que não assistiu «com a assiduidade anterior à fase final da elaboração do Código» e indica as razões: «tomei o facto de o autor do projeto não ser chamado pelo Governo a participar na revisão final (e isto sem qualquer atenção para com ele), como indicação bem clara de que o Governo julgava finda a [minha] missão». Exposto o desabafo, junta um final conciliatório: «Acrescento mais que o facto nada alterou a minha fidelidade aos princípios, e a alta consideração e admiração que V. Ex.ª me merece, como, aliás, a todos os bons portugueses.»

Salazar não replicou e Marcello Caetano foi nomeado presidente da comissão encarregada da avaliação do Código Administrativo, face à experiência colhida. É também incumbido da respetiva adaptação às ilhas adjacentes, pelo que percorreu todas as ilhas dos arquipélagos dos Açores e da Madeira, daqui resultando o Estatuto dos Distritos Autónomos das Ilhas Adjacentes que, depois de revistos, foram aprovados, em simultâneo, com a versão definitiva do Código Administrativo, pelo Decreto-lei n.º 31 095, de 31 de dezembro de 1940.

À data, desempenhava as funções de ministro do Interior Mário Pais de Sousa, que conseguiu esbater as divergências entre Caetano e Salazar:

> Graças ao Ministro do Interior, Mário Pais de Sousa, as divergências com Salazar iam sendo atenuadas, começou a receber-me sempre que eu solicitava e nas nossas entrevistas havia cada vez menos agressividade recíproca. Apesar de não abrandar, pelo contrário, o autoritarismo do Presidente do Conselho.[367]

Mas, na verdade, as relações entre ambos mantinham-se frias e protocolares, como resulta claro da carta de agosto de 1937 em que Salazar lhe agradece a oferta do *Manual de Direito Administrativo*. Além de tardia, por ter sido escrita muitos meses depois da receção do livro, a carta termina secamente: «Com toda a consideração, muito admirador e grato»[368]. Mais frio ainda é um cartão, de meados de novembro, em que agradece a oferta da 2.ª edição do *Estatuto dos Funcionários Civis*: «Deus permita que continue a ter boa saúde para os seus trabalhos.»[369]

5
«DESSA ORGANIZAÇÃO QUE TANTO AMEI...»

Em 1936 celebrava-se o que na linguagem ritual do regime se designou o Ano X da Revolução Nacional.

É neste período que o Estado Novo mais se aproxima do modelo fascista, que exerceu sobre parte das suas elites um fascínio indiscutível, bem patente na legislação corporativa de Theotónio Pereira (1933), que acusa fortes influências do fascismo italiano, e na intensificação da propaganda através da criação do Secretariado da Propaganda Nacional (outubro de 1933), complementada com a inauguração da Emissora Nacional (agosto de 1935).

Enquadrado o trabalho e oficializada a propaganda, passa-se, de seguida, ao condicionamento ideológico da juventude.

Na remodelação de 18 de janeiro de 1936, Carneiro Pacheco assume o ministério da Instrução Pública – pouco tempo depois, designado da Educação Nacional –, que é reorganizado pela Lei n.º 1941, de 11 de abril seguinte, nos termos da qual seria «dada à mocidade portuguesa uma organização nacional e pré-militar que estimule o desenvolvimento integral da sua capacidade física, a formação do caráter e a adesão à Pátria e a coloque em condições de poder concorrer eficazmente para a sua defesa» (Base XI). Em cumprimento desta determinação, dois meses depois é instituída a Mocidade Portuguesa, definida como uma organização nacional «que abrangerá toda a juventude, escolar ou não, e se destina a estimular o desenvolvimento integral da sua capacidade física, a formação do caráter e a devoção à Pátria, no sentimento da ordem, no gosto da disciplina e no culto do dever militar»[370].

A Mocidade Portuguesa (MP) é sem dúvida a instituição mais totalitária do Estado Novo, já que determinava imperativamente a integração obrigatória de toda a juventude, abrangendo «todo o Império Português», podendo ainda «estender-se aos grandes núcleos de portugueses no estrangeiro». Tem como princípio basilar «a educação cristã tradicional do País [...] e em caso algum, admitirá nas suas fileiras um indivíduo sem religião», e «toma como guias ideais da sua ação os grandes exemplos de Nuno Álvares e do Infante D. Henrique e consagra-se em ativa cooperação, à nova Renascença da Pátria», adotando como símbolo a bandeira de D. João I, «glorificada pela primeira Renascença da Pátria»[371].

No fundo, tratava-se de dar expressão aos anseios de Nobre Guedes, formulados, em nome da Comissão Executiva da União Nacional, durante as comemorações do nono aniversário do 28 de maio, nas quais exprimia o desejo de que, ao lado da Escola e a ela ligada, se constituísse uma organização, com comando exterior e autónomo, orientada na política nacionalista, acrescentando:

> Deve ter-se em vista que a organização vincule, no espírito da mocidade, a necessidade da Fé como amparo superior da existência e a moral cristã como norma perfeita da solidariedade humana; o culto da independência da Pátria e da sua unidade territorial; a viva admiração pelas glórias do passado e o conhecimento das responsabilidades delas resultantes; a perfeita consciência do levantamento nacional iniciado em 1926; a necessidade social de um governo de força e de autoridade; a beleza moral do lema que manda sacrificar o interesse de um ao bem de todos.[372]

Nobre Guedes foi o primeiro Comissário Nacional da Mocidade Portuguesa, funções que ocupou de 1936 a 1940. Era um germanófilo, com ideias radicais e puristas próximas do regime alemão, junto do qual representou Portugal, como ministro plenipotenciário de 1.ª Classe, em Berlim (1940-1941)[*].

Para diretor dos Serviços de Formação Nacionalista da organização convidou Marcello Caetano, que aceita prontamente.

A sua primeira intervenção pública, no exercício destas funções, verificou-se na «Primeira Reunião de Dirigentes» da MP, realizada no edifício do Conservatório Nacional, nos dias 21 a 23 de outubro de 1937. Usando da palavra no segundo dia do conclave, improvisou sobre o valor formativo – ou não formativo – da farda e das paradas da MP[373].

---

[*] Em março de 1941, Nobre Guedes abandona inesperadamente o seu posto em Berlim e apresenta-se em Lisboa sem ter pedido autorização prévia, sendo exonerado das funções, a seu pedido, no mês seguinte. Salazar puniu-o severamente, afastando-o de todos os cargos oficiais que ocupava e dos empregos em empresas privadas, situação em que foi mantido durante alguns anos.

A farda e a parada tornaram-se os primeiros elementos apelativos da nova organização, tanto para o público em geral, como para os rapazes.

> [...] o movimento só começou a meter-se pelos olhos dentro do público pela farda e pelas paradas, mas então apenas se viu que elas eram bonitas, que os pequenos marchavam otimamente e que davam uma nota de extremo colorido nas festas da Revolução Nacional.
>
> Os próprios rapazes começaram a ligar muito mais atenção e a achar muito mais graça à MP quando se viram admirados na sua farda e aplaudidos no seu desfile em parada.

No entanto, havia que consolidar o potencial formativo dessas manifestações exteriores.

«A farda tem um incontestável valor educativo», sendo em primeiro lugar «a manifestação pública de adesão aos ideais da MP, e, como tal, uma afirmação de verdade», concluindo que «é para o rapaz a consciência de uma responsabilidade». Também a parada tem igual peso, na medida em que a sua harmonia e a beleza do conjunto resultam da disciplina que se consegue «à custa dum treino persistente que incute o hábito da obediência».

Depois sumaria todo um programa de formação moral do rapaz da MP:

> Acima de tudo a verdade, base da formação do caráter, depois o cumprimento do dever, que há-de sobretudo resultar duma obediência alegremente concedida, sem prejuízo da iniciativa que havemos de deixar aos rapazes em tudo aquilo que não seja essencial para uma unidade perfeita de meios e fins.

Para além do aperfeiçoamento moral dos seus membros, a MP tem ainda uma missão essencial a desempenhar na Revolução Nacional, qual seja a de

> [...] preparar os cidadãos de amanhã, os homens que, despidos daquelas insuficiências que provêm do facto de estarmos ainda eivados de vícios da educação antiga, hão-de realizar em toda a sua perfeição o ideal do Estado Novo; dos rapazes novos hão-de sair os homens novos para a vida política do País, isentos de mácula do antigo regime, homens que venham para a vida pública não com o intuito de se servir, mas já com a noção de que a política é, antes de mais e acima de tudo, o serviço do interesse nacional, e que por isso

é preciso estar nela com espírito de sacrifício. A política deixará de ser um meio de receber para passar a ser, sobretudo, uma forma de dar. Para isso é necessário incutir nos rapazes a ideia de que se não pertencem a si próprios, mas de que pertencem à sua família, ao seu município, à sua corporação e à sua Pátria, porque só através dessas comunidades serão realmente valiosos e úteis.

Abolida assim a identidade pessoal e dissolvido o indivíduo no magma imenso da unidade moral que é o todo nacional, importa hierarquizar os princípios pelos quais a mesma se deve orientar: a ordem, a justiça, a autoridade, a hierarquia e o trabalho.

A unidade só se consegue na *ordem*, que define como «a disposição harmónica de todas as partes do todo, na concorrência constante de todas as partes desse todo para a realização dum só fim». Mas a ordem exige *justiça*, que «consiste em não faltar a nenhum homem com aquilo a que ele tem legitimamente direito, em dar a cada um o que é seu e que todos recebam na proporção em que contribuem para o bem-estar social». Por sua vez a justiça pressupõe a *autoridade*, pelo que os jovens «têm de ser educados na consciência realista de que não é neste mundo que se consegue que os homens cheguem à perfeição e espontaneamente concordarem entre si, dispensando a autoridade e o Estado». Quando tiverem tomado consciência da necessidade da autoridade na vida social, eles próprios concluirão que, na defesa da própria função da autoridade e dos que a ela estão sujeitos, é indispensável a *hierarquia*, que «é uma noção fundamental de toda a ordem moral e social, e uma ordem de gradação dos valores na vida moral como na vida pública». Finalmente, o *trabalho*, que deve ser assumido com um dever humano em qualquer dos escalões da hierarquia, visto que «todos nós existimos não tanto pelos nossos direitos, mas para a nossa função»: «O trabalho é o primeiro dever social, e só porque é um dever e uma função é que ele se torna num direito; quer dizer, só porque nós temos, para existir, que trabalhar, é que se defende e garante o direito ao trabalho.»

Neste discurso que, na parte citada, viria, aliás, a ser glosado num dos capítulos de um dos livros que escreveu para a MP – *A Missão dos Dirigentes* –, quando já era Comissário Nacional[374], começam a definir-se os princípios em torno dos quais se sedimentará o seu pensamento político, devendo, desde já, notar-se a preocupação de construir uma teorização ideológica em termos racionais e lógicos, como se não fosse construída nem imposta a partir de cima, dada a indiscutível e confessada natureza autoritária do regime, mas resultasse necessariamente da lógica da vida em sociedade. Preocupação que o acompanhará ao longo de toda a sua carreira política, como se verá mais adiante. Aquilo que para Salazar era o *Estado autoritário*, transforma-se em Marcello Caetano no *Estado necessário*, no qual a autoridade não é um axioma que se justifica por si próprio, como um imperativo categórico, mas o ponto nodal de um sistema político bem ordenado, ou, mais sinteticamente, da ordem social[375].

Nos meses de março e abril de 1938, Marcello Caetano desloca-se a Itália para inaugurar a cadeira de Estudos Portugueses na Universidade de Roma, em cuja Faculdade de Direito proferiu três conferências, uma das quais repetiu na Universidade Gregoriana, com resultados diferentes: se a exposição da doutrina político-social de Salazar foi acolhida pelas altas hierarquias fascistas «com as reservas de uma heterodoxia», «na Aula Magna da Gregoriana, onde estavam reunidas algumas centenas de seminaristas dos mais diversos países, os aplausos demonstraram bem o grau de aceitação e de adesão do público». No balanço que fez ao ministro da Educação, Carneiro Pacheco, em carta de 8 de abril, escreveu: «Nós, Portugal de Salazar, somos nitidamente, para o Quirinal, *do lado de lá*: o Mundo oficial do fascismo olha-nos como parentes pobres, enquanto o do Vaticano nos trata como filhos diletos.»[376]

Desta experiência italiana também dará conta a Salazar, por carta de 29 de abril, na qual começa por se associar, «com o maior júbilo», «à festa nacional comemorativa da investidura de V. Ex.ª na pasta das Finanças». Depois escreve: «Um mês de observação, em contacto com alguns dos mais esclarecidos valores do regime fascista, radicou-me na convicção da superioridade da nossa fórmula a que falta em *teatro* o que lhe sobeja em *seriedade* e *honestidade*. De resto, consolou-me verificar que, lá como cá, persistem (e no próprio seio do partido) os murmuradores e descontentes, que todavia se reúnem ao chefe na hora do perigo; e se muitos dos melhores daqui invejam o regime italiano, não faltam ótimos de lá que suspiram pelo nosso.»[377]

Em setembro de 1938, Salazar parece ter procurado reatar as relações com Marcello Caetano. No início do mês envia-lhe um cartão onde, «com afetuosos cumprimentos» agradece uma conferência deste sobre «O Espírito do Estado Novo Português». Uma ou duas semanas depois, convidou-o para integrar a Câmara Corporativa, na secção dos procuradores designados pelo Governo, para a II Legislatura (1938-1942), que se iniciaria em novembro. Marcello Caetano recusou, uma vez mais, pretextando um qualquer encargo, que não é possível determinar em virtude de a carta não estar publicada, mas apenas referida na resposta de Salazar, datada de 24 de setembro, na qual este diz ter achado que ele tinha razão nas considerações que fizera na carta de recusa, acrescentando: «Apesar do grande empenho que tinha em que a Câmara se valorizasse com um certo número de pessoas de categoria firmada e reconhecida, voltei a rever a lista para poder dispensá-lo. Espero que, livre daquele encargo, poderá trabalhar como até agora e talvez mais que na Assembleia. Muito grato pelos termos da sua carta [...]»[378].

Decididamente, Marcello Caetano teimava em resistir aos chamamentos do Presidente do Conselho, que não deixa de demonstrar a sua deceção e desconforto nos termos distantes da despedida, uma despedida que será longa, pois só quase um ano depois volta a escrever-lhe para agradecer a oferta das *Lições de Direito Penal*, aproveitando para uma ligeira reprimenda: «Não gostei de o ver desviado para aquele campo, com sacrifício das preferências habituais do seu espírito». O remate da carta é ainda mais lacónico: «Muito atento e grato»[379].

No dia 18 de julho de 1940, é tornada pública a designação do Eng.º Nobre Guedes, o primeiro Comissário Nacional da MP, para Ministro plenipotenciário em Berlim.

Para o substituir nas funções, o ministro da Educação, Carneiro Pacheco, convida Marcello Caetano que, depois de ter levantado algumas objeções, acabou por aceitar o convite, sendo nomeado a 16 de agosto. E disso dá conta a Salazar, através de uma carta em que procura salvaguardar a manutenção da sua vida profissional, como advogado. Apesar de o lugar a que era chamado o seduzir, o facto é que o mesmo «é *gratuito, dispendioso* e *impeditivo* de muitas atividades». Para ele, que vive «da advocacia de duas ou três grandes empresas», da qual não só não pode prescindir mas que necessitaria mesmo ampliar, levanta-se uma «angustiosa preocupação», qual seja a de «se amanhã tiver de defender, inclusivamente junto do Governo, interesses particulares, embora justos, V. Ex.ª ou alguém possa pensar que mercadejo uma situação no Estado Novo»[380]. Salazar responde três dias depois, dizendo-se a par da nomeação, que aliás fora acordada com ele, aproveitando para trazer à colação as recentes recusas de Marcello Caetano, ao afirmar ter receado «que a sua vida não lhe permitisse aceitar o encargo». Quanto ao problema levantado, não poderá «suspeitar-se de que as suas posições e intuitos não são sempre corretos»[381]. Note-se que, não obstante a despedida de Caetano, em que lhe afirma «a maior admiração e afetuosa amizade» e termina dizendo-se «servidor muito atento e obrigado», Salazar insiste na manutenção da distância, limitando-se a «respeitosos cumprimentos» do «muito admirador e grato».

A posse do novo Comissário Nacional da MP realizou-se no dia 24 de agosto e foi-lhe conferida por Carneiro Pacheco, naquele que seria um dos seus últimos atos oficiais como ministro da Educação, já que, dois dias depois, era publicitada a sua nomeação para embaixador de Portugal junto da Santa Sé. No discurso que então proferiu[382], o ministro salientou «a excecional personalidade» de Marcello Caetano, «que todos reconhecem talhado para assumir a responsabilidade de primeiro dirigente da MP», o qual dera provas insofismáveis das suas qualidades como diretor dos Serviços de Formação Nacionalista, «através de uma atividade maravilhosa, que nunca deixou de repartir-se, com vigor intelectual e com alma, pelos problemas da juventude», fazendo dele «um dos seus guias prediletos».

A seguir, Marcello Caetano abre o seu emotivo discurso de posse[383] como uma visita aos primórdios da sua aprendizagem política:

> Despontei para a vida de ação em atitude de clara rebeldia contra o sistema que fizera da minha Pátria um país decadente. Dei-me então, logo no primeiro momento em que tomei consciência cívica, ao ideal de uma Ordem Nova – regra do Estado forte, da Nação una, princípio da paz social pela justiça, harmonia das autonomias na disciplina do interesse comum, norma de perfeição individual e social, cuja observância com o princípio ético progressivamente fosse dispensando o inevitável exagero inicial da coação jurídica.
>
> Essa Ordem Nova principiou a erguer-se quando, após o período preparatório de saneamento que se seguiu à Revolução Nacional, Salazar entrou para o Governo. Em situações oficiais ou sempre que me foi possível, creio não ter faltado ao cumprimento do meu dever de servir o Estado Novo, cooperando modestissimamente com o homem que a Providência nos deu por chefe na hora própria.

Aceitara o pesado encargo de presidir à MP porque entendera não ter o direito de se escusar aos sacrifícios inerentes no momento em que via realizar-se as suas «mais caras aspirações de uma Pátria engrandecida, de uma verdadeira comunhão nacional, de um grande destino no mundo para o Império que o génio português talhou e ergueu», nem de se «furtar a contribuir ainda, e mais, e sempre, para continuar o que está começado, a fazer o que não está feito, a melhorar o que não está perfeito»; por outro lado, não podia «recusar as minhas mãos em comovido gesto de amizade, de confiança, de solidariedade fraterna, às gerações que em tão ásperos tempos entram na vida, assombradas da maldade humana, sequiosas de paz e justiça, e impacientes por reconhecer os roteiros para o descobrimento das estrelas que hão-de iluminar o céu dos séculos vindouros».

Para a tarefa a que metia ombros, Marcello Caetano abria a MP à colaboração de todos os setores verdadeiramente interessados na causa comum, que enumera: os professores dos vários graus de ensino, os oficiais do Exército e da Armada, a Obra das Mães pela Educação Nacional, a Mocidade Portuguesa Feminina e a Legião Portuguesa; conta ainda com a «benévola simpatia» da Igreja e com «a prossecução do caloroso apoio dispensado desde o início pela Imprensa, pelas Famílias, pelas Autarquias e por tudo o que no País represente força moral», cabendo a todos um quinhão de esforços para levar a bom porto esta «obra verdadeiramente nacional».

Ao tomar sobre si a chefia da MP, Marcello Caetano dá um passo decisivo na sua carreira política, porque adquire peso político e ganha projeção nacional. A partir deste momento, o seu pensamento e ação, até aqui confinados aos círculos universitários e políticos, sobretudo da capital, passam a projetar-se sobre o País, que percorre incansavelmente, procurando dinamizar a organização. Está no seu terreno – o da educação e doutrinação da juventude – e consubstancia um ideal expresso desde sempre – o da formação do *escol* (o seu termo preferido) que dirigirá o Estado Novo. E será nesta organização que irá recrutar uma grande parte das hostes marcelistas que o acompanharão até ao fim da sua vida política.

Voluntarioso e determinado, o novo Comissário Nacional, mete as mãos à obra de reformar a instituição que herdara de Nobre Guedes. Vai à MP segundas, quartas e sextas-feiras, a partir das duas e meia da tarde[384]. E, coadjuvado pelo ajudante de campo, Baltazar Rebelo de Sousa, que foi um dos seus mais chegados e diletos discípulos de sempre, palmilha o país, de Norte a Sul, no afã de a enraizar nos jovens «em muitos distritos alheados e resistentes»[385].

Também desta fase da sua vida Marcello Caetano deixou testemunho em dois livros: o primeiro – o mais substancial do ponto de vista teórico e doutrinal – foi publicado em 1941 e tem por título *A Missão dos Dirigentes*[386]; o segundo, *Por Amor da Juventude*[387], publicado três anos depois, compendia vários «discursos e alocuções proferidos durante os quatro anos em que exerci o delicado e honroso cargo de Comissário Nacional da Mocidade Portuguesa»[388].

Na reforma empreendida, Marcello Caetano procura dar à MP uma imagem diferente da que a caracterizara desde a sua fundação: «menos totalitária, mais moderna, mais cooperante com a família, a escola e a Igreja»[389]. Propunha-se a realização de dois objetivos essenciais:

> [...] o primeiro, visando as circunstâncias da ocasião, manter viva entre a juventude a consciência do interesse nacional; o segundo, de projeção mais longínqua, prepará-la quanto possível, para as grandes tarefas do Império e para as grandes provações possíveis.[390]

E como, no contexto da guerra, «começavam a acentuar-se as tendências para a formação dos partidos do estrangeiro», procura, logo no primeiro número do *Boletim mensal do Comissariado Nacional*, definir a posição de «Portugal e a Guerra»:

> Não somos por ninguém. Não somos contra ninguém. Nem germanófilos nem anglófilos. Somos portugueses disciplinados que, sejam quais forem os sentimentos individuais de cada um, nos limitamos a ouvir a palavra de ordem dos governantes e a cumprir sem hesitações as vozes do seu comando.
>
> Portugal tem um Governo que não exprime a orientação de nenhum partido ou corrente de opinião. Os seus próprios membros, o seu próprio Chefe, como nacionalistas, sacrificam as opiniões pessoais que porventura tenham à opinião imposta pelo interesse nacional.
>
> Qual é a conduta mais conveniente ao interesse da Nação? Só o Governo o sabe; só o Governo pode dizê-lo. Os portugueses não têm mais que esperar, escutar e seguir. Dirigentes e filiados da M. P. cumpre-nos apenas trabalhar «mais e melhor», servir com dedicação crescente e entusiasmo inquebrantável, doar sem reservas à Pátria a nossa energia e a nossa vida, – e abrir a Salazar um largo crédito de confiança, na certeza de que o caminho por onde ele nos levar será sempre o que convém seguir.[391]

Em suma, o dever dos dirigentes da MP perante a guerra baseia-se em três princípios: «Defesa da Civilização Cristã a todo o transe», assente nos seus valores constitutivos: Deus, Pátria, Família, Autoridade, Liberdade, Justiça Social; «Consciência de que somos uma Nação independente com interesses bem nossos e só nossos»; e «Confiança nos chefes e devotada obediência às suas decisões»[392].

Todas estas diretivas e princípios normativos decorrem da missão que, segundo o agora Comissário Nacional, incumbe à MP: criar homens de caráter, ou seja, «portugueses exemplares no serviço incondicional da Pátria e dos interesses que ela representa»; que «pelo País estejam dispostos a dar comodidades, interesses e sangue – arriscando a vida alegremente pela independência nacional e trocando de bom grado a sua liberdade pela liberdade de Portugal» e com «quem se possa contar para todas as ocasiões, para todos os trabalhos e em todos os perigos, desde que se trate de fortalecer a unidade coletiva, combatendo partidos fratricidas e impedindo a luta de classes»; numa palavra, «homens que acima de tudo ponham o ideal de "justiça para todos dentro da Pátria independente e ministrada por um Poder respeitado"»[393].

Para ele, a MP nasceu da Revolução Nacional, cujos objetivos sumaria: substituir o «*espírito de partido*, divisor de energias e amesquinhador de carateres» pelo «*ideal nacional* que funde as almas, os corações, os pensamentos e as vontades de todos os portugueses numa só alma, ansiosa de realizar um só pensamento por via de uma só vontade sob o comando de um só chefe!»; «substituir o predomínio do *egoísmo* individual ou de classe pelo *interesse geral*»; «para reduzir a ideia de *lucro económico* ao seu papel, e a *riqueza* à sua exata medida»; impedir que «a herança ou a aventura bem sucedida não deem ao *capital* o direito de tornar os homens seus servos», e proteger o *trabalho*; «para que a *força* nunca possa ditar leis senão quando legitimada pelo princípio da *justiça* que dê a cada um aquilo que lhe pertence»; «para que o *arbítrio* de uma liberdade mal compreendida conduzindo à *desordem* social ceda o lugar à *disciplina* dos indivíduos obedientes ao comando de um *Chefe responsável*, penhor da unidade nacional», porque «à liberdade anárquica sucedeu o princípio da autoridade inteligente»; «para que a *descrença* tornada regra geral [...] fosse outra vez vencida por uma *fé* viva»; «para superar o *materialismo* [...] e para criar um ambiente de são *espiritualismo*». Fez-se, em suma: «para que os portugueses tornassem a encontrar o espírito heroico com que enfrentaram mares tenebrosos, pisaram plagas inóspitas, venceram inimigos traiçoeiros e construíram um Império, – contra o espírito burguês que reduzia a Pátria a um balcão onde os interesses do Deve e Há-de-haver eram a pauta de uma vida sem grandeza, de vegetação apagada, entre as intrigas

José Maria Alves Caetano

Josefa Maria das Neves

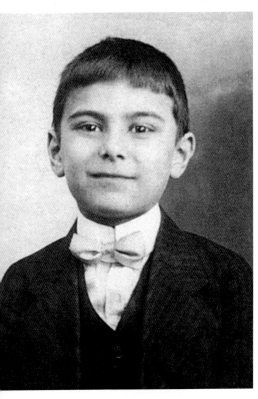

Marcello Caetano aos 10 anos

Marcello Caetano, 1922. 7º Ano do Liceu

◀ Marcello Caetano. 1ª Comunhão. 9 Anos

Missa de Finalistas em S. Roque.
Marcello Caetano ao centro

◀ Estudante da Faculdade de Direito

Com a esposa, Teresa Queirós de Barros

◀ Professor Catedrático
de Direito Administrativo

Casal Marcello Caetano e Teresa de Barros, com os 4 Filhos:
Ana Maria, Miguel, José Maria e João

da botica partidária e o ordenado certo de um lugar público obtido à força de "cunhas"»[394].

À luz destes princípios essenciais, a MP é:

- pela unidade nacional contra o espírito de partido ou de classe!
- pelo interesse de todos contra a conveniência de alguns!
- pela honra de servir contra a ganância de lucrar!
- pela justiça contra a tirania e o arbítrio!
- pela disciplina e pela lealdade ao Chefe contra a desordem de um Estado acéfalo e de mil opiniões diversas!
- pela fé e pelo sacrifício contra a descrença e o comodismo materialista!

Numa palavra:

- pelo espírito heroico contra o espírito burguês![395]

No essencial, para Marcello Caetano, a MP destinava-se a construir o homem novo, que designa por «uma nova geração portuguesa»[396], sobre a qual não deveria haver equívocos: nesta expressão não se incluíam as gerações mais recentes, porque eram «velhas, velhíssimas, no espírito, nos hábitos e nos costumes [...], sem grandeza, sem ideal, sem elevação – apegadas à tristeza do fado, ao vício da crítica, ao ambiente do café, à descrença mórbida e às doenças venéreas [...] para quem a sífilis é uma glória e a caspa uma condecoração, e cultivam com os mesmos cuidados o comunismo ou o liberalismo e a dispepsia»[397]. A geração nova de que fala «há-de separar-se do passado pela vontade enérgica de vencer, pela serenidade de ânimo na adversidade ou nas simples contrariedades, e pelo idealismo puro servido por virtudes positivas e práticas»[398].

Essa é a missão da MP que define a partir da negativa: não é a secção de um partido político, nem uma obra da ação católica, nem uma organização militar, nem uma sociedade desportiva ou de educação física, nem uma disciplina escolar, um tempo nos horários, ou nova matéria nos programas de ensino[399]:

A Mocidade Portuguesa é um movimento de formação integral da juventude que procura dar à gente moça vigor físico, saúde moral e uma consciência cívica inspirada no mais alto patriotismo e traduzida com sentido prático.[400]

E deve responder a cada instante à pergunta: «como deve ser o perfeito português?»

O tipo de português que há-de arrostar com as dificuldades dos novos tempos que se anunciam, e a quem incumbe prosseguir a obra do desbravamento e valorização do Ultramar – nós o concebemos fisicamente robusto, mas paciente, perseverante, calmo, corajoso, sóbrio, disciplinado, capaz de iniciativa e com espírito de solidariedade, idealista e prático, pronto aos sacrifícios necessários, generoso no seu sangue para com a Pátria. Queremo-lo inteligente mas com o senso das realidades, sonhador mas sem fugir da ação, pensador mas sem tirar os olhos dos horizontes largos e sem recear ir buscar a comprovação das ideias aos mares revoltos e aos árduos desertos, justo mas não utopista, sensível mas não sentimental.[401]

Apostando na formação *integral* da juventude, mas recusando o epíteto de *totalitária*[402], a MP colabora com a família, com a escola e com a Igreja[403], na mobilização de esforços, porque «Nas nossas mãos reside a sorte do Portugal de amanhã e, por via dele, podemos influir decisivamente nos destinos eternos da Pátria – e quem sabe se até nos da Civilização»[404].

Para Marcello Caetano, os ideais da MP podem resumir-se em quatro palavras: «Cristandade, Lusitanidade, Ordem social» ou, numa versão mais salazarista: «Deus, Império, Autoridade, Justiça»[405].

No essencial, Marcello Caetano procurava «dar mais conteúdo à Organização, oferecer-lhe uma doutrina e uma pedagogia, estruturá-la de acordo com os fins que fossem visados», o que fez tomando como modelo o escutismo católico, a que pertencera na juventude, e do qual aproveitou os princípios e métodos, adaptando-os às realidades nacionais[406].

O seu combate é feito desinteressadamente, como não se cansa de sublinhar, já que, segundo o respetivo regulamento, o lugar de Comissário Nacional da Mocidade Portuguesa, era gratuito: «Fomos, Nobre Guedes e eu, os únicos nesse regime, animados no espírito de dar exemplo de desinteresse no serviço cívico e sobretudo de dádiva à juventude.»[407]

É difícil garantir que os esforços desenvolvidos por Marcello Caetano tenham surtido resultados práticos palpáveis. Para a maioria dos jovens portugueses, coagidos desde a escola primária a integrar a organização, a MP não parece ter nunca representado um ideal, não passando de um suportado movimento a que aderiam por obrigação. Já para Marcello, repete-se, foi um alfobre, onde recrutou «tantos amigos e colaboradores dos anos futuros!»[408]

Foi na Mocidade Portuguesa que o caráter autoritário de Marcello Caetano, aliás detetável desde cedo, começou a evidenciar-se publicamente. Marcelo Rebelo de Sousa afirma: «Marcello Caetano tem uma personalidade forte, um feitio cortante, assume as dores da mocidade e é constante e às vezes agreste nas suas reivindicações perante os jovens.»[409] Num despacho da Embaixada dos Estados Unidos para o Departamento de Estado, de 27 de setembro de 1944, é referido como tendo um caráter pouco atrativo e é citado um incidente levantado por Marcello num acampamento da MP simplesmente por não ter sido saudado pelos rapazes quando passou entre eles[410]. Já dois anos antes num relatório da Embaixada do Reino Unido em Lisboa para o Foreign Office, datado de 21 de setembro de 1942, fora descrito como «colérico e maldoso» e «muito temido pelos seus opositores políticos»[411].

6

«EU [...] JÁ TENHO VERGONHA DE FALAR EM CORPORATIVISMO»

Marcello Caetano tinha ambições políticas? Por outras palavras: Marcello Caetano ambicionava o poder? É óbvio que sim, embora o negasse, tanto em público como em privado.

Desde que Salazar construíra a falácia do exercício do poder como um martírio, raro foi o político português que não procurou inscrever o seu nome no «Martyrologium Lusitanum», o livro das virtudes que tinha o nome do Presidente do Conselho a encimar a primeira página.

E Marcello Caetano não foi exceção, bem pelo contrário. Em 1969, quase um ano depois de ter assumido a chefia do Governo – o lugar pelo qual parece sempre ter lutado – afirmou: «Por mim sabe o País que não desejei o governo, não o procurei, não tenho interesse pessoal em me manter nele.»[412] Mas em outubro de 1940, confessara, com alguma candura, que o seu objetivo era mesmo o exercício do poder: em carta a um compadre que vivia em Moçambique, afirma que acabara de recusar o convite para subsecretário de Estado das Colónias, por «motivos [...] que não têm nenhum caráter político»:

> Apenas o desejo de não deixar a Universidade por enquanto, – enquanto, digo, não tiver aí começado, ao menos, uma obra que, no caso de falhar como estadista, me console do que fui como Professor.[413]

Portanto, nos seus objetivos estava a carreira de estadista.

Apesar disso, ele nunca se deixou arrebatar pelas urgências políticas: «Teve perfeitamente tempo de se doutorar em 1931. Percebeu perfeitamente a necessidade da sua promoção vertical e da juventude do seu tempo, a necessidade de lhe dar oportunidades concretas imediatas de subir e de as realizar.»[414] Ou seja, soube esperar pelo seu tempo e construir o seu espaço. E fê-lo diversificando a sua intervenção a vários níveis, numa atividade prolixa e vertiginosa, em que junta aos seus afazeres profissionais, que compreendem o magistério universitário e os trabalhos como jurisconsulto, a intervenção na coisa pública, na qual se incluem, como já foi referido, a integração como vogal no Conselho do Império Colonial e as absorventes funções de Comissário Nacional da MP. Além disso, não deixa de aceder a outras solicitações.

Em junho de 1941, Salazar escreve-lhe a pedir mais um serviço. O Governo decidira enviar uma missão especial ao Brasil para agradecer a participação deste país nas Comemorações Centenárias que se tinham realizado no ano anterior, a qual seria presidida por Júlio Dantas e integraria alguns elementos da respetiva Comissão Executiva. Além dessas figuras tradicionais, explica Salazar, «eu queria que fosse também gente nova e representativa da geração que formamos. Ninguém melhor para o efeito do que o próprio Comissário Nacional da Mocidade Portuguesa, professor da Universidade, colaborador do Governo em reformas substanciais.» Tendo presente anteriores recusas e o distanciamento dos últimos anos, o Presidente do Conselho, quase implora: «Não diga que não, mas mande-me dizer que sim.»[415] Desta vez, Marcello anui prontamente ao pedido, respondendo afirmativamente no dia seguinte, gesto que Salazar agradecerá, numa curta missiva muito formal, que termina por «Mais uma vez muito grato»[416].

A missão partiu de Lisboa no dia 22 de julho de 1941 e desembarcou no Rio de Janeiro, a então capital do Brasil, a 5 de agosto, onde se demorou nove dias, que Marcello recordará em termos minuciosos e empolgantes, destacando as inúmeras personalidades políticas e académicas com quem se relacionou, a sumptuosidade do protocolo, o fulgor da cidade e o calor emotivo da colónia portuguesa, para a qual foi realizada uma sessão solene no Real Gabinete de Leitura do Rio de Janeiro em que usou da palavra[417] O discurso de Marcello Caetano destinava-se, na sua qualidade de Comissário Nacional da MP, a agradecer aos portugueses do Brasil a oferta à organização do Palácio dos Condes de Almada, depois crismado de Palácio da Independência, por ocasião do centenário da Restauração ocorrido no ano anterior. Procurou fazê-lo «em palavras calorosas, de uma retórica entusiasta que pretendia ser empolgante e que arrancou, de facto, frequentes ovações»[418], das quais se respigam alguns parágrafos:

> Vós, que a pobreza não desanimou da vida. Vós, que as afeições não retiveram no cumprimento do dever. Vós, que não temestes as lágrimas salgadas da saudade, nem o pão ázimo do exílio. Vós, que amastes o trabalho na sua

mais penosa condição. Vós, que enfrentastes mares e céus para escrever nova gesta portuguesa. Vós os triunfadores da Natureza, vós os construtores de cidades, vós os capitães da indústria, vós os animadores do comércio, vós os artistas, vós os pensadores, vós os humildes – vós todos, os colaboradores de Deus no Novo Mundo!

Exemplo da Mocidade Portuguesa é a vossa conduta de homens empreendedores e fortes. Exemplo que serve para mostrar que Portugal é idêntico no passado e no presente: a têmpera dos homens que fizeram a nossa História não mudou nos tempos atuais. Se os homens são os mesmos – e se a alma da Nação permanece na posse de todas as energias heroicas – não há que temer o futuro: pode este reservar-lhe desditas e provações, é condição humana sofrê-las. Mas o ânimo da raça as vencerá, e para além do negrume e da desgraça estão sempre as alvoradas da aleluia! [...]

À voz convocatória da grande mobilização moral dos portugueses para todos juntos celebrarmos a História comum e solenemente afirmarmos a vontade inabalável de continuar pelos séculos fora a obra dos antepassados – logo de todas as partes do mundo ecoaram respostas fervorosas e num mesmo espírito aclamámos a Pátria imortal, glorificando os heróis que a firmaram e consolidaram, dando graças a Deus que no-la conservou e tomando-nos uns aos outros por testemunhas do juramento de contribuir para deixar aos nossos filhos, e aos filhos dos nossos filhos, aos que hão-de perpetuar o nosso sangue e o nosso génio, essa mesma Pátria que estremecemos tornada mais rica, mais honrada e mais feliz!

Onde quer que pulsava um coração lusíada aí se celebraram com fé ardente os ritos desse grande ato de culto patriótico, em cujos momentos culminantes a Nação portuguesa se tornou presença real num grande Império invisível, Império ecuménico, Império do espírito – cujo domínio inefável abrangia de um extremo ao outro da Terra, pois a todas as paragens do mundo chegaram a ânsia e o esforço português!

Em nenhuma parte, porém, fora de Portugal, esse milagre se produziu com tamanho esplendor como no Brasil. É que os portugueses, aqui, não estão em terra alheia. Portugal não é estrangeiro no Brasil: o pai não pode ser um estranho em casa do filho que amorosamente criou e estabeleceu![419]

Profissionalmente, a viagem trouxe a Marcello Caetano mais um pergaminho para abrilhantar o seu já refulgente currículo, ao ser eleito, a 11 de agosto, sócio-correspondente da Ordem dos Advogados do Brasil.

Todos estes momentos de pompa e circunstância ocorriam num momento em que a guerra submergia já toda a Europa, depois da invasão da Rússia soviética pela Whermacht, em junho de 1941, transformando-se poucos meses depois, em dezembro, na Segunda Guerra Mundial, com o ataque surpresa dos japoneses à frota americana ancorada em Pearl Harbour (Hawaii), do qual resultou a entrada dos Estados Unidos no conflito.

Na situação de crise aberta pela guerra civil espanhola, iniciada em 1936, Salazar acumulara as funções de chefe do Governo com as pastas da Guerra (11 de maio) e dos Negócios Estrangeiros (6 de novembro), para além da das Finanças, que detinha desde abril de 1928, e embrenha-se, decidida e apaixonadamente, nas questões da política externa, que passam a constituir um dos vetores essenciais da sua governação. Com a vitória definitiva dos nacionalistas espanhóis, em março de 1939, para a qual o governo português deu uma contribuição importante, o ambiente não desanuviou, bem pelo contrário. Na Europa central, Hitler iniciara, desde os inícios de 1938, as suas manobras expansionistas, com a anexação da Áustria (março) e, depois, com o desmantelamento da Checoslováquia e a consequente integração da Boémia. Ao mesmo tempo que os vencedores da Espanha, sob a chefia de Franco (março de 1939), festejavam a vitória, Hitler dava outro passo da sua estratégia expansionista, ao invadir a Polónia, no dia 1 de setembro de 1939, desencadeando a reação da França e da Grã-Bretanha que, dois dias depois, declaram guerra ao invasor. É o início da guerra.

Chefiando o país situado no extremo mais ocidental do continente europeu, Salazar declara a neutralidade de Portugal, posição que manterá ao longo de todo o conflito, jogando, matreiramente, em vários tabuleiros, num encadeamento de equilíbrios, contradições e cedências, esticando por vezes a corda até ao limite do suportável, de acordo com o evoluir da situação em cada momento. Teoricamente mais próximo, política e ideologicamente, dos sistemas totalitários do Eixo, mas simultaneamente ligado ao bloco oposto, pela centenária Aliança Luso-Britânica, revela uma mestria notável que lhe permitirá, no final do conflito, alinhar ao lado dos vencedores.

Pode, com certeza, afirmar-se que, de 1936 a 1945, mas sobretudo nos seis anos que respeitam à guerra mundial, as atenções de Salazar incidiram sobretudo na política externa, negligenciando as questões domésticas, designadamente os reflexos económicos ditados por uma economia de guerra e as suas repercussões no ambiente político do país que não deixou, necessariamente, de degradar-se, gradualmente, à medida que as dificuldades aumentavam. Por um lado, a escassez de víveres e outros bens de consumo, como os combustíveis e o carvão, e, depois, dos próprios produtos alimentares; por outro, e em consequência do primeiro, o facto de a estrutura corporativa, designadamente os grémios e as comissões reguladoras, ter sido encarregada de controlar a economia local e nacional, serviço em que, exorbitando das suas funções, se cometeram enormes arbitrariedades e campeou a corrupção; finalmente, ambos os conflitos – muitos defendem que o primeiro é apenas a antecâmara do segundo – trazem à superfície as ideologias e despoletam um intenso debate centrado na dicotomia totalitarismo *versus* democracia, nas suas variadas aceções.

Marcello Caetano passou incólume e numa posição confortável todo este período. Durante o conflito espanhol estivera sobretudo centrado na redação do Código Administrativo, tanto na parte referente ao Continente, como na sua adaptação aos arquipélagos dos Açores e da Madeira, e na sua pregação corporativa. Depois, o cargo de Comissário Nacional da MP, embora lhe desse algum destaque político, isentava-o da eventualidade de arder no lume brando que ia consumindo os membros do Governo que fora nomeado quase simultaneamente com a sua posse nas referidas funções, um governo que – por tática política? – recusou integrar, ao ser-lhe proposta a Secretaria de Estado das Colónias.

Enquanto Salazar, encerrado no seu gabinete, mergulhava com gosto nos labirintos da alta política internacional, deixando aos ministros a gestão dos negócios correntes do País, Marcello Caetano percorria o País de norte a sul para dinamizar a organização que dirigia. Este facto proporcionou-lhe um contacto mais direto com as populações, sobretudo com as classes médias, as quais, no contexto das dificuldades emergentes da guerra que, como era de esperar, se faziam sentir cada vez com mais intensidade, se queixavam das condições de vida e mostravam um desalento cada vez maior que, pelas suas consequências políticas, podia de alguma forma corroer os alicerces do regime.

À medida que a guerra avançava, os problemas aumentavam. Por aqueles anos de 1942 e 1943 assiste-se a uma deterioração da situação interna, evidenciada pela «agitação social, irritação nos meios rurais, descontentamento dos funcionários e empregados e de quantos, auferindo rendimentos fixos, sofriam os efeitos do aumento do custo de vida», a que acrescia «a aguda hostilidade entre anglófilos e germanófilos e a ideia, que foi ganhando terreno, de que a vitória das Nações Unidas seria fatalmente a derrocada do regime político português – o que exacerbava o germanofilismo de muitos situacionistas e dava alento aos adversários»[420]. Esta situação de crise é também reconhecida por Franco Nogueira que, apesar da sua predisposição para desvalorizar os eventuais erros de Salazar na condução da política do país, não pôde deixar de anotar as brechas que surgiam, aqui e ali, no interior do sistema[421]. Embora, cm 1942, como sempre, «à superfície [seja] de normalidade a vida de Lisboa», a opinião pública continua dividida entre os Aliados e o Eixo. Mas, «acima de tudo [...] há um cansaço generalizado». A fadiga estende-se tanto a ministros como a chefes militares, mas sobretudo ao povo português:

> Não aguenta uma alta política, dura e firme, que imponha sacrifícios e seja de resultados incertos, como todas as grandes políticas. Começam as faltas de géneros, as dificuldades de abastecimentos; está racionada a gasolina, a eletricidade; os transportes automóveis fazem-se a gasogénio, não há combustível para uso privado; falta o carvão; e as autoridades decretam o racionamento. Ao mesmo tempo, aumenta o poder de compra de vastas camadas: são os especuladores, os transitários, os açambarcadores, os negociantes de minério, em particular de volfrâmio [...]. Mas o poder de compra acrescido, conjugado com dificuldades de abastecimentos e especulação, leva à subida de preços; o governo [...] segue a política de contenção de salários; e surge o mal-estar entre o operariado, o campesinato, o funcionalismo público.[422]

Marcello Caetano salienta que Salazar, absorvido pela alta política, não tinha tempo para dar a atenção necessária a este estado de coisas:

> E o seu governo era composto por ministros já há bastantes anos no Poder, que ele não tinha tempo para receber assiduamente e não reunia em conselho. Daí que cada um procedesse como entendia, inteiramente à solta, ou quase, originando-se uma descoordenação real ou aparente que aumentava o descontentamento geral.[423]

Neste contexto, assume-se como uma espécie de consciência crítica da situação, iniciando uma sucessiva troca de cartas com Salazar com a «preocupação de lhe chamar a atenção para esses pontos».

A primeira data de maio de 1942, a pretexto de um acampamento da MP, que «também serviu de retiro espiritual em que a meditação preferida foi a nossa responsabilidade perante a Nação», na qual esboça as críticas que acentuará nos meses seguintes, quando, aludindo subliminarmente à ineficácia da União Nacional, se refere à falta uma força política condutora:

> A Nação não está moralmente mobilizada. Falta mesmo uma força política ativa que a conduza e a ampare contra as suas fraquezas tradicionais. E sem isso receio que trabalhemos na areia: os rapazes, aos 18 anos, aderem ao meio...
>
> De resto eles estão a ter uma preocupação quase mórbida com a questão social e convencem-se que nada ou quase nada fizemos para aplicar a doutrina que se lhes ensina.[424]

A esta carta, em que se assume como «muito amigo, admirador e discípulo», segue-se outra, no mês seguinte, ditada pela «dedicação e amizade que lhe consagra o discípulo atento», em que insiste sobretudo na marcha do corporativismo:

> Já mais de uma vez nestes últimos tempos tenho tido a tentação de escrever a V. Ex.ª sobre o estado moral do País e em especial acerca da marcha da Revolução Corporativa nos seus aspetos social e económico.
>
> Mas compreendo bem os seus cuidados e respeito-os tanto que hesitei em fazê-lo [...].
>
> Mas entretanto as coisas pioraram, a doutrina caminha para um descrédito irremediável e se nós, os que a abraçámos um dia, nos aferramos sempre a uma esperança, a gente nova essa já não crê na sua eficácia e repele-a.
>
> Reparo com inquietação que muitos daqueles que não se têm poupado na luta começam a vacilar. E quando pretendo incutir ânimo nalguns verifico que me vai faltando também. Será tempo ainda de incutir nova fé em tantos que a tiveram – e por nossa culpa a perderam? Se é, só V. Ex.ª e mais ninguém poderá operar o milagre.
>
> [...] Não se trata de um descontentamento passageiro e superficial: estamos perante uma crise da própria doutrina que o Poder não abraçou com a decisão necessária e que não produziu os frutos prometidos e esperados.
>
> Por isso os remédios necessários não são puramente de ocasião. Ou o Governo todo perfilha e pratica a doutrina ou perdemos a partida. Não pode continuar a viver-se em regime de ministros com opiniões pessoais e políticas divergentes: corporativistas alguns, outros anticorporativistas, indiferentes os restantes. Não é um simples subsecretário de Estado que pode instaurar a Ordem Corporativa: tem de ser todo o Estado a colaborar com a Nação.

Se perdermos a confiança no valor moral e social da doutrina que adotámos – que nos resta?[425]

No final do verão, volta à carga, escrevendo de Gouveia, na serra da Estrela, onde passava férias:

[...] Confesso-me seriamente impressionado pelo ambiente que vim encontrar na Beira: de falta de fé, de descontentamento, de irritação por todos os lados e em todos os setores. Só se ouvem queixas, sobretudo a respeito do modo como tem sido – ou está sendo – burocraticamente dirigida a Economia. [...]

A falta de coordenação continua a parecer-me o maior defeito da nossa política. Cada Ministério, Direção Geral, Inspeção, Junta ou Grémio tem sua orientação e às vezes tudo isto se choca e contradiz. Não seria útil e oportuno encarregar meia dúzia de pessoas de um sério estudo dos problemas e de um plano de conjunto para os resolver?[426]

Salazar, que deixara as missivas anteriores sem resposta, desta vez reage, criticando o tom vago das críticas formuladas: «[...] seria vantajoso para minha orientação que pudesse chegar a algumas precisões. Com a indicação de casos concretos ser-me-ia muito mais fácil ou pelo menos muito mais fácil fazer o meu juízo e tomar as providências convenientes»[427].

Na réplica, Marcello Caetano ladeia a enumeração dos casos concretos, que seriam apenas pontuais, porque, no seu entender os males «são de raiz» e têm que ver com a necessidade de se tomarem «providências eficazes com aproveitamento do conjunto dos organismos de que o Estado dispõe» para dinamizar economicamente o país dentro do sistema corporativo. Porque o problema é grave e o descontentamento é generalizado:

Enquanto estive na Beira ouvi muita gente, agricultores, industriais, operários, trabalhadores rurais, autoridades, pessoas à margem da política. [...] O que porém me ficou do contacto tido nessa região – e desde Viseu à Guarda – foi a sensação de mal-estar, de descontentamento, de desalento que me impressionou.

Os melhores se queixavam. Chego a Lisboa [...] Converso aqui com alguns amigos: informam-me de que recolheram de toda a parte idênticas impressões e dão-me notícia do descontentamento e quase revolta das classes operárias e em geral dos sindicalizados, a quem as medidas sobre o abono de família (e nomeadamente o desconto nas horas extraordinárias) parecem um logro das esperanças que durante meses acalentaram de novos rumos da Revolução Corporativa.

No Barreiro, onde a MP custou a entrar mas conquistou alguns excelentes elementos, os nossos rapazes são agora perseguidos com chufas, e ameaçados de «lhes cortarem o braço» se o erguerem na saudação romana.[428]

Refira-se que nesta correspondência é evidente uma obstinada preocupação de Marcello Caetano em quebrar o gelo nas relações com Salazar bem expressa aliás nos termos calorosos com que se despede. Nesta última carta, declara-se «muito dedicado amigo, admirador e imperfeito discípulo». Aproximação que se estende das palavras aos atos.

Com efeito, em novembro de 1942, quando preparava a lista dos procuradores à Câmara Corporativa para a III Legislatura (1942-1945), Salazar – esperando ser «mais feliz desta vez ao bater-lhe à porta» – convida-o novamente para integrar a respetiva secção política, dizendo «contar com a sua anuência» e referindo que «nem pode desta feita desculpar-se com a falta de tempo, porque, estou certo, será muito moderada a atividade da Câmara»[429].

E, desta vez, a resposta é afirmativa e expressa em termos quase dramáticos, que proclamam a sua desilusão quanto ao andamento do corporativismo português:

> Não. Não me negarei a fazer parte da Câmara Corporativa. Embora desalentado a respeito da marcha das coisas corporativas em Portugal – a fé perdida, os organismos desprestigiados, o regresso à organização sindicalista revolucionária – e percebendo cada vez menos de política, tão abandonados vejo os aspetos psicológicos dos atos do Governo, não me negarei a ir para a secção de Política da Câmara Corporativa.[430]

Designado para a 20.ª Secção – Política e Administração Geral, nesta segunda passagem pela Câmara, assume desde logo um lugar de algum destaque ao ser eleito 2.º Vice-Presidente da Mesa, a que presidia o general Eduardo Augusto Marques, sendo ainda assessor das secções de Educação Física e Desportos e das Autarquias, facto que remete para as suas funções de Comissário Nacional da MP e para o seu destacado papel na redação do Código Administrativo.

Durante esta legislatura, subscreveu nove pareceres[431], ou seja, cerca de uma terça parte dos pareceres emitidos ao longo de toda a legislatura, devendo destacar-se o Parecer n.º 9/III referente ao Estatuto da Assistência Social, do qual foi relator, emitido sob a proposta de lei n.º 25 da autoria do então subsecretário da Assistência Social, Joaquim Dinis da Fonseca*, um dos íntimos de Salazar, que, segundo as suas «agendas», o recebia quase diariamente.

Este parecer deu algum brado, já que o Relator considerou a proposta de lei «vaga nos princípios, tímida nas soluções, incompleta na extensão»[432]. Aproveitando, por certo, a experiência colhida quando trabalhara no ramo «Vida» da Companhia de Seguros Fidelidade, lendo tudo o que pôde sobre o assunto, visitando serviços e ouvidos peritos, Marcello Caetano elaborou um longo parecer que foi aprovado pelas secções ouvidas, designadamente as de Política e Administração Geral, Justiça, Interesses Espirituais e Morais, e Autarquias Locais[433]. A sua publicação, em fevereiro de 1943, foi um êxito, mas Dinis da Fonseca praticamente ignorou-o, fazendo com que a Assembleia Nacional aprovasse, quase sem alterações, o seu projeto, já que os pareceres da Câmara Corporativa não tinham caráter vinculativo. Não obstante isso, a doutrina expendida no parecer e as suas propostas vieram posteriormente a servir como «base da ação governamental nas matérias nele versadas»[434].

Além do êxito, segundo o próprio autor, o texto do parecer evidenciava a sua independência:

> O ruído feito à volta do parecer sobre o Estatuto da Assistência Social por virtude da independência nele afirmada em relação ao Governo e da objetividade crua com que eram tratadas questões da maior importância para o bem-estar do povo português reforçaram a reputação que eu já tinha, no público, de homem desassombrado e, no Governo, de amigo incómodo.[435]

Tão incómodo, que mantinha a mesma atitude crítica, iniciada em 1942, relativamente à condução da política interna.

Em janeiro de 1943, de regresso do Porto, onde fora visitar a MP, escreve a Salazar:

> Tenho-me permitido, no cumprimento do que considero um dever de consciência, chamar a atenção de V. Ex.ª para a situação interna do País.

---

* Joaquim Dinis da Fonseca (1887-1958), jurista, era um dos amigos de Salazar, de quem fora companheiro na direção do Centro Católico, como anteriormente na do CADC. À data em que este, recém-chegado a Lisboa para assumir funções ministeriais se instalou provisoriamente em sua casa, dirigia o diário católico *Novidades* e foi o elo de integração do novo ministro nas elites políticas da capital. Foi deputado à Assembleia Nacional da I à VII Legislaturas e subsecretário de Estado da Assistência Social (1940-1944).

Não condizem as minhas informações com as do Governo? Pensar-se-á que exprimo simples descontentamento ou irrequietismo pessoal? Pois então lastimo ter de afirmar, sob minha inteira responsabilidade, que o Governo está mal informado, que o Governo anda iludido.

A situação moral é muito má e cada vez pior. Está-se a criar um ambiente favorável a qualquer coisa que já se anuncia em voz alta, como em voz alta se exprimem opiniões contrárias ao Governo e à Ordem Social no meio do silêncio e do consentimento geral.[436]

Cerca de um mês depois[437], desfere um violento ataque ao ministro da Economia, Rafael Duque, a quem acusa de ser responsável pelos germes da revolta que grassam pelo País, devido à «questão das subsistências» o qual, no seu entender, «não só não é o homem para a ocasião como parece contraindicado para ela». Para além desta questão, avulta ainda a «desastradíssima política do Ministério da Economia, que foi o descrédito em que deixou cair os organismos corporativos e de tal forma que a gente pergunta a si próprio se se trata de simples inépcia ou de obra de um *complot*». Invocando os créditos de catorze anos de colaboração com o Presidente do Conselho e «algum trabalho que tenho dado ao Estado Novo desinteressadamente», propõe-lhe – e de uma forma perentória – que proceda a uma remodelação governamental, acrescentando uma afirmação que, provavelmente, Salazar, enquanto governante, nunca teria ouvido de ninguém, fora do seu círculo muito restrito de amigos:

V. Ex.ª não gosta deste processo: noutras ocasiões poderá ter razão, agora não tem.

À intriga insidiosa introduzida no diálogo (de surdos? – não se encontra qualquer resposta de Salazar senão quase um ano depois, em fevereiro de 1944) quando fala de um eventual *complot* destinado a sabotar a marcha do sistema corporativo, acrescenta, pouco tempo depois, uma suspeita ainda mais grave, agora extensiva aos funcionários superiores dos ministérios:

Não vai tudo em maré de rosas, pelo contrário. Mas as dificuldades não provêm das condições governativas fundamentais devidas a V.ª Ex.ª – vêm sobretudo de defeitos de ação, de faltas de espírito, de muita inépcia, de muita estupidez e talvez de muita traição nos dirigentes subalternos.[438]

No dia 5 de julho de 1943, Marcello Caetano pronuncia aos microfones da Emissora Nacional, a convite desta, um discurso, a pretexto do XI aniversário da investidura de Salazar nas funções de Presidente do Conselho.

Começa por se definir. Ao contrário dos muitos «que desejariam ter a oportunidade de se destacar fazendo o seu elogio», vinca a sua independência: «Por mim, não sou panegirista de profissão, não tenho benesses a agradecer, nem ambiciono situações. No sistema tradicional do compadrio português não me entendo, e consideram-me com justiça um bicho do mato. Tenho desde pequeno o culto da independência e não me julgo em vias de o perder.»[439] Por isso, aceitara o convite apenas por considerar tratar-se de um dever indeclinável da sua consciência de português. Pronuncia então as palavras improváveis que nenhum homem do Estado Novo ousara alguma vez dizer publicamente:

> Não vou enveredar pelos perigosos caminhos da apologia e garantir que Salazar seja impecável, infalível, perfeito. Não há homens perfeitos; todos estão sujeitos aos erros e às fraquezas da espécie. E creio que dizer dum homem público que ele tem sempre razão é mau serviço que se lhe presta, porque além de mentira, pode criar nos governantes uma tal presunção de não se enganarem que os erros se tornem fatais, frequentes e catastróficos.
>
> Salazar tem defeitos como toda a gente.

Perante o calafrio inesperado que deve ter despertado nos ouvintes, passa depois a falar das «virtudes políticas» de Salazar, historiando a sua ação desde que entrara para o Governo, em 1928, reconstituindo-lhe os passos, as respostas às expectativas dos governados, a clausura – «homem fechado no seu gabinete, que não recebe ninguém, não ouve ninguém, não manobra nem seduz». E foi esse o grande serviço prestado por Salazar ao País: «o de ter mudado totalmente o caráter da nossa vida pública», substituindo à agitação anterior «um labor aparentemente sereno, um governo em que quase não se fala, mas cuja preocupação dominante é a eficácia do esforço a bem da Nação». Remata afirmando:

> No momento eminentemente crítico para a civilização ocidental que estamos a atravessar o Presidente do Conselho representa para nós um princípio, um capital e uma garantia.
>
> Um princípio: o da fidelidade de Portugal aos seus destinos históricos.

Um capital: o da experiência, do estudo e do prestígio acumulados em 15 anos de Governo.

Uma garantia: a de que a Revolução continua.

Salazar, habituado a ser incensado como o homem impoluto e íntegro que a Providência enviara para salvar o País – imagem mítica que criara, munindo-se de todos os meios de propaganda disponíveis –, parece não ter apreciado grandemente o discurso, que agradece, dois dias depois, com um lacónico e frio cartão: «Muito grato pelo seu discurso na Emissora Nacional. Respeitosos cumprimentos.» Caetano conclui: «O meu estilo não era o estilo oficial de então.»[440]

No verão de 1943, a tensão entre germanófilos e aliadófilos, não abrandava, bem pelo contrário. Os destinos de guerra tornavam-se incertos, com o início das derrotas alemãs em vários teatros de operações, em particular, a capitulação do general Von Paulus em Estalinegrado, a 2 de fevereiro, com grande repercussão em toda a Europa, e a recuperação pelo exército soviético dos territórios conquistados pela Wehrmacht, desde 1942; segue-se, em maio, o fim da batalha submarina no Atlântico; a derrota dos alemães na maior batalha de carros de combate da guerra, em julho; e a capitulação da Itália, em setembro.

Na conjuntura, Marcello Caetano declarava-se «lusófilo» e as suas simpatias «iam para o lado anglo-americano». Não era essa, no entanto, a opinião de duas chancelarias em Lisboa. Em setembro de 1942, a embaixada britânica reportava para o Foreign Office, que ele era um forte apoiante do fascismo italiano e, dois anos depois, a diplomacia americana referia-se-lhe como um pró-italiano em 1935[441].

Naquela segunda metade do ano de 1943 era já claro para que lado pendiam os destinos da guerra. Com a derrota da Itália e as ofensivas simultâneas das tropas aliadas, pelo Sul, e do exército soviético pelo Leste, a Alemanha começa a ser envolvida por uma tenaz da qual já praticamente ninguém esperava que consiguisse libertar-se. É a derrocada dos sistemas totalitários e das ideologias que lhes estavam subjacentes: o nazismo e o fascismo.

Por outro lado, a resistência heroica do povo soviético – basta lembrar a legendária batalha de Leninegrado – trouxe à superfície um dado novo e contraditório, qual seja o da simpatia ou, pelo menos, empatia de boa parte da sociedade europeia pela ideologia comunista – afinal tão totalitária como a dos sistemas em colapso – que aparece agora como um dos motores da derrota do nazismo e do fascismo, que tinham subjugado grande parte do continente europeu. Ou seja, o comunismo e a ideologia em que repousava apareciam agora como um dos vetores da libertação.

Onde não chegara a bota de Hitler, casos de Portugal e da Espanha, mantinham-se, no entanto, ditaduras autoritárias, cuja matriz básica tinha por fulcro o modelo antidemocrático, que estava decididamente em perda, até pelo facto de a viragem decisiva da guerra se dever à intervenção das tropas norte-americanas que, para além de outras considerações, representavam o paradigma democrático *tout court*, que presidia aos destinos do seu país, desde a sua fundação.

Por contraditório que seja, o facto é que a libertação da Europa resultava da união circunstancial de dois sistemas antagónicos: a democracia americana e o comunismo soviético.

É neste contexto que, em Portugal, como aliás noutros países europeus, se festejam as derrotas das potências do Eixo e os avanços soviéticos, como Marcello Caetano, então de férias com a família no Hotel da Urgeiriça, em Canas de Senhorim, distrito de Viseu, o distrito onde nascera Salazar, bem no coração do que então se chamava a Beira Alta – uma das zonas mais conservadores do País – pôde testemunhar, escandalizado:

> [...] assisti aí ao entusiasmo com que grandes industriais e comerciantes festejaram, sem poupar champanhe, a derrota da Itália e o crescente domínio militar da União Soviética.
>
> [...] Mas para uma grande parte da estúpida burguesia portuguesa o importante «era jogar no bom cavalo» (como a mim me disse um industrial) e se o cavalo ganhador era a Rússia, viva a Rússia! Ouvi este grito, com os meus ouvidos, a ricaços bem comidos e bebidos, como os vi aplaudir com frenesi o aparecimento, num ato de variedades, nas mãos do prestidigitador, da bandeira vermelha com a foice e o martelo.[442]

Reaparece aqui o desdém que Marcello Caetano devota, desde muito novo, à *estúpida burguesia portuguesa* que, em sua opinião, tanto agora como mais tarde, quando for o Chefe do Governo, é responsável por muitas dos principais problemas do País.

Perante este estado de coisas, o que mais impressionava Marcello Caetano era «a apatia das autoridades, não tanto para a repressão, mas sobretudo na elucidação, na doutrinação, na mobilização espiritual do

País»[443]. E disso dá conta a Salazar, em mais uma série de cartas, a primeira das quais data do final do ano[444].

Pedindo desculpa pela insistência e confessando-se «desiludido mas fiel», começa por lamentar que as cartas anteriores não tenham sido «bem sucedidas», o que teria sido pena, porque os factos demonstravam que ele tinha razão: «era e é necessário cuidar do ambiente moral do País, que está *péssimo*». E a responsabilidade é do Governo, que se tem «mantido afastado, alheado, da Nação: não atende, não explica, não apoia, não incita, não dirige». Daqui resulta o descontentamento geral: do Exército, da Marinha, da GNR, da Polícia, do funcionalismo. O balanço é catastrófico: «[...] o Governo só se afirma na repressão... Desprestigiou-se a organização corporativa, deu-se cabo dos Sindicatos Nacionais, abandonaram-se homens e princípios». Provavelmente, diz, o Presidente do Conselho não sido informado do «verdadeiro estado moral do País», nem do entusiasmo geral pela Rússia, nem da oposição ao Governo. Termina afirmando: «Os métodos de repressão indiscriminada e brutal não são de força. A força é segura de si, equilibrada e justa.»

No princípio de 1944 volta à carga. Assumindo-se como um «daqueles (poucos) que para o público defendem enquanto podem os princípios e atos do Governo, mas procuram falar verdade a quem governa» e, cada vez mais confrangido pelo «espírito público», pela «desagregação moral progressiva do País», que aliás não vê contrariada nem evitada pela ação do Governo, chama a atenção para o facto de se estar a «criar a convicção de quem põe e dispõe nos bastidores são os homens de negócios, os homens do dinheiro», essa gente que não pode continuar a ser deixada à solta, a fazer da guerra um negócio e, insiste, «a pagar champanhe para beber à vitória da Rússia». Para cúmulo, a juventude portuguesa, «não está com o Estado Novo»[445].

Para quem investira os últimos anos da sua vida na doutrinação da juventude portuguesa, através da MP, este desabafo tem o sabor de uma derrota e, como se sabe, Marcello Caetano detestava sentir-se derrotado. Derrota ainda maior quando associada à falência da revolução corporativa, que era outra das suas trincheiras de combate, e de que dá conta noutra carta, duas semanas depois[446], em que arrasa literalmente toda a ação governativa, não só que concerne à atuação do Governo, mas sobretudo, o que é crucial, a sua condução superior, ou seja, os métodos de Salazar:

O sistema da condução política do Governo só pelo Presidente considero-o francamente condenável.

Esta carta pode ser vista como um atestado da falência do regime enquanto projeto, designadamente no que se refere à tradução dos seus princípios fundamentais e da sua doutrina na *praxis* do sistema político. Para Marcello Caetano, «O problema político português não é de doutrina»:

> Estou mesmo em dizer que já temos doutrina demais. O que nos falta não são novas teses mais ou menos literárias, mais uns nacos de prosa puxada à substância ou meia dúzia de relatórios burocráticos: o que nos falta é ação.
>
> Eu, por exemplo, já tenho vergonha de falar em corporativismo. V. Ex.ª vai sobressaltar-se e pensar: «este homem não tem senso comum! E os contratos coletivos? e as caixas de previdência? e as casas económicas? etc.». Mas V. Ex.ª sabe tão bem ou melhor do que eu que o corporativismo não é apenas a concessão de uns tantos benefícios ao operariado, com ar de generosa outorga do Poder. E a verdade é que não há espírito corporativo, está incompleta e desacreditada a orgânica corporativa e alienámos de nós a confiança de patrões, operários – e juventude. Falhanço. Falhanço puro, por mais que se diga outra coisa, por falta de ação contínua e oportuna.

Marcello Caetano volta a insistir na penetração do ideário comunista em todas as camadas sociais, contaminando o próprio Exército. Antecipando-se aos acontecimentos e perspetivando o seu desenvolvimento, afirma que pode acontecer que «no dia das grandes manifestações populares a festejar o armistício (com a vitória russa) quando se desencadearem os tumultos revolucionários, os oficiais não comandem a repressão nem os soldados carreguem».

Perante este balanço carregado da política, propõe uma urgente e indispensável recomposição ministerial. Na pressuposição, muitas vezes afirmada, de que a descoordenação existente resulta da falta de conhecimento por parte de Salazar da realidade do País, resultante não só do seu permanente isolamento, mas também da deficiente informação que lhe é fornecida, propõe a criação de um ministro-adjunto da Presidência do Conselho com a missão de manter «um contacto mais direto e assíduo da Presidência com o pessoal dirigente e a própria máquina do Estado».

Cansado e irritado por tantas críticas e pelo radicalismo com que são expostas, Salazar não perde tempo e, poucos dias depois, responde com um desafio seco e lacónico:

Muito grato pela sua carta de 10, que li com a atenção com que leio sempre o que entende dever dizer-me. Só é pena que às suas observações, provavelmente muito verdadeiras e justas, não acrescente alguma coisa de positivo sobre a maneira de agir ou algumas precisões em matéria de fato que me ajudem a proceder. Subiriam assim muito de valor prático as suas críticas se a precisão lhes não tirar a justeza. Por exemplo: o sofrimento dos meus próximos colaboradores que não têm diretivas nem possibilidades de ação. Não julga útil que eu saiba quem são para sem demora lhas dar?[447]

Marcello Caetano apressa-se a responder. Em dois dias elabora uma longa resposta a que anexa uma listagem em que elenca «algumas medidas que me parecem urgentes»[448].

Começa por justificar a sua atuação, afirmando que, quando lhe escreve, procura não só informá-lo daquilo que pensa, mas também do que «em geral se pensa e diz em meios dignos de escuta». Contudo, recusa entrar em pormenores, para não poder vir a dar azo a mexericos, como já acontecera no passado. No fundo, o que o move é o esclarecimento do Presidente do Conselho que, na sua opinião, não anda bem informado:

> Na verdade, ouço tantas pessoas fazer críticas acerbas – quando em público, ou melhor, nas atitudes públicas solenes, se esganiçam em vivas a V.ª Ex.ª, que me não custa crê-lo iludido ou mal informado acerca de muitos factos. [...]
>
> Devo dizer que o justíssimo prestígio de V.ª Ex.ª cria uma espécie de terror dos seus juízos verdadeiramente inibitório para a maioria dos homens públicos desta terra. E a não se lhes criarem condições para falarem à vontade, V.ª Ex.ª estaria destinado a só ouvir lisonjas (onde se pecasse contra a verdade por omissão) ou explosões de ódio nos momentos em que o desespero não suporta mais o silêncio... ou em que se atravessa a fronteira. [...]
>
> O que eu queria era que V.ª Ex.ª visse bem que a minha exclusiva intenção é prestar-lhe serviço e não criticá-lo por embirração ou prazer de denegrir. É possível que haja por aí quem grite mais a sua dedicação e admiração: são feitios. Mas se não reivindico o ser o maior, o melhor, etc., [...] não me considero também o menos amigo e dedicado. Simplesmente acho que na vida pública é perigoso para quem manda só encontrar em volta homens a dizer (em geral por subserviência ou medo) com a cabeça que sim.

E para que se não pense que é apenas um crítico, anexa uma «Lembrança de algumas medidas que me parecem urgentes», em 17 pontos, dos quais se destacam: A obtenção de «uma colaboração *séria* da imprensa, dando-lhe maior liberdade para publicar críticas a serviços públicos ou aos seus agentes, ou queixas contra prepotências de autoridades»; o reforço do prestígio da Assembleia Nacional, que deve «exercer mais amplamente a sua função fiscalizadora»; a criação de uma comissão de inquérito aos organismos corporativos e de coordenação económica; a «intensificação *ostensiva e rigorosa* da aplicação das leis sobre horário do trabalho, higiene, salubridade e segurança dos locais de trabalho, e trabalho das mulheres e dos menores, interessando nisso os Sindicatos Nacionais»; uma «ação enérgica para melhoria das condições de trabalho das minas (onde empresas estrangeiras estão a dar cabo, pela silicose, de centenas de mineiros) e nas obras públicas, onde, por vezes, vivem centenas de homens como animais»; o «incremento dos serviços de assistência de modo a dar ao público a impressão (hoje inexistente) de que se progride a sério», âmbito que contempla o «desenvolvimento dos serviços de saúde pública e dignificação da classe médica» e a «reforma dos serviços de saúde militar, que sob muitos aspetos são uma vergonha»; e prestar «atenção à juventude universitária», não através da reforma das leis, mas do ambiente e dos métodos.

Na primavera seguinte pronuncia na Associação Comercial de Lisboa uma conferência sobre «Predições sem profecia sobre reformas sociais», que tem por base o seu já referido parecer sobre o Estatuto da Assistência Social, e, no último dia de maio, publica no *Diário da Manhã* – órgão oficial da União Nacional – um editorial em que afirma: «O abandono do sistema autoritário do Estado Novo só poderia [...] encaminhar para o totalitarismo comunista. E a guerra fez-se contra os totalitarismos...»

Em agosto parte para S. Martinho do Porto, em férias, com a família. Aqui conhece López Rodó, à data um jovem assistente da Faculdade de Direito de Madrid, a quem dá guarida e que se tornará um dos seus grandes amigos.

PARTE III

O homem público

1

«NOVO, E TENDO-ME NA CONTA DE DINÂMICO, COMECEI A AGIR ASSIM QUE TOMEI CONTA DO MINISTÉRIO DAS COLÓNIAS»

Em S. Martinho do Porto, onde passava férias com a família, a Marcello Caetano iam chegando rumores de remodelação do Governo.

Segundo os «diários» de Salazar, no dia 28 de agosto tem uma longa conversa com o Embaixador em Madrid, Pedro Theotónio Pereira. Reúnem logo pela manhã, às onze e meia, e a conversa incide sobre a «Crise ministerial – hipóteses de recomposição», tema que continuam a tratar durante o almoço conjunto e é retomada às sete da tarde, prolongando-se pelo jantar e pelo passeio no parque da residência oficial, até cerca das onze da noite[449]. Provavelmente no dia seguinte, o embaixador telefona ao amigo Marcello: «Você vai ser chamado; quase todos os que foram ouvidos até aqui consideraram necessária a sua entrada para o Governo.»[450]

E, de facto, no dia 2 de setembro, Salazar telefona a Marcello Caetano a pedir a sua comparência em S. Bento, no dia seguinte pelas onze e meia, enviando-lhe, inclusivamente, uma viatura da Presidência do Conselho para se deslocar, sendo que, por causa de uma avaria do pequeno *Fiat* em que viajava, a reunião só teria lugar às quatro da tarde.

Salazar estava bem-disposto e simpático e, depois de uma introdução protocolar sobre as férias e a família, entrou diretamente no assunto: resolvera fazer «a remodelação do Governo há tanto tempo esperada», porque «só agora chegou a oportunidade»[451]:

[...] estamos num momento de acalmia, sem nenhuma complicação interna ou externa que possa ser interpretada como pressão. A guerra deve estar por pouco. [...]

Devemos, pois, considerar terminados, para nós portugueses, os problemas da guerra, salvo o caso de Timor que terá de ser resolvido a mal, se não conseguirmos solucioná-lo a bem. Mas isso será uma guerra diferente de que não temos a temer as consequências que nos traria o envolvimento na da Europa. Levantam-se, porém, os problemas da paz e esses prevejo que venham a ser tremendos: pressões de toda a ordem e de todo o lado, complicações internas...

Convida-o, seguidamente, para a pasta da Justiça, em que deveria apenas manter a gestão dos assuntos correntes por não serem oportunas reformas de vulto, deixando-o à-vontade para dizer o que quisesse. Marcello recusa, afirmando, no entanto, a sua disponibilidade e desafiando-o a criar o Ministério da Assistência Social, cuja chefia não hesitaria um momento em aceitar. Mas a Justiça, decididamente que não.

Salazar não replicou à insistência de Caetano para a criação daquele ministério e avançou com outra razão: do que ele precisava era «de pessoas que nos Conselhos de Ministros sejam capazes de discutir um assunto, de ver os aspetos de um problema». Caetano perguntou então quantos Conselhos de Ministros ele reunia por ano e argumentou: «Só para isso não valeria a pena entrar no Governo», ainda por cima num momento tão crítico como o que se atravessava. Nem, tão pouco, «para participar nos conselhos que não se reúnem, nem para a tal colaboração a dar aos outros ministros. Porque [na] falta de uma coordenação constante do trabalho de todos, criam-se rivalidades entre eles que se projetam no público, formam-se falanges de apoio a cada um, e tudo isso redunda em prejuízo do trabalho governativo e em desprestígio do Governo no País».

Salazar, embora o reconheça, tenta desvalorizar tanto a forma individualista do seu modo de governar, tratando diretamente com cada ministro dos assuntos da respetiva pasta, como as rivalidades entre os ministros, mas concorda na necessidade de uma coordenação ministerial. Neste momento, Marcello Caetano sugere-lhe a nomeação de um ministro que, em estreita ligação com ele, se encarregasse da coordenação. O interlocutor não discorda, mas pergunta: «reconheceriam os ministros a posição do coordenador, uma vez que, em princípio, são todos iguais?» E aqui, o convidado atinge o cerne da questão, respondendo que tal «dependeria do estatuto desse ministro e da pessoa escolhida para exercer as funções».

Estaria Marcello Caetano a pensar em si próprio? Atentos os antecedentes em que avulta a sistemática e insistente ação de avaliação da política governamental e da atuação individual dos ministros, como se fosse a consciência crítica do regime, do qual se assume um servidor impoluto e dedicado, é bem provável que sim.

Mas também ainda não era desta vez que Salazar criava o ministro-adjunto à Presidência do Conselho, que Marcello lhe sugerira no início do ano e em que agora insistia. Apenas na remodelação de agosto de 1950, serão instituídos o Ministério das Corporações e Previdência Social, entregue a José Soares da Fonseca, e o da Presidência, cujo primeiro titular foi João Pinto da Costa Leite (Lumbralles).

De momento, e como a pasta da Justiça estava fora de hipótese e as sugeridas não faziam parte dos seus planos a curto prazo, Salazar oferece-lhe então o Ministério das Colónias, argumentando que «está no Ultramar o futuro da Nação, o seu grande destino histórico».

«Ah, isso é outra coisa!», respondeu Marcello Caetano, que, entretanto, perguntou: «reputa V. Ex.ª firmada definitivamente a nossa política colonial com o caráter centralizador que tem agora?». Perante a resposta negativa e a afirmação de Salazar de que era «tempo de descentralizar, escolhendo bons governadores e deixando-lhes maior autonomia», aquele, confessando-se «um partidário convicto da autonomia das colónias», aceitou: «Mas se a orientação é essa, então, se não tem outra pessoa para o lugar, pode contar comigo.»

Para Marcello Caetano, o convite para a Justiça tinha como objetivo o de «neutralizar a pessoa incómoda, fazendo-a entrar no Governo numa situação subalterna onde não faça dano nem lhe dê trabalho»[452]. De qualquer forma, Salazar terá considerado que os mesmos objetivos seriam conseguidos na pasta que ele acabara por aceitar. Tal gesto também já foi interpretado como uma disposição deste para «aceitar críticas, desde que expressas em privado»[453].

Segundo a tradição da 1.ª República, a Ditadura Militar mantivera o princípio da entrega da gestão da pasta das Colónias a militares com experiência na administração colonial. Foi assim que nomes como os de Gomes da Costa, Gama Ochoa, João de Almeida, João Belo, Ivens Ferraz, Tristão de Bettencourt e Eduardo Augusto Marques aparecem designados ou exercem as funções, por vezes fugazmente, dada a volatilidade do poder característica daquele período. Chegado ao Ministério das Finanças, em 1928, e determinado a resolver a grave situação económica com que as colónias se debatiam, Salazar toma, a título interino, a gestão da pasta das Colónias (21 de janeiro a 7 de julho de 1930), com o único objetivo de preparar o Ato Colonial – para o que contou com a preciosa colaboração de Armindo Monteiro, à data seu subsecretário de Estado nas Finanças –, que foi promulgado pelo Decreto n.º 18 570, de 8 de julho.

Segundo Salazar, o Ato Colonial, que Marcello Caetano considerou «a primeira lei constitucional do Estado Novo»[454], «foi no domínio ultramarino a reação do atual regime contra uma situação administrativa e uma orientação política que não poderiam perdurar sem graves riscos para o interesse nacional»[455], acrescentando:

> [...] daquele diploma se deduzem três linhas de orientação: maior concentração de poderes quer dos governos em relação aos organismos locais, quer do governo central em relação aos mesmos governos ultramarinos; forte reivindicação de ordem nacional em relação a interesses que no Ultramar se incrustaram com laivos de dependências políticas inconvenientes; um pensamento de integração e coordenação das partes em todo mais coeso, que desse a representação exata da que se queria fosse, na sua unidade pluriforme, a Nação Portuguesa.[456]

É neste quadro de centralização política e administrativa do «Império Colonial» que Marcello Caetano toma posse das funções ministeriais, no dia 6 de setembro de 1944, recebendo-as do ministro cessante, Francisco José Vieira Machado, que as ocupara desde janeiro de 1936.

No curto discurso que então proferiu[457], começa por afirmar que na gestão da pasta se nortearia «pela preocupação de assegurar a continuidade da política colonial do Estado Novo, cujas diretrizes de há muito estão assentes». Logo a seguir, pronuncia quase as mesmas palavras que utilizará, duas dezenas e meia de anos depois, ao tomar posse como Presidente do Conselho:

> Claro está que continuidade não quer dizer imutabilidade. Continuar, é adaptar e desenvolver o pensamento essencial todas as vezes que as circunstâncias o exigem.

Termina, ele também, com a já recorrente reivindicação, tão cara aos políticos do Estado Novo, da palma do martírio:

> E agora, permitam-me V. Ex.as um desabafo muito pessoal. É que não considero este dia de regozijo: pelo contrário, este ciclo da minha vida que hoje se abre representa para mim pesado – e até doloroso... – sacrifício.
>
> Sou professor, não apenas pelo acaso de uma nomeação no *Diário do Governo*, mas por ter escolhido essa carreira de acordo com o que julgo ser a minha vocação. Custa-me interromper o meu trabalho profissional, aquele

que tenho aprendido a fazer... Tenho saudades dos meus livros, dos meus alunos, da minha Universidade...

E depois sou forçado a deixar uma obra a que consagrei o melhor do meu entusiasmo, a que dei mesmo um quinhão do meu coração: refiro-me à «Mocidade Portuguesa» onde está reunido um punhado admirável de dirigentes, com magníficas revelações de rapazes!

Não se abandona sem pesar aquilo que amamos...

O tom genérico e circunstancial do discurso indicia que Marcello Caetano não tinha um projeto nem definira uma estratégia para o ministério cuja direção acabava de assumir. É bem provável que as Colónias não estivessem nas suas perspetivas, que, como foi referido, apostavam sobretudo na Assistência Social, área em que tinha ideias bem assentes, liminarmente expressas no já citado parecer da Câmara Corporativa, de que fora relator, ou naquele lugar-chave de Ministro da Presidência, que considerava essencial para uma ligação entre o Chefe do Governo e os restantes ministros, e que lhe daria uma projeção política de alto-relevo com a qual parecia sonhar...

No entanto, com esta nomeação – fosse ou não resultante de uma mera tática política tendente a silenciar as suas permanentes atitudes de crítica quase sistemática à ação governativa – Marcello Caetano entrava definitivamente nos círculos do Poder, ganhando a notoriedade que entendia merecer.

Aos 38 anos integrava o topo das elites políticas do Estado Novo, cuja média de idades era de 47 anos à data da posse[458], tornando-se um dos mais jovens ministros de todo o consulado de Salazar, e iniciava a sua carreira política.

As bases de Marcello Caetano para o desempenho das funções de ministro das Colónias[459], eram sobretudo teóricas e assentavam na sua magistratura universitária como professor do Curso de Administração Colonial, que o obrigava «a acompanhar a doutrina que ia sendo formada na Grã-Bretanha, na França, na Bélgica e noutros países coloniais e a teorizar a nossa experiência», e na experiência adquirida na qualidade de vogal do Conselho do Império Colonial, «nas suas secções de mais movimento – a de Administração, e a de Finanças e Economia» –, onde lhe «haviam passado pelas mãos centenas de processos com os mais variados casos da vida pública do Ultramar Português»; por outro lado, o cruzeiro de férias dos estudantes da Metrópole às Colónias, no verão de 1935, em que participara como «diretor cultural», ajudavam-no «a localizar cidades, regiões, pessoas e factos». À data da sua entrada para o Governo, tratara da temática colonial em dois livros: *Perspetivas da Política, da economia e da vida colonial* (1936), escrito no *élan* da sua viagem pela África, e *Do Conselho Ultramarino ao Conselho do Império* (1943)[460].

A dominação colonial – como acentuou René Rémond[461] –, tem por base «a desigualdade fundamental e permanente entre a metrópole e as colónias». Desigualdade que se manifesta a todos os níveis: político, económico e cultural.

> Falar de desigualdade política – acrescenta – é, na verdade, um eufemismo, visto que ela implica que haja dois parceiros, quando de facto não se reconhece à colónia existência política. Considerada um simples objeto de ação e de decisão política, sem que participe nas decisões que lhe dizem respeito e que são tomadas longe dela, nas capitais dos impérios.
> A colónia não tem liberdade nem soberania, pois esta pertence integralmente à metrópole. Não tem sequer personalidade reconhecida, o que a distingue do protetorado.»[462]

A desigualdade económica manifesta-se no facto de «as populações das colónias, devido à livre interação dos fatores económicos, beneficia[rem] apenas de uma parte reduzida do lucro obtido na exploração dos seus recursos naturais. Com efeito, como estes povos não têm capitais, isso significa que eles vêm das metrópoles e que os rendimentos são para ela encaminhados.»[463]

Finalmente, a desigualdade cultural tem por base o facto de ser «a Europa que transporta a sua civilização, inculca as suas ideias e impões os seus valores, com o seu sistema de ensino. O recíproco não existe, pois a Europa nada toma das civilizações extraeuropeias.»[464]

Por sua vez, Isabel de Castro Henrique, quando, ao analisar o colonialismo português, se debruça sobre «a "ideia colonial", a hierarquização somática e a superioridade do colono», afirma que «o regime instaurado em 1926 não diverge profundamente da ideologia colonial praticada tanto pela Monarquia parlamentar, como pela República» e distingue quatro níveis ideológicos subjacentes ao colonialismo português: um primeiro, que funcionou a partir da segunda metade do século XIX, referente à legitimidade histórica portuguesa: «A famosa ideologia dos "cinco séculos de colonização", e por consequência de direitos transita para o quadro ideológico do colonialismo revisto pela ditadura»; seguidamente, «o princípio da existência de uma continuidade transcontinental entre os territórios portugueses», estendendo-se do Minho a Timor, proclamada pelo *slogan* «Portugal não é um país pequeno»; depois, um terceiro, construído sobre a «dicotomia entre civilizados e selvagens», no pressuposto de que «os Europeus, os brancos e os Portugueses são naturalmente civilizados, ao passo que os Africanos, pretos ou mulatos, pertencem, também naturalmente, à selvajaria»; e, finalmente, como corolário, «a tarefa civilizadora que incumbe aos Portugueses, e que permite incluir o trabalho como uma das componentes da transição da selvajaria para a civilização»[465]. Em conclusão: «Tais operações, de resto, se integram em primeiro lugar o trabalho, são completadas por muitas outras: a liquidação das religiões africanas, substituídas pela religião católica [...], a passagem dos nus aos vestidos, a alteração das regras alimentares, esquecendo todavia a importância da escolaridade. Os Africanos não poderão nunca ser iguais aos civilizados, podendo apenas manter-se numa zona intermédia, aprendendo apenas o que possa reforçar a sua competência profissional ou a sua capacidade de trabalho, renunciando expressamente a qualquer forma de escolaridade superior. O quadro complexo da "ideia colonial" permite que os colonos, seja qual for a sua origem social, ou a sua competência técnica, se considerem "naturalmente" superiores aos Africanos»[466].

A ideologia colonial de Marcello Caetano subsume superlativamente todos estes princípios.

Em março de 1941, na sua qualidade de vogal do Conselho do Império, emitiu uma declaração de voto, a propósito de um parecer sobre o aldeamento dos indígenas, em que deixa esboçado o essencial do seu ideário colonial quanto ao estatuto das populações autóctones das colónias, dividindo-as em duas categorias: cidadãos e indígenas, estabelecendo entre as duas um estatuto intermédio – o dos *semiassimilados*.

> [...] considero fundamental distinguir:
> a) O reagrupamento de populações indígenas em novos agregados populacionais, fundindo pequenas povoações existentes e deslocando-as para lugares com melhores condições económicas e sanitárias;
> b) o agrupamento de indivíduos que, embora indígenas segundo a definição legal e dispostos a aceitar a disciplina tribal, estejam em risco de ser segregados do seu grupo ou de desintegrar-se dele, em consequência do contacto com o europeu e da assimilação de algumas das nossas conceções

morais, especialmente na empresa económica, na escola, nas missões e no exército;

c) o agrupamento dos indivíduos que, sendo negros ou mestiços, adquiriram um verniz externo de civilização e se colocaram em rebeldia contra a disciplina tribal, repudiando as autoridades e os usos e costumes indígenas, mas sem terem assimilado conceções fundamentais da moral e da técnica do colonizador, pelo que, não sendo cm rigor indígenas, também seria inexato considerá-los não indígenas (semiassimilados).

O aldeamento dos semiassimilados teria o caráter de formação de colónias agrícolas com núcleo urbano, (isto é, povoação concentrada em que existam as diversas profissões necessárias à vida coletiva e órgãos de administração, educação e cultura), de molde a evitar a divagação e a vadiagem desses elementos em regra socialmente perigosos, permitindo, pela concentração, fácil vigilância policial e ação educativa. Assim se desviariam do caminho do crime e se lhes permitiria eficazmente a progressiva integração na civilização portuguesa.

Para esses proporia eu um estatuto intermediário entre o da cidadania portuguesa e o do indigenato. Considerar-lhes-ia aplicável o estatuto político e criminal dos indígenas, dado que é nas conceções morais que tais semicivilizados se encontram mais afastados da assimilação; mas submetê-los-ia às leis civis e comerciais do europeu, visto eles já não terem usos e costumes a observar e terem adotado, sobretudo, os processos económicos e modos de viver europeus.

Este terceiro estatuto, intermédio ou misto, para indivíduos a meio caminho entre o indigenato e a civilização é, de resto, a fórmula clássica do direito romano que entre os cives e os simples peregrini admitia a categoria dos latini.[467]

Dez anos mais tarde – já depois de ter ocupado as funções de ministro das Colónias –, no capítulo III do livro *Tradições, Princípios e Métodos da Colonização Portuguesa*[468] mantém a mesma divisão, aliás decorrente da legislação em vigor, que, no essencial, manteve, apesar de em 1945 ter procedido à revisão da Carta Orgânica do Império Colonial Português:

Unidade Política. – Portugal é um Estado Unitário, com um único território, uma única população e um só Governo. [...]

A população é composta por duas categorias jurídicas: os cidadãos e os indígenas. A lei considera como indígenas os indivíduos de raça negra ou seus descendentes que, pela sua cultura e pelos seus costumes, não se distinguem do comum da sua raça.

O estatuto político dos indígenas é o da menoridade absoluta. São definidos como «indivíduos da raça preta ou dela descendentes que pela ilustração e costumes não passaram do estádio cultural atrasado em que se encontra o comum desta raça»[469]. Com efeito, afirma Marcello Caetano:

> [...] os africanos não souberam valorizar sozinhos os territórios que habitam há milénios, não se lhe deve nenhuma invenção útil, nenhuma descoberta técnica aproveitável, nenhuma conquista que conte na evolução da Humanidade, nada que se pareça ao esforço desenvolvido nos domínios da Cultura e da Técnica pelos europeus ou mesmo pelos asiáticos.[470]

Por isso, «Os pretos em África têm de ser dirigidos e enquadrados por europeus mas são indispensáveis como auxiliares destes»; por outro lado, a «população nativa representa um valor capital na economia africana», na medida em que «O preto tem condições de resistência natural e uma adaptação ao meio que lhe permite trabalhar nos climas tropicais em certas atividades em muito melhores condições que o europeu.»[471]. Em resumo: «Por enquanto, pois, os negros em África devem ser olhados como elementos produtores enquadrados ou a enquadrar numa economia dirigida pelos brancos. Mas não podem deixar de ser atentamente considerados como um dos mais importantes fatores dessa economia.»[472]

Para Marcello Caetano, o indígena tem sobretudo uma utilidade económica, em várias vertentes. Em primeiro lugar, como consumidor: «Em Angola e Moçambique existem quase 10 milhões de indígenas. Imagine-se o que pode representar para a indústria portuguesa que esta gente compre produtos seus!»[473]. Depois, em menor grau, como produtor, destacando-se a agricultura, que é a sua principal atividade económica, «da qual extrai não só a maior parte da sua subsistência como a quase totalidade dos produtos que vende ao europeu»[474]. Tratando-se, na base, de uma agricultura dispersa, nómada e de técnica primitiva, intervém aqui não só a ação do europeu – «importantíssima aqui como no resto» – mas a própria administração: «as autoridades administrativas, como agentes dos serviços agrícolas ou dos organismos de coordenação económica, têm exercido valiosa ação no sentido de impelir os indígenas a cultivar, conjuntamente com os seus alimentos habituais, outros produtos destinados à exportação». Para o autor, trata-se de uma «*agricultura dirigida* que não chega a assumir a forma clássica das *culturas obrigatórias*»[475], na qual se enquadra a cultura do algodão.

Em resposta à afirmação dos colonos europeus segundo a qual, sob a sua orientação, os nativos, se bem que não percam a sua «indolência ancestral», produzem muito mais e muito melhor, responde:

> Nem se pense que o preto pelo simples facto de deixar de trabalhar por conta própria para passar a ser assalariado sob a direção de patrões europeus adquire logo qualidades de atividade e destreza que deles façam um bom produtor.
>
> A milenária maneira de agir, calma e vagarosamente, fazendo as coisas sem pressas, certa indolência que vem de um organismo geralmente enfraquecido por doenças endémicas debilitantes, [...] a falta de compreensão da utilidade do esforço e das necessidades a satisfazer, a ação depressiva do clima tropical a que também é sensível, tudo faz com que o trabalho do assalariado indígena não seja nunca apreciavelmente rendoso.[476]

O «imposto de palhota» – embora referido como «um tributo sob a forma de taxa pessoal»[477] – é justificado pela necessidade de eliminar, na medida do possível, a troca direta e incentivar o uso da moeda metálica. Por outro lado,

> [...] desempenha um importantíssimo papel político e económico: em primeiro lugar, o seu pagamento é um reconhecimento da soberania portuguesa, visto os pretos terem a secular noção de que deviam ao seu senhor certas prestações patrimoniais de homenagem e submissão, correspondentes aos nossos impostos; em segundo lugar, tendo o imposto de ser pago em dinheiro português, habitua o indivíduo ao valor da moeda e força-o a desempenhar qualquer atividade produtiva suscetível de retribuição monetária, isto é, leva-o indiretamente a trabalhar.[478]

Finalmente, defende a moderação dos preços na aquisição dos produtos da lavra indígena, porque estes

> Quando dispõem de um excesso de poder de compra relativamente à plena satisfação [das suas] necessidades não procedem como aquele "homem razoável" tão do agrado das hipóteses figuradas pelos teóricos da economia, e por isso não procuram satisfações que lhes proporcionem elevação do nível de vida. Depois de comerem até à saciedade, bebem até à embriaguês e entram pela dissipação do dinheiro em consumos supérfluos e muitas vezes nocivos. Por toda a África se contam histórias de pretos que tendo recebido alguns contos de réis pela venda dos seus produtos prontamente os gastaram em bacanais, com a família, os amigos e os vizinhos.[479]

E a terminar este impressionante retrato dos povos colonizados, no último parágrafo do livro, justifica a ação colonizadora de Portugal com esta frase lapidar:

> O indígena tem de ser defendido contra a ganância alheia mas, sobretudo e por ora, contra si próprio.[480]

Colonos e indígenas, ou seja, bancos e negros, deviam viver em compartimentos rigorosamente estanques, mantendo-se cada raça no seu lugar, segundo uma estratificação ditada pela cor da pele. Dito de outra maneira, a sociedade plurirracial, num todo que compreendia a população de um «Império» que se estendia do Minho a Timor – argumento maior justificativo da legitimidade da colonização portuguesa –, devia manter em absoluto a separação das raças, porque a miscigenação não passava de um crime gravíssimo. Marcello Caetano, assumiu o segregacionismo racial, afirmando-o, sem rebuços e da maneira mais pública possível, no termo da sua visita oficial a África, a 7 de setembro de 1945, aos microfones da Rádio Clube de Moçambique:

> A barreira da cor não existiu nunca na política portuguesa, que sempre aceitou no convívio social os homens de outras raças dignificados pelo trabalho, pela cultura e pela assimilação das nossas crenças, ideias e costumes. [...]
>
> Num só ponto devemos ser rigorosos quanto à separação racial: no respeitante aos cruzamentos familiares ou ocasionais entre pretos e brancos, fonte de perturbações graves na vida social de europeus e indígenas, e origem do grave problema do mestiçamento, grave, digo, se não sob o aspeto biológico, tão controvertido e sob o qual me não cabe tomar posição, ao menos sob o aspeto sociológico. Mas se convém evitar ou reprimir esses cruzamentos raciais, o que não se justifica é qualquer hostilidade contra os mestiços, só por o serem, pois não lhes cabe a culpa de terem nascido, e se erro paterno houve não é justo que o paguem como vítimas inocentes.[481]

Marcello Caetano cristalizara na conceção imperial de Portugal definida pelo Ato Colonial de 1930. Mesmo quando, no início da década de 1950, sob a pressão do anticolonialismo subsequente à Guerra Mundial, o regime português procurou escamotear o problema que lhe era posto, afirmando, pelo menos teoricamente, uma filosofia integracionista que transformava o império num único país, no qual cada colónia passou a ter a designação de província ultramarina em pé de igualdade com as províncias do espaço europeu, através da revisão do Ato Colonial constante do projeto de proposta de lei n.º 505, submetido à apreciação da Câmara Corporativa que, sobre ele emitiu o Parecer 10/V, datado de 19 de junho de 1950[482].

Na altura, Marcello Caetano desempenhava as funções de presidente da Câmara e assumiu para si as funções de relator do projeto, afirmando desde logo, na curtíssima apreciação na generalidade, uma posição fortemente crítica do projeto governamental:

> [...] o projeto não se limita a tornar possível a integração da matéria do Ato Colonial no texto da Constituição [...]: substitui a nomenclatura até agora usada e aproveita o ensejo «para retocar ou completar algumas definições, sistematizar melhor os assuntos, transferir para outros diplomas alguns preceitos que não precisam de ter caráter constitucional e deixar abertas as vias de uma possível descentralização...
>
> A leitura atenta do projeto mostra, efetivamente, que o Ato Colonial foi profundamente remodelado quanto ao sistema, à forma e à doutrina. E a verificação deste facto causa sérias apreensões à Câmara.

Começa, em primeiro lugar, por considerar precipitada a revisão do Ato Colonial, porque os vinte anos contados desde a sua promulgação são «tempo de menos para se considerar envelhecido, mas suficiente para os seus preceitos terem fixado uma interpretação através de leis complementares e da prática constitucional.»

Entrando depois no cerne da divergência, afirma:

> A Câmara chama muito particularmente a atenção para os perigos de uma assimilação prematura dos territórios ultramarinos à metrópole.
>
> As suas condições naturais são e permanecerão diferentes; diferentes, e muito, são também na maior parte deles as condições sociais e económicas. [...]
>
> A assimilação tem de ser lenta, acompanhando a civilização dos nativos e o desenvolvimento dos núcleos de povoamento europeu.
>
> E, sendo assim, também não é possível sujeitar todos os territórios a um regime uniforme, antes se devendo prever diferenças, por vezes consideráveis, de estatuto orgânico entre uns e outros, consoante a extensão, a população e o adiantamento de cada qual.

Passando à análise da proposta na especialidade, quanto à revisão do artigo 3.º no qual é proposta a substituição das expressões *domínios ultramarinos, colónias* e *império colonial* por *províncias ultramarinas* e *ultramar,* justificada com o desfavor com que estas palavras – sobretudo o termo *colónias* – tinha nos meios internacionais, afirma:

> Mas a assimilação que daí tem de se extrair é que não pode, nos dias de hoje, ir até aos limites que a lógica imporia. [...]
>
> Quando, porém, se passa para os territórios africanos, situados na zona intertropical, com vastas extensões por desbravar, populações em regime tribal, núcleos europeus constituídos por colonos em número reduzido desgarrados das suas famílias e dos meios sociais tradicionais e ainda não congregados em novas comunidades estáveis – é manifesto que não pode pensar-se em deixar de lhes atribuir uma organização administrativa que é totalmente diversa da metropolitana.

Ainda em desfavor da substituição do termo *colónia* por outro, acrescenta os problemas administrativos consequentes: «A súbita substituição do termo colónias por províncias ultramarinas daria lugar a um verdadeiro terramoto administrativo».

No que se refere à utilização do termo *indígenas,* que o projeto pretendia circunscrever às colónias africanas, com exclusão do arquipélago de Cabo Verde, afirma:

> Entende a Câmara que não se deve temer o emprego do termo indígena: qualifica uma realidade evidente, que exige uma disciplina jurídica, sem a qual graves inconvenientes se produziriam na vida e na evolução das populações atrasadas das colónias.
>
> Não temos de pedir desculpa da existência dessas populações, que se encontram por toda a África tropical, na Ásia e na Oceânia, nem devemos vedar os olhos à proteção necessária e dignificante que lhes queremos conceder.

Marcello Caetano aproveita o parecer para insistir na sua tese contra a perspetiva integracionista em que o projeto se baseava, designadamente na revisão do artigo 34.º do Ato Colonial, ao qual se acrescenta um parágrafo único que prevê uma evolução que conduza à livre circulação dos produtos, das pessoas e dos capitais entre as várias partes do território nacional[483]. Considerando este princípio o «mais rasgadamente inovador», contra ele levanta vários argumentos para justificar uma rotunda recusa à sua inclusão no diploma em análise.

Em primeiro lugar, quanto à *livre circulação dos produtos*, a conseguir pela progressiva redução, até à supressão, dos direitos aduaneiros, contrapõe a observação de que tal liberdade não existe «em qualquer império, união ou federação de tipo colonial ou pós-colonial, salvo nas dependências norte-americanas.»

> No nosso Império o problema há-de ser considerado em três aspetos principais e em todos eles tanto sob o ponto de vista económico como sob o ponto de vista financeiro. [...]
> Os três aspetos são: o das importações coloniais na metrópole, o das importações metropolitanas nas colónias e o das importações de umas colónias das outras.

Se, quanto aos dois primeiros – de grande importância para os territórios da África ocidental, menor para os da outra margem do continente, e praticamente irrelevante para as colónias da Ásia e da Oceânia – não se suscitam problemas particularmente graves, já quanto ao terceiro – o comércio entre as colónias – aparecem as principais dificuldades, «porque se trata, não já de territórios complementares, mas concorrentes».

> A verdade é que as colónias poderão ser declaradas juridicamente províncias de Portugal, mas não o são de facto: trata-se de territórios com economias distintas da metropolitana e umas das outras e, portanto de interesses acentuadamente diferenciados, que podem exigir políticas económicas diferentes.
> A livre circulação de mercadorias dentro do Império só poderia decretar--se relativamente às de produção nacional.

A *livre circulação de mercadorias* vem ligada à *livre circulação de capitais*, expressão que o relator interpreta «no sentido da unificação da moeda em termos tais que não só seja suprimido o fenómeno cambial como todas e quaisquer restrições à transferência de dinheiros em qualquer dos sentidos – da metrópole para o ultramar e vice-versa», chamando a atenção para os perigos que isso acarretava em contextos de crise económica nas colónias. Insistindo em que «as colónias são territórios cujas condições naturais, cuja estrutura económica e cujo meio social são *profundamente diferentes* do meio metropolitano», alerta para a sua possível descapitalização, seja resultante do «retorno de bom número de colonos enriquecidos que se fazem acompanhar do seu cabedal», seja fruto «das crises específicas dos países tropicais com as suas súbitas destruições de riqueza, a paralisação dos negócios [...] e pelo próprio pânico, que faz muita gente abandonar as colónias nesses períodos». Em conclusão:

> Se a metrópole está disposta nessas ocasiões a socorrer as colónias com largos subsídios que irriguem a circulação deficiente, vá-se para a livre circulação dos capitais. Mas se há probabilidade de então se reagir como em 1928-1930, melhor parece manter-se o sistema dos fundos cambiais, que tão bem provou durante vinte anos e graças aos quais se resolveram velhas, e parecia que incuráveis, chagas da economia imperial [...].

Associada à livre circulação de mercadorias e de capitais, vem a livre circulação das pessoas, e aqui o relator – como aliás em todo o parecer –, reafirma uma vez mais o segregacionismo, assente na superioridade dos colonos brancos sobre as populações autóctones das colónias:

> [...] as colónias, porque são diferentes, não devem receber toda a gente, mas unicamente os elementos que lhes possam ser úteis e que não rebaixem a raça colonizadora aos olhos dos indígenas. A colonização, mesmo espontânea, deve ser objeto de seleção. E em períodos críticos (como foi o de 1930 a 1936) não se deve autorizar a emigração para simples transferência de desempregados, que no ultramar se transformarão em *poor whites* socialmente perigosos.
>
> Inscrever o princípio na Constituição, para depois ter de o restringir na lei a tal ponto que fique praticamente aniquilado, não parece aconselhável; consagrá-lo como simples tendência é animar reclamações irresponsáveis e imprudentes, que uma sensibilidade pouco esclarecida não deixará de formular com insistência para que se dê corpo à solene promessa constitucional e a que dificilmente se poderá deixar de dar ouvidos.

Em suma, segundo a filosofia política de Marcello Caetano, no que respeita à vocação imperial de Portugal, a tão proclamada unidade do império não passa de uma ficção. Porque, na realidade, tudo funciona em compartimentos estanques, cuja ligação deverá manter-se, sempre sob o controlo de um poder centralizado na metrópole, essa sim usufrutuária dos eventuais lucros – para Caetano, como, aliás, para todos os políticos então ligados à administração colonial, o que está em jogo são Angola e

Moçambique – e parcimoniosa nas ajudas que venham a tornar-se necessárias em períodos de depressão. Não existe um império, mas uma manta de retalhos teoricamente unidos por laços de conveniência política, ditada pelas necessidades económicas de um País que virara as costas ao continente europeu e fizera de conta que a História se tinha detido nas vésperas da 2.ª Guerra Mundial.

Deixámos Marcello Caetano no termo da cerimónia de posse das funções ministeriais. Voluntarioso, como sempre, o ministro não perde tempo: «Novo, e tendo-me na conta de dinâmico, comecei a agir assim que tomei conta do Ministério das Colónias»[484]. Um ministério que tinha uma estrutura singular, no quadro geral da Administração Pública. Ao contrário dos restantes, que se ocupavam apenas dos assuntos referentes às respetivas áreas de atuação, este centralizava e coordenava, através de oito Direções-gerais – uma para cada colónia –, praticamente todos os assuntos que, na metrópole, eram distribuídos pelos diversos departamentos governamentais, de acordo com a respetiva especialização:

> [...] o Ministério das Colónias, assistido pelo Conselho do Império Colonial e por outros altos órgãos consultivos, tinha de atender aos problemas mais variados, da Justiça, das Finanças, da Economia, das Obras Públicas e Comunicações, das Forças Armadas, da Saúde e Assistência, e mesmo de relações internacionais, porque frequentemente os representantes diplomáticos estrangeiros tratavam com ele diretamente assuntos tocantes aos territórios ultramarinos.

Era um mar de problemas para resolver: por um lado, a ocupação de Timor e o cerco de Macau pelos japoneses; por outro, as colónias africanas lutavam com dificuldades de abastecimentos. De tal forma que

> Mal entrei no gabinete ministerial apercebi-me de mil pequenos problemas que preocupavam o Ministro, assediado sobre eles pelos governadores e pelos interessados.[485]

Excetuada a questão referente à ocupação de Timor pelos japoneses e ao equilíbrio instável de Macau, cercado pelas mesmas tropas[486], a pasta não oferecia problemas políticos de monta, podendo dizer-se que era sobretudo uma imensa agência burocrática, que geria a vida colonial no contexto da guerra, onde se trabalhava «duramente, muitas horas por dia»[487], dada a quantidade e diversidade dos problemas a analisar e resolver.

Fiel ao regime rigoroso e austero que imprimira na sua vida familiar, e à preocupação de não alienar o acompanhamento do crescimento e da educação dos filhos ainda pequenos, Marcello Caetano, apesar de assoberbado pelo trabalho no ministério, mantém um princípio: «o escrupuloso respeito pelas horas das refeições, que só excecionalmente, por motivo de serviço inadiável ou por causa de ter de estar com o Presidente do Conselho, deixava de observar»[488]. Salazar, que não estava condicionado por qualquer deste tipo de preocupações, mantinha uma rotina diária quase constante, bem patente dos seus «diários», que não coincidia de todo com a do seu jovem ministro.

Um dos momentos relevantes do início da sua carreira ministerial está relacionado com a «informação», um tema a que Marcello Caetano sempre foi extremamente sensível, sendo porventura o político do Estado Novo que melhor compreendeu o seu alcance político e que melhor soube aproveitar.

No II Congresso da União Nacional, realizado nos finais de maio de 1944, Luís Lupi, leu uma comunicação intitulada «Consolidação da Unidade Portuguesa», no termo da qual apresenta uma proposta de recomendação ao Governo no sentido de ser criada uma Agência noticiosa, constituída por todos os jornais portugueses, da Metrópole, Ilhas e Ultramar. Esta tese foi aproveitada por Marcello Caetano que, por despacho de 7 de dezembro de 1944, deu o seu acordo à constituição da Agência «Lusitânia», a qual foi solenemente inaugurada no penúltimo dia do ano, em cerimónia a que presidiu. No discurso pronunciado, o ministro das Colónias salientou o caráter imperial do serviço, que tinha por finalidade principal «a informação suficiente, regular e honesta do Ultramar daquilo que de mais importante se passa na Metrópole» no cumprimento da sua missão: «Dizer ao Ultramar a verdade da vida pública e da vida social metropolitana; informar das ocorrências principais que se forem dando por esse país fora; e, quanto possível, refletir a atividade mental do escol»[489].

O rumo seguido por Marcello Caetano na condução dos negócios do Ministério das Colónias era o da continuidade. Por isso, seguindo as pisadas dos seus predecessores, Domingos Monteiro e Vieira Machado, também ele planeia uma visita oficial às colónias:

Desde o princípio da minha gestão ministerial que desejava fazer essa viagem. Era para mim muito importante atualizar as imagens que colhera da visita feita em 1935, verificar os progressos feitos e as necessidades existentes, tomar contacto com o pessoal de Administração Pública e com as populações. O final da guerra europeia e a visível proximidade do termo das hostilidades no Pacífico impunham o balanço imediato da situação em África para se poderem tomar as medidas imperiosamente exigidas a curto prazo e preparar as previsíveis a médio e longo prazo.[490]

O pretexto foi a inauguração do porto de Luanda e a comemoração do cinquentenário da inauguração do caminho-de-ferro entre Lourenço Marques e a província sul-africana do Transvaal, para a qual o primeiro-ministro da África do Sul, marechal Smuts, ponderava deslocar-se a Moçambique, segundo correspondência diplomática datada de dezembro de 1944. No dia 6 de janeiro do ano seguinte, Caetano afirma a Salazar considerar necessária a sua ida a África[491], a qual veio a concretizar-se entre junho e dezembro seguintes.

O ministro e a sua comitiva embarcaram no navio *Mouzinho* no dia 9 de junho de 1944. Para além da esposa, que suportou estoicamente todo o périplo africano, acompanhavam-no o chefe de gabinete, major José Maria Ribeiro da Silva, dois secretários, um dos quais era Joaquim Moreira da Silva Cunha, recém-formado, que, depois de ter integrado governos de Salazar, se manteve com Marcello Caetano durante todo o seu consulado[*] e quatro técnicos do ministério. Depois de breves paragens na Madeira e em S. Tomé, o navio aportou em Luanda no dia 29, onde desembarcou «de fraque e chapéu alto», inaugurando, assim, o novo porto, ato saudado pelas salvas da praxe e pelo descerramento da respetiva placa comemorativa. No discurso a seguir pronunciado na Câmara Municipal de Luanda, Marcello Caetano insistiu no tema que lhe era caro – o da colonização.

> Os capitais são necessários para colonizar mas não bastam. Os técnicos são indispensáveis na obra moderna de valorização dos países novos mas não bastam. As máquinas são utilíssimas para suprimento das dificuldades de mão-de-obra para o incremento da produção e redução do seu custo e para a melhoria da qualidade dos géneros a exportar, mas também não bas-

---

[*] Joaquim Moreira da Silva Cunha foi secretário de Estado da Administração Ultramarina (1962-1965) e ministro do Ultramar (1965-1968); manteve as últimas funções com Marcello Caetano até 07-11-1973, data em que assumiu a pasta da Defesa Nacional até 25-04-1974.

tam. Pode prover-se um território de abundantes capitais, excelentes técnicos e máquinas variadas e, todavia, não fazer colonização, porque o elemento fundamental para colonizar é o homem e o homem com a resistência física e facilidade de adaptação, a capacidade de sofrimento, o amor ao trabalho, a moderação de ambições, a força de caráter, a energia moral, a compaixão pelos semelhantes, a bondade espontânea, a compreensão fácil, o gosto da aventura, a tenacidade no sacrifício... que têm sido e continuam a ser as virtudes admiráveis do povo português, daquela massa popular, porventura inculta e rude, mas que leva consigo para onde quer que vá a melhor parte do coração e da alma lusíadas.

Temos nós em Portugal esse inestimável valor para a colonização o mesmo cujo trabalho e cujo sangue fizeram o esplendor do Brasil, o mesmo que nas cinco partes do Mundo, nos mais difíceis climas e mesteres mostra a excelência duma têmpera e a vitalidade duma pátria. Apurem-se tamanhas qualidades naturais por adequada educação, deem-se a tão boa massa os quadros dirigentes de competência e de caráter que ela merece e não duvidamos um momento só nos milagres de que é capaz. Por isso tenho repetidas vezes insistido na Metrópole num brado que julgo também aqui oportuno e necessário: eduquemos os portugueses para as tarefas práticas da vida e eduquemos as massas, eduquemos o escol, cuidemos da gente que é a nossa maior riqueza e cujo trabalho e cujos triunfos hão-de ser sempre a nossa maior glória na colonização. Em África como na Metrópole é indispensável cultivar o homem, a sua inteligência, a sua sensibilidade e o seu caráter, até para assim indiretamente elevarmos o indígena que no exemplo do europeu deve colher a primeira e mais eloquente lição da superioridade dos hábitos civilizados e da moral em que assentam.[492]

Repare-se no calor com que, já nesta altura, Marcello Caetano se refere ao Brasil, referido como um país esplendoroso nascido do trabalho e do sangue dos Portugueses.

Depois de uma visita às terras da companhia de exploração diamantífera Diamang, na zona do Dundo, o ministro segue por via aérea para a costa oriental, com escala por Lusaka, capital da Rodésia do Norte, colónia britânica. No dia 22 de julho aterrou na capital de Moçambique, Lourenço Marques, em cuja Câmara Municipal afirmou:

Não é, pois, por simples cortesia que retribuo aos colonos e funcionários as saudações que Vossas Excelências em nome deles me acabam de dirigir, como as que por outros meios me foram enviadas: mas como testemunhos de um verdadeiro e carinhoso interesse pela sua obra e pelo seu triunfo e de sincera fraternidade no amor da Pátria comum, desse Portugal que trazemos na alma e no sangue, nas crenças e nos costumes, nas virtudes e nos defeitos e que há-de ser sempre a grande força dinamizadora da nossa vontade e estimulante da nossa sensibilidade.

O que nos une na mesma comunidade nacional não é a riqueza, o conforto ou o desporto: mas a identidade de tradição, de fé religiosa, da língua, de maneiras; a comunhão dos mesmos avós, da mesma história, da mesma literatura, das mesmas instituições; a veneração dos mesmos nomes, dos mesmos feitos e dos mesmos princípios morais; até o acatamento das mesmas estéticas ou dos mesmos preconceitos consuetudinários.

É este complexo social que cria uma sociedade portuguesa em qualquer longitude ou latitude e que imprime caráter a núcleos dispersos por longínquas terras e em díspares climas. [...]

Agradeço e retribuo também: as saudações dos nativos da colónia a quem do coração desejo que à sombra da bandeira nossa e sua sejam elevados e dignificados; e a todos aqueles que tendo nacionalidade ou crenças diferentes da nossa, contribuem com o seu esforço para a obra da colonização portuguesa.[493]

O ato mais luzido da estadia em Moçambique foi a visita do marechal Smuts, presidente do governo da África do Sul, que Marcello Caetano retribuiu com uma deslocação a Pretória.

Depois de ter percorrido a colónia, voltou a Angola, de que se despediu a 25 de outubro com um discurso que, embora dirigido à colónia, pode ser considerado o remate do seu périplo africano:

É por esta Angola a que todos nós tanto queremos como admiradores da sua natureza, das suas possibilidades e da sua colonização, é por esta Angola, repito, que precisamos de nos unir, fiéis à divisa que sempre aqui tem triunfado, por obra e graça daqueles bons portugueses que a desbravaram, a cultivaram e povoaram: trabalho e bom senso. Isto não é um programa vistoso com palavras difíceis e retórica inflamada. Mas não pretendo deixar por cá memória de orador eloquente. O que quero é que, daqui a uns anos, se algum dos homens bons e leais desta terra se lembrar do meu nome e destas palavras, possa dizer: aquele ao menos não nos quis enganar; disse-nos simplesmente, o que pensava e o que sentia, no único intuito de servir Angola e Portugal.[494]

Pode afirmar-se que a legislação produzida por Marcello Caetano enquanto ministro das Colónias não tem especial relevância política, revertendo sobretudo para a área administrativa.

Uma das suas primeiras medidas foi a realização de um inquérito aos organismos de coordenação económica, para a qual designou Henrique Galvão, Inspetor Superior Colonial desde 1936. Este, atuando com rapidez, «embora com métodos policiais», «permitiu que em curto espaço de tempo eu remodelasse os quadros diretivos dos organismos e adotasse normas rigorosas para procedimentos destes»[495]. A realização do inquérito propiciou uma ligação muito estreita entre os dois:

> A íntima ligação que mantivemos durante o inquérito, a agilidade com que, perante faltas provadas, eu ia intervindo de modo a corrigi-las, tudo fez com que Henrique Galvão se mostrasse entusiasmado com o Ministro a quem não poupava encómios.[496]

Em vista do bom desempenho de Galvão, que era um homem voluntarioso e decidido, o ministro decidiu encarregá-lo de um inquérito idêntico, nas duas principais colónias de África – que Marcello Caetano considerava serem a paixão do segundo e o seu campo ideal de trabalho –, acrescentando-lhe a missão especial de inquirir sobre as condições de trabalho dos indígenas:

> O «esforço de guerra» levara [...] por toda a África a afrouxar a vigilância na defesa dos trabalhadores indígenas contra práticas abusivas do trabalho forçado, e as colónias portuguesas não tinham feito exceção à regra. A guerra ia no fim, era preciso começar a travar energicamente tais abusos para impedir que se consolidassem. Encarreguei, pois, Henrique Galvão de, em Angola e Moçambique, inspecionar os serviços locais dos organismos de coordenação económica que inquirira em Lisboa e de, ao mesmo tempo, em missão especial, apurar discretamente o grau de inobservância da legislação do trabalho indígena, preparando um relatório a mim destinado que permitisse ao Governo adotar as providências necessárias para o regresso à normalidade.[497]

Só que, aquilo que deveria ter sido um relatório pessoal para o ministro, transformou-se num texto explosivo, lido por Henrique Galvão em sessão secreta da Comissão das Colónias da Assembleia Nacional, então presidida pelo deputado Alexandre Alberto de Sousa Pinto, realizada a 22 de janeiro de 1947, cujo original está arquivado no Arquivo Histórico Parlamentar da Assembleia da República[498].

Trata-se de uma análise exaustiva que arrasa toda a colonização portuguesa, incluindo a legislação produzida por Marcello Caetano, como, por exemplo, o decreto-lei n.º 35 962, de 20 de novembro de 1946, que organiza os serviços dos negócios indígenas do Império Colonial Português em África, sobre o qual afirma:

> Mas vejamos em que consiste a organização dos serviços dos Negócios Indígenas do Império Colonial Português. Praticamente [não] realiza a organização outra coisa, senão arrumar, com outra ordem, mais formal que eficiente, alguns elementos orgânicos que já existiam e cuja incapacidade era manifesta. [...]
>
> Cria a Inspeção Superior dos Negócios Indígenas [...] Mas é vidente também que não se lhe facultam meios para exceder a ação anteriormente exercida pela Inspeção Superior de Administração Colonial.
>
> Praticamente, o novo organismo, em relação às funções do anterior, apenas realiza uma mudança de designação, visto que será impossível – e o futuro o dirá – cumprir, com os meios orgânicos e materiais que lhe são atribuídos [...]
>
> Por outro lado, o decreto referido, será mais uma lei condenada a ser letra morta. Criará mais burocracia, sobrecarregará com mais papéis a questão indígena – mas não realizará o mínimo do que estabelece. [...]
>
> Em resumo: arrumaram-se de outra forma mais aliciante quanto ao enunciado dos fins, mais ordenada quanto à disposição, mais clara quanto à redação — mas insuficiente, incapaz e condenada a burocratizar-se como as anteriores — os elementos gastos, cansados e inertes que já existiam.

Sobre o decreto-lei n.º 35 844, de 10 de agosto de 1946, também da responsabilidade de Marcello Caetano, escreve:

> Este último diploma atendeu certamente a algumas deficiências de ordem do sistema criado pelo Decreto 11 994 – mas não resolveu nem alterou praticamente, em profundidade, e com a profundidade que o caso exige, o problema indígena suscitado pelo sistema chamado das Zonas de Influência – atualmente Zonas Económicas de Exploração. [...] O decreto surge eivado daquele espírito, tão conhecido nos meios coloniais e comum a muitas pessoas, aliás algumas eminentes, que versam problemas coloniais

sem conhecerem profundamente as colónias e as suas particularidades: o espírito livresco de um colonialismo a que chamam, nas colónias, do Terreiro do Paço.

Finalmente, sobre a candente questão confidencial referente ao trabalho indígena, o relatório lido aos deputados é demolidor:

> As condições de trabalho, são outro aspeto deste problema da mão-de-obra, insustentável na posição em que se encontra, pois só tendem a agravar a questão, promovendo a redução do número e o aviltamento da qualidade.
>
> O mais grave deste aspeto reside certamente na posição tomada pelo Estado, através dos seus agentes, no recrutamento de mão-de-obra para particulares – posição mais saliente e condenável em Angola do que em Moçambique, pois naquela colónia o Estado se fez, franca e deliberadamente, recrutador e distribuidor de mão-de-obra. A ponto de os colonos se dirigirem à Repartição dos Negócios Indígenas pedindo, por escrito e com impressionante naturalidade «o fornecimento de trabalhadores». Este termo «fornecer» emprega-se já, com o mesmo desembaraço, para gente e mercadorias. [...]
>
> O que, à sombra deste hábito, condenado pela lei, mas imposto em circulares e ordens oficiais de caráter confidencial, se pratica, excede todas as marcas e desonra uma administração. E no fundo, pratica-se, por incapacidade de fazer melhor, mais ordenada e humanamente. [...]
>
> A questão da mão-de-obra é daquelas que assume maior importância política. É, ao mesmo tempo, como bem se compreende, em face da situação atrás exposta, das mais difíceis. Mas há um processo fácil e expedito de ir calando descontentamentos e fazendo singrar o barco: é «fornecer» trabalhadores. E os trabalhadores fornecem-se, enquanto os houver, ao mesmo tempo que se pregam, em discursos e tropos de propaganda política e propósitos de humanidade.
>
> Em certo ponto de vista a situação é mais cruel que a criada pela escravatura pura. Na vigência desta o preto, comprado, adquirido como animal, constituía um bem que o seu «dono» tinha interesse em manter são e escorreito, como tem em manter são e escorreito o seu cavalo ou o seu boi. Agora o preto não é comprado – é simplesmente alugado ao Estado, embora leve rótulo de homem livre. E ao patrão pouco interessa que ele adoeça ou morra, uma vez que vá trabalhando, enquanto existir – porque quando estiver inválido ou morrer, reclamará o «fornecimento» de outro. Há patrões que têm

35% de mortos entre o seu pessoal, durante o período de contrato. E não consta que algum tenha sido privado do fornecimento de mais, quando mais precisar. [...]

Os patrões (caso mais suave) servem-se de recrutadores que, protegidos ou auxiliados pelas autoridades, conseguem, mais ou menos dispendiosamente, e à razão de tanto por cabeça, o número de trabalhadores que precisam. [...] Chama-se a isto "contratar" trabalhadores – e estes são conhecidos oficialmente como voluntários. No caso menos suave (a prática que descrevemos seguida em Angola) o Estado «fornece» trabalhadores. [...]

O mau tratamento dado aos trabalhadores: os castigos corporais e violências físicas são ainda correntes em Moçambique; as obrigações de vestuário, alimentação e assistência sanitária iludem-se na generalidade dos casos; a ideia de que o preto é simples besta de carga perdura; a indiferença pela saúde física e moral do trabalhador, pela sua morte ou invalidez é manifesta. Uma classificação dos patrões conforme o tratamento concedido aos seus serviçais conduz a uma percentagem pavorosa de maus patrões.

Quando este impressionante documento foi lido aos deputados da comissão, Marcello Caetano estava no fim de um mandato ministerial de cerca de dois anos e meio, pelo que também ele era visado não só nas medidas que tomou mas também no conjunto do documento que retrata a política colonial.

Nas suas «Memórias», Marcello Caetano refere-se, incorretamente, «ao dia em que, com espanto compreensível, soube que [Henrique Galvão] apresentara na Assembleia Nacional um aviso prévio acerca do trabalho forçado no Ultramar, comunicando à Presidência a sua intenção de requerer para o debate uma sessão secreta»[499]. Galvão nunca apresentou tal aviso prévio, mas sim, em 22 de janeiro de 1947 – por sinal, no mesmo dia da sessão secreta – fez o anúncio de «desejar tratar em aviso prévio o problema da coordenação dos elementos da economia imperial, e em especial a orgânica, o funcionamento e a ação do sistema criado para a realizar»[500].

Considerando ter sido traído, o ministro corta relações com o homem que anos antes considerara um bom colaborador, aproveitando para denegrir a sua imagem:

Mentia com uma facilidade impressionante, mesmo sem necessidade, deixando-se apanhar em coisas sem importância. Falava de tudo com leviandade, inventando o que não sabia com imaginação fértil. Era homem de rancores e o facto de aparecer naquela altura como agente direto do Ministro proporcionava-lhe alguns ajustes de contas.

Não podia merecer confiança de ninguém: falhara à de Armindo Monteiro, como à de Vieira Machado. Tinha de me acautelar dele.

Entre outras medidas relevantes tomadas por Marcello Caetano enquanto Ministro das Colónias, e para além das já citadas, conta-se a criação de um Fundo de povoamento, a que está associado o Gabinete de Urbanização Colonial, também de sua iniciativa; e avulta a reforma dos serviços de saúde do ultramar, através do Decreto n.º 34 417, de 21 de fevereiro de 1945, sobre a «Reorganização dos Serviços Sanitários do Império Colonial Português», que Marcello Caetano considerou «dos primeiros grandes diplomas» da sua autoria[501], e a reorganização da Escola Superior Colonial, que será a antepassada do Instituto Superior de Ciências Sociais e Política Ultramarina (ISCSPU) e do atual Instituto Superior de Ciências Sociais e Políticas (ISCSP), unidade orgânica da Universidade Técnica de Lisboa (UTL) – uma «preocupação constante» desde a sua entrada para o Governo –, promulgada pelo Decreto n.º 35 885, de 30 de setembro de 1946. Marcello Caetano refere-se a este decreto como o último «daquilo que havia a fazer no Ministério em termos de poder constituir um programa que eu pudesse ter feito ao vir para aqui». «Publicado ele – continua – posso dizer que só terei de me consagrar às questões do dia-a-dia da política e da administração coloniais, já que me falta ânimo para reformar o Ministério...»[502].

Bastaram dois anos de governação para quebrar o ânimo de Marcello Caetano, sendo que o seu último ato público foi a inauguração da «linha aérea imperial» ligando Lisboa – Luanda – Lourenço Marques, um projeto que iniciara no regresso da sua visita oficial às colónias, para cuja execução contou com a colaboração empenhada e ativa do então tenente-coronel Humberto Delgado, por sinal outro dos homens que, à semelhança de Henrique Galvão, viria a causar graves problemas ao regime que tinham começado por servir devota e empenhadamente.

2
«[...] A SEGUIR AO PRESIDENTE DO CONSELHO, A PRINCIPAL FIGURA DO GOVERNO»

Muito mais importante do que as realizações do Ministério das Colónias sob a sua tutela, é, sem dúvida o seu papel e ação política no quadro das elites do Estado Novo, no imediato pós-guerra.

Com a capitulação do exército alemão em Estalinegrado (1943), começam a inverter-se os destinos da guerra. Depois do colapso alemão na frente russa, as forças do Eixo ficam apertadas numa forte tenaz, cujos braços eram as tropas soviéticas que desciam do Leste e os exércitos Aliados que avançavam do sul, deixando claro que a derrota alemã e do seu modelo político totalitário era uma questão de tempo.

É neste contexto que, apesar da neutralidade assumida perante o conflito, justificada pela necessidade de evitar que alastrasse à Península Ibérica, o Governo português, em que Salazar assumira interinamente a pasta dos Negócios Estrangeiros[503], se reposiciona para uma atitude colaborante, a designada «neutralidade ativa», de que resultara a concessão de facilidades nos Açores, em outubro de 1943.

Por outro lado, também na política interna se começa a preparar o final da guerra na perspetiva da vitória dos Aliados e, consequentemente, do modelo político democrático que lhe estava subjacente. Na abertura do II Congresso da União Nacional, a 25 de maio de 1944, Salazar fala aos congressistas da preparação nacional para o pós-guerra[504], na perspetiva da formação de blocos ou estruturas supranacionais, reafirmando o nacionalismo, na convicção de que «no fundo, a nação continuará a aparecer como o núcleo primário, vivaz, irredutível e inassimilável, sem dúvida disposto a colaborar, mas pronto a autonomizar-se em caso de necessidade ou conflito»[505]. Naquele momento, mais do que a política externa, preocupavam-no sobretudo os problemas da ordem interna, ou seja, as questões relativas «às tarefas da paz», que, segundo a sua perspetiva, naquele momento e face à desordem em que a Europa iria irremediavelmente cair, continuava a definir utilizando a expressão mais simples – «um Estado, uma Nação, uma política» – para concluir, citando-se, na fórmula-chave do seu sistema político: «não há Estado forte onde o Governo o não é»[506]. Face à ingente necessidade de reorganizar politicamente a Europa, após a já previsível vitória sobre a Alemanha nazi, que não poderia ser conseguida senão através da instituição de Governos fortes – característica do Estado Português –, prevê que se caia na ilusão de que um Governo Nacional – obtido através das mais variadas fórmulas e combinações – é um Governo forte, ao que contrapõe: «A verdade está porém no contrário: só um Governo forte pode ser um governo nacional.»[507] Finalmente, mostra-se cético quanto à compatibilidade dos «conhecidos métodos da democracia parlamentar, à moda continental» com a resolução da multiplicidade dos problemas em presença, para defender o caso português:

> Quanto a nós fizemos em poucas décadas todas as experiências e percorremos todos os caminhos: sabemos o nosso. Eis porque nos permitimos com segurança rever, criticar, discutir, para melhorar, em harmonia com as condições sociais e as lições da nossa e da alheia experiência, os princípios fundamentais e a própria orgânica do Estado Português.[508]

A Alemanha capitulou no dia 8 de maio de 1945, terminando assim oficialmente a guerra no continente europeu. Nesse mesmo dia, na sessão da Assembleia Nacional, o Presidente do Conselho procura alinhar Portugal do lado dos vencedores, particularmente da Inglaterra «que se encontra entre e no primeiro plano das nações vitoriosas», porque apesar da neutralidade e dos riscos, «Sempre que foi necessário marcar posições pela palavra e pelo ato em favor de amigos ou aliados, e fosse qual fosse a sua situação de momento, ou o fizemos espontaneamente ou acorremos de boamente ao seu apelo.»[509] Voltou novamente à Assembleia Nacional dez dias depois para analisar a situação decorrente da paz[510], refletindo em primeiro lugar sobre o enquadramento de Portugal no contexto internacional na perspetiva da criação da Organização das Nações Unidas (ONU), elegendo como fulcros principais da política externa a secular aliança inglesa, em primeiro lugar, e depois o desenvolvimento das relações com os Estados Unidos, a França, os nossos vizinhos coloniais, a aliança peninsular e o Brasil.

Por outro lado, verifica-se um abrandamento do nacionalismo autárcico que caracterizava o regime desde a sua instauração e o Governo português, assumindo que «Portugal é, como outro qualquer, um país membro da comunidade internacional»[511], vai procurar integrar o país os movimentos de reorganização internacional, começando por pedir, em 1946, a admissão na ONU, que seria recusada pelo veto da União Soviética.

Mas o que mais preocupava Salazar era o modelo político subjacente à Carta das Nações Unidas, que assentava no modelo democrático e sublinhava a defesa dos direitos do homem. Suportando-se na forma diversa do exercício da democracia na Grã-Bretanha e nos Estados Unidos, sobretudo no que se refere à orgânica dos poderes do Estado, conclui que «a democracia, tanto na sua definição doutrinária como nas suas modalidades de aplicação, continua sujeita a discussões. E bem.» Importava sim, em sua opinião, que os dirigentes políticos soubessem adotar para cada país «as instituições que melhor se adaptem ao seu modo de ser e dele façam elemento prestante da comunidade internacional»[512].

Não obstante as reservas que mantinha sobre o modelo democrático[513], Salazar permite, nesta fase, alguma descompressão política, quadro em que se insere o aparecimento do Movimento de Unidade Democrática (MUD), em 1945, e a manifestação de algumas correntes no seio das forças situacionistas. É também nesta perspetiva – como que a marcar um tempo de «rutura» com a situação anterior – que, sob o pretexto do aumento do número de deputados, determinado pela revisão constitucional de 1945[514], a Assembleia Nacional é dissolvida e são marcadas eleições, que Salazar anunciou «tão livres como na livre Inglaterra»[515].

Com o fim da guerra à vista, o Presidente do Conselho tomou a iniciativa de realizar o II Congresso da União Nacional, «com o objetivo de reativar esta estrutura "cívico-política" [...] de modo a mobilizar os cidadãos, ao seu redor, no imediato pós-guerra que Oliveira Salazar sabia ser politicamente difícil e suscetível de trazer perturbações no processo de sobrevivência e continuidade do Estado Novo»[516]. No discurso de abertura, Salazar referiu a sua intenção de que o congresso «tivesse acentuado caráter político, ocupando-se exclusiva ou preferencialmente de problemas políticos ou do aspeto político de problemas nacionais, e isso tanto na ordem interna como na externa e na ordem colonial ou imperial»[517].

Embora a sua realização não tivesse logrado, de imediato, a revitalização do partido único, que manteve as características de agência eleitoral do regime e continuou desprovido de uma vida autónoma, deixou, no entanto, algumas indicações relevantes sobre a evolução no seio das elites do Estado Novo, designadamente no que se refere ao aparecimento de clivagens entre «os antigos e os modernos», assim resumidas por Franco Nogueira:

> Desde o 28 de maio, quase vinte anos haviam decorrido; e ao lado de uma velha guarda, que ascendera ao poder desde a primeira hora com Oliveira Salazar e conservava nas suas mãos o comando efetivo da política, ergue-se uma falange de novos, que por entusiasmo haviam ingressado no Estado Novo, mas que não dispunham ainda de lugares cimeiros na vida política. Uns e outros acatam Oliveira Salazar e a sua chefia carismática; mas entre uns e outros trava-se luta, surda mas tenaz. Não há propriamente divergências de princípios [...]. Há uma diferença de ênfase, no entanto, na aplicação da doutrina: a velha guarda defende a fidelidade aos princípios, a sua aplicação rigorosa, a continuação do que se tem feito; os novos comprazem-se em apontar vícios do sistema, erros de administração, vantagens de maior flexibilidade. No fundo, há uma batalha pelo poder.[518]

É num ambiente tenso, ditado, tanto por fatores de ordem externa como interna, que Oliveira Salazar leva a cabo a remodelação governamental de 6 de setembro de 1944. Por um lado, a perspetiva da derrota das potências do Eixo e da sua ideologia totalitária levava muitos portugueses a considerar que o regime português também tinha os seus dias contados; por outro, as referidas clivagens no interior deste, com o despontar das novas gerações que procuravam afirmar-se e ganhar espaço contra o conservantismo dos fundadores do Estado Novo.

Além das diferenças sobre a prática política que deveria ser seguida, Marcelo Rebelo de Sousa salienta o fator ideológico: «os anos da Grande Guerra são anos de tensão milimetricamente gerida, entre setores governamentais pró-alemães – de início mais desenvoltos – e os pró-britânicos – com influência reforçada a partir de 1943»[519].

Ao invés do que pensavam os amigos de Marcello Caetano, que entendiam que nesta remodelação Salazar «não curara de promover nenhum equilíbrio de forças, a representação de correntes de opinião, mas tão-só rodear-se de pessoas seguras, na maior parte já provadas na sua dedicação ao regime e ao seu chefe»[520], o Presidente do Conselho traça milimetricamente a bissetriz, resultando um governo que espelha «todo um esforço para unir monárquicos – como Lumbralles – e republicanos – como já então Marcello Caetano e Supico Pinto –; "históricos" da ditadura e novos membros do Governo»[521]. Com esta remodelação quase total do gabinete ministerial, Salazar terá procurado demonstrar, por um lado, «a sua capacidade de recrutamento político de homens de valor nas novas camadas» e, por outro, a existência, dentro do seu regime, de várias opções, num leque diversificado de «matizes ideológicos e de temperamento pessoal»[522], como aliás declarou, sem margem para dúvidas, na cerimónia de transmissão dos poderes de ministro da Guerra para Santos Costa:

> Era-me, por outro lado, necessário dar ao País a convicção de que possui mais do que um homem a sacrificar-se-lhe, porque dispõe de verdadeira plêiade de valores a servi-lo nas mais delicadas funções.[523]

Também no Governo, Marcello Caetano, mantendo a sua já tradicional atitude, se tornou o chefe de fila dos críticos da marcha da governação.

Recorde-se que na conversa em que Salazar o convidou para exercer as funções de ministro, Marcello, na sequência, aliás, do que vinha fazendo desde os seus tempos da Mocidade Portuguesa, insistiu na coordenação entre os vários ministérios, voltando a propor a nomeação de um ministro-adjunto à Presidência do Conselho, que fizesse a ligação entre os vários ministros e o chefe do Governo; além disso, tinha obtido de Salazar a promessa de que passaria a reunir regularmente o Conselho de Ministros, atenuando assim a prática seguida de despachar direta e individualmente com cada ministro.

No final de uma carta de finais de outubro de 1944, o ministro das Colónias diz a Salazar: «Cá estamos a trabalhar em compartimentos estanques, com tendência para as capelinhas. Deite V. Ex.ª mão a isto enquanto for tempo!»[524] E cerca de um mês depois: «Não me esqueço do que V. Ex.ª me disse acerca do estabelecimento regular de dois Conselhos a partir do mês que vem. *É indispensável* e cada vez mais.»[525] Apesar das promessas, só no dia 27 de novembro Salazar reúne pela primeira vez o Conselho de Ministros, ou seja, cerca de três meses depois da remodelação.

No princípio do ano de 1945, já Marcello Caetano começara a perspetivar a visita que fará às colónias de África, a partir de maio. Para além do despacho dos assuntos do seu ministério – e, como se viu, eram muitos –, manteve-se atento aos clamores da opinião pública, da qual se assumira como uma espécie de porta-voz junto de Salazar. E a correspondência trocada entre ambos é bem elucidativa.

Nos primeiros dias de janeiro, a propósito do custo de vida, escreve: «Houve grande desapontamento com a publicação do Orçamento, no funcionalismo e na opinião em geral. De facto, a carestia agrava-se de dia para dia e os consumidores com rendimentos fixos veem-se aflitos, se não tiverem capital a que recorrer. Dizem-me pessoas vindas de Angola que, afinal, encontraram a vida aqui tão cara ou mais do que lá.»[526]

Outra carta em que, atento como sempre à importância da imprensa, fala da facilidade em fazer com que o vespertino *Diário Popular* «trabalhe inteiramente connosco», evitando que se torne num órgão «clara ou encapotadamente, monárquico», termina com a reiteração de que o Orçamento, que frustrara as expectativas dos funcionários públicos e dos militares, levou a que o ambiente político voltasse a «ser muito mau»[527], refletindo-se sobretudo nos círculos militares, nos quais é feita campanha política, multiplicando-se boatos, como, por exemplo, o de que Santos Costa afirmara em Conselho de Ministros que os cofres do Estado estavam a abarrotar de ouro, facto que teria levado Salazar a apresentar a demissão[528].

O governo tomara posse no contexto de uma economia de guerra, arrostando com as consequentes limitações, em que avultavam a escassez de bens essenciais e a alta dos preços. O conflito estava no fim, mas os seus efeitos manter-se-iam ainda durante vários anos, pelo que continuavam o racionamento dos bens essenciais e o rígido dirigismo da economia, provocando mal-estar e descontentamento generalizado entre a população, levando a que o ambiente político tenha sido «do pior que nos últimos anos tenho visto», provocando «estragos vastos e profundos»[529], finalizando assim a acalmia proporcionada pelas expectativas postas na remodelação ministerial.

> Voltou-se à descrença no Governo e no regime – na sua capacidade de fazer uma política social de acordo com o tempo, e de na assistência social sair da virtude cristã da caridade. Além disso, em casa de cada oficial ou de cada funcionário, a mulher lembra todos os dias que o dinheiro não chega (e não chega, efetivamente). Quanto às classes altas, são, como é sabido, as mais inconsciente e vilmente derrotistas. Hão-de pagá-lo.
>
> Perante tudo isto (que é real e é grave) os nossos meios de atuação sobre a opinião pública ficam silenciosos. Por um lado, porque até os nossos amigos perderam a fé e o espírito combativo. Por outro, porque esperam uma palavra de orientação – que não vem e, com o faltar, desorienta.

Perante isto, defende que Salazar deve abandonar a sua discrição e vir a público, não só para justificar as dificuldades, mas também para dar uma

LIVRO PRIMEIRO NA SOMBRA DE SALAZAR 217

palavra de alento, até porque tal silêncio pode afetar a própria imagem de todo o Governo:

> E a sua política? Eu acho bem a discrição, mesmo em certos casos o silêncio: mas quando daí advêm estragos tão sérios nos espíritos, não. Estamos numa altura em que não podem os dirigentes políticos parecer resignados com uma sorte inevitável: é essa, porém, a aparência dos que colaboram imediatamente com V.ª Ex.ª – como eu! E não é verdade!

Para analisar a situação política, na qual avultava a agitação entre os militares, Salazar reuniu o Conselho de Ministros nos dias 9, 10 e 19 de fevereiro. Segundo um resumo feito por Marcello Caetano[530], a primeira intervenção foi do Presidente do Conselho que, numa exposição que intitulou de «exame de consciência política»[531] falou sobre a alta política – os grandes princípios do regime: política externa, constitucional, imperial e económico-social; quanto à média política – «aplicação a casos concretos de real importância desses princípios gerais», interrogou-se sobre até «que pontos a aragem da democracia nos pode atingir», discorrendo sobre a censura à imprensa e o regime de polícia assente na prisão sem culpa formada por tempo indeterminado, debruçando-se depois sobre a economia; na área da baixa política – «atitudes e intervenções pessoais, pequenos casos discutidos na origem de agitação», realça, entre outros temas, a interpretação errada que tem sido feita sobre a remodelação do governo e destaca, quanto à agitação militar, o «renovo das tentativas de intervenção do Exército na política»; conclui que é preciso lutar no que o Governo tem razão e emendar o que está errado.

Na sua exposição, feita na sessão do dia 19, Marcello Caetano, fala da necessidade de «ter sempre razão» e «dispor de força» moral e material, realçando, quanto à primeira, que ela «nasce do assentimento. Não se pode governar sem um mínimo de apoio», bastando que «esse apoio seja de uma minoria ativa»; depois de um exame dos meios, defende a sua reforma geral, na qual enquadra a «reorganização das forças políticas» e um «contacto frequente do Governo com a oposição». Na segunda parte, subordinada ao tema «ter sempre razão (mas não de mais...)», destaca as áreas onde o Governo, na sua perspetiva, não tem tido razão, sendo perentória e cortante a sua análise do corporativismo português: «Corporativismo. Não houve.» Considerando que se resiste «a uma pressão temporária de um regime estrangeiro; não se resiste ao espírito do tempo» e que «o tempo mudou de há 20 anos para cá; até os homens», aponta, entre outros erros, os hábitos e mentalidades dos patrões, o problema do horário de trabalho, o trabalho de menores, os lucros imorais, etc..

Da mesma forma que não hesitava em criticá-lo, Marcello Caetano também não perdia as oportunidades que se lhe ofereciam para lisonjear Salazar. No dia imediato à intervenção deste no Conselho de Ministros, afirma-lhe: «A conclusão de V.ª Ex.ª foi magnífica de senso, vibração, eloquência. Fiquei encantado, como todos.»[532]

Nem para criticar os seus colegas de Governo. Na mesma carta, referindo-se ao ataque a que os organismos corporativos estavam a sofrer na Assembleia Nacional e à reação do ministro da Economia, comenta: «Encontro o Supico hesitante. Uma palavra de V.ª Ex.ª o decidirá para sim ou não.»

Aliás a carta é, na sua parte mais substancial, uma «adenda» explicativa à sua intervenção no conselho de ministros, sobretudo no que se refere à política social e de assistência, salientando que as divergências, se as havia, residiam apenas «no *modo de fazer*»: «É preciso não governar contra o operariado, mas por ele e com ele. É preciso pôr nas nossas medidas a cor que eles aceitam sem violência e lhes temos tirado para não assustar esse inútil e desgraçado burguês. De resto, não preconizo também política demagógica inconsiderada.»

Repare-se na insistência, aliás recorrente no seu discurso desde sempre, contra a burguesia, agora apodada de «inútil».

Depois de alertar para a «atitude imprudentemente germanófila» de um grupo de dirigentes da Legião Portuguesa, termina com uma referência à União Nacional, sobre a qual se confessa «menos otimista», sugerindo a sua reorganização que «terá, porém, de ser muito profunda para dar alguma coisa».

A crise acaba por ser resolvida com a concessão, aprovada em Conselho de Ministros de 5 de março, de um aumento de 15 por cento nos vencimentos do funcionalismo público civil e dos militares, da qual resultou alguma acalmia interna. Mas, no essencial, da longa troca de opiniões havida nos conselhos, «não saiu nada»[533].

Como temos visto, uma das grandes preocupações de Marcello Caetano é a imprensa e tudo aquilo que envolve esta atividade, incluindo a censura, que, no quadro da política do regime, neste final da guerra, em carta de 17 de março, considera «o mais delicado», porque todos os dias ouvia críticas dos jornalistas sugerindo que aquela «devia tornar-se muito tolerante e incidir apenas sobre certos pontos essenciais, porventura fazer-se valer como *repressão em potência*»[534].

Dois meses depois, a 7 de maio, antevendo as questões que lhe serão postas numa reunião com a imprensa anglo-americana, comenta com Salazar:

> Deve tratar-se da censura. O problema parece-me de muito interesse para nós porque, para manter o princípio, temos de olhar seriamente para a sua execução. Os censores não sabem o que se passa e muitas vezes o que o Governo quer. Ontem retiveram horas um telegrama dum inglês para afinal substituírem «governo nazi» por «governo alemão». Isto irrita (e desnecessariamente) os jornalistas e vem criar-nos ambientes desagradáveis no estrangeiro.[535]

Quanto ao controlo dos jornais, e voltando ao caso do *Diário Popular*, sobre o qual vem mantendo uma particular atenção, sugere, nos inícios de abril, que se orientem «as pessoas que lá estão no sentido de converter o jornal num órgão francamente cooperador com o Governo».[536]

Entre 9 de junho e 14 de novembro de 1945, Marcello Caetano esteve ausente de Lisboa, ocupado com a já descrita visita oficial às colónias. Por isso, passou incólume ao lado de todas as vicissitudes atravessadas na preparação das eleições para deputados, de novembro daquele ano, face à dissolução antecipada da Assembleia Nacional.

Terminada a guerra na Europa, com a vitória dos países de matriz democrática, o regime vacilou perante um possível e, teoricamente, previsível contágio desse modelo político, quadro em que insere algum abrandamento das medidas repressivas e a convocação de eleições que, como já se referiu, Salazar considerou «tão livres como na livre Inglaterra». Por outro lado, a 20 de outubro de 1945, foi concedida uma amnistia para determinados crimes contra a segurança interior e exterior do Estado, e dois dias depois são extintos os Tribunais Militares Especiais.

As oposições – desde o Partido Comunista Português (PCP) aos núcleos republicanos e outros setores democratas –, praticamente estranguladas e silenciadas desde a Ditadura Militar, mas sobretudo desde a instituição do Estado Novo em 1933, consideraram chegada a sua hora. Revelando uma capacidade organizativa insuspeitada e aproveitando a conjuntura política internacional, começam a movimentar-se. Malograda a expectativa de que a derrota das potências do Eixo conduziria automaticamente à queda das restantes ditaduras europeias – devido à complacência e ao mais ou menos discreto apoio dos vencedores, no quadro da política de blocos superveniente ao conflito – procuram aproveitar as eleições de novembro para enfrentar o regime. É certo que as listas da oposição, unida em torno do MUD, nem sequer chegaram a ser submetidas ao sufrágio, por terem desistido sob a alegação de falta de garantias mínimas para a disputa eleitoral, entre as quais o facto de o Governo impor limites às suas atividades, ao recusar a autorização para a realização de comícios públicos e outras sessões de propaganda. No entanto, como anotou César de Oliveira,

> O MUD conheceu [...] um êxito sem quaisquer precedentes na luta contra o Estado Novo; pouco tempo depois da sua criação, o MUD dinamizou um processo de expansão e organização que adotou um instrumento a que a própria audiência com o general Óscar Carmona deu grande dimensão: as listas de adesão ao MUD, que permitiram alargar a sua esfera de influência, organizar cada vez um maior número de cidadãos e implantá-los em quase todas as zonas do país, através da criação de comissões. Estava lançado o maior movimento organizado de massas contra o Estado Novo que a oposição criou durante a vigência do regime derrubado em 25 de Abril de 1974.[537]

Mais eloquente ainda é a versão de Franco Nogueira, de todo insuspeita de heterodoxia política, relativamente ao Estado Novo:

> Na segunda quinzena daquele mês sobe no país a tensão política. Por recintos públicos e privados, sucedem-se as reuniões, os discursos arrebatados, as acusações, as críticas que não deixam pedra sobre pedra. É completa a rede do movimento, e a sua atividade de propaganda vai até às vilas, às freguesias, e de norte a sul efetuam-se sessões de campanha. Do ponto de vista da oposição, não tem aspetos positivos a obra do Estado Novo; contesta-se o saneamento financeiro; negam-se virtudes à política externa; repudia-se o sistema corporativo; apouca-se a reorganização e reapetrechamento das forças armadas; critica-se a administração do ultramar; minimizam-se as obras públicas, o fomento, a economia; e recusa-se a Constituição. Surgem os ataques pessoais, as insinuações; e já não estão em causa princípios e factos, mas homens. E são organizadas listas para adesões: ficam abertas à assinatura popular em estabelecimentos comerciais e outros lugares.

Dão-lhes publicidade os jornais, e diariamente surgem listas de nomes a enfileirar na oposição. Nelas aparecem vultos da cultura e da inteligência portuguesa: Aquilino Ribeiro, Ferreira de Castro, Carlos Olavo, Casais Monteiro, Gaspar Simões, António Navarro, Domingos Monteiro, José Gomes Ferreira, José Régio, Vitorino Nemésio, Rodrigues Lapa, Hernâni Cidade, Julião Quintinha, Assis Esperança, outros ainda. Sobressaem algumas mulheres distintas: Maria Lamas, Irene Lisboa, Elina Guimarães. Miguel Torga declara que o regime tem sido «um calvário lento e amargo» e que agora «vislumbra a ressurreição». E as listas são assinadas por homens do comércio e da economia, advogados, médicos, professores, funcionários públicos; no país há a sensação de que são aos milhares, às dezenas de milhar. Desenvolve-se um estado de espírito de vitória: e aos oposicionistas sinceros juntam-se os ressentidos, os oportunistas, os aventureiros. Na altura, a opinião pública julga aperceber-se de uma realidade: na clareza dos factos, a II República não tem um partidário, um simpatizante.[538]

Assustado com a dimensão que o movimento oposicionista e os seus apoiantes adquiriram, na ordem de muitos milhares[539], o Governo, no dia 27 de outubro, a pretexto de estar em preparação um golpe militar, suspende todas as reuniões e comícios do movimento, considerando--o um «elemento de subversão social» e um «movimento passional» que pretende «reeditar o modelo institucional do exercício do poder político vigente durante a Primeira República»[540].

As eleições realizaram-se no dia 18 de novembro, com a inevitável vitória das listas da União Nacional. E, na primeira carta a Salazar, depois do regresso das colónias, Marcello Caetano não deixa de se lhes referir, transmitindo-lhe, não uma opinião pessoal (que o era de facto), mas aquilo que afirma ser a opinião dos seus «melhores amigos», naquilo que é um ataque à União Nacional:

> Um após outro, e sem saberem uns dos outros, os meus melhores amigos (e todos eles amigos devotados da situação) têm-me procurado para dizerem, pouco mais ou menos pelas mesmas palavras:
> a) que o problema político levantado pelas eleições não está solucionado e que convém considerá-lo urgentemente;
> b) que é indispensável que o Governo procure ir ao encontro das aspirações do País, estabelecendo maior contacto com ele e ouvindo o seu desejo de rumo à política social;
> c) que a União Nacional é uma fórmula desacreditada e infecunda.[541]

Semelhante a essa seria também a opinião dos «*nossos* rapazes, os de mais de 20 anos, que desejam servir em quadros *políticos* mas não na UN e que estão ansiosos por uma direção», os quais, na ausência de medidas urgentes no sentido da sua integração no sistema político, «tomarão compromissos na extrema-direita ou na extrema-esquerda». Por isso, recomenda um exame amplo do problema político «em Conselho ou por um grupo de ministros mais ligado *à coisa política*, e isto com certa urgência para não nos encontrarmos perante realidades novas e porventura irremediáveis».

Apesar de antecipadamente ganhas – não só pela desistência da oposição em se apresentar ao sufrágio, mas pela própria natureza do sistema eleitoral, todo ele moldado por forma a que a manutenção do regime pela via eleitoral seja inevitável –, não há dúvida que estas se traduziram num sobressalto de vulto para a situação vigente, deixando a descoberto que, apesar da repressão e de todo o condicionamento mental e político operado pelo regime ditatorial, se mantinham latentes os anseios de liberdade política. Como o debate sobre a legitimidade destes princípios e a adequação ou inadequação do regime aos novos tempos era uma carta liminarmente excluída do baralho mental das suas elites, estas iniciam um processo interno de culpabilização para justificar o «desaire».

Respaldadas em duas décadas de uma ditadura férrea do Presidente do Conselho, assente no fechamento em torno de um projeto único e indiscutível, e na menorização política da sociedade portuguesa, as elites de topo do Estado Novo, a começar pelo seu chefe, contavam com alguma turbulência, mas nunca com um abalo político daquela magnitude. Segundo Franco Nogueira, «não [se] desejava uma reforma: pretendia-se uma revolução.»

> Tudo fora posto em causa; nada foi havido como aproveitável; e os adversários do regime, apelando para apoios estrangeiros ou invocando figurinos alheios, queriam o regresso ao passado. Fora então inútil toda a experiência feita, vã toda a obra realizada, esquecida toda a doutrinação de quase vinte anos? De certo existiam problemas, dificuldades, desvios da pureza da doutrina: isso que era em face de um interesse nacional superior a tudo?[542]

Na sua intervenção, no Conselho de Ministros de 19 de fevereiro do ano anterior, Marcello Caetano alertara para um facto crucial: «o tempo mudou de há 20 anos para cá; e até os homens», insistindo numa verdade de todo ignorada pela governação de Salazar: «Resiste-se a uma pressão temporária de um regime estrangeiro; não se resiste ao espírito do tempo.»[543]

Depois de ter reunido, entre finais de novembro e inícios de dezembro os vários órgãos da União Nacional, Oliveira Salazar reúne o Conselho de Ministros, nos dias 5, 6 e 7 de dezembro, para analisar a situação política no rescaldo das eleições. As reuniões iniciam-se com uma longa intervenção do Presidente do Conselho, que assenta em três pontos: O ato eleitoral; a União Nacional como organização política não partidária; e as lições que podem tirar-se da agitação política em Portugal[544]. Os pontos mais relevantes são: a afirmação de que «as eleições em Portugal nunca foram *livres*, *sérias* e *exatas*» e que «Os resultados gerais foram *satisfatórios*, mas podiam ser *muito melhores*.»; as críticas à atuação da União Nacional, nas quais – escamoteando, aliás, as suas próprias responsabilidades na debilidade da organização – aponta a carência de uma chefia efetiva, a sua marginalização por parte do Governo, a falta de doutrinação sistemática e o facto de atuar quase exclusivamente em momentos de crise.

No mesmo dia, Marcello Caetano faz uma, também muito longa, exposição ao conselho, em que procura fazer um retrato global da situação[545], sendo de realçar o facto de, como a grande maioria dos ministros que intervieram, destacar o falhanço da União Nacional, sobre a qual diz que estar completamente desacreditada: a Comissão Executiva não tem prestígio nem autoridade próprios e a organização «não tem filiados mas vagos quadros».

Na mesma linha, seguem-se o ministro da Economia, Supico Pinto, e o ministro do Interior, Botelho Moniz.

Segundo Franco Nogueira, dos ministros ouvidos (Américo Tomás e Caeiro da Mata não se pronunciam), alguns não refreiam as suas críticas, com destaque para Santos Costa, ministro da Guerra, Botelho Moniz, do Interior e Cavaleiro de Ferreira, da Justiça.

> Mas é Marcello Caetano, regressado de uma viagem às províncias de África, quem desfere as críticas mais contundentes: pouco está certo no passado, muito pouco no presente: duvida da competência dos ministros: julga severamente as soluções dadas a alguns problemas: e tem por desastrosa a atuação da União Nacional nas últimas eleições.[546]

Enquanto trabalha nos assuntos do seu ministério, como por exemplo na proposta de lei com as alterações à Carta Orgânica do Império, de acordo com a última revisão da Constituição, e no projeto de lei sobre os casamentos nas colónias, que estende ao ultramar o regime da Concordata, Marcello Caetano vai-se mantendo atento ao andamento da política, que aproveita para comentar na correspondência com Salazar, nem que seja com uma simples frase: «Sobre política... Tenho a impressão de estar a perder tempo.»[547] Aliás, neste final de 1945 e início de 1946, parece haver algum esfriamento nas relações entre ambos, porventura resultante da intervenção crítica do ministro no Conselho de Ministros de dezembro, que o Presidente do Conselho, segundo o seu biógrafo, terá considerado como um ataque pessoal, confessando ao seu indefetível ministro Costa Leite (Lumbralles) que «ficara exasperado, e ferido [...] Meditara sobre as críticas, que tomara como dirigidas a si próprio»[548].

No fim de janeiro, Marcello é mais direto e incisivo, mantendo ainda um tratamento protocolar traduzido na despedida, em que se diz apenas «muito admirador e amigo respeitoso»:

> Política geral. Quebrou-se a regularidade dos Conselhos de Ministros, e voltamos a trabalhar isolados uns dos outros com tendência para nos deixarmos absorver pelo expediente.
>
> Entretanto o problema político, sobre o qual tanto dissertámos sem consequências práticas, continua de pé. Uma nova ocasião como a das eleições revelaria estado de espírito igual, senão pior. Especialmente a gente nova afasta-se, cada dia que passa, mais do Governo.
>
> Evidenciando o ambiente acerca da organização corporativa – porque não se faz um exame sério dos males acusados ou dos vícios que se manifestam?
>
> Porque se mantém o Governo numa posição de favorecimento da burguesia capitalista, que está pronta a abandoná-lo na primeira ocasião, e não marca uma atitude praticamente de acordo com as suas afirmações e doutrinas no campo social?
>
> Porque se não responde na imprensa governamental ao *Diário de Notícias* e quejandos quando vêm carpir as mágoas do contribuinte sacrificado? E o estado da educação nacional?
>
> Repito a sugestão feita há tempos de se procurar rever, ou melhor, assentar um programa próximo de ação governativa, pois está-se trabalhando muito ao sabor de preferências pessoais sem um esforço de conjunto.[549]

Subliminar às questões levantadas, está a reafirmação das críticas que vem mantendo, tanto à atuação do ministério da Economia, liderado por Supico Pinto, como ao Secretariado da Nacional da Informação (SNI), que no referido conselho acusara de ter falhado (o termo usado foi «falência do SNICP»). Termina a afirmar que, na sua opinião, «esta calma política não é senão aparente: por debaixo estão-se passando muitas coisas, sobretudo nos espíritos. Quando acordarmos, arriscamo-nos a ter enormes surpresas.»

O ambiente entre Salazar e Caetano acabou por desanuviar rapidamente através de um infausto acontecimento.

No dia 27 de janeiro de 1946 morre José Maria Alves Caetano, pai de Marcello Caetano. No próprio dia, rente à meia-noite, Salazar toma conhecimento do facto, apressando-se a escrever-lhe uma carta de pêsames e a comparecer no funeral, no dia seguinte, facto a que Marcello dá grande realce nas suas «Memórias»:

> No dia do funeral [...] notei de repente um alvoroço na assistência: era Salazar que chegava. Encaminharam-no para o pé de mim, naturalmente, e abraçou-me com emoção. Ao meu lado assistiu à missa e acompanhou as cerimónias do saimento. Depois seguiu no cortejo até ao cemitério do Alto de S. João onde uma multidão de gente humilde, conterrâneos da serra da Lousã residentes em Lisboa, pobres dos Anjos, confrades de S. Vicente de Paulo... esperava silenciosamente o féretro. Com essa multidão, que respeitosa, seguiu a pé o caixão até à cova onde meu Pai foi enterrado segundo seu desejo expresso, Salazar misturou-se como um qualquer. E, de novo a meu lado, assistiu à inumação até que a última pazada da terra cobrisse a sepultura. Quando meu irmão mais novo, perto de nós, teve uma crise de choro foi ele, como se pertencesse à família, quem primeiro solicitamente se interessou pelo pequeno.[550]

Três dezenas de anos depois, escreveu:

> Não escondo quanto me sensibilizou este gesto de Salazar. Continuei sendo na política o «amigo incómodo»: mas o sentimento de gratidão permaneceu sempre vivo por isso e por tantas atenções pessoais de que lhe fui devedor.[551]

Emotiva é também a carta de agradecimento pelo gesto de solidariedade:

> Agradeço do fundo do coração a sua carta, a sua presença no funeral do meu pai e todas as demais atenções que teve a bondade de me dispensar, e aos meus nesta ocasião.

Agradeço-lhe pelo amparo moral que me trouxeram e mais ainda porque sei quanto teriam sido agradáveis a meu pai. [...]

Creia, pois, que fica devedor a V.ª Ex.ª de uma grande gratidão o admirador, amigo e discípulo modesto

Marcello Caetano

É o regresso às despedidas calorosas. Contrariamente à sua opinião – ele tinha preferido o Patriarca de Goa, D. José da Costa Nunes –, segundo a qual era desprovido de «categoria e de obra que justifiquem esta dignidade excecional», o Vaticano elevou ao cardinalato D. Teodósio Clemente Gouveia como primeiro cardeal ultramarino. Tratava-se de um acontecimento importante, no quadro da política colonial portuguesa e o ministro das Colónias foi encarregado de representar o Governo nas cerimónias comemorativas. Marcello Caetano não gostava do novo cardeal. Conhecera-o nos seus tempos de Óbidos e a primeira impressão não foi lisonjeira: «tive a sensação de estar vendo um bebé sustentado com aquele "alimento dos deuses" que serviu de tema a um romance de Wells e agigantado graças a ele. Tinha uma cara grande e imberbe a rematar um corpo pesado, as feições eram feias, mas o aspeto não era desagradável.»[552]

Talvez por isso, no discurso que proferiu na sessão solene realizada na Sociedade de Geografia, a 17 de março, optou por acentuar, logo no início, a política interna, porque «ainda durava entre os partidários do regime a sensação desagradável deixada pelo ataque impiedoso da oposição na campanha anterior»:

Ao iniciar a minha oração, saudei o Chefe do Estado ali presente e aproveitei para evocar os grandes serviços por ele prestados e os benefícios do regime por ele presidido. A assistência [...] rompeu em calorosos aplausos que atingiram a ovação quando rematei o exórdio associando Carmona a Salazar.

Foi, após as eleições, a primeira manifestação significativa de apoio ao Governo [...][553]

Salazar gostou. Não se aventurara a ir à Sociedade de Geografia por não estar a passar bem, mas seguira a sessão pela telefonia: «Vi com prazer que o público reagia *bem* em face de muitas passagens do seu discurso compreendendo-lhes o alcance e aplaudindo-as com calor. [...] Parabéns por tudo.»[554]

Duas semanas depois, Marcello insiste nas críticas. Aproveitando uma carta em que felicita Salazar pela visita de uma esquadra inglesa, que podia ser considerada de apoio ao governo português, refere-se à política interna, atirando na direção dos mesmos alvos: o ministro da Economia, Supico Pinto, embora indiretamente; a União Nacional, a cuja Comissão Executiva presidia um político de segunda linha, o major Joaquim Mendes do Amaral; e o SNI, que, com a saída de António Ferro para a embaixada em Berna, modorrava numa gestão sem golpe de asa e sem imaginação. Na direção do primeiro, refere «o grande problema dos abastecimentos e do custo de vida (outra vez com aflição do funcionalismo público)»; a ação da segunda volta a ser qualificada de deficiente; e, quanto ao SNI, considera urgentíssima a «renovação de quadros e métodos»[555].

Em maio de 1946 celebrava-se o xx aniversário do 28 de maio e a União Nacional organiza as respetivas comemorações, entre as quais se conta uma conferência de Marcello Caetano, pronunciada no Palácio das Bolsa, no Porto, no dia 27, e radiodifundida para todo o País. Ao contrário do previsto, Carmona não pôde comparecer, por se sentir cada vez mais debilitado, fazendo-se representar pelo ministro das Finanças, que presidiu; na assistência «congregam-se – segundo Franco Nogueira – as forças vivas, a gente de consequência»[556], se bem que o Governo, além do ministro, estava apenas representado por subsecretários de Estado: António Júlio de Castro Fernandes, das Corporações e Previdência Social; Roberto Espregueira Mendes, das Comunicações; e Luís Filipe Leite Pinto, da Educação Nacional.

Marcello Caetano deu a esta conferência o título de «Hoje, como ontem: o Estado Novo»[557], que é sobretudo um elogio a Salazar e à sua obra: o Estado Novo. Dividiu-a em quatro capítulos: «I – As razões do vinte e oito de maio; II – O papel de Salazar na Revolução Nacional; III – Balanço de 20 anos de governo; IV – O Estado Novo e o futuro.»

Historiando os antecedentes do golpe militar de 1926, sublinha as questões que a República tinha por resolver: financeira, económica, administrativa, social, religiosa e colonial, para concluir que o Exército, ao realizar o golpe sabia quais os fins a atingir, «mas a almejada ação construtiva não estava tão claramente definida, e tão pouco se conheciam com nitidez os meios a utilizar»[558]. Surge então Salazar, numa situação de rutura financeira do País:

> E é nesta ocasião de angústia, de excitação, de perplexidade, que Salazar chega a Lisboa, perfeitamente calmo, seguro dos seus princípios e dos seus

métodos, e afirmando que, com medidas de alguma energia e senso comum, a Nação tinha possibilidades de salvar-se por si, sem necessidade de alheio auxílio.[559]

Sobrepondo o interesse nacional à retórica dos cafés, realizou uma vasta obra:

> [...] técnico, realizou a questão financeira como base de todas as outras soluções dos problemas nacionais; pensador, vazou nos moldes de uma das mais elegantes e castiças prosas que se têm escrito em Portugal, os princípios de uma doutrina admirável que sabe sempre bem reler e recordar; chefe e mestre político, ensinou um novo estilo de vida pública aos portugueses, um estilo de serenidade, de ponderação, de estudo, de disciplina intelectual, de hierarquização dos homens e das ideias, de calma atuação e de eficiência fiscalizadora.[560]

Falando ao auditório «da admiração e da amizade que tributo a este homem excecional», termina a evocação do Presidente do Conselho com a afirmação de que ele «é indiscutivelmente o mentor e o guia da Revolução Nacional [...], aquele que soube encarnar as aspirações e os anseios dos bons portugueses, dando-lhes expressão e, mais do que isso, dando-lhes ampla realização e satisfação»[561].

O balanço da obra do Governo é feito em termos também encomiásticos. É claro que havia ainda problemas em aberto, entre os quais o do nível de vida do povo português, que devia ser resolvido, não pelo aumento repentino dos salários, mas sobretudo pela educação:

> Trata-se de uma transformação que, para ser séria, há-de ser lenta, profunda e progressiva. Partindo de um enriquecimento nacional pelo aumento de produção, passando pela melhoria dos processos de repartição e distribuição da riqueza mas assentando sobretudo numa modificação da mentalidade e dos hábitos do trabalhador que o habilite a tirar melhor partido dos seus proventos para sua elevação intelectual e moral e seu maior conforto espiritual.[562]

Numa referência à oposição, que se mantinha ativa e proclamava o princípio da «liberdade contra o medo», responde que «os governos do Estado Novo fizeram quanto lhes era possível»:

Viveu-se, estudou-se, trabalhou-se num ambiente de ordem e de tranquilidade, sem a angústia dantes conhecida resultante de nunca se saber se, ao acordar no dia seguinte, não depararíamos com mais um tumulto, mais um atentado, mais uma greve, mais uma crise, mais uma revolução. Não sei se é a isto que se chama a «liberdade contra o medo»: mas parece-se que entre o direito de perturbar com palavras e distúrbios a vida da coletividade, e o direito de trabalhar em sossego e de em sossego cada um granjear o seu pão, nós garantimos a verdadeira liberdade, aquela em cujo nome, ao menos, se não cometem crimes.[563]

Termina a conferência com uma interrogação: «estará o Estado Novo em condições de enfrentar o Futuro?»

A resposta só podia ser afirmativa. Um futuro que na Europa assenta na fidelidade aos princípios fundadores do cristianismo: «Deus, Pátria, família, personalidade, propriedade e caridade»[564]; um futuro que não se compadece com os abusos do capitalismo, nem com «os excessos esquerdistas de alguns sociais-cristãos»; um futuro que é contra a revolução social sangrenta. Para tanto, em Portugal

> «nada nos diz que se possa dispensar um governo forte e com permanência, devotado a uma ação intensamente construtiva e apoiado num escol de competências técnicas.»[565]

Interroga-se depois sobre os objetivos a conseguir, respondendo: em primeiro lugar, «a reforma da educação nacional que, apesar de mais de uma tentativa, o Estado Novo não realizou ainda»; ligado a esta «está o prosseguimento da campanha de assistência social já em boa hora encetada»; finalmente, «o problema da produção» que se resolve – ao contrário do que a oposição defendera na última campanha eleitoral – através de uma economia dirigida:

> Por conveniência da coletividade e por imperativo da Moral a economia tem de ser dirigida, regulada e limitada e se, em meu entender, a organização corporativa nalguma coisa precisa de ser reformada, é para a tornar mais eficiente na sua função intervencionista e diretiva, substituindo os representantes dos interessados que se hajam mostrado abaixo da sua missão por representantes da autoridade imparcial, independente e totalmente devotada ao bem público, do Estado.
>
> Assim, creio que o futuro exigirá a acentuação do caráter intervencionista e social do Estado Novo [...][566]

O final, em crescendo, configura a uma profissão de fé nos princípios políticos de Salazar e do seu Estado autoritário – o Estado Novo – que «nada perdeu da sua oportunidade, como sistema político, económico e social adequado às necessidades reais da Nação Portuguesa»[567]:

> Hoje como ontem o país quer liberdade religiosa, respeito pelo santo nome de Deus e consideração pela Igreja.
>
> Hoje como ontem o país quer que se mantenha a propriedade individual e o direito da sua disposição, a iniciativa privada e a empresa, embora também reconheça a justiça das limitações impostas pelo interesse coletivo aos interesses puramente individuais.
>
> Hoje como ontem o país quer a integridade da família com o direito para os pais de educarem os filhos segundo as suas crenças.
>
> Hoje como ontem o país repele a desordem e a indisciplina na vida pública, a insegurança de vidas e de bens, a agitação provocada por uma minoria de desordeiros irresponsáveis, as intrigas tecidas por ambições de grupos e clientelas e as aventuras contrárias ao seu espírito e às suas tradições.
>
> Hoje como ontem o país pretende trabalhar, agir e progredir sem o barulho das palavras inúteis e sem o pesadelo da política estéril que deixe arruinar o património nacional, comprometer a situação financeira e cair o crédito interno e externo.
>
> Hoje como ontem o país prefere à proclamação ociosa de muitos direitos que de facto não exerça, um regime que lhe dê «a liberdade possível e a autoridade necessária».
>
> Hoje como ontem o país quer ser governado em termos tais que os seus interesses mais altos e permanentes sejam zelados, defendidos e prosseguidos eficientemente e não abandonados por força da instabilidade dos governantes e da má designação deles.
>
> Hoje como ontem o país não está disposto a dar crédito às oposições que, na frase insuspeita que vos citei, denigrem, destroem, dizem mal, para depois, quando no Governo, nada fazerem do que prometeram.
>
> Hoje como ontem o país não quer o comunismo e os seus sucedâneos e é fiel aos princípios a cuja sombra se ergueu a Europa, e Portugal elaborou a sua História, embora queira as reformas que a justiça postula e que até o regresso à pureza das doutrinas imperativamente exige.
>
> Hoje como ontem, Portugal quer viver: hoje como ontem Portugal quer o Estado Novo.[568]

A conferência teve eco no País e valeu a Marcello Caetano «vivas manifestações de aplauso e de adesão por parte dos salazaristas»[569], sendo «adotada como uma peça de defesa da situação»[570] e contribuindo para alguma recuperação das forças do regime. Não sabemos se Salazar a apreciou ou não, porque não se conhece qualquer comentário seu, nem Marcello, sempre tão pronto a referir as apreciações do Presidente do Conselho, lhe faz qualquer alusão. Quem a apreciou de forma superlativa foi Henrique Galvão que, no dia 7 de junho, publicou no *Jornal de Notícias*, do Porto, um artigo com o título «Uma conferência política» que comenta a conferência de uma forma tão entusiástica e laudatória, que Marcello Caetano, apesar das enormes dúvidas que tinha sobre o seu caráter, não resiste a transcrever integralmente nas suas «Memórias»[571].

Mas, no conjunto, o ambiente mantinha-se «propício à agitação»:

> As sequelas da guerra não tinham desaparecido. Havia falta de géneros essenciais à alimentação, o ano agrícola fora mau por carência de chuvas como já sucedera com o anterior, o custo da vida subia sem que os salários o acompanhassem por virtude da política governamental de travagem da inflação, o racionamento dos produtos obrigava a manifestos de produção pela agricultura, a guias de trânsito para a circulação dos artigos racionados, ao tabelamento dos preços, ao cumprimento de formalidades que por todo o País os grémios de comerciantes, de industriais ou da lavoura tinham sido encarregados de assegurar. Os lavradores resmungavam alto e a fiscalização tinha de andar sempre sobre eles para castigar as infrações às leis e evitar que estas fossem totalmente desrespeitadas. A ganância dominava.[572]

Também Franco Nogueira dá conta da deterioração do estado de espírito geral, de norte a sul do País, que é referido a Salazar pelos seus íntimos. Mais graves ainda são as cisões que começam a verificar-se no interior da Situação:

> Tornaram as divisões e as dúvidas aos círculos situacionistas. Fervilham as críticas: do funcionalismo público, civil e militar; dos meios patronais, que alegam limitações aos negócios; dos meios operários, que reclamam aumento de salários; e do público em geral, que pensa ser tempo de cessarem faltas e restrições.[573]

Entre os críticos, salientam-se os ministros da Guerra e do Interior, Santos Costa e Botelho Moniz, respetivamente, e Marcello Caetano.

O alvo é Supico Pinto que, na Economia, sente as maiores dificuldades em fazer frente às dificuldades que o País atravessa: peado pelo «condicionalismo do após-guerra, lutando» com falta de transportes, rarefação de mercados externos, débil poder de compra internacional, escassez de bens de equipamento e de matérias-primas»[574], torna-se o bode expiatório de uma situação que de alguma forma lhe escapa e não controla.

Enquanto Santos Costa percorre o país, incluindo os Açores, recebendo os altos comandos do Exército, que lhe «apresentam publicamente as suas reclamações», e Botelho Moniz se multiplica em contactos com os governadores civis, Marcello Caetano vai corroendo a imagem de Supico Pinto junto de Salazar.

Em meados de 1946, foi constituída uma Junta Militar de Salvação Nacional, na sequência de contactos entre o Presidente da República e oficiais superiores das forças militares, às quais, dizia-se, aquele teria confessado o seu desagrado com a atuação do Governo e a disposição de afastar Salazar. Neste sentido, a Junta – que integrava nomes como os do almirante Mendes Cabeçadas, general Marques Godinho, brigadeiro Vasco de Carvalho, Corregedor Martins, Sousa Maia e Celestino dos Santos – assume como objetivo a junção de esforços entre civis e militares para derrube do Governo. Em finais de agosto, a conspiração continua a avançar e, no mês seguinte, é assinado um pacto entre oficiais do Exército e da Marinha, no qual pode ler-se: «[...] Ponderando a gravidade da situação, os abaixo-assinados firmam o presente pacto para o fim de se converter o Exército de Terra e Mar numa força da Nação e não do atual Governo e obrigam-se a manterem-se unidos e solidários por forma a assegurar a S. Ex.ª o Presidente da República, a força necessária para a substituição do Governo [...]»[575]. O movimento militar é desencadeado no dia 10 de outubro, mas o golpe acaba por não se concretizar e os sediciosos são travados e rendem-se, sem luta, junto da Mealhada. A propósito do incidente, Salazar emitiu uma nota oficiosa na qual refere que «Os factos acima referidos não causaram a menor perturbação na vida do País e em toda a parte a tranquilidade é completa [...]»*. Não obstante, «do incidente fica um travo amargo, que agrava o estado da opinião pública»[576].

---

* *Diário de Lisboa*, de 11 de outubro de 1946: «ORDEM PÚBLICA – Entregou-se sem luta próximo da Mealhada um pequeno grupo de revoltosos que saíra do Porto e cujo objetivo se ignora – A presidência do Conselho forneceu ontem, á noite, á imprensa, a seguinte nota oficiosa: «Pelas 5 horas da manhã de hoje e em harmonia com boatos que já há dias

Apesar de ter sido considerada irrelevante, a denominada «Revolta da Mealhada» provocou reações nos já citados setores críticos do Governo, que aproveitam os acontecimentos para assacar o mal-estar da população, com destaque para os militares, à atuação do Ministério da Economia e do respetivo responsável.

O assunto fora já analisado no Conselho de Ministros que se reuniu diariamente entre 30 de setembro e 4 de outubro. Segundo as notas de Marcello Caetano, no primeiro dia foram tratados o «aumento do suplemento de vencimentos: subsídio» e os «problemas ligados com custo de vida e abastecimento público (em consequência das críticas publicamente feitas ao Ministro da Economia pelos ministros do Interior e da Guerra); no segundo, depois de uma introdução feita por Salazar, coube a Supico Pinto expor a «matéria de facto»; e, no último dia, o Presidente do Conselho apresenta aos ministros as seguintes questões: «1) Deve o Governo continuar a interessar-se pelo abastecimento público ou deixá-lo à iniciativa privada? Com ou sem racionamento? Com ou sem a direção técnica do Ministério da Economia? 2) Deve manter-se a resistência à alta dos preços, seguindo-a quando seja inevitável mas não a estimulando ou precedendo? Como reduzir os preços?»[577]

Não menos contundente que os restantes, mas porventura mais subtil, Marcello Caetano, mantém as críticas dentro dos círculos do Poder. Poucos dias depois da abortada revolta, escreve a Salazar[578]:

---

circulavam, um pequeno grupo de oficiais milicianos licenciados, e outros demitidos do serviço do Exército por motivos disciplinares, conseguiu introduzir-se no Regimento de Cavalaria n.º 6 da cidade do Porto, com a conivência do oficial de serviço também miliciano. Pouco depois os mesmos indivíduos, arrastando consigo 70 praças da unidade, abandonaram o quartel, dirigindo-se para o Sul. Conhecido o facto pelas autoridades militares, imediatamente as forças da 2.ª Região Militar, com sede em Coimbra, tomaram as disposições necessárias à submissão dos insurretos, que se entregaram sem luta, próximo da Mealhada. Entre eles figurava apenas um oficial subalterno do quadro permanente e não havia nenhum sargento. / O Governo não sabe por ora o objetivo dos revoltosos, e regista o espírito e a atuação das guarnições de Coimbra, Figueira da Foz e Aveiro, às quais especialmente incumbiu a rápida liquidação do incidente. / Em virtude dos acontecimentos o Governo entendeu dever reservar para o serviço oficial as principais comunicações telefónicas interurbanas. / Os factos acima referidos não causaram a menor perturbação na vida do País e em toda a parte a tranquilidade é completa, sem embargo do que se mantiveram durante todo o dia, tanto para as forças do Exército e da Armada como para a Guarda Republicana e a Polícia, as convenientes medidas de prevenção. / O Presidente do Conselho.»

O ambiente político continua muito turvo e o perigo dele reside no facto de já não ser apenas um ambiente de cafés e de profissionais da agitação, mas de aproveitar do descontentamento que nos meios rurais causa toda a política económica sintetizada nos grémios. Gente insuspeita de todos os pontos do País (mesmo dos mais sãos) traz a notícia desse estado de espírito que se presta a tudo. A notícia da intentona [Revolta da Mealhada] não criou, talvez por isso, a reação que era de esperar (nenhum dos grandes jornais teve uma palavra de condenação).

Referindo-se diretamente a Supico Pinto, afirma que uma nota oficiosa por ele enviada aos jornais, «não clareou o ambiente porque, pela sua extensão, não foi lida pela maioria e a imprensa, continuando a manter a atitude de não colaboração, escusa-se a glosá-la e explicá-la.» Dada esta incapacidade do ministro para se fazer entender, reputa «indispensável que se chame o País à razão com meia dúzia de verdades de senso comum ditas com clareza». E, para tanto, ninguém melhor do que Salazar, mas: «Se não o puder fazer, indique V. Ex.ª alguém que o faça.»

Sobre o movimento revolucionário, defende que «A imprensa deve receber uma informação mais completa [...], para pôr termo à onda de boatos que em torno dele correm e passam as fronteiras.» E ainda que «se deve explicar o fundamento disciplinar das demissões dos Profs. [Bento de Jesus] Caraça e [Ruy Luís] Gomes.» E termina: «Não podemos cruzar os braços perante a ofensiva geral que está a ser desencadeada contra o Governo.»

Na resposta, Salazar promete escrever «um pequeno discurso dentro de breves dias» e, no final, informa que «a União Nacional leva por diante a tal «conferência»[579].

Embora considere tarde a realização da «Conferência da União Nacional» prevista apenas para novembro, sugere «que seria muito mais útil uma reunião *viva* em que se ouvissem as queixas e se lhes desse resposta direta. Se os homens vêm apenas para ouvintes de sábias dissertações, voltarão às suas terras mais ou menos na mesma e continuaremos a manter o divórcio entre as realidades do governo e as realidades da opinião.» E mostra-se disposto a colaborar ativamente, oferecendo-se para falar no encerramento, se isso for considerado necessário e conveniente, concluindo com a afirmação de que «temos de alterar os nossos processos de atuação política e atuar também para as massas [...]»[580].

A 1.ª Conferência da União Nacional realizou-se no Liceu D. Filipa de Lencastre, em Lisboa, nos dias 9 a 11 de novembro de 1946. Oliveira Salazar fez o discurso de abertura e Marcello Caetano o de encerramento.

O Presidente do Conselho consagrou a sua intervenção ao tema da «Relevância do fator político e a solução portuguesa»[581]. Partindo da constatação da ausência de debate político, que ele – apesar de ser o principal responsável do facto – diz lamentar sinceramente, conclui que «nenhum problema dos que formam a trama da vida nacional pode esperar solução conveniente sem que a tenha o problema político.» O que se deve a duas razões: «a elefantíase deste monstruoso Estado moderno» e a «fragilidade da vida portuguesa em todos os aspetos sob que se possa encarar». Para Salazar, as oposições – seja qual for a sua ideologia – consideram que o problema político só estará resolvido quando for mudado o regime no sentido do sistema que defendem, quando, na verdade, mais do que justificações doutrinárias, importava esclarecer «se houve progresso na paz». E neste aspeto, é perentório: «Não é discutível se gozámos de um e da outra em Portugal nos últimos vinte anos.»

Entra depois no balanço dos blocos ideológicos dominantes no pós-guerra, com a derrota do Japão e da Alemanha: de um lado, os Estados Unidos e a Inglaterra, e, do outro, a Rússia; os primeiros devem ser considerados estados pacíficos, ao passo que a segunda «tem hoje todas as possibilidades de dominar inteiramente a Europa e pode fazê-lo sem que a maior parte dela possa sequer lutar.» O desafio está feito:

> A vida tem surpresas de fazer pensar: quase toda a Europa se bateu e se arruinou por se opor à "nova ordem" de conceção germânica; mas é sobre as suas ruínas ainda fumegantes que se vê alastrar a "nova ordem comunista". Ora esta é, por definição, exclusiva e inconciliável com o conceito de civilização de que se orgulham as outras hegemonias. A Europa tem de escolher.

Um segundo problema tem a ver com a ascensão das massas e da respetiva organização na defesa dos seus direitos, o que levanta a seguinte questão: «qual a melhor forma de representação e de defesa dos trabalhadores no Estado?» A resposta não está no regime parlamentar, como se provara na segunda metade do século XIX: por um lado, devido à multiplicidade de interesses em presença; por outro, «é tal a complexidade das sociedades civilizadas, são tão numerosos e intrincados os interesses materiais e morais que nelas se movimentam, tão necessárias uma direção superior e uma ação arbitral para dirimir conflitos possíveis», que o Estado não pode exercer a sua ação sem «a existência de uma organização social-base, estranha e independente de qualquer outra organização destinada a criar um órgão político de representação» e sem «a reforma do Estado no sentido de se aproximar, ou, melhor, de incorporar em si mesmo essa organização.»

Comprazendo-se na sua própria obra, que continua a considerar, pelo menos tendencialmente, perfeita para dar resposta aos novos problemas que se colocam à organização política da Europa, conclui:

> Sou assim levado a crer que a solução do problema enunciado acima vai impor no futuro um tipo de Estado no qual o conjunto dos interesses da Nação, integralmente organizados, tenha representação efetiva e direta por intermédio dos próprios interessados.
>
> Não desejava que nos considerassem precursores, mas é aquilo mesmo o que pacientemente temos procurado fazer.

É incerto que todos os regimes sejam iguais e que o mais perfeito doutrinariamente seja o melhor nos resultados práticos; mas assegura que «a eficiência não é igual em todos nem igual o rendimento do elemento humano», sendo que Portugal encontrou «uma linha conveniente de pensamento e de ação política, assente em segura experiência». Por isso, «é desassisado trocá-los», até porque não há sistemas salvadores. Termina com um apelo: reforme-se o regime dentro dos seus limites, mantenham-se os braços abertos à colaboração de todos os que «de coração isento desejem apenas trabalhar para o bem comum», não se perca nem o ânimo nem a serenidade e «sejamos prudentes».

Prenunciando, embora veladamente, o princípio do anticomunismo, que passará a ser o condicionador ideológico do Estado Novo nesta fase do seu percurso, sublinha:

> Tempos houve em que os portugueses se dividiram acerca da forma de melhor servirem a Pátria; talvez se aproximem tempos em que a grande divisão, o inultrapassável abismo há-de ser entre os que querem servir a Pátria e os que a negam.

Ao fim de três dias em que se debateram os problemas que, naquele moment,o se punham aos portugueses, designadamente as dificuldades nos vários setores da economia, da agricultura aos abastecimentos e preços, passando pelo comércio e pela indústria, aos quais o ministro Supico

Pinto procura dar explicações, chega o momento da intervenção de Marcello Caetano, que encerra a Conferência.

Salazar definira os princípios e as opções ideológicas do regime. Marcello Caetano vai debruçar-se sobre a análise da sua aplicação prática, centrada, sobretudo, na situação económica, adotando «um estilo leve, com movimento dialético, recorrendo sempre que possível ao humor que fazia rir os ouvintes, jogando com paradoxos indicativos da sem razão de certas críticas.»[582]

Intitulado «O momento político e económico»[583], o longo discurso desenvolve os seguintes pontos:

O cansaço da excessiva intervenção do Estado.

É o interesse do povo que exige a conservação das restrições.

A organização económica é uma necessidade e não um capricho.

A alta do custo de vida e suas causas.

Inflação monetária.

A política de deflação e a tributação dos grandes rendimentos.

A dificuldade das importações e os maus anos agrícolas.

A tendência para a alta de preços e seus perigos.

O Estado Novo é suficientemente largo para nele caberem tendências diversas.

As críticas insidiosas contra o Estado Novo.

Façamos crítica construtiva: evitemos o denegrimento sistemático.

Exortação final: fé no ideal, desinteresse na ação, resolução de vencer.

As palavras de Marcello Caetano têm dois destinatários, no quadro político do País: um interno – a União Nacional, através dos seus dirigentes, aos vários níveis; e outro externo – a oposição, cujas críticas eram cada vez mais escutadas e aceites por uma população castigada pela dureza do dia-a-dia e descobria, no desenlace da guerra, que os regimes, mesmo os mais autoritários e despóticos, também se abatem.

Procurava reconstruir a coesão interna, abalada pela rigidez do controlo que a intervenção do Estado, por todos considerada excessiva, cerceava à generalidade da população, dos mais ricos aos menos afortunados, praticamente todos os movimentos, e pelos desmandos, arbitrariedades, abusos e irregularidades que desacreditavam a organização corporativa, princípio fundador do regime proclamado em 1933, em nome da ordem e da moral.

Na primeira parte do discurso, Marcello Caetano reedita toda a argumentação justificativa, recorrente no discurso dos responsáveis pelas áreas económicas da governação, para justificar o intervencionismo férreo de todos os setores da atividade económica – desde a produção à circulação, passando pela repartição e pelo consumo –, que o Governo iniciara desde o início da Guerra Civil de Espanha, em 1936, e aprofundara no decurso da Guerra Mundial, cujas sequelas e consequências se mantinham cerca de um ano e meio depois de terminado o conflito. O argumento essencial é o de que todas estas medidas tinham sido tomadas em nome do «interesse do povo», «porque o Governo do Estado Novo não governa para um eleitorado, para um partido ou para uma classe, – governa para o povo e pelo povo.» É neste quadro que se insere o controlo da circulação fiduciária, com vista ao controlo da inflação:

> Portanto é indispensável, para defender o valor da moeda, que o mesmo é dizer – para defender a economia nacional e os interesses do povo a ela ligados – é indispensável lutar com todas as veras contra a tendência psicológica da alta dos preços, que está ligada, como causa e como efeito, à alta dos ordenados e dos salários.
>
> Eis a razão por que, a par das providências propriamente económicas e financeiras, o Governo se empenha, por meios policiais até, em fazer frente ao ambiente propício à subida do custo da vida, de que o «mercado negro» é um dos mais poderosos fatores.

São, portanto, todas estas condicionantes, de ordem interna e externa, as responsáveis pelas dificuldades económicas do momento, e não a natureza do regime nem o sistema de governo. Um sistema que assenta em meia dúzia de pontos:

> [...] estabilidade governativa; independência do Governo relativamente à pressão de interesses particulares ou a movimentos meramente emocionais da opinião; ordem financeira assente no equilíbrio orçamental e no desafogo da tesouraria; organização económica assegurando a supervisão do Estado sobre os dados fundamentais da produção, da repartição e do consumo; defesa a todo o transe da situação dos trabalhadores e das classes sociais que vivem de rendimentos fixos; manutenção da tranquilidade pública para que se trabalhe e produza em paz.

Para o orador, «a nossa Constituição política assegura ao País o sistema de Governo mais conveniente aos seus interesses superiores. Um sistema de governo de equilíbrio, de moderação e de eficiência, que nos habilita a realizar a política do bem comum trabalhando para todos os portugueses.»

Mais substancial do ponto de vista político é a segunda parte da intervenção de Marcello Caetano, que abre com uma afirmação, à data, absolutamente surpreendente:

> O Estado Novo é suficientemente largo para nele caberem tendências diversas desde que se proponham atuar segundo os princípios constitucionais básicos.
>
> Toda a gente sabe ou se não sabe pode verificar que dentro da União Nacional há uma tendência conservadora, uma tendência centrista e uma tendência social-progressista; isto é, a par daqueles que defendem as conceções tradicionais da organização social e da propriedade privada, para quem as reformas são forçadas transigências com uma corrente contrária errada e perigosa, encontram-se os partidários entusiastas de uma transformação da sociedade portuguesa que assente fundamentalmente na educação das massas, no aperfeiçoamento do escol, no desenvolvimento da produção, na melhoria da repartição dos rendimentos, no alargamento da assistência social. E, no centro, entre ambas as correntes, encontram-se os que julgam necessário andar mais depressa e ver com mais largueza do que os conservadores, mas sem ir para já tão longe como os progressistas.

Marcello Caetano assume, anote-se que com alguma coragem – estava presente Salazar e dirigia-se à nata das elites políticas numa reunião magna do partido único que sempre vivera, apagadamente, é certo, sob o signo da unicidade política –, a existência de várias correntes políticas no seio da Situação, sendo que «a sua existência e a sua vivacidade são o penhor da própria vitalidade do Estado Novo».

Trata-se apenas de correntes que não disputam nem a posse do Poder nem a partilha das suas benesses, «antes todas afirmam a sua confiança total e a sua adesão sem reservas à chefia prestigiosa de Salazar».

> É claro que as diversas tendências procuram fazer prevalecer a sua orientação e daí resultam renovações de quadros, mudanças de pessoal, que, sobretudo na política local, criam certo desassossego transitório. Mas isto é o que numa organização política como a nossa se chama «vida». Ai de nós se estagnássemos! Ai se deixássemos cristalizar o pensamento e a ação! Ai se não arejássemos as camadas dirigentes permitindo o acesso de elementos mais novos e mais ousados!

O importante é que não deixemos de aproveitar nenhum esforço, nenhuma boa vontade dos nacionalistas portugueses, novos ou velhos, colocados mais à direita ou mais à esquerda, conservadores ou progressistas, sempre que estejam em causa interesses superiores da Nação. Há lugar para todos os que, de coração aberto, professem os nossos ideais.

A anteceder a exortação final, recomenda a «crítica construtiva» e a erradicação do «denegrimento sistemático», este último tanto ou mais pernicioso do que «a posição de considerar impecável tudo quanto se faz», porque esta «embota as faculdades críticas, inibe de verificar e de corrigir os erros e impede o aperfeiçoamento da obra»; quanto ao primeiro, assente na «insatisfação permanente, [n]a ansiedade vaga por um ideal inatingível não é menos inconveniente à marcha resoluta e firme de quem detém o Governo.»

A perfeição não existe e apesar de todos os eventuais defeitos,

[...] um regime como o Estado Novo, a que tanto se acusa de «tecnicismo», e onde, por isso, há a preocupação da seleção do funcionalismo e um constante desvelo pela sua disciplina, um regime onde os Ministros quase não fazem política e por isso gastam as suas horas a acompanhar os negócios da administração pública mantendo-os em geral sob a sua vigilante atenção, um regime assim, fundado sob a preocupação da moralidade e do zelo pelo interesse geral, oferece muito mais garantias do que ofereceria um regime demagógico, de indisciplina dos serviços e de desprestígio e desatenção dos governantes.

Se, pois, sabemos de coisas que não estão certas, corrijamo-las: e dêmo-nos por felizes de estarmos num regime que, por definição, pretende e permite essas correções; e dêmo-nos por felizes em não vivermos em regime onde as coisas erradas fossem muito mais numerosas e de muito maior gravidade!

A hora é de ação e de confiança no futuro, para cuja construção convoca todos e cada um, exortando-os à «fé no ideal, desinteresse na ação, resolução de vencer»:

Não esperemos que os outros realizem aquilo que julguemos necessário que se faça: façamo-lo. Não nos encostemos ao fácil verbalismo nem nos desculpemos com a falta de amparo, com a falta de proteção, com a falta de apoio para o que quereríamos fazer: trabalhemos. Não fiquemos à espera que o nosso esforço seja retribuído, que os nossos interesses sejam contemplados, que o nosso mérito seja premiado: se os ideais são nossos, são altos e são nobres, servi-los é cumprir um imperativo de consciência que a si mesmo se basta.

O futuro da Revolução Nacional está, por isso, nas mãos dos portugueses e não apenas do Governo:

> Ouço às vezes perguntar quem é que assegura o futuro da Revolução Nacional. Respondo sem dificuldade: se vós quiserdes, senhores, sereis vós, com a vossa tenacidade e o vosso entusiasmo que assegurareis o futuro – vós todos e aqueles que convosco vierem ter para servir, em profunda comunhão de ideais, em íntima conjugação de esforços, a causa da honra, de felicidade e da grandeza de Portugal!

O discurso de Marcello Caetano foi muito bem recebido, facto que não deixou de ser salientado pelo próprio, ao afirmar ter tido «um grande êxito nesse discurso», comprovando-o com factos: «Quando, no final da sessão, saí do edifício encontrei um grande grupo de jovens que me aplaudia carinhosamente.»[584] Mais importante ainda, foi o cartão que Salazar lhe enviou no dia seguinte: «Muito bom discurso. Parabéns e muitos cumprimentos.»[585] Ao que Marcello Caetano respondeu, afirmando-se desvanecido pelas palavras do Presidente do Conselho, «pois que a aprovação das minhas palavras por V.ª Ex.ª é a única que me interessa», acrescentando: «Em minha opinião a conferência foi utilíssima sobretudo se soubermos extrair dela, com agilidade, as lições que forneceu e as conclusões que permite na política geral e na orgânica e atuação da UN. E creio bem indispensável agir.»[586] Junta ainda um *post scriptum*, que é bem revelador de um espírito autoritário que não hesita em utilizar a polícia política: «Não deveria a Polícia inquirir das razões por que, na Companhia dos Telefones, foram cortadas as 3 linhas por onde se fazia a transmissão do meu discurso para a Emissora?»

Foi também felicitado pelo Presidente da República, que, num gesto pouco habitual, telefonou para lhe agradecer e para o felicitar[587]. E «A cada passo – afirma – amigos da província me procuravam para dizerem que eu tinha de assumir funções políticas mais destacadas.»[588]

Não há dúvida que este momento marca um ponto de viragem na carreira política de Marcello Caetano:

> Este acontecimento foi importantíssimo na minha vida política. Não há dúvida – digo-o sem vaidade, mas porque tenho de narrar a verdade – que

depois dele o Ministro das Colónias ficou a ser, a seguir ao Presidente do Conselho, a principal figura política do Governo. A circunstância de não ter estado presente na Metrópole durante a infeliz campanha eleitoral de 1945 beneficiava-me: e não menos o comando que, por força das circunstâncias, tinha assumido da reação dos elementos governamentais contra o ataque da oposição.[589]

Também a retórica de Marcello Caetano sofreu alterações, laicizando--se e perdendo aquelas ressonâncias evangélicas tão recorrentes nos seus tempos de apostolado corporativo. Agora já não é um apóstolo, mas um político que se afirma, um protagonista no centro do proscénio da política nacional, que reclama para si o destaque que julga merecer, face à mediania e pusilanimidade dos outros servidores do regime.

De notar ainda o facto de aquela intervenção política revelar um deslocamento subtil do vértice da política. Oliveira Salazar, que até aqui fora sempre considerado o alfa e o ómega do regime é, de alguma forma, arredado dessa centralidade. Apesar de estar presente, o seu nome é apenas referido duas vezes na longa oração de Marcello Caetano, que centra toda a sua argumentação no Estado Novo, enquanto sistema político coerente e definido, o qual, com as correções de pormenor, tidas por necessárias e convenientes, tem um caminho próprio, autónomo e independente do seu fundador, como virá a dizer, bem claro e bem alto, alguns anos mais tarde no III Congresso da União Nacional.

Três correntes no todo que é a União Nacional, afirmara Marcello Caetano: a conservadora, a centrista e a social-progressista: a primeira sustenta-se nas conceções tradicionais da organização social e da propriedade privada, e mantém-se refractária a qualquer reforma; a segunda agrupa os que querem ir mais depressa e ver mais largo, mas com moderação; a terceira reúne os partidários entusiastas da transformação da sociedade portuguesa através da educação das massas, do aperfeiçoamento do escol, do desenvolvimento da produção, da melhoria na repartição dos rendimentos, do alargamento da assistência social.

O ainda ministro das Colónias, que, como se viu, já se limitava apenas a despachar os assuntos correntes do Ministério, apesar de não o afirmar explicitamente, assume-se como o chefe de fila desta última ou, de outra forma, como alternativa credível a um projeto político que parecia ter-se esgotado e, como anota Fernando Rosas, «bem mais perigosamente para

Salazar e para os outros "conservadores", como uma possível alternativa ao Presidente do Conselho»[590].

Tudo isto num contexto em que a hipocondria de Salazar, com os consequentes rumores sobre o seu estado de saúde, e as suas afirmações de que talvez tivesse chegado o momento de se retirar, trazia sobressaltados os meios políticos da Situação.

No final de 1946, Salazar começa a trabalhar na remodelação do governo, que se esgotara no contexto da crise política, económica e social, e evidenciara rivalidades insanáveis entre alguns dos seus membros. Era também preciso reformar a União Nacional, que tão má conta dera do que dela se esperava nas eleições de 1945.

Fala então com Marcello Caetano sobre a hipótese de este ter de deixar a pasta das Colónias, apesar de, na sua opinião, considerar «"asneira" privar-se no Governo de um Ministro que estava a dar boa conta de si no Ministério».

É bem provável que esta intenção viesse ao encontro dos desejos do ministro. A pasta das Colónias – pese embora a centralidade que viria a adquirir, anos mais tarde, na política nacional – ainda era, naquela altura, uma pasta subalterna e de segundo plano: mais do que fazer política, competia ao respetivo ministro, administrar, já que a questão da descolonização ainda era apenas um rumor ligado à tradicional postura norte-americana relativamente ao assunto. Por isso, na perspetiva de aproveitamento do impulso da Conferência da União Nacional, a liderança desta traria com certeza uma maior projeção política, tanto no que se refere à imagem como à influência. Por isso, disse a Salazar que «não se afligisse com isso».

Nesta altura, anota Marcello Caetano, as relações com Salazar «não podiam ser mais cordiais»[591]. Com efeito, por altura do Natal, o ministro, a pretexto da apresentação de boas festas, escreve a Salazar uma carta que é, toda ela, pelo menos aparentemente, uma prestação de vassalagem incondicional:

> Senhor Presidente:
> Não quero deixar de marcar, nesta quadra, ao pé de si, a minha presença afetuosa, nem limitá-la à entrega protocolar de cartões [...]
> Tenho a agradecer-lhe, primeiro, o ter-se lembrado do meu nome para seu colaborador; depois, todas as atenções que me tem dispensado e que tanto me cativam; e muito especialmente o modo como me acompanhou quando, no ano prestes a findar, perdi o meu Pai, e que não esquecerei nunca.

Nessa ocasião dolorosa V.ª Ex.ª soube tocar-me o coração: e ao recordar agora os sucessos do ano de 1946 é a colaboração com V.ª Ex.ª, é o modo com têm decorrido as nossas relações e é a sua amizade neste triste momento que tomam o primeiro plano da minha lembrança de mistura com as mais caras e íntimas recordações familiares.

Será preciso acrescentar quantas felicidades, quanta saúde, quantas venturas lhe desejo no ano que entra? A verdade é que até há um poucochinho de egoísmo na intensidade desses meus desejos: porque a felicidade de V.ª Ex.ª é em grande parte a minha, como seu amigo e seu colaborador e como português.

Não sei se me será possível estar muito mais tempo seguido no Governo: mas aí ou fora dele espero que V.ª Ex.ª possa contar sempre com a minha cooperação dedicada, ainda que nem sempre cómoda...

Minha mulher pede-me que lhe transmita, juntamente com os meus, os seus melhores votos de felicidades no Ano Novo.

Peço-lhe que me creia

discípulo e admirador muito dedicado e grato

Marcello Caetano[592]

Igualmente cordata, embora mais formal e menos calorosa, é a resposta de Salazar:

Meu caro Doutor Marcelo Caetano

Muito e muito grato pela sua amável carta de 28 e pelos seus votos de boas festas. As mesmas lhe desejo e à sua Ex.ma Esposa e Filhos. Deus lhes dê a todos um ano tranquilo, cheio de graças e feliz.

Agradeço-lhe também a sua dedicação e colaboração que têm sido preciosas para o País. Já estou numa altura da vida... e da carreira que me sinto obrigado, embora com o maior reconhecimento pessoal para os que trabalham ao meu lado, a tudo reportar ao bem público. E tenho o maior prazer em reconhecer o relevo e importância da sua ação sob esse aspeto. [...]

Como habitualmente, Salazar ouve os seus conselheiros, sobretudo Albino dos Reis, sobre a remodelação do Governo. Mas, ao contrário do que tinha sido a prática anterior, desta vez não remodela como quer, mas como pode, ou, talvez melhor, como o deixam. Com efeito, Santos Costa, o todo-poderoso ministro da Guerra, opõe-se à designação de Supico Pinto para a pasta dos Negócios Estrangeiros, onde devia substituir Salazar, sob a alegação de que se tratava da promoção de um ministro impopular, que, além do mais, se incompatibilizara com os militares, os quais se sentiriam afrontados com esta ascensão simultânea e coincidente com o afastamento de Botelho Moniz da pasta do Interior. O decreto da nomeação do Governo já estava na Imprensa Nacional para publicação no *Diário do Governo*, mas Salazar foi obrigado a retirá-lo, acabando por substituir Supico Pinto por Caeiro da Mata, que deixa vago o Ministério da Educação, para o qual será nomeado Fernando Andrade Pires de Lima, um professor da Universidade de Coimbra, que se tornará um dos inimigos políticos de Marcello Caetano.

Este caso é bem significativo da nova correlação de forças no seio do regime, sobretudo no que toca ao papel de Salazar e à partilha do poder:

> Pela primeira vez, sofrera uma limitação a vontade de Salazar; pela primeira vez, em matéria de política interna, fora contrariada uma decisão do chefe do governo e este havia sido desviado do caminho que se traçara; e pela primeira vez a sua intangibilidade fica maculada, o seu prestígio pessoal está embaciado. Do episódio extraem os íntimos da política a conclusão implícita: o poder não é exercido por um só homem, o poder é partilhado.[593]

Assim sendo, Franco Nogueira interroga-se sobre os termos e dimensões da partilha. É claro que, em primeiro lugar e com primazia, em Salazar, cuja legitimidade assenta no apoio da opinião pública, na sua personalidade e no «peso de uma força que vem de longe»[594]. Além dele, perfilam-se Santos Costa e Marcello Caetano: o primeiro carrega sobre si uma obra de vulto, consubstanciada na reconstrução e rearmamento das forças armadas, que lograra transformar «num corpo disciplinado e eficiente», e «encabeça a expressão política dos círculos militares»; o segundo já formara uma nova geração, tornou-se conhecido e o facto de ter sido escolhido para liderar a União Nacional nesta conjuntura particularmente difícil «significará a sua designação indireta como sucessor de Salazar»[595].

Começa a levantar-se aqui a questão do «delfinato» do regime e a consequente luta pelo poder.

Terá sido esta mesma questão que, segundo Fernando Martins, terá levado à liquidação política de Supico Pinto numa ação tática (mas não explícita) em que coincidiam os interesses de Santos Costa e de Marcello Caetano: «a ausência de qualquer referência por parte de Marcello Caetano, nas suas *Memórias*, ao caso Supico Pinto, e de haver quem considerasse ser já o ex-ministro da Economia "um dos delfins de Salazar", talvez se perceba que a ação de Santos Costa, com a anuência de Marcello Caetano, foi uma tentativa, conseguida, de liquidar preventivamente Supico Pinto e aquilo que representaria ao impedir a sua nomeação para os Negócios Estrangeiros no início de 1947.» Por isso, conclui o mesmo autor que a «classificação das fações – uma civil e outra militar – feita por Caetano nas suas *Memórias* [...] é, propositadamente, muito pouco exata»[596].

Outra hipótese, deixada nas entrelinhas de uma carta de Pedro Theotónio Pereira[597], à data embaixador no Rio de Janeiro, para Supico Pinto, é mais subtil, mas não menos verosímil e quadra perfeitamente com o estilo de Salazar na gestão das suas elites ministeriais, prendendo-se rigorosamente à questão do «delfinato». Supico Pinto escrevera ao primeiro, desabafando: «Não julgo mal o Dr. Salazar. Tenho pena dele, que está nas mãos de um grupo, que o obriga a tomar uma decisão contrária à sua vontade e à sua palavra». Perspicaz e profundo conhecedor da personalidade do Presidente do Conselho, de quem fora um dos mais íntimos colaboradores, Theotónio Pereira responde-lhe:

> O que mais me aflige nisto tudo é a evidência de ter sido a panela mexida por muitos e mal mexida de todas as formas. Há uma quebra de prestígio que me enche de tristeza, para não dizer de ansiedade. O que se passou veio convencer-me de que há quebra de autoridade e manobras de divisão mais poderosas do que aqui de longe poderia esperar. [...]
>
> Não conheço os antecedentes, nem sei até que ponto o nosso Amigo é plenamente responsável pelo que aconteceu. Mas não é homem para se deixar conduzir, senão quando é o que ele quer.

Deste último parágrafo ressalta a suspeita de que tudo se teria passado conforme os objetivos políticos de Salazar que, por um lado, deixa liquidar politicamente a ascensão meteórica de Supico Pinto, e, por outro, facilita o aparecimento destas duas fações – a civil e a militar – na esperança de que se anulassem num confronto do qual ele – e só ele – saía incólume e intocável.

3
«[...] REDUZIDO A UM SERVIÇO DE INTERMEDIÁRIO ENTRE A PROVÍNCIA E O MINISTÉRIO DO INTERIOR»

Na remodelação, ocorrida a 4 de fevereiro de 1947, Marcello Caetano deixa as funções de ministro das Colónias, para assumir, pouco depois, as de presidente da Comissão Executiva da União Nacional.

Esta nomeação insere-se no esforço do chefe do Governo para reorganizar as forças políticas, desde o Governo ao partido único, no quadro da reforma imposta pela necessidade de fazer frente às ofensivas da oposição, que não desarmara desde a campanha eleitoral de 1945, e que não deixaria de apresentar um candidato à Presidência da República no caso, previsível, da morte de Carmona, que, na altura, contava já quase 78 anos e cujo estado de saúde era cada vez mais débil.

Para Franco Nogueira, Marcello Caetano «tem sido crítico da *União Nacional*, cujos dirigentes responsabiliza pelas dificuldades políticas, pela frouxidão do contra-ataque na campanha eleitoral, pela falência em ligar o governo com a opinião pública. [...] se tanto criticou, será porque sabe fazer melhor: e portanto, para evitar que amanhã possa de novo alegar faltas e insuficiências de outros, convém prendê-lo à responsabilidade das suas palavras. [...] Politicamente, justifica-se a escolha pela repercussão do discurso que aquele pronunciara no fecho da *conferência* recente; e trata-se apenas de encontrar a fórmula de apresentar o problema.»[598]

Salazar, hábil como sempre, chamara o ministro das Colónias e começara por enfatizar a excelência da sua prestação ministerial, pelo que só por um grande motivo se atrevia a formular-lhe o convite para presidir à Comissão Executiva da União Nacional: tratava-se da eleição do próximo Presidente da República, para a qual «A oposição ia tentar o máximo que pudesse para eleger um candidato seu e assim se apossar do poder, derrubando o regime. Era indispensável organizar a defesa, mobilizar amizades, apoios, energias, vencer o desafio. Para isso tinha de ser reorganizada a União Nacional.»[599] E, consciente de que o estado de decadência e ineficácia em que a organização caíra se devia a desentendimentos com o ministro do Interior e ao «desprezo a que este a votara», desde já lhe garantia, caso aceitasse a nomeação, a liberdade para escolher o ministro do Interior «de modo a assegurar-se íntima comunhão de pensamento e ação»[600]. Quanto ao novo ministro, Marcello Caetano sugeriu o nome do Eng. Cancela de Abreu, até aí ministro das Obras Públicas, que, após uma recusa inicial e depois de uma conversa com o primeiro, acabou por aceitar. Conhecida a notícia de que este convite partira de uma sugestão de Caetano, Botelho Moniz, a quem foi oferecida a pasta das Colónias, recusou e «ficou zangado»:

> Zangado ficou, também, por solidariedade, o seu amigo Santos Costa, ministro da Guerra, que o indicara em 1944 e a quem Salazar nada dissera ao substituí-lo. Santos Costa viu na saída do amigo não sei que manobra feita em detrimento dele – e dos militares – para reforçar a minha posição política e a dos civis... [...] Santos Costa passou a considerar-me durante anos não sei se rival, se mesmo inimigo, e tive em muitas ocasiões de fazer frente à sua hostilidade.[601]

O papel de Marcello Caetano na formação deste governo não se ficou por aí. Foi ele quem sugeriu também o nome de Teófilo Duarte, um antigo sidonista exaltado, para o substituir na pasta das Colónias, sendo também muito próximo de Daniel Barbosa, industrialista convicto da escola de Ferreira Dias, que substitui Supico Pinto no Ministério da Economia.

A posse da nova Comissão Executiva, que além de Marcello, seu presidente, integrava ainda França Vigon, funcionário da organização corporativa e deputado, que vinha da comissão concelhia de Lisboa, e Ulisses Cortês, um político experimentado, próximo de Salazar e também de Caetano, com quem partilhava a perspetiva desenvolvimentista do regime, foi marcada para o dia 4 de março de 1947. Mas nascia sob o signo da desunião nas hostes políticas da situação.

Inconformados com o rumo que tomara a remodelação do Governo, tanto Botelho Moniz como Santos Costa tratam de agir em manifesto contraciclo com a política de união pretendida pelo Presidente do Conselho, desencadeando um movimento contestatário ao novo ministro do Interior, iniciado com o pedido de exoneração coletiva de todos os governadores civis que tinham sido nomeados pelo ministro anterior, facto que, se não era particularmente complicado do ponto de vista operacional, podendo ser substituídos com relativa facilidade, tinha reflexos políticos mais graves: «a demissão coletiva tomaria caráter de um protesto

[...] E isso não convinha.»[602] Neste contexto, dois dias antes da posse da Comissão Executiva, realizara-se em Évora uma homenagem a Botelho Moniz que, entre o mais, se destinava a garantir a manutenção do respetivo governador civil, Félix Mira, na qual Santos Costa assume um papel preponderante.

No dia seguinte, ao tomar conhecimento, pelos jornais, da jornada de Évora e das declarações então proferidas, Marcello Caetano alerta Salazar, procurando separar as águas:

> Acabo de ler os relatórios da manifestação de Évora no *Século* e no *Diário de Noticias* e não escondo as apreensões que deles me ficaram. Vamos fazer amanhã um ato solene de reativação da UN: mas se o Ministério da Guerra chama a si a política interna, auguro mal do seguimento das coisas. Eu não estou disposto a entrar em conflito com os elementos militares nem permanecerei numa situação desprestigiante que eles criem. Portanto, seria bom conhecer desde já as suas intenções – as deles – para não vir a suceder daqui a dias ou meses, que eu me meta pura e simplesmente em casa.
>
> Desculpe, mas julgo convenientíssimo dar a conhecer a V.ª Ex.ª este estado de espírito...[603]

Salazar responde, já depois da tomada de posse da Comissão Executiva, procurando deitar água na fervura: como não pudera falar com o ministro do Interior, não sabia «até que ponto a intervenção do Santos Costa foi serviço solicitado», acrescentando: «À parte o que se acharia bastante incompreensível na presidência de uma reunião daquele género, o pior ainda é a dependência em que o Ministério do Interior vai ficar das massas mobilizadas em Évora.» A conclusão é de esperança: «A coisa há-de custar a afinar mas não devemos desesperar.»[604]

No dia 4 de março de 1947, na biblioteca da Assembleia Nacional, Salazar empossa a Comissão Executiva da União Nacional, pronunciando um discurso cujas linhas gerais assentara com Marcello Caetano[605].

Começa pelo elogio público do novo presidente, no contexto da crise política que se atravessara:

> Não esqueço que todos tiveram de sacrificar muitas das suas comodidades, gostos e preferências pessoais e que o Doutor Marcello Caetano expressamente se ofereceu para abandonar a pasta das Colónias (onde poderia por

alguns anos ilustrar o seu nome, servindo o Império), com o intuito de trazer para este campo as largas possibilidades tanto da sua inteligência e capacidade de trabalho como da sua fé nos destinos da Revolução Nacional. O facto, certamente inédito, mereceria comentários; entre nós traduz o interesse do período que atravessamos e o valor prático da ação política a desenvolver.[606]

Esta alusão específica a Marcello Caetano provocou algum *frisson* nos círculos políticos. Segundo ele, Salazar pretendia «apenas responder às críticas feitas ao meu afastamento do Governo, explicando que procedera por expresso desejo meu». Mas «muita gente, e sobretudo o partido militar» interpretou o facto com «a intenção ter eu querido assegurar-me de uma posição de domínio na política interna para mais facilmente colocar as pedras do meu jogo e na altura própria me apossar do poder. Não excluo que mais tarde enchessem mesmo os ouvidos do Dr. Salazar com esta versão. A ela se juntava o temor do meu "liberalismo".»[607]

No essencial, o discurso desenvolve uma tese: «mantendo a feição antipartidária do regime, temos de valorizar politicamente a obra da governação».

Na primeira parte, faz uma recensão das apreciações feitas pela imprensa estrangeira ao regime português, passando depois em revista as necessidades de reconstrução e adaptação dos regimes existentes, para concluir que o Mundo continua «sem atinar com a forma como há-de ser governado». Descendo depois ao tablado político nacional, afirma que «sentimos em Portugal todas as dificuldades lógicas e práticas procedentes do facto de o regime não ter concluído ainda a sua evolução», sobretudo porque «a exacerbação das paixões, a disputa dos interesses e das influências, o tumulto ideológico dos últimos anos não se revelaram propícios ao complemento de certas reformas constitucionais.»

«"Regime sem partidos" equivale a "governo sem política"?», pergunta. É claro que não, até porque se tratava de duas realidades diferentes: «"Governo" é a "direção superior de uma coletividade nacional"» e «"política" o conjunto de meios de natureza individual ou coletiva pelos quais a consciência pública é levada a um estado de adesão ou simples conformidade com aqueles objetivos e colabora com o Poder na sua realização.» Confessa-se, em seguida, tão responsável como os governos anteriores, pela falta «de doutrinação política, de organização e formação da consciência pública», justificando-se com a «atividade febril que fez desta época uma das mais férteis em realizações de toda a história portuguesa».

Mantendo embora, e sempre, como essencial a «estabilidade e eficiência da governação» – o que elimina, à partida, o sistema partidário –, defende, como imperiosa, a intensificação da ação política, que não pode ser adiada e deverá ser feita pela União Nacional à qual se exige que «se alargue e consolide pela boa vontade dos portugueses».

Os dois anos em que se manteve à frente dos destinos da União Nacional não foram dos mais felizes da vida política de Marcello Caetano:

> [...] contados dia a dia [...] constituem um período difícil da minha vida pública, que preferia não recordar... Ainda por cima porque, não podendo calar honestamente as minhas divergências de Salazar, temo que [...] a má fé dos inimigos explore as sombras inevitáveis que tem de haver na projeção de uma grande personalidade com todas as qualidades e defeitos do ser humano.»[608]

O primeiro contacto físico com a organização foi deprimente:

> A tarde era fria e chuvosa. A sala estava escura. O secretário-geral, Rui Vaz, meu amigo de há muitos anos, apresentou-me a meia dúzia de empregados da casa, habituados a pouco trabalho, salvo nos períodos eleitorais. Creio que todos faziam outras coisas e em geral não primavam ali pela eficiência. E depois a sensação do vazio, do não haver que-fazer... Entrou-me na alma uma melancolia que era quase um desânimo.[609]

A União Nacional foi sempre definida como uma ampla frente que abrangia todos os que estivessem dispostos a colaborar na regeneração do País, independentemente das suas ideias políticas. Mais do que às massas, dirigia-se às elites, nacionais ou locais, e mais do que suporte do Poder, subsumia-se como meio de difusão e amplificação da ação do Executivo.

Embora pela sua natureza, finalidade e organização, tivesse as características de partido, a União Nacional – face à centralidade essencial de Salazar no sistema político, no qual não só comandava o Poder, mas incarnava o próprio Poder – não era, nunca tinha sido, e jamais seria uma organização política estruturada e consistente, carecendo de um estrato político-ideológico definido; pode afirmar-se que não passava de uma câmara de eco da ação e das palavras do Presidente do Conselho.

Recorde-se que, nos inícios de 1933, Marcello Caetano qualificara a União Nacional como um movimento que fora «dolorosamente posto em marcha pelo Ministério do Interior», sendo «obra dos governadores civis», sustentando-se «à custa dos favores do Governo»; em suma: «uma agência eleitoral»[610]. E, de facto, uma dúzia de anos depois, não passava disso mesmo: a sua existência ou o seu desaparecimento eram praticamente irrelevantes do ponto de vista político, até porque nem sequer era o *locus* preferencial de recrutamento das elites dirigentes do regime.

Marcello Caetano tinha uma outra visão, que apontava mais para a formatação de partido do que para a de organização política apagada e invisível, que mantinha desde a sua fundação. A sua ideia de reforma apontava para uma conjugação efetiva e leal entre o Governo e os respetivos departamentos ministeriais e o líder da força que, pelo menos teoricamente, o apoiava e – era esse o pensamento do novo presidente da Comissão Executiva – o suportava.

Liberto das funções ministeriais, Marcello Caetano regressa à Faculdade de Direito, retomando a sua cadeira de Direito Administrativo e a de Administração Colonial, e volta aos livros para se atualizar. No âmbito da última cadeira, o ano letivo seguinte foi dedicado a um estudo monográfico sobre Direito e Administração Colonial, cujos «apontamentos ordenados» foram publicados em 1948, com o título de *Portugal e o Direito Colonial Internacional*[611]. Este trabalho, que o autor advertiu não constituir obra definitiva, considerando a hipótese de «no futuro servir de base a obra de mais latitude e fôlego», foi mais tarde refundido e atualizado no livro *Portugal e a Internacionalização dos Problemas Africanos*,[612] publicado em 1963.

Simultaneamente, procura reconstituir a sua vida profissional, que fora «seriamente abalada pelo parêntesis aberto na data da entrada para o Governo», travando uma «batalha (muito mais dura do que se pode imaginar) para readquirir a posição de independência económica que, sem favor de ninguém, apenas pelo meu trabalho, tinha alcançado em 1944»[613].

Na União Nacional, começa por tratar com o novo ministro da Economia, Daniel Barbosa, do plano de ação para resolver o problema dos abastecimentos, que fora uma das espoletas da crise que ditara a queda do governo anterior. Fiel ao que recomendara no discurso da 1.ª Conferência da União Nacional, defende a utilização das reservas de divisas acumuladas durante a guerra e, sensível como sempre à opinião pública, aconselha o ministro «a estabelecer contacto assíduo com a imprensa para ir informando a opinião pública de evolução económica e desfazer malévolos rumores ou infundados temores.»[614] Daniel Barbosa seguiu à letra as sugestões de Marcello Caetano e introduziu inúmeras medidas corretivas da política económica do seu antecessor.

Era preciso dinamizar a União Nacional e renovar a base de apoio do regime. A organização era, na sua maioria, composta por homens da geração de Salazar ou contíguas, numa escala etária compreendida num intervalo entre os sessenta e os setenta anos.

> Procurei logo de início dar sangue novo à associação, de modo a que não congregasse apenas os velhos caciques eleitorais. Tinha algum prestígio junto da gente nova, ganho no ensino, na minha obra de doutrinação e na direção da Mocidade Portuguesa. Era o tempo em que a Rádio Moscovo me atacava duramente como «sedutor da juventude». E lançou-se um movimento no sentido de uma imponente adesão de homens novos à União Nacional.[615]

De facto, a capacidade de mobilização de Marcello Caetano junto das camadas mais jovens era enorme, como se comprova pelo facto de, a 29 de março, menos de um mês depois da sua posse, se ter realizado na sede da União Nacional a cerimónia de adesão «de centenas de jovens, entre os quais figuravam numerosos diplomados universitários, de mistura com estudantes, empregados e operários»[616].

O curto espaço de tempo para a preparação deste ato aponta para algum excesso de Marcello Caetano na contabilização dos aderentes, que, na melhor das hipóteses, atingiria as duas centenas, mas, seja como for, o ato mereceu destaque. Os recém-chegados – na casa dos vinte e trinta anos – tinham sido recrutados «nas profissões liberais, na atividade económica e privada, nos meios urbanos, na Universidade. Até no funcionalismo público mais irrequieto.»[617] Tratava-se de contrabalançar e, de alguma forma, enfrentar as gerações imobilistas que, apesar de pouco ou nada fazerem para manter viva a organização, não prescindiam do seu controlo, levantando sérios obstáculos à obra de revitalização que o novo presidente da Comissão Executiva trazia em mente: «Era minha intenção começar a fazer ingressar estes moços, em que ainda ardia a chama dos ideais, nas diversas comissões políticas de modo a vivificá-las e a dinamizá-las. Simultaneamente apertei os meus contactos com os estudantes nacionalistas para que, nas Universidades sobretudo, fizessem frente à crescente ação dos comunistas agrupados no MUD-Juvenil.»[618]

Entre os aderentes, contavam-se muitos daqueles que, na década de 1970, constituiriam a base de suporte do Marcelismo: Joaquim Silva Cunha, Jorge Botelho Moniz, Camilo de Mendonça, Rui Sanches, João Dias Rosas, Afonso Marchueta, Jorge Jardim, João Paulo Cancela de Abreu, António Maria Santos da Cunha, Baltazar Rebelo de Sousa, António Manuel Couto Viana, Veiga Simão, Mano de Mesquita, Caetano de Carvalho, Álvaro Roquete; além destes, Manuel Maria Múrias junta ainda Henrique Veiga de Macedo e José Paulo Rodrigues, que dificilmente se podem considerar marcelistas[619].

No discurso então proferido, Marcello Caetano começa por atacar o crítico sistemático e o «espectador filósofo». Salienta, depois, que não basta «a mera adesão da inteligência», porque «O ingresso numa organização política implica a aceitação da sua disciplina com todos os sacrifícios, mesmo os mais duros, que ela possa vir a impor.»[620]

Regressa, então, aos seus tempos de integralista e de apóstolo, e a António Sardinha:

> Proclamamos a necessidade de uma frente nacional compacta onde tenham lugar todos quantos defendem a Pátria – contra os que a negam.
>
> Mas nessa frente nacional, nós, os que sempre estivemos de coração com o Estado Novo, enfileiramos com a viva esperança de fazer da Pátria o lar onde uma justiça sempre mais perfeita irmane todos os portugueses e para todos encontre o jeito materno de carinhoso estímulo e de equitativa retribuição.
>
> União e disciplina! União para lutarmos contra o inimigo externo. Disciplina para combatermos a traição e para evitarmos os desvairou que o individualismo dos amigos, por melhor intencionado que seja, possa vir a causar.
>
> Unidos como um só, ligados pelos laços da fraternidade, nas ideias e da solidariedade na luta, podemos olhar com confiança o futuro! À nossa roda só se movem espectros de defuntas doutrinas e vultos cambaleantes de sistemas feridos de morte. Pois tornemos a repetir a palavra do poeta, palavra de vida, de otimismo e de vitória, palavra que significa a alegria da sobrevivência e a consciência do destino a cumprir: «adiante por sobre os túmulos, adiante por sobre os cadáveres»![621]

Poucos dias depois, publica um Editorial no *Correio da Manhã*, exaltando o papel da imprensa na formação política das massas:

> Nada ainda pôde – nem mesmo a Rádio! – suplantar, nos nossos tempos, como meio de formação e de elucidação política, a utilidade da Imprensa periódica.
>
> A valorização do noticiário, o comentário oportuno dos factos, a crítica incisiva dos erros, a recordação insistente dos princípios, a ligação entre correligionários, são missões que só o jornal pode exercer convenientemente, de modo a manter vivo o fogo da doutrina e a coesão dos que a professam.
>
> Na política só contam verdadeiramente os militantes. E o primeiro ato de quem toma posição de combate deve ser o de apoiar a imprensa defensora das suas ideias.
>
> Um jornal político é uma trincheira onde um grupo de combatentes sacrificados queima cartuchos a toda a hora, numa luta árdua e quantas vezes ingrata![622]

O entusiasmo inicial de Marcello Caetano, que já foi adjetivado como uma «entrada de leão»[623], rapidamente se desvaneceu, terminando com o que, de alguma forma, se pode qualificar como uma «saída da sendeiro».

Aceitara a presidência da Comissão Executiva «no desejo de prestar um serviço ao regime, em cujas fileiras militava, e ao Dr. Salazar», na convicção «de que encontraria condições de trabalho para prestar esse serviço, sobretudo através de assíduo contacto com o governo que me permitisse opinar sobre as mais importantes providências políticas e estar informado das orientações adotadas, de forma a cumprir a dupla missão de que me julgava investido: representar a opinião do País junto do Governo, esclarecer essa opinião sobre os atos deste.»[624] Mas, a começar pelo Presidente do Conselho, a colaboração não existia: «Salazar recebia-me pouco» e quanto aos restantes ministros, o grau de colaboração mútua dependia do grau de amizade pessoal, «e não podia nunca (salvo no caso da Economia) atingir orientações políticas senão através do Presidente do Conselho.»

> O meu papel reduzia-se, pois, a receber todos os dias influentes políticos da província que me vinham expor pequenas questões locais ou solicitar a minha intervenção para obterem o deferimento pelos ministros de pretensões por eles apadrinhadas, e outras pessoas igualmente portadoras de pedidos para este ou para aquele. Uma vez traduzi esta situação a Salazar

dizendo-lhe que, assim como havia em Lisboa um «Agente Geral das Colónias» para receber e encaminhar os assuntos do Ultramar na Metrópole, o presidente da União Nacional era uma espécie de agente geral da Província em Lisboa...»[625]

Por isso, concluiu que «a breve trecho [...] seria afastado da vida governamental»[626]. Mas, de facto, foi Marcello Caetano que procurou afastar-se, apresentando a demissão das funções que desempenhava menos de seis depois de ter as ter assumido.

É neste passo – como que a justificar a subalternização a que, ao contrário do que perspetivara, acabara sujeito –, que Marcello Caetano anota alguns pormenores sobre o temperamento de Salazar: «a preocupação de não dar a vitória aos inimigos, o empenho em salvar a obra realizada e o regime que continuava a considerar o único conveniente à índole do povo português, o espírito de luta e – esse o aspeto que mais me tocou – o ciúme de todos aqueles que visse gozarem de favor público e nos quais adivinhasse atuais ou possíveis competidores.»[627] Pode, portanto, entender-se que, na sua perspetiva, o Presidente do Conselho alinhava na corrente daqueles que o consideravam um dos pretendentes ao delfinato.

Se há matéria em que Marcello Caetano – quase sempre radical nas suas posições e convicções – sempre se manteve rigorosamente irredutível, foi, sem sombra de dúvida, a questão da autonomia e prerrogativas da instituição universitária, que o levarão, década e meia depois, a posições que marcariam a sua carreira futura e teriam mesmo induzido ou reforçado, dentro e fora da Situação, a sua fama de «liberal».

Na primavera de 1947 desenvolveu-se uma crise estudantil relacionada com a contestação ao aumento das propinas, no decurso da qual se realizou uma manifestação na Faculdade de Medicina, ao Campo de Santana, onde se situavam outras escolas superiores e o Ministério da Educação. Esta manifestação «foi subitamente interrompida pela polícia que, desrespeitando a lei e a tradição, que só permitiam a sua intervenção no interior das escolas a pedido das respetivas autoridades, carregou sobre os presentes na Faculdade: estudantes favoráveis ou contrários à manifestação, professores e até o seu Diretor, o professor António Flores, personalidade prestigiada nos meios académico e científico.»[628]

Disto dá conta a Salazar, em carta datada de 2 de maio, na qual considera a atuação da polícia de «desastrosa, atrabiliária e violenta», pelo que o Governo não deve recusar-se a inquirir dos factos (ou sequer a receber a queixa formulada corretamente pelos ofendidos), pois isso seria agravar a injustiça, dar aos rapazes a impressão de que não resta aos cidadãos qualquer meio de defesa contra as violências policiais e de que a polícia é o poder supremo com o qual todos os outros se conformam. [...] Um incidente destes, apaixonando os rapazes, levando-os a sobre ele discutir e refletir, pode confirmar ou destruir anos de doutrinação pela palavra. Como educador e como político julgo necessário que o Governo tome aqui a posição jurídica e moralmente justa: e essa só pode ser, a meu ver, a de distinguir entre a ação regular da autoridade e os abusos, excessos ou nervosismos de quem a exerce.

Em *post-scriptum*, acrescenta: «Referi-me só à impressão causada nos rapazes: mas no público em geral não é diferente o que se pensa e sente.»[629]
Sobre este assunto, Salazar explica-lhe, em conversa realizada dois dias depois, que não podia desautorizar a polícia porque estas questões eram sobretudo um desafio ao Governo e realçou o facto ter havido muitos professores a participar na agitação.
No final do mês, realizam-se as comemorações do aniversário do 28 de maio e Marcello Caetano é, uma vez mais, o orador de serviço. Voltando a referir-se à diversidade existente na União Nacional, defendeu a causa perdida da unidade em torno dos ideais da Revolução Nacional:

> No âmbito da União Nacional encontram-se homens de diversa formação política, de diferentes temperamentos e orientações e até com métodos de ação divergentes. Não se lhes pediu senão que aceitassem os princípios doutrinários fundamentais do Estado Novo e que de boa fé cooperassem na sua integral realização. Há entre todos, portanto, matéria vasta de comunhão política e prática: para quê procurar a todo o transe sublinhar aquilo que nos separa, em vez de estreitar o que nos une?[630]

Em junho, Marcello Caetano é «insistentemente» convidado para chefiar a delegação portuguesa à Conferência Internacional do Trabalho, que se realizaria em Genebra no mês seguinte; depois, participaria, agora na sua qualidade de professor universitário, no Congresso Internacional de Ciências Administrativas, em Berna. Permaneceu na Suíça durante todo o mês de julho.
Durante a sua ausência e na sequência de uma ofensiva antigovernamental iniciada em abril, em que se enquadram um movimento grevista no setor da construção naval na região de Lisboa e arredores, a já referida

agitação universitária e um frustrado golpe de Estado organizado pela Junta Militar de Libertação Nacional (10 de maio), é publicada no *Diário do Governo* uma resolução do Conselho de Ministros que, além de vários militares, manda aposentar ou demitir, se não tiverem direito à aposentação, vários professores universitários, entre os quais se contava Augusto Pires Celestino da Costa, da Faculdade de Medicina[*].

Ao ter conhecimento deste caso, Marcello Caetano sente-se atingido, embora indiretamente, já que constava que esta exoneração estaria relacionada com a atividade de Celestino da Costa na direção do Instituto para a Alta Cultura, a que Marcello também pertencera, entre 1936 e 1940: «a defesa que se negou a Celestino da Costa deixa-me também a mim condenado sem julgamento»[631].

Para ele, mais grave ainda era o facto de ter a certeza de que «fora afastado de Lisboa nessa ocasião por se saber que seria francamente contrário ao castigo de tantos professores baseado em simples informações secretas, sem facto onde fossem colhidos em flagrante e sem processo nem possibilidade de defesa.»[632] Procura, então, marcar uma posição de princípios geral:

> Sou professor e professor de Direito. Como professor e julgador reivindico para a função aquele mínimo de garantias que permitam e independência do ensino e da apreciação dos examinandos. Como jurista, considero como fundamental o princípio, só excepcionalmente derrogável – de que ninguém pode ser condenado sem ser ouvido.

É claro que, independentemente da injustiça cometida contra o amigo, que atingiria também a sua honorabilidade, o argumento usado é apenas um pretexto para bater novamente com a porta. As causas são mais profundas e vêm explicitadas no teor desta longa carta expedida de Berna a 31 de julho[633], portanto em vésperas do regresso a Portugal. Significativamente, Marcello Caetano aproveita a distância para marcar uma posição, qual seja a da urgência e da necessidade imperiosa e inadiável.

---

[*] Além do citado, foram também abrangidos pela resolução os seguintes professores: Mário Silva, Francisco Pulido Valente, Fernando Conceição Fonseca, João Silva Oliveira, José da Costa, Cascão de Ansiães, Torre de Assunção, Pinto Resende, Augusto de Macedo, Peres de Carvalho, Zaluar Nunes e Remy Freire. Foram ainda rescindidos os contratos com os seguintes assistentes: Andrée Crabée Rocha, Luís Dias Amado, Manuel Valadares, Marques da Silva, Carlos Gilbert, Lopes Raimundo, Morgado Júnior e Morbey Rodrigues. (João Morais e Luís Violante, *Cronologia...*, op. cit., pp. 116-117)

Começa por afirmar a sua desilusão: «A experiência da minha ação na União Nacional [...] leva-me à conclusão de que as funções não correspondem àquilo que supus quando [...] me coloquei, em dezembro passado, à disposição de V.ª Ex.ª.» E enumera os pontos de desencontro:

> Julgava eu então que o Governo estava na intenção de promover um verdadeiro levantamento cívico para conquistar a opinião pública e os votos, até ao próximo ato eleitoral. Esse movimento só poderia conseguir-se, a meu ver, fomentando um livre debate de ideias no qual se retemperassem as convicções e se exercitasse os elementos mais ardorosos e combativos que pudéssemos mobilizar.
>
> Naturalmente que o entrar-se em tal fase de ação implicava certa mudança dos métodos seguidos até aqui – e sobretudo até 1945. Para que essa mudança se fizesse, tornava-se necessária uma íntima ligação do Governo com o presidente da Comissão Executiva da UN a fim de, em comum, se ir delineando a política geral e ajustando a ela a ação quotidiana.
>
> Ora as realidades saíram inteiramente ao contrário das minhas suposições. O Governo tem orientado a sua política interna sozinho, e continua a ser a única realidade política ativa, apoiado no aparelho administrativo e nas polícias. Após a minha saída do Ministério a influência que exerci sobre as resoluções governamentais de caráter geral (que toda a gente julgou ter crescido) tem sido praticamente nula.
>
> A tentativa de dar combatividade à juventude universitária acabou numa agressão policial que, por ter resultado do emprego da força sem prévio aviso, considero abusiva e violenta. [...]
>
> Eis-me pois reduzido a um serviço de intermediário entre a província e o Ministério do Interior para a escolha de governadores civis e de presidentes de câmara e para a transmissão de pretensões de filiados da União Nacional: não é, realmente, um brilhante papel! [...]
>
> A minha admiração por V.ª Ex.ª permanece intacta, nem sofre mossa a minha dedicação ao Estado Novo. Mas julgo-me inibido de manter a posição política que assumi há meses.

Quando recebeu a carta, Salazar tenta entrar em contacto com Marcello, mas este já deixara a Suíça e, quando chegou a casa, tinha à sua espera um cartão de Salazar a pedir que não tornasse pública a decisão antes de conversarem, uma conversa que só teve lugar a 18 de agosto[634]. Entretanto, referira-se à carta em Conselho de Ministros, realizado nos primeiros dias do mês[635].

O Presidente do Conselho justificou a atitude tomada com os professores, alegando a sua influência na agitação académica e o facto de os hospitais da Faculdade de Medicina se terem constituído em autênticos clubes da oposição; não tinham sido instaurados processos disciplinares, porque «na nossa terra sabemos o que aconteceria: nada se provaria, porque mesmo a evidência seria negada pelas testemunhas que não desejariam ser delatoras ou maus colegas, e logo se mobilizaria largo movimento de apoio em que colaborariam, era fatal, os convictos e os não convictos da inocência dos acusados...»

Esta satisfação é aceite por Marcello que, de imediato, chama à conversa a questão essencial: a inutilidade da sua ação na União Nacional que carecia de organização e eficiência. Mantendo-se irredutíveis nas posições assumidas, Salazar recomenda-lhe que se mantivesse de férias e que voltariam a encontrar-se.

«E o tempo passou...» – escreve Marcello – até que, regressado de um período bastante longo de férias em Santa Comba Dão, Salazar lhe escreve já quase no final de outubro dizendo-se ao seu dispor: «há-de querer conversar e há-de ser necessário ajustar qualquer plano de ação política em que não pensei mas que espero terá delineado no seu espírito.»[636]

Salazar, igual a si próprio, deixa assentar o ruído e depois age como se nada se tivesse passado. Ele não tinha qualquer plano nem se preocupava com o assunto, mas o demissionário presidente da Comissão Executiva não deixaria de o ter.

Precedendo e preparando a entrevista, Marcello Caetano escreve uma carta em que, reeditando a conversa de 18 de agosto, historia a «crise», sobretudo «as razões porque considerava inútil a sua permanência na União Nacional»[637]:

> Impossibilitado, pela própria lógica do sistema político e pelas tradições criadas, de intervir ativamente na definição da orientação política do regime, o meu papel teria de se reduzir ao que foi nos meses em que passei os meus dias metido num quarto escuro e interior do Largo Trindade Coelho: ouvir intrigas locais e atender pedidos a transmitir ao Governo. Como expressão máxima de influência na vida pública, apresentar ao Ministro do Interior listas tríplices para a escolha de cada governador civil a nomear.
>
> A UN não dispõe de organização eficiente graças à qual possa realizar, em períodos normais, uma ação uniforme, concertada e frutuosa em todo o país, e o pior é que não me pareceu possível montá-la nos distritos onde nem sequer existe o esboço dela (e são quase todos).

Atentas estas realidades, que eram fruto de «meditação baseada na própria experiência» assegura que «a UN, como força do Governo, só pelo Governo pode ser dirigida: é a única forma de se tirar dela algum rendimento útil e de evitar divergências de critérios, choques de orientações e até ciúmes pessoais.»

A conversa decorreu alguns dias depois[638]. Salazar começa por uma manobra de diversão: fala dos seus achaques da saúde e do cansaço que o Governo lhe provocava, repetindo, pela enésima vez, a vontade de se libertar do cargo; discorre sobre os acontecimentos revolucionários de 10 de abril, que visavam a sua demissão, no qual os respetivos dirigentes – militares de alta patente, até aí eram considerados afetos ao regime – procuraram envolver Carmona, manobra que Santos Costa desfizera pela atribuição do bastão de marechal ao velho presidente; enfim, era a debandada total, todos o queriam deixar. Neste quadro de vitimização, lança a pergunta: Também ele se mantinha «na disposição de o abandonar?» E volta a lisonjeá-lo com a afirmação de que a notícia do seu pedido de demissão consternara «os nossos amigos», destacando-se os da província que consideravam desastrosa a saída de Marcello e estariam mesmo dispostos a deixar também os quadros da União Nacional.

Sensível ou não aos argumentos, ou porque a sua atitude não passara de uma manobra tática para marcar uma posição, Marcello Caetano repele aquela ideia de abandono, afirmando-lhe que «tinha muitos amigos que queriam apoiá-lo e ajudá-lo». Quanto a si, não se tratava de um caso pessoal, mas orgânico. Sugere-lhe então que assumisse «ele o comando efetivo da União Nacional através de uma espécie de "gabinete político" instalado em S. Bento», ou tornar «inerente ao cargo de Ministro do Interior o de Presidente da comissão Executiva da UN».

Salazar rejeitou ambas as sugestões. Em primeiro lugar, porque, segundo a narrativa de Marcello Caetano «Não tinha possibilidades de tempo para se ocupar do comando operacional da UN mesmo com uma pessoa de confiança a dirigir o tal gabinete» e depois porque «sempre fora contra a fórmula fascista de confiar a chefia da UN a um Ministro, que seria um passo para a converter, à semelhança do que ocorrera noutros países onde assim se fizera, em partido único.»

Marcello avança, então, com duas outras soluções possíveis, salvaguardando sempre o seu desinteresse pessoal na sua aplicação prática: ligar a chefia da UN ao líder do Governo na Assembleia Nacional – na altura ainda inexistente –, ou ao presidente da Câmara Corporativa.

Mas toda esta conversa inicial não era mais do que um preâmbulo para entrar no assunto decisivo e realmente importante:

> A minha exoneração com a eleição presidencial à vista, e sabendo-se que fora por causa dela que eu saíra do Governo para o cargo que agora exercia, seria desastrosa. Ele não tinha jeito nem paciência para isso que se convencionou chamar a política interna, feita de intrigas, questões pessoais, rixas de campanário – e que preferia chamar a «baixa política» – mas estava pronto a ajudar o mais possível. Podíamos fixar um dia por quinzena, ou por semana se preferisse, para nos encontrarmos. E presidiria uma vez por mês à reunião da Comissão Central da UN. Ia recomendar aos ministros que me dessem a maior atenção e apoio. Não lhe diria que não, não é verdade?[639]

Marcello Caetano, coartados os argumentos que invocara para o abandono do cargo, ainda por cima com a garantia de ser o próprio chefe do Governo a fazer a ligação direta com a comissão Executiva, não teve outra alternativa se não anuir. «Mas com uma condição: feita a eleição presidencial, eu voltaria à minha vida, saindo da atividade política.»[640] Salazar aceitou: «Pois que assim o quer...» E, com um encolher de ombros, fica para já sanada a crise.

Fiel ao prometido, o Presidente do Conselho passa a receber Marcello Caetano com frequência, como o comprovam os seus «Diários»[641]. E este, recuperado o ânimo, lança-se num périplo pelas capitais de distrito e planifica o aproveitamento político de datas suscetíveis de serem propagandisticamente utilizáveis em prol do regime. O presidente da Comissão Executiva estava novamente em alta e, quando, a 25 de novembro de 1947, na véspera da inauguração da 3.ª sessão legislativa da IV Legislatura da Assembleia Nacional, Salazar discursa perante os deputados e dirigentes da União Nacional, na biblioteca do Palácio de S. Bento, – para falar da «Miséria e medo, características do momento atual», ou, muito resumidamente, do medo do comunismo[642] – Marcello Caetano é um dos três ocupantes da mesa, sentando-se à sua esquerda, porque a direita cabia, por uma questão de precedência política, ao presidente da câmara legislativa, Albino dos Reis.

Marcello continua o seu trabalho no sentido de revitalizar a União Nacional, mantendo como alvo preferencial os jovens.

A 22 de janeiro de 1948, aparece o Centro de Ação Popular, que reúne um conjunto de jovens que lhe são próximos, dirigido por um Conselho Orientador, constituído por Silva Cunha, Eduardo Mendes Barbosa, Luís Quartin Graça, Alberto de Sousa, Mário de Oliveira e Baltazar Rebelo de Sousa, sendo que o primeiro desempenha as funções de Secretário-geral. Provavelmente, este lugar estaria destinado ao último, mas, segundo o biógrafo deste, «Baltazar entrou nele, mas discretamente, já que as funções na concelhia [da União Nacional] de Lisboa desaconselhavam alinhamentos muito ostensivos.»[643]

Comentando esta fase da atuação de Marcello Caetano à frente da Comissão Executiva, Manuel Maria Múrias afirmou que se tratava de transformar a União Nacional «numa espécie de confederação política de grupos organizados e naturalmente vocacionados para serem partidos», ou seja, em vez do *partido dos sem partido*, «tentava vir a ser o partido dos partidos, tudo e todos na mesma panela, a fermentação ideológica permanente viva»[644].

Sempre atento aos jovens, no penúltimo dia do mês, Marcello comparece numa reunião de camaradagem da Liga dos Antigos Graduados da Mocidade Portuguesa, na qual usa da palavra.

No dia 19 de fevereiro, discursa na posse da comissão concelhia de Lisboa da União Nacional, presidida por Rebelo de Sousa, traçando um quadro abrangente: «A União Nacional não nega o acolhimento e o apoio aos centros de cultura nacionalista ou de ação patriótica que, integrados no seu espírito, venham a completar ou a alargar a sua atuação. Tais são os casos, por exemplo, da Liga 28 de maio e do recém-criado Centro de Ação Popular. É perfeitamente legítimo aos filiados na União Nacional que procurem juntar-se segundo as suas afinidades pessoais, temperamentais ou de metodologia política.»[645]

Sempre no intuito de promover a inscrição de novos membros, no dia 1 de março, profere aos microfones da Emissora Nacional uma alocução em que procura incitar à participação política, salientando o seu «culto da legalidade», um tema que lhe será sempre muito caro e a que voltará seis meses depois, numa conferência pronunciada na Ordem dos Advogados, em Lisboa[646]:

> Sou professor de Direito e não escondo o meu culto da legalidade, o meu respeito pelos direitos individuais e pelas sagradas garantias de defesa de todo o acusado, a minha antipatia pelo arbítrio, a minha preferência na organização do Estado por tudo o que é institucional em relação ao meramente

pessoal, o meu gosto pela crítica competentemente exercida, a minha convicção de que vale a pena formar e manter esclarecida uma opinião pública...

Mas, em primeiro lugar, a vida em coletividade e a atuação em comum exigem de cada um de nós que conceda um pouco para que se possa chegar a um campo de entendimento e a uma fórmula de equilíbrio. Sem desesperarmos de ver realizadas as nossas aspirações pelas quais é lícito que trabalhemos, devemos transigir no momento em que se impõe uma ação imediata e concertada de todos os que defendem a nação contra a antinação.[647]

Ou seja, uma questão recorrente na prática do Estado Novo: a conformidade entre a teoria e a prática, ou, dito por outras palavras, a questão do regime ditatorial. Ao nível dos princípios – e aqui procura a maior abrangência possível – afirma-se um defensor da legalidade. No entanto, reconhecendo, implicitamente, que muitas vezes nem sequer o regime legal imposto pelo regime é cumprido, justifica o facto com a necessidade da unidade – leia-se: o bem comum – em nome da qual pede a transigência com os princípios. Os princípios existem e são perenes, mas, como os fins justificam os meios, recomenda alguma flexibilidade com o seu incumprimento, em nome da Nação.

Entretanto, enquanto Marcello Caetano se empenhava nesta sua cruzada pela dinamização da organização a que presidia, sob as águas aparentemente tranquilas do quotidiano político, o ambiente é turvo e há forças que se movimentam contra ele. A remodelação governamental de 1947 deixara sequelas profundas. Havia contas por ajustar. Santos Costa não perdoava o facto de, apesar de ter conseguido impedir a ascensão de Supico Pinto, não ter logrado a manutenção de Botelho Moniz na pasta do Interior, tão importante em contexto ditatorial, no sentido do controlo do País. O sucesso alcançado revelava-se, afinal, uma «vitória de Pirro»; com a agravante de ter sido Marcello Caetano – um político da nova geração, de alguma forma heterodoxo relativamente aos princípios basilares da Revolução Nacional, aos quais o ministro da Guerra se mantinha firmemente ancorado – a sair robustecido da peleja.

Marcello Caetano não perde tempo a reagir. No dia 9 de março, informa Salazar: «Consta-me que se está a preparar manobra de grande envergadura que pelo que me diz respeito pouco interessa (ofereci-me em holocausto...), mas pode interessar aos destinos do Estado Novo.»[648] Considerando que se tratava de uma ofensiva do ministro da Guerra contra a União Nacional, tencionava levar o caso à reunião da Comissão Central.

Mais do que dirigida à UN, a manobra pretendia atingi-lo pessoalmente.

A ofensiva estava relacionada com o caso da morte do general Marques Godinho, um dos implicados na Revolta da Mealhada, ocorrida no início de dezembro de 1947, após uma transferência, ordenada por Santos Costa, do Hospital Júlio de Matos, onde, com outros implicados, permanecia detido, para o forte da Trafaria[649]. Pretendendo responsabilizar Santos Costa pelo sucedido, a família contacta o então jovem advogado, Adriano Moreira, que aceitou patrocinar a causa.

> Avisaram-me de que a versão corrente entre os militares, era a de que o Doutor Marcello Caetano, inimigo declarado do General Santos Costa, exercera o seu ascendente para me induzir a organizar aquela injusta campanha [...]
>
> Fiquei altamente preocupado com a cabala que visava o Doutor Marcello Caetano, e fui procurá-lo altamente temeroso e inquieto para que ficasse inteiramente informado das circunstâncias, que não deixaram, porém, de o atingir, obrigando depois à intervenção do Doutor Salazar para tranquilizar as fileiras. Daqui em diante tudo confirmou que se travava uma luta interna do regime, como se evidenciou com as pessoas envolvidas, todas com relevo no aparelho político.[650]

De facto, Marcello Caetano não tivera conhecimento prévio dos factos. E reagiu energicamente, com uma aspereza verbal que acaba por transformar o desabafo num violento libelo não só contra o regime, enquanto sistema político, mas também contra o salazarismo, que era a sua aplicação prática, despoletado por comentários de Salazar a um convite que lhe fora formulado para entrar na administração de um banco privado. A revolta e deceção de Marcello Caetano, para além das peripécias políticas descritas, têm também – e talvez se devesse dizer: *principalmente* – uma razão pessoal e um sentimento de desilusão perante Salazar que, nas entrelinhas, o acusa de procurar dividendos da sua posição política.

No último dia de março de 1948, Marcello Caetano fora convidado pelos acionistas do Banco Nacional Ultramarino para integrar o respetivo Conselho de Administração. Aconselha-se com o Presidente do Conselho, afirmando-lhe que a sua opinião era «um elemento essencial de resolução» sobre a qual não tinha tomado qualquer decisão: «Por um lado ainda sinto necessidade de trabalhar em alguma coisa que me interesse, que me dê a sensação de um esforço eficiente; por outro sempre quis fugir da finança, embora reconheça não haver outro caminho útil a seguir em Portugal para quem queira sair da cepa torta. O tratar-se de um banco emissor colonial agrada-me e desagrada-me: problemas conhecidos, é certo, mas em que mexi com inteiro desinteresse e de cima.»[651] Salazar responde, felicitando-o pelo convite e afirmando não ver «nenhum inconveniente de ordem política»[652]. Mas... afinal há reticências...: preferia «que exercesse um lugar por conta do Estado, ao menos enquanto estivesse na presidência da Comissão Executiva da UN.»

> De outra forma começará a dispersar-se e alguns o começarão a considerar já um tubarão. Por outro lado é pena perder a oportunidade de entrar para o BNU, se bem que não faça a menor ideia das suas predisposições bancárias e financeiras. O seu espírito e modo de ser devem achar-se melhor no Ministério das Colónias ou no Conselho do Império do que a ordenar o desconto de letras de favor no banco. Mas é a vida.

Marcello sente-se ofendido e reage a quente. Na carta em que informa o chefe do Governo da aceitação do lugar de administrador do BNU, afirma que, depois de uma primeira recusa, sobre a qual acabara por reconsiderar, escrevera-lhe uma carta que hesitara em enviar, mas que acaba por juntar neste momento, precisando que era preferível que ele conhecesse o estado de espírito em que se encontrava e que soubesse a verdade.

> Não temi que me chamassem tubarão, embora fosse inevitável a acusação de parte de alguns valentes cabos de guerra que temperam na política os seus brios de combate. Posso, graças a Deus, desafiar um por um os catões do Estado Novo, a pedir meças de serviços desinteressados e de sacrifícios silenciosos. Tubarão porquê? Na Faculdade ingressei por árduo concurso; para o Conselho do Império (donde em breve sairei) fui eleito sem participação do Governo. Estou agora na Lumiar, que me não dá mais que aquele justo complemento de receitas necessário para as minhas modestas despesas ordinárias – também sem favor do Estado. Acho pois que os censores farão melhor em guardar as críticas para os casos criticáveis que decerto lhes não faltam.
> As obrigações e encargos da UN influíram, sim, no meu temor de não poder cumprir capazmente no Banco. E isso mais por sentir a impossibilidade de me desligar de compromissos tomados do que pela consciência da necessidade, ou da utilidade, sequer, do meu esforço no campo político.[653]

Sobre este esforço, afirma atravessar «uma fase de tristeza que é quase desespero»: não só é «afastado cuidadosamente de qualquer participação na orientação dos negócios públicos», mas a sua «ação política parece ter sido considerada como restrita a simples missão de organização e propaganda – propaganda à maneira burocrática, sobre temas dados que só o Governo congemina, define e desenvolve, persistindo no sistema de se reservar o monopólio do interesse e do saber nas questões que afetam a coletividade.»

Perante tudo isto, o sentimento é de desânimo e de revolta:

Assisto assim impotente à adoção de rumos que considero não indicados, contrários ao sentimento geral do País, perniciosos ao futuro do Estado Novo e suscetíveis de matar o resto de fé em espíritos que precisam de acreditar em princípios para por eles combater.

Pode, na verdade, um homem de princípios ver a sangue-frio um ministro impor o distrate de um contrato, moral e legalmente celebrado entre particulares e respeitante a uma empresa que o Estado não instituiu, não privilegiou nem financiou, servindo-se de meios de coação ilegítimos e apenas por julgar o destino dessa iniciativa mais seguro nas mãos de uns do que de outros?

E que pensar ao ver um advogado[654] abafado nos calabouços policiais por ter sido consultado – e admitamos mesmo que por ter inspirado! – sobre uma participação à Polícia à qual juntaram cartas que, não tendo menção de confidenciais ou secretas e dizendo respeito a factos passados e justificados, foram a posteriori consideradas continentes de segredos de Estado?

Desde quando o queixar-se alguém à Polícia, mesmo das coisas mais tolas e mais parvas (como era o caso), desde quando o entregar documentos à Polícia, mesmo os mais delicados e sigilosos, constitui crime neste País?

Que segurança temos nós todos, os que andamos nos caminhos da vida pública, se podemos ser demitidos sem defesa prévia, ver destruídos os nossos contratos por discordância de opinião de um governante e ser incriminados – ou antes, presos e envolvidos em demoradas investigações por nos queixarmos à Polícia ou por utilizarmos, pelas vias mais lícitas, documentos sem caráter ostensivamente secreto mas que depois se considere terem essa índole?

Não sou interessado em nenhum destes casos; tampouco me move qualquer animosidade contra pessoas que neles intervieram, algumas das quais estimo, prezo e admiro. Se a elas me refiro é unicamente elegendo-as por índices do perigosíssimo pendor em que vai o Governo, ao calcar os princípios do julgamento como condição da condenação, da liberdade contratual nos limites da lei e de que não há crime se não existir prévia definição legal do facto criminoso.

Tenho auscultado muito, nestes últimos tempos, todas as camadas do País; e nelas encontro um sinal bom, o desejo de não trocar o Estado Novo por qualquer aventura; mas a par de um sinal mau, que é o de considerar o Estado Novo um mal menor, que se suporta mas a que se não adere.

O salazarismo, hoje, é um estado de espírito negativo das classes possidentes, encarnando o medo de tudo quanto é desagradável – a guerra, a revolução, o comunismo, o desgoverno... Quando seria tão fácil, com esse enorme capital de competência e de prestígio que é Salazar, e com menos nervos, menos prepotências, menos visões de Nossa Senhora de Fátima e mais calma consciência da própria força (generosa e justa por ser forte!), captar neste momento o País para uma atitude positiva![655]

Provavelmente, Salazar nunca tinha recebido, nem viria a receber, uma carta tão violenta do ponto de vista político, de um colaborador tão próximo, principalmente na parte final. Ainda não era a fratura, mas um sinal claro de que, como já era detetável anteriormente, os projetos de ambos não coincidiam. Salazar era um pragmático para quem os princípios existiam, mas apenas para formatar a imagem do regime, podendo (e devendo) ser ultrapassados ou subvertidos sempre que isso fosse considerado necessário para preservar e manter um Estado que era seu, e só seu: fora construído por si e para si. Marcello Caetano bebia de outras águas: estudioso e teórico, homem do mundo, que não rejeitava, viajado, mestre consagrado, nacional e internacionalmente, mantinha princípios e, para ele, o Estado Novo deveria ter como base a lei. Confessadamente um homem que defendia a legitimidade do Poder assente na legalidade, defende um regime mais abrangente e capaz de abarcar um cada vez maior número de aderentes convictos, objetivo a que devotara muito do seu labor e que era o paradigma que, sob a sua direção, enformava a obra, que pretendia renovadora, da União Nacional.

Salazar não apreciou a carta. Até para ele, que criara a mistificação do exercício do poder como um martírio, era de mais. A União Nacional – embora tivesse as características essenciais do «partido único» – não era um partido no sentido clássico do termo: não dirigia o Governo, era dirigida por ele, e era uma criação de Salazar, a partir de cima. E, o que era absolutamente essencial para o Presidente do Conselho, o poder não se partilhava.

Na resposta a Marcello Caetano[656], começa por afirmar: «Embora não possa dar inteira razão às suas queixas ou críticas, sabe que aprecio do coração a inteira franqueza e lealdade com que me apresenta todas estas questões. Fico a saber como o Dr. Marcelo Caetano pensava em certo momento ou que juízo forma de certos assuntos.» Descendo depois à essência da mensagem, escreve:

> O que começa a preocupar-me gravemente é o estado de espírito que bastas vezes me manifesta acerca da UN e do seu lugar na Comissão Executiva. Essa é a única coisa verdadeiramente séria e grave. Porque se não tem fé nem sente o menor entusiasmo pela função nem vê o que nela possa fazer de útil, ou o seu sacrifício se torna humanamente incomportável ou os resultados da sua atividade aparecerão muito diminuídos. Isto sim, isto é que vale a pena examinar atentamente para não deixar agravar-se o mal e antes para ver se se lhe encontra remédio.

No dia 13 de abril de 1948, Marcello Caetano era formalmente eleito administrador do BNU, funções que exerceu até 1951.

Entretanto, apesar do desalento evidenciado, passados três meses sobre esta áspera troca de ideias sobre o papel e o lugar do chefe executivo da União Nacional na condução da política nacional, Marcello retoma a condução da organização. Assim, a 29 de julho, discursa perante os dirigentes das comissões distritais, por ocasião da Exposição de Obras Públicas, que Salazar visitara nos primeiros dias do mês. A tónica do discurso é um apelo à solidariedade entre todos os setores da vida nacional – os industriais, os comerciantes, os capitalistas e os agricultores – para que «cada um contribua equitativamente para a vida coletiva numa época de sacrifícios». O argumento justificativo é o de sempre – o interesse nacional: «É sempre possível protestar e criticar; há sempre descontentes e irrequietos. Mas nós já devemos ter suficiente experiência política, pelo que passámos e pelo que temos visto passarem os estranhos, para sabermos avaliar no seu justo valor um regime que tem por suprema preocupação o interesse nacional, o bem-estar geral, o trabalho construtivo.»[657]

Salazar gostou do discurso e transmite-o a Marcello, sublinhando que, embora só estivessem presentes os amigos que não precisavam de ser convencidos, o seu entusiasmo iria transmitir-se a outros. No fim, uma recomendação: «Veja se insiste por discursos acessíveis aos ouvintes.»[658]

Passado o período de férias do verão, o presidente da Comissão Executiva resolve percorrer todas as sedes dos distritos com o objetivo de estimular a organização e dar alguns retoques e instruções que se mostrassem necessárias. Como Viseu seria uma das primeiras cidades a ser visitada e Salazar se encontrava de férias em Santa Comba Dão, pergunta-lhe se não quer que passe por lá para conversarem[659]. Esta carta cruza-se com um convite de Salazar no mesmo sentido, ficando aprazado o almoço para o dia 19, antes da reunião em Viseu.

Entre os assuntos versados e depois aprofundados por carta[660], inclui-se o pedido de demissão do ministro da Economia, Daniel Barbosa, relacionada com a oposição ativa que lhe estaria a ser movida por Araújo Correia, administrador da Caixa Geral de Depósitos. Daniel Barbosa era um dos amigos de Marcello Caetano no Governo, e este sai em sua defesa: em primeiro lugar porque, apesar de haver grandes queixas no País contra o ministro – «e sempre houve queixas contra os ministros da Economia» –, ele continuava a gozar de «certa aura, sobretudo nas camadas populares das cidades»; em segundo lugar, e mais importante ainda, «uma crise ministerial nesta altura traz dificuldades manifestas que conviria evitar».

É um período intenso na atividade de Marcello Caetano, que se vê sujeito a um «grande esforço pessoal», porque além das atividades desenvolvidas na Comissão Executiva, mantinha a regência dos seus cursos na Faculdade de Direito, «sem dar faltas», e era «constantemente solicitado a fazer conferências», a que não se recusava[661], entre as quais uma sobre «António Enes e o Ultramar», na Sociedade de Geografia, a 11 de novembro, que se seguia a outra, de maior alcance conteúdo político.

Legalidade e justiça sempre foram uma das principais motivações intelectuais de Marcello Caetano, mantidas constantemente, como um dos pilares do seu pensamento e atuação política: a compatibilização do sistema autoritário característico do Estado Novo com uma, pelo menos formal, legalidade, subtraindo-o desta forma à arbitrariedade e ao despotismo de que, aliás, muito justamente, era acusado, concentrado que estava no império da vontade do Presidente do Conselho.

Neste quadro de valores e referências, pronuncia na Ordem dos Advogados, a 23 de outubro de 1948, uma conferência que intitulou «O respeito da legalidade e a justiça das leis»[662]. Trata-se de um texto muito académico, em que recorre a uma argumentação de tipo escolástico, tão característica das suas reflexões quando se trata de dar consistência teórica ao sistema político em que se movia e do qual era, sem dúvida, um dos dirigentes mais destacados. A questão de fundo é a da liberdade e a justificação das suas condicionantes.

O que é a legalidade?, pergunta o conferencista, para responder:

> No Estado moderno, ainda informado pelo espírito das revoluções liberais do século xix, a legalidade exprime-se por três proposições:
> 1.ª – Ninguém pode ser obrigado a fazer ou a deixar de fazer alguma coisa senão em virtude da lei.
> 2.ª – A lei vincula todas as autoridades encarregadas de aplicar o Direito – sejam administrativas, sejam judiciais – e os próprios órgãos que a elaboraram e impuseram.
> 3.ª – Contra os atos das autoridades que, contrariamente ao disposto na lei ou sem autorização legal, obrigarem os cidadãos a fazer ou deixar de fazer alguma coisa, deve haver recurso que proteja os direitos lesados.

Depois de uma passagem pela teoria política medieval e da gradual centralização administrativa, que atingira o seu ponto máximo no absolutismo, centra-se no liberalismo do século xix, que é, aliás, o sistemático ponto de partida para a análise e justificação do sistema autoritário. Instaurada a separação de poderes – legislativo, executivo e judicial –, logo se tornou necessário assegurar a «exata e honesta representação do povo no órgão dotado do Poder legislativo», levantando-se então a questão da «legitimidade do número», sobre a qual pergunta:

> E porventura não poderá surgir a tirania de muitos em vez da tirania de um só? E mais, quem assegura que o exercício do mandato representativo durante os anos de uma legislatura corresponde à vontade dos eleitores?[663]

Por outro lado, enquanto as transformações sociais e económicas exigem do Estado um papel cada vez mais ativo, adaptando a legalidade ao espírito novo, «as assembleias continuam com os seus métodos lentos de trabalho, com a sua preferência pelas questões políticas, com tumultuosa dialética dos partidos do Governo e da oposição», daqui resultando uma época de crise, uma crise que «corresponde, não à crise da legalidade em si, mas da Justiça que uma certa legalidade se destina a realizar. Todo esse afã de mudar de leis, de processos de as elaborar, e de métodos de aplicar as velhas normas ainda vigentes, resultou da convicção de que os ideais expressos pelo direito liberal e individualista do século xix não satisfaziam já as aspirações do presente.»[664] Em suma, da legalidade democrática resultara o positivismo jurídico que identifica a Justiça com a própria lei.

E aqui tocamos um dos mais melindrosos problemas da Ciência do Direito, – o de saber se será lícito nalguma hipótese aos executores da lei ou aos simples cidadãos desobedecer-lhe em nome de uma Justiça superior.[665]

Este é, de facto, o cerne da questão, sobre o qual Marcello Caetano vai procurar apoio em Platão e em Tomás de Aquino. Do primeiro, retira a seguinte ideia:

> [...] vale mais sofrer em silêncio uma injustiça individual do que pôr em causa o respeito devido a uma legalidade que assegure a Ordem social. A justiça que encarna nas leis pode não ser perfeita; falível é sempre a que decorre da execução delas, quer nos tribunais, quer na administração do Estado. Mas, esgotados os recursos legais proporcionados para obter a mais justa solução possível, segundo uma jurisdição regular, não há, para o cidadão consciente dos seus deveres cívicos, outra atitude a tomar senão a de acatamento.[666]

Da *Summa Teologica*, retém o ensinamento segundo o qual, mesmo no caso de leis injustas – ou seja, as que «não obedeçam aos requisitos indicados para a sua justiça, isto é, quando visem interesses particulares em vez do bem comum, quando exorbitem do poder do legislador ou quando distribuam desigualmente os encargos entre os cidadãos» –, «a desobediência a tais leis injustas só será admissível quando não constitua de *per si* um mal maior do que a realização da injustiça da lei»[667].

Afirmando não pertencer ao número daqueles que identificam o Direito com a lei positiva, assume-se como «partidário do respeito da legalidade pelos cidadãos, pela Administração pública, pelos tribunais, pelo próprio legislador»[668], defendendo que: «Se o legislador não está satisfeito com a lei feita, altere-a, melhore-a, revogue-a: mas não queira violá-la, a não ser que um imperativo de salvação pública faça da necessidade uma nova lei!»[669]

Justiça e Ordem, a primeira como fundamento da segunda:

> A Ordem tem sempre em si um princípio de justiça: é preferível aceitar um ordenamento social que, embora não correspondendo a um perfeito ideal de Justiça, assegure a cada um aquilo que adquiriu e permita o comércio natural entre os homens, a viver numa inconstância incessante, a destruir

todos os dias o que se compôs na véspera para procurar realizar neste mundo a fórmula confusa e inalcançável de uma justiça ideal, visionada pelos sonhos de cada um. E por isso, porque a legalidade é a expressão atual da Ordem estabelecida, é que Sócrates optou por acatar a injustiça de que era vítima a pôr em perigo, com a sua revolta, a Ordem ateniense.[670]

Porque a paz não pode viver sem justiça, nem esta sem a primeira, resulta uma conclusão que é, afinal, o escopo de toda a conferência:

> Daqui a necessidade de pugnarmos constantemente por leis mais justas, procurando afeiçoar as arestas de injustiça que a legalidade ofereça, mas sem atentarmos contra a Ordem em que a Justiça se desenvolve, não vá a nossa insatisfação criar a injustiça total ao procurarmos instaurar uma Justiça perfeita. No desenrolar harmonioso da Ordem jurídica importa que o legislador dê o mais alto exemplo de submissão às suas próprias leis e não recuse audiência a todos os anseios de mais justas normas; em contrapartida, todos quantos devem obediência aos decretos do Poder aceitarão em consciência os imperativos da legalidade enquanto se inspirem no Bem comum, cumprindo os seus preceitos, sem embargo de procurarem contribuir para que dela desapareçam as manchas de iniquidade.[671]

Na essência, e muito sumariamente, trata-se de, sob a pureza dos princípios, mas em nome da Ordem – esse axioma que domina toda a filosofia política de Marcello Caetano, desde os tempos do Integralismo Lusitano, e que manterá até ao fim da sua vida –, de justificar a submissão para evitar os males maiores que sobreviriam se, por exemplo, fosse valorizado o critério do cidadão. E convém não esquecer que é a palavra «Ordem» que aparece impressa indelevelmente no frontispício do sistema político do Estado Novo e é utilizada como argumento justificativo da limitação dos direitos dos cidadãos, mesmo, e sobretudo, quando se trata de reclamar o aperfeiçoamento das leis.

Em novembro de 1948, Salazar interpela Marcello Caetano, indagando da sua disponibilidade para integrar a Câmara Corporativa, na secção de «Política e Administração Geral», repetindo um convite que já lhe fizera no ano anterior e que este havia recusado[672], gesto que repete agora. Na altura, não manifestara as justificações, porque «estava fiado que V.ª Ex.ª as adivinhasse». A recusa tem por base uma questão de dignidade política, que é, de resto, uma preocupação muito cara a Marcello

Caetano: «Entendo que a pessoa investida nas responsabilidades de presidente da Comissão Executiva da UN ou exerce um alto cargo político que a ajude nessas funções e a estas empreste o prestígio que lhes falta, ou então deve ficar simples particular compensando com a independência a falta de categoria oficial.»[673]

A propósito de uma lista de nomes que Salazar lhe apresenta, pedindo o seu parecer, comenta a natureza e o papel da Câmara Corporativa:

> Os nomes que V.ª Ex.ª aponta são muito bons mas não representam nada; e é pena que a Câmara Corporativa seja ainda hoje, quando o sufrágio universal me parece cada vez mais sem sentido e sem seriedade, uma experiência representativa por fazer.

Como se vê, Marcello Caetano não perde uma oportunidade que seja para sublinhar as incongruências da arquitetura do sistema que, de facto, desde os seus primórdios, previa que a Câmara Corporativa acabasse por substituir a Assembleia Nacional como órgão legislativo. Salazar reforçara esta ideia desde muito cedo, em entrevista dada a António Ferro, em setembro de 1938: «A fórmula que se afigura melhor, talvez a fórmula do futuro, é legislar o Governo, com a colaboração de uma Câmara Corporativa»[674]; e, no discurso de 18 de maio de 1945, refere-se-lhe como «a mais fiel expressão da representação orgânica da Nação Portuguesa»[675]. Depois de afirmar, mais uma vez, ser o único que lhe fala com franqueza, porque se ele não o fizer, «quem o fará?», Marcello despede-se com uma expressão de desconsolo de quem se sente marginalizado pelo Presidente do Conselho: «Amigo inútil, admirador e discípulo atento».

Com a aproximação do ano de 1949, começa a pôr-se a questão da eleição do Presidente da República. Carmona, que se preparava para fazer 80 anos de idade e se mantinha há 23 anos na presidência da República, mostrara-se disponível para se recandidatar, o que causava «apreensão a muita gente»[676], a começar por Marcello Caetano: «Todos admirando enternecidamente o Presidente Carmona, [...] mas todos ansiando por que na chefia do Estado fosse colocado um homem mais novo e que assegurasse a continuidade do regime.»[677] Continuidade que parecia em risco, devido à persistência dos achaques físicos de Salazar:

> [...] a doença do Dr. Salazar não passara de todo. Persistia a neurastenia, eram constantes as confidências aos íntimos de abandonar o Governo,

de modo que a quem, como eu, nessa altura era um dos responsáveis pelo regime, se punha este grave problema: vamos avançar para um período certamente difícil na vida pública portuguesa com um Presidente da República octogenário, em plena decadência das suas faculdades, e um Presidente do Conselho cansado e doente?[678]

A questão da continuidade do regime fazia parte da agenda política de Marcello Caetano. Segundo relata[679], no ano anterior aflorara o problema da vacância da Presidência da República numa das reuniões das comissões da União Nacional «com toda a prudência e delicadeza», referindo que, mais cedo ou mais tarde, ela acabaria por se colocar e sugerindo o lançamento de mais dois ou três nomes para uma eventual escolha. Mas as atenções estavam concentradas em Salazar, que era quem, dada a sua excecional experiência política, «estava em condições únicas para orientar e formar sucessores»; por outro lado, se ele quisesse libertar-se do peso da governação, a presidência da República era um bom posto para repousar.

Marcello Caetano encarregou-se de sondar o Presidente do Conselho que, desde logo se manifestou contra a ideia: não queria tirar o lugar a Carmona nem se sentia vocacionado para as funções; quando deixasse a presidência do Conselho era para regressar a Santa Comba, acrescentando ainda um argumento de peso: o regime estava constitucionalmente organizado em termos tais que não suportavam a coexistência de duas personalidades fortes no topo da hierarquia do Estado; e não só não concebia um chefe do Governo fraco, tornado um simples mandarete do Presidente da República, como a solução apenas serviria para sobrecarregar os seus ombros, sobre os quais recairiam as duas funções.

Depois de discutida em Conselho de Ministros, no dia anterior, no dia 18 de dezembro realiza-se uma reunião conjunta das Comissões Central e Executiva na sede da União Nacional para decidir sobre a candidatura presidencial. Numa manobra certamente orquestrada, Salazar é recebido no Largo Trindade Coelho (vulgo, Largo da Misericórdia) por uma pequena multidão que «se manifestaram vivamente pedindo-lhe que não recusasse a Presidência da República». E não gostou. Segundo o relato de Marcello Caetano, dezanove dos presentes votaram pela candidatura de Salazar, contra quatro que apoiaram a recandidatura de Carmona. E o primeiro resumiu assim o resultado: «Meus senhores, como a única solução apresentada é inviável, concluo que a Comissão aprovou por unanimidade a reeleição do Marechal Carmona.»[680]

Diferente é a versão de Salazar, transcrita por Franco Nogueira: presentes foram dezassete membros, registando-se um empate. «Então – escreve Salazar –, como alguns destes últimos disseram que só votavam contra a reeleição com o fim de ser proposta a minha candidatura e que, posto o dilema reeleição ou escolha de 3.º nome, optavam pela reeleição, resolveu-se considerar que a tese reeleição obtivera maioria e para fins oficiais a mesma tese se considerava unanimemente aceite.»[*]

No primeiro dia de 1949, abre-se a campanha eleitoral para a reeleição de Carmona, dirigida por Marcello Caetano, o qual, logo no dia 3, corroborando o que lhe dissera de viva voz no dia anterior, implora a Salazar que use da palavra na sessão inaugural da II Conferência da União Nacional a realizar no Porto nos dias 7 a 9 seguintes, em termos da mais pura submissão:

> V.ª Ex.ª é o centro das nossas dedicações, a fonte das nossas energias. A sua palavra e a sua presença são o nosso tónico e o nosso incentivo: o nosso entusiasmo será o seu conforto. Sem a palestra ou a presença de V.ª Ex.ª a Conferência será um fracasso, o próprio adversário ganhará redobro de ânimo.[681]

---

[*] Franco Nogueira, *Salazar*, vol. IV, op. cit., p. 117. A versão integral de Salazar é a seguinte: «Pus a questão como no conselho de ministros, omitindo algumas apreciações e pormenores, e acrescentando a opinião do governo. Foi dada em primeiro lugar a palavra ao Doutor Marcello Caetano que mais uma vez expôs e defendeu o seu ponto de vista. Falaram todos os presentes com exceção dos dois restantes vogais da Comissão Executiva, cujo parecer e voto eram iguais aos do seu presidente, Doutor Marcello Caetano. Os presentes falaram pela ordem por que pediram a palavra. Como os oradores insistiam em apresentar razões que demonstravam dever ser apresentada a candidatura do Presidente do Conselho, tive de intervir para notar que a discussão nessa base a nada conduzia, senão a ter de voltar-se ao princípio. Isso não obstou a que com exceção dos Doutores Mário de Figueiredo e Costa Leite, que defendiam diretamente a reeleição, independentemente da posição do Presidente do Conselho quanto à sua própria candidatura, os restantes oradores, mesmo os que afinal votaram pela reeleição, defendessem a candidatura do Presidente do Conselho. Fiz o apuramento de votos pela reeleição e contra a reeleição, pois como expliquei, no caso de haver maioria contra a reeleição, devíamos passar naquela ou noutra sessão a estudar o nome a apresentar. Contados os votos da forma indicada acima, e com a explicação que deixo apontada, verificou-se serem a favor da reeleição 8 votos e contra a reeleição outros 8, contado aparte o do Dr. Albino dos Reis. Então, como alguns destes últimos dissertam que só votavam contra a reeleição com o fim de ser proposta a minha candidatura e que, posto o dilema reeleição ou escolha de 3.º nome, optavam pela reeleição, resolveu-se considerar que a tese reeleição obtivera maioria e para fins oficiais a mesma tese se considerava unanimemente aceite. (Nota: o Dr. Albino dos Reis e o General Peixoto e Cunha foram abertamente de opinião que se passasse à escolha de um terceiro nome a apresentar ao eleitorado. Eu não votei!)».

Salazar foi. Aliás, sempre teve a intenção de ir, porque, segundo escreveu no seu «diário», no último dia do ano tomara «notas para o discurso do Porto»[682]. No dia 9 pronuncia, no Palácio da Bolsa daquela cidade, o célebre discurso «O meu depoimento»[683], em que aborda as relações do regime com a Nação, o Governo, os partidos, as liberdades, os trabalhadores, a Igreja, e a sociedade internacional. Quanto à sua evolução futura, afirma: «O regime não tem de destruir-se, tem de completar a sua evolução» uma evolução que não pode ser precipitada, mas que «terá de realizar-se sem paragens e sem hesitações»[684]. Denunciando as suas intenções quanto ao modo de eleição do Presidente da República – o único elo teoricamente frágil do regime – afirma categoricamente:

> Pelo menos deverá ser esta a última vez em que é tecnicamente possível um golpe de estado constitucional.

E a terminar:

> A Oposição vai fazer a sua campanha eleitoral, pregar, nos termos mais pacíficos já se vê, a sua guerra civil. Suponho que pouco dirá de questões concretas e instantes da Nação, porque não lho permitem a heterogeneidade dos seus elementos constitutivos, as divergências ideológicas e o cuidado de não pôr a descoberto o apoio dos comunistas. Vai por isso insistir especialmente na campanha da liberdade, como único ponto possível do acordo, aliás provisório. Da liberdade esperará que desabrochem depois espontaneamente a ordem, a prosperidade, as soluções práticas dos problemas.
>
> Sendo assim, revelar-se-á que está ultrapassada pelas ideias e realidades do nosso tempo e pertence ainda – sombras vagas, errantes – a um passado que não pode ressuscitar.[685]

O tema da liberdade é também o principal mote do discurso que Marcello Caetano pronuncia a encerrar a conferência. Repetindo a sua já descrita e original teoria das «liberdades», afirma:

> Há liberdade e liberdades! Não confundamos as liberdades fundamentais que são a grande conquista da nossa civilização – a liberdade de crer em Deus e de Lhe prestar culto, a liberdade de ter um lar, a liberdade de fruir e dispor daquilo que legitimamente se adquiriu, a liberdade de escolher o modo de vida, a liberdade de fixação onde aprouver e de deslocação como convier... – com outras liberdades, ainda importantes, mas não tanto, e algu-

mas das quais, como as de reunião, de associação e de expressão, têm de ser consideradas simples meios ou instrumentos de defesa e de conservação das primeiras e condicionadas, portanto, aos imperativos das exigências delas.[686]

Agitando, como sempre, o conceito de liberdade, tal como tinha sido entendida no século anterior, cuja ressurreição equivaleria a «abrir o caminho à opressão» dos mais fracos pelos mais fortes, insiste na tese de que as restrições à liberdade definidas pelo regime são tomadas «para salvar a própria liberdade». Por isso, o País tem de optar entre a estabilidade garantida pelo Estado Novo e o caos:

> O País tem de escolher: tem de escolher entre um regime que procura atenuar as lutas estéreis de homens e de ideologias, e que não admite de todo a desordem e a insurreição, para que o máximo de energias se consagre ao trabalho pacífico e ao engrandecimento nacional, aquém e além-mar, e outro cujo primeiro princípio é a divisão em partidos e seitas, cujas consequências inevitáveis seriam os tumultos, as revoltas, as greves e as represálias sangrentas e que dentro em breve o conduziria à fuga dos capitais, ao afundamento da moeda, à desordem financeira, ao desmoronamento económico, à impotência de governo, à ditadura das alfurjas, porventura ao domínio do estrangeiro![687]

Salazar estava contente e felicitou Marcello Caetano «pelo êxito da Conferência do Porto em geral e pelo seu discurso de modo especial. [...] Pois que teve a ideia da Conferência e o trabalho da organização a si cabem os maiores louvores.»[688]

Estabilizado numa solução de continuidade, assente no binómio Salazar/Carmona, o regime vê-se confrontado com uma teórica hipótese de rutura, classificada pelo primeiro como um «golpe de estado constitucional», que resultaria da vitória do candidato da oposição – a qual, pela primeira vez no regime da Constituição de 1933, concorria a eleições presidenciais –, cuja candidatura tinha bases programáticas que subvertiam todo o sistema vigente, uma vez que defendiam o restabelecimento das Liberdades Públicas, de todos os seus direitos e regalias, o respeito pela pessoa humana, o desaparecimento completo de violências de qualquer espécie e da exploração do homem pelo homem[689].

Concorria pela oposição o general Norton de Matos, um prestigiado militar, professor universitário e político[*], que congregou em torno da sua candidatura a quase totalidade dos meios oposicionistas, logrando o apoio da grande maioria dos políticos e intelectuais que não se reviam no Estado Novo, e conseguindo uma adesão considerável da população, como ficou evidenciado pelos grandes comícios de Coimbra, Porto e Lisboa[690].

Marcello Caetano, liderando a campanha de Carmona, que o mesmo é dizer, do regime, desenvolve uma intensa atividade, com grande incidência nos meios de comunicação social: «Às entrevistas com figuras da oposição, opúnhamos as que fazíamos com personalidades ilustres e isentas, colocando os pontos nos *ii*. Todos os dias, em local diferente se realizava uma sessão de propaganda, radiodifundida por estações cujo tempo alugáramos.»[691] No dia 14 de janeiro, dá uma entrevista ao *Diário Popular*, na qual ataca sobretudo os intelectuais «que raciocinam no espaço e ajuízam fora das realidades, idealistas sempre à procura do regime que sonharam, ambiciosos insatisfeitos e os descontentes com providências governativas que ou os prejudicaram ou não lhes deram a posição por eles reputada justa»[692]. Por outro lado, reserva também uma atenção especial à juventude das escolas, dedicando-lhe, a 27 de janeiro, uma sessão de propaganda no Teatro da Trindade, em Lisboa, com o tema «Rumo ao Futuro», na qual pronunciou algumas frases que se prestaram «a equívocos, sobretudo do lado monárquico», mas que foram apreciadas por Salazar:

---

[*] José Maria Mendes Ribeiro Norton de Matos (1867-1955) tirou o curso de Matemática na Universidade de Coimbra (1884-1888), posto o que ingressou no Exército. Tem uma longa carreira colonial, iniciada no Oriente, mas que ganhará especial relevo na colónia de Angola, de que foi Governador-geral (1912-1915), devendo-se-lhe a fundação da cidade de Nova Lisboa (atual Huambo). Membro destacado do PRP, ocupou interinamente a pasta das Colónias e depois a da Guerra em 1915. Impulsionador e dinamizador da participação de Portugal na Grande Guerra, responsabilizou-se pela organização e preparação do Corpo Expedicionário Português. Depois do interregno sidonista e com o regresso do Partido Democrático ao poder, volta para Angola como Alto-comissário em 1921. Em 1924 torna-se o primeiro embaixador titular de Portugal em Londres, funções que ocupava quando se deu o golpe de 28 de maio de 1926. Com o advento da Ditadura Militar, é preso e deportado para os Açores (1927-1929), tornando-se então uma das figuras cimeiras da oposição à ditadura, participando ativamente em várias tentativas para a derrubar. Colaborou ativamente na fundação da Ação Republicano-Socialista (1931), foi presidente do Movimento de Unidade Nacional Antifascista – MUNAF (1943) e do MUD – Movimento de Unidade Democrática (1945). Em 1949 apresenta-se como candidato à presidência da República. A sua última intervenção política ocorreu em 1953, na campanha para as eleições para deputados, pela oposição de Aveiro.

Importa sobrepor aos homens, que passam, as instituições, que permanecem.»[693]

E ainda:

Salazar não terá um sucessor, não há delfins do regime; a sucessão de Salazar caberá ao espírito incarnado numa geração inteira.[694]

O Presidente do Conselho escreveu-lhe, no dia seguinte, afirmando que gostara imenso do discurso, que fora «magnífico, como sempre», destacando a alusão à sucessão – «Achei ótimo que começasse a falar da sucessão, como fez» – e terminando com uma despedida efusiva, pouco habitual nas suas relações com terceiros: «Um abraço de felicitações e afetuosos cumprimentos»[695]. Marcello Caetano agradece afirmando que «nenhum aplauso me podia ser mais caro que o de V. Ex.ª». E aproveita para fazer o ponto da situação do momento político:

A crise tem revelado o fogo e o ardor da massa juvenil que está por nós. Mas fugiram-nos as massas operárias. E não acredito em que a política de repressão e repulsão seja fecunda. Enfim, já que o Exército voltou a ser o fiador do Estado Novo é nele, e nos civis que com ele estejam dispostos a cooperar, que V.ª Ex.ª tem de se apoiar no momento imediato às eleições. Eu passarei à reserva... ativa.[696]

O desfecho da contenda eleitoral é o recorrente na história do regime até àquela data: vitória do candidato da União Nacional e desistência do candidato da oposição, na véspera do dia do sufrágio realizado no dia 13 de fevereiro.

No dia imediato, Marcello Caetano, que passara os últimos dias da campanha retido em casa com a anual crise de malária – contraída durante a sua visita a África em 1945 –, ficando «privado de viver os melhores dias desta campanha no seio dela», escreve, eufórico, a Salazar:

Congratulo-me com V.ª Ex.ª pelo retumbante êxito de ontem. Pelo êxito verdadeiro, pois esse nos chega e só esse nos dignificaria, sem necessidade de maquilhagens excessivas que comprometem pela evidência da direção até na uniformidade das percentagens. Fui e sou contra isso. A vitória que obtivemos foi límpida, apesar das interferências desastrosas do setor militar e de mais uma ou outra gaffe.[697]

Digna de nota é a «naturalidade» com que Marcello Caetano – que sempre se declarou um paladino do respeito pela legalidade, como enfaticamente proclamara na sua conferência de 23 de outubro do ano anterior –, se refere às ilegalidades cometidas durante o ato eleitoral, designadamente no que se relaciona com os «arranjos» nos resultados da votação, sobredimensionando-os ficticiamente. Embora se declare contra tais métodos, contemporiza com eles sem uma palavra de crítica, até porque as maquilhagens, embora tivessem existido, não teriam sido excessivas...

Salazar também não podia estar mais contente e, no mesmo dia, tenta falar telefonicamente com ele, não só para saber do seu estado de saúde, mas «para o felicitar e a Comissão Executiva pelo triunfo eleitoral», não só no que se refere «à votação, quase toda a parte muito alta», mas também «à alegria, ao entusiasmo com que decorreu a eleição. Foi um dia de festa em numerosíssimas terras e as pessoas circulavam não apenas com a convicção da vitória eleitoral mas de ter assegurado a tranquilidade da vida pública e privada.»[698] Longe deste clima de festa, no Conselho de Ministros do dia seguinte, Salazar considerou que todo o processo e os resultados obtidos, tinham decorrido «satisfatoriamente»[699].

Marcello Caetano atingira os objetivos que lhe tinham sido propostos e, tal como acertara com Salazar, chegara o momento de abandonar a Comissão Executiva da União Nacional. O Presidente do Conselho pede-lhe mais algum tempo, porque a sua saída «em plena euforia da vitória» não seria compreendida[700]. Além disso, precisava de mais um serviço.

Apesar das manifestações de regozijo descritas, Salazar e o seu regime saíram fragilizados destas eleições: por um lado, era preciso ter em conta a dimensão que alguns comícios de Norton de Matos tinham atingido e, por outro, «a questão central da relação entre Salazar e o Exército [...] e com a Presidência da República [...] não fora resolvida»[701], mas apenas adiada, enquanto durasse o mandato de Carmona, que tudo fazia prever breve. Por isso, o Presidente do Conselho dirige-se a Marcello Caetano:

> Parecia-me necessário que um pequeno grupo de pessoas devidamente qualificadas para o efeito estudassem o conjunto da questão política. Lembrei-me que, além do doutor Marcelo Caetano, poderiam trabalhar nessa comissão o Mário de Figueiredo, o Rafael Duque, o Marques de Carvalho e o Ulisses Cortez. [...] Como presidente da Comissão Executiva, o Doutor Marcelo Caetano devia presidir à comissão. Esta é puramente particular. [...]
>
> Isto já devia ter sido feito. Estamos a perder tempo e a deixar arrefecer o ferro...[702]

Marcello Caetano anuiu, afirmando que as coisas concretas não lhe repugnavam: «do que estou cada vez mais enjoado é do moinho de moer coisa nenhuma que é a política provinciana»[703]. No entanto, esta comissão, com a constituição prevista, acabaria por se gorar, devido a uma questão universitária, assunto a que, fossem quais fossem as circunstâncias, ele se mantinha particularmente atento, principalmente, como era o caso, se se tratasse de uma subalternização da Universidade de Lisboa face à de Coimbra. Em finais de março, o ministro da Educação, Pires de Lima, com quem Caetano estava incompatibilizado ou, pelo menos, «de relações frias», publicou um decreto ao abrigo do qual estabeleceu que os professores da Faculdade de Medicina de Lisboa prestassem provas da especialidade em Coimbra. Marcello Caetano reagiu desabridamente: enviou uma carta a Salazar, protestando com veemência, e escreveu um artigo intitulado «A Corporação Universitária» que enviou para publicação ao *Dário da Manhã*, órgão oficial da União Nacional. O diretor, Manuel Múrias, recusou a publicação afirmando-lhe que só com uma autorização governamental ou da Comissão Central o publicaria[704]. Fê-lo então sair no jornal *A Voz*, a cujo corpo redatorial pertencera na década de 1930.

Na essência, «censurava asperamente o Decreto, considerando-o em contradição com os princípios e o espírito do sistema corporativo»[705], argumento também usado na carta para o Presidente do Conselho:

> Não posso deixar de manifestar o meu maior pesar – que é o de todos os professores universitários conscientes – pela publicação do decreto sobre concursos. [...]
> Se por um lado como professor me aflige o perigo de ver pôr em risco uma das raras profissões ainda prestigiadas neste país, por outro lado, como homem do Estado Novo, não pode deixar de chocar-me a contradição quotidiana entre a doutrina e os atos: neste caso, como a uma apregoada intenção de erguer um Estado corporativo com improvisados e vazios sindicatos e grémios, corresponde o esvaziamento de sentido das raras corporações que haviam sobrevivido ao cataclismo liberal, ainda que já combalidas...[706]

Aproveita para se queixar também do ministro da Guerra, Santos Costa, por este continuar a «aplicar sanções sem prévia audiência dos arguidos».

A desautorização pública do ministro da Educação pelo presidente da Comissão Executiva da União Nacional era demasiado grave para ser aceite por Pires de Lima, que levou o caso a Salazar, levantando a questão de confiança política, à qual este respondeu com a demissão de Caetano, comunicando-lha por carta em 31 de março:

> Recebo *A Voz* pelo correio com um dia de atraso, e por isso só agora li o seu artigo sobre a Corporação Universitária. Pensava que, tendo desabafado consigo em carta e plenamente à vontade, não lhe seria já necessário vir para público com a sua discordância, em termos que os inimigos apreciarão e o ministro não pode deixar de considerar desprestigiante para a profissão e para a função.
>
> Creio que terá sido seu intento marcar uma atitude que não lhe permita desistir do pedido de demissão da presidência da Comissão Executiva da União Nacional e aceitar a solução tão espontânea e calorosamente apoiada na última reunião da Comissão Central. E, sendo assim, não me parece possível insistir mais: direi para a imprensa que foi aceite o pedido de demissão e solicitarei do Ulisses Cortez e do Vigon continuem a assegurar o expediente enquanto não se reorganiza a Comissão Executiva.
>
> Embora uma coisa nada devesse ter com a outra, como a pequena comissão particular de estudo se tinha organizado à sua volta na qualidade de presidente da Comissão Executiva da UN, sou obrigado também a reconstituí-la noutras bases. Mas agradeço-lhe de igual forma a boa vontade com que se preparava para trabalhar nela.
>
> O desgosto com que lhe escrevo esta carta não diminui em nada o reconhecimento que lhe devo pela sua dedicação pessoal e serviços prestados à frente da Comissão Executiva da União Nacional.
>
> Com respeitosos cumprimentos
> muito atento amigo grato
> Oliveira Salazar[707]

Marcello Caetano considerou esta carta de Salazar moderada, apesar da mágoa manifestada. «E daí por diante só me chegavam aos ouvidos, vindas dele, palavras de pesar pelo que acontecera e referências agradáveis a mim, embora lastimando o meu feitio "refilão" e a minha simpatia pelo que chamava a "oposição universitária"...»[708] Mas, na verdade, iniciava-se outro período de distanciamento – patente, aliás, no tom formal da despedida – entre aqueles que eram, sem dúvida, as duas figuras das mais marcantes do regime, no termo de um período de dois anos de aproximações e recuos, que, da parte de Marcello Caetano, vão da quase submissão filial à crítica mais contundente.

O relacionamento entre os dois é um dos vetores mais significativos e interessantes da biografia de Marcello Caetano.

Como facilmente se depreende de tudo o que já se deixou descrito e se confirmará pelos desenvolvimentos posteriores, entre estes dois protagonistas do Estado Novo subsiste um relacionamento muito especial, que remete para o tipo de relação «amor/ódio» frequente em ligações passionais exacerbadas. Embora, como é óbvio, noutra dimensão e sem atingir os extremos definidos naquele binómio, esta ligação vai para além das meras conveniências políticas e assenta numa autêntica admiração mútua, fundada sobretudo na excelência intelectual de ambos e – porque não? –, num certo sentimento filial: Salazar incarna para Marcello Caetano a essência dos seus princípios políticos, tornando-se o pai-fundador de um sistema no qual, salvaguardadas algumas diferenças de pormenor, vê concretizado todo o seu ideário político; e Salazar vê no segundo um discípulo dileto e sempre disponível, a quem até se relevam irreverências e diatribes, porventura enquadradas numa ótica de rebeldia «juvenil», tendo em conta a diferença de idades. Por outro lado, também persistia entre ambos uma cumplicidade controlada e tática de tipo «instrumental», em termos de complementaridade: necessitavam um do outro para atingir os seus objetivos, tanto políticos como pessoais, e embora estes sejam diferenciados e cada vez menos coincidentes, quanto a métodos, processos e definição de percursos para os atingir, e sobretudo quanto à conformação circunstancial do regime, mantêm-se unidos em torno do desiderato final: a perpetuação do Estado Novo. E tanto assim é, que Marcello Caetano, desaparecido Salazar, manterá a continuidade dos princípios, com as alterações mínimas e suficientes para que, no essencial, tudo permaneça de acordo com a herança recebida.

4
«COMEÇAVA UM NOVO CICLO DE COLABORAÇÃO COM SALAZAR»

No constante fluxo e refluxo que tipifica as relações entre Salazar e Marcello Caetano, os arrufos nunca são prolongados.

Apesar das suas rebeldias, Caetano é um técnico competentíssimo e um político determinado, sempre (ou quase sempre) disponível para tomar sobre si a responsabilidade de levar a cabo as tarefas políticas para que o Presidente do Conselho o desafiava; além disso, a sua irreverência, bastas vezes incómoda, tem, ainda assim, a virtualidade de o alertar para problemas e situações que a sua voluntária reclusão lhe esconde e/ou são amortecidos pela grande maioria do seu pessoal político, constituído por servidores sobretudo preocupados em reverenciar o chefe e aplaudir acriticamente a sua atuação. Para Marcello Caetano, Salazar, ao concentrar em si o essencial do Poder, torna-se a única via do seu tão ambicionado protagonismo político e, quem sabe?..., da sua ascensão ao topo, pela via da sucessão. Saliente-se também que o facto de Salazar não desconhecer as ambições políticas de Marcello Caetano e a necessidade de as controlar justificam as constantes chamadas deste último para o seu círculo mais próximo: os inimigos querem-se por perto... e os concorrentes também.

Não tardou muito que Salazar voltasse a chamar Marcello Caetano. Menos de um ano depois, convida-o primeiro para procurador à Câmara Corporativa e, aceite o pedido, diz-lhe, de imediato, que conta com ele para seu presidente.

Realizadas as eleições legislativas de novembro de 1949 e a correspondente renovação da Assembleia Nacional – por sinal, uma das menos abrangentes de todo o período de funcionamento daquela instituição[709] – procedeu-se igualmente à renovação dos procuradores à Câmara Corporativa, sobretudo da sua «secção política».

Ao convite de Salazar, Marcello Caetano responde afirmativamente, protestando embora, como habitualmente, o seu desinteresse pessoal em regressar à política ativa:

Não tenho nenhum desejo de abandonar o silêncio e o recato em que me mantenho desde março.

Não ambiciono nenhum lugar, nenhuma posição política, nenhuma honraria.

Julgam algumas pessoas que seria conveniente à política do Estado Novo o meu reaparecimento nos seus quadros. Duvido de que pensem bem e que isso importe alguma coisa à vida do regime. Mas como cheguei à idade de já não fazer aquilo que me apetece... acabei por lhes prometer que, se V.ª Ex.ª também achasse conveniente uma demonstração pública da minha inalterável dedicação ao Estado Novo, me disporia a dá-la.

Se é por esse motivo que V.ª Ex.ª me convida para procurador à Câmara Corporativa cumpro a minha palavra aceitando. [...][710]

Marcello Caetano, que já desempenhara as funções de procurador nas I e III Legislaturas, é eleito presidente da Câmara Corporativa, a 28 de novembro de 1949, com 58 dos 63 votos possíveis, sendo acompanhado por Afonso de Melo Pinto Veloso e Paulo Arsénio Veríssimo Cunha, como vice-presidentes, e Manuel Alberto Andrade e Sousa e Alfredo Gândara, como secretários. Depois de uma breve travessia do deserto, anota: «Começava assim um novo ciclo de colaboração com o Dr. Salazar»[711].

Era a função ideal para Marcello Caetano. O corporativismo, doutrina que abraçara, com toda a convicção, desde a sua juventude, e de que se tornara um dos principais militantes e teóricos em Portugal, era a matriz essencial do seu pensamento político; além disso, tornava-se uma das mais altas figuras na hierarquia do Estado – aspeto a que prestava grande atenção –, sendo que, tal como o presidente da Assembleia Nacional, tinha as honras e regalias iguais às do Presidente do Conselho; finalmente, a função agradava-lhe também porque lhe permitia a continuação da regência dos seus cursos da Faculdade, o desempenho das funções de administrador do BNU – e depois de Comissário do Governo junto do Banco de Angola, que Salazar lhe ofereceria em maio de 1951 –, e a redação de pareceres jurídicos com os quais aumentava os seus rendimentos[712]. Talvez mais importante que tudo, ressaltava ainda o facto de se manter na esfera da decisão do Poder, sem ter de suportar o ónus da sua aplicação prática.

Tudo isto explicará, porventura, o facto de ter sido nestas funções que Marcello Caetano se manteve mais tempo: ao todo, seis anos.

O artigo 5.º do texto da Constituição de 193 definia o Estado português como uma «República unitária e corporativa, baseado na igualdade dos cidadãos perante a lei, no livre acesso de todas as classes aos benefícios da civilização e na interferência de todos os elementos estruturais da Nação na vida administrativa e na feitura das leis». Em termos políticos, o corporativismo, proclamado como umas das ideias-força da Constituição, visava, por oposição ao individualismo liberal, a coesão do «tecido orgânico da constituição social», através do reconhecimento dos «grupos orgânicos entre o indivíduo e o Estado, como a família, os organismos corporativos, as autarquias locais e a Igreja»[713]. Ou, como a Salazar, em 1930, tratava-se de «construir o Estado social e corporativo em correspondência com a constituição natural da sociedade. As famílias, as freguesias, os municípios, as corporações onde se encontram todos os cidadãos, com as suas liberdades fundamentais, são os organismos componentes da Nação, e devem ter, como tais, intervenção direta na constituição dos corpos supremos do Estado: eis uma expressão, mais fiel que qualquer outra, do sistema representativo»[714].

O corporativismo aparecia assim como uma alternativa ao modelo representativo democrático, contrapondo-lhe a realização de uma demo-cracia orgânica, em que o indivíduo se apaga como entidade numérica e vale enquanto portador de interesses precisos e identificáveis. À luz destes princípios, o citado artigo 5.º da Constituição considerava como elementos estruturais da Nação não apenas os indivíduos, mas também as sociedades primárias – a família, as autarquias locais e os organismos corporativos –, preconizando-se «o sufrágio orgânico, contraposto ou, pelo menos, complementar do sufrágio individual».[715]

Daí decorria que o direito de eleger as juntas de freguesia pertencia exclusivamente às famílias (Artigo 17.º); todos os elementos da Nação estariam organicamente representados nas corporações morais e económicas, às quais competia tomar parte na eleição das câmaras municipais e dos conselhos de província e na constituição da Câmara Corporativa (Artigo 18.º); a participação das autarquias locais na organização política do Estado realizava-se através da participação das juntas de freguesia na eleição das câmaras municipais e na destas na eleição dos conselhos de província (Artigo 19.º); e na Câmara Corporativa haverá representação das autarquias locais (*Idem*).

Em coerência com estes princípios, foi instituída «uma Câmara Corporativa composta de representantes de autarquias locais e dos interesses sociais, considerados estes nos seus ramos fundamentais de ordem administrativa, moral, cultural e económica, designando a lei aqueles a quem incumbe tal representação ou o modo como serão escolhidos e a duração do seu mandato»[716].

Ao invés do que seria lícito esperar de um sistema político que assumia o corporativismo como um dos seus princípios essenciais – se não mesmo o principal – a Câmara Corporativa, órgão que, em princípio, deveria ser o mais representativo e a expressão mais autêntica do proclamado Estado corporativo –, surge no texto constitucional numa posição subalterna.

O texto constitucional de 1933, tão doutrinário e normativo em relação a outras áreas, é rigorosamente seco no que se refere à Câmara Corporativa. Até à revisão constitucional de 1959, as normas referentes ao órgão representativo da estrutura corporativa constituíam apenas o último capítulo do Título III, que tratava da Assembleia Nacional[717], sendo em tudo subsidiárias das que regulavam a câmara legislativa, da qual não passava de um órgão auxiliar[718].

No texto inicial da Constituição de 11 de abril de 1933, lia-se: «Junto da Assembleia Nacional funcionará uma Câmara Corporativa composta de representantes de autarquias locais e dos interesses sociais, considerados estes nos seus ramos fundamentais de ordem administrativa, moral, cultural e económica, designando a lei aqueles a quem incumbe tal representação ou o modo como serão escolhidos e a duração do seu mandato.»[719] No que se refere aos períodos de funcionamento, imunidades, regalias e prerrogativas dos procuradores, o texto remete para o que estava fixado para a Assembleia Nacional, confirmando assim o «lugar subalterno e apagado» da câmara consultiva relativamente à câmara legislativa[720].

Competia à Câmara Corporativa «relatar e dar parecer por escrito sobre todas as propostas ou projetos de lei que forem presentes à Assembleia Nacional, antes de nesta ser iniciada a discussão»[721], cabendo a esta última fixar o prazo para a emissão do parecer no caso de o projeto de lei ser considerado urgente pelo Governo[722].

A importante revisão constitucional de 1945 não trouxe alterações às atribuições e competências da Câmara Corporativa, que continuou a ser um auxiliar da Assembleia Nacional, a qual, dado o facto de os pareceres da primeira não serem vinculativos, podia segui-los, no todo ou em parte, ou, pura e simplesmente, ignorá-los, como se não tivessem sequer sido emitidos.

Esta subalternidade política verificava-se também num aspeto funcional. Apesar de contar já com mais de dezena e meia de anos de existência, ao longo dos quais fora presidida, sucessivamente, por Eduardo Augusto Marques, Fezas Vital e José Gabriel Pinto Coelho[*], a Câmara Corporativa continuava instalada precariamente. Em 1935, fora-lhe atribuída a antiga sala do Senado para a realização das sessões plenárias, que, por norma, se efetuavam apenas uma vez em cada ano; além desta, apenas o gabinete do presidente e uma sala anexa, para os secretários; para as reuniões das secções, era necessário pedir uma sala vaga à Assembleia Nacional. A Câmara também não tinha pessoal próprio, vendo-se obrigada a servir-se da Secretaria da Assembleia; além disso, os pareceres da Câmara Corporativa eram publicados no *Diário das Sessões da Assembleia Nacional*.

Marcello Caetano começou a pressionar o Presidente do Conselho para obter instalações minimamente satisfatórias e, perante um boato de que estas iam ser ainda mais reduzidas, torna-se mordaz em carta dirigida a Salazar, datada de 25 de agosto de 1950: «Mas se a Câmara Corporativa não puder ficar com as três divisões que agora ocupa, pedia que se encarasse uma das duas soluções possíveis: ou instalá-la noutro sítio – há para aí tanto palácio! – ou extingui-la.»[723]

Depois destas pressões, foi-lhe distribuído mais espaço, os pareceres passaram a ser reunidos e publicados anualmente e, posteriormente, em órgão próprio – as *Atas da Câmara Corporativa*. Com tudo isto, escreve, «foi a Câmara adquirindo independência e impondo-se cada vez mais»[724].

Na abordagem do papel e do lugar da Câmara Corporativa no sistema político autoritário do Estado Novo, ganha especial acuidade a avaliação do seu grau de independência relativamente ao governo, que, a mesma coisa será dizer, a Salazar.

A Assembleia Nacional era numa câmara domesticada e controlada a partir de cima, segundo a vontade do Presidente do Conselho e das suas conveniências políticas, as quais eram garantidas pela permanência, ao longo de legislaturas sucessivas, de um núcleo duro de deputados intimamente ligados ao regime, e muito particularmente, a Salazar, que controlava o seu comportamento, garantindo que não se desviavam da linha orientadora por si definida[725].

---

[*] José Gabriel Pinto Coelho foi um dos casos mais notáveis da Câmara Corporativa, onde entrou no primeiro dia do seu funcionamento, em 1935, com 49 anos, e saiu apenas quando esta foi dissolvida, em 25 de Abril de 1974, com a provecta idade de 88 anos. Foi o único procurador que se manteve da primeira à última legislatura.

Se a realização deste desiderato era relativamente fácil no que se refere a uma câmara cujos deputados eram eleitos em listas únicas patrocinadas pela União Nacional e cuidadosamente filtradas por Salazar, quando se trata da Câmara Corporativa, este controlo pode parecer afastado, dado o caráter da representação corporativa, que estava ligada às funções desempenhadas pelo procurador na instituição representada. Por isso, enquanto os deputados eram eleitos para toda a legislatura, os procuradores eram substituídos na câmara sempre que fossem desligados das funções em cuja qualidade tinham sido designados.

No entanto, não é isso que acontece. Embora, teoricamente, todos tivessem o mesmo estatuto, existiam dois tipos de procuradores: aqueles que eram representantes dos interesses de ordem espiritual e moral (Igreja Católica, Misericórdias, etc.), dos interesses de ordem cultural (academias científicas e ensino, entre outras), dos vários interesses económicos (lavoura, comércio, indústria, etc.) e das autarquias locais, e os que integravam a secção designada por «Interesses de ordem administrativa».

O mandato da generalidade dos procuradores estava ligado ao cargo que desempenhavam na sociedade civil, mas os que pertenciam à última secção eram designados, discricionariamente, pelo Conselho Corporativo, que, recorde-se, era presidido por Oliveira Salazar, como é reconhecido por Marcelo Caetano: «E a lei reservava ao governo a designação de um grande número de procuradores da secção de "Interesses de ordem administrativa", onde sempre tiveram assento personalidades de relevo, capazes de captar as opiniões dos seus colegas para formular com a devida proficiência os pareceres da câmara»[726].

No fundo, este reduzido grupo, de cerca de 20 por cento do total dos procuradores, constitui o núcleo essencial de uma Câmara que Salazar definira como mais representativa do que qualquer outra, dada a abrangência dos interesses nela representados.

Era, com efeito, um grupo de elite, ao qual, por delegação do presidente da Câmara Corporativa, era confiado o controlo, praticamente absoluto, dos respectivos trabalhos: por um lado, era neste grupo que eram designados os assessores que presidiam às restantes secções; por outro, era também de entre eles que era escolhido o relator da grande maioria dos pareceres. Os procuradores desta secção, dado o seu vínculo exclusivamente político, estavam mais próximos dos deputados da Assembleia Nacional do que dos seus pares na Câmara Corporativa.

Da atividade da Câmara Corporativa, na V Legislatura, destacam-se, pela sua importância política, os pareceres relativos à revisão do Ato Colonial, emitido sobre o projeto de proposta de lei n.º 505[727], e à revisão da Constituição Política, constante da proposta de lei n.º 111[728], ambos relatados pelo seu presidente, Marcello Caetano.

Ele bem tentara que fosse designado outro relator, levantando algumas objeções, entra as quais avulta a de não se «inclinar para a orientação fortemente assimiladora do projeto»[729], a que Salazar junta outra, mais geral:

> [...] para falar com a costumada franqueza, direi que não me parece bem que o presidente da Câmara, embora especialmente competente no assunto, seja o relator de um parecer. Não sei evidentemente qual a prática da Câmara e se há precedentes de trabalho do género serem da autoria do presidente.
>
> Este perde com o facto parte da sua liberdade de ação e poder intervencionista ou moderador, pelo que não é, se existe, de aconselhar aquela prática.[730]

Quanto à discordância de Marcello Caetano sobre o espírito fortemente assimilador do projeto, comenta:

> Estamos de facto no mundo – mas suponho que não entre nós – a viver uma crise de pensamento colonial. Pergunto a mim mesmo se isso não será uma razão de mais para afirmarmos ou continuarmos a afirmar o que pensamos e corresponda ao nosso interesse.

Seis meses depois, levanta-se novamente a questão, a propósito do parecer sobre a proposta de revisão da Constituição. Marcello Caetano diz a Salazar que, apesar de ter votado contra a sua eleição para relator, se vira forçado a aceitar porque o resultado da votação fora quase unânime, tendo-se registado apenas dois votos contra[731]. Salazar volta a manifestar-se frontalmente contra:

> O presidente da Câmara devia estar sempre livre destes trabalhos para a sua função de direção, superior a tudo e a todos e não tendo de ser discutido nas opiniões expressas em pareceres. Mas para este caso já não há remédio e aliás a sua intervenção direta será muito útil; para futuro verá a maneira de se evitar a repetição.[732]

A questão ficaria definitivamente resolvida, mais tarde, após a promulgação do Decreto-lei n.º 39 442, de 21 de novembro, referente à reorganização da Câmara Corporativa, segundo o qual o Presidente ficava impedido da representação que lhe devia corresponder durante o exercício das suas funções, sendo substituído na secção de que fizesse parte pela forma prevista na lei para a respetiva designação.

Mas já era demasiado tarde, porque, entretanto, Marcello Caetano relatara os dois referidos pareceres, reivindicando-se de uma orientação que não correspondia, nem de perto – nos seus aspetos políticos fundamentais –, à orientação do Governo.

O parecer sobre a revisão do Ato Colonial já foi analisado em capítulo anterior, pelo que basta referir que vai todo, tanto na teoria como na sua aplicação prática, ao arrepio da proposta do Governo.

Mais importante ainda, e mais clarificador das diferenças entre as posições de Marcello Caetano e Salazar, é o parecer sobre a revisão da Constituição.

A 19 de janeiro de 1951, o Governo submete à Assembleia Nacional uma proposta de revisão da Constituição que, na parte que interessa para esta biografia, prevê as seguintes alterações de fundo: Deixar de figurar na Constituição o modo de eleição do Presidente da República e condicionar a elegibilidade a uma apreciação, pelo Conselho de Estado, da idoneidade política dos candidatos.

É claro que as alterações propostas estavam diretamente relacionadas com os atos eleitorais de 1945 (legislativas) e de 1949 (legislativas e presidenciais), em que a Oposição revelou uma vitalidade porventura negligenciada nas perspetivas do Regime. Em 1945, em torno das reivindicações do MUD, que reclamava medidas para a democratização do sistema político, constituiu-se um amplo movimento que abrangia variados setores, que iam da esquerda aos republicanos, passando pelos democratas independentes, a que se juntavam alguns monárquicos independentes e democratas-cristãos e mesmo alguns nacionais-sindicalistas[733]. Em 1949, para além do facto de a oposição ter ido pela primeira vez até às urnas, em Castelo Branco e Portalegre, surge o general Norton de Matos, como candidato de uma oposição unitária às eleições presidenciais, que viria a desistir, contra sua vontade, aliás, por deliberação da comissão política da candidatura, que considerava não haver condições mínimas de democraticidade.

O que é pena. Para o historiador político, resolve, aparentemente e de uma penada, todo o problema de análise. Mas, em termos de história política, no médio e longo prazos, revela a falta de consistência de um projeto político alternativo ao de Salazar, figura mítica que, para uma oposição instalada, tradicional e conformista, é o alibi ideal para justificar as suas próprias fragilidades. Sem, de fora alguma, procurar exorbitar dos limites desta biografia, que não é a história do Estado Novo, não se resiste, no entanto, a afirmar que a Oposição Tradicional, pelo menos a partir de meados da década de 1940, se acomodou, da forma mais confortável possível, na facilidade da denúncia da falta de condições para o confronto leal, sem nunca ter ousado a disputa, pela da qual, através de uma tática dos «pequenos passos», poderia ter acumulado um capital, que, migalha a migalha, lhe daria uma representação «real», que, por muitas que fossem – e eram! – as fraudes eleitorais, poderia ter sido apresentada como argumento da sua própria legitimidade oposicionista.

Aliás, este debate perpassou nos bastidores da candidatura oposicionista, como narra Mário Soares, à data, o representante do Partido Comunista na comissão política da candidatura:

> Tudo se complicou: na campanha, o desentendimento quanto à estratégia a adotar, tornou-se patente. O PC não queria que o General fosse até às urnas: pelo contrário, Norton insistia em ir, porque entendia ser uma forma de legitimação, mesmo que não viesse a ganhar, o que não seria impossível. Eu próprio discutira a questão [...]: havia vantagens e inconvenientes, mas, mesmo no caso de derrota, alguma coisa ficaria de pé, o movimento de adesões por todo o país era amplíssimo, teríamos seguramente um bom resultado e a Oposição sairia legitimada.[734]

O objetivo do Governo, ao propor a retirada do modo de eleição do Presidente da República do texto constitucional era, como bem compreendeu Marcello Caetano, a abolição do sufrágio direto, substituindo-o pelo sufrágio corporativo, constituído pelas suas próprias e domesticadas câmaras, a Assembleia Nacional e a Câmara Corporativa. Uma vez mais se acentua a instrumentalização por parte do Governo do texto constitucional, de acordo com os seus interesses e objetivos políticos. Em 1928, quando se tratava de legitimar a situação saída do 28 de maio, numa candidatura monística que recaía sobre um dos seus chefes, Óscar Carmona, procurou-se o sufrágio universal e direto de um eleitorado tão amplo quanto possível; agora, tratava-se de perpetuar o Estado Novo, inviabilizando, na prática, a formalidade teórica de eleições disputadas, apesar de todas as limitações e dificuldades impostas administrativamente.

No parecer da Câmara Corporativa sobre a proposta do Governo[735], Marcello Caetano começa por se confessar impressionado com a frequência das alterações ao texto constitucional e, na linha do que defendera no já citado parecer sobre o Ato Colonial, afirma que à Câmara Corporativa «não lhe merece [...] boa aceitação certo abuso revisionista que, por mero prurido de perfeição, vai até ao ponto de alterar, retocar ou substituir a redação ou a disposição de artigos». Porque «A Constituição, como lei fundamental do Estado, deve tender à permanência até mesmo na sua feição geral, até mesmo no seu aspeto formal e no seu estilo. Para que seja estável se fez rígida. E a periodicidade de revisão é um travão às modificações, e não um desafio ou incitamento às mudanças.»* Por outro lado, critica o facto de a proposta ter sido «preparada sem publicidade e desacompanhada de relatório» o que, conjugado com a exiguidade dos prazos, tanto para o seu estudo como para a sua discussão parlamentar, leva ao receio «que a todos estes trabalhos faltem condições de profundo estudo indispensáveis a matéria de tamanha gravidade»[736].

Este parecer constitui um dos mais notáveis estudos críticos sobre a configuração do sistema político do Estado Novo. E, no que se refere ao sistema eleitoral e à eleição presidencial, em particular, traça um quadro teórico no qual, depois de equacionar os diversos tipos possíveis – sufrágio direto, sufrágio por colégio eleitoral especial escolhido pelos leitores, e eleição pelas assembleias legislativas – defende a manutenção do sistema de eleição do Chefe do Estado por sufrágio universal e direto, pelas seguintes considerações principais:

a) Dada a posição proeminente e independente do Chefe do Estado na Constituição, é essa a única forma de a tornar efetiva – e de a assentar sobre uma base sólida de legitimidade;

---

* E conclui: «Assim, a Câmara Corporativa entende que uma proposta de revisão constitucional será tanto mais aceitável quanto mais restrita aos pontos verdadeiramente essenciais, cuja modificação a experiência mostre ser necessária ou conveniente ao bem comum. E, dentro desta ordem de ideias, emite sobre a generalidade do texto que lhe foi submetido o parecer de que devem ser postas de parte todas as alterações que tendam apenas a melhorar, apurar ou completar a redação de preceitos que até aqui não hajam sido objeto de divergências de interpretação. / A Câmara emite igualmente o voto de que de ora avante os atos de revisão se tornem menos frequentes, de maneira a garantir à Constituição aquela estabilidade que o País deseja e que tudo aconselha a procurar.» *Diário das Sessões*, n.º 70, de 10 de janeiro de 1951, pp. 389-390.

b) Apesar de todos os defeitos, o sufrágio universal é ainda, nos regimes republicanos, a melhor forma que até hoje se descobriu de assegurar a intervenção popular na determinação do rumo do Estado;

c) As campanhas eleitorais, com os inconvenientes inegáveis que possam apresentar, constituem uma ocasião magnífica de exame de consciência nacional e para despertar a consciência política da Nação, possivelmente adormecida nos intervalos por um método de governo que dá o maior predomínio Administrativo e onde prepondera a burocracia;

d) Finalmente, há toda a vantagem em manter a forma de sufrágio que se encontra consagrada já na Constituição e cujo funcionamento afinal não se pode dizer que haja demonstrado deficiências no espírito cívico do País.[737]

A proposta foi aprovada na Câmara Corporativa, com votos vencidos – quanto a esta matéria – dos procuradores Afonso Rodrigues Queiró, cujo voto é perfilhado por Tomás Aquino da Silva e António Pedro Pinto de Mesquita: o primeiro baseia-se no princípio da defesa do prestígio da personalidade eleita que poderia sair fragilizada da disputa eleitoral, e o segundo na necessidade de evitar que o ato eleitoral se venha a transformar num plebiscito do regime.

A revisão constitucional de 1951 constitui também um dos marcos mais importantes no que se refere à defesa de uma maior autonomia da Câmara Corporativa no sistema político e ao reforço dos seus poderes em matéria de iniciativa legislativa.

Sobre estes importantes temas, Marcello Caetano começa por refletir sobre a subalternização a que esta tinha sido sujeita desde o início:

> Presentemente, na parte II da Constituição, que se refere à organização política do Estado, sucedem-se os títulos referentes à soberania e seus órgãos, sem qualquer referência à Câmara Corporativa.
>
> No título III inscreve-se: Da Assembleia Nacional. E só num dos seus capítulos o último, se trata Da Câmara Corporativa, que assim parece ser concebida no texto constitucional como um mero grupo de comissões técnicas da Assembleia.[738]

Esta conceção, em sua opinião, atentava contra o espírito da Constituição, já que «nos diplomas de execução de preceitos constitucionais se entendeu logo ser a Câmara Corporativa um órgão autónomo e que, embora consultivo, está no mesmo plano representativo da Assembleia Nacional»; além disso, o facto de, no Regimento Provisório da Câmara

Corporativa[739], se prescrever que as honras, regalias e atribuições do seu Presidente eram iguais aos do Presidente da Assembleia Nacional, mostra «que o legislador (e cumpre não esquecer tratar-se do mesmo órgão legislativo que elaborara a Constituição submetida a referendo popular) tinha em mente a equiparação das duas Câmaras»[740].

Por isso, «a não subalternização da Câmara Corporativa impõe-se, tanto mais que ela é, afinal, a corporização no plano do exercício da soberania da forma de Estado definida pelo artigo 5.º: "O Estado Português é uma República unitária e corporativa..."»[741].

Seguindo este raciocínio, mais adiante, ao analisar o Artigo 97.º da Constituição, que trata do poder de iniciativa legislativa, o qual, na proposta governamental cabia indistintamente ao governo ou a qualquer membro da Assembleia Nacional, levanta duas questões: em primeiro lugar, sustenta que, passado o período experimental de quinze anos, «a Câmara julga chegada a ocasião de lhe ser dado o direito de iniciativa quanto à sua lei orgânica», já que «ninguém melhor do que os membros da Câmara Corporativa, pode ajuizar da conveniência de modificar algum preceito da organização dela» e que se traduziria pela apresentação pela presidência da Câmara Corporativa, na Mesa da Assembleia Nacional, da proposta de lei acompanhada do respetivo parecer justificativo[742]. A segunda questão refere-se ao processo seguido com as alterações das propostas ou projetos de lei sugeridos nas conclusões dos pareceres da Câmara Corporativa, que é considerado como não satisfatório, porque, se nenhum deputado as perfilhar, acabam por ser pura e simplesmente ignoradas, apesar de serem, «fruto de ponderado estudo e discussão de técnicos e de pessoas versadas nos assuntos a que respeitam», resultando assim que «o trabalho da Câmara ficou de todo inútil, sem haver sequer a certeza de terem sido ponderadas as suas razões para fundamentadamente serem rejeitadas»[743]. Neste quadro, é sugerida a adição de dois parágrafos:

§ 1.º A reforma da lei orgânica da Câmara Corporativa, poderá ser da iniciativa, desta, devendo a proposta, em tal caso, ser enviada à Presidência da Assembleia Nacional, acompanhada já de parecer votado pela Câmara em reunião plenária.

§ 2.º As alterações sugeridas nas conclusões dos pareceres da Câmara Corporativa enviados à Assembleia Nacional serão consideradas propostas de eliminação, substituição ou emenda, conforme os casos, para efeitos de discussão e votação dos projetos ou propostas de lei, independentemente de outra iniciativa.

Posto isto, o parecer debruça-se sobre as propostas constantes do capítulo V – Da Câmara Corporativa –, designadamente os artigos 102.º a 105.º, devendo destacar-se o facto de ser proposto um aditamento ao § 3.º do artigo 102.º, o qual não veio a ter acolhimento por parte da Assembleia Nacional:

> § 3.º Se a Câmara Corporativa, pronunciando-se pela rejeição na generalidade de um projeto ou proposta de lei, sugerir a sua substituição por outro, poderá qualquer Deputado ou o Governo adotá-lo para ser discutido em vez do substituído ou conjuntamente com este, conforme haja ou não sido retirado pelo proponente. Se, porém, a Câmara propuser meras alterações na especialidade, serão consideradas para efeito de discussão e votação na Assembleia Nacional, independentemente de adoção, e, salvo o caso de deliberação em contrário, com prioridade sobre quaisquer outras.

Das alterações feitas ao texto da Constituição, constantes da Lei n.º 2048, de 11 de julho de 1951, as mais importantes, na perspetiva da Câmara Corporativa, são as seguintes: *i)* As duas instituições aparecem niveladas na epígrafe do Título III, que passa a ser «Da Assembleia Nacional e da Câmara Corporativa»; *ii)* o Artigo 102.º é modificado e a expressão «Junto da Assembleia Nacional funciona uma Câmara Corporativa...», foi substituída pela expressão individualizadora «Haverá uma Câmara Corporativa...»; *iii)* o Artigo 105.º sofre uma alteração importante, no sentido de alguma aproximação da câmara consultiva ao processo legislativo, consubstanciada na adição de um § 2.º: «Durante a sessão legislativa da Assembleia Nacional, poderá a Câmara Corporativa sugerir ao Governo providências que julgue convenientes e necessárias.»

Este parágrafo foi transposto para o «Regimento da Câmara Corporativa», aprovado na sessão plenária de 27 de novembro de 1953, constituindo o seu Artigo 23.º:

> Artigo 23.º Quando um Procurador deseje apresentar um projeto de sugestão ao Governo, de qualquer providência que julgue conveniente ou necessária, assim o comunicará à Presidência da Câmara, por escrito, juntando logo o projeto.
>
> § 1.º O Presidente da Câmara convocará a secção ou subsecção a que o proponente pertença para deliberar sobre a admissão ou recusa do projeto.
>
> § 2.º No caso de ser admitido o projeto, será distribuído e seguir-se-ão os trâmites estabelecidos no artigo 18.º, a fim de ser elaborado um projeto de lei com o respetivo relatório.»[744]

MARCELLO CAETANO UMA BIOGRAFIA POLÍTICA

Mas a Câmara, como reconhece o que era então o seu Presidente, estava pouco sensibilizada para a faculdade de iniciativa que lhe era conferida, tendo sido «raramente exercida»[745]. E, por outro lado, como acentua Braga da Cruz, citando Rodrigues Queiró, com a assessoria prevista no corpo do Artigo 105.º* «pouco ou nada se realizava. O Governo ouvia pouco a Câmara, mesmo quando revogava, por simples decretos-leis, leis aprovadas pela Assembleia»**.

As propostas do parecer da Câmara Corporativa não tiveram acolhimento na Assembleia Nacional e Marcello Caetano desabafa desalentado:

> Pela reforma constitucional a Câmara, sem embargo das transformações de estrutura e reforço das funções anunciadas, conservou o seu caráter de Academia de Administração Pública. Não sei se assim servirá para alguma coisa.[746]

Aliás, o despique surdo entre as duas câmaras, embora não venha para a praça pública, torna-se bem audível na correspondência do presidente da Câmara Corporativa com Salazar, na qual, a propósito de um incidente relacionado com o tratamento dado por alguns deputados ao procurador Júlio Dantas, acerca do parecer sobre a defesa da língua portuguesa, de que este fora relator, Marcello Caetano desabafa:

> [...] As relações entre a Câmara e a Assembleia há muito que me preocupam. Na Assembleia há um ciúme estúpido da Câmara e perderam-se certas fórmulas convencionais de cortesia (a vida portuguesa de hoje ressente-se em geral disso) que dantes lubrificavam os pontos possíveis de atrito na máquina do Estado. Na Câmara, em contrapartida, está a generalizar-se o

---

* Artigo 105.º: «O Governo poderá consultar a Câmara Corporativa sobre diplomas a publicar ou propostas de lei a apresentar à Assembleia Nacional, determinar que o trabalho das secções ou subsecções prossiga ou se realize durante os adiamentos, interrupções e intervalos das sessões legislativas e pedir a convocação de todas ou algumas das secções ou subsecções para lhes fazer qualquer comunicação.»

** Manuel Braga da Cruz, *O Partido e o Estado no Salazarismo, cit.*, p. 99. Afonso Rodrigues Queiró afirmou, com pleno conhecimento de causa, na já citada Reunião Plenária da Câmara Corporativa de 10 de janeiro de 1955: «...creio que seria necessário obrigar mais estritamente o Governo a enviar os seus projetos de decretos-leis a esta Câmara, já que nem sempre se socorre do seu parecer quando se impõe. Inclusivamente, chega a não o fazer quando se permite revogar por decreto-lei leis da Assembleia Nacional. Desta forma se daria uma cooperação ao Governo de que ele muitas vezes bem precisa.» (*Atas da Câmara Corporativa*, n.º 26, 11 de janeiro de 1955, p. 306.)

sentimento da inutilidade do trabalho produzido (todos os relatores se queixam da inferioridade das discussões dos deputados e de que as propostas ficam piores depois da discussão, com menosprezo de razões e soluções sugeridas) e a cada passo os melhores me exprimem o desejo de sair.

Não sei que fazer para eficazmente contrariar este movimento e modificar o estado das coisas. Vou procurando persuadir e convencer, peço e rogo, mas eu próprio sinto e penso como eles.[747]

Entretanto, a questão do corporativismo voltara a ganhar alguma centralidade no debate político.

A 20 de outubro de 1949, no discurso aos governadores civis, comissões distritais da União Nacional e candidatos a deputados, preparatório das eleições para a V Legislatura (1949-1953), Salazar afirmou:

> A nossa Constituição admitiu para o Estado a base corporativa, e este corporativismo era, e deve ser, no conceito das pessoas responsáveis, um corporativismo de associação, e não o corporativismo de Estado; mas é evidente que não podia de um momento para o outro criar-se um Estado corporativo sobre a Nação inorgânica. O erro cometido não consiste, pois, no ecletismo das fórmulas constitucionais e na longa duração das mesmas soluções ecléticas [...]. A falta maior, embora justificada, está numa espécie de paragem que a organização sofreu durante anos e nos desvios, tanto de pensamento como de ação, que sofreu sob a imposição de circunstâncias conhecidas.
>
> Assim, para que constitucionalmente se avance na orientação prevista, é necessário retomar a marcha, estendendo a organização, completando-a e corrigindo-a no que se faça mister. É preciso ainda que a doutrinação exigida pela revolução corporativa se faça intensamente, largamente, levando-a ao comum dos portugueses, alguns dos quais ainda hoje não lhe veem, por desfiguração das coisas, benefícios alguns e outros não sabem filiar as regalias materiais obtidas no espírito que as gerou e as tornou possíveis.[748]

Nesta perspetiva de retoma e reativação do corporativismo, Salazar anuncia a criação «em breve prazo» do Ministério das Corporações[749].

Aproveitando uma conferência realizada na Sociedade de Geografia, em 23 de março de 1950, a convite do Gabinete de Estudos Corporativos do Centro Universitário de Lisboa da Mocidade Portuguesa, Marcello Caetano manifesta-se, pela primeira vez publicamente, contra a análise e as intenções de Salazar. Em primeiro lugar, afirma:

Portugal é um Estado-corporativo em intenção: não de facto. O mais que se pode dizer é que temos um Estado de base sindical-corporativa ou de tendência corporativa: mas não um Estado corporativo.[750]

Depois, quanto à existência de um Ministério das Corporações, a sua divergência é total:

> Salvo o devido respeito pelas opiniões em contrário, eu penso que num regime corporativo não há lugar para o Ministério das Corporações. Parece um paradoxo: mas depressa se compreenderá a razão do meu dito.
>
> Um Estado corporativo deve ser a expressão política da Nação organizada corporativamente e cuja vida social seja inspirada pela doutrina corporativa. Nestas condições, não se compreende que as Corporações se encontrem, no seio do Estado, num compartimento à parte. Todos os ministérios têm de ser das corporações, no sentido de deverem proceder com espírito corporativo e em íntimo contacto, em perfeito entendimento, com os organismos corporativos.
>
> Um Ministério das Corporações pode deixar supor que as corporações se devem entender e corresponder basicamente com os órgãos do Estado. Mais: pode criar-se até a convicção de que as corporações sejam meras direções-gerais, com todos os perigos que de tal burocratização adviriam. Por isso me parece tão inconveniente o Ministério das Corporações no regime corporativo, como seria no regime liberal um Ministério da Liberdade.[751]

Foi o escândalo nos meios políticos do regime, nos quais muitos consideraram o discurso como um ataque frontal a Salazar, sobretudo por vir do presidente da Câmara Corporativa[752]. Segundo este, um deputado pelo Porto classificou o ato de um «cisma»[753]. Um dos seus inimigos políticos interpretou, quase meio século depois, as palavras no quadro das suas ambições políticas: «pretendia aparecer como o único opositor claro de Salazar, como a única personalidade importante do regime com coragem para o contrariar; e depois, pretendia acautelar as prerrogativas da *sua* Câmara Corporativa que se lhe antolhava como a única instituição do Estado Novo com legitimidade para continuar a sua revolução corporativa.»[754]

Salazar parece que também não gostou, mas nunca tocou no assunto e, mostrando quem mandava, pelo Decreto-lei n.º 37 909, de 1 de agosto de 1950, procedeu a uma ampla remodelação da orgânica do Governo, no âmbito da qual cria o Ministério das Corporações que – intencionalmente ou não –, é entregue, no dia seguinte, a um arqui-inimigo político de Marcello Caetano: José Soares da Fonseca. Simultaneamente, e desta feita de acordo com as suas sugestões muito antigas, é criado o Ministério da Presidência, ocupado por João Pinto da Costa Leite (Lumbrales).

No dia 18 de abril de 1951, dá-se a morte de Óscar Carmona – o «velhinho que durante tantos anos, como um monarca, presidira à marcha do Estado consubstanciando o espírito da Revolução Nacional»[755] –, há muito esperada. Reacende-se a questão monárquica. À clivagem entre os «partidos» militar e civilista, junta-se agora a dos republicanos e os monárquicos.

As elites mais conservadoras do Estado Novo entravam em pânico cada vez que se punha a questão da substituição dos seus órgãos de topo. Não enxergavam a evolução do regime para além de Salazar. Organizado em circuito fechado, a perenidade do sistema político estava refém dos seus fundadores, mantendo-se, ditatorialmente, através da persistência de uma clique de políticos que se revezavam nos postos-chave do Poder. Não obstante as afirmações em contrário, segundo as quais tinham o apoio povo, temiam-no, até porque, no fundo, reconheciam que, no dia em que a válvula da opressão sistemática e mansa se soltasse, tudo poderia ficar em causa.

O Estado Novo, como sistema político, praticamente não existia: era um homem, o seu projeto, a sua corte de servidores e a sua polícia. Tratava-se, como escreveu Adriano Moreira, de um «um regime semântico e sem autenticidade» que «tinha aparelhos administrativos mas não tinha instituições políticas, e era vincadamente pessoal»[756]. Por isso – acrescenta o mesmo autor – é um erro «querer fazer supor que o Estado, na vigência da Constituição de 1933, era a organização descrita nos textos legais»[757]. Referindo-se à teoria da imagem, fala da «falta de autenticidade» que caracteriza a execução da Constituição de 1933, que define como «um documento mais preocupado com a imagem do que com a realidade do sistema político», uma «Constituição Semântica», ou seja, «uma coleção de palavras destinadas a compor uma imagem, mas com escassa ligação com a realidade»[758].

E Marcello Caetano, fosse qual fosse a dimensão das suas ambições políticas – que as tinha! –, e fossem quais fossem as suas contradições – que eram muitas!, e que nunca conseguiu resolver totalmente – queria um sistema político coerente e não apenas um simulacro.

Quando morreu, Carmona era, já há muitos anos, um personagem secundário, numa farsa política que se ancorava numa suposta identificação entre o Poder Executivo, na pessoa de Salazar, e o Poder Representativo, assumido pelo Presidente da República, quando, na realidade, quase desde o princípio, este era apenas um instrumento para garantir a manutenção do primeiro: «não era verdadeira a imagem constitucional de que o Presidente da República representava a chave do sistema: pertencia realmente ao Presidente do Conselho, que exercia uma espécie de acumulação dos poderes executivo e moderador da tradição cartista, sem expressão formal em qualquer texto»[759]. Os contornos do Estado Novo projetado, teorizado e realizado por Salazar, a partir da sua entrada para o Governo de Vicente de Freitas (1928), mas, especialmente, depois de atingir o cume do Poder nas funções de Presidente do Ministério (1932), ganham a configuração de uma teocracia laica, presidida por uma entidade superior difusa em que se misturam a trilogia «Deus, Pátria, Autoridade» mediada por um homem simples e como que vindo do nada, remetendo para a expressão evangélica «*et fuit homo missus a Deo...*» perante o qual todos se prosternam em atitude reverencial.

Logo no primeiro momento, Mário de Figueiredo lança a ideia da restauração da Monarquia. Segundo Marcello Caetano, afirmou ao grupo de políticos convocados para a sede da União Nacional:

> A Providência – e eu vejo realmente nisto um facto providencial – quis que na Assembleia Nacional estejamos justamente a entrar na revisão do título da Constituição que trata do Chefe do Estado. Esta é a altura de decidirmos se continuamos em República ou restauramos a Monarquia.[760]

Marcello Caetano e Albino dos Reis manifestam-se abertamente contra, generalizando-se a discussão. A argumentação expendida pelo grupo de Mário de Figueiredo assentava num pressuposto e subentendido apoio da maioria da Nação: «A longa presidência de Carmona mostrara ao País os benefícios da continuidade na Chefia do Estado. Ele fora verdadeiro monarca. E a grande massa da Nação aceitaria bem ver outra vez um Rei a representá-la, de modo a dispensar-se o esboço de guerra civil que as eleições por sufrágio universal constituíam de cada vez que era necessário escolher o Chefe do Estado.»[761]

Desta reunião informal não saiu qualquer decisão, a não ser o adiamento do terceiro Congresso da União Nacional, que estava marcado para o dia 28 de maio.

Salazar reúne o seu conselho privado, designado na gíria política de *politburo*, ou seja um grupo constituído pelos presidentes da Assembleia Nacional e da Câmara Corporativa, ministros da Presidência e do Interior, presidente da Comissão Executiva e líder do governo na câmara legislativa. Ponto único da agenda: a escolha do candidato a propor para a presidência da República.

Mário de Figueiredo volta a levantar a questão da restauração do sistema monárquico, no que é acompanhado por João Pinto da Costa Leite e por Augusto Cancela de Abreu, em torno da argumentação anterior, a que acrescenta a afirmação de que só um Monarca hereditário poderia ser, à semelhança do que acontecia na Grã-Bretanha, «o elo da ligação entre todas as partes do Império Português que dia a dia se desenvolviam a caminho da autonomia»[762].

Na sua intervenção, apoiada por Albino dos Reis e Trigo de Negreiros, Marcello Caetano rebate toda a argumentação de Mário de Figueiredo, concluindo com a afirmação de que o seu voto «era de que se cumprisse a Constituição tal como estava, porque era para isso que existia», não se esquecendo de referir que «não acreditava que a restauração da Monarquia fosse benéfica para o futuro lusíada do Ultramar: nas colónias, países novos de muito espaço e pouca gente, reinava um espírito liberal.»[763]

Regista-se, portanto, um empate nas posições. Salazar, como habitualmente, ouviu sem se manifestar, e a reunião acabou sem ser tomada nenhuma posição.

Mário de Figueiredo não ficou parado e começou a manobrar nos bastidores. Na Assembleia Nacional discutia-se naquele momento o Título II da Constituição Política – «Da eleição do Presidente da República e suas prerrogativas». Sem prévio conhecimento do Presidente do Conselho, reúne à sua volta os deputados monárquicos e, a 24 de abril, consegue fazer aprovar uma emenda ao artigo 80.º, segundo a qual, no caso de vagatura da Presidência da República, «a Assembleia Nacional reunirá por direito próprio no sexagésimo dia após a vagatura, para deliberar sobre a eleição presidencial». Trata-se de ganhar tempo e espaço de manobra, já que no articulado anterior determinava-se que «o novo presidente será eleito no prazo máximo de sessenta dias». Por outro lado, concentra na pessoa do Presidente do Conselho todos os poderes, estabelecendo o estatuto da inerência, através da reforma do parágrafo que estabelecia que, durante a vagatura, «o Governo, no seu conjunto, [fica] investido nas atribuições do Chefe do Estado»; a partir de agora, enquanto não se realizar a eleição presidencial ou em caso de impedimento transitório, «ficará o Presidente do Conselho investido nas atribuições do Chefe do Estado, conjuntamente com as do seu cargo»[764]. De tudo isto, conclui Franco Nogueira: «Está criada uma ambiguidade: pode até protelar-se indefinidamente o ato eleitoral.»[765]

Comentando estes factos, Marcello Caetano escreve a Salazar, insistindo na sua candidatura:

> Pensava eu que, com a conversa de domingo, teria terminado – como desejava – a minha intervenção na atual crise: mas não posso resistir a uma palavra de comentário sobre o erro crassíssimo ontem cometido pela Assembleia Nacional.
>
> A obstinação de V.ª Ex.ª na recusa de consentimento para apresentação da sua candidatura vai levar essa gente a fazer toda a sorte de disparates a fim de o manter na Presidência por inerência de funções. E já vem no Eclesiastes que a asneira puxa asneira.
>
> É com a maior apreensão que vejo (e comigo algumas das pessoas de mais senso e de maior responsabilidade no Estado Novo) o desenvolvimento da crise que, pelos vistos, se tenta resolver por «golpes de Estado» parlamentares.[766]

Poucos dias depois, anota ao seu interlocutor privilegiado: «a crise atual leva-me a perguntar também – se a Constituição e as instituições constitucionais, em geral servem para alguma coisa...»[767] E, logo a seguir, volta a insistir na candidatura de Salazar:

> Creio, por tudo quanto ouço e observo de há tempos para cá (e sobretudo no último mês), que se prepara uma gravíssima crise do regime, mais tarde ou mais cedo, que pode ser mortal. Há prenúncios gravíssimos de dissolução e de desorientação. No dia em que se perderem as últimas esperanças da ascensão de V.ª Ex.ª à Chefia do Estado o que tenho ouvido leva-me a crer que a descrença no futuro levará uns a soluções de desespero, outros a um afastamento que nada remedeia nem salva.[768]

No dia 28 de maio, Marcello Caetano usa uma vez mais da palavra nas comemorações da Revolução Nacional, num discurso que tem menos a ver com o passado e que é sobretudo virado ao futuro; esse mesmo futuro cuja perspetiva tanto perturba Mário de Figueiredo, Santos Costa e os respetivos séquitos; esse futuro que é o horizonte do orador:

> O Estado Novo português tem sido um ensaio, incontestavelmente fecundo, da fórmula do futuro. É para o futuro que devemos olhar com espírito criador, com decisão construtiva, sem receios perturbadores, antes com o ânimo resoluto dos que sabem ser portadores de uma mensagem de verdade e de vida.
>
> Quando em 1926 dissemos que se fazia a Revolução Nacional sabíamos que desejávamos uma transformação radical – não uma reação estagnadora.
>
> O espírito de reação foi útil e benéfico enquanto nos alentou para repelir tudo quanto desfeou e infamou a face sagrada da Pátria.
>
> Mas hoje temos de ser dignos da tarefa que os séculos futuros de nós esperam. O 28 de maio de 1926 representa o início de um caminho que importa continuar a trilhar. O Estado Novo não é já uma situação: é um regime. E um regime é um sistema de instituições políticas características, de funcionamento normal, contendo a previsão de soluções para as crises da vida nacional.
>
> Nas perturbadas circunstâncias do mundo de hoje e perante as angustiosas interrogações que em todas as latitudes e longitudes os homens fazem a si próprios – a definição do Estado Novo, como regime que sem negar os valores essenciais da civilização procure adequar-se às novas circunstâncias e às novas condições de um povo, será porventura mais um grande serviço que Portugal pode ainda prestar à Humanidade.[769]

Antes destas afirmações, distanciara-se da corrente alternativa, evocando a sua militância monárquica, que justificou como um passo transitório num percurso evolutivo, a qual terá como desfecho, no final do ano, a afirmação explícita do princípio republicano:

> O monarquismo que por então abracei não pretendia a restauração do que estava em 1910: constituía, para mim como para tantos outros rapazes, um regime ideal a construir de novo, embora sob a inspiração de instituições tradicionais que durante séculos se tinham afeiçoado ao caráter português.[770]

O relacionamento entre Salazar e os monárquicos constitui um dos exemplos paradigmáticos da sua habilidade para reverter em seu proveito político exclusivo as variadas forças e sensibilidades que se envolveram no apoio em primeiro lugar ao golpe de 28 de maio, depois à Ditadura Nacional e, finalmente, ao Estado Novo.

Não era segredo para ninguém que os monárquicos encararam o 28 de maio e a situação política subsequente numa perspetiva de restauração do respetivo regime, o qual, entre outras, teria a vantagem de suprimir o mandato temporário do Chefe do Estado que, na argumentação de Mário de Figueiredo, sumariada por Marcello Caetano, «devia estar acima de todas as lutas e paixões, não devia depender do sufrágio universal, carecia de total independência das forças políticas para ser a fiel expressão dos interesses nacionais e o representante de todos os portugueses»[771]. Essa perspetiva justificaria em boa parte a adesão dos monárquicos ao Estado Novo, constituindo «o núcleo mais fiel dos partidários do Dr. Salazar», que «evitava cuidadosamente hostilizá-los»[772], reconhecendo o seu apoio na sua ascensão ao Poder, explicitamente referido em carta dirigida à viúva de D. Manuel II: «Por vários motivos, morreu El-Rei sem que eu pudesse exprimir-Lhe quanto era sensível às Suas repetidas e amáveis referências e quanto o Seu apoio e a orientação dada à política monárquica facilitaram a ação da Ditadura e especialmente a minha.»[773]

Apesar de, provavelmente, ser monárquico «por sentimento, o sentimento do rural, do seminarista, do católico que assistira aos desmandos que caracterizaram o advento do regime republicano»[774], Salazar parece nunca ter equacionado a restauração do regime monárquico, contrapondo-lhe sempre os superiores interesses da Nação que, na sua perspetiva, se traduziam na exigência da «unidade de pensamento e unidade de ação, isto é, a maior coesão nacional»[775], ou seja, da estabilidade que não é garantida, por si só, pela monarquia, que «não é um regime, é apenas uma instituição»[776].

Por outro lado, pode mesmo discutir-se a compatibilidade entre os fundamentos da instituição monárquica e o projeto de poder pessoal – tendencialmente absoluto – de Salazar, considerando a inamovibilidade do rei, a qual, em caso de conflito ou de incompatibilidade política grave, tendia a fragilizar a posição do Presidente do Conselho. Considerando o facto de o Presidente da República ter um mandato temporalmente limitado e a escolha do candidato estar reservada à Comissão Central da União Nacional e, em última análise, a Salazar, que era o seu presidente a título vitalício, a posição deste ficava mais salvaguardada, como aconteceu, aliás, com Craveiro Lopes, em 1958.

Desta ambiguidade, anota Marcello Caetano, «nasceram muitos equívocos»[777].

Salazar continua as consultas, tendo em particular atenção a opinião de Santos Costa que, apesar de monárquico, afirma a Salazar que as Forças Armadas não aceitam um regresso ao trono.

Rejeitada, liminar e publicamente, por Salazar a sua candidatura, através de nota oficiosa datada de 5 der junho de 1951[778], apesar das insistências de Marcello Caetano e de Albino dos Reis, entre outros, tratava-se agora de escolher o candidato. O «candidato ideal», nesta fase do regime deveria ser um continuador dos últimos anos da presidência de Carmona, ou seja: um presidente fraco, pouco interveniente e que deixasse liberdade ao Presidente do Conselho para agir segundo os meios que entendesse serem os mais aconselháveis para a manutenção do regime. Dentro desta perspetiva – que aliás se viria a revelar parcialmente gorada – na reunião da Comissão Central da União Nacional, de 1 de junho de 1951, a escolha recaiu no general Craveiro Lopes, pertencente ao ramo da aeronáutica militar, que fora sugerida por Augusto Cancela de Abreu, amigo de Marcello Caetano, e, à data, presidente da Comissão Executiva. Foram ainda apresentadas outras alternativas, designadamente as dos generais Aníbal Passos e Sousa, e Afonso Botelho. Este último, à data comandante da Guarda Nacional Republicana, apesar das insistências, recusa. E, curiosamente, Marcello Caetano, perante a recusa de Salazar em candidatar-se, defendeu a candidatura do então ministro da Marinha, Américo Tomás.

Francisco Higino Craveiro Lopes[779], nascido em Lisboa em 1894, era filho e neto de militares, estando predestinado para a mesma profissão. Depois de frequentar o Colégio Militar, a Escola Politécnica de Lisboa e a Escola de Guerra, é promovido a alferes de Cavalaria. Iniciou a sua carreira militar nas Colónias (1915-1917), onde seria distinguido com a cruz de guerra e com o grau de cavaleiro da Ordem Militar da Torre e Espada. Regressado a Lisboa e promovido a tenente, frequenta, em França, o curso de piloto-aviador (1918), tornando-se, alguns anos depois, instrutor da Escola Militar de Aviação (1922-1929). Aderiu ao 28 de maio e, depois de uma passagem de dez anos pela Índia Portuguesa (1929-1939), torna-se comandante da Base Aérea de Tancos. Em 1944 é nomeado Comandante da Legião Portuguesa e, em 1949, já general, integra pela primeira vez as listas de deputados à Assembleia Nacional pelo círculo de Coimbra, voltando a ser eleito na legislatura seguinte.

À partida, nada, nem no seu currículo militar nem no político, fazia prever a designação para candidato à presidência da República, que, nas palavras de um seu grande amigo e confidente – Manuel José Homem de

Mello –, «constituiu uma surpresa tão grande para os "barões" políticos do regime, então vigente, como para o próprio candidato», acrescentando:

> Na verdade, o nome do comandante-geral da Legião Portuguesa – era esse o cargo que então desempenhava – não possuía a menor relevância política. E o facto de ser oficial no ativo, a exercer aquelas funções, só poderia significar tratar-se de persona não inteiramente grata à estrutura militar que, sob a égide do ministro coronel Santos Costa, dominava as Forças Armadas. O cargo era, sobretudo, honorífico, e Craveiro Lopes não beneficiava dos favores do «príncipe castrense» que então pontificava.[780]

Só por ingenuidade política é que tal surpresa se poderia manter, porque fora precisamente essa carência de perfil e autoridade políticos que fizeram dele o candidato ideal à substituição de Carmona.

Marcello Caetano, por norma tão rigoroso e incisivo na avaliação das pessoas, sobretudo dos políticos com quem se cruzava, descobre nele «um conjunto de qualidades que dificilmente outro reuniria»: «Tinha boa folha militar. [...] Não lhe faltava carreira política. [...] No Ultramar estivera várias vezes. [...] E comandara a Legião Portuguesa.» Além disso – aspeto sempre relevante para o então presidente da Câmara Corporativa –, «A sua vida de família era muito digna e estava casado com uma senhora de porte distintíssimo, Dona Berta Craveiro Lopes, também de famílias militares.»[781]

Enquanto se desenrola a crise política, em cujo decurso – à parte a questão da sua candidatura – Marcello Caetano está, no essencial, de acordo com Salazar, este não esquece a vida particular do primeiro e pressiona no sentido da sua nomeação para as funções de delegado do Governo no Banco de Angola, por ter percebido, numa conversa havida entre ambos, ser esse o seu desejo. A nomeação ocorreu a 14 junho de 1951, em vésperas do início da campanha eleitoral, para a qual Salazar o desafia numa curta frase da carta que lhe escreve a informá-lo da aceitação de Craveiro Lopes: «Agora, vamos à propaganda.»[782]

Menos pressionado do que em eleições anteriores, devido ao facto de as funções que agora desempenhava serem de certo modo marginais à política ativa, Marcello Caetano procura desvalorizar a sua colaboração na campanha eleitoral: «Nesta época a minha contribuição não poderá ser grande. Estamos a começar o período de exames e ando bastante fatigado, com a asma assanhada pelos primeiros calores e por esta incerteza de temperatura. Felizmente não faltará gente e eu presto para bem pouco.»[783]

Ainda assim, discursou numa sessão realizada no Porto, a 17 de junho, onde, segundo a sua narrativa, entre outros temas, como o descontentamento em política, numa clara referência à oposição, afirmou que «a experiência me tornara adepto das campanhas eleitorais», porque «constituíam ocasião periódica de revisão global da justiça do Governo», ideia que remete para o seu já citado parecer na Câmara Corporativa sobre a revisão da Constituição.

Salazar gostou muito do discurso, que ouvira pela rádio: «O público pareceu-me entusiasmado de verdade, a vibração era grande e sentia-se que as suas palavras caíam nos espíritos como verdades e sentimentos de que estivessem ansiosos e sedentos. Muitos parabéns e agradecimentos pela colaboração que prestou à campanha.»[784]

Quando cita esta carta, que termina com a simples expressão «Com muitos cumprimentos», Marcello Caetano traça «a evolução dos fechos das cartas» nos seguintes termos: «mais jovem, e depois enquanto deprimido, subscreve-se "amigo att.º e grato". Mas agora, restabelecida da crise, é mais fechado e cerimonioso: "respeitosos" ou "muitos" cumprimentos.»[785]

5
«A CONTINUAÇÃO DO ESTADO NOVO PARA ALÉM DE SALAZAR NÃO CONSTITUI PROBLEMA...»

Craveiro Lopes foi eleito a 22 de julho de 1951, no termo de uma campanha frouxa, em que a oposição, marcada pelas sequelas deixadas pela eleição anterior – em que o Partido Comunista procurara colar-se à candidatura de Norton de Matos, corroendo assim o caráter abrangente que presidira ao seu lançamento –, não conseguiu juntar-se. Além disso, mantendo-se as tradicionais e verídicas limitações à liberdade de propaganda, o candidato oposicionista, almirante Quintão Meireles, que fora ministro dos Negócios Estrangeiros (1928-1929) num dos governos da Ditadura Militar, desistiu, alegando ter adquirido a certeza de que o ato eleitoral não decorreria nas condições indispensáveis à seriedade das suas intenções, tornando a luta impossível.[786]

Mas este era um facto menor na perspetiva dos círculos do Poder que, desta vez, nem sequer reclamaram, como dois anos antes, a vitória «retumbante» na peleja eleitoral, que se limitara a confirmar aquilo que, goste-se ou não, pode ser considerado trivialmente inevitável. Importante era, essa sim, a guerra surda que se desenvolvia nos bastidores da Situação.

Craveiro Lopes toma posse a 9 de agosto, jurando, segundo a fórmula constitucional, manter e cumprir fielmente a Constituição da República e observar as leis.

Do ponto de vista formal, está ultrapassada a crise, e a continuidade do regime fora garantida sem sobressaltos. Mas os eventuais problemas que poderiam ter surgido do exterior do sistema político, vão explodir três meses depois, e de uma forma particularmente grave, dentro da própria situação.

Marcada para 22 de novembro a realização do III Congresso da União Nacional – que devia ter-se realizado a 28 de maio e fora adiado, contra a opinião de Marcello Caetano, devido à morte de Carmona –, começa a constar pelos corredores do poder que o congresso vai defender e concluir pela necessidade de restauração da Monarquia. O setor monárquico, que não conseguira fazer vencer a ideia aquando da morte do «presidente-monarca», não se conformava com a derrota e voltava à carga, agora de forma clara e solene, à medida da mediatização daquele que era o palco mais público da União Nacional. Bem vistas as coisas e traduzidas numa linguagem operacional, tratava-se quase de um «golpe de estado», que, singularmente, provinha de um dos setores que mais empenhadamente se batera pela forma de inviabilizar o «golpe de estado constitucional».

Marcello Caetano nunca soube de quem partiu e quem chefiou a manobra, mas lança algumas pistas, revertendo a intriga para a sua velha inimiga, a Universidade de Coimbra:

> O Secretariado do Congresso era composto por professores e assistentes da Universidade de Coimbra, todos conhecidos pelo seu credo monarquista. O caso é que dias antes da reunião constou que, nela, vários oradores preconizariam a mudança de regime e estava preparada uma manifestação de apoio que contaria com a presença do próprio D. Duarte Nuno.[787]

Marcello Caetano, que começara monárquico e se revelava agora um defensor do sistema republicano, e Albino dos Reis, esse sim, um republicano de sempre, procuram Salazar, a quem expõem a manobra, passando-se, de imediato, à planificação do contra-ataque: Salazar começaria, logo no discurso de abertura, por desautorizar a combinação; a Marcello Caetano caberia a definição da doutrina da União Nacional; e a Joaquim Dinis da Fonseca seria solicitado que apresentasse, na secção de Estudos Políticos, uma tese defendendo a manutenção do sistema de governo, cujas conclusões seriam incluídas nas do Congresso.

Marcello Caetano escreve o discurso e, ao comunicar a Salazar o esquema da alocução, este informa-o que dera instruções à Comissão Executiva da União Nacional «para que fosse evitada qualquer manifestação inconveniente»[788].

Já quase no final do discurso de abertura, Salazar aborda a questão da monarquia, levantada nalgumas teses apresentadas, mas fá-lo de uma forma teórica, baseando-a na necessidade de se fazer uma «diferenciação entre princípios e instituições» e também «entre as instituições e os regimes»[789]. E é sob este enfoque que manifesta a sua opinião:

> A monarquia tem a superioridade real de conter em si própria resolvida – tanto quanto humanamente o pode ser – a questão da estabilidade da chefatura do Estado; mas a monarquia não é um regime, é apenas uma insti-

tuição. Como tal, pode coexistir com os regimes mais diversos e de muito diferentes estruturas e ideologias. E, sendo assim, ele não pode ser só por si a garantia da estabilidade e um regime determinado, senão quando é o lógico coroamento das mais instituições do Estado e se apresenta como uma solução tão natural e apta que não é discutida na consciência geral. Eis o ponto. Nas dificuldades dos tempos que vivemos, as consciências andam absorvidas por problemas de natureza muito diferente: a paz, as questões económicas e sociais não só têm hoje o primado absoluto como exigem em cada país unidade de pensamento e unidade de ação, isto é, a maior coesão nacional, para lhes encontrarem soluções convenientes. Concluo como quem aconselha: estudemos tudo, mas não nos dividamos em nada.[790]

Marcello Caetano interpretou este fragmento do discurso de Salazar – aliás, o único em que este se refere à questão – como uma declaração de inoportunidade da mudança do regime, facto de que a assistência não se deu conta[791]. Mas, na realidade, o Presidente do Conselho, sempre cauteloso e ambíguo quando se tratava dos monárquicos, torneara habilmente a questão, mantendo o discurso na área de princípios genéricos e abrangentes, deixando o ónus do confronto com a realidade ao primeiro, que se voluntariara para o combate.

No segundo dia, Marcello Caetano dirige-se aos congressistas pronunciando o seu célebre «Discurso de Coimbra»[792], que ficará como uma das páginas marcantes da história do Estado Novo. Fiel à sua metodologia de sempre, começa com um longo exórdio, que é um enquadramento histórico da obra de Salazar, antes de entrar nas questões centrais.

Invocando a sua qualidade de colaborador do Presidente do Conselho desde 1929, propõe-se fazer um balanço de vinte e cinco anos do regime e perspetivar o futuro, ou seja, iniciar «os trabalhos de preparação de nova fase do Estado Novo».

No princípio dos tempos, imediatamente subsequentes ao golpe de 28 de maio..., no princípio, era o caos: «Assisti ao fazer e desfazer de muitos planos e programas. Vi surgir e desaparecer muitos homens que se julgavam providenciais. Cheguei a descrer de que, por falta de ideias assentes e de comando firme, se fosse até ao fim.» Até que chegou Salazar para «salvar o País». Recebido com desconfiança, foi-se impondo gradualmente, lançando «os alicerces de uma estrutura política que se integra na série de grandes experiências de adaptação do Estado moderno às novas condições de vida social características da época que tem o seu começo com a deflagração da guerra de 1914-1918.» Os alicerces do Estado Novo, em termos de balanço político, assentavam nas seguintes realizações: *1)* Suprimidos os partidos, o Estado passou a estar ao serviço da Nação inteira, provendo às necessidades da vida coletiva; *2)* Consolidou-se a estabilidade governativa: «O Estado Novo deu-nos o *governo estável*, com ministros que passam a ser chefes administrativos mas cuja atividade seja coordenada e orientada segundo um pensamento político encarnado num chefe.»; *3)* «O Estado Novo deu-nos um governo com autoridade para resolver por si os problemas correntes, tanto por via legislativa como administrativa, sem dependência do Parlamento ou da opinião pública.»; *4)* Contra a luta de classes, em que se perfilavam «fortes coligações de interesses económicos e sociais, nomeadamente os *trusts*, os *cartéis*, as associações patronais e os sindicatos operários», «O Estado Novo organizou as empresas económicas e as profissões em grémios e sindicatos oficialmente reconhecidos e chamou-os à colaboração com o Poder público sob a égide do comum interesse nacional.»; *5)* No quadro da transparência possível, consubstanciada na fiscalização, informação e julgamento pela opinião pública das linhas gerais da ação política, «O Estado Novo possui assembleias parlamentares onde a administração pública pode ser censurada e a opinião esclarecida, e essas assembleias provêm do sufrágio que permite periodicamente campanhas de elucidação do eleitorado e votações para apreciação da obra feita.»; *6)* Finalmente, o problema crucial – o da liberdade no quadro do regime autoritário:

> [...] um dos gravíssimos problemas do nosso tempo é o equilíbrio entre a autoridade deste governo, dotado de amplos poderes de decisão e com tamanha ingerência em todos os aspetos da vida social, sobretudo no campo económico – e a liberdade do indivíduo no seu tríplice aspeto civil, político e económico.

Apesar de estar convencido de não ter sido ainda encontrado, neste aspeto, «o ponto ideal de equilíbrio, sobretudo por falta de um sistema de garantias eficazes», considera que

> [...] dentro dos limites que as circunstâncias impõem, o Estado Novo português tem seguido a orientação de evitar tanto quanto possível a socialização, pela conservação integral da liberdade civil, pela restrição só na medida do indispensável da liberdade económica e profissional, pela pesquisa de novas fórmulas de liberdade política.
>
> Não se encontrou ainda aqui, penso eu, o ponto ideal de equilíbrio, sobretudo por falta de um sistema de garantias eficazes. Podem-se apon-

tar certos vícios de burocratização, certo predomínio do regime de polícia, alguns casos em que a justiça poderia ser atingida de outra maneira. Eu sei. Mas se permaneço fiel aos velhos princípios de segurança pessoal que desde o século XIII o braço popular reivindicou sempre nas Cortes portuguesas, e se condeno todas as peias como todos os abusos, vexames e violências escusadas, não posso ignorar o Mundo em que vivo e deixar de ver o que se passa nele.

Um mundo no qual, «onde o Partido Comunista se mete a resgatar a dignidade do homem, apresenta sempre contas de milhões de mortos e de prisioneiros pelos serviços prestados à Humanidade», concluindo que, «apesar de tudo, o Estado Novo tem, neste Mundo conturbado e dividido, conseguido manter um equilíbrio satisfatório entre a autoridade do Poder e a liberdade dos indivíduos.»[793]

Este é o ponto de chegada e o balanço de um percurso. Em princípio, e de acordo com o plano combinado com Salazar, deveria investir agora naquele que se transformara no problema de fundo do congresso: a restauração das instituições monárquicas.

Mas Marcello Caetano decidiu colocar no centro do seu discurso – com bastante coragem, sublinhe-se –, as perspetivas do futuro do Estado Novo:

> A primeira das grandes apreensões de que vale a pena falar é a respeitante ao destino do Estado Novo no dia em que Salazar deixar de exercer a Presidência do Conselho.
>
> Por muito que ela nos desagrade, a hipótese é inevitável: Salazar não é imortal.[794]

Considerando a obra de Salazar, ao longo das cerca de duas dezenas de anos decorridos desde a sua chegada ao poder, sumariada na primeira parte, a obra que fizera dele um Chefe e um Mestre, que personificava a autoridade do Estado Novo, pergunta:

> Como se passarão as coisas para a sua sucessão em circunstâncias normais? O que consideramos virtudes do Estado Novo não será apenas a projeção do talento político de Salazar? O Estado Novo será verdadeiramente um regime – isto é, um sistema de regras institucionais que permita a regularidade do governo da Nação –, ou não será mais do que o conjunto das condições adequadas ao exercício do Poder por um homem de excecional capacidade governativa?[795]

Fica assim lançado publicamente o problema da sucessão, que já aflorara timidamente, em janeiro de 1949, no decurso da campanha eleitoral para a reeleição de Carmona. Ao arrepio de todos aqueles que ligavam a continuidade do regime à permanência de Salazar – e eram muitos, principalmente na sua ala mais conservadora, aos quais a intervenção de Marcello Caetano se dirige em termos de resposta e desafio – afirma:

> A continuação do Estado Novo para além de Salazar não constitui problema justamente porque existe a sua doutrina e a sua obra, doutrina e obra que lançaram as bases sólidas de um sistema e que educaram já uma geração.[796]

Uma geração que é a sua, uma geração que começa a perfilar-se na linha da sucessão, uma sucessão evolutiva que não corta definitivamente com o passado, que constitui, aliás, o travejamento do seu *corpus* teórico--político, mas que se perspetiva no futuro.

Estaria Marcello Caetano a pensar em si próprio? Não é fácil responder categoricamente a esta pergunta, mas há indícios razoáveis para supor que sim, quando afirma:

> A eleição de Salazar para a suprema magistratura da Nação permitiria que ele mesmo presidisse à sua substituição na chefatura do Governo, e assim habituasse o País a ver na Presidência do Conselho um homem vulgar, ainda que experiente, sabedor e devotado ao bem público.[797]

Parece o seu autorretrato. Aliás, no discurso de 28 de setembro de 1968, ao tomar posse das funções de Presidente do Conselho, pronunciou quase as mesmas palavras:

> O País habituou-se durante largo período a ser conduzido por um homem de génio: de hoje para diante tem de adaptar-se ao governo de homens como os outros.[798]

Marcello Caetano era um dos homens da nova geração de políticos que mais de perto privara com Salazar, num percurso nem sempre linear mas praticamente constante, desde que este subira as escadas do Ministério das Finanças, em abril de 1928. Além disso, possuía uma carreira invejável de proximidade ao Presidente do Conselho: fora seu colaborador e discípulo, tinha uma obra teórica de doutrinador, construída segundo os seus princípios políticos, e mantivera uma quase constante disponibilidade para o seu serviço.

Seja como for, não há dúvida que é a partir desta altura que começa a criar, a doutrinar e a desenvolver o seu círculo político, recrutado entre os antigos discípulos na Mocidade Portuguesa, os seus alunos da Faculdade de Direito e as elites da província das quais se aproximou no exercício das funções de presidente da Comissão Executiva da União Nacional.

Finalmente, o orador ataca a questão crucial do congresso:

> Mais funda ainda vai outra apreensão – que constitui para muitos a reserva formal à aceitação plena do regime instituído pela Constituição de 1933: o Estado reveste a forma republicana do Estado Novo, o Chefe do Estado é eleito periodicamente por sufrágio universal. Uns por sentimento ou tradição e outros pelo temor de que alguma vaga emocional, empolgante do eleitorado em certo momento perturbado da vida do País deite a perder num dia o trabalho construtivo de muitos anos – pensam que reside aí um motivo de fraqueza das instituições, que só o exercício vitalício e a sucessão hereditária poderiam evitar.[799]

Confessando as suas simpatias com o sistema monárquico, a que o ligava a militância na sua juventude, afasta-se todavia dele por «um certo instinto político» projetado a partir do reconhecimento de que «as formas de regime que hoje constituem a armadura da defesa da nossa Civilização e o instrumento de realização das reformas sociais necessárias já não são as formas clássicas», porque o Mundo deu muitas voltas e o que ontem parecia ser o garante do sentido nacional – o espírito de continuidade e a consciência de responsabilidade dinástica de um monarca – evidenciou debilidades insanáveis, provadas por factos históricos da primeira metade do século, na Espanha e na Itália: não era o Rei que sustentava o regime, mas o contrário.[800]

> Os regimes políticos já não se classificam em regimes de chefe de Estado hereditário e regimes de chefe de Estado eletivo: o que o Mundo mostra são realidades muito diferentes. O que interessa é saber se o governo de uma nação obedece efetivamente a um chefe [...] ou se está dividido na competição dos interesses e dos partidos. O comando único, o comando de um só – apoiado no sentimento e na vontade da nação cujos anseios profundos e legítimas aspirações interprete, exprima e realize, essa é que é a forma que o novo tipo de Estado solicita, para corresponder à extensão e profundidade das tarefas que os homens dele esperam.[801]

De tudo o que deixara exposto na primeira parte do discurso, logicamente se deduzia que todas estas condições estavam preenchidas pelo Estado Novo. Pelo que a conclusão é óbvia e pode resumir-se em meia dúzia de palavras: a questão da forma do regime não se punha e era supérflua, porque a sua eficácia e o seu ajustamento às necessidades essenciais da Nação estavam garantidas sob o comando de um chefe – Salazar.

O discurso teve impacto. Apesar de «ovacionado» – a expressão é de Marcello Caetano –, «um quarto de hora depois já pelos corredores os promotores da manifestação monárquica exibiam a sua irritação e espalhavam entre os presentes comentários desprimorosos para mim»[802]. Na sequência desta oposição, teve dificuldades na condução dos trabalhos da secção da Juventude, a que presidia, «e na comissão encarregada de formular as conclusões onde, naturalmente, com os meus amigos, procurei evitar que transparecessem as intenções do grupo, só com o apelo a Salazar pelo telefone se conseguiu vencer a resistência dos representantes da cabala.»

Para cúmulo, o Presidente da República, Craveiro Lopes, em visita ao Porto, coincidente com a realização do congresso, declarou, pública e solenemente, a sua fidelidade à Constituição da República, que jurara na tomada de posse, e que nada o afastaria desse compromisso, o que parecia – mas não era – uma ação concertada com Marcello Caetano, e que seria o primeiro passo da aproximação entre ambos: «No quadro da manobra reformista no interior da situação, neste campo que informalmente se vai tecendo e alargando, assumia uma importância decisiva a aproximação que, através de "amigos comuns", Caetano vai estabelecer com o novo Presidente da República, praticamente desde o início do seu mandato, em 1951.»[803]

O *frisson* provocado pelas palavras de Caetano e o ambiente que começara a desenvolver-se em Coimbra estendeu-se a Lisboa, onde o jornal o *Debate*, órgão da Causa Monárquica, se distinguiu em ataques de tal maneira violentos «que a censura teve de moderar por ordem do próprio Salazar»[804].

Salazar não ouvira o discurso de Marcello Caetano, que lho enviou depois de chegar a Lisboa. Após a sua leitura, diz-lhe, depois de salientar que já em Coimbra lhe tinham referido que «em certo setor mais interessante, o discurso ou algumas passagens dele não teriam caído bem»: «Gostei muito dele, da clareza e sinceridade de toda a exposição e não atino

com os motivos da reação que me dizem ter havido. [...] Por mim achei-
-o dos melhores, dos mais claros e objetivos que se lhe devem, e tenho
encontrado em pessoas de cabeça com que já pude falar exatamente a
mesma impressão. Enfim, não se pode neste mundo de Cristo agradar a
toda gente. Foi em todo o caso um ótimo serviço prestado ao Congresso
e à União Nacional. Por todos os seus trabalhos e incómodos lhe envio os
melhores agradecimentos e sinceras felicitações.» Despede-se «Com afetuosos cumprimentos»[805].

A uma semana do Natal, depois de uma deslocação a Espanha, Marcello Caetano afirma ter encontrado «o mesmo ambiente desorientado e
turvo», facto que o estaria a afetar no mesmo sentido[806]. Tudo ainda relacionado com a agitação monárquica, que se manteria, pelo menos, até à
primavera de 1952, momento em que, alertando para a política interna,
escreve a Salazar:

> Entretanto aqui continua a agitação monárquica. Se isto continua,
> sem se definir um rumo, não tardará muito que não tenha de se encarar uma
> de 3 soluções: a) a restauração; b) novo Monsanto, i.e., a tentativa sem ser
> com o Governo; c) um afastamento brusco do Estado Novo das pessoas e
> grupos que estão a comprometer-se mais, de dia para dia, e que pode tra-
> duzir-se numa indesejável guinada para a esquerda. Julgo que todo o tempo
> que se perca na demora em definir claramente este problema jogará contra
> o Estado Novo e não sei se aproveitará à Monarquia. Ao País vai prejudicar
> pela certa.[807]

Marcello tinha plena consciência da natureza autoritária do regime.
Por isso, esforça-se por justificar a sua legitimidade, voltando ao tema em
conferência pronunciada na Câmara Municipal de Braga, a 19 de abril de
1952, subordinada ao tema «A legitimidade dos governantes à luz da doutrina cristã»[808].

Começa por definir o conceito legitimidade como «a qualidade do ato
que está conforme com as normas da Ordem, divina ou humana, natural,
racional ou jurídica, por que se deve reger.»[809]

A aplicação do conceito ao problema da legitimidade do Poder, em
abstrato, não oferece problemas de maior, já que «o Poder é legítimo
porque é uma necessidade da própria existência dos homens em sociedade»; mas, «quando se transita [...] para o Poder em concreto e da ideia
de autoridade para a determinação dos homens que a exercem», a questão

adquire «mais grave complexidade», importando responder às seguintes interrogações:

> Está bem que em toda a sociedade haja uma autoridade: mas entregue a quem? Desde que tem de haver quem mande e quem obedeça, como descobrir a Ordem que há-de reger a discriminação entre governantes e governados? Em nome de que princípio é que certos homens podem comandar e outros devem obedecer?[810]

Desta questão, que se prende com as relações entre mandantes e mandados e com a natural resistência destes para com os primeiros,

> [...] resulta a necessidade de governantes que o sejam não unicamente por imposição fundada na força, por mero efeito da violência triunfante, por manifestação desabrida do apetite de dominar, mas por alicerçarem o seu poderio num título que vá inseri-los na harmonia de uma Ordem, divina ou humana, ou até, se possível, divina e humana. [...]
> Tão grave é o exercício do Poder, tão melindrosas as suas faculdades e tão perturbantes as suas tentações que só uma forte disciplina decorrente da consciência da sua origem e função, derivada de um princípio espiritual que o fundamente, pode evitar o risco sempre iminente da tirania, considerada a palavra no largo e significativo sentido em que os escolastas a empregaram.[811]

Toda a conferência se destina a responder a estas questões, fazendo uma síntese das soluções que foram sendo encontradas ao longo da História, desde os tempos primitivos ao século XX, passando pela Antiguidade Clássica e pelo pensamento escolástico, para observar, tendo como referente a doutrina oficial da Igreja dos finais do século XIX e primeiro quartel do seguinte, afirmando que o que é verdadeiramente característico da doutrina cristã da legitimidade dos governantes «é a insistência no caráter funcional do Poder», na medida em que «Deus criou o Poder como uma necessidade social e com fins determinados de conservação, ordenação e pacificação.»[812]

E conclui:

> O governante não é um deus: é um homem que serve os seus semelhantes, investido numa função que por origem é divina e de que tem de prestar estritas contas a Deus. Escolham os homens como quiserem os que hão-de governá-los: todas as formas serão boas se conduzirem a um reto e prudente

exercício da autoridade que não esqueça os direitos de Deus nem se afaste do temor salutar da Sua justiça. Apenas isto? Isto apenas: tão fácil, como veem, de enunciar – e que tão difícil tem sido há tantos séculos de cumprir![813]

Marcello Caetano sempre se manteve fiel a este princípio do exercício ou uso do poder como «função». Em 1972, exercendo o cargo do Presidente do Conselho, Alçada Batista perguntou-lhe: «porque aceitou o Poder?». Respondeu:

> No papel que você me mandou falava imenso no Poder. Tenho a impressão de que essa maneira de dizer exprime ainda certa maneira provinciana de ver as coisas: assumiu o Poder, chegou ao Poder, tomou as rédeas do Poder... É sugestivo... [...] Para mim, estar neste lugar é estar a exercer uma função. O cargo de Presidente do Conselho é qualquer coisa que está prevista na lei com um conjunto de poderes e deveres e com limites definidos na lei. A função de governar é conhecer, estudar, orientar e tomar decisões sobre os vários assuntos que importam à vida do País.[814]

Jorge Borges de Macedo considerou que foi no período de 1948 a 1952 que Marcello Caetano definiu o essencial do seu pensamento político, através das conferências que pronunciou: além desta última, a de outubro de 1948, na Ordem dos Advogados, sobre a legalidade, e a de março de 1950, sobre o corporativismo português. No seu conjunto, constituíram o que «veio a ser o Marcelismo, com os seus pontos de partida, para os ajustamentos práticos», que são diferentes dos do Salazarismo, porque assentavam numa «nova conceptualização ditada pela exigência prática que a situação do País tornava necessária». No contexto das transformações operadas no mundo a partir da guerra de 1939-1945, «Era indispensável a um país como Portugal considerar mudanças de funcionamento político, alterações de produção, aumentar níveis de consumo destinados a um desenvolvimento global.»[815] No fundo, era necessário operar a mudança. E aí Marcello Caetano era a alternativa.

No final da primavera de 1952, para além da orientação do curso normal da função consultiva da Câmara Corporativa, Marcello Caetano continua empenhado na sua dignificação, nomeadamente no que se refere às instalações[816].

Entretanto, as alterações aos respetivos estatutos e as sequelas do congresso de Coimbra impõem a remodelação de alguns órgãos da União Nacional, cuja subsistência levanta controvérsia, havendo mesmo quem, como José Nosolini, defenda a sua extinção, dado tratar-se apenas de uma série de comissões sem entranhas[817]; partidário de uma reforma profunda, com vista à sua revitalização, Salazar promove uma reorganização da organização, sobretudo das comissões distritais. Chama então novamente Marcello Caetano, desta vez, para vogal da Comissão Central, uma função mais protocolar e menos exposta, dando-lhe conta da decisão por carta datada de 3 de junho, a que este responde no mesmo dia:

> Saiba V.ª Ex.ª que se figuro na chamada atividade política é porque julgo meu dever segui-lo e colaborar consigo naquilo que julgue conveniente. Dever de português e de quem, desde 1929, tem a honra de trabalhar com V.ª Ex.ª. Hoje, para dizer com franqueza, é essa fidelidade pessoal que me impede de me enfronhar exclusivamente nos livros e nos papéis. De maneira que continuarei na Comissão Central enquanto V.ª Ex.ª julgar que isso tem alguma validade.[818]

Esta fidelidade pessoal ao regime e ao seu chefe é recompensada por Salazar que, através do Chefe do Estado, o faz nomear membro vitalício do Conselho de Estado. Do conjunto dos novos conselheiros fazem ainda parte Albino dos Reis, Costa Leite, Santos Costa, Ortins de Bettencourt, Mário de Figueiredo e Caeiro da Mata[819].

Caetano considerou esta nomeação como uma desautorização da campanha que contra ele se mantinha desde o Congresso da União Nacional, mas ressalta sobretudo o facto de se tratar de «uma prova de consideração e de confiança que, embora provinda do Presidente da República, se sabia ter necessariamente o acordo do Presidente do Conselho, se é que não foi dele a iniciativa.»[820] Por isso, agradece-lhe nos seguintes termos: «Embora o meu pendor íntimo fosse cada vez mais para o afastamento da política, para o estudo e para a minha profissão, reconheço não poder nem dever escusar-me a aceitar o que tomo por honra e por obrigação cívica.»[821]

Com estas duas nomeações, Marcello Caetano faz o pleno da sua vida política, passando a contar no seu currículo todas as funções politicamente relevantes dentro do regime, emparelhando em relevância com os grandes próceres do Estado Novo e destacando-se, com apenas 46 anos, como um dos políticos mais brilhantes da Situação e, consequentemente, como uma das suas esperanças.

Como já se referiu, este período da sua vida é para Marcello Caetano um dos mais interessantes: voltara à sua Universidade, aos seus livros e ao seu sempre amado múnus de professor; refizera uma atividade profissional proveitosa não só como membro da administração do Banco de Angola, mas também como jurisconsulto; mantinha, agora reforçado, o peso e influência política, desta vez praticamente sem riscos de se queimar no lume brando da governação; e, liberto das peias do Poder, gozava de uma liberdade que lhe permitia o espaço de manobra para gerir a sua atividade de acordo com os seus próprios interesses.

Em setembro de 1952, foi convidado para, em nome do Governo português, presidir ao Congresso Internacional de Turismo Africano, a realizar em Lourenço Marques, capital de Moçambique. O convite fora da iniciativa do Governador-geral, capitão-de-mar-e-guerra Gabriel Teixeira, e apoiado pelo ministro das Colónias, Sarmento Rodrigues[822]. Aceitou porque era uma oportunidade de voltar a África, onde estivera cinco anos antes e de que guardava, não obstante a malária então contraída, gratas recordações.

No discurso ao congresso, proferido no dia 9 de setembro, defendeu a união, recomendando «que se deve evitar nas províncias ultramarinas tudo quanto possa ser motivo de divisão». Por isso, entendia ser dever de todos «contribuir para manter a unidade e a dignidade da pátria, em todos os aspetos, contribuir para a prosperidade e a grandeza da nação. Isso é que é a política da União Nacional e é essa política que consiste em apoiar tudo o que contribua para a unidade nacional e em combater tudo quanto possa prejudicá-la ou desviá-la, que nós devemos defender.»[823]

De regresso a Lisboa, passou por Angola, onde aproveitou para apreciar os progressos realizados desde a sua viagem ministerial. Quando escreveu as suas «Memórias», evocando Angola e Moçambique, fala da que terá sido a sua ideia de sempre a respeito da colonização portuguesa, ou seja, dos «novos Brasis»:

> Que novos Brasis, onde o convívio das raças florescesse, nasceriam ali, se o Mundo inteiro [...] não se tivesse atravessado no nosso caminho, provocando a traição dos que deviam servir a sua Pátria e desfazendo em sangue, ruínas e lama a obra de gerações![824]

Pouco tempo depois de regressar de África, Marcello Caetano teve uma surpresa desagradável. O deputado pelo círculo de Lisboa, António Jacinto Ferreira, monárquico, católico e diretor de *O Debate*, o jornal que liderara a campanha contra Marcello Caetano, subsequente ao Congresso de Coimbra, pronunciou na Assembleia Nacional, no dia 19 de novembro de 1952, um discurso, muito apoiado e aplaudido, em defesa do escutismo católico, tecendo largas considerações sobre a Mocidade Portuguesa, nas quais é benevolente para o seu ramo feminino, mas se torna particularmente duro para o masculino, cujos dirigentes afirma terem caído «na superstição hitleriana», realçando que «até a personalidade chamada a verificar se tudo estava bem foi o chefe da Hitlerjugend, von Schirack»[825].

Marcello Caetano sente-se particularmente visado e desabafa com Salazar:

> Pasmei do discurso, é certo, onde se dá guarida a todas as acusações de tipo «antifascista» que se fizeram à Mocidade no fim da guerra passada por esse mundo fora e que o *Avante!* aqui gostosamente glosava; mas pasmei muito mais dos «apoiado» ou «muito bem» que o acompanham e do silêncio ou impassibilidade da Assembleia, onde não houve uma voz que levantasse um protesto ou arriscasse um tímido aparte discordante! Nem sequer o do antigo Ministro da Educação Nacional, Mário de Figueiredo, que acompanhou durante 4 anos a vida da organização e sabe que é mentira muito do que o deputado disse! Nada. Para comemoração do 25.º ano de Salazar não é, realmente, um espetáculo consolador!

Voltando a assumir-se como um dos seus poucos amigos leais, passa ao ataque, afirmando:

> Há muito que o panorama de equívocos e de traição da «política» portuguesa me causa uma espécie de falta de ar. Esses sujeitos – que eu de resto vi no período crítico do fim da guerra a procurarem esgueirar-se para salvar a pele que julgavam ameaçada – repugnam-me. E começo a pensar na maneira discreta de me limitar ao ensino. Só me pesa deixar V.ª Ex.ª mais só no meio desta crápula.[826]

Marcello Caetano esteve, desde o princípio, ligado às perspetivas de desenvolvimento económico do País, já mesmo enquanto presidente da Câmara Corporativa. Quando partiu para África, deixara na Câmara o projeto do I Plano de Fomento, de cujo parecer, na parte dedicada à Metrópole, foi designado relator o procurador José do Nascimento Ferreira Dias, que pode considerar-se o pai da corrente industrialista e desenvolvimentista do Estado Novo[*]. «Começou assim a era do planeamento moderno em Portugal», escreve Marcello Caetano[827]. Este parecer, com os pareceres relatados por Marcello Caetano em 1951 sobre as revisões do Ato Colonial e da Constituição Política, já analisados, são os pontos altos da legislatura.

Aliás, o Presidente da Câmara Corporativa reivindica para si as primeiras ideias sobre o assunto quando, ao assumir aquelas funções, em 1949, propusera a Salazar que «a Câmara, consultada sobre uma *hipótese de texto*, poderia prestar excelentes serviços na lenta elaboração do plano novo – quinquenal, decenal, quindecenal[828], como se entender» que deveria suceder à lei da Reconstituição económica, sugestão que na altura este rejeitou sob a alegação de que os ministros naquele momento estavam demasiado ocupados para lhes pedir mais um esforço extra[829].

Na última sessão plenária da Câmara Corporativa desta V Legislatura, Marcello Caetano faz um balanço da obra já realizada[830], começando por salientar que, apesar de se tratar de uma Câmara onde predomina a representação de interesses, sempre vira os procuradores «colocar acima de tudo o interesse nacional». Referindo-se aos poderes, ainda que limitados, da Câmara, salienta a sua independência:

> A Câmara Corporativa portuguesa é, tendencialmente, um corpo representativo da estrutura orgânica preconizada pelas leis fundamentais para a Nação – o que a torna respeitável na ordem constitucional do Estado Novo.

---

[*] José do Nascimento Ferreira Dias Júnior (1900-1966), licenciou-se em Engenharia Eletrotécnica e Engenharia Mecânica pelo Instituto Superior Técnico, do qual foi professor desde 1928. De entre os muitos cargos de que foi investido destacam-se os de Diretor dos Serviços Elétricos do Ministério do Comércio e Comunicações (1931), Presidente da Junta de Eletrificação Nacional (1936), Subsecretário de Estado do Comércio e Indústria (1940), Presidente do Conselho Diretivo da Ordem dos Engenheiros (1945), presidente do Conselho de Administração de várias empresas (Companhia Nacional de Eletricidade, Metropolitano de Lisboa e Empresa Termoelétrica Portuguesa). Foi Procurador à Câmara Corporativa (III-VII e IX Legislaturas). Em 1958 torna-se ministro da Economia. O essencial do seu pensamento está condensado no livro *Linha de Rumo* – a «bíblia» dos tecnocratas portugueses –, no qual critica a centralidade da agricultura na economia portuguesa, contrapondo-lhe o fomento industrial, numa síntese que realça o «inconformismo e a reforma que não põe em causa o regime». Entre a legislação de sua autoria, destacam-se as Leis n.º 2002 – Eletrificação do País e n.º 2005 – Fomento e Reorganização Industrial. (João Confraria, «Dias Júnior, José do Nascimento Ferreira», in António Barreto e Maria Filomena Mónica (coord.), *Dicionário de História de Portugal*, vol. VII, op. cit., pp. 527-529; J. M. Brandão de Brito e Maria Fernanda Rollo, «Dias Júnior, José do Nascimento Ferreira», in Fernando Rosas e J. M. Brandão de Brito (dir.), *Dicionário de História do Estado Novo*, vol. I, op. cit., pp. 266-269).

Reduziu-a a Constituição à função consultiva, mas se, porventura, daí resulta algum ilogismo, ganha-se em troca maior liberdade no exame das questões que lhe são submetidas, mais larga independência de estudo e de crítica.

Julgo essa independência um dos mais preciosos tesouros do património moral desta Casa. Dentro de um propósito elevadamente construtivo, e sempre no intuito de colaborar com os órgãos de governo aos proporcionar-lhes ensejo de ponderarem pontos de vista novos, novos dados e novas soluções, a Câmara Corporativa, em que têm assento tantos homens formados na austera disciplina universitária, reivindicou sempre o direito de examinar os problemas que lhe são submetidos com a maior liberdade de espírito e a maior isenção de atitudes.

Na parte substancial do discurso, destaca o estudo do Plano de Fomento, que considera «um diploma destinado a ter a mais vasta projeção no futuro do País» na medida em que foi havido como «anúncio de novos empreendimentos grandiosos ao serviço da grei e como sinal da incansável vitalidade e da inquebrantável capacidade, de conceção e de realização do Chefe do Governo», rematado com a consequente homenagem: «Saudemos, pois, na figura de S. Ex.ª o Presidente do Conselho o pensamento que inspirou, nesta era de engrandecimento nacional, a conceção do Plano.»

Salazar, como quase sempre, gostou do discurso e da alusão ao Plano e, sensível aos louvores que lhe eram pessoalmente dirigidos, agradece a Marcello Caetano as «palavras [...] que com tão boa vontade me reservou pessoalmente a mim»[831]. Nesta mesma carta, afirma pensar que «em virtude da Constituição revista, haverá que publicar disposições não preparadas ainda sobre o funcionamento da Câmara Corporativa», convidando-o a «pensar nisso um pouco ou encarregar a mesa (Conselho ou Presidência) de pensar no assunto». Sobre isto, o presidente da Câmara Corporativa responde:

> Acerca da nova lei orgânica da Câmara não me atrevo a fazer um projeto por duas boas razões: 1.º implicaria tomar posição sobre certas questões fundamentais do nosso Corporativismo e a tal respeito há muito que deixei de saber o que pensa e o que quer o Governo – não o vislumbro sequer; 2.º exigiria a interpretação de disposições constitucionais referentes à Câmara, introduzidas na última revisão (secções e subsecções, por exemplo), e com as quais também não vejo bem onde se quis chegar, pois não correspondem a qualquer dado da experiência da Câmara, a qualquer necessidade ou conveniência orgânica ou funcional.[832]

Como também não encontrara dentro da Câmara procuradores disponíveis para a tarefa, alija, habilmente, o ónus da reforma para o seu inimigo político, José Soares da Fonseca, afirmando parecer-lhe «preferível que o projeto fosse incumbido ao Ministro das Corporações e que sobre ele fosse depois ouvida a Câmara, para dizer somente o que julga ser ensinamento de experiência.»

Entra-se no ano de 1953, no qual ocorre o 25.º aniversário da entrada de Salazar para o governo, efeméride que foi aproveitada, como sempre, para mais uma celebração do homem e do regime que construíra. Para tanto, realizou-se, com o ritual dos grandes atos, uma sessão solene extraordinária conjunta da Assembleia Nacional e da Câmara Corporativa, presidida pelo Presidente da República, que estava ladeado por Albino dos Reis e Marcello Caetano, presidentes das duas câmaras. Além do general Craveiro Lopes, que encerrou a sessão, o único orador foi Marcello Caetano, cujo discurso, todo ele construído como um elogio superlativo de Salazar, salienta a respetiva obra, que não é um mero «parêntese da história de Portugal», mas «vale como uma lição e obriga como uma norma»: «Quer isto dizer que, para além da figura veneranda de Salazar, existe já uma doutrina que a transcende e uma obra que queremos permaneça viva através dos tempos como espírito fecundamente e incessantemente criador de novos benefícios e novas glórias!»[833]

Para o orador, a permanência ininterrupta de Salazar no poder – salientada como um facto raro no mundo inteiro –, para além das diversas obras, grandes e pequenas, radica num conjunto de realizações:

> Direi somente que, neste largo lance de história do País, as liberdades fundamentais, e entre elas a mais sagrada de todas, a liberdade de crenças, foram asseguradas a todos os portugueses, a consciência religiosa da Nação foi respeitada, o princípio da separação foi mantido, mas numa ampla compreensão das realidades espirituais dos Portugueses, o prestígio das autoridades restaurado, as paixões políticas esbatidas, melhoradas as condições gerais da vida das diversas classes sociais, lançadas as bases de um profundo revigoramento da economia nacional e, por entre violentas convulsões em que a carta política do mundo tem oscilado, mantida a unidade e a integridade do Império!
>
> Sob a sua influição e com a marca do seu grande espírito apareceu o novo regime, em que a rigidez dos princípios e o culto das realidades, o respeito amorável pelas coisas nobres do passado e as exigências imprescindíveis das sociedades políticas contemporâneas, a força do Governo e o princípio da

representação nacional se conjugam e se combinam num conjunto equilibrado e orgânico, apto para à sua sombra se desenvolver o nosso direito público e adequado ao nosso modo de ser nacional.

Marcello Caetano não resiste àquela que é uma das suas obsessões teóricas: a questão da «liberdade». E, desta vez, contorna o problema da forma mais ardilosa, centrando-se apenas na «liberdade de crenças», que, nas entrelinhas, deixa comparada ao ateísmo militante do sistema comunista.

Entretanto, fora nomeado Vice-presidente do Conselho Ultramarino, funções que desempenharia até 1958, ano em que decide abandonar toda a atividade política e renunciar a todos os cargos públicos. Em novembro, foi agraciado com a grã-cruz da Ordem do Império Colonial, a qual, segundo Salazar, «não acrescenta os seus méritos, mas de certo modo os reconhece e consagra em certo setor. Por isso o felicito e me felicito.»[834]

A que «setor» se refere o Presidente do Conselho? Refere-se simplesmente à sua obra prática e teórica no domínio colonial ou tem outro alcance no contexto da campanha negativa que os monárquicos lhe movem? Não sabemos, porque não se encontra qualquer *feed-back* à missiva. No entanto, esta segunda hipótese é verosímil, na medida em que ele agira nos termos de uma ação concertada com Salazar que, nesta circunstância, sempre o defendeu.

No início do verão de 1954 a União Indiana ocupou Dadrá e Nagar-Aveli e bloqueou Goa, Damão e Diu, no Estado da Índia. Em face da situação, reúne o Conselho de Estado, no qual Caetano – perante o parecer geral de que se devia manter uma atitude de firmeza – defende que «o esforço militar na Índia deveria apenas tender a garantir a segurança interna e a defendê-la contra os ataques dos irregulares»; no caso de os ataques virem do exército regular indiano, «a sua missão seria opor resistência [...] mas sem que se pudesse exigir que sustente uma guerra duradoura»[835]. Retrospetivamente, Marcello Caetano parece ter prenunciado os dramáticos acontecimentos de 1961:

> [...] tendo a questão resvalado da esfera do Governo para os domínios emocionais das manifestações populares, nestas se estava a criar um clima bélico capaz de fomentar uma opinião pública insuscetível de compreender mais tarde as atitudes governamentais. Se o País fosse informado de que na Índia estava uma guarnição modesta com objetivos restritos, a resistência oposta por uns dias à invasão armada poderia surgir como página heroica;

ao passo que, formando-se a ideia de que se achava na Índia o Exército Português para fazer guerra, a mesma resistência pareceria exígua, e seria vista como derrota com efeitos deprimentes na moral da Nação e das próprias Forças Armadas.

Embora concordasse na impossibilidade de negociações para transferir a soberania portuguesa sobre a Índia, eu preconizava que a todo o transe se procurasse manter o contacto diplomático com a União Indiana, sobretudo a fim de evitar surpresas e conseguir dilações.[836]

Entretanto, Marcello Caetano participara, como sempre, na campanha eleitoral de 1953, mas desta vez de forma pouco empenhada. O seu contributo consistiu numa entrevista ao *Diário de Lisboa*, publicada a 29 de outubro[837], sob o título: «O prof. Marcelo Caetano expõe os seus pontos de vista sobre as novas conceções administrativas em que os técnicos tomam o lugar dos políticos».

Começa por distinguir, relativamente à campanha eleitoral, entre crítica construtiva e destrutiva, esta última, como é óbvio, característica das oposições; no entanto, reconhece alguma utilidade ao debate: «O Governo tem mostrado de há tempos para cá, em certos setores, perigosa tendência para o imobilismo. Estas sacudidelas são úteis na medida em que obriguem a rever posições, a retificar métodos, a renovar a ação.»

Na sequência desta resposta é questionado sobre a utilidade de uma oposição organizada, à qual responde pela negativa, realçando o advento da tecnocracia:

> Não sei porquê. Toda a lição da política contemporânea é no sentido de mostrar que o sistema dos partidos conduz, fatalmente, ao domínio de oligarquias, isto é, dos grupos que os dirigem e que sobrepõem os seus interesses ao interesse nacional. Por outro lado, o Estado tende cada vez mais a deixar de ser um tablado de lutas políticas para passar a ser a empresa de realização das grandes tarefas coletivas. Tem de haver uma política, sem dúvida, mas que oriente uma administração eminentemente técnica. Os homens que têm de ocupar as posições-chave no Estado hão-de ser procurados, não nos diretórios dos partidos, não entre os faladores fáceis e os críticos baratos, mas entre os técnicos e os administradores. O tempo do parlamentarismo passou.

Finalmente, o jornalista volta à questão da sucessão, que parece ter-se tornado o problema central do debate político a todos os níveis: «foi V. Ex.ª quem levantou publicamente o melindroso mas inevitável problema do destino do regime e da sua chefia. Como pensa que deve agir--se para assegurar ao Estado Novo, sem sobressaltos, o dia de amanhã?» A resposta é a repetição das suas posições anteriores:

> O que eu disse já num discurso proferido na campanha eleitoral de 1949 e depois no Congresso de Coimbra é que não deve haver problema de sucessão...
>
> Desde que o presidente do Conselho recebe a sua autoridade do presidente da República, a substituição dele é um mero problema da competência deste. Um problema constitucional tão simples – ou tão complicado... – como noutro país qualquer. Claro que o sr. dr. Oliveira Salazar é, além de chefe do Governo, um chefe nacional incontestado e que é impossível fazer por nomeação chefes políticos ou homens prestigiosos. Mas por isso eu disse que o que se põe aí não é um problema de sucessão: é, sim, um problema de bom senso, de patriotismo, de disciplina dos nacionalistas. Não se pode exigir que um país seja sempre governado por um homem de génio: mas pode--se esperar da união dos Portugueses em torno do seu chefe de Estado que seja facilitada em todos os tempos aos governantes, sejam eles quais forem, as tarefas árduas da direção do país, na medida em que procedam com reta intenção de realizar o bem comum.

Salazar leu a entrevista e, aproveitando uma carta a agradecer a oferta de dois trabalhos que Marcello Caetano lhe oferecera – *As Cortes de 1385* e *O Conselho de Lisboa na Crise de 1383-1385* – diz-lhe: «Gostei da maneira como pôs as duas principais questões – repor na eleição a própria existência do regime, e o medo ridículo de uma sucessão que está regulada no texto constitucional. Vejo muita gente a embaraçar-se com a questão. Podiam encostar-se ao que a esse propósito diz na entrevista. E muito grato pelas preferências subentendidas.»[838]

É interessante verificar que, nos anos de 1953 e 1954, é muito escassa a correspondência entre os dois, o que, se se atender também ao estilo muito formal das despedidas de Salazar – normalmente limitadas a «muitos cumprimentos» – evidencia algum distanciamento.

As eleições realizaram-se a 8 de novembro de 1953. E, desta vez, sem sobressaltos de maior nem incidentes dignos de monta, dentro dos condicionalismos legais e administrativos impostos pelo regime. Nem sequer a sua preparação, no seio, quer da União Nacional quer do Governo, sendo significativo o facto de o Arquivo Salazar ser completamente omisso no que refere à constituição das listas. Como era de esperar, dadas as condições desiguais em que se realizava o pleito eleitoral e ainda a incapacidade das oposições para se apresentarem numa frente única e coesa, as listas governamentais ganharam em todos os círculos[*]. No entanto, esta «vitória oficial» é desmentida num documento da Comissão Central da União Nacional, que transcreve os aspetos focados pela Comissão Executiva: «*a)* Resultados do último ato eleitoral. Diferença entre a interpretação dos números oficiais e os factos observados e realmente vividos. *b)* Parece não poder ser boa a conclusão a tirar do facto de, nos círculos *onde havia que escolher*, a abstenção ter sido da ordem dos 45 ou 50 por cento. Qual a "cor" desses abstencionistas? Por que esperam para se pronunciar? Ou trata-se apenas, em grande parte, de defeituoso recenseamento?»[839]

E o dado mais saliente, no que se refere à constituição da Assembleia, é a da fraca renovação que, com uma taxa de apenas 25 por cento, equivalente a 30 novos deputados, é a mais baixa de todas as legislaturas do Estado Novo, facto que remete para uma atitude de resistência do regime face às investidas da Oposição e a um distanciamento dos monárquicos, iniciado a partir do Congresso da União Nacional de 1951. Como refere Braga da Cruz, estes procuram «agora reivindicar com força, endurecendo atitudes, ameaçando passar à oposição direta. Nos atos eleitorais, o apoio condicionado é substituído pela abstenção e pela liberdade de voto. E no plano organizativo distanciam-se as relações com a UN e o Governo»[840].

Entre aqueles que se iniciam nas lides parlamentares, os destaques vão para Horácio Sá Viana Rebelo, Jorge Jardim, Camilo de Mendonça, José Venâncio Paulo Rodrigues e Baltazar Rebelo de Sousa que, com exceção do primeiro, e com Maria Margarida Craveiro Lopes dos Reis, seriam «próximos de Marcello Caetano»[841]. Ainda segundo o mesmo autor, Marcelo Rebelo de Sousa, esta Assembleia era o «retrato do Regime», ou seja, era uma Câmara «muito velha, mas cheia de gente conhecida naquela fase de estabilização do Regime»[842]. De facto, com uma média de idades de 54 anos, a VI legislatura foi aquela em que o nível etário dos deputados foi mais elevado, não só no conjunto de todas as legislaturas, mas também se considerarmos as oito legislaturas do consulado de Salazar (1935-1968)[843].

---

[*] A Oposição foi às urnas nos círculos de Lisboa, Porto e Aveiro, ganhando em algumas freguesias, mas sem obter maioria em nenhum círculo. Segundo os dados oficiais, de um total de 418 760 eleitores nos três círculos eleitorais, 51,4 por cento votaram nas listas da União Nacional e 10,4 por cento nas listas da Oposição, abstendo-se 38,2 por cento dos eleitores inscritos. (Serafim Ferreira e Arsénio Mota, *Para um Dossier da Oposição Democrática*, Segunda Série, s/e, Tomar, 1969, p. 19).

Relativamente à Câmara Corporativa, não se registam alterações dignas de nota. Marcello Caetano é reeleito, sendo a Mesa reforçada com nomes de peso ao nível dos vice-presidentes: Carneiro Pacheco e Ferreira Dias; como secretários, mantém-se Manuel Andrade e Sousa e entra Tomás de Aquino da Silva.

O discurso que pronunciou a seguir à reeleição é um trecho de mera circunstância, sem qualquer interesse político. Ligeiramente mais rica é a mensagem do Presidente da República, lida na sessão inaugural realizada no dia seguinte que, como era da tradição, fora redigida pelo Presidente do Conselho. Referindo-se à constituição das câmaras legislativa e consultiva, Craveiro Lopes afirmou, depois de se ter referido ao necessário aumento da representação ultramarina:

> Seja como for, a orientação é que se deve prosseguir, completar e aperfeiçoar a organização corporativa.
>
> Aconselham-no os resultados económicos, sociais e políticos que dela têm advindo, apesar das circunstâncias em que houve de desenvolver-se, e não interpretaremos mal o pensamento do eleitorado, expresso nos resultados das últimas decisões, se o considerarmos um convite aos órgãos da soberania para que deem, sem precipitação, mas com firmeza, os passos decisivos que importa dar ainda nesse sentido.[844]

Torna-se assim claro que Salazar mantém a intenção de, finalmente, levar por diante aquela que José Pires Cardoso designou como a «2.ª arrancada corporativa», objetivo que também vinha ao encontro da posição defendida desde há muito por Marcello Caetano, que se apressa a manifestar-lhe a sua opinião: «Após as declarações da mensagem presidencial acerca das Corporações creio que conviria começar a estudar o assunto.» Para tanto, oferece as suas «fracas possibilidades», manifestando-se «ao seu dispor para aquilo em que puder ser útil»[845].

Persistindo no esforço de dignificação e consolidação do papel da Câmara Corporativa no sistema político, Marcello Caetano conseguiu que esta tivesse um órgão próprio: *as Actas da Câmara Corporativa*, criadas pelo Decreto-lei n.º 39 487, de 29 de dezembro de 1953, cujo primeiro número foi publicado a 2 de janeiro de 1954. É também nesta linha que promove a comemoração do seu 20.º aniversário, em reunião plenária realizada no dia 10 de janeiro de 1955, que é sobretudo uma afirmação de presença e de vitalidade daquele órgão consultivo, na medida em que «as instituições precisam de tonificar-se celebrando o seu próprio culto, única maneira de dar aos seus componentes e ao País a noção da sua consistência e do seu valor»[846]. Trata-se de aprofundar a sua individualidade e independência relativamente à Assembleia Nacional e exercer um papel mais ativo na definição da política nacional, como deixou dito no encerramento:

> E continuamos a esperar que a Câmara Corporativa, organizada sobre a base das corporações, seja chamada a exercer o largo e importantíssimo papel que lhe compete num Estado Corporativo não apenas exprimindo autenticamente junto dos outros órgãos do Poder político os interesses reais da Nação, mas também fomentando, acalentando e fazendo irradiar o espírito de entendimento e colaboração entre as classes e entre categorias económicas e profissionais, tão necessário como condição daquela ordem orgânica que resulta da cooperação funcionalmente estabelecida pela inteligência e acatada de livre vontade.[847]

Usaram ainda da palavra os procuradores Abílio Lagoas, Samuel Dinis, José Pires Cardoso e Afonso Rodrigues Queiró, destacando-se os dois últimos.

Pires Cardoso – um dos corporativistas mais convictos, na linha de Marcello Caetano – falou do «panorama atual do Corporativismo português e de um dos seus momentosos problemas: a instituição das corporações». Enunciando sumariamente as linhas mestras do que viria a defender no parecer n.º 42/VI, de 7 de junho de 1956, sobre as Corporações, de que foi relator[848], pronuncia-se sobre a instituição imediata das corporações «para fomentar a consciência corporativa, em vez de se aguardar, para tanto, que essa consciência se forme espontaneamente e se consolide», porque «vencida a inércia... Portugal pode vir a ser, se nós quisermos, um autêntico Estado Corporativo.»

Rodrigues Queiró produz um discurso sobretudo centrado na evolução da ideia do corporativismo e da sua concretização, desde finais do século XVIII até àquele momento. Sobre o futuro da Câmara, afirma que «a grande tarefa do legislador [...] é a de alargar a representação nela de interesses e valores sociais tão variados quanto possível, sem mesquinhas preocupações financeiras» e, além disso, «obrigar mais estritamente o Governo a enviar os seus projetos de decretos-leis a esta Câmara, já que nem sempre se socorre do seu parecer quando se impõe» e «chega a não o fazer quando se permite revogar por decreto-lei leis da Assembleia Nacional».

Marcello Caetano, o corporativista por excelência do Estado Novo, não teria dito melhor e estaria certamente satisfeito: os procuradores que escolhera para esta sessão não tinham defraudado as expectativas: por um lado, defenderam o aprofundamento do corporativismo, e, por outro, realçaram o papel da Câmara Corporativa, não como um órgão subsidiário, mas como uma instituição essencial para a evolução do regime.

Finalmente, e ainda como um sinal de marcação de presença, é descerrado o retrato do primeiro presidente da Câmara Corporativa, general Eduardo Augusto Marques, na qual o procurador Afonso de Melo Pinto Veloso, seu decano, referiu a «quadra heroica» em que «era ainda de incerteza e de batalha e o regime corporativo como que um mistério para a maioria da população» em que se iniciara a sua presidência, para salientar o seu papel ativo e expedito na consolidação da instituição[849].

6
«[...] EU ERA, PORÉM, PARA AS CLASSES POSSIDENTES E PARA A DIREITA MONÁRQUICA, PURA E SIMPLESMENTE O CHEFE DA ESQUERDA DO REGIME»

As comemorações dos vinte anos da Câmara Corporativa foram aproveitadas por Marcello Caetano para insistir na realização efetiva do corporativismo português. Na carta em que anunciava a sua realização[850], disse a Salazar que falaria o menos possível, porque as coisas públicas o encantavam cada vez menos, embora, mau grado seu, o preocupassem cada vez mais, mas sobretudo porque não podia fazer o caloroso discurso de exaltação que desejaria proferir, em face da desconformidade entre a teoria e os factos, que caracterizava o corporativismo português e, por correspondência, o papel daquele que deveria ser o seu órgão de topo:

> Não compreendo porque se parou de todo nas coisas corporativas. Se ao menos se preparasse, se estudasse algum rumo, alguma solução! De bom grado me prestei e prestaria a fazê-lo, só ou em comissão, particular ou oficialmente. Mas este abandono de tudo, este deixar correr não podem ter senão efeitos perniciosos. Pressinto que estamos à beira de um momento crítico: sente-se a desorientação do nosso lado e há sorrisos de confiança em quantos esperam sempre as ocasiões de ataque.
>
> Pelo que respeita à Câmara, continua formada sobre as bases transitórias e provisórias de há 20 anos; 75%, talvez, dos procuradores são, direta ou indiretamente, designados pelo Governo. Em 20 anos o balanço dos seus trabalhos não excede 250 pareceres, e muitos procuradores que por ela passaram não tiveram ensejo de ter intervenção em quaisquer trabalhos.

Salazar desculpa-se, ligando o atraso exclusivamente ao facto de se «sentir afogado em problemas e preocupações de administração corrente», mas promete ocupar-se do assunto logo que possa[851]. Mas, a pretexto de estudar o problema da criação das corporações, passa a convocá-lo mais frequentemente, aproveitando o ensejo para falar de outros aspetos gerais da política e da administração, num clima coloquial, que Marcello

Caetano não deixou de notar: «Salazar estava sem pressa, como que a examinar-me, olhando-me com os seus olhos vivos e percucientes»[852]. Cerca de um mês depois, «nova chamada e a conversa prosseguiu quer no tema das corporações quer na parte vaga», ambiguidade que levou Marcello a interrogar-se:

> Que queria ele? Aconselhar-se só comigo, não me parecia natural, e para mais a conversa versava sobre tanta coisa que não me permitia descortinar o ponto concreto que fosse objeto das suas preocupações. Sabia-o muito hábil, e como era capaz de diluir, em rodeios desconcertantes, uma questão que quisesse apurar. Mas francamente, por mais que cogitasse, não vislumbrava o quê.[853]

Aparentemente, e com exceção do caso de Goa, que reverte sobretudo para as relações exteriores e a configuração ultramarina da Nação, a marcha da política interna corria com normalidade, incluindo a economia, área em que se atravessava uma «época de vacas gordas»[854]; a própria oposição ao regime remetera-se ao silêncio: «O tempo que se seguiu à "eleição" de Craveiro Lopes foi um período de refluxo – de apagada e vil tristeza – para a Oposição, no conjunto das suas diferentes correntes, de que só veio a sair, verdadeiramente, com a campanha do general Humberto Delgado, em 1958»[855].

Mas, nos recônditos dos meandros do Governo, levantavam-se problemas a que era preciso dar resposta: em agosto do ano anterior, o ministro da Justiça, Cavaleiro de Ferreira, abandonara a pasta que sobraçava desde a remodelação de setembro de 1944, no seguimento da sua recusa em assinar um diploma sobre as competências da PIDE, o qual, mesmo sem a sua assinatura, nem a do seu sucessor, Antunes Varela, acabou por ser publicado no *Diário do Governo*[*]; a pasta do Exército, vaga desde abril

---

[*] O ministro justificou a sua atitude numa nota ao Presidente do Conselho em que afirmava: «O Decreto sobre a Polícia Internacional afasta-se grandemente do enquadramento no direito comum, pelo que se esforçou a legislação, da minha responsabilidade de 1945. A mudança fundamental de orientação, com a concordância do mesmo ministro, tiraria toda a credibilidade à convicção do acerto com que subscrevera a reforma anterior e por certo afetaria suspeitosamente a dignidade com que tenho defendido certos princípios. Não me permitiria, sem me desmentir a mim mesmo, ensinar conscienciosamente a respetiva matéria (por mais subscrita como ministro) como professor da cadeira universitária correspondente. Estes os motivos que afetando aliás a minha fidelidade a princípios que, ainda por demais, devo ensinar, me não permitem, não obstante o sincero desejo de colaboração, subscrever o decreto de reforma da Polícia Internacional.»

de 1954, mantinha-se em aberto, estando a ser acumulada por Santos Costa, a título interino, interinidade esta que se manteria até agosto de 1958, resultando assim que durante mais de quatro anos este controlou todo o poder militar; Paulo Cunha queria abandonar os Negócios Estrangeiros; o ministro das Finanças, Águedo de Oliveira, estava «queimado»; Sarmento Rodrigues, ministro do Ultramar, insistia no regresso à carreira naval; Pires de Lima, na Educação, mantinha a contestação hostil dos meios universitários; e José Soares da Fonseca falhara rotundamente nas Corporações e Previdência Social. Em suma: é um governo politicamente acabado. Mas há mais:

> E correm boatos, rumores: Craveiro Lopes e Salazar sentiam crescente dificuldade em se entender; além disso, Craveiro Lopes não conseguira tornar-se popular e querido das massas; e de boca em boca afirma-se que o Presidente da República está gradualmente a congregar em seu redor alguns homens, de que Marcello Caetano seria figura de destaque, e que embora dentro do regime estavam em oposição a Salazar.[856]

Portanto as conversas vagas de Salazar, a que Marcello Caetano se refere, têm como cenário este ambiente de crise e a necessidade de recrutamento de nomes para renovar o ministério, entre os quais o do substituto do ministro da Presidência, à data ocupado por João Pinto da Costa Leite (Lumbralles), que também desejava regressar à vida privada, vontade que, após muitas insistências, Salazar acaba por respeitar. Assim sendo, apresenta a Craveiro Lopes uma lista de três nomes para o substi-

---

Manuel Gonçalves Cavaleiro de Ferreira (1911-1992), licenciou-se na Faculdade de Direito de Lisboa (1932), doutorando-se no ano seguinte em Ciências Histórico-Jurídicas. Como bolseiro do Instituto de Alta Cultura, aprofundou, em Munique, os seus conhecimentos na área do direito penal. Procurador da República junto do Tribunal da Relação do Porto (1939), no ano seguinte torna-se professor da Faculdade de Direito de Lisboa, chegando a catedrático, em 1944. Foi Ministro da Justiça (1944-1954). Monárquico e católico militante, foi muito próximo do cardeal Gonçalves Cerejeira, com quem colaborou nos panos para a instituição da Universidade Católica. Depois de 25 de Abril de 1974 foi aposentado compulsivamente, vindo a ser reintegrado em 1981, exercendo neste intervalo de tempo funções docentes na Faculdade de Direito da Universidade do Recife (Brasil). (Luís Bigotte Chorão, «Ferreira, Manuel Gonçalves Cavaleiro de», in António Barreto e Maria Filomena Mónica (coord.), *Dicionário de História de Portugal (Suplemento)*, vol. VIII, op. cit., pp. 30-31; Luís Manuel Farinha, «Ferreira, Manuel Gonçalves Cavaleiro de», in Fernando Rosas e J. M. Brandão de Brito (dir.), *Dicionário de História do Estado Novo*, vol. I, op. cit., p. 352.

tuir, à cabeça da qual estava o de Marcello Caetano, travando-se entre os Presidentes da República e do Conselho o seguinte diálogo:

> – Este [Caetano] é o melhor de todos! Este é que convinha que estivesse junto do senhor Presidente para recolher os seus ensinamentos!
> Salazar respondera:
> – Sem dúvida, mas com certeza não aceitará. Dada a situação que tem, a vinda para o Governo representaria para ele um grande transtorno.
> Ao que Craveiro Lopes replicara:
> – Pois olhe que tenho razões para crer que se V. Ex.ª o convidar lhe não dirá que não...
> Salazar olhara para Craveiro por cima dos óculos, com o papel na mão e perguntara:
> – Seria então o delfim...?
> – E por que não? – disse Craveiro Lopes.[857]

Com esta última frase, o Presidente da República, com uma dose de ingenuidade desconcertante, dita a sorte daquele que, nos círculos mais ultramontanos da política nacional, era considerado o seu homem-de--mão numa uma manobra que visava a substituição de Salazar: Marcello Caetano.

O Ditador – qualquer ditador –, pela natureza da sua própria perspetiva em relação ao Poder, detesta ser confrontado com cenários sobre a sua substituição, porque estes fazem-no descer à realidade comezinha da vida, que é por natureza efémera, e chamam a sua atenção para a inevitabilidade do fim. Os grandes ditadores da história do século xx – Hitler e Mussolini – acabaram, lógica e irreversivelmente, com a queda dos respetivos regimes e, independentemente da maior ou menor encenação do ato – respetivamente, suicídio e execução – este enquadra-se na lógica da derrota na guerra, o que lhe confere alguma «dignidade», entendida esta segundo a muito peculiar ética militar. A eventual saída de Salazar, não por vontade própria, mas pela vontade de outros poderes mais altos, significariam para ele a derrota, uma derrota sem martírio e sem glória. Para o Ditador, o perigo está mais *intra muros* do que no exterior. Detentor do Poder numa escala tendencialmente absoluta, detém a discricionariedade do uso das suas polícias e guardas pretorianas, com as quais conta e consegue manter-se abrigado dos ataques exteriores. Difícil é controlar a luta florentina que, num ambiente de suspeições e intrigas fervilhantes, se desenvolve na corte do Príncipe, que, em última análise, são a expressão da disputa pelo favoritismo na perspetiva da sucessão. Já não se usa o punhal nem o veneno, agora substituídos por outras armas menos cruentas, mas nem por isso menos eficazes para abater um inimigo político.

Marcello Caetano também refere o incómodo de Salazar sobre a questão da sucessão, quando posta já não apenas como uma hipótese teórica, mas como uma realidade inevitável:

> A experiência mostrou-me que ninguém gosta, quando exerce um ligar de mando, de ver designado, ou só apontado que seja, o seu sucessor. E quanto mais tempo dura a posse da autoridade e quanto mais idade soma o que a detém, menos suporta a ideia de que o seu prestígio seja partilhado e até, porventura, a sua posição seja diminuída.[858]

Extremamente desconfortável é também a posição do *delfim*, ou seja, dele próprio, expressa num texto algo confuso e enigmático, em que mistura, nos ataques sofridos, a oposição e as forças internas:

> Os adversários do Governo, cansados de atacar um governante há largos anos, sem êxito, encarniçam-se com entusiasmo sobre a nova presa, tentando impedir a continuidade do regime a que fazem oposição. Mas se o atacado cai em assumir as responsabilidades que lhe assacam, para se defender, aqui-del-rei que está a querer transformar-se na personagem número um... A qual vê com alívio um outro a ser alvo das críticas, embora sempre desconfiado dele, desconfiança alimentada pelo círculo dos seus fiéis prontos a notar nas atitudes do outro manifestações de deslealdade ou de ambição...[859]

Marcello Caetano afirma que não se relacionava com Craveiro Lopes antes da sua eleição para a chefia do Estado e, considerados os antecedentes políticos deste, a afirmação ganha todo o crédito. Mas não deixa de ser verdade que se tornaram cada vez mais próximos. E esta aproximação, não planeada, tendia a tornar verosímeis as suspeitas da existência de um plano da ala civilista, apoiada pelo Presidente da República e liderada pelo primeiro, contra a ala militarista de Santos Costa que, todos o sabiam, era desde há muito considerado *persona non grata* pelo Palácio de Belém, aliás retribuída acintosamente pelo ministro, que não hesita em o desfeitear sempre que lhe surge uma oportunidade. No fundo, uma cabala contra Salazar: *se non è vero, è ben trovato...*

Quando faz o enquadramento da remodelação governamental de 1955, Franco Nogueira escreve:

> De todas as substituições, no entanto, a mais delicada é a de Costa Leite como ministro da Presidência. Tem Salazar continuado as suas conversas com Marcello Caetano. Como presidente da Câmara Corporativa e há longos anos doutrinador e professor, goza de alta posição política e, além disso, conquistou uma situação económica excelente; representa um setor importante das forças do regime. Aceitará? Por outro lado, parece indubitável que Marcello Caetano faz parte e é a figura mais eminente do grupo que gira em torno do Presidente da República, e que vê neste o árbitro de uma situação post-salazarista; Marcello Caetano, por si, congrega em seu redor uma falange de homens ainda novos, de ambições políticas, que o tomam por chefe e delfim do regime; e, além disso, conserva pelo país relações e contactos permanentes, de matiz ideológico vário, que constituem um verdadeiro partido informal. Será um perigo chamar Marcello Caetano ao governo? Sob outro aspeto, porém, integrar Caetano no gabinete equivale a comprometê-lo; e para mais, desde que Santos Costa parece encabeçar um setor militar, afigura-se de boa política fortalecer um setor civil que se lhe opõe. Quando Salazar menciona o nome de Marcello Caetano a Craveiro Lopes para o cargo de ministro da Presidência, o Chefe do Estado aplaude a escolha; e o chefe do governo, se fica persuadido de que têm consistência os rumores de entendimento entre ambos, também adquire a certeza de que a nomeação de Caetano, para um lugar onde será o seu mais próximo e íntimo colaborador, constitui a melhor forma de o neutralizar.[860]

Sem saber da conversa de Craveiro Lopes com Salazar, «embora não ignorasse que era apontado entre os eventuais sucessores», Marcello Caetano continua a comparecer às «repetidas» chamadas de Salazar para conversarem «num ambiente de grande afetuosidade e confiança»[861]. Numa destas idas à residência do Presidente do Conselho, a 26 de junho de 1951, encontra-o acompanhado do então ministro da Presidência, Costa Leite, e a conversa centrou-se no seu abandono das funções ministeriais[862]. Posto isto, Salazar diz a Marcello Caetano que, na recomposição ministerial que está a preparar, o seu nome aparecia indicado para a Presidência ou para as Corporações, deixando-lhe a alternativa: qual das pastas escolhia?

A resposta é a do servidor fiel e disponível, que sempre afirmara ser:

> [...] quero antes de mais declarar que estou, como sempre estive, pronto a colaborar consigo onde entender: neste caso como Ministro da Presidên-

cia, ou como Ministro das Corporações, ou como Subsecretário de Estado ou noutra função qualquer, seja ela qual for. A minha posição de doutrinador deste regime, que sirvo já vai para 30 anos, a dedicação pessoal que me liga a V. Excia. em quase outros tantos anos de colaboração consigo, o fato de ter uma situação política e económica que muitos consideram invejável e de o pessoal político do regime ser acusado de não querer sacrificar os seus interesses quando a Nação precisa dele, tudo me obriga a tomar esta atitude...

No entanto, o lugar no Governo não lhe interessa nem lhe convém, por vários motivos:

> Tenho bastante personalidade e uma posição marcada demais para ser o colaborador ideal de V. Ex.ª. Toda a gente espera que eu faça coisas e seria uma deceção se me reduzisse ao papel de chefe de gabinete, que é uma das maneiras de conceber a função de Ministro da Presidência e sem dúvida a mais discreta, a mais segura, a que tem menos riscos de criar atritos. Ora há assuntos que não poderia deixar de chamar a mim: por todos os motivos, pelo que tenho repetidamente dito e até por ser o Presidente da Câmara Corporativa, estou moralmente obrigado a pôr, quanto antes, mãos à obra na conclusão do sistema corporativo e na criação das corporações.

Além disso, há outra razão, porventura ainda mais delicada:

> Enfim, não queria suscitar problemas... Mas a minha entrada no Governo ia trazê-los certamente. Já pensou que poderiam dizer para aí que escolhera um sucessor? E que, dada a celeuma levantada pelo discurso de Coimbra, se diria tratar-se de um ato de hostilidade aos monárquicos?

Salazar declarou-se indiferente ao que pudessem pensar, referindo que «alguém havia de lhe suceder um dia, ele não ficaria eternamente no Governo: mas, fosse quem fosse, o seu sucessor só seria escolhido oportunamente...» E, após mais alguns argumentos de Marcello contra a sua nomeação, deu o assunto por encerrado, numa atitude que este considerou «um ato de submissão»:

> O assunto está arrumado. O Presidente da República já me tinha dito que o senhor aceitaria com certeza...

O tal tom com que esta última frase foi dita sobressaltou-o, até porque «sabia quanto o melindraria que, nas suas costas, tivesse havido alguma combinação entre mim e Craveiro Lopes». Questionado sobre o papel do Presidente da República no caso, Salazar referiu-se a «informações que o Presidente já possuía».

Informações essas que estavam relacionadas com uma conversa que Caetano tivera com um seu amigo, também «muito da privança do Presidente» na qual, confrontado com a sua presumível recusa de voltar ao Governo, face à perda de rendimentos que isso lhe ocasionaria, salientara, enfaticamente, nunca ter sobreposto «interesses particulares aos deveres para com a política que servia e para com o meu País»[863]. Esta afirmação fora transmitida ao Presidente, que a tomou como uma aceitação, e serviu de base ao comentário já transcrito de Craveiro Lopes para Salazar.

É assim que, desta vez – um pouco inadvertidamente, como afirma? –, Marcello Caetano aceita ser designado para as funções de ministro da Presidência, que desempenhará desde 7 de julho de 1955 até 14 de agosto de 1958, atitude de que arrependerá amargamente:

> Hoje [1975] penso que chegado a minha casa deveria ter escrito uma carta a recusar pura e simplesmente o convite recebido. A presidência da Câmara Corporativa era uma função que me agradava e me permitia reger os meus cursos na Universidade e desempenhar o cargo de Comissário do Governo junto do Banco de Angola. Além disso, embora muito limitada e escolhidamente, dava pareceres jurídicos. [...] Por que ia eu trocar esta situação por outra, onde não era difícil adivinhar que iria encontrar numerosas preocupações e agudos espinhos? [...]
>
> Não escrevi a carta... Deixei-me assim enlear num enredo que ia amargurar-me a vida por bastantes anos.[864]

De facto, esta associação de Marcello Caetano a Craveiro Lopes, depressa se espalhou nos meios políticos, ávidos de sinais, num contexto em que a sucessão ganhava definitivamente um lugar de destaque, tornando-se uma das pedras de toque no debate perspetivo da evolução do regime no pós-salazarismo.

A criação de um ministro-adjunto da Presidência do Conselho, na orgânica do governo, era uma ideia antiga de Marcello Caetano, que o sugeria a Salazar pela primeira vez nos inícios de 1944, e fora insistindo em várias ocasiões ao longo dos anos. Entendia-a na lógica da coordenação governamental em torno de objetivos definidos, evitando assim que cada ministro agisse segundo os seus critérios e prioridades pessoais.

É óbvio que Marcello Caetano não era politicamente ingénuo nem totalmente desinteressado. Sabia que ia encontrar resistências de vária ordem, já que, ciosos dos seus poderes e atribuições, cada ministro iria resistir; além dessas, havia as resistências políticas num quadro em sobressaíam as várias tendências e correntes no interior do sistema. Se, pelo menos aparentemente, os ministros não tinham dificuldade em acatar as orientações do chefe do Governo, já o mesmo se não pode dizer da sujeição às diretrizes que fossem emanadas de um ministro, que apesar de, no estatuto das precedências ministeriais, ter o lugar imediatamente a seguir ao do Presidente do Conselho, no fundo, não passava de um ministro como eles, portanto, mais um colega; finalmente, os ciúmes políticos, relacionados com a questão do delfinato, cada vez mais presente e condicionante.

Marcello Caetano foi construindo este momento ao longo dos muitos anos em que, de todas as formas, serviu o Estado Novo e o seu chefe, num protagonismo crescente e afirmativo, que visava impô-lo como o «homem da mudança», dentro de uma linha de adaptação do regime que, ao contrário de muitos, vinha defendendo com insistência. Por isso, as funções que agora assume não seriam senão a concretização da «sua oportunidade, esperada desde 1951»[865].

A 7 de julho de 1955 são nomeados os novos ministros e, na sua configuração geral, parece tratar-se de um Governo «quase [...] escolhido por Marcello Caetano»[866]: nos Negócios Estrangeiros e Ultramar já estão Paulo Cunha e Raul Ventura, dois amigos; indicara Francisco Leite Pinto para a Educação Nacional; Henrique Veiga de Macedo, muito apreciado por Marcelo, substitui o seu inimigo político Soares da Fonseca nas Corporações e Previdência Social; Joaquim Trigo de Negreiros e Ulisses Cortês, ambos muito próximos, mantêm-se no Interior e na Economia; e também Arantes e Oliveira, das Obras Públicas é muito chegado. E como subsecretário de Estado da Educação Nacional é nomeado o seu discípulo dileto, Baltazar Rebelo de Sousa.

É claro que também se mantêm Santos Costa, Antunes Varela e Américo Tomás, com quem não tem afinidades nem pessoais nem políticas, sendo que com o primeiro mantém um diferendo político muito profundo e fraturante, e uma grande inimizade ativa, aliás recíproca. Pelo seu peso dentro do sistema, o agora ministro da Defesa Nacional poderia minar a sua trajetória, mas até esse escolho acabaria por ser abatido, porque a partir do estudo e elaboração conjunta da proposta de lei referente à organização do País em tempo de guerra, na primavera de 1956, as relações entre ambos acabaram por se normalizar, a ponto de Marcello

Caetano afirmar que «este trabalho comum foi muito útil para dissipar as derradeiras sombras e estabelecer entre nós estreitos laços de camaradagem», acrescentando que «a colaboração entre nós corria o mais cordialmente possível»[867].

No dia seguinte, ao tomar posse das funções de ministro da Presidência, numa cerimónia que não se esqueceu de anotar ter sido «extraordinariamente concorrida» Marcello Caetano afirma o seu passado e projeta-se no futuro:

> Por mim não entrei na vida pela política, nem jamais aspirei a fazer carreira por ela. Mas não seria capaz de recusar o meu esforço, modesto que seja, quando esteja em causa o conjunto de ideais, de princípios e de instituições que se convencionou chamar «Estado Novo» e que continuo firmemente convencido de que constitui a solução mais conveniente para assegurar a paz, o progresso e até a integridade da nação portuguesa.
>
> Estou ligado a esses ideais e a esses princípios nos seus aspetos essenciais, desde que comecei a pensar; e o estudo, a reflexão e a experiência, se corrigiram alguns excessos juvenis, só vieram confirmar em mim as convicções de sempre. Não os guardo no espírito como simples património cultural: liguei-os à minha existência, fazem parte da minha alma, estão-me no sangue, e creio neles como fonte fecunda da ação exigida pelo presente e, mais ainda, necessitada pelo futuro.
>
> Para mim, na medida em que podem aceitar-se as verdades políticas, o que há de essencial na conceção portuguesa do Estado Novo é uma verdade política em que é preciso acreditar e ao serviço da qual têm de pôr-se todas as energias da vontade. Os tempos e as circunstâncias exigem, certamente, adaptação e correção dos princípios, mas isso mesmo é sinal da sua vida, da sua perenidade e da sua fecundidade.[868]

É claro que a ação de Marcello Caetano, nas funções de ministro da Presidência, como aliás acontecera com o seu predecessor, tinha muito pouco a ver com a coordenação da ação governativa, que Salazar continuava a manter sob a sua exclusiva responsabilidade e segundo o critério de despachar individualmente com cada ministro. Facto que, como sempre, remete para uma diferente ideia sobre a substância do Poder em cada um deles. Enquanto o ministro, como já foi atrás citado, encarava o Poder como o exercício de uma função, Salazar não o considera para além de si próprio, como, de resto, tinha deixado bem claro desde muito cedo, como por exemplo, na terceira entrevista dada a António Ferro em 21 de dezembro de 1932[869]:

> Eu não lhe nego que o poder pessoal tem seduções a que é difícil resistir, a que, talvez, não se devesse resistir. Há problemas de interesse nacional, de interesse coletivo, que se resolveriam facilmente com duas penadas, passando por cima de tudo, de todas as leis, de todas as normas, de todos os obstáculos individuais. [...] Sou o primeiro a reconhecer que há, talvez, maior saúde, maior justiça, maior claridade, num poder pessoal largo, bem compreendido e bem dirigido. Simplesmente, para usar desse poder pessoal, é preciso encontrar homens raros, homens moralmente excecionais, com uma grande disciplina interior, uma vontade firme e uma inteligência clara.

À pergunta «Não está o sr. Presidente nessas condições?», respondeu – segundo o entrevistador – «com um sorriso que tanto pode ser de humildade como de orgulho».

Portanto, para Salazar, no essencial, o poder não se partilha, embora, formalmente, essa partilha fosse a regra: quando, na primeira conversa que, como ministro da Presidência, teve com o Presidente do Conselho, Caetano lhe pediu a indicação das tarefas que lhe competiam, aquele respondeu: «Não vale a pena: os papéis podem ser despachados por mim e por si, como calhar. O senhor pode decidir tudo, como eu. Um ou outro – é igual...»[870] O que, bem vistas as coisas, era uma forma de esvaziar a função, já que não lhe eram distribuídas áreas específicas. Foi, no entanto, combinado que reuniriam três vezes por semana, às segundas, quartas e sextas, ao fim da manhã, o que permitia ao ministro «pô-lo ao corrente do que se fosse passando comigo, conhecer o meu pensamento sobre os problemas que surgissem e receber as suas instruções»[871].

Marcello Caetano era um caso notável do regime, uma notabilidade que ressaltava para a opinião pública, porque, durante todo o tempo em que exerceu estas funções, as entrevistas foram sempre citadas na nota diariamente publicada nos jornais enumerando as audiências concedidas por Salazar: «Deste modo o público tinha a impressão de uma grande assiduidade de contactos (o que, aliás, era verdade) em contraste com a dificuldade com que eram recebidos outros ministros.»[872]

Não admira, pois, que a obra de Marcello Caetano enquanto ministro da Presidência releve essencialmente das suas realizações individuais, passando a ação coordenadora – se a houve – praticamente despercebida.

No âmbito da política geral, para além da participação nos Conselhos de Ministros, que agora reuniam mensalmente, o ministro da Presidência presidia ao Conselho de Ministros para o Comércio Externo, que neste período teve uma atividade importante, porque lhe fora cometida a orientação da política portuguesa nas negociações então em curso na Organização Económica de Cooperação Europeia (OECE), de que Portugal era membro fundador, e ainda, na maioria das vezes, ao Conselho de Ministros para os Assuntos Económicos, também designado Conselho Económico, que fora criado para acompanhar a execução do I Plano de Fomento, e teve também um papel importante na preparação do segundo.

A economia portuguesa do pós-guerra foi estruturada em torno de Planos de Fomento, que tinham como antecedente a Lei de Reconstituição Económica, de 1935. O I Plano de Fomento, aprovado pela Lei n.º 2058, de 29 de dezembro de 1952, em que «pela primeira vez, se tenta uma sistematização dos recursos metropolitanos e ultramarinos e se faz um estudo conjunto e coordenado das aplicações mais urgentes»[873], abrangeu um período de seis anos e foi oficialmente definido como «um plano parcial, restrito aos grandes investimentos a efetuar pelo Estado, não só na agricultura e nos meios de transporte, como na instalação de novas indústrias e no desenvolvimento das existentes»[874], estendendo-se aos setores da agricultura, energia, indústrias-base, transportes e comunicações, e escolas técnicas.

Era o início de uma política de modernização e desenvolvimento, carreada pelos setores industrialistas portuguesa, segundo as linhas teoricamente preconizadas por Ferreira Dias.

Marcello Caetano, que se demarcava na dianteira do setor mais modernizante do regime, empenhou-se neste projeto, ao qual, como se viu, atribuía uma importância fundamental. Da mesma forma e com o mesmo espírito, dirigiu a preparação do II Plano de Fomento para o hexénio de 1958-1964, que viria a ser aprovado pela Lei 2094, de 25 de novembro de 1958, ou seja, pouco mais de dois meses depois de ele ter sido demitido das funções ministeriais. É um projeto a que dedicou o melhor do seu esforço. Embora, à semelhança do anterior, continue a ser um plano sectorial, verifica-se um alargamento do seu âmbito de programação e um aperfeiçoamento dos métodos de planeamento e, apesar de se manter essencialmente como um plano de investimentos públicos e de alguns setores do investimento privado, a sua conceção foi já a de um verdadeiro plano de política económica, tendo como objetivos fundamentais: a aceleração do ritmo de incremento do produto nacional, a melhoria do nível de vida, a ajuda à resolução dos problemas de emprego e a melhoria da balança de pagamentos.

Coube ainda a Marcello Caetano chefiar as duas delegações ministeriais permanentes na OECE e na NATO, de cujas reuniões resultaram frequentes deslocações ao estrangeiro[875].

Nestas deslocações tomou «contacto com essa nova e aliciante forma de comunicação que era a TV», parecendo-lhe que «Portugal estava a atrasar-se demais na sua implantação»[876].

Embora a sua implementação se deva a Marcello Caetano, a ideia não era nova[877] e já vinha do tempo do seu antecessor, Costa Leite: em janeiro de 1953 o Governo encarregara o Gabinete de Estudos e Ensaios da Emissora Nacional dos primeiros estudos, ainda genéricos, para a instalação da televisão em Portugal e, um ano depois, a mesma Emissora é encarregada de elaborar o primeiro projeto efetivo para a instalação de uma rede de televisão à escala nacional.

Um mês depois de ter assumido as funções ministeriais, Marcello Caetano recebe o relatório da comissão, a partir do qual foi redigido o Decreto-lei n.º 40 341, de 18 de outubro de 1955, que define as bases da concessão, em cujos termos é celebrada, a 15 de dezembro, a escritura dos Estatutos da Sociedade, que toma a designação de RTP – Radiotelevisão Portuguesa, SARL, à qual seria dada a exclusividade da concessão.

Na dinamização de todo este processo, foi essencial e determinante o papel de Marcello Caetano, que, por sinal, a 16 de janeiro de 1956, no desempenho, a título interino[878], da pasta das Comunicações, assinou, em nome do Governo, o contrato de concessão com os representantes da sociedade. Na circunstância, o ministro pronunciou algumas palavras, das quais se destaca a afirmação de que

> A televisão é um instrumento de ação, benéfico ou maléfico, consoante o critério que presidir à sua utilização. O Governo espera que os dirigentes do novo serviço público saibam fazer desse instrumento um meio de elevação moral e cultural do povo português.

Rui Cádima, de quem se retirou a citação, comenta: «Esta declaração de Marcello Caetano era assim todo um programa, e nela se identifica claramente a estratégia instrumentalizadora que mais tarde, já como Presidente do Conselho [...] radicaliza ao limite a própria propaganda.»[879]

De facto, Marcello Caetano foi o primeiro político português a compreender o alcance dos meios de comunicação social, sobretudo da televisão, como instrumento de propaganda política e, dentro do Estado Novo, o primeiro a utilizá-la, com uma mestria e uma precocidade notáveis, nas «Conversas em família», que foram uma das imagens de marca do seu consulado como Presidente do Conselho:

> Fui o primeiro membro do Governo a utilizar a TV para expor ao País, em junho de 1957, problemas de interesse geral. Não oculto que segui os primeiros passos da Rádio Televisão Portuguesa com profundo interesse e entusiasmo até. Não imaginava que, anos depois, como Chefe do Governo, ela me traria tanta utilidade para o estabelecimento de uma corrente de comunicação entre mim e o povo português. Mas sabia, desde o início, que era o instrumento ideal para um Governo se tornar popular... se o merecesse.[880]

Contrariando o testemunho de Marcello Caetano acerca da melhoria e até da cordialidade das suas relações com o agora ministro da Defesa e do Exército[881], Santos Costa, Franco Nogueira insiste na clivagem:

> Maior preocupação causam, de momento, os rumores que se acentuam sobre Santos Costa e Marcello Caetano. Nestes princípios de 1956, está formada uma convicção: os setores políticos que apoiam o regime estão divididos em duas grandes correntes. De um lado, os conservadores, os monárquicos, os salazaristas que dizem defender a pureza dos princípios, capitaneados pelo Ministro da Defesa; e este apoia-se em algumas unidades militares e em comandos da sua confiança. De outro lado, os salazaristas ressentidos, os homens com tendências dissidentes, os que desejam mudanças, os que ambicionam ascender à luz de um novo sol, acolhem-se em torno de Marcello Caetano e Craveiro Lopes. Salazar não atribui importância particular ao que se rumoreja, nem acredita que se hajam formado dois blocos; e também não vê inconveniente, como qualquer dos dois tem força para se impor, em que ambos se afrontem.[882]

Na correspondência de Caetano para Salazar, o primeiro, sempre tão lesto a comunicar-lhe as afrontas e desconsiderações do colega, não se encontram quaisquer referências deste tipo, pelo que parece manter-se o clima de entendimento.

Neste momento, o que domina a atividade do ministro da Presidência é o legado de Calouste Gulbenkian, um magnata do petróleo iraquiano que se fixara em Lisboa em 1942, o qual, por testamento de 18 de junho de 1953[883], instituíra a fundação com o seu nome. Falecido em Lisboa, a 18 de julho de 1955, cerca de uma semana após a remodelação governamental, uma das primeiras tarefas do novo ministro da Presidência foi a concretização da sua vontade testamentária, traduzida no Decreto-lei n.º 40690, de 18 de julho de 1956, que aprova os Estatutos da Fundação Calouste Gulbenkian e, no seu seguimento, negociar a transferência para Portugal da sua coleção de arte que, por motivos de segurança, fora dispersa pela França e Inglaterra, o que conseguiu com êxito.

Um dos aspetos mais melindrosos da instituição da fundação prendia-se com a sua administração cujo primeiro presidente, Lord Radcliffe, em encontro com Marcello Caetano, disse pretender que fosse maioritariamente estrangeira, não só para marcar «o seu caráter internacional», mas também porque «os portugueses não seriam capazes de administrar uma instituição como aquela, cujo capital se avaliava em dois milhões de contos»; além disso, entendia que a aplicação dos rendimentos a Portugal deveria circunscrever-se a dez por cento ou, quando muito, a quinze por cento por ano. O ministro opôs-se terminantemente a esta pretensão e não recuou, nem mesmo quando o interlocutor ameaçou renunciar ao cargo, o que veio a acontecer, sendo substituído por Azeredo Perdigão, também nomeado testamentário[884].

Outra tarefa que teve a seu cargo foi a organização da visita oficial que a rainha de Inglaterra, Isabel II, deveria fazer a Portugal em fevereiro de 1957, a pretexto da qual se reacendeu a disputa com os monárquicos. Para a receção a oferecer pelo Presidente da República foram convidados «os representantes da velha aristocracia portuguesa», cuja maioria usava títulos nobiliárquicos; como «esses títulos tinham sido abolidos pela República e não podiam ser oficialmente reconhecidos», os convites «foram expedidos com os nomes civis dos convidados, e sem a indicação dos títulos que, muitas vezes arbitrariamente, usavam». Caiu o Carmo e a Trindade e a «nobreza» recusou-se, em bloco, a comparecer à receção, assacando a responsabilidade a Craveiro Lopes que, não tendo intervenção no assunto, «carregou mais essa culpa para a acusação de hostilidade aos monárquicos que lhe era formulada»[885].

Apesar de Salazar se aconselhar com ele, submetendo-lhe, por vezes, alguns textos e pedindo sugestões, circunstâncias em que Marcello Caetano aproveita para agradecer a «sua penhorante confiança»[886], as funções de ministro da Presidência – apesar de funcionarem regularmente e de abarcarem inúmeras dimensões – nunca galvanizaram Marcello Caetano, que se via uma vez mais reduzido ao papel de gestor de projetos diversos que iam da política interna à externa – esta sobretudo nas áreas da defesa, relacionadas com a NATO, e com a integração nos organismos económicos internacionais, designadamente a OECE. Quanto ao papel de coordenador da ação governativa era assunto em que não se tocava, como aliás seria de prever dado o caráter centralizador de Salazar.

Por isso, é com algum desencanto que, referindo-se à concretização do plano para a destruição das «ilhas» do Porto, que concertara com o ministro das Obras Públicas, Arantes e Oliveira, na primavera de 1956, escreve:

> Foi das poucas ocasiões em que, como Ministro da Presidência, tive a alegria de fazer alguma coisa de concreto e útil.[887]

De resto, trata-se de uma atuação dispersa, sem projeto unificador, uma espécie «oficial de dia» a quem cabe responder às solicitações do momento.

Em 25 de fevereiro de 1956, discursa no Simpósio sobre Higiene e Segurança Social, onde fala sobre lucros e salários:

> Só sobre a base de certa estabilidade se pode fazer um trabalho metódico de melhoria da repartição de rendimentos de modo a evitar para os empresários os grandes lucros injustos e a assegurar aos trabalhadores que o aumento de salário obtido por eles, nas condições normais da sua valorização profissional ou em consequência da prosperidade das empresas que servem, será um aumento de salário real, isto é, a que corresponde maior poder aquisitivo e elevação efetiva do nível de vida.
>
> Ora o salário real não compreende apenas o poder aquisitivo em que se exprimem as unidades monetárias pagas em remuneração do trabalho: abrange, ainda, todas as comodidades que sejam facultadas ao trabalhador como tal, no género da previdência, da habitação barata, da educação e das facilidades de recreio e descanso remunerado.[888]

Uma semana depois, a 2 de março, numa deslocação a Paris para uma reunião ministerial da OECE, dá uma entrevista à «United Press», na qual, depois de afirmar a impossibilidade de uma democratização do regime comunista, se refere à Europa, nos seguintes termos:

Somos acérrimo defensor da ideia de cooperação europeia. Ao mesmo tempo, não poderemos perder de vista o facto de que cada um dos nossos países é o resultado de uma evolução particular, que as nossas características nacionais foram moldadas através de gerações sucessivas. Tudo isso tem contribuído para os tornar distintos uns dos outros. Para termos uma eficaz cooperação europeia, há que respeitar esta particularidade, pois quem tenta correr depressa de mais arrisca-se a provocar desconfianças. Assim, Portugal, à parte considerações de ordem geográfica, não pode atirar-se para dentro de uma comunidade onde se arriscaria a perder mais do que a ganhar.[889]

Estas afirmações contrastam com as ideias de Salazar que, em 6 de março de 1953, afirmara, numa circular para as missões diplomáticas portuguesas, que a ideia de integração europeia não passava de um mito nascido da «simplicidade de espírito» e da «ligeireza de opiniões dos Estados Unidos, apoiados pela França, que não passava de um «país cansado de lutar e a quem a independência parece pesar», concluindo que

> [...] da Europa nada mais nos interessa substancialmente no terreno político: Interessam-nos mais Angola e Moçambique, e até o Brasil... A nossa feição atlântica impõe-nos, pois, limites à colaboração europeia, quando esta colaboração revista formas de destruição daquilo que somos e integração naquilo que não nos importa ser.

Esta separação não era só política, mas também geográfica, porque

> [...] por felicidade, os Pirinéus são geograficamente um elemento de tanto relevo que permite à Península não ser absorvida ou decisivamente influenciada pelo peso da nova organização, mas aguardar e ver.[890]

A 23 de abril, a Associação dos Correspondentes da Imprensa Estrangeira, em Lisboa, oferece ao ministro da Presidência um almoço, durante o qual este pronuncia um discurso importante, previamente submetido à apreciação de Salazar, que o achou «muito bom», salvaguardando apenas uma passagem:

> A única passagem que me oferece mais dúvidas – mesmo na forma que proponho – é a das últimas linhas da página 6. Daí se deduzirá que a Assembleia Nacional deixará de existir e ficará apenas subsistindo a Câmara Corporativa.

É cedo para o afirmar com tanta clareza e pode a asserção levantar dificuldades. [...] Neste domínio conviria ser ainda mais vago ou dubitativo. Quanto ao mais, é muito bom. Fala de coisas concretas e atuais.[891]

O discurso de Marcello Caetano começa por um exórdio dedicado à «informação internacional»[892] e debruça-se, depois, sobre alguns aspetos atuais da política interna e externa do País, numa abordagem da qual o vespertino *Diário de Lisboa* elogiou o «subtil sentido de apreciação e verdadeiro espírito universitário e homem de Estado»[893].

O discurso pretende ser um retrato de Portugal e do seu regime, salientando que a falta de matérias relevantes para publicação no exterior se deve ao facto de sermos um país pacífico:

> Nos tempos que correm, o facto de um país que está presente em tantos continentes e aglomera no seu seio tantas raças diferentes, manter uma *Pax Lusitana* que não aflige, não perturba, não complica os tão graves problemas políticos que assoberbam o Ocidente europeu, antes contribui para os atenuar, parece facto digno de nota. É do domínio público, de resto, que onde defrontamos alguma dificuldade, como em Goa, ela não resulta de reivindicação das populações portuguesas, mas apenas de ação inteiramente desencadeada e conduzida do exterior.

Quanto ao facto de Portugal ser referido como um país governado sob o sistema de partido único, afirma que isso é inexato:

> Para alguns observadores superficiais, o sistema que atualmente praticamos é de partido único. Nada mais inexato. O sistema monopartidário implica o monopólio das funções públicas pelo pessoal recrutado, formado e disciplinado pelo partido único. Ora em Portugal não há partido nenhum, no sentido de que não existe qualquer organização política permanente cuja missão seja fornecer o pessoal ao Governo e à Administração. O nosso regime é de governo sem partidos. O escol onde se recruta o pessoal dirigente é o da competência ou da capacidade. As instituições que tradicionalmente formam esse escol são a Universidade, o Exército, a própria Administração.

Sobre o regime corporativo, dá uma resposta ambígua, que foge ao cerne da questão e se afasta daquilo que já tinha afirmado várias vezes:

> Tem-se dito que Portugal ofereceu até aqui o paradoxo de ser um Estado Corporativo sem Corporações. Isto é verdade, e não é. Se entendermos por

Corporação um corpo orgânico representativo de todas as categorias profissionais que cooperam em certa grande atividade nacional, é verdade que só agora vão ser instituídas as Corporações. Mas, se empregarmos a palavra num sentido mais genérico, como é usada em França, na Grã-Bretanha ou na Suíça, a significar a organização profissional que define e mantém a sua própria disciplina e colabora na resolução dos seus problemas, é claro que Portugal possui há muito uma intensa, extensa e autêntica organização corporativa, com verdadeiras corporações.

Referindo-se, depois, a um livro de Walter Lippmann sobre o *Crepúsculo das democracias*, que, segundo o autor, estaria relacionado com o enfraquecimento do executivo e a hipertrofia do poder das assembleias políticas recrutadas por sufrágio universal, reivindica para o regime português o pioneirismo na resposta adequada ao problema:

> Há muitos anos que a nossa Constituição instaurou um governo com poderes suficientes para conduzir a política nacional, embora fiscalizado por assembleias representativas.

Debruça-se também sobre o II Plano de Fomento, de cujas realizações se espera que «imprimam vigoroso impulso a todos os setores da economia nacional, procurando atacar os seus pontos fracos».

Particularmente curiosa, é a sua referência a novas fontes de energia, com uma «natural» possibilidade pela opção nuclear:

> O movimento de curiosidade que tem cercado a presença de Portugal entre os doze países fundadores da Agência Internacional de Energia Atómica pode perfeitamente ser satisfeito. A nossa participação teve lugar na qualidade de produtores de urânio que já somos de certa importância. Neste momento a Junta de Energia Nuclear conduz uma vasta e intensiva campanha de prospeção de novos jazigos, campanha cujos resultados são animadores. Possuidores de combustível, é natural que tão depressa quanto possa ser procuraremos produzir ao lado da eletricidade obtida pelos recursos clássicos a energia termo-nuclear.

Marcello Caetano refere-se sempre a este período da sua vida política como pouco estimulante, do qual, nas suas memórias, deixa um retrato desconsolado:

[...] as minhas funções eram pouco interessantes. Coordenador do trabalho alheio, intermediário entre certos Ministros e o Presidente do Conselho, se alguma coisa conseguia era em benefício dos outros. Com a agravante de atuar numa zona intermédia, de fronteira, cheia de riscos: se, nas minhas gestões junto dos Ministros, dava um passo mais à direita do que devia ser, encontrava-me a invadir o campo do Chefe do Governo, e este apesar de dizer que não havia distinção de competências era, naturalmente, cioso da sua autoridade; quando o passo alcançava uns milímetros mais à esquerda do que devia ser, encontrava-me no terreno da competência de um Ministro que este defendia logo com unhas e dentes ...

E o pior é que, ao procurar deslindar conflitos entre Ministros (que eram frequentes ...), se a solução encontrada não agradava a um deles, este apelava por trás das minhas costas para o Presidente do Conselho que, mal informado, às vezes lhe dava razão. O Ministro da Presidência era assim frequentemente «circuitado».[894]

No fundo, tratava-se de ser um «bispo auxiliar», que tinha pelo menos o gosto de superintender no SNI, a cuja letargia procurou dar um novo dinamismo[895]. Neste sentido, organizou a exposição «30 anos de cultura», que seria inaugurada no dia 28 de maio de 1956, e na preparação da qual fez questão «de que não houvesse qualquer discriminação por motivos políticos», sendo sua intenção «não explicitar qualquer intenção política». Mas Salazar não resistiu a referir-se à exposição que se projetava no discurso que pronunciou a 19 de janeiro, na posse de dirigentes da União Nacional, afirmando:

Tem-se ouvido afirmar que este período [1926-1956], mercê de algumas necessárias limitações de liberdade de imprensa, marca uma zona escura do pensamento e da cultura portuguesa. A decadência podia ter-se verificado independentemente de causas políticas. Mas dessas críticas nasceu a ideia de uma exposição cultural, relativa também aos últimos trinta anos. Se a produção literária, científica ou artística e as suas variadas manifestações, impulsionadas ou não pela ação do Estado, se afirmaram em termos comparáveis aos de outras boas épocas, deve a acusação cair por falta de base e o País ter fé no seu espírito rejuvenescido. A mim ser-me-ia particularmente doloroso verificar ter contribuído, embora na defesa de interesses igualmente sagrados, para um eclipse – ainda que passageiro – da inteligência portuguesa.[896]

Salazar não hesita em tirar proveito e de se assenhorar de um projeto que Marcello Caetano planeara num clima de alguma abertura intelectual e política, aproveitando a realização da exposição para justificar o regime que não só não travara o desenvolvimento científico, intelectual e artístico, como promovera o evento. Em suma, seriam os próprios críticos e a sua obra os avalistas do regime e, com a sua participação nos eventos relacionados com a mostra, a desdizerem-se a si próprios.

Marcello Caetano compreendeu o alcance das palavras de Salazar, que podem mesmo ser consideradas uma provocação aos intelectuais portugueses, e os efeitos previsíveis, dizendo-lhe claramente: «A sua referência à Exposição que eu planeei vai-me criar, certamente, dificuldades entre os intelectuais da oposição. A intenção apologética confessada não pode merecer a colaboração deles.»

E, com efeito, a partir daí alguns autores, que este diz terem sido raros, recusaram a autorização para que as suas obras fossem exibidas.

Ligadas ao SNI estavam também as relações entre o Governo e a imprensa, que se desenvolviam a dois níveis: por um lado, as de promoção, apoio e colaboração que eram desenvolvidas pelo Secretariado; por outro, as da Direção dos Serviços de Censura, que era composta quase exclusivamente por militares e que gozava de grande independência. Em suma, acentuou Marcello Caetano: «O Secretariado deveria ser o alimentador, o acelerador; a censura o freio, o travão...»

Com o diretor da última, coronel Armando Archer, «licenciado em História, homem bastante culto e liberal que criara um estilo amistoso de relações com as redações dos jornais», despachava uma vez por semana, em termos gerais, já que lhe impusera que «não me propusesse nunca casos concretos»[897]. Com esta orientação imperativa, Marcello Caetano procurava resguardar-se politicamente, já que podia sempre assacar ao respetivo diretor a responsabilidade das intervenções mais desagradáveis da Censura, no dia-a-dia da informação e da cultura.

Para Marcello Caetano, a censura fora uma necessidade: «a imprensa portuguesa não tinha a noção dos limites e a repressão judicial dos delitos nela cometidos era demorada, originava processos escandalosos e acabava por ser ineficaz quando não contraproducente»[898].

Incitado pelo então diretor de *O Século*, João Pereira da Rosa, de quem se tornara amigo, o ministro da Presidência começa a planear uma lei de imprensa, a qual, segundo o primeiro, podia ser «dura, muito dura mesmo.

Aceitamos tudo, contanto que a censura seja suprimida e tenhamos regras para graduar a nossa responsabilidade»[889]. O projeto que redigiu obedecia aos seguintes princípios gerais:

> [...] uma lei em que se descriminassem com bastante precisão as matérias cuja publicação era vedada ou condicionada e que regulasse um processo sumário, rápido, para aplicação aos delitos de abuso de liberdade de imprensa de penas o menos pesadas possível (para que os juízes não tivessem escrúpulo de impô-las), mas de cuja acumulação resultassem automaticamente efeitos muito graves: proibição de escrever, suspensão do jornal...[900]

Marcello redigiu o projeto de lei de imprensa, que discutiu com Pereira da Rosa e outros diretores de jornais, mas este nunca foi considerado: «andou para trás e para diante, a ser visto e revisto pelos doutos, e lá ficou quando deixei o Governo»[901]. Já Presidente do Conselho, viria a promulgar uma lei de imprensa, cujos detalhes e enquadramento serão analisados na devida altura.

A censura era um polvo tentacular, que se entranhava pelos interstícios da vida do País, sobretudo nas áreas política e cultural. Segundo uma síntese de José Cardoso Pires, a política cultural do Estrado Novo tinha dois objetivos: «como primeiro objetivo procurou confinar as cidadelas culturais e todo o país, todo, a um isolacionismo que lhe facilitasse a imposição violenta das suas regras. Em segundo alcance pretendeu, e com algum êxito, elaborar em silêncio fechado certas máscaras contemporâneas para publicidade exterior.» Tratava-se de manter em segredo as impunidades do abuso, com vista a poder exportar «uma imagem tolerável no convívio internacional».[902]

Tão tentacular era a sua ação que, apesar de teoricamente ser orientada pelo ministro da Presidência, este mesmo acaba por ser uma das suas presas, no verão de 1957.

A 10 de julho, com o secretismo de sempre, Salazar e Franco encontram-se mais uma vez, desta feita na cidade fronteiriça espanhola de Ciudad Rodrigo. Nos finais do mês começam a circular boatos de que entre ambos teria sido discutida a hipótese de, tanto em Portugal como em Espanha, os regimes evoluírem no sentido da monarquia, e disso se faz eco a «United Press», cujo representante em Lisboa questionara Marcello Caetano sobre o assunto. Segundo a imprensa do Rio de Janeiro, citada pelo *Diário de Lisboa*, de 27 de julho, este respondeu:

Não existe em Portugal problema de regime e tudo quanto se diga em contrário carece absolutamente de fundamento. No seu recente discurso político, o dr. Oliveira Salazar, depois de condenar certas exteriorizações monárquicas, afirmou que os receios do lado republicano, de que tais exteriorizações se revestissem de qualquer significado, eram infundados. Por outro lado, posso garantir que nas conversações de Ciudad Rodrigo não foi abordado qualquer problema relativo á evolução da política interna portuguesa.[903]

Também o *Diário de Notícias* insere estas declarações na primeira página, sob o título: «Salazar não pensa em restaurar a Monarquia – esclarece o prof. Marcelo Caetano.»

O ministro da Presidência informou o Presidente do Conselho das suas declarações e este não as reprovou. Mas..., pressionado pelos protestos de «alguns próceres da Causa Monárquica e de algumas senhoras também», decide intervir.

Qual não foi, pois, o meu espanto ao ser informado que o próprio Presidente do Conselho dera ordens aos serviços de Censura para não permitirem a reprodução delas nos jornais da manhã do dia 28, nem deixarem falar mais do caso.[904]

Marcello Caetano justifica-se, no dia seguinte, através de carta a Salazar[905], significando-lhe que a urgência das explicações é «mais uma prova da [sua] inteira dedicação a V.ª Ex.ª»:

Pela leitura dos jornais de hoje verifico que as declarações que fiz à UP não mereceram a aprovação de V.ª Ex.ª. Nas ingratas funções que desempenho sou forçado a muitos contactos e conversas com portugueses e estrangeiros, em que se abordam assuntos políticos e em que me esforço por exprimir a opinião do Governo o mais fielmente possível. Neste caso, pelo que tenho tanta vez ouvido de V.ª Ex.ª e até pelo que recentemente entre nós havia sido conversado, estava convencido de que podia afoitamente afirmar: 1.º que não está posto o problema do regime e 2.º que V.ª Ex.ª não tinha estado em Ciudad Rodrigo a tratar com o generalíssimo Franco da restauração da monarquia em Portugal – ao contrário do que a imprensa estrangeira por esse mundo fora anunciou.

Essas afirmações escrevi-as para que não fosse atraiçoado o que disse e procurei pôr o máximo cuidado na redação.

MARCELLO CAETANO UMA BIOGRAFIA POLÍTICA

Volta a levantar-se a questão da confiança entre ambos, contexto em que o ministro reafirma a sua lealdade, nos termos da qual diz ter sacrificado muitas das suas intenções de ação:

> A desaprovação de V.ª Ex.ª perturba-me. Não por amor-próprio (que tenho, como toda a gente, mas que saberia calar), mas porque me tira a confiança que precisaria de possuir em mim para continuar a desempenhar estas delicadas funções. Já hoje hesito tantas vezes; me abstenho em tantas coisas; sacrifico o meu gosto de ação tão frequentemente, com receio de sair fora do que convém – que receio tornar-me completamente inútil e desacreditar--me, se aumentar a minha passividade ou agravar as minhas hesitações. Além disso, a ideia de ter criado, por excesso de zelo, uma situação delicada como a que resulta de ter sido cortada pela censura uma declaração do Ministro da Presidência não pode deixar de me afligir.
>
> A minha presença no Governo tem a única razão de ser de procurar ser útil a V.ª Ex.ª e ao País. Sem um mínimo de certeza quanto à ação política, eu não posso ter utilidade. E não quero de maneira nenhuma ser um embaraço.

Salazar justifica-se em carta do mesmo dia, reafirmando a sua já referida ambiguidade para com os monárquicos, agora já não apenas subentendida, mas afirmada, embora em meio reservado, sem qualquer disfarce[906]:

> [...] fiquei preocupado com os reflexos que se poderiam verificar em certos setores do interior e embaraçar-lhe a ação. Evidentemente todos estamos de acordo nisso, que «não está posto o problema do regime», como diz na sua carta, mas a prosa da UP é que «não existe em Portugal problema de regime» e esta afirmação tem ou pode ter um sentido muito diverso do da primeira e ser entendida como estando no espírito do Governo definitivamente e para sempre resolvida a questão da República e da Monarquia. Ora nós só temos podido viver porque a questão não se tem posto nem convém se ponha, o que envolve deixar ao menos em suspenso e como uma possibilidade futura, longínqua e indefinida a solução monárquica. Isto tem satisfeito e continua a satisfazer os monárquicos, porque a seus próprios olhos os justifica do apoio que dão. Para os ter connosco parece-me necessário não fazer o Governo profissão de fé republicana nem afirmar o regime republicano como assente *in aeternum*, o que aliás é dispensável e seria mesmo tolo.

Termina em tom conciliatório que, em resumo, equaciona as posições assumidas por cada um, em termos de reta intenção:

Compreendo perfeitamente as dificuldades da situação de quem está no seu posto, e será difícil evitar de todo e sempre pequenas discordâncias. O essencial é ter a consciência de que se trabalha com lealdade e para o fim comum. O Doutor Marcelo Caetano quis pôr cobro a especulações inconvenientes. A minha intenção só teve por fim evitar que a declaração feita se pudesse interpretar como pretendendo reforçar o jogo feito por um dos sectores, o que não podia estar no seu pensamento. Veremos se um e outro podemos tirar resultados úteis da nossa ação.

Marcello Caetano não abandonara totalmente a sua ação doutrinadora. Discursa, a 2 de junho de 1956, no encerramento do IV Congresso da União Nacional, realizado na Sociedade de Geografia de Lisboa, por sinal, o último do consulado de Salazar e, como acentua Marcelo Rebelo de Sousa, «será mesmo o fim da União Nacional», cumprindo-se o ritual já antigo de falar Salazar na abertura e Marcello no fim.

O discurso não é particularmente significativo e centra-se no louvor do Estado Novo e do seu Chefe, destacando a próxima instituição das corporações.

Quase seis meses depois, a 17 de outubro, é inaugurado o Centro de Estudos Político-Sociais da União Nacional, cuja alma era Camilo de Mendonça, um amigo de Marcello Caetano e, à data, membro da respetiva Comissão Executiva. Além deste, «a maior parte dos participantes nos trabalhos» eram seus amigos, e muitos deles «diziam-se meus discípulos»[907].

O ministro pronunciou uma conferência com o título «Problemas políticos e sociais da atualidade portuguesa»[908], na qual, depois de salientar a necessidade e utilidade dos estudos políticos face à complexidade que os problemas políticos cada vez mais revestem, passa em revista as condições necessárias para a crítica da ação política, das quais destaca o conhecimento e a experiência. Depois procura responder a muitas das críticas apresentadas no Congresso, designadamente no que se refere ao nível de vida português e ao esforço dos Governos para a sua elevação, detendo-se na expansão económica e na necessidade de prudência na tributação de capitais em formação, abordando, em seguida, «o caso dos representantes do Estado nas Empresas» – de que aliás, como se viu, ele era um exemplo –, um ponto que virá a gerar uma polémica com Cunha Leal. Marcello Caetano justifica a existência de tais cargos com a necessidade de o Estado garantir que «as empresas que devem servir o público não se afastem da linha do interesse geral». Os critérios de escolha centram-se no desígnio de o Estado pretender «assegurar-se não apenas de uma boa administração dos dinheiros públicos, mas também de que seja seguida fielmente certa política económica» e quem melhor do que os técnicos e funcionários públicos e homens de Estado para o garantir?:

> Porventura negar-se-á que a pessoa que tenha servido altos cargos públicos, sobretudo no Governo, reúne por via de regra as qualidades de experiência administrativa e de devoção ao interesse geral requeridas para a representação do Estado em tais empresas?

Estabelecendo depois uma comparação com o que se passara durante a 1.ª República, que detinha posições apenas nos Bancos emissores e na Companhia de Caminhos de Ferro Portugueses (CP), generaliza a análise a outros conselhos de administração:

> De resto, não era só nessas empresas que os políticos do parlamentarismo republicano se encontravam. Um rápido exame dos conselhos de administração em exercício em 1926 nas sociedades anónimas faz-nos deparar neles com muitos antigos ministros.

Defende, depois, o capitalismo moderado e salienta as limitações do cooperativismo, que servem de base para uma defesa do corporativismo, considerado como o sistema que visa o interesse geral, em cujo quadro proclama – uma vez mais! – que «a defesa da liberdade essencial dos homens exige que não se dê a quem quer o uso da liberdade de a destruir. E por isso uma autoridade firme e vigilante é a melhor garantia de uma liberdade estável.»

No final do parágrafo acima transcrito, a edição do discurso utilizada pelo biógrafo introduz a seguinte nota: «Ao proferir o discurso, o Sr. Ministro da Presidência referiu vários nomes com o único objetivo de documentar as suas afirmações, e sem nenhum intuito de censura ou de crítica. Para evitar qualquer mal-entendido, porém, S. Ex.ª desejou que se omitissem agora os nomes, que é [sic] fácil de encontrar, aliás, no *Anuário Comercial* de 1926.»

Esta alteração editorial deve-se, sem dúvida, à polémica levantada por Cunha Leal, por causa do discurso. Sentindo-se visado, este antigo político republicano e um membro militante da oposição, veio a terreiro publicando nos jornais da tarde de Lisboa, do dia 19 de novembro, uma carta aberta ao ministro em que critica o discurso, em termos respeitosos mas contundentes. Marcello Caetano, podia (e talvez devesse, atenta a sua qualidade de ministro) ignorar a missiva, mas, não resistindo à sua veia de polemista, respondeu, no dia seguinte, também através dos jornais, reafirmando o que dissera e contradizendo Cunha Leal, o qual, no dia imediato, põe ponto final a uma polémica[909], que, nos termos em que foi travada, não acrescentou mais credibilidade às palavras do ministro, nem retirou verdade aos argumentos do destacado oposicionista ao regime.

O ano de 1957 entra com Marcello Caetano atarefado nos preparativos da visita oficial da rainha Isabel II de Inglaterra e depois com a sua concretização, a partir de 16 de fevereiro, durante a qual ocorreu o já referido incidente protocolar com os monárquicos, por estes atribuído à hostilidade que Craveiro Lopes lhes votaria, mantendo-se assim o clima de desconfiança que datava dos primeiros tempos do mandato presidencial.

Sempre que caracteriza o ambiente político deste período do regime, Franco Nogueira insiste num ponto essencial, que assenta na divisão das forças que apoiam o regime em dois blocos – um militarista e outro civilista – organizados, respetivamente, em torno de Santos Costa e Marcello Caetano, num enredo em que envolve Craveiro Lopes:

> Nestes princípios de 1957, fervilham os rumores e intrigas. [...] Craveiro Lopes está rodeado de uma impopularidade crescente, e em torno da figura do Presidente dividem-se os homens do Estado Novo. Para os nacionalistas, os partidários pessoais de Salazar, Craveiro Lopes transformara-se em homem de esquerda; e pensaria mesmo em demitir o chefe do governo e confiar o poder a Marcello Caetano. Paralelamente, toma consistência a ideia de uma fação militar, zeladora da pureza dos princípios, e crítica de vícios na administração; e em Santos Costa deposita a esperança de defesa da situação. E os situacionistas liberais, e que julgam avizinhar-se novos tempos, pensam que Craveiro Lopes e Caetano serão os homens do futuro. Por outro lado, 1957 é ano de eleições para a Assembleia Nacional; e em 1958 termina o mandato do Chefe de Estado. Perguntam-se alguns se não seria conveniente desde já assumir atitudes para garantir posições. E deverá ser reeleito Craveiro Lopes? Salazar sente-se preocupado. Constantemente os monárquicos, para quem Craveiro Lopes encarna um republicanismo jacobino, não cessam

de trazer notícias de conversas, de arranjos, mesmo de conspirações contra o chefe do governo, e em que se aponta o Presidente como figura central. Salazar, apesar de tudo, se está impressionado, mostra-se também incrédulo: não julga Craveiro Lopes capaz das intrigas que lhe atribuem: e continua a tratar com o Presidente de maneira correta. [...] Perante os enredos, os mais devotados seguidores de Salazar sentem-se perplexos: o chefe do governo parece hesitante, incerto: e em surdina voltam a perguntar onde está na efetividade das coisas a fonte do poder, o centro de decisão última.[910]

Marcello Caetano, para além do desempenho das funções ministeriais, continua a sua ação doutrinadora, agora em termos mais dispersos e abrangentes, que não se circunscrevem apenas à defesa do regime, mas se estendem noutras direções.

A 15 de abril, preside em Lisboa à sessão inaugural da 30.ª reunião do Instituto Internacional de Civilizações Diferentes, chamando a atenção para o facto de Portugal ter sido um dos primeiros países a tomar contacto com outras raças e culturas[911].

No dia 2 de maio, discursa em Braga, fazendo um balanço positivo dos caminhos e experiências trilhados pela sua geração, desde a implantação do Estado Novo, reafirmando os seus princípios definidos sobre a essência da civilização latina e cristã:

> A ninguém se pede o sacrifício dos princípios em que formou a sua consciência cívica e que constituem os seus ideais. Mas na hora em que por esse mundo soam ameaças que põem em causa o que de mais sagrado todos nós veneramos – Deus, a Pátria, a Família – não devemos ter outro fito que não seja a defesa do que constitui a essência mesma da Civilização latina e cristã em que desejamos continuar a viver e que queremos deixar enobrecida aos nossos filhos.[912]

No dia 20 do mesmo mês profere em Lisboa o discurso inaugural do Congresso da Federação Internacional dos Chefes de Redação, no qual afirma: «O jornalismo – quer exercido no jornal impresso, quer através do cinema, da rádio ou da televisão – reveste-se, para aqueles que têm de o orientar, como diretores ou redatores-chefes, da dignidade e da gravidade de uma magistratura.»[913]

É neste discurso que – na sequência do debate ocorrido em janeiro na Quarta Comissão da ONU sobre o problema dos territórios não-autónomos, ou seja, das colónias –, em que a posição portuguesa fundamentada na unidade da nação portuguesa, compreendendo todos os territórios sob a sua administração[914], é atacada, aflora, pela primeira vez publicamente, o problema da descolonização que começa a pressionar a política externa portuguesa:

> Fez-se do colonialismo um crime, considerando toda a ação de um povo civilizado em territórios quantas vezes completamente desconhecidos ou à margem da humanidade, habitados por tribos selvagens estagnadas num primitivismo estático, simples e abominável dominação com o fito de explorar ou exterminar seres livres que desfrutassem a felicidade paradisíaca.
>
> E o preconceito alastra em tais termos que começa mesmo a surgir uma espécie de complexo de inferioridade do colonizador, como se pertencer a um continente onde, nos últimos milénios, se construiu uma civilização e se elaborou uma cultura onde estão incorporadas as mais extraordinárias conquistas do género humano no domínio da Natureza e para redenção do espírito, como se o ser filho dessa nobre e bela Europa, e ter herdado o afã de propagar pelos outros continentes a sua mensagem de dignificação da humanidade e de renovação da face da Terra, fosse uma falta de que devêssemos estar contritos e que merecêssemos expiar.[915]

Considerando essa conceção e julgamento como «aberrações», reafirma o orgulho de Portugal pela obra realizada desde o século XV, um país «cujo povo não pode acreditar que o ter trazido milhões de homens para o convívio dos seus semelhantes e o de ter aberto continentes e oceanos ao comércio universal não sejam um dos mais nobres feitos da sua história e da história do Mundo»[916].

No essencial, o discurso radica na tese da responsabilidade da informação, para dar a todos e cada um os meios necessários para construir sobre os factos uma opinião fundada e não meramente assente nos *slogans* em voga.

O mais importante dos discursos de Marcello Caetano durante o período em que desempenhou as funções de ministro da Presidência foi, sem dúvida, aquele que pronunciou na jornada inaugural do II Congresso de Industriais e Economistas, ocorrida em 26 de maio de 1957, à qual presidiu o Presidente da República, Craveiro Lopes. Importante porque é todo ele voltado para o futuro, porque «definia uma nova etapa do desenvolvimento económico português», que «deveria assentar, cada vez mais, na dispensa do apoio sistemático e quase indiscriminado do Estado à iniciativa empresarial privada»[917].

O discurso do ministro da Presidência, intitulado «Perseverança no presente e confiança no futuro»[918] começa por traçar uma perspetiva do lugar da indústria portuguesa no II Plano de Fomento, em preparação, no sentido de promover «o incremento da industrialização» numa perspetiva um tanto diferente daquela por que se orientara até ao momento: em vez do recurso sistemático à intervenção do Estado no lançamento das empresas industriais, cumpre agora contar com a iniciativa privada na vida económica, impondo-se «estimulá-la, favorecê-la e animá-la, embora disciplinando-a». Neste quadro, e para além da «manutenção da ordem pública e da paz social que permita o trabalho fecundo, a segurança das previsões e a continuidade dos progressos», e da manutenção «no mercado dos capitais dinheiro abundante e barato», impõe-se a melhoria ou criação de infraestruturas básicas ao nível dos transportes e comunicações e ainda no desentorpecimento dos serviços públicos no que concerne à burocracia.

Além destas, importava ainda desenvolver «a investigação científica aplicada ou aplicável» à indústria, o ensino técnico destinado a preparar uma mão-de-obra mais qualificada, e uma «proteção fiscal, traduzida sob a forma de isenções concedidas aos investimentos de utilidade social, da tributação moderada de tudo quanto represente investimento útil e também, quando a defesa razoável do trabalho nacional o imponha, mediante os direitos aduaneiros sobre a importação do estrangeiro».

Entra depois na «posição portuguesa perante o movimento livre-cambista europeu», ou seja, perante o movimento de integração europeia, que se iniciara em 1953, com a instituição da Comunidade Europeia do Carvão e do Aço, e se reforçara, dois meses antes, a 25 de março, com a assinatura dos Tratados de Roma, que instituem a Comunidade Económica Europeia (CEE) e a Comunidade Europeia de Energia Atómica (Eurátomo). A par deste movimento, mantinham-se as resistências da Inglaterra, país que, mercê dos compromissos com a Comunidade Britânica, definiu a fórmula da Zona de Livre-Câmbio, que correspondia a uma associação de países que acordavam em permitir a circulação de mercadorias entre os seus territórios, sem obstáculos aduaneiros, embora mantivessem a liberdade de tratamento pautal com Estados estranhos à Zona. Dado o seu atraso industrial relativamente aos restantes países europeus, Portugal não pode aderir à Zona em condições de completa igualdade, já que «o abandono da proteção aduaneira às indústrias já existentes [...] e a impossibilidade em que ficaríamos desde já em proteger novas indústrias a criar – poderiam dar um golpe mortal no esforço de industrialização do País».

No entanto, Portugal não pode ficar alheio a todo este movimento:

> [...] se não nos for possível ingressar na Zona de Livre-Câmbio em virtude de esta ser organizada sem contemplação pelos interesses dos países como o nosso, nem deveremos descansar à sombra das altas muralhas da proteção aduaneira e fiados na eficiência do condicionamento industrial, tornando-se imperioso, ao contrário, que tratemos de nos apetrechar para estarmos presentes nos novos campos em que vai travar-se a batalha do comércio internacional e com as novas armas que ela exigirá.

Este discurso é, de facto, uma rutura. Rutura não propriamente quanto à essência dos princípios do sistema político, mas um corte epistemológico com o passado, em termos de mentalidade e de projeto que, assumindo-se com base na economia, não poderá deixar de ter reflexos políticos. A geração formada pelo Estado Novo proclamava a sua maioridade e o seu projeto, que já não se conformavam com a gestão doméstica de que falara Salazar nos idos dos anos trinta, mas se perspetivava em termos de modernidade, uma modernidade tímida e limitada, é certo, mas apesar de tudo, um salto para o Futuro:

> E quem como eu tem sentido o espírito novo que sopra em tantos setores da atividade pública e da atividade privada; quem tem visto em ação novas gerações de investigadores e de técnicos empolgados de entusiasmo construtivo; quem tem assistido à multiplicação dos produtos do trabalho português que esta casa justamente se destina a mostrar aos olhos dos que queiram ver, – não pode deixar de ter confiança no Futuro, não pode deixar de ter fé no trabalho, não pode descrer de Portugal e da vontade e da capacidade dos Portugueses!

Esta linguagem nova provocou reações no *bunker* salazarista, que mantinha Marcello Caetano refém de forte suspeita e para a qual este era não só o agitador da ideia da mudança, mas incarnava, ele próprio, esse perigo, oferecendo-se como alternativa ao fundador do Estado Novo. Para agravar as coisas, não passava de um «esquerdista», mentalidade que já evidenciara no seu parecer sobre a assistência social, na abrangência com que promovera, um ano antes, a já citada exposição «30 anos de cultura» e agora deixara claro na insistência da necessidade do «diálogo» com que iniciara o discurso:

[...] é a altura de suscitar o diálogo entre o Governo e todos quantos possam dar contribuição útil ao estudo dos grandes problemas nacionais que o planeamento põe em causa. Diálogo que se torna ainda mais necessário e conveniente pelo facto de sermos forçados a encarar a hipótese de profundas alterações no comércio internacional, que não deixarão de ter incidência no mercado interno. Ora para dialogar com o Estado sobre tão graves assuntos não se poderia encontrar mais qualificada assembleia do que esta, onde os economistas se sentam lado a lado com os industriais. [...]

Aqui estou, não propriamente para fazer o discurso solene que talvez fosse indicado para condizer com as galas desta reunião, mas a começar o diálogo.

Para os patriarcas do Salazarismo o regime configurava a fórmula teocrática – laica, é certo – do exercício de um poder indiscutível e indiscutido, personificado num pontífice omnisciente e omnipresente, que não dialoga: ordena. Portanto, a palavra «diálogo», mesmo pronunciada de forma tão inócua, como o fizera Marcello Caetano, só podia ser compreendida em termos de cisma ou, porventura mais grave, de «esquerdismo»: «Diálogo, nessa altura, era palavra suspeita aos conservadores. E daí a pouco chegava-me aos ouvidos que nos meios políticos (até colegas do Governo!) se bichanava sobre mais aquela escorregadela minha, sintoma do meu incorrigível pendor esquerdista!»[919]

Salazar também acusou o toque e, numa das habituais reuniões matinais, posterior ao discurso, disse-lhe: «Aquela sua insistência em falar em diálogo no discurso do Congresso dos Industriais tem provocado certa estranheza...» Marcello reagiu a quente: «Francamente! Que uns tantos idiotas de nascença que por aí andam se preocupem com essas coisas já não me espanta. Que hão-de dar os pirliteiros senão pirlitos? Agora o senhor...!» Salazar afirma-lhe que não estava a exprimir a sua opinião: «Não, não, eu não estou a fazer minha a crítica! Mas já tantas pessoas me falaram no assunto, que julguei do meu dever de amigo chamar-lhe a atenção... Justificada ou injustificadamente são estes rumores que fazem as reputações. E não vejo vantagem em que se consolide essa sua reputação da esquerda...»[920]

De tudo isto, Marcello Caetano conclui:

> Em 1957 eu era, porém, para as classes possidentes e para a direita monárquica, pura e simplesmente o chefe da esquerda do regime, acusando-se o Presidente Craveiro Lopes de comungar nas mesmas ideias e de cobrir e minha ação.[921]

7

«E ACEITEI, NA IDEIA DE QUE COM TAL DISCURSO PÔR TERMO À MINHA CARREIRA POLÍTICA.»

No dia 6 de agosto de 1956, Marcello Caetano, de férias na Curia, escreve a Salazar:

> Aqui estou com um tempo caprichoso, a ver se a minha mulher (que continua a preocupar-me muito) colhe algum benefício.[922]

Segundo a filha, Ana Maria, esta ida para as termas foi determinada por uma crise renal complicada da mãe, de que resultou uma forte depressão que, inclusivamente, a impedia de governar a casa[923], facto grave para Teresa de Barros que «era uma mulher muito ativa, que ajudava imenso Marcello, organizando sempre tudo da forma mais adequada, à luz do quadro burguês de valores.»[924] Eram os primeiros sinais de uma doença prolongada e ininterrupta que a consumiria até ao fim dos seus dias, quase vinte anos depois. E tanto para Marcello Caetano como para os filhos, principalmente para Ana Maria, era o início de uma longa subida a um calvário silencioso, na qual, impotentes, assistiam ao desmoronar da vida da mulher que, tanto num caso como nos outros, fora um marco de referência determinante.

E não só para a família. Adriano Moreira, que se tornara visita da casa de Marcello Caetano, por ocasião do já referido incidente relacionado com a morte do general Godinho, em 1947, escreveu:

> Foi importante para mim conhecer sua mulher D. Teresa, que frequentemente visitei para aproveitar da sua espiritualidade, da paciência e discrição com que acompanhava os problemas da juventude, da erudição que tinha sobre as questões da Igreja Católica, da distância que mantinha em relação à política.[925]

E, noutro passo, refere-se à «excecional mulher que foi Teresa Queirós de Barros, inesquecível por todos os que, de nós, ainda estamos vivos, lhe ficaram a dever carinho, devoção e conselho, antes que a doença a atingisse severamente»[*].

As relações de Adriano Moreira com Marcello Caetano ficaram «mais próximas, mas não do seu grupo que se apresentava como casa da guarda», e onde se destacava o seu condiscípulo e amigo Baltazar Rebelo de Sousa, «talvez o mais fiel e sensato dos colaboradores que o acompanharam até ao fim»[926].

Segundo o testemunho de um seu discípulo, Carlos Silva Gonçalves[927], as reuniões começaram por se fazer na casa do Linhó, que Marcello adquirira: era um pequeno grupo, «mas era tudo muito precário» e na década de 1960 a esposa já estava muito doente. Por isso, transferiram-se para a pastelaria Garrett, no Estoril, e como o espaço era pouco e havia muita gente «acabamos por ir parar à Choupana».

Este núcleo daria, em meados da década de 1950, origem ao «Grupo da Choupana», «que duraria até 1968, antes de se transferir, em massa, para os Governos de Caetano»[928].

O nome advém-lhe do facto de reunirem todas as tardes de sábado, desde as três até à hora do jantar, no restaurante Choupana, em São João do Estoril, mesmo ao lado do Forte de Santo António, onde Salazar veraneava. Uma testemunha ocular descreveu o ambiente: «Numa grande mesa, localizada num canto do plano elevado da sala, Caetano presidia e apareciam os seus apoiantes que quisessem e pudessem»[929]. Este hábito iniciou-se quando estava no Governo e manteve-se sobretudo depois da sua saída, em 1958.

Dinamizado por Baltazar Rebelo de Sousa, de quem parece ter partido a iniciativa, transformou-se num «misto de grupo político informal, de tertúlia, de encontro de amigos, em que se evocava o passado, comentava o presente e conjeturava o futuro», constituído por antigos alunos seus na Faculdade de Direito e discípulos do tempo da Mocidade Portuguesa. Reúne-os um traço comum:

> São direitistas e republicanos – salvo um ou outro devaneio –, têm a
> escola do Estado Novo, admiram Salazar, respeitam Marcello, preocupam-se

---

[*] Adriano Moreira, *A Espuma do Tempo*..., op. cit., p. 353. A doença e a sua evolução estão descritas pormenorizadamente (Manuela Goucha Soares, *Marcello Caetano*..., op. cit., pp. 144 e segs.) e são dispensáveis no escopo desta biografia, no qual se referencia apenas na justa medida em que possa influenciar a vida política de Marcello que mantinha por Teresa uma relação afetiva incondicional.

com a perda de velocidade do Regime, e, sobretudo a partir de 1963 e 1964, ganham um ceticismo crescente [...]

Marcello não manda no seu percurso político, mas eles não fazem nada sem o ouvir, ainda que seja para depois agirem contra o conselho.

Não é bem uma ala ou sensibilidade partidária, porque carece de disciplina.

É uma amizade respeitosa para com o paternal senador, que os conheceu a quase todos de calções, lhes abriu caminhos políticos e tem agora o direito de lhes dizer o que deles e das suas circunstâncias pensa.

Com aquele rigor que fazia de Marcello Caetano uma inteligência crítica aguda, fiel sempre às suas amizades, mas com poucos momentos de charme pessoal.[930]

E quem são eles? Marcelo Rebelo de Sousa enumera: Silva Cunha, Baltazar Rebelo de Sousa, César Moreira Batista, Manuel de Andrade e Sousa (o seu secretário na presidência da Câmara Corporativa), Correia de Campos, Clemente Rogeiro, Esteves da Fonseca, Mário de Oliveira, Carlos da Silva Gonçalves, Pedro Guimarães, Bernardino Pereira Bernardes, Almeida Cotta, os mais assíduos, e ainda Daniel Barbosa, Camilo de Mendonça e Gonçalo Mesquitela.

Carlos Silva Gonçalves acrescenta ainda os nomes de Correia de Barros, Eurico Serra, Jaime Rodrigues Loureiro, Manuel Nunes Barata, João Dias Rosas, Lopo Cancela, Fernando Rogeiro, Afonso Marchueta, Moreira Ribeiro e Alberto Lemos Mesquita.

Ainda segundo Silva Gonçalves, Marcello Caetano, «a dada altura convenceu-se que tinha o telefone sob escuta» e tornou-se mais cauteloso, mas as reuniões do «Grupo da Choupana» mantiveram-se até à sua chamada para a Presidência do Conselho, em 1968.

É no âmbito destes encontros informais entre amigos políticos que se dá um episódio, entre Marcello Caetano e Adriano Moreira, revelador da deterioração das relações entre ambos. Num desses sábados, o último aparece na «Choupana» acompanhado de José Almeida Cotta – que, na altura, era secretário de Estado da Administração Ultramarina do então ministro do Ultramar, Silva Cunha, um dos discípulos fiéis de Marcello, e, mais tarde, em pleno consulado marcelista, seria líder do Governo na Assembleia Nacional – e sentaram-se numa mesa longínqua da tertúlia. Mais grave, foi o episódio que ditou a rutura definitiva entre ambos. Em casa do amigo comum, Alfredo Manuel Pimenta, Adriano Moreira recusou ostensivamente apertar a mão de Marcello Caetano, que lha estendera, ato com que pretendia retribuir uma atitude de desconsideração do último, que, num almoço oficial, apesar de ter ficado a seu lado, cumprimentara toda a gente menos ele. Este facto menor e menos feliz na biografia de ambos serve apenas para ilustrar a fricção existente entre dois homens que tinham sido ministros de Salazar e que nunca mais se reconciliaram.

A este propósito, conta Miguel Caetano:

> As más relações com Adriano Moreira surgiram durante o período em que este foi Ministro do Ultramar (1961-1963). Alguns «amigos» intrigavam junto de ambos, convencendo Marcello que Adriano o criticava duramente e transmitindo a Adriano reações desagradáveis de Marcello. Um dos pontos de desacordo que permaneceu tem a ver com as reformas do Instituto Superior de Ciências Sociais e Política Ultramarina. Apesar de uma reaproximação em meados dos anos sessenta, as relações voltaram a deteriorar-se. Em 1969, Adriano Moreira é afastado compulsivamente de diretor daquele Instituto.[931]

1957 era ano de eleições legislativas e no ano seguinte seriam as presidenciais. Como sempre, o Regime, apesar de todos os mecanismos, legais e não-legais, lhe garantirem uma vitória antecipada, entra na paranoia das conspirações e das intrigas palacianas, que Franco Nogueira não se cansa de sublinhar, procurando sempre envolver Craveiro Lopes e Marcello Caetano:

> Nestes princípios de 1957, fervilham os rumores e intrigas. [...] Craveiro Lopes está rodeado de uma impopularidade crescente, e em torno da figura do Presidente dividem-se os homens do Estado Novo. Para os nacionalistas, os partidários pessoais de Salazar, Craveiro Lopes transformara-se em homem de esquerda; e pensaria mesmo em demitir o chefe do governo e confiar o poder a Marcello Caetano. Paralelamente, toma consistência a ideia de uma fação militar, zeladora da pureza dos princípios, e crítica de vícios na administração; e em Santos Costa deposita a esperança de defesa da situação. E os situacionistas liberais, e que julgam avizinhar-se novos tempos, pensam que Craveiro Lopes e Caetano serão os homens do futuro.[932]

No fundo, trata-se do confronto entre o imobilismo e uma ideia de evolução política que, não comprometendo embora os princípios básicos e fundamentais do Estado Novo, se recusa a permanecer ancorado ao passado e procura definir um projeto assente na modernidade (possível...) ditada pelo enquadramento de Portugal nas organizações supranacionais, tanto de caráter militar (NATO) como político (ONU) ou económico (OECE).

A multiplicidade de clivagens no seio da Situação é sumariamente reduzida aos «partidos» militar, de Santos Costa, e civilista, liderado por Marcello Caetano, que são, nesta altura e sem sombra de dúvida, os principais atores políticos imediatamente a seguir a Salazar que, na sombra dos bastidores, vai equilibrando um e outro, mantendo entre ambos um confronto surdo que lhe permite subsistir e reinar.

Esta luta também começa a ser referida como um confronto entre a «direita» e a «esquerda» do regime, realçando-se aqui o facto de o Presidente da República – que fora eleito na perspetiva de não provocar agitação e manter o *low profile* dos últimos anos do seu antecessor – começar a ser ligado a esta última ala, da qual, aliás, é acusado de ser ter tornado o chefe:

> Constantemente os monárquicos, para quem Craveiro Lopes encarna um republicanismo jacobino, não cessam de trazer notícias de conversas, de arranjos, mesmo de conspirações contra o chefe do governo, e em que se aponta o Presidente como figura central.[933]

A insinuação parece não ter fundamento. Segundo um dos seus confidentes, numa primeira fase, Craveiro Lopes e Salazar mantinham uma relação cordial, em que se respirava «confiança e estima», falando «com grande abertura e franqueza»[934]. Salazar deixava à consideração do Presidente da República duas grandes preocupações: por um lado, o futuro do regime e, por outro, a situação internacional na qual começava a ganhar vulto a questão colonial, na circunstância, evidenciada pelo diferendo com a União Indiana a propósito de Goa, Damão e Diu.

Sobre o primeiro – de longe o mais importante naquele momento da vida política nacional –, Salazar afirma que o Presidente da República, no cumprimento dos seus deveres constitucionais, tinha de se preocupar com a sua sucessão na chefia do Governo, que viria a colocar-se mais cedo ou mais tarde, acrescentando sempre, com «tamanha sinceridade [e] tão transparente desapego ao poder», que «se sentia com pouca saúde e com pouca energia anímica para continuar, por muito tempo, no cabal desempenho das funções»[935].

O Presidente da República, dentro da sua ingenuidade política e mediania intelectual, acredita piamente no chefe do Governo: «A palavra e os conceitos expressos por Salazar eram *ouvidos* e "assimilados" quase religiosamente.»

As primeiras dificuldades surgiram em torno do relacionamento animoso entre o Presidente da República e o ministro Santos Costa, que se foram degradando a ponto de, a 3 de junho de 1957, Craveiro Lopes escrever uma carta a Salazar em que acusa o ministro de «arbitrariedades, brutalidades e completa ausência de escrúpulos»[936]. Em sua defesa, Santos Costa intrigava junto do mesmo, dizendo-lhe que o Presidente da República se preparava para o demitir, substituindo-o por Marcello Caetano, facto que, apesar de reiteradamente negado, pode ter deixado algumas dúvidas no Presidente do Conselho.

A partir daqui instala-se a crise, até porque o Presidente da República, cônscio da sua posição cimeira na hierarquia do Estado, constitucionalmente definida, não compreendia que o chefe do Governo mantivesse em funções um ministro que não merecia a sua confiança política. Salazar replicou-lhe, verbalmente, que a confiança política do Chefe do Estado incidia apenas no Presidente do Conselho, que eram quem mantinha ou retirava a confiança aos restantes membros do Governo. Esta explicação não foi aceite por Craveiro Lopes, que ficou «profundamente amargurado, desiludido – e sentido»[937]. Rompe-se, assim, o clima de confiança entre os dois homens, que acaba por se degradar irremediavelmente e ditará a sua não reeleição para um segundo mandato.

Craveiro Lopes acaba por atear ainda mais as labaredas da fogueira através de uma desastrada audiência concedida a Mário de Figueiredo, um dos próceres da ala mais conservadora do regime e amigo íntimo de Salazar.

Existem duas versões desta troca de impressões, ambas firmadas em declarações do então Presidente da República: uma do seu último confidente, Manuel José Homem de Mello[938] e a outra de Marcello Caetano, diretamente visado na conversa, «em termos que no próprio dia escrevi» e que transcreve do seu «jornal»[939]:

A audiência fora da iniciativa de Mário de Figueiredo, que viera a Belém agradecer um presente que o Presidente da República lhe oferecera no seguimento da viagem ao Brasil, durante a qual estreitaram um pouco as relações pessoais. Segundo Craveiro Lopes, quando Figueiredo se preparava para se levantar da cadeira, reteve-o: «Espere aí. Vamos conversar mais uns momentos»:

Perguntei-lhe como achava a saúde do Dr. Salazar. Ele respondeu que achava bem. Acrescentei então que, de facto, naquela altura também me parecia em boa forma, mas que durante bastante tempo andara abatido, a queixar-se repetidamente, ora do coração, ora do fígado, ora de dores de cabeça, manifestando a cada passo a intenção e o desejo de se retirar do Governo. Dizia-lhe que não pensasse nisso, mas a repetição fazia-me temer a eventualidade de, um dia, o Dr. Salazar me aparecer a concretizar esse desejo em termos tais que me fosse impossível dizer que não. Na verdade, com que autoridade se poderia impedir um homem como o Dr. Salazar de se retirar quando a doença e a fadiga lhe impusessem repouso? Seria uma crueldade dizer-lhe que não, obrigando-o a permanecer contra sua vontade num posto de sacrifício.

Nesta altura notei que o Mário de Figueiredo começava a corar como se uma grande emoção o afligisse. Mas continuei. O Chefe do Estado deve estar preparado para todas as hipóteses, mesmo as piores. Tenho pensado, por isso, nessa hipótese da saída do Dr. Salazar da Presidência do Conselho, em vida dele e não por morte, como dantes me habituara a considerar. E admito que essa saída, em pleno prestígio, facilitaria talvez a evolução dos acontecimentos na medida em que permitisse ser ele próprio a apoiar o sucessor escolhido com o seu acordo.

Aqui o Mário de Figueiredo interrompeu-me abruptamente, num estado de grande excitação, para dizer que a saída de Salazar da Presidência do Conselho seria o fim da sua influência e, em breve, o fim de tudo quanto ele edificara e da evolução que ele projetara. Ninguém mais lhe daria importância!

Repliquei que isso não seria assim. O Dr. Salazar, onde quer que estivesse, continuaria a ser o chefe político, como tal sempre consultado e sempre ouvido. A sua influência manter-se-ia enorme. E quanto à sua saída ser o fim de tudo, era justamente o que me parecia devermos evitar. Felizmente já dispúnhamos de pessoas capazes de lhe suceder...

Mário de Figueiredo, sempre excitado, teve então esta frase: – No dia em que, por qualquer razão, Salazar deixar o Governo, há uma única solução a adotar: – restituir o Poder ao Exército.

A transcrição de Marcello Caetano é, porém, omissa num ponto: a da sua designação para suceder a Salazar, questão a que, ou intencionalmente, ou porque Craveiro Lopes não lho tivesse referido, não alude.

Por isso, importa complementá-la com o relato da mesma conversa transmitido ao seu amigo e legatário das cartas recebidas de Salazar, Manuel José Homem de Mello:

Segundo mais tarde me referiu, Craveiro Lopes ter-se-ia limitado a fazer-se eco das apreensões quanto ao «desgaste» físico e intelectual que o doutor Salazar patenteava, muito embora fosse de esperar uma recuperação, de molde a não ter de se colocar o problema da chefia do Governo.

Até aí Mário de Figueiredo terá ouvido, sem demasiadas apreensões, o «desabafo» do presidente, ainda que não lhe tivessem agradado as referências ao enfraquecimento físico e anímico de Salazar.

A «faísca» salta quando o general Craveiro Lopes lança a pergunta:

– E se, contra todos os nossos desejos e expectativas, o doutor Salazar quiser ou tiver de sair, quem deverá ou poderá substituí-lo?

Figueiredo responde secamente: «Não aceito que sequer se coloque a questão. Salazar só morto poderá abandonar S. Bento». [...]

– Não me parece, doutor Mário de Figueiredo, que essa seja uma posição razoável. Tenho conversado várias vezes com o senhor presidente do Conselho a este respeito, e devo esclarecê-lo de que não é esta a posição que tem assumido. Por mim entendo que, em caso da vacatura na chefia do Governo, deveria ser nomeado o doutor Marcello Caetano.

Craveiro Lopes «sem o desejar, talvez ingenuamente, acabava de provocar um terramoto político cujas ondas sísmicas haveriam de o vitimar e de causar estragos irreparáveis na própria estabilidade do regime»[940]. De facto, este voluntarismo do Presidente da República demonstra um completo desconhecimento do regime e das forças em que este se apoiava. Mário de Figueiredo, dada a sua proximidade e amizade com Salazar, que vinham da infância e se prolongaram num longo percurso comum, tanto na Universidade como no Governo, era a última pessoa a quem o desabafo poderia ser feito. Em política, as boas intenções nunca são condições necessárias e suficientes para justificar uma atitude. E a ingenuidade paga-se cara: Craveiro Lopes assinara, agora definitivamente, a sua morte política... e a do homem que acabara por comprometer irremediavelmente – Marcello Caetano.

Após a conversa com Craveiro Lopes, Mário de Figueiredo reuniu, num jantar, com Santos Costa e Costa Leite, para os informar do ocorrido e para se aconselhar sobre a forma de avisar Salazar, missão de que ficou encarregado o último; por sua vez, o ministro da Defesa convocou uma reunião dos altos comandos militares, na qual alertou para «a necessidade de as Forças Armadas estarem alerta contra qualquer decisão do Presidente da República que afetasse o Chefe do Governo»[941].

Craveiro Lopes ficou indignado com estas reações, principalmente com a de Santos Costa, que tomou «como uma verdadeira injúria ao Chefe do Estado», mas também com a inação de Salazar que desvalorizou o assunto, quando o Presidente, na audiência habitual, se lhe referiu diretamente, perguntando-lhe se a ofensa feita à sua honra podia ficar impune.

Também Marcello Caetano quis ouvir a opinião de Salazar, que desculpou Mário de Figueiredo, classificando-o de emotivo, que «não pode ouvir falar de certas coisas e a hipótese da minha saída é uma delas»[942]. Por outro lado, afirmava não acreditar da teoria da conspiração urdida pelo Presidente da República contra si:

> Não tem inteligência suficiente para me iludir mantendo-se constantemente dentro de uma construção habilidosa que não correspondesse à verdade dos seus pensamentos e sentimentos. Para que me tivesse todo este tempo enganado era preciso que fosse um génio de dissimulação.[943]

Na densa floresta de enganos que era a gestão das desencontradas elites de topo do regime, Salazar reduz a questão a um facto: quem procedera pessimamente fora Mário de Figueiredo. E ponto final. Mas, no fundo, as coisas não eram tão simples. Bem pelo contrário, avolumavam-se de dia para dia as dúvidas e incertezas num ambiente denso em que custava a respirar[944]: «Perante os enredos, os mais devotados seguidores de Salazar sentem-se perplexos: o chefe do governo parece hesitante, incerto: e em surdina voltam a perguntar onde está na efetividade a fonte do poder, o centro de decisão última.»[945]

Entretanto, Marcello Caetano continuava a manter uma relação amistosa e de estreita colaboração com Salazar[946]. Mais ou menos na altura em que se desenrolavam os acontecimentos acima descritos, o Presidente do Conselho, na posse da Comissão Executiva da União Nacional, ocorrida a 4 de julho de 1957, pronuncia um discurso em que cita uma opinião de Marcello Caetano, que o deixa cheio de orgulho:

> A citação foi reputada prova de consideração e do crédito que junto dele eu merecia. E como toda a gente andava sempre farejando para que lado iam as preferências do Chefe do Governo, essa prova encheu de satisfação os meus amigos, aumentou as contumélias dos oportunistas mas também desesperou a corrente que dentro do regime me hostilizava.[947]

No outono, «repete-se o sobressalto eleitoral» – a expressão é de Franco Nogueira[948] – com a campanha para a eleição dos deputados à VII Legislatura da Assembleia Nacional. Como de costume, também, Marcello Caetano, cujo nome «era bem visto no Porto», é encarregado de presidir à «grande sessão que na segunda cidade do País precedia a do encerramento, em Lisboa», onde o orador seria Salazar. Caetano debitou o discurso do costume na defesa do regime, mas carregou nas cores, dramatizando:

> Estamos a viver uma hora confusa da história do Mundo, uma hora que me permitirei mesmo chamar apocalíptica. Nem faltam nos céus os sinais do orgulho e da ambição dos homens. Encontram-se em jogo valores essenciais da nossa condição humana, trava-se uma luta que transcende em muito a mesquinhez dos nossos interesses contingentes. É por isso que todos os nossos gestos, hoje, têm um significado que vai muito para além do seu simples ritual. Dentro de poucas horas vamos votar: não esqueçamos então que ao votar, optamos. Nós, os que votarmos com a União Nacional, optamos por reconhecer os direitos de Deus e a liberdade da Sua Igreja; optamos pelo acatamento de tudo o que há-de permanente no património sagrado das tradições de Portugal; optamos pelo esforço sério e fecundo a realizar na Ordem com o exclusivo fito no bem-estar do povo português. Optamos, numa palavra, pela Nação contra a Antinação, no anseio firme de que a nossa Pátria não deixe nunca de ser aquela terra amorável onde há oito séculos se reza, se trabalha e se luta para que os portugueses sejam governados pelos portugueses, numa grande família cristã![949]

Concluído o ato eleitoral com os resultados também habituais, começam a perspetivar-se as presidenciais, que se realizariam em junho de 1958. E, no meio de todo um silencioso ruído que corroía as entranhas do Regime, sobressaía uma única questão – aliás, neste momento, a questão essencial: a reeleição ou não de Craveiro Lopes e, em caso negativo, a escolha do candidato presidencial. Já iam longe os tempos em que todo este processo fora pacífico na figura de Carmona, que exercera as funções à maneira dos reis do constitucionalismo monárquico, deixando a primazia do Poder ao Executivo. Escolhido na mesma perspetiva, Craveiro Lopes, pouco preparado para as funções, foi evoluindo e, tomando à letra o texto constitucional, ameaçava a ordem instalada, permitindo-se sugerir, mais do que uma vez, a substituição do Ditador, promovendo, assim, inconscientemente, a campanha contra a sua própria reeleição.

A 18 de abril de 1958, Salazar diz a Caetano que já tinha ouvido, para sua orientação, as principais figuras políticas do País e que todas se tinham manifestado contra a reeleição, sob a alegação de Craveiro Lopes não ter conseguido as simpatias da população e de ter passado «até a ser um elemento de divisão», mostrando-lhe uma lista de nomes de quatro civis e seis militares, encimada pelo nome do general Júlio Botelho Moniz[950]. Matreiramente, Salazar deixa cair a seguinte frase: «Estou embaraçado com a situação do general Craveiro Lopes. O que simplificaria todo este processo era uma carta escrita por ele a comunicar que não desejaria ser reeleito...»

Era um convite ao interlocutor – que, Salazar, afinal, admitia subliminarmente ser um amigo do presidente – para se encarregar da tarefa. Visto retrospetivamente, este convite pode sugerir a oferta de uma oportunidade para ambos se redimirem do labéu a que estavam sujeitos. Marcello fez-se desentendido. E comentou:

> Lastimo que se esteja nesse caminho por dois motivos. Primeiro, porque falando-se na existência de um partido militar desfavorável à reeleição, o País interpretará a decisão que me anuncia com vitória desse partido, o que equivale ao restabelecimento da supremacia militar no Governo. Segundo, porque tendo-se espalhado há meses a versão de certa conversa insinuando propósitos muito pessoais, do Presidente da República, a não reeleição num regime em que a estabilidade nos altos postos do Estado tem constituído regra, será explicada pelo fato de V. Ex.ª admitir a veracidade dos boatos.[951]

Salazar nem sequer reagiu à hipótese da sua candidatura, novamente posta pelo ministro, e reafirmou a firme disposição, em que estava, de evitar a todo o custo o regresso à supremacia militar. E, no dia 24, informou Marcello ter falado com os ministros militares, Santos Costa e Américo Tomás, ambos se pronunciando, com maior ou menor veemência, contra a recandidatura; na posse de todos os elementos, reuniria o «conselho privado», composto por ele, por Costa Leite, por Albino dos Reis, por Mário de Figueiredo e por Trigo de Negreiros. Todos votaram contra a reeleição, com exceção de Caetano e, surpreendentemente, do ministro do Interior, que justificou a mudança de opinião por, depois de ter ouvido muitas pessoas, incluindo governadores civis, «verificara que, contrariamente ao que se julgava, havia no País uma forte corrente favorável à reeleição». Apesar da contestação de Costa Leite e de Mário de Figueiredo, o ministro manteve o seu sentido de voto a favor de Craveiro Lopes. Perante o embaraço da situação, Salazar passou à frente e tratou de os questionar sobre o nome de Américo Tomás, que acabou por ser aceite não tanto por mérito próprio, mas por exclusão de partes: todos os restantes apresentavam um ou outro óbice[952].

Salazar volta a tentar que seja Marcello Caetano a comunicar a decisão ao Presidente da República, mas este respondeu-lhe: «O senhor é o chefe político e essas coisas são de tal modo delicadas que não podem ser feitas por intermediários. E é urgente que lhe diga o que se passa.»[953]

Poucos dias depois, celebra-se, com pompa e circunstância, o 30.º aniversário da entrada do Presidente do Conselho para o Governo, de cujo programa constava a inauguração de uma estátua de Salazar, no jardim interior do Palácio Foz, sede do Secretariado Nacional da Informação. Marcello Caetano foi o convidado para fazer o discurso: «E aceitei, na ideia de com tal discurso pôr termo à minha carreira política.»[954]

O discurso é um elogio superlativo do homenageado, construído na base de três tópicos: «O homem sereno. O homem de pensamento. O homem de leis.»[955] Como particularidade, apenas o facto de ter começado a oração com uma saudação muito especial a Craveiro Lopes, que estava presente, na qual, «para contestar a intriga, sublinhei como ele sempre se mostrara deferente e admirador de Salazar»[956].

Salazar agradeceu o discurso, telefonicamente, «com voz comovida» e, no dia seguinte, enviou à mulher de Caetano, Teresa, um grande cesto de orquídeas.

No primeiro dia de maio reúne a Comissão Central da União Nacional, para decidir – melhor se diria, ratificar – a não reeleição de Craveiro Lopes e a escolha de Américo Tomás. Marcelo falta, conforme combinara com o Presidente do Conselho, para evitar que apresentassem ideias diferentes.

Quatro dias depois o ministro da Presidência visita o Presidente da República, a pretexto de lhe agradecer a presença na cerimónia de inauguração da estátua e para lhe entregar o primeiro exemplar impresso do Plano de Fomento; mas o seu grande objetivo era o de avaliar o seu estado de espírito. E Craveiro Lopes desabafou:

> Saio daqui amargurado por ver que as intrigas dos meus inimigos puderam mais que a minha reta intenção e o meu desejo de bem servir. Não me deixo enganar: quem me expulsa é um grupo de militares, são camaradas

meus. A mim que, em sete anos, os únicos atritos que tive com o Presidente do Conselho foram resultantes de tomar o partido de generais e oficiais atingidos pelo arbítrio do Ministro da Defesa! E afinal sou por eles abandonado![957]

Apesar das reservas que mantinha quanto à questão presidencial, Marcello Caetano participou na campanha eleitoral de Américo Tomás, discursando no Liceu Camões, em Lisboa, a 24 de maio.

Uma semana depois, Craveiro Lopes chama-o a Belém para o encarregar de transmitir a Salazar que estava em marcha a preparação de um pronunciamento militar, que deveria ser chefiado por ele, visando o adiamento das eleições e a demissão do ministro da Defesa.[958]

No dia 1 de junho, reúne o Conselho de Estado para decidir da elegibilidade dos candidatos: Américo Tomás, Arlindo Vicente e Humberto Delgado. A maioria dos membros vota pela declaração de inegibilidade dos dois últimos, com exceção de Albino dos Reis e do presidente do Supremo Tribunal de Justiça, Cruz Alvura, que defendem que ambos devem ser admitidos ao sufrágio*; Ortins de Bettencourt e Costa Leite, aceitam Delgado, mas rejeitam Vicente. Face à dispersão de opiniões, todos são considerados elegíveis.

Com a inevitabilidade das coisas pré-definidas, Américo Tomás venceu o pleito eleitoral, mas os receios anunciados na eleição presidencial de 1949 transformaram-se num enorme sobressalto, com o terramoto provocado pelo candidato da Oposição, general Humberto Delgado, tendo como epicentro o célebre «Obviamente, demito-o», e cuja mobilização popular foi a explosão de um sentimento de clausura larvar na sociedade portuguesa. Delgado perdeu as eleições, mas a expressão de cerca de 23 por cento dos votos obtidos, num ato eleitoral manipulado e viciado em que o Regime usou de todos os métodos repressivos e da falsificação dos resultados, ao seu alcance, e as manifestações populares de apoio ao candidato tiveram a dimensão do que já foi qualificado de um «plebiscito contra o Regime»[959].

Para mais, e para desgosto de Salazar – que não escondeu o ressentimento –, às oposições tradicionais tinham-se juntado «alguns dos que estiveram sempre connosco», designadamente «uns tantos, poucos, monárquicos [...]; alguns católicos [que] se jactam de a haver rompido

---

* Cruz Alvura, faz, no entanto, uma ressalva: «devem os dois ser aceites, salvo se houvesse possibilidade de algum ganhar a eleição, caso em que deveriam então ser excluídos» (Franco Nogueira, *Salazar*, vol. IV, op. cit., p. 503).

[a frente nacional de defesa do regime] e com tal desenvoltura que lograram o aplauso não só de liberais [...] como dos comunistas que diríamos estarem no pólo oposto aos princípios e interesses da Igreja. Este último facto considero-o da maior gravidade [...] ele oferece tão graves implicações no que respeita à Concordata e mesmo ao futuro das relações entre o Estado e a Igreja [...].»*

Comentando o rescaldo dos acontecimentos, Franco Nogueira afirma: «Esta campanha marca uma data básica na vida da II República». E acrescenta:

> [...] o sufrágio de 1958 provoca um forte abalo, e o regime parece gasto, puído. Sobretudo, considera-se atingida a autoridade carismática do seu chefe político. E a desagregação que se notara, a desorientação de muitos, contribuem para firmar a ideia de que se está no termo de um estado de coisas.[960]

De toda esta crise, resulta a necessidade de proceder à remodelação do Governo, e, dentro desta, sobressai o problema político ligado à clivagem entre as fações lideradas por Santos Costa e Marcello Caetano: «Se mantém Santos Costa, Salazar pode desagradar às forças armadas; se o demite, está a menosprezar os serviços prestados [na campanha eleitoral] e a reforçar o grupo de Caetano.»[961]

Com a saída de cena de Craveiro Lopes, Marcello Caetano perdera as últimas hipóteses de atingir o topo, ou seja, substituir Salazar pela via institucional. Por outro lado, como lembra Fernando Martins, a partir de 1951, assumira um protagonismo que agora lhe saía caro: a sua campanha militante contra a tentativa de restauração monárquica; o «afã reformista de que se tornara o rosto e que o levavam a afrontar parte do peso e da dimensão nacionalista do salazarismo»; e, mais importante ainda, «os sinais claros que vinha demonstrando abertamente de não apenas querer ver Salazar afastado da chefia do Governo, mas, sobretudo, de se predispor abertamente para fazer o sacrifício de proceder à sua substituição»[962].

Estes anticorpos instalam-se até em antigos aliados políticos, entre os quais Costa Leite (Lumbralles), que ele defendera nos idos de 1932-1933,

---

* A alusão ao caso do bispo do Porto, D. António Ferreira Gomes, é óbvia. (Oliveira Salazar, Discurso de 6 de dezembro de 1958, in *Discursos e Notas Políticas*, vol. V, Coimbra, Coimbra Editora, 1959, p. 516).

no âmbito da querela entre Salazar e o Nacional-Sindicalismo. Sobre o destino político de Marcelo Caetano, Costa Leite escreve a Salazar uma carta que resume, exemplarmente, o ponto da situação. Datada de 2 de agosto de 1958, afirma:

> Um outro ponto devo, por lealdade, tocar, embora não tenha sido até hoje abordado. Será certamente uma desilusão para os mais dedicados nacionalistas a eventual continuação do Dr. Marcelo Caetano nas funções de Ministro da Presidência. Porventura sem razão, consideram-no como responsável por certas tentativas de desvio ideológico e de transigência na ação política, mas não pode negar-se a verdade de uma outra convicção: a de que Marcelo Caetano e seus amigos participam de maneira ativa e clara na campanha contra o S. C. [Santos Costa] e tentativas de o fazer «cair».

A seguir sublinha:

> Ninguém nega talento ao Dr. Marcelo Caetano e a sua manutenção no posto de Ministro da Presidência seria, a despeito daquela desilusão, politicamente viável se a renovação ministerial tivesse um nítido significado de renovação, sim, mas com reforço do pensamento da Revolução Nacional e renúncia a políticas de mão estendida. Considero aquela manutenção impossível, sem completo desânimo e desagregação das forças mais delicadas da situação se com ela coincidir o abandono pelo Santos Costa da pasta da Defesa. Isso teria, na verdade, o significado da preferência dada a um grupo, com mais ou menos razão – mas sempre com alguma pelo culto da «manobra política» e pelo caráter complexo de certas táticas – considerado menos firme na sua adesão aos princípios da Revolução Nacional, em relação aos seus mais devotados servidores e a um homem cujas qualidades de ação e cuja dedicação a V. Ex.ª e àqueles princípios não sofrem dúvidas para ninguém, nem mesmo para os inimigos.[963]

Dois dias depois desta carta – que não foi decerto, nem de longe, a única pressão sobre Salazar para afastar Marcello Caetano –, o primeiro chama o ministro para uma longa conversa sobre a remodelação governamental[964]. Apesar de ter procurado evitar a sugestão de nomes, acabou para indicar uma pessoa «considerada moderada, isto é, que para o grupo da direita era um homem da tal esquerda» para a pasta do Ultra-mar. E, logo aí, dá-se primeiro choque: «Esse não – atalhou vivamente

Salazar – está fora da linha que decorre da vitória eleitoral!» Marcello tira destas palavras a conclusão óbvia: «Para ele, o sentido da vitória eleitoral era o domínio da extrema-direita...» Depois, a propósito de outro nome, que Marcello, apesar de se declarar seu grande amigo, rejeitou por não lhe parecer ministeriável, o segundo choque, mais profundo ainda:

> – Claro. O facto de ser amigo não pode influir nos nossos juízos nestes casos. Por mim estou à vontade: não sou amigo de ninguém.
> Fez-se um silêncio. E como se acabasse de fazer uma verificação trágica ou quisesse convencer-me do que tinha acabado de dizer, repetiu num tom cortante mas em que havia um acento patético:
> – Não posso ter amigos. Não sou amigo de ninguém!

Marcello Caetano afirma que estas afirmações não correspondiam à verdade. Talvez para salvaguardar trinta anos de colaboração e de dedicação, mas é muito provável que a realidade se identifique mais com as palavras de Salazar do que com as justificações que Caetano encontra para lhes pôr reticências: «naquele homem a Política tinha-se constituído em missão. [...] E a preocupação de servir à Nação, de em tudo realizar o interesse nacional, levava-o a pôr de parte sentimentos e afeições. Quem foi que disse que o governante não pode ter coração?»

Ao fim de duas horas e meia, Salazar decide, finalmente, entrar no ponto fulcral da conversa – a remodelação governamental –, centrando a questão na substituição de Santos Costa: depois da «trapalhada com o Chefe do Estado», assentara que ele não poderia permanecer no Governo; além disso, o ministro da Defesa já não garantia a unidade das Forças Armadas, bem pelo contrário: a sua permanência na Defesa podia mesmo constituir um perigo.

> O pior é que, por motivos estúpidos, encabeçaram para aí nele e em si a representação de duas fações dento do regime, de tal modo que se ele sai e o senhor fica, parecerá que foi dada a vitória a um grupo sobre o outro. Está--me a compreender?

No termo de uma longa intervenção, na qual rebate e se justifica das acusações de que era alvo, e recusa terminantemente ser chefe de qualquer fação, Marcello Caetano diz que já no ano anterior começara a preparar a sua saída da política e, não pedira a exoneração imediatamente a seguir à eleição presidencial, para não poder ser acusado de abandonar os amigos numa situação delicada. No entanto: «Esperava ansiosamente que me mandasse embora...» Salazar rejeita esta afirmação:

> Perdão, eu não o mando embora! [...] Foi este caso do Santos Costa que me surgiu agora e que eu lhe peço para me ajudar a resolver...

Uma «ajuda» que só podia ser a sua exoneração simultânea com a do ministro da Defesa. Num debate que ameaçava cindir o regime em dois blocos, num contexto de crise do sistema, Salazar cortava cerce ao ministro o que ainda lhe restava de algum protagonismo, até porque, após o desaire da campanha eleitoral, a fase de descompressão e pluralismo limitados iniciada em 1945, chegara ao fim.

Os decretos relativos à remodelação do Governo foram publicados no *Diário do Governo* de 14 de agosto de 1958. Nesse dia, Marcello Caetano abandona as funções de ministro da Presidência, que são entregues ao seu grande amigo Pedro Theotónio Pereira, o qual, na altura, desempenhava as funções de embaixador de Portugal em Londres.

Nesse mesmo dia, meia hora antes da posse do novo Governo, Marcello Caetano apresenta ao Chefe do Estado, Américo Tomás, a renúncia ao cargo de membro vitalício do Conselho de Estado, a qual, aliás, nunca foi publicada. Mas Marcello não voltou a participar nas respetivas reuniões, até 1968.

Depois da posse, escreveu a Salazar uma carta de despedida[965]:

> Ao encerrar-se a minha vida política venho agradecer a V.ª Ex.ª tantos favores e atenções de que, ao longo de quase 30 anos, lhe sou devedor. Nunca os esquecerei e recordarei sempre com orgulho a colaboração que tive a honra de lhe prestar.
>
> Considero-me a partir deste momento exonerado da Comissão Central da União Nacional; quanto ao Conselho de Estado, tratarei do assunto com o Sr. Presidente da República.
>
> Escuso de lhe dizer, Sr. Presidente, quantas felicidades lhe desejo: não são apenas os sentimentos do amigo, que obscuramente continuarei a ser; são também as conveniências, os interesses, os anseios de português que me ditam esses votos sinceríssimos.
>
> Creia V.ª Ex.ª na respeitosa admiração e no reconhecimento do
> Marcello Caetano.

Salazar responde no mesmo dia[966]:

Ao Doutor Marcelo Caetano

Os últimos meses de vida política foram para mim tão atribulados e cheios de desgostos e amarguras que não sei se era possível acrescer a todos os que tive mais algum. Se era possível, ver-me privado da sua colaboração na Presidência foi o último e até agora o maior. Não quero referir-me a essa preciosa colaboração senão para agradecer-lhe do fundo da alma. Tudo o mais que dissesse seria inútil. Espero que, feito o necessário repouso, continue a dar ao regime que tanto lhe deve a colaboração que será sempre possível prestar a quem dispõe de tantos dotes. Mais uma vez, muito grato. Com respeitosos cumprimentos

Oliveira Salazar

A gratidão do Príncipe, por norma, expressa-se através da outorga de benesses e sinecuras, que é uma forma, não só de reafirmar o seu poder, mas também de garantir a continuação do controlo sobre o beneficiado. Marcello Caetano, talvez por ter compreendido isso perfeitamente, recusou a nomeação para governador do Banco de Fomento, que, através do ministro da Economia, lhe seria oferecida em outubro seguinte, apesar da insistência de Salazar, depois reforçada pelo Presidente da República.

Para o ex-número dois na hierarquia governamental, os dias desta primeira e longa fase da sua vida política estavam cumpridos.

8
«A UNIVERSIDADE É O LUGAR DE ENCONTRO DO ESCOL DE CADA GERAÇÃO»

Liberto das funções governamentais, Marcello Caetano regressa à sua Faculdade de Direito, retomando a cátedra de Direito Administrativo, de que se tornara um especialista de nome consagrado, nacional e internacionalmente.

Alçada Batista, um seu aluno da turma do segundo ano letivo de 1947--1948, escreveu:

> Entre todos os mais, não vou dizer que Marcello Caetano era o melhor professor que tive, porque não me foi dado tempo nem senti necessidade de organizar esse concurso, mas, quando todo um corpo de alunos se dispunha a dar, unilateral e indiferentemente a todos os seus professores, uma atitude de respeito e consideração, creio que era muito mérito o daqueles que correspondiam a essa nossa gratuita disposição: Marcello Caetano era dos professores que faziam com que o nosso respeito tivesse sentido. E não creio que fosse o seu trato imediato que me fez impor a sua personalidade: hoje penso que era talvez uma consciência que constantemente se me foi revelando duma grande solidez intelectual que vinha do rigor e da austeridade que punha na missão de ensinar e na disponibilidade que oferecia a quem quisesse saber.
>
> «Todas as quintas-feiras, ao meio dia, estarei na Biblioteca, à disposição dos senhores que queiram tirar alguma dúvida ou aprofundar mais alguns assuntos que forem tratados nas aulas» – anunciou, no dia em que começou o curso.[967]

Recordando a sua passagem pela mesma Faculdade, no ano letivo de 1939-1940, Adriano Moreira afirma: «A dúzia de docentes que nos atendiam, dando aulas teóricas e práticas, eram todos personalidades consideráveis, e logo nos foi indicado que um dos então mais jovens, o Doutor Marcello Caetano, era o sucessor de Salazar.»[968] Deixando de lado a verosimilitude da afirmação – o professor tinha então 34 anos e levaria ainda uma dezena de anos até dar o primeiro passo na política ativa – retenha--se do testemunho o facto de ser já então uma figura marcante, que, com Paulo Cunha, constituíam «as traves-mestras do estabelecimento, tantas eram as cadeiras que acumulavam» e, apesar de nenhum deles ser «um teórico com vincada autonomia de doutrina, [...] com os seus diferentes estilos de entender o relacionamento com os estudantes, asseguraram o bom nome da Faculdade, e o rigor da formação profissional dos diplomados»[969]. Enquanto Paulo Cunha transmitia «a imagem do mestre confiável»,

> Marcello Caetano adotava já a austeridade de estadista, seco no expor, concedendo respeitosas aproximações que distinguia do recrutamento ativo de adeptos políticos, e nisto era incansável em todas as vertentes da sua atividade.[970]

De facto, Marcello Caetano foi uma das personalidades mais marcantes da Faculdade de Direito de Lisboa. Iniciou a carreira como professor de Direito Administrativo – cuja cátedra viria a assumir em 1939 –, substituindo Magalhães Colaço, que morrera prematuramente, tendo ainda lecionado Direito Penal, Direito Colonial, Direito Corporativo e História do Direito Português. No ano letivo de 1951-1952 regia as cadeiras de Direito Constitucional e Direito Administrativo e, no ano seguinte, além destas, lecionou ainda Sociologia Geral e Economia Colonial. Mas, segundo Marcelo Rebelo de Sousa, um dos seus alunos das gerações mais recentes, o essencial da sua atividade docente centrou-se no Direito Administrativo, no qual desenvolveu, simultaneamente, três ações: Primeiro fez as leis, designadamente o Código de Direito Administrativo, a Lei Orgânica do Supremo Tribunal Administrativo e legislação avulsa; depois, fez doutrina, ou seja, construiu uma teorização sobre as mesmas; e, finalmente, foi diretor da revista O Direito[971], onde, de parceria com João Paulo Cancela de Abreu, analisava criticamente as decisões dos tribunais: «teorizava, fazia leis e depois discutia a aplicação das leis feita pelos tribunais; e os tribunais viviam apavorados, ou pelo menos respeitosos, perante o comentário que ele fizesse das decisões»[972]. Em suma, Marcello Caetano, entre 1935 e 1968, esteve na base da formação de muitas personalidades destacadas, entre os quais se podem citar Marques Guedes, André Gonçalves Pereira, Rui Machete, Sousa Franco, Alberto Xavier, Augusto Ataíde e Miguel Bagão Félix[973].

Uma das áreas em que, como professor, Marcello Caetano é mais conhecido é a do Direito Constitucional, cujo manual conheceu seis edições, a última das quais feita com a colaboração de Miguel Galvão Teles[974]. «Mas – acrescenta Marcelo Rebelo de Sousa – o Constitucional não é a área mais criativa dele. Ele não foi um grande constitucionalista – foi um grande administrativista.»[975]

Marcello Caetano era um professor austero e, pelo menos aparentemente, distante. Rui Patrício, que seria seu ministro dos Negócios Estrangeiros, afirmou: «Era uma pessoa que impressionava pela estatura, que impunha respeito, que admirávamos pela disciplina, pelo rigor e profundidade, as três coisas com que mais nos formou.»[976] Noutro lugar, disse: «À primeira vista [...] parecia uma figura rígida e distante. Mas essa impressão se desvanecia quando com ele se estabelecia um diálogo. Sua inteligência e cultura, a clareza e lucidez dos seus raciocínios tornavam suas aulas muito interessantes e conseguiam dar colorido ao para muitos indigesto Direito Administrativo.»[977]

Um outro seu aluno, por sinal, «o amigo comunista de quem Marcello Caetano tentou afastar o seu filho José Maria», refere-se-lhe como «um professor de Direito extraordinário» cuja cadeiras «ensinavam realmente»[978]. No balanço das suas qualidades pedagógicas, Marcello Rebelo de Sousa, aceita que as pessoas possam afirmar que «ele foi um grande professor mas não foi o melhor professor do ponto de vista científico – não foi o mais inovador»:

> Porque houve outros professores muito mais inovadores aqui na faculdade... agora, do ponto de vista pedagógico era excecional. Primeiro porque estudava e preparava as aulas, mesmo quando já conhecia a matéria de trás para diante. Nas aulas que dava no anfiteatro ao 1.º ano tinha um gabinete contíguo para o qual entrava primeiro, e onde ainda revia a matéria antes de iniciar a aulas. Gostava de ir com tempo, com antecedência.[979]

Era frio e distante, principalmente com aqueles com quem houvesse alguma afinidade, como, por exemplo, os filhos dos amigos: «Comigo praticamente deixou de falar; nos corredores eu falava-lhe e ele era muito frio»[980].

Comentando esta faceta do perfil pessoal de Marcello Caetano, enquanto professor, o seu filho Miguel afirma:

> Marcello Caetano considerava que não deveria fazer distinções entre os alunos com base em conhecimentos familiares. Dois dos seus filhos

foram seus alunos e na Faculdade nunca foram, nem queriam ser, tratados por forma diferente dos restantes colegas. Já quando recebíamos os nossos colegas em nossa casa a atitude era totalmente diferente, conversando com todos, interessando-se pela vida de cada um, etc..[981]

Marcello Caetano reinicia a docência no outono de 1958 e, logo no início do ano seguinte, a 10 de janeiro, morre o reitor da Universidade de Lisboa, Vítor Hugo de Lemos. Os jornais do dia 17 noticiam que o ministro da Educação, Francisco de Paula Leite Pinto, cujo nome para o desempenho daquelas funções fora sugerido a Salazar por Marcello Caetano, o nomeara para presidir à Universidade. Se na política atingira o pleno, conseguia-o agora também na carreira universitária. Pode mesmo afirmar-se que neste momento ele conseguia o pleno de toda uma vida, profissional e política – que nele se entrosam perfeitamente –, contada desde os primeiros passos nas hostes integralistas, precursoras do regime instituído pela Constituição de 1933, até este momento de viragem da sociedade portuguesa.

Não era, como ele dizia, o abandono da política: apenas se transferia para outro palco. Marcello Caetano atingira uma tal notoriedade e visibilidade na política nacional – independentemente das perspetivas positivas ou negativas de cada um – que tudo o que fizesse tinha um vínculo político e como tal seria analisado.

Pode dizer-se, com alguma simplificação, que até 1958, a «política» nacional ficara cativa dentro dos altos muros da fortaleza do Poder, definidos – e defendidos – pelas suas polícias e pelo lápis dos seus censores. A partir deste ano, nada voltaria a ser como dantes: o debate saltara para a praça pública, ou seja, para os setores mais evoluídos da sociedade portuguesa, uma sociedade dual, como observou Sedas Nunes, na qual «ao redor de áreas ou núcleos "modernizados", subsistem muito mais largas manchas de vida económica e social tradicional», sendo que, na prática, em meados da década de 1960, a «sociedade tradicional» ainda domina por todo o país, circunscrevendo-se aos distritos de Lisboa e do Porto – ou melhor, aos seus núcleos industrializados –, os pólos onde se desenvolve o tipo de «sociedade moderna»[982]. Ou seja, ao lado de um país tradicional, com a sua ruralidade ancestral, o analfabetismo crónico, e socialmente refém do imobilismo que lhe fora impresso pelos trinta anos de regime salazarista, emergia um setor modernizante, do qual Marcello Caetano era, nos setores políticos, um dos defensores mais destacados, no qual a Universidade devia enquadrar-se.

No primeiro discurso proferido como Reitor, na Assembleia Geral da universidade de 6 de fevereiro de 1959, afirmou[983]:

> A Universidade é o lugar de encontro do escol de cada geração. Aí se reúnem os jovens de todas as províncias, provenientes de diversos meios familiares, pertencentes a várias classes sociais, gente de todos os temperamentos e de todos os hábitos, idealistas uns e outros lúdicos, os que têm sede de cultura e os que procuram um modo de vida, os sensíveis e os indiferentes, os que sofrem as dores do mundo e os que adoram os prazeres da existência – ei-los todos a ser iniciados, dentro dos quadros da Universidade Clássica, nos vários ramos do saber que nela harmoniosamente se reúnem para permitir a visão do Mundo e do Homem.

E mais adiante:

> É esse pecúlio humanista, hoje mais precioso do que nunca, de que as universidades são depositárias, que permitirá dar a todos os jovens que por elas passam, certos princípios comuns, um estilo de pensamento e uma atitude de dignidade na ação que permitam distinguir os homens formados de entre o comum dos seus contemporâneos.

Em 1960, celebraram-se as comemorações henriquinas, destinadas a comemorar o V Centenário da morte do Infante D. Henrique. Neste contexto festivo, afirmando cumprir uma disposição testamentária do Infante, a Universidade de Lisboa inscreveu, no programa das festividades, uma missa na Igreja da Graça, em sua memória. A partir daqui, desenrolou--se uma querela de sabor bizantino entre esta e a Universidade de Coimbra sobre a questão de saber qual teria sido a primeira universidade de Portugal, privilégio que cada uma delas reservava para si, através da troca de moções aprovadas pelos respetivos senados. Marcello Caetano empenha-se ativamente na peleja em defesa da sua Universidade, sustentando a tese da primazia de Lisboa, com uma fundamentação histórica que sintetizará na oração inaugural do ano letivo de 1960-1961, proferida em 1 de novembro de 1960[984]:

> E os factos históricos, esses, são irrecusáveis. Depois de criada em 1 de março de 1290, na cidade de Lisboa, a Universidade esteve ora em Lisboa ora em Coimbra, até que em 1377 foi estabelecida na capital, onde existiu até 1537.

Foi nesse período que o Infante D. Henrique se intitulou «Protetor da Universidade».

Continuava a haver então partidários da fixação da Universidade em Coimbra. D. Henrique quis manifestamente que ela ficasse em Lisboa: deu-lhe casas próprias para que em definitivo se instalasse na cidade e, no seu testamento, quis que fosse em Lisboa que perpetuamente, na Igreja da Graça, a cargo da Universidade, ou, sendo impossível por esta já não ter sede aqui, na Igreja de Santa Maria de Belém, se rezassem os sufrágios por sua alma em memória dessa devoção.

É, pois, à cidade de Lisboa que estão vinculados os seus atos como Protetor da Universidade. E não pode esta cidade, para ser agradável seja a quem for, riscar da sua história as tradições universitárias que lhe pertencem.

Marcello Caetano chegou mesmo a tentar que o Governo interviesse na questão, mas Salazar recusou, argumentando que «o Conselho de Ministros não podia entrar, como é bom de ver, na apreciação do mérito da questão histórica», reservando tal tarefa para os historiadores, e por isso eliminou esta cerimónia religiosa do programa oficial.[985] Classificando de infelizes as reações de ambas as instituições universitárias, decide, uma vez mais salomonicamente e tece um comentário, no qual, muito diplomaticamente, apoia a sua Universidade de Coimbra:

Os historiadores desvendarão o assunto, se puderem, em face dos textos. Pessoalmente porém eu teria pena que a conclusão final fosse: a Universidade de Coimbra é do século XVI e a de Lisboa de começos do século XX. [...] Já se sabe – e Coimbra deve prevê-lo – que Lisboa será dentro de pouco muito mais importante pela frequência e pelos estudos do que qualquer outra Universidade do País. É a ordem natural das coisas com a qual não se pode lutar (reconheço-o sem custo, embora com pena). Pois deixemos a Coimbra intactos os pergaminhos da sua antiguidade e mesmo do prestígio que algumas vezes alcançou dos seus professores e do valor dos estudos ali preparados.

A breve carreira de Marcello Caetano como Reitor da Universidade de Lisboa, ficou ainda marcada pela realização do Curso de Férias Universitário do Ultramar, que decorreu, em simultâneo, em Luanda e Lourenço Marques, entre 16 de agosto e 9 de setembro de 1960. O Reitor presidiu à inauguração na capital de Angola e ao encerramento na de Moçambique.

Entretanto, em Outubro de 1960, Marcello Caetano e a família deixam o andar em que viviam e mudam-se para uma casa recém-adquirida, na Rua Duarte Lobo, na qual, ao contrário do que sucedia anteriormente, ele virá a ter ótimas condições para a prossecução e aprofundamento dos seus estudos, resultante do facto de passar a dispor de um espaço reservado à sua vastíssima biblioteca, concentrando aí os livros que, anteriormente, e para irritação de sua mulher, andavam dispersos pela casa, e dos imprescindíveis espaços de trabalho.

Poucos meses antes, a 11 de Agosto, fora distinguido com o título de doutor *honoris causa* pela Universidade brasileira da Baía; e, no dia 20 de janeiro de 1961, receberia a mesma distinção pela Universidade de Madrid.

O dia 3 de dezembro de 1961, foi um dia grande para o Magnífico Reitor da Universidade de Lisboa: era, finalmente, inaugurado o novo edifício da Reitoria – até aí instalada nas velhas instalações do Campo de Santana –, na cidade universitária, com toda a pompa e circunstância. No discurso que proferiu, Marcello Caetano voltou a destacar a formação de elites: «Tudo quanto vise promover a preparação do escol dirigente se projeta intensa e extensivamente nos destinos coletivos.»[986]

Enquanto se verificavam estes sucessos na vida académica de Marcello Caetano, o ambiente político do País entrava numa efervescência de que não havia memória. De facto, o ano de 1961 é um ano incontornável na história do regime que vê postos em causa todos os seus fundamentos.

A 21 de janeiro, Henrique Galvão inicia a «Operação Dulcineia», apoderando-se do paquete «Santa Maria», logo substituído pelo nome de «Santa Liberdade», numa ação espetacular que dava visibilidade internacional à luta interna contra os regimes ditatoriais da Península Ibérica, e que tinha como objetivo despertar «a atenção do mundo livre para o drama dos povos peninsulares» e «despertar as consciências dos governos que, até à data, tinham apoiado persistentemente os tiranias de Salazar e de Franco». «Além disso, pretendíamos reavivar as esperanças dos povos Ibéricos relativas à sua libertação e predispô-los para um levantamento futuro. Pretendíamos, finalmente, reunir à nossa volta, unidos num único propósito, todos os grupos da oposição democrática, espalhados por ambos os países.»[987]

Apesar de não programada previamente, esta ação é coincidente com a divulgação do «Programa para a Democratização da República», a 31 de janeiro, cujo primeiro subscritor é Mário de Azevedo Gomes, a qual, ultrapassando as meras declarações de princípios que tinham caracterizado as abundantes exposições da Oposição tradicional aos poderes constituídos e, apesar de assentar numa «mentalidade burguesa e tradicionalmente "passadista"»[988], é já um verdadeiro programa de governo, assim justificado: «A decisão de preparar e de pôr à discussão um programa de alternativa política revelou-se como um verdadeiro imperativo das próprias condições da vida nacional, em que um angustioso e crescente estado de crise impõe à consciência dos Portugueses a obrigação inalienável de acautelar o futuro do País.»[989]

No dia 4 do mês seguinte, eclode a revolta em Angola, com a tentativa de assalto, por elementos do Movimento Popular para a Libertação de Angola (MPLA), de instalações prisionais, quartel da polícia e emissora oficial, em Luanda, que seria agravada, em março, com a insurreição liderada pela União dos Povos de Angola (UPA), de Olden Roberto, da qual resulta a chacina de várias dezenas de europeus – homens, mulheres e crianças – que provoca uma profunda emoção no País.

Abril é ainda o mês em que a expressão do descontentamento existente se estende às Forças Armadas, com a tentativa de golpe do ministro da Defesa, general Botelho Moniz, também designada «Abrilada», de que resulta uma remodelação ministerial de emergência – antes de outra remodelação mais profunda –, na qual Salazar assume a pasta da Defesa, Adriano Moreira se torna ministro do Ultramar, e para o Exército é nomeado o general Mário da Silva. Como referiu um dos intervenientes na tentativa golpista, tratava-se de «impor ao regime profundas reformas, não só tecnocráticas, mas que especialmente o depurassem dos seus flagrantíssimos vícios e o harmonizassem com as realidades políticas, sociais e culturais do mundo contemporâneo»[990]. Na circunstância, o ex-subsecretário de Estado do Exército, coronel Francisco da Costa Gomes, numa carta ao jornal *Diário Popular*, por este publicada em 19 de abril, afirma, com desassombro, «que o problema angolano, como, aliás, o de todas as províncias africanas, não é um problema simples, mas um complexo de problemas do qual o militar é uma das partes, que está longe de ser a mais importante»[991].

Resguardado numa situação de retaguarda, por detrás das paredes do seu gabinete de Reitor e dos anfiteatros da Faculdade de Direito onde continuava a lecionar, apesar de se poder ter dispensado da atividade docente, pareceria que Marcello Caetano escaparia incólume a todas estas movimentações de contestação ao regime, mas não. Com efeito, ele fora demasiado eloquente no apontar das metas de modernidade de que o regime carecia e os ecos da sua voz permaneciam nos ouvidos do *bunker* mais conservador. Além disso, Craveiro Lopes, que, depois de ter deixado as funções presidenciais, passou claramente à oposição, embora o mesmo não fosse da sua iniciativa, aparece envolvido no golpe de Botelho Moniz. Relatando um encontro com este, para lhe dar conta da adesão do marechal, Manuel José Homem de Mello, um dos envolvidos, escreve:

> Recebe-me cordialmente. Mostra-se confiante: todos os comandos lhe são afetos. Rejubila-se com a adesão do marechal. Deverá ser o próximo presidente da República. Ele, Botelho, será o chefe do Governo. Depois, cederia o lugar a Marcello Caetano.[992]

A ideia do golpe, repete-se, não partiu de Craveiro Lopes. E nada indica que a «cumplicidade» acima descrita tenha sido fruto de qualquer acordo prévio entre o ministro da Defesa e o agora Reitor da Universidade de Lisboa. Resultava, sobretudo, de uma necessidade por parte dos conspiradores, como afirmou Adriano Moreira, um dos homens que, com Kaúlza de Arriaga e Correia de Oliveira[993], teve um papel importante na desmontagem do golpe:

> É um facto que, nessa data, o nome do Prof. Marcello Caetano era inevitavelmente apontado como sendo o do candidato possível dos conjurados para a chefia civil da nova situação que pretendiam criar respeitando formalmente a legalidade constitucional, com a fragilidade de, para isso, necessitarem de pode exibir nomes com autoridade.[994]

Marcello Caetano não confiava nos militares, como acentuou José Maria Caetano, um dos seus filhos: «Ele sabia do golpe, mas não se queria envolver. A questão essencial era a sua desconfiança dos militares.»[995] Deve aqui recordar-se que Botelho Moniz fora um dos aliados de Santos Costa e integrara a ala militarista do Estado Novo, tendo feito viva oposição a Marcello Caetano, quando este assumiu as funções de presidente da Comissão Executiva da União Nacional, em março de 1947.

Contactado por Botelho Moniz em casa de Pedro Guimarães, antigo governador civil de Aveiro – conhecido de ambos –, «Marcello Caetano ficou perturbado com a ideia de um golpe... ele defendia uma mudança política, mas não queria sair da legalidade.»[996] Essa é também a opinião do seu filho, Miguel Caetano, segundo o qual o pai tinha certamente – até pela proximidade a Craveiro Lopes – conhecimento do que se preparava, mas nunca daria um passo fora da legalidade e da legitimidade, como aliás viria a acontecer, em 1972, com a reeleição de Américo Tomás[997].

Para Franco Nogueira, a posição de Marcello é apenas tática: «Entretanto, sabe-se por Lisboa, em meios políticos restritos, a notícia de que Moniz, para o caso de ser obtida a demissão de Salazar, conta com a conivência e a cooperação de Marcello Caetano: este apenas passaria a intervir publicamente quando triunfante o golpe militar.»

Por sinal, Caetano, nas suas «Memórias», ignora completamente este importante momento de viragem na política nacional.

E também não dirá nada sobre a conversa com Salazar, na tarde de sábado, 22 de abril[998], na sequência da qual, segundo Franco Nogueira, aquele o convida para ministro da Economia na próxima remodelação governamental, descobrindo o biógrafo de Salazar, tal como nas outras ocasiões, por detrás disto uma intenção maquiavélica do Presidente do Conselho:

> É lícito pensar que Salazar não esperava que M. C. aceitasse. Manifestamente, M. C. não poderia aceitar a Economia, muito fora do seu campo de ação e onde apenas poderia queimar-se. Salazar queria somente poder afirmar que não tinha direito a fazer críticas ao governo quem, tendo-lhe sido oferecida uma importante pasta, a recusara.

Este alegado convite aparece completamente desfasado na vida de Marcello Caetano, então concentrado na gestão da Universidade de Lisboa, em que avultava a conclusão da respetiva Reitoria, que seria inaugurada meses depois. Naquela fase, considerava-se desligado de toda a atividade política, já que – recorde-se –, na sequência da sua demissão das funções de ministro da Presidência, em 1958, renunciara a todos os cargos políticos, incluindo o de Conselheiro de Estado. A 12 de agosto de 1965, escrevia a Santos Costa:

> No dia em que saí do Governo em 1958 findou a minha carreira política. Regressado [Ingressado?] na juventude em determinado grupo, abandonei tudo para acompanhar o Dr. Salazar na sua declarada intenção de ensaiar

uma nova forma política a que se chama Estado Novo. Trinta anos fielmente colaborei nesse projeto como pude e soube mas com inteira lealdade e dedicação. Até ao dia em que percebi a ingenuidade do meu procedimento e que o Dr. Salazar não queria instaurar um regime mas sustentar um equívoco que lhe permitisse governar, dividindo.[999]

Ainda segundo Miguel Caetano, «nunca cá em casa meu Pai falou de tal assunto»[1000], concluindo pela inexistência do convite, que é, de facto, mais compaginável e se enquadra melhor no percurso de vida de Marcello Caetano, neste período de «travessia do deserto».

No fundo, o biógrafo de Salazar terá tomado a nuvem por Juno e, inadvertidamente ou não, transformou o que não terá sido mais do que uma conversa, das muitas que Salazar promovia nesse sentido, para receber indicações de possíveis ministeriáveis, num facto político que não existiu.

Das altas personalidades civis, militares e religiosas que compareceram às exuberantes celebrações ligadas à inauguração do edifício da Reitoria da Universidade de Lisboa, no dia 3 de dezembro de 1961, ninguém imaginava estar-se em vésperas de um dos acontecimentos mais traumáticos da história do salazarismo: a invasão de Goa, Damão e Diu pelas tropas da União Indiana, a 18 de dezembro.

Traumáticos sobretudo do ponto de vista psicológico. Como disse o cardeal Cerejeira, «Portugal não morre, mas a perda da Índia Portuguesa levar-lhe-ia parte da sua alma»[1001]. Consumada a ocupação, Salazar afirmou na Assembleia Nacional: «Toda a Nação sente na sua carne e no seu espírito a tragédia que se tem vivido e vivê-la no seu seio é ainda uma consolação, embora pequena, para quem desejaria morrer com ela.»[1002]

Traumáticos ainda para os altos comandos das Forças Armadas, que veem no enxovalho degradante infligido ao governador do Estado da Índia, general Vassalo e Silva – que recusara «o sacrifício total» ou seja, o holocausto dos homens sob o seu comando, que Salazar lhe recomendava e esperava* –, num alijamento da culpa do poder civil para os militares,

---

* No dia 14 de dezembro de 1961, Salazar envia ao Governador-geral e Comandante-chefe do Estado Português da Índia a seguinte mensagem: «V.ª Ex.ª compreenderá a amargura com que redijo esta mensagem. É-nos impossível prever se a União Indiana atacará ou não dentro de pouco territórios desse estado... Todos temos consciência da modéstia das nossas forças, mas, podendo o estado vizinho multiplicar, por fator arbitrário, as for-

facto que não deixará de ter repercussões na crise final do Estado Novo, então sob o consulado de Marcello Caetano.

Os acontecimentos de Angola, onde se multiplicam os movimentos de libertação, a ocupação da possessão portuguesa de S. João Batista de Ajudá pelas forças do Daomé, a pressão que começa a desencadear-se na ONU e da parte dos Estados Unidos, e a perda da Índia são sinais claros de que a questão colonial, por tantos anos escamoteada ou adiada pelo governo português, estava, finalmente – como os mais lúcidos previam –, em cima da mesa e, num crescendo contínuo e irreversível, vai tornar-se no problema nodal do regime – que, nos idos de 1930, definira solenemente ser «da essência orgânica da Nação Portuguesa desempenhar a função histórica de possuir e colonizar domínios ultramarinos e de civilizar as populações que neles se compreendam...»[1003] – conduzindo-o a um beco sem saída e sem retorno cujo desfecho foi a sua queda, protagonizada pelas mesmas forças que o haviam implantado: os militares.

Numa primeira reação, os acontecimentos de Angola vieram dar a um Estado Novo caduco e esgotado o fôlego que lhe estava a faltar: «Para Angola rapidamente e em força» passou a ser a palavra de ordem; a marcha «Angola é nossa», entoada pelo coro da FNAT, transformou-se no hino mobilizador; e o Movimento Nacional Feminino substituiu o chá-canastra para uma parte das senhoras da alta sociedade. O povo, esse, cujos gritos no cais de embarque era abafado pelas charangas militares, enxugava as lágrimas das despedidas e rezava para que o próximo filho não fosse um varão.

ças de ataque, revelar-se-ia sempre no final grande desproporção. A política do Governo foi sempre, na impossibilidade de assegurar a defesa plenamente eficaz, manter em Goa forças que obrigassem e União a montar, como se vê agora, operação militar em força, com escândalo mundial, que a dissuadisse a não projetar simples operações policiais. Isso significa que a primeira missão foi cumprida. A segunda consiste em não se dispersar contra agentes terroristas supostos libertadores, mas organizar a defesa pela forma que melhor possa fazer realçar o valor dos portugueses, segundo velha tradição na Índia. É horrível pensar que isso pode significar o sacrifício total, mas recomendo e espero esse sacrifício como única forma de nos mantermos à altura das nossas tradições e prestarmos o maior serviço ao futuro da Nação. *Não prevejo possibilidade de tréguas nem prisioneiros portugueses, como não haverá navios rendidos, pois sinto que apenas pode haver soldados e marinheiros vitoriosos ou mortos.* Ataque que venha a ser desferido contra Goa deve pretender, pela sua violência, reduzir ao mínimo a duração da luta. Convém, politicamente, que esta se mantenha pelo menos oito dias, período necessário para o governo mobilizar, em último recurso, instâncias internacionais. Estas palavras não podiam, pela sua gravidade, ser dirigidas senão ao militar cônscio dos mais altos deveres e inteiramente disposto a cumpri-los. Deus não há-de permitir que este militar seja o último governador do Estado da Índia – Oliveira Salazar.» Botelho da Silva, (coord.), *Dossier Goa – Vassalo e Silva e a Recusa do Sacrifício Inútil*, Lisboa, Liber, 1975, p. 88. (Sublinhados acrescentados).

Do ponto de vista prático, no sentido da inversão da marcha dos acontecimentos, foram em vão os esforços reformistas do novo ministro do Ultramar, Adriano Moreira, para aliviar os aspetos mais gravosos da colonização portuguesa, entre as quais a revogação do Estatuto dos Indígenas Portugueses, o Código do Trabalho Rural, o fim das culturas obrigatórias e a livre circulação dos portugueses em todos os territórios nacionais.

Nesta mesma linha, o então Governador-geral de Moçambique, Sarmento Rodrigues, propõe uma ampla reforma das estruturas dos governos coloniais, sobretudo em Angola e Moçambique, no sentido de uma maior autonomia, ou seja, a desconcentração dos poderes, a descentralização e consequente delegação de competências, e a criação dos postos de «Ministro de Estado» para aquelas duas províncias ultramarinas.

Em face destas propostas, Salazar sugere ao ministro do Ultramar a consulta de todos os ex-ministros daquela pasta, ex-governadores ultramarinos e dos membros do Conselho Ultramarino, a quem se pedia um parecer fundamentado.

Entretanto, desde os tempos em que fora ministro das Colónias, o Mundo tinha sofrido profundas alterações, nomeadamente no que se refere à colonização, tanto na Ásia como na África. Os impérios coloniais tinham-se desfeito, na sequência da guerra. E, por sinal, o primeiro tinha sido o colonialismo britânico, que servira de principal modelo a Marcello Caetano. A descolonização, inicialmente fruto da reivindicação dos povos colonizados, tornara-se um direito e, como tal, foi consagrado na Carta das Nações Unidas. O agora Reitor, como, aliás, qualquer político realista, não tinha ilusões: o colonialismo português, fosse na sua versão imperial, fosse na versão integracionista, acabaria por ser confrontado com a realidade. Por isso, procura uma saída.

A resposta de Marcello Caetano tem a data de 2 de fevereiro de 1962 e constitui o famoso «Memorial para o Conselho Ultramarino», que, apesar de posteriormente ignorado pelo seu autor, é uma página significativamente importante do seu ideário político relativamente à questão ultramarina, a qual, apesar da sua extensão, vale a pena transcrever integralmente:

1. – O ofício do Sr. Governador-Geral de Moçambique põe um problema da maior atualidade e até urgência: o da revisão do sistema governativo das províncias ultramarinas, especialmente de Angola e Moçambique.

A oportunidade de tal problema é-nos imposta pelas circunstâncias: não depende da nossa apreciação.

2. – Salvo o devido respeito, porém, não me parece que a solução preconizada pelo Sr. Governador-Geral seja a melhor.

Qualquer solução que se dê neste momento ao problema tem que satisfazer três condições: 1.º – permitir à diplomacia portuguesa obter a melhoria do ambiente internacional, sobretudo entre os governos amigos; 2.º – não comprometer os interesses nacionais e, em especial, as vidas e valores dos portugueses que estão em África; 3.º – ser administrativamente eficaz.

Ora a mera desconcentração preconizada em nada altera o estatuto das províncias que permita renovo de atuação diplomática; se não prejudica imediatamente os interesses nacionais, também os não ressalva perante as perspetivas da futura evolução; é ineficaz, pois é uma orgânica de governo central que já peca pela abundância dos ministros e dificuldades da sua coordenação, acrescentaria novos ministros, a trabalhar divorciados do resto do Ministério, com uma tendência necessariamente subtrativa a qualquer política de conjunto e que um «ministro da Coordenação Nacional» não teria autoridade para disciplinar, quando apoiados na força das opiniões locais.

3. – Em minha opinião, a única modificação constitucional a tentar para encontrar uma solução que obedeça às três condições enunciadas consiste em transformar um Estado unitário que hoje somos num Estado federal.

A comunidade portuguesa (ou outro nome que se lhe desse) compreenderia Estados e províncias ultramarinas. Três Estados federados: Portugal, Angola e Moçambique (a que se podia, por questão de princípio, acrescentar a Índia). E as províncias da Guiné, S. Tomé, Macau e Timor. Cabo Verde receberia o estatuto de ilhas adjacentes.

O sistema atualmente vigente permite evoluir, com certa facilidade para o Estado federal. Na verdade, na legislação já há matérias reservadas ao Governo Central e outras aos governos locais. Os conselhos legislativos são pequenos parlamentos (mas as assembleias dos Estados brasileiros não são muito maiores). O governador com os secretários provinciais formam um Governo...

Haveria que criar órgãos federais: o chefe do Estado, presidente da Comunidade (ou União); uma Assembleia da Comunidade, constituída pelos deputados eleitos por Angola e Moçambique e um número igual de designados pela Assembleia Nacional; um Conselho de Ministros da Comunidade ou Conselho Federal. Um Supremo Conselho Federal seria indispensável para resolver os problemas de competência entre os Estados e a União.

Em cada Estado haveria o Governo, a Assembleia Nacional, os Tribunais. Estes, porém, a partir da comarca, podem ser federais.

A Constituição Federal deve deixar grande latitude aos Estados para elaborarem as constituições estaduais, a fim de que Angola e Moçambique possam adotar fórmulas muito simplificadas de Governo.

Em Angola e Moçambique um Alto-Comissário representará o chefe de Estado e o Governo Federal com poderes para nomear o Governo (ou o primeiro-ministro), para promulgar e vetar as leis (salvo recurso para o Supremo Tribunal Federal) e para superintender nos serviços federais.

4. – Reconheço que se trata de uma modificação profunda que porventura chocará até Moçambique, por obrigá-la a adotar a posição de Estado federado. Mas a tentar-se qualquer coisa no plano da reforma institucional, afigura-se-me ser a única jogada que vale a pena, porque: 1.º – é um passo considerável no caminho do autogoverno das duas grandes províncias; 2.º – dá maior participação na administração aos colonos, com a consequente responsabilidade; 3.º – atesta internacionalmente o nosso desejo de evoluir; 4.º – concilia desejos de autoadministração das províncias e as pressões estranhas no sentido de as autonomizarmos com a necessidade de continuarmos a mantê-las portuguesas e de as apoiarmos por todos os modos; 5.º – permite na Constituição Federal acentuar a sua autonomia financeira de modo a poderem obter empréstimos externos, apenas com a aprovação do Conselho Federal.

5. – Será a fórmula política indicada compatível com a orientação unitarista e integracionista a todo o transe que o Governo tem seguido, nomeadamente em matéria económica?

Todos os Estados federais têm hoje uma política económica una, conduzida pelo Governo Nacional, isto é, federal. Haja em vista o que se passa nos Estados Unidos, no Brasil, na Suíça, por exemplo.

De modo que, embora eu oponha as maiores reservas à conveniência e à viabilidade de tal política, não julgo que seja óbice à reforma sugerida.

6. – Esta teria de partir da elaboração de uma Constituição Federal, proposta, na altura de se abrir a revisão constitucional, pelos deputados do ultramar, porventura, precedendo moções nesse sentido dos Conselhos Legislativos de Angola e Moçambique.

Aprovada a Constituição Federal pela Assembleia Nacional, logo lhe seria adaptada a Constituição Portuguesa e passariam Angola e Moçambique a elaborar as suas.

Lisboa, 2 de fevereiro de 1962.

Como claramente se depreende da leitura, não se trata de um projeto de acabado, mas apenas de uma hipótese de trabalho, motivada sobretudo pela necessidade de solucionar o problema colonial à luz das pressões internacionais, incluindo as que partiam dos «governos amigos», os quais, face à intransigência portuguesa em rever ou sequer aceitar discutir a sua política ultramarina, ficavam numa posição desconfortável em termos de coerência, até porque, à data, as potências coloniais já tinham concedido a independência à maioria das suas possessões, sendo que o ano de 1960 é o ano por excelência das independências africanas[1004].

Esta «jogada» – o termo é do autor do texto – é a única que valia a pena fazer, tanto do ponto de vista da política externa como interna, e ainda no interesse das grandes colónias de Angola e Moçambique, sendo, neste último caso, de destacar o realce dados aos colonos brancos que parecem ser, aliás, os únicos destinatários do projeto, já que os africanos não aparecem nunca, nem sequer são subentendidos como intervenientes, ao longo de todo o texto.

Como era de esperar, a sugestão de Marcello Caetano – a única que, independente do seu merecimento, poderia, *in extremis*, despoletar um debate alargado sobre o problema colonial – não foi tida em conta, nem essa era a intenção de Salazar quando sugeriu a expressão dos pareceres. Quando muito, aceitaria sugestões para alterações mínimas e de pormenor para que tudo permanecesse na mesma.

Já praticamente no fim do seu consulado como Presidente do Conselho, Marcello Caetano referiu-se a este parecer, que «alguém, abusivamente, divulgou, quando assumi o Governo [...], decerto no intento de me comprometer aos olhos dos que pensavam identificar-se o bom patriotismo com a política de integração»[1005]:

> A verdade é que não tenho de me envergonhar do voto emitido há dez anos, nem o repudio. Mas em política as circunstâncias contam muito, contam às vezes decisivamente. Em 1962 eu pensava que valia a pena pôr de pé a construção federal – com a sua complexidade, sobrepondo órgãos federais aos órgãos dos Estados federados e reduzindo a própria metrópole a um des-

tes – porque ela seria aceite pacificamente pelo mundo e nos permitiria vencer as guerrilhas desajudadas por uma vez do auxílio externo e do apoio das Nações Unidas.

Hoje sei que não é assim. As guerrilhas e os seus aliados, as Nações Unidas e as que andam desunidas, não aceitarão outra solução política que não seja a entrega do poder aos movimentos terroristas, com expulsão, imediata ou a curto prazo (como sucedeu em Madagáscar e no Zaire) dos brancos residentes nos territórios.

A heterodoxia do documento – na altura reservado – relativamente aos princípios pelos quais se orientava a política ultramarina portuguesa não deixou de ser interpretada pelos setores mais integristas do salazarismo como mais um sinal da má-fé de Marcello Caetano relativamente ao Presidente do Conselho e à sua política, uma política que provocava mal-estar na «alta-roda da situação» onde se multiplicam os conflitos sob todos os pretextos. E o então Reitor da Universidade de Lisboa não passaria do chefe de uma «nova conspiração, agora chefiada por Craveiro Lopes e Marcello Caetano»[1006].

É tempo de falar claro. Em nome do rigor e da honestidade intelectual que o biógrafo deve aos outros, como a si próprio. E perguntar em voz alta: Nesta fixação obsessiva de Franco Nogueira em Marcello Caetano, a quem quase só falta atribuir o incêndio de Roma, onde está a verdade histórica?

Quando, em 1984, publicou o volume da monumental biografia de Salazar referente a este período de 1958-1964, Marcello Caetano já tinha morrido e não o podia contradizer. Por outro lado, compulsado o «diário» de Franco Nogueira[1007], não existem referências a tais projetos conspirativos. Relativamente ao ano de 1962, além da afirmação de que a demissão das funções de Reitor fora «interpretada como de oposição ao Governo»[1008], apenas há mais uma referência àquele, a propósito de uma sugestão que ele, Franco Nogueira, no dia 5 de setembro, dirigira a Salazar para que publicasse uma lei de imprensa e acabasse com a censura:

> [Salazar] Falou, a propósito, de Marcello Caetano. Traçou deste um retrato: «Um belo espírito. Ideias liberais, em princípio, e muito impressionável. Segue sempre a corrente dominante em cada momento, acredita sempre na última verdade que lhe é assoprada. Ah!, mas é um belo espírito».[1009]

Trinta anos depois, o então ministro dos Negócios Estrangeiros envolve Marcello Caetano numa permanente teia de conspirações – desta feita, acompanhando-o de Craveiro Lopes – que não se compagina nem com a atividade do segundo nem com o seu próprio testemunho anotado à data em que, posteriormente, situa os factos. Em que ficamos?

Marcello Caetano queria o Poder – era público e notório –, trabalhara arduamente e preparava-se para o com seguir – é certo –, mas não a qualquer preço. Facto também indiretamente reconhecido por Fernando Rosas quando afirma, sobre os membros do «partido informal» marcelista que emergira a partir do pós-guerra: «Tinham também uma persistente coerência tática: aspiravam a chegar ao poder ordeiramente, no quadro da legalidade do regime, pelo normal funcionamento das instituições.»[1010]

Ele era um legalista e nada no seu percurso permite confirmar a teoria da conspiração permanente em que Franco Nogueira o envolve.

À partida, nada fazia prever que a proibição do «Dia do Estudante» provocasse sobressaltos de maior. Quando muito, pensavam os governantes, os estudantes protestariam com maior ou maior veemência, mas nada que não pudesse ser rapidamente resolvido com uns cordões policiais, umas dúzias de bastonadas nos mais afoitos e uma nota oficiosa a justificar os acontecimentos, invocando a subversão que ameaçava minar as organizações estudantis. Das autoridades académicas também não havia que recear, sendo elas, como eram, presididas por uma personalidade da confiança do Governo. Talvez tudo se passasse assim se o Reitor da Universidade de Lisboa não fosse Marcello Caetano, um homem altivo, empenhado no prestígio tanto da «sua» Universidade – sobretudo a «sagrada» autonomia –, como no seu próprio, um homem que defendia até ao limite as suas prerrogativas e atribuições, bem como a correspondente dignidade protocolar.

O «Dia do Estudante», realizava-se, pelo menos, há mais de uma dúzia de anos, e estava já enraizado nos hábitos académicos da Universidade. Marcado para se iniciar a 24 de março de 1962, o seu programa era em tudo semelhante ao dos anos anteriores: um colóquio sobre «A integração do estudante na Universidade», um festival desportivo, no Estádio Universitário, e um jantar de confraternização, na nova cantina recém-inaugurada.

Na véspera, o Governo decidiu pela sua proibição, através de um despacho do ministro da Educação, Lopes de Almeida. Segundo a «Nota oficiosa» do Ministério da Educação Nacional, enviada aos jornais no dia 27, ao contrário do que acontecera em anos anteriores, «este ano o pedido de autorização genérica, sem qualquer programa, foi entregue alguns dias antes do início das projetadas realizações»[1011].

Na origem desta atitude terá estado a realização em Coimbra, apesar de proibido pela Polícia de Segurança Pública, do I Encontro Nacional de Estudantes, em que os principais temas em discussão foram o acesso à Universidade e a democratização do ensino[1012].

E, logo pela manhã do dia 24, a polícia ocupou a Cidade Universitária: «A enorme praça, pejada de carrinhas policiais, é um caldeirão efervescente onde se misturam jovens, agentes armados e "pides" infiltrados. Rodeando os muitos estudantes que já ali se encontram, a polícia de choque vigia de metralhadoras na mão.»[1013] Voltando à nota oficiosa: «A intervenção da força pública tornou-se imperiosa por haver conhecimento de planos perturbadores da vida escolar e da própria ordem pública».

Estes acontecimentos iam, de todo, ao arrepio das expectativas, na medida em que o Reitor, Marcello Caetano, garantira aos estudantes a realização do «Dia do Estudante». Vendo postas em causa não só a sua palavra mas também a incontornável autonomia universitária, e face à recusa do ministro em lhe conceder uma audiência solicitada «para informar o Governo acerca dos acontecimentos do dia 24 e dele obter a orientação necessária para o que se seguisse»[1014], no dia seguinte, o Reitor pede a exoneração das funções reitorais, informando no entanto o ministro de que permaneceria no seu lugar enquanto durasse o movimento de protesto dos estudantes e que julgava ser do seu dever debelar.

No dia 26, Marcello Caetano reúne o Senado da Universidade, em sessão extraordinária, no termo da qual é emitido o seguinte comunicado:

> O Senado da Universidade de Lisboa reunido em sessão extraordinária, tendo tomado conhecimento dos factos ocorridos na área da Cidade Universitária no passado sábado, 24 de março, resolve:
>
> 1.º – Manifestar o seu profundo desgosto por tais acontecimentos, fazendo veementes votos por que sejam evitadas as intervenções que atinjam a dignidade universitária e que se mantenha o princípio de que nas instalações escolares elementos policiais só possam ingressar em casos em que as autoridades académicas o requeiram ou autorizem ou se encontrem impedidos de o fazer.

2.º – Testemunhar a sua inteira confiança ao Reitor e aos Diretores das Escolas, esperando que não lhes sejam negados os meios para sustentar em todos os casos a disciplina e o prestígio universitários.

3.º – Afirmar também a confiança que deposita no senso, na isenção e no espírito de disciplina da juventude, cuja colaboração em todos os setores da vida universitária é tão necessária e, em união de intenções e de esforços com os seus professores.

4.º – Exortar os estudantes a que compareçam às aulas e acatem as autoridades académicas, pois o respeito por parte de todos os universitários das autoridades próprias da Universidade é o fundamento da sua autonomia e a condição para que esta seja também respeitada pelos demais.[1015]

É óbvio que o Senado, no qual a figura do Reitor tem um papel essencial, assume uma posição favorável aos estudantes e condena, pelo menos implicitamente, a atitude do Governo, sobretudo no que se refere ao grave atentado contra a autonomia universitária, da qual Marcello Caetano sempre se assumira um acérrimo defensor.

No dia seguinte, o ministro recebe os estudantes, acabando por autorizar a realização do «Dia do Estudante», cujo programa deviam acertar com os reitores: «Confesso quanto me surpreendeu esta concessão que eu dissera sempre aos estudantes ser impossível, ao menos naquele momento.»[1016]

Por isso, telefonou ao ministro, que lhe confirmou a autorização. Marcello Caetano insiste pelo deferimento do seu pedido de exoneração. O Reitor é então convocado para uma reunião:

Teve V.ª Ex.ª a bondade de me chamar ao seu gabinete no sábado, 31 de março, ao meio-dia, para me reiterar a confiança do Governo e pedir-me que me mantivesse nas funções reitorais. Acedi em me conservar por mais algum tempo para não criar dificuldades ao Governo, mas insisti na necessidade de que o ministro me tivesse ao corrente da orientação da sua política em geral, e particularmente no tocante aos estudantes, para que eu nela pudesse colaborar com consciência e com autoridade.

V.ª Ex.ª assim mo prometeu.

Nessa entrevista tratou-se do Dia do Estudante, já marcado para os dias 7 e 8 de abril, e cujo programa eu enviara para o Ministério, no dia 30, com a minha informação de harmonia com as instruções de V.ª Ex.ª e por consequência segui tratando do assunto com os estudantes.[1017]

A crise académica é debatida em Conselho de Ministros, realizado no dia 4 de abril:

> Lopes de Almeida hesita, tergiversa, titubeia. À queima-roupa, pergunta-lhe Salazar: «mas o sr. Ministro prometeu ou não que seria autorizado o Dia do Estudante?» Lopes de Almeida mete os pés pelas mãos, fica corado até às orelhas e raiz dos seus poucos cabelos, e com esforço murmura em voz enrouquecida: «não». Estava claramente a mentir. Mas Salazar tira logo a conclusão: «Ah! Bem, então o Governo está livre de proibir o Dia do Estudante». E Lopes de Almeida concorda em publicar uma nota oficiosa proibindo o Dia do Estudante.[1018]

Falseando os factos, nessa nota oficiosa, datada de 5 de abril, depois de confirmar a audiência concedida aos dois estudantes, um de Direito – José Vasconcelos Abreu – e outro de Medicina – Eurico de Figueiredo –, afirma-se que a realização do Dia do Estudante seria autorizada após a «apresentação de um programa concreto aos Reitores», que deveriam emitir o respetivo parecer. Ora, segundo a supra citada carta de Marcello Caetano, esse programa já tinha sido entregue e enviado ao ministro no dia 30 de março, pelo que, na falta de ordens em contrário, concluíra pela sua aprovação:

> Sem que tenha recebido outra indicação ou orientação, vejo hoje nos jornais que o Governo voltou a proibir o Dia do Estudante.
> Não nego, e nunca neguei, o direito que ao Governo assiste de proibir toda e qualquer manifestação que, segundo as suas informações possa perturbar a ordem pública pela qual é responsável.
> Mas o que julgo indispensável é que o reitor de uma Universidade seja posto ao corrente da orientação seguida pelo Governo, a qual me parece que, em todos os casos e, sobretudo nos de maior melindre, tem de ser firme e inequívoca.
> De contrário sujeita-se quem tem de executar a política governamental a situações e atitudes que não prestigiam as funções exercidas e, sobretudo se quem as exerce é professor, desacreditam o educador.[1019]

Perante os factos, insiste «irrevogavelmente pela concessão da exoneração pedida», declarando que entregava o governo da Universidade ao Vice-Reitor, «por o meu estado de saúde me não permitir continuar a exercê-lo».

Marcello Caetano envia cópia desta carta a Salazar, acompanhada de um simples cartão, no qual afirma, secamente, que com ela «corta os últimos laços com a vida pública – bem a seu pesar, desta vez»[1020].

Salazar responde-lhe quatro dias depois, lamentando o pedido de demissão e as circunstâncias que o tinham determinado, terminando com uma frase premonitória que aponta para o seu futuro político:

> Mas, pelo amor de Deus, não tome decisões para o futuro, porque ninguém sabe o que a Nação pode exigir-lhe em determinado momento e os serviços passados lhe imporão a si próprio.[1021]

Marcello Caetano abandona as funções de Reitor da Universidade em clara rutura com o Governo, que sabotara a sua autoridade académica e o prestígio que granjeara junto da massa estudantil. Para ele, oficialmente, não estava em causa a proibição do Dia do Estudante, mas o facto de esta ter sido determinada sem seu prévio aviso. No entanto, não restam dúvidas que ele entendia que toda aquela movimentação, agravada pela invasão da Universidade pelas forças policiais, não era mais do que uma intromissão política do Governo na sua área reservada de autoridade académica suprema, facto que não poderia tolerar – como, aliás, nunca permitira noutras circunstâncias e noutras funções. Marcello Caetano era demasiado cioso da sua personalidade, do seu prestígio, da sua entrega à coisa pública. Continuar, seria ceder. E o demissionário Reitor da Universidade de Lisboa não cedia: batia com a porta. Se possível, estrondosamente, para que ficasse marcado e escrito na História.

A citada frase de Salazar, numa despedida fria – «com muitos cumprimentos» –, que reflete bem a distância que os separa desde 1958, remete para a sua sucessão. Independentemente das distâncias e das mais do que evidentes diferenças dos respetivos projetos políticos e, por muito que, eventualmente, o não desejasse, Salazar *sabia* que Marcello Caetano tinha um papel relevante a desempenhar no futuro do País.

Três anos depois, quando já se iniciara o declínio, a 1 de junho de 1965, disse a Franco Nogueira:

> Marcello Caetano é um belo espírito, tem grandes faculdades de trabalho, é muito culto e sabedor; mas não é flexível, não suporta a contradição mesmo em privado, não aguenta uma ideia oposta, e perde facilmente o

moral, apossando-se de pânico e tendo então a tendência para seguir a corrente geral.[1022]

Não obstante estas alegadas limitações, profundo conhecedor dos políticos que o serviam, Salazar disse, um dia, a Francisco Leite Pinto, que o desafiara a indicar um sucessor:

> [...] de todos vocês o que tem melhor formação administrativa é o Marcello Caetano.[1023]

Referindo-se, em balanço, à carreira política de seu Pai, Miguel Caetano afirma:

> Creio que é correto afirmar que Marcello Caetano era um homem ambicioso: tinha ambição social, tinha ambição política, tinha ambição profissional. Era perfecionista, exigente, autoritário, tinha espírito de missão, todas estas características o levaram a gostar de exercer o poder. Mas creio poder afirmar que ele se realizava tanto ou mais na vida académica do que na atividade política. O certo é que o único homem político a quem ele reconhecia superioridade era Salazar, pelo que, afastado este, Marcello Caetano só aceitaria regressar à atividade política como primeira figura.[1024]

LIVRO SEGUNDO

PRESIDENTE DO
CONSELHO DE MINISTROS

Ano Zero

6 a 16 de setembro de 1968

«...NÃO SOU CANDIDATO, NÃO DEI UM PASSO, NÃO EMBARACEI O CAMINHO A NINGUÉM...»

Setembro de 1968 – Psicodrama político em três atos, construído sobre títulos de jornais. Música de fundo a cargo da orquestra que animava o baile da festa sumptuosa oferecida por Antenor Patiño, o rei do estanho, no seu palacete de Alcoitão. Corpo de baile imenso e requintado, com várias primeiras-bailarinas, entre as quais, a princesa Ira de Fürstenberg, Begun, Audrey Hepburn, Gina Lollobrigida e Zsa Zsa Gabor[1].

I Ato – 7 e 8 de setembro
Diário de Lisboa: «O Presidente do Conselho (operado esta noite a um hematoma) está internado no hospital da C.V.P.»[2].

O Século: «Processa-se normalmente o restabelecimento do Prof. Salazar ontem operado com êxito a um hematoma»[3].

Diário de Notícias: «Uma notícia que emocionou o País – Salazar operado de urgência». «O último boletim médico informa: "Tudo indica que o pós-operatório se processa normalmente"». «O Chefe do Estado permaneceu no hospital enquanto decorreu a intervenção cirúrgica». «Mensagens de ansiedade e votos de melhoras provenientes de todo o País e do estrangeiro».[4]

Diário da Manhã: «O Dr. Oliveira Salazar foi operado a um hematoma provocado por queda». «A intervenção cirúrgica decorreu maravilhosamente». «Tudo indica que o pós-operatório se processa com normalidade».[5]

Diário de Lisboa: «Está a evoluir normalmente o estado de saúde do Chefe do Governo»[6].

II Ato – 17 de setembro
O Século: «Agravou-se inesperadamente o estado de saúde do Prof. Salazar»[7].

Diário de Notícias: «Preocupação e ansiedade em todo o País – Agravou--se bruscamente o estado de saúde de Salazar»[8]. «Horas de emoção – Salazar piorou».[9]

Diário de Lisboa: «O Presidente do Conselho continua em estado grave». «Comunicado dos médicos ao meio-dia: "Verificaram-se algumas melhoras"».[10]

Diário da Manhã: Não insere qualquer notícia.

III Ato – 27 de setembro

O Século: «O Presidente da República designou para Chefe do Governo o Prof. Marcello Caetano que sucede ao Prof. Oliveira Salazar». «Mais de quarenta anos dedicados ao serviço do País». «O novo Presidente do Conselho». «O elenco ministerial».[11]

Diário de Notícias: «"Palavras breves mas necessárias, num momento particularmente grave e difícil" – O Chefe do Estado falou à Nação». «Nomeado o Prof. Marcello Caetano para substituir o Prof. Oliveira Salazar a quem são mantidas todas as honras inerentes ao cargo de Presidente do Conselho»[12].

Diário da Manhã: «Ao Presidente Salazar vai suceder na chefia do Governo o Prof. Marcello Caetano». «Salazar continua».[13]

Diário de Lisboa: «"Há que continuar a pedir sacrifícios a todos inclusivamente nalgumas liberdades que se desejaria ver restauradas" – afirmou hoje o Chefe do Governo». «O País continua».[14]

Quando, a 18 de fevereiro de 1965, dava posse à Comissão Executiva da União Nacional, Salazar afirmou:

> A reorganização faz-se num ano crucial da vida política, não porque terminem as guerras do Ultramar, pois que os inimigos que as fazem e os que as sustentam declaram quererem continuar a perturbar a vida e o trabalho alheios; não porque tenha de haver eleições de deputados, ainda que relevantes como são sempre; mas especialmente porque novo corpo eleitoral tem de reunir-se para escolha do Chefe do Estado e de toda a Nação Portuguesa. Seja qual for a evolução dos acontecimentos, não pode haver dúvida de que é nos sete anos a seguir que por imperativos naturais ou políticos se não pode fugir a opções delicadas, e, embora não forçosamente, a revisões, à reflexão ponderada do regime em vigor. E é nas mãos do Chefe do Estado que virão a pesar as maiores dificuldades e da sua consciência que dependerão as mais graves decisões.[15]

Três anos depois, os vaticínios de Salazar começam a cumprir-se.

No preciso momento em que no «palácio iluminado e multicolor», qual «tenda das "Mil e Uma Noites", suspensa do céu», decorria a fabulosa festa oferecida por Antenor Patiño a centenas de vedetas – «as do celuloide, as das finanças, as de sangue real»[16] –, no recato de uma sala do bloco operatório da Casa de Saúde da Cruz Vermelha Portuguesa, em Lisboa, Oliveira Salazar é operado a um hematoma intracraniano subdural resultante da queda de uma cadeira, nos inícios do mês anterior.

Sem ninguém ainda o prever, começava a escrever-se uma nova fase da história do Estado Novo.

Em princípio, o pós-operatório corria normalmente. Mas no dia 16, dez minutos antes da meia-noite, foi divulgado um boletim médico, segundo o qual «A evolução favorável do estado do sr. Presidente do Conselho [...] foi hoje, às 13 e 45, alterado por brusco e grande acidente vascular no hemisfério cerebral direito».

Era o fim político de Salazar, que não voltou a reunir condições para governar o País. E disso se deu conta o Presidente da República, Américo Tomás que, no dia imediato, reuniu o Conselho de Estado.

Presentes todos os conselheiros – exceto o Procurador-Geral da República, Manso Preto, ausente de Lisboa –, incluindo Marcello Caetano que, em 1958, tinha pedido a resignação do cargo, à qual o Presidente da República não dera seguimento.

Em 1965, Marcello explicou-se:

> Pedi a demissão de todos os cargos políticos e apresentei mesmo a minha renúncia à função vitalícia de Conselheiro de Estado. Aliás sentir-me-ia mal à mesma mesa em que continua a ter lugar o Dr. Mário de Figueiredo que, como Conselheiro de Estado, traiu a confiança nele depositada por um Presidente, transformando, por estupidez ou por perversidade, uma conversa onde não lhe fora negado o direito de persuadir o seu interlocutor do erro em que laborava, em motivos de uma intriga fonte de gravíssimas consequências na ocasião.[17]

O aparecimento de Marcello Caetano causou surpresa, anotada principalmente por aqueles que lhe eram hostis, uma vez que, desde aquela data «sempre que convocado, jamais se apresentou nas reuniões do Conselho»[18]. Com efeito, segundo o próprio, apesar de a sua renúncia não ter sido aceite, tinha procedido «como se a exoneração tivesse sido um facto»[19]. E o seu aparecimento nesse momento, que teria causado estra-

MARCELLO CAETANO UMA BIOGRAFIA POLÍTICA

nheza nos restantes participantes da reunião[20], devia-se à insistência dos amigos «na tese de que não deveria naquele gravíssimo momento deixar de dar todo o [seu] concurso ao Chefe do Estado»[21].

Segundo a respetiva ata[22], Américo Tomás começou por informar do agravamento da situação clínica de Salazar:

> Os médicos admitem a todo o momento um desenlace fatal, a ponto de o Chefe do Estado, quando à noite mandou convocar de urgência o Conselho, ter suposto que este viesse a reunir não sendo já vivo o Presidente do Conselho. Em face da delicada situação que os acontecimentos estavam criando para a vida do País, o Chefe do Estado julgara conveniente ouvir o parecer do Conselho sobre o momento em que deveria proceder à substituição do Doutor Salazar, visto as circunstâncias não serem infelizmente de molde a prever a hipótese do seu regresso ao exercício das funções governativas.

Embora todos os conselheiros tivessem deixado a decisão nas mãos do Presidente da República, no qual depositaram toda a confiança política, separaram-se, no entanto, quanto às soluções a adotar: a maioria – Mário de Figueiredo, Pires de Lima, Furtado dos Santos, Santos Costa, Theotónio Pereira, Antunes Varela e Soares da Fonseca – declara-se contra a substituição em vida do Presidente do Conselho e Supico Pinto avança com a hipótese de uma substituição interina. Quanto a Marcello Caetano, divide a sua intervenção em dois pontos – o sentimento e a necessidade:

> [...] declarou aderir, em princípio, às considerações explanadas pelo Dr. Supico Pinto. A sua sensibilidade dir-lhe-ia que não se procedesse à substituição do presidente do Conselho em vida do Doutor Salazar. Há, no entanto, que prover à vida corrente do país, assegurando o expediente administrativo e mantendo a orientação superior da administração pública perante os numerosos problemas que surgem continuamente nas diversas secretarias de Estado. Para a execução dessas tarefas pode servir provisoriamente a solução de uma presidência interina. Esta, porém, só poderá recair num membro do gabinete, quer por se tratar da solução que parece resultar dos textos legais aplicáveis, quer pela situação incómoda que forçosamente haveria de criar a nomeação interina de um presidente do Conselho incumbido de coordenar e dirigir a atividade de ministros efetivos.
>
> Vindo o presidente do Conselho a falecer, afigurava-se-lhe indispensável, para assegurar a normalidade da vida do país e manter o regular funcionamento das instituições, a nomeação imediata do seu sucessor.

No final, Supico Pinto, mantendo a tese da interinidade, salientou que esta devia recair sobre a personalidade que houvesse de ser o presidente efetivo.

O Presidente da República termina a reunião afirmando que vai ouvir em audiências privadas, não só todos os membros do Conselho de Estado, mas também «outras pessoas qualificadas acerca da escolha do novo presidente do Conselho de Ministros, para a hipótese de as circunstâncias imporem a substituição do Doutor Salazar», nas quais ocupou os quatro dias seguintes, ouvindo ao todo «mais de quarenta individualidades»[23].

As opiniões foram muitas e desencontradas, deixando o presidente perplexo. Na sua agenda escreveu: «Tantas opiniões díspares! Cada cabeça sua sentença! Fica-se aturdido.» (dia 19); no dia seguinte: «Sinto-me embaraçado e perplexo, no meio de tantas opiniões desencontradas, quanto ao que deve fazer-se.»; e, no último dia das consultas, afirma que as suas notas exprimiam «a amargura sentida com a situação, com as soluções a tomar e com a sua oportunidade»[24].

Além disso, apesar de algumas fortes resistências da parte dos que lhe eram mais íntimos, as opiniões ouvidas «inclinavam-se, sem dúvida e na sua maior parte, pela escolha do doutor Marcello Caetano», o qual, a par de opositores hostis e intransigentes, contava com «grande número de simpatizantes»[25]:

> [...] criara-se um ambiente que o grupo dos seus amigos e adeptos ia alimentando e ateando quanto podia e cada vez mais, não só no interior do País, como até no exterior. A ponto de ir tornando, qualquer outra solução, não só mal compreendida, como até, mal recebida.[26]

Segundo Manuel José Homem de Mello – um dos homens que acompanhou de perto estes lances políticos – «É então que, por entre o fervilhar da intrigalhada política, se destaca – surpreendentemente – uma figura de segundo plano que, todavia, beneficiava da profunda estima tanto do almirante como de Marcello Caetano»: César Moreira Batista, que, à data, desempenhava apenas as funções de secretário Nacional da Informação[27]:

> Frequentador assíduo dos chás que o almirante regularmente tomava e oferecia em Belém (ou no Muchacho do Guincho) Moreira Batista exerceu sobre o «chefe do Estado» – coadjuvado pelo almirante Henrique Tenreiro e pelo engenheiro Duarte Amaral [...] – influência determinante para a escolha

de Marcello Caetano como sucessor de Salazar. Para tanto tiveram de assegurar, a quem decidia, que o escolhido se comprometia a respeitar e a seguir a «política ultramarina» tal como Salazar a delineara, mantendo nos Estrangeiros o embaixador Franco Nogueira como aval dessa continuidade.[28]

Sobre os reflexos no exterior do País, Joaquim Veríssimo Serrão escreve, de Paris, a Marcello Caetano, no dia 24 de setembro: «Até este momento os jornais franceses nada dizem quanto à formação de um novo governo em Portugal. O nome de V. Ex.ª é constantemente referido.»[29]

Precisamente no último dia das consultas do Chefe do Estado, a 21 de setembro, no final de uma carta a Santos Costa a agradecer o pagamento de honorários pela emissão de um parecer, Marcello Caetano afirmara:

> Depois de dez anos de afastamento da vida pública foi para mim uma surpresa ver o meu nome tão falado. Até à hora em que lhe estou a escrever, porém, tudo isso não passa de conjeturas e boataria. Se me for posto o problema numa altura destas – que remédio, se não marchar! Mas não sou candidato, não dei um passo, não embaracei o caminho a ninguém, e sinceramente peço a Deus que inspire bem quem tenha de escolher e o faça desviar os olhos para outro![30]

Este estado de espírito não é confirmado pelo então Presidente da República que, nas suas memórias, publicadas alguns anos depois da morte de Marcello Caetano, afirma precisamente o contrário. Segundo a narrativa de Américo Tomás, no dia 24, chamou-o «para uma longa conversa e depois encarregá-lo de constituir novo governo, dar-lhe, afinal, a luz verde que ele já pedira por duas vezes, na convicção de que certamente teria, de ser o único sucessor possível do doutor Salazar e por se sentir ansioso por assumir a presidência do Conselho»[31]. Mas a designação só ocorreu no dia imediato, porque houve uma derradeira tentativa de a evitar, da parte de Soares da Fonseca*, sem dúvida o mais aguerrido e tenaz

---

* José Soares da Fonseca (1908-1969), licenciado em Direito pela Universidade de Coimbra (1931), foi advogado e administrador de empresas, mas foi sobretudo como político que se distinguiu. Monárquico e católico conservador, colaborou nos jornais católicos *A Guarda* e *Novidades*. Foi diretor do CADC e da revista *Estudos* (1928-1930), secretário da Associação Académica de Coimbra (1930-1931) e presidente da Juventude Universitária Católica. Defensor fervoroso do Estado Novo e dos seus valores espirituais, integrou a sua ala mais ultramontana e distinguiu-se por ser um dos mais fiéis discípulos de Salazar, de quem foi «olhos e ouvidos» na Assembleia Nacional, sobretudo nas VIII e IX Legisla-

opositor à nomeação de Marcello Caetano. Refira-se, a propósito, que, talvez prevendo este desfecho, na reunião do Conselho de Estado, o primeiro afirmou

> [...] não queria deixar de acentuar a necessidade de o novo presidente do Conselho, uma vez empossado, garantir imediatamente ao país e ao mundo, através de declarações inequívocas, a continuidade da nossa política ultramarina e a manutenção dos princípios que definiram a política externa dos últimos anos.

Diferente é a versão da Marcello Caetano, segundo o qual, além da audiência pessoal, na sua qualidade de conselheiro de Estado, apenas foi recebido mais uma vez:

> Fui recebido nessas audiências e dei a minha opinião. Mas decorridos dias voltei a ser chamado. O presidente da República comunicava-me que mais de noventa por cento das pessoas consultadas haviam indicado o meu nome para suceder ao Dr. Salazar. E era também seu desejo nomear-me para a Presidência do Conselho.

De que lado está a verdade histórica? Nunca o saberemos.

Fosse outro o estado de saúde de Pedro Theotónio Pereira – naquela altura já muito debilitado pela doença degenerativa que o atingira –, é

---

turas (1961-1969), período em que desempenhou as funções de líder do Governo, como se comprova pela correspondência arquivada na Torre do Tombo (AOS/CO/PC-6A e 6B). Teve uma extensa a variada carreira político-administrativa: Vogal em representação do Estado do Conselho de Tarifas para as Colónias de África (1932-1939); Comissário do Governo junto da Companhia Colonial de Navegação (1932-1950); Vogal da Comissão da Reforma da Legislação Aduaneira e do Conselho de Tarifas para as Ilhas Adjacentes, sendo Presidente substituto da última (1936-1939); Membro vitalício do Conselho de Estado; Ministro das Corporações e Previdência Social (1950-1955); Comissário do Governo junto do Banco de Angola (1955-1957); Vice-presidente do Conselho de Administração do Banco de Angola (1955-1957); Presidente do Conselho de Administração da Companhia Colonial de Navegação (1956-1968); Administrador da Soponata; Vice-presidente das conferências parlamentares dos países da NATO (1964-1965); Presidente das conferências parlamentares dos países da NATO (1966). Deputado à Assembleia Nacional da III à IX Legislaturas (1942-1969) pelo círculo da Guarda, foi 1.º Vice-presidente da Mesa e membro da comissão de Legislação e Redação e presidente da comissão de Trabalho, Previdência e Assistência Social. (J. M. Tavares Castilho, *Os Deputados...*, op. cit.)

muito provável que nenhum destes problemas se tivesse posto, ou, pelo menos, que não atingissem tamanha amplitude, já que era para este sempre amigo de Marcello Caetano, amizade iniciada na militância política da juventude, que apontavam as preferências de Américo Tomás: «seria possivelmente ele o melhor e mais indicado sucessor do doutor Salazar [...], pois se tratava de uma individualidade de manifesta experiência política, interna e externa, simpática e popular, aglutinadora de dedicações e de uma invulgar boa presença»[32]. Além disso, embora o presidente o não explicite, ressaltava o facto de Theotónio Pereira se ter mantido sempre muito mais fiel ao regime político e ao seu Chefe, sem as derivas «esquerdizantes» do seu amigo.

Além deste não-candidato, Américo Tomás, na audiência a Franco Nogueira diz-lhe que das reuniões que mantivera resultara uma lista com vários nomes: além do seu, Marcello Caetano, Supico Pinto, Antunes Varela, Gomes de Araújo, Adriano Moreira e Correia de Oliveira. Com exceção dos dois primeiros, todos os restantes estavam excluídos por várias circunstâncias. Quanto a si, o presidente achava «que não era sensato trocar um ministro certo por um Presidente do Conselho incerto». E aqui, o último ministro dos Negócios Estrangeiros de Salazar deixa escapar um comentário que deixa bem clara a sua ambição em o substituir:

> Refleti, e não disse ao almirante Thomaz que nenhum dos nomes apontados fora jamais, do meu conhecimento, Presidente do Conselho, pelo que nenhum dera provas e todos seriam tão incertos como eu.[33]

Anos mais tarde, em entrevista a Freire Antunes, é ainda mais explícito:

> «Se eu teria aceite chefiar o Governo? Claro que sim.»[34]

O facto é que nem Américo Tomás, nem o *bunker* salazarista, nem os militares tinham qualquer alternativa a Marcello Caetano.

Por isso, na tarde do dia 25, recebe-o novamente para lhe dar «a luz verde que ele aspirava receber e que mais de que uma vez, repete-se, solicitara ao chefe do Estado»[35], levantando-lhe, antecipadamente, uma condição, aliás imposta pelas Forças Armadas: «a defesa intransigente da integridade nacional».

Na versão de Marcello Caetano, o presidente transmitira-lhe que

> As Forças Armadas, através dos seus chefes, punham, pois, ao Presidente da República, como condição para aceitarem o novo chefe de Governo, que

não só se mantivesse a política de defesa do Ultramar como se evitasse qualquer veleidade de experimentar uma solução federativa.[36]

Marcello Caetano sublinhou, então, ao presidente que quanto ao problema ultramarino era preciso saber o que o País pensava. Para isso, aproveitaria as eleições para deputados a realizar em 1969:

> Seria a oportunidade de deixar a Nação exprimir o seu ponto de vista quanto ao Ultramar. Se a votação fosse favorável à política de defesa que estava em curso muito bem... Se não...
> – Se não, as Forças Armadas intervirão, interrompeu o Presidente da República.[37]

Adriano Moreira, citando o general Câmara Pina, acrescenta ainda uma outra exigência, aliás de todo supérflua face ao ideário de Marcello Caetano: «ser anticomunista»[38].

Américo Tomás assume nesta altura o relevo político que sempre lhe fora negado e de que porventura o julgavam incapaz, tornando-se, num momento-chave da história política do País, na personalidade que, como já foi afirmado, passou a deter o legado de Salazar, que, armadilhando «os mecanismos do sistema da sucessão política», o tornou, a partir de 1965, no «verdadeiro delfim», dando-lhe «um protagonismo que nenhum Presidente da República do Estado Novo havia tido», tornando-se assim o seu verdadeiro herdeiro político[39].

Quando chegou a casa, o indigitado Presidente do Conselho chamou o filho Miguel e disse-lhe:

> – Chamei-te para te dizer que o senhor Presidente da República me convidou para substituir o Dr. Salazar e que aceitei.
> – Mas, Pai, não acha que nesta altura, com a guerra do ultramar...
> – Não te chamei para pedir a tua opinião, mas apenas para te comunicar o facto – atalhou secamente Marcello Caetano[40].

No dia 26 de setembro de 1968, às nove e meia da noite, a rádio e a televisão transmitem a mensagem gravada pelo Presidente da República no seu gabinete do Palácio de Belém[41]:

> É num momento particularmente grave e difícil na vida da Nação que lhe dirijo as palavras breves, mas necessárias, que ela deve ouvir diretamente do chefe do Estado.

Adoeceu gravemente, no passado dia 6, o Senhor Presidente do Conselho e quando tudo parecia indicar, após feliz e oportuna intervenção cirúrgica, que a sua convalescença seria rápida e o reconduziria, em breve período de tempo, à sua vida normal, sobreveio-lhe nova e muito mais grave enfermidade que o prostrou em estado de coma, no princípio da tarde do dia 16, donde ainda não saiu, apesar da sua excecional resistência e dos desvelados e constantes cuidados dos seus competentíssimos médicos assistentes.

Um problema inesperado e de extrema gravidade surgiu assim para o País e passou a atormentar todos os portugueses que, com a maior calma, patentearam ao Mundo uma maturidade e um civismo consoladoramente notáveis. E entre todos o mais atormentado é necessariamente o chefe do Estado, que de primeiro responsável pelos destinos da Nação, passou agora à posição indesejável de responsável único.

Todos têm nele os olhares ansiosamente fixados, aguardando uma solução que mantenha Portugal na marcha firme que vinha trilhando através de inúmeras dificuldades.

Tem-se debatido o chefe do Estado, há dez dias, entre os seus sentimentos afetivos e de gratidão que, quanto maiores mais honram o homem, e aqueles que a razão e o dever impõem neste momento crucial da vida da Nação. E não sendo já admissível, para os superiores interesses de Portugal, no momento que vive, adiar por mais tempo a decisão a tomar, decisão que sei teria o pleno acordo do Senhor Presidente do Conselho se o pudesse manifestar, redigi e enviei para publicação do *Diário do Governo* de amanhã o seguinte diploma:

Continuando muito gravemente doente o Presidente do Conselho, Doutor António de Oliveira Salazar e, perdidas todas as esperanças, mesmo que sobreviva, de poder voltar a exercer, em plenitude, as funções do seu alto cargo;

Atendendo a que os superiores interesses do País têm de prevalecer sobre quaisquer sentimentos, por maiores e mais legítimos que pareçam, circunstância que obriga à decisão dolorosa de substituir na chefia do Governo o Doutor António de Oliveira Salazar, Português inconfundível no pensamento e na ação e Benemérito da Pátria, por ele servida genialmente, com total e permanente dedicação durante mais de quarenta anos e que, para melhor a servir, de tudo abdicou, numa renúncia completa e única em toda a nossa História de mais de oito séculos;

Tendo ouvido o Conselho de Estado e não devendo adiar por mais tempo essa decisão, é, no entanto, com profunda amargura, só minorada pelo conhecimento, que dele diretamente colhi, de que não desejava morrer no desempenho das suas funções, que uso da faculdade conferida pelo n.º 1.º do artigo 81.º da Constituição e exonero o Doutor António de Oliveira Salazar do cargo de Presidente do Conselho de Ministros, do qual manterá todas as honras a ele inerentes. E, para o substituir, nomeio, nos termos do mesmo preceito constitucional, o Doutor Marcello José das Neves Alves Caetano.

Com a publicação deste decreto presidencial, com o n.º 48 597, no *Diário do Governo* de 27 de setembro, encerra-se o consulado de Salazar.

Era o fim de um longo ciclo de quarenta anos, assente num homem e no seu pensamento, assumido como um dogma. A partir de agora, nada voltaria a ser como dantes. Disso se dá conta Franco Nogueira que, neste dia, anota no seu «diário»:

> Findou uma época com lampejos de grandeza, um estilo de governo onde havia sentido de medida e elegância de forma, uma conceção de vida assente em certezas, uma visão de Portugal haurida na história, também erros e sombras sem dúvida; mas foi toda uma política onde a firmeza e a coragem desempenhavam papel de monta. Uma viragem, em suma. Vamos ter novos tempos, novas vontades.[42]

Ano Um

27 de setembro de 1968
a
27 de setembro de 1969

1

«...SUCEDER A UM HOMEM DE GÉNIO...»

A designação de Marcello Caetano para substituir Salazar nas funções de Presidente do Conselho foi bem recebida e correspondia às expectativas gerais, tanto internas como externas. E os jornais, como é natural, deram-lhe grande destaque.

O Século, ao lado de um comentário sobre a obra de Salazar, onde se afirma que «não podemos, neste momento, deixar de prestar as nossas homenagens à figura e obra de um dos maiores estadistas de todos os tempos»[43], insere um excelente e completo retrato do novo Presidente do Conselho:

No mundo contemporâneo, o prof. Marcelo Caetano é uma personalidade de singular relevo e de forte projeção interna e internacional, como homem de pensamento e ação em todos os campos em que se exija o julgar do seu talento, o seu vasto sentido das realidades, a sua cultura, a sua excecional capacidade de trabalho, o seu espirito renovador, o seu ardente nacionalismo. Na cátedra universitária, na Imprensa e no Livro, nos discursos de todos os géneros, na participação em comissão de estudos especializados, no comando de organizações de promoção espiritual e moral, como doutrinador e estadista, e em muitas outras atividades nobres, a sua figura tem-se agigantado à medida que o tempo corre, sem para tal haver contribuído com transigências que a tantos servem para obter notoriedade. É um homem sério, digno, com ideias próprias bem definidas, coerente, compreensivo, humano, de sólida formação espiritual e moral, fundamentada nas mais profundas raízes da tradição nacional e na doutrina cristã, e nunca faltou, nos momentos oportunos, às exigências da crítica, do esclarecimento, de indicação dos rumos a seguir, tanto em relação aos adultos como aos jovens, sendo verdadeiramente impressionante o seu empenho, sempre revelado em pensamentos e obras, de preparar as novas gerações para as lutas e responsabilidades que as esperam, no que é particularmente visível, em tudo

MARCELLO CAETANO UMA BIOGRAFIA POLÍTICA

o que até agora disse e fez, o justo e perfeito sentido das realidades nacionais; o conhecimento exato dos problemas e questões, tanto internos como internacionais; a admirável força espiritual e moral com que critica o que não julga certo e rebate as opiniões dos que fogem à verdade por simples motivos de especulação política; a fé, a coragem e o desassombro, que não poucas vezes evidenciaram um notável polemista; o gosto de esclarecer, de ensinar, de orientar e ajudar; a firmeza nas opiniões e nos atos; o empenho, que é quase verdadeira obsessão, de contribuir para que se robusteça a confiança dos portugueses nos homens que os governam e no regime que servem. É um homem do seu tempo e do futuro, sem negar ou diminuir o que outros antes fizeram, de útil e proveitoso, pela Nação e pela Humanidade.[44]

O também matutino *Diário de Notícias*[45] reserva a primeira página à mensagem do Presidente da República, à doença de Salazar, que também ocupa quase toda a sétima página, e ao elenco do novo governo. A página oito – encimada pelo título «A notável carreira política do novo Presidente do Conselho de Ministros – Grande mestre e educador o Prof. Marcello Caetano dedicou a maior parte da sua vida à nobre missão de ensinar» – é toda ela dedicada à biografia ilustrada do novo chefe do Governo. Depois de abordar as suas relações com a Imprensa, o papel desempenhado como Comissário Nacional da Mocidade Portuguesa e o «grande impulso no departamento ultramarino», debruça-se longamente sobre a sua atividade como ministro da Presidência, terminando com a sua bibliografia.

O *Diário da Manhã* é mais lacónico. Sob o título «Ao Presidente Salazar vai suceder na chefia do Governo o Prof. Dr. Marcello Caetano», a todo a largura da primeira página, salienta a mensagem presidencial e limita-se, sem qualquer comentário, a descrever a constituição do novo governo, reservando a terceira página às biografias do Presidente do Conselho, dos quatro novos ministros e dos dois secretários de Estado que entram. A tónica do órgão da União Nacional centra-se no título destacado na primeira página – «Salazar continua»:

> O Presidente Salazar continua junto de nós e com todas as honras a seu cargo, mas acima de tudo no regime que lhe saiu da inteligência portentosa e das mãos fortes, na obra que vamos continuar e engrandecer com a fé de sempre e o redobrado ardor, no imperativo irresistível da sua palavra e do seu exemplo.
>
> E quem melhor do que Marcello Caetano, que Salazar chamou para seu colaborador ainda nos tempos recuados do Ministério das Finanças, quem

melhor do que a sua inteligência fulgurante, para continuar o comando da Revolução?[46]

O vespertino *Diário de Lisboa*, que saiu para as bancas já depois do discurso de posse de Marcello Caetano, sublinha, a toda a largura da página de abertura, uma frase do seu discurso – «Há que continuar a pedir sacrifícios a todos inclusivamente nalgumas liberdades que se desejaria ver restauradas» – e reage em termos de reflexão:

> Da escolha que veio a fazer-se parece bem possível dizer que ela não causou surpresa. O nome do Prof. Marcello Caetano, com efeito, aparecia como o da figura que estava na conclusão de todos os raciocínios, como quem, de momento, mais poderia reunir as condições para receber a sucessão. Homem do regime, que no regime fizera a sua carreira, servindo em numerosos postos de crescente responsabilidade, foi desde muito novo um doutrinador do pensamento que nos últimos quarenta anos enformou a vida política portuguesa, do que deu sucessivos testemunhos como jornalista, ensaísta e conferencista. Professor de Direito, especialista em ciências administrativas, o Dr. Marcello Caetano dispõe aí dos fundamentos esclarecedores em que, com o apoio da sua própria experiência, assentará as perspetivas de um novo estilo de ação.
>
> Ninguém como ele, pois, dentro dos quadros em que deveria encontrar-se a solução da crise, poderia reunir tantos elementos a favor da escolha decidida pelo Presidente da República.
>
> Pode dizer-se, deste modo, que o Prof. Marcello Caetano, ao assumir as altas responsabilidades a que foi chamado e em que vai ser investido, chega portador de um crédito de confiança que de vários lados lhe é tributado.
>
> Os problemas são muitos e pesados, do que o País tem a consciência definida. Isso mais necessária torna essa confiança. Ao recebê-la, o novo Chefe do Governo sentirá em si todo o peso de responsabilidades que a ação política comporta. Segundo a sabida máxima, governar é escolher. Escolher. Escolher o quê? Naturalmente, entre as soluções possíveis para cada um dos problemas pendentes, aquela que parecer mais adequada às circunstâncias presentes.
>
> É a hora das opções. É a hora da «reflexão ponderada» que Salazar admitiu na sua lúcida previsão. Inovar? Parece improvável, se bem que nada pudesse corresponder melhor à ansiedade geral. Antes se dirá: continuar. Continuidade do regime, dirão alguns. E certamente com razão. Mas, com razão também e com razão maior, continuidade do próprio País que nós todos somos e que não desistimos de ser.[47]

Nas páginas centrais, o jornal realça o aspeto humano de Marcello Caetano, como que destacando as diferenças com o seu antecessor: «Tem doze netos todos com menos de dez anos o novo chefe do Governo». Diferenças a que também o *Diário de Notícias* alude, quando afirma tratar--se de «um chefe de governo que é chefe de família», com três filhos que «são desportistas»[48].

Pelo mesmo diapasão da confiança afina o *Jornal do Fundão*, de António Paulouro, de todo insuspeito de simpatias para com a situação: Em «Editorial» refere-se a Marcello Caetano como um «homem de palavra limpa, respeitador da lei, português autêntico sem deixar de ser europeu e cidadão do mundo»[49], numa palavra, o homem que «nesta hora em que se volta uma página da história pátria» «reúne, na verdade, condições excecionais para apontar ao País os caminhos do progresso, da dignidade e da justiça»[50].

O mais comedido é o jornal *República*, assumidamente oposicionista, que quase ignorou, olimpicamente, a doença de Salazar, limitando-se a transcrever, sem qualquer comentário, alguns – raros – dos boletins clínicos ou notas do SNI, inclusivamente quando ela se agravou. No dia 27, numa primeira edição, noticia na primeira página: «O Prof. Marcello Caetano toma posse às 15,30 e fala à Nação às 17 horas». Em vez de qualquer nota biográfica, insere um destaque da conferência que Marcello Caetano pronunciara. a 10 de maio de 1965, na Associação dos Jornalistas e Homens de Letras do Porto, chamando para o título a seguinte afirmação: «Em nenhum Estado os governantes podem dispensar-se de dar contas»[51].

> Em nenhum Estado dos nossos dias os governantes podem dispensar--se de dar contas do que pensam, projetam ou fazem. A cena parlamentar inventada no tempo em que o convívio social decorria em conversas de salão, foi suplantada nesta época de eliminação das distâncias e de facilidades de comunicações. Os governantes acham-se constantemente em contacto com o público, sem necessidade de intermediários. Exposições ou entrevistas na Televisão, discursos radiodifundidos, visitas aos mais remotos lugares do País, dando pretexto a discursos públicos e conversas particulares, difusão em larga escala de documentos impressos e até essa forma de facilitação da entrevista individual que é o telefone, processo de multiplicar as audiências sem forçar os interlocutores a uma deslocação, permitem que aos que governam estar sempre presentes perante os governados e ao alcance destes como nunca.[52]

Em segunda edição, do mesmo dia, este destaque é substituído por um outro, também extraído de um discurso do novo Presidente do Conselho, este pronunciado na sessão inaugural do XX Congresso Internacional de Direito Financeiro e Fiscal realizado na Reitoria da Universidade de Lisboa, a 5 de setembro de 1966. Sob o título: «O problema dos direitos individuais», transcreve a seguinte passagem:

> Quanto mais se acentua a tendência para a afirmação da preponderância do interesse geral sobre os interesses particulares, a propensão para olhar os direitos individuais fundados na legalidade como simples fórmulas burguesas, a inclinação para absorver os indivíduos na máquina trituradora do Estado administrativo, mais vigorosamente se impõe aos juristas o dever de lutar pela manutenção do respeito dos limites traçados pela lei aos poderes do Estado e pela salvaguarda da zona de liberdade individual que daí resulta.
>
> Admitir que a liberdade jurídica concebida como simples atribuição formal de faculdades ou poderes que só alguns poderão efetivamente exercer não basta, e que a liberdade precisa de ter um conteúdo positivo, traduzido em possibilidades económicas efetivas e no gozo real dos bens da vida, não envolve necessariamente a exclusão da legalidade administrativo e da garantia dos direitos individuais.
>
> No domínio tributário esta doutrina impõe-se mais do que nunca. Se é certo que os fins do Estado justificam a exigência legal dos meios de os realizar, já não é verdade que o interesse público justifique o arbítrio dos processos para obter esses meios.[53]

De uma forma subtil e aproveitando textos, à data relativamente recentes, o jornal deixava ao novo Presidente do Conselho, como lembretes, afirmações suas sobre a liberdade individual e a necessidade de justificação dos atos dos governantes perante os governados.

Enquanto Américo Tomás, na sua residência de Cascais, redigia a comunicação a fazer ao País, Marcello Caetano entregava-se, euforicamente[54], à constituição do seu primeiro governo e escrevia o discurso que pronunciaria depois da posse.

Em boa verdade, não se trata de um novo governo, mas de uma remodelação minimalista do último gabinete de Salazar, empossado a 19 de agosto de 1968, poucas semanas antes de a doença o ter prostrado.

Marcello Caetano justificou esta opção com o facto de o mesmo ser constituído por «vários antigos alunos meus, todos também meus amigos pessoais», «homens novos, ainda não queimados na política e que podiam perfeitamente ser aproveitados»[55]. Mas, na realidade, tudo aponta para uma manobra tática com a qual procurava não alimentar a animosidade generalizada dos salazaristas e, simultaneamente, atrair aqueles que pensavam que tinha chegado a hora de se iniciar a reforma do regime. Ou seja, o novo Presidente do Conselho ainda não constituía o «seu» governo, mas o governo «possível», com o qual aponta para o futuro, sem alienar o passado.

Por isso, reconduz quase dois terços do governo herdado de Salazar: Gonçalves Rapazote, no Interior; Almeida Costa, na Justiça; Dias Rosas, nas Finanças; Bettencourt Rodrigues, no Exército; Pereira Crespo, na Marinha; Franco Nogueira, nos Negócios Estrangeiros; Silva Cunha, no Ultramar; Hermano Saraiva, na Educação Nacional; Correia de Oliveira, na Economia; Canto Moniz, nas Comunicações; e Gonçalves de Proença nas Corporações e Previdência Social.

Saem: Mota Veiga, que é substituído por Alfredo Vaz Pinto, administrador da transportadora aérea nacional (TAP) e da Marconi, como ministro da Estado Adjunto; Gomes de Araújo, ex-Governador-geral de Angola, que cede o lugar, na Defesa Nacional, a Sá Viana Rebelo; Machado Vaz deixa as Obras Públicas a Rui Sanches, sobrinho de Marcello Caetano; e Joaquim de Jesus Santos cujo lugar, na Saúde e Assistência, passa a ser desempenhado por Lopo Cancela de Abreu, um médico que dirigia o Instituto Nacional de Assistência aos Tuberculosos (IANT).

Muito notada foi a transferência, três semanas depois (16 de outubro), de César Moreira Batista, que inicialmente fora nomeado para a secretaria de Estado da Presidência do Conselho, para a da Informação e Turismo.

Para secretários pessoais, escolheu filhos de dois amigos: um de Correia de Campos, que pertencera ao Grupo da Choupana, e outro do casal Carvalho Neto, com quem privava há muitos anos[56].

Parece ter sido fácil esta remodelação. A única dificuldade foi a manutenção de Franco Nogueira que, convidado por Marcello Caetano, no dia 25, recusou, alegando motivos de saúde, fadiga, a «ruína financeira» em que se encontrava e, principalmente, pela «impossibilidade de servir sem saber que política se ia seguir»[57]. Neste transe, interveio o Presidente da República. Primeiro através de Soares da Fonseca, que o convoca para um encontro de urgência no restaurante «Tavares», no mesmo dia à noite, dizendo-lhe:

O Presidente da República encarregou-me de lhe comunicar que, segundo as suas informações, as Forças Armadas no Ultramar, sobretudo em Angola, exigem a sua continuação nos Estrangeiros, não se responsabilizando o Presidente pelo que possa acontecer, se você mantiver a sua recusa, e pergunta se você quer assumir essa responsabilidade.[58]

Depois, por exigência de Nogueira, Américo Tomás repete-lhe pessoalmente as palavas do seu emissário, dizendo: «Não concebo que possa não aceitar. Compreendo o seu desejo de sair, mas esteja mais um tempo.»[59] Perante tanta insistência, acabou por ficar, mas a prazo, ou seja, até aos princípios do ano seguinte.

No dia 27 de setembro o novo governo toma posse e Marcello Caetano pronuncia o seu primeiro discurso[60]. Trata-se de um breve discurso, cauteloso e pouco programático, no qual define sobretudo as suas intenções e procura enquadrar a governação que agora se inicia.

Começa pelo inevitável elogio de Salazar: «Um homem de génio que durante quarenta anos imprimiu à política portuguesa a marca inconfundível da sua poderosíssima personalidade, dotada de excecional vigor do pensamento, traduzida por uma das mais eloquentes expressões da nossa língua e senhora de uma vontade inflexível e uma energia inquebrantável que ao serviço do interesse nacional não tinha descanso nem dava tréguas».

Depois, justifica a sua aceitação de chefia do Governo: não podia fugir às duras responsabilidades a que fora chamado porque pensara no povo português, na necessidade de «não descurar um só momento a defesa das províncias ultramarinas», nas Forças Armadas que nelas se batem e na juventude.

O País estava habituado a ser governado por «um homem de génio», mas a partir daquele dia «tem de adaptar-se ao governo de homens como os outros» que precisa do apoio de todo o País.

> Não me falta ânimo para enfrentar os ciclópicos trabalhos que antevejo. Mas seria estulta a pretensão de os levar a cabo sem o apoio do País. [...] Esse apoio terá muitas vezes de ser concedido sob a forma de crédito aberto ao Governo, dando-lhe tempo para estudar problemas, examinar situações, escolher soluções, Outras vezes será solicitado através da informação tão completa e frequente quanto possível, procurando-se estabelecer comunicação desejável entre o Governo e a Nação.

Descreve, seguidamente, as preocupações imediatas: «assegurar a normalidade da vida nacional, garantir a continuidade da administração pública e, se possível, a aceleração do seu ritmo, reduzir ao mínimo os fatores de crise de modo a podermos vencer vitoriosamente as dificuldades da ocasião»; e define, finalmente, as tarefas mais prementes e condicionadoras da atuação do Governo: a manutenção da «vigilância na retaguarda» do combate que as Forças Armadas travam na Guiné, em Angola e em Moçambique, sustentada pela diplomacia nas chancelarias e nas assembleias internacionais:

> Em tal situação de emergência há que continuar a pedir sacrifícios a todos, inclusivamente nalgumas liberdades que se desejaria ver restauradas.

Neste quadro, apela à «união de todos os portugueses»... de cujo convívio arreda, liminarmente, os comunistas:

> Mas todos sabemos, pela dolorosa experiência alheia, que se essa tolerância se estender ao comunismo estaremos cavando a sepultura da liberdade dos indivíduos e da própria Nação.

A liberdade devia ser defendida contra os seus próprios excessos, que considera «os mais perigosos dos inimigos que a ameaçam», quadro em que afirma que «a ordem pública será inexoravelmente mantida».

No penúltimo parágrafo entra na questão crucial do momento: continuidade ou renovação?

Contrariamente ao *slogan* que, depois, se veio a criar para definir a orientação da sua política, e que ele próprio tomou para título do volume em que reúne os discursos e intervenções do seu terceiro ano de governo – *Renovação na Continuidade* –, a tónica é posta na continuidade:

> Disse há pouco da minha preocupação imediata em assegurar a continuidade. Essa continuidade será procurada, não apenas na ordem administrativa, como no plano político. Mas continuar implica uma ideia de movimento, de sequência e de adaptação. A fidelidade à doutrina brilhantemente ensinada pelo Dr. Salazar não deve confundir-se com o apego obstinado a fórmulas ou soluções que ele algum dia haja adotado. [...] A constância das grandes linhas da política portuguesa e das normas constitucionais do Estado não impedirá, pois, o Governo de proceder, sempre que seja oportuno, as reformas necessárias.

Como se vê, o termo «renovação» não é nunca utilizado neste discurso, que é o pórtico do consulado de Marcello Caetano como Presidente do Conselho, ao passo que a «continuidade» é realçada mais do que uma vez.

Se, como já se viu, o acolhimento por parte da imprensa foi muito positivo, para não dizer caloroso, o mesmo aconteceu por parte de figuras de relevo em vários setores da vida nacional.

Datam desse dia 27 muitas mensagens para o novo Presidente do Conselho, das quais se destacam algumas das mais significativas.

Gonçalves Cerejeira, Cardeal-patriarca de Lisboa, escreve-lhe: «Chegou enfim a hora que de há muito eu antevira. Amanhã a minha Missa será por sua intenção [...] Ouvi o discurso. Magnífica portada para um capítulo novo da história de Portugal.»[61] Supico Pinto, à data presidente da Câmara Corporativa, também o felicita, bem como, além de outros, Sarmento Rodrigues, que, além de governador ultramarino, fora ministro do Ultramar, e Afonso Rodrigues Queiró, professor da Faculdade de Direito de Coimbra e procurador à Câmara Corporativa, que – numa viragem de 180 graus relativamente ao seu posicionamento anterior –, lhe diz ter ele sido «objeto da escolha e da confiança, não apenas do Chefe do Estado, mas também da grande maioria dos portugueses» afirmando-se um daqueles «que puseram os olhos em V. Ex.ª e, receosos que não aceitasse, se congratularam com a sua resposta positiva»[62]. Também Oliveira Marques, à data a residir nos Estados Unidos, escreve para referir «o nosso júbilo, da minha mulher e meu, e as nossas mais sinceras felicitações».

Veio de um escritor – Domingos Monteiro[*] –, a carta mais lúcida e realista de quantas recebeu. Este seu amigo traça um quadro exato e objetivo do contexto político em que recebe o poder:

> Estava em França quando soube, pelos jornais, da doença do Dr. Salazar.
> Vi que se apresentava de mau cariz e praticamente irreversível. Confesso-te

---

[*] Escritor e advogado, Domingos Monteiro (1903-1980) nasceu em Barqueiros (Mesão Frio), Trás-os-Montes. Como advogado, em finais da década de 1920, defendeu muitas dezenas de presos políticos ligados à organização anarquista Confederação Geral do Trabalho no então chamado Tribunal Militar Especial. Na sua qualidade de escritor, escreveu sobre temas de doutrina e de crítica, história, mas foi como contista e novelista que se distinguiu, recebendo o Prémio Nacional de Novelística do SNI e o Prémio Diário de Notícias pelo livro *O Primeiro Crime de Simão Bolandas* (1965). Em 1964 foi eleito sócio correspondente da Academia das Ciências de Lisboa, passando a efetivo em 1969. (Patrícia Esquível, «Monteiro, Domingos», in Fernando Rosas e J. M. Brandão de Brito (dir.), *Dicionário de História do Estado Novo*, vol. II, op. cit., p. 623.

que, desde logo, pensei e desejei que fosses tu o escolhido para lhe suceder, o que não era prognóstico difícil, de tal forma que os próprios jornais franceses do dia seguinte te apontaram como a escolha mais provável. Por estranho que pareça, a solução era boa de encontrar, num país quase inteiramente despolitizado e onde só tu, de facto, reunias pela altura e equilíbrio de inteligência, pelo talento inato de homem público e pela experiência administrativa e política as qualidades necessárias. Em boa hora o Presidente da República te escolheu – o que se, como português, me deu grande satisfação e alegria, me deixou, como teu amigo, profundamente preocupado. Como estadista, recebes uma das mais pesadas heranças da nossa existência histórica e política: uma sociedade desavinda, um povo que, não obstante a sua intuição divinatória, (e a culpa, tenho que acentuá-lo, não é dele) não sabe o que quer, e uma guerra inevitável (que eu próprio faria) mas para que é difícil antever uma próxima e desejável solução. Sobre tudo isso, a necessidade urgente de separar uma injustiça social (que não foi criada por esta situação e que vem de há muitos séculos) que se traduz por uma má repartição da riqueza e pelo esquecimento de direitos e deveres inalienáveis e sagrados.

Tudo isto o sabes tu, e não quero eu simples escritor e editor que editando só livros portugueses, tenho procurado manter o nível da nossa literatura com prejuízo dos meus próprios interesses, ensinar o padre-nosso ao vigário. E que o sabes vê-se pela tua lúcida mensagem ao País (que ouvi aqui no Alentejo onde estou a passar o resto das minhas férias) e que considero impecável como discurso político. Nele soubeste dizer, sem jactância, com notável modéstia, mas com firmeza exemplar, que embora tenhas de assegurar a continuidade do regime, vais trilhar o teu próprio caminho. Soubeste também suscitar as esperanças de liberdade por que o nosso povo legitimamente anseia – mas pondo a natural reserva dos perigos que poderiam resultar dos seus excessos não só para essa mesma liberdade como até para a própria existência da Nação.

Em suma: foi um discurso viril e digno de um verdadeiro homem.

Sei que farás tudo que puderes e souberes, para cumprir a tua dificílima tarefa. Até que ponto o poderás fazer? Isso não sei. A obrigação do homem forte – dizia um filósofo – não é conseguir, é tentar. E é o que tu certamente farás com todas as forças do teu talento e da tua alma. O resto... é com Deus e com o Destino.[63]

No ano em que ocorre a substituição de Salazar por Marcello Caetano, registam-se alguns factos marcantes, que são sinais de profundas alterações políticas, sociológicas e ao nível das mentalidades.

No exterior, sobressaem os assassinatos de Martins Luther King e Robert Kennedy, nos Estados Unidos, e a eleição, contra as expectativas, de Richard Nixon para presidente; na Europa do Mercado Comum, verifica-se um aprofundamento através da aprovação da união aduaneira e da instituição do princípio da livre circulação de trabalhadores no respetivo espaço; em França, deflagra o «maio de 1968», um movimento estudantil que rapidamente se estendeu aos operários, e que António José Saraiva considerou um sinal da «crise da civilização burguesa»[64]; na Checoslováquia é violentamente suprimido o movimento de abertura política designado por «primavera de Praga» com a intervenção das tropas do Pacto de Varsóvia, por sinal aplaudida e justificada pelo Partido Comunista Português[65].

Até na Igreja Católica, tradicionalmente conservadora, se verificam alterações de um alcance de todo insuspeitado, tendo por base o Concílio Vaticano II (1962-1965), e desencadeadas pelas encíclicas *Mater et magistra* (1961) e *Pacem in terris* (1963), nas quais João XXIII atualiza a doutrina social da Igreja e realça o tema da paz. A primeira, dedicada aos problemas económicos e sociais, assenta num «apelo à justiça, à equidade, à humanidade, à caridade, assim como nos elogios não somente aos militantes de associações profissionais e sindicais cristãs, mas também de outras, animadas pelos princípios naturais da vida comum e que respeitam a liberdade de consciência»[66]. Mais radical e inovadora é a segunda, na qual avulta a assunção pela Igreja dos direitos consagrados pela «Declaração universal dos direitos do homem» (1948):

> Todo o ser humano tem direito ao respeito pela sua pessoa, à sua boa reputação, à liberdade na busca da verdade, na expressão e difusão do pensamento, na criação artística, devendo ser salvaguardadas as exigências de ordem moral e do bem comum; tem também direito a uma informação objetiva.[67]

Para João XXIII, os direitos do homem são considerados os fundamentos da paz, referida como um «anseio profundo de todos os homens de todos os tempos, [que] não se pode estabelecer nem consolidar senão no pleno respeito da ordem instituída por Deus», uma ordem que «é de natureza espiritual, [...] que se funda na verdade, que se realizará segundo a justiça, que se animará e consumará no amor, que se recomporá sempre na liberdade, mas sempre também em novo equilíbrio, cada vez mais humano».

Esta viragem da doutrina da Igreja, depois aprofundada pelo concílio Vaticano II e assumida na prática durante o pontificado de Paulo VI, centra-se nas questões da liberdade e da paz, temas candentes na sociedade portuguesa, e que virão a ter uma influência crucial nas elites reformadoras do consulado marcelista, como adiante se verá.

Os movimentos de descolonização e de integração europeia, emergentes a partir e na sequência da Segunda Guerra Mundial, tinham sido aglutinados pelas elites políticas portuguesas numa única questão, teorizada em termos de sobrevivência do regime. A cada uma delas o Estado Novo respondeu de forma diferente: se em relação ao primeiro a recusa foi radical, em face do segundo o regime revelou-se mais cauteloso, optando pela habitual atitude pragmática, vencido pelos mecanismos económicos internacionais, que não controlava nem podia influenciar, mas não convencido politicamente. No que se refere ao processo de integração europeia, Portugal optou por uma aproximação minimalista, aderindo à EFTA. A aglutinação dos dois problemas num só decorre também da doutrina salazarista, segundo a qual era tão entranhado o amor dos portugueses «à independência e aos territórios ultramarinos, como parte relevante da sua história, que a ideia de federação, com prejuízo de uma ou dos outros, lhe repugnava absolutamente». Por isso, «da Europa nada mais nos interessa substancialmente no terreno político: interessam-nos muito mais Angola e Moçambique, e até o Brasil [...]. A nossa feição atlântica impõe-nos, pois, limites à colaboração europeia, quando esta colaboração revista formas de destruição daquilo que somos e integração naquilo que não nos importa ser»[68].

Era muito pesada a herança que Marcello Caetano recebia de Salazar: em poucas palavras, o que em linguagem militar se pode definir como um país profundamente armadilhado.

Em meados da década de 60, o País encontrava-se num impasse generalizado. Politicamente, o regime mantinha o seu caráter monolítico e repressivo e, decidido a não voltar a correr os riscos de 1958, optara pela segurança da eleição presidencial através de um colégio eleitoral dominado pela sua, e única, estrutura política, a União Nacional. O modelo global de desenvolvimento prosseguido no quadro dos Planos de Fomento acabou por falir sem ter logrado a resolução do problema da modernização do aparelho produtivo e com o agravamento dos desequilíbrios regionais e sectoriais, com destaque para a profunda estagnação da agricultura, que fora abandonada à sua sorte, tudo no quadro da «sociedade dual», de que falou Sedas Nunes, já citado. Para quem tinha dúvidas, era agora claro que a guerra do Ultramar viera para ficar e durar, consumindo cada vez mais recursos financeiros e humanos, e não se ganharia pela força das armas, continuando a mobilizar centenas de milhares de jovens, num exíguo país com cerca de 10 milhões de habitantes, e absorvendo cerca de metade do orçamento. Neste quadro, a emigração, fenómeno estrutural na sociedade portuguesa, ganhou uma dimensão nunca antes atingida, com a particularidade de, no início da década, ter invertido a sua direção para os países europeus que atravessavam um surto de pleno desenvolvimento económico.

Salazar porfiava nos Pirinéus como barreira natural que travaria a entrada dos novos valores políticos, morais e culturais que se desenvolviam na sociedade europeia, esquecendo que a cordilheira nunca poderia suster as ondas hertzianas carregadas de «novidades», por muito que a Censura o tentasse, nem a imprensa, nem os livros, e que a própria emigração, organizada ou «a salto», fazia com que os portugueses da diáspora descobrisse que, afinal, havia mais mundos...

2

«...MUDAR DE ESTILO, PROCURAR CAPTAR E CONQUISTAR.»

Nos primeiros meses da sua governação, Marcello Caetano procede como se se tratasse quase de um governo provisório. A marca de Salazar estava ainda demasiado presente e não há dúvida que condicionou grandemente a sua ação, uma ação cautelosa, em que o problema ultramarino desempenhava o papel central.

Poucos dias após a posse, o novo Presidente do Conselho desabafa para o seu amigo Baltazar Rebelo de Sousa, à data, Governador-geral de Moçambique:

> Quem me havia de dizer que, após dez anos de absoluta abstenção da vida pública, fazendo honestamente todos os esforços para ser esquecido, havia de ser empurrado para a chefia do governo por uma onda irreprimível e irresistível da opinião! Cá estou e disposto a estar. Cumpri a promessa que lhe fiz, quando nos despedimos, de cobrir a retaguarda. E que Deus nos ajude.
>
> O Ministério foi remodelado em 24 horas o que deve ser record no Estado Novo. Vamos acelerar o ritmo de trabalho e tentar aproveitar o ambiente de expectativa e de confiança. Temos de ganhar as eleições de 1969 que serão o plebiscito do regime e a sanção da política ultramarina. E para isso tentaremos fazer aqui o que v. fez aí: mudar o estilo, procurar captar e conquistar.[69]

O último parágrafo da carta define o plano para os tempos imediatos: aproveitar o ambiente de expectativa e de confiança, mudar de estilo – que não de política – no sentido de captar e conquistar os portugueses, tudo com vista às eleições legislativas do ano seguinte, perspetivadas como o momento decisivo da descolagem.

Desde o primeiro momento, Marcello Caetano é instado a visitar o Ultramar, sobretudo a partir de Moçambique, pretensão que lhe é transmitida pelo seu compadre Gonçalo Mesquitela*. A esse propósito, afirma que, embora fosse esse o seu desejo, não poderia ir «enquanto o Dr. Salazar estiver no estado em que está; nem nas vésperas ou na ocasião da abertura da Assembleia Nacional», pelo que temia «ter de adiar a viagem (que noutras condições seria imediata) para mais tarde»[70].

Na mesma carta, o agora Presidente do Conselho faz um breve balanço de duas semanas de governo: sobre a «liberalização» afirma estar-se a «proceder com toda a prudência», referindo-se, também, ao bom desempenho de César Moreira Batista**, que «tem sido um auxiliar precioso» e do novo ministro da Saúde e Assistência, Lopo Cancela de Abreu***, que «caiu muito bem e está a avançar com facilidade».

Mas, neste momento, o que de facto preocupava Marcello Caetano eram as eleições que se realizariam no ano seguinte e com as quais ele pre-

---

* Gonçalo Castel-Branco da Costa de Sousa Macedo Mesquitela, advogado, nasceu em 1922 e licenciou-se em Direito pela Faculdade de Direito da Universidade de Lisboa. Foi um dos colaboradores de Marcello Caetano na Mocidade Portuguesa, na década de 1940, (dirigente do Centro Universitário de Lisboa, no Comissariado Nacional, na Direção dos Serviços Culturais e na Direção dos Serviços de Intercâmbio). Membro destacado da Liga dos Antigos Graduados da Mocidade Portuguesa desde a sua fundação, integrou as respetivas comissões Política e Ultramarina (1965). Membro da Delegação de Moçambique ao Congresso da União Nacional (1956) e presidente da Comissão Consultiva da União Nacional da Beira (1956), integrou o Conselho Legislativo de Moçambique e representou a colónia no Conselho Ultramarino (1961-1965). Fixado em Lourenço Marques, onde sobressaiu como dirigente da Ação Nacional Popular, foi deputado pelo círculo de Moçambique nas X e XI legislaturas (1969-1974), integrando as comissões do Ultramar e dos Negócios Estrangeiros.

** César Henrique Moreira Batista (1915-1982), licenciado em Direito, desempenhou inúmeros cargos nas estruturas do Estado Novo: Presidente da Comissão Concelhia de Cascais da União Nacional; Vogal da Comissão Distrital de Lisboa da União Nacional durante 8 anos; Vogal da Comissão Executiva da União Nacional (1957); Presidente da Câmara Municipal de Sintra (1953 e 1957); Vogal do Conselho Nacional de Turismo (1957). Foi também Diretor do SNI (1958); Vice-presidente da Comissão Reguladora do Comércio dos Carvões; Diretor da FNAT; Diretor da Caixa de Previdência dos Organismos Económicos; Deputado (1957-1961); Subsecretário de Estado da Presidência do Conselho (1969); Ministro do Interior (1973-1974). (J. M. Tavares Castilho, *Os Deputados...*, op. cit.).

*** Lopo Carvalho Cancela de Abreu (1913-1990), médico e professor universitário, licenciou-se em Medicina pela Universidade de Lisboa e especializou-se em Doenças Pulmonares pela Universidade de Roma. Foi assistente na Clínica de Doenças Pulmonares da Faculdade de Medicina de Lisboa e Diretor do Instituto de Assistência Nacional aos Tuberculosos (IANT). Foi deputado à Assembleia Nacional nas X e XI Legislaturas (1965-1974) pelo círculo de Aveiro. Em 1968, Marcello Caetano chama-o para Ministro da Saúde e Assistência, funções que desempenhará até agosto de 1970. (J. M. Tavares Castilho, *Os Deputados...*, op. cit.).

tendia legitimar o seu mandato, no sentido de uma consagração nacional que o libertasse da inevitável tutela política de Salazar, o qual, apesar de incapacitado, ainda subsistia e era alimentada pelo Presidente da República: «O pior são as eleições dentro de um ano...»[71]

De facto, todo o ano seguinte parece ser o de uma intensa, embora subtil, campanha eleitoral, quadro em que se inserem algumas medidas descompressoras do regime, como o abrandamento da censura à imprensa e a libertação, em novembro, de Mário Soares do seu exílio forçado em S. Tomé, a que fora condenado por Salazar oito meses antes.

Mas no essencial, os princípios basilares do regime continuam intocáveis.

No dia 10 de outubro, recebe os presidentes das Corporações. Na circunstância, reafirma o ideal corporativo, ao qual diz que a sua vida pública «está intimamente ligada»[72], salientando que «o corporativismo permitiu o progresso social em paz», ao contrário do que acontecera noutros países:

> Sem lutas, sem prejuízos, sem ruínas, os trabalhadores portugueses foram obtendo todos os justos benefícios que noutros países e noutras épocas custaram à classe operária e à economia nacional sacrifícios sem conta.

Apesar da fidelidade aos seus princípios, faz uma atualização dos conceitos: o «Estado Corporativo» passa a «Estado Social», definido como

> [...] um poder político que insere nos seus fins essenciais o progresso moral, cultural e material da coletividade, numa ascensão equilibrada e harmoniosa que, pela valorização dos indivíduos e pela repartição justa das riquezas, encurte distâncias e dignifique o trabalho.

A este mesmo tema voltará menos de um mês depois, a 6 de novembro, na visita que efetuou ao Ministério das Corporações, onde se reuniam os delegados do Instituto Nacional do Trabalho e Previdência (INTP), aos quais dirigiu algumas palavras[73], destacando que a revolução corporativa tinha de ser uma «revolução permanente» e reafirmando que «o Governo continua fiel aos propósitos que nos anos 30 constituíram a grande promessa de reforma social então formulada na legislação corporativa». Em junho de 1970, insiste na afirmação de que «o corporativismo continua a ser válido (eu tentava-me mesmo a dizer: cada vez mais válido) como organização e como doutrina»[74], convicções que continuará a manter até ao fim do seu mandato.

Nesse mesmo dia, recebe o apoio do seu velho amigo Pedro Theotónio Pereira, um apoio que este, sempre e em todas as circunstâncias, manterá até ao fim precoce da sua vida:

> Acabei de o ouvir na visita que fez às Corporações e segui num alvoroço tudo o que disse do fundo e da permanência das nossas bases da Organização Corporativa. [...]
> Vão mts. anos passados sobre aqueles momentos gloriosos do nosso ressurgimento e que boa fortuna a nossa de que haja alguém que possa falar naquele tom de juventude e com a maneira e o conhecimento dum mestre!
> Foi simplesmente admirável![75]

Apesar de o amigo ter tido a delicadeza de lhe dizer que «Não se mace nunca a responder», Marcello agradeceu o apoio. Embora não datada, pelo teor, é verosímil que se lhe refira a resposta de Theotónio Pereira, na qual que este se regozija com as realizações obtidas. No fundo, para o primeiro subsecretário de Estado das Corporações, a subida de Marcello Caetano à chefia do Governo era a vitória da aguerrida geração a que pertenciam, contra o imobilismo das precedentes:

> O que você me escreveu dá-me a sensação de se poder pensar que boa parte da obra que começámos em 1933 já ganhou raízes profundas. Apoquentava-me muito que se dissesse que a nossa geração não seria, como as que a antecederam, capaz de passar da teoria à prática.[76]

Ou, como já foi anotado por Fernando Martins, «foi vista pelo antigo embaixador como um ajuste de contas da sua geração com a história. Por isso, agradeceu e louvou ao novo presidente do Conselho o facto de ter "recolhido nas suas mãos o facho da nossa vitória", o que produzia um "entusiasmo" particular na forma como seguia o "trabalho" do seu amigo. Daqui para frente foram várias as oportunidades que Theotónio Pereira teve de manifestar o seu apoio e dar o seu incentivo àquilo que de mais relevante Marcello Caetano ia fazendo.»[77]

Para Marcello Caetano, a luta que os portugueses travavam em África inseria-se num quadro mais vasto, qual seja o do combate do Ocidente contra o bloco de Leste, em especial a União Soviética. Enunciou-o aos membros do Conselho da Associação do Tratado do Atlântico, reunidos em Lisboa, a 16 de outubro:

[...] em face do agravamento do perigo comum, eu diria que o remédio principal será encontrado no reforço da solidariedade ocidental, não se entendendo esta, todavia, nos termos restritos atuais mas em termos mais amplos de forma a assegurar uma real proteção política em toda a parte e a tudo o que for Ocidente.[78]

E repetiu-o, mais explicitamente, uma semana depois, por ocasião da visita oficial a Portugal de Kurt Kiesinger, Chanceler da República Federal da Alemanha. Num discurso intitulado «O Ocidente é um bloco»[79] e assumindo como ponto de partida a invasão da Checoslováquia pelas tropas do Pacto de Varsóvia no verão anterior, proclama «a necessidade de defender o Ocidente», que impunha «o reforço da solidariedade dos países interessados, e em particular da solidariedade dos países da Europa Ocidental».

Essa solidariedade não pode, porém, limitar-se a umas tantas questões localizadas no território do nosso continente. O Ocidente é um bloco. E em todas as ocasiões e em todos os lugares, seja qual for o ponto do Globo em que os seus valores ou os seus interesses vitais sejam ameaçados temos o dever de os defender. Se a Europa Ocidental deixar que os seus adversários apertem ao redor dela o cerco, será asfixiada sem remédio. Não poderiam então os nossos amigos de Além-Atlântico gozar a segurança da sua liberdade. Por isso atrevo-me a dizer que nós, Portugueses, procurando tenazmente manter no âmbito do Ocidente algumas posições estratégicas e territoriais importantes, não obstante a incompreensão de alguns, temos prestado não pequeno serviço à causa comum – e, apesar de tudo, porque obedecemos a um imperativo da nossa consciência coletiva, havemos de continuar a prestá-lo.

Trata-se, assim, de transpor para a ordem política do Ocidente a questão colonial portuguesa, justificando-a, já não apenas em termos da política interna, mas num contexto mais abrangente, assumindo Portugal um papel de testa de ponte na defesa da própria Civilização Ocidental e, como tal, merecedor do apoio efetivo deste bloco político.

No dia 25 de novembro, abre a Assembleia Nacional para a última sessão legislativa da IX Legislatura e, dois dias depois, no uso dos seus direitos, o Presidente do Conselho dirige-se aos deputados. Não era a sua câmara, mas a que herdara do seu antecessor, composta ainda por muitos próceres de um salazarismo impenitente e inconformado, a começar pelo seu presidente, Mário de Figueiredo, e, entre muitos outros de menor relevo, Lopes de Almeida, Duarte Pinto do Amaral e José Soares da Fonseca, que desempenhava as funções de líder. Marcello Caetano leu a minuta do discurso, na qual utilizava a expressão «novos Brasis», a alguns ministros e dirigentes políticos.

> [...] essa frase causou escândalo nalguns. O doutor Franco Nogueira pediu-me, quase de mãos postas, que a suprimisse. Surpreendido pela reação acedi em cortá-la. E apercebi-me de que a política de integração se tinha transformado em matéria de fé, criara certa mística, e só lentamente seria possível chamar as pessoas à razão, mostrar que era um erro, e levar os que nela acreditavam a aceitar outro caminho.[80]

Era a sua prova de fogo. Não porque o governo tivesse que se suportar na confiança da Assembleia, mas porque era a primeira vez que, desde havia mais de três décadas, aquela tribuna não era ocupada por Salazar, que fora saudosamente evocado na sessão anterior pelo presidente da Assembleia Nacional, num discurso que encerrou com um elogio do seu sucessor. Um elogio e uma marcação vincada de tudo o que este, no seu discurso de posse, afirmara em termos de continuidade.

> Por maior respeito que tenha pela sua modéstia, não posso aceitar que o novo Presidente do Conselho se inculque como um homem comum, como um homem como os outros. Quem fez na vida a escalada que ele fez não pode julgar-se um homem como os outros. Foi bem escolhido para exercer o cargo em que sucede ao Presidente Salazar. [...]
> «A ordem pública, condição essencial para que a vida das pessoas honestas possa decorrer com normalidade», diz no seu discurso o Presidente do Conselho, «será inexoravelmente mantida.»
> A nossa política ultramarina não se modificará.
> A nossa política interna manter-se-á quanto aos princípios gerais que a informam, embora possam modificar-se os métodos de ação a utilizar. [...]
> Termino, pedindo para as nossas forças armadas que se batem na defesa da ordem, do território e da Pátria um voto de aplauso e de louvor. São portugueses que querem continuar a sê-lo, com sacrifício da própria vida![81]

O discurso de Marcello Caetano é, verdadeiramente, um programa de governo[82]. O primeiro, com que se apresentou ao País, enunciava intenções; agora tratava-se de as concretizar.

Metade é dedicada ao Ultramar, que é considerado «um problema fundamental», sendo que a guerra que se travava em África resultava essencialmente dos apoios externos, designadamente de países comunistas, como a URSS, a China e Cuba.

A persistente resistência de Portugal não «resultava de mera teimosia pessoal do Doutor Salazar», mas de uma necessidade ditada pela História:

> Portugal é responsável pela segurança das populações e pela preservação de tudo o que elas criam e de que elas vivem.
>
> Portugal não pode abandonar aos caprichos da violência, aos furores dos ressentimentos, aos ódios dos clãs ou aos jogos malabares da política internacional os seus filhos de todas as raças e de todas as cores que vivem nas províncias ultramarinas, nem lançar aos dados de uma sorte incertíssima os valores que à sombra da sua bandeira fizeram de terras bárbaras promissores territórios em vias de civilização.

A resistência portuguesa era um imperativo de justiça e um ato de legítima defesa:

> Não declarámos guerra a ninguém. Não estamos em guerra com ninguém. [...] Defendemo-nos. Defendemos vidas e haveres. Defendemos, não uma civilização, mas a própria civilização. Defendemos, contra os improvisos trágicos que têm atrasado a marcha das populações africanas e comprometido a paz do mundo, a evolução firme e segura, mediante a qual os territórios vão amadurecendo para o pleno desenvolvimento económico e cultural de modo a permitir a participação progressiva dos nativos nas tarefas da administração e do governo.
>
> Defendemos, afinal, os verdadeiros interesses dos povos integrados na Nação Portuguesa e que dentro dela podem, sem sobressaltos, prosseguir os seus destinos, contra desastrosas ficções encobridoras de formas irresponsáveis e detestáveis de neocolonialismo.

Voltando à tese de que a defesa dos territórios ultramarinos não era senão a defesa da civilização ocidental, cita os casos da Guiné e de Cabo Verde, de nulo valor económico, mas de grande valia estratégica para o cerco que a União Soviética estava a apertar em torno da Europa:

> A segurança dos países não pode hoje em dia ser defendida nas suas fronteiras. As nações estão integradas em grandes espaços de cuja sorte partilham.

A liberdade e a independência dos países da Europa Ocidental jogam-se, não só na própria Europa, como na África. Eis a razão pela qual temos de defender a Guiné. No nosso próprio interesse, é certo, mas também no interesse do Ocidente europeu e das próprias Américas.

Afirmando que, desde que assumira a chefia do Governo, «nem um só momento [...] os problemas do Ultramar deixaram de estar presentes» no seu espírito, referiu-se à projetada visita às três capitais de província, que adiara devido ao estado de saúde de Salazar.

Inevitavelmente, a manutenção da luta em África consumia elevados recursos que, de outra forma, poderiam ser utilizados para cobrir despesas de fomento, as quais, por isso, teriam de ser cobertas com recurso a empréstimos externos. Depois de se referir brevemente a questões relacionadas com a reforma administrativa, dentro da necessária austeridade, e com a execução do Plano de Fomento, dedica um parágrafo à política social e à situação dos trabalhadores rurais, anunciando estar em estudo «a adoção do abono de família para os rurais, a que se seguirá, com a prudência aconselhável [...] a extensão dos benefícios de assistência na doença e da previdência». A seguir ao Ultramar, é o ensino e as suas dificuldades e carências, num contexto de «explosão escolar», que preenche a maior fatia do discurso, salientando os deveres nacionais da escola:

> É para mim, porém, convicção assente que as escolas que o Estado mantém, devendo, sobretudo nos graus superiores, gozar de largas possibilidades de pesquisa e de crítica, não podem estar desintegradas da Nação, não podem ignorar os ideais coletivos, não podem ser usadas como instrumentos de demolição da ordem social – embora o devam ser da sua reforma pela educação.

Quanto à política interna, salienta o esforço feito «no sentido de permitir mais larga expressão de opiniões, uma informação mais ampla, mais íntima participação do comum das pessoas na vida pública» e afirma:

> Tem-se pretendido criar um clima político sem ódios, sem retaliações, que permita um convívio normal entre os que professam opiniões diferentes. Procura-se chamar a colaborar com o Governo todos os bons cidadãos deste País. [...] Claro que alguns se alarmam julgando que se está a ir longe de mais, enquanto outros consideram tímidas as realizações e pedem melhores provas da sinceridade dos propósitos formulados.

Talvez se espere mesmo que neste momento sejam anunciadas providências concretas correspondentes a certa linha de orientação. Algumas estão efetivamente a ser estudadas e conto apresentar à Assembleia Nacional nesta sessão legislativa propostas de lei que lhe permitirão pronunciar-se sobre rumos a seguir.

Nesta matéria, porém, o Governo reserva-se o direito de proceder com a necessária prudência, pois não só o ambiente internacional está longe de se encontrar desanuviado como tem de se evitar que os interesses contrários aos de Portugal se insiram perigosamente na frente interna.

Termina afirmando:

> É indubitável que o País deseja continuidade da ordem, da paz social, da moeda estável, do progresso económico seguro, da defesa do Ultramar. Mas é patente igualmente que todos desejam mais rapidez nas decisões, mais vivo ritmo no desenvolvimento económico e cultural, mais direto ataque às questões fundamentais de que depende o bem estar geral.

Reafirmando o seu empenho na consecução desses objetivos, através das reformas necessárias, porfia no discernimento do povo português em reconhecer esse esforço.

Note-se que, tal como no discurso de posse, a «continuidade» é glosada e repetida várias vezes, enquanto o termo «renovação» nunca aparece, sendo sempre substituído pela palavra «reforma», que está longe de significar a mesma coisa: enquanto o primeiro aponta numa direção evolutiva relativamente ao antecedente, a segunda pode não passar de uma operação de cosmética política.

Louvando-se nas palavras do Presidente do Conselho, em dezembro, a Ação Socialista Portuguesa, fundada no ano anterior, e que, mais tarde, daria origem ao Partido Socialista (PS) – tornou público um «Manifesto à Nação», subscrito por cerca de quatro centenas de cidadãos[83], que pode ser considerado como a abertura de um crédito de confiança a Marcello Caetano:

> Este propósito, que visa a generalizar num País despolitizado dividido e incerto quanto ao seu próprio destino nacional, um clima novo, de renovação e de esperança, que se traduza num «espírito de convivência em que

a recíproca tolerância das ideias» contribua para desfazer «ódios e malquerenças» e, portanto, seja capaz de libertar, como é tão necessário, as energias nacionais adormecidas, só pode merecer aplauso a todos os portugueses conscientes da gravidade do momento que o País atravessa e que honestamente procuram conjurar, na medida das suas forças, as nuvens negras que se perfilam no horizonte nacional.

Num tom cordato e afirmando quererem «acreditar que [...] seja propósito sincero do atual governo» o restabelecimento do diálogo político, «sem o que todo o esforço renovador não passaria de mera intenção piedosa ou demagógica sem qualquer conteúdo prático», dizem esperar que entre as medidas a apresentar pelo Governo à Assembleia Nacional, nesta última sessão da legislatura, se incluam: *i)* uma lei de imprensa; *ii)* uma amnistia ampla não só para esvaziar as cadeias mas também para permitir o regresso ao País dos emigrados políticos, por um lado, e fazer regressar às Escolas estudantes e professores injustamente afastados; *iii)* a extinção das «medidas de segurança» e o controlo da prisão preventiva quando superior a 48 horas; e, *iv)* uma lei eleitoral incluindo um recenseamento honesto e fiscalizado. Tocando no ponto essencial, afirmam:

> Os signatários – [...] pensam que o próximo ato eleitoral, previsto para novembro de 1969, reveste um transcendente significado nacional. Até porque a Assembleia Nacional a eleger terá, por força da Constituição, poderes constituintes. [...] Por isso os signatários consideram urgente que as diversas forças políticas se organizem – em condições de liberdade – e possam apresentar à consideração do País, sem entraves policiais ou da censura, os seus programas, o mais breve possível.

Apesar da sua moderação, o documento foi integralmente cortado pela Censura, que, para tanto, e dada a relevância do documento naquele contexto político, não terá deixado de ouvir as instâncias superiores, designadamente o ministro do Interior e, quem sabe?, se não mais alto ainda. Este facto não era um bom prenúncio...

Os comunistas foram liminarmente proscritos por Marcello Caetano do convívio político – e social? – nacional. É também mais do que improvável que estes – dada a estratégia de ação adotada sob a direção de Álvaro Cunhal, estivessem dispostos a colaborar num eventual *aggiornamento* do regime, no qual, aliás, não acreditavam de todo, como se pode ler em documento do Comité Central do Partido Comunista Português (PCP):

> O governo de Marcelo Caetano, que acaba de ser constituído, tal como antes o governo de Salazar, é o governo da ditadura terrorista dos monopólios (associados ao imperialismo estrangeiro) e dos latifundiários. O que desde já o distingue é continuar o salazarismo a coberto duma demagogia «liberalizante».[84]

Para eles, os objetivos da formação do novo governo e da «demagogia "liberalizante"» que transparecia do discurso que o novo Presidente do Conselho pronunciou a seguir à sua posse eram os seguintes:

> Desaparecido o seu chefe incontestado, a camarilha fascista procura manobrar com o fim de alargar as suas bases de apoio, semear ilusões de que ela própria pode imprimir um novo rumo à política nacional, atrair os setores mais vacilantes da Oposição, isolar o Partido Comunista e outras forças de esquerda, refrear o descontentamento, fomentar a inércia e a expectativa das massas, impedir a súbita agudização da luta de classes, alargar os seus apoios internacionais.

Combatendo as «perigosas ilusões que podem conduzir alguns setores da Oposição ao colaboracionismo e à capitulação», o Comité Central «insiste que um novo curso da política nacional exigirá antes de mais que cesse a repressão por motivos políticos e que seja reconhecido o direito de intervir na vida política a todos os portugueses quaisquer que sejam as suas opiniões», único «critério político válido duma política de democratização».

Neste contexto, são reafirmados os oito «grandes objetivos da revolução democrática e nacional», não se afastando nem um milímetro da estratégia anteriormente definida:

> [...] a destruição do estado fascista e a instauração dum regime democrático; a liquidação do poder dos monopólios; a reforma agrária; a elevação do nível de vida das classes trabalhadoras; a democratização da instrução e da cultura; a libertação de Portugal do imperialismo; o reconhecimento aos povos das colónias portuguesas do direito imediato à independência; uma política de paz e amizade com todos os povos.

No mês seguinte, coincidente com a divulgação do citado manifesto «À nação», o *Avante!* avança com a descrição da «tarefa decisiva do momento», traduzida na «luta por objetivos concretos e imediatos», a realizar numa «perspetiva revolucionária»: «a perspetiva que se apresenta para fazer face ao fascismo e instaurar um regime democrático é uma luta revolucionária aguda, é o levantamento nacional popular, é a perspetiva da insurreição». Alerta, no entanto, para um facto: «uma situação revolucionária não se cria com palavras exaltadas, com uma apreciação subjetivista das forças do adversário e das próprias forças, nem com a precipitação de ações armadas que, na conjuntura atual, não só não apressaria como refrearia o processo revolucionário»[85].

Ainda no mesmo número do órgão central do PCP é salientada a importância do recenseamento, tendo em vista as eleições legislativas: «1969 pode ser um ano de intensa atividade política, da criação de um largo movimento democrático à escala nacional, se os democratas souberem aproveitar as lições do passado, mostrando-se audazes e corajosos desde o princípio na luta pela conquista da liberdade política – objetivo comum a todos.»[86]

Por seu turno, o Governo procurava colocar as suas pedras no xadrez do jogo da política interna, colocando taticamente os seus bispos, cavalos e peões nas posições tidas por aconselháveis, na lógica do controlo de uma situação politicamente volátil, ainda que sob um aparente consenso, e procurando manter a inexpugnabilidade das suas torres. Assim, enquanto as oposições de esquerda se movimentam com os olhos postos nas eleições legislativas do ano seguinte, Marcello Caetano também está particularmente ativo no mesmo sentido.

A 3 de dezembro, reuniu-se a Comissão Central da União Nacional, a pedido de respetiva Comissão Executiva, estando presentes praticamente todos os membros dos respetivos órgãos sociais, incluindo Mário de Figueiredo, presidente da Junta Consultiva, e, nos termos estatutários, o ministro do Interior, Gonçalves Rapazote. Tão alargada e solene reunião tinha por objetivo ouvir uma comunicação do presidente da Comissão Executiva, Castro Fernandes, na qual este depõe o mandato, ato que justifica:

> Sucede, porém, que o ano de 1969 é um ano crucial para a nossa vida política, pelo que não fará sentido, no decurso desse ano, uma mudança de

comando que poderá importar certa solução de continuidade, justamente na fase em que ela se supõe altamente indesejável.[87]

Salientando a «elegância com que, no objetivo de facilitar uma eventual renovação de quadros», a Comissão Executiva tinha procedido, Albino dos Reis encerra a sessão, iniciando-se, de imediato, o processo de sucessão. A 9 de dezembro, o *Diário da Manhã*, órgão oficial da organização, informa ter sido aceite o pedido de demissão e designado para novo presidente o Dr. José Guilherme de Melo e Castro.

No dia 20 de dezembro, tornam-se efetivas as alterações na Comissão Executiva da União Nacional. Decapitada na sua chefia suprema pela incapacidade irreversível de Salazar – seu presidente a título vitalício –, Albino dos Reis, que pode ser considerado o mais «liberal» dos próceres do salazarismo, tornara-se presidente em exercício da Comissão Central, sendo a primeira vez que, desde a sua fundação, a presidência do partido único não coincidia com a presidência do Governo. Segundo uma nota dos Serviços de Informação da União Nacional[88], o novo presidente da Comissão Executiva, Melo e Castro, escolhera para vogais Domingos Braga da Cruz, Miguel Pádua Rodrigues Bastos, João Pedro Neves Clara e Hermes dos Santos, como adjuntos, acrescentando:

> Pelo sr. Conselheiro Albino dos Reis foi considerada viável outra proposta do Dr. Melo e Castro, a decidir em definitivo e muito brevemente por toda a Comissão Executiva, para a criação, nos termos de disposições permissivas dos Estatutos, de uma comissão ou comissões eventuais com atribuições de estudo de aspetos políticos, jurídicos e sociais da continuidade, em termos de adaptação evolutiva, deste organismo de congregação, participação e integração política, assim como de pacificação social.

Ou seja, era, em princípio, desencadeada uma perspetiva de abertura da única organização política permitida pelo Estado Novo a outros contributos, na linha, aliás, do que Marcello Caetano tentara em finais dos anos 40, quando ocupara o mesmo posto, e em que voltaria a insistir logo a seguir às eleições de 1969.

José Guilherme Rato de Melo e Castro, que nasceu na Covilhã em 1914 e morreu em Lisboa em 1971, era licenciado em Direito pela Universidade de Coimbra, cedo se distinguindo, ainda estudante, como dirigente do CADC, redator da respetiva revista *Estudos*, fundador do jornal *Via Latina* e presidente da Comissão Administrativa da Associação Académica de Coimbra (1937-1939), funções em que sucedeu ao seu amigo Miller Guerra. Entre 1944 e 1947 foi Governador Civil de Setúbal; em 1949 torna-se deputado à Assembleia Nacional, funções que desempenhou nas legislaturas seguintes até à data da sua morte. Foi ainda subsecretário de Estado da Assistência Social (1954-1957); provedor da Santa Casa da Misericórdia de Lisboa (1957-1963) e juiz Conselheiro do Tribunal de Contas (1965-1969)[89].

Melo e Castro foi o homem-chave da constituição das listas da União Nacional para a primeira legislatura do consulado de Marcello Caetano. O novo presidente da Comissão Executiva, católico assumido e dotado de um espírito liberal a toda a prova, não era benquisto do *bunker* salazarista. A este propósito, é bem elucidativa a carta de José Soares da Fonseca – um mestre da intriga palaciana – ao Presidente do Conselho, na qual, apesar de tudo o que politicamente os distanciava, não resiste a um comentário:

> Conhece, sem dúvida melhor do que eu, as reações provocadas pela escolha do Dr. Melo e Castro para a presidência da Comissão Executiva da União Nacional. Há muita gente que teme bastante pelo resultado das eleições com a aludida presidência.
>
> Eu sou dos que alinham com aqueles que consideram não ter sido feliz esta escolha do Conselheiro Albino dos Reis. Estimo o Melo e Castro desde há muitos anos e aprecio-lhe o inegável alto grau de inteligência. Mas é um rapaz de orientação pouco segura (foi-o sempre) e temperamentalmente é um desaustinado.
>
> Desculpe-me V. Ex.ª esta franqueza.
>
> De muito boa fonte dizem-me agora que ele, na sede da UN, afirmou o seguinte:
>
> – Muito de propósito não quis acompanhar os governadores civis na visita que eles fizeram ao Presidente do Conselho.
>
> – Continua «enfeitiçado» pela ideia de formação imediata de partidos.
>
> – Considera o Ministro do Interior uma espécie de «renegado» (sic).
>
> – Está a ver que tem diante de si três soluções: ou «convencer» (o que reputa difícil) ou «ser convencido» (o que considera impossível) ou «partir» (o que julga mais provável).[90]

Estes anticorpos de Melo e Castro junto da nata do salazarismo vinham de longe, pelo menos desde 29 de dezembro de 1966, data do encerramento, na Assembleia Nacional, das comemorações do 40.º aniversário da Revolução Nacional, na qual e na presença de Salazar, afirmara: «Portugal continuará após Salazar; cumpre-nos estabelecer as bases do futuro». E, dirigindo-se diretamente ao então Presidente do Conselho: «ainda um grande serviço tem de pedir-se-lhe, após tantos e tamanhos que tem prestado [...] o de afeiçoar os mecanismos da governação [...] de modo que o país possa progredir à medida do tempo presente e sem que tenha de depender do impulso da sua autoridade ou de abrigar-se à sombra do seu prestígio». Conclui defendendo «a necessidade de autêntica vida representativa, à participação do maior número nas tarefas do governo que a todos respeitam»[91].

Interessante é a nota do *Diário da Manhã* – a que na altura presidia Barradas de Oliveira, provavelmente o seu autor – a propósito de resposta que Melo e Castro dera ao redator de *O Século*, sobre a orientação futura da nova Comissão Executiva: «Orientações? Fundamentalmente guiei-me pelo pensamento do Sr. Presidente do Conselho: – *Continuar implica uma ideia de movimento, de sequência e de adaptação...*». Afirma o fundista:

> A União Nacional é uma força cívica ao serviço da Nação. Compete-lhe especialmente assegurar à vida política a força moral de uma consciência coletiva esclarecida e forte. Embora a sua ação seja independente do funcionamento do Governo, encontra-se, como aquele, obrigado pelas ideias de movimento, sequência e adaptação. Desta forma, temos de reconhecer a razão das pessoas que procuram dar à iniciais U. N. o significado de União Nova. Na verdade, desde que seja efetivamente União Nacional – isto é, união dos portugueses que defendem a honra e o interesse da sua Nação, por cima da acidentalidade que não fere as essências – há de ser União Nova, porque União efetiva no tempo em que se vive, porque União válida em todos os tempos. O sentido temporal da unidade ou, talvez, de preferência, de contemporaneidade, que se pretende e está nos desejos de todos os portugueses, contém-se perfeitamente no conceito essencial e supratemporal da Nação. Graças a Deus, estamos todos de acordo.[92]

A posse dos novos órgãos diretivos da União Nacional efetuou-se no dia 20 de dezembro, momento em que o novo presidente fez um discurso, do qual o respetivo órgão salientou a seguinte afirmação, que puxou para título: «Consideraremos metas imediatas promover a circulação da informação verídica com vista à formação de uma opinião política em condições de efetiva participação popular»[93].

Depois das palavras de Castro Fernandes, todas viradas para o passado – «É a presença de Salazar que domina esta reunião e lhe imprime o caráter de uma grande afirmação de continuidade» – e antes das de Albino dos Reis, que procurou fazer a ponte entre o passado e o futuro, a partir do pessimismo que atingira o país com o desaparecimento de Salazar – «Criou-se uma nova esperança, abriu-se uma nova clareira de luz na cerração da noite que caíra, dissiparam-se os pesadelos e os fantasmas e voltou-se à luta pela sobrevivência e pela edificação do futuro» – fala Melo e Castro, imprimindo às suas palavras uma dominante – a abrangência: «Visa a nossa missão todo o povo», ao qual «têm de indicar-se os polos preferenciais de ação política [...] com autoridade mas sem autoritarismo».

Enquadrando a União Nacional na evolução, define as suas metas finais e as imediatas:

> As metas finais [...]: adaptação do nosso dispositivo político pelo modelo comum da Europa Ocidental. E para tanto não é necessário alterar a Constituição [...]. Constituição que não cedeu à moda política então reinante da Europa, dos partidos únicos – comunistas ou fascistas.
>
> Como metas imediatas [...] promover a circulação da informação verídica com vista à formação de uma opinião política em condições de efetiva participação popular designadamente no ato eleitoral de outubro próximo.

Termina com um apelo às novas gerações:

> [...] queria assinalar a intervenção muito especial que deve caber, no diálogo político, à geração dos 30 e dos 40 anos. Essa geração, digamos mais europeia, para a qual o dinamismo social é interpretado mais segundo as realidades do que despertado por formalismos ideológicos; geração que convém passe francamente a «governar» nos comandos da vida pública, nas direções sindicais, nos pontos sensíveis da economia, onde a crescente tecnificação vai substituindo o que já nem vale a pena combater politicamente.

Só com uma grande dose de ingenuidade política é que se poderiam esperar tempos fáceis para Marcello Caetano.

Por um lado, na área da política externa mantinham-se as pressões sobre o colonialismo português: a 29 de novembro, a Assembleia Geral da ONU condena a política colonial portuguesa, por 96 votos a favor e

LIVRO SEGUNDO PRESIDENTE DO CONSELHO DE MINISTROS 457

13 abstenções, e, no mês seguinte, a UNESCO decide não conceder qualquer auxílio ou cooperação ao governo de Lisboa até que «as autoridades portuguesas renunciem à sua política de dominação colonial e de discriminação racial»[94].

Internamente, avolumam-se as dificuldades com o movimento estudantil, que se mantivera ativo e politizara desde a crise de 1962, a ponto de, em dezembro, a PIDE ter encerrado o Instituto Superior Técnico, sob o pretexto de este ser um centro de subversão.

Também os setores católicos progressistas começam a radicalizar as suas posições, extravasando para a política a mensagem evangélica lida agora a uma nova luz. Como exemplo concreto deste movimento pode citar-se o documento «Perspetivas atuais de transformação nas estruturas da Igreja – Sentido da responsabilidade na vida política do país»[95], da autoria do padre Felicidade Alves, prior de Santa Maria de Belém. Trata-se de um texto de 34 páginas, no qual, referindo-se ao caso português, se fala da «patente violência destruidora», destacando «o totalitarismo do medo, que traz toda a gente sob desconfiança da polícia, – ou melhor, que colocou um polícia secreto dentro do coração de cada português» e a «censura [que] é ainda mais destruidora e criminosa do que a polícia secreta»; depois, refere-se ao «problema colonial» defendendo o direito dos «indígenas» à «plena autonomia»; nas últimas páginas trata das «três questões maiores», a saber: «Revolução, Socialização, Violência». Sobre a primeira, afirma que «o âmago do Evangelho é essencialmente e permanentemente provocador de revolução!»; quanto ao segundo – porque é de socialismo que se fala – é dito que «na doutrina católica não há nada que se oponha radicalmente a esta fórmula económica-social-política»; finalmente, sobre a violência, – «porventura uma necessidade inevitável» – pode ler-se: «Dificilmente se conceberá uma revolução sem violência. Porém a eficácia duma revolução exige que a violência a utilizar seja, quanto possível, mesurada e autodominada no sentido do respeito pela justiça.»

É também o tempo em um outro padre escreve: «Deus morreu ou está a morrer lentamente; – é bem que assim seja. A Religião agoniza e é bom que feneça quanto antes. É este o grito tonitruante dos profetas e apocalípticos modernos do Evangelho. O vinho novo rebentou os odres velhos!»[96] E ainda, sob a epígrafe «Evangelho e violência»:

> A verdadeira Igreja de Cristo deve promover a Libertação de todos os Humanos, esforçar-se por realizar o seu desígnio universalista, o qual não se levará a efeito, de modo autêntico, senão empreendendo a luta pela Igual-

dade humana e social. O que implica naturalmente uma Revolução, e uma Revolução em profundidade – pois que, das duas metades da Sociedade, os que mandam e os que obedecem, os segundos sucumbem facilmente à tentação de abdicar ou demitir-se da sua responsabilidade, e os primeiros caem constantemente na tentação de dominar e assumir a responsabilidade alheia dos súbditos. Ora a Igreja eclesiástica e societária é absolutamente incapaz de se empenhar nessa missão![97]

3
«É ESSA CONVERSA EM FAMÍLIA QUE VOU TENTAR ESTABELECER DE VEZ EM QUANDO...»

Um dos instrumentos utilizados pelo Regime com vista ao controlo das eleições foi a organização do recenseamento eleitoral, que sofreu várias alterações e acertos, com vista à obtenção de um sistema tendencialmente perfeito, na perspetiva do controlo político das instituições de matriz democrática, no quadro de um sistema político autoritário.

Depois da entrada em vigor da Constituição Política de 1933, foram tomadas algumas providências sobre o recenseamento eleitoral[98], que antecediam a publicação do Código Eleitoral de novembro de 1934. Mantendo-se o disposto anteriormente, quanto à capacidade eleitoral dos cidadãos, o diploma de 1933 introduz dois tipos de recenseamento: um oficioso, baseado nos mapas enviados pelas repartições ou serviços públicos civis, militares ou militarizados, e o recenseamento individual e voluntário.

Mas foi preciso esperar pelo Decreto-lei n.º 24 631, de 6 de novembro de 1934, que define os requisitos de elegibilidade dos candidatos à Assembleia Nacional e regula o exercício do direito eleitoral, para que o Regime definisse claramente as regras do jogo desigual em que assentaria toda a sua prática ao longo dos quarenta anos seguintes.

No longo preâmbulo, que antecede o articulado, desde logo se reconhece que as maiores inovações são as que se referem às condições de inelegibilidade para deputado, definidas no artigo 3.º: «São inelegíveis: [...] 4.º Os que tiverem sido proibidos de residir em território nacional, nos termos do decreto n.º 23 203, de 6 de novembro de 1933; 5.º Os que, à data do presente decreto, estiverem presos por delitos políticos ou sociais, ou tenham residência fixa por efeito de medida preventiva do Governo; 6.º Os que professem ideias contrárias à existência de Portugal como Estado independente, à disciplina social, e com o fim de promover a subversão violenta das instituições e princípios fundamentais da sociedade.»

Ou seja, o princípio da legitimidade democrática, assente na escolha livre pelos cidadãos eleitores dos seus representantes no órgão legislativo por excelência – a Assembleia Nacional –, ficava falseado na base, uma vez que excluía do jogo eleitoral todos aqueles que não se enquadrassem na ideologia oficial, definida em termos tão amplos e vagos como a «disciplina social» e a promoção da «subversão violenta das instituições e princípios fundamentais da sociedade», que podiam ser discricionariamente administrados pelo Poder instituído. No fundo, proclamava-se o unanimismo, que deixava antever uma Câmara Legislativa que funcionaria a uma só voz, e inviabilizava qualquer reforma das instituições fora do quadro limitado definido pelo Executivo. Para isso aponta a definição da Nação como «um todo orgânico superior e diferente dos indivíduos [...], uma unidade moral, política e económica, formando um todo com o Estado e com ele integrado»[99]. E porque «a eleição da Assembleia é por isso mesmo a designação de um dos órgãos do Poder que promovem o interesse público e não um conjunto de forças partidárias preparadas e organizadas para a luta política [...], a sua organização há de obedecer aos objetivos da maior competência dos seus membros e à maior unidade da sua ação, unidade na orientação fundamental». Por isso, é definido o sistema de listas completas, que visavam a eliminação da competição política, substituindo-a pelo «interesse nacional»[100].

A lei eleitoral é novamente revista em 1945, pelo Decreto-lei n.º 34 938, de 22 de setembro, que simplifica os termos da inelegibilidade para as funções de Deputado, agora definida para «os que professem ideias contrárias à existência de Portugal como Estado independente e à disciplina social» (Artigo 4.º). Mas a inovação mais importante é a que se refere à introdução dos círculos eleitorais, que, no Continente e nas Ilhas Adjacentes, coincidem com os distritos administrativos. Deste facto resulta o aumento do número de deputados de 90 para 120, dos quais são atribuídos 98 ao Continente, 9 às Ilhas e 13 às Colónias, distribuição que se manterá até 1961, momento em que o número de deputados das últimas é aumentado para 23, pelo que a soma final passa para 130.

Em 1946, a Assembleia Nacional aprova a Lei n.º 2 015, de 28 de maio, que promulga a lei eleitoral, revogando a legislação anterior. Mantém-se, no essencial, o que estava definido sobre a capacidade eleitoral ativa, alargando ligeiramente o direito de voto das mulheres, que passa a abranger também as chefes de família e todas aquelas que, «sendo casadas, saibam ler e escrever português e paguem de contribuição predial, por bens próprios ou comuns, quantia não inferior a 200$00[101].

No que se refere às incapacidades eleitorais, para além das anteriores, introduz-se uma última, para «os que notoriamente careçam de idoneidade moral». Quanto ao recenseamento, passa-se para o texto da lei, de forma explícita, o que já era prática anterior, considerando dois tipos de recenseamento: o oficioso e o requerido pelo eleitor. A inscrição oficiosa fazia-se por iniciativa de comissões criadas nos concelhos ou bairros[102], tendo por base relações enviadas pelas comissões de freguesia e outros serviços do Estado[103].

Desta inscrição oficiosa resulta a constituição do eleitorado com base nos serventuários e dependentes do Estado, o que remete para o «incesto político» de que falou Philippe Schmitter ou para um regime autofágico, que se alimenta de si próprio, concentrando em si todas as hipóteses de renovação do sistema político. E, dadas as já referenciadas manobras em torno da elaboração dos cadernos eleitorais, no final, desvirtua o ato eleitoral em si mesmo, transformando-o num ato formal, desprovido de significado real, mas politicamente revelador do perfil autoritário do Estado Novo.

Em vésperas das eleições de 1949 o Governo decidiu reunir e coordenar as disposições legais em matéria eleitoral e rever e simplificar algumas dessas disposições. Desta vez, prescinde da colaboração da Assembleia Nacional, apesar de se tratar de matéria que diretamente a ela diz respeito, e fá-lo através do Decreto-lei n.º 37 570, de 3 de outubro de 1949.

Mantém-se tudo o que estava estabelecido quanto à elegibilidade e inelegibilidade dos candidatos a deputados, acrescentando-se um artigo sobre a candidatura de funcionários dependentes do Estado – funcionários do Estado e dos corpos administrativos ou dos organismos de coordenação económica –, a qual requeria autorização prévia do Governo, sob pena de se tornarem inelegíveis.

Introduz-se uma importante formalidade, no que se refere aos requisitos e termos em que se processa a apresentação das candidaturas: cada lista deve ser acompanhada de declarações onde «os candidatos afirmem, em conjunto ou separadamente, que aceitam a candidatura e acatam a Constituição e os princípios fundamentais da ordem social estabelecida» (Artigo 13.º).

No que se refere ao ato eleitoral propriamente dito, para além dos eleitores inscritos no recenseamento da respetiva área, poderão votar «os que se apresentem com certidão de eleitor» emitida pelo chefe da Secretaria da Câmara Municipal ou secretário da Administração do Bairro[104]. Fosse ou não essa a intenção do legislador, o facto é que, à luz deste preceito, foi garantida a eficiência dos «carrosséis» de eleitores, com o que se garantiam votações em mesas eleitorais mais problemáticas.

O primeiro ato de Marcello Caetano relativamente ao sistema eleitoral foi o alargamento do sufrágio através da Lei n.º 2137, de 23 de dezembro de 1968, segundo a qual

> São eleitores da Assembleia Nacional todos os cidadãos portugueses, maiores ou emancipados, que saibam ler e escrever português e não estejam abrangidos por qualquer das incapacidades previstas na lei; e os que, embora não saibam ler e escrever português, tenham sido alguma vez recenseados ao abrigo da Lei n.º 2015, de 28 de maio de 1946, desde que satisfaçam os requisitos nela fixados.[105]

Com este preceito alargava-se o voto feminino, que até aqui fora concedido só às mulheres que reunissem um determinado número de requisitos específicos. A partir de agora, o direito de voto estendia-se a todos quantos reunissem as condições gerais de capacidade eleitoral definidas pera o sexo masculino.

Finalmente, já em vésperas das eleições, pelo Decreto-lei n.º 49 229, de 10 de setembro de 1969, é autorizada a constituição de «Comissões eleitorais», compostas por um mínimo de cinquenta eleitores que manifestem a intenção de propor uma lista de candidaturas e o seu funcionamento dependia de simples participação escrita ao Governador Civil.

Apesar de, à superfície, se manter um ambiente aparentemente calmo e benevolente relativamente ao novo Presidente do Conselho e ao seu Governo, subsistem ou esboçam-se alguns movimentos que não tardarão a emergir para a praça pública. Por um lado, o movimento estudantil que, a partir de 1962, ganhara uma dinâmica política crescente – a que não era alheia a guerra colonial –, endurece as suas formas de luta e reivindicações, acabando por decretar «luto académico», em dezembro de 1968, na sequência da invasão do Instituto Superior Técnico de Lisboa pela polícia.

A esta ofensiva estudantil que, genericamente, se pode considerar de esquerda, responde uma outra de sinal contrário, ou seja, de extrema--direita, nesta fase representada pelo Movimento Vanguardista, criado em Lisboa em finais de 1967, que não acorre em defesa de Marcello Caetano, bem pelo contrário. Iniciada pelo jornal *Agora* e, depois, a partir de 1969, pela revista *Política*, de Jaime Nogueira Pinto, a campanha contra Marcello

Caetano e a orientação política do seu Governo, recrudescerá: «A partir de setembro de 1968 e até à queda do regime, para os nacionais-revolucionários, a oposição à primavera marcelista acompanhará sempre o tema clássico da defesa inabalável do Império.»[106]

Por outro lado, na noite da passagem do ano, um grupo de cerca de 150 católicos, em que se incluíam uma dezena de padres, a seguir à Missa pela Paz celebrada pelo Cardeal Patriarca, Gonçalves Cerejeira, na igreja de S. Domingos, em Lisboa, mantém-se no interior do templo, numa vigília cujos objetivos foram divulgados num texto com o título «Vemos, ouvimos e lemos: não podemos ignorar!»: tratava-se de procurar efetivamente a paz e de exprimir a sua angústia pelo tabu em que se transformara a guerra em África. Uma atitude que é de alguma forma replicada no Porto, alguns dias depois, onde alguns católicos se manifestaram através da distribuição à porta das igrejas de um texto com o título «Porquê o Dia Mundial da Paz?»

Ao nível do mundo do trabalho também há indícios de agitação, iniciada em finais do mês de junho, com uma ação dos trabalhadores da «Carris», os quais, deixaram de cobrar bilhetes, durante dois dias, na célebre «greve da mala», em luta por aumentos salariais, aliás conseguidos, obrigando o regime a ceder. Como se escreve no pórtico da exposição «Movimento Operário – A década de 70»,

> Esta greve simboliza, de certa forma, uma autêntica viragem em Portugal – daí em diante assistir-se-ia à resistência de um regime decrépito em manter o poder e ao assalto de vagas cada vez maiores e mais amplas de trabalhadores, estudantes, povos coloniais e, por fim, de setores das próprias forças armadas, encabeçadas pelo movimento dos capitães, que haveria de chegar ao derrube da ditadura.[107]

No entanto, o clima geral é de quase euforia: pelo menos, ao fim de tantos anos de um inverno glacial, sobrava a esperança numa primavera, por sinal, anunciada pelo ministro do Interior, Gonçalves Rapazote, o homem que controlava as polícias do regime, incluindo a PIDE, no ato de posse do governador civil de Beja, apenas a cerca de duas semanas da entrada em funções de Marcello Caetano e do seu Governo. O ministro que gostava de chamar à política «poesia da razão»[108], afirmou, nesse dia 14 de outubro de 1968:

> A árvore que cresceu e enraizou nestes quarenta anos, cobrindo, majestosa, a face da terra portuguesa, vai receber uma poda cautelosa e prudente.

Perderá os ramos secos, ficará arejada e aberta e, nesta outra primavera, deixará vir os renovos sem mutilações escusadas nem feridas incuráveis.[109]

É claro que ninguém reparou no facto de esta nomeação ter recaído na pessoa que fora, até àquele momento presidente da Câmara Municipal de Évora, merecendo a contestação das forças locais, para as quais reserva os parágrafos finais do discurso:

> O estilo novo que o Sr. Presidente do Conselho desenhou, e que o instinto político do povo português facilmente compreendeu, deixa-nos o terreno livre para uma sadia confrontação de ideias, mas tolhe-nos o caminho da desordem e do erro, reservando a definição do rumo, a marcação da rota e o ritmo da marcha para quem tem a responsabilidade do Poder.
> Efetivamente o Poder não dialoga – ouve e decide, mas ouve com humildade e decide com autoridade.
> Uma multidão, e muito menos uma multidão ululante, não é um povo.[110]

Quase toda a gente – embalada pelas expectativas criadas e amplificadas pelos círculos próximos de Marcello Caetano –, ouviu e reteve o que quis ouvir: entrava-se em plena primavera política.

Uma primavera que assentava na renovação do pessoal político do regime, na qual se enquadra a substituição de dois terços dos governadores civis e a já descrita designação dos novos corpos diretivos da UN, que mereceu de Baltazar Rebelo de Sousa o seguinte comentário:

> Gostei muito da Comissão Executiva e do discurso do Melo e Castro. Ótimas escolhas! Também os nomes dos novos governadores civis me encheram de alegria. Tudo gente fina! Daqui a pouco, esgota-se o grupo da Choupana [...][111]

Já nessa altura se esboçava o permanente – antes, durante e depois – equívoco na avaliação do marcelismo: tomar os desejos e expectativas por realidades. Quase ninguém ouviu o que era dito, mas aquilo que queria ouvir; e também não se viu o que, de facto, era realizado, mas o que sonhavam ver, gerando-se, assim, uma longa sequência de equívocos, que são uma das marcas de imagem do marcelismo enquanto projeto político.

A passagem do ano de 1968 para o seguinte e os primeiros dias de janeiro são dramáticos para Marcello Caetano e família. Teresa, a sua mulher, teve uma grave crise renal que fez temer pelo pior: «Foram dias terríveis – desabafa para o seu amigo Baltazar Rebelo de Sousa – (em 31 e 1 pensámos que seria o fim!) e sabe como uma infeção destas só por si pode transtornar mentalmente: quanto mais num estado avançado de arteriosclerose cerebral! [...] Enfim, agora a infeção está debelada mas a doente continua de cama, assistida, dia e noite, por enfermeiras e ainda em precário estado psíquico.»[112]

A doença de Teresa de Barros marcou dolorosamente aquela família. A depressão nervosa, que a atingira desde finais dos anos 50, foi-se agravando, «fazendo-a mergulhar progressivamente numa angústia profunda, com períodos de grande sofrimento, embora sem perder a lucidez», sendo que «só nos meses finais, quando uma grave infeção renal lhe provocava febres altíssimas e estados delirantes, teve períodos menos conscientes»[113]. Profundamente ligado à mulher, Marcello Caetano, já quase no fim da vida, fala dos «dez anos a assistir ao espetáculo mais trágico que se pode presenciar, a morte lenta da razão de um ente querido»[114].

É neste ambiente de angústia que Marcello Caetano tem de preparar e projetar a sua ação política, precisamente no ano em que se realizarão as primeiras eleições do seu consulado, procurando consolidar a sua imagem.

Ao contrário do seu antecessor, Marcello Caetano cultivava uma imagem de proximidade com as pessoas. Por isso, a sua primeira visita oficial à província, realizada a 9 de novembro, pouco mais de um mês após ter tomado posse, foi à Comarca de Arganil, percorrendo os concelhos de Arganil, Góis e Pampilhosa da Serra, dos quais eram naturais os seus antepassados[115]. Tratava-se, simbolicamente, de um regresso às origens.

E, como já atrás se referiu, foi o primeiro político português a compreender o alcance que os meios de comunicação, sobretudo os audiovisuais, podiam ter na projeção da sua imagem e da sua mensagem.

No dia 8 de janeiro de 1969, às 22 horas, Marcello Caetano surge nos écrans da RTP para a sua primeira «conversa em família»[116], que começa por justificar:

> Pareceu-me conveniente que, sobretudo no período que estamos a viver, houvesse possibilidade de contactos frequentes entre os que têm a responsabilidade do Poder e o comum dos Portugueses.

Nem sempre as circunstâncias proporcionam ao Chefe do Governo oportunidade para, num discurso, esclarecer o seu pensamento ou elucidar o público sobre problemas correntes ou objetivos a atingir.

Mas os atuais meios de comunicação permitem conversar diretamente com as pessoas, sem formalismo, sem solenidades, sempre que seja julgado oportuno ou necessário.

É essa conversa em família que vou tentar estabelecer de vez em quando através da Rádio e da Televisão.

Num tom coloquial, sentado num cadeirão baixo e num cenário despojado, Marcello Caetano, ao longo de cerca de meia hora, não mais, falou sobretudo de assuntos económicos relacionados com o Orçamento Geral do Estado para esse ano de 1969. Começa por explicar do que trata o orçamento, entrando a seguir nas suas metas fundamentais: a reforma administrativa, o esforço na área da educação, a necessidade e as dificuldades do desenvolvimento económico, referindo-se também ao problema dos preços e à relação entre salários e a produtividade do trabalho. Salienta que o Orçamento consagra «o maior aumento de despesas ordinárias de todos os tempos», cifrando-se na ordem dos 1,6 milhões de contos, dos quais a maior parcela foi destinada ao Ministério da Educação Nacional e manifesta o seu desejo de que esta orientação se mantenha no futuro, de forma a «consagrar o máximo de disponibilidades à solução dos problemas educativos», num contexto de desenvolvimento económico, sabido que é o facto de a educação popular e o fomento da riqueza nacional serem interdependentes. Quando ao desenvolvimento económico, afirmado como outra das grandes e instantes preocupações do Governo, refere a aprovação próxima do III Plano de Fomento e anuncia algumas medidas inovadoras, entre as quais a revisão do condicionamento industrial e a abertura aos capitais estrangeiros:

> Estamos a reconsiderar a política industrial e em especial as leis de condicionamento territorial e os problemas de crédito. Vamos a ver o que poderá fazer-se nesse capítulo para acelerar a industrialização do País. Entretanto acolheremos com prazer os capitais e a técnica estrangeiros quando efetivamente representem um contributo válido para a nossa economia: sobretudo se entrar, na verdade, capital, e se com ele vier técnica que nos enriqueça. É diferente dos casos em que estrangeiros nos procuram para tirar benefícios de algumas condições favoráveis que oferecemos sem nos darem em troca qualquer contrapartida útil.

LIVRO SEGUNDO PRESIDENTE DO CONSELHO DE MINISTROS   467

Relacionando o problema da fixação dos preços em função da produtividade do trabalho, num quadro de possível espiral inflacionária, apela à cooperação de todos «num esforço de estabilização de preços, de maneira a permitir, por um lado, o planeamento normal dos empreendimentos e, por outro, uma política social com vantagens reais e efetivas para os trabalhadores».

Termina com uma nova justificação desta entrada na casa dos portugueses:

> E por hoje basta. Não quero cansar os ouvintes durante mais tempo. Já lhes dei conta de algumas preocupações mais instantes do Governo. Oportunamente abordaremos outras. Porque, creio que todos têm consciência disso, não faltam na roda dos dias, a quem governa, motivos de cuidado, de estudo e de reflexão e assuntos sobre os quais tem de tomar decisões. [...] os governantes têm de ponderar as repercussões das questões uma sobre as outras, são forçados a encarar os vários aspetos de cada caso, porque as resoluções que derem às questões hão de ajustar-se ao interesse geral. Eis o que eu gostaria de ver compreendido pela generalidade dos Portugueses.

Como se vê, Marcello Caetano é muito cauteloso nesta sua primeira «conversa em família», evitando qualquer tema fraturante ou mais delicado. O sentido das suas palavras é o da abrangência, num estilo formalmente novo, em que o primeiro responsável pela governação surge a prestar contas dos seus atos aos governados.

Já no exílio, quando se referiu a estas intervenções televisivas, disse que as mesmas suscitaram reações diversas: enquanto para o público se traduziram num grande êxito, «na imprensa houve certa resistência, para não dizer hostilidade», e mesmo entre os amigos «muitos me formularam reservas quanto ao tom coloquial adotado e a elementaridade das explicações dadas», sendo necessário explicar-lhes que «segundo as informações colhidas, aquelas conversas seriam ouvidas, só na Metrópole, por cerca de três milhões de pessoas e se eu queria ser entendido por essa massa de gente não podia falar-lhes em linguagem de bacharéis, antes tinha de ser muito acessível em tudo quanto dissesse»[117].

Além disso, Marcello Caetano já não tinha que provar nada a ninguém, pelo menos no aspeto intelectual. Mestre consagrado e incontestado dentro e fora do País, sobretudo na área do Direito Administrativo, professor de centenas de alunos que, naqueles anos de finais da década de 60, ou ocupavam já lugares de relevo na vida nacional ou iniciavam percursos profissionais em postos-chave da administração pública e privada, ou da política nacionais; admirado, fossem quais fossem as convergências ou divergência políticas, como um professor exemplar, o homem que agora desempenhava a crucial função de Presidente do Conselho não precisava da ostentação. Bem pelo contrário, sentia uma dramática necessidade de impor a sua imagem, descendo ao convívio do cidadão comum, em busca de uma legitimação pessoal que lhe permitisse ser o que era e não um eco do passado. Salazar construíra o seu carisma a partir da «distância»; Marcello Caetano apostava na «proximidade», o que pensava ter conseguido:

> E a verdade é que o País correspondeu com extraordinário interesse às minhas exposições. Em muitos dias, para ouvir a «conversa em família» (que nunca duravam mais de vinte a vinte e cinco minutos) parava tudo, quem não tinha aparelho de TV procurava o café mais próximo, na província havia famílias que percorriam quilómetros para poderem-na assistir. A minha imagem popularizou-se e por toda a parte encontrava pessoas que me agradeciam a «presença em suas casas» para conversar sobre temas de interesse geral.[118]

Terá sido nestas circunstâncias que uma aldeã, enraizada numa dessas aldeias perdidas no país profundo, comentou, em meia dúzia de palavras simples que valem por muitos estudos de Ciência Política: «Este Salazar não é como o outro.» De facto, Salazar deixara de ser um homem e transformara-se numa instituição. E Marcello Caetano tivera, logo à partida, o cuidado de dizer que «de hoje em diante [o País] tem de adaptar-se ao governo de homens como os outros»[119]

De maior conteúdo político, é a «conversa em família» de 10 de fevereiro[120], da qual a primeira configura uma espécie de introdução.

Reafirmando a sua proximidade, o Presidente do Conselho refere-se à abundante correspondência que recebe diariamente, de cujo conteúdo conclui que «o público» – termo sistematicamente utilizado para se referir ao conjunto dos cidadãos portugueses – o imagina «senhor absoluto de tudo quanto há neste País e com poderes para resolver todos os casos e para dispor de todas as coisas», como, por exemplo, os frequentes pedidos de casa para habitar ou de emprego. Confessando-se impossibilitado de atender a todas as súplicas e apelos, descreve o seu preenchidíssimo dia a dia, destacando, para além da política externa:

Não pode ignorar os problemas económicos e as suas implicações. há de estar ao corrente da vida internacional. Tem de seguir de perto a marcha da opinião pública em todo o País. Os problemas educacionais exigem estudo e reflexão. O Ultramar, a sua defesa, o seu desenvolvimento e o seu futuro ocupam o espírito todas as horas do dia em busca das melhores soluções. Há que promover o progresso de uma nação desejosa de recuperar atrasos, fomentando a riqueza, melhorando a distribuição dos rendimentos, valorizando cada vez mais os homens, procurando recursos que tornem isso possível, e tudo sem destruir equilíbrios cuja rotura possa abrir crises de dificílima solução.

Num contexto social e político assinalado como de «uma espantosa transição histórica», em que «à nossa roda assistimos a extraordinárias transformações da técnica com repercussões no modo de viver dos homens, e a uma crise de conceitos morais que se projeta inevitavelmente na estrutura das sociedades», defende a sua ordenação e disciplina, «sem o que se produziria a catástrofe»:

> Nós não podemos correr o risco de um abalo social que nos lance na guerra civil, interrompa o desenvolvimento económico, abale o crédito interno e externo, paralise a produção e reduza o País à miséria – embora com a promessa de vir a ser reedificada sobre as ruínas acumuladas uma sociedade perfeitíssima que os revolucionários afinal não poriam de pé, porque a perfeição não é deste mundo.

Por outro lado,

> O instinto vital da conservação do País exige, pois, uma política de reformas, não o culto da subversão. É a essa exigência nacional que o Governo procura corresponder – preparando e realizando as reformas, prevenindo e combatendo a subversão.

Sempre abrangente, numa síntese que procura abarcar os dois campos, define-se, simultaneamente, de direita e de esquerda:

> Andam hoje outra vez muito em voga os termos «direita» e «esquerda» para significar posições políticas em relação às quais se procura situar o Governo. Trata-se de palavras de sentido muito equívoco. Todavia, se a essência da «esquerda» está no movimento, se o espírito da «esquerda» é o

da reforma social, não me esquivo à qualificação que dessa tendência possa resultar. Mas na medida em que a «direita» signifique a manutenção da autoridade do Poder para permitir a normalidade da vida dos indivíduos, o respeito das esferas da legítima atividade de cada um e o funcionamento das instituições que asseguram a ordem então, e sobretudo nos tempos que correm, creio que nenhum governo, em qualquer regime que seja, pode deixar de ser dessa «direita». A luta contra a subversão que lavra com intensidade pelo Mundo, obriga por vezes a medidas que despertam os protestos daqueles que, consciente ou inconscientemente, fazem o jogo revolucionário, mas que traduzem a defesa natural de uma sociedade não disposta a perecer às mãos dos seus inimigos.

Finalmente, o Ultramar e a guerra, que embora exista, e cada vez com maior intensidade, é considerada apenas como um ato de legítima defesa:

> Já noutra ocasião observei que, em África, não declarámos guerra a ninguém, não tomámos a ofensiva contra ninguém. Limitamo-nos a defender a vida dos Portugueses, pretos e brancos, ameaçada por uns tantos grupos armados e treinados no exterior e que, deixados à solta, semeariam o luto e a desolação em terras onde construímos pacíficas comunidades progressivas que trouxeram paragens selváticas à civilização.
>
> Para essa preocupação de todos nós, em defender as vidas, a segurança, o trabalho dos nossos irmãos portugueses em África e em lhes garantir a paz, se pede o respeito dos estrangeiros que vivam no solo da nossa Pátria.

«Só é pena – afirma a terminar – que, volta não volta, o trabalho construtivo do Governo [...] seja perturbado pelos cuidados resultantes do boato alarmante ou da calúnia destinada a inutilizar homens válidos, da intriga enredadora, da deturpação das intenções e dos atos, das impaciências incompreensivas, dos protestos tumultuários».

Quando se refere a estes últimos, Marcello Caetano, estaria a pensar na onda de greves e ocupações dos locais de trabalho que, em janeiro, paralisaram as fábricas de montagem de automóveis da General Motors e da Ford, e ainda a fábrica de Cabos Ávila, estendendo-se, no mês seguinte, a cerca de uma dezena de empresas, entre as quais se contavam a Covina, a Intar, a Fábrica de Cimentos Tejo, a Firestone e a Tabaqueira.

Já na sua intervenção televisiva, o Presidente do Conselho se referira à necessidade de «encontrar as pessoas capazes, dispostas a fazer o sacrifício das suas comodidades, e quantas vezes até dos seus interesses, para guarnecer os postos-chave da administração»; e em carta a Baltazar Rebelo de Sousa desabafa:

> As coisas por cá vão indo. A cada passo me chegam sinais de compreensão e simpatia da gente do povo e ao mesmo tempo manifestações de incompreensão e impaciência, no estilo camiliano, dos nossos amigos com responsabilidades, sempre permeáveis a todas as intrigas, a todos os boatos, a todas as interpretações distorcidas ou maldosas. Sinto-me com grandes dificuldades de gente capaz. Todos querem remodelação ministerial, mas quando se trata de indicar nomes válidos para o governo é que são elas. A maioria dos que v. me indicava numa carta de há tempos são aqui considerados inviáveis.
>
> Ridículas alterações de nomes de ministérios ou pseudo-alterações de estrutura não conduziriam a nada. Era preciso uma consciência da situação e um espírito de sacrifício que, faça-se justiça, só encontro nalguns dos antigos: mas são esses que os bravos impacientes querem ver definitivamente afastados em troco de caras novas que não se sabe o que pensam e querem![121]

O mês de março é dominado pela remodelação governamental, que decorre num clima atravessado por algumas atitudes políticas contraditórias por parte do governo e das suas forças. No penúltimo dia do mês anterior, Salgado Zenha[*], um destacado militante da oposição, é preso pela

---

[*] Francisco de Almeida Salgado Zenha (1923-1993), advogado e político, licenciou-se em Direito pela Universidade de Coimbra. Presidente da respetiva Associação Académica (1944), funções de que foi demitido compulsivamente, por se ter recusado a participar numa manifestação a Salazar, em 1946 é um dos fundadores do MUD Juvenil, de cuja Comissão Central foi membro, acabando por ser preso em Caxias e depois condenado no tribunal plenário. Apoiou ativamente a candidatura de Norton de Matos, em 1949, voltando a ser novamente preso, desta vez sem acusação nem julgamento. Volta à prisão em 1952, onde é mantido durante cerca de ano e meio, e de 1953 a 1958 é-lhe fixada residência em Lisboa. Em 1955, adere à Ação Republicana e Socialista e em 1958 participa ativamente na campanha de Humberto Delgado. Como advogado, distinguiu-se na defesa habitual e gratuita de presos políticos. É um dos subscritores do «Programa para a Democratização da República» (1965) e veio a ser um dos candidatos da CEUD em 1969. Já em pleno marcelismo, volta a ser preso e a ficar sujeito ao regime de residência fixa em 1970. Cofundador do Partido Socialista (1973), depois do 25 de Abril de 1974, foi ministro da Justiça nos quatro primeiros Governos Provisórios, e ministro das Finanças no sexto. Deputado e líder da bancada parlamentar do PS, veio a romper com o partido em 1986, em rutura com Mário Soares, ano em que se candidatou à presidência da República, perdendo a favor do primeiro e suspendendo a sua atividade política. (Ana Prata, «Zenha, Francisco Salgado», in António Barreto e Maria Filomena Mónica (coord.),

PIDE no momento em que se dirigia à Associação Académica da Faculdade de Direito de Lisboa para participar num colóquio sobre o problema colonial. Duas semanas depois, o vespertino *A Capital* transcreve uma entrevista concedida pelo Chefe do Governo a João Alves da Fonseca, do jornal brasileiro *O Estado de S. Paulo* – tratava-se da primeira entrevista à imprensa concedida por Marcello Caetano após assumir a Presidência do Conselho – na qual, entre muitos outros temas, fala pela primeira vez da sua intenção de publicar uma lei de imprensa.

> Desejaria, na verdade, publicar em breve a Lei de Imprensa. Mas os trabalhos preparatórios, que começaram logo depois de tomar posse, estão ainda demorados. Não esqueça que vivemos 42 anos no regime de censura prévia. Nem jornalistas, nem empresas editoriais, nem Governo, nem público, estão preparados para um regime de responsabilidade perante os tribunais. Para ir criando condições mais propícias, a censura foi muito aliviada e reduzida a certos pontos essenciais. A lei tem de ser muito pensada para não se abrir com a sua vigência um período de conflito geral da imprensa com as autoridades e com os particulares e para não termos de voltar atrás. Por outro lado temos os melindres resultantes de nos encontrarmos a sustentar operações militares em várias frentes.[122]

Durante o mês de março de 1969, ocorreram no país, sobretudo nas zonas de Lisboa e do Ribatejo, chuvas fortes, que provocaram grandes inundações. O jornal, dirigido por Norberto Lopes e por Mário Neves, o último ainda parente de Marcello Caetano, aproveita a circunstância para, em «Nota do dia», publicada com destaque na primeira página e sob o título «Reformar», o confrontar com as promessas feitas, insinuando já alguma impaciência quanto à sua concretização:

> À hora a que «A Capital» circular nas ruas de Lisboa e por todo o País, terá entrado oficialmente a primavera [...]. A verdade, porém, é que o dia de abertura não se mostrou ainda conforme com as promessas floridas (entenda-se flores de retórica) que os meteorologistas anunciavam. Um nevoeiro denso e incómodo dificultou, às primeiras horas da manhã, a livre circulação de

---

Dicionário de História de Portugal – Suplemento, vol. IX, op. cit., pp. 605-606; João Martins Madeira, «Zenha, Francisco Salgado», in Fernando Rosas e J. M. Brandão de Brito (dir.), *Dicionário de História do Estado Novo*, vol. II, op. cit., pp. 1019-1020).

veículos (esperemos que não dificulte também a das ideias) [...]. Verifica-se, portanto, um certo desfasamento entre o que era lícito esperar da nova primavera, tal como astrónomos e meteorologistas a previram, e as realidades com que deparamos. Como estamos numa época em que por todo o lado e em todas as atividades se prometem reformas, não seria altura de pensar também na reforma do calendário, de modo a que as estações do ano se ajustem às realidades do tempo presente, que mudou muito desde o pontificado de Gregório XIII? Muitas reformas, é certo, nos foram prometidas. Mas como as palavras nem sempre estão de acordo com os atos, corremos o risco de ver adiada a sua efetivação para as calendas gregas. Post-scriptum – O nevoeiro dissipou-se mais tarde e o Sol descobriu, embora timidamente, num céu ainda com algumas nuvens. Será um bom prenúncio?[123]

Data também desta altura uma «Informação» avulsa e anónima ao ministro do Interior, sobre uma iniciativa de um grupo de invidualidades civis que reclamava maior liberdade de ação para o Presidente do Conselho, que revela uma perceção difusa na sociedade civil dos condicionalismos a que este estaria sujeito:

> David Mourão Ferreira e Raul Solnado e outros têm procurado angariar assinaturas a todos os níveis sociais com o fim de apresentarem a S. Ex.ª o Senhor Presidente da República uma exposição pedindo ao Chefe do Estado para que seja dada «mais liberdade» ao Sr. Presidente do Conselho no sentido dele poder pôr em prática o programa que delineou na sua tomada de posse.
> Dizem que o P. C. está «espartilhado» não tendo a indispensável «liberdade de ação».
> O Raul Solnado que é amigo dum dos secretários do Senhor Presidente do Conselho, ter-lhe-ia entregue uma cópia da exposição para lhe ser presente. Depois de a ler e ter conhecimento da intenção dizem que achou bem.
> Desejam que o número de assinaturas corresponda ao número de anos da existência de Portugal, precisamente (829).[124]

A 23 de março, Marcello Caetano procede à esperada remodelação governamental, a qual, apesar de incidir sobretudo na área da economia, tem um alcance político mais profundo.

A nível ministerial, apenas duas substituições: João Dias Rosas, ministro das Finanças, passa a acumular a pasta da Economia, até aí ocupada por Correia de Oliveira* que, tal como o primeiro, já vinha dos tempos de Salazar e o brigadeiro Fernando Alberto de Oliveira** substitui Canto Moniz na pasta das Comunicações.

A acumulação de Dias Rosas não significa a constituição de um superministério, já que, tanto um como outro, se mantêm distintos, mas da coordenação de ambos por um único ministro, tendo como objetivo a eficiência, ou, como o Presidente do Conselho disse pela televisão, «no propósito de acelerar as ações de que depende o desenvolvimento da nossa economia que se não compadece com particularismos entorpecedores»[125].

Mais significativo, sob a perspetiva política, é o elenco dos novos secretários e subsecretários de Estado. Se no corpo ministerial a tónica é ainda a da continuidade – mantendo-se em funções nove ministros do último governo de Salazar, ou seja 60 por cento do total –, os homens chamados para os coadjuvar apontam para a renovação.

Entre os novos secretários de Estado contam-se Vasco Leónidas (Agricultura), Valentim Xavier Pintado (Comércio), Rogério Martins (Indústria), Costa André (Tesouro), e para subsecretários entram João Salgueiro (Planeamento Económico) e Nogueira de Brito (Trabalho e Previdência) – um grupo de jovens que integra «tecnocratas», «liberais» e católicos, que «levariam consigo dos melhores quadros económicos e financeiros do setor público e de ideias bem viradas para a mudança», nomes descobertos «Em parte, na sua experiência de 1958, do II Plano de Fomento. Em parte, na geração de amigos e companheiros do seu filho Miguel no Secretariado Técnico da Presidência do Conselho.»[126] Por sua vez, estes trazem consigo outros nomes como João Cravinho e José Torres Campos. São estes os homens que levarão a cabo alguma liberalização económica

---

* José Gonçalo da Cunha Sotto-Mayor Correia de Oliveira (1921-1976), filho do poeta António Correia de Oliveira, era licenciado em Ciências Jurídicas pela Faculdade de Direito da Universidade de Lisboa. Iniciou a sua carreira na organização corporativa (Conselho Técnico Corporativo), do qual viria a ser vice-presidente. Depois de ter sido Procurador à Câmara Corporativa na VI Legislatura (1953-1957) na secção de Interesses de Ordem Administrativa, ingressa no Governo: secretário de Estado do Orçamento (1955-1958), secretário de Estado do Comércio (1958-1961), ministro de Estado adjunto da Presidência do Conselho (1961-1965), e, finalmente, ministro da Economia (1965-1969).

** Fernando Alberto de Oliveira, militar e político, nasceu em 1917. Fez o Curso de Artilharia na Escola do Exército, frequentando depois a Escola Prática de Aeronáutica e, posteriormente, fez o Curso de Engenharia Aeronáutica em Inglaterra. Foi deputado à Assembleia Nacional na IX Legislatura (1965-1969), sendo chamado ao governo em 1967 para as funções de secretário de Estado da Aeronáutica, nas quais se manteve com Marcello Caetano.

em áreas como a da revisão do regime de condicionamento industrial e também no movimento de aproximação à Europa, que terá por corolário os acordos com a CEE, em 1972.

Esta remodelação é bem o espelho da personalidade política de Marcello Caetano: liberal nas áreas económica e social, mas conservador na vertente política.

Como já foi anotado por Victor Pereira[127], o salto operado por Marcello Caetano, tanto na área da previdência social, como na da revisão dos princípios em que assentava a economia, além de consubstanciarem um ideário que evidenciara a partir da década de 1950, visavam ainda – talvez mesmo de forma decisiva – a sua legitimação, ou seja,

> [...] a tentativa de Marcelo Caetano para se ligar às classes populares e para ganhar uma legitimidade – à falta da conferida pelo sufrágio livre e concorrencial dos eleitores ou pela tradição – à qual ele aspirava a fim de, nomeadamente, se tornar mais independente em relação aos «ultras» salazaristas, representados pelo presidente da República, e de enfraquecer a oposição. O início do processo das concessões de regalias sociais à população rural acontece poucos meses antes das eleições legislativas de novembro de 1969, com as quais Caetano queria legitimar – perante Américo Tomás e os «ultras», mas também perante a oposição – o seu poder e fortalecer a sua autoridade. Do mesmo modo, as medidas sociais dirigidas à população rural propiciavam a Caetano nas suas visitas à província aclamações populares, em parte organizadas pelas autoridades locais, que ele instrumentalizava na luta travada com Belém. Depois das manifestações de apoio popular, devidamente propagandeadas, Caetano, segundo um antigo ministro do seu governo, podia falar «com vigor reforçado» ao «presidente da República [que] não podia naturalmente ignorar a importância de tão exuberante apoio das populações».[128]

O processo de extensão da previdência social aos trabalhadores rurais e a concessão do abono de família iniciam-se com a Lei n.º 2144, de 25 de maio de 1969, que reorganiza as Casas do Povo e os regimes de previdência rural, mas a sua realização efetiva e abrangente terá de esperar até 23 de setembro do ano seguinte – uma vez mais, o aniversário do Estatuto do Trabalho Nacional –, data em que é promulgado o Decreto-Lei n.º 445/70, que procede à reestruturação orgânica das Casas do Povo e regulamenta os Fundos de Previdência destes organismos com vista à realização do regime especial de previdência dos trabalhadores rurais.

No penúltimo dia do mês de março, Marcello Caetano aproveita a deslocação aos Estados Unidos, a pretexto dos funerais de Eisenhower, para procurar estreitar as relações com a nova administração americana, agora liderada por Richard Nixon, que se mostrava muito mais aberto a Portugal do que Kennedy o fizera com Salazar. Aliás, já em meados do mês o presidente norte-americano afirmara ao embaixador de Portugal, Vasco Garin, que a sua administração reconhecia o valor da cooperação de Portugal e as facilidades concedidas nos Açores, prometendo que, quanto à política portuguesa em África, os Estados Unidos iam deixar de «dar lições a Portugal»[129].

O encontro com Caetano, ocorrido na Casa Branca, foi considerado por alguns altos funcionários americanos como «excessivamente amigáveis para com os Portugueses», dado o seu caráter intimista e o teor da conversa[130], uma conversa em que o Presidente do Conselho informou Nixon de que tencionava implementar em África uma política de reformas económicas e sociais e de maior autonomia[131].

Na terceira «conversa em família», transmitida cerca de uma semana a seguir à deslocação, Marcello Caetano afirmou a sua esperança nos resultados:

> Durante a minha breve estadia em Washington fui recebido pelo Secretário de Estado e pelo Presidente Nixon. Conversas cordiais, que versaram problemas de interesse comum dos dois países no quadro da Aliança Atlântica. Creio que esses encontros poderão influir nas relações futuras entre Portugal e os Estados Unidos.[132]

Estas esperanças foram ainda reforçadas numa audiência de Nixon com Franco Nogueira, ainda ministro dos Negócios Estrangeiros, a 10 de abril, na qual o primeiro declarou: «Pois é, eu penso que os Estados Unidos têm sido injustos com Portugal. Mas olhe que as coisas vão mudar. Acredite que vão mudar.» E, à noite, na receção de gala comemorativa do 20.º aniversário da NATO, Nixon tem gestos de distinção para com Franco Nogueira, garantindo-lhe: «Lembre-se do que lhe disse. Eu nunca farei a Portugal o que John Kennedy fez»[133].

A seu tempo se verá como este prometido apoio se transformou num abandono quase completo...

O objetivo era o de obter dos Estados Unidos apoio logístico para a guerra que Portugal travava no Ultramar, a qual se transformara no nó-

-górdio não só da sua governação, mas do próprio regime. Lúcida e precocemente, Hermínio Martins escreveu num ensaio publicado nesse ano: «O "fator-realidade" mais importante continua a ser a exigência e o desfecho das guerras coloniais»[134]. Este facto é reconhecido por Marcello Caetano, quando refere que, ao assumir as funções e ao passar em revista «os principais problemas que requeriam a atenção do governo», começou pelo «problema ultramarino», analisando-o «sem preconceitos, com espírito crítico» e reexaminando «os seus dados, as suas circunstâncias e as soluções em curso», concluindo que «a posição de Portugal não podia ser outra»[135]. Passando em revista a situação nos três teatros de operações, considera que, com exceção da Guiné, a situação não era muito alarmante:

> A subversão verificava-se em áreas perfeitamente delimitadas, por obra de guerrilhas vindas dos países vizinhos onde recebiam apoios estrangeiros de diversas origens. Mesmo na Guiné a maior parte da população era-nos fiel; e alguma, mais em contacto com o inimigo estava connosco ou com ele, consoante as forças presentes em cada ocasião, originando assim áreas chamadas de «duplo controle».
>
> Não havia terrorismo urbano. E centenas, para não dizer milhares, de observadores estrangeiros, jornalistas, diplomatas, políticos, comerciantes e industriais, puderam viajar à sua vontade por toda a parte nessas três províncias sem escolta, sem armas e sem problemas de segurança.
>
> Assim, não se tratava em 1968 de negociar com povos sublevados ou de pôr termo a levantamentos nacionais. Os bandos guerrilheiros eram relativamente pouco numerosos e sem representatividade. Contê-los era uma questão de segurança interna.[136]

Para confirmar estas informações, que lhe chegavam através de relatórios e testemunhos, Marcello Caetano decidiu confirmá-las *in loco*. Esta justificação instrumental para a realização da viagem ignora, no entanto, um aspeto fundamental – a motivação política: por um lado, tratava-se de esconjurar as desconfianças que os setores políticos chefiados pelo Chefe do Estado, Américo Tomás, mantinham relativamente à ortodoxia do novo Presidente do Conselho face à política ultramarina do seu antecessor; por outro, pode também ser interpretada como mais um sinal de demarcação com a prática política deste último, que nunca se deslocou às «províncias ultramarinas».

Quando, em 1980, Américo Tomás comentou nas suas «memórias» estes primeiros meses da governação de Marcello Caetano, não resistiu a salientar a «crescente emulação sentida pelo novo chefe do Governo, em relação ao seu antecessor e da preocupação de mudar quanto tinha herdado»[137]. Ao contrário do que afirma o Presidente da República, não se tratava apenas de «mudar por mudar», mas de criar o seu próprio espaço, libertando-se, e libertando o País da tutela do homem que, apesar de totalmente incapacitado, se mantinha vivo e cujo espírito pairava sobre a sua cabeça como um oráculo. Marcello Caetano não era um seguidista e disso dera provas ao longo de toda a sua anterior carreira política. Por outro lado, tinha um projeto político próprio, o qual, mantendo embora os mesmos princípios ideológicos definidos pelo seu antecessor e mestre, não era coincidente com o projeto salazarista. Daí a preocupação em marcar a diferença, na qual se insere a «visita rápida, sobretudo simbólica» às principais colónias, precisamente aquelas onde lavrava uma guerra dita de «libertação» ou «colonial» pelos movimentos independentistas e seus apoiantes, mas que, para Marcello Caetano, se tratava de uma «missão de vigilância» ou, como já afirmara na Assembleia Nacional, de legítima defesa contra os interesses imperialistas em nome, não apenas dos interesses nacionais, mas também de todo o Ocidente.

Na terceira conversa em família, transmitida a 8 de abril de 1969, Marcello Caetano afirmou: «prometi logo no início das minhas funções que seria para a Guiné, para Angola e para Moçambique uma das minhas primeiras visitas. Pois vou cumprir a promessa»[138]. Os objetivos da viagem eram claros: por um lado, «o desejo de com a minha presença dar às populações mais uma prova de interesse e de confiança do governo central» e, por outro, «a necessidade de verificar pessoalmente se, na verdade, as coisas corriam com a paz, a segurança e a normalidade que me diziam»[139]. Para Franco Nogueira, um dos mais contundentes críticos do Presidente do Conselho, «Com a sua viagem à África e as declarações proferidas, o chefe do governo procurava satisfazer e apaziguar as forças conservadoras e ultramarinistas, tanto na metrópole como nos territórios de África.»[140]

Este curto périplo africano, que se centrou nas capitais da Guiné, Angola e Moçambique, tendo ainda visitado as cidades da Beira e Nova Lisboa, realizou-se entre os dias 13 e 21 de abril, destacando-se o facto de os discursos políticos de fundo terem sido proferidos nos Conselhos Legislativos; em Luanda e Lourenço Marques falou ainda nas respetivas universidades, sendo que nesta última recebeu o grau de Doutor *honoris causa*.

A tónica geral dos discursos tem por base a afirmação da unidade da Pátria, num todo que abarcava os territórios nos vários continentes, uma Pátria «onde cabem todos quantos nasceram sob a sombra tutelar da mesma bandeira, sem que importem a cor da pele, ou os hábitos sociais, ou as crenças religiosas», uma Pátria caldeada na fusão das diferenças e das divergências, do que resulta o desenvolvimento de «uma sociedade aberta, para convívio das raças e das classes, a caminho de uma real comunidade de vida e de cultura»[141].

Começa, em Bissau, por prestar homenagem aos povos «que se mantiveram fiéis à Pátria comum», em cuja defesa «milhares de soldados dos exércitos de terra, do mar e do ar» se empenharam e caíram, na «defesa da causa comum», soldados da metrópole e autóctones[142]. Era necessário conseguir a paz, desiderato no qual se irmanavam na luta «lado a lado [...] as populações nativas e as forças armadas contra os perturbadores da Paz». Depois de afirmar que «Portugal está aberto a todos os seus filhos», mesmo aqueles que hajam desertado para o lado do inimigo, aos quais garante que serão bem recebidos se quiserem voltar, rende homenagem aos caídos em combate:

> Esse sangue, senhores, tem de ser fecundo. As penas, as privações, os sofrimentos, os ferimentos e as mortes dos soldados portugueses não podem ser em vão.

Este discurso de esperança e, de alguma forma, otimista, relativamente ao futuro, verifica-se num momento em que os repetidos ataques do PAIGC tinham levado ao abandono pelas tropas portuguesas da posição de Gandembel, no sul da Guiné (28 de março). Além disso, Marcello Caetano não equacionava sequer considerar a hipótese que Leopold Senghor, presidente do Senegal, deixara sugerida, no dia 12 anterior, quando afirmou que «a guerra e a violência eram soluções de desespero e que antes e durante as guerras é necessário aproveitar todas as ocasiões para renunciar à guerra ou cessar o fogo para entabular um diálogo que conduziria à paz pela negociação»[143]. Naquele momento e até ao fim do seu consulado, o Presidente do Conselho, apesar de algumas hesitações verificadas já nos últimos tempos, nunca encarara quaisquer hipóteses de negociações: a paz, tão enfaticamente proclamada como um desígnio, teria de ser encontrada pela força das armas.

No dia seguinte, em Luanda, acentua a necessidade do desenvolvimento económico, para cuja realização disse estar aberto à entrada de capitais estrangeiros, numa «economia profundamente humanista, e não de exploração»[144]. E neste esforço enquadra o papel da Universidade de Luanda:

> Tem por missão procurar valorizar os recursos da província e, em primeiro lugar, os recursos intelectuais da província. Porque, através da inteligência, depois poderá elevar ao máximo a valorização dos recursos naturais.

As afirmações mais políticas da viagem ficaram guardadas para a visita à capital de Moçambique, a «mais importante parcela do Ultramar», que tinha como Governador-Geral o seu discípulo dileto, Baltazar Rebelo de Sousa, um «colaborador que pensa, sente e age como eu próprio»[145]. Nesse discurso, fala abertamente da candente questão da autonomia, que dividia as elites políticas do País e se constituíra como o principal ponto das desconfianças e reservas em que era mantido pelos guardiães do templo salazarista:

> A Constituição portuguesa garante às províncias ultramarinas a autonomia administrativa e financeira com a faculdade de legislar, através dos seus corpos representativos, acerca das matérias que exclusivamente lhes interessem. E os Conselhos Legislativos não ficam nada a dever, na sua composição como na competência, às assembleias dos Estados membros das mais evoluídas federações.
>
> Acrescenta a Constituição que a autonomia das províncias será a compatível com «o seu estado de desenvolvimento e os recursos próprios» – o que implica a sua expansão segundo vá exigindo o crescimento económico e social dos territórios.
>
> Há quem tema que a autonomia administrativa e financeira dos territórios ultramarinos prejudique, ou ofenda mesmo, o ideal da integração nacional.
>
> Por mim sempre pensei que uma integração bem entendida de todas as parcelas no todo português exige que cada uma nele se insira de acordo com as suas próprias feições geográficas, económicas e sociais. Não seria sã uma unidade que fosse conseguida, não por acordo de vontades obtido na harmonia dos interesses, mas pelo espartilhamento forçado segundo figurinos abstratamente traçados. A unidade nacional não prescinde das variedades regionais.[146]

Já foi afirmado que Marcello Caetano «foi a África semear ilusões»[147]. Melhor se diria que ele foi a África colher ilusões. Um dos seus amigos políticos considerou que «foi, certamente, o primeiro grande estremeção suportado pelo dinamismo que até aí caracterizara o consulado»:

> A deslocação a Angola e Moçambique [...] não foi de molde a contribuir para a abertura política em curso. Na realidade, Marcello Caetano regressou de África «diferente» do que partira. O entusiasmo delirante – de todas as etnias – com que foi recebido, provocou-lhe os mais sérios problemas de consciência. «Gente como essa – desse-me e disse-o a diversos colaboradores – não se pode abandonar. Aconteça o que acontecer. [...]
>
> O passo atrás, provocado pela viagem a África, permitiu que não tardasse que as «forças de bloqueio» [...] «envolvessem» o chefe do Governo fazendo-o perder a iniciativa política. O almirante agitou-se no seu ninho de mediocridade bem intencionada. Os ultras trataram de o rodear cada vez mais implacavelmente. Os comunistas iam-se identificando, passo a passo, com «a luta pela libertação e independência das colónias». Era o beco sem saída.[148]

Com efeito, o primeiro Presidente do Conselho a visitar o Ultramar tomou esta viagem como um périplo triunfante, que teria servido não só para ficar demonstrado o portuguesismo dos povos daquelas longínquas paragens de África, mas também para consolidar, internamente, a sua imagem. Referindo-se aos banhos de multidão em que fora literalmente submerso, disse, empolgado, à chegada ao aeroporto de Lisboa, onde, uma outra multidão, arregimentada para o efeito, o aguardava:

> Nenhum governante no Mundo inteiro pode, estou certo disso, deslocar-se com uma escolta assim: a escolta seguríssima de uma multidão de pretos, brancos, mestiços, amarelos... unidos no mesmo propósito de manter portuguesa a terra onde vivem e que querem conservar progressiva e em paz.
>
> E quando, na Beira [...] alguém entoou no recinto onde o Presidente do Conselho se encontrava o hino nacional, o coro que, de repente, foi formado por nós todos ergueu ao céu da África, para ser ouvido no Mundo, a mais bela versão de «A Portuguesa» que jamais se cantou![149]

Por isso, confessa o seu júbilo e interpela os portugueses:

> Não venho fatigado: venho com a alma em festa, venho mais animoso que nunca, venho, se é possível, mais português do que parti, venho com a certeza de que vale a pena sofrer, de que vale a pena lutar, de que vale a pena insistir

ao serviço desse povo admirável, do qual se destacava a cada momento uma juventude generosa em busca do seu futuro.

Eles, os portugueses de além-mar, querem continuar a ser portugueses! E não vacilemos na decisão: ADIANTE!* Sigamos intrepidamente – para a frente![150]

Esta viagem pode ter sido decisiva nas opções futuras de Marcello Caetano relativamente à questão ultramarina, que, como temos insistido, condicionava todas as outras:

> Não nego a influência muito grande que esta viagem exerceu sobre o meu espírito. Voltei de África convencido de que seria uma traição ignóbil à gente de lá e à obra lá erguida pactuar com os grupúsculos que, por mero aventureirismo, só mantido graças a apoios internacionais, perturbavam num ou noutro ponto restrito dos imensos territórios de Angola e de Moçambique a paz geral, contrariando a vontade da maioria.

Uma vontade que não se exprime só por «votos, expressos em quadrados de papel por eleitores analfabetos, ou quase, como seriam muitos dos nativos africanos»:

> [...] a aceitação pacífica de uma autoridade, o convívio natural quotidiano sem dificuldades nem atritos (salvo os atritos naturais em toda a vida social) são também significativos, e porventura mais ainda que as fórmulas democráticas, em povos que nem por tradição, nem por convicção, sabem o que seja a democracia.[151]

Quanto à repercussão na opinião pública da metrópole, também a considerou «grandemente favorável», atribuindo-lhe a grandiosidade da referida receção no aeroporto, e na visita que faria, em maio, à cidade do Porto, estas, mesmo que apenas subentendidas:

> O Ultramar era aclamado por todas as bocas. E mesmo que não falassem nele: a tão pouco tempo do meu regresso de África, se os sentimentos populares fossem contrários ao que essa viagem tinha significado, seria porventura possível passar-se o que se passou no dia da chegada ao Porto e no seguinte [...]?[152]

---

* Segundo Marcelo Rebelo de Sousa, «em rigor, à chegada ao Aeroporto da Portela, Marcello Caetano disse AVANTE, mas a versão publicada nos jornais foi corrigida para ADIANTE». (Depoimento escrito, de 17 de julho de 2012).

Estas palavras, escritas no exílio, não são apenas uma expressão retórica destinada a defender, para a posteridade, a justeza das opções assumidas enquanto Presidente do Conselho. Marcello Caetano estava firmemente convencido disso mesmo, como se pode verificar na correspondência com um dos seus mais íntimos colaboradores, para quem não tinha de construir discursos artificiais:

> Cheguei aqui sem cansaço, feliz, e encontrei um ambiente vibrante. Toda a gente por cá viveu as jornadas africanas, viveu-as com alma, sentindo, como não se imaginava que o pudesse fazer, os passos da romagem e registando todos os atos e gestos significativos. A TV exerceu um papel extraordinário e onde a TV não chegava estava a rádio em transmissão direta; a Imprensa por sua vez esteve à altura das circunstâncias nos relatos e na reportagem gráfica. O caso é que toda a gente seguiu, toda a gente sabe, toda a gente se interessou e o povo reagiu magnificamente. Quando passo de automóvel nas ruas de Lisboa e sou reconhecido, saúdam-me como em Luanda e Lourenço Marques. Conseguiu-se, pois, uma consciencialização maior da metrópole quanto ao ultramar e no país todo: de toda a parte se estão a receber milhares de mensagens de aplauso.[153]

Marcello Caetano respirava um sentimento de euforia: conquistara o seu espaço e definira a sua política. Por um lado, estava a atingir o cume do seu melhor período como Presidente do Conselho, gozando de enorme popularidade, sendo aclamado onde quer que se deslocasse, como pode verificar-se pelos jornais da época. Além disso, os militares transmitiam-lhe sinais de uma evolução favorável nos teatros de operações de África, proporcionando-lhe, assim, o ensejo para continuar a alimentar a ideia de que ainda havia tempo para uma transição autonómica gradual de alguns anos. Finalmente, as aclamações recebidas por parte das populações africanas, independentemente do maior ou menor grau de preparação, tinham sido bastante espontâneas e impressivas.

4

«MAS ESTÁ CONVENCIONADO QUE A GENUÍNA LINGUAGEM DEMOCRÁTICA É A DOS VOTOS»

No preciso momento em que, na Universidade de Luanda – acabada de criar* – Marcello Caetano presidia à entrega do diploma de curso ao seu primeiro licenciado, na secular Universidade de Coimbra davam-se os primeiros passos para o eclodir da maior crise estudantil que sacudiu a Universidade portuguesa.

No decorrer das cerimónias oficiais da inauguração do edifício de Matemáticas, a que presidia o Chefe do Estado, o presidente da Associação Académica de Coimbra, Alberto Martins, numa manobra previamente concertada, face à recusa prévia da autorização para intervir naquele ato, levantou-se e, numa sala repleta de estudantes que, dado o seu número, se aglomeravam nos corredores contíguos e no exterior do edifício, interpelou diretamente Américo Tomás: «Sua Excelência, Sr. Presidente da República, dá-me licença que use da palavra nesta cerimónia em nome dos estudantes da Universidade de Coimbra?»[154]

«Não ouvi a voz daquele meu colega – conta Celso Cruzeiro, um dos membros da direção da Associação Académica de Coimbra, e interveniente ativo nos acontecimentos –, mas ouvi uma estrondosa salva de palmas que logo de dentro da sala me informaram ser de apoio ao pedido formulado pelo presidente da AAC. Comunico de imediato o acontecimento a todos os estudantes. Em uníssono, explodem gritos incontidos de alegria e entusiasmo que atravessam todo o edifício. E os aplausos rebentam, poderosos, descarregando a tensão em catadupa.»[155]

---

* O ensino universitário em Angola foi institucionalizado em 1962, pelo Decreto-lei n.º 44 530, de 21 de agosto, que criou os Estudos Gerais Universitários de Angola, integrados na Universidade Portuguesa. Já no governo de Marcello Caetano, pelo Decreto-lei n.º 48 790, de 23 de dezembro de 1968, estes foram transformados em *Universidade de Luanda*, que compreendia as Faculdades de Economia e de Medicina, situadas em Luanda, e a Faculdade de Agronomia, situada em Nova Lisboa, atual Huambo.

Apanhada de surpresa e estupefacta perante o ato inédito, «toda a mesa da presidência se levantou num ápice». Mas Américo Tomás «erguendo, hesitante, a mão direita, hesitou também na voz, dizendo textualmente: «Bem... bem... mas agora fala o Sr. Ministro das Obras Públicas...» Estas palavras foram interpretadas como um assentimento à intervenção de Alberto Costa.

Vale a pena continuar a acompanhar a descrição do narrador e ator dos acontecimentos, não isenta de emotividade e, por isso mesmo, porventura mais autêntica, como expressão do clima vivido e da reação imediata dos estudantes:

> E estávamos todos eufóricos, comungando desse sentimento de vitória, aguardando impacientemente o fim da corrente de louvaminhas do Ministro das Obras Públicas e o momento mágico de, dentro da nossa casa, podermos dizer algo sobre nós próprios, quando esse encantamento foi absurda e abruptamente interrompido. Acabando o discurso daquele Ministro, a mesa da presidência deu rapidamente por finda a sessão e, ato contínuo, todos apressadamente se retiraram, fugindo como ratos, sem explicações nem dignidade. À frente, a PIDE/DGS, através dos seus agentes abria caminho pelo meio da multidão apinhada. Logo de seguida, abrigada por eles, toda a comitiva em debandada: o espetáculo triste de uma estrutura governativa quase completa que, cobardemente, abandonava o seu posto. Mas – apetecia perguntar – fugia de quê? De uma insurreição popular armada? Não. Apenas do discurso dos estudantes sobre a situação da Escola onde se inseriam.
>
> À medida que a comitiva fugia e os estudantes se sentiam logrados e traídos, os seus protestos aumentavam. E rotulavam com propriedade e imaginação toda aquela palhaçada que era oferecida aos seus olhos: metade de um governo a fugir, apavorado, da voz incomodativa da verdade.
>
> Já que as autoridades se demitiam das suas responsabilidades, decidiram os estudantes assumir as suas.[156]

De crescendo em crescendo, de rutura em rutura, o movimento generaliza-se a toda a Universidade de Coimbra, que acaba por assistir a uma greve geral «de cariz marcadamente político»[157] e a uma cidade praticamente sitiada pela polícia. Aquele acidente protocolar, mal gerido pelas autoridades governamentais e académicas, veio a ter repercussões, que marcaram indelevelmente o movimento estudantil, o qual, a partir desse momento, dá um passo em frente: de movimento sindical académico, transforma-se em movimento político de contestação ao regime, para o qual as próprias medidas repressivas decretadas pelo então Ministro da Educação, José Hermano Saraiva, que, no limite, levaram à expulsão da Universidade de muitos dos seus ativistas e à sua incorporação coerciva no serviço militar, contribuíram em grau muito elevado.

Em setembro, os principais dirigentes associativos ligados à rebelião estudantil foram «incorporados de emergência nas fileiras do exército, com guia de marcha imediata para o quartel de Mafra»[158]:

> Foi dada então a palavra de ordem para que todos os estudantes mobilizados, que no essencial haviam sido escolhidos e identificados pela polícia como principais quadros dirigentes do movimento, partissem de comboio da gare de Coimbra, utilizando a guia de marcha fornecida pelos serviços militares. Centenas de estudantes puderam assim comparecer na estação, à partida do comboio e a manifestarem-se em uníssono contra a guerra colonial.
>
> O comboio arranca vagaroso e à medida que a máquina acelerava, desfilávamos às janelas das carruagens por entre filas de estudantes, a quem deixávamos a herança de continuar a luta. Compassadamente, eles começaram então a gritar: «Abaixo a guerra colonial!», «Abaixo a guerra colonial!». Debaixo de grande tensão, envoltas por um halo de emotividade que rompia à flor dos olhos, as vozes cresciam, ressoando em toda a gare. De dentro do comboio, onde a emoção não era menor, aumentávamos esse clamor. E foi assim que, acompanhando da janela este grito, radicalmente sentido pelo povo, nos sentimos dirigidos ao quartel de Mafra. Soubemos depois que a polícia tinha carregado sobre os manifestantes e que estes haviam entrado pelo coração da cidade adentro entoando coros e gritos contra a ocupação militar em África.[159]

A partir desse momento, nada voltou a ser como dantes. Pela primeira vez de forma organizada, o movimento estudantil, em que, anote-se, ainda predominavam jovens do sexo masculino em idade de incorporação militar, assume o ataque ao cerne da questão política portuguesa: a guerra em África. E, contraproducentemente, às intenções governamentais, essas incorporações transportaram o debate para dentro dos quartéis, lançando sementes que a breve trecho germinarão e não deixaram de ter impacto na mobilização política de uma geração que tinha como destino certo a truncagem de uma juventude que ficaria para sempre marcada pelas florestas de Angola e Moçambique ou pelas «bolanhas» inóspitas da Guiné.

«Assim chegamos, na primavera de 1969, à intensificação dos trabalhos preparatórios das eleições» – afirma Marcello Caetano[160]. De facto, tratava-se de aprofundar o trabalho que iniciara no preciso dia em que aceitara a nomeação para substituir Salazar, quando referira ao Presidente da República que iria aproveitar as eleições de 1969 para «deixar a Nação exprimir o seu pondo de vista quanto ao Ultramar»[161]. Além disso, tratava-se de referendar, também, a sua designação para a chefia do Governo. Se Salazar nunca se preocupou com tais pormenores porque se sentia legitimado pela «autoridade» que construíra paulatinamente até se tornar a sua personificação, portanto, a fonte da sua própria legitimidade, teoricamente conferida por um Presidente da República que, na prática, era cooptado por ele próprio, Marcello Caetano não podia contar com a solidariedade política do Chefe do Estado, que o nomeara apenas por não ter alternativa e, ainda, com reserva mental, como mais tarde confessou:

> Em tempos que já iam um tanto afastados e num restrito grupo de pessoas mais íntimas e amigas, o chefe do Estado afirmara a sua convicção de que o primeiro chefe do Governo que se seguisse ao doutor Salazar, rapidamente se queimaria politicamente, pelo exagerado peso da herança; e que, portanto, só o que depois se lhe seguisse, poderia mais demoradamente manter-se no cargo. Essa era, na verdade, a sua convicção [...].[162]

Falhando Marcello Caetano, como secretamente previa (e desejava?), ficaria com as mãos livres de quaisquer pressões, quer externas quer internas, para nomear alguém da sua inteira confiança política, que não passava de todo pelo então somente professor da Universidade de Lisboa e jurisconsulto.

O novo Presidente do Conselho não era ingénuo, longe disso. Politicamente, tratava-se de um dos mais experimentados servidores do Estado Novo, conhecendo perfeitamente o ambiente de intriga que larvava nos interstícios do sistema político. Por isso, não podendo apoiar-se no órgão supremo da legitimidade constitucional – o Presidente da República –, tinha de afirmar-se pelas bases, utilizando, mau grado seu, o processo eleitoral decalcado sobre o modelo liberal que tanto repudiava e atacava.

Um pouco anedoticamente, podemos supor que teria preferido uma escolha pelas três ordens reunidas em «cortes», ou, na sua versão moderada e atualizada, por um tipo de escrutínio corporativo, mais consentâneo com o seu pensamento político. Esta presunção decorre dos seus princípios ideológicos, dispersos ao longo dos milhares de páginas de teoria política que deixou para a posteridade.

Marcello Caetano sempre manteve uma relação ambígua sobre o voto individual dos cidadãos, a base do sistema demoliberal.

Em 1934, quando teorizava sobre o corporativismo em que assentava o sistema político do Estado Novo recém-instaurado, escreveu:

> Ora, que nos veio ensinar a dura experiência de um século? [...]
>
> Provou-se que o sufrágio universal inorgânico não conseguiu nunca exprimir a opinião pública e que essa opinião não pode formar-se a respeito de certos problemas capitais da vida moderna, cujo caráter técnico, internacional e politicamente complexo, é insuscetível de ser apreciado pelo homem médio, eleitor.
>
> Provou-se que às assembleias legislativas falta a energia, a decisão e o saber indispensáveis para resolver as grandes questões nacionais de hoje em dia e ao ritmo da vida atual: também porque foram construídas no século passado para debater e resolver problemas políticos e hoje lhe surgem a cada passo problemas económicos.
>
> Provou-se que a liberdade de opinião é incompatível com a necessidade de uma ação rápida, enérgica e decidida, pois a guerra encerrou definitivamente o período em que os povos julgavam agir enquanto deliberavam e por isso ficavam nas deliberações: a ideia da oposição sistemática, a organização de partidos para o exercício do Governo... tudo isso nos parece hoje com um ar distante e o aspeto indelével de uma aberração ridícula.[163]

No *Manual de Ciência Política*[164] – utilizou-se a 5.ª edição, «revista e ampliada», de 1967 – Marcello Caetano consagra cinco páginas ao sufrágio corporativo, apontando as suas vantagens e inconvenientes. Socorrendo-se de Oliveira Martins, – «A soberania popular é uma abstração metafísica e na esfera das realidades concretas só há soberania onde há inteligência»[165] – e de Marnoco e Sousa – «O sistema representativo deve, por isso, considerar o eleitor na sua qualidade de membro de uma determinada função social e não, como acontece atualmente, como quantidade numérica exposta a combinações artificiais»[166] – Marcello Caetano, embora não tome uma posição explícita, deixa transparecer que, apesar de todas as suas insuficiências, este seria, como afirmara Salazar – explicitamente citado –, «uma expressão, mais fiel que qualquer outra, do sistema representativo». O que se deixa afirmado não significa que, enquanto professor de Direito Constitucional, Marcello Caetano, nas suas aulas, deixasse de se referir ao sufrágio direto, até por uma questão de necessidade, relacionada com a análise de sistemas constitucionais como o britânico, o norte-americano e o francês[167].

Quando, mais adiante, na parte referente à Constituição de 1933, se debruça sobre os órgãos de soberania, escreve:

> A soberania nacional não se confunde com a soberania popular, porque esta assenta na manifestação da vontade do povo pelos eleitores, enquanto aquela existe mesmo quando interpretada, e até adivinhada, pelos homens de escol, que sabem dar consistência a tendências latentes, mas ignoradas ou passivas, no seio da coletividade.[168]

Apesar de não ser – longe disso! – um homem do passado, Marcello Caetano, contraditoriamente, retinha muitas das suas análises e convicções sobre o sistema liberal, datadas dos tempos em que dava os primeiros passos como teórico e militante do corporativismo da década de 1930.

Em 1971, refletindo sobre o «Liberalismo no passado e no presente», afirmava:

> Impressiona-me verificar que reapareceu entre nós uma corrente de opinião com as mesmas ilusões, os mesmos mitos e até com a mesma retórica do liberalismo do século passado.
>
> Ora de 1914 para cá (pois é nessa data que o consenso dos historiadores coloca o termo ideológico do século XIX) passaram-se muitas coisas que modificaram profundissimamente o mundo onde vivemos. De tal maneira que não é já possível governá-lo como na época em que floresceu e deu frutos a ideologia do liberalismo com sua projeção nos campos político, económico e social. [...]
>
> Nas sociedades burguesas do século passado, onde praticamente todos aceitavam as normas de vida que as pautavam e todos comungavam na crença dos ideais que as inspiravam, era fácil praticar um liberalismo complacente, tradução jurídica do individualismo que estava na sua base.
>
> A exaltação da autonomia individual, a sobrevalorização da consciência, da opinião e dos interesses de cada um relativamente ao interesse geral, a fé nas virtudes da competição que selecionaria os mais aptos na luta pela vida, a convicção de que a ilustração intelectual das pessoas as tornava aptas a escolher criteriosamente entre as várias opções que lhes fossem fornecidas no domínio do pensamento como no da ação, tudo isso fazia com que se preconizasse um Estado bonacheirão, ocupado apenas num pequeno número de

tarefas essenciais, e cujo papel fundamental consistiria em assegurar o franco desenvolvimento e o livre jogo das iniciativas individuais, intervindo apenas repressivamente quando se verificasse alguma violação flagrante e inconveniente das regras contidas em escassas leis tradutoras da majestade da vontade popular.

Ora tudo isso está hoje ultrapassado.[169]

E, mais adiante:

Será realmente preciso insistir em que não é viável ressuscitar, à beira do último quartel do século XX, o liberalismo que fez as delícias dos nossos bisavós nas pachorrentas digressões digestivas pelo Passeio Público de Lisboa ou nas tertúlias das boticas sertanejas onde os caciques cavaqueavam por esse país além?[170]

Já na fase final do seu mandato, retorquiu a Alçada Batista, que o questionava sobre os princípios democráticos (sufrágio universal, representação pluripartidária, liberdade de informação, etc.):

Você acha que esta conceção do homem só é compatível com os princípios chamados democráticos mas eu julgo que, na prática, nem sempre as instituições democráticas foram quem melhor a defendeu; antes, e quase sempre pela sua debilidade e pelos abusos que consentia, expôs a vida e a liberdade humana aos maiores perigos.

Os princípios democráticos que você defende e que gostaria de ver aplicados são os que traduzem a democracia clássica, a que hoje, com certo menosprezo, chamam democracia burguesa.[171]

E acrescentava que «as instituições democráticas funcionavam de forma muito artificial e constituíam, no fundo, um simulacro dos respeitáveis desígnios que as informavam», para concluir que estas «não correspondiam às exigências do Estado Moderno»[172], já que

Criadas numa época da história em que tudo estava entregue à liberdade do cidadão, as instituições democráticas, mormente no nosso país, mostraram-se incapazes de resolver os problemas postos pelas novas sociedades, que passaram a exigir dos governantes, muito mais do que as garantias do exercício das liberdades individuais, a iniciativa e a execução de tarefas que iam da segurança e da justiça social ao fomento económico.[173]

Utilizando, como sempre o fez, a ausência de liberdade nos países comunistas para justificar aquilo que considera as «limitações à liberdade», termina:

> Creio que, desde o momento em que uma poderosa ideologia totalitária, a pretexto de promessas miríficas de justiça e de igualdade, atua numa sociedade com o fim de conquistar o poder, a defesa das liberdades individuais e das liberdades públicas deixou de poder contar com os métodos tímidos e facilmente iludíveis do liberalismo político, tendo antes que contar com a força de um estado consciente dos seus princípios e da sua finalidade e capaz de agir eficazmente por uns e outra.[174]

Quanto ao sufrágio universal, cuja análise omitira no *Manual de Ciência Política*, Alçada Batista questionou Marcello Caetano: «[...] Estamos em instituições republicanas onde o problema do sufrágio direto tem que aparecer, e que aparecer com importância. Se falamos em Estado de direito, não me parece que haja outra forma de o legitimar...»

Segundo o entrevistador, «O Presidente não esperava [uma] pergunta tão concreta nesta altura. Mas o professor acorda logo» e responde:

> Na verdade, o sufrágio é hoje, no consenso comum, uma forma de legitimação do poder. Mas não podemos considerá-lo como uma verdade universal, como se não houvesse por todo o lado circunstâncias que o desvirtuam ou adulteram. Para um uso correto do sufrágio é necessário que as pessoas sejam suscetíveis de ser esclarecidas, que haja capacidade de formação de opinião e, finalmente, que haja liberdade de decisão.
>
> Muitas vezes acontece também que, quando do uso do sufrágio, podem existir condições que provocam um forte clima emocional, com reflexos visíveis quer na formação da opinião dos eleitores, quer na liberdade da sua decisão, de modo a poderem desvirtuar a sua expressão. Perante essas circunstâncias, pode-se justificar o uso do sufrágio indireto. Poderemos dizer que, se o sufrágio direto assegura uma mais visível ligação entre a vontade do eleitor e o titular da função a eleger, o sufrágio indireto, retirando o ato eleitoral dum clima de emoção e de paixão, dá por sua vez uma garantia de serenidade ao ato eleitoral que é essencial à formação da opinião e à liberdade de decisão.[175]

Alçada Batista não desarma: «Acho que, apesar de tudo, o sufrágio direto deve ser usado e dá uma força ao exercício das funções para que as pessoas são eleitas que me parece necessária ao próprio uso da função. O caso da eleição do Chefe do Estado parece-me evidentemente daqueles em que o recurso ao sufrágio direto estaria indicado.»

O Presidente do Conselho responde:

> Se as razões que me dá são importantes e merecem reflexão, também me parece que, nas circunstâncias históricas que atravessamos, a eleição do Chefe de Estado necessita de ser feita num clima de grande serenidade e fora de qualquer contexto passional. A experiência das eleições do Chefe de Estado, em Portugal, por sufrágio direto, diz-nos que, infelizmente, elas foram um pretexto para criar um clima de subversão e agitação que muito se afastou dos concretos fins eleitorais previstos na Constituição e nas leis. O período da propaganda eleitoral era sistematicamente aproveitado para desencadear um processo destinado a destruir as instituições, o Estado e os valores que presidem à sobrevivência social. Temos que reconhecer que essas experiências eleitorais deixaram na sociedade portuguesa feridas profundas que profundamente a afetaram. Não creio que a vida pública portuguesa tivesse beneficiado com isso, e é a ponderação de todas estas razões que me levam a justificar a eleição do Chefe de Estado por sufrágio indireto, pelo menos enquanto se mantiverem esses fatores de perturbação da vida nacional.[176]

Duas dezenas de anos antes, ocupando as importantes funções de Presidente da Câmara Corporativa, foi o relator do parecer n.º 13/V sobre a revisão da Constituição, onde defendeu rigorosamente o contrário, sob os seguintes argumentos fundamentais: era «a única forma de a tornar efetiva e de a assentar sobre uma base sólida de legitimidade» a eleição do Presidente da República; «o sufrágio universal é ainda, nos regimes republicanos, a melhor forma que até hoje de descobriu de assegurar a intervenção popular na determinação do rumo do Estado»; «As campanhas eleitorais, [...] constituem uma ocasião magnífica de exame de consciência nacional e para despertar a consciência política da Nação», possivelmente adormecida nos intervalos por um método de governo que dá o maior predomínio à Administração e onde prepondera a burocracia».

Marcello Caetano não justifica a sua mudança de ponto de vista. O argumento utilizado para a manutenção do sufrágio corporativo na eleição presidencial é um argumento de base: a impreparação do povo português para o debate político. Ou seja, em princípios dos anos de 1970, o eleitorado nacional estaria menos preparado do que duas décadas antes.

Todas estas contradições têm um forte significado político, que não pode ser ignorado no percurso contraditório do marcelismo enquanto fase final do Estado Novo: enquanto à flor da retórica política o regime proclama a abertura, no seu cerne opta pelo fechamento.

É neste contexto, prenhe de equívocos, que, a partir da primavera de 1969, se desenrola a campanha eleitoral e a sua preparação.

No dia 11 de maio, o Presidente do Conselho deslocou-se a Santa Clara-a-Velha, no Baixo Alentejo, onde foi inaugurada no rio Mira a barragem à qual, numa justa homenagem, fora dado o seu nome, integrada no Plano de Rega do Alentejo, que fora lançado em 1957, no âmbito do II Plano de Fomento, ao qual Marcello Caetano, então ministro da Presidência, dera muito do seu trabalho e do seu esforço.

A 21 de maio de 1969, inicia uma visita ao Porto, onde foi acolhido entusiasticamente, entusiasmo que atribuiu à política ultramarina que definira na sua recente viagem à África:

> Já ouvi dizer nos últimos tempos que todo esse caloroso acolhimento popular traduzia apenas esperança – esperança de democratização... Não: o que eu verifiquei, por ver e ouvir, é que se celebrava a continuação da paz e da ordem internas e a resolução de prosseguir a defesa do Ultramar.
>
> Esta é a verdade pura. A verdade que traduz o estado de espírito do País em 1969.[177]

Nos vários discursos proferidos durante esta visita à segunda cidade do país, insistiu na fórmula corporativa, agora definida como um «Estado social» – «O estado corporativo é um estado de justiça social»[178] –, defendeu a manutenção das limitações à livre informação – «não podemos ser tão loucos que lhes demos liberdade à toa, desarmando o Estado em face do envenenamento da opinião»[179] –, desafiou os empresários para a estarem atentos às tendências para a criação de grandes espaços económicos – «os tempo do nacionalismo económico vão passados»[180] – e mostrou grande abertura aos capitais estrangeiros – «serão bem-vindos, quando venham efetivamente ajudar ao fomento interno e não explorar-nos»[181].

A 17 de junho, volta à televisão para mais uma «conversa em família»[182], na qual faz um balanço da sua visita ao Ultramar, cujo significado, afirma, não escapara à opinião pública nacional e internacional:

> As manifestações nas províncias ultramarinas foram a expressão eloquente do desejo das populações de se manterem portuguesas e de não serem abandonadas na sua defesa contra os perturbadores da paz.

Política que, na sua opinião, fora sufragada pelas manifestações populares na Metrópole depois do seu regresso. Resume, então, em quatro pontos o seu programa da política ultramarina:

> [...] consolidação das sociedades multirraciais que cultivamos e das quais está ausente toda e qualquer discriminação de cor, raça ou religião; autonomia progressiva do governo das províncias, de acordo, segundo a Constituição, com o respetivo estado de desenvolvimento e os seus recursos próprios; participação crescente das populações nas estruturas políticas e administrativas; fomento dos territórios com ampla abertura à iniciativa, à técnica, ao capital de todos os países sob a única condição de se proporem valorizar a terra e a gente, e não explorá-las.

Marcello Caetano revira a sua posição de 1962, relativamente à solução federal, com o argumento da guerra, mas sobretudo porque estava agora convencido de, neste momento, já era tarde e não havia tempo para seguir esse rumo, e porque tais alterações já não iriam contribuir para convencer a comunidade internacional.

> O curioso – comenta Marcelo Rebelo de Sousa – é que, apesar de ser este o discurso oficial, Marcello Caetano acreditava que um processo constitucional e legal para o federalismo abriria, a prazo, caminho para uma solução política do problema colonial português, e a revisão de 1971 tentou mesmo chamar Estados a Angola e Moçambique, o que não passou na Câmara Corporativa, ficando Estados meramente honoríficos.[183]

Quanto aos problemas internos, destaca a educação, a habitação e a reforma administrativa, sendo que o mais grave é o primeiro, no qual se salienta a agitação estudantil que «está na moda». Referindo-se, sem a citar, à crise aberta na Universidade de Coimbra, alerta:

> Pois é preciso que o público se não iluda e mantenha lúcido o senso comum. Quem provoca é quem promove e faz as desordens e não a polícia

que evita o perigo delas ou restabelece a ordem e a segurança. Quem pratica a violência é aquele que viola as leis do Estado – e não a força pública que, ao serviço da coletividade, repõe a legalidade.

Vão longe os tempos do seu reitorado e o da compreensão então demonstrada para com os estudantes.

Todas estas mudanças de posição, como, por exemplo, a da manutenção do voto colegial para a eleição presidencial e, agora, a dureza para com os estudantes, são justificadas pelos condicionalismos políticos, cujo cerne é a guerra colonial: não se estava «em tempo adequado a movimentos cuja natureza dificulte a preparação dos futuros dirigentes e educadores do País e embaracem o esforço de defesa da integridade pátria».

Anunciada, no termo desta comunicação, Marcello Caetano realiza, de 8 a 13 de julho, uma visita oficial ao Brasil, durante a qual visitou Brasília, S. Paulo e o Rio de Janeiro – em cuja Universidade Federal foi investido no grau de Doutor *honoris causa* e no título de «Professor Honorário» –, centrando as suas muitas intervenções na Comunidade Luso-Brasileira, entendida como um todo em que se entrelaçam as áreas política, económica, cultural e social.

A partir da primavera de 1969, o «país político» fica refém das eleições.

Mas, logo no início do ano, a 20 de janeiro, a oposição iniciara os preparativos para a corrida às urnas através de um documento dirigido ao Presidente do Conselho, no qual um conjunto de cerca de quatro dezenas de cidadãos, em que predominam intelectuais e profissões liberais[*], informa terem-se constituído em «Comissão Promotora de Voto», a qual «não tem qualquer finalidade partidária e considera-se aberta a todos os cidadãos que queiram associar-se a este objetivo cívico», qual seja o de «contribuir para a concretização das condições regulamentares e de consciência cívica conducentes à seriedade e autenticidade do próximo ato eleitoral»[184].

Poucos dias depois, a 3 de fevereiro, o Governador Civil de Lisboa informou que, segundo as orientações definidas em despacho do Minis-

---

[*] Entre eles, contam-se Alçada Batista, Fernando Namora, Francisco Pereira de Moura, Gonçalo Ribeiro Teles, Bénard da Costa, Joel Serrão, José Cardoso Pires, José Manuel Galvão Teles, Lindley Cintra, Nuno Portas, Nuno Teotónio Pereira, Virgílio Ferreira, Francisco Lino Neto, José Magalhães Godinho, Sottomayor Cardia, etc.

tro do Interior, não podia ser reconhecida a existência legal da Comissão, «nem, consequentemente, autorizada a sua atividade»[185].

Não obstante este revés – que apontava para uma postura contrária àquilo que Marcello Caetano tinha vindo a anunciar –, as forças oposicionistas, mais aguerridas e empenhadas do que as anquilosadas hostes do regime, reuniram-se, entre 15 e 18 de maio, no II Congresso Republicano de Aveiro[186], no qual participaram cerca de 1500 delegados. As sessões de trabalho foram presididas por dois universitários de reconhecido mérito: Rodrigues Lapa e Orlando de Carvalho. Longe do radicalismo do congresso de 1973, no seu conjunto, as teses apresentadas são bastante moderadas nos seus termos e evitam o tema fraturante das guerras coloniais, centrando-se sobretudo nos problemas sociais, económicos e culturais do País, sendo que as comunicações de teor especificamente político versaram, no essencial, a questão da democratização[187].

Em busca da unidade perdida em 1949, a oposição – melhor se dirá, as oposições, dada a sua fragmentação, por vezes grupuscular –, em que se destacavam a Ação Socialista Portuguesa (ASP) e o Partido Comunista Português (PCP), liderados, respetivamente, por Mário Soares e Álvaro Cunhal, reunidas em São Pedro de Muel, em 15 de junho de 1969, chegam a acordo sobre os termos de uma «Plataforma de ação comum da oposição democrática», na qual é defendida, pela primeira vez, como uma das bases da campanha eleitoral a

> Resolução pacífica e política das guerras do Ultramar, na base do reconhecimento dos povos à autodeterminação, precedida de amplo debate nacional.[188]

No entanto, à revelia (ou não) do que se poderia supor, existiam clivagens profundas no seio das forças que se opõem ao Governo, sobretudo entre as duas citadas organizações políticas, divergências essas que podem ser detetadas logo nas comemorações do 31 de janeiro, realizadas no Porto, onde o discurso de Mário Soares[189] foi recebido com apupos políticos – «oportunista», «colaboracionista», «fascista» –, por parte de membros afetos ao PCP[190].

No fundo, o que estava em causa era o controlo político da oposição:

> Para o PC – comenta Mário Soares –, era difícil tolerar que eu me transformasse no líder da Oposição. Essa foi, creio, uma batalha importante para

eles. Houve uma conjugação objetiva entre a extrema-esquerda e os comunistas, mas com estes a incitarem os ânimos. Os acontecimentos do dia 31 de janeiro de 69, no Porto, foram seguramente dos que mais profundamente me irritaram e magoaram.[191]

E, depois, no citado Congresso de Aveiro, onde a tese por ele apresentada[192], em cujas conclusões defendia a realização de um referendo relativamente à «política ultramarina e orientação corporativa da vida económica», teve fraco acolhimento.

Não é este o lugar para descrever as vicissitudes que levaram à divisão das oposições[193], consumada a partir de uma reunião ocorrida no Palácio Fronteira, propriedade do monárquico oposicionista Fernando Mascarenhas, a 13 de julho, daqui resultando a criação de dois movimentos oposicionistas: a Comissão Democrática Eleitoral (CDE), próxima do Partido Comunista, que, além destes, integrava também católicos e progressistas; e a Comissão Eleitoral de Unidade Democrática (CEUD), que era composta por socialistas e católicos.

Entre as contradições e equívocos em que o marcelismo se multiplicou, com consequências políticas insanáveis, distinguem-se as eleições de 1969.

Relembre-se que, quando tomou posse das funções de Presidente da Comissão Executiva da União Nacional, Melo e Castro referiu explicitamente que uma das suas metas imediatas era a promoção de uma «satisfatória circulação da informação verídica com vista à formação de uma opinião pública em condições de efetiva participação popular designadamente no ato eleitoral de outubro próximo», tendo como meta final a «adaptação do nosso dispositivo político pelo modelo comum da Europa Ocidental».

Dado o seu perfil político – reconhecido por apoiantes e adversários –, tudo indica que não se tratava apenas de retórica de ocasião, mas de princípios em que se enquadraria o processo eleitoral, que, em princípio, seriam materializados pela organização cujo órgão executivo passava a liderar.

Já foi descrito o sistema eleitoral vigente naquela data, bem como a extensão do voto às mulheres, quase em pé de igualdade com os homens, e as alterações introduzidas pelo governo de Marcello Caetano, que autorizavam a constituição, em cada círculo, de «comissões eleitorais» representativas de cada lista a propor ao sufrágio, e a fiscalização das operações de apuramento geral e das assembleias e secções de voto pelos candidatos ou por delegados de cada lista.

A inscrição no recenseamento fazia-se por duas vias: oficiosamente ou a requerimento do próprio. A primeira – que constituía a grande base de apoio do regime – abrangia todos os que, de alguma forma, estivessem ligados ao Estado, uma vez que as repartições e serviços civis, militares ou militarizadas do Estado, dos corpos administrativos e dos corpos corporativos e de coordenação económica eram obrigados a enviar às comissões recenseadoras «relações do pessoal com direito a voto»[194]. Para se poder avaliar a extensão e o alcance deste recenseamento oficioso, basta citar os números referidos pelo ministro do Interior, em comunicação televisiva de 27 de junho: foram inscritos administrativamente 572 217 eleitores e apenas 27 998 requereram a sua inscrição voluntária[195].

Portanto, uma das chaves do sucesso, praticamente garantido das vitórias eleitorais anteriores, residia neste sistema, até porque era prática habitual a supressão dos cadernos eleitorais dos nomes de pessoas suspeitas de serem contrárias à «situação».

Ao longo de toda a história do Estado Novo, que nunca tivera a coragem para eliminar a formalidade das eleições, várias vezes defendida, a questão central assentava no ato eleitoral, revestindo aqui especial importância não só a constituição e manipulação dos cadernos eleitorais, com o objetivo confesso de potenciar o número dos eleitores favoráveis e de evitar, ou mesmo impedir, a inscrição de cidadãos considerados adversos à Situação, mas ainda o falseamento do próprio ato eleitoral, através de toda a espécie de artifícios. Alguns exemplos: em outubro de 1948, o representante do Barreiro na reunião, realizada em Setúbal, para preparar as eleições, afirmava que iam ser criadas «várias secções de voto, afastadas da possibilidade de intervenção do adversário»[196]; na de Santarém, o presidente da Comissão da União Nacional informou que «em face do arranjo dos cadernos eleitorais se podia calcular que a Situação teria 90 por cento e a oposição 10 por cento, quando muito»[197]; por sua vez, o presidente da comissão de Rio Maior refere que «os cadernos eleitorais agora estão expurgados. Foram tirados os indesejáveis e meteu-se gente nova» e o de Torres Novas que «os cadernos eleitorais foram preparados com carinho»[198]. Para concluir os exemplos sobre este tipo de viciação, que se multiplicam de Norte a Sul do País, refira-se apenas o testemunho do presidente da comissão concelhia de Vila Franca de Xira: «Lamentou que ao cabo de 20 anos se tenha de recorrer ao expediente de preparar os cadernos eleitorais para se ganhar uma eleição presidencial. Mas espera que com arte e jeito se ganhem.»[199]

Melo e Castro procura tirar proveito da divisão das forças oposicionistas, tentando, sob o pretexto da abrangência e da abertura, atrair para as listas da União Nacional individualidades de espírito liberal, e chegando mesmo a aproximar-se e a estabelecer contactos nesse sentido com alguns socialistas, incluindo o próprio Mário Soares, com quem teve «duas ou três conversas, poucas semanas após o [seu] regresso de São Tomé, uma delas no decurso de um almoço longo»:

> Da minha parte – recorda Soares –, o interesse residia em conhecer, através de um amigo próximo de Caetano, até onde estavam dispostos a ir. Melo e Castro, bem intencionado, mas de forma vaga, explicou-me que ia haver uma «abertura», falou-me na «liberalização», tentou seduzir-me para ela e, sobretudo, convencer-me da sua concretização. [...]
> Ele queria que eu integrasse a Ala Liberal. A sua ideia era que eu pudesse candidatar-me a deputado, o que, sem eleições livres, eu jamais aceitaria. [...] Nessas conversas pedia-me que eu percebesse que, sendo quem era, «podia vir a jogar um papel importantíssimo»![200]

Mário Soares foi ainda contactado por José Pedro Pinto Leite – esse sim um amigo de Marcello Caetano –, que lhe disse que, apesar de ele ser da Oposição, «podia fazer a ponte com o Marcello. Mas, para isso, precisava de entrar no sistema»[201].

O futuro secretário-geral do Partido Socialista recusou. Afinal, «tinha um capital de quase trinta anos de permanente luta contra o regime e não queria – nem podia – perdê-lo»[202].

Enquanto estes empenhados «liberais» faziam todos os esforços para atrair pessoas capazes de dinamizar a nova Assembleia Nacional, no sentido da renovação, que presumiam estar no espírito e nas intenções do Presidente do Conselho, as forças conservadoras do regime empenhavam-se, por palavras e atos, em os sabotar.

No dia 10 de abril, no ato de posse do novo governador civil do Porto, Paulo Durão, o ministro do Interior afirmou, na sua típica linguagem floreada:

> Ora, todo o esforço de renovação política [...] assenta na fidelidade às raízes, à melodia, ao desenho, fidelidade essa que resume a essência da doutrina nacionalista e informa as nossas instituições.

LIVRO SEGUNDO PRESIDENTE DO CONSELHO DE MINISTROS   501

A base do Regime tem de ser suficientemente ampla para consentir a expressão colorida da paisagem política portuguesa, individualizando bandeiras, mas defendendo as leis que proíbem a corrupção das raízes, a destruição do desenho que o nosso povo imprimiu nas províncias de aquém e de além-mar, o esquecimento da melodia que acompanhou a sua aventura e tornou inconfundível o mundo português.[203]

Mais adiante, tentando desvalorizar as teses oposicionistas, declara mesmo que a oposição já existia dentro das instituições do regime:

> O funcionamento regular das instituições políticas, no qual estão em causa os órgãos da soberania e o exercício normal das liberdades públicas, é a prova da legitimidade do Regime e o terreno em que se manifesta a própria confiança da Nação.
>
> Ao lado deste terreno, onde as forças políticas se exercem e o Poder se constrói, existe a organização corporativa, campo aberto à representação dos interesses e que funciona, em relação ao Governo, como uma espécie de oposição informal e colaborante; informal porque não é necessariamente, mas potencialmente, oposição, e colaborante porque não pode deixar de inserir os interesses particulares que defende no interesse geral que o Governo prossegue.[204]

Em agosto, o ministro homologa um parecer, emitido a seu pedido, pela Procuradoria Geral da República[205], que declara ilegais as associações designadas por «Comissão Democrática Eleitoral do Distrito de...», equiparando-as às associações secretas e, como tais, todos os seus promotores e aderentes incorriam em penas que podiam ir até à aplicação de medidas de segurança.

Na mesma altura, em visita a Coruche, reafirma o princípio absoluto da independência do Poder face às pressões dos governados:

> Homens livres, só poderemos firmar pactos de confiança mútua, de fidelidade desinteressada, que assegurem ao governante a sua própria liberdade contra as pressões dos interesses e as paixões dos homens lhe permitam governar, depois, iluminadamente, na justiça e na paz, protegendo as autênticas liberdades.
>
> Fala-se muito de liberdade, e eu gosto mais de falar de vinculação.[206]

502 MARCELLO CAETANO UMA BIOGRAFIA POLÍTICA

E mais adiante:

> O Sr. Presidente do Conselho precisa agora de convencer o mundo, definitivamente, de que a vontade da Nação está determinada e de que a sua resistência moral não tem limites quando se trata de defender a liberdade do homem português e a integridade da Pátria contra as violências das hordas terroristas e os interesses das potências que as protegem.[207]

No meio de todo este torvelinho, Marcello Caetano e o seu governo – ainda marcadamente «provisório» –, prosseguem a sua política de liberalização nas áreas económica e social, na qual se salienta a reforma da legislação laboral. Pelo Decreto-lei n.º 49 058, de 14 de junho de 1969, são reorganizados os sindicatos nacionais; e o Decreto-lei n.º 49 212, de 28 de agosto, regula e uniformiza a estrutura das convenções coletivas de trabalho e a forma da sua elaboração e publicação, estabelecendo os princípios que devem reger os respetivos contratos e acordos, sendo que a sua maior novidade «era a consagração da obrigatoriedade de negociar, do reconhecimento pela primeira vez da possibilidade de poderem surgir "conflitos coletivos de trabalho", tentativas de "conciliação" através da arbitragem, "única alternativa para a greve em caso de impasse nas negociações", o que constituía a justificação para a continuação da proibição do direito à greve. Além disso cabia sempre ao Governo a homologação das convenções assinadas e das decisões das "Comissões Arbitrais".»[208]

Mais espetacular, do ponto de vista do impacto mediático, é o regresso, a 17 de julho, do bispo do Porto, D. António Ferreira Gomes, que fora exilado por Salazar havia dez anos, na sequência da célebre carta que o bispo enviara ao então Presidente do Conselho, por ocasião das eleições presidenciais de 1958[*].

---

[*] D. António Ferreira Gomes, foi ordenado padre em 1928, após o que se formou em Filosofia e Teologia na Universidade Gregoriana de Roma. Regressado a Portugal, é colocado no seminário do Vilar (Porto), do qual, mais tarde, foi nomeado vice-reitor. Bispo coadjutor da diocese de Portalegre e Castelo Branco (1948-1952), é nomeado bispo do Porto, em 1952. A 13 de junho de 1958, escreve a Salazar uma carta para justificar a sua recusa de vir de Barcelona para votar. Assumida pelo próprio como uma «declaração de voto», faz uma crítica global e dura ao sistema político, assim sintetizada por Manuel Braga da Cruz: «Partindo da constatação de que "a Igreja em Portugal está perdendo a confiança dos seus melhores", particularmente "do povo, dos operários e da juventude", recusa a ideia de que a solução esteja no cerrar fileiras em torno do Estado Novo. Se admira a figura de Salazar e as suas posições em matéria de política externa e ultramarina e de política económica, já o mesmo não pode dizer em relação ao problema social. Contesta

A situação do bispo do Porto proporcionou os primeiros – que se revelariam, aliás, fugazes – contactos entre Francisco de Sá Carneiro, um dos futuros e mais aguerridos membros da «ala liberal», e Marcello Caetano. Em vésperas da sua visita Porto, o Presidente do Conselho recebia do seu antigo aluno uma carta em que este, depois de salientar a consideração que lhe merecia «a pessoa e o mestre» e «a esperança que deposit[ara] na ação do Político», escreve:

> Por isso me custa a aceitar que Vossa Excelência venha ao Porto quando o Bispo da diocese ainda não pode regressar ao País em virtude de ordem, que não cabe agora qualificar, mas que continua em vigor, impedindo-o de atravessar a fronteira na qual praticamente se encontra. [...]
> Além de desumana, a situação pede sobretudo justiça.[209]

Ainda no sentido da promover a sua imagem, em agosto, Marcello Caetano visita a Beira Alta e Trás-os-Montes e, no mês seguinte, o Alto Alentejo e a Beira Baixa.

Pelo Decreto-lei n.º 49 217, de 1 de setembro de 1969, é fixado o dia 26 de outubro para a eleição geral dos deputados à Assembleia Nacional, tema que é tratado na quinta «conversa em família», transmitida no dia 11[210].

Começa por definir as funções da Assembleia Nacional, das quais destaca as de «fiscalizar os atos de governo e da administração pública, servir de intérprete das necessidades, dos anseios e desejos do eleitorado e elaborar as leis fundamentais», deixando «em último lugar o papel legislativo porque, entre nós, como por toda a parte, os parlamentos já não são os únicos nem os mais produtivos fazedores de leis.» Além dessas, ressalta ainda o facto de os deputados a eleger terem poderes para rever a Constituição, e ainda o de fazerem parte do colégio eleitoral que há de eleger o

---

a proibição do direito à greve, defendido pela oposição. Constata que "as tensões sociais e políticas estão a subir perigosamente". Denuncia o corporativismo português por ter sido "realmente um meio de espoliar os operários do direito natural de associação". E termina perguntando se pode a Igreja ensinar livremente e por todos os meios a sua doutrina social, e se podem os católicos vir a definir um programa político próprio e a apresentar-se ao sufrágio com candidatos próprios também.» (Manuel Braga da Cruz, *O Estado Novo e a Igreja Católica*, Lisboa, Bisâncio, 1998, p. 115). Transformado numa bandeira, acaba por ser impedido de entrar em Portugal, situação que se manteve até 1969. (Ver ainda, entre muitos outros possíveis, Centro de Estudos da História Religiosa – Universidade Católica Portuguesa, *D. António Ferreira Gomes – Nos 40 anos da carta do Bispo do Porto a Salazar*, Lisboa, Multinova, 1998).

Presidente da República. Tudo isto, confere ao ato eleitoral que se aproximava a «maior gravidade».

E maior importância tem ainda essa escolha porque, da vitória de uma ou de outra das listas que certamente serão apresentadas ao eleitorado, resultará, para o Mundo, a manifestação da vontade do povo português.

Para o Presidente do Conselho, no ano decorrido desde a assunção das funções, «o País demonstrou, por modo inequívoco, a sua adesão à política que me propus seguir». Mas, tal como dissera ao Presidente da República no momento da sua designação, transforma o ato eleitoral num plebiscito à sua pessoa e à sua política, dramatizando:

> Mas está convencionado que a genuína linguagem democrática é a dos votos. Resta, pois, tirar agora a prova real do sufrágio.
> Quero que este seja livremente expresso em termos de não deixar dúvidas a ninguém.
> É preciso que, cá dentro e lá fora, fique bem claro se o povo português é pelo abandono do Ultramar, ou se está com o Governo na sua política de progressivo desenvolvimento e crescente autonomia das províncias ultramarinas.
> É preciso que, cá dentro e lá fora, fique bem claro se o povo português prefere um clima de ordem pública e de paz social em que as reformas necessárias ao fomento do Pais, à promoção social e ao bem-estar dos Portugueses vão sendo feitas com resolução e com firmeza, mas com segurança também, ou a turbulência revolucionária de que não se pode esperar mais do que violência, despotismo, confusão e, afinal, miséria e fome.
> Estas são as opções fundamentais que neste momento são propostas aos Portugueses.

«Está convencionado...», disse Marcello Caetano, que, como já se referiu, não estava convencido disso, bem pelo contrário... Mas, dadas as circunstância e os tempos, tinha de se conformar.

Das oposições espera tudo e está preparado para ouvir todas as críticas: «os adversários do governo ou do regime dirão muito mal de tudo e de todos, levantando, a propósito de quantos problemas possam ser versados, ondas de poeira e vagas de confusão», sendo que «a maior parte do que se diz numa campanha eleitoral é apenas demolidor».

Demarcando-se, uma vez mais, do seu antecessor afirma:

> Por mim sabe o País que não desejei o governo, não o procurei, não tenho interesse pessoal em me manter nele.

Termina com um apelo ao civismo e à correção durante a campanha eleitoral, retomando a sua argumentação recorrente de que as limitações à liberdade são mantidas em nome do bem comum:

> A liberdade, efetivamente, não consiste em cada um proceder sem peias. Fazemos parte de uma sociedade onde os indivíduos têm de se respeitar uns aos outros e têm de respeitar também os interesses de todos. A ação de cada um tem, pois, de ser limitada pelos interesses dos restantes e pelo interesse da coletividade. E até pela defesa das autênticas liberdades da pessoa. Porque há hoje muito quem reivindique liberdade em altos gritos apenas para ter os movimentos soltos na obra de demolição social, obra que nos regimes socialistas vem depois a ser realizada no clima mais duramente opressivo, mais ferozmente totalitário, em que não contam os direitos das pessoas nem a individualidade das nações.

Ano Dois

27 de setembro de 1969
a
27 de setembro de 1970

1

«NEM PROMETI DE MAIS NEM CUMPRI DE MENOS»

Uma das tónicas do discurso de Marcello Caetano, no contexto eleitoral, é a desvalorização do papel da instituição parlamentar. Bem vistas as coisas, no fundo, não passava de uma excrescência, bem dispensável, que o legislador constituinte de 1933 tinha importado do mais do que desacreditado sistema demoliberal. Disse-o no discurso que pronunciou na cerimónia de apresentação de cumprimentos pela passagem do primeiro aniversário do Governo realizada no Palácio de S. Bento a 27 de setembro[211]:

> Os modernos meios de comunicação permitem que essa relação entre governantes e governados se faça mais diretamente do que nunca. E daí resulta o enfraquecimento dos sistemas parlamentares. Os parlamentos foram concebidos na época em que a sociabilidade tinha a sua expressão mais perfeita nas reuniões dos salões, para facilitar as explicações dadas pelos governantes aos representantes dos governados. Mas hoje, se os representantes continuam a ter um papel importante a desempenhar, já não são as câmaras legislativas os únicos auditórios onde o Governo pode fazer-se escutar pela Nação.

Por isso,

> Admira-me [...] certa revivescência que se nota, nalguns meios, de uma há muito ultrapassada democracia liberal. A democracia tem de consistir no governo em prol da maioria, sim, mas não das maiorias artificialmente formadas nas assembleias dos partidos. E a liberdade política tem de ser entendida como simples meio de defender as liberdades essenciais que os regimes socialistas asfixiam, a começar pela liberdade de iniciativa, sem a qual as sociedades se reduzem a tristes e melancólicos aparelhos burocráticos.

Mas não discursou apenas para falar das eleições e do seu enquadramento. Tratava-se também de fazer o balanço de um ano de governo, face às expectativas gerais que se tinham desencadeado, afirmando-se em paz com a sua consciência, já que não se tinha afastado do que, naquele mesmo lugar, prometera ao País:

> Pessoas que esqueceram o que ouviram ou leram o que lá não está já me têm acusado de desvio da linha do discurso proferido. É uma injustiça. Nem prometi de mais nem cumpri de menos.

Esta afirmação é uma chamada de atenção séria, tanto para os contemporâneos como para os vindouros, e deve ser tida em atenção. Lucidamente, e apercebendo-se das desencontradas reações que as palavras pronunciadas no pórtico de entrada deste novo ciclo político tinham desencadeado, Marcello Caetano alerta para a realidade contra as interpretações, mais ou menos idealistas, das suas palavras: lerem o que está escrito e ouvirem o que, de facto, foi afirmado no seu primeiro discurso. É como se dissesse: atenham-se ao que lá está e não ao que gostariam que estivesse.

Faz então o balanço do ano decorrido, na perspetiva das eleições a realizar brevemente, num cenário carregado de um pessimismo hobbesiano muito característico do seu pensamento, que descreve na introdução ao volume em que reúne as peças oratórias fundamentais deste primeiro ano de governo:

> Vão difíceis os tempos para quem tem a responsabilidade de conduzir povos. Uma onda de anarquia varre o mundo. Contestam-se todas as normas que disciplinam a vida social e todas as autoridades que têm por dever mantê-las. Os cimentos tradicionais da sociedade e das Pátrias, ideais coletivos, regras morais, fé religiosa, espírito de sacrifício, devoção desinteressada, tudo isso está a ser corroído por uma ação demolidora universal e insinuante. A dúvida tende a instaurar-se onde ontem reinavam sólidas certezas e a ideia de que os progressos tecnológicos vão instaurar um mundo novo seduz muitos dos melhores espíritos que se prestam a fazer tábua rasa de quanto sabem e praticam para abraçar sem reflexão qualquer novidade que seja apresentada como já pertencente à Idade futura.[212]

As perspetivas futuras desta sociedade não são animadoras:

> O que será a sociedade futura ninguém pode dizê-lo com segurança. Não são as coisas que enformam a vida social, são os homens. E resta saber se estes, mesmo tendo ao seu dispor meios excecionais de potenciar a sua capacidade de agir e de dominar, deixarão de ser a humanidade que são – com seus instintos, suas debilidades, seus vícios a contrapesarem a razão, a energia e a virtude que só a tensão espiritual mantêm dominantes. O que se viu até agora não é animador: certas amostras da humanidade nascida da era atómica e que reivindica a nova redenção mostram-nos seres complexados e nevrosados que procuram nos ritmos bárbaros, na fúria destrutiva e nos paraísos artificiais compensações ilusórias.
>
> O homem pode vir amanhã a viver em condições diferentes das do passado ou de hoje em dia, mas permanecerá essencialmente o mesmo, nas paixões e nos apetites, nas qualidades como nos vícios. E para a Humanidade ser mais feliz têm os homens que a compõem de continuar o esforço dos séculos, procurando consolidar a nobreza da espécie pela vitória da Cultura sobre a Natureza. Esta é para mim uma verdade axiomática. E por isso não julgo que governantes e educadores possam ou devam transigir nela.[213]

Marcello Caetano dramatiza o quadro político em que se realizarão as eleições, seguindo as técnicas do marketing eleitoral:

> O País [...] sabe que há um perigo revolucionário e que esse perigo, a ser alentado, pode comprometer a paz interna, o progresso equilibrado e a integridade da Nação. Sabe que as reformas necessárias podem ser feitas sem quebra de continuidade de uma obra com muitos aspetos positivos, à sombra de uma Constituição que nos deu já trinta e cinco anos de tranquilidade. Sabe que no Ultramar não declarámos nem fazemos guerras, mas apenas sustentamos as operações de polícia militar necessárias à segurança de populações que querem continuar a ser portuguesas. Sabe que esta vontade, esta autodeterminação para assim dizermos, é demonstrada a cada passo de modo inequívoco, muito mais inequívoco do que chamando a população das sanzalas, depois de evacuadas todas as forças de segurança portuguesas, a depor nas urnas boletins segundo a regra de «um homem, um voto». Sabe que essa farsa corresponderia inevitavelmente à ruína da economia erguida pelo nosso labor, à demolição de toda uma obra e até ao vexame dos lares sacrificados ao furor de um racismo que nós combatemos, opondo-lhe os mais notáveis exemplos de sociedades multirraciais.

Quanto à campanha eleitoral, distingue entre a disputa propriamente dita entre as diversas forças políticas em confronto e os objetivos a médio e a longo prazos das oposições:

> Vamos enfrentar, nos termos constitucionais, uma campanha eleitoral. E nela surgiram já, anunciando o seu propósito de ação para além das eleições, as mais variadas fações antigovernamentais: desde a comunista, sempre ansiosa por encontrar meios de vir da existência clandestina para o abrigo da legalidade, passando pelos socialistas até a certos monárquicos, estes proclamando embora a sua fidelidade ao Ultramar português, mas sem pensar que o interesse supremo da Pátria exige nesse caso a união de quantos o defendem.

Esta cerimónia comemorativa do aniversário da posse do Governo foi concorrida e teve vários oradores, que falaram antes do Presidente do Conselho: o Chefe do Estado-Maior General das Forças Armadas, general Venâncio Deslandes; o Vice-presidente da Comissão Nacional da União Nacional, Albino dos Reis; e o Ministro de Estado, Vaz Pinto.

A presença do principal responsável pelas forças armadas representa uma prova de força, no contexto eleitoral que se aproximava. Num discurso todo construído em torno do tema da defesa do Ultramar, garante reiteradamente «o muito apreço e a inteira confiança das Forças Armadas na ação que vem desenvolvendo a bem da Pátria», e referindo-se implicitamente à campanha eleitoral, afirmou:

> É da técnica da guerra procurar por todos os meios reduzir a capacidade de resistência da frente à custa do enfraquecimento da retaguarda. Só que o nome dado aos que colaboram com o inimigo nesta manobra torpe se atenuou com o disfarce ideológico. Conhece-se a constante pressão da propaganda no incitamento à rebelião e à desordem [...]. E porque se trata de uma faceta da luta em que estamos empenhados e se reconhecer como indispensável contrariar o jogo do inimigo, mantendo, a todo o custo, a tranquilidade nos espíritos e a ordem nas ruas, preservando a autoridade e garantindo a liberdade de ação do Governo, desejo afirmar a V. Ex.ª que estamos atentos ao problema: as Forças Armadas não podem consentir que paixões partidárias e demagógicas venham alterar a tranquilidade dos portugueses nem intervir nas decisões que coletivamente seja seu desejo tomar.[214]

Contraditoriamente, segundo um memorando da Embaixada dos Estados Unidos em Lisboa, datado de 2 de outubro seguinte, o embaixador transmitiu para o Departamento de Estado a seguinte informação:

> O Chefe do Estado-Maior General das Forças Armadas, general Venâncio Deslandes, pediu uma audiência ao Presidente Tomás para lhe comunicar o desagrado das Forças Armadas em relação a alguns projetos do Primeiro-Ministro Caetano. A natureza exata das objeções não é clara, mas a principal especulação liga-se à política do Primeiro-Ministro em África. Esta história é apimentada pelo facto de Deslandes ser tido como um amigo pessoal e seguidor de Caetano.[215]

Apesar das reservas suscitadas pelos ministros da Economia – primeiro Correia de Oliveira e depois Dias Rosas – devido aos elevados custos e responsabilidades que a sua construção acarretaria ao governo de Lisboa, no princípio do mês de setembro, é aprovada a adjudicação definitiva da barragem de Cahora Bassa, no rio Zambeze (Moçambique), ao grupo Zamco, composto por empresas portuguesas, sul-africanas, alemãs, francesas e italianas, que contam com o apoio de bancos sul-africanos, italianos e portugueses, através do Decreto-lei n.º 49 225, de 4 de setembro, efetivando-se assinatura do respetivo contrato no dia 19. Esta obra tinha objetivos militares e políticos: por um lado, previa-se que dificultasse a ação de guerrilha da FRELIMO e, por outro, estabelecia uma aliança política centrada no eixo Lisboa-Pretória-Salisbúria.

Quase em simultâneo, também em setembro, encenava-se em Lisboa um autêntico quadro de ópera-bufa, em que aquilo que restava do salazarismo parecia comprazer-se, sem se dar conta do ridículo em que caía, sobretudo a nível externo, para quem, aliás, ela foi representada, e da destruição da imagem do homem cuja grandeza – que elevavam à categoria de génio – tanto diziam querer eternizar.

Roland Faure, jornalista francês do *L'Aurore* consegue, através da sua governanta, autorização para entrevistar Salazar, sob o compromisso de não lhe revelar a realidade política, ou seja, a sua substituição na chefia do Governo. O teor da entrevista, publicada no dia 6, pelo seu *non-sense*, merece ser arquivada. Resume Franco Nogueira:

> Mas Roland Faure pretende sobretudo apurar um ponto: Salazar sabe que não é chefe do Governo, ou não? Então o enviado de *L'Aurore* verruma Salazar com perguntas de segunda intenção. Durante a sua doença, que parte

tomou na direção dos assuntos do Estado? Ilude o doente uma resposta direta: «não estou ainda completamente restabelecido e o meu único cuidado é o de poupar forças para desempenhar as minhas funções». E todos os ministros lhe dão conta da marcha do governo? Sim. E dá-lhes diretivas? Não impõe decisões, estas são tomadas coletivamente. Reúne ali o Conselho de Ministros? Não, este reúne em Belém, presidido pelo chefe do Estado. [...] Há algum tempo fala-se muito de Marcello Caetano: que pensa dele? Conhece-o bem, aprecia-o. Caetano gosta do poder, não para benefícios pessoais ou proveito de sua família, porque é um homem honesto; mas gosta do poder pelo poder. E é inteligente, tem autoridade. «Mas faz mal em não querer trabalhar no governo, de que, como sabe, ele não faz parte. Continua a ensinar Direito na Universidade. Escreve-me por vezes para me dizer o que pensa das minhas iniciativas. Nem sempre as aprova, e tem a coragem de mo dizer. Admiro essa coragem. Mas não parece compreender que para atuar com eficácia, para marcar os acontecimentos, há que ser membro do governo.[216]

Das operações de «cosmética» dos cadernos eleitorais como as atrás descritas, que aliás se repetiram em todos os recenseamentos do Estado Novo, resultara um corpo eleitoral profundamente inquinado e viciado, que traduzia tudo menos a fiel representação da Nação portuguesa. Por isso, uma consulta autêntica – perspetivada como plebiscitária de um ciclo político novo ou, pelo menos, renovado – pressuporia começar pela redefinição do eleitorado. O que, dada a profunda distorção estrutural a que fora sujeito, não se compadecia com meras reformas. Seria necessário começar do princípio ou, por outras palavras, a autenticidade do sufrágio exigia a elaboração de novos cadernos eleitorais a partir da base, rasgando os que existiam.

Provavelmente, o tempo não era suficiente. Mas teria sido possível introduzir alterações à lei eleitoral de modo a alargar os prazos previstos para o recenseamento, ainda que, para tanto, fosse preciso adiar as eleições. Atendendo aos objetivos, é bem natural que tal atitude conseguisse o consenso entre a generalidade das forças políticas.

Um ano antes, Marcello Caetano afirmara ao Presidente da República que

> Se assumisse a chefia do Governo, procuraria que as eleições gerais a realizar em 1969 fossem o mais corretas possível para que, se as ganhasse, as ganhasse bem.[217]

Segundo Freitas do Amaral, a estratégia eleitoral de Marcello Caetano assentava em cinco pontos: «ampla renovação dos deputados apoiantes do Governo; inclusão nas listas de jovens renovadores, que viriam a ficar conhecidos pelo nome de *ala liberal* [...]; remodelação completa do recenseamento, para o tornar sério e representativo de todo o eleitorado; definição de regras claras sobre a campanha eleitoral, que permitissem a apresentação de listas da oposição democrática e lhe consentissem expor livremente os seus pontos de vista; e proibição estrita de fraudes eleitorais cometidas pelo aparelho de Estado.»[218] Ainda segundo o mesmo testemunho, terá ainda ponderado a autorização para a formação de partidos políticos, mas ficou-se pelas já citadas «comissões eleitorais».

Se alguma coisa de essencial falhou no marcelismo, foi sem dúvida a questão do recenseamento. Foi mesmo o principal falhanço de Marcello Cetano, um falhanço que comprometeu irremediavelmente todo o processo político, já que não só corroeu indelevelmente o caráter plebiscitário – à sua pessoa, ao seu mandato e à sua política – que se impusera conferir a estas eleições, mas também lhe retirou a legitimidade política para poder continuar a dizer que governava segundo a vontade, livremente expressa, da Nação, num consenso alargado e abrangente.

Porque falhou? – interroga-se, como tantos outros, Freitas do Amaral:

> Confesso que não sei. Sei, sim, que o Presidente do Conselho deu instruções precisas para que se procedesse à reformulação integral do recenseamento; sei que se chegou a encomendar uma campanha de cartazes e anúncios na televisão, apelando aos portugueses a recensearem-se em massa; e eu próprio vi – um qualquer dia em que me desloquei ao Ministério do Interior [...] – passarem diante de mim vários membros do gabinete do Ministro Gonçalves Rapazote, com maquetes completas dos cartazes que haviam de ser afixados aos milhares de norte a sul do país. No centro do cartaz, podia ler-se, em letras garrafais, o slogan – «TODOS AO RECENSEAMENTO!».
>
> [...] O cartaz nunca apareceu: os ultras tinham ganho a sua primeira vitória, desde que, há um ano Marcello Caetano fora nomeado Presidente do Conselho.[219]

Como já anotou, há quase uma dezena de anos, António de Araújo[220], «O marcelismo é o reino dos "ses" e das oportunidades perdidas, terreno fértil para as ucronias – que, como se sabe, não pertencem ao domínio da ciência histórica, mas das obras de ficção...» Acrescente-se ainda que a História não se constrói no condicional, mas no presente, nem é um campo de hipóteses, mas assenta nos factos.

Procurando embora não incorrer em tais erros, não se resiste a reafirmar o que acima foi dito, explicitando ainda que se, como tudo o indica, Marcello Caetano queria firmar-se e cimentar a sua posição e legitimidade políticas, deveria ter resistido às pressões, para o que parece razoável supor que poderia contar com apoios, tanto dentro como fora do sistema. Mas o homem, que no seu longo percurso político anterior nunca hesitara na firmeza das suas convicções e se mostrara quase sempre irredutível face à contemporização e à paz podre das conveniências políticas, agora, posto à frente do Poder Executivo, mostra-se dominado pela preocupação em evitar ruturas, optando pela cedência à herança do passado e aos legatários de Salazar, esquecendo a máxima evangélica de que se não deita vinho novo em odres velhos...

Quanto à falsificação propriamente dita do ato eleitoral também, e porventura à sua revelia, se mantiveram os métodos expeditos e habituais, como são exemplo vários documentos do Comando Geral de Setúbal da Legião Portuguesa, já publicados. Num ofício de 15 de outubro, refere-se a utilização de «garrafinhas de mau cheiro» para «produzir um ambiente de mau estar e talvez uma possível evacuação» na sessão a realizar pela oposição[221]. Dois dias depois, uma sugestão de fraude explícita:

> Se houvesse possibilidade de conseguir um homem de muita confiança, dos que separam a correspondência nos CTT, especialmente durante a noite como sucede nesta Cidade, para que trocassem as listas enviadas pela CDE seria de facto o ideal.
>
> Outra possibilidade, seria, talvez, a dos carteiros de confiança, antes de entregarem os envelopes abertos nos domicílios, verificarem as listas e fazerem a troca.[222]

Estes atos não são apenas da responsabilidade da Legião. Mais grave ainda, chegam a ser promovidos por alguns nomes com passado político anterior e futuro relevante, tanto na Assembleia Nacional como na Câmara Corporativa:

> Informo V. Ex.ª que no dia 19 do corrente, pelas 11H00, foi solicitada a minha comparência na Escola Comercial e Industrial de Setúbal, a fim

de tomar parte numa reunião com o Exm.º Sr. Miguel Rodrigues Bastos e Dr. Rogério Peres Claro.

A finalidade da reunião (muito secreta), foi pedida a minha colaboração no sentido de montar e chefiar um "carroussel" [sic] com viaturas particulares e pessoal legionário munido de certidões de falecidos, ausentes, etc., fornecidos pela UN, a fim de votarem nas assembleias duas, três ou quatro vezes, por exemplo os homens de Almada votam no Barreiro, Seixal e Moita; os da Moita votam em Almada e Sesimbra; os do Barreiro votam em Almada e assim sucessivamente.

Para o efeito, os Presidentes das mesas estão avisados, até porque as certidões estão marcadas.[223]

Peres Claro parece ter sido particularmente ativo neste tipo de falsificações, como se depreende de um relato anónimo:

No próprio dia 26 às 00H30 horas iniciei o meu trabalho em casa do Dr. Peres Claro, preenchendo certidões falsas, assinando-as em nome dos Chefes de Secretaria da Câmara Municipal de Setúbal e Almada – (as certidões de Setúbal seriam entregues em Almada e as de Almada em Setúbal) – consegui arranjar um selo branco, que descobri na sucata da Câmara de Setúbal, que se adaptou muito bem para o fim [...]. O trabalho bastante árduo e de muita responsabilidade findou às 06H30, preenchendo-se cerca de 1600 certidões.[224]

Esta documentação demonstra à saciedade – melhor do que qualquer outra descrição –, a prática corrente do sistema eleitoral português do Estado Novo.

Por outro lado, existia o problema da eleição maioritária através do sistema de listas.

Quando estudou e descreveu o constitucionalismo antiliberal e antidemocrático (1926-1974), Marcelo Rebelo de Sousa escreveu:

[...] o sistema eleitoral encontra-se concebido com uma preocupação evidente do funcionamento do sistema de partido liderante e sobretudo da permanência intocada do sistema de governo e do regime político vigentes.

De facto, o sistema eleitoral para a Assembleia Nacional, nomeadamente o modo de escrutínio maioritário e as limitações que rodeiam a apresentação de candidaturas, para além da própria regulamentação da capacidade eleitoral e do processo de recenseamento, conduzem à inevitabilidade do exclusivo da posição da União Nacional, primeiro, e da Ação Nacional Popular, depois.[225]

Com efeito, o sistema maioritário – justificado pela necessidade de encontrar maiorias estáveis num contexto de sistema de partidos políticos –, na ausência destes, reverte para os candidatos das listas do partido único do Governo praticamente toda a possibilidade – aqui tornada inevitável – de ser eleitos.

Disso se deram conta os signatários da, posteriormente ilegalizada, Comissão Promotora de Voto que, em representação ao Presidente do Conselho, afirmam, para propor um sistema quer permita a representação das minorias:

> A eleição por lista significa que em cada círculo serão considerados e proclamados eleitos os candidatos que pertençam à lista que obtenha a maior votação, ainda que na mesma lista só um candidato tenha alcançado essa maior votação e os restantes sejam, acaso, menos votados que os candidatos de outra lista.
>
> Este sistema [...] torna impossível a representação das minorias, e, portanto, afasta da Assembleia Nacional as diversas correntes de opinião pública e torna impossível a verdadeira escolha dos candidatos, já que é, antes, a lista que conta e não os nomes que nela se inscrevem.[226]

Por isso, não basta a Marcello Caetano afirmar que lhe interessava «que as oposições concorressem às urnas e que o pleito fosse franco e leal», sentido em que se teriam sempre orientado as instruções que dera aos seus colaboradores[227]. Era necessário criar condições reais e não permanecer no reino da retórica.

Entendamo-nos.

Apesar de ter sistematicamente garantida, através das limitações impostas à oposição, a eleição dos seus representantes, o regime, habilmente, blindou o sistema no sentido da sua inexpugnabilidade, cerceando a representação das minorias. Como a oposição só de quatro em quatro anos dispunha de algum – e muito limitado – espaço de manobra, e ainda assim apenas durante o curto período da campanha eleitoral, era praticamente impossível fazer eleger algum dos seus representantes. É claro que, do ponto de vista teórico, esta impossibilidade não existia, sendo sempre possível, se os eleitores quisessem, a eleição de representantes das forças oposicionistas. Mas se este argumento pode servir como arma justificativa na retórica do discurso da vitória, não resiste a uma análise realista sobre o significado do seu conteúdo real.

Era com este tipo de atuação arreigada na prática eleitoral do Estado Novo, e com este sistema de bloqueio sistemático à concorrência «leal», que era preciso romper. O que só poderia ter sido feito através de uma limpeza radical. Ou seja: começar do princípio, desde o recenseamento à reforma do próprio sistema da eleição dos deputados.

Marcello Caetano – pressionado, ou por decisão própria – não o fez, comprometendo irremediavelmente e com consequências políticas muito graves, que se adensarão nos anos seguintes, a autenticidade do que dizia serem as suas intenções, e ditando, ele próprio, as dificuldades que, num crescendo sem recuos, conduzirão ao bloqueamento final.

Com a abertura da campanha eleitoral, ficam definidos os grupos que vão apresentar-se ao sufrágio e a respetiva constituição.

A oposição concorre em todo o Continente e Ilhas, com exceção da Horta. Em Lisboa, Porto e Braga, apresenta-se dividida: a Comissão Democrática Eleitoral (CDE), que é liderada pelo PCP, integrando ainda elementos da extrema-esquerda e católicos progressistas de tendência socializante, e a Comissão Eleitoral de Unidade Democrática (CEUD), que congrega os socialistas liderados por Mário Soares. Em Lisboa concorre ainda uma lista da Comissão Eleitoral Monárquica (CEM), composta por monárquicos opositores do regime. Em Moçambique, a Oposição, liderada por Almeida Santos, tentou ainda concorrer, mas a lista foi rejeitada por não ter sido acompanhada dos bilhetes de identidade dos candidatos, falta que não pôde ser suprida dentro dos prazos legais, por ter sido apresentada à última hora.

Na União Nacional, Melo e Castro, seguindo as diretivas de Marcello Caetano, renova substancialmente a constituição das listas. O Presidente do Conselho, muito preocupado «que toda uma camada de gente nova, abaixo dos 35 anos, estivesse afastada ou a afastar-se do regime», propusera-lhe «tentar recrutar para as listas da União Nacional um núcleo forte de jovens da ala progressista moderada, garantindo-lhes liberdade de movimentos desde que aceitassem os princípios fundamentais comuns à lista em que haviam de ser propostos a eleitores»[228].

É neste quadro que se insere a inclusão, nas listas do Porto, de um grupo de quatro candidatos, ligados aos meios católicos, que fazem depender a aceitação da candidatura da publicação prévia do seguinte comunicado, que saiu nos jornais diários no primeiro dia da campanha eleitoral, 28 de setembro:

> Entenderam os signatários dever fazer acompanhar a apresentação da sua candidatura à Assembleia Nacional de uma definição clara da sua posição.
>
> Consideram que no atual condicionalismo do País têm a possibilidade e o dever de o servirem submetendo-se a um sufrágio livre, que constitui o processo mais direto e amplo da indispensável participação dos cidadãos na vida do Estado.
>
> Afigura-se-lhes que neste momento a sua intervenção livre e independente é compatível com a apresentação da sua candidatura pela União Nacional, uma vez que os dirigentes atuais desse organismo lhes merecem a qualificação de homens de boa vontade e já apontaram publicamente a instauração de um regime de tipo europeu ocidental como meta final da sua atividade política.
>
> Nesta orientação, creem que é possível realizar as transformações e reformas de que o País urgentemente carece na linha política do atual Chefe do Governo, necessariamente sujeita à fiscalização crítica da Assembleia Nacional. Neste ponto, divergem das Oposições, cuja existência e livre expressão encaram como indispensáveis e inerentes a uma vida política sã e normal.
>
> Esta intervenção dos signatários, desligada de quaisquer compromissos, que ninguém, aliás, lhes solicitou, orientar-se-á, pois, essencialmente no sentido da rápida e efetiva transformação política, social e económica do País. Consideram essencial para a realização de tal transformação assegurar o exercício efetivo dos direitos e liberdades fundamentais consignados na Constituição e na Declaração Universal dos Direitos do Homem.
>
> Francisco Lumbrales de Sá Carneiro, Joaquim Macedo, Joaquim Pinto Machado Correia da Silva e José da Silva.[229]

Esta declaração prévia, integralmente transcrita pela importância nodal que assume no contexto dos equívocos políticos em que o marcelismo foi fértil, evidencia, pelo menos, duas realidades: por um lado, é um sinal de clivagem bem vincada relativamente ao projeto político de Marcello Caetano, com o qual não coincide; e, por outro, revela diferenças essenciais no entendimento que o Presidente do Conselho e o Presidente da Comissão Executiva tinham da apregoada «renovação».

Marcello Caetano não fora previamente informado das condições postas pelos quatro candidatos do Porto, porque,

> Se o tivesse tido, nunca aceitaria a isenção do mínimo de disciplina política que a inscrição nessa lista inculcava ao eleitorado existir.[230]

Além dos esforços de renovação, as listas da União Nacional são também reforçadas com nomes de peso do *bunker* salazarista, entre os quais alguns ex-ministros, como Gonçalves de Proença, Luís Teixeira Pinto e Franco Nogueira. Este último, que viria a transformar-se no líder da ala mais conservadora da Assembleia Nacional, pediu, no dia 6 de outubro, a demissão das funções de ministro dos Negócios Estrangeiros – que ocupava desde maio de 1961 –, sendo substituído, interinamente, pelo Presidente do Conselho. No discurso que pronunciou ao assumir estas funções[231], embora mantenha como firme que «a defesa do Ultramar português não afrouxará no plano diplomático, como não fraquejará no plano interno», faz questão de se demarcar das conceções de Franco Nogueira, assentes na essencialidade da manutenção das colónias do Ultramar para a existência de Portugal como Nação[*], afirmando:

> Nunca professei a opinião de que Portugal, privado do Ultramar, estivesse condenado à perda da independência.

As suas razões são outras:

> Mas não quero pensar no que seriam os dias negros dessa privação. Não quero pensar no que seria a chegada à metrópole dos portugueses de Angola e Moçambique expulsos dos seus lares e em busca de novos meios de trabalho, nem na cólera de quantos se sentissem logrados nos sacrifícios fei-

---

[*] Na sua primeira intervenção na Assembleia Nacional, a 7 de abril de 1970, afirmará: «[...] temos apenas um só vizinho, e esse é e será sempre mais forte, mais rico, mais vasto que a parte europeia de Portugal. [...] Isto quer dizer que nos está vedada a faculdade de nos defendermos da eventual pressão ou hostilidade de um vizinho procurando apoio noutro ou noutros. Se fôssemos fracos, estaríamos à mercê de uma só força. [...] temos de estar conscientes de que, no nosso território europeu, não temos os recursos, a área, a população que nos permitam ser vítimas de uma guerra europeia e sobreviver-lhe, no caso de pertencermos à coligação vencida. [...] não temos na Europa, enquanto metrópole, suficiente individualidade e tipicidade para sobreviver a um conflito de que saíssemos derrotados.» (José Manuel Tavares Castilho, *A Ideia de Europa no Marcelismo...*, op. cit., pp. 335-336).

tos para manter em África a bandeira verde-rubra! Nem ouso imaginar o que doeria a ferida moral – que por longos anos seria uma viva e ardente ferida aberta, pelo abandono ou pela entrega, na consciência do País.

Enquanto os candidatos da oposição, com aquela frescura, entusiasmo e, porque não?, ingenuidade, tão próprios dos neófitos recém-chegados a uma causa, e acreditando nos ideais em que militavam, se lançavam decididamente no fragor da campanha eleitoral, a irremediavelmente decrépita União Nacional, porventura mais ocupada com os arranjos internos em torno das listas, mantinha-se apática e sem fôlego.

A Comissão Democrática Eleitoral (CDE) de Lisboa, depois de um «comunicado ao eleitorado» em que publica os nomes dos candidatos por aquele círculo, torna pública uma «proclamação» que define os princípios essenciais do seu programa, dos quais se destacam os dois primeiros:

> Abertura de negociações com interlocutores válidos, com vista ao termo imediato da guerra, ao estabelecimento da paz e ao reconhecimento da autodeterminação dos povos:
> Exercício efetivo de todas as liberdades fundamentais, não apenas as estritamente políticas (direito de reunião, associação e livre expressão de pensamento), mas sobretudo as de carácter social (direito ao trabalho, direito à habitação, direito à instrução e à cultura, direito à dignidade social.[232]

Perante a apagada reação da organização política em que se apoiavam as forças do regime, Marcello Caetano teve de fazer «sozinho a campanha eleitoral até à exaustão»[233]. Nas vésperas do ato eleitoral – 23 e 24 de outubro –, o *Diário de Notícias* publica uma longa entrevista concedida ao jornalista João Coito, na qual, sob o título «Panorama da política portuguesa antes das eleições»[234], são tratados praticamente todos os temas: a campanha eleitoral, a Censura, a lei de imprensa, a PIDE, a Concordata e o divórcio, os problemas da juventude, o direito à greve, a política económica, o custo de vida, a emigração, a previdência rural, a reforma administrativa, etc.. Do ponto de vista substantivo, não acrescenta nada de novo: é uma entrevista típica de campanha eleitoral, em que se elencam as realizações e os projetos, e se justificam as medidas tomadas. A liberdade sindical, assumida como liberdade de constituição de sindicatos à margem dos oficiais seria «um retrocesso, e grande, no mundo português do trabalho», reconduzindo-nos aos regimes liberais do século passado;

a greve «pertence à ultrapassada era liberal»; a PIDE é um tipo de polícia que todos os Estados possuem e que no caso português é «uma polícia de fronteiras e uma polícia especializada na investigação e prevenção dos crimes contra a segurança interna e exterior do Estado», cujas críticas se devem ao facto de ter «de fazer frente ao combativo partido comunista», acarretando «normalmente os ódios deste», sendo que «Em África tem prestado assinalados serviços ao País, que todos quantos lá residem ou passam reconhecem»; «O importante, [...] é manter os órgãos policiais dentro da legalidade e restringir o mais possível o arbítrio. Mas o Estado, para fazer observar a ordem jurídica, não pode deixar de possuir e de manter elementos que permitam evitar a tempo a produção de males dificilmente remediáveis depois de ocorridos.» A censura à imprensa justifica-se no quadro da guerra subversiva em que Portugal está envolvido, cabendo à futura Assembleia Nacional discutir e votar a lei de imprensa que tenciona propor-lhe, mas com um «período de transição, em que, por meio de habituação progressiva [...], se vão preparando as pessoas para a liberdade de Imprensa.» Quanto ao divórcio dos casamentos canónicos, o Governo está disposto a rever a Concordata se a Santa Sé estiver disposta a isso.

Quase no final da entrevista, o jornalista tenta perscrutar o futuro:

– Pode V. Ex.ª dar-me uma ideia dos seus projetos para depois das eleições?

– Sabe que não gosto de prometer: prefiro realizar.

– Haverá mutações na vida política?

– Tenciono conduzir prudentemente uma renovação, como tenho dito. A prudência parece-me indispensável, e cada vez mais quando vejo que na oposição ao Governo surgiram sobretudo correntes socialistas, fundamentalmente antiliberais.

– Quais são, na opinião de V. Ex.ª, os grandes problemas nacionais do momento?

– São, primeiro, mantermos a nossa unidade e defendermos a segurança e a integridade da Nação. Aquém e além-mar, deveremos corajosamente fazer face aos grandes desafios da educação e da saúde pública, procurando valorizar os Portugueses e preparar para todos um futuro melhor.

Educação, saúde, previdência... grandes fontes de despesa! E se quisermos aumentar as despesas para fins sociais, como deve ser, temos de promover o desenvolvimento da economia, de modo a que esta contribua mais para a coletividade. Precisamos de ser um país rico e próspero.

– É fácil de dizer...

– Pois é fácil de dizer. Mas temos de galvanizar os elementos válidos desta terra, para criar um ambiente de confiança e de trabalho fecundo, que permita vencer as dificuldades, de modo a entrarmos decisivamente na era industrial.

No dia 24, dia em que o governo expulsa do país uma missão da Internacional Socialista que, a convite de Mário Soares, se deslocara a Portugal para fiscalizar as eleições, sob a alegação de que se tratava de uma inadmissível ingerência nos assuntos internos de Portugal, Marcello Caetano refugia-se no Posto de Comando da Força Aérea, em Monsanto, devido a rumores de poder estar em curso um golpe de estado, uma ação que nunca foi esclarecida, mas que revela bem o estado de tensão permanente em que o Presidente do Conselho vivia, desde o dia da sua nomeação para as funções, no qual Américo Tomás o informara de que ficava sob atenção vigilante das Forças Armadas[235].

A 27, véspera das eleições, Marcello Caetano volta à televisão para apelar ao voto[236]. Não ao voto em si mesmo, como ato cívico inerente à condição de cidadão – uma categoria política que mantinha como ultrapassada – mas ao voto nas listas do Governo, ou, sendo mais precisos no rigor dos conceitos, na política que este definia como a única possível, tanto do ponto de vista patriótico, como do ponto de vista substantivo, porque era a única que se enquadrava dentro dos princípios definidos pela Constituição de 1933. Apesar de, pela sua própria definição, as eleições serem uma escolha, Marcello Caetano entende-as sobretudo como um barómetro de que se serve para avaliar a força e abrangência tanto da sua pessoa, enquanto chefe do Governo, como das suas políticas. E, como não eram uma escolha, não fazia sentido a defesa pela oposição de opções políticas diferentes das oficiais, nem sequer a constituição de partidos que, afinal, afirma, não eram senão filiais de interesses estrangeiros:

> Fala-se por vezes em regressar ao regime dos partidos: estaremos nós dispostos a tolerar a intromissão na vida política portuguesa de partidos filiados, dependentes e observantes de internacionais, seja a segunda ou seja a terceira, apresente-se ela colorida com o amarelo do socialismo ou o vermelho cor de sangue do comunismo?

Não se trata de escolher a representação nacional naquele que deveria ser o órgão de soberania por excelência, a Assembleia Nacional, nem de avaliar princípios políticos ou definir rumos, porque estes já estavam traçados e eram indiscutíveis:

> Temos agora de votar. Tempos antes de se iniciar a campanha eleitoral disse eu que era preciso pôr bem a claro, no próximo sufrágio, que o povo português não era pelo abandono do Ultramar.
> Esta frase foi muito criticada em certos meios, que a entenderam como a submissão da política ultramarina a um plebiscito.
> A Pátria não se discute: eis uma proposição que ninguém pode pôr em dúvida. Mas, se é certíssimo que tudo quanto respeita à unidade e à integridade da Pátria não deve ser discutido pelos seus filhos, isso não significa que todos cumpram esse dever. Uma coisa é o que deve ser, outra o que é. Viu-se nesta campanha eleitoral que havia quem discutisse a política ultramarina, empregando, aliás, quase palavra a palavra, muitas das razões, dos argumentos e das soluções apresentados no estrangeiro pelos adversários de Portugal. Não ganharíamos em ignorá-lo. Nem é inteligente fazer de conta que o ignoramos. Temos de responder-lhes internamente, como o fazemos nas assembleias internacionais. E precisamos de mostrar ao Mundo que o Governo, ao seguir determinada política, tem o apoio do eleitorado. Disso é que ninguém pode alimentar dúvidas: a autoridade do Governo para prosseguir interna e internacionalmente a política ultramarina será reforçada ou enfraquecida pelo comportamento do eleitorado.

Um segundo dilema tem a ver com a ordem interna – agora extremada em termos de guerra civil –, que só está garantida com a permanência das instituições vigentes:

> Reforma ou revolução, foi a outra opção que apresentei na última vez que falei aos telespectadores.
> E também mantenho esse dilema. A revolução pode vir com pés de lã. Pode disfarçar-se em inocência pacífica. Pode insinuar-se como simpático processo democrático. Não se iludam os eleitores! Com o seu voto, decidirão a paz ou chamarão a guerra civil a mais curto ou a mais largo prazo.

Termina em tom afirmativo:

> Falei há pouco em responsabilidades: assumi há um ano as minhas. Não fujo a elas. Agora cumpre ao eleitorado tomar as suas.

«A expectativa e, até apreensão», quase gerais, em que decorriam estas eleições levaram inclusivamente Américo Tomás a quebrar a neutralidade que deveria manter sobre o ato que se aproximava, deixando um aviso à navegação, quando, no dia 20, à margem de mais uma das centenas de inaugurações a que presidia, afirmou:

> É esta a última vez que falo em público, antes do próximo dia 26. O chefe do Estado, porque o é de todos os portugueses, tem evidentemente o dever, que não esquece, de se manter alheio a quaisquer discussões políticas. Mas à margem de tais discussões, sinto-me na triste necessidade de a todos lembrar que a Pátria e a sua integridade territorial não se discutem, defendem-se. Assim o prescreve claramente a Constituição, de que o chefe do Estado é fiel e supremo guardião.[237]

2

«SOBRE OS MEUS OMBROS
PESAM REDOBRADAS RESPONSABILIDADES»

Os resultados eleitorais de 26 de outubro de 1969 – que nunca foram oficialmente publicados – foram aquilo que seria de esperar do sistema eleitoral salazarista que Marcello Caetano, como foi visto, manteve quase na íntegra, com ligeiras alterações de pormenor.

Numa população total de cerca de 9,5 milhões de habitantes, no que se refere ao Continente e Ilhas, estavam inscritos nos cadernos eleitorais apenas 1,8 milhões de eleitores, ou seja 18,9 por cento, os quais, relativamente à população com mais de 21 anos, apresentam um valor percentual de 29 por cento. Votaram 1,1 milhões, correspondendo a 61,6 por cento dos inscritos, ou seja, 11,7 por cento relativamente à população total e 18,4 por cento à população com mais de 21 anos, e abstiveram-se 695 mil.

A União Nacional obteve 88 por cento, a CDE 10 por cento, e a CEUD 1,9 por cento. A lista da CEM conseguiu apenas 1352 votos, ou seja, 0,8 por cento. E as abstenções rondaram os 40 por cento[*].

Desconhecem-se os números referentes ao eleitorado ultramarino, tanto no que se refere ao recenseamento como aos resultados. Estima-se que para uma população total de cerca de 13 milhões de habitantes, não terá havido mais do que 500 mil eleitores.

Comentando estes resultados, Marcello Caetano escreveu, em 1974:

> As eleições de 1969 foram um êxito incontestável para o governo e um desapontamento para as oposições.
>
> O governo, como eu desejara, ganhou – e ganhou bem.[238]

---

[*] A UN concorreu em 22 distritos do Continente e Ilhas e 8 do Ultramar; a CDE em 18 distritos; a CEUD em 3; e a CEM apenas em Lisboa. Não existem dados referentes ao Ultramar. (Emílio Rui Vilar, Diogo Duarte e Manuel Bidarra de Almeita, *Portugal 73 – Ano político*, Porto, Telos, 1973, pp. 65-69).

E sobre o ato eleitoral:

> O sufrágio decorreu no País inteiro com grande afluência às urnas e na maior correção. Em todas as assembleias eleitorais os representantes das diversas listas tomaram lugar na mesa, acompanharam os atos, participaram no escrutínio. A leitura da imprensa dos dias seguintes reflete, sem que fique lugar para dúvidas, essa sensação de liberdade e de seriedade do sufrágio com numerosas declarações a confirmá-las.[239]

Esta dinâmica de vitória, transmitida para o exterior, não coincide, no entanto, com declarações mais intimistas, portanto, naturalmente mais autênticas e conformes à sua avaliação real. A 22 de outubro, em vésperas do ato eleitoral, Marcello Caetano desabafava para Baltazar Rebelo de Sousa, ao agradecer o livro *Estado Social* que este lhe enviara:

> E nesta hora crepuscular; em que vivo a amargura de uma vergonhosa campanha eleitoral, em que não se sabe se na condução da U. N. prevaleceu a inépcia ou espreitou a traição, estas páginas são um refrigério. Encontro nelas a segurança do pensamento perdido pela maior parte da nossa gente, um sentido de modernidade sem desequilíbrio, um horizonte onde brilha a esperança. E pergunto a mim mesmo como poderei dispensá-lo aqui, agora que, depois das eleições, tenho de tomar opções decisivas se ainda quiser salvar alguma coisa nesta confusão que a loucura de Melo e Castro e a incapacidade ou tibieza de muitos mais deixaram criar e alimentar.

Menos de um mês depois do ato eleitoral, Marcello Caetano afirma em carta ao seu amigo Laureano Lopez Rodó:

> As eleições foram as mais corretas e livres de toda a história portuguesa e os resultados magníficos. Ficaram a pesar sobre os meus ombros graves responsabilidades.[240]

Quando, em 1974, presta o seu *Depoimento*, repete estas palavras, quando diz que, falando «com vários elementos da oposição», «todos reconheceram a vitória do governo e que o ato eleitoral havia sido o mais correto de quantos, até aí, haviam visto em Portugal sob qualquer regime»[241].

Estes curtos excertos definem, com uma concisão e um rigor inexcedíveis, o que foram, de facto, as eleições de 1969: «as *mais* corretas e livres de toda a história portuguesa». O que, sendo uma realidade, não constitui, bem pelo contrário, um sinal de autenticidade. Aquela minúscula partícula comparativa – «mais» – define uma realidade: as eleições não foram nem corretas nem livres, mas apenas «mais» corretas e livres do que as anteriores, o que, por si só, pode bem significar – e significa – o seu contrário, dado o caráter sistematicamente viciado e fraudulento do sistema eleitoral em que se inscreviam. Para que elas constituíssem «o referendo apoteótico» de Caetano, que já lhe foi atribuído[242], bastava que elas tivessem sido, apenas e só, «corretas» e «livres», sem qualquer termo de comparação. Por isso, em vez de um triunfo, as eleições resultaram num fracasso político, digamos mesmo, o seu grande fracasso político[*]. «Com elas – anotou Vasco Pulido Valente – fechou o verdadeiro caminho da "abertura".»[243] Numa análise mais moderada, Manuel José Homem de Melo disse tratar-se de «eleições «bem mais livres do que as anteriores mas nem por isso inteiramente autênticas»[244].

Na «conversa em família» de 17 de dezembro seguinte[245], o Presidente do Conselho afirmou que o País correspondera «admiravelmente» ao apelo que lhe fizera em outubro, «acorrendo às urnas e votando nas listas de candidatos que se propunham apoiar o Governo». Desvaloriza a taxa da abstenção, que assaca às deficiências do recenseamento, dizendo que as vai procurar melhorar..., mas paulatinamente: «O trabalho não se faz num só ano. Se calmamente formos aperfeiçoando as coisas de ano para ano, produziremos obra melhor do que de afogadilho.» Portanto, continuava a não perspetivar uma reforma global do sistema eleitoral, a qual, para ele, estava fora de causa.

A intervenção é moderada e foge a triunfalismos:

> Os resultados das eleições foram geralmente interpretados no País e no estrangeiro como um voto de confiança no Chefe do Governo. Sobre os meus ombros pesam redobradas responsabilidades. Pesadas demais para um homem só. Preciso de muitos e de bons colaboradores.

---

[*] Marcelo Rebelo de Sousa discorda, em absoluto, desta conclusão: «Que as eleições não foram democráticas, é pacífico; que tenham sido, na altura, o seu grande fracasso político é um erro de memória e de análise. Os erros começaram depois delas, já que as próprias oposições as não contestaram de forma decisiva e aguardaram umas semanas em que as comissões eleitorais não foram extintas nem as sedes encerradas pelo Governo, o que criou a expectativa de legalização.» (Depoimento escrito, de 17 de julho de 2012).

Por isso, espera dos deputados eleitos «a colaboração a que se comprometeram perante o eleitorado», uma colaboração «que consiste em apontar males, sim, mas também em sugerir remédios e em ajudar o Governo a melhorar e a pôr em prática as soluções viáveis para os problemas existentes», colaboração que exclui um retorno «aos velhos vícios do parlamentarismo, com rixas partidárias, emulações pessoais, oratória demagógica e ação irresponsável», tendo sempre presente que «não é possível ceder à tentação da popularidade contra os interesses reais e profundos da massa popular».

A comunicação termina pela inevitável referência à política externa, que o mesmo é dizer à hostilidade crescente, no seio das organizações internacionais, designadamente nas Nações Unidas, a que Portugal se vê sujeito, sob a pressão do grupo afro-asiático integrado por Estados recém-constituídos, que procuram expulsar os europeus de África:

> Querem que abandonemos Angola e Moçambique aos movimentos terroristas, apoiados na URSS e na China. Querem que entreguemos os portugueses que lá vivem e muitos dos quais ali têm quanto possuem, querem que os entreguemos à discrição dos seus inimigos. Querem que desistamos da obra de fomento e de civilização presentemente em curso, traduzida por uma admirável pujança de trabalho e iniciativa que a segurança da soberania portuguesa desencadeou e mantém. Como se fosse possível! [...]
>
> O País manifestou nas últimas eleições, muito claramente, a sua vontade a esse respeito. Dessa vontade se tornou intérprete a Assembleia Nacional ao votar por unanimidade no dia 15 a moção em que «reafirma a política nacional de manutenção e defesa da unidade e integridade de todos os territórios portugueses, de proteção das respetivas populações e do seu desenvolvimento económico e social».[*]

---

[*] Texto integral da moção: «*O Sr. Santos e Castro:* – Sr. Presidente: A Câmara seguiu, certamente com a maior atenção, a forma como se processaram os debates e as votações na Assembleia Geral e no Conselho de Segurança da Organização das Nações Unidas sobre as províncias ultramarinas portuguesas e a política de defesa que legitimamente o Governo Português vem seguindo. Conhecem-se bem as razões que se escondem por detrás das palavras que foram pronunciadas no «palácio de vidro» de Nova Iorque e dos votos ali expressos, mas, até por isso, devemos a nós próprios, às populações das províncias do ultramar e ao mundo que nos segue com atenção uma muito justa palavra de repúdio pelas moções que ali foram votadas. / Nestes termos, tenho a honra de propor que a Assembleia Nacional: / Tendo tornado conhecimento dos recentes debates travados nas Nações Unidas sobre o ultramar e das resoluções votadas contra Portugal por aquela Organização; / Consciente do mandato de que SE acha investida por vontade dos eleitores

A aprovação desta moção é um exemplo inequívoco da floresta de enganos em que ia decorrer a legislatura, por excelência, do marcelismo. Marcello Caetano considerou-a uma ratificação da política de defesa do Ultramar[246]. Mas, tanto o seu autor, como um dos seus principais mentores, Franco Nogueira, encarregaram-se de desfazer esta conclusão. Escreve o último:

> Em algumas camadas da opinião, pública, julga-se que a moção fora inspirada pelo governo. Na realidade, a iniciativa parte de um grupo de deputados, que pretendem travar o governo no caminho, que pressentem, de uma política contrária.[247]

Santos e Castro*, um dos próximos do Presidente do Conselho, que aliás o nomearia Governador Geral de Angola, em 1972, prestou-se a fazer este serviço às forças mais conservadoras da Assembleia:

> Logo em 1969, no princípio da legislatura, um grupo de Deputados à Assembleia Nacional, entre os quais figurava o embaixador Franco Nogueira, [...] dirigiu-se-me com o texto de uma moção a submeter ao plenário, de «apoio incondicional à política ultramarina do Governo». [...] Percebi bem que tal moção, mais do que uma manifestação de apoio, pretendia ser con-

---

Portugueses, expressa em 26 de outubro último; / Considerando as opiniões que durante a apreciação da Lei de Meios foram emitidas, quanto aquele problema, por todos as setores da Camara: / Reafirme a política nacional de manutenção e defesa da unidade e integridade de todos os territórios Portugueses, de proteção das respetivas populações e do seu desenvolvimento económico e social; / Declare o seu apoio à atitude do Governo e por seu lado rejeite com a maior firmeza as citadas resoluções das Nações Unidas; / Solicite do seu Presidente que transmita ao Governo quanto precede.» (*Diário das Sessões*, n.º 9, 16 de dezembro de 1969)

* Fernando Augusto Santos e Castro (1922-1983), alto funcionário público, licenciado em Agronomia pelo Instituto de Agronomia de Lisboa. Politicamente, desde cedo aparece ligado às instituições do regime, tendo sido dirigente da Casa dos Estudantes de Angola e do Império. Teve uma vasta carreira político-administrativa: presidente da Comissão Concelhia de Lisboa da União Nacional; vice-presidente da Comissão Distrital de Lisboa da UN; subinspetor da MP; engenheiro de 3.ª classe da FNPT (1949); chefe dos serviços técnicos da FNPT (1955); chefe de gabinete do secretário de Estado da Agricultura (1958-1961); procurador à Câmara Corporativa (IX Legislatura); chefe da Repartição do Quadro Técnico da Direção-Geral dos Serviços Agrícolas (1961-1967); presidente do Grupo de Trabalho n.º 1 do Secretariado Técnico da Presidência do Conselho; vereador da Câmara Municipal de Lisboa (1968); presidente da FNPT (1969); presidente da Câmara Municipal de Lisboa (1970); deputado à Assembleia Nacional (X e XI Legislaturas); governador-Geral de Angola (1972-1974). (J. M. Tavares Castilho, *Os Procuradores...*, op. cit.).

dicionante das alterações que estavam em preparação para serem apresentadas à Assembleia. O apoio a votar teria de ser interpretado como à política existente nessa data e não à que eventualmente viesse a surgir. Mas não havia motivo para não aceder à sugestão. Pelo contrário, tal moção apenas seria publicamente entendida no que de formal representava – o apoio ao Governo quanto à defesa do Ultramar – e, isso sim, interessava aos portugueses.

Dispus-me assim, francamente, a expô-la e a apresentar o seu texto.[248]

A X Legislatura da Assembleia Nacional fora solenemente inaugurada a 1 de dezembro, com o habitual discurso do Presidente da República, a que respondeu Franco Nogueira. Na mensagem presidencial[249], tradicionalmente escrita, pelo menos nos seus pontos essenciais, pelo Chefe do Governo, Américo Tomás relembra, logo na abertura, as circunstâncias em que «com o coração a sangrar» teve de exonerar Salazar e entregar a chefia do Executivo a Marcello Caetano, a quem o povo português não perdeu um só momento – sobretudo nas eleições – para demonstrar «o desejo de continuidade das instituições políticas e de permanência dos princípios que inspiram o seu funcionamento»:

> Daqui deverá extrair-se a conclusão de que o essencial da Constituição vigente não está em causa numa eventual revisão do seu texto. A nossa solução presidencialista tem-se revelado satisfatória, e muitas das outras fórmulas consagradas na lei fundamental precisam, quando muito, de ser mais exatamente entendidas e mais fielmente executadas.

O final da mensagem presidencial resume as perspetivas da legislatura, segundo a estratégia do Chefe do Governo:

> A nova jornada que hoje se inicia na vida constitucional do País há de ser, estou certo disso, caracterizada pela alta consciência do interesse nacional, pela renúncia a particularismos e divisões secundárias, pela preocupação de unir vontades e esforços em torno da causa sagrada da Pátria, pelo respeito de quanto nas últimas décadas tem permitido realizar ideais coletivos superando fraquezas tradicionais e descobrindo energias insuspeitadas da grei.
>
> A vida é constante renovação e adaptação. Mas é também identidade. Portugal mantém-se fiel ao essencial que define o seu perfil no Mundo e na História. E é nessa fidelidade às raízes e às feições que procurará manter o seu lugar no Globo e acompanhar a humanidade no tempo.

É ousado o desafio. Mas os Portugueses têm enfrentado outros que o não foram menos. As virtudes profundas do povo, a inteligência dos governantes, a estreita colaboração de todos quantos sentem a gravidade da hora e o apelo da Pátria encontrarão a resposta. E essa resposta traduzirá a vitalidade, a dignidade e a perseverança de que nos não é lícito duvidar um só momento.

A resposta das Câmaras coube a Franco Nogueira[250], o qual, partindo da constatação de que o ato eleitoral fora precedido de uma «longa campanha», «áspera», em cujo debate «não se poderia ter ido mais longe, nem mais fundo», afirma:

> Nenhumas dúvidas cabem [...] quanto ao caráter genuíno desta Assembleia, nem quanto à autenticidade do que representam, nem tão pouco quanto à sua expressão da vontade do País. Tudo isto nos confere o poder de proclamar que estamos aqui por direito de conquista em luta aberta e que nos consideramos investidos de mandato claro, irrefutável e independente, e, isentos de recriminações e sem nos vangloriarmos da vitória, temos de assumir a responsabilidade de cumprir esse mandato sem tibieza, nem tergiversação.

Uma Assembleia que afirma marcada pelo signo da renovação:

> Foram extensamente renovadas as duas Câmaras. Novas gerações e valores novos vêm contribuir com novas ideias, expressar novas preocupações, transmitir novas aspirações. Beneficiarão assim as Câmaras de uma atmosfera de renovação, entendendo-se esta, decerto, não como cópia ou adoção de ideias alheias, mas como aperfeiçoamento das nossas próprias. Mas na adesão àquele pensamento superior todos se sentem irmanados e identificados, e essa será a base sólida para a cooperação entre todos, com ânimo construtivo e a mais larga compreensão, e com o espírito sempre dirigido para os mais altos objetivos da Nação e para a defesa dos seus interesses.

Renovação das Câmaras, sobretudo da Assembleia Nacional – eis o mote glosado e utilizado de todas as formas, tanto ao longo daquela décima Legislatura como na literatura posterior, sobre Marcello Caetano e sobre o marcelismo. Renovação que, como atrás se descreveu, fora determinada por Marcello Caetano nas instruções transmitidas à Comissão Executiva da União Nacional, na pessoa do seu presidente, Melo e Castro. Renovação que passara a constituir um objetivo firme e determinado na constituição das listas da União Nacional, para a qual foi tentada até a participação da oposição moderada, ou seja, não comunista nem dos seus *compagnons de route*. Renovação que permitiu a entrada na Assembleia Nacional de um grupo de deputados que, mais tarde, ficaria designada por «ala liberal» e que também foi considerada como «semioposição democrática» ao regime[251].

Tudo com base no facto de dois terços dos 130 deputados, ou seja, 65 por cento desempenharem essas funções pela primeira vez, acontecimento inédito na história do Estado Novo, que, até aí, o mais longe que tinha ido fora na VIII Legislatura (1961-1965), na qual os primeiros mandatos atingiram 55 por cento, sendo que a taxa média para todo o período, que decorre entre 1935 e 1974, é de 55 por cento[252].

Neste grupo de 84 deputados misturavam-se «antidemocratas e democratas, europeístas e africanistas, liberais e socializantes», incluindo «uma dúzia de católicos, liberais, democratas-cristãos e sociais-democratas»[253], no fundo, uma espécie de «albergue espanhol» em que, sob o signo da abrangência, se misturavam as mais desencontradas tendências. No entanto, como resultado final, e no essencial, a Assembleia permanecia dominada por uma larga «maioria conservadora», como foi reconhecido pelo próprio Presidente do Conselho[254].

Do passado salazarista restavam poucos deputados: Ulisses Cortês, Araújo Correia e Albino dos Reis, que vinham da primeira legislatura; Santos Bessa e Henrique Tenreiro tinham chegado à Assembleia em 1945; em 1949, iniciaram-se Melo e Castro, Antão Santos da Cunha e Amaral Neto; Pinho Brandão e Júlio Evangelista cumpriam o quarto mandato; no terceiro, iam 14 deputados, entre os quais se incluíam Duarte Freitas do Amaral, Veiga de Macedo, José de Mira Nunes Mexia e Gonçalves Rapazote; finalmente, o grupo que iniciava o segundo mandato era constituído por 21 deputados, dos quais viriam a destacar-se Manuel José Homem de Melo e Francisco do Casal-Ribeiro.

Pode, com segurança, afirmar-se que a legislatura reunia, em termos de herança do passado, condições para encetar a obra de «renovação» anunciada no discurso de posse de Marcello Caetano. Mas não foi isso que aconteceu.

O trajeto que, a breve trecho, levou à defeção de muitos dos apoiantes iniciais e à manutenção de uma linha de continuidade, que imobilizou o Marcelismo em torno de um projeto, que pode definir-se, genericamente, como uma reedição cosmeticamente tratada do Salazarismo, parece resultar, em boa parte, da manutenção de uma atitude sobranceira do

Executivo sobre o Legislativo. Tudo isto potenciado pelo facto de entre os novos deputados se contarem alguns nomes muito vinculados ao Salazarismo, como é o caso dos ex-governantes Franco Nogueira, Teixeira Pinto e Gonçalves de Proença que, pelo seu peso político, vieram reforçar grandemente o núcleo mais conservador da Assembleia.

E, neste ponto, voltamos ao problema da conformação entre as palavras e os factos, ou seja, da precisão terminológica. Quando se fala em «renovação» marcelista, a referência é a alteração qualitativa em termos políticos, que compreende não apenas o sentido da orientação e da marcha da governação, mas também, e consequentemente, do seu pessoal político.

Esta entrada de novos deputados, ao invés da sua considerável expressão numérica, não significa uma renovação qualitativa de grande significado.

Num estudo preliminar sobre a Assembleia Nacional do Marcelismo[255], deixámos escrito: «O facto de cerca de dois terços dos deputados da legislatura-chave do Marcelismo (1969-1973) ocuparem estas funções pela primeira vez, tem sido interpretado como um fator de renovação, se não mesmo de rutura com o passado salazarista. No entanto, bem vistas as coisas, trata-se de uma renovação sobretudo aritmética porque, no essencial, é muito mais o que permanece do que aquilo que muda.» Esta análise foi depois aprofundada com o levantamento do perfil social e político dos deputados, nas suas diversas vertentes, confirmando-se a primeira perceção, já que se evidencia a persistência de uma continuidade notável ao longo de todo o período de funcionamento da Assembleia Nacional, de 1935 a 1974. E se alguma dúvida subsistisse, bastava o facto de 100 deputados, ou seja, de mais de 75 por cento do total, terem sido recrutados no seio das elites ligadas por vínculos profissionais e políticos ao regime e às suas organizações, para reforçar e confirmar tudo aquilo que então deixámos dito. Com efeito, o dado que mais ressalta desta análise é a de uma impressionante linha de continuidade ao longo de todas as legislaturas do Estado Novo, devendo destacar-se que o consulado de Marcello Caetano não apresentou qualquer sinal de fratura relativamente ao Salazarismo. Bem pelo contrário, os dados referentes às duas últimas legislaturas confirmam, em tudo, a persistência da configuração do sistema político na base do fechamento sobre si próprio, num trajeto iniciado em 1935, o qual, apesar da retórica e da propaganda, mantém o mesmo formato no que se refere ao *cursus honorum* dos deputados, que, em 1969, como anteriormente, são cooptados no interior do próprio sistema, sendo que apenas 30 deputados, a que corresponde a percentagem de 23 por cento, não tinham quaisquer vínculos anteriores ao regime[256]. Estes vínculos, já hegemónicos, tornam-se quase absolutos na legislatura seguinte, iniciada em 1973, na qual apenas 11 dos 148 deputados que constituíam a Assembleia Nacional[*] – 7,4 por cento – não tinham antecedentes políticos que os ligassem ao Estado e/ou às suas organizações, uma percentagem que apenas fora ultrapassada em 1935 e em 1953.[**]

Quanto à Câmara Corporativa, interessa essencialmente a constituição da XII Secção – Interesses de Ordem Administrativa, que era designada diretamente pelo Governo, através do Conselho Corporativo, à revelia de qualquer vínculo corporativo, revertendo a sua constituição para uma cooptação política do Chefe do Governo. Também aqui houve

---

[*] Embora a revisão constitucional de 1971 tivesse fixado em 150 o número de deputados, o total nunca foi preenchido, devido à morte, em vésperas das eleições, dos candidatos Manuel Ramos da Cruz (Angola) e Rui Pontífice de Sousa (Castelo Branco) que não foram substituídos.

[**] Antecedentes políticos dos deputados à Assembleia Nacional, 1935-1974 (em percentagens)[*]

Legislaturas	1935 a 1938	1938 a 1942	1942 a 1945	1945 a 1949	1949 a 1953	1953 a 1957	1957 a 1961	1961 a 1965	1965 a 1969	1969 a 1973	1973 a 1974	1935 a 1974
Organizações políticas do Estado Novo [a]	54,4	57,8	62,2	57,5	65,8	65,0	76,7	70,0	74,6	60,0	70,9	60,7
Órgãos Autárquicos [b]	27,8	30,0	32,2	30,0	32,5	35,8	30,8	33,1	28,5	29,2	35,8	32,1
Organização corporativa	6,7	8,9	14,4	14,2	7,5	15,0	21,7	13,8	18,5	15,4	15,5	15,8
Administração colonial	2,2	4,4	2,2	5,0	5,0	0,8	2,5	4,6	6,2	6,9	9,5	5,8
Governador Civil [c]	11,1	8,9	10,0	12,5	14,2	12,5	9,2	7,7	6,2	3,1	3,4	7,1
Governador Colonial			1,1	3,3	3,3	3,3	1,7			0,8	1,4	1,7
Deputado		61,1	56,7	50,8	58,3	75,0	54,2	45,4	56,2	35,4	45,9	45,2
Procurador à Câmara Corporativa			1,1	5,8	5,0	5,0	5,0	3,8	5,4	6,9	8,8	5,1
Membro de gabinete ministerial	6,7	7,8	6,7	6,7	5,8	7,5	9,2	4,6	6,2	6,9	8,8	6,1
Diretor-Geral	2,2	1,1	1,1	2,5	1,7	1,7	0,8	0,8	1,5	1,5	1,4	0,9
Membros do Governo [d]	22,2	16,7	14,4	13,3	12,5	15,0	13,3	12,3	13,8	9,2	11,5	10,1
Sem vínculos políticos anteriores	**4,4**	**12,2**	**8,9**	**11,7**	**10,8**	**6,7**	**11,7**	**13,1**	**13,1**	**23,1**	**7,4**	**14,6**

[*] Foi adotado o critério de registo múltiplo para os deputados que exerceram mais do que uma função, pelo que a soma das percentagens não é igual a 100.

[a] Inclui União Nacional/Ação Nacional Popular, Legião Portuguesa e B. Naval, Mocidade Portuguesa e Obra das Mães pela Educação Nacional.

[b] Inclui Administradores de Concelho, Presidentes e Vice-presidentes da Câmara e Vereadores.

[c] Inclui os Governadores de Distrito Autónomo dos Açores e Madeira.

[d] Inclui Subsecretário, Secretários de Estado e Ministros.

(Fonte: J. M. Tavares Castilho, Os Deputados..., op. cit., p. 311.)

alguma renovação: em 1969, foi de 42 por cento e, na legislatura iniciada em 1973, de cerca de 40 por cento, valores percentuais muitos próximos da média das onze legislaturas, que foi de 38 por cento. Destes novos procuradores, apenas cerca de 25 por cento não tinha os já referidos vínculos ao regime. Portanto, também na Câmara consultiva, a tendência é de continuidade[257].

É, no entanto, inegável que as novas câmaras, sobretudo a Assembleia Nacional, tinham uma configuração diferente das anteriores. No seio do conjunto geral, dominado pelo conservadorismo político, destacam-se dois grupos, informalmente organizados, que assumirão um protagonismo inusitado, contra a tradicional modorra política da Câmara: de um lado, os guardiães do templo salazarista, autoproclamados legatários da herança política do prostrado Ditador; e, do outro, a gente nova que aceitara integrar as listas na esperança de tornar efetivo o que pensavam ser o projeto de Marcello Caetano – a abertura política, com todas as suas consequências. Entre os primeiros, que podem ser designados por direita ultramontana, destacavam-se, entre outros, Franco Nogueira, Teixeira Pinto, Gonçalves de Proença – os mais consistentes do ponto de vista político – e o mais prolixo e truculento aríete deste setor, Francisco do Casal-Ribeiro. Do lado oposto, os «liberais», um grupo inicialmente difuso que foi ganhando, gradualmente, alguma consistência, o qual, sob a consensual e abrangente «liderança natural» de Pinto Leite, e com a «bênção» do também deputado Melo e Castro, juntava o grupo do Porto, em que se destacava Sá Carneiro, a outros deputados, como Miller Guerra, Magalhães Mota, Oliveira Dias e vários outros.

Na Câmara Corporativa, onde as clivagens eram menos sonantes e notórias, este setor reformista, em que também predominavam os católicos, estava representado por Sedas Nunes, André Gonçalves Pereira, Diogo Freitas do Amaral e Maria de Lurdes Pintasilgo.

Mas ainda não é o momento do confronto.

Um dos problemas mais graves e candentes do sistema autoritário e repressivo herdado pelo Presidente do Conselho era o da polícia política – a Polícia Internacional e de Defesa do Estado (PIDE) –, à qual, além da vigilância das fronteiras, competia zelar pela segurança do Estado, o que, na prática, resultou na prevenção e repressão de quaisquer movimentos de todos os que se opunham à política do Governo. Não é este o lugar para descrever a sua atuação repressiva e discricionária, devendo, no entanto, destacar-se o facto de os presos por motivos políticos poderem, e serem, frequentemente detidos por um período de seis meses sem culpa formada, de os interrogatórios se realizarem sem a presença de advogado, salientando-se ainda, dentro de um quadro de impunidade total em que a PIDE se transformara num Estado dentro do Estado, toda a série de torturas utilizadas nos interrogatórios, especialmente quando se tratasse de membros, reais ou supostos, do Partido Comunista, sobejamente descritas na literatura sobre esta polícia política. Finalmente, os «crimes contra a segurança do Estado» eram julgados por tribunais especiais, designados por «tribunais plenários», que funcionavam nas comarcas de Lisboa e do Porto.

Marcello Caetano, quando, no seu *Depoimento*, se refere à PIDE e a todo o aparelho judicial com ela relacionado, passa como gato em cima de brasas sobre os aspetos mais sinistros e atentatórios da dignidade humana e dos direitos dos cidadãos, limitando-se a afirmar que, quando tomara conta do Governo «havia, porém, na Metrópole um mau ambiente em redor da PIDE», cujo diretor, major Silva Pais – «um homem inteligente e equilibrado» – ao contrário de alguns dos «seus adjuntos» –«atribuiu grande parte das acusações feitas à Polícia ao ódio do Partido Comunista, explicável por se tratar de dois inimigos que há muito se combatiam. Daí as calúnias que eram lançadas para desacreditar o seu serviço.»[258] Marcello Caetano dá como boas as justificações do diretor da PIDE – as acusações eram de todo suspeitas, porque vinham do Partido Comunista... – e prefere deslocar o palco da atuação da polícia política para as províncias de África, salientando e louvando o seu trabalho no contexto da subversão:

> A eficiência, o entusiasmo e a combatividade da Polícia trouxeram-lhe enorme prestígio no meio das populações do Ultramar que lhe atribuíam grande parte dos êxitos obtidos. Se esse facto despertava algum ciúme nas tropas, ele era porém rasgadamente reconhecido e louvado pelos comandantes-chefes locais a quem ouvi mais de uma vez referências muito elogiosas à atuação da Polícia.[259]

Ainda assim, até porque não era possível ignorar o clamor silencioso que se levantava contra a repressão feroz devida àquela polícia, e não só das vozes dos membros do Partido Comunista, Marcello Caetano disse a

Silva Pais que «era preciso evitar tudo quanto pudesse justificar tal reputação», pelo que

> Desejaria que o exercício das atribuições que a lei lhe conferia decorresse dentro da maior correção e legalidade. Isto não só porque a minha formação e maneira de ser não permitiam outra atitude, mas até no próprio interesse da Polícia que só ganhava em prestigiar-se pela correção dos seus métodos.

Estes argumentos justificativos compaginam-se perfeitamente com o que afirmara a João Coito na entrevista de outubro de 1969[260], na qual, depois de ter dito que todos os Estados possuíam uma polícia desse tipo, afirmou:

> O importante, quanto a mim, é que a polícia seja um instrumento do Estado e não um superestado. A polícia, seja ela qual for, tem de agir dentro da legalidade e não deve exorbitar. [...]
> O importante, repito, é manter os órgãos policiais dentro da legalidade e restringir o mais possível o arbítrio. Mas o Estado, para fazer observar a ordem jurídica, não pode deixar de possuir e de manter elementos que permitam evitar a tempo a produção de males dificilmente remediáveis depois de ocorridos.

Pelo Decreto-lei n.º 49 401, de 24 de novembro, é criada no Ministério do Interior a Direção Geral de Segurança (DGS), em substituição da PIDE, que fora criada em outubro de 1945. No fundo, tratava-se apenas de uma mudança de nome, comprovada pelo facto de, até à promulgação da sua lei orgânica, que só seria aprovada quase três anos depois, a 30 de setembro de 1972, a DGS continuar a reger-se pelas disposições constantes dos diplomas que até então disciplinavam o funcionamento da então extinta PIDE.

Referindo-se à polícia política, agora na versão DGS, Marcello Caetano disse a Alçada Batista, precisamente num momento em que o endurecimento político se acentuava:

> A Direção Geral de Segurança é um corpo de funcionários sujeitos à disciplina das leis a que está sujeito todo o cidadão, integrado num Ministério de cujo Ministro depende e perante o qual é responsável e cuja atuação deve ser exercida com exato cumprimento das normas estabelecidas.
> Comparar a sua atuação com a atuação das polícias políticas dos sistemas totalitários ou é um desconhecimento total das suas condições de atuação

ou é uma tentativa de denegrir um serviço público que, no meio das maiores dificuldades e da maior incompreensão, procura atuar contra as organizações poderosíssimas do crime internacional e velar pela segurança das instituições políticas, imprescindíveis à normalidade da vida do cidadão.[261]

Naquele final do ano de 1969, a grande preocupação de Marcello Caetano era a remodelação do Governo, cuja intenção nunca escondera. Tratava-se de formar – finalmente! – o seu «"verdadeiro" governo», já que «a solução adotada em setembro de 1968 fora um expediente para abreviar a crise»[262]. Era com esse governo – autenticamente marcelista – já formado, que o Presidente do Conselho queria preparar as reformas que tinha em mente: a revisão constitucional, a lei de liberdade religiosa e a lei de imprensa[263].

Entre as várias consultas que realizou, conta-se um pedido a Franco Nogueira, a 2 de janeiro, para que lhe indicasse alguns nomes. Este, que, alguns dias antes, manifestara o seu «sincero desejo» de continuar a prestar-lhe «toda a colaboração» que estivesse ao seu alcance[264], envia-lhe, uma semana depois, algumas sugestões, entre as quais a de Veiga Simão para ministro da Educação[265], sendo interessante o alvitre para uma possível inclusão no elenco governamental de uma individualidade de cor, para a qual indica o nome de dois caboverdianos:

> Não sei se Vossa Excelência pensa em considerar a possibilidade, que no passado foi encarada mas nunca efetuada, de nomear para o Governo, em cargo se subsecretário, alguma individualidade de cor, embora não para o Ministério do Ultramar, porque talvez fosse ali politicamente menos conveniente.

Mas, por muito consistentes que parecessem ser as autoafirmadas convicções do Presidente do Conselho, acerca da unidade nacional numa Pátria plural que integrava os territórios de além-mar e as respetivas populações, esse passo de valorização das elites ultramarinas não foi dado. A este respeito é, aliás, interessante verificar que dos 23 lugares de deputados atribuídos ao Ultramar, apenas 15, ou seja, 65 por cento, eram ocupados por naturais das colónias, e desses, apenas cinco eram de cor.

A 15 de janeiro, o *Diário do Governo* publica os decretos referentes à remodelação do Governo, uma remodelação que «obedeceu ao princípio de reduzir o número de ministros, mediante a junção de pastas na

LIVRO SEGUNDO PRESIDENTE DO CONSELHO DE MINISTROS 541

mesma pessoa sempre que daí pudesse resultar a expectativa de proveitosa coordenação»[266], prosseguindo a experiência já feita com as pastas da Economia e das Finanças (Dias Rosas), agora extensiva ao Exército e Defesa Nacional (Sá Viana Rebelo), Comunicações e Obras Públicas (Rui Sanches), e Saúde e Assistência e Previdência Social (Baltazar Rebelo de Sousa).

Além de Sá Viana Rebelo e Baltazar Rebelo de Sousa, a renovação ministerial inclui Rui Patrício, até aí subsecretário de Estado do Fomento Ultramarino, que ascende a ministro dos Negócios Estrangeiros, pasta interinamente ocupada pelo Presidente do Conselho, e Veiga Simão que substitui José Hermano Saraiva na Educação Nacional.

Saem de cena Vaz Pinto (ministro de Estado Adjunto do Presidente do Conselho), Bettencourt Rodrigues (Exército), Hermano Saraiva (Educação), Gonçalves de Proença (Corporações e Previdência Social), Fernando Alberto de Oliveira (Comunicações) e Lopo Cancela de Abreu (Saúde e Assistência).

Dos governos de Salazar, ainda se mantêm Gonçalves Rapazote (Interior), Almeida Costa (Justiça), Dias Rosas (Economia e Finanças), Pereira Crespo (Marinha) e Silva Cunha (Ultramar). No entanto, deve sublinhar--se que, tanto Dias Rosas como Silva Cunha, eram marcelistas, e, como já foi descrito, tinham frequentado a «Choupana».

Menos aparatoso, mas porventura ainda mais decisivo em termos operacionais, é o elenco dos subsecretários e secretários de Estado, ao qual se juntam Silva Pinto e Nogueira de Brito. Em agosto seguinte, é nomeada para o Governo a primeira mulher, Maria Teresa Cárcomo Lobo, para subsecretária de Estado da Saúde e Assistência[*].

---

[*] O elenco governamental completo é o seguinte: Ministros: Negócios Estrangeiros – *Rui Patrício*; Exército e Defesa Nacional – *Sá Viana Rebelo*; Educação Nacional – *José Veiga Simão*; Comunicações e Obras Públicas – *Rui Sanches*; Corporações e Previdência Social – *Baltasar Rebelo de Sousa*; Saúde e Assistência – *Baltasar Rebelo de Sousa*; Interior – *Gonçalves Rapazote*; Justiça – *Almeida e Costa*; Economia – *Dias Rosas*; Marinha – *Pereira Crespo*; Ultramar – *Silva Cunha*. Secretários de Estado: Tesouro – *João da Costa André*; Orçamento – *Augusto Vítor Coelho*; Obras Públicas – *José Pinto Eliseu*; Comunicações e Transportes – *Oliveira Martins*; Trabalho e Previdência – *Joaquim Silva Pinto*; Saúde e Assistência – *Francisco Gonçalves Ferreira*; Indústria – *Rogério Martins*; Comércio – *Xavier Pintado*. Subsecretários de Estado: Administração Ultramarina – *Sacramento Monteiro*; Fomento Ultramarino – *Rui Martins dos Santos*; Comércio – *Alexandre Vaz Pinto*; Administração Escolar – *Justino Mendes de Almeida*; Juventude e Desportos – *Augusto de Ataíde*; Trabalho e Previdência – *Nogueira de Brito*; Planeamento Económico – *João Salgueiro*; Saúde e Assistência – *Maria Teresa Lobo*. Líder da Assembleia Nacional – *Almeida Cotta*.

Marcello Caetano teria ainda ponderado chamar Diogo Freitas do Amaral para o lugar de subsecretário de Estado da Presidência do Conselho, departamento que criara pelo Decreto-lei n.º 13/70 de 14 de janeiro. Mas a despeito disso, o convite nunca foi formalizado. Nas suas memórias, o putativo indigitado para as funções resume de forma eloquente as expectativas deste grupo de jovens:

> Ainda hoje me interrogo sobre o que poderá ter levado Marcello Caetano, em tão poucos dias, a mudar de ideias – criando por decreto um cargo para mim, e desistindo na mesma semana de me convidar para ele. Uma coisa é certa: apesar de, na minha análise, as eleições de 1969 não terem corrido bem, a verdade é que se me tivesse convidado para o Governo em janeiro de 1970, indo fazer companhia aos nomes dos jovens reformistas [...], eu teria aceitado. Nessa altura, ainda acreditava – como julgo que acreditava a maioria do povo português – que a liberalização pacífica do regime era possível, e que Marcello Caetano era o homem certo para a conduzir.[267]

Não se tratava, portanto, de criar superministérios, mas de dar corpo a uma orientação que estudara e à qual se afeiçoara enquanto professor de Direito Constitucional e Direito Administrativo[268]. Ou, como disse na «conversa em família», transmitida dois dias depois[269],

> [...] adaptar a estrutura do Governo à situação presente, de modo a permitir uma ação cada vez mais pronta e eficaz, sem perda da reflexão e do estudo imprescindíveis e sem comprometimento da unidade de orientação indispensável.
>
> Para andarmos depressa, e bem, torna-se necessário facilitar as ligações entre serviços que tenham de atuar harmonicamente, eliminando ou reduzindo zonas de atrito, procurando suprimir divergências ou sobreposições, abrindo largos canais de comunicação horizontal, facilitando a coordenação dos esforços e o concerto das atividades.

Não é ainda a ampla reforma que seria desejável, e pode mesmo ser considerado um «passo tímido», mas tal resulta de uma decisão muito ponderada:

> Fi-lo muito pensadamente. Talvez, na verdade, se desejasse que fosse anunciada desde já a criação, por exemplo, do Ministério da Coordenação Económica, do Ministério do Equipamento e Transportes ou do Ministério dos Assuntos Sociais.

Em meu entender a remodelação das estruturas exige estudo aprofundado e cuidadoso, para não ser precipitada e não originar embaraços muito maiores do que os atuais, frustrando por completo a simplicação almejada.

É este o drama de Marcello Cetano enquanto Presidente do Conselho: o tempo... ou a falta dele. Tem agora 63 anos. Perdera o sentido do risco, tão necessário para reformas profundas e estruturais. Marcelo Rebelo de Sousa afirma que ele chegou ao topo da tomada de decisão tarde demais[270]. Se, afirma o mesmo autor – e voltamos aos «ses» do Marcelismo –, se aqui tivesse chegado em 1951 (ano do *Discurso de Coimbra*) ou mesmo em 1958 (campanha de Humberto Delgado), teria então 45 ou 52 anos, uma dinâmica e um espaço que agora lhe faltava de todo. Salazar teve todo o tempo da sua vida para construir o sistema político em função de si mesmo e deixara-lhe um País exausto, minguado de expectativas, pequenino nas mentalidades, circunscrito a si mesmo, manobrando o leme pelos estreitos incertos que, aqui e acolá, se iam abrindo no alto-mar da política internacional. Não se tratava de construir, mas de resistir. Resistir enquanto durasse, porque o futuro não o acompanhava. Falando da sua biografia, escrita, anos antes, por Christine Garnier, Salazar afirmara, em junho de 1966: «Biografias só interessam de pessoas que tenham um futuro político. Não é o meu caso. Eu só tenho um passado político [...]»[271]. O futuro ficava para quem lhe sucedesse. Dissera-o expressamente a Franco Nogueira, quatro anos antes, quando este lhe referiu ser ele era a única pessoa em condições de fazer, se necessária, «uma viragem ou uma reformulação da política ultramarina: «Não creio que tenhamos de o fazer. [...] – respondeu Salazar – Mas se essa viragem tiver de ser feita, outro que a faça. Terá é de cavar o seu crédito político como eu fiz.»[272]

Um crédito político que Marcello Caetano procurava, desesperadamente, reconstruir e atualizar, não em função de projetos alheios, por muito bem intencionados que fossem, mas de acordo com as suas convicções e com a avaliação que fazia do seu presente político – o homem que era e as suas circunstâncias – ou seja, um projeto pensado pelo menos para o médio prazo, que se via confrontado com as emergências de um presente que, quisesse ou não, se impunha inexoravelmente.

É nesta união impossível – dada a urgência do futuro – entre continuidade e renovação, que Marcello Caetano define o programa do novo Governo, mas sem precisar prazos nem metas:

E eis aqui como, homens desejosos de paz, estamos a falar uma linguagem de guerra. O Governo reorganizou-se para lutar mais eficazmente nas várias frentes de combate a que tem de atender. As frentes da defesa militar no Ultramar. As frentes do desenvolvimento económico. A frente da luta contra a inflação. A frente da melhoria das condições sociais do povo português. E a da grande, urgente e decisiva batalha da educação.

A esta nova plêiade de políticos, a imprensa deu o nome de «tecnocratas», adjetivo recusado por Marcello Caetano, afirmando que a sua proveniência era a mesma dos deputados progressistas ou liberais: antigos membros da Ação Católica, formados na respetiva doutrina. Ao contrário dos tecnocratas – que põem «os seus conhecimentos técnicos ao serviço de qualquer sistema, indiferente à política seguida» –, «estes homens tinham princípios firmes e convicções seguras». A todos eles, afirma, «deputado ou membro do governo dessa corrente chamada liberal» nunca faltou a sua «simpatia e, sempre que possível, o [seu] apoio» e «aos deputados dizia constantemente que a porta do meu gabinete estava aberta para todos, de qualquer orientação que fossem»[273], referindo também que, durante a primeira Legislatura, «o interlocutor mais frequente do grupo liberal era o meu antigo aluno José Pedro Pinto Leite, espírito vivo, de graça fácil e intervenção atrevida, que logo de início revelou a sua vocação parlamentar. O José Pedro era bastante meu amigo e repetidamente me assegurava o seu desejo de me ajudar, mesmo ao exercer a função necessária de crítico duro de ideias e atos.»[274]

Foi precisamente este seu amigo que, na primeira intervenção parlamentar, a 12 de janeiro de 1970, lançou a que foi talvez a mais dramática interrogação – que ainda hoje provoca um arrepio – alguma vez proferida na Assembleia Nacional, sobre a guerra do Ultramar: «Quanto vale a vida de um homem?»[275].

O Orador: – Srs. Deputados: A guerra, qualquer guerra é um mal. Pode ser um mal necessário, mas sempre um mal. Mal necessário que poderá ter justificações políticas ou morais. Poderá ser, e muitas vezes, infelizmente, tem sido desencadeada com o intuito de conquistar posições de predomínio económico. Mas a guerra em si mesma, qualquer guerra, a guerra em que Portugal está envolvido, não pode ser justificada, não carece de ser desculpada com argumentos de caráter económico.

Contesto a defesa económica da guerra. Contesto a vantagem que ela nos possa trazer ou tenha trazido no desenvolvimento verdadeiro e global da economia portuguesa. Certamente que os soldos dos militares são postos a circular, que se criam novos empregos pela necessidade de novas construções militares, que se desenvolvem indústrias destinadas a abastecer com produtos alimentares, vestuário, munições, etc., às forças militares. Mas onde está o caráter reprodutivo de uma grande parte das despesas militares? Qual a riqueza que cria a granada que explode, a bala que mata, o material que se deteriora em campanha, o avião que se estatela no solo? Quanto vale a vida de um homem? Quem se atreve a contabilizar as vidas dos nossos irmãos que caem em combate, a falta que faz aos filhos, à mulher ou aos pais o pai, o marido ou o filho que rega com o seu sangue o úbere solo africano? Quanto valem as lágrimas dos que ficam? Os estudos interrompidos, as mutilações físicas, psicológicas e morais?

Após duas interrupções, a última das quais de Veiga de Macedo, que pretendia que o orador «apenas diga, e à Assembleia, se é pela continuidade da luta que de fora nos movem irredutíveis da Pátria ou se julga que devemos ou podemos enveredar pelos caminhos inqualificáveis da renúncia e do abandono», Pinto Leite, afirma:

A minha homenagem e o meu respeito aos que se batem. O meu desacordo àqueles que fazem a defesa económica da guerra.

Iniciara a sua intervenção com um desafio:

Peço a vossa benevolência e a vossa compreensão para as palavras que vou proferir. [...]

Não me trazem aqui intenções [...] de celebrar o passado recente, ao qual em muitos pontos não adiro, mas sim de, com a colaboração de todos vós, mas de todos sem exceção, ajudar a construir o futuro desta nossa Mãe-Pátria, que para muitos, infelizmente, continua a ser madrasta.

Venho a esta Casa sem preconceitos, sem ligação comprometedora de qualquer ideologia abstrata, aberto a todos os diálogos, preparado, tanto para o trabalho conjunto como para o combate leal, dentro de um espírito de inteira liberdade e independência.

Termina-a com uma declaração de princípios, repetindo o desafio inicial:

Acabo como comecei, pedindo benevolência e compreensão para as palavras que pronunciei.

Esta é a minha forma de colaborar com o Governo e de interpretar a defesa dos eleitores que represento.

Se não gostarem, que me mandem embora. Mas durante quatro anos terão de me aturar.

Este ilustre desconhecido, recém-chegado à Assembleia Nacional, ousara desafiar Roboredo e Silva, um almirante e procurador à Câmara Corporativa nas duas legislaturas anteriores, que, no dia 9, iniciara o debate na generalidade da lei de autorização de receitas e despesas para 1970, com a defesa da manutenção das guerras de África, justificando-a não só com razões de ordem política, mas também como um contributo «para a aceleração da economia em todo o espaço português», afirmando que «O envio de forças para África pôs em movimento toda uma cadeia de elementos logísticos com relevância para os abastecimentos, para os transportes e para as infraestruturas», designadamente as fábricas de produtos alimentares e material de guerra, o aumento verificado na área dos transportes terrestres, marítimos e aéreos, o aumento do consumo e do poder aquisitivo resultante das remessas de parte do soldo dos militares empenhados no teatro de operações: «É a entrada dessa importância no circuito monetário que está também ajudando à aceleração da nossa economia»[276].

Ilustre desconhecido também, na véspera do dia da intervenção de Pinto Leite, o seu colega Sá Carneiro, no período de antes da ordem do dia, viera «chamar a atenção do Governo para um aspeto da instrução criminal ligado aos direitos e liberdades fundamentais dos cidadãos», qual seja o da indispensável revisão da legislação processual penal do que respeita ao exercício do direito de não ser privado da liberdade». Enquanto esta se não faz, é, pelo menos indispensável que sejam «observadas com rigor exemplar as atuais garantias», nomeadamente a presença de advogado, constituído ou oficioso, no interrogatório de arguido preso[277].

Mas o certo é que, unanimemente reconhecido esse direito que a lei expressamente consagra, o seu exercício tem sido sistematicamente negado na prática da instrução preparatória: o arguido, que pode chegar a estar preso durante seis meses sem culpa formada, é interrogado pelo instrutor as vezes que este entender sem a assistência de advogado ou defensor.

Visto isso, Sá Carneiro insiste em chamar a atenção do Governo para esta prática ilegal (e sistemática), «que afeta gravemente os direitos das pessoas e o prestígio da autoridade»:

Qualquer que seja o crime e a autoridade competente para o instruir, é indispensável e urgente que se assegure, nos termos legais, a assistência do advogado ou defensor em todos os interrogatórios dos arguidos presos.

Fica-se, pois, a aguardar as providências que o Governo entenda dever decretar para que a lei seja imediatamente cumprida.

Menos de uma semana depois do início dos trabalhos da legislatura, a Assembleia Nacional via-se, assim, confrontada com dois dos problemas fulcrais do regime: o dogma da guerra ultramarina e o problema das liberdades e garantias dos cidadãos.

Soam as campainhas de alarme sob as abóbadas do hemiciclo e nos Passos Perdidos de S. Bento. Um mês depois, Luís Teixeira Pinto classifica este grupo de deslumbrados: «recém-chegado, descobre a cidade e proclama ao mundo como verdades novas aquilo que de há muito se vem afirmando»[278]. Mais dramática é a carta que Casal-Ribeiro se apressa a escrever ao Presidente do Conselho[279]: «A Assembleia Nacional está dividida» e a unanimidade que de que revestira a votação da moção sobre a manutenção da política ultramarina «é mais aparente do que real»:

> Existe na Assembleia Nacional uma corrente, não direi forte mas perfeitamente evidente, que, só por covardia ou tática, vota tudo quanto seja a nossa continuação em terras de África. Tem-se assistido, a propósito da «Lei de Meios», ou antes da ordem do dia, a afirmações perfeitamente contrárias ao espírito que parece existir, ao aprovar-se por unanimidade a moção a que Vossa Excelência se referiu. O que pensar de quem afirma «que se está a tentar a cura de um cancro, mas oxalá não se morra de anemia», isto falando sobre África?. O que pensar quando se afirma, entre vários apoiados, que enquanto «não considerarmos a guerra como uma maldição que nos caiu em casa, em vez de uma benesse que nos leva soldados até onde não deixamos chegar colonos»? O que pensar da deturpação das afirmações do Almirante Reboredo quando se refere à incidência na nossa economia dos gastos com a defesa do Ultramar?
>
> E os conciliábulos, os grupos, a intervenção estranha e constante de certos representantes de certa Imprensa junto sempre dos mesmos deputados.
>
> E as galerias cheias e as palmas que surgem de vez em quando?
>
> Eu sei que Vossa Excelência, com a sua clarividência, a sua experiência dos homens, e certamente com as informações que tem, dadas por quem de direito, não tem ilusões a esse respeito, mas creia, Senhor Presidente, que a Assembleia Nacional está dividida; é patente e latente...

Pelo menos num ponto Casal-Ribeiro tinha razão: a Assembleia Nacional estava cindida segundo projetos políticos distintos, todos se reclamando, uns mais convictos que outros, da fidelidade a Marcello Caetano. Incluindo Franco Nogueira, o seu mais feroz opositor, que, no penúltimo dia do ano de 1969, lhe dizia: «Nenhuma destas considerações se sobrepõe, todavia, como é evidente, ao meu muito sincero desejo de continuar a prestar a Vossa Excelência toda a colaboração que estiver ao meu alcance e que Vossa Excelência julgar útil.»[280]

Mas é indesmentível que, pelo menos, durante esta legislatura, nada voltaria a ser como dantes. A Assembleia Nacional, enquanto instituição atenta, veneradora e obrigada, em bloco, tinha desaparecido.

O choque de mentalidades e de conceções políticas é rapidamente transposto para a área do Governo, onde também havia «liberais», sobretudo na área da economia.

Entre 16 e 20 de fevereiro de 1970, realizou-se em Lisboa o Colóquio de Política Industrial, promovido pela Associação Industrial Portuguesa (AIP), que foi inaugurado com um discurso do secretário de Estado da Indústria, Rogério Martins, por sinal, um íntimo da casa de Marcello Caetano – «O meu pai e a minha mãe quase que o adotaram, – conta Miguel Caetano – admirando-lhe a inteligência, a cultura e a formação de caráter (também de profundo catolicismo)»[281].

Trata-se de um longo e corajoso discurso, que não traz nada de politicamente subversivo e não justificaria a polémica subsequente, se não existisse à partida uma predisposição para o considerar ideologicamente heterodoxo em relação ao *status quo*[282]. Trata-se de uma abordagem técnica na qual, partindo de uma comparação de indicadores estatísticos industriais, em que Portugal é confrontado com outros países europeus, desenvolvidos e em desenvolvimento, começa por afirmar que «o regime industrial que vigorou no nosso País no último quarto de século nem permitiu que nos aproximássemos do conjunto de países europeus economicamente avançados, diminuindo a distância que deles nos separava, nem melhorou a nossa posição em relação a outros», para concluir que «temos – e rapidamente – que mudar de via para nos industrializarmos a fundo». A análise do secretário de Estado contempla a economia portuguesa, sobretudo ao nível industrial, e as suas perspetivas futuras num quadro concorrencial cada vez mais aberto, a que não podia fugir, e assenta numa conceção não autárcica, tendo como ponto de referência a revisão do regime de condicionamento e a racionalização da estrutura industrial, num contexto de mudança radical de atitude, que o novo regime de política industrial preconizava e pressupunha:

> [...] de protecionista passa a liberal, de autárcica passa a plenamente inserida na teia de trocas mundiais, de imobilista passa a prospetiva.

A visão de Rogério Martins não resultava exclusivamente dos efeitos da integração europeia – uma das secções do Colóquio era «Política industrial e integração europeia» –, porque, como afirmou, a nova política industrial em preparação, rejeitando a autarcia, procura «estimular o equilíbrio da balança comercial na base do desenvolvimento da exportação de produtos que possamos produzir em condições de custos internacionalmente concorrenciais e que favoreçam, ao mesmo tempo, o rápido crescimento do valor acrescentado pelos fatores produtivos nacionais». Em suma, tratava-se de não cair no erro de trocar uma autarcia de âmbito nacional por outra filosofia igualmente autárcica, definida pela abertura ao espaço europeu, fechando-se, no entanto, à concorrência não europeia.

A reação ao discurso foi imediata e saltou para as bancadas da Assembleia Nacional. A questão essencial era a perspetiva da aproximação de Portugal à Europa – ou seja, a forma que assumiria a participação de Portugal na CEE – que os elementos conservadores da Câmara consideravam atentatória da opção ultramarina. Por isso, certamente para o salientar, acrescentavam-lhe o facto de Rogério Martins nunca se ter referido ao Ultramar em todo o seu discurso.

Longo de descrever[283], refira-se apenas que o debate, envolvendo, em transes por vezes muito duros e contundentes, e politicamente muito marcados, cerca de uma dezena de deputados, iniciou-se logo no dia 19 de fevereiro e terminou uma semana depois, quando o Governo, ou seja, Marcello Caetano, considerando que se estava a ir longe de mais, através do seu porta-voz, Almeida Cotta, veio defender o secretário de Estado: este tivera de encarar o problema da indústria face aos compromissos assumidos por Portugal no contexto dos acordos já firmados (EFTA); o princípio da unidade entre a Metrópole e o Ultramar não invalidava que cada uma das parcelas do todo tivesse os seus problemas singulares; por isso, ao tratar-se dos problemas da indústria metropolitana face aos riscos e à competição com a EFTA e com o Mercado Comum, não era necessário tratar do Ultramar – até porque este, embora esteja sempre presente, «não temos de o envolver em tudo, a propósito ou a despropósito»[284].

Particularmente interessante, do ponto de vista político, e revelador, com a transparência de um cristal, das sensibilidades e tendências que se confrontavam na Assembleia Nacional, é o debate travado, na primavera de 1970, entre José Pedro Pinto Leite e Franco Nogueira sobre a Europa e o Ultramar[285]. A intervenção de Franco Nogueira, por sinal, a primeira que fazia na sua qualidade de deputado –, versando o tema «da Europa e da Nação portuguesa em face daquela» – assenta numa crítica cerrada e numa recusa radical de toda a orientação política no sentido de uma aproximação à Europa, fosse ela veiculada por governantes ou pela ala liberal da Câmara[286]. Assumindo-se como um nacionalista convicto, diz ser necessário atermo-nos aos factos, entre os quais destaca a exiguidade do Portugal europeu, que não possui recursos, área e população que lhe confiram «suficiente individualidade e tipicidade», que lhe permitissem sobreviver, derrotado, numa guerra europeia. Por isso, «teremos de concluir que a nossa força de resistência apenas podemos ir buscá-la fora e além da Europa, e esta consideração conduz-nos hoje e no futuro, como sempre nos conduziu, ao ultramar.» Não obstante tudo isso, «erguem alguns o pendão da Europa», enquanto outros, «no íntimo do seu pensamento dão prioridade à opção europeia, sobre a opção ultramarina». São os arautos de um novo sebastianismo, «o sebastianismo da Europa e do Mercado Comum», que não passam de ingénuos, porque fundamentam as suas perspetivas em mitos: «a integração económica da Europa é um mito, como é um mito a sua unidade política». Conclui reafirmando a atualidade da opção política de «manter a Nação íntegra na sua totalidade atual», política que não é nem conservadora, nem antiquada, nem de apelo a valores históricos. Trata-se, isso sim, de uma política «audaciosa», «de futuro» e apegada «a interesses materiais coletivos, concretos, palpáveis, de hoje e de amanhã».

A resposta de Pinto Leite surge uma semana depois, através de uma intervenção a que chamou «Política nacional e relações internacionais»[287]. Começa, para desfazer equívocos, por relembrar afirmações suas, segundo as quais o seu pensamento sobre a questão ultramarina coincide em absoluto com a política de autonomia progressiva e participada do Presidente do Conselho. Relativamente à Europa, repete alguns recortes de discursos anteriores: «É fundamental que o País tome consciência de que o movimento centrípeto iniciado pelo Mercado Comum é irreversível e que Portugal, embora de vocação ultramarina, é também europeu, e não deve nem pode fugir-lhe». Neste quadro, assume que o País, para além da sua vocação universal – contraposta à tese da vocação atlântica ou meramente africana – tem uma vocação europeia, que resulta, desde logo, do facto de a Europa ser o seu berço e a cultura ocidental fazer parte da sua herança intelectual, acabando por salientar que o seu período de maior pujança coincidiu com aquele em que, não obstante a epopeia ultramarina, «a sociedade portuguesa era uma sociedade amplamente aberta não só aos novos mundos, mas também à Europa». Afirmando não entender «o recente alarido à volta da nossa participação nos movimentos de integração europeia», conclui que «a opção que se pretende descobrir quando nos pretendemos aproximar da Europa não passa de um fantasma e, como tal, não tem existência real». A fechar a sua intervenção – por sinal, muito atribulada e sincopada por apartes e interrupções de vários deputados – afirma que é a sua geração – a dos tecnocratas – que sente a Nação Portuguesa na sua totalidade, se preocupa com as reais necessidades das populações que representa, e está do lado do Presidente do Conselho, e não a dos «isolocratas», cuja «grandeza balofa» apenas «serve as ambições dos *condottieri*» e «empobrecer o povo».

Rogério Martins agradeceu «muito reconhecidamente» a Marcello Caetano «o seu apoio, pessoal, e mais que isso, funcional enquanto chefe do Governo» à sua intervenção no Colóquio Industrial[288], acrescentando:

> Que esta daria algum brado, era previsível; que a par do apoio da gente de ideias novas e dos industriais que sentem as realidades do mundo de hoje, houvesse reações de desagrado da ala imobilista, também o era; mas que se tivesse usado o estilo de golpe baixo e de agitação comicieira e demagoga, isso, sendo felizmente novato em política, nunca supus que viesse a acontecer.
>
> Por isso é que o apoio claramente dado, na comunicação oficial lida na Assembleia, nas indicações à imprensa, no discurso do dr. Silva Cunha, foi tão importante: não era o «tecnocrata» algo suspeitoso que por acaso está agora Secret. da Indústria que estava em jogo, era o próprio Governo, com ele solidário; atacar neste ponto um era atacar o outro. Agradeço-lhe, Senhor Presidente, do fundo do coração, é o menos que posso fazer!

Acantonada sob a árvore frondosa do condicionamento industrial, também a indústria, através do presidente da respetiva corporação e, por inerência, procurador à Câmara Corporativa, Augusto de Sá Viana Rebelo, se levantou contra o discurso, que o mesmo é dizer contra a política económica do Governo[289].

No fundo, o que estava em causa era a liberalização da economia, a área em que Marcello Caetano, dando seguimento, aliás, ao seu pensamento dos tempos de ministro da Presidência, se mostrou mais dinâmico e decidido.

3
«[...] A LIBERALIZAÇÃO
TINHA DE SER CAUTELOSA»

Em janeiro de 1970, Marcello Caetano já tinha as «suas» câmaras – legislativa e consultiva – e também já tinha o «seu» Governo. Faltava-lhe o «seu» pessoal político.

Para tanto, em novembro e dezembro, reuniu na Messe da Força Aérea, em Monsanto, em dez almoços, «uma centena de personalidades da Situação ou seus próximos, para os ouvir sobre o futuro. E, desde logo, sobre o que fazer às comissões eleitorais, cujas sedes – nalguns sítios – continuavam abertas, numa semilegalidade»[290]. Segundo Marcelo Rebelo de Sousa, que participou num desses almoços – o da geração mais nova – «Tratava-se de saber se, sim ou não, se deveria apontar para associações políticas e, mesmo, partidos, eventualmente retardando apenas qualquer legalização de associação ou movimento comunista.» Apenas no décimo e último encontro, que reuniu João Salgueiro, Diogo Freitas do Amaral, Miguel Galvão Teles, Marcelo Rebelo de Sousa, António Caetano de Carvalho e Jorge Tavares Rodrigues, se «concluiu pela vantagem de encaminhar uma transição associativa para futuros partidos políticos», tese altamente minoritária no conjunto das opiniões recolhidas[291].

Freitas do Amaral descreve mais pormenorizadamente este debate:

> O almoço começou pela análise dos resultados eleitorais: mas aqui, conhecida já a interpretação feita pelo chefe do Governo uma semana antes na televisão, não foi fácil aos presentes – todos amigos pessoais dele, embora mais ou menos independentes politicamente – contrariá-lo no seu otimismo transbordante: «afinal, a oposição democrática não tem peso nenhum no país; o país está com o regime e com o Governo; não é culpa minha se eles não conseguiram fazer eleger um único Deputado; temos é de reorganizar as forças políticas do regime; etc.».

Alguns de nós tentaram fazer-lhe ver que as enormes deficiências do recenseamento, e as excessivas limitações policiais impostas durante a campanha à livre expressão e manifestação dos pontos de vista da oposição, não permitiam traçar um quadro tão cor-de-rosa. E o Miguel Galvão Teles não deixou de sublinhar, cheio de razão, que se o sistema eleitoral não fosse o que era, mas um dos sistemas correntes na Europa democrática, a oposição estaria então já instalada – e bem instalada – no hemiciclo de S. Bento, pois apesar de tudo tinha somado cerca de 12 por cento dos votos no conjunto do país.

Mas Marcello Caetano, na euforia da vitória, não se deixou impressionar: tudo isso eram águas passadas. O recenseamento haveria de ser melhorado, a propaganda oposicionista nunca fora tão livre, tudo se discutira – até a defesa do Ultramar e mesmo os delegados da oposição democrática às mesas de voto haviam reconhecido a correção da contagem dos votos. [...]

Passou-se depois à discussão dos passos seguintes: que fazer agora? A ideia de Marcello Caetano era esta: uma vez que a oposição democrática não conseguiu entrar no Parlamento, não há nenhuma razão para a deixar organizar-se em partidos políticos; o André Gonçalves Pereira já se ofereceu para fazer uma lei dos partidos, mas agora está visto que ela é desnecessária, e só serviria para deslocar a oposição para fora do Parlamento, o que seria fatalmente desestabilizador. Por outro lado, a União Nacional está gasta por décadas de imobilismo, é preciso dinamizá-la e transformá-la num grande movimento de massas [...]. Depois, há que permitir a manifestação de um certo pluralismo político e ideológico «com expressa aceitação da Constituição de 33», e para isso são as novas gerações as mais indicadas. Promovam vocês a criação de associações cívicas autónomas, filiadas na ANP como quadro geral de referência. Enfim, o Governo carece de uma ampla remodelação, quer orgânica, quer de pessoas, e há que preparar essa mudança já para janeiro, de modo a explorar politicamente a vitória eleitoral.

Todos concordamos com a substituição da UN por algo de novo e de diferente, bem como com uma remodelação ministerial que fizesse entrar no Governo gente nova, com uma nova mentalidade, que permitisse consolidar a esperança. Já quanto às associações cívicas, as opiniões foram bastante mais céticas: ou bem que são partidos políticos, e então não podem ser autorizados só os que aceitam o regime, ou bem que são associações cívicas dentro da ANP, e aí não se vê qual a sua utilidade específica. Porque não, antes, um partido de oposição legal? Ou então, no mínimo, para começar, associações cívicas não filiadas na ANP?[292]

Marcello Caetano terminaria este almoço «recordando que os nove anteriores – com militares, empresários, políticos e governantes mais velhos haviam defendido a não legalização dos partidos, como quem diz "nada feito". E aí começou, lentamente, o caminho do bloqueamento da liberalização, ou bloqueamento político, para usar a expressão de Sá Carneiro»[293].

Com esta abordagem aos mais novos, Marcello Caetano procurava, de certa maneira, dar corpo a uma ideia antiga dos seus tempos de presidente da Comissão Executiva da União Nacional, a qual, apesar de vistosa, acabou por não ter qualquer repercussão no rejuvenescimento da organização, que continuou a definhar progressivamente, até à inanidade total. Mas as novas gerações, que este grupo representava, diziam-lhe, olhos nos olhos e sem meias-palavras, que tinham ideias próprias, completamente à revelia de um passado no qual não só não se reviam, mas também rejeitavam como ponto de partida para a renovação do regime. Marcello Caetano pensava em termos de renovação quanto aos métodos, na continuidade dos princípios – fora essa a mensagem inaugural do seu mandato enquanto chefe do Governo –, ao passo que os seus «jovens amigos», com quem procurava «definir rumos inovadores»[294], pensavam em termos de renovação autêntica, de forma que a descompressão liberalizante evoluísse para a democratização, uma ideia também partilhada pelo seu também jovem secretário de Estado, Rogério Martins, que no seu primeiro ato público como governante, falou nas «sociedades pluralistas em que o desenvolvimento económico-social faz desembocar as sociedades tradicionais»[295].

Liberdade. Palavra obsessivamente repetida naqueles tempos, nos variados matizes e sentidos que cada corrente e cada um lhe atribuíam, revelando – quer se queira quer não – um anseio profundo e visceral de uma sociedade cativa e menorizada ao longo de quatro dezenas de anos, uma espécie de sol escondido entre nuvens mais ou menos densas, segundo os tempos e as circunstâncias. As gerações do passado repousavam sob a «sua liberdade» para coartar a liberdade dos outros; mas as do presente, projetando-se no futuro, exigiam passos decisivos na sua concretização.

São múltiplas e variadas, mesmo e sobretudo entre as gerações do marcelismo, as ideias quanto ao modo de a concretizar. Por exemplo, Alçada Batista, naquele tempo o editor mais progressista do mundo editorial português, em carta a Marcello Caetano, de janeiro de 1970[296], afirma-lhe, dentro do pessimismo antropológico e social tão característico do seu pensamento: «estou em crer que, entre os condicionalismos difíceis que vivemos, pode a orientação que está a dar à vida nacional, ser a impulsionadora da liberdade profunda de que o nosso país e o nosso tempo têm necessidade». E, segundo ele, «a verdadeira liberdade de que o nosso tempo necessita passa por aquilo a que poderíamos chamar uma posição de centro»:

> Dentro da minha maneira de ver esta sociedade neurótica precisa duma concreta proposta de trabalho e duma concreta perspetiva ideológica que só um governo da sua presidência lhe pode dar. Não vejo mais ninguém que, neste momento, seja capaz de ter consciência de que não é possível propor nada fora daquilo a que Freud chamava «o princípio da realidade».

Definindo o País, como um «país de pessoas improvisadas que andam a brincar aos médicos, aos advogados, aos bancos, aos empresários, aos professores, – eu reconheço que tenho andado a brincar aos editores», afirma:

> [...] o Sr. Doutor é uma pessoa extraordinariamente competente com tudo o que de inteligência, de honestidade intelectual, de ascese e exigência que essa palavra contém. Numa sociedade onde as pessoas não se deram conta que uma vida de projeção pública tem que ter um mínimo de qualificação cultural e onde se intervém na vida pública sem o mínimo equipamento cultural e reflexivo, a presença do Sr. Doutor nesse lugar é a base necessária para se fazer qualquer coisa importante neste país. Pouca gente tem consciência de que somos estruturalmente tradição, história e fé e que só a partir daí pode haver seriamente interrogação, imaginação, criação e liberdade.

A partir destes pressupostos, Alçada Batista propõe a criação de um «núcleo de apoio à ação do governo», «"profissionalmente" estruturado», ou seja, uma espécie de diretório ideológico, nem de direita nem de esquerda, mas de centro, composto por «um pequeno conselho onde fossem debatidos grandes problemas nacionais, um secretariado de estudos políticos debruçado sobre problemas muito concretos da vida portuguesa, um secretariado de ação com ramificação regional, um secretariado-geral coordenador, um órgão de imprensa semanal, etc.», sugerindo nomes comos os de Miller Guerra, Sedas Nunes, Mário Murteira, Carlos Lima, Pinto Leite, Sá Carneiro, Ferreira Forte, além de muitos outros que já colaboravam com o Presidente do Conselho, e ainda quadros profissionais e empresariais da província que esperam uma coisa destas.

LIVRO SEGUNDO PRESIDENTE DO CONSELHO DE MINISTROS

Todos sob a orientação e supervisão de Marcello Caetano:

Acho que é preciso encontrar um equilíbrio, que confesso difícil, entre uma certa audácia que crie e realize a esperança e o sentido da realidade que a torne possível. E, esse equilíbrio, o Sr. Doutor melhor que ninguém o poderia manter mas, assim como, qualquer das duas forças me parecem neste momento indispensáveis, a existência duma só afigura-se-me uma fonte permanente de desequilíbrio e perturbação.

Por mais sofisticada que seja a sugestão e contraditório que seja o projeto, que parte do princípio de que seria possível traçar a bissetriz das forças reformadoras – limitadas, neste caso, aos setores mais moderados do espectro político definido pelas eleições anteriores, ou, ainda mais rigorosamente, aos setores católicos menos extremados –, em torno de um «núcleo» posto ao serviço de Marcello Caetano; por estranha que seja a ideia de uma cruzada ideológica, na qual, dadas a prevista composição do «núcleo» e a respetiva supervisão/orientação, se juntam princípios ideológicos não miscigenáveis; e, finalmente, por perigosa que seja aquilo que parece ser a defesa da definição de uma doutrina oficial (ou oficiosa) de «centro», alternativa às de «direita» e de «esquerda», com as consequentes marginalizações e afunilamentos, este testemunho deixa claro que, em 1970, havia vontade para procurar consensos e, o que é talvez mais importante, ainda se mantinha a esperança no *aggiornamento* do regime.

Marcello Caetano ignorou uns e outros, optando pela manutenção do sistema.

«A União Nacional dera o que tinha a dar», afirma[297]. De facto, a velha e decrépita organização já não existia há muito tempo e a campanha eleitoral demonstrara-o claramente.

Nos dias 20 e 21 de fevereiro, realiza-se, no Hotel Estoril-Sol, o V Congresso da União Nacional, cujos 600 participantes, logo no primeiro dia dos trabalhos, sob proposta do Presidente do Conselho, aprovaram por aclamação a respetiva dissolução, e, ato-contínuo, constituem a Ação Nacional Popular (ANP), de cuja Comissão Central Marcello Caetano é eleito presidente, no dia seguinte – tal como Salazar o fora da União Nacional –, também por aclamação, e sem mandato definido, facto que potenciava uma presidência vitalícia..., ou até quando ele o julgasse oportuno.

MARCELLO CAETANO UMA BIOGRAFIA POLÍTICA

No fundo, era mais do mesmo, tanto do ponto de vista formal como substancial. Na verdade dos factos, era a continuidade do sistema, como ele próprio deixou escrito:

> É certo que por esse País fora a nova organização não poderia prescindir da gente da União Nacional. O governo não tinha outra para o apoiar. Já haviam sido afastados alguns caciques clássicos e convidados homens de ideias mais arejadas para as comissões dirigentes. Mas não era possível deixar de contar com os amigos seguros da burguesia citadina e dos meios rurais, há muitos anos fiéis ao regime cuja continuidade eu representava.
>
> O que se poderia, sim, era injetar sangue novo na organização, a partir dos seus próprios órgãos supremos, de modo a ir fazendo nascer essa força que se desejava profundamente popular – e de modo nenhum presa a uma classe social ou a certo estrato de interesses.[298]

Quanto tempo isso levaria a conseguir? Marcello Caetano parece não se ter preocupado com o problema. Mesmo que tivesse havido um movimento de adesão significativo, não poderia esperar – e, inteligente como era, com certeza não o esperava – resultados rápidos e consistentes. Mas, pelo menos numa coisa esta manobra era eficaz: o nome de Salazar, que ainda figurava no topo da única organização política aceite pelo regime, desaparecia, formal e definitivamente, das instituições do Estado Novo, o que não deixou de ser anotado pelo autoproclamado herdeiro do seu legado, Américo Tomás:

> Mas a verdade é que, a quem nunca foi político*, não se afigurou curial que, depois de a União Nacional ter ganho as eleições de 26 de outubro [...], e de o doutor Salazar ter sido proclamado seu presidente honorário, o seu nome fosse liquidado no primeiro congresso que se lhe seguiu e cuja finalidade pareceu ter, como real razão de ser, precisamente, essa intenção.[299]

Tudo como dantes. Até o nome parece ser uma repescagem do Centro de Ação Popular que, em janeiro de 1948, muito provavelmente sob a inspiração de Marcello Caetano, então presidente da Comissão Executiva, congregou vários jovens que lhe eram próximos.

> Apesar da mudança de nome, para dar a tónica da ação e a ideia da mobilização de massas – além de repescar a designação do velho Centro de Ação

---

* Curiosa esta afirmação do homem que ocupava o zénite da pirâmide política do regime havia uma dúzia de anos...

Popular de 1947 –, a lógica de fundo é a mesma: será o partido liderante do Regime, concebido para, na prática, funcionar como um verdadeiro partido único na seleção dos candidatos sempre eleitos ou escolhidos.[300]

Além disso, ao contrário do que tinha sido admitido, a presidência da Comissão Executiva não foi entregue a José Pedro Pinto Leite, um dos elementos mais destacados da «ala liberal» na Assembleia Nacional, mas ao conservador Manuel Cotta Agostinho Dias, sendo que os liberais ficavam representados pelo deputado por Leiria, Tomás de Oliveira Dias[*]. Em suma, conclui Marcelo Rebelo de Sousa:

> O facto de a ANP dar sequência à UN, de ser o único partido admitido (ainda que chamado associação cívica ou política), de os «liberais» não desempenharem nele papel determinante e de o Chefe do Governo ser o líder assim se juntando, de novo, Governo e partido do Regime –, acabaria por bloquear, institucionalmente, a mudança no futuro.[301]

Apesar de superiormente decidida, a aclamação de Marcello Caetano como presidente da Comissão Central da ANP foi devidamente encenada com a ida dos congressistas ao Palácio de S. Bento para lhe comunicarem a eleição. Na circunstância, o homem que agora acumulava as funções de presidente do Governo e do partido único pronuncia um longo discurso[302], em que começa por evocar Oliveira Salazar, a quem o Congresso prestara «a homenagem que está no coração de todos nós» e à qual se associa plenamente.

> E só lastimo que as circunstâncias não permitam, já que a Providência lhe poupou a vida, irmos pessoalmente exprimir-lhe toda a admiração, toda a gratidão e toda a veneração que a sua excecional personalidade e os serviços prestados à Pátria incondicionalmente nos merecem.

---

[*] A constituição dos primeiros órgãos da ANP é a seguinte: *Comissão Central*: Afonso Rodrigues Queiró, António Gonçalves Rapazote, Baltazar Rebelo de Sousa, Camilo de Mendonça, Carlos Monteiro de Amaral Neto, Fernando Santos e Castro, Hermes Augusto dos Santos, João Ruiz de Almeida Garrett, Joaquim da Silva Pinto, Joaquim Moreira da Silva Cunha, José Coelho de Almeida Cotta, José Guilherme de Melo e Castro, Manuel Alberto de Andrade e Sousa, Manuel Cotta Dias, Miguel Bastos, Gustavo Neto de Miranda, Manuel Monteiro Ribeiro Veloso. *Vice-Presidentes da Comissão Central*: Baltazar Rebelo de Sousa, José Guilherme de Melo e Castro. *Comissão Executiva*: Manuel Cotta Dias (presidente), António Caetano de Carvalho, João Paulo Pinto Castelo Branco, Tomás da Câmara Oliveira Dias (vogais), António Castelino e Alvim (secretário-geral). *Comissão Administrativa*: Miguel Rodrigues Bastos (presidente).

Feita esta evocação, para acalmar os saudosistas, parte da definição da extinta União Nacional «como instrumento de educação e participação dos cidadãos na vida pública» e como «viveiro de vocações políticas e reservas de dirigentes», para afirmar que a mudança de nome resultou de um imperativo: «substituir à ideia estática de uma conjunção o dinamismo da ação. Não basta unirmo-nos: é indispensável que nos unamos para agir. Ação nacional, isto é, ao serviço da Nação, em que se exprime a comunidade das nossas origens, dos nossos ideais coletivos e dos nossos destinos comuns.»

> Mas ação nacional popular, porquê? Porquê sublinhar o caráter popular da nossa organização? Porque, ao servir os interesses da Nação, tem de procurar servir ao povo em geral – tem de se preocupar constantemente com as necessidades, as aspirações, os anseios do povo que está nas aldeias, nas vilas, nas cidades, a trabalhar nos campos, nas fábricas ou nos escritórios, o povo que constitui o substrato da comunidade nacional e onde se encontram as grandes reservas da energia moral e da riqueza económica do País.
>
> A Ação Nacional Popular, sendo uma associação cívica destinada a facilitar a participação do maior número possível de cidadãos na vida pública, não pode ser apenas uma organização de quadros, simples estrutura de comissões. Tem de lançar raízes por todo o lado e de possuir na sua base os núcleos que, a partir do mais pequeno lugar ou da mais modesta oficina, lhe permitam a cada passo auscultar o Pais – e elucidá-lo também.

Volta, novamente, à refutação do socialismo, cuja evolução historia, para chegar à sua versão moderada – a social-democracia: «Tenho visto que em Portugal há intelectuais e técnicos a quem a revolução social repugna, mas que olham com simpatia a posição social-democrata» seduzidos pelos exemplos do Partido Trabalhista britânico e dos partidos socialistas europeus, que «ocupam há largos anos o Poder sem destruírem a sociedade capitalista, mas também sem renega os intuitos que perseguem».

> Ora a social-democracia não é uma solução que em Portugal possa ser aceite por quem não queira a subversão social, por várias razões. Sem falar no aspeto que escapa a muita gente, e já sublinhado, de ser, na sua doutrina, marxista, e, nos seus objetivos, coletivista, a verdade é que não teria sequer as vantagens que, para os trabalhadores, a sua presença representou nos países capitalistas no fim do século passado e na primeira metade do atual.

A defesa dos trabalhadores fora, do seu ponto de vista, efetivamente realizada pelo Estado corporativo que «tem capacidade para continuar a pôr em prática aquilo que os partidos socialistas se propuseram fazer nos países onde existem».

Nas recentes eleições legislativas o insucesso das comissões eleitorais que reivindicavam exclusivamente a bandeira da social-democracia mostrou bem que o seu programa não podia impressionar os reformistas, porque o rumo das reformas seguimo-lo nós.

As mesmas eleições definiram duas correntes: a da grande maioria que votou na União Nacional e a da minoria que desvendou a sua inclinação para a revolução.

> Esta é a grande realidade. Mas em face dela eu pergunto se haverá, para quantos sentem repugnância pela violência como método de ação, para quantos acreditam em que os processos revolucionários não podem conduzir a outra coisa que não seja a desordem, a desgraça, o empobrecimento e o caos, para quantos entendem que deve opor-se sem demora uma barreira aos delírios do anarquismo, [...] eu pergunto se haverá outra solução que não seja a que lhe oferece agora a Ação Nacional Popular?

A defesa do socialismo só podia ser feita por «um espírito de autodestruição. Só podia querer pô-lo em prática quem, consciente ou inconscientemente, sirva interesses estranhos, que não os interesses da Nação portuguesa.» Daqui conclui, dramatizando até ao limite, pela necessidade da autoridade do Estado e da limitação das liberdades – o seu argumento de sempre –, definida como uma «função ordenadora, disciplinadora e promotora das atividades individuais»:

> Perante a vaga da anarquia que percorre o mundo e ameaça subverter liberdade, família, religião, leis e instituições, seria criminoso desarmar o Estado dos seus meios defensivos, que são afinal os protetores da vida, do trabalho, do bem-estar e do progresso dos cidadãos.
>
> Não podemos admitir o enfraquecimento da autoridade. Tudo o que represente ou signifique, neste momento, transigência com as forças da desordem tendente à subversão social pode acarretar gravíssimas consequências para o futuro do País.
>
> E quando falo no País penso em todos quantos o constituem, sem excluir aquela juventude que, desorientada momentaneamente por falsas ideologias ou arrastada imprudentemente por generosos sonhos, pode ver-se ama-

nhã angustiada no meio de trágicas ruínas por entre as quais a desolação e a guerra em lugar da cidade ideal de paz, harmonia e flores que lha haviam prometido.

É neste cenário – nós ou o caos! – que, de passagem, justifica a defesa «dos nossos irmãos radicados em terras do Ultramar, sejam nativos delas, sejam da metrópole naturais».

Incita, finalmente, os particulares a serem economicamente empreendedores, no quadro do Estado Social, assente na liberdade, na propriedade individual e na empresa privada.

Feita assim a síntese dos princípios em que assenta o ideário que a Ação Nacional Popular propõe ao País, destinados a não serem «mero tema de meditação», mas «regras de ação» – «Não tenhamos medo do movimento!» – conclui:

> A hora é de ação. Ação esclarecida e vigorosa. Ação nacional, pela extensão e pelas intenções. E ação popular, porque nunca como hoje temos de tomar consciência da fraternidade que deve unir todos os portugueses, sem distinção de classe, de cultura, de cor, para prosseguirmos solidários no esforço hercúleo, mas enormemente promissor, da construção do nosso futuro.

Todo o discurso, mas principalmente o final, remete para os ardores da ação dos tempos da *Ordem Nova*, nos idos de 1926. E disso se deu conta o sem amigo e então correligionário Pedro Theotónio Pereira que, dois dias depois lhe escreve, entusiasmado:

> O seu discurso foi todo ele um grito de ação. E tão harmoniosamente ligada às ideias que, neste país de retórica e de frases feitas, chegou a parecer uma coisa natural. [...]
>
> O Marcello não envelheceu. O seu estilo é o da proclamação da Ordem Nova ampliado a toda a dimensão dos problemas que pesam na vida nacional. Tem-se a sensação de que se não perde tempo nem espaço. Em lugar de esperar que as necessidades ou as contestações tomem corpo ou nos venham bater violentamente à porta, a sua alocução situa-se à frente do arame e passa logo à ofensiva.
>
> Que admirável, por exemplo, aquela referência aos métodos de reforma no campo social!! Quando há quase 40 anos começámos a trabalhar nesse terreno nós sabíamos bem que nos estávamos antecipando. Madrugou-se

naqueles anos de alvorada nacional e agora já há tanta coisa boa dentro dos nossos horizontes que já é tarde demais para os nossos adversários lançarem os seus apelos.

E que brilho e inteligência na apresentação das ideias socialistas! A sua posição já mto. forte, saiu ainda mais consolidada desta reforma da velha U. N. que estava a pedir reforma desde o seu nascimento.[303]

«O Marcello não envelheceu», disse Theotónio Pereira. E, com esta afirmação, levantava um véu que pode explicar muito do que tem sido afirmado serem as «hesitações» de Marcello. Com efeito, nas palavras do agora Presidente do Conselho, ainda subsistiam alguns ecos ideológicos da sua juventude e do respetivo ideário integralista e corporativo, especialmente no que se refere à recusa radical do sistema democrático, inerente ao «liberalismo», que, na sua perspetiva, que não passava de uma porta aberta para a subversão.

Miguel Caetano escreveu[304]: «O jovem Marcello, ideólogo e polemista apaixonado, foi evoluindo com os anos e a sua formação jurídico-científica. A sua evolução na análise dos problemas e na definição das suas atitudes é marcada pelo predomínio cada vez maior do espírito científico sobre as ideologias.» E, nas suas «Memórias», Marcello Caetano confessou que «tanto como o nacionalismo lírico de Sardinha influiu em mim o racionalismo sereno de Sérgio, o tal "humanismo imparcial e crítico" de que me ria»[305].

Não obstante tudo isso, ele nunca reviu a sua posição, tornada irredutível, quanto à democracia liberal: Dera-se conta da rutura autoritária contra o liberalismo do século anterior, protagonizada pela Grande Guerra de 1914-1918, mas ignorou – conscientemente ou não – que, vinte anos depois, fora desencadeado, e vencera, um conflito – agora à escala praticamente global – em nome dos valores da democracia e, pesem embora todas as suas contradições, das liberdades fundamentais dos cidadãos, solenemente proclamadas na Declaração Universal dos Direitos do Homem, com todas as suas consequências, incluindo a do direito dos povos colonizados à sua autodeterminação. Em 1970, o ideário profundo de Marcello Caetano, não se compaginava, de todo, com os anseios e as esperanças das autênticas gerações jovens, que o acompanhavam e nele depositavam os anseios da renovação. Era neste labirinto que Marcello Caetano estava enredado: tendo uma perspetiva de futuro, ficava intimamente bloqueado pela coerência que devia aos mandamentos ideológicos da sua personalidade política.

O «tão esclarecido» discurso de Marcello Caetano fez-lhe merecer a «continente confiança» de Jorge Borges de Macedo, que, esquecido dos tempos em que fora «um dos líderes em evidência da contestação na Universidade de Lisboa»[306], desabafou: «Quem teve, nestas últimas três semanas, de assistir a cenas de insulto aos professores, ocupação de aulas, coações de toda a espécie, demagogia, violência e agressão, encontra nas palavras de V. Ex.ª a resposta oportuníssima às suas preocupações.»[307]

A julgar pelo comentário de Franco Nogueira, também a direita terá gostado das palavras do novo presidente da ANP, entre as quais destaca o elogio de Salazar, a reafirmação do corporativismo, o ataque ao coletivismo e ao socialismo e «a proclamação de um ideário querido dos elementos tradicionais (a propriedade, a iniciativa privada, a empresa)»; apenas um senão: «não dissipa nos nacionalistas uma dúvida quanto à sua política ultramarina»[308].

Quem não tinha razões para estar particularmente satisfeito com o discurso de Marcello Caetano era o setor reformista, especialmente na Assembleia Nacional, cujos membros – depois designados por «ala liberal» – começavam, sempre informalmente, a agrupar-se em torno de ideais comuns assentes na efetiva democratização do País.

O Presidente do Conselho considerara que, dada a grande renovação da Assembleia Nacional, em que entraram muitos deputados sem experiência parlamentar, as grandes reformas que preconizava – revisão constitucional, lei de liberdade religiosa e lei de imprensa – só seriam submetidas à respetiva aprovação na segunda sessão da legislatura, a iniciar em novembro de 1970, de modo a que, antes disso, fosse possível «*rodá-la* antes de lhe pedir um esforço dessa magnitude»[309].

Mas para estes deputados, ao contrário do Presidente do Conselho, que apostava numa evolução muito cautelosa a gradual, quase sempre objetivamente indefinida, os tempos eram de urgência. E, impacientes com a lentidão do processo, começaram a pressionar.

Já a 20 de janeiro, Sá Carneiro apresentara, nos termos regimentais, duas notas de perguntas: na primeira, questiona o Governo sobre se sim ou não projeta decretar em breve uma amnistia e que crimes e infrações a mesma compreenderia; e, na segunda, trata-se de saber se se manteriam as turmas mistas já existentes em alguns liceus e qual a orientação definida para todo o ensino primário e secundário[310]. Duas semanas depois, Pinto Balsemão – que, por sinal, se sentava ao lado do primeiro[311] – apresentou, por escrito, a seguinte pergunta: «Quando será enviada à Assembleia Nacional a anunciada proposta de lei de Imprensa?»[312]. A 26 de fevereiro,

Sá Carneiro insiste neste tema, numa intervenção na qual, depois de acusar a Câmara de não cumprir com a responsabilidade que lhe cabia de fazer cessar as restrições impostas pelo regime de censura prévia, afirma, a terminar:

> Parece-me que é mais do que tempo de agir no sentido de obter rapidamente um projeto ou uma proposta de lei de imprensa, que não só estabeleça e discipline o direito de livre expressão do pensamento, como consagre os princípios orientadores das relações empresa-jornalista, como prevê o artigo 23.º da Constituição.
>
> Nesse sentido aqui deixo o meu apelo, declarando que procurarei intensamente apresentar um projeto de lei de imprensa, se possível ainda dentro da atual sessão legislativa.[313]

No decurso dessa intervenção, o porta-voz do Governo, Almeida Cotta, informou que o estudo dessa lei ia bastante adiantado, deixando no ar algumas dúvidas quanto ao seu conteúdo, quando se interrogou sobre a possibilidade de «existir a forma mais ampla de expressão» e se era admissível «haver restrições a essa liberdade, tanto por motivos de ordem moral como por imperativos de segurança nacional e outros»[314].

Três meses depois, no último dia do debate do aviso prévio sobre «As Universidades tradicionais e a sociedade moderna», apresentado por Miller Guerra, este deputado, depois de se congratular com o debate franco verificado durante aqueles dias, afirmou:

> Bem desejava asseverar que a mesma liberdade de expressão foi respeitada fora da Assembleia Nacional, mas a verdade manda dizer que não sucedeu assim.
>
> A Comissão de Lisboa dos Serviços de Censura maculou, com os seus cortes autoritários, alguns lances do aviso prévio, impedindo que os leitores de um jornal, pelo menos, conhecessem o que o Deputado avisante dissera em pleno uso dos seus direitos e imunidades.
>
> A dita Comissão atreveu-se a ir mais longe: não só cortou a seu bel-prazer o que entendeu e quis, mas, o que é muito pior, adulterou o meu pensamento e intenção, obrigando-me a dizer o contrário do que havia dito.[315]

A propósito deste incidente, o porta-voz do Governo informou que a Presidência do Conselho dera «ordem categórica para não serem feitos cortes nos textos dos discursos dos Srs. Deputados, quando do texto autêntico se trate», e Pinto Machado informou ter-lhe sido dito pelo Diretor-Geral da Informação que os cortes tinham sido feitos sem o seu conhecimento[316].

Fosse como fosse, o ocorrido é a prova, provada com factos indesmentidos, que existia uma disfunção essencial entre os vários níveis da decisão política, que, no limite, permitia que um qualquer censor eliminasse e/ou alterasse partes da intervenção de um Deputado da Nação no exercício das suas funções. Por outro lado, anote-se que o porta-voz do Governo, em nome da Presidência do Conselho, apenas garantia que não se fariam cortes «quando de texto autêntico se trate»... Pelos vistos, noutros casos, essa garantia não existia. A lei do silêncio – porventura mais branda –, no entanto, subsistia. E a todos os níveis.

Por sinal, o deputado avisante, deixara um aviso à navegação:

> O silêncio é conservador. O progresso não se faz sem polémica. Quem quer progredir tem de aceitar, de boa ou má vontade, incómodos e perturbações. Os que pretendem avançar sem sobressaltos são vítimas de uma ilusão tentadora. O ponto essencial está em saber quais são as pessoas ou os grupos incomodados, se aqueles que têm por si a razão e a justiça, se os que se aliaram à rotina, aos interesses e aos privilégios.
>
> Não tenho dúvida nenhuma que a vitória será dos primeiros, mas têm de lutar por ela.[317]

A votação das duas moções resultantes deste debate é o primeiro indício do que virá a ser o confronto entre a «ala liberal» e os outros setores da Assembleia. A moção proposta pelo setor conservador, cujo primeiro subscritor foi João Ruiz de Almeida Garrett, vence, em alternativa, uma segunda, que se apoiava nos princípios defendidos por Miller Guerra e defendia, entre o mais, o «funcionamento normal das associações académicas» e a criação de uma comissão alargada – da universidade às empresas, dos sindicatos às sociedades científicas, etc. – para elaborar um relatório sobre a reforma da Universidade, que é subscrita por Pinto Machado, Correia da Cunha, Pinto Leite, Sá Carneiro, Raquel Ribeiro e Eleutério Gomes de Aguiar.

A primeira sessão legislativa terminou no dia 30 de abril. Uma semana antes, Sá Carneiro e Pinto Balsemão entregaram ao Presidente da Assembleias Nacional um projeto de Lei de Imprensa que, nos termos regimentais, foi enviado à Comissão de Política e Administração Geral, a qual reconheceu que não havia inconveniente na sua apresentação. Dado o

LIVRO SEGUNDO PRESIDENTE DO CONSELHO DE MINISTROS

facto de se estar no final da sessão legislativa, acabou por ser apresentado no início da seguinte, a 26 de novembro de 1970. Uma sessão que, segundo Almeida Cotta informou a 28 de abril, teria como programa fundamental a apreciação das propostas de lei da revisão da Constituição Política, da liberdade religiosa, do regime de Imprensa, da defesa da concorrência e da nova política industrial.

Quem não apreciava minimamente os avanços dos liberais era Marcello Caetano que fez questão de o dizer a Pinto Balsemão, quando este formulara, em fevereiro, a pergunta sobre a Lei de Imprensa, mais ou menos na altura em que o Sindicato dos Jornalistas apresentava um Projeto de Lei de Imprensa, que tinha como bases fundamentais o direito de liberdade de expressão «exercido por todos sem dependência de qualquer censura prévia ou posterior» e, bem assim, a liberdade de informação e o livre acesso à mesma.

Feito o reparo, Balsemão explicou-lhe que não o informara anteriormente da pergunta apenas devido a «um lapso lamentável», sendo «uma omissão (evidentemente) não intencional». O deputado afirma-se «muito sensível à questão, não só por diariamente o meu jornal ser vítima das arbitrariedades da Censura, mas também por acreditar, cada vez mais firmemente, que o desenvolvimento global de que o País carece – e de que, sob a sua orientação, há de beneficiar – só poderá processar-se ao ritmo necessário se for estimulado por uma Imprensa habilitada a exercer as suas verdadeiras funções.» O deputado jornalista aproveita para se referir ao ambiente existente na Assembleia Nacional:

> Num outro plano, aflige-me o que se passa na Assembleia, sobretudo nos bastidores. A politiquice que rodeia a eleição da Comissões, a constante invocação a despropósito da integridade territorial da Pátria, o tempo que se perde a discutir coisas sem interesse, os «arranjos» de última hora, a falta de sentido prático e a consequente ineficiência de colaboração positiva com o Governo – tudo isso me obriga a reagir, a procurar concentrar-me nos assuntos sérios e de maior importância.[318]

Ano e meio mais tarde, a 15 de julho de 1971, Marcello Caetano, a propósito da oferta, pelo autor, do livro *Informar ou Depender?*, envia-lhe uma longa carta em que não só descreve o incidente, mas também revela o seu pensamento sobre o que entendia por liberdade de imprensa, no contexto social e político do País.

Não quero entrar na discussão do seu livro, formalmente tão bem feito, em que nos mostra as perspetivas futuras da informação (esquecendo apenas que o gigantismo dos meios técnicos os vai tornar cada vez mais dependentes das superpotências) para no fim apresentar como solução ideal a conceção burguesa demoliberal de 1789.

É claro que se nos pequenos países capitalistas se adotar a liberdade ampla que os burgueses preconizam, o resultado, a maior ou menor distância, será a solução socialista. E os socialistas sabem-no muito bem.

Às vezes certas atitudes da nossa burguesia fazem-me lembrar a velha e saborosa fábula da cabra, do carneiro e do cevado, que iam numa carroça, certo dia, a caminho do mercado. Só que o último era bastante lúcido para perceber que «cevados não se ordenham nem tosquiam». E gritava aqui d'el-rei, contra a sorte que o esperava. A nossa burguesia não. Pensa que, nesta tremenda confrontação de conceção de vida a que o mundo de hoje assiste, tudo se resolve com... liberdade. Para os magarefes, afinal.[319]

Data de 4 de fevereiro uma carta de Pinto Leite a Marcello Caetano, na qual também aquele lhe dá conta do ambiente que se vive na Assembleia Nacional e das suas bandeiras políticas:

> Pode estar certo que lhe sou muito mais dedicado e fiel à sua pessoa e aos verdadeiros interesses do País do que muitos dos que por aí andam a cantar loas patrioteiras. Começo a sentir a luta e a intriga, que aliás já esperava, que certos interesses já iniciaram contra o setor renovador da Assembleia. Tenho tido graças a Deus muitos e grandes incentivos, para continuar a travar este combate pela modernização de Portugal do qual ninguém me fará demover. Sou persistente e sei muito bem o que quero. Não creio que tenha exagerado, pois se há passos e notas que o Governo não pode dar, os mesmos podem e devem ser tentados pelos deputados mais novos e menos comprometidos.[320]

Os liberais não estavam apenas circunscritos à Assembleia Nacional. Bem pelo contrário, apareciam disseminados pelos setores mais evoluídos da sociedade portuguesa, desde o Governo à Universidade, passando pelos sindicalistas, «tecnocratas», monárquicos democratas, apoiantes da CDE na campanha eleitoral anterior e muitos outros, distinguindo-se os membros do Governo João Salgueiro e Xavier Pintado, o seu filho Miguel Caetano, e deputados como Magalhães Mota, Correia da Cunha, Pinto Machado, Joaquim Macedo Correia e Ferreira Forte[321].

Integram este universo abrangente os 147 subscritores dos estatutos da SEDES, entregues, para aprovação, na Presidência do Conselho, no dia 25 de fevereiro de 1970, capeados por um requerimento onde afirmavam pretender «constituir uma Associação de âmbito nacional, denominada *«SEDES – Associação para o desenvolvimento económico e social»*, que tem por fim contribuir pela ação e pelo estudo para o desenvolvimento económico e social do País»[322].

A nova associação tinha como princípios orientadores:

a) a obtenção de níveis elevados de desenvolvimento económico e cultural do País e a correspondente garantia de satisfação das necessidades individuais e coletivas;

b) a definição de esquemas de participação ativa das populações, através de estruturas pluralistas, na construção e gestão da comunidade económica, social e política;

c) a obtenção de iguais oportunidades económicas e culturais para toda a população e o desaparecimento de grupos sociais privilegiados;

d) a organização de estruturas que permitam uma ampla e livre expressão das capacidades criadoras individuais, embora condicionada pelos limites decorrentes da vida em sociedade;

e) a colaboração ativa da comunidade nacional na construção e funcionamento da ordem internacional.[323]

E, dentro destes objetivos, assumia como domínios prioritários:

Sistema de Planeamento capaz de assegurar maior racionalidade ao processo de desenvolvimento, e a participação das populações e dos seus representantes na escolha das grandes opções nacionais.

Democratização autêntica, quantitativa e qualitativa, dum sistema de ensino adequado à necessidade de educação permanente de toda a população.

Desenvolvimento global e generalizado do espírito científico, em todos os domínios da vida socioeconómica, como forma essencial de superar a ignorância e o subdesenvolvimento.

Fomento de todas as formas de associação que contribuam para o dinamismo e equilíbrio das estruturas sociais, com especial relevo para os movimentos sindicais e cooperativos, criando assim processos de participação assentes em novas relações produtivas e de consumo.

Reestruturação dos grandes ramos de atividade, com base em formas mais eficientes de promoção e controle social.

Revisão do sistema fiscal, com objetivo de assegurar uma mais equitativa distribuição de rendimentos, contribuindo assim para a obtenção de iguais oportunidades económicas e culturais e para a extinção dos privilégios sociais.

Novas estruturas de participação politica e administrativa, assegurando a efetiva descentralização administrativa e reorganização da administração local e regional.

Sistema de segurança social que garanta o exercício pleno dos direitos fundamentais: trabalho, reforma, rendimento mínimo, habitação, saúde.

Organização racional do espaço pelo ordenamento das atividades económicas e dos centros rurais e urbanos (desenvolvimento regional, planeamento urbanístico, equipamento rural, politica de terrenos).

Políticas gerais de progresso pela formulação de atuação coerente em outros domínios relevantes para a concretização do desenvolvimento económico e suas potencialidades de transformação social e cultural (políticas de cultura, de ciência e tecnologia, de investimentos, de consumo).[324]

A transcrição integral dos objetivos e domínios prioritários da SEDES permite a perceção de que se trata de um verdadeiro programa de governo, no sentido de uma reforma efetiva dos seus princípios orientadores, toda perspetivada e projetada para um futuro que assume a rutura definitiva com o passado corporativista e autárcico do Estado Novo. Por isso que evidenciava também uma *décalage* clara e assumida relativamente ao projeto marcelista.

Marcello Caetano preferia que este tipo de grupos se organizasse dentro do partido único, ao tempo já designado por Ação Nacional Popular, desiderato que foi liminarmente rejeitado pelos setores renovadores[325]. Pelo menos, deveriam afirmar «o acatamento e o respeito pelas normas constitucionais, mas o projeto apresentado para aprovação não continha essa cláusula, que o Presidente do Conselho considerava «essencial». O mais longe que a projetada associação aceitou ir, foi até à inclusão, no artigo 2.º dos Estatutos, de um ponto em que se afirma: «A Associação não tem caráter político, nem desenvolverá atividades que possam revestir aspeto partidário, propondo-se agir com acatamento dos princípios fundamentais da Constituição Política da República Portuguesa e de acordo com as leis vigentes»[326].

Depois de reuniões com o Presidente do Conselho e com o ministro do Interior, os Estatutos foram, finalmente, aprovados por despacho deste último, datado de 2 de outubro de 1970[327].

Constituída a SEDES, Marcello Caetano diz ter sido surpreendido com o facto de «aparecerem entre os aderentes nomes de, ainda na véspera, fogosos paladinos da CDE e da CEUD. Convertidos? Não: infiltrados.»[328]

Entretanto, o ambiente político interno mostrava-se, de alguma forma, agitado. Em fevereiro, o padre Mário de Oliveira, pároco da Lixa, é julgado em tribunal plenário, por se ter oposto à guerra colonial, e o seu colega da paróquia de Santa Maria de Belém, padre Felicidade Alves, é preso pela PIDE, durante nove dias. Verificam-se manifestações de protesto contra a guerra em África e contra os massacres cometidos pelas tropas americanas no Vietname. Além disso, o movimento grevista, se bem que mais atenuado relativamente ao ano anterior, mantinha-se ativo: em janeiro, paralisam os pescadores da Póvoa do Varzim; em fevereiro, os trabalhadores da Tomé Feteira, em Vieira de Leiria, e os enfermeiros e médicos dos Hospitais Civis de Lisboa; e, em março, os pescadores de sardinha de Peniche e do Algarve. Esta ofensiva culmina com a realização de grandes manifestações de rua um pouco por todo o País, designadamente em Lisboa, Margem Sul, Ribatejo e Porto.

No centro de toda esta pressão, tanto dos setores mais extremistas da esquerda, como do centro e centro-esquerda renovadores, e ainda da direita que continuava a pugnar pelas teses integracionistas do todo pluricontinental, Marcello Caetano começa a sentir algum desgaste, do qual dá conta em carta ao Presidente da República, referente à sua projetada viagem ao Ultramar, e em cuja comitiva queria integrar o respetivo ministro e o secretário de Estado da Informação:

O itinerário, compreendendo a viagem por mar até S. Tomé, não levará menos de um mês a percorrer. [...]

Permito-me ponderar que ao Presidente do Conselho cabe, na ausência do Chefe do Estado da metrópole, substituí-lo, e também gerir as pastas dos ministros ausentes.

Como ontem expus, as circunstâncias da política interna não são tranquilizadoras, nem as suas perspetivas. Tenho tido meses de trabalho muito intenso e profundas preocupações. Entre estas últimas não são das menores as relativas aos problemas da imprensa e da opinião pública. Não me sinto com forças para, durante um mês, ter sobre mim a responsabilidade inteira das pastas do Ultramar e da Informação, além das funções, mesmo reduzidas ao mínimo dos mínimos, da chefia do Estado.[329]

A propósito da liberalização, do seu alcance e do seu enquadramento, já no exílio, Marcello Caetano escreveu:

> Sempre expliquei que a um professor de Direito Público não podia deixar de se impor a ideia de governar com respeito das justas liberdades dos indivíduos e dos grupos. Pois que é o Direito Público senão a limitação jurídica do Poder político?
>
> Mas um governante não pode ser um mero ideólogo que tudo sacrifique à aplicação das teorias que lhe sejam caras. Governar é uma responsabilidade gravíssima porque implica o zelo das vidas, dos bens, dos interesses respeitáveis dos governados, tanto quanto à sua feição presente como aos desenvolvimentos futuros.
>
> E eu não podia esquecer dois pontos fundamentais: primeiro, que entre quantos clamam liberdades figuram muitos que as não querem senão para terem aberto o caminho do poder totalitário que logo as suprimirá; segundo, que Portugal tinha no seu território três frentes internas de subversão a combater e que nesse combate o governo não podia desprezar a retaguarda onde o inimigo, caso conseguisse infiltrar-se (como se infiltrou), ganharia facilmente a partida total.
>
> Por isso a liberalização tinha de ser cautelosa.[330]

Como ensinam os cientistas políticos, os conceitos de liberalização e de democratização não são nem coincidentes nem consequentes. Se a primeira é condição *sine qua non* para a segunda, esta não resulta necessária e irrevogavelmente da primeira[331]. Juan Linz e Alfred Stepan afirmam que:

> Em um contexto não-democrático, a liberalização pode implicar uma combinação de mudanças sociais e de diretrizes políticas, tais como menos censura dos media; um espaço um pouco maior para a organização de atividades autónomas da classe trabalhadora; a introdução de algumas salvaguardas jurídicas para o indivíduo, como o *habeas corpus*; a libertação da maior parte dos presos políticos; o retorno dos exilados; talvez algumas medidas visando a melhoria da distribuição de renda e, o que é mais importante, a tolerância à oposição.
>
> A democratização implica a liberalização, porém, este é um conceito mais amplo e, especificamente, político. A democratização requer a competição aberta pelo direito de conquistar o controlo do governo, o que, por sua vez, exige eleições competitivas livres, e seu resultado determinará quem irá governar. Com base nestas definições, é óbvio que pode haver liberalização sem democratização.[332]

A clareza do texto transcrito quase dispensaria comentários. Para além de espelhar bem o quadro teórico-político de Portugal, no consulado de Marcello Caetano, alerta para o equívoco em que parecem não ter reparado nem as elites daquele período de 1968-1974, nem os historiadores, nem os cientistas políticos, nem os sociólogos que o estudaram[333], quando, na sua quase totalidade, concluíram pelo falhanço de Marcello Caetano quanto à democratização do país, subentendida – numa visão retrospetiva e partindo de bases teóricas em que prepondera o finalismo histórico – como estando presente nas intenções do sucessor de Salazar.

De facto, uma análise crítica atenta dos textos produzidos por Marcello Caetano – seja como professor, seja como político, destinem-se às elites ou ao cidadão comum – revela que a democratização nunca esteve nos seus horizontes, os quais, no limite, pareciam confinados a uma liberalização – ainda assim muito limitada, dir-se-ia mesmo, *cada vez* mais limitada – retoricamente justificada com o estado de subversão em algumas partes do território nacional. Marcello Caetano não falhou na democratização do País, porque nunca a prometera: mantendo-se igual a si próprio, foi até onde pensou que podia, e queria, ir. E os seus limites, insiste-se, não contemplavam o salto, nem o risco. Mantinham-se dentro do que ele considerava razoável... e possível.

Em 1971, Rolão Preto fez, na «Carta a um Republicano», uma percuciente análise do Marcelismo, pondo o dedo na grande questão de fundo: mais do que de *reformas*, o País precisava de uma *saída*. Ou seja, em vez do *possível*, era urgente ousar o *necessário*.

> O caso Marcelo Caetano é um caso pessoal, um fortuito caso pessoal. Nada no sistema o previra. De resto, ele foi eleito inter pares, resvés da margem da sua chance. A sua personalidade de catedrático – aliás, total – numa situação de primazia dos Professores, numa «República de Professores», deu-lhe o voto de desempate... A sua própria posição tornava-o o homem do «possível», que é a posição conservadora, a posição-limite por excelência. O regime fechava-se, assim, dentro do seu destino. Não procurava uma saída; ajustava-se a uma «continuação». A continuação de uma ditadura de facto, pois que é um mando indiscutível que se apoia num Partido privilegiado, um Partido que, além de ser o único consentido, toda a sua existência assenta nas engrenagens do Estado e delas tira toda a sua força política.
>
> Assim, o equívoco permanece. Pouco importa que a esse Partido fosse mudado o nome e que deixasse de ser o Partido da «União Nacional» para ser agora o Partido da «Ação Nacional Popular». As características são as

mesmas e idênticas as intenções. Em tais circunstâncias, sem uma Oposição que fiscalize e impulsione os atos do Governo, este tem naturalmente limitada a sua ação ao expediente, já aliás várias vezes anunciado: as «reformas». As Reformas são quase sempre, na História, o signo de uma ideia. A esperança com que o País acolheu Marcelo Caetano apoiava-se sobretudo no seu anseio de resgate político e social. O País não se contentava com «reformas» cujo alcance ele dificilmente poderia medir. O País queria uma «coisa» diferente, uma «coisa nova». Uma coisa que, no plano da liberdade de pensamento, no da dignidade política dos cidadãos, no da Economia liberta de monopólios, no do Crédito para além da especulação e da usura, no da assistência, ensino e justiça social – em tudo isto – fosse uma Revolução, uma saída.

Era para além do que se julgasse «possível», era ultrapassando o «possível», que o País reclamava essa saída no caminho do necessário».[334]

Em 28 de março, o Presidente do Conselho termina uma visita aos Açores, a cuja população promete que não será esquecida pelo seu Governo, correspondendo às esperanças nele depositadas[335].

Entretanto, Mário Soares, que digerira com dificuldade a «derrota» eleitoral da CEUD, em Lisboa, face à CDE, inicia um périplo pelas Américas... «À espera de melhores dias...»[336] Começou pelo Brasil e terminou nos Estados Unidos, depois de ter passado pela Venezuela, Porto Rico e pelo México. No primeiro país visitado, além de uma reunião na Universidade de S. Paulo, organizada por intelectuais brasileiros opositores à ditadura militar, entre os quais se contava Fernando Henrique Cardoso, para falar da guerra colonial e da situação política interna portuguesa, deu uma entrevista a *O Estado de São Paulo*, que seria publicada a 1 de março, na qual afirmou: «O que se verificou com o Governo de Marcello Caetano não foi [...] uma mudança de estrutura. O que está acontecendo [...] é uma mudança de *atmosfera*, um certo *degelo*.»[337]

No primeiro dia de abril, já nos Estados Unidos, dá uma conferência de imprensa no Overseas Press Club, organizada por iniciativa da revista *Ibérica*, dirigida por Victoria Kent, na qual Mário Soares leu uma declaração[338], em que afirmou ser inexata a qualificação de *liberal* atribuída ao chefe do Governo português: «o salazarismo na sua pior aceção, isto é, de fascismo, continua sob Marcello Caetano»; a seguir, denuncia a prisão de Salgado Zenha, e a propósito, afirma que «Em Portugal qualquer cidadão pode ser preso sem culpa formada, durante seis meses, sem ser presente a um juiz, sem poder ser assistido por um advogado e sem que a prisão seja legalizada por qualquer tribunal. Mais: em Portugal qualquer pessoa pode ser deportada por decisão do Conselho de Ministros *por tempo indeterminado e sem julgamento prévio!*»; como prova da repressão em Portugal, acrescenta ainda que a PIDE – «a polícia política que continua a ser um estado dentro do Estado» – se mantém, embora com outro nome, o mesmo se passando com a Ação Nacional Popular, que não é senão o partido único de Salazar, razão pela qual a oposição nunca conseguiu eleger ninguém:

> As últimas eleições legislativas, em outubro de 1969, não alteraram essencialmente esta situação de base.

Finalmente, a guerra colonial:

> Portugal vive há anos uma guerra colonial sem saída nem sentido – em múltiplas frentes e em três colónias: Angola, Guiné e Moçambique. É uma guerra cruenta que um País atrasado e economicamente débil, como Portugal, não poderia fazer, sem poderosos auxílios estranhos. [...] Por outro lado, não seria possível um País com opinião pública livre prosseguir durante nove longos anos uma guerra colonial – que aliás a Nação não compreende e em que os recursos humanos e materiais de todo um Povo se vão progressivamente exaurindo. É por isso que a censura e a polícia política continuam a suprimir sistematicamente as vozes discordantes, impondo ao País amordaçado uma verdadeira cortina de silêncio.

Termina com um apelo à opinião pública internacional:

> Os democratas portugueses pensam que a tarefa da reconquista das liberdades públicas só a eles incumbe – e a mais ninguém. Mas tendo vivido num ghetto durante tantas décadas, isolados e desconhecidos do mundo livre, confiam na força da opinião pública internacional e na solidariedade dos democratas para fazer terminar o apoio internacional de que tem beneficiado a ditadura portuguesa.

A conferência de imprensa, quase integralmente difundida pela Agência Reuters, teve enorme repercussão e destaque na imprensa norte-americana, designadamente no *New York Times*, no *Washington Post* e na revista *Time*, merecendo ainda *flashes* em várias televisões[339]. A repercussão do evento deixou o governo português, mormente o seu presidente, à beira de um ataque de nervos: organizam-se manifestações de desagrado, fazem-se pinchagens em que o palestrante é apelidado de traidor, e a sua própria mulher, Maria Barroso, é ameaçada e insultada por telefonemas anónimos.

Mário Soares torna-se o inimigo público número um de Marcello Caetano e do regime. Não porque tivesse dito algo de novo relativamente ao que tinha afirmado durante a campanha eleitoral, mas porque trouxera para a ribalta política internacional os problemas internos do País, e, sobretudo, porque transmitira a ideia de que a política ultramarina, reafirmada e seguida pelo Governo de Lisboa, estava longe de ter sido referendada pelas eleições de 1969, que não teriam passado de uma «farsa». Pusera, além disso, em causa o caráter «liberal» do Presidente do Conselho, cuja política afirmava ser, afinal, apenas a continuação do salazarismo, «na sua pior aceção», qual seja a do fascismo.

Marcello Caetano nunca perdoou a Mário Soares estas afirmações que, feitas na cidade onde estava situado o areópago mundial em que a política ultramarina portuguesa era cada vez mais atacada, vinham dar consistência às acusações, sempre contestadas pela diplomacia portuguesa, de colonialismo prepotente do governo português, perante as rebeliões africanas que ganhavam cada vez mais apoios – e não só no bloco afro-asiático.

Por outro lado, o desconhecido e irrelevante advogado, a quem se dirigira o seu primeiro gesto de liberalização, libertando-o do cativeiro de S. Tomé para onde Salazar o tinha desterrado, em vez de mostrar algum reconhecimento – que Mário Soares entendia não dever, porque apenas se tratara de um ato de justiça – mordia a mão do seu «benfeitor». Derrotado no pleito eleitoral, começava a construir o estatuto de alternativa viável ao regime, no contexto de uma esquerda não-totalitária. E note-se que o futuro secretário-geral do Partido Socialista nem sequer reclamava a independência das colónias rebeldes, mas apenas a autodeterminação dos seus povos.

Marcello Caetano regressa à televisão, a que não vinha explicitamente desde janeiro, a 8 de abril, para mais uma «conversa em família» para rebater Mário Soares. A comunicação, sob o título «Não há liberdade contra a lei»[340], tem por temas de fundo as questões da liberdade e da política ultramarina.

O cenário é o das dificuldades de governar num contexto de conturbação geral em que se vivia: «tempos de excitação e de indisciplina, quando todos os princípios, mesmo os mais fortemente alicerçados na experiência e no senso comum, são contestados, e todas as instituições, mesmo as mais sólidas e veneráveis, são postas em causa [...] Parece que uma onda de loucura varre o Mundo.»

Comissário Nacional da Mocidade Portuguesa (1940-1944)

Comemorações do 1º de Dezembro de 1940. Com Santos Costa – Subsecretário de Estado da Guerra

Comemorações do 1º de Dezembro de 1940. Com Mário de Figueiredo – Ministro da Educação

Sesssão Solene no Centro Universitário do Porto

Ministro das Colónias (1944-1947)

Visita ao Brasil (1941)

Reitor da Universidade de Lisboa (1959-1962)

Sessão solene da União Nacional

Na Exposição de Obras Públicas (1948)

Reitor da Universidade de Lisboa

Ministro da Presidência (1955-1958)

Em cima e páginas seguintes: Visita a Moçambique (1969)

◀ Com Américo Tomás e vários membros do Governo

40º Aniversário do Estatuto do Trabalho Nacional (1973)

◄ Com Baltazar Rebelo de Sousa

No Brasil (1980)

Este panorama condiciona toda a governação:

> Eu bem queria ensaiar novos métodos de governo, com mais larga participação de todos na vida coletiva. Mas para isso é preciso um trabalho sério de esclarecimento, e a intenção honesta, por parte dos mais capazes, de colaborar nas tarefas comuns.
> Participar não é começarem todos a falar ao mesmo tempo e a exigir que seja feito sem demora tudo quanto se possa imaginar. Participar é tomar conhecimento dos problemas e das dificuldades e possibilidades das suas soluções e ajudar conscientemente quem tenha de resolver.

Retoma, uma vez mais, o recorrente tema da liberdade:

> Pede-se muita liberdade. Mas nem sempre se faz bem ideia do que nas sociedades modernas significa a liberdade. Não me cansarei a lembrar que a liberdade dos cidadãos, num Estado civilizado, não significa poder fazer cada um aquilo que lhe apeteça. Seria o caos. A vida de hoje tornou-se tão complexa que só a disciplina das leis e o respeito da autoridade podem evitar que andemos todos engalfinhados uns nos outros. [...]
> A liberdade tem de ser exercida dentro das leis e conforme as leis. Não há liberdade contra a lei. E quem exerce o Poder tem como dever primordial fazer respeitar essas regras de cuja observância depende a harmonia dos interesses dos indivíduos e o acatamento do interesse geral.

Descendo ao campo da sua aplicação, refere-se depois à liberdade de expressão, sobre a qual, afirma, «se tem feito um esforço considerável de alargamento e garantia», designadamente no que se refere à crítica dos atos do Governo:

> Seria desejável que o fossem sempre por pessoas competentes, isentas, capazes de uma apreciação objetiva e desapaixonada.

O que nem sempre acontece, devido ao «espírito de partido» que continua a pairar. O exercício da política não é para amadores, diletantes ou mal-intencionados:

> Acho desejável o comentário e a discussão dos atos do Governo quando feitos por quem seja competente e esteja inspirado pelo desejo de melhorar as coisas. [...] Mas o que não se pode consentir é a propaganda contra a inte-

gridade da Pátria, o apoio aos seus inimigos, a traição aos soldados que se batem na defesa do território onde há vidas de portugueses a preservar.

Nesse ponto o Governo tem de ser intransigente, e duro até.

Porque, neste ponto, a discordância e a sua proclamação extramuros transformam-se em traição, uma traição nunca referida explicitamente, mas subentendida:

> Quando certos políticos que andam por países estrangeiros a tentar desacreditar a sua Pátria afirmam por lá que o Governo impõe ao povo português a defesa do Ultramar, isso é redondamente falso.
>
> É falso quanto ao povo da Metrópole. A massa popular daqui tem bem viva no espírito a consciência do dever de proteger as vidas e os bens dos portugueses de África. Uma das infâmias postas a correr pelos adversários é a de que os nossos soldados vão defender os interesses das grandes companhias que possuem bens em Angola ou em Moçambique. Infâmia estúpida. As grandes empresas capitalistas que têm atividades no ultramar continuariam a existir e a prosperar se por infelicidade perdêssemos as províncias africanas. Mas quem nós teríamos de receber e de assistir, se tal desastre acontecesse, eram os humildes agricultores, os milhares de pequenos comerciantes, os donos de modestas indústrias, a legião de funcionários e empregados, expulsos ou fugidos à fúria antiportuguesa. E não só os brancos. Mas também os de outras etnias que pudessem escapar com vida ao castigo da sua fidelidade a Portugal. São essas centenas de milhares de colonos e esses milhões de fiéis naturais que todos sentimos o dever de proteger e de defender, já que as experiências alheias não nos consentem ter ingénuas ilusões sobre o seu destino.
>
> Já sabíamos que a Nação sentia e pensava assim. Mas por ocasião das últimas eleições para deputados entendeu-se ser conveniente que essa decisão ficasse claramente expressa. Fui muito censurado, em determinados setores, por ter consentido na discussão do assunto durante a campanha eleitoral. Discutiu-se a defesa do Ultramar, pois. E, quando se chegou aos votos, o resultado foi bem nítido, foi bem claro. Viram-no todos os portugueses. Viram-no os estrangeiros que aqui vieram fazer reportagens e colher informações. As eleições decorreram em plena liberdade, com perfeita consciência do eleitorado sobre aquilo que ia decidir. Digam-me meus amigos: é justo que o chefe de uma das listas vencidas ande a dizer por países estrangeiros que esse voto não valeu nada porque as eleições foram «uma farsa»?

Termina referindo-se à autodeterminação, que «não se exprime por quadradinhos de papel postos nas mãos do gentio do sertão», mas «pelo convívio pacífico sob a bandeira portuguesa, numa aliança de esforços em que as raças colaboram e se fundem fraternalmente, a caminho de um mundo melhor»:

> Dividi-los, inimizá-los, lança-los uns contra os outros, é, creiam-me bem, um verdeiro crime contra a Humanidade.
> Não queremos ser réus desse crime.

O ponto de viragem, no sentido do endurecimento começa aqui, e não depois, neste preciso momento em que, pela mão de Mário Soares, a situação política de Portugal, em que a questão ultramarina constitui o ponto nodal, é escancarada à comunidade internacional. Até agora, com exceção dos limites definidos pelas paredes do palácio de vidro da ONU, Portugal e a sua situação interna passavam praticamente despercebidos, salientando-se o facto de o desaparecimento de Salazar e a sua substituição por Marcello Caetano ter suscitado expectativas benevolentes. A partir deste momento, com a amplificação mediática potenciada pelas declarações de Mário Soares, a questão colonial ganha uma nova centralidade, deixando de ficar circunscrita ao pequeno retângulo do extremo ocidental da Europa, para ser projetada muito para além das respetivas fronteiras. A opção ultramarina da política portuguesa passa a fazer parte da agenda política ocidental e adquire uma projeção de todo indesejada pelo governo de Lisboa, que teria preferido mantê-la reservada aos limites da política interna, onde, a bem ou à força, conseguia controlar os seus danos colaterais, usando como argumento justificativo – e constitucionalmente definido – a obrigatoriedade do acatamento da «ordem estabelecida». Por outro lado, o futuro secretário-geral do Partido Socialista descredibilizara os proclamados alicerces liberais da política de Marcello Caetano, pondo em causa a sua imagem, projetada para o exterior, de ser o reformador do regime. Ao pôr em causa as eleições – a que o Presidente do Conselho conferira um papel plebiscitário –, definindo-as como uma «farsa», Mário Soares torna-se o inimigo público número um de Marcello Caetano, que nunca lhe perdoou a ousadia. A partir das eleições de 1969, Mário Soares – até aí um modesto advogado sem carreira nem projeção – ia-se assumindo, gradualmente, como líder da esquerda não-totalitária, de cariz social-democrata, sintonizada com os governos preponderantes na Europa ocidental daquele tempo. E, o que é mais, passava a ser tido como uma possível alternativa viável – o Partido Comunista estava fora de causa, dadas as suas intimas ligações à URSS, e as linhas dominantes da política europeia aceitariam, sem dificuldades de maior, a sua exclusão, pelo menos na fase inicial de um possível processo de democratização – não só quanto à política interna, mas também no que se referia à política ultramarina, devendo anotar-se que Soares, na altura, apenas defendia o princípio da autodeterminação dos povos ultramarinos, em consonância, aliás, com as exigências cada vez mais fortes da comunidade internacional.

4

«O PAPA NÃO ABENÇOA NEM PODIA ABENÇOAR A TERRORISTAS COMO TAIS.»

A meio do ano de 1970, Marcello Caetano começa a ficar cercado. Um cerco feito com as barreiras construídas a partir de um projeto político difuso e ambivalente, de que as elites políticas em presença se reclamavam para justificar, cada qual, o seu caminho, tanto a favor como contra. E se, com Salazar essa referência era viável, porque o seu pensamento e a sua vontade eram unívocos e incontestados, o mesmo não acontecia com o seu sucessor que se movia num labirinto ideológico e político, e se mantinha num equilíbrio instável, que exigia uma maleabilidade e um pragmatismo que, decididamente, até por razões idiossincráticas, não possuía.

Fosse ou não essa a sua intenção inicial – e não parece demasiado ousado ou inverosímil presumir pela negativa –, muitas das reformas efetuadas tinham resultado apenas numa operação de cosmética. Foi assim com a transformação da PIDE em DGS, da UN em ANP, da Censura em Exame Prévio, do corporativismo em Estado Social: o resultado final não mostra qualquer alteração substancial relativamente ao ponto de partida.

Começa a notar-se algum desconforto pela marcha das coisas políticas, mesmo entre os mais próximos de Marcello Caetano, como o jovem deputado José Pedro Pinto Leite, que fora seu aluno na Faculdade de Direito. Não estava, nem nunca esteve, em causa a confiança que este depositava no projeto reformador que entendia ser o do seu antigo professor, no qual se empenhou decididamente, logo a partir da preparação das listas para a Assembleia Nacional, cabendo-lhe um papel essencial no recrutamento de candidatos novos e com perspetivas políticas inovadoras, num processo complicado que, segundo Oliveira Dias, teve «enormes [...] resistências dos ultras representados pelo Ministro do Interior, Gonçalves Rapazote» e assistiu à recusa de muitas pessoas abordadas em integrar as listas da União Nacional[341].

Apesar de tudo – continua Oliveira Dias –, entrou no «Cavalo de Troia» para dentro da cidadela do regime – como então gostavam de dizer os ultras – o grupo que havia de vir a constituir a «Ala Liberal», por ordem alfabética: Francisco Pinto Balsemão, Francisco Sá Carneiro, João Bosco Mota Amaral, João Pedro Miller Guerra, Joaquim Macedo Correia, Joaquim Magalhães Mota, Joaquim Pinto Machado, José Correia da Cunha, José Pedro Pinto Leite, José da Silva, Maria Raquel Ribeiro, Teodoro de Sousa Pedro, Tomás de Oliveira Dias.

Num estudo aprofundado sobre a «ala liberal»[342], Tiago Fernandes utiliza como critério de pertença a este grupo «a atividade política (parlamentar e extraparlamentar) dos deputados», cujo vetor principal era a subscrição do projeto de lei de revisão constitucional, da autoria de Sá Carneiro. Segundo este critério e juntando ambas as fontes, o número dos deputados liberais ascenderia a duas dezenas.

Trata-se de um grupo informal, que se foi aglutinando em torno de projetos realmente inovadores, mas não coordenados, que não obedecia a estratégias pré-definidas, nem assumia qualquer espécie de vínculo. Por isso, a afirmação generalizada e recorrente de que, até à sua morte prematura num desastre de helicóptero na Guiné, a 26 de julho de 1970, Pinto Leite era o seu líder, se bem que interessante do ponto de vista instrumental para justificar, *a posteriori* e retrospetivamente, – por políticos, historiadores e outros comentadores – o que veio a suceder na Assembleia Nacional depois da sua falta, é, pelo menos, pouco rigorosa. A tese da liderança foi inclusivamente utilizada por Marcello Caetano, para justificar a rutura com os liberais, quando afirma que, após a sua morte «o grupo liberal careceu de coesão e de chefia»[343]. O ponto comum desta interpretação, pelo menos implícita, quando não mesmo expressamente afirmada, é a ideia de que com Pinto Leite o processo da liberalização poderia ter seguido outro rumo.

Não cabe ao biógrafo trabalhar com hipóteses, mas com factos. Porque, no campo das primeiras, é igualmente lícito perguntar até que limites iria a paciência do deputado liberal preferido pelo Presidente do Conselho? E, já agora, teria sido também interessante – se as leis da vida e da morte não tivessem disposto de outro modo –, assistir à sua atuação quanto ao problema crucial da revisão constitucional, que destruiu definitivamente quaisquer pontes que ainda existissem entre o Marcello Caetano e a «ala liberal».

Em 1988, Joaquim da Silva Pinto, um dos antigos ministros «renovadores» de Marcello Caetano, escreveu, num depoimento que intitulou «José Pedro Pinto Leite e sua circunstância»[344]:

> O Dr. Pinto Leite já em 1970 andava inquieto pressentindo os sintomas da quebra de vontade política em se estabelecer a grande reforma por que ansiava e justificava a nossa presença no cenário político. Sentia-se, como eu, responsável por ter convencido muitos amigos a vir. Andava tenso e afirmava-se disposto a dar um «passo decisivo». [...]
> Durante essa reunião [dias antes da partida para a Guiné] [...] o José Pedro Pinto Leite confidenciou-me que tão pronto regressasse da Guiné iria levantar na Assembleia Nacional a questão ultramarina.

Essa inquietude é também manifesta na correspondência do deputado com o Presidente do Conselho.

A 26 de dezembro, Marcello Caetano agradece o cartão de boas festas que lhe fora enviado por Pinto Leite, aproveitando para aconselhar:

> Como o cromo tem um apelo seu, não quero deixá-lo sem resposta. Se você diz «aceito a prudência», ótimo. Nem se compreende o mas... Porque «as esperanças de tantos» não podem estar na imprudência. As imprudências desacreditam as pessoas e as instituições. E podem criar conflitos inúteis. Ao passo que a prudência, por exemplo, de os deputados utilizarem as vias que lhes indiquei (esclarecimento prévio, aviso prévio, etc.) pode conduzir a resultados mais seguros e eficazes do que o imediato acolhimento de quantos queixumes emanem de qualquer interesse particular ferido, nem que seja dos pares de namorados da Faculdade de Letras...[345]

Em 4 de fevereiro de 1970, o deputado diz a Marcello Caetano estar ofendido por não ter sido incluído numa reunião da União Nacional, salientando que «não gostaria de ser tratado apenas como uma espécie de mulher a dias, que nos períodos eleitorais faz serviço nos concelhos difíceis do distrito de Lisboa», reafirmando, contudo, a sua lealdade: «Pode estar descansado que lhe sou muito mais dedicado e fiel à sua pessoa do que muitos dos que por aí andam a cantar loas patrioteiras». Na resposta, o Presidente do Conselho, diz-lhe:

> Não duvido da sua amizade. Só lhe quero todavia dizer que gostaria de contar com a sua colaboração no tal «combate pela modernização de Portu-

gal», como a de um amigo e não de um franco-atirador guiado apenas pela sua cabeça.[346]

Pinto Leite responde no próprio dia, reivindicando a sua individualidade, e sem esconder alguma acrimónia:

> Não tenho culpa porém que não existam estruturas políticas válidas onde me possa inserir e trabalhar em equipa. [...] Não tenho culpa também de que não tenha havido possibilidade de encontrar na Assembleia chefes de fila capazes ou dispostos a integrar a «rapaziada nova». A minha vida tem provado, e espero continuar a provar, não ser um «franco-atirador», que tenho sido capaz de trabalhar organizada e eficientemente e de organizar pessoas para trabalhar. Não sou dócil, é verdade, e gosto de lutar. Só poderei agir de acordo com o meu temperamento e capacidades.
>
> Creia que se não será possível modificar o meu espírito de generosidade e de combatividade, será sempre possível, se tal for considerado necessário para o seu trabalho, retirar-me da vida política há tão pouco tempo iniciada.[347]

A colaboração que Marcello Caetano espera dos seus amigos liberais é perspetivada em termos de submissão destes aos seus ditames e orientações, enquanto chefe do Governo. Di-lo, claramente, em finais de abril, numa carta a Pinto Leite, na qual, à despedida, o habitual «abraço» é substituído por um lacónico «muitos cumprimentos»:

> Tem v. repetidamente dito – e ainda da última vez que esteve comigo o reiterou – que deseja apoiar-me e que posso contar consigo nas questões fundamentais, sendo até do meu interesse que, para esse apoio pesar nos momentos decisivos, lhe deixe liberdade nos pontos secundários.
>
> Para v. não ter dúvidas, agora que me consta estar anunciada uma entrevista sua sobre a lei de imprensa, quero fazê-lo ciente do seguinte:
>
> A evolução do regime de imprensa para a liberdade é uma questão fundamental que não pode ser considerada sem ter em conta a situação do País e os movimentos que vão pelo mundo.
>
> O Governo não se demite do direito de conduzir a evolução nos termos e nas oportunidades que o seu conhecimento dos factos e o sentido das suas responsabilidades lhe aconselharem.
>
> Qualquer ação em desacordo com a orientação do Governo ou contra este projeto não pode deixar de ser considerada de hostilidade ao Chefe do Governo.[348]

Marcello Caetano define, claramente e sem sofismas, e também sem deixar espaço a «interpretações», o que entende dever ser o papel dos setores mais progressistas: quem manda e quem define os conteúdos, os percursos e o *timing* é ele, e só ele. O conteúdo da «renovação» e o seu alcance eram determinados por si e quem ousasse agir à sua margem ou em desacordo com as suas perspetivas e orientações seria havido como seu inimigo pessoal. Disso não deviam ter dúvidas os que se afirmavam seus apoiantes.

No dia 16 de junho, numa das duas cartas escritas a Marcello Caetano, o deputado intercede pela libertação de Manuel Serra, o único dos participantes do golpe de Beja, de 1 de janeiro de 1962, que ainda se encontrava preso, a quem dá o seu aval, garantindo que este emigraria definidamente para o Brasil. Para justificar o pedido, afirma: «Sabe que tenho mantido relações com vários círculos oposicionistas, entre os quais apesar da opção clara que fiz dando o meu apoio à sua pessoa e à sua política, gozo dum grande prestígio como homem sério e honesto.» Marcello Caetano não gostou do «grande prestígio» afirmado e não resiste a uma reprimenda:

> A respeito das suas relações com os círculos oposicionistas e do «grande prestígio» que diz ter entre eles, permita-me apenas uma palavra de aviso. [...].
>
> Tome cuidado com as adulações e com o «grande prestígio» que lhe dão. Porque, conhecendo eles, como toda a gente, a generosidade do seu feitio, o ímpeto dos seus impulsos e o natural gosto pelos aplausos, podem querer transformá-lo num instrumento de perturbação e de divisão. [...]
>
> [Caso os socialistas portugueses chegassem ao poder] A equilibrada defesa que hoje se faz das instituições, da ordem pública e da integridade do território, seria substituída por uma opressão visando tudo quanto denotasse restos de «classe burguesa».
>
> Atualmente não se persegue ninguém. [...]
>
> Mas a liberdade ampla que as oposições reclamam seria para demolir este regime moderado e implantar a revolução.
>
> É por isso, meu caro Pinto Leite, que me permito, como amigo, pô-lo de sobreaviso quanto às tentativas de iludir a sua boa-fé.
>
> Creia-me
> Marcello Caetano[349]

O tom frio da despedida faz lembrar as oscilações de tratamento de Salazar com ele próprio: em dezembro de 1969, despede-se com um «sempre aberto à conversa e a um abraço»; em junho de 1970, vai de «afetuosos cumprimentos», até ao seco «creia-me», que, na última carta, do final deste mês, substitui por «seu amigo».

Para terminar, anote-se que Pinto Leite não apreciou os comentários, como fez sentir a Marcello Caetano, que se justifica: «Recebi e muito agradeço o seu discurso sobre «Política nacional e relações internacionais» que o nosso comum e bom amigo Alçada Batista editou[350]. Vejo pela agreste dedicatória que ficou dorido pela minha carta, mas estava fora da minha intenção magoá-lo.»[351] Na última carta, a propósito de um panfleto posto a circular, ofensivo para o segundo, Marcello Caetano tenta apaziguar o deputado: «Tenha calma e se quiser conversar comigo em vez de escrever cartas diga aqui para o gabinete. Seu amigo...»[352]

Esta foi a última correspondência trocada entre ambos. Poucas semanas depois, José Pedro Pinto Leite – o deputado por Lisboa, que tinha um «corpo de grande estatura com alguma propensão para a obesidade mas desenvolto, o cabelo aloirado com uma mancha rebelde sobre a testa, a face bem corada, o olhar vivo e maroto, uma expressão de serena alegria de viver» – morria, ingloriamente, com mais três companheiros – Leonardo Coimbra (Porto), Vicente de Abreu (Beja) e Pinto Bull (Guiné) –, num desastre de helicóptero, durante uma visita à Guiné. Além destes, a delegação parlamentar era ainda constituída pelos deputados Cancela de Abreu, Lopes Frazão, Covas Lima e Salazar Leite, que seguiam noutro helicóptero.

Pinto Machado, um dos seus companheiros da «ala liberal», termina assim um sentido depoimento sobre Pinto Leite:

> Termino com uma pergunta a que dou a minha resposta. Teria a vida política portuguesa seguido um rumo diferente caso o Zé Pedro não tivesse morrido? Penso que não fora a sua morte e a do Dr. Melo e Castro [...], um e outro com acesso direto e fácil ao Prof. Marcello Caetano com quem mantinham relações de amizade, e talvez houvéssemos tido uma evolução pacífica para a democracia, tal como sucedeu em Espanha. Assim, perdidos esses canais, o Presidente do Conselho ficou isolado pela muralha dos cortesãos e temeroso pela arrogância sempre crescente dos «ultras» que, como se veio a provar, não passavam de tigres de papel.[353]

Nunca o saberemos. E qualquer conjetura não passará disso mesmo: uma conjetura. E nada mais.

Em meados de 1970, era já visível o caminho para o bloqueamento político, devendo, no entanto, salientar-se que o mesmo não parecia acontecer com as reformas económicas e sociais, que acabariam por surgir, designadamente no que se refere ao alargamento da segurança social, ao embrião do Serviço Nacional de Saúde e «ao "Veiga Simonismo" que dominaria a Educação em Portugal até ao final do século xx»[354].

A morte dos quatro deputados, oficialmente atribuída ao facto de o helicóptero em que seguiam ter sido apanhado por um violento tornado, foi antecedida, três meses antes – a 20 de abril – por outras mortes, também trágicas, de três majores e seus acompanhantes, que foram atraídos pelo PAIGC a uma emboscada, na região de Teixeira Pinto, no contexto da Operação Chão Manjaco, com que António de Spínola e os seus homens de confiança pensavam dar um rude golpe nos efetivos, mas sobretudo no moral daquele movimento guerrilheiro, já que previa a entrega às autoridades portuguesas de comandantes do PAIGC e dos respetivos grupos. Aqueles oficiais, acompanhados do alferes Palmeiro Mosca e de dois intérpretes, seguiram para o local de encontro, previamente acordado, desarmados, a fim de preparar a rendição, mas foram recebidos a tiro pelos seus interlocutores, que deixaram os corpos no local: «Este assassínio marcou o fim trágico da Operação Chão Manjaco, lançada por Spínola, e que previa a integração da guerrilha nas Forças Armadas Portuguesas.»[355]

Em 1969, acreditava-se na vitória, tanto em Lisboa como nos comandos operacionais dos três teatros de operações. Não se tratava senão de uma ilusão. Referindo-se à situação na Guiné, escreveu um diplomata norte-americano, a 21 de maio daquele ano: «Por um lado, os Portugueses têm razão quando dizem controlar a maioria da população e as principais cidades. Por outro lado, os rebeldes não estão longe da verdade quando clamam (como Amílcar Cabral fez em Estocolmo há algumas semanas atrás) que dois terços do país lhe pertencem e que nessas regiões instalaram já a sua própria administração.»[356]

Quanto a Angola, o então cônsul americano em Luanda, Richard Post, disse a Freire Antunes: «Viajei por toda a parte de Angola e deduzi que Portugal seria incapaz de extinguir as rebeliões. Também nunca pensei que os rebeldes tivessem alguma possibilidade real de derrubar os Portugueses em termos militares.»[357]

Resumindo a situação nas duas joias da coroa do Ultramar português, afirmava-se num documento americano, datado de 15 de agosto:

«Em Angola e Moçambique, onde a rebelião é mais ativa, os rebeldes não podem vencer militarmente – mas os Portugueses também não... As perspetivas são de um impasse continuado: os rebeldes não podem expulsar os portugueses e estes podem conter, mas não podem eliminar os rebeldes.»[358]

No fundo, tratava-se de uma questão política, que exigia respostas políticas, como, muitos anos antes, lucidamente, deixara entrelinhado o então coronel Costa Gomes, em carta ao diretor, publicada pelo *Diário Popular* em 19 de abril de 1961:

> [...] Afirma-se que a demora em ocorrer à defesa de Angola estava a transformar em calvário o problema angolano, sobretudo no impasse da insuficiência das medidas militares.
>
> Ora, a verdade, Senhor Diretor, é que o problema angolano, como aliás o de todas as províncias africanas, não é um problema simples mas um complexo de problemas do qual o militar é uma das partes que está longe de ser a mais importante.

O Governo português não foi por aí. Concentrou-se na luta armada, numa estratégia decidida por Salazar para ganhar tempo, o tempo necessário para que uma nova deflagração mundial, que ele considerava inevitável, desse razão a Portugal, se não por convicções políticas, pelo menos por razões operacionais: o então considerado «inimigo americano» não poderia prescindir das posições estratégicas materializadas pelas possessões portuguesas, tanto nas costas do Atlântico como do Índico, para defesa do Ocidente, contra o poderio e o ameaçante «imperialismo» do Leste.

A terceira guerra mundial não veio. E, quando Marcello Caetano tomou conta do Poder, Portugal resistia, havia mais de sete anos, numa guerra de novo tipo: «mansa», sem confrontos épicos, subtil, feita à distância de milhares de quilómetros da Metrópole, como se se tratasse de uma realidade marginal ao «viver habitualmente» dos portugueses, para quem o Ultramar – contrariamente ao que se defendia – não era sentido como parte integrante da Nação. Nada preocupado com as minudências formais e jurídicas de uma Constituição que, no seu analfabetismo crónico, desconhecia em absoluto, para o «povo» português, a guerra era lá longe e afetava sobretudo as famílias dos que tombavam. É claro que choravam os mortos, mas até nisso o Regime era previdente, evitando grandes alardes patrióticos e sepultando os caídos – quando regressavam à Pátria, porque muitos nunca vieram – discretamente.

Mas uma guerra que, na realidade, ia desgastando o País, interna e externamente.

Gradualmente, começou a provocar sobressaltos e ansiedade sobretudo nos que se viam predestinados a alimentá-la; fazia uma razia nas camadas mais jovens e potencialmente mais produtivas da população; consumia cerca de metade do orçamento, que podia ter sido aproveitada em investimentos produtivos e modernizadores; e era feita em nome de um dogma que não passava disso mesmo: não era feita em nome do povo e pelo povo, mas imposta de cima, como um fardo ou, naquela expressão tão cara ao nosso pessimismo conformista, «uma sina»...

Externamente, provocou o isolamento do País que, no contexto da guerra-fria, conseguira evitá-lo. As primeiras reações nos areópagos internacionais surgiram do bloco afro-asiático, composto pelos países que, numa onda crescente, iniciada em 1947 com a independência da Índia e do Paquistão, estendendo-se depois por toda a Ásia, até ao ponto mais alto, atingido na década de 60, na qual mais de três dezenas de colónias africanas se separam das respetivas metrópoles europeias, tornando-se países de pleno direito, restando uma conclusão óbvia: se, de início, o anticolonialismo era uma questão de princípios, agora tornava-se uma questão de facto. Deixara de ser apenas um movimento reivindicativo dos povos colonizados e transformara-se num princípio inquestionável do Direito Internacional Público.

Por isso, em termos muito reais, os sofismas mais ou menos bizantinos com que Lisboa e a sua diplomacia enfeitavam o seu discurso justificativo, aos olhos da comunidade ocidental não significavam coisa nenhuma, sendo pura e simplesmente ignorados.

O que significa que, em 1970, um pequeno País como Portugal era a única potência colonizadora europeia que restava da partilha de África feita nos finais do século anterior, ganhando assim um destaque de todo indesejado, mas inevitável dada a sua singularidade:

> Enquanto que o resto do continente [africano] se emancipa, no início dos anos 60, a África Austral permanece o último bastião do colonialismo branco. Esta situação combina a obstinação de Portugal salazarista em manter, a todo o custo, os últimos vestígios do Império decadente, e a das minorias brancas da Rodésia e da África do Sul em institucionalizar o seu domínio sem ter em consideração as injunções da comunidade internacional.[359]

Desde 1961, que na ONU se sucediam os relatórios da Comissão de Descolonização (Comité dos 24), as moções aprovadas pela respetiva Assembleia Geral e as resoluções do Conselho de Segurança, condenando a política ultramarina portuguesa. Esta rejeição é também feita por outras organizações e personalidades internacionais.

A 18 de janeiro de 1969, inicia-se em Kartum, capital do Sudão, a Conferência Internacional de Solidariedade para com os Povos das Colónias Portuguesas e da África Austral, onde, ao lado de representantes de vários países da Ásia, África, Europa e América Latina, estiveram presentes várias organizações estrangeiras e internacionais, entre as quais o Conselho Mundial da Paz, a Associação Indiana de solidariedade Afro-Asiáticas, o Comité Francês da Conferência Cristã pela Paz, a Federação Democrática Internacional das Mulheres, o Comité Soviético pela Paz, etc. Sobre este evento, Agostinho Neto afirmou:

> A Conferência de Kartum tem esta particularidade em relação às colónias portuguesas: mobiliza a opinião pública mundial contra o regime fascista e colonialista e, ao mesmo tempo, salienta a aliança existente entre as forças democráticas portuguesas e os povos que lutam nas colónias pela sua liberdade e independência.[360]

No mesmo mês, a «Comissão Justiça e Paz» belga aprova uma moção na qual se pede ao governo e deputados daquele país que votem na ONU a favor da independência das três colónias portuguesas em luta, interrompa o fornecimento de armas a Portugal e influencie, no seio da NATO, para que os países que a integram pressionem Portugal a acabar com a guerra[361].

Três meses depois, em fevereiro de 1970, um grupo composto por cerca de sete centenas e meia de padres e pastores protestantes holandeses envia à Câmara dos Deputados uma exposição em que exigem apoio financeiro a instituições de assistência médica e social de Moçambique e promova na NATO um debate sobre o uso que Portugal faz das armas que lhe são fornecidas pela organização.

E, em finais do mês seguinte, o arcebispo de Lusaka, afirmava na sua mensagem pascal:

> A Concordata é a mordaça que tapa a boca da Igreja Católica, impedindo-a de denunciar as injustiças sociais na África portuguesa. [...] Todas as atrocidades são cometidas em nome do cristianismo. [...] Que espécie

de cristianismo prega a Igreja Católica, que mantém o Padroado à custa da opressão do povo, da degradação do homem e das injustiças sociais, a que irmãos nossos estão expostos?[362]

Entre os dias 27 e 29 de junho de 1970, realiza-se em Roma a II Conferência Internacional de Apoio às Lutas dos Povos das Colónias Portuguesas, apoiada por muitas organizações sindicais, católicas e políticas, na qual é definida a linha de atuação, designadamente, o apoio concreto aos movimentos de libertação (FRELIMO, MPLA e PAIGC) «que a Conferência considera como detentores do poder efetivo nos seus países», numa ajuda «multiforme e adaptada»; esta ajuda e apoio político «devem ser encarados de frente e não podem ser dissociados, nem nas ideias nem na ação»[*].

No dia 1 de julho, tocam a rebate os sinos dos campanários das torres do Palácio das Necessidades, em Lisboa: o papa Paulo VI acabara de receber, à margem da audiência habitual das quartas-feiras, os principais representantes dos movimentos de libertação, Marcelino dos Santos (Moçambique), Agostinho Neto (Angola) e Amílcar Cabral (Guiné). Conta o então ministro dos Negócios Estrangeiros, Rui Patrício:

> [...] recebo um telefonema urgentíssimo do embaixador Brasão363 que me diz, quase a chorar, que o Papa recebeu os terroristas. Aí, o Brasão estava aflitíssimo, telefonei diretamente para o Marcello, que disse: «Ah, ele fez isso?! Venha cá imediatamente». Fui logo a casa do Marcello, e decidimos o gesto diplomático grave que é chamar para consultas o nosso embaixador. Significa uma atitude negativa. Chamei o Brasão a Lisboa, e entretanto saiu a notícia nos jornais. Chamei também o núncio apostólico, que era um homem baixinho e vesgo, e seguiram-se conversas muito duras com ele. Disse-lhe que estávamos profundamente ofendidos com o gesto de Sua Santidade. O núncio respondeu que era um gesto sem sentido político, e que o Papa apenas tinha dado a bênção aos terroristas. Aí, expliquei-lhe que o povo português era muito católico, mas também podia ser anticlerical e contei-lhe a história

---

[*] Participam 177 organizações, representando 64 países de todos os continentes, entre as quais partidos políticos e organizações sindicais, comités nacionais de apoio e associações religiosas, organismos internacionais como a ONU e OUA, a Conferência Cristã para a Paz, o Conselho Mundial da Paz, e várias outras. (António Melo et al., *Colonialismo e Lutas de Libertação...*, op. cit., p. 258).

do «Bispo Negro»[364]. Depois disto tudo, a Santa Sé acabou por publicar no *L'Osservatore Romano* uma nota a dizer que aquilo não tinha sido uma audiência no sentido do termo, que o Papa vira um bando de peregrinos entre os quais estavam aqueles senhores, e deu a bênção a todos. Nós também consideramos o assunto arrumado.[365]

Esta versão foi também assumida por Marcello Caetano, na «conversa em família» de 7 de julho[366], dia em que o governo português recebe uma nota da Secretaria de Estado do Vaticano sobre a receção do Papa aos dirigentes nacionalistas, na qual se afirmava não se ter tratado de «uma audiência no sentido próprio da palavra», mas «de um breve encontro» no qual «nenhuma palavra foi dita que pudesse significar ofensa a Portugal, ou menor consideração para com a sua dignidade, juízo sobre a sua política, interferência nos seus assuntos internos»*.

---

* O teor completo da nota do Secretário de Estado da Santa Sé, entregue a 7 de julho de 1970 ao Encarregado de Negócios de Portugal, na ausência do Embaixador, que fora chamado a Lisboa para consultas, é o seguinte: «Com referência à nota que Sua Excelência o Senhor Embaixador Eduardo Brasão me entregou no dia 2 de julho corrente relativa ao encontro que o Santo Padre tinha tido quarta-feira precedente com os Senhores Agostinho Neto, Marcelino dos Santos e Amílcar Cabral, e em seguida aos colóquios que a tal respeito tive com o mesmo Senhor Embaixador, tenho a honra de lhe comunicar quanto segue: / Não se tratou de uma audiência no sentido próprio da palavra: no quadro dos encontros de caráter geral que, na sua qualidade de Pastor universal, Sua Santidade costuma ter – normalmente todas as quartas-feiras – com numerosos grupos de católicos e não católicos, das mais diversas proveniências, o Santo Padre julgou não poder opor uma recusa absoluta ao pedido de um breve encontro que lhe tinha sido dirigido pelo grupo de pessoas em questão. / Fê-lo na forma mais simples, mais discreta e menos empenhativa possível: não na Basílica de S. Pedro, onde tinha lugar a Audiência Geral, mas numa sala de passagem, quando regressava da Audiência; sem referência à qualificação política que as ditas pessoas se atribuíam, mas como católicos ou cristãos, tal como no pedido tinham sido apresentados. / O Santo Padre fez questão de lhes dizer que, pois não conhecia quais eram em concreto as suas atividades, nem era da sua competência formular um juízo político sobre a situação concreta da zona donde provinham, sentia o dever de recordar o pensamento da Igreja: ou seja, que, mesmo ao procurar aquilo que se julga constituir um direito próprio, isso deve fazer-se sempre por meios pacíficos ou de legítima competição política, em conformidade com a lei de Deus, que é a lei de concórdia e de fraternidade entre todos os homens. / Nenhuma palavra foi dita que pudesse significar ofensa a Portugal, ou menor consideração para com a sua dignidade, juízo sobre a sua política, interferência nos seus assuntos internos. / Por isso, o Santo Padre ficou surpreendido e magoado pelo facto de a Embaixada de Portugal ter enviado uma nota de protesto, sobretudo pelo indevido significado atribuído à Audiência, e pelos sentimentos de lealdade e de consideração sempre tributados pelo Papa e pela Santa Sé à mesma Embaixada e ao Povo Português, e bem assim pelo respeito e cordialidade demonstrados pelo mesmo Santo Padre na recente Audiência, concedida ao Senhor Ministro dos Negócios Estrangeiros de Portu-

LIVRO SEGUNDO PRESIDENTE DO CONSELHO DE MINISTROS 593

Esta versão dos factos, que tudo leva a crer ter sido redigida de forma a que o governo português não perdesse a face, depois de uma reação vigorosa perante o gesto de Paulo VI, não coincide com o relato feito pela imprensa internacional, que salientou o facto de a audiência ter sido concedida depois de um pedido formal à Secretaria de Estado do Vaticano por carta que anexava documentação sobre a atividade dos Movimentos de Libertação da África Portuguesa liderados pelos três dirigentes que foram recebidos pelo Papa[*].

---

gal. / Aproveito de bom grado o ensejo para exprimir a Vossa Senhoria os sentimentos da minha distinta consideração. / Vaticano, 7 de julho de 1970. / a) G. *Card. Villot*.» (Marcello Caetano, *Mandato Indeclinável*, op. cit., pp. 210-211)

[*] A revista *Informations Catholiques Internationalles*, de agosto de 1970, apresenta a seguinte versão dos factos: «Ao meio-dia e um quarto de quarta-feira, 1 de julho, Paulo VI saía da Basílica Vaticana – onde se tinha desenrolado a habitual audiência geral hebdomadária – e entrava numa pequena sala contígua à sala dita «dos paramentos» onde aguardavam as personalidades que obtiveram uma «audiência especial» do Santo Padre. Encontrou aí os representantes dos três principais movimentos nacionalistas da África Portuguesa: Marcelino dos Santos (Moçambique), Agostinho Neto (Angola), e Amílcar Cabral (Guiné e Cabo Verde). / A audiência tinha sido regularmente pedida à Secretaria de Estado por carta com data de 1 de junho. Esta carta informava a Secretaria de que se realizaria em Roma nos dias 27, 28 e 29 de junho uma conferência internacional de apoio aos povos das colónias portuguesas e que M. dos Santos, Neto e Cabral nela participavam. Uns e outros, de quem se explicava com pormenor as responsabilidades respetivas à frente dos seus movimentos de libertação, ficariam muito honrados, dizia a carta, se fossem recebidos por Paulo VI, cuja ação incansável ao serviço da paz eles conheciam. A carta não precisava a religião dos três homens (Neto é metodista, os dois outros são católicos). No entanto, nela se pedia que a audiência tivesse lugar entre 27 de junho e 1 de julho. Estava anexa à carta uma documentação sobre as atividades dos Movimentos de Libertação da África Portuguesa. / Uma vez que a Secretaria de Estado não acusou a receção desta mensagem, foi-lhe pedida uma resposta em 20 de junho. No dia 30, uma carta do Vaticano chegava aos interessados, informando-os de que o Santo Padre lhes concederia uma audiência privada ao meio-dia do dia 1 de julho (...) / Logo que entrou na sala, o Papa sentou-se sobre um pequeno trono, ficando os seus três convidados de pé. «Eu conheço bem, disse-lhes, a situação trágica de certas regiões de África: a Igreja está ao lado dos países que sofrem». Cordial e parecendo emocionado, Paulo VI acrescentou: «Logo que vos seja possível, lutai por meios pacíficos. Quando esta guerra acabar devereis formar homens para a sociedade nova». Deu então, a cada um, um livro sobre João XXIII e um exemplar da «Populorum Progressio» em latim e em português, dizendo-lhes que encontrariam ali o pensamento da Igreja sobre a liberdade dos povos do terceiro mundo. / «Conhecemos bem esta encíclica, diz então Cabral. Desejamos que também os católicos portugueses a conheçam e deixem de massacrar as nossas populações, de bombardear as nossas aldeias e nos deixem trabalhar em paz». Paulo VI interrompeu-o, juntando as mãos, e disse: «Eu sei isso! E rezo por vós». A audiência durou um total de 20 minutos.» (António Melo et al., *Colonialismo e Lutas de Libertação...*, op. cit., pp. 259-260).

Qualquer observador minimamente atento à respetiva diplomacia, se apercebe que na Santa Sé – como acontece, aliás, com as relações externas dos restantes países, mas neste caso com mais ênfase – nada acontece por acaso. Além disso, não era a primeira vez que Paulo VI tomava uma atitude que Portugal considerava atentatória dos seus interesses. Em dezembro de 1964, pouco mais de um ano depois de ter substituído João XIII no Sólio Pontifício, Paulo VI visitou a Índia, por ocasião do Congresso Eucarístico de Bombaim, desencadeando as iras de Salazar que mandou transmitir «de uma maneira brutal» para Roma que esperava morrer «sem ver em Portugal um Papa que tanto agravou o meu país»[367]. Segundo o Governo, a viagem podia «ser interpretada [...] como reconhecimento da conquista de Goa pela União Indiana»[368]. Pouco depois, procurando, de alguma forma, apaziguar as relações entre Portugal e a Santa Sé, Paulo VI, na sessão conciliar de 21 de novembro de 1964, atribuiu a «Rosa de Ouro» ao santuário de Fátima, a qual foi benzida a 28 de março de 1965 e entregue no dia 13 de maio seguinte[369].

Em março de 1967, Paulo VI publicara a encíclica *Populorum Progressio*[370], dedicada à cooperação entre os povos e ao problema dos países em desenvolvimento, denunciando o agravamento do desequilíbrio entre países ricos e pobres, criticando o colonialismo e o neocolonialismo, e defendendo o direito de todos os povos ao bem-estar; ao reafirmar a liberdade do homem e dos direitos fundamentais da pessoa humana, a encíclica suscitou críticas ferozes nos meios mais conservadores, particularmente quando admite o direito dos povos à insurreição revolucionária, nos casos de tirania evidente e prolongada que ofendesse gravemente os direitos fundamentais da pessoa humana e prejudicasse o bem comum do país.

Por tudo isto, não é crível que a receção dos principais líderes dos movimentos independentistas das colónias portuguesas tenha sido um ato fortuito e menos ponderado, tanto da secretaria de Estado da Santa Sé como do próprio Papa, para quem os meandros da diplomacia não eram desconhecidos, uma vez que servira no Departamento de Estado do Vaticano de 1922 a 1954.

Fosse como fosse, o encontro dera-se e produzira resultados, potenciando a projeção internacional da luta contra o colonialismo português, que, para o arcebispo de Reims, era «para a África uma provocação e um escândalo permanente, referindo que os «oprimidos africanos não têm outro meio além da violência armada para defender os seus direitos»[371].

Suportando-se na nota da Santa Sé, Marcello Caetano, na citada «conversa em família», de 7 de julho de 1970, conclui que tudo não passara de um «ardil» que acabara por ser desmascarado:

> Em todo este caso se revela uma vez mais a diabólica perfídia com que os nossos inimigos manobram contra Portugal e contra a sua política ultramarina.
>
> Aproveitando um ato de rotina da vida do Pontífice, como é a audiência coletiva semanalmente concedida aos visitantes, infiltram-se os terroristas em S. Pedro, colocam-se no caminho do Papa «como católicos e cristãos», travam com ele um diálogo que mal se ouve, e tiram depois daí efeitos espetaculares para comprometerem o nosso país.

No entanto, tudo acabara esclarecido:

> Louvado Deus que tudo se reduziu a exageros de interpretação publicitária. O Papa não abençoa nem podia abençoar a terroristas como tais. Não podia acolher e louvar aqueles que há tantos anos espalham a dor, o luto e as ruínas em territórios portugueses. Não podia sancionar a rebeldia à mão armada contra um Governo legitimamente constituído, que mantém com a Santa Sé relações amistosas e que nunca deixaria de ouvir quaisquer conselhos do Santo Padre formulados pelas vias normais dessas relações.

O cardeal patriarca de Lisboa, Gonçalves Cerejeira, reagiu, com calor, às declarações do Presidente do Conselho:

> Sinto necessidade [...] de o felicitar vivamente; a declaração de ontem [...] foi, além do essencial que era anunciar a boa nova da explicação necessária e satisfatória dada pela Santa Sé, foi uma obra-prima na arte de o dizer, pela sobriedade, serenidade, firmeza e até, em assunto tão doloroso, subtil delicadeza. Sem prejuízo das responsabilidades de estadista, julguei sentir em certos toques o coração do cristão.[372]

A reação apaziguadora de Lisboa deixa, no entanto, desapontados alguns setores políticos, que teriam preferido uma posição de força por parte do Governo português, até no sentido de clarificar equívocos. É o caso de Santos Costa, que escreve a Marcello Caetano:

> Fiquei um pouco desapontado com a resposta ao Vaticano. Todas as pessoas com quem tenho falado alinham no mesmo comentário.

Foi realmente pena que o nosso Paulo VI não tivesse levado da Nação portuguesa o pontapé no traseiro que bem diligenciou merecer. Para tanto bastaria apenas transcrever os termos da mensagem lida na conferência de Roma, pelo Partido Comunista Português e os comentários de perfeita solidariedade vaticanista anunciados pela emissora clandestina de Argel.

Correr-se-ia o risco de divórcio nos meios católicos portugueses? Por minha parte creio firmemente que não. O que tinha de dividir-se está já dividido e entrou já no plano inclinado para o comunismo. A grande massa reagiria portuguesmente. Poder-se-ia reacender o nosso inato anticlericalismo. Mas a Nação e o governo sairiam mais fortes.

É claro que isto afirma quem está de fora. De dentro, pode haver outra visão.

A Prudência, foi aliás sempre boa conselheira. Mas foi pena que estes sujeitos não levassem agora a lição que mereciam e que certo equívoco possa persistir.[373]

Marcello Caetano refere-se aos três líderes como «terroristas» o que, pesem embora os efeitos pretendidos em termos de opinião pública, é uma designação errada. Nenhum dos três homens pode ser considerado um terrorista. Marcelino dos Santos, Agostinho Neto e Amílcar Cabral não tinham responsabilidades na orgia de sangue de 1961. E, por outro lado, tinham adquirido um estatuto político internacional, como líderes de grupos rebeldes contra o então negregado colonialismo branco em África, e daí, serem considerados pela comunidade internacional, aos seus mais diversos níveis, como interlocutores válidos e legítimos de um processo que, ultrapassando a luta armada, pudesse conduzir a negociações entre as partes em conflito, no sentido da paz, da autodeterminação e da independência. Pertenciam a uma nova geração de dirigentes africanos «de elevada craveira técnica e intelectual», onde além dos dois últimos acima referidos, se contavam, entre outros, Eduardo Mondlane, Viriato Cruz e os irmãos Pinto de Andrade[374].

A nível interno, mantinha-se uma política indefinida, que oscilava entre «o pau e a cenoura». Em abril de 1970, verificam-se prisões em Lisboa e Vila Franca de Xira, entre as quais a de Raúl Rego e Jaime Gama, ambos candidatos pela CEUD, por causa das suas opiniões sobre o problema ultramarino. Quase simultaneamente, por despacho do ministro da Educação Nacional, Veiga Simão, são mandados arquivar os processos pendentes sobre os estudantes da Universidade de Coimbra, cujo processo criminal fora amnistiado pelo Presidente da República, sendo-lhes ainda permitida conclusão das respetivas licenciaturas, no caso de terem sido chamados para o curso de oficiais milicianos, na sequência dos acontecimentos de 1969.

No dia 29 de abril, o *Diário Popular* publica uma longa entrevista com o ministro das Finanças e da Economia, Dias Rosas[375], na qual este defende, claramente, uma aproximação entre Portugal e a CEE, desmontando a tese atlântica e salientando que «de um ponto de vista histórico seria bem mais correto, de resto, falar de uma vocação ecuménica», que se constituiu «como derivação do nosso espírito europeu, criada pelas circunstâncias específicas do processo formativo da Nação portuguesa».

No mês seguinte, entre 20 e 23 de maio, Marcello Caetano efetua uma visita oficial a Espanha, onde, além dos muitos atos oficiais e políticos, será feito membro honorário da Real Academia de Jurisprudência e Legislação de Madrid, onde afirmou, numa alusão ao movimento de integração europeia:

> As pátrias são, na nossa velha e sábia Europa, realidades com as quais toda a obra de cooperação internacional tem de contar.[376]

No início de junho, recebe a visita do primeiro-ministro da África do Sul, John Vorster, com quem trata sobretudo de questões relacionadas com a barragem de Cahora Bassa. No dia 13, visita ao Paços do Concelho de Lisboa, onde recordou os seus tempos da infância. Dois dias depois, recebe em S. Bento os dirigentes corporativos, a quem reafirma que «o corporativismo continua a ser válido (eu tentava-me mesmo dizer: cada vez mais válido) como organização e como doutrina»[377].

Referindo-se a um almoço, realizado no Porto, que pretendia ser uma manifestação das forças conservadoras, Francisco Vale Guimarães, governador civil de Aveiro, escreve, numa carta ao Presidente do Conselho, datada de 25 de maio:

> Almoço no Porto: pretenderam organizá-lo com 5 mil assistentes (réplica ao de Aveiro que, volvidos 6 meses, continua a dar que falar). Não obstante o seu caráter nacional, não foram além de 900. E alguns ainda compareceram por engano. Passou-se o que, dias antes, havia dito ao meu ministro: vai ser um vivório pegado ao Dr. Salazar. E assim foi, segundo relato de amigo que lá mandei.

Só houve vantagens na sua realização, pois o grupo mostrou a sua fraqueza e descobriu o seu jogo. Mal foi para o Dr. F[ranco] Nogueira. O que se ouve é isto: como é possível a um homem tratado com tanto carinho pelo Professor Marcello Caetano, na ordem económica e política, prestar-se ao jogo de um grupo que não tem a menor força política no País, embora tenha certa capacidade de intriga?[378]

Contra todas as evidências, das quais os parágrafos acima transcritos são um exemplo, Franco Nogueira escreve a Marcello Caetano, no dia 25 de junho:

É singelo o objetivo desta carta. Agradecer a Vossa Excelência o longo tempo que ontem houve por bem perder comigo. Agradecer sobretudo a maneira afetuosa com que Vossa Excelência me escutou. Para além de todas as circunstâncias ou elementos de facto, um aspeto era e é para mim de suprema importância, e por isso me atrevo a sublinhá-lo de novo aqui: a pureza das minhas intenções, a lealdade dos meus propósitos, a isenção do meu procedimento. Sobre isto muito queria que Vossa Excelência não tivesse quaisquer dúvidas. Nem também sobre os desejos e a disposição de colaborar com Vossa Excelência, dentro das minhas limitadas possibilidades e da restrita esfera de ação que é a minha. Disponha Vossa Excelência de mim.[379]

No fim de julho, a 27, morre Salazar, de quem Marcello Caetano fez o elogio na noite do mesmo dia:

Para avaliar a obra de Salazar é preciso comparar o Portugal que ele recebeu ao assumir o Governo com o Portugal que ele deixou. Recebeu um país arruinado, dividido, convulso, desorientado, descrente nos seus destinos, intoxicado por uma política estéril. Deixou um país ordenado, unido, consciente, seguro dos seus objetivos e com capacidade para os atingir.[380]

No verão de 1970, acentua-se a centralidade da política ultramarina, no contexto da governação do País.

A 28 de julho, o pároco da Lixa, Mário de Oliveira é preso pela DGS do Porto, por se ter pronunciado contra a guerra colonial, na qual fora capelão militar. Segundo o *Diário Popular*, de 2 de julho, alguns dias antes, um grupo de cerca de 50 ex-combatentes do Ultramar manifestara-se «para denunciar os traidores às Pátria, para desmentir falsas afirmações do padre Mário na Igreja, e para desagravar as ofensas por ele feitas à Virgem Santíssima, ao lugar santo e sagrado de Fátima, ao venerando Chefe do Estado, às nossas mães e a nós próprios, os combatentes de África.»[381] Profunda a assumidamente convicto de uma teologia assente no princípio da «Igreja serva e pobre», do dominicano Yves Congar[382], que emergira a partir do Concílio Vaticano II, e no regresso a um cristianismo despojado e autêntico, Mário de Oliveira desenvolve a sua pregação a partir do exemplo da mãe de Jesus[383], extrapolando-o para a realidade portuguesa, no contexto da habitual peregrinação a Fátima, nos dias 12 e 13 de maio:

> «Senhora da PAZ, dai a PAZ ao Mundo e à África»! Costuma rezar-se assim. Mas não depende de Maria haver PAZ no Mundo e em África. Depende de nós, de todos nós!
>
> Queremos que haja PAZ, em África, por exemplo? É simples: basta que em vez de querermos dominar a África, a libertemos. Basta que ensaiemos respeitar as aspirações daquele Povo. Basta que o deixemos assumir o seu próprio destino. Basta que o ajudemos a ser o que ele quer e tem o direito de ser.[384]

Depois, citando um trecho da encíclica *Pacem in terris*, de João XXIII – «Uma vez que todos os Povos já proclamaram, ou estão para proclamar a sua independência, já não existirão, dentro em breve, povos dominadores e povos dominados» – pergunta: «Os povos africanos, de outro continente, de outras raças, de outra civilização, de outra cultura, de outra maneira de ver... não terão direito à independência?»[385]

Era mais do que os poderes políticos podiam suportar. O pároco da Lixa acabaria por ser preso e transferido para o Reduto Norte de Caxias, a 3 de agosto, sendo ainda objeto de uma nota oficiosa da DGS. Aqui se manteria até 17 de fevereiro do ano seguinte, dia em que, após sete meses de prisão, é julgado e absolvido no Tribunal Plenário do Porto, sendo significativo o facto de ter sido defendido pelo advogado José da Silva, deputado pelo Porto na Assembleia Nacional, o qual publicaria em livro as principais peças do processo[386], cuja circulação e venda foi proibida.

No último dia de julho, Mário Soares – ausente de Portugal desde a sua conferência de imprensa em Nova Iorque – regressa a Portugal para assistir ao funeral de seu pai, sendo obrigado, por imposição da polícia política, a abandonar o País dois dias depois, por ter sido emitido um mandato de captura contra ele, sem admissão de caução, por crimes a que correspondiam uma pena de 12 anos de prisão. Fixa-se, definitivamente, em Paris, de onde só regressará depois do golpe militar de 25 de Abril.

No âmbito da vasta campanha «Por uma Guiné Melhor», empreendida, na Guiné, pelo general António de Spínola, a 3 de agosto encerra, em Bissau, o I Congresso dos Povos da Guiné, que ficou conhecido como «Congresso dos Povos», sendo que a sua designação oficial era «Congresso das Várias Etnias da Província»:

> Numa perspetiva neocolonial podiam ter sido importantes se tivessem servido para fortalecer os chefes locais e criar através deles uma estrutura política administrativa capaz de receber o poder da potência colonial com vantagem relativamente à proposta pelos movimentos insurrecionais. Mas nem o poder de Lisboa (Américo Tomás e os irredutíveis defensores do unitarismo) nem o governo de Marcello Caetano tinham visão política e histórica para perceberem e, menos ainda, aproveitarem esta oportunidade de se libertarem do problema da Guiné, que salvaguardava os interesses comuns razoáveis, e deixaram Spínola comprometer-se e comprometer os dirigentes locais num projeto de saída política para o pântano da Guiné, que não tinham intenção de apoiar.[387]

Simultaneamente, termina em Moçambique a «Operação Nó Górdio», com a qual Kaúlza de Arriaga, contrariamente aos seus antecessores, pensava poder obter a vitória militar numa guerra de guerrilha: «Quando o General Kaúlza de Arriaga assumiu o Comando-Chefe da Província, estabeleceu um plano que tinha por fim, como dizia, pôr termo rapidamente às atividades terroristas, isto é, acabar a curto prazo com a guerra em Moçambique.»[388] A operação, concebida como uma manobra de tipo convencional numa guerra subversiva, não obteve os efeitos desejados. Para Costa Gomes, «*Nó Górdio* foi-nos prejudicial. Além de extremamente custosa em termos materiais, acabou por transferir a iniciativa operacional para o campo do inimigo.» Já Spínola é mais incisivo: «*Nó Górdio* foi um fracasso.»[389]

Em meados de agosto, iniciam-se as reuniões da Comissão de Descolonização da ONU, sendo aprovadas moções que condenam sistematicamente os governos brancos da África Austral e os seus aliados.

Nessa mesma altura, o presidente da Zâmbia, Kenneth Kaunda, no final da Conferência de Chefes da Estado da OUA, declara estar disposto a contribuir para uma solução negociada dos problemas da política colonial portuguesa. Idêntica posição já fora assumida pelo presidente do Senegal, Leopold Senghor, que apresentara um plano de paz, aceite por Amílcar Cabral, mas recusado pelo Governo português. Face à intransi-

LIVRO SEGUNDO PRESIDENTE DO CONSELHO DE MINISTROS   601

gência de Lisboa, a Conferência dos Não-Alinhados, realizada em Lusaca, com a participação dos líderes de 60 países, decide o corte de relações com Portugal.

À margem de todas estas movimentações, Marcello Caetano desloca--se pela segunda vez a Espanha, a 19 de setembro, desta vez a título pessoal, para receber o título de doutor *honoris causa* pela Universidade de Santiago de Compostela, que lhe fora concedido por influência do seu velho amigo Lopez-Rodó, reconhecida pelo primeiro – «Creio que no doutorado de Santiago andou a sua inspiração amiga...»[390] – e em cuja oração doutoral[391], depois de salientar «os sentimentos de fraternidade que desde sempre ligaram os dois povos peninsulares», não deixou de insistir no profundo pessimismo sobre os tempos que decorriam:

> As assembleias internacionais esgotam-se a proclamar em frases sonoras princípios que ninguém aplica. [...]
> As declarações de direitos do homem não chegam para assegurar a cada um as elementares garantias da vida e integridade pessoal. [...]
> Sobram as leis, mas faltam os costumes. As ideias mais sãs parecem enlouquecidas na transposição para a vida. Perverteu-se a justiça. E o desvario da ordem internacional apresenta-nos um mundo anárquico na época em que tudo parecia dever convergir para a unidade e o entendimento do género humano.

No dia 27 de setembro passa o segundo aniversário da posse de Marcello Caetano como Presidente do Conselho, que pronuncia um discurso de balanço do trabalho realizado[392]. Sintomaticamente, desta vez não se dirige diretamente ao País, nem fala de S. Bento. Como se não fosse o discurso do Chefe do Governo, mas «apenas» o do Presidente da ANP, cujas comissões distritais fizera reunir no Palácio Foz, aos Restauradores; como se tivesse alienado o país total, em benefício exclusivo da sua corte de seguidores, constituída pelos membros do «seu» partido único..., um gesto que pode ser interpretado como a expressão de um isolamento crescente e assumido, ao arrepio da abrangência que proclamara no seu primeiro discurso naquelas funções, quando disse: «Não quero ver os portugueses divididos entre si como inimigos e gostaria que se fosse generalizando um espírito de convivência em que a recíproca tolerância das ideias desfizesse ódios e malquerenças.» E ainda: «Temos de cerrar fileiras, aquém e além-mar [...]. A divisão pode-nos ser fatal a todos. A dispersão enfraquecer-nos-á sem remédio.»[393]

Marcello Caetano dirige-se, em primeira mão, aos seus seguidores mais próximos, que transforma em apóstolos da sua mensagem: «informar e esclarecer os cidadãos acerca dos problemas nacionais, explicando os dados como eles se apresentam, as soluções que admitem e as razões por que se deve optar por uma e não por outras».

O discurso, que tem por tema central e fulcral a política ultramarina e a necessidade de a defender, tem dois alvos: a opinião pública interna e as elites políticas de Angola e de Moçambique.

Fazendo um balanço do segundo ano de Governo, começa por salientar «os fatores principais que têm condicionado a política portuguesa»: havia dez anos que a guerra durava, com os respetivos encargos, a mobilização de milhares de homens e perdas de vidas. Ainda assim, «a vida tem decorrido normalmente, aqui na Metrópole como nas províncias de além-mar», destacando o facto de «suportarmos sozinhos os encargos da luta», e de essas províncias serem Portugal há quinhentos anos.

Por que razões temos de continuar a defender o Ultramar?, pergunta:

Para cumprir um destino histórico? Sou respeitador das tradições nacionais. Penso que constituem um património precioso da Pátria, entendo que um povo perde o seu caráter quando renega o seu passado – mas se apenas estivesse em causa a História eu não teria uma posição tão firme como tenho, porque a História está-se a fazer todos os dias e o que os imperativos nacionais ordenam tem de fazer-se, esteja ou não na linha do passado.

Então permaneceremos no Ultramar para defender o Ocidente? Claro que defender o Ocidente é defendermo-nos a nós próprios e aos valores que representam a essência do espírito nacional português. Mas se apenas estivesse em causa a defesa do Ocidente, eu não teria uma posição tão firme como tenho, porque não é nossa obrigação sustentar sozinhos uma causa que toca a tantos países e a tantos homens, sem que eles possuam consciência dos seus interesses vitais nem reconheçam ou agradeçam o serviço que lhes prestamos.

Menos ainda eu admitiria que permanecêssemos no Ultramar para zelar por interesses económicos de quem quer que fosse. Já um dia tive ocasião de notar que os grandes interesses se defendem muito bem por si sós, arranjando sempre maneira de captar as boas graças de quem manda.

Há quem sustente que a defesa do Ultramar é imprescindível porque a sua perda implicaria a perda da independência de Portugal. Não estou de acordo. Está claro que Portugal sem o Ultramar ficaria extraordinariamente diminuído no mundo, perderia muito do seu peso [...] mas a independência de Portugal está no coração, na alma, na vontade dos Portugueses. Com pouco ou muito território, Portugal subsistirá. Porque Portugal não é quantidade, não é espaço, não é terra – é uma maneira de ser, uma maneira de ser gente e uma maneira de ser povo, uma Pátria que não poderá extinguir-se por lhe tirarem alguma parcela, por mais que doa a amputação e que persista viva no corpo e no espírito a ferida por ela aberta!

A todas estas questões, responde:

> Não: o Ultramar tem de ser defendido porque estão lá milhões de portugueses, pretos e brancos, que confiam em Portugal, que querem continuar a viver sob a nossa bandeira e a gozar a nossa paz e que não admitem a hipótese de ser entregues à selvajaria dos que, nos últimos dez anos, têm dado mostras mais do que suficientes dos ódios que os animam e da ferocidade que os conduz.
>
> O Ultramar tem de ser defendido porque temos a consciência de defender uma obra de valorização dos territórios e de dignificação das pessoas que se está a processar em termos de que nos podemos justamente orgulhar.
>
> O Ultramar tem de ser defendido porque não nos é lícito deixar de corresponder à confiança demonstrada na Pátria portuguesa pelos que, em todas as províncias, estão a trabalhar, a investir, a criar com um entusiasmo admirável, a ponto de insuspeita testemunha estrangeira ainda agora ter considerado a explosão económica de Angola, por exemplo, a mais brilhante e prometedora realidade de todo o continente africano!

Ideia persistente, pelo menos desde a sua visita a África, no início do seu mandato, a partir desta altura Marcello Caetano vai insistir cada vez mais na justificação da presença de Portugal nos territórios de África, procurando divulgar as suas razões, para o que fez publicar pela Secretaria de Estado da Informação e Turismo o opúsculo *Razões da Presença de Portugal no Ultramar*, sucessivamente reeditado[394]. Os textos transcritos, bem como todos os outros constantes da citada antologia marcam uma rutura essencial com o pensamento colonial de Salazar, que se suportava na História, no Ocidente, no interesse económico, culminando com o argumento decisivo – aliás dominante como linha de força da definição da política externa salazarista, partilhada, militarmente, pelo seu ministro dos Negócios Estrangeiros, Franco Nogueira –, da necessidade de manter a configuração ultramarina da Nação Portuguesa como condição essencial para a manutenção da independência nacional. Para Marcello Caetano não era isto que estava em causa, mas «apenas» – um «apenas» com um alcance muito profundo e determinante – a necessidade de salvaguardar uma civilização e uma cultura, bem como os interesses de todos os que mourejavam naquelas longínquas paragens de África e que não podiam ser abandonados a um futuro incerto.

Feita a afirmação da manutenção da política ultramarina, o Presidente do Conselho volta-se para os nativos, a quem promete uma maior participação nas instituições, tanto metropolitanas como locais:

> Desejamos, e desejamo-lo vivamente, que no quadro das instituições autónomas das províncias ultramarinas – nos seus municípios, nos seus conselhos legislativos, nos seus governos – participem cada vez mais personalidades que o número destas aumente na representação Assembleia Nacional e na Câmara Corporativa.
>
> Essa participação depende unicamente da existência de pessoas com as qualidades morais e técnicas necessárias para o desempenho das funções políticas. Nesse caminho prosseguiremos sem desfalecer.

Para ocorrer aos pesados encargos resultantes da manutenção desta política, o país tem de produzir muito e de trabalhar produtivamente, quadro em que se inscreve a preparação e o lançamento, pelo Governo, de vários grandes empreendimentos de fomento, «que dentro de poucos anos poderão ter impacto considerável na economia nacional».

Muitos entendem que a opção ultramarina de Portugal colide com a política de abertura à Europa que começava a ser desenvolvida. Marcello Caetano reduz as críticas a um «falso dilema»:

> Criou-se um falso dilema que levaria a optar entre a Europa e a África, em termos dramáticos que chegaram a produzir divisões e polémicas com suspeitas injustas de um lado ou de outro.
>
> Vamos entender-nos.
>
> Quando se fala na aproximação de Portugal da Europa, pode fazer-se referência, deixando de lado o aspeto cultural, ao movimento de entendimento económico traduzido pela união aduaneira, ou ao movimento de integração política sob a forma de federação europeia.
>
> Na união aduaneira temos bastante a ganhar. Na federação política teríamos tudo a perder.

A federação política está, porém, longe de ser uma ideia em marcha. Numa federação europeia seríamos sempre um parente pobre, esquecido, sem peso nas decisões comuns, com os nossos destinos alienados às conveniências das potências dominantes.

Não esqueçamos nunca este pormenor geográfico: a partir do Atlântico somos os primeiros, mas, vistos de Paris, de Berlim ou de Moscovo, seremos sempre os últimos do continente.

Politicamente é desejável que as nações europeias se entendam e concertem: mas a Europa não pode nem deve deixar de ser a Europa das pátrias!

Agora pelo que respeita aos entendimentos económicos a verdade é que, embora com muito grandes interesses noutros continentes, a Metrópole portuguesa está situada na Europa e não pode fugir à fatalidade dessa posição geográfica.

É que não vamos agora encetar uma experiência no domínio dos acordos económicos europeus, pois já há bastantes anos fazemos parte de uma das organizações existentes no Ocidente – a Associação Europeia de Comércio Livre ou EFTA –, onde assumimos compromissos e donde recebemos vantagens que nos levaram já a certo estádio de liberalização e de cooperação a que não deveremos renunciar. Os acordos que celebrarmos com o Mercado Comum terão de partir dessa situação já adquirida, para que ela continue a desenvolver-se nos termos estipulados. Não somos pois, repito, novatos na cooperação económica europeia, nem existem motivos para alarme por prosseguirmos nela.

A última parte do discurso é dedicada ao clima de contestação, mundialmente generalizado, e que em Portugal atacavam sobretudo a juventude, um fenómeno que tem sido obrigado a enfrentar nestes dois anos de governo:

> Embora em Portugal estes movimentos cheguem sempre com algum atraso, é certo que também as nossas camadas juvenis foram afetadas pela onda contestativa e nelas ganhou inesperado favor, com expansão impressionante, o socialismo, quer na versão marxista quer nas versões trotskista ou anarquista, com as tintas chinesas do maoísmo ou as vagas verbosidades do castrismo.
>
> Como sempre, são minorias ousadas as que falam, atuam e dominam: mas a massa assiste complacente ou segue submissa, sem reagir à moda vinda de Paris tal como foi lançada pela revolta de maio de 1968.

Ataca-se nos seus alicerces não só toda a autoridade como a própria sociedade.

Esta contestação ameaça infetar o todo social e, se é grave entre as camadas mais jovens, mais grave se torna quando se estende ao seio da Igreja:

> Infeção tanto mais perigosa quanto é certo provir também de certos círculos religiosos donde menos seria de esperar e que inquinam o espírito de fiéis habituados a seguir confiadamente os seus pastores.
>
> Determinados setores da Igreja Católica manifestam tendências que não podem deixar de inquietar o poder civil.
>
> Não tenho de me pronunciar, nem me pronunciarei, sobre os problemas internos da Igreja. Mas não podem os governantes ser indiferentes ao facto de certos membros do clero pretenderem aproveitar o seu caráter sacerdotal e o respeito tradicionalmente por ele inspirado, bem como as facilidades decorrentes da liberdade de culto e doutrinação, para se empenharem numa ação política antissocial e antipatriótica.
>
> Trata-se de ínfima minoria do clero. Mas, seja qual for a sua extensão, o facto existe e com gravidade inegável.

Até porque o clero, formado para o ministério espiritual, não tem preparação adequada para se imiscuir nos problemas do governo temporal das sociedades.

A prevenção e a repressão destes excessos levantam conflitos de consciência ao cristão que é:

> Põe-se muitas vezes à consciência do estadista cristão o problema da coerência da sua fé com os seus atos. Perante o criminoso que fere a ordem social destruindo vidas ou desrespeitando a integridade alheia, o particular pode perdoar e oferecer a outra face, o governante não.

Ano Três

27 de setembro de 1970
a
27 de setembro de 1971

1

«NENHUM GOVERNO PODE DEIXAR-SE BATER EM QUESTÕES ESSENCIAIS NUMA ASSEMBLEIA PARLAMENTAR.»

O terceiro ano do governo de Marcello Caetano é um ano decisivo. O ano da prova real entre as expectativas e os factos. O ano em que ficará líquida a direção da evolução do regime e do respetivo sistema político, ou seja, a questão de saber se havia, de facto, renovação e as suas balizas, e até onde se estendia a continuidade. Já não é um ano de adaptações: o Presidente do Conselho tem o seu Governo, as suas Câmaras legislativa e consultiva já «rodadas» nas respetivas rotinas, e a sua legitimidade, que considerara referendada pelo ato eleitoral de 1969. Acresce ainda um facto marginal, mas psicologicamente significativo: Salazar estava morto e definitivamente sepultado na sua terra natal, Santa Comba Dão.

Marcello Caetano definira a segunda sessão legislativa da Assembleia Nacional como o momento ideal para lhe serem submetidas as três propostas de lei que consubstanciavam as reformas que «definiriam os rumos da nova política»[395].

Um dos primeiros atos do Governo, neste terceiro ano, nasceu sob o signo da polémica: no dia 5 de Outubro de 1970, o Conselho de Ministros aprovou um projeto de proposta de lei sobre a Liberdade Religiosa – a submeter ao parecer da Câmara Corporativa – que alterava substancialmente as relações entre a Igreja Católica e o Estado, acabando definitivamente com o monopólio exclusivo da primeira, a qual, desde logo, deixava de ser a «religião da Nação Portuguesa»[396]. No preâmbulo do projeto, depois de se referir à Lei de separação do Estado das Igrejas, de 1911, a diplomas posteriores e à Concordata diz-se que

> [...] não voltou a tentar-se, depois daquela lei, uma reformulação sistemática das normas fundamentais relativas à liberdade religiosa que a variedade dos diplomas que atualmente regulam a matéria torna conveniente. Por outro lado, o próprio regime fixado para a igreja católica, hoje constitu-

cionalmente reconhecida como religião da Nação Portuguesa, fez avultar as deficiências do tratamento conferido às outras confissões. [...]

Na prática, estas deficiências fazem-se sentir sobretudo no domínio do direito de Associação. As Confissões religiosas não católicas têm vivido uma situação do mero facto, com prejuízo para elas e para o próprio Estado.

Já foi insinuado que a data da aprovação – o dia do aniversário da proclamação da República, que promulgaria a referida Lei da Separação – confirmaria algum anticlericalismo de Marcello Caetano e, além disso, teria sido uma «retaliação premeditada» contra a Igreja Católica[397]. De facto, como atrás ficou descrito, o Chefe do Governo não tinha motivos para estar particularmente satisfeito com a Igreja, tanto ao mais alto nível, com o Vaticano à cabeça e passando por alguns bispos, como por parte de alguns padres, que emergiam na vida nacional como catalisadores do descontentamento político e consequente combate contra o regime. Mas o projeto, publicado nos jornais diários de 6 de outubro[398], é irrepreensível do ponto de vista dos princípios e fixa uma regra universal, respondendo aos anseios de muitos crentes de outras confissões religiosas e de não-crentes, definindo, logo na base primeira, que o Estado «reconhece e garante a liberdade religiosa de nacionais e estrangeiros em todo o território nacional». De acordo com o resumo do *Diário de Lisboa*, a liberdade religiosa, segundo o projeto, compreende:

> O direito de professar ou não uma religião; o direito de não responder a perguntas acerca da religião que professa ou sobre se se professa alguma, a não ser, com caráter confidencial, em inquérito estatístico ordenado por lei; o direito de exprimir convicções pessoais em matéria religiosa; o direito de praticar os atos de culto próprios de qualquer confissão religiosa e de divulgar a respetiva doutrina; o direito à assistência religiosa por ministros da religião professada; o direito a receber sepultura de harmonia com os ritos da confissão que se professa, segundo as disposições tomadas pelo próprio ou pelos seus familiares; o direito de os pais, ou quem suas vezes fizer, decidirem sobre a educação dos filhos menores de 16 anos; o direito de instalar templos ou outros locais destinados á prática do culto; o direito de reunião para a prática comunitária do culto ou para outros fins específicos das confissões religiosa; o direito de organização das confissões religiosas e de constituição de associações para assegurar o exercido do culto; e a não discriminação por motivo de convicções religiosas, não podendo ninguém, por causa delas, ser perseguido, privado de um direito ou isento de qualquer obrigação ou dever cívico.

O corte radical com a tradição salazarista vem na assunção de princípios em que avulta a afirmação do Estado laico e a abolição da obrigatoriedade do ensino religioso:

> [...] o Estado não tem religião própria, as suas relações com as organizações correspondentes às diversas confissões religiosas assentam no regime de separação; os maiores de 16 anos têm direito a escolher a sua religião e a inscrever-se livremente nos cursos de religião moral; o ensino da religião e moral nas escolas públicas só será ministrado aos menores de 16 anos cujos pais ou quem suas vezes fizer expressamente o desejarem.

Finalmente, acaba com o conúbio existente entre a Igreja e o Estado, ao nível das instituições oficiais, designadamente nas Forças Armadas:

> A assistência a atos de culto religioso, incluindo os celebrados em unidades militares ou em estabelecimentos públicos, é livre, não podendo ser imposta a militares ou civis.

O texto inicial fora redigido no início do ano e enviado ao Cardeal Patriarca, o qual, depois de alguns meses de análise, o aplaude nos seguintes termos:

> Congratulo-me sinceramente com a iniciativa, que me parece encontrará grande eco de aplauso dentro e fora do País. E acrescento que aplaudo substancialmente o conteúdo, podia dizer integralmente, e bem assim a oportunidade.[399]

Contrariamente às expectativas criadas por esta carta, quando foi conhecido o projeto do Governo, a Igreja portuguesa, habituada, desde 1933, a ser tratada como religião oficial do Estado, reage violentamente, desencadeando no seu órgão oficial, o jornal *Novidades*, uma intensa campanha, durante os meses de outubro e novembro, que o Presidente do Conselho não deixa de estranhar em carta ao cardeal. Depois de historiar a sua abertura pessoal para com a hierarquia na feitura do projeto e de referir as «judiciosas observações» dele recebidas, afirma:

> As observações foram praticamente todas consideradas na redação da proposta. Quanto ao ensino da Religião e Moral pensou-se que o facto de, nos boletins das escolas oficiais inserir uma pergunta a que os interessados

responderiam sim ou não, teria vantagens sem apresentar convenientes de maior.

Os dois artigos já publicados nas *Novidades*, prenúncio de outros que podem seguir-se, causam-me, pois, surpresa, tanto mais que era legítimo eu supor que Vossa Eminência ouvira os órgãos da Conferência Episcopal que julgasse indicados.

Tendo eu procedido com toda a prudência para evitar choque com a Igreja ou mal-entendidos, vão agora estes surgir?[400]

O Patriarca explica-se dois dias depois: confirmava o seu parecer anterior; dera conhecimento aos seus colegas do episcopado que, por a proposta não ter ainda sido tornada pública, entenderam não deverem manifestar-se; quanto aos artigos do jornal, «não são documentos da hierarquia», visam esclarecer a consciência católica e «só têm um fim: ajudar à elaboração perfeita do texto definitivo»[401].

O projeto de proposta de lei, depois de analisado pela Câmara Corporativa, que sobre ele emitiu o parecer n.º 25/X, relatado pelo ex-ministro da Justiça, Antunes Varela, foi posteriormente enviado para aprovação à Assembleia Nacional, resultando na Lei n.º 4/71, promulgada em 21 de agosto de 1971.

O outono de 1970 foi rico e diversificado do ponto de vista político, tanto interno, como no que se refere às relações internacionais, tendo estas por centro inevitável a questão ultramarina.

Enquanto, a 14 de outubro, a Assembleia Geral da ONU assumia o Manifesto de Lusaca, de 14-16 de abril de 1969, como documento comemorativo do 10.º aniversário da Declaração de Descolonização e do 25.º aniversário da organização – um documento moderado no qual os signatários «reconheciam que a política portuguesa estava isenta de racismo, congratulavam-se pela possibilidade de se realizarem referendos de autodeterminação nas províncias portuguesas, e admitiam que as respetivas populações optassem por manter um vínculo constitucional a Portugal», rejeitado por Lisboa que, embora lhe reconhecesse alguns pontos positivos (apelo ao diálogo e à paz, igualdade racial e promoção da dignidade humana), não aceitava a autodeterminação[402] –, enquanto essa abertura internacional se manifestava tão enfaticamente, em Bissau, António de Spínola preparava uma operação de grande envergadura contra a Guiné-Conakri, a «Operação Mar Verde», que não tinha dúvidas «em classificar de decisiva para o desfecho da guerra na Guiné»[403]:

LIVRO SEGUNDO PRESIDENTE DO CONSELHO DE MINISTROS 613

Encontramo-nos com efeito, num momento crucial da vida da Província; e em tal conjuntura, ou empenhamos todos os meios para neutralizar o potencial de guerra do inimigo nos seus santuários, ou perderemos irremediavelmente a Guiné.

A operação tinha três objetivos: derrubar Sekou Touré e o seu regime, capturar Amílcar Cabral e libertar os militares portugueses aprisionados pelo PAIGC.

Dado o melindre e os riscos da operação, que consistia na invasão de um país estrangeiro – acusação várias vezes feitas a Portugal – o ministro do Ultramar, Silva Cunha, mantinha sobre ela muitas reservas e, neste contexto, o Comandante-Chefe da Guiné recorre diretamente a Marcello Caetano, que acaba por dar luz verde à sua realização, a 17 de novembro, através do comandante Alpoim Calvão – enviado por Spínola a Lisboa, como seu emissário pessoal, para explicar os objetivos e os planos diretamente ao Presidente do Conselho, que impõe uma condição: as forças invasoras não deviam deixar quaisquer vestígios comprometedores para Portugal. Segundo Américo Tomás, nada lhe foi comunicado antes da sua realização, nem «se procurou conhecer o seu ponto de vista nem a sua reação», porque, se o tivessem feito, saberiam que «o chefe do Estado reprovaria o atentado»[404]

Embora o respetivo comandante operacional, Alpoim Calvão, tenha afirmado que «sob o ponto de vista estritamente militar, a operação decorreu de forma muito satisfatória»[405], a verdade é que, dos seus objetivos, apenas o último, qual seja o da libertação dos militares portugueses, foi conseguido, mas apenas parcialmente. Dos restantes, nem Sekou Touré foi eliminado, nem sequer derrubado, nem a sua força aérea foi destruída, nem Amílcar Cabral foi trazido para Bissau, como Spínola pretendia.

A sociedade civil também se movimentava.

Aproveitando a «abertura» proporcionada pela legislação sindical do verão de 1969*, os sindicatos começam a eleger direções, à margem do

---

* Decretos-lei n.ºs 49 058, de 14 de junho e n.º 49 212, de 28 de agosto: o primeiro eliminava a homologação, pelo Ministério das Corporações, das direções sindicais eleitas, permitindo a infiltração de elementos de esquerda, designadamente do PCP; o segundo regulamenta as convenções coletivas de trabalho, prevendo que os eventuais «conflitos coletivos de trabalho» surgidos nas negociações fossem resolvidos por tentativas de conciliação através de «Comissões Arbitrais» nas quais o representante do Governo deixava de

controlo do Governo, sendo muito nítida a penetração de membros da esquerda, próximos das listas oposicionistas das eleições de 1969, designadamente de membros ou simpatizantes do PCP. Pode falar-se mesmo de um ressurgimento do movimento sindical, que ganha um dinamismo e um espírito reivindicativo de todo ausentes dos sindicatos nacionais corporativos até então existentes. Conscientes da necessidade de união em torno de objetivos comuns, as direções de alguns dos sindicatos mais dinâmicos e politicamente desafetos do regime – Caixeiros, Metalúrgicos, Bancários e Propaganda Médica, todos de Lisboa, dinamizados pelos militantes comunistas Avelino Gonçalves, Caiano Pereira e Daniel Cabrita –, fundam a Intersindical, a 11 de outubro de 1970, que numa primeira fase – a fase quase-legal –, se caracteriza «sobretudo por uma ação baseada na troca de experiências sindicais e de conhecimento da situação sócio-laboral da cada setor profissional, no apoio às candidaturas eleitorais de oposição às direções corporativas, na denúncia de arbitrariedades e prepotências patronais e governamentais, na promoção da negociação coletiva, em manifestações de solidariedade e, também, na contestação do quadro legal corporativo»[406].

No dia 2 de outubro, o ministro do Interior aprova os estatutos da SEDES, cuja escritura de constituição ocorreu a 4 de dezembro. No dia 12, realizou-se a primeira Assembleia Geral da associação, na qual foram eleitos os respetivos corpos sociais, merecendo especial destaque o facto de, entre os membros do Conselho Coordenador, se contar o nome de João Salgueiro, subsecretário de Estado do Planeamento Económico, um dos seus principais e mais empenhados dinamizadores. Entre os subscritores do requerimento inicial, conta-se ainda Valentim Xavier Pintado, secretário de Estado do Comércio.

As reações ao nascimento da SEDES não se fizeram esperar, tanto dentro como fora das fronteiras, como se pode ver por alguns títulos de jornais europeus. *Le Monde*: «Portugal – Le gouvernement approuve la création d'une organisation décidée à "transformer" le pays» (21 de outubro); *The Financial Times*: «Portuguese reform body set up» (6 de novembro); *Informaciones*: «Portugal: Se intenta crear una asociación semipolítica» (6 de novembro); *Ya*: «La S.E.D.E.S. puede contribuir a terminar con la despolitización del pueblo portugués – La constitución de dicha "asociación" política es un de los atos más importantes de Marcelo Caetano» (13 de

---

estar presente, porque o terceiro árbitro era designado por acordo entre os representantes do patronado e dos trabalhadores.

novembro); *Tribune de Genève*: «Portugal: vers la création de partis politiques indépendants?» (14 de novembro); e, finalmente, o *ABC*: «Portugal de cara al futuro – Expectación nacional ante el nacimiento de la SEDES – Para muchos se trata de un movimiento de oposición consentida, del embrión de un nuevo partido político – Marcelo Caetano continua su programa de evolución y reformas» (16 de novembro)[407].

Dentro das fronteiras, as reações são díspares e refletem a diversidade das perspetivas e das expectativas da evolução política, que se cruzam, fervilhantes, na sociedade portuguesa.

No *Diário de Lisboa*, de 5 de novembro, pode ler-se: «Pode vir a revelar-se uma experiência importante do ponto de vista político. [...] Ao dizer-se "descomprometida", do ponto de vista político, a nova associação não vem evidentemente dizer-nos que se tem por desinteressada do fenómeno político. Julgamos que bem pelo contrário é o fenómeno político que lhe interessa. Mas vem mostrar-se, e isso é novo, desinteressada dos esquemas políticos tradicionais.» E termina: «O professor Marcello Caetano decidiu-se pelo Corporativismo. Dois membros do Governo (não sei se há mais algum) decidiram-se pelo ASSOCIATIVISMO, renunciando ao Corporativismo (estrutura ultrapassada!) Eu já me decidi: continuo corporativista. O Governo como se decide?»[408]

Francisco Cazal-Ribeiro insiste na tónica do «cavalo de Troia» que usara na Assembleia Nacional: «[...] receio sinceramente, embora entre os proponentes da referida associação existam nomes dos melhores, que possa tratar-se de um cavalinho de Troia, donde, de um dia para o outro, saia um partido político, cuja cor será... a que Deus quiser!» Por isso, «todos nós devemos estar presentes, com os olhos bem abertos, e prontos para a luta contra quaisquer SEDES que não tenham pelo menos a virtude de indicarem à nascença, sem eufemismos, "o que querem e para onde vão"...»[409]

Artur Portela Filho, no *Jornal do Fundão*: «Será a Sedes um partido político involuntário? [...] A nuance liberal, o rasgo dinâmico – definem um centrismo talvez tecnocrático, provavelmente neocapitalista. O que, em termos da atualidade portuguesa, é um para-esquerdismo. O que se pode traduzir, fundamentalmente, por um lado, num bloqueio das tendências direitistas, por outro, num bloqueio das tendências progressistas.» Refere-se depois a outras tendências «por homologar»: «O degelo da vida política portuguesa, que parecia autorizar algumas esperanças a essas tendências, está, paradoxalmente, a ser-lhes fatal. [...] E, no entanto, para quantos creem nestas coisas irrecusáveis que são o Homem e a História, tudo isto é um adiamento.»[410]

No dia 26 de outubro rebenta uma bomba no navio «Cunene», atracado na doca de Alcântara, que fica alagado e imobilizado. A Ação Revolucionária Armada (ARA), organização clandestina ligada ao Partido Comunista, sob pressão dos seus núcleos mais jovens, inicia as suas atividades, ultrapassando, assim, a tática do grande levantamento nacional, definida no «Programa para a revolução democrática e nacional», aprovado no VI Congresso do PCP (1965). Três dias depois, a organização realiza, em Lisboa, uma ação de sabotagem contra o navio «Vera Cruz», habitualmente utilizado no transporte de tropas para o Ultramar.

A simultaneidade destes acontecimentos – o aparecimento da SEDES e da ARA – evidencia uma diversificação na atuação das forças políticas: enquanto a primeira, pesem embora as suas contundentes intervenções sobre a necessidade de definição de rumos decididamente orientados para o desenvolvimento e a reforma política do sistema, continuava a definir-se em termos de «clube de reflexão política», a segunda apontava diretamente para a ação. Por outras palavras, enquanto uma ainda navegava na perspetiva de uma evolução pacífica do regime, a outra apontava decisivamente para a rutura violenta, ou seja, para o seu derrube.

Espartilhado entre correntes antagónicas, representadas, nos extremos, por estas duas organizações, Marcello Caetano procura ganhar algum espaço de manobra e de apoio, através da dinamização da ANP, apetrechando-a para «travar a batalha ideológica», «em nome do corporativismo do Estado Novo, e contra os adeptos do socialismo e do comunismo»[411]. Nesse sentido, em finais da primavera de 1970, poucos meses depois da fundação da ANP, manda contactar, através do presidente da respetiva Comissão Executiva, o grupo mais «moderado» dos setores renovadores, na pessoa de Freitas do Amaral. Manuel Cotta Dias diz-lhe:

> Meu caro Amigo: o Prof. Marcello Caetano considera indispensável ao êxito da ANP que esta dedique uma atenção prioritária ao estudo dos problemas nacionais e ao combate das ideias. Foi no combate das ideias que a União Nacional teve um dos seus maiores fracassos. Pois bem: é no combate das ideias que a Ação Nacional Popular precisa de ter uma das suas maiores vitórias. Daí a extrema importância da criação de um bom Gabinete de Estudos. Ora, neste momento, não há, entre os melhores valores das novas gerações que o Presidente do Conselho admira e considera, ninguém mais bem preparado e em melhores condições para dirigir esse Gabinete de Estudos do que o Prof. Freitas do Amaral e os seus dois amigos, Drs. Alberto Xavier e António de Sousa Franco. O Prof. Marcello Caetano encarregou-me, pois, de

LIVRO SEGUNDO PRESIDENTE DO CONSELHO DE MINISTROS 617

o convidar a si para diretor e, por seu intermédio, os seus colegas para sub-diretores ou diretores-adjuntos. E disse mais: que para organizarem e dirigi-rem o Gabinete de Estudos da ANP teriam carta branca, gozando de plena autonomia.[412]

Mas nem este grupo estava disposto a alinhar pelas teses marcelis-tas, principalmente por razões políticas – «concluímos que as nossas posições políticas não permitiam aceitar uma adesão à ANP, quando já estava decidido pelo Poder não autorizar a criação de outros partidos»[413] – que, na carta de recusa[414], esconderam atrás de razões de caráter univer-sitário. Marcello Caetano ficou desapontado, respondendo a Freitas do Amaral:

> Muito obrigado pela sua carta do dia 13. Talvez tenham razão. Mas temo muito pelo futuro de uma civilização que os seus próprios adeptos temem defender. Deus super omnia![415]

No dia 16 de novembro, Marcello Caetano volta à televisão para mais uma «conversa em família», esta dedicada ao tema «Reformas e resistên-cias»[416], que se centra sobretudo na projetada Lei de Liberdade Religiosa, criticada publicamente pela Conferência Episcopal num documento inti-tulado «Declaração do Episcopado da Metrópole sobre o problema da liberdade religiosa»[417], aprovado na sua reunião de 9 e 10 daquele mês.

Afirmando a liberdade religiosa como direito fundamental e invio-lável da pessoa humana, e louvando a preocupação dos governantes em legislar de forma a assegurar a todos os portugueses a livre escolha de reli-gião, os bispos acrescentam:

> Ao Estado, porém, não cabe uma posição meramente negativa perante o fenómeno religioso. É erro confundir-se a liberdade religiosa, que os Governos têm por dever garantir a todos os cidadãos, com a política de neu-tralidade conhecida vulgarmente pelo nome de laicismo. O Estado, por si mesmo, é laico, mas não pode ser laicista. Não pode assumir em matéria religiosa uma atitude de simples indiferença. E a razão está em que a vida religiosa do homem entra na própria competência da sua felicidade, mesmo terrena, tornando-se assim indispensável para a construção de uma socie-dade convenientemente ordenada e integralmente sã. Por isso, os poderes públicos a devem, não apenas aceitar, mas proteger e promover.

MARCELLO CAETANO UMA BIOGRAFIA POLÍTICA

Aplicados estes princípios ao projeto de proposta de lei enviado à Câmara Corporativa, afirmam os bispos:

> De um modo geral, o diploma revela o propósito de conceder a todas as confissões uma liberdade que não seja apenas sinónimo de simples tolerância. No entanto, consideram os Bispos algum tanto destoante deste propósito a redação da Base IV. Nela se afirmam fundamentalmente duas ideias: a de que «o Estado não tem religião própria»; e a de que as suas relações com as diferentes Igrejas «assentam no regime de separação». Estas ideias [...] são corretas. Mas, redigidas como se encontram, podem sugerir a conclusão de que o Estado deseja assumir uma atitude meramente negativa em relação ao fator religioso.

No próprio dia em que a declaração dos bispos é publicamente divulgada, na sua charla televisiva, Marcello Caetano enquadra-a nas «resistências da rotina» contra as «reformas desentorpecedoras», justificando a iniciativa do Governo – tomada, aliás, com toda a prudência – com a necessidade de responder aos, cada vez mais frequentes, «requerimentos para a constituição de associações religiosas não católicas ou a abertura de templos de confissões diferentes». No essencial, trata-se de encarar frontalmente o problema, «indo ao encontro, aliás, de princípios formulados na última assembleia conciliar da Igreja Católica», designadamente, o respetivo decreto sobre liberdade religiosa.

No final da sua comunicação, o Presidente do Conselho refere que, na próxima sessão legislativa, o Governo iria apresentar à Assembleia Nacional outras iniciativas, cuja justificação guarda para o momento da sua apresentação.

No dia 25 de novembro, inicia-se a segunda sessão legislativa da décima Legislatura da Assembleia Nacional. Este primeiro dia é dedicado à homenagem póstuma aos deputados mortos no acidente da Guiné[418] – Pinto Bull, Pinto Leite, Vicente Abreu e Leonardo Coimbra –, na qual intervieram, além do Presidente da Mesa, Amaral Neto, os deputados Almeida Cotta (porta-voz do Governo), Sá Carneiro, Lopes Frazão, Almeida Garrett e Cotta Dias. Pautadas pelo elogio das qualidades humanas e cívicas dos colegas desaparecidos, de todas, a intervenção mais importante, no escopo desta biografia, é a de Sá Carneiro, que se centra na personalidade política de Pinto Leite, de quem o aproximava «uma amizade antiga, uma idade recente e sobretudo uma esperança de evolução que nos levou, juntamente com vários outros, a acreditar que ao serviço dessa esperança devíamos pôr generosamente os nossos esforços»[419].

Sá Carneiro começa por definir o contexto político em que se inserira a atuação política em geral e parlamentar de Pinto Leite e, consequentemente, do grupo de deputados liberais a que pertencia:

> Muito se falou da novidade desta Assembleia, na realidade profundamente renovada na sua composição.
>
> Mais do que mudanças das pessoas, era em especial a introdução de representantes de correntes de pensamento diferentes que se louvava ou combatia, era desse pluralismo político que muito se esperava ou tudo se receava.

Citando Salazar que, em 1953, defendera, pelo menos teoricamente, a presença na Assembleia Nacional «de pessoas independentes e desligadas de disciplinas partidárias, com os olhos postos apenas na sua competência, independência de critério e idoneidade moral, bom senso e espírito patriótico» e, em 1933, dissera que «o Regime só tem vantagem em funcionar de modo que homens, mesmo em discordância com os fundamentos do sistema [...] tenham também possibilidade de servir a Nação», afirma:

> O curioso é que, quando finalmente se chega a uma situação diferente por alterações de todo um condicionalismo longamente sedimentado, essa mesma alteração vem tornar ambígua a situação decorrente da composição pluralista desta Câmara.

Ambiguidade resultante do confronto entre uma abordagem do regime e da lei que o fundamenta segundo o paradigma personalista do seu autor – Salazar – ou, em alternativa, «dar vida própria aos textos e às instituições para além do seu suporte humano».

> Antes mesmo de optar, temos, no entanto, a noção de que cabem na interpretação dos mesmos textos e no quadro das mesmas instituições soluções diversas daquelas que durante tempos lhe foram dadas.
>
> Aí está, portanto, uma situação ambígua, em que todas as esperanças são consentidas para uns, todos os receios se mostram fundados para outros. Ambiguidade que permanecerá enquanto uma política não aparecer mais nítida, mais na precisão dos atos do que nas definições verbais.

Sá Carneiro, aproveita o elogio da ação parlamentar de Pinto Leite – «uma política de verdade, uma política de progresso, uma política de concreto» – para situar e justificar a atuação do setor reformista, no contexto híbrido e indefinido que permanecia desde que Marcello Caetano substituíra Salazar na chefia do Governo:

> Só a já assinalada ambiguidade do nosso contexto político explica que, durante a primeira sessão, alguns entronizassem os opositores e houvessem encarado como dissidentes aqueles que afinal defendiam as posições que o Governo ia adotando.

Salientando o inconformismo de Pinto Leite, a sua preocupação com a restauração dos direitos fundamentais dos cidadãos, e sem pretender assumir-se como substituto, convoca o seu exemplo para desafiar a Câmara e cada um dos deputados «a sair do acabrunhamento da sua perda irreparável para o esforço da atividade política intensa a que nos chama o seu lugar vago e que a Nação tem o direito de nos exigir».

E é como uma primeira resposta a este chamamento que anuncia ter sido apresentado, momentos antes, o projeto de lei de imprensa, de que era autor, juntamente com Pinto Balsemão, pronto, como já foi atrás referido, desde o final da sessão anterior.

Aberta a segunda sessão legislativa da Assembleia Nacional, o Governo apresentou, a 2 de dezembro, duas propostas de lei: n.º 13/X, Lei de Imprensa, subscrita pelo ministro da Justiça, Almeida Costa, e n.º 14/X, Revisão Constitucional, subscrita pelo próprio Presidente do Conselho.

No próprio dia da apresentação das propostas, Marcello Caetano vem, pela primeira vez, à Assembleia, para justificar e defender perante os deputados, a proposta de lei de revisão da Constituição que era, sem sombra de dúvida, o projeto-base do seu mandato[420], sobre o qual se avultavam as expectativas, tanto por parte dos seus detratores como dos seus apoiantes, e, bem assim, do grupo de deputados liberais.

O longo discurso inicia-se com uma breve evocação dos deputados mortos na Guiné e dos militares que os acompanhavam, e de Salazar, também desaparecido alguns meses antes, afirmando estarem enganados todos os que pensavam que a presença física deste tinha impedido «a tomada de qualquer decisão política» por si «julgada necessária ou oportuna».

Posto isso, lança a questão: «Continuidade ou renovação?». A que responde:

> Oiço, volta não volta, perguntar se no rumo adotado se opta pela continuidade ou pela renovação. Eis uma pergunta a meus olhos injustificada. A vida da Nação exige continuidade e só nela pode inserir-se fecundamente a renovação. Não há pois que colocar a questão em termos disjuntivos, não há que escolher entre continuidade ou renovação, mas apenas que afirmar o propósito de renovação na continuidade, isto é, de seguirmos sendo quem somos, mas sem nos deixarmos ancilosar, envelhecer e ultrapassar.

Esboça, seguidamente, a conjuntura do momento, começando por salientar «as modas das ideias que andam desvairadas a torvelinhar nos "ventos da história" soprados para benefício de interesses e ideologias radicalmente contrárias às conveniências do povo português», das quais destaca «o renascimento do anarquismo» entre a juventude e «a crise das instituições tradicionais»:

> As instituições sociais onde tradicionalmente se formavam as novas gerações – a Família, a Igreja, a Escola – estão minadas ou acham-se vacilantes. Dir-se-ia que a maioria dos educadores perdeu a fé nas normas de vida que foram herdadas dos nossos maiores e que nos competia transmitir aos vindouros.

A revisão da lei fundamental do País faz-se ainda «em vésperas de profundas transformações económicas», no quadro do movimento de integração europeia:

> [...] desde há muito tempo, as próprias atividades económicas não podem continuar a contar com o estilo de proteção adotado em conjunturas bem diferentes. Numa Europa que abate barreiras para permitir entre os países a liberdade de circulação de capitais, de mercadorias e de pessoas, é-nos impossível constituir exceção. Desde o início desse movimento que o País participa nele: trabalhámos na organização da zona de livre-câmbio no seio da extinta OECE, fomos um dos fundadores da Associação Europeia de Comércio Livre, e na perspetiva da extinção desta estamos dispostos a associar-nos à Comunidade Económica Europeia ou Mercado Comum. O Estado não abandonará as indústrias portuguesas, mas ser-lhe-á impossível protegê-las como na época áurea do condicionamento e das muralhas aduaneiras.

MARCELLO CAETANO UMA BIOGRAFIA POLÍTICA

A última condicionante apontada – que é, aliás, a primeira na ordem da importância – é «a guerra subversiva no Ultramar», descrita e justificada nos termos habituais:

> Julgava eu que o procedimento democrático era o seguido há um ano: submeter ao sufrágio popular esse problema vital da Nação Portuguesa. A resposta, aquém e além-mar, foi clara, inequívoca, esmagadoramente decisiva. Só uma atitude de franco desrespeito pela sua vontade, atitude que não seria apenas ditatorial porque seria tirânica, podia levar o Chefe do Governo a renegar o mandato recebido. O apelo à tirania não pode acobertar-se decentemente com o manto da democracia.

Entra, finalmente, no tema da revisão constitucional, que parte de uma ideia fundamental: «a estrutura política da Constituição de 1933 deve ser mantida», por várias razões:

> Primeiro, porque, concebida de acordo com as lições da experiência nacional e segundo princípios cientificamente válidos, deu boas provas durante a vigência de quase quarenta anos [...]. E, em segundo lugar, porque rever não é substituir, e não se trata de decretar uma nova Constituição, de que o País não sente necessidade e para o que não conferiu mandato à Assembleia eleita.

Justifica, a seguir, os preceitos novos sobre a «cidadania luso-brasileira» – da qual era e fora um dos primeiros defensores –, com que o Governo procura, numa relação de reciprocidade, acompanhar o que fora recentemente disposto pelo Brasil, cujos constituintes incluíram na respetiva Constituição um preceito que equipara juridicamente os Portugueses aos Brasileiros.

Outro dos pontos controversos era a questão das liberdades individuais, cerceadas desde há quarenta anos, para a qual toda a gente esperava que Marcello Caetano desse uma resposta credível e efetiva. E os factos – traduzidos nos termos contantes do artigo 8.º da proposta governamental – deixavam praticamente tudo como dantes: reforçam-se as garantias judiciais aos arguidos, regula-se em termos mais restritos a prisão preventiva e consagra-se a faculdade de recurso contencioso dos atos administrativos que os interessados considerassem ter sido praticados com violação da lei.

E a liberdade? E a liberalização?

Correndo embora o risco de repetição de um tema já tantas vezes abordado ao longo da biografia, importa deixar explicitamente claro o pensamento de Marcello Caetano – agora nas funções de Chefe do Governo – neste final do ano de 1970, segundo as suas próprias palavras:

> É corrente falar-se, a propósito da ação do Governo da minha presidência, em liberalização. Mas todos quantos me conhecem ou tenham lido as minhas obras sabem qual o meu conceito de liberdade. Para o jurista, que sou, a liberdade individual não pode ser avaliada fora do meio social em que os cidadãos vivem e relativamente ao qual têm deveres imperiosos a respeitar e a cumprir. A liberdade não é o capricho, não é o reino do egoísmo fantasista de cada um, não é a licença do procedimento anárquico: é a faculdade que se reconhece às pessoas de obedecer às leis mais do que aos homens, o direito de só se ser obrigado a fazer ou a deixar de fazer alguma coisa em consequência de lei geral, isto é, que preceitue em termos iguais para quantos se encontrem em iguais condições.

Insistindo no seu axioma ideológico da «ordem», como quesito essencial que suporta toda a arquitetura do seu pensamento político e, para si, justifica a postura autoritária do Poder; e invocando a recorrente menorização dos portugueses, sistematicamente considerados incapazes de viver numa sociedade livre, seguida por Salazar, afirma:

> Em países onde arreigadas tradições de civismo dão aos indivíduos consciência dos limites dos seus direitos e da extensão dos seus deveres sociais, talvez possam ser menos explícitas as leis e mais restrita a intervenção da autoridade.
>
> Entre nós, porém, passará ainda tempo antes que seja possível dispensar as leis que regulam o exercício das liberdades e reduzir os órgãos e agentes da autoridade a meros espectadores da atividade dos cidadãos.
>
> Nem creio, aliás, que essa seja a tendência atual dos Estados. O aparecimento em cena de grandes massas de gente cada vez mais impaciente, inconformada e desejosa de fazer pesar a sua vontade na vida social; o desregramento de costumes de certos movimentos juvenis; o recrudescimento da violência manifestado por todo o lado em atentados, assaltos, raptos e outros atos de subversão, tudo isso impõe que o Poder não se desarme e, pelo contrário, tenha de reforçar os meios de intervenção para prevenir e proteger legítimos interesses individuais e a própria subsistência da sociedade civilizada.

Como se tudo isso não bastasse, Portugal batia-se numa guerra subversiva no Ultramar, pelo que o Governo «não pode abdicar dos meios de intervenção sem os quais lhe seria impossível corresponder ao grave e pesado mandato de defesa da integridade territorial do País que a Nação lhe cometeu».

> Por isso o Governo tem de estar, nestes casos de subversão grave, apetrechado com os poderes necessários para lhe fazer face onde quer que, de uma maneira ou de outra, ela se manifeste. É o que se propõe na revisão constitucional.

Entra, finalmente, na grande questão nacional e no tema que mais anticorpos lhe tinha granjeado: o estatuto constitucional das «províncias ultramarinas», designadamente, de Angola e Moçambique, que aparecem qualificadas como «regiões autónomas», com organização política e administrativa própria, admitindo-se, dentro da tradição portuguesa, que recebam a designação honorífica da «Estados», quando o progresso do seu meio social e a complexidade da sua administração o justificarem. O relatório que antecede e justifica a proposta do Governo refere a este propósito:

> Aliás, neste ponto a proposta do Governo não introduz inovação de substância. Já hoje o Estado Português é um Estado regional e já hoje as províncias ultramarinas constituem verdadeiras regiões autónomas, e não meras circunscrições administrativas. Gozam, com efeito, de faculdades legislativas, e não simplesmente regulamentares [...], têm organização político-administrativa adequada à situação geográfica e às condições do meio social [...], possuem, cada uma delas, unidade política mantida pela existência de uma capital e de um governo próprio [...][421]

Tratava-se de dar corpo à política de «autonomia progressiva e participada», esboçada por Marcello Caetano no seu discurso de 18 de abril de 1969, em Lourenço Marques[422], assim definida:

> Participação crescente das populações nativas na administração e no governo das províncias, igualdade de direitos dos portugueses independentemente da raça ou da cor, transição de poderes legislativos e executivos em número e importância crescente para os órgãos locais, desvinculação da economia de cada província da economia metropolitana [...][423]

Ou seja, manter o meio-termo entre dois extremos:

> E como não era admissível o abandono do Ultramar nem a proclamação de independências prematuras, sob o domínio de minorias brancas que teriam de assentar na força o seu governo ou entregando a aventureiros africanos a vida, os bens e o destino de fortes núcleos civilizados dotados de infraestruturas e equipamentos técnicos modernos, tinha de se procurar uma via intermédia.

Para os que porfiavam na liberalização, a proposta do Governo é um balde de água fria em manhã de inverno: não havia pluralismo partidário, mantinha-se o sufrágio colegial restrito do Presidente da República, e permanecia a limitação, cada vez mais insuportável, dos direitos, liberdades e garantias dos cidadãos. Num período em que, à superfície, o ambiente é ainda de «enorme esperança na mudança», «Marcello Caetano dá passos essenciais no sentido da manutenção do Regime» como não-democrático[424]. Agindo, inclusivamente, contra o que ele próprio afirmara, em 1951, quando defendera a eleição do Chefe do Estado por sufrágio universal e direto, porque era «essa a única forma de a tornar efetiva – e de a assentar sobre uma base sólida de legitimidade», considerando, também, que «o sufrágio universal é ainda, nos regimes republicanos, a melhor forma que até hoje se descobriu de assegurar a intervenção popular na determinação do rumo do Estado».[425]

Na prática, já não sobrava nada de renovação.

Inconformados e desiludidos, os liberais correram, no curto prazo de vinte dias de que dispunham[426], a redigir e a apresentar um projeto de revisão constitucional, contemplando aquelas áreas que o Presidente do Conselho mantinha da revisão anterior. E, pelo menos alguns, fizeram-no em termos de complementaridade, ou seja, na perspetiva de que da sua contribuição pudessem ser aproveitadas normas para benefício do texto final. É o que se depreende de uma carta de Mota Amaral a Marcello Caetano, na qual se justifica, com a limitação dos prazos legais, por não ter conversado previamente com ele:

> Limito-me assim a enviar a Vossa Excelência, a título exclusivamente pessoal, o articulado que eu próprio rascunhei para ser apreciado e discutido com alguns colegas meus, com vista à apresentação, nos termos regimentais, de um projeto de lei de revisão constitucional.
>
> Como de imediato se nota, o fulcro das minhas preocupações é a Assembleia Nacional. Ao reforçar dentro do sistema político instituído, – não

se trata de fazer agora uma nova Constituição – o papel constitucional da assembleia legislativa não tive mais, algumas vezes, do que voltar ao texto primitivo de 1933; noutros pontos socorri-me das críticas e das sugestões por Vossa Excelência feitas no seu magistério universitário; noutras ainda passei para o papel o que julgo ser a lógica do sistema, ou a conveniência de lhe alargar os mecanismos de participação, ou a necessidade de corresponder a exigências novas.[427]

Na resposta, Marcello Caetano, confirma o que já atrás se deixou referido sobre o que entendia dever ser a atuação dos deputados:

Não quero esconder-lhe a profunda surpresa que me causou o projeto de lei de revisão constitucional que subscreveu com outros deputados.

A verdade é que não se trata de completar, retocar ou ampliar a proposta de lei do Governo, mas sim de lhe opor uma revisão assente em princípios e seguindo orientações radicalmente opostas às expressas no meu discurso e no relatório da proposta.

Admira-me mesmo que pessoas que dizem apoiar o Chefe do Governo, procurem, no presente momento histórico, tão cheio de incertezas e de ameaças, em que o mundo enfrenta uma vaga de anarquia, desarmar o Poder, ou forçá-lo, para cumprir o seu dever de defender vidas, liberdade e haveres das pessoas e a ordem social, a suspender constantemente a legalidade constitucional.

Isto faz-me supor que entre aqueles que promovem a elaboração deste projeto haja quem obedeça a comandos muito diferentes dos que o Chefe do Governo interpreta como necessários e convenientes aos interesses da Nação portuguesa.

Os termos da nossa conversa de antes de ontem não deixavam supor que o projeto cuja apresentação me anunciaram fosse tão longe.

Tenho particularmente pena de ver num projeto, que não posso deixar de considerar como hostil à política que venho com toda a prudência seguindo, na medida em que procura precipitar e radicalizar soluções que não deixariam de suscitar viva reação e obrigar o Governo a procurar apoios onde os encontre, tenho pena de ver nesse projeto a sua iniciativa, contrariando a estima e a confiança que em si depositei.

Irreflexão? Oxalá fosse.[428]

O deputado defende-se, afirmando que, em boa-fé, não descortinava «radical oposição de princípio entre a proposta de lei de revisão constitucional do Governo e o projeto que subscrevi, nem hostilidade à política do seu Chefe na apresentação dele». E acrescenta: «Por mim até cheguei a pensar que, ao levantar certas questões relativas ao estatuto jurídico--político fundamental da nação portuguesa, para além de me desonerar de uma obrigação assumida perante mim próprio e o eleitorado ao candidatar-me a deputado, prestava ao Presidente do Conselho serviço relevante, testemunhando um pluralismo, não simplesmente tolerado mas deliberadamente procurado na sua origem, garantia do acesso ao apoio e à colaboração de setores, válidos e ativos, onde ainda agora predomina o ceticismo...»[429]

A iniciativa dos liberais, constante do projeto de lei n.º 6/X, era subscrito por 15 deputados, à frente dos quais Sá Carneiro[*]. Além deste, foi ainda apresentado o projeto de lei n.º 7/X, subscrito por igual número de deputados, liderados por Duarte Pinto Freitas do Amaral[**].

O primeiro expressava e procurava verter para o texto constitucional os valores de matriz democrática, assentes na Declaração Universal dos Direitos do Homem – veiculadas e legitimadas pelas encíclicas papais de João XXIII e Paulo VI, e bem assim dos documentos emanados do Concílio Vaticano II – e tinha como ponto referencial a restauração das liberdades individuais dos cidadãos[430]; o segundo representava o setor conservador não radical e tinha como objetivo essencial a inscrição do nome de Deus na Constituição, e ainda o de «clarificar alguns preceitos sobre matéria económica, contra a tendência "socializante" de alguns tecnocratas do Governo»[431].

Tal como os primeiros, também Duarte Amaral não se livrou de uma reprimenda do Presidente do Conselho:

> A abertura que sempre tenho dado ao meu gabinete para os senhores deputados, as relações que mantemos e a delicadeza dos assuntos de uma revisão constitucional, tudo me faria esperar que V. Ex.ª não apresentaria

---

[*] Subscritores do projeto de lei n.º 6/X: Sá Carneiro, Mota Amaral, Pinto Balsemão, Miller Guerra, Correia da Cunha, Pinto Machado, António Bebiano Henriques Carreira, Magalhães Mota, Manuel Martins da Cruz, Alarcão e Silva, Macedo Correia, Montanha Pinto, Rafael Valadão dos Santos, Ferreira Forte e Olímpio da Conceição Pereira.

[**] Subscritores do projeto de lei n.º 7/X: Duarte Freitas do Amaral, Castro Salazar, Aguiar e Silva, Gabriel da Costa Gonçalves, Rui de Moura Ramos, Manuel Silva Mendes, Amílcar Pereira Mesquita, Nogueira Rodrigues, Vasco Costa Ramos, Magalhães Montenegro, Sinclética Torres, João Duarte de Oliveira, Alberto Ribeiro de Meireles, Rocha Lacerda e Raul Cunha Araújo.

semelhante projeto sem falar pessoalmente comigo não sendo bastante um aviso apressado ao líder da Assembleia no próprio momento da apresentação.

Recebendo eu cordialmente V. Ex.ª no dia 17 de dezembro, seria naturalíssimo que V. Ex.ª, não tendo sobre o caso tido comigo qualquer conversa anterior, se referisse ao projeto e me desse conhecimento do seu conteúdo e intenções. Já estava entregue, é certo: mas não tendo havido para comigo uma atenção antes, ao menos podia havê-la depois.

Os signatários do outro projeto de lei vieram-me comunicar que iam apresentá-lo, embora sem me dizerem o seu conteúdo. Foi uma gentileza no plano das relações pessoais.

Já agora não quero deixar também de dizer quanto me chocou o «Senão, não» com que V. Ex.ª, depois de me ter largamente exposto os problemas de Guimarães e de ter recebido a promessa do meu interesse por eles, fechou o discurso em que na Assembleia versou o mesmo caso local, embora acrescentando algumas palavras de confiança pessoal[*].

Com surpresa verifiquei que o apoio de V. Ex.ª ao Governo não se filia em razões de princípios ou em fidelidade a uma doutrina, mas depende do grau de satisfação que ele dê às suas reivindicações referentes ao concelho de Guimarães.

Se a falta de atenção para comigo na apresentação do projeto de lei de revisão constitucional me doeu, esta frase feriu-me muito mais.[432]

Nada na intervenção do deputado pelo círculo de Braga aponta para qualquer ataque a Marcello Caetano ou ao Governo, referindo-se apenas

---

[*] Marcello Caetano refere-se ao final da intervenção do deputado Duarte Pinto Freitas do Amaral, no dia 9 de fevereiro de 1971, feita no âmbito do debate sobre o aviso prévio do deputado Nunes de Oliveira acerca dos aspetos culturais, económicos e sociais do distrito de Braga, na qual o primeiro faz um levantamento das graves carências do seu concelho-natal, Guimarães e região envolvente – comunicações, saúde pública, ensino, turismo e agricultura – reclamando para ela uma «ação prioritária», afirmando: «Não queremos tudo para nós. Queremos apenas, mas firmemente, que haja um desenvolvimento harmónico da nossa região e da nossa região relativamente às outras. O que não podemos admitir é que não nos toque nada e que os nossos direitos e as nossas características não sejam tidas em conta.» E termina: «Como pode haver o ousio de não nos darem aquilo que merecemos, de nos travarem constantemente no nosso direito a uma vida melhor? Estou-me a lembrar, quanto ao quase desespero desta inconcebível situação, do histórico dito do procurador do rei, e direi que é preciso que nos façam justiça, senão... – «Senão, quê? – Senão, não!» Mas no Sr. Presidente do Conselho todos os da minha região, todos os de Guimarães, têm inteira e completa confiança. O Governo vai fazer-nos justiça!» (*Diário das Sessões*, n.º 80, 10 de fevereiro de 1971, pp. 1620-1625).

a uma situação que vinha de longe e que carecia de solução. A própria expressão que tanto feriu o Presidente do Conselho parece não revestir o aspeto de uma ameaça. Trata-se, afinal, de uma citação para efeitos sobretudo retóricos e não envolve qualquer ultimato político. Mas Marcello Caetano sente-se cada vez mais cercado. E cada gesto, cada palavra, cada ato que não tenha a sua prévia aprovação, ou não se restrinja rigorosamente aos parâmetros por si definidos, é havido como um ataque.

Na sua carta a Pinto Leite, de 28 de abril de 1970, já transcrita, Marcello Caetano fora estridentemente claro: «Qualquer ação em desacordo com a orientação do Governo [...] não pode deixar de ser considerada de hostilidade ao Chefe do Governo», até porque o Governo não se demitia «do direito de conduzir a evolução nos termos e nas oportunidades que o seu conhecimento dos factos e o sentido das suas responsabilidades lhe aconselharem». Donde resulta que o Presidente do Conselho não poderá ter deixado de considerar esta arremetida dos liberais como uma afronta, não apenas política, mas também (e sobretudo?) pessoal.

Mais tarde, Marcello Caetano imputa à falta de inteligência deste grupo a responsabilidade pela rutura:

> Seguindo a tática errada, o grupo apresentou um contraprojeto próprio de revisão constitucional, de cujo conteúdo não me deu conhecimento; como dois dos seus membros apresentaram um projeto de lei de imprensa sem esperar pela proposta governamental.
>
> Conhecida a minha intenção de ir seguindo uma via de progressiva liberalização e o meu desejo de colaborar com eles, parece que o procedimento inteligente dos deputados liberais teria sido a de acolher, senão com entusiasmo ao menos com simpatia, as medidas liberalizadoras do governo, apoiá-las, aprová-las, encorajar essa orientação e pedir mais à medida que fosse possível.
>
> Em vez disso, optaram pela oposição sistemática sob o pretexto de que aquilo que o governo propunha não era bastante. E apresentaram projetos próprios. Debalde lhes chamei a atenção parao erro que cometiam. Nenhum governo pode deixar-se bater em questões essenciais numa assembleia parlamentar. Desde que o grupo liberal apresentava projetos próprios exigia uma opção: ou se aprovavam as propostas governamentais ou as contrapropostas deles. E então o governo tinha de apelar para a formação de uma maioria que o apoiasse, – ficando a partir daí prisioneiro dela.[433]

Marcello Caetano – que disso ameaçara (a palavra é pesada, mas foi isso que aconteceu de facto) Pinto Leite – tomou as propostas dos liberais não como uma alternativa política, mas como um ataque pessoal. O que era politicamente muito grave, demasiado grave para quem poria no título do volume onde reuniu os discursos deste terceiro ano de governo a expressão «Renovação na Continuidade». Grave e esclarecedor da sua perspetiva quanto à evolução política do País.

Esta forma de encarar a colaboração política, em termos de um ato de submissão era, no mínimo, peculiar. Marcello Caetano entendia a cooperação política como subserviência total; ou, quando muito, as discordâncias e sugestões deviam ficar reservadas ao remanso dos gabinetes, porque tudo o que fosse uma afirmação pública contrária ou divergente do seu pensamento e linhas de ação havia que ser tido por um ataque pessoal. Sensível como um cristal, o Presidente do Conselho parece viver sob obsessão do ataque, mantendo-se, permanentemente, na defensiva.

Se era isso que Marcello Caetano pensava das elites políticas do País, facilmente se compreende a sua convicção profunda da falta de preparação do comum dos portugueses para o exercício da democracia representativa...

A definição de uma política dever ser feita em termos de alternativas e não segundo as emulações pessoais. E a alternativa constrói-se em torno de alianças, mesmo que apenas pontuais, e não a partir de servidões ou submissões, e muitos menos quando estas são submetidas à chantagem emocional tendo por base a amizade pessoal.

A este respeito, teria sido muito interessante e esclarecedor assistir ao debate das propostas na Assembleia Nacional com a presença de Pinto Leite que, como todos afirmam, pautava o seu combate político em termos de uma abertura real na perspetiva de uma verdadeira restituição da maioridade política ao povo português, que o mesmo é dizer, segundo os parâmetros da democratização. Talvez esse debate nos esclarecesse, em definitivo, sobre algumas dúvidas que persistem, e subsistirão, acerca dos contornos da «liberalização» segundo as versões Marcello Caetano e daquele seu amigo, cuja morte prematura tem sido apresentada como uma das justificações para o fechamento do regime.

A experiência política de Marcello Caetano estava confinada a uma militância dentro dos circuitos fechados de um corporativismo que irradiava e era comandado das cúpulas para as bases, dirigido e manipulado segundo os objetivos do Poder instalado. Consciente da sua indiscutível superioridade intelectual e assumindo que a direção da coisa política deve ser confiada aos «homens de escol», uma elite na qual ocupa um ligar cimeiro, Marcello Caetano entende ainda que a definição dos rumos da política exige um domínio global das realidades em presença, visão essa que escapava aos aprendizes da política, como o eram os das novas gerações de deputados, que reclamavam avanços decisivos nos caminhos da democratização.

Tudo isto espelha a densa floresta de enganos e o desencontro estrutural entre Marcello Caetano e as elites políticas do regime.

O ano de 1970 termina com Portugal debaixo de uma tempestade internacional desencadeada pelo escândalo da invasão da Guiné-Conakri, como, aliás, seria de esperar, provocando deserções no grupo de países que ainda mantinham uma atitude compreensiva para com a política colonial portuguesa. No dia 8 de dezembro, o Conselho de Segurança das Nações Unidas aprova uma resolução em cujo texto se afirma, pela primeira vez, que «a presença do colonialismo português no continente africano é uma séria ameaça à paz e à segurança dos Estados africanos independentes»[434]. Quatro dias depois, Charles Yost, chefe da delegação norte-americana na ONU, declara que não tinha qualquer razão para duvidar das conclusões a que chegara a comissão especial que investigara os acontecimentos; e, no dia 16, a Assembleia Geral daquela organização aprova uma resolução contra a política colonial portuguesa e exige que Portugal acabe com a guerra química e biológica contra as populações da Guiné, Angola e Moçambique. A culminar, em fevereiro do ano seguinte, uma comissão especial das Nações Unidas, constituída por diplomatas do Peru, Senegal, Áustria, Jugoslávia, Índia e Barbados, acusa Portugal de genocídio em África, afirmando que o país tem «levado a cabo execuções em massa de civis e de pessoas suspeitas de se oporem ao regime» e tem «praticado punições coletivas contra a população civil». Seja qual for o grau de exagero destas afirmações – pelo menos nesta fase da luta – a verdade é que tudo isto contribui para o isolamento cada vez maior de Portugal e do seu Governo no contexto internacional, comprimindo cada vez mais o espaço de manobra e desacreditando os argumentos utilizados pela diplomacia portuguesa para justificar a presença em África.

2

«QUEM ESTÁ COM O CHEFE DO GOVERNO?»

Para Marcello Caetano, o ano de 1971 abre sob o signo do luto. No dia 14 de janeiro, morre a sua mulher, Teresa Queirós de Barros, após um penoso calvário subido ao longo de mais de uma dezena de anos. O Presidente do Conselho, cuja solidão política progredia de dia para dia, fica pessoal e psicologicamente mais só. À beira dos sessenta e cinco anos, começa a dar sinais de desgaste e de cansaço, patentes nos seus discursos que «deixam de ser de futuro, de vontade de reformar», passando a ser «defensivos, autojustificativos, pessimistas»[435].

Por outro lado, o ambiente interno agrava-se, sobretudo nas universidades de Lisboa e de Coimbra, no preciso momento em que o Ministério da Educação Nacional, pela mão do ministro Veiga Simão, anuncia a profunda reforma do ensino, que ficará como um dos factos mais marcantes do consulado de Marcello Caetano. A tal ponto que, no dia 21 de janeiro, por decisão do ministro, é declarado o estado de exceção nas universidades, sobre o qual é emitida uma «nota oficiosa».

No dia 15 de fevereiro, o Chefe do Governo vem, uma vez mais, à televisão conversar sobre «As reformas em marcha»[436].

Depois de salientar as dificuldades do ato de governar e de insistir na profunda crise que a história mundial atravessava – «a crise de transformação de uma sociedade tradicional, patriarcal e agrária num outro tipo social dominado pelas relações industriais e pelo predomínio dos serviços» – refere-se à marcha da reforma administrativa – uma das suas preocupações de sempre.

Entra, finalmente, no fulcro de intervenção: a reforma do ensino e a especulação feita sobre a autonomia das províncias ultramarinas, segundo o projeto da reforma constitucional.

Sobre a primeira, diz ser uma das preocupações do Governo a de «facultar ampla e livremente o acesso de quantos o mereçam aos mais altos graus da cultura e do saber», salientando que, em Portugal, «as classes humildes [...] sempre deram grande contingente para a frequência das Universidades».

Apesar disso existem obstáculos económicos à educação dos Portugueses, que temos de eliminar. O que não quer dizer que todos os portugueses inteligentes devam ser doutores. Portugal sofre já bastante do «doutorismo». Seria, a meu ver, pernicioso que se julgasse estar no espírito das reformas projetadas o pensamento de que quem for inteligente deve chegar a doutor e que só lá não chegará quem for estúpido. [...]

O acesso às carreiras universitárias, aliás, deverá ser sempre condicionado por uma seleção rigorosa, baseada na capacidade intelectual e nas qualidades de trabalho e de perseverança. Não nos interessa ter muitos diplomados com o título de doutor, obtido sem se saber como: do que precisamos é de gente capaz de realizar, competente e eficazmente, as tarefas úteis à coletividade que competem a um escol dotado de educação superior.

Quanto à autonomia das províncias ultramarinas, constante da sua proposta de revisão da Constituição, responde aos seus detratores:

Não deixarei, porém, de dizer uma palavra relativamente a um ponto dela. Porque me tem chegado aos ouvidos, com certa insistência, que em determinados meios o regime de autonomia das províncias ultramarinas é apresentado como significativo de uma intenção, senão de abandono, pelo menos de destruição da unidade e da integridade da Nação.

Esse pensamento não o tem a gente do Ultramar, que sabe muito bem o que é e o que significa essa autonomia. E, quanto às pessoas de cá, julgava eu ter sido suficientemente claro e elucidativo nas palavras que proferi na Assembleia Nacional ao apresentar a proposta da lei.

Mas que o não fosse! A minha conduta de toda a vida e sobretudo no exercício do Governo, as palavras que o País me tem escutado sobre o valor e a defesa do ultramar português, o modo como afincadamente me tenho devotado a continuar a defesa política, militar e diplomática da integridade da Nação, tudo isso seria suficiente para afastar da mente das pessoas de boa fé qualquer dúvida acerca das minhas intenções.

No dia 1 de março de 1971, inicia-se na Câmara Corporativa a análise da proposta e dos projetos de lei de revisão constitucional. Embora as suas sessões de trabalho fossem reservadas e os respetivos debates não fossem publicados no respetivo órgão – as *Atas da Câmara Corporativa* –, temos, a propósito do ambiente que rodeou este debate na câmara consultiva do regime, o testemunho de um dos seus membros e neles participante, Diogo Freitas do Amaral, que, com trinta anos de idade, era um dos mais jovens procuradores de todas as legislaturas:

> Quando os três projetos começaram a ser apreciados na Câmara Corporativa, a 1 de março de 1971, apercebi-me rapidamente de que a estratégia do Governo consistia em obter parecer favorável para o seu projeto e conseguir parecer negativo para os outros dois. Havia mesmo quem segredasse que, desse modo, o chefe do Governo pretendia dar a ideia de ocupar o centro das forças políticas do regime, atirando para a oposição uma corrente à sua esquerda (a ala liberal) e outra corrente à sua direita (identificada com os ultras).[437]

A secção da Câmara consultada era a dos «Interesses de Ordem Administrativa», a qual, recorde-se, era composta por procuradores sem qualquer vínculo formal à estrutura corporativa, discricionariamente designados pelo Conselho Corporativo, que o mesmo é dizer, pelo Governo. Como a designação do relator dos pareceres era, na prática, cometida ao seu presidente – na circunstância, Luís Supico Pinto – cuja indicação para o cargo vinha do Executivo, facilmente se depreende qual o grau de independência da Câmara Corporativa relativamente ao Governo, sobretudo quando se tratava de matérias de natureza política.

Inconformado com os factos, Freitas do Amaral procura Marcello Caetano, que o recebe, no dia 6, a quem expõe as suas discordâncias[438]. Referindo-se à estratégia do Governo, afirma-lhe:

> Queria dizer-lhe, por uma questão de lealdade, que considero essa estratégia errada, porque divisionista, e contrária ao espírito das instituições do regime em que ainda vivemos. Por isso, não poderei dar o meu voto a essa estratégia.

Marcello Caetano reagiu paternalmente, atribuindo a reação ao facto de uma das propostas a rejeitar ser a encabeçada pelo seu pai. Freitas do Amaral retorquiu-lhe:

> – Olhe que não, Sr. Presidente. O problema que lhe venho pôr não tem nada de pessoal ou familiar: é um problema exclusivamente político e de

caráter geral. Ao fazer rejeitar em bloco os projetos dos Deputados, admitindo apenas a aprovação do projeto do Governo, o Sr. Presidente está a dividir os Deputados seus apoiantes, está a criar uma maioria governamental e uma oposição (ou duas), e está a dar a entender que só o Governo pode ter boas ideias em matéria de revisão constitucional. Ora – continuei – o espírito das instituições que ainda temos, no atual regime de Estado sem partidos, não é esse: é o de incentivar todos os Deputados a dar o seu contributo pessoal para a feitura das leis, devendo o Governo – sem espírito de partido – aproveitar tudo o que de aproveitável houver em cada projeto.

Marcello Caetano endireitou-se na cadeira, com um ar já mais sério, e respondeu categórico:

– Isso não pode ser. De modo nenhum. Uma revisão constitucional não se faz por subscrição pública! Quem está com o Governo, aprovará a proposta do Governo; quem está contra o Governo, que aprove à vontade os projetos dos Deputados. Cada um tem de escolher o seu campo.

No dia 8 de março, outro dos procuradores da confiança do Presidente do Conselho, André Gonçalves Pereira, dirige-se por carta ao seu «querido Mestre e Amigo» para lhe dar conta do andamento dos trabalhos da Câmara e das reticências que estes lhe causam: «Avizinha-se porém a discussão da parte relativa ao Ultramar, e chego à conclusão de que, com a composição da Câmara abrangendo os da minha secção ultramarina, não haverá uma maioria para aprovar sem alterações importantes o texto do Governo.» Quanto aos outros dois, diz achar «impolítica a forma desdenhosa como o relator se refere aos projetos dos deputados, pelo que penso votar contra a rejeição de um deles (o dos *liberais*) e talvez até contra a rejeição dos dois.»[439]

No essencial, a Câmara Corporativa seguiu as indicações do Presidente do Conselho, com pareceres relatados por Afonso Rodrigues Queiró[440]: Dá parecer favorável, com algumas correções de pormenor à proposta do Governo, recusando na generalidade a aprovação dos dois projetos.

Entre as consequências politicamente relevantes desta revisão da Constituição de 1933, que foi uma vitória individual de Marcello Caetano, já que a proposta de lei é de sua exclusiva autoria, são de destacar o isolamento do Presidente do Conselho, que não conseguiu contentar nenhum dos setores da vida política portuguesa. A direita salazarista não aceitava o disposto no artigo n.º 133.º, referente às «províncias ultramarinas», segundo o qual «Os territórios da Nação Portuguesa situados fora da Europa constituem províncias ultramarinas, as quais terão estatutos próprios como regiões autónomas, podendo ser designadas por Estados, de acordo com a tradição nacional, quando o progresso do seu meio social e a complexidade da sua administração justifiquem essa qualificação honorífica». E usava, para tanto, vários argumentos que começaram a ser expendidos logo nas declarações de voto dos procuradores da Câmara Corporativa anexas ao respetivo parecer.

Antunes Varela acusa a proposta governamental de pecar «de um modo geral, pelo excessivo relevo que imprime em vários pontos à ideia de autonomia política dos territórios ultramarinos», vertida na designação honorífica de *Estados* e na nova categoria político-administrativa das *regiões autónomas*, opondo-se-lhe, tanto por razões de ordem política internas, como externas, com os seguintes argumentos: «A primeira designação começa, porém, por ser juridicamente *inexata*, dentro da estrutura unitária do Estado Português, e *nada* acrescenta na realidade das coisas». Além disso, contra os que afirmam ser preciso não ter medo das palavras, exclama enfaticamente: «Tenhamos todo o cuidado com as palavras! As palavras possuem uma força emotiva extraordinária, principalmente nas sociedades massificadas dos tempos modernos. Aqueles círculos internacionais que hoje nos peçam palavras, a troco da sua simpatia, serão os primeiros a reclamar amanhã que, por um princípio de coerência, ponhamos a *realidade* de acordo com as palavras ao serviço de desígnios que fácil será adivinhar quais sejam.» No que se refere à expressão *regiões autónomas*, reputa-a de «*desnecessária, inoportuna* e não isenta de riscos. Desnecessária, porque todas as modificações substanciais previstas no estatuto político-administrativo das regiões do ultramar se adaptam perfeitamente à designação genuína de províncias ultramarinas. Inoportuna, porque, tendo a luta no ultramar contra o terrorismo nascido sob o signo da autodeterminação contra a tese da integridade territorial de um estado unitário, tudo quanto desnecessariamente se preste a ser havido por outros como desvio daquela tese pode ter o sabor amargo de uma *renúncia* ou de uma *abdicação* perante o inimigo».

Por seu turno, o procurador Francisco José Vieira Machado que, como subsecretário de Estado (1934-1935) e depois ministro (1936-1944) das Colónias, fora o grande construtor do «Império Colonial Português», afirma nos dois primeiros pontos da sua declaração de voto:

1.º – Creio [que] seria muito preferível a afirmação de que o Estado Português é unitário, sem qualquer referência à autonomia das províncias ultramarinas. Esta referência tira vigor à declaração de unidade e é inútil na medida em que esta autonomia nada tem a ver com a unidade nacional.

2.º – Conceder a designação de "Estado" a qualquer província ultramarina que preencha determinados requisitos parece-me, na conjuntura presente, altamente perigosa para a unidade nacional. Se se trata de uma mera distinção honorífica, as províncias passam muito bem sem ela. E a Constituição não deve conter palavras vazias de sentido. Mas as palavras têm em si próprias uma força de sugestão, uma força dinâmica que, em meu modesto entender, desaconselha absolutamente a concessão do título de Estado a qualquer parcela do território nacional.

A palavra "Estado" aplicada a uma determinada província gera confusão nas pessoas, que não são na sua imensa maioria versadas em direito constitucional; e não concebem que à palavra não se dê o sentido que normalmente ela tem.

Para efeitos internacionais, a designação é inútil – e é até, talvez, prejudicial. Em todo o caso, não conquistaremos um único amigo por chamar Estado a uma determinada porção do território nacional.

Contra a rejeição na generalidade dos dois projetos de lei votaram poucos procuradores. Relativamente ao dos liberais, Maria de Lourdes Pintasilgo, Diogo Freitas do Amaral e André Gonçalves Pereira, por sinal, todos pertencentes ao grupo de novos procuradores com que o Presidente do Conselho renovara esta câmara. Quanto ao segundo, além destes, votaram vencidos Fernando Oliveira Proença e Henrique Martins de Carvalho.

Nas declarações de voto relativamente ao projeto de lei n.º 6/X – o mais controverso – Maria de Lourdes Pintasilgo defende que «o encorajamento da expressão das aspirações dos cidadãos através dos seus legítimos representantes na Assembleia Nacional é indispensável para garantir a participação de todos no Estado social que formamos. Tal importância é particularmente forte quando se trata de lei fundamental da Nação.» Freitas do Amaral, afirma que «no presente projeto há várias emendas à Constituição que merecem aprovação», designadamente: inclusão da obrigação de o Estado «fazer respeitar e assegurar o efetivo exercício e funcionamento dos direitos, liberdade e garantias», o que implicaria a necessidade subsequente de alterar a lei de imprensa, a lei reguladora do direito de associação, e a legislação antissubversiva; afirmação da obrigação do Estado de «assegurar a todos os cidadãos um nível de vida de acordo com a dignidade humana»; proibição de o exercício efetivo das liberdades individuais «ser submetido a poder discricionário do Governo ou da Administração» (fim da censura à imprensa, nomeadamente); proibição de «restrições não previstas na Constituição aos direitos, liberdades e garantias nela consignados»; obrigação de a rádio e a televisão assegurarem «a objetividade da informação»; alargamento das «imunidades parlamentares» e das «incompatibilidades» dos Deputados; aumento das matérias da competência exclusiva da Assembleia Nacional; reforço das competências da Câmara Corporativa; alargamento dos termos e condições de sujeição dos decretos-leis do Governo a ratificação parlamentar, etc.[441]. E André Gonçalves Pereira, recusando a conceção minimalista dos limites em que deve manter-se a revisão constitucional, em que assenta o parecer, explicita: «A mais importante das alterações – o regresso ao sufrágio direto na eleição do Chefe do Estado – decerto se contém dentro dos limites adequados a uma revisão ordinária da Constituição, como o demonstra a alteração sobre este mesmo ponto introduzida, com solução contrária à agora proposta, pela revisão constitucional de 1959.» Defende ainda que deveriam ter sido aceites para discussão as alterações propostas para os artigos 23.º (liberdade de imprensa e liberdade de expressão), 72.º (eleição presidencial por sufrágio direto dos cidadãos eleitores) e 93.º (reforço das competências exclusivas da Assembleia Nacional).

Entretanto, numa jogada de antecipação, o presidente da Assembleia Nacional, no próprio dia em que na Câmara Corporativa se iniciava a discussão da proposta e dos projetos, emitiu um despacho constituindo uma Comissão Eventual, composta por mais de três dezenas de deputados, para o estudo da proposta e projetos de lei, sendo designado para relator do respetivo parecer o deputado e ex-ministro Gonçalves de Proença.

A análise dos textos teve como base a proposta governamental, sendo, aqui e ali, pontualmente, considerados alguns aspetos dos projetos de lei dos deputados, mas, na sua essência, manteve a proposta e rejeitou os projetos, podendo, a título de exemplo, citar-se a rejeição quase total das propostas dos deputados liberais para o artigo 8.º, que tratava dos direitos e garantias dos cidadãos.

E, no dia em que, na Assembleia se iniciava a discussão na especialidade, um grupo de deputados requereu e conseguiu a aprovação do plenário, para que a votação de revisão constitucional se fizesse sobre o texto da proposta da comissão eventual, com prejuízo de todas as outras, o que, na prática, significava que a votação se faria sobre um texto que assumia, no essencial, a proposta do Governo. Este expediente, anota Jorge Miranda, deve ser interpretado «não como manifestação de poder, mas sim de temor», já que seria incómodo para o regime «ter de recusar, uma a uma, propostas de alteração da Constituição – em consonância com fortíssimas aspirações do País em 1971 – como tendentes à garantia do conteúdo essencial dos direitos de liberdade, à eleição direta do Presidente da República ou à proibição de tribunais criminais especiais. Não possuía já força, nem convicção para tanto.»[442]

Como resultado, e depois de uma atribulada troca de argumentos entre o presidente da Assembleia Nacional e Sá Carneiro, em que este se opôs à admissibilidade do requerimento – Duarte Amaral também se pronunciou no mesmo sentido –, o primeiro recusou-se a participar no resto dos debates.

Este artifício pôde, no entanto, ser utilizado por Marcello Caetano como arma de arremesso contra os liberais:

> Na revisão constitucional não teve o governo relutância em aceitar que a comissão competente da Assembleia Nacional substituísse a sua proposta por um projeto dela, no qual sobre a base da iniciativa governamental se incluísse tudo quanto fosse razoavelmente possível das iniciativas dos deputados. Assim se fez e foi esse projeto que veio a ser discutido no plenário. Pois houve liberais que não sei se por falta de inteligência se por decidida má-vontade de criar dificuldades, protestaram contra a solução, procuraram argui-la de inconstitucional (!), desencadearam na imprensa numa campanha de descrédito do processo parlamentar seguido e para sempre se colocarem na situação de vítimas oprimidas![*]

Idêntico artifício seria utilizado, depois, com a proposta e o projeto de lei sobre a liberdade de imprensa, que também foram reconduzidos a um texto da autoria de uma comissão eventual nomeada para o efeito, também este seguidor da proposta do Governo, o que levou o deputado

---

[*] Marcello Caetano, *Depoimento*, op. cit., pp. 65-66. Marcello Caetano refere-se ao Projeto de Lei – Inconstitucionalidade da Lei n.º 3/71, de 16-8-71, de Sá Carneiro, datado de 22 de novembro de 1971, no qual, sob o fundamento de que a proposta da comissão eventual «não abrangeu preceitos da Constituição contemplados na proposta e nos projetos», ficando «os deputados constituintes» inibidos de discutir e votar tais princípios, se declarava «a inconstitucionalidade formal da Lei 3/71, de 16 de agosto de 1971, a qual fica revogada». (Texto integral in Jorge Miranda, *Inconstitucionalidade de Revisão Constitucional...* – op. cit., pp. 49-50.)

Sá Carneiro a tomar a mesma atitude, abandonando a sala e recusando-se a participar na discussão na especialidade.

Estas «vitórias» de Marcello Caetano, sobretudo a obtida quanto à revisão constitucional, têm, contudo, um efeito perverso: deixam-no politicamente mais isolado e só.

Com efeito, a política ultramarina sempre fora o grande *handicap* da sua personalidade política, para a direita mais conservadora e radical do salazarismo. Com a apresentação da proposta, na qual se afirmava a «autonomia progressiva e participada» de Angola e Moçambique, consideravam aqueles que se confirmavam os receios iniciais. A partir daí, desenvolveram uma intensa campanha, com que pretendiam defrontar o Poder:

> Logo no dia 2 de dezembro [de 1970], após a comunicação à Assembleia Nacional do Presidente do Conselho, ficara assente, em reunião de jovens nacionalistas em Lisboa, iniciar uma campanha para desmascarar os intentos do Governo e combater, na Assembleia e no País, a sua proposta. E mesmo antes tinham surgido panfletos clandestinos onde se fazia um apelo à revolta contra um Poder que enganava e levava Portugal à morte.
>
> Ao mesmo tempo, Fernando Pacheco de Amorim iniciava em Coimbra o seu livro-panfleto – *Na Hora da Verdade** –, contactavam-se, por todo o País,

---

* Fernando Pacheco de Amorim, *Na Hora da Verdade – Colonialismo e neo-colonialismo na proposta de lei de revisão constitucional*, Coimbra, ed. do Autor, 1971. Pacheco de Amorim, que fora um conspirador antissalazarista, implicado da Revolta da Mealhada, em 1946, revelara-se um fervoroso e radical integracionista, na época das tentativas reformadoras de Adriano Moreira (1962). Esta obra torna-se «o manifesto dos setores integracionistas. Toda a área nacional-revolucionária se dedica profundamente à campanha de divulgação destas teses [...]» Riccardo Marchi, *Império, Nação, Revolução...*, op. cit., pp. 280-281. Numa linguagem arrebatada, tão cara à direita radical, escreve na introdução, datada de 8 de dezembro de 1970: «E assim chegou a hora decisiva: a hora em que a prudência é cobardia, o silêncio é traição. A hora em que é preciso escolher entre o Portugal conservador, racista, europeu, faminto de sociedade de consumo e o Portugal do Futuro, aliado natural do Terceiro Mundo, construindo-se na fraternidade das raças, na integração das culturas, na descoberta do Homem Novo. Numa palavra: a luta entre o Portugal que é e o Portugal que pode ser. Aqui estamos pois pedindo a Deus, que nesta hora de Verdade dê à pobre inteligência com que nos dotou o frio gume de uma espada e à mão que lhe vai servir de instrumento a firmeza e o calor das paixões que se projetam no futuro e assim redimem os homens e as pátrias». (pp. 14-15) E na última página, escrita menos de um mês depois, a 3 de janeiro: «Para onde vamos, porquê e para quê? Porque não sabemos e ninguém nos sabe ou quer dizer com clareza, daqui fazemos um apelo a todos os Portugueses, para que, elementos dispostos a colaborar na campanha. A estratégia desta, como ficou então definida, assentava como primeiro passo, numa abordagem aos elementos que, na Câmara Corporativa e na Assembleia Nacional se podiam opor ao processo de revisão. Tentava-se conseguir [...] uma espécie de «travão legal» à revisão; paralelamente, através de panfletos, de fotocópias de documentos e duma campanha de esclarecimento (necessariamente clandestina) pretendia-se desmascarar a verdadeira natureza do que estava em causa, mobilizando-se a opinião nacional contra a política de abandono progressivo do Governo.[443]

Américo Tomás, naquela linguagem neutra e átona que nos serviu nas suas «memórias», também se faz eco das desconfianças:

> Razão tinha o chefe do Estado em afirmar que, quando se está em guerra, não se deve bulir na Constituição [...]. Ora acontecia, por razões que detrás vinham, haver pessoas (e não poucas, nem quaisquer), que não confiavam totalmente no pensamento do doutor Marcello, quanto ao Ultramar Português [...]. Se fosse, ainda, o doutor Salazar a fazer idêntica reforma, ninguém desconfiaria que pudesse haver qualquer intenção oculta. E aqui reside a grande diferença.[444]

Em suma, Marcello Caetano não se deixou bater na assembleia parlamentar, mas tudo isso, visto retrospectivamente, pareceu uma «vitória de Pirro», já que resultou numa solidão política insuportável que o levou a perguntar publicamente: «Quem está com o Chefe do Governo?»[445]

Combatido à direita e à esquerda, e desacreditado perante o centro liberal, Marcello Caetano volta-se para os seus, teoricamente, fiéis: a ANP, cujas comissões do Norte lhe promoveram um banquete de homenagem, no Porto. O discurso que então proferiu é um discurso voltado para dentro, um apelo à mobilização em torno dos objetivos políticos definidos, contra a traição, consciente ou inconsciente, dos «maus portugueses». No contexto da guerra subversiva, «onde não há frente nem «retaguarda», a ANP «tem de contra-atacar», porque a organização «não tem uma ideologia meramente defensiva»:

---

ainda que não seja só em nome da dignidade de todos nós, o Poder nos diga sem mistérios para onde vemos, porquê e para quê. Depois diremos nós ao Poder se queremos ou não ir». (p. 225).

A Ação Nacional Popular, dizia eu, não tem uma ideologia meramente defensiva. Ataca. Ataca tudo o que possa minar nos seus fundamentos a Nação Portuguesa. Ataca todos os manejos antipatrióticos. Ataca o anarquismo, ataca a revolução social, ataca as conceções comunistas, sejam elas russas, cubanas ou chinesas, que prometem a felicidade dos povos, mas até hoje, onde foram aplicadas, só acarretaram a miséria, a desgraça e a revolta das pessoas. Ataca as injustiças sociais, mas ataca também o egoísmo das classes que na disputa dos seus interesses esqueçam o interesse supremo da Nação. Ataca o derrotismo que nega o vigor com que se trabalha em benefício da grei e ataca a maledicência sistemática que visa criar no espírito público a falsa ideia de que pertencemos a um país sem grandeza e sem virtudes. Ataca a falta de fé, a falta de esperança, a falta de vontade em todos os setores da vida cívica em que elas se manifestem, congregando sempre e a todas as horas os Portugueses para a ação redentora, a ação que constrói, a ação que remove montanhas e em cada dia deixa ao dia seguinte um Portugal melhor!

Afirma que «o País está na arrancada para o futuro, tanto pela iniciativa privada como pelos investimentos nas obras públicas. Um futuro que depende da capacidade dos indivíduos e da «existência de um escol», ou seja, de elites prestigiadas e capazes de chefiar este processo.

Realça, finalmente, a sua posição, afirmando que «não se governa pelos rótulos da esquerda ou da direita, mas «de acordo com as exigências da Nação»:

> Por mim, já publicamente expliquei que a minha ação governativa não é da esquerda nem da direita: será o que convier ao País!
>
> Se ir ao encontro das exigências de reforma que se notam em tantos setores da vida nacional e procurar remover os obstáculos que se oponham ao progresso da Nação é política da esquerda, nem por isso deixarei de a seguir.
>
> Mas se a manutenção da autoridade e das condições que permitam a defesa dos interesses vitais da Nação, e da ordem pública sem a qual não é possível viver, trabalhar, progredir em paz, é política da direita, também esse rótulo não me impedirá de a pôr em prática.

Formula depois a questão que começa a ser vital para si, enquanto Presidente do Conselho e responsável máximo pela condução da política do País: «Quem está com o Chefe do Governo?».

Começa pela negativa:

Não estão comigo os que querem a revolução ou as reformas impensadas, anarquizantes e perturbadoras que desorganizem a economia do País ou desarmem os poderes do Estado.

Nem estarão comigo tão-pouco os que, arrogando-se o monopólio do patriotismo, a cada passo insinuam, injuriam, caluniam com vesânia as ideias, os atos e as intenções de quem honesta e desinteressadamente consagra todos os momentos da sua vida ao serviço da Nação.

Finalmente, define os pressupostos e princípios a que devem submeter-se os que se afirmam seus apoiantes:

Podem, porém, estar comigo todos aqueles portugueses – e são multidão, e são a maioria esmagadora – que desejam a melhoria das condições de vida mediante reformas convenientemente estudadas e prudentemente aplicadas, concebidas, não para ficarem no papel, mas com o senso das realidades que permitam passá-las à execução num ritmo firme e seguro.

Estarão comigo todos os portugueses que varonilmente se disponham a lutar e a suportar os sacrifícios necessários para que Portugal não atraiçoe os seus filhos que, num esforço portentoso, estão a construir nas províncias de além-mar uma obra de espantoso alcance espiritual e material, uma obra que é a continuação, no espaço e no tempo, da própria Pátria Portuguesa!

Estarão comigo todos os portugueses que, tendo a consciência do que representa para um país sem apoios nem ajudas estranhas bater-se em tantas frentes militares, económicas e diplomáticas, procuram colaborar neste gigantesco esforço coletivo com o seu dinheiro, com o seu sangue e com a sua compreensão das dificuldades nacionais.

Estarão comigo todos os portugueses que se disponham a fazer frente à onda desmoralizadora e subversiva desencadeada e impelida pelos movimentos revolucionários, que as autoridades civis, militares ou escolares não podem deixar expandir-se livremente sob pena de sermos vencidos na frente interna metropolitana.

Estarão comigo todos os portugueses, os homens e as mulheres portuguesas, que desejam a manutenção da ordem pública e da paz social, para que a vida possa decorrer normalmente e o progresso se desenrole com segurança e sem prejuízos que a nossa pobreza e vulnerabilidade não nos permitiria suportar senão à custa de transtornos e sofrimentos incalculáveis.

Estarão comigo as portuguesas e os portugueses que se recusam a embarcar em aventuras e sabem que honestamente se procura fazer por eles e com eles tudo quanto é possível e pela melhor forma que é possível.

Para fazer aumentar as desconfianças dos *ultras* sobre as intenções de Marcello Caetano relativamente ao Ultramar, muito contribuíram os passos na direção do movimento de integração europeia, resultante da aproximação da Grã-Bretanha à CEE, que, em consequência, ditava o fim da EFTA, organização supranacional de que Portugal era membro fundador e que se circunscrevia à área económica, sem revestir quaisquer contornos políticos.

No dia 12 de março de 1970, por despacho ministerial conjunto da Presidência do Conselho e Ministérios das Finanças e dos Negócios Estrangeiros, é constituída uma comissão com as atribuições de «proceder ao estudo da situação presente e das possibilidades futuras no que respeita aos processos de participação do País nos movimentos que têm por objetivo a integração económica da Europa». Presidida pelo embaixador Rui Teixeira Guerra, tinha como vice-presidente o embaixador Calvet de Magalhães e integrava como vogais, entre outros, o Dr. José da Silva Lopes e o Eng.º João Cravinho[446]. No prazo de seis meses, a comissão elaborou um notável relatório, que, além da vertente económica, preconizada no despacho de constituição, não escamoteia a área política, logo a partir da introdução, na qual, depois de sumariado o percurso da Europa no sentido da unificação, se afirma: «[...] procurou-se analisar objetivamente a posição portuguesa, muito mais difícil e delicada, por um complexo de razões económicas e políticas, do que a posição de qualquer outro membro da EFTA, quer dos que pediram a adesão à CEE, quer dos que, querendo salvaguardar a sua neutralidade política, pretendem associar os seus destinos aos da Comunidade alargada, com a prévia certeza de que os mecanismos dessa Comunidade os obrigarão a renunciar ao livre exercício de direitos de soberania que reputam essenciais». Depois de acentuar as imensas dificuldades que advirão aos negociadores, decorrentes das deficiências da economia portuguesa, «ainda que se não considere o problema político de África», e de aceitar como boa a afirmação segundo a qual «em relação a Portugal não há que falar do "desafio americano", tão certo é que o "desafio" nos vem da própria Europa cuja área mais avançada, em termos de progresso material, exerce sobre os homens que abandonam as nossas cidades e aldeias uma força de atração a que é difícil resistir», alerta para o facto de já não ser possível «seguir rotineira-

MARCELLO CAETANO UMA BIOGRAFIA POLÍTICA

mente por antigos caminhos quando a aceleração da história, a que não podemos conservar-nos alheios, está mudando a face do mundo que se encontra para lá das nossas fronteiras»[447].

Como se afirmou, a comissão não deixou de analisar as circunstâncias e condicionalismos portugueses, entre os quais os políticos, que o autor destas linhas já deixou sumariados em estudo anterior[448]:

> Nas circunstâncias presentes é de todo inviável a adesão de Portugal à CEE, por várias razões, tanto de ordem comercial como política: i) O insuficiente grau de desenvolvimento do País não permitiria o cumprimento das obrigações decorrentes da qualidade de membro de pleno direito da Comunidade; ii) Por outro lado, as dificuldades de ordem política que um pedido de adesão de Portugal não deixaria de levantar, objetivamente definidas pela Comissão nestes termos: «Com efeito, são frequentes as declarações por entidades responsáveis da Comunidade no sentido de considerar a adoção de um regime político paralelo aos vigentes nos Estados membros condição não escrita da adesão, sendo por isso de prever que a este título surgissem fortes oposições à candidatura do nosso País, oposições que certamente não deixariam de invocar em seu benefício a circunstância de Portugal, para além de não ser membro do Conselho da Europa, se alhear deliberadamente de muitas das suas atividades para que tem sido convidado.» iii) Não obstante, nem isso significa que Portugal não deva procurar uma ligação tão estreita quanto possível à CEE nem que na apresentação da sua pretensão «se deva incluir uma declaração expressa da exclusão de uma adesão futura à Comunidade», iv) Atentas as circunstâncias e os condicionalismos de ordem interna e externa, parece à Comissão que «pode afirmar-se a viabilidade económica da associação como fórmula adequada para regular as relações de Portugal com a Comunidade», devendo porém contar-se, com o levantamento de dificuldades políticas.[449]

Salientem-se as conclusões do relatório em referência, que se prendem mais diretamente com a questão ultramarina:

> 5) Se o Governo concordar em que nos convém tentar obter a associação, haverá que decidir se nos limitaremos a tratar somente da situação da Metrópole, nos nossos contactos com Bruxelas, ou se deveremos, contrariamente ao que se fez nas negociações da EFTA, exigir que os territórios ultramarinos sejam incluídos nas conversações que vamos ter.

LIVRO SEGUNDO PRESIDENTE DO CONSELHO DE MINISTROS   647

6) Trata-se neste ponto de uma grande opção política que só do Governo depende. Mas a esta Comissão cumpre o dever de manifestar a sua opinião de que, na atual conjuntura, não se afigura viável um acordo com a Comunidade em que participem os territórios ultramarinos portugueses, podendo até acontecer que o simples facto de levantar desde já o problema, provoque reações suficientemente fortes para diminuir, de modo considerável, as já reduzidas probabilidades de êxito de uma negociação relativa à Metrópole. [...]

9) Acresce que o trabalho de análise a que se procedeu mostra que os prejuízos do Ultramar, pelo facto da sua exclusão de um eventual acordo, são muito inferiores aos prejuízos que à Metrópole causaria a situação de isolamento que acima se referiu. E não pode ignorar-se que um abalo sério na economia metropolitana teria a breve trecho desastrosas repercussões na situação dos nossos territórios situados em outros Continentes.[450]

Recorde-se, finalmente, que esta aproximação à Europa – inevitável, a todos os títulos –, dera aso ao já mencionado debate apaixonado na Assembleia Nacional[451], na primavera de 1970, tendo como protagonistas Pinto Leite, pelos liberais, e Franco Nogueira, o chefe de fila do setor integracionista, no qual o último afirmou, no dia 8 de abril:

É no momento em que a nossos olhos se começa a desintegrar o sonho inviável da integração europeia que alguns erigem a Europa em obsessão a que devemos confiar o nosso desenvolvimento, a nossa riqueza, o nosso futuro. [...]

[...] parece que alguns tecnocratas portugueses sucumbem ao sortilégio e são impressionáveis pelo fascínio do mito europeu.

Para esses poucos, como para outros de outros setores, ser europeu é ser moderno, é ser rasgado nos seus horizontes, é ver em grande e com largo alcance. Há que dizer tratar-se de uma atitude de simples snobismo político e intelectual. E há mesmo qualquer coisa mais grave: dir-se-ia que esses não sentem a Nação portuguesa na sua totalidade [...][452]

Entretanto, no dia 8 de março de 1971, a ARA leva a cabo um grande e espetacular atentado contra as instalações da Base Aérea n.º 3, de Tancos, que se salda pela inutilização de 16 helicópteros e 11 aviões militares.

Uma semana depois, alguns milhares de trabalhadores do comércio manifestam-se em S. Bento, exigindo o direito ao descanso semanal e a revisão do horário de trabalho, sendo violentamente dispersos pela polícia. Durante o mês, o movimento grevista, que se iniciara no princípio do ano no setor das pescas, acentua-se e estende-se ao industrial, com paralisações na Ford (Azambuja), Fapobol (Santo Tirso), Firestone (Alcochete) e Fábrica Barros (Cabo Ruivo, em Lisboa).

E, no último dia do mês, a Comissão Nacional de Socorro aos Presos Políticos (CNSPP) emite a circular n.º 9[453], na qual denuncia a «escalada de repressão» traduzida num «lamentável e perigoso agravamento das condições de atuação das polícias», que tem incidido, «no que respeita diretamente à DGS, principalmente sobre o meio estudantil, onde as prisões ascendem a dezenas, ministrando-se aos jovens um tratamento desumano» que, dado o facto de serem pessoas em plena juventude, afeta o «seu equilíbrio psicológico, vítimas de uma autêntica destruição moral»; noticia ainda a prisão de 27 estudantes em Coimbra e oito em Lisboa. A 14 de abril, esta comissão envia ao Presidente do Conselho uma exposição em que denuncia «a sistemática utilização da tortura pela polícia política [...] nos interrogatórios a que submete os presos arguidos de atividades "ditas subversivas"», denunciando a conivência com tais práticas não só dos Tribunais Plenários, como ainda do próprio representante do Ministério Público, que não tomam conhecimento das denúncias feitas nos julgamentos[454], pedindo-lhe uma tomada de posição: «A luz verde para a tortura na polícia, porém, manter-se-á, enquanto da parte de Vossa Excelência não houver uma tomada de posição firme e inequívoca no sentido de desautorizar completamente os métodos inquisitoriais de investigação que referimos.»[455]

Apesar de legalista, como sempre foi e se afirmava repetidamente, Marcello Caetano nunca desautorizou tais práticas, escamoteando-as através do refúgio por detrás das trincheiras dos textos legais, utilizando, como tática defensiva e justificativa, a sua insistente comparação com o que sucedia nos regimes totalitários e transformando a polícia política de agressor em vítima:

> A Direção Geral de Segurança – afirmava em 1972 a Alçada Batista – é um corpo de funcionários sujeitos à disciplina das leis a que está sujeito todo o cidadão, integrado num Ministério de cujo Ministro depende e perante o qual é responsável e cuja atuação deve ser exercida com exato cumprimento das normas estabelecidas.
>
> Comparar a sua atuação com a atuação das polícias políticas dos sistemas totalitários ou é um desconhecimento total das suas condições de atuação

LIVRO SEGUNDO PRESIDENTE DO CONSELHO DE MINISTROS   649

ou é uma tentativa de denegrir um serviço público que, no meio das maiores dificuldades e da maior incompreensão, procura atuar contra as organizações poderosíssimas do crime internacional e velar pela segurança das instituições políticas, imprescindíveis à normalidade da vida dos cidadãos.[456]

Em conclusão, escreverá mais tarde, já no exílio, as acusações à DGS eram uma campanha organizada, sobretudo pelo Partido Comunista, rematando:

> Não posso garantir que apesar de todos estes cuidados, se não tenha passado alguma coisa de menos correto no tratamento dos detidos. Mas também não sei se há alguma polícia no mundo que esteja isenta de pecado. É lastimável, mas é assim.[457]

Infelizmente para Marcello Caetano – que não para as gerações que lhe sucederam – a História não anda para trás e não se trava com argumentos jurídicos, nem com profundas convicções ideológicas pessoais, por muito respeitáveis que sejam. E a marcha dos tempos decorria em seu desfavor. As novas gerações não se reviam nos cânones políticos e ideológicos do período entre as duas guerras e a grande maioria dos mais novos, que constituía a massa crítica que fermentava nas Universidades portuguesas, ancorava o seu pensamento nos gritos, porventura ingénuos e líricos, mas marcantes – como rutura epistemológica com as mentalidades dos que os precediam –, de maio de 1968: «interdit d'enterdire», «prenons nos désirs pour la réalité», ou «la culture c'est l'inversion de la vie». Testemunha desse minuto zero, que foi a explosão de Paris, escreveu António José Saraiva:

> O surgimento da Juventude na história é o grande facto novo das sociedades industrializadas. Ora a Juventude tem a particularidade de ser a camada social menos integrada nos valores dominantes, e portanto a menos alienada. Ela está em condições, como nenhuma outra, de contestar aqueles valores e de, inclusivamente, ameaçar as instituições que as representam. Ela tem por seu lado o saber, a imaginação, o desprendimento, a disponibilidade, a força.[458]

Enquanto nas Universidades de Coimbra e de Lisboa se mantém a contestação, no dia 22 de abril tem início, em Brazaville, a Conferência Mundial da Juventude para a libertação das colónias portuguesas, curiosamente, poucos dias depois de Kaúlza de Arriaga ter afirmado na RTP, a 19 de março, que estava iminente a vitória definitiva das tropas portuguesas em Moçambique[459]. No entanto, contrariamente ao previsto pelo Comandante-chefe de Moçambique, a FRELIMO, apesar de afastada de algumas bases, acabará por refazer e incrementar a sua estratégia de guerrilha.

No dia 13 de maio de 1971, é nomeado Patriarca de Lisboa D. António Ribeiro[*], que desempenhava as funções de bispo-auxiliar do Cardeal Cerejeira. Ainda que o novo chefe da principal diocese do País mantivesse uma atitude moderada e discreta perante o poder civil, a sua nomeação, aos 43 anos, era mais uma pedrada no charco do conformismo que a Igreja portuguesa mantinha com o regime e mais um abalo numa das suas principais colunas de apoio, até porque o papa Paulo VI, segundo Dutra Faria, ter-lhe-ia recomendado que fomentasse em Portugal uma Igreja «aberta e atrativa»[460], ou seja, conforme ao espírito e à letra do Vaticano II. Vale aqui referir que, em 1967, Salazar vetara – no uso das prerrogativas previstas na Concordata –, a sua nomeação para substituir o então falecido D. Sebastião Soares de Resende, bispo da Beira, com quem o primeiro tivera um grave conflito, por o então padre António Ribeiro, no seu programa televisivo, se ter demarcado das posições do Governo[461].

---

[*] D. António Ribeiro (1928-1998), nasceu em Celorico de Basto. Concluídos os estudos no seminário, frequentou a Pontifícia Universidade Gregoriana (Roma), onde se doutorou em Teologia, e as Faculdades Teológicas de Innsbruck e Munique. Ordenado padre, em 1953, lecionou no seminário de Braga (1959-1964) e no Instituto Superior de Ciências Sociais e Políticas, onde regeu Filosofia Social, Filosofia Moral e Psicologia Social (1964-1966). Foi ainda docente e diretor do Instituto Superior de Cultura Católica, entre 1965 e 1966, ano em que foi nomeado Vigário-geral da arquidiocese de Braga, funções que desempenhou até ser nomeado bispo-auxiliar de Braga, a 3 de julho de 1967. Em junho de 1969 torna-se bispo-auxiliar de Lisboa, funções que acumulou com as de presidente da Comissão Episcopal dos Meios de Comunicação Social, e, finalmente, no dia 13 de maio de 1971, é nomeado Patriarca de Lisboa, em substituição de D. Manuel Gonçalves Cerejeira, tomando posse no dia 29 de junho. Promovido ao cardinalato por Paulo VI, no consistório de 5 de março de 1973. Entre 1959 e 1967 apresentara dois programas televisivos na RTP: «*Encruzilhadas da Vida*» e «*Dia do Senhor*», que o popularizaram.

3
«NEM COMUNISMO OPRESSOR, NEM LIBERALISMO SUICIDA!»

Neste momento, impõe-se um ponto da situação, para que, na voragem de um processo indesmentível de aceleração da história de Portugal, não se perca a perspetiva global, não só no que se refere ao biografado, mas também – o que é essencial – às suas circunstâncias.

No outono de 1971, Marcello Caetano conseguira tudo o que pensara como projeto político, tanto no que concerne às suas elites, como às reformas que considerara essenciais, e não importa agora repetir as respetivas limitações e equívocos: alargara o leque de cooptação das suas elites políticas; «modernizara» as velhas instituições, sobretudo ao nível da sua designação oficial; e – ato fundamental – padronizara a Constituição no que dizia respeito às províncias ultramarinas em termos que, teoricamente, abriam horizontes para soluções políticas a prazo.

Só que a sociedade portuguesa – e não apenas os círculos à volta do Poder – evoluíra numa escalada que galgara muitos degraus, tantos quantos os que separavam a menorização salazarista da prometida participação marcelista: o movimento sindical autonomizara-se e assumia um protagonismo intervencionista de todo desconhecido e inesperado; o movimento estudantil libertara-se da tutela do PCP, para, sem diminuir a combatividade, antes pelo contrário, se multiplicar numa miríade de organizações – todas se reivindicando de um marxismo-leninismo cuja pureza, cada uma delas, encontrava fora da União Soviética, rompendo assim com as linhas que tinham conduzido à crise de 1969.

As próprias instituições nucleares da sociedade portuguesa – as Forças Armadas e a Igreja – dão sinais de mudança.

Da segunda, além das descritas alterações ao nível da hierarquia de topo, deve destacar-se ainda o profundo fosso que começa a cavar-se entre ela e o Poder, sobretudo no Ultramar, onde os missionários estrangeiros, menos dependentes da disciplina da hierarquia e mais sintonizados com a liberdade, desenvolvem uma ação de consciencialização para o problema da dominação colonial, sobretudo em Moçambique, podendo mesmo dizer-se que se assumiram como arautos das críticas à administração portuguesa, tornando-se, por isso mesmo, num dos alvos preferenciais da DGS. De entre todos, e paradigmaticamente, destaca-se a Congregação dos Padres Brancos, cujos membros, no dia 25 de maio de 1971, recebem da polícia política ordem de expulsão daquele território, no prazo de 48 horas, um ato que mereceu o apoio da generalidade do episcopado de Moçambique, com exceção do bispo de Nampula, D. Manuel Vieira Pinto*, que se solidariza com os missionários expulsos[462].

E as Forças Armadas? Sobre elas, vale o testemunho autorizado de Santos Costa:

> Depois de 10 anos de luta, a tropa vai-se deteriorando, decaindo no seu moral e no seu potencial, dia a dia mais mal instruída e já muito ultrapassada pelo inimigo no que respeita a armamento e poder do seu material. Por outro lado o recrutamento cada vez mais precário e mal defendido introduz nela elementos perniciosos, defectistas e até traidores.[463]

O Presidente do Conselho parece manter-se disposto a conseguir «a impossível quadratura do círculo». A expressão é do seu filho Miguel:

> Mas Marcello Caetano estava preso a um difícil equilíbrio entre a evolução do problema africano e a evolução do regime político. E teve de escolher entre arriscar uma abertura mais rápida e menos controlada, que poderia trazer-lhe apoios para a procura de uma solução política para o regime e, por

---

* Nascido a 8 de dezembro de 1923, no concelho de Amarante, Manuel Vieira Pinto foi ordenado padre em 1949 na diocese do Porto. Alguns anos depois, é enviado a Roma para estudar o movimento «Por um mundo melhor», que introduziu em Portugal, durante o exílio do bispo do Porto, D. António Ferreira Gomes. Em abril de 1967 é nomeado bispo da diocese moçambicana de Nampula. A sua atitude de apoio aos Padres Brancos não agradou ao Governo. Mas foi em 1974 que se verificou a rutura definitiva. Em março de 1974, D. Manuel Vieira Pinto, deu a sua aprovação ao documento «Imperativo de Consciência», assinado pelos sacerdotes da sua diocese, no qual defendia uma «resposta corajosa aos problemas graves do povo moçambicano», no seguimento do qual é mandado apresentar em Lourenço Marques, sendo depois transferido pela DGS para a Namaacha, onde fica retido pela polícia, até ter sido obrigado pelo Governo a abandonar Moçambique, tendo, na circunstância, afirmado que o fazia contra sua vontade, tendo sido acolhido na casa de um seu amigo residente no Cartaxo, onde se manteve até ao dia 25 de Abril de 1974. É nomeado arcebispo de Nampula em 1984 e em 1992 é indicado Administrador Apostólico da Pemba, também em Moçambique, cargo de que resignou em 1998. Dois anos depois, pede a resignação do lugar de Arcebispo de Nampula.

arrastamento, para o problema africano, ou uma evolução mais controlada, apoiada em grupos políticos mais conservadores, negociando apoios na cena internacional que lhe assegurassem a necessária estabilidade para encontrar e aplicar as melhores soluções para a progressiva autonomia das «Províncias Ultramarinas».[464]

Em maio de 1971, Sá Carneiro reuniu em livro as suas intervenções na Assembleia Nacional, sob o título *Uma tentativa de participação política*[465], que oferece ao Chefe do Governo, o qual, na carta de agradecimento, lhe diz:

> Não sei bem por que a sua ação parlamentar há de ser considerada mera tentativa de participação. Tem participado na vida política na medida em que tem querido: participar, aliás, não é obter tudo quanto o participante propõe, mas apenas ter ensejo de intervir. [...]
>
> Hoje também o alargamento das liberdades é sobretudo reclamado pelos que pretendem o caminho desembaraçado para a marcha da revolução social que logo as suprime todas. Um liberal esclarecido dos nossos tempos tem que contar com esse facto. A liberdade precisa de ser defendida nos seus fundamentos para que não venha ela própria a constituir o instrumento da sua destruição.[466]

Marcello Caetano mantém-se rigorosamente ancorado nos mesmos princípios de sempre: a supressão da liberdade era feita em nome da própria liberdade. Por outro lado, reduz a participação política ao mero ato de intervir, independentemente dos resultados. Desenvolverá esse raciocínio, dois meses depois, na «conversa em família» de 23 de julho:

> Não tenham ilusões: em nenhum país, por mais democrático que seja, a iniciativa tomada por deputados, desde que não seja aceite pelo Governo, tem possibilidades de prevalecer sobre as propostas por este formuladas.
>
> Entre o Governo e o Parlamento tem de haver sempre colaboração em matéria legislativa: as leis, como disse, são feitas para o Governo executar e o Governo só pode executá-las como deve ser desde que as considere exequíveis dentro do seu plano ideológico e prático.
>
> O Parlamento então para que serve? Serve para debater a conveniência e a oportunidade da lei, para aperfeiçoar as suas disposições, para criar a consciência pública da necessidade ou utilidade delas.[467]

No meio de todas as pressões a que se vê sujeito, a deslocação de Marcello Caetano a Santo Tirso, em 15 de maio, para participar num almoço oferecido por um grupo de antigos alunos residentes a norte do Douro, deve ter sido um momento de refrigério, embora fugaz. Era um reencontro emocional com aquilo que mais amara – o magistério universitário: «Não sei como agradecer-lhes a ideia e a realização deste encontro. A gratidão está dentro de mim e é imensa.»[468] Por isso, não têm que lhe agradecer os trinta e cinco anos de atividade docente, mantida até 1968: «era o meu dever, era o meu prazer».

Uma semana depois, recebe a medalha de ouro da cidade de Portalegre, aproveitando a circunstância para reafirmar os princípios da sua política, uma política «que não é de pessoas nem de grupos nem de classes, partidos ou fações: mas que a todo o momento tem em conta os destinos, os anseios e os ideais da grande família nacional», que tem de se manter unida contra a «grande conjura formada internacionalmente contra nós», sendo em nome dessa unidade que apela «para todos os portugueses, pedindo-lhes que «façam o sacrifício das suas opiniões, das suas conveniências ou dos seus ressentimentos quando estejam em jogo os interesses supremos da Pátria»[469].

Um dos mais anacrónicos resquícios do Estado Novo, da sua fase mais fascizante, era a Legião Portuguesa (LP). Nascida em 1936[470], no *élan* da guerra civil espanhola, esta milícia concentrava a nata da extrema-direita portuguesa, contando-se entre os seus membros políticos como Jorge Botelho Moniz, João da Costa Leite (Lumbralles), Francisco Cazal-Ribeiro e Henrique Tenreiro, entre outros. Dado o seu perfil ultraconservador, era inevitável que a política ultramarina definida por Marcello Caetano estivesse na primeira linha de combate dos membros da organização. No dia 28 de maio de 1971, a Legião promoveu no Pavilhão dos Desportos do Porto, dentro do âmbito das comemorações do «28 de maio», um jantar em que aquela é publicamente criticada. Depois do repasto e das veementes críticas ao Presidente do Conselho, os legionários organizaram uma manifestação contra o bispo do Porto, o regressado D. António Ferreira Gomes, durante a qual foram detidos vários elementos.

Esta atitude «de oposição às reformas projetadas», reconhece Marcello Caetano[471], dava-lhe «pretexto para a extinguir», mas, aconselhado por várias pessoas de que «um organismo de Defesa Civil continuava a ser necessário», ladeia o problema, chamando a si as comemorações, com a ida a Braga para assistir à parada, discursar na sessão solene comemorativas e com o envio de uma «Mensagem à Legião Portuguesa», destinada a ser lida em todas as concentrações da organização[472], na qual afirma que esta «continua a ter como razão de existir e defesa civil do território», devendo «enquadrar os cidadãos capazes de se sacrificarem na vigilância interna contra os atentados que possam pôr em perigo a ordem pública, a paz social, a integridade da Nação, a autoridade do Estado e o prestígio da Pátria».

No dia 8 de dezembro de 1956, Salazar, no contexto da repressão soviética contra as tentativas de liberalização na Hungria, justificara a Legião Portuguesa, que então comemorava o vigésimo aniversário, no quadro da defesa da civilização ocidental, na sua versão portuguesa: «a independência da nossa terra, a inviolabilidade dos nossos lares, a paz no trabalho, a segurança da vida, a liberdade de crer»[473]. Cerca de quinze anos depois, é a política interna que domina, sobretudo os novos rumos quanto à questão ultramarina, precisamente aquela que opõe os legionários ao Chefe do Governo, que, invadindo as trincheiras dos primeiros, os desafia para o secundarem na luta:

> Precisamos de manter inabalável fortaleza de ânimo. Cabe aos legionários não deixar nunca à sua volta alastrar o desânimo e muito menos proliferar a traição. O Governo serve lealmente os interesses nacionais: também as críticas malévolas à política ultramarina do Governo, as suspeitas sobre as suas intenções, as insinuações sobre o seu desejo de encontrar o melhor caminho para a vida da Nação, são modos de minar a confiança, a resolução e a unidade mais do que nunca necessárias aos Portugueses.

O discurso de fundo estava reservado para a sessão solene comemorativa da data.

A curta oração política de Marcello Caetano, intitulada «Caminho de unidade, de dignidade e de progresso»[474], divide-se em duas partes, e nenhuma delas traz nada de original ou acrescenta algo de novo. Na primeira, é feita uma breve súmula de tudo o que já afirmara, nos muitos discursos pronunciados nesta mesma data e noutros momentos, ao longo de toda a sua carreira de político, sobre as origens e as finalidades do 28 de maio.

Referindo-se à «sabedoria da Constituição de 1933», defende a sua manutenção, num quadro de estabilidade e continuidade do regime:

A Constituição portuguesa de 1933 foi elaborada com a preocupação de evitar os erros revelados pela experiência do parlamentarismo português e de permitir o funcionamento normal das instituições políticas.

Seria imprudência, e imprudência grave, pormos de lado o que há de substancial nessa Constituição e criarmos o risco de retroceder a um regime que não possa garantir a estabilidade e a continuidade governativas.

A independência do Governo em relação aos votos da Assembleia Nacional, a possibilidade de legislar por decretos-leis, a responsabilidade política do Presidente do Conselho perante o Chefe do Estado, são elementos fundamentais da ordem constitucional vigente.

Sobre as Forças Armadas, salienta a ação de Salazar, que as reconduzira «ao papel que lhes pertence de escudo defensivo da Nação», e salienta os seus limites puramente militares:

> Salazar criou um exército [...] sobretudo na medida em que restaurou a disciplina abalada, a disciplina sem a qual não existem nem a estrutura nem o espírito militares, separando nitidamente o que é do foro da política – a cargo dos órgãos da soberania – e o que pertence às Forças Armadas, que no silêncio e na obediência encontram a grandeza da sua nobre missão de servir.

A segunda parte do discurso centra-se no momento político, tendo como fundo o inevitável e repetitivo cenário das guerras ultramarinas, que lhe justifica a afirmação de que «não é esta a hora de enfraquecer a autoridade do Estado». Quando se refere à paz, «que todos desejamos», expressa-se em termos vagos e defende-a num quadro de «dignidade», o qual exclui quaisquer «renúncias» ou «capitulações desonrosas», declarando estar disposto a aceitar «Conselhos serenos e desinteressados, opiniões seriamente refletidas e corretamente expressas, debates com o propósito honesto de encontrar as melhores soluções e esclarecer sobre elas os governantes».

Curioso é um parágrafo em que apela à unidade, no qual afirma: «importa que, como até aqui, o povo português se mostre unido ao redor dos *dirigentes por ele escolhidos*»[475].

A quem se refere o Presidente do Conselho, quando fala de dirigentes escolhidos pelo Povo? Ao Presidente da República, eleito por um colégio restrito e moldado à margem, não apenas da generalidade dos cidadãos, mas até dos poucos inscritos nos limitados cadernos eleitorais?

Ao Governo, que não responde senão perante o primeiro, cuja legitimidade democrática claudica em razão do respetivo sistema eleitoral? Aos dirigentes autárquicos e governadores civis, que são discricionariamente designados pelo Governo? Aos próprios deputados, eleitos segundo o sistema de listas fechadas, patrocinadas pelo partido único do Governo?

Quem, desconhecendo a realidade política portuguesa de então, lesse esta frase, seria conduzido a pensar num sistema minimamente representativo, o que não acontece, nem Marcello Caetano está disposto a permitir que venha a acontecer, como explicitamente afirma no final do discurso – segundo uma visão redutora e simplista da história –, que não é senão uma afirmação da continuidade do sistema político, nos precisos termos em que ele começara a ser definido quarenta e cinco anos antes.

> Não. Recusamo-nos a voltar ao estado de «apagada e vil tristeza» de antes do 28 de maio de 1926. Recusamo-nos a reincidir nos vícios que tanto comprometeram a vida nacional, a marcha do progresso interno e a reputação do País no concerto das nações.
>
> Recusamo-nos, deveremos firme e decididamente recusar-nos, a regressar a tempos calamitosos em que a vida pública se alimentava de despeitos, ressentimentos e ambições pessoais e em que na política se sobrepunha o prazer das intrigas, das vinganças e das retaliações entre os homens à consideração dos interesses nacionais.
>
> Esta é a lição do 28 de maio: há quarenta e cinco anos o País viu-se numa encruzilhada da sua história e, tendo por expoente as Forças Armadas, soube resolutamente erguer-se acima das mesquinharias que o aviltavam para escolher um caminho de unidade, de dignidade e de progresso.

Quem apreciou o discurso, foi Pedro Theotónio Pereira, sempre nostálgico dos tempos da década de 1930, que lhe escreve dois dias depois, sublinhando, precisamente, o regresso às origens:

> O que disse ao país [...] foi no mesmo tom das comemorações dos primeiros anos. Apesar de sermos cada vez menos os veteranos do 28 de maio, o espírito perdura sempre o mesmo. [...]
>
> A base do discurso foi a mesma mas a sua aplicação ao tempo presente e às suas dificuldades, corresponde corajosamente ao que nos preocupa e não pode haver melhor remédio que o vulto jovem e a palavra franca e ardente dum primeiro ministro como você.[476]

658 MARCELLO CAETANO UMA BIOGRAFIA POLÍTICA

Neste mesmo dia, o ministro dos Negócios Estrangeiros, Rui Patrício, dá uma conferência de imprensa na qual anuncia a retirada de Portugal da UNESCO, a agência das Nações Unidas para a educação, justificada, no imediato, pela aprovação, no Conselho Executivo da organização, de uma resolução que permitia atribuir fundos a movimentos terroristas antiportugueses, com pretexto de auxílio à educação em pretensas «áreas libertadas»[477]. Mas a degradação das relações já vinha de muito antes e, numa primeira reação, o Governo português suspendera, meses antes, a contribuição financeira para aquela agência.

Já no período de perguntas e respostas, interrogado sobre as futuras relações com o Mercado Comum e se estas interfeririam com o processo de integração económica nacional, Rui Patrício afirmou que «seriam consideradas todas as parcelas do território nacional», regime que teria de ser acolhido por aquele, e que, nas negociações, Portugal pretendiam ir além de «um simples acordo comercial». Neste aspeto, as expectativas do ministro dos Negócios Estrangeiros eram demasiado altas, porque, nos acordos de 1972, nem o Ultramar foi considerado, e a aproximação conseguida, foi a mínima possível, precisamente o acordo comercial[*].

Ainda ao nível das relações externas, Marcello Caetano, em declarações ao presidente da United Press International, publicadas pelo *The Guardian*, a 31 de março, levantara a questão da base americana das Lajes, nos Açores, tentando pressionar os Estados Unidos – que as consideraram um ultimato – no sentido de uma ajuda efetiva a Portugal, sobretudo através do levantamento do embargo das armas:

> A coisa mais extraordinária – disse Marcello Caetano – é que não existe nenhum acordo com os Estados Unidos sobre a base dos Açores. O acordo original não foi renovado. Esta situação de facto, em minha opinião, não pode continuar. Ou o acordo é renovado, ou a Base das Lajes tornar-se-á pura e simplesmente uma base da NATO, cujo uso será limitado aos objetivos da Aliança e nada mais. Nesta matéria não estamos dispostos a transigir.[478]

O Governo de Lisboa apostava no «tudo por tudo»: afrontava o Vaticano, com a expulsão dos Padres Brancos; procurava aproximar-se da Europa da CEE, por motivos exclusivamente económicos, que não políti-

---

[*] As negociações exploratórias para preparar a aproximação de Portugal aos países da CEE tinham-se iniciado em fevereiro, com uma primeira visita de Rui Patrício a Paris com essa expressa finalidade, seguindo-se uma segunda reunião a 31 de março, agora ao nível de comissões designadas para o efeito.

cos; e ameaçava os Americanos, que consideraram as palavras de Marcello Caetano uma bravata sem consequências: «Na verdade, nem o Presidente Nixon mostrou qualquer pressa em retomar as negociações dos Açores, nem o ultimato português foi tomado "a sério". Afinal de contas, os Estados Unidos eram das raras almofadas que separavam Portugal da absoluta solidão na cena mundial e, por outro lado, não se vislumbrava em Washington como poderia recorrer Caetano à coação.»[479]

Nos dias 3 e 4 de junho, o Governo português consegue uma pequena vitória diplomática, materializada pela realização, em Lisboa, da Conferência Ministerial da Aliança Atlântica (NATO), inaugurada na sala das sessões da Assembleia Nacional por Marcello Caetano, que, num breve discurso[480], salientou a unidade da organização: «sendo países tão diversos entre si, na índole das populações, na posição geográfica, nos interesses económicos, nas constituições políticas, conseguem entretanto cooperar estreita e lealmente no prosseguimento de objetivos comuns»; afirmou ainda que «nunca será demais insistir na necessidade de continuar a manter eficazmente o nosso sistema de segurança como condição prévia para a manutenção do diálogo entra as nações da NATO e o bloco comunista».

Ao contrário do que fizera dois anos antes – por ocasião da reunião do Conselho do Tratado do Atlântico, realizada, também em Lisboa, a 16 de outubro de 1968, menos de um mês depois de ter assumido a presidência do Governo –, chamando à colação a necessidade do «reforço da solidariedade ocidental», que não devia ser entendida «nos termos restritos atuais, mas em termos mais amplos de forma a assegurar uma real em toda a parte e em tudo o que é Ocidente», ou seja, defendendo a sua abrangência aos territórios ultramarinos portugueses, desta vez, tanto Marcello Caetano como a delegação portuguesa abstiveram-se de introduzir a questão, sendo que o Presidente do Conselho, no brinde do jantar oferecido aos ministros, afirmou: «importa que não acentuemos as divergências secundárias naturalmente existentes onde quer que se reúnam homens com índoles e passados diferentes»[481]. Segundo o *Diário de Lisboa*,

> Embora não tenha sido alterada a posição do Governo português em relação ao alargamento da área de jurisdição da NATO, o ministro dos Negócios Estrangeiros, dr. Rui Patrício, não a apresentou expressamente no seu discurso de ontem, por se pensar que tal posição não seria bem recebida, sobretudo pelos países nórdicos – informou, esta manhã um porta-voz da delegação portuguesa. [...]

A unidade da Aliança poderia ficar ameaçada caso o Governo português voltasse a colocar o problema do alargamento da Aliança ao Atlântico Sul – deixou entender o nosso interlocutor.

Segundo ele, aqueles dois países [Dinamarca e Noruega], mais pela pressão da opinião pública do que pela vontade do seu Governo, sentem-se incomodados dentro da Aliança e qualquer medida menos pensada poderia provocar a sua saída.[482]

Com efeito, logo no primeiro dia dos trabalhos, segundo um telegrama da France Press, o ministro norueguês dos Negócios Estrangeiros

[...] disse, logo na entrada, que era obrigado a intervir por causa duma resolução do Parlamento norueguês e afirmou que a política «colonial» portuguesa está em contradição com os princípios da Carta das Nações Unidas. Além disso, prejudica a NATO, tanto entre a opinião pública dos países membros como dos países em vias de desenvolvimento. Para estes, a NATO, identifica-se cada vez mais com a política colonial portuguesa.[483]

Segundo a Reuter, a escolha de Lisboa para a reunião, foi também criticada pela comissão de descolonização da ONU, reunida em sessão especial realizada no dia 2, na qual foi aprovada uma moção, em que se firma que este facto, «não pode senão dar encorajamento político e moral a Portugal para prosseguir com a sua política colonial»[484]

Internamente, o evento foi contestado através de uma ação da ARA (reivindicada no dia 19), que fez deflagrar uma violenta carga explosiva que danificou o moderno sistema de comunicações radiotelegráficas de Lisboa, sendo cortados os cabos telefónicos locais e interurbanos, do que resultou a interrupção total das comunicações durante seis horas.

Enquanto a política ultramarina portuguesa é atacada na retaguarda, na frente de combate da Guiné, o PAIGC, com o apoio internacional revigorado pelo frustrado golpe de Conakri, utiliza, pela primeira vez, foguetões de 122 mm, de fabrico soviético, atacando as suas duas principais cidades: Bissau, a capital, a 9 de junho, e Bafatá, no dia seguinte. Era um passo significativo na escalada da guerra por parte dos rebeldes da Guiné.

É neste quadro de acentuação das dificuldades da frente militar, na Guiné, e de condenação sistemática nas instâncias internacionais, conjugadas com os problemas internos, em que avulta o terrorismo urbano, que Marcello Caetano vem, uma vez mais, à televisão para uma «conversa em família», transmitida no dia 15 de junho[485], que é um apelo à resistência e à coragem dos portugueses para enfrentarem as dificuldades, tomando como ponto de partida a obra realizada ou em curso: a reforma do sistema educativo; a criação dos centros de saúde, do projeto de generalização das campanhas de medicina de massas, e do aperfeiçoamento da previdência social; o fomento da habitação, através do Fundo de Fomento da Habitação; a expansão da Lisnave, pela inauguração, a curto prazo, da maior doca seca do mundo e o projeto de um estaleiro de construção naval em Setúbal; a implantação, em Sines, da refinaria e complementar complexo petroquímico; a expansão da rede de autoestradas; e, finalmente, a ampliação da Siderurgia Nacional.

Perante tudo isto,

> Não há, pois, lugar para derrotismos. Nem cabe tolerância para terrorismos. [...]
> Deixemos para trás as aves agoirentas e não demos ouvidos aos falsos profetas. Estamos numa hora crucial da vida coletiva: e hoje, como em todos os tempos, a vitória pertencerá aos que souberem o que querem e souberem querer. A fé e a vontade operam milagres. Eu creio e espero no povo português.

Já atrás foi dito e repetido que a controvérsia generalizada resultante dos projetos governamentais submetidos à aprovação das câmaras consultiva e legislativa do regime, deixou Marcello Caetano praticamente isolado e que, em consequência disso, ele se refugiou junto dos seus apoiantes – a ANP –, ou seja, da organização política que procurara recuperar da sua antecedente salazarista – a UN –, que acusava de ser inoperante e amorfa. Contrariamente ao que estaria nas suas perspetivas, o resultado não foi significativamente melhor.

Por outro lado, e como reação, o seu pensamento político comprime-se cada vez mais.

Enfrentando as hostes liberais, cada vez mais agressivas e exigentes, politicamente, tudo reduz a uma luta contra o comunismo, do qual o liberalismo não seria senão a antecâmara. É esse o tema do discurso que proferiu perante as Comissões Locais da ANP, em junho de 1971, que intitulou «Nem comunismo opressor, nem liberalismo suicida!»[486]. Reeditando toda a argumentação por si expendida ao longo de cinquenta anos, afirma que, em Portugal, tanto os socialistas como os liberais – no fundo, as alternativas viáveis ao seu projeto – apenas franqueavam as portas ao comunismo. Os primeiros, por necessidade, já que, num País em que o Estado corporativo assumira uma larga intervenção na economia e deu «todo o relevo aos interesses sociais», não lhes restava «senão a apropriação dos meios de produção, isto é, a socialização das terras, das fábricas e do comércio»; os segundos, por pura ingenuidade, porque, em nome da liberdade que proclamam, asseguram aos seus inimigos «facilidades de doutrinação e de ação preciosas para a destruição da própria liberdade», pelo que o ideal dos setores liberais não passa de uma «liberdade suicida»:

> E mal vão os países que sacrificam ao mito da liberdade acima de tudo e ao prevalecimento da consciência e da opinião de cada um sobre a razão coletiva a sua segurança interna e externa: por muito poderosos que sejam, espreita-os a decadência, senão a revolução e a ruína.

A única via certa é o caminho traçado pela ANP, para o qual não admite qualquer alternativa:

> Defendemos as liberdades essenciais da pessoa humana, mas, para que elas não sejam sacrificadas algum dia, para que não se ponha em risco a independência e a integridade da Nação Portuguesa, para que não venha a ser comprometido pela desordem o direito à vida e à integridade física e moral de cada um, para que desapareçam a família e a liberdade religiosa, para que não fiquem os homens dependentes nas suas ações quotidianas e até na alimentação, no alojamento, no vestuário, do despotismo de uma burocracia omnipotente, para que possa sobreviver o espírito criador dos indivíduos, na economia como nos domínios do espírito, essa defesa não pode ser só retórica, tem de ser uma defesa ativa que embargue passo aos que clamam hoje por liberdade para amanhã nos conduzirem à opressão!
>
> Se queremos opor uma barreira eficaz ao comunismo, não podemos abrir-lhe o caminho [...]
>
> Nós defendemos, porém, um património sagrado: o da Pátria. É na nossa Pátria, é dentro dos quadros naturais da Nação, que havemos de encontrar as soluções justas para os problemas inevitáveis das sociedades dos nossos dias.

O verão de 1971 foi ocupado pela discussão e aprovação pela Assembleia Nacional, reunida extraordinariamente para o efeito, das leis de revisão constitucional, liberdade de imprensa e liberdade religiosa, que o Presidente do Conselho considerava estruturantes do seu projeto político. Se a última foi aprovada de modo consensual, já as duas primeiras desencadearam um intenso e apaixonado debate, que separou, de uma vez por todas, as águas da política interna, e clarificou, definitivamente, as diferenças essenciais entre o marcelismo de 1968-1974, que assentava na continuidade praticamente intocada do Estado Novo da Constituição de 1933, e o marcelismo de 1951-1968 que muitos, se não mesmo a maior parte dos seus apoiantes ativos e parceiros de jornada, tinham julgado ser a base do primeiro.

No fim do seu terceiro ano de governo, em matéria de reformas, Marcello Caetano tinha concluída a revisão da constituição, constante da Lei 3/71, de 16 de agosto, e definira os termos da liberdade religiosa, vertidos nas bases da Lei nº 4/71, de 21 de agosto; o novo estatuto da imprensa constará da Lei nº 5/71, que só será promulgada a 5 de novembro.

De todas, a mais importante e estruturante de todo o sistema político, condicionando todas as outras, é a revisão da Constituição. Segundo o texto de 1971, a Constituição Portuguesa mantém, no essencial, todos os princípios políticos definidos em 1933, mesmo nos artigos que sofreram alterações de pormenor, como facilmente se depreende da comparação do texto atual com o anterior, tomando por base o artigo 5.º.

Segundo o texto em vigor antes da revisão,

> O Estado Português é uma República unitária e corporativa, baseada na igualdade dos cidadãos perante a lei, no livre acesso de todas as classes aos benefícios da civilização e na interferência de todos os elementos estruturais da Nação na vida administrativa e na feitura das leis.

De acordo com a Constituição revista em 1971:

> O Estado Português é unitário, podendo compreender regiões autónomas com organização político-administrativa adequada à sua situação geográfica e às condições do respetivo meio social.
>
> § 1.º A forma de regime é a República Corporativa, baseada na igualdade dos cidadãos perante a lei, no livre acesso de todos os Portugueses aos benefícios da civilização e na participação dos elementos estruturais da Nação na política e na administração geral e local.

No que se refere ao controverso estatuto das províncias ultramarinas, constante do Título VII, destacam-se o artigo 133.º, segundo o qual «Os territórios da Nação Portuguesa situados fora da Europa constituem províncias ultramarinas, as quais terão estatutos próprios como regiões autónomas, podendo ser designadas por Estados, de acordo com a tradição nacional, quando o progresso do seu meio social e a complexidade da sua administração justifiquem essa qualificação honorífica.»

Depois de, no artigo 135.º, definir os limites da autonomia*, o artigo 136.º salienta que «o exercício da autonomia das províncias ultramarinas não afetará a unidade da Nação, a solidariedade entre todas as parcelas do território português, nem a integridade da soberania do Estado.»**

No que se refere aos direitos, liberdades e garantias dos cidadãos, descritos no artigo 8.º, destacam-se a «liberdade e inviolabilidade de crenças», «a liberdade de expressão do pensamento sob qualquer forma», e a

---

* Art. 135.º A autonomia das províncias ultramarinas compreende: *a)* O direito de possuir órgãos eletivos de governo próprio; *b)* O direito de legislar, através de órgãos próprios, com respeito das normas constitucionais e das emanadas dos órgãos de soberania, sobre todas as matérias que interessem exclusivamente à respetiva província e não estejam reservadas pela Constituição ou pela lei a que se refere a alínea *m)* do artigo 93.º à competência daqueles últimos órgãos; *c)* O direito de assegurar, através dos órgãos de governo próprio, a execução das leis e a administração interna; *d)* O direito de dispor das suas receitas e de as afetar às despesas públicas, de acordo com a autorização votada pelos órgãos próprios de representação e os princípios consignados nos artigos 63.º e 66.º; *e)* O direito de possuir e dispor do seu património e de celebrar os atos e contratos em que tenham interesse; *f)* O direito de possuir regime económico adequado às necessidades do seu desenvolvimento e do bem-estar da sua população; *g)* O direito de recusar a entrada no seu território a nacionais ou estrangeiros por motivos de interesse público e de ordenar a respetiva expulsão, de acordo com as leis, quando da sua presença resultarem graves inconvenientes de ordem interna ou internacional, salvo o recurso para o Governo.

** Para esse efeito, compete aos órgãos da soberania da República: *a)* Representar, interna e internacionalmente, toda a Nação, não podendo as províncias manter relações diplomáticas ou consulares com países estrangeiros, nem celebrar, separadamente, acordos ou convenções com esses países ou neles contrair empréstimos; *b)* Estabelecer os estatutos das províncias ultramarinas, legislar sobre as matérias de interesse comum ou de interesse superior do Estado, conforme for especificado na lei a que se refere a alínea *m)* do artigo 93.º, revogar ou anular os diplomas locais que contrariem tais interesses ou ofendam as normas constitucionais e as provenientes dos órgãos de soberania; *c)* Designar o governador de cada província, como representante do Governo e chefe dos órgãos executivos locais; *d)* Assegurar a defesa nacional; *e)* Superintender na administração das províncias, de harmonia com os interesses superiores do Estado; *f)* Fiscalizar a sua gestão financeira, prestando-lhes a assistência indispensável, mediante as garantias adequadas, e proporcionando-lhes as operações de crédito que forem convenientes; *g)* Assegurar a integração da economia de cada província na economia geral da Nação; *h)* Proteger, quando necessário, as populações contra as ameaças à sua segurança e bem-estar que não possam ser remediadas pelos meios locais; *i)* Zelar pelo respeito dos direitos individuais, nos termos da Constituição, dos valores culturais das populações e dos seus usos e costumes não incompatíveis com a moral e o direito público português.

LIVRO SEGUNDO PRESIDENTE DO CONSELHO DE MINISTROS   665

«liberdade de reunião e associação», termos que, na sua quase totalidade, são uma transcrição exata do texto anterior, do qual transcreve, *ipsis verbis*, o parágrafo 2.º:

> Leis especiais regularão o exercício da liberdade de expressão de pensamento, de ensino, de reunião e de associação e da liberdade religiosa, devendo, quanto à primeira, impedir, preventivamente ou repressivamente, a perversão da opinião pública na sua função de força social e salvaguardar a integridade moral dos cidadãos [...]

Ou seja, na pureza dos princípios, literalmente assumidos, o texto da Constituição, como também já foi afirmado por muitos autores, poderia muito bem servir de base a um regime sem as características autoritárias do Estado Novo. Mas, como escreveu Adriano Moreira, este era um regime «semântico e sem autenticidade», mais preocupado com a imagem do que com a realidade do sistema político, no qual o próprio texto fundamental era «uma coleção de palavras destinadas a compor uma imagem, mas com escassa ligação com a realidade»[487].

Não obstante a sua exiguidade, as reformas, eram demasiadas para a direita e insuficientes – uma mão cheia de nada – para o núcleo moderno da sociedade portuguesa, representado pelos setores liberais e reformistas.

No dia 27 de setembro, cumpriu-se o terceiro aniversário da posse de Marcello Caetano e do seu primeiro governo, dando origem a várias manifestações, entre as quais a imposição pelo Chefe do Estado da Grã-cruz da Ordem da Torre e Espada com que este, excecionalmente, o agraciara. A tradição era a condecoração com a Ordem de Cristo, ao fim de três anos de mandato. Mas o Chefe do Estado, ao atribuir – tal como Carmona fizera em relação Salazar – a mais alta condecoração do Estado a Marcello Caetano, pratica um ato de grande significado político, bem ao arrepio da avaliação do seu desempenho, enquanto Presidente do Conselho, que deixaria nas suas «memórias».

Na cerimónia da imposição das insígnias, Américo Tomás pronunciou um discurso que extravasava muito para além das circunstâncias protocolares, o que foi estranhado por muitas pessoas, «às quais não agradaram determinadas passagens dele [...], possivelmente por não terem entendido o objetivo do que foi dito ou por acharem inconveniente o fortalecimento da posição do doutor Marcello, na chefia do Governo»[488].

MARCELLO CAETANO UMA BIOGRAFIA POLÍTICA

Depois de historiar o contexto de crise e as dificuldades de escolha em que ocorrera a substituição de Salazar, o Chefe do Estado afirmou:

> Os três anos já passados têm posto em evidência o acerto da solução que ponderadamente busquei, através de grande número de consultas e libertando-me de todas e quaisquer influências. [...]
>
> Chegaram até mim muitas interrogações e tantas e tão insistentes elas foram, que cheguei também a interrogar-me. Mas fiquei imediatamente, quando à interrogação opus outra, concludente: porque havia de mudar uma orientação basilar e certa se a um Português digno de maiúscula, se seguia outro Português, também digno de maiúscula, no governo de Portugal? Na verdade, tal pergunta continha, em si mesma, a única resposta de que era suscetível. [...]
>
> Há três anos assumiu as funções de presidente do Conselho de Ministros o doutor Marcello Caetano. Sem descanso que valha, com evidente prejuízo da sua saúde e com a espantosa produtividade que lhe é peculiar – apesar do mar em que tem navegado, se ter mostrado por vezes pouco propício a singraduras fáceis – vem ele constituindo um exemplo constante de dedicação, sem limites, ao País e ao seu Povo. O Chefe do Estado que, em hora de decisão oportuna e certa o escolheu, sente o dever de não deixar tão notáveis méritos sem o bem merecido reconhecimento. Todos os presidentes do Conselho, após o 28 de maio de 1926 [...], foram agraciados [...]. Injustiça chocante seria uma exceção à regra seguida. Até por essa razão, mas sobretudo por todas as restantes que impõem a resolução do chefe do Estado [...] é que eu, com natural júbilo, cônscio de praticar um ato de incontestável retidão e bem exprimir o sentido agradecimento do Povo Português, concedo a alta distinção que a grã-cruz da Ordem Militar da Torre e Espada constitui, ao doutor Marcello Caetano, presidente do Conselho de Ministros.[489]

Vindo do homem que, tudo o indicava, congregava ao seu redor as hostes que criticavam asperamente e combatiam Marcello Caetano, não há dúvida que este elogio era inesperado. E, simultaneamente, podia ser entendido pelo agraciado como uma vitória sobre os seus detratores, já que, fossem quais fossem as divergências, Américo Tomás não tinha podido deixar de reconhecer o seu trabalho. Um trabalho de que resultara «um surto de progresso nacional mais saliente»[490]. De entre as justificações apresentadas pelo Chefe do Estado, ressalta uma que ele reputa de «decisiva» e que para o biógrafo permanece como um enigma, já que, depois da avaliação positiva ao trabalho de Marcello Caetano, invoca o facto de estar no fim do mandato para o não substituir nas funções. À letra:

> Mas acrescia, ainda, a circunstância, decisiva, do chefe do Estado estar a menos de um ano do termo do seu segundo mandato e não ter qualquer justificação, em tal situação, uma mudança na chefia do Governo.[491]

É bem provável que, por detrás de toda esta «encenação», estivesse um «investimento político» relativamente ao futuro próximo: o desejo de Américo Tomás de ser reeleito para um novo mandato presidencial, para o que era fundamental e absolutamente necessária a aceitação da recandidatura pela Ação Nacional Popular, a cuja Comissão Central presidia Marcello Caetano.

O agraciado agradeceu a grã-cruz num um curto improviso[492], no qual salientou a «compreensão e o apoio do Chefe do Estado em todas as ocasiões», referindo também às qualidades deste: «Com invulgar capacidade de decisão, não hesita em usar dela quando as necessidades o exigem e sabe depois manter as resoluções tomadas contra ventos e marés.»

Entretanto, pela manhã, o Presidente do Conselho recebera os principais dirigentes da ANP, que lhe foram apresentar cumprimentos pela efeméride. Ou seja, Marcello Caetano não é felicitado por chefiar o governo do País, mas como chefe do partido único – o seu partido –, um partido que, por muito que tentasse e quisesse, não representava senão uma infinitésima parte de uma Nação, que se dizia ir do Minho a Timor. Tratou-se de uma cerimónia quase discreta, em que, longe dos banhos de multidão, se viu rodeado de poucas dezenas de pessoas – os membros das Comissões Central, Executiva, de Província e de Distrito da ANP. Ou seja, resguardava-se, permanecendo circunscrito ao círculo fechado dos seus fiéis. Falava-se para dentro do partido e não para o exterior, mantinha-se a reserva: a abrangência pertencia já a outros tempos, que, embora recentes, pareciam definitivamente afastados.

E foi também para dentro que falou o presidente da Comissão Executiva, o conservador Cotta Dias:

> Há duas coisas [...] em que entendemos devermos ser, mais do que intolerantes, rispidamente implacáveis.
>
> Uma delas – a mais importante das duas – combater sem tréguas, nem quartel, tudo quanto se oponha aos interesses essenciais da Pátria, única verdadeira e definitiva regra política da ANP e julgamo-la nós de qualquer cidadão que se pretenda de boa-fé.

MARCELLO CAETANO UMA BIOGRAFIA POLÍTICA

A segunda mais virada para a disciplina interna da Organização, é a de não consentirmos nunca, a nós próprios, nem inércias nem comodismos, nem tibiezas, nem desfalecimentos no trilhar do caminho reto que V.ª Ex.ª nos apontou e que já a nossa consciência de si mesma nos impunha.[493]

A resposta de Marcello Caetano é curta. Sob o título «Não estamos em tempos fáceis»[494], o presidente da Comissão Central, que afirma falar também como chefe do Governo, faz um breve balanço da obra realizada, no já habitual quadro da subversão interna e externa, designadamente a guerra, salientando ter-se procurado a «conciliação do esforço de defesa com o esforço de fomento», e a «inconveniência do excesso de reivindicações», trazendo à colação um dado novo: a falta de recursos humanos, tornados escassos pela emigração e pela mobilização, «e sem os quais não vale a pena dispor de dinheiro»: «As pessoas são a grande riqueza de uma pátria, e sem gente suficiente a capaz não há progresso possível.»

Marcello Caetano tocava num ponto essencial, que condicionava as opções políticas, sobretudo no que se referia à manutenção das lutas em África: as limitações decorrentes da escassez da população, sobretudo de pessoas em idade e condições de ser mobilizadas. Uma circunstância que não podia ser controlada pelo Poder, qualquer que ele fosse, e que, no caso de Portugal, se traduzia no facto de o censo de 1970 ter apresentado um decréscimo populacional de cerca de 280 mil habitantes, ou seja, menos 3,1 por cento, relativamente ao de 1960, sendo que a quase totalidade destes pertence ao escalão etário 15-65 anos, cuja taxa negativa é ainda mais elevada, atingindo a percentagem de 4,7 por cento[495].

Apesar de se dizer otimista, não oculta, porém, a existência de «grandes dificuldades a vencer, que continuaremos a tê-las por muito tempo e que é possível que elas cresçam em número e gravidade». Termina com uma afirmação de ânimo pessoal:

Há três anos disse, ao tomar posse da presidência do Conselho, que não me faltava o ânimo para enfrentar os ciclópicos trabalhos que então antevia. Os trabalhos são realmente ciclópicos. O ânimo para os enfrentar ainda não me desamparou.

Marcello Caetano passa ao lado dos problemas políticos, elegendo como tónica do discurso o desenvolvimento, ou, nas suas palavras, o do progresso, a vertente moderna e evolutiva do seu projeto político, assumida desde havia muitos anos, sobretudo desde os tempos em que fora ministro da Presidência. Esta atitude reflete o pragmatismo do Presidente do Conselho que, devido às resistências cada vez maiores dentro do sistema, não pode, e acha que não deve, abordar os problemas políticos puros, limitando-se às questões económicas e sociais, as quais constituem, aliás, um dos aspetos mais marcantes e inovadores do seu mandato.

A política, reservou-a para a longa introdução inserta no volume em que reuniu os discursos deste terceiro ano de governo[496]. Aí, ao longo de mais de três dezenas de páginas, sintetiza os princípios políticos em que se move e que ditam a sua governação, repetindo as fórmulas já sobejamente expostas e repetidas ao longo desta biografia, sobre o liberalismo – que mais não é do que o ressurgimento de um novo romantismo político –, a necessidade de autoridade nas sociedades contemporâneas, a liberdade, e a transmutação dos direitos individuais para os direitos sociais.

Termina a falar de si próprio, num desabafo que parece um final de linha, de cansaço, de desprendimento:

> Chegado a uma fase da vida em que já não há lugar para ambições e tendo seguido uma longa carreira de estudo e pesquisa da verdade, não sei exprimir outra coisa senão as convicções adquiridas. É um depoimento desinteressado que aí fica. Se está certo ou não, o futuro se encarregará de o mostrar. [...]
>
> Toda a minha ação tem procurado seguir uma linha de equilíbrio. E para não a abandonar não se pode esquecer, mesmo nos rasgos de audácia, a virtude da prudência. [...]
>
> Que árdua é a missão de governar!

Ano Quatro

27 de setembro de 1971
a
27 de setembro de 1972

1

«... É PREFERÍVEL SAIR DA GUINÉ
POR UMA DERROTA MILITAR COM HONRA...»

O quarto ano do consulado de Marcello Caetano, iniciado no outono de 1971, é um ano decisivo. Não tanto para o biógrafo, que, beneficiando da distância e do conhecimento retrospetivo dos factos, considera que o momento-chave do marcelismo ocorrera no decurso do ano anterior, sobretudo na segunda metade, mas para os atores políticos daquele momento histórico. Com efeito, as visionadas perspetivas de renovação, melhor dito, de reforma do regime a partir do seu interior, caíam pela base, vindo à tona as diferenças estruturais e essenciais entre expectativas e realidades, ou seja, entre o projeto do Presidente do Conselho e os seus apoiantes e seguidores iniciais.

A primeira deserção do grupo liberal é a do subsecretário de Estado do Planeamento Económico, João Salgueiro, que a 30 de outubro de 1971, a seu pedido, é demitido, discretamente, das funções, o que evidencia o desconforto da equipa reformista do Ministério das Finanças perante «a perda ou desaceleração do ritmo reformista»[497] e prenuncia outras ruturas, bem mais estrondosas que ocorreriam pouco mais de um ano depois[498]. Esta demissão já foi relacionada, por um ex-ministro do marcelismo, Silva Pinto, com uma «pressão direta do presidente da República, que para tanto pretextou alguma confusão verificada quando da realização recente do Censo da População». A saída de João Salgueiro é compensada pela nomeação de João Mota de Campos para as funções de ministro de Estado Adjunto do Presidente do Conselho, lugar vago desde janeiro de 1970, mas a sua entrada não resolve nenhum dos problemas criados pela demissão do primeiro, porque não tinha «peso político específico em nenhum dos setores renovadores do regime»[499].

Sobre esta demissão, testemunha o seu amigo Miguel Caetano:

> É provável que o «grupo de Belém» não apreciasse muito João Salgueiro, mas nunca ouvi falar de qualquer intervenção direta do Presidente da República.

João Salgueiro sentiu que a liberalização já estava bloqueada e quis sair do governo, embora mantivesse boas relações pessoais e profissionais com Marcello Caetano – aceitou ser nomeado presidente de um organismo dependente do Presidente do Conselho, a Junta de Investigação Científica e Tecnológica.

Marcello Caetano percebeu que João Salgueiro não avançaria mais no seu comprometimento: nunca quis colaborar com a Ação Nacional Popular, e a SEDES, de que fora promotor e fundador, era cada vez menos ortodoxa. Assim se separaram de comum acordo.[500]

As motivações para a saída estão sobretudo relacionadas com a lentidão das reformas económicas, que seriam a antecâmara da evolução política. Como acentua Marcelo Rebelo de Sousa[501], João Salgueiro desde há bastante tempo que vinha manifestando um desencanto crescente «sobre os Conselhos de Ministros para os Assuntos Económicos, a que assistia, e de cuja evolução se queixava no final das reuniões da SEDES, por exemplo em conversas privadas com amigos como Vítor Constâncio». Ao contrário de outros, que achavam que o regime tinha de mudar pela política, ele defendia que «a mudança viria da economia e esta não conhecia, no seu entendimento, as decisões necessárias ao ritmo indispensável».

Com a atitude de João Salgueiro rompia-se o ténue elo de ligação com a SEDES. Mas não era a rutura definitiva: o ex-subsecretário de Estado aceitou integrar, em 1973, a secção de «Interesses de ordem administrativa» da Câmara Corporativa, não obstante a evolução do regime estar desde há muito bloqueada.

Os «homens novos», a que Marcello Caetano apelara em 1969, iniciam o processo de separação efetiva com a prática política do Presidente do Conselho.

Marcello Caetano não gostou e, mais tarde, não deixou de acusar o grupo dos reformadores de desmedido fascínio pela glória:

> A sede de glória fascinou-os também, para o que o namoro com a imprensa oposicionista contribuiu. Mostravam-se dispostos a modernizar o regime, mas faziam-no aos solavancos e sem curar da estabilidade financeira necessária às transformações económicas que propunham.
>
> O João Salgueiro tinha e continua a ter o defeito de se crer um iluminado. Com ideias bem assentes no campo teórico, era incapaz de executar qualquer plano imediato de ação, por ser um espírito pouco seguro de si próprio. Quanto ao Rogério Martins, em todas as ocasiões só pensava em brilhar.

LIVRO SEGUNDO PRESIDENTE DO CONSELHO DE MINISTROS   675

Não lhe faltando inteligência, era um homem ausente da realidade prática. Dos três, o mais equilibrado no pensamento e na ação era, sem dúvida, o Xavier Pintado, porque reconhecia que um técnico pode orientar os mecanismos da política, mas não tem poder para comandar os acontecimentos.[502]

Como sempre, a culpa da rutura é dos seus seguidores iniciais, porque não se deixavam comandar e porque misturavam a política com funções que deveriam ser meramente técnicas.

Na mesma altura, ou seja, em 1978, faz acusações semelhantes aos deputados liberais, que apoiara e o apoiaram no início da legislatura, mas que a partir de 1972, cegados pela ambição, se tornaram «críticos insistentes do regime»[503]:

> Não digo todos, mas alguns viram-se elevados pelas suas intervenções na Assembleia a uma posição de notoriedade que os perturbou. A sós comigo reconheciam a necessidade de evitar a alteração brusca dos mecanismos do Poder, apoiando a firmeza do Governo contra as tentativas de subversão da ordem pública. Mas a auréola parlamentar cegou-os em muitos casos, ao ponto de em determinado momento se quererem transformar em condutores do regime. Sonharam mesmo formar um Governo de composição liberal a quem cabia resolver os problemas ingentes da vida nacional. E não me perdoaram que em 1973 os não tivesse chamado a sobraçar Ministérios ou, à falta de melhor, secretarias de Estado.[504]

É este o balanço que Marcello Caetano faz da situação política portuguesa em 1971, e das fraturas a que, a partir deste ano, o grupo dos liberais da Assembleia esteve sujeito. Para cuja resolução, afirma, faltou José Pedro Pinto Leite, «a cabeça do grupo [...] de uma grande simpatia humana e procurando para cada uma das suas ideias a justa medida no tempo»[505].

Este retrato, além de redutor, é também uma maneira de escamotear o problema de fundo, qual seja o das suas próprias responsabilidades no equívoco permanente em que assentou a ideia de liberalização entre as elites políticas do marcelismo, das quais resultou uma solidão política da qual Marcello Caetano não conseguiria libertar-se, provocando nele um desgaste, não só político como psicológico, que começou a emergir já em 1971 e se acentuaria nos anos seguintes.

Marcello Caetano nunca poderia reformar o regime. Faltava-lhe uma coisa essencial: a convicção. O que aparecia camuflado pela escapatória da guerra e da subversão. Na coerência dos seus princípios, o regime definido pela Constituição de 1933 era o regime ideal e necessário para o País, que fora chamado a governar no outono de 1968. É provável que, no início, tivesse, de facto, a intenção de reformar o sistema político. Possivelmente um corporativismo moderno e aberto, que fosse evoluindo, gradual e lentamente – a sua palavra preferida era «prudência» – no sentido de um sistema político mais aberto e mais abrangente.

Ou, segundo a leitura de Manuel de Lucena: a «passagem de um corporativismo a outro. [...] O corporativismo imposto quer tornar-se corporativismo consentido.»

> Para já, continua reformista, mas sem fôlego. No que respeita ao sistema corporativo e às liberdades do cidadão, a revisão constitucional foi fraca. Em matéria colonial, revela-se mais importante, mas também é verdade que a porta aberta se afigura ambígua; e quanto ao equilíbrio dos poderes do Estado, hesitou, alargando o domínio reservado da Assembleia Nacional, mas não tocando na forma de eleição do Presidente da República. Ora precisava de ter tocado...[506]

E, algumas páginas adiante:

> Prevê-se pois que certas liberdades ainda não são possíveis em Portugal e que um dia já não serão. Portugal pode [...] «saltar» a fase liberal-democrática da evolução das sociedades industriais do Ocidente e talvez com a ajuda da própria Europa.[507]

Mas Marcello Caetano assustou-se quando viu surgirem na praça pública a defesa do socialismo, da sociedade sem classes, dos partidos políticos, das liberdades democráticas, etc.. E nunca conseguiu ultrapassar a profunda convicção de que a sociedade portuguesa, na sua simplicidade iletrada, cairia rapidamente nas mãos dos comunistas, que lhe prometiam o céu na terra, nem contou nunca com a sábia prudência do povo português que, poucos anos mais tarde, em plena liberdade e na ressaca de uma quase-revolução que trouxe as pessoas para a rua, recusou os «amanhãs que cantam». O mais preparado de todos os políticos do Estado Novo não estava preparado para as urgências do Tempo.

Mas o grande e fundamental fator de bloqueamento de Marcello Caetano era o facto de aquela que era, naquele momento, a questão decisiva do regime – a política africana – já não ter espaço nem tempo para evoluir.

No outono de 1971 o regime avança para o fechamento total, até nos momentos mais insignificantes, como, por exemplo, quando não hesita em proibir a realização de uma sessão comemorativa do 5 de Outubro, a realizar no Teatro Vasco Santana, em Lisboa, e manda vigiar, com grande aparato, a romagem tradicional dos velhos republicanos ao cemitério do Alto de S. João.

O que não trava, antes pelo contrário, a marcha inversa dos renovadores cujo núcleo politicamente mais significativo, no quadro de uma quase-oposição-quase-legal, – a SEDES – inaugura no Porto, no dia 10 do mesmo mês, o seu primeiro Conselho Regional.

Neste último trimestre de 1971 ganha relevo, na área económica, a inflação. O processo inflacionário português não era novo e enquadrava-se no processo inflacionário mundial. Foi um processo relativamente tardio em relação aos países da OCDE, iniciando-se a descolagem dos preços em 1964, sendo que, a partir do ano seguinte, a tendência para a alta dos preços acentua-se[508]. Com efeito, tendo como base a taxa da inflação de 1970, que foi de 4,5 por cento, verifica-se que, no ano seguinte, teve um aumento de 67 pontos percentuais, fixando-se em 7,5 por cento, tendência que se manteve a seguir: 1972 – 9 por cento; 1973 – 10,4 por cento. Ou seja, no curto período de quatro anos, a inflação em Portugal cresceu mais do dobro, ou seja, 131 por cento[509].

O tema do custo de vida é o objeto da «conversa em família», de 21 de outubro[510], na qual o Presidente do Conselho, depois de salientar que a inflação era um mal universal e de ligar a crise monetária à crise económica mundial, fala das dificuldades em suster a alta dos preços que estava ligada ao aumento dos salários, o qual, por sua vez, decorria da escassez da mão de obra. Sobre este pano de fundo, pede ponderação quanto às «reivindicações impossíveis de satisfazer», para que «em vez da prosperidade geral, nos [não] vejamos a braços com a depressão e a miséria».

Menos de um mês depois, a 15 de novembro, Marcello Caetano regressa aos écrans para nova «conversa», a qual, tal como a anterior, é dedicada aos aspetos económicos e, sobretudo, para fazer um balanço da obra realizada nesta área, aliás, prenunciado no título: «Planeamos e cumprimos»[511]. A enumeração das principais medidas tomadas, desde outubro, ocupa a totalidade da comunicação, sendo referidos os progressos no âmbito da reforma da administração pública e sobre o urbanismo e habitação; descreve ainda alguns números referentes ao programa de execução do Plano de Fomento e fala das reformas efetuadas no âmbito da saúde, assistência e educação, para depois se deter no novo sistema de pagamentos interterritoriais, promulgado pelo Decreto-lei n.º 478/71, de 6 de novembro, que tinha por objetivo «evitar que cada província [ultramarina] faça no exterior despesas que não tenha a possibilidade de pagar nos prazos normais», tendo-se ainda definido a arrumação definitiva da liquidação dos atrasados; termina com dois parágrafos sobre o «progresso galopante no Ultramar», particularmente em Angola e Moçambique.

Com a entrada em vigor deste decreto, as províncias ultramarinas, cuja autonomia fora, pelo menos teoricamente, aumentada e que, segundo o novo texto constitucional, eram agora designadas de «Estados», só podiam assumir encargos em função das suas receitas próprias e, ainda assim, previamente autorizadas pelo Poder Central sediado em Lisboa.

Parece que Marcello Caetano quer deixar arrefecer as controvérsias políticas internas, optando por falar de assuntos de administração e gestão.

No dia 5 de novembro, fora promulgada a Lei n.º 5/71, inserindo as bases relativas à Lei de Imprensa, que vigorou até abril de 1974[512].

Tal como a lei de revisão constitucional, também esta, à primeira vista, podia garantir – e teoricamente garantia – um regime de imprensa mais livre e liberto do que o anterior. Segundo o texto da lei, os limites da liberdade de imprensa (Base XIII) restringiam-se aos seguintes: «*a)* O acatamento da Constituição, o respeito das instituições, a unidade e independência do País, ou o seu prestígio na ordem interna e no conceito internacional; *b)* A defesa da ordem pública interna e da paz externa e as exigências da defesa nacional e da segurança do Estado; *c)* A não divulgação de informações que respeitem a matérias de natureza confidencial ou que, embora sem caráter secreto, possam prejudicar os interesses do Estado, se existirem normas ou recomendações do Governo determinando reserva, ou esta se impuser pela sua própria natureza; *d)* O respeito da verdade, a defesa da moral e dos direitos da intimidade das famílias e dos indivíduos; *e)* A autoridade, independência e imparcialidade dos tribunais; *f)* A prevenção do crime e a proteção da saúde.»

No entanto, num daqueles alçapões em que a legislação do Estado Novo é fértil, deixa-se o terreno aberto para o cerceamento total da liberdade de imprensa. Com efeito, na Base XXVIII, referem-se os pressupostos e âmbito do regime de censura prévia, que agora, numa subtileza semântica destinada a afastar o odioso do termo «censura», passa a chamar-se de «exame prévio»: «*1*. A publicação de textos ou imagens na imprensa periódica pode ficar dependente de exame prévio, nos casos em que seja decretado estado de sítio ou de emergência. *2*. Ocorrendo atos subversivos graves em qualquer parte do território nacional, poderá o Governo, independentemente da declaração do estado de sítio ou de emergência, a fim de reprimir a subversão ou prevenir a sua extensão, tornar dependente de exame prévio a publicação de textos ou imagens na imprensa periódica. *3*. O exame prévio destinar-se-á a impedir a publicação das matérias abrangidas na base XIII. *4*. A existência do estado de subversão e a gravidade deste deverão ser confirmadas pela Assembleia Nacional na primeira reunião posterior à ocorrência dos factos.»

Como escreveu Graça Franco[513]: «O uso de expressões como "prestígio (do país) na ordem interna" ou "informações [...] que, embora sem caráter secreto *possam prejudicar os interesses do Estado*" exemplificam por si sós a margem de subjetivismo contida nos limites estabelecidos [...]. Por outro lado, o mesmo exame poderia ser estabelecido não só em caso de «estado de sítio ou emergência», o que não merece qualquer reparo dado que nessa situação se suspendiam as garantias constitucionais, mas, igualmente, quando se verificassem "*atos subversivos graves em qualquer parte do território nacional*", o que é, sem dúvida, de mais difícil delimitação, dado que se está perante uma figura jurídica até aqui inexistente e cuja definição não é fácil.»

Marcello Caetano, como já foi descrito, é um legalista convicto, que procura agir dentro dos limites da lei. Em outubro de 1948, afirmara: «Se o legislador não está satisfeito com a lei feita, altere-a, melhore-a, revogue-a: mas não queira violá-la, a não ser que um imperativo de salvação pública faça da necessidade uma nova lei!»[514]

Por isso, não é de estranhar que tenha feito introduzir no texto da lei preceitos que justificariam a limitação das liberdades, que, assim, deixaria de ser considerada um ato discricionário de um governo autoritário, para passar a estar inscrita dentro dos limites legais aprovados pela Assembleia Nacional, uma câmara dócil, manipulada e manipulável pelo Poder, à sombra do qual fora eleita.

Legalidade, acima de tudo, era o lema do Presidente do Conselho. Por isso, da mesma forma que não teve dificuldade em obter a aprovação do «seu» projeto de liberdade de imprensa, também conseguiu facilmente que os deputados aprovassem e legitimassem a suspensão temporalmente indefinida da liberdade de imprensa, teoricamente consagrada na Lei n.º 5/72. E é na busca desta legalidade que o Governo propõe, logo de imediato, à Assembleia Nacional, o reconhecimento da persistência da subversão. No dia 29 de dezembro, sem qualquer discussão prévia, os 87 deputados presentes à sessão, aprovam por unanimidade a seguinte moção:

> A Assembleia Nacional nos termos e para o efeito do disposto no parágrafo 6.º do artigo 109.º da Constituição Política, reconhece que persiste a ocorrência de atos subversivos graves em algumas partes do território nacional.

Marcello Caetano tinha as mãos livres. E podia agora legislar de acordo com os seus interesses políticos. O que fez através do Decreto-lei n.º 150/72, de 5 de maio, no qual reúne, num único texto, a disciplina relativa ao regime jurídico comum da imprensa.

No artigo 128.º é extinta a Censura. Mas, logo no seguinte, decreta-se a sua manutenção: «Com fundamento na resolução da Assembleia Nacional de 20 de dezembro de 1971, publicada no *Diário do Governo*, de 27 do mesmo mês e ano, a imprensa periódica fica sujeita ao exame prévio previsto no presente diploma, enquanto durarem as circunstâncias reconhecidas na referida resolução.»

Para fechar, e como exemplo da falta de transparência – ou da manutenção do «culto da imagem» e do «espelhismo semântico», afirmados por Adriano Moreira – anote-se apenas que, de acordo com o artigo 101.º,

> Nos textos ou imagens publicados não é consentida qualquer referência ou indicação de que foram submetidos a exame prévio.

Ou seja, vícios privados, públicas virtudes...

O final do ano de 1971 é complicado e contraditório para Marcello Caetano e para o seu Governo.

A 27 de outubro, um novo atentado da ARA destrói as instalações eletrónicas do Quartel-general do COMIBERLANT, em Oeiras, na véspera da inauguração.

No dia 7 de novembro, o terrorismo urbano ganha um novo alento com o aparecimento das Brigadas Revolucionárias, lideradas por Carlos Antunes e Isabel do Carmo, ambos dissidentes do Partido Comunista, que atacam as instalações da NATO, na Fonte da Telha, prontas para entrar em funções. Cinco dias depois, destroem uma bateria de canhões em Santo António da Charneca (Barreiro).

Às sete horas da manhã do dia 20 de novembro, ativistas da ARA destroem diversos equipamentos militares no terminal de carga da CNN, no cais fluvial de Santa Apolónia, e, horas depois, são levadas a cabo outras ações: contra a Escola Técnica da DGS, na Estrada de Benfica (Sete Rios); e na Avenida Duque de Loulé, contra o Centro Cultural Americano, situado frente à respetiva embaixada, das quais resultam um morto e quatro feridos.

Entretanto, em Moçambique, alguns missionários espanhóis – pertencentes aos Padres de Burgos – denunciavam a ocorrência de massacres da população civil por parte das tropas portuguesas, ocorridos na missão de Mucumbura, na região de Tete[515]. Os acontecimentos – reduzidos, pelo enviado de Kaúlza de Arriaga, no âmbito do inquérito ordenado pelo ministro do Ultramar, a uma operação dos terroristas para denegrir o exército português – vieram agravar as já mais do que tensas relações entre a Igreja Católica de Moçambique e as autoridades militares. Após a denúncia dos massacres no Macúti, paróquia da Beira, pelo padre Joaquim Teles de Sampaio, este acabou por ser preso pela DGS, juntamente com o seu coadjutor, no termo de uma violenta campanha dirigida pelo Eng. Jorge Jardim que, nos seus jornais e rádios, os acusava de terem desrespeitado a bandeira nacional.

Na Guiné, Amílcar Cabral refere a destruição de 38 aldeias situadas nas zonas controladas pelo PAIGC, e por este consideradas libertadas, no quadro de uma ofensiva geral ordenada por António de Spínola, na qual foram utilizados meios aéreos e usado napalm.

Pouco depois de reaberta a legislatura, o deputado Sá Carneiro apresenta, no dia 10 de dezembro, ao plenário da Assembleia Nacional, dois pedidos[516]:

> a) A imediata designação de uma Comissão Parlamentar de inquérito com os mais amplos poderes de investigação, a qual deverá no prazo de um mês apresentar ao Plenário um relatório circunstanciado da sua atividade, das conclusões a que chegou, das medidas disciplinares e de outra natureza que recomende;
>
> b) A designação imediata de uma Comissão Eventual para estudo da reforma da legislação que regula a instrução dos delitos contra a segurança do Estado e a atividade policial da Direção-Geral de Segurança.

Tudo com base na abundância de queixas que, recentemente, lhe tinham sido dirigidas, sobre a atuação da DGS, designadamente: as capturas e buscas sem mandato; a incomunicabilidade em que os detidos eram mantidos, sem lhes ser assegurada as necessárias garantias de defesa, ou seja, sem a presença de um advogado, constituído ou oficioso; as violências e maus-tratos físicos e morais, tais como a privação de sono e os interrogatórios de duração desumana; e, finalmente, a ocultação às respetivas famílias das causas da detenção e da sua detenção provável.

Ante esta situação que se vem agravando nos últimos tempos e que tem sido com frequência denunciada por escrito ao Chefe do Governo, a membros deste e a vários deputados, impõe-se a adoção de medidas imediatas tendentes a evitar os factos referidos e a punição dos responsáveis.

Pela primeira vez, era chamada a público, em lugar solene e oficial, e com todas as letras, a atuação da polícia política do regime.

As boas notícias vinham do lado americano. A 9 de dezembro, William Rogers, pelos Estados Unidos, e Rui Patrício, por Portugal, assinam em Bruxelas o acordo sobre a utilização da Base das Lajes, válido até 3 de fevereiro de 1974. Em contrapartida, Portugal recebe uma ajuda contabilizada em cerca de 436 milhões de dólares, montante aparentemente fabuloso, mas que, a prazo, se revelaram «um enorme desapontamento para Portugal»[517].

Os ventos, na área das relações externas, pareciam de feição para Portugal. No dia 13 de dezembro, realiza-se nos Açores a histórica cimeira entre os presidentes norte-americano, Richard Nixon e francês, Georges Pompidou, tendo como anfitrião Marcello Caetano, acontecimento que faz convergir para aquele arquipélago as atenções da opinião pública mundial.

Três dias depois, o Presidente do Conselho vem à televisão explicar os acordos com os Estados Unidos[518], aproveitando para um breve comentário sobre a cimeira.

Historiada a génese da Base das Lajes, no contexto da Guerra Mundial, e a sua evolução até 1968, ano em que se iniciaram as negociações para a renovação do contrato, afirma que o acordo de assistência económica negociado «não é nada do que desejaríamos»:

Na verdade, além da cedência de uma navio hidrográfico no valor de oito milhões de dólares, da concessão de um milhão de dólares para financiar

LIVRO SEGUNDO PRESIDENTE DO CONSELHO DE MINISTROS   683

projetos no domínio da educação e da oferta de equipamentos não militares no valor mínimo de cinco milhões de dólares, obtivemos a promessa de um empréstimo no valor de 430 milhões de dólares.

É uma soma muito avultada, evidentemente. Mas esses empréstimos só os pediremos se nos convierem.

E Portugal tinha pouca necessidade de crédito externo.

Um facto mais importante – porventura o mais importante – era «o da excelência das relações entre os dois Governos»: «Posso afirmar que essas relações são as melhores», pesem embora algumas divergências pontuais.

Referindo-se, finalmente, à cimeira, e ao contributo que o ambiente humano que rodeara os dois presidentes dera para o respetivo êxito, informa que Richard Nixon lhe dissera ser sua intenção falar com ele no âmbito das conferências planeadas com os chefes de Governo de países amigos, e que, com Georges Pompidou, falara sobretudo do alargamento do Mercado Comum.

Ainda no plano das relações externas, no dia 17 de dezembro, são abertas as negociações entre Portugal e a CEE, que culminarão com a assinatura dos Acordos de Bruxelas, de 22 de julho de 1972, entre a CEE e os membros da EFTA não candidatos à adesão, com exceção da Finlândia.

E, no dia 24, todos os membros do Conselho de Segurança das Nações Unidas, com exceção dos Estados Unidos, condenam Portugal pela violação do território do Senegal.

Na véspera de Natal, Marcello Caetano dirige uma «Mensagem de Natal aos portugueses ausentes», através da rádio, num tom algo emotivo, em que evoca o amor à Pátria, na certeza de que «o Governo tem presentes os portugueses que labutam em terras estranhas», pedindo-lhes que «não esqueçam a sua Pátria», «que é a sua Mãe e que está sempre pronta a recebê-los com carinhoso alvoroço – com maternal alegria!».

No momento em que se celebra o segundo aniversário da ANP, Marcello Caetano, na qualidade de presidente da Comissão Central, dirige-se aos seus fiéis reunidos em conclave, a 28 de fevereiro, no Palácio dos Congressos, no Estoril[519].

Depois de uma saudação especial ao Ultramar, cujas populações não se têm deixado intimidar «pelas ameaças e pelos estragos do terrorismo», regressa, uma vez mais, aos antecedentes da ANP, ou seja, à União Nacional, caracterizando a sua atuação nas eleições de 1969, tudo para justificar as suas opções políticas enquanto Presidente do Conselho, designadamente a defesa do Ultramar e a contenção da liberalização...

contra os «liberais ingénuos», aproveitando, a propósito, para citar passagens do seu discurso de posse, no sentido de repor a verdade do que disse – «dada a frequência com que delas são feitas citações truncadas» – das quais salienta a afirmação então feita de que se reservava «o direito de proceder com a necessária prudência, pois não só o ambiente internacional está longe de se encontrar desanuviado como tem de se evitar que os interesses contrários aos de Portugal se insiram perigosamente na frente interna».

De acordo com esta autocitação, tão enfaticamente vincada, todos os que interpretaram a «renovação» de 1968 como um incentivo à reforma do regime segundo critérios próprios, que não os dele, estavam, apenas e só, a exorbitar, dando às palavras um conteúdo que elas não tinham. Até porque eram e continuavam a ser muitos os «obstáculos à liberalização»:

> A campanha sistemática e por todos os meios contra a família, a sociedade e a autoridade, a intromissão em associações e sindicatos de elementos revolucionários, o tripudiar nas escolas de minorias audaciosas que perturbam o ensino, destroem a disciplina e ostentam as mais variadas tendências subversivas perante a passividade ou a inutilização dos professores, a proliferação de grupos anarquistas ou de células terroristas dispostos a espalhar destruição e morte, a invasão da pornografia na literatura e nos espetáculos, a campanha de denegrimento das Forças Armadas e das virtudes militares e o desbocado ataque à presença de Portugal no Ultramar...
>
> A sociedade portuguesa, habituada durante muitos anos à proteção paternalista, não estava preparada para um ambiente de discussão e de luta. Ao ímpeto dos contestatários não se tem oposto mais que hesitante comodismo ou frouxa resistência. Muita gente julga até que tudo – turbulência, desmoralização, demolição – tudo é abertura, tudo está no jogo, tudo faz parte do novo estilo de governo...
>
> Ingenuamente, as pessoas querem então estar à moda. Não desejam que as considerem «ultrapassadas». É preciso andar com os novos tempos... E deixam correr ou apressam-se a dizer – «ámen».

A tudo isto, acrescenta a «crise social»:

> Por isso há padres que deixam de pregar o Evangelho para fazer no púlpito a apologia da revolução social, demitem-se os pais da autoridade familiar, as audácias dos costumes chocam cada vez menos os moralistas, professores resignam-se à indisciplina, entram chefes em dúvida acerca da

legitimidade do exercício da sua autoridade, olha-se com timidez a ação dos que procedem contra a ordem e contra a lei e quase se tem pudor de aplicar sanções ou de usar os meios normais de reprimir ou contrariar as manobras de perturbação ou de obstrução da vida das instituições.

Perante este panorama, Marcello Caetano traça um quadro aterrador: em nome da liberdade, instaurar-se-ia «a imoralidade, a indisciplina, o crime, a desordem, a luta de classes, a guerra civil». Daqui conclui que ao Poder só resta «encorajar o que representa o bem e combater e reprimir o que traduz o mal, segundo os conceitos consagrados pelo consenso comum e tradicional» e «encaminhar o povo com segurança e sem catástrofe».

O último parágrafo decorre de uma realidade que, não sendo sistémica, começava a estar cada vez mais presente na sociedade portuguesa: a deserção. Um ato que estende não só aos jovens em idade de incorporação militar, mas a todos aqueles que desistiam de dar o seu concurso para a realização da obra – considerada a única certa, razoável e possível – a que metera ombros:

> Ser desertor é um ferrete de ignomínia. E nos momentos de mobilização nacional não se deserta apenas ao fugir ao cumprimento dos deveres para com a Pátria nas Forças Armadas: a Pátria impõe deveres a todos os seus filhos, mesmo os não militares. Na hora que passa, os deveres para com a Pátria são, mais do que nunca, indeclináveis, os deveres para com Portugal são deveres sagrados por cujo cumprimento os portugueses responderão perante as gerações vindouras – perante o tribunal austero e implacável do Futuro!

No início de 1972, era claro para os chefes militares da Guiné que as perspetivas de vitória, fugazmente visionadas antes de 1970, estavam definitivamente arredadas. Os desastres das operações «Chão Manjaco» e «Mar Verde» eram o princípio de um fim anunciado.

Neste quadro, o general António de Spínola, Governador e Comandante-Chefe da colónia, com alguma lucidez, procura uma saída airosa do atoleiro em que a guerra da Guiné começava a transformar-se, gizando um plano de negociações com o partido rebelde, que «previa a transformação das forças de guerrilha do PAIGC em Unidades Africanas das Forças Armadas Portuguesas e a nomeação de Amílcar Cabral para o cargo de Secretário-Geral da Província, que exerceria paralelamente com o

Secretário-Geral em exercício»[520]. Este plano de negociações, destinado a resolver amigavelmente e por consenso, a questão da Guiné era apoiado, se não mesmo inspirado, pelo presidente do Senegal, Leopold Senghor, que desde há muito se oferecera como medianeiro para uma solução negociada.

No dia 18 de maio, António de Spínola encontra-se pela primeira vez com o presidente senegalês, em Cap Skiring, no Senegal. Segundo a narrativa do primeiro, Senghor

> Apontou como solução equilibrada a entrada imediata numa fase da «autonomia interna» de duração não inferior a dez anos, seguida de uma consulta popular, que possivelmente conduziria à independência no quadro de uma comunidade luso-africana ou luso-africana-brasileira [...].
>
> Mais adiantou que em conversas com Amílcar Cabral e com outros chefes de movimentos emancipalistas lhes havia feito sentir a indispensabilidade daquele período de autonomia, ideia a que Amílcar Cabral fora fortemente receptivo.[521]

No dia 26, Spínola ruma a Lisboa, onde, em reunião conjunta com o Presidente do Conselho e o ministro do Ultramar, deu conta do sucedido e das propostas recebidas. Lidos de imediato os relatórios entregues, «Marcello Caetano contrariou o prosseguimento das conversações, apoiando-se exclusivamente em consideração de ordem jurídico-legal sobre a interpretação e os efeitos de uma situação de cessar-fogo»[522].

O Presidente do Conselho também descreve esta reunião[523]. Segundo ele, afirmara ao general Spínola que «ao sentar-se à mesa das negociações com Amílcar Cabral ele não teria na frente um banal chefe guerrilheiro, e sim o homem que representava todo o movimento antiportuguês, apoiado pelas Nações Unidas, pela Organização da Unidade Africana, pela imprensa do mundo inteiro». Além disso, tal gesto significaria o reconhecimento oficial do partido que este chefiava «como sendo uma força beligerante», reconhecendo-se ainda que «essa força possuía importante domínio territorial».

Mas, mais importante que tudo, era a teoria do dominó, que perfilhava:

> Finalmente, ao cessar-fogo seguia-se logicamente a negociação do acordo definitivo abrindo um precedente quanto ao resto do Ultramar português a cuja força não se poderia fugir. Ora, se Portugal tivesse apenas para resolver o problema da Guiné, o método talvez fosse utilizável. [...] Admita-

mos, porém que as negociações eram um método praticável quanto à Guiné. Não se podia, então, esquecer que tínhamos Angola, e tínhamos Moçambique, com centenas de milhares de brancos e milhões de pretos afetos que não podíamos sacrificar levianamente. A dificuldade do problema da Guiné estava nisto: em fazer parte de um problema global mais amplo, que tinha de ser considerado e conduzido como um todo, mantendo a coerência dos princípios jurídicos e da política que se adotasse.

Neste momento, Marcello Caetano avança com a mesma tática que Salazar adotara no caso da Índia, em 1961, afirmando:

– Para a defesa global do Ultramar é preferível sair da Guiné por uma derrota militar com honra, do que por um acordo negociado com terroristas, abrindo caminho a outras negociações.

– Pois V. Ex.ª preferia uma derrota militar na Guiné? – exclamou escandalizado o general.

– Os exércitos fizeram-se para lutar e devem lutar para vencer, mas não é forçoso que vençam. Se o exército português for derrotado na Guiné depois de ter combatido dentro das suas possibilidades, essa derrota deixar-nos-ia intactas as possibilidades jurídico-políticas de continuar a defender o resto do Ultramar. E o dever do governo é defender todo o Ultramar. É isto que quero dizer.

Em 1961, Salazar ordenara a hecatombe. Uma década depois, Marcello Caetano não chega a tanto. Mas, preso ao seu legalismo jurídico-político, recusava, à partida e liminarmente, abrir a porta das negociações que poderiam ter sido o início de uma saída negociada do problema africano.

Inconformado com a resposta, o general Spínola tenta ainda demover o Chefe do Governo da sua decisão de recusar o processo, num longo parecer datado de 28 de maio, no qual, depois de fazer um enquadramento da conjuntura de Portugal nos planos interno e externo, afirma:

Com efeito, vivemos uma hora particularmente grave que se pode consubstanciar na difícil solução para uma guerra que nos conduz a uma situação de crescente isolamento, ao gasto de energias essenciais ao desenvolvimento do País, ao agravamento do nosso atraso económico e à perda de vidas sem finalidade; situação tendente a deteriorar-se em progressão geométrica. [...]

Impõe-se encontrar uma saída que salvaguarde o prestígio nacional, que tenha a aceitação do Povo Português e do Mundo e que nos permita inverter e controlar a marcha dos acontecimentos enquanto ainda é possível, assegurando a nossa presença em África e defendendo a unidade económica do País.[524]

Marcello Caetano manteve-se firme na sua posição e os contactos com Senghor foram suspensos.

No dia 24 de junho, Américo Tomás recebeu do Presidente do Conselho uma carta, pedido a sua presença na reunião do Conselho Superior de Defesa Nacional, a realizar no dia seguinte, facto que o primeiro estranhou, até porque nunca tinha sido convocado para tais reuniões[525]. O pedido era assim fundamentado:

> O general Spínola, que na última reunião do Conselho Superior de Defesa Nacional nos deixou tão preocupados (aos que estavam presentes), enviou agora novo relatório ainda mais preocupante.
> Torna-se necessário tomar decisões fundamentais.[526]

De facto, na reunião anterior, ocorrida em maio, Spínola descrevera «o panorama militar em termos alarmantes»[527]. Desfeitas as ilusões de vitória e perante o recrudescimento da luta por parte do PAIGC, tornara-se claro para o Comandante-chefe que «o problema da Guiné só se poderia resolver no quadro de uma manobra política»[528]. Manobra essa que exigia uma partilha de responsabilidades, incluída a do Chefe do Estado.

Nessa reunião, todos os presentes* «concluíram não haver razão suficiente para seguir as sugestões do Presidente do Senegal, que o Comandante-Chefe da Guiné defendia»[529]. Além disso, o general Venâncio Deslandes afirmou que a situação na Guiné não era tão alarmante como parecia pela leitura do relatório.

A reunião encerrou com uma declaração do Chefe do Estado que, invocando a sua qualidade de Chefe Supremo das Forças Armadas, afirmou perentoriamente não poder, em nenhum caso, aceitar as sugestões do Gene-

---

* Presidentes da República e do Conselho, ministros da Defesa Nacional (Sá Viana Rebelo), da Marinha (Pereira Crespo), dos Negócios Estrangeiros (Rui Patrício), do Ultramar (Silva Cunha) e Chefe do Estado-Maior General das Forças Armadas (Venâncio Deslandes).

ral Spínola, e muito menos num momento em que se aproximava o termo do seu mandato como Presidente da República.[530]

Esta recusa de Marcello Caetano em explorar a ponte que lhe era estendida, desde o Senegal, para uma solução negociada da guerra na Guiné, ter-lhe-á cortado a possibilidade de partir para a construção dos «novos Brasis» que, tudo o indica, seria o seu objetivo.

O Brasil foi sempre uma das paixões de Marcello Caetano. Uma paixão que veio a manifestar-se vivamente em abril de 1972, quando, no âmbito das comemorações da sua independência, o Presidente da República se deslocou àquele país para fazer a entrega dos despojos do seu primeiro imperador. No dia 10, quando Américo Tomás e a sua comitiva partiam de Lisboa, o Presidente do Conselho estava na televisão a falar da «lição do Brasil»[531]. Começa por uma questão:

> Aos observadores desprevenidos poderá parecer ilógico o procedimento dos portugueses de hoje: como celebram tanto a independência do Brasil? Não estará essa atitude em contradição com outras agora tomadas resolutamente por Portugal?

A resposta, afirma, está na «diferença entre o mundo de 1822 e o mundo de hoje»: enquanto no início do século XIX os países facilmente se tornavam realmente independentes, 150 anos depois, devido a vários fatores – encurtamento das distâncias, aumento das solidariedades, constituição de grandes espaços económicos e até de alianças militares – «os novos Estados independentes são-no só na aparência, para satisfação de amor-próprio dos povos ou dos seus dirigentes».

Além disso, em 1822, no Brasil não houve problemas raciais e... «não existia a ONU»:

> Se em 1822 existisse a ONU, o que teria sido do Brasil? Com as Nações Unidas a contar o número de índios, de pretos e de brancos existentes, a discriminar cores e raças, a reivindicar a América para os ameríndios, a condenar o governo das minorias, a exigir um voto por cada pessoa?
>
> Se em 1822 a ONU se metesse no assunto com os seus preconceitos de descolonização e de autodeterminação, apoiaria o primeiro movimento fantasista de autonomia tupi e exigiria a saída dos Portugueses. Uma comissão formada por delegados de nações ignorantes da geografia e da história deslocar-se-ia à Amazónia a saber se os habitantes autóctones estavam

de acordo, e os votos do sertão prevaleceriam sobre a vontade dos homens civilizados.

Ao contrário do que acontecia em 1972, nada disto se passara no Brasil, onde «ninguém discutiu cores nem raças e por isso se criou aí um exemplo admirável de fraternidade humana». Por isso, «podemos festejar a independência brasileira porque foi o nascimento de um filho, não a amputação de um membro». Tudo porque, do outro lado do Atlântico, com a transferência da Corte, se forjou uma elite de matriz europeia:

> Nos lugares preponderantes do vasto país luso-americano estão os homens mais cultos da terra, herdeiros da civilização e da cultura portuguesa.

Ou seja, europeia e branca, como pode depreender-se das seguintes afirmações:

> Ora, hoje os corifeus das Nações Unidas põem o problema dos territórios ultramarinos de África, já não em termos de dependência ou de independência política, mas sim como questão de incompatibilidade entre pretos e brancos.
>
> O caso da Rodésia é bem demonstrativo. Mesmo com todas as garantias constitucionais dadas à população negra, as Nações Unidas não aceitaram a independência, porque o governo, por ora, não seria entregue totalmente aos habitantes de cor.

Desta forma, o Presidente do Conselho, numa construção redutora e falaciosa, limita a questão colonial a um problema artificial alimentado pelas Nações Unidas, deixando subentendido que os «novos Brasis» só seriam possíveis sob a égide da civilização e da cultura europeia e ocidental:

> O que celebramos agora é a permanência, diria a continuidade, de um espírito que é cultura, modo de ser, forma de viver, independentemente dos acidentes políticos ou das circunstâncias temporais.

O Ultramar desde há uma década que era a questão central do regime. Mas agora torna-se uma questão de vida ou de morte.

Menos de uma semana depois, Marcello Caetano desloca-se à Liga dos Combatentes[532], onde, depois de evocar os seus tempos de Comissário Nacional da Mocidade Portuguesa – «esse admirável movimento da juventude», que «professava o culto da Pátria, dos seus valores e dos seus heróis» –, lança um grito:

> Glória aos que lutam! Glória aos que combatem! Glória aos que, cerrando fileiras em torno dos seus chefes legítimos, identificando a sua consciência com a consciência nacional, mergulhando obscura e dignamente na massa anónima que trabalha e vigia e atua, formam o Portugal de hoje, cujas feições de beleza e de nobreza nenhum traidor jamais conseguirá desfigurar!

Termina a destacar os inválidos de guerra, que diz não estarem esquecidos pelo Governo, e por uma «saudação à mulher portuguesa»: mães, esposas, noivas e filhas dos militares, «combatentes também nesta grande mobilização nacional».

2
«RESTAVA O PROBLEMA DO CANDIDATO»

No dia 18 de junho de 1972, o general António de Spínola, que a 19 de maio fora reconduzido, a pedido do Chefe do Governo, nas funções de Governador e Comandante-Chefe da Guiné, escreveu uma carta a Marcello Caetano, em que dizia:

> Acabo de ser contactado no sentido de aceitar uma proposta de candidatura à Presidência da República, que não me surpreendeu face a rumores de que dei conta a Vossa Excelência aquando da minha última estadia em Lisboa. Fiel a mim mesmo, e coerente com a linha de conduta de toda a minha vida e como o afirmei a Vossa Excelência, é evidente que recusei. E porque desejo evitar possíveis especulações em torno do facto, entendo dever pôr Vossa Excelência ao corrente da posição tomada.[533]

Esta carta reflete as movimentações que, desde o início do ano, se desenvolviam em torno da eleição presidencial de agosto.

Américo Tomás, eleito pela primeira vez contra Humberto Delgado, em 1958, fora reeleito em 1965, pelo que o seu mandato de sete anos estava a terminar.

Com 78 anos de idade, era considerado o chefe da ala mais conservadora do regime, um dos principais travões à sua reforma e um defensor irredutível da permanência de Portugal no Ultramar. Por isso, não admira que a sua reeleição fosse defendida pelos *ultras*, tanto civis como militares.

No contexto do impasse para que a vida política do País caminhava, apoiantes e amigos de Marcello Caetano procuraram fazer com ele o que ele tentara com Salazar: empurrá-lo para cima, convencendo-o a candidatar-se. Um deles, Freitas do Amaral, narra uma longa conversa tida com o Presidente do Conselho, em abril, na qual discutiram «os prós e os contras da sua eventual candidatura à Presidência da República»[534]. Nessa altura, «Via-se perfeitamente que considerava o assunto em aberto, que ainda não tinha tomado uma decisão final, e que queria medir bem, com diferentes interlocutores, o peso relativo dos argumentos a favor e dos argumentos contrários.» Mas durante a conversa, Marcello Caetano acentuava cada vez mais os últimos, invocando inclusivamente a sua viuvez e as dificuldades que o facto acarretava em termos de protocolo.

Mas a questão de fundo era outra:

> A verdade – afirma – é que eu não vejo ninguém da minha confiança que pudesse escolher para chefe do Governo. É um cargo tão difícil, e para mais neste momento em que Portugal enfrenta tantos problemas, na política, na economia, no Ultramar, na diplomacia... [...]
>
> O grande inconveniente é que aqueles que mais me querem empurrar para Belém no fundo o que pretendem é arranjar um chefe do Governo mais progressista do que eu. E aí teríamos o conflito de poderes entre Belém e S. Bento. Não há volta a dar-lhe.

Perante a afirmação do interlocutor de que a intenção era «verem-se livres do Almirante Américo Tomás, e vê-lo a si livre da tutela extremista que ele representa sobre a sua ação política», lança o último e decisivo argumento:

> No plano político, você é capaz de ter razão. A minha candidatura era talvez a melhor solução. Mas no plano moral eu não posso fazer uma deslealdade dessas ao Almirante Tomás. Foi ele que aqui me pôs, e é ele que pela confiança que me renova diariamente me mantém neste lugar. Como posso ser eu a mandá-lo embora, e ainda por cima para ir ocupar o lugar dele?

Entre muitos outros, também Manuel José Homem de Mello visitou Marcello Caetano para o convencer a não propor a candidatura do almirante: «Concordou com o "princípio". Mas confessou que não se sentia em condições de preterir quem o colocara na chefia do Governo.»[535]

Perante tal irredutibilidade, os liberais procuram uma alternativa. Francisco Sá Carneiro escreveu ao general Spínola para a Guiné desafiando-o a candidatar-se. Este estaria disposto a aceitar, «ou, pelo menos a conversar com a ala liberal», pelo que pediu autorização ao ministro do Ultramar para se deslocar a Lisboa, a qual lhe foi recusada.

Por seu turno, Pinto Balsemão sondava Kaúlza de Arriaga. Apesar de não excluir a hipótese, este perguntou-lhe quantos votos lhe garantia, ao que o primeiro respondeu: cerca de 20. «Ora o Tomás – comentou

Kaúlza – tinha 600. Eu não iria a lado nenhum.»[536] Parte também do setor dos «liberais» um contacto com Venâncio Deslandes, que declinou o convite.

Além dos políticos, a sociedade civil também parecia movimentar-se, no sentido de procurar convencer o velho almirante a não se recandidatar.

Segundo Jorge de Mello, um dos principais empresários portugueses, líder do grupo CUF, em 1972, «haveria eleições presidenciais e havia aqui a possibilidade de levar Marcelo Caetano até à Presidência da República, onde poderia fazer evoluir o regime no sentido de um presidencialismo ativo», o que resultava até do facto de o próprio Américo Tomás ter já «revelado a sua intenção de não se candidatar a um novo mandato de sete anos»[537]. Esta intenção teria sido vincada num almoço, na Herdade da Mata do Duque, do duque de Cadaval, no qual, na presença de vários membros da alta sociedade, o Presidente da República é desafiado por Antunes Varela, um dos últimos ministros da Justiça de Salazar, a recandidatar-se.

> Surpreendido – narra o empresário –, Américo Tomás responde, de um modo que me pareceu muito sincero: «Se são meus amigos, não me falem mais nisso.» E acrescentou que já se sentia muito cansado e que um esforço adicional de sete anos estava para lá do que considerava justificado.[538]

Américo Tomás estava a repor uma representação que já encenara em 1965, por ocasião da sua primeira reeleição. Segundo correspondência de Soares da Fonseca – o homem que, muito próximo de ambos, servia de correio informal entre Salazar e o chefe do Estado –, este último, depois de uma fase em que dizia não querer sequer ouvir falar na reeleição, em abril de 1965, começa a dar sinais de aceitação, argumentando que «militar que é, não se furtará a novo sacrifício, se lhe for pedido e se entender, pois não poderá deixar de salientar este aspeto, que a idade não é obstáculo sério». «Dir-se-ia mesmo – acrescenta o informador de Salazar – que, de vez em quando, procura motivos objetivos determinantes de uma eventual aceitação», entre os quais a afirmação de que o Exército, como não tinha «um oficial-general de especial relevo e com prestígio também especial, preferirá a reeleição à escolha de um general»; ainda um argumento final: «Depois dos sucessos das minhas viagens à África, lá cairia muito mal a não reeleição.»[539] Cerca de um mês depois, Soares da Fonseca volta ao assunto, informando Salazar de que fora chamado por Américo Tomás, que lhe queria falar «essencialmente da escolha do Chefe do Estado para o novo septénio», que chamaria à colação na próxima audiência:

Se bem compreendi, porá a questão nos seguintes termos:
A idade não aconselhará, talvez, em princípio, a reeleição: viverá? Terá saúde física e perfeito discernimento mental até ao fim dos novos sete anos?
Mesmo vivendo e com sofrível saúde, não poderá seguir no estilo de presidente que adotou: saindo e mostrando-se com frequência (completando, assim, o Presidente do Conselho que só raras vezes pode sair e mostrar--se). Teria que abrandar este ritmo, deixando de ser completamente o que entende dever ser o Chefe do Estado.
Não obstante, se se entender que é necessário continuar a sacrificar--se pelo país, não recusará esse sacrifício numa altura tão delicada como a presente.[540]

Enquanto se desenrolavam o debate e as movimentações em torno da eleição presidencial, Marcello Caetano volta à televisão, a 11 de maio, para explicar aos seus concidadãos «alguns atos de mais relevo que correspondem ao desenvolvimento da política do Governo» e «fazê-los participar das preocupações do Poder»[541]. Os temas essenciais são a nova Lei Orgânica do Ultramar e a Lei de Imprensa.

Quanto à primeira, salienta a autonomia, que «não implica o divórcio [...] dos órgãos do Governo da Nação», antes pelo contrário: «Os órgãos de soberania da Nação têm de manter a sua autoridade sem quebra.» Por outro lado, «A manutenção da intervenção do Governo central em determinados domínios da administração interna das províncias, a nomeação dos governadores de modo a conferir-lhes independência em relação aos interesses locais, são garantias contra o domínio das oligarquias e de proteção das camadas populacionais mais fracas.»

Sobre a Lei de Imprensa, regulada pelo respetivo Estatuto, justifica o regime de exame prévio, tendo por base dois factos:

[...] um, o de durante quase meio século a imprensa periódica portuguesa ter estado sujeita ao regime de censura prévia, donde tem de sair por uma transição gradual; o outro, o estarmos em fase delicada da vida da Nação portuguesa, com características de tempo de guerra, em que somos forçados a manter importantes efetivos militares em luta no Ultramar e fazer frente a poderosos inimigos externos.

LIVRO SEGUNDO PRESIDENTE DO CONSELHO DE MINISTROS   697

Refere-se, ainda, à Lei de Fomento Industrial, à assistência e ao alargamento da previdência rural, terminando com um comentário sobre o reforço da Comunidade Luso-Brasileira.

No dia 21 de maio, Marcello Caetano volta ao convívio, cada vez mais querido e aproveitado para fazer as declarações políticas, dos militantes do seu partido, discursando na reunião das comissões da ANP de Santarém[542]. Afirma que «fazer política é trabalhar pelo bem comum»; que «cada povo tem a sua forma própria de se governar»; e que «a ideia de que há um só tipo de governo capaz de fazer a felicidade de todos os povos é uma ideia falsa», para justificar a bondade da política seguida em Portugal desde 1926, que se revelara útil ao País, termos em que justifica a sua continuidade:

> Quando hoje falo em continuidade, é porque consideraria uma ingratidão, para não dizer uma miséria, renegar toda essa obra e a preocupação pelo interesse nacional que a ditou.
>
> Entendo que o nosso papel é prossegui-la, corrigindo o que a experiência nos aconselha a emendar, acelerando o que se viu seguir a ritmo demasiado lento, ampliando o que ainda é escasso e buscando adaptar-nos às novas exigências e necessidades do nosso tempo.
>
> Mas a renovação no domínio dos métodos tem de respeitar no plano dos princípios aquilo que se mostrou valioso. Porque não há ação profícua se não estiver alicerçada em doutrina exata, O que estiver certo na doutrina não pode ser enjeitado sem prejuízo da ação.

Uma vez mais, e para desfazer equívocos, Marcello Caetano repete, do seu discurso de posse, a continuidade nos princípios, reservando a renovação para os métodos.

Cerca de um mês depois, o Presidente do Conselho volta à ANP, desta vez em Almada, onde se reunia o Plenário da Comissão Distrital de Setúbal. Na sessão de encerramento, a 18 de junho[543], fala da subversão interna, designadamente das sabotagens da ARA e das Brigadas Revolucionárias que pregavam a revolução socialista «com o banho de sangue graças ao qual se pensa redimir o mundo dos pecados capitalistas». Apesar de ambas as organizações terem pautado sempre as suas ações de modo a evitar a perda de vidas humanas, Marcello Caetano dramatiza o discurso, falando de «delírio sanguinolento, onde os loucos e os sádicos encontram sempre o meio ideal de expansão dos instintos». Tratava-se, afinal, da abertura de uma quarta frente de combate, em «aliança com os movimentos terroristas do Ultramar».

Portugal encontra-se perante um dilema político «simples»:

> [...] ou o regime constitucional vigente, onde a propriedade garante a liberdade, ou um socialismo sem face humana que visará suprimir a propriedade individual e, de uma forma ou de outra, reduzir todos os homens à condição de servos da coletividade.

E o regime constitucional assentava nos seguintes valores: a Pátria, a família, a propriedade, a autoridade, a moral e o desenvolvimento económico orientado no sentido da realização mais perfeita da justiça social. Apesar de manter a mesma matriz ideológica, o Estado Novo, na versão marcelista, não coincide com os valores salazaristas dos anos 30 e 40 e revela a evolução que o pensamento político de Marcello Caetano sofreu desde aquela época.

No momento em que começam a tomar corpo as intenções que ditaram a revisão constitucional, ou seja, quando se começam a concretizar as reformas que materializam o seu projeto político, Marcello Caetano procura, repetidamente, justificá-las, utilizando todos os meios e todos os palcos. Assim, a 3 de julho, fala, uma vez mais, em família, e volta ao tema da nova Lei Orgânica do Ultramar, cujas bases, constantes da Lei n.º 5/72, tinham sido promulgadas no dia 23 do mês anterior, e que constituía o tema mais candente e delicado do seu consulado, devido à já descrita questão da autonomia progressiva e participada das «províncias ultramarinas»[544]. Para o Chefe do Governo, tratava-se de acelerar as sociedades multirraciais:

> Contra os preconceitos racistas, sejam os que preconizam o domínio da raça branca, sejam os que, mais generalizados agora, querem a expulsão dos brancos de África, nós temos sempre preconizado o convívio das raças, a formação progressiva de sociedades onde todos os homens tenham os mesmos direitos independentemente da cor da pele e onde os lugares de direção sejam atribuídos em função da capacidade de cada um para os exercer.

A afirmação mais surpreendente – se bem que compreensível em termos de retórica política – é a negação da existência de guerras coloniais:

> Os territórios das províncias ultramarinas estão em paz e ninguém neles contesta a sua integração na Nação Portuguesa.

Segundo Marcello Caetano, «o território do Ultramar está em paz, salvo nas pequenas parcelas infestadas pelas guerrilhas». Em Angola, em Moçambique e até na Guiné, «a vida decorre por toda a parte tranquila e normal». Por isso, as forças militares «não fazem a guerra: asseguram a paz».

Detém-se, seguidamente, sobre o problema das negociações, aconselhado por «amigos estrangeiros»:

> Não havendo [...] uma rebelião do povo guinéu, angolano ou moçambicano – aos quais faltam, aliás, tradições nacionais, visto que só a bandeira de Portugal, a língua portuguesa, a soberania portuguesa, lhes dá personalidade e unidade – não existindo essa confrontação que só na imaginação dos inimigos opõe povos entre si, as negociações teriam de ser feitas com grupos sem legitimidade, que apenas se destacam por se terem a si próprios arvorado em salvadores de terras que os repelem.
>
> Por detrás desses grupos, porém, está o apoio de potências estrangeiras que esperam vir a recolher o espólio de uma capitulação de Portugal.

Partindo destes princípios, conclui que a negociação «equivaleria a capitulação».

A manutenção do Ultramar é a sua maior preocupação:

> Noite e dia este problema está presente no meu espírito. A reflexão dele consome-me horas sem sono de noites que parecem intermináveis. Constantemente procuro caminhos que permitissem aliviar os sacrifícios do povo português, pôr termo a preocupações que, sendo de todos nós, são sobretudo de quem tem sobre os ombros o duro fardo de governar. Mas esses caminhos não podem ser os da traição aos portugueses de além-mar, traição às suas vidas, as suas esperanças, ao seu trabalho, à sua obra.

No dia 23 de junho, Marcello Caetano escreveu a Américo Tomás uma lacónica carta, que este transcreve nas suas «memórias»:

> Na minha qualidade de presidente da Comissão Central da Ação Nacional Popular, que dentro em breve vai reunir para tomar posição na eleição presidencial, permito-me solicitar a Vossa Excelência, a indicação da sua disposição quanto à apresentação da candidatura à reeleição.[545]

No dia 30, o Chefe do Estado responde afirmativamente, com uma longa carta justificativa, na qual, depois de referir as condições que tinham determinado a aceitação da primeira reeleição, impostas exclusivamente pelas «razões derivadas das circunstâncias especiais da guerra em que o País vive», afirma que, apesar de ter agora 77 anos de idade, «é certo continuar ainda dispondo das indispensáveis capacidades, física e intelectual». E repete a já transcrita argumentação de 1965:

A lógica justificaria, pois, que eu respondesse negativamente à pergunta que me é formulada.

Persistem, no entanto, as circunstâncias especiais e difíceis que nos criaram, pelo que o nosso país continua infelizmente em guerra. Todos conhecem o meu pensamento e a minha atuação ao longo dos onze anos cruciais que, desde 1961, temos vivido e que claramente têm sido a defesa, sem hesitação, de uma integridade territorial, a par e passo com a maior aceleração possível no desenvolvimento de todo o vasto espaço português e no consequente e indispensável aumento do nível de vida dos que nele orgulhosamente vivem.

Se a minha continuação na chefia do Estado, apesar das razões que a meu ver a poderiam desaconselhar, for ainda considerada conveniente e útil, não me escusarei a apresentar a minha candidatura a mais um mandato presidencial, se ela for aceite pela Ação Nacional Popular. E se assim acontecer e ela for sancionada pelo Colégio Eleitoral, continuarei servindo a Pátria com o mesmo espírito de sempre, com integral renúncia de tudo o resto e pelo tempo que Deus me permita poder fazê-lo.[546]

Foi em vão que outras forças tentaram movimentar-se para convencer o Presidente da República a recusar a reeleição. Os empresários decidiram enviar a Belém uma delegação para o convencer nesse sentido, «mas – conta Jorge de Mello –, como muitas vezes acontece em Portugal, e não só nas revoluções, o grupo dos "conjurados" foi ficando mais pequeno à medida que se aproximava a data da audiência pedida a Américo Tomás, até que fiquei só eu e o meu irmão».

Como a audiência pedida tinha sido concedida, não havia outro remédio que não fosse irmos os dois. Colocado o tema pelo meu irmão, Américo Tomás responde, sem levantar os olhos do chão, como quem quer esquecer que este tema lhe está a ser colocado, que tinha sido o próprio professor Marcelo Caetano quem lhe tinha pedido que fizesse mais este sacrifício de se candidatar a um novo mandato, pelo que a nossa diligência não tinha, afinal, objeto, era mesmo o nosso candidato que não desejava ser candidato.

O que se tinha passado entretanto é tão caricato que não chega a ser irónico e tornava esta nossa iniciativa ridícula.[547]

Marcello Caetano resistiu a todas as pressões para avançar, viessem elas de onde viessem. E, para além das já descritas, foram muitas, desde liberais a tecnocratas, incluindo ainda monárquicos e políticos influentes na Comunicação Social[548], destacando-se João Salgueiro, Pedro Feytor Pinto e Luís Fontoura, entre os mais conhecidos.

Algumas semanas antes do ato eleitoral, Marcello Caetano congratulou-se, na televisão, pelo facto de «não sermos forçados a difíceis opções», em virtude de Américo Tomás se prestar «ao sacrifício de continuar a exercer a presidência da República», e que, ao votarem nele, «os eleitores constitucionais [...] afirmarão que o País continua reunido em redor dos seus governantes e que não vacila no caminho a seguir em defesa da integridade da Pátria e do futuro pacífico das províncias do ultramar português»[549]

Tudo isto, conjugado com a vontade de Américo Tomás, que só esperava um pretexto ou uma oportunidade para manifestar a sua vontade de ficar, resulta na reeleição pelo colégio eleitoral reunido a 25 de julho de 1972, obtendo 616 votos a favor, contra 29 nulos[*].

E a História, muito em breve, revelaria que, afinal, a reeleição não reuniria o povo português nem cimentaria a sua unidade, antes pelo contrário, marcaria um ponto de não retorno de clivagens e deserções que deixariam, com alguma dose de injustiça, Marcello Caetano isolado e transformado no grande – e único! – responsável pela queda do regime. Ou, como diria o conde de Águeda,

> Com Américo Tomás reconduzido, o «bloqueio» à volta de Marcello Caetano iria intensificar-se a ponto de o tornar praticamente «prisioneiro» daqueles que não o apoiavam e que desejavam substituí-lo. O 25 de abril teve a sua génese naquele malfadado momento. A evolução de dentro para fora do regime tornava-se impossível. O futuro iria pertencer à Revolução.[550]

---

[*] Segundo Manuel José Homem de Mello, entre estes contavam-se o dele e o do empresário José Manuel de Mello, que mostraram um ao outro «os respetivos votos em branco» (Manuel José Homem de Mello, *Meio Século de Observação*, op. cit., p. 185.)

Era o fecho definitivo do sistema. E, simultaneamente, uma ato de haraquíri político de Marcello Caetano que, ao ter aberto a porta à reeleição de Américo Tomás, joga contra si próprio e esvazia definitivamente a justificação recorrente de que este era o entrave à renovação que procurava. Uma afirmação que parte do princípio de que ele queria liberalizar o sistema político e encontrar um novo rumo para a solução do problema ultramarino, e que o único travão era Américo Tomás e o seu séquito. Mas, à luz do pensamento e ação de Marcello Caetano, exemplarmente clarificados neste momento decisivo, o travão era ele próprio... Como resumiu Marcelo Rebelo de Sousa, «Marcello recusa, porque quer. Se tivesse querido o contrário, ninguém teria podido, então, impedi-lo. Nem aqueles "ortodoxos" que diziam a Américo Thomaz que só ele poderia evitar como fusível de segurança do Regime – cedências fatais. [...] Thomaz queria ficar, Marcello não queria ir e refugiava-se no respeito pela vontade de Thomaz –, e o Regime fechava, para sempre, a última porta da sua mudança.»[551]

Ao admitir-se a teoria do falhanço de Marcello Caetano, tem de se afirmar que ele resultou mais da ação do que da omissão. Pode dizer-se que o último Presidente do Conselho poderia ter feito isto, aquilo ou aqueloutro. Mas, em nome do rigor histórico, não se pode, ou, pelo menos, não se deve analisar o seu consulado pelo que não fez. A História constrói-se com atos e não com hipóteses. E, não sendo ingénuo nem desconhecedor da personalidade de Américo Tomás, com quem privava politicamente, numa relação pouco consensual, desde 1968, não podia ter deixado de, pelo menos, pressentir que este, assumindo a missão de manter o legado de Salazar, decidiria por ficar, garantindo assim a continuidade do Estado Novo. Uma continuidade que, fossem quais fossem os pontos de discordância, era também assumida por Marcello Caetano, como ficara claro na última revisão da Constituição.

E, neste momento, coloca-se uma questão recorrente nas abordagens historiográficas e interpretativas deste período: com a subida da Marcello Caetano à presidência da República, a marcha dos acontecimentos e o seu desfecho teriam sido diferentes?

Ao contrário do que a generalidade dos autores defende e os próprios contemporâneos entendiam, é bem provável que não.

O problema crucial do regime, que condicionava todos os restantes, era a questão colonial. Sobre este assunto, Marcello Caetano passou a ser claro, sobretudo desde a sua visita à África, em 1969, assumindo como decisão irrevogável, e considerada única e indiscutível, a manutenção das colónias, pelo menos durante um prazo razoavelmente dilatado, embora admitindo que, com tempo, a autonomia pudesse evoluir para a independência. Até mesmo em relação à Guiné, onde a situação militar se deteriorava de dia para dia, manter-se-ia irredutível, obrigando, inclusive, à suspensão de conversações exploratórias iniciadas por António de Spínola, no início de 1972. Esta posição, assumida contra tudo e contra todos, interna e externamente, filiava-se em convicções políticas profundas, segundo as quais Portugal não tinha o direito de abandonar os seus filhos, brancos e negros, a um destino incerto, no contexto de uma independência liderada por movimentos «terroristas», que não deixariam de expulsar e espoliar os primeiros, e exercer toda a sorte de represálias sobre os segundos.

Chegado à Presidência da República, é de todo improvável que viesse a reconsiderar estes pressupostos. O que, no contexto de um sistema presidencialista, significaria a manutenção da mesma política.

E, como disse a Freitas do Amaral, na conversa já transcrita, se o chefe do Governo dele dependente fosse demasiado progressista, desde logo se levantaria um diferendo permanente entre as suas convicções conservadoras e o progressismo do presidente do Conselho, que se veria forçado, sob pena de demissão, a seguir as suas diretrizes.

Por outro lado, havia aspetos, na altura imponderáveis, da política nacional e internacional, que a seu tempo se apresentariam, independentemente do condutor da política nacional, de que são exemplos o problema dos oficiais intermédios das Forças Armadas, que viriam a despoletar o golpe militar de 25 de Abril de 1974, e a guerra israelo-árabe, em 1973, no contexto da qual Portugal, perante o ultimato dos Estados Unidos, se viu forçado a uma posição que o isolou ainda mais no contexto internacional.

Por isso, o mais certo é que o desfecho final fosse o mesmo.

3
«PROGRESSO EM PAZ... UMA ASPIRAÇÃO, UM PROGRAMA»

No dia 9 de agosto de 1972, Américo Tomás toma posse do seu terceiro mandato presidencial, pronunciando um discurso[552], de cujo teor não deu conhecimento prévio a Marcello Caetano, a quem explicaria que o não fizera por conter «algumas palavras elogiosas a respeito do Chefe do Governo, a quem ratificou a sua confiança»[553]. Mas, percorrido o discurso, de fio a pavio, não se encontram tais elogios pessoais. O essencial da mensagem presidencial está contido no seguinte parágrafo:

> [...] o respeito devido à Constituição, à nossa História quase milenária e aos portugueses que ao longo dos séculos tudo sacrificaram e estão sacrificando em holocausto da Pátria, impõe que se mantenha, sem hesitações e sem tibiezas, a decisão que Salazar consubstanciou nos célebres palavras que proferiu em abril de 1961. A minha recente reeleição, com o aplauso generalizado da Nação, bem ciente do meu firme pensamento em tão melindrosa matéria, não pode ter significado diverso.

O «aplauso generalizado», de que fala o Presidente, era, no entanto contestado por algumas ações espetaculares: as Brigadas Revolucionárias distribuem, através de petardos, milhares de panfletos contra a sua eleição, ao mesmo tempo que soltam, em Lisboa (no Rossio e em Alcântara), dois porcos vestidos de almirante; e a ARA, no próprio dia da tomada de posse, realiza a sua última ação, que consistiu na destruição ou danificação simultânea de vinte torres metálicas das linhas de alta tensão da rede elétrica nacional, em Lisboa, Porto e Coimbra.

Este momento político significa um ponto de rutura. Rutura entre um passado recente, perspetivado numa ótica de renovação política, na qual se empenharam e investiram as camadas mais jovens das elites portuguesas, e um futuro assente num sistema político fossilizado, a herança envenenada de um salazarismo que permanecia para além do seu construtor. E as clivagens que vinham a esboçar-se desde o ano anterior acentuam-se, agora sem hesitações nem rebuços.

Dois dias depois da posse presidencial, Marcello Caetano procede a uma remodelação do Governo, a qual incide sobretudo na área económica, precisamente aquela onde os passos da renovação se revelaram mais precoces e eficazes. Dias Rosas, que apresentara a demissão em fevereiro, é substituído por Cotta Dias, um importante dirigente da ANP, e com ele saem também os vários secretários de Estado, como Rogério Martins e Xavier Pintado. Do último governo de Salazar, mantêm-se ainda Gonçalves Rapazote (Interior), Almeida Costa (Justiça), Pereira Crespo (Marinha) e Silva Cunha (Ultramar). Pode, com toda a justeza, falar-se de uma clara opção no sentido conservador, já que nas pastas fundamentais – Interior e Ultramar – permanecia a ligação ao passado salazarista, tendência agora reforçada por um dos membros da ala mais conservadora das hostes marcelistas agrupadas na ANP.

Entretanto, a 22 de julho, foram assinados os Acordos de Bruxelas, entre a CEE e os países não candidatos à adesão, em cujo ato o ministro dos Negócios Estrangeiros, representou Portugal. Apesar dos desejos iniciais do Governo português, que preferia uma cooperação mais alargada, esta aproximação ao movimento de integração europeia traduziu-se na fórmula do «acordo comercial», o que permitiu, segundo Rui Patrício, «assegurar a defesa dos interesses fundamentais da economia portuguesa sem qualquer cedência e sem a mínima contrapartida na definição nacional dos rumos da política portuguesa»[554].

No dia 7 de agosto, a SEDES divulga, através da imprensa, o documento «Portugal: o País que somos, o país que queremos ser»[555], redigido pelo seu Conselho Coordenador, a pretexto da eleição presidencial, considerada «a muitos títulos significativa do estilo de vida que corremos o risco de nos propormos como nação para os próximos anos».

Apesar do seu tom formalmente moderado – não se trata de um manifesto, mas de uma reflexão – o documento é arrasador na análise da realidade portuguesa, dos seus condicionalismos e das suas limitações. Inicia-se com uma radiografia dos «problemas que se agravam sem solução»: diminuição drástica da população ao longo da década 1960-1970; incapacidade para rever as estruturas económicas e métodos de trabalho no quadro da aproximação inevitável à CEE; desagregação das economias regionais; deterioração da administração pública; e tantas outras que podiam ser elencadas:

LIVRO SEGUNDO PRESIDENTE DO CONSELHO DE MINISTROS   707

Quem considerará satisfatória a situação nas nossas principais universidades, nos hospitais centrais e sub-regionais, dos mecanismos de apoio às pequenas e médias empresas, do sistema bancário e de financiamento do investimento, da modernização e equipamento dos centros rurais, de estímulo e atualização da vastos setores produtivos – a agricultura, a pesca, o comércio retalhista, as próprias empresas do Estado e de economia mista – de dinamização e descentralização das autarquias locais?...

O sentimento geral, que domina, é o da frustração e de um «difundido mal-estar» e ainda «a passividade, a resignação, o alheamento de meros espectadores da nossa própria vida: cansados de espetáculos há muito repetidos e ainda tornados a repetir».

O documento é longo, mas vale a pena continuar.

A partir deste retrato, é defendida a «necessidade de mudanças radicais», no que se refere ao «estilo de vida económica, social e política», porque «Não é aceitável um equilíbrio nacional baseado na anemia geral, na repressão e no enfraquecimento dos diversos participantes».

São várias as «condições de desbloqueamento»: *i)* «A dinamização da vida económica»; *ii)* «A dinamização do sindicalismo e do associativismo»; *iii)* «Um poder público capaz de promover a criação coletiva das regras do desenvolvimento económico, social e político, de assegurar o respeito do seu cumprimento, de garantir o exercício dos indispensáveis mecanismos corretivos»; *iv)* «... uma informação ampla, pluralista e autêntica»; *v)* «A garantia do exercício efetivo dos direitos fundamentais, designadamente, de liberdade de expressão, de reunião e de associação, condição da própria realização das pessoas».

Desafiando, abertamente, as perspetivas do Poder, termina:

A alternativa não pode ser mais entre a estagnação ou a mudança, entre a conservação do passado ou a construção do futuro. A mudança será necessariamente traço comum de qualquer alternativa. Como povo e como nação só podemos escolher entre o progresso orientado ou a desagregação descoordenada das estruturas tradicionais.

Anote-se que, na própria noite da reeleição de Américo Tomás (25 de julho), a SEDES – «num desafio claro ao regime»[556] – organizou, em Lisboa, um «espetacular» colóquio sobre «Portugal e a Europa», em que intervieram José da Silva Lopes, Francisco Sarsfield Cabral, José Manuel de Mello, Eugénio Mota e João Salgueiro, e no qual estiveram presentes «mais de 400 personalidades do Governo, da finança, do empresariado mais jovem, do sindicalismo, da juventude universitária»[557].

Por muito que Marcello Caetano o desejasse, os setores modernos do país, não estavam com ele e não se reviam, de todo, no rumo que imprimira ao seu projeto político. E de nada valia vir à televisão chamar «traidores» aos que o abandonavam.

No dia 20 de agosto, o *The New York Times*, afirmava: «As esperanças numa mudança foram destruídas.»[558]

O final do quarto ano de governo de Marcello Caetano não é isento de preocupações, sobretudo no tocante à guerra colonial.

A 11 de julho, as Brigadas Revolucionárias destruíram em Cabo Ruivo quinze camiões «Berliet» e outro material de transporte destinado ao Exército. E, no mês seguinte, a 25, procedem à sabotagem das instalações da Companhia Rádio Marconi, em Palmela e Sesimbra, perturbando gravemente as comunicações telefónicas com as colónias e o estrangeiro.

No dia 25 de julho, em Moçambique, a FRELIMO desencadeia as primeiras ações nos distritos de Manica e Sofala, no centro do território. E, no dia 4 de agosto, no decurso de um acidente ocorrido na fronteira entre Moçambique e o Malawi, são mortos pelas tropas portuguesas 11 cidadãos malawianos, provocando um incidente diplomático. Este agravamento da situação levará os colonos de Vila Pery a manifestarem o seu descontentamento pelo que afirmavam ser a inação das Forças Armadas e a reivindicarem armas para serem eles próprios a garantir a sua defesa.

Quanto a Angola, onde a situação parecia mais controlada, o dado principal é a nomeação do Eng. Santos e Castro, um amigo de Marcello Caetano e membro destacado da ANP, para Governador-Geral, em 9 de agosto, seguida, no mês seguinte, pela saída do general Costa Gomes das funções de Comandante-Chefe, para vir substituir Venâncio Deslandes como Chefe do Estado-Maior General das Forças Armadas.

Ao nível das instâncias internacionais, a pressão sobre Portugal não abranda. No dia 24 de julho, é apresentado na ONU o relatório dos membros da Comissão de Descolonização, que se tinham deslocado à Guiné em abril. E dois meses depois, a 22 de setembro, o Fourth Committee (Comissão política da Assembleia Geral da ONU) aprova (79 votos a favor, 10 contra e 16 abstenções) a atribuição do estatuto de observador aos representantes dos movimentos de libertação das colónias portuguesas, sendo que entre os países que se opuseram se contaram os Estados Unidos e a África do Sul.

O ano político de Marcello Caetano termina com uma visita oficial ao Brasil, entre 6 e 8 de setembro, para assistir às cerimónias de encerramento das comemorações do 150.º aniversário da respetiva independência.

No primeiro discurso, proferido no ato da condecoração com a Grã--cruz da Ordem Nacional de Mérito do Brasil, salientou os progressos da Comunidade Luso-Brasileira, na qual se inseria a Convenção sobre Igualdade de Direitos e Deveres entre Brasileiros e Portugueses aprovada no ano anterior[559].

Mais político, do ponto de vista teórico, é o discurso de agradecimento da atribuição do grau de doutor *honoris causa* pela Universidade da Guanabara, Rio de Janeiro, no dia 8. Sob o título «A justiça não resulta da violência, é fruto da razão»[560], afirma que a justiça resulta da «harmonia e equilíbrio de interesses»:

> Não acredito nas virtudes da violência desordenada nem creio nos méritos da anarquia. Pelo contrário, continuo fiel à convicção da necessidade da autoridade, que, sensível às aspirações coletivas, possa definir normas de conduta social e fazê-las cumprir.
>
> O Direito, expressão superior da Justiça, não é fruto espontâneo da convivência social – mas uma conquista árdua da razão humana.

Falou ainda na cerimónia de outorga do título de Vice-presidente de Honra do Instituto Histórico e Geográfico Brasileiro, que lhe fora atribuído, onde disse que «a História não deve ser campo de batalha!»; na posse da cadeira n.º 1 de sócio-correspondente da Academia Brasileira de Letras; nas solenidades de formatura dos bacharelados da Faculdade Brasileira de Ciências Jurídicas, do Rio de Janeiro, onde não resiste a falar da autoridade; e, finalmente, na imposição da Grã-cruz da Ordem do Mérito Educativo, feita pelo ministro da Educação e Cultura brasileiro.

No dia 27 de setembro, cumprem-se quatro anos à frente do Governo. Para comemorar o aniversário, Marcello Caetano deixa-se rodear do povo, aqui representado por trabalhadores rurais e pescadores, junto do qual procura refrigério. Estes vinham agradecer-lhe – e, saliente-se, bem merecidamente – os benefícios que lhe tinham sido concedidos pelo Governo. O Presidente do Conselho desabafa[561]:

> A vida dos homens de Governo não é fácil nem alegre. As responsabilidades são muitas e pesadas. As preocupações afligem a toda a hora. Injustiças e incompreensões não faltam, e por muito que contra elas se esteja couraçado doem sempre. Por isso quando se ouve uma palavra boa e sincera da boca dos governados, essa palavra é bálsamo e é estímulo.

Depois de referir as garantias que tinham sido dadas aos rurais e aos pescadores, no decurso do seu mandato, e de afirmar que chegara a hora em que era «possível começar a dar aos trabalhadores rurais os mesmos direitos dos outros trabalhadores», e a «indispensável atualização da previdência e a generalização do abono de família aos pescadores artesanais», conclui:

> Nós não podemos realizar tudo quanto queremos. Mas do que todos podem estar certos é da enorme vontade que anima o Governo de servir o povo português. Para isso aceitei, faz hoje quatro anos, estas espinhosas funções. Para servir a Nação na integridade de todas as suas parcelas daquém e dalém-mar. Para servir o País na resolução dos seus problemas políticos, económicos e sociais. Para servir os Portugueses, ajudando-os a realizar-se como pessoas dentro da sociedade que lhes impõe limites e deveres para que unidos na mesma fé e na mesma esperança possam engrandecer e perpetuar Portugal.

O tom é de balanço, um balanço desencantado (e triste?) de alguém que sente a necessidade de afirmar a pureza das suas intenções e da sua política, que não é realizada em nome pessoal, mas assume como prestação de um serviço aos portugueses.

É também – como nenhum outro proferido em idênticas circunstância – de balanço aquele que poderíamos chamar o «discurso oficial» da data, também dirigido a amigos – as comissões da ANP – significativamente intitulado «Ao cabo de quatro anos: problemas e soluções»[562]

Parece que Marcello Caetano desistiu das elites da sociedade portuguesa, incluindo as elites políticas. Desde há muito que não produz um discurso de fundo dirigido ao País, podendo afirmar-se que a última vez que o fizera datava de dezembro de 1970 – quase dois anos antes –, quando apresentara e defendera na Assembleia Nacional a sua proposta de revisão da Constituição.

Depois de reafirmar o caráter cívico, apartidário e aberto da organização e recordar os respetivos princípios básicos, que têm norteado a atuação do Governo ao longo dos quatro «difíceis anos que hoje se cumprem», considera que o povo português o tem apoiado sempre, «não apenas como reconhecimento do nosso desejo fervoroso de servir o País, e só o País, mas também por estímulo para prosseguir, firmes nos mesmos princípios e animados nos mesmos propósitos».

Quais os problemas enfrentados? A emigração, a inflação e a situação do meio rural e da agricultura.

No entanto, e não obstante as dificuldades, verifica-se progresso tanto localmente, como na indústria. Mas há que avançar, o que implica a reconversão da agricultura, a promoção da habitação e a manutenção da reforma da administração pública. Todos estes projetos de fomento têm sido realizados apesar dos encargos da defesa e da promoção do fomento das províncias ultramarinas.

E a política?

Nesta hora de balanço, a política fica quase só circunscrita ao problema do «terrorismo no mundo», no qual enquadra a atuação da ONU, assim retratada:

> E até quando na Organização das Nações Unidas o caso é inscrito na Ordem do Dia, sabendo-se de antemão que o despotismo da maioria se sobreporá mais uma vez aos ditames da justiça e às conveniências internacionais – vê-se este facto espantoso: o secretário-geral anuncia desde logo que a eventual condenação do terrorismo não compreenderá o que se passa na África austral! Isto é: se alguma decisão condenatória se tomasse, a lei seria geral para todo o mundo, mas excetuando-se Portugal, a Rodésia e a África do Sul. Nos territórios portugueses de África seria lícito o que no resto do globo se consideraria condenável!
>
> Querem maior iniquidade? Querem maior prova de parcialidade? Querem mais cabal demonstração do ódio das chamadas Nações Unidas contra a civilização da África austral? E então, choram-se lágrimas de crocodilo porque respondemos de armas na mão à agressão terrorista. Ninguém lastima mais do que o Governo português os atos de luta e a perda de vidas nas suas províncias; mas toda a repressão cessará desde que cesse a agressão. E isso está nas mãos dos inimigos de Portugal.

O balanço das realizações do Governo não terá sido o que se desejava, «mas é suficiente para tranquilidade de consciência dos governantes e dos que os apoiam». Além disso, «Nas atuais circunstâncias, não sei se seria possível fazer mais e melhor».

Ainda uma derradeira nota política:

A democracia será um bom sistema de governo mas nos países que começam por ter a consciência daquilo que se não discute e que sabem estar o segredo da prosperidade e até do florescimento cívico no trabalho perseverante, bem feito e produtivo. Porque se assim não for, podem os ingénuos desenganar-se: trabalhar pouco e discutir tudo nunca conduziu nenhum país à felicidade e à riqueza. Já de resto o experimentámos outrora. O resultado aproximou-se do caos.

O lema é, pois, progredir em paz, porque «os caminhos mais indicados para se atingirem os objetivos do progresso são os do entendimento e da paz». O contrário, seria o Apocalipse:

Por toda a parte surgem os apóstolos da revolução. De uma revolução social que todos entendem como destruição do que está – como se fosse possível! –, mas onde cada um diverge quanto aos caminhos e processos a adotar depois. Sim: e depois? Depois... o banho de sangue, a desordem do caos e das ruínas, a soma dos sofrimentos impostos à Humanidade, conduziriam – se conduzissem a alguma coisa nas mãos dos revolucionários... – a uma sociedade do género daquelas que já são conhecidas e onde os homens são ainda mais infelizes do que nas outras... [...]

Progresso em paz... Uma aspiração, um programa. Mas também efetiva realização já, nestes tempos em que só no meio de ameaças, perigos, golpes, ataques é possível a um povo, que quer progredir, seguir o seu caminho, quando o anime a resolução de resistir e a vontade inabalável de vencer.[563]

Ano Cinco

27 de setembro de 1972
a
27 de setembro de 1973

1

«JÁ TENHO EXPLICADO
QUE TAL NEGOCIAÇÃO É IMPOSSÍVEL.»

No próprio dia da posse presidencial – que, segundo Américo Tomás, correu num ambiente significativamente mais frio «em relação às duas anteriores, realizadas em vida do doutor Salazar»[564] –, o reconduzido Presidente da República recebeu Marcello Caetano que, embora isso não seja referido por nenhum deles, segundo a praxe, lhe terá posto o lugar à disposição, sendo-lhe reiterada a confiança. Terá sido nesta audiência que Marcello Caetano disse ao Chefe do Estado que começava a ser tempo de ir pensando na sua substituição, porque não poderia acompanhá-lo durante todo o mandato, não só porque as funções eram desgastantes, mas ainda porque sofria de uma insuficiência cardíaca, declarada havia três anos. Quando muito, poderia manter-se apenas durante mais um ano após as eleições para deputados no final de 1973[565].

O outono de 1972 vai revelar-se bastante complicado, a todos os níveis.

No momento em que, no Ministério da Educação, se avançava decididamente na implementação da maior reforma da educação na vigência do Estado Novo – indiscutivelmente um dos maiores êxitos do governo de Marcello Caetano –, um acontecimento trágico veio marcar indelevelmente as relações entre o Poder e os estudantes das universidades. No dia 12 de outubro, durante um plenário, um agente da DGS mata a tiro José António Ribeiro dos Santos, estudante do Instituto Superior de Ciências Económicas e Financeiras (ISCEF) e militante do MRPP[*], sendo ainda ferido, também a tiro, o estudante de Direito, José Lamego, o qual, depois

---

[*] O MRPP – Movimento Reorganizativo do Partido do Proletariado foi fundado a 18 de setembro de 1970, em rutura com o Partido Comunista Português, que acusava de ter adotado uma ideologia «revisionista», pelo que deixara de ser o «partido do proletariado». Para a prossecução da revolução era necessário reorganizá-lo – daí o nome escolhido. Teve como Secretário-Geral Arnaldo Matos e como órgão central o jornal *Luta Popular*, cuja primeira edição foi lançada em 1971.

ter sido levado, sob prisão, ao hospital, foi transferido para a Prisão-
-Hospital de S. João de Deus, em Caxias. No dia seguinte, os estudantes
protestam contra a morte do colega, sendo reprimidos pela polícia, e
convocam o povo para participar no funeral, que se realizaria no dia 14.
A polícia tenta impedir que este se torne numa manifestação contra o
regime, dispersando os acompanhantes e prendendo cerca de duas dezenas de pessoas, não conseguindo, contudo, evitar a realização de manifestações em Lisboa. Nos dias seguintes, são efetuadas mais prisões,
designadamente de dirigentes associativos do ISCEF e da Faculdade de
Medicina.

Este grave acidente não consumava apenas «a generalizada deserção
psicológica da juventude universitária»[566], mas contribuía também para o
desalento geral. Como escrevia, no Natal daquele ano, o advogado e jornalista José Ribeiro dos Santos, familiar do estudante assassinado, a Marcello Caetano:

> [...] quando desabou sobre todos nós aquele desgraçado episódio que se
> saldou pelo preço de uma vida jovem e que, por um instante só, fez subir a
> uma temperatura de tragédia a opinião de muitas pessoas menos aptas a pen-
> sar que propensas a deixar-se conduzir por ímpetos emocionais. Quantos
> pais, quantas mães estremeceram a indagar como pode ter sido? E só sabiam
> concluir que foi terrível, terrível, terrível. Para todos nós, afinal.
>
> Mas não estarei eu a lembrar coisas que foram esquecidas? Não nos ilu-
> damos, porém, a tirar daí uma conclusão de alívio. Pelo contrário, talvez seja
> apenas mais um índice deste nosso desprendimento de tudo, deste nosso
> continuado encolher de ombros, deste desalentado e desalentador salve-se
> quem puder.[567]

Externamente, os ventos também não correm de feição. Bem pelo
contrário, transformam-se em borrasca.

No dia 2 de outubro, perante a reação violenta do ministro dos Negócios Estrangeiros português, Rui Patrício, na ONU, contra a decisão da
Assembleia Geral em atribuir o título de observadores aos representantes dos movimentos de libertação das colónias portuguesas, acusando a
organização de não ter nem lei nem regras, a maioria dos delegados abandona a sala. No dia 14, os «Padres de Burgos» apresentam, na assembleia
europeia do movimento «Justiça e Paz», documentos que afirmam provar a violação dos direitos do homem pelas autoridades portuguesas, em
Moçambique. Dois dias depois, a Assembleia Geral da ONU reconhece o

PAIGC como legítimo representante do povo da Guiné e, a 2 de novembro, reconhece a legitimidade da luta armada contra Portugal, em África. No dia seguinte, o jornal *Le Monde* publica um artigo sobre a situação em Moçambique, baseado em declarações de um padre católico, no qual se afirma, em título, que «cada dia pode ter um My-Lai»[*]. No dia 9, a FRELIMO lança uma grande ofensiva na zona de Tete. E, nos dias 11 e 13, surgem novas medidas no seio da ONU: no primeiro, foi aprovada, por unanimidade dos membros do Conselho de Segurança, uma resolução em que se pede a Portugal o início de conversações com «interlocutores válidos» para a solução das guerras; e no segundo, o Comité de Descolonização reconhece os movimentos independentistas das colónias portuguesas como legítimos representantes dos respetivos povos. Idênticas resoluções serão ainda aprovadas nos dias 14 e 22[568].

É o cerco total por parte da comunidade internacional.

Tendo por cenário este pano de fundo, em outubro de 1972, Amílcar Cabral propõe encontrar-se com Spínola «em território português, eventualmente em Bissau»[569]. O Governador da Guiné veio a Lisboa transmitir pessoalmente ao Presidente do Conselho a proposta recebida, «esgotando toda a gama de argumentação para que não se perdesse a oportunidade oferecida».

Marcello Caetano manteve a posição tomada em maio, opondo-se à realização do encontro que, em seu critério, se traduziria num reforço do prestígio político do líder do PAIGC. E, perante a minha continuada insistência, acabou por afirmar, perentoriamente, que estava fora de causa qualquer hipótese de acordo político negociado e que se encontrava preparado para aceitar, se necessário uma «derrota militar».[570]

Perante a irredutibilidade de Marcello Caetano, António de Spínola conclui:

A realidade, porém, é que estava perdida a última oportunidade de se resolver com honra e dignidade o problema da Guiné. [...]

---

[*] Alusão à aldeia vietnamita onde, em 16 de março de 1968, centenas de civis, na maioria mulheres e crianças, foram executados por soldados do exército dos Estados Unidos, no maior massacre de civis, ocorrido durante a Guerra do Vietname.

A partir do referido encontro [...] arreigou-se profundamente no meu espírito a convicção de que Portugal, em contradição com a sua própria vocação e em sistemática oposição às tendências da evolução político-social do Mundo, caminhava para um fim trágico; pois nenhum português verdadeiramente consciente poderia aceitar como solução da grave crise em que o País se debatia a «esperança na realização de um milagre» ou a perspetiva de uma «derrota militar».[571]

No termo da visita, já no aeroporto de Lisboa, e momentos antes da partida para Bissau, Spínola faz algumas declarações à comunicação social, nas quais afirma:

> Mas será utópico pensar-se que o progresso e o desenvolvimento da Província serão suficientes para restabelecer a paz; a par e para além disso, os africanos da Guiné aspiram à expressão humana a que têm indiscutivelmente direito. Expressão que desejam num contexto dilatado de portugalidade renovada, pelo que ainda está nas nossas mãos a redução da guerra a proporções compatíveis com as metas do presente. Bastará para tanto atentar na essência dos conceitos que estão na origem da convulsão africana, e criar um clima de confiança na evolução que se impõe ativar através de medidas ajustadas de caráter político-administrativo.[572]

Chegado a Bissau, e em resposta a uma carta de Marcello Caetano, no dia 24, Spínola responde-lhe[573], voltando a insistir no diálogo direto com Amílcar Cabral, «sem quaisquer condições prévias e, nos termos do plano de paz de Senghor, mediante a recíproca aceitação de um "cessar-fogo"», afirmando as suas «apreensões ao pressentir que perdemos talvez a última hipótese de o Governador da Guiné dialogar com Amílcar Cabral em situação transitória de manifesta superioridade»*. Justificando as suas atitudes e propostas, diz ser «apenas um militar estruturalmente independente, a quem foi entregue a responsabilidade da solução de um problema que, sob uma falsa aparência militar, é fundamentalmente político; e que assim se viu forçado a invadir o campo da política na procura das soluções que garantissem o bem-estar das populações da Guiné – o fulcro do problema. E nesse campo, [...] temos de reconhecer que quando

---

* Esta «superioridade» negocial de Portugal tinha como base o facto de, segundo afirma, «o PAIGC atravessa[r] uma grave crise resultante da carência de substrato humano interno para o recrutamento da sua massa combatente, cada vez mais abalada pela nossa política local de "contrarrevolução social".

se parte de uma estrutura de inspiração capitalista e autoritária há que encontrar a linha de equilíbrio, socializando e liberalizando, o que de forma alguma quer dizer que se transija com qualquer hipótese de ultrapassagem dessa linha de equilíbrio.»

As declarações de Spínola, no aeroporto de Lisboa, mereceram algumas observações do Presidente do Conselho, às quais o primeiro responde em termos que marcam já o distanciamento, cada vez maior, entre os dois homens, um distanciamento que, em breve, se traduzirá na rutura total:

> Quanto às observações contidas na parte final da carta de Vossa Excelência, que interpreto como alusivas ao meu último discurso, elas vêm reforçar o ponto de vista que sempre tenho defendido junto de Vossa Excelência, relativamente aos inconvenientes da minha permanência à testa do Governo da Guiné, face ao desfasamento do ritmo de desenvolvimento de uma linha de evolução política em que continuo a julgar-me totalmente identificado com Vossa Excelência.
>
> E, assim, mais uma vez deponho nas mãos de Vossa Excelência a escolha do momento oportuno do meu regresso à Metrópole, onde terei muita honra em continuar a servir a Nação nas Forças Armadas.

Marcello Caetano tenta responder a todas estas pressões.

Primeiro, escuda-se por detrás de considerações teóricas. Fê-lo, a 10 de novembro, na sessão de encerramento do Congresso Luso-Hispano-Americano de Direito Internacional, realizado em Lisboa, afirmando que «A ordem internacional tem de resultar da razão»[574], procurando esvaziar, se não a legitimidade, pelo menos a autenticidade das decisões tomadas em assembleia, apodadas de demagógicas:

> Enganam-se aqueles que pensam ser possível criar uma eficiente ordem universal a partir de assembleias de Estados onde a demagogia procura êxitos através de maiorias mecânicas de votos. A ordem tem de resultar da razão. E a razão não pode desprender-se do concreto, não pode laborar no vazio, não pode abstrair das circunstâncias em que os problemas a resolver surgem e decorrem. A ignorância das situações reais, junta à incompreensão dos motivos alheios e à obsessão por preconceitos, conduz a posições catastróficas. Se o mundo quer paz, tem de renunciar ao culto das ideologias, para procurar conhecer e compreender, de alma aberta, as razões das atitudes de cada nação no que toca aos seus interesses vitais.

MARCELLO CAETANO UMA BIOGRAFIA POLÍTICA

Volta ao tema, no final da «conversa em família» transmitida quatro dias depois[575], a propósito de uma proposta de resolução apresentada no Conselho de Segurança da ONU – que seria aprovada, por unanimidade, no dia 22 – na qual, com base no reconhecimento da legitimidade das lutas travadas pelos movimentos de libertação das colónias portuguesas, é pedido ao Governo português que inicie o processo de negociações. Mantendo a tática, não só agressiva como redutora, da chamar «terroristas» aos movimentos de libertação e seus combatentes – no que, aliás, é acompanhado pelo seu ministro dos Negócios Estrangeiros, Rui Patrício –, afirma perentoriamente:

> Já tenho explicado que tal negociação é impossível. Estamos prontos para todas as conversas que tenham por objeto o regresso dos terroristas à sua terra, a sua reintegração na pátria portuguesa e até o estudo da aceleração da participação dos naturais das províncias na sua administração e no governo local. [...] Mas ninguém pode esperar de nós a entrega de terras portuguesas a bandos reunidos para servir interesses alheios empregando a violência. Nenhum governo poderia entrar em tais negociações sacrílegas. Não o permite a Constituição Política. Não o quis a Nação no sufrágio imponente com que respondeu à pergunta feita nas eleições para deputados em 1969. Não o consente a honra nacional.

Lamentando os temores de «alguns vizinhos» de Moçambique, que acabam por «fazer o jogo do inimigo», e falando, pela primeira vez, da «quinta coluna formada aqui mesmo, na Metrópole, para minar o moral da Nação», afirma a necessidade de o país se couraçar,

> Porque nesta luta prevalecerá a vontade que mais tempo preservar e resistir.

A charla televisiva tinha por objetivo fazer um levantamento situação do País, no início da última sessão legislativa da X Legislatura, designadamente quanto às dificuldades do comércio com a Espanha; à Lei de Meios com vista ao Orçamento de 1973, no qual ainda será possível não aumentar os impostos; às providências sobre o funcionalismo, no sentido de o aproximar dos restantes trabalhadores; e ao esforço enorme desenvolvido na reforma do ensino, na área da saúde e no fomento.

Relativamente ao acordo celebrado, em julho, entre Portugal e a CEE, justifica-o porque, apesar da sua disseminação por vários continentes, a

Metrópole está na Europa e «não pode, em nome das ligações que mantém com o Portugal africano, desconhecer o conjunto de interesses que a ligam, cultural e economicamente, como na política e na defesa, aos restantes países do Ocidente europeu». Ressalva, no entanto, qualquer integração no Mercado Comum, por não termos condições que nos permitam aderir a um mercado aberto, justificando assim o acordo comercial obtido.

«Não reparem se me acharem hoje ar triste e abatido», foram as suas primeiras palavras. Era natural, porque nesse mesmo dia tinha morrido o seu «querido amigo», «um amigo de toda a vida», Pedro Theotónio Pereira: «Foi alguém na história portuguesa dos últimos quarenta anos.»

Marcello Caetano tinha razões para estar triste. De facto, Theotónio Pereira fora o grande amigo de toda a vida. Identificados com um ideal comum, primeiro no Integralismo Lusitano, e, depois, na construção do corporativismo do Estado Novo, independentemente de divergências políticas pontuais – que as houve – e da distância geográfica que durante muitos anos os separou, dada a sua longa carreira diplomática –agente especial do Governo Português junto de Franco e embaixador em Madrid (1938-1945), embaixador de Portugal no Brasil (1945-1947), em Washington (1947-1950), em Londres (1953-1958), e, novamente, em Washington (1961-1963) –, não obstante este distanciamento físico, Marcello tinha podido contar sempre com aquele amigo do peito, inclusivamente depois de ter assumido as funções de Presidente do Conselho. Sempre a apoiá-lo, discretamente e com a elegância de um *gentleman* – «Não se mace nunca a responder», dizia-lhe em novembro de 1968 –, e encorajando-o com as suas palavras amigas. As cartas recebidas testemunham, eloquentemente, a amizade profunda que os unia.

Em 29 de setembro de 1971, agradece a oferta de *Renovação na Continuidade*, nos seguintes termos:

> [...] fiquei comovido e feliz: comovido pela dedicatória tão amiga [...]; e feliz por ver o partido que tirou do trabalho realizado. Tudo consigo funciona a tempo e horas e, na sua inteligência, no dizer de todas a gente que priva de perto consigo, continua a fazer prodígios, eu quero felicitá-lo por uma grande qualidade que não é menos necessária num tamanho esforço: a imaginação! Tem tido ideias muito felizes e esse é um lado muito importante numa tarefa de renovação. Deus lha conserve![576]

MARCELLO CAETANO UMA BIOGRAFIA POLÍTICA

A doença degenerativa que atingia Theotónio Pereira avançava inexoravelmente, deixando marcas na própria caligrafia, patente na carta de 22 de maio de 1972, em que lhe diz:

> O discurso de ontem à noite[577] foi uma grande peça de oratória política. Disse o que era preciso e no momento próprio. A referência à nossa doutrina corporativa no domínio social foi uma ideia inspirada e põe-lhe de repente na mão o domínio de quarenta anos de reforma social. A frase do jornal de Maurras – tout ce qui est nationale est nôtre – não condensou tanto como você ontem conseguiu dizer. Tudo é lógico e atraente na sua mão.[578]

A última carta recebida por Marcello Caetano não está datada (mas, pelo teor, será de 1972), e refere apenas o momento em que foi escrita: «4.ª feira de manhã». Numa letra sofrida e irregular, antes de descrever os tormentos causados pelo tratamento – «tenho vertigens terríveis sobretudo da parte da manhã. Às vezes têm de me acudir e levarem-me de rastos» – afirma-lhe:

> Tem sido uma grande batalha mas a maior virtude desta luta de todas as horas está em manter os melhores da nossa gente em pé de guerra e atentos ao perigo. Com uma tensão desta natureza o espírito de luta não afrouxa. E sendo assim a vitória é sua – é nossa![579]

Termina com «Saudades do seu muito amigo e que muito o admira. Pedro».

O desaparecimento do amigo é mais um contributo para aumentar a já acentuada solidão pessoal e, sobretudo, política, num ambiente de crispação crescente, tanto interna como externa, num contexto de acentuado endurecimento do regime, do qual são exemplos a extinção, em outubro, por despacho do ministro do Interior, de várias cooperativas, sob a alegação de que é reduzido o seu caráter económico e que mantêm uma atividade «contrária à ordem social estabelecida»[580].

No sentido oposto, parece apontar o Decreto-lei n.º 450/72, que extingue as medidas de segurança, as quais, até aí, podiam estender-se indefinidamente. No entanto, trata-se de um alívio ilusório, porque, de acordo com as alterações ao Código Penal, de maio de 1972, os Tribunais Plenários – que julgavam os delitos de natureza política – podiam aplicar

– e aplicavam!, pelo menos no de Lisboa – penas prorrogáveis por dois períodos sucessivos de três anos, quando se mantivesse o estado de perigosidade do réu condenado, ou quando se verificasse que este não tinha idoneidade para seguir uma vida honesta; complementarmente, o parágrafo 3.º do artigo 175.º do mesmo Código estabelecia que «os que forem julgados como terroristas serão sujeitos ao regime aplicável aos delinquentes de difícil correção».

Perante a agudização do movimento estudantil, o Conselho Escolar da Faculdade de Letras de Lisboa, a 30 de novembro, decide o seu encerramento até 10 de dezembro, alegando «a situação anormal e que desde há uma semana têm decorrido os trabalhos escolares»[581].

Não obstante este ambiente carregado, na área estudantil, são boas as notícias sobre a educação em Portugal. No dia 19 de dezembro – três dias depois de, pelo Decreto-lei n.º 522/72, ter sido criado o ISCTE – Instituto Superior de Ciências do Trabalho e da Empresa –, o ministro da educação, Veiga Simão, em comunicação televisionada, anuncia ao País a instituição de quatro novas Universidades, seis Institutos Politécnicos e oito Escolas Normais Superiores. Era a maior reforma do ensino do Estado Novo e um passo de gigante na reforma do sistema educativo a que o jovem ministro tinha metido ombros.

A propósito da comunicação do ministro, o *Diário de Lisboa* inseriu um artigo de opinião, não assinado, que estabelece, veladamente, um paralelo entre os sentimentos do ministro da Educação e a realidade política naquele momento:

> Esta batalha, esta reforma, esta luta, só será ganha e conseguida pelo caminho da democratização do ensino. Mas o ensino é um aspeto apenas da vida nacional na sua totalidade. Quando lemos que «basta uma criança para justificar uma escola», é-nos difícil não acrescentar que «basta um pensamento para justificar a palavra que o exprime». E ninguém de boa-fé poderá dizer-nos que se trata de um paralelo abusivo.[582]

Este paralelo é também expresso por um professor da Universidade de Coimbra, que comenta:

> Isto assim não pode continuar. Vem o Presidente do Conselho à televisão e aparece triste, cansado, gasto, e tenta explicar ao país «como é difícil governar». A seguir vem o maroto do Simão, alegre, jovem, cheio de vitalidade, e mostra aos portugueses «como é fácil governar»... Isto ainda acaba mal.[583]

Ainda relacionada com os estudantes universitários, é a publicação da Portaria n.º 752/72, de 20 de dezembro, da responsabilidade do ministro da Defesa Nacional, Sá Viana Rebelo, a qual, considerando «que muitos dos recrutas destinados aos cursos de milicianos, beneficiando da concessão de adiamento das provas de classificação permitido pelo Decreto-Lei n.º 49099, de 4 de julho de 1969, retardam dois ou mais anos o cumprimento das suas obrigações do serviço militar efetivo, sem que, contudo, tenham conseguido o correspondente aproveitamento escolar», e que «têm diminuído nos últimos anos os contingentes de recrutas destinados aos referidos cursos», determina: «Não é concedido o adiamento da prova de classificação – incorporação – para ano de 1974 e seguintes aos recrutas que tenham tido falta de aproveitamento escolar nos dois anos letivos anteriores, entendendo-se por falta de aproveitamento não terem transitado de ano no respetivo curso.»

A oposição, no exterior, não estava inativa. Gradualmente, Mário Soares, a partir de Paris, ia construindo a sua rede de amizades políticas[584], que lhe permitiriam, mais tarde, ter um papel relevante na transição democrática, e, ao mesmo tempo, ganhar projeção política e relevo internacionais, procurando destacar-se como um líder credível de uma oposição não totalitária ao regime.

A 30 de novembro, o diário espanhol *Nuevo Diario*, publicou uma entrevista de Rui Patrício na qual o ministro dos Negócios Estrangeiros afirmava que «Mário Soares, que realiza agora no estrangeiro, e sem qualquer apoio interno, uma campanha contra Portugal, reconheceu então [1969] a liberdade das eleições»[585], afirmações que o *Diário de Notícias* puxou para a primeira página: «Declarações de Rui Patrício. Mário Soares achou que as eleições estavam corretas.»[586] No dia 7 de dezembro, Mário Soares reage violentamente, através de uma carta aberta, que correu o mundo, mas que o Exame Prévio, como era de esperar, não deixou publicar em Portugal, e na qual, tratando-o simplesmente pelo nome – «Rui Patrício» –, afirma, entre um extenso rol de acusações ao Governo e a Marcello Caetano:

> Sim, Patrício, Você até é um rapaz gentil e com boas maneiras; mas esta é a trágica verdade: ninguém vos liga a menor importância no mundo! E sabe porquê? Porque toda a gente tem a consciência plena de que Vocês mentem, de que mentem com quantos dentes têm na boca, e, sobretudo, de que não representam realmente nada.[587]

Dentro das fronteiras, no dia 10, as Brigadas Revolucionárias realizam mais uma ação, desta vez contra os Serviços Cartográficos do Exército, de onde tiraram mapas que foram depois enviados para os movimentos de libertação das colónias portuguesas.

No dia 5 de dezembro de 1992, a «revista» do *Expresso* publicou uma impressionante reportagem de Felícia Cabrita e Clara Azevedo, com chamada na capa: «Uma nódoa na História». O ainda hoje arrepiante relato – recolhido dos testemunhos de sobreviventes e militares envolvidos na ação – sob o título «Os mortos não sofrem», começa assim:

> Sábado, 16 de dezembro, vésperas de Natal. O mundo segue fascinado a viagem da nave «Apollo-17», os astronautas vasculham a Lua. Em Tete, província de Moçambique, três aldeias desaparecem do mapa.
>
> Empunhando a bandeira portuguesa, a 6.ª Companhia de Comandos e alguns elementos da DGS – a polícia política – matam em tempo record 400 pessoas.
>
> Chegam com o sol a pino, cheios de pó, suor e raiva. São quase uma centena. Procuram a base do inimigo, mas encontram aldeias indefesas, apenas com mulheres, crianças e velhos, desarmados.
>
> Fazem-se experiências. Um soldado abre o ventre de uma mulher grávida e mostra-lhe o sexo do feto. Colocam os canos das armas na boca de recém-nascidos, à laia de biberão. E as donzelas, depois de satisfazerem o ímpeto dos heróis, são abatidas. Quem não é capaz de matar não serve para soldado.
>
> Nesse dia a tropa improvisou.
>
> Foi há 20 anos, em Wiriyamu.

A reportagem refere-se a massacres perpetrados por militares portugueses e elementos da DGS, na zona de Tete, em Moçambique, no dia 16 de dezembro de 1972, durante a «Operação Marosca», que visava destruir santuários da FRELIMO, cuja atividade recrudescia cada vez mais. O texto da reportagem, bem como as denúncias feitas na altura, designadamente em notícia do jornal *Times*, em julho, concentram em Wiriyamu tais atrocidades, mas, na realidade, tratou-se de um conjunto de operações de limpeza, que incidiram sobre várias povoações na área de Tete, incluindo, além da primeira, as de Juwau e Chavola.

Denunciadas pelos missionários à respetiva hierarquia eclesiástica, o bispo de Tete comunica a ocorrência dos massacres ao Governador-

-Geral do Moçambique. Os relatórios dos padres foram também enviados ao Vaticano, ao Núncio Apostólico em Lisboa, ao arcebispo de Lourenço Marques e a toda a Conferência Episcopal de Moçambique[588]. Perante estas denúncias, mais tarde amplificadas pelo artigo do padre Adrian Hastings, publicado no *Times* de 10 de julho de 1973, o Governo português, em vez de assumir o acontecido e de ordenar um rigoroso inquérito com vista a apurar a verdade e punir exemplarmente os seus responsáveis – com o que ganharia alguma credibilidade – opta por varrer o venenoso lixo para debaixo do tapete. Entrevistado pela BBC, durante a sua visita à Grã-Bretanha, em 17 de julho, Marcello Caetano considera as denúncias «uma campanha internacional contra Portugal, campanha que não hesita perante os meios a empregar», recusando qualquer hipótese de realização de um inquérito internacional[589].

Para além do aspeto tenebroso e absolutamente injustificável, seja qual for o contexto – houve quem a justificasse como um acontecimento «natural» num ambiente de guerra[590] –, a atuação destes militares e, posteriormente, da respetiva hierarquia, vem fragilizar ainda mais a posição de Portugal na comunidade internacional e comprometer irremediavelmente a argumentação invocada pelos governantes e diplomatas portuguesas nas respetivas arenas.

Ainda desconhecedor do que se passava, Marcello Caetano abre o ano, com uma comunicação feita pela televisão, no dia 1 de janeiro, para falar sobre a «Melhoria da situação do funcionalismo público»[591], aproveitando para historiar todas as diligências do seu governo feitas nesse sentido. Apesar de, como afirmou, ter hesitado, acaba por dedicar dois parágrafos ao recenseamento eleitoral, para o qual convoca a população, recusando no entanto qualquer ligação entre esta referência e a atualização dos vencimentos: «Já sei que não faltarão comentários maldosos a insinuar que, afinal, o Governo atualizou os vencimentos porque se trata de ano de eleições...»

Nesse mesmo dia, entraram em vigor o alargamento da CEE ao Reino Unido, Dinamarca e Irlanda, bem como os acordos de comércio livre, de 22 de julho do ano precedente, entre aquela e os países da EFTA, entre os quais Portugal.

Entretanto, no dia 30 de dezembro, um grupo de católicos, presentes na missa da Capela do Rato, declarou-se em vigília permanente e sem ingerir qualquer alimento, até ao dia 1 de janeiro de 1973, para celebrar o

Dia Mundial da Paz*, e refletir sobre o tema «A paz é possível», proposto pelo Papa Paulo VI, pedindo a todos os presentes que participassem nesse gesto e o divulgassem perante o maior número possível de pessoas, fundamentando a sua decisão num texto em que se referem «[a]os problemas postos pela guerra de África à nossa consciência»[592]. Esta ação seria também divulgada por panfletos espalhados através de engenhos explosivos de fraca potência em vários pontos da cidade e no Barreiro e Seixal, nos quais de dizia: «Neste momento, na capela da Comunidade do Rato [...] cristãos fazem a greve da fome, alertando as consciências contra a guerra colonial.» Afrontando diretamente o Poder e a própria Igreja, estes justificam-se:

> Estamos conscientes de que a guerra de África é o ponto crucial da situação que vivemos. É um problema que temos muito a peito, que nos toca muito de perto e que constitui um drama permanente entre nós, como membros de uma sociedade e como cristãos de uma Igreja.
>
> Se sofremos com a apatia da Igreja a esse respeito, pesa-nos sobretudo o problema que a guerra representa para os povos de Angola, Guiné e Moçambique, bem como para o povo português. Queremos acreditar que também para esses povos a paz é possível. Propomo-nos contribuir para que essa paz seja uma realidade. É nossa intenção dar passos firmes no sentido de uma procura da paz.

No dia 31, a PSP e a DGS invadiram, evacuaram e encerraram a capela, fizeram uma busca com apreensão de vários objetos e publicações, e prenderam cerca de dezena e meia de pessoas que, depois de uma passagem pelo Governo Civil, foram conduzidas ao forte de Caxias, onde ficaram detidas**. Na sequência dos acontecimentos, os presentes, com vínculo

---

* O «Dia Mundial da Paz» foi instituído pelo Papa Paulo VI, na mensagem de 8 de dezembro de 1967, em que afirma: «Não se pode pois, falar de Paz, legitimamente, quando não são reconhecidos e respeitados os seus sólidos fundamentos: a sinceridade, ou seja, a justiça e o amor, tanto nas relações entre os estados, como no âmbito de cada nação; entre os cidadãos e entre estes e os governantes. Depois, a liberdade dos indivíduos e dos povos, em todas as suas expressões, cívicas, culturais, morais e religiosas; caso contrário, não se terá Paz; ainda mesmo que, porventura, a opressão seja capaz de criar um aspeto exterior de ordem e de legalidade, no fundo haverá um germinar contínuo e insufocável de revoltas e guerras.» /http://www.vatican.va/holy_father/paul_vi/messages/peace/documents/hf_p-vi_mes_19671208_i-world-day-for-peace_po.html–).

** Entre os detidos, contavam-se o arquiteto Nuno Teotónio Pereira e o professor universitário Francisco Pereira de Moura, para além de vários estudantes, um dos quais era Francisco Louçã.

MARCELLO CAETANO UMA BIOGRAFIA POLÍTICA

profissional ao Estado, foram demitidos da função pública ou rescindidos os seus contratos, por decisão do Conselho de Ministros de 9 de janeiro, ao abrigo do Decreto-lei n.º 25 317, de 13 de maio de 1935*.

Note-se que esta decisão do Governo decalca a resolução do Conselho de Ministros, então presidido por Salazar, de julho de 1947, através da qual foram demitidos vários professores universitários, levando Marcello Caetano, então presidente da Comissão Executiva da União Nacional, a reagir contra os métodos utilizados: «Como jurista – escreveu a Salazar –, considero como fundamental o princípio, só excecionalmente derrogável – de que ninguém pode ser condenado sem ser ouvido.» Vinte e cinco anos depois, recorre ao mesmo expediente, contra o qual se pronunciara tão veementemente.

Representativa do ambiente de crispação que perpassava pela sociedade portuguesa, na qual a repressão avança, agora assumida sem pruridos nem limites, é a nota oficiosa do Ministério do Interior, datada de 5 de janeiro, na qual a expressão «maus portugueses», utilizada, nos discursos, por Marcello Caetano, é substituída, pelo Ministro do Interior, pela de «traidores»: referindo-se aos acontecimentos do Rato, afirma que os seus participantes «sob pretexto religioso e a coberto de um lugar onde estava[m] há mais de vinte e quatro horas, desenvolv[iam] uma atividade de traição à Pátria»[593].

Crispação que se estende à Assembleia Nacional, onde o deputado Miller Guerra, no dia 23 de janeiro, faz uma dramática intervenção, na qual afirma:

> [...] como pode a Igreja ser livre num Estado que coarta a liberdade de pensamento e de expressão? [...]
> De facto, se ainda havia quem alimentasse dúvidas a este respeito, ficou plenamente elucidado depois dos acontecimentos da capela do Rato. A liberdade religiosa entre nós é pura e simplesmente uma ficção.[594]

Frequentemente interrompido com apartes dos setores mais reacionários da Câmara – num dos quais, feito por Pinto Castelo Branco, chega a ser apodado de «criminoso», – Miller Guerra acaba mesmo por ser admoestado pelo presidente da Mesa, Amaral Neto, que lhe chama

---

* Este decreto-lei manda aposentar, reformar ou demitir os funcionários ou empregados, civis ou militares, que «hajam revelado ou revelem espírito de oposição aos princípios fundamentais da Constituição Política ou não deem garantia de cooperar dos fins superiores do Estado».

«a atenção para o facto de «[...] estar referindo acontecimentos de forma diferente daquela que a mesma Assembleia tem todo o direito de crer que foi a realidade»[595], ou seja, traduzido em bom português, diferente da versão oficial.

Contra a afirmação, sempre repetida, de que a Nação está com o Governo e a sua política, a Comissão do Exame Prévio intima os jornais a enviarem-lhe as provas com este discurso, proibindo integralmente a sua divulgação.

Crispação e rutura. No dia 17 de janeiro, o *Diário de Lisboa* insere com grande destaque, na segunda página, uma notícia com o título «Projeto de amnistia constitucional», na qual descreve e analisa pormenorizadamente um projeto de lei entregue no dia anterior por Francisco Sá Carneiro ao presidente da Assembleia Nacional, em cujo artigo 1.º se determina: «São amnistiados os crimes políticos e as infrações disciplinares da mesma natureza.»

Consultada a Comissão de Política e de Administração Geral e Local[596], presidida por Gonçalves de Proença, esta resolveu, por unanimidade dos deputados presentes, que não devia sequer ser admitida, considerando-a «gravemente inconveniente». A anteceder o veredicto, a comissão lamenta que o projeto tivesse sido anteriormente facultado aos órgãos de informação «que não só o publicaram na íntegra, mas o receberam a tempo de permitir que, na mesma imprensa, fosse feita a sua análise crítica», sendo que tais processos são «suscetíveis de desencadear movimentos de opinião e atentatórios da isenção, como do ambiente de serenidade em que as Comissões devem trabalhar», constituindo «manifesto desrespeito às disposições do Regimento e às Regras deontológicas que todo o Deputado deve acatar», facto que o Presidente da Assembleia devia comunicar ao deputado apresentante do projeto de lei.

Como resultado, em declaração datada de 25 de janeiro de 1973, Sá Carneiro renuncia ao mandato, com a seguinte justificação:

A sistemática declaração de inconveniência atribuída, nestes dois meses passados, aos meus seis projetos* e as inusitadas considerações agora, pela

---

* Além deste último, Sá Carneiro refere-se aos seguintes: «Liberdade de Associação», «Liberdade de Reunião», «Funcionários Civis», «Alteração ao Código Civil» (divórcio e separação de pessoas e bens), e «Organização Judiciária».

primeira vez, produzidas pela Comissão [...], levam-me a concluir à evidência não poder continuar no desempenho do meu mandato sem quebra da minha dignidade, por inexistência do mínimo de condições de atuação política livre e útil que reputo essencial.

Mais tarde, comentou: «A única vez que a maioria me deu razão foi quando aceitou a minha renúncia.»[597]

Anote-se, finalmente, que todo o processo foi mantido no maior secretismo, facto que levou o presidente da Assembleia Nacional a não mandar publicar no *Diário das Sessões* a declaração de renúncia, por entender, na sua «liberdade de interpretar o Regimento [...] que a delicadeza genérica de uma rescisão de mandato, aconselha em princípio, guardar reserva sobre ela». Na prática, trava-se de uma operação de limpeza, evitando que ficasse exarado para a História um momento particularmente grave da vida nacional. No entanto, como disse no plenário o deputado Pinto Machado, alguns dias depois, «se um dia se fizer análise crítica desapaixonada desta X Legislatura, [Francisco de Sá Carneiro] ocupará lugar protagonista, pois imprimiu nela marca verdadeiramente histórica e, portanto, indelével.»

Poucos dias depois, no termo de uma atribulada e dramática intervenção sobre a censura, pronunciada a 6 de fevereiro[598], na qual o deputado quase foi impedido de falar, bombardeado por apartes, num ambiente tumultuário que levou, inclusivamente, o presidente a ter de interromper a sessão, por alguns instantes, Miller Guerra também renuncia ao mandato, afirmando:

> O espírito liberal está provisoriamente subjugado, mas um dia renascerá. Entretanto, é preciso manter a atitude inquebrantável de protesto. Como diria Hegel, as derrotas da razão agem como triunfos na dialética da História.
>
> E, com isto, Sr. Presidente e Srs. Deputados, despeço-me de V.as Ex.as. Peço a renúncia do mandato.

É bem provável que os deputados apoiantes e o próprio Governo tivessem, por momentos, respirado de alívio: em menos de um mês, tinham-se visto livres dos dois deputados mais incómodos e mais desestabilizadores da ordem, que voltava a estar estabelecida, segundo os princípios mais conservadores do Estado Novo, que não só resistira às tendências renovadoras de 1969 e 1970, mas também persistia num regresso às origens...

um regresso que, afinal, não seria mais do que um o início de um percurso a caminho do fim.

O alívio, se o houve, seria fugaz. Porque, no dia 6 de janeiro, sob a direção do, também deputado, Francisco Pinto Balsemão, inicia-se a publicação do semanário *Expresso*, jornal que, apesar da guerra aberta que lhe seria movida pela Censura, agora dita «Exame Prévio»[599], se tornará, para Sá Carneiro – que assinava a coluna «Visto» – e outros liberais, num palco bem mais visível e audível do que a reservada tribuna de S. Bento. Logo no primeiro número, a notícia de destaque, bem ao cimo da primeira página, é a seguinte: «63 por cento dos portugueses nunca votaram».

Nesse mesmo dia, as Brigadas Revolucionárias fazem deflagrar petardos de fraca potência destinados a espalhar panfletos de propaganda política numa dezena e meia de locais da cidade de Lisboa, desde o Largo do Rato, à Praça do Chile, ou da Avenida D. Carlos I, à Praça de Londres, bem como em zonas limítrofes, como Santa Apolónia e Moscavide. E, na Universidade, o ambiente continua tenso: três dias depois, o Conselho Escolar da Faculdade de Letras de Lisboa suspende das aulas, por 90 dias, quinze estudantes, entre os quais se contam cinco pertencentes à direção da Comissão Pró-Associação e três ao Conselho Fiscal.

Enquanto o Conselho de Ministros e o Patriarcado, cada um a seu modo, reagiam aos acontecimentos da capela do Rato, e, em Lisboa se realizavam manifestações contra a guerra colonial, iniciava-se no Tribunal Militar de Moçambique o julgamento dos padres do Macúti, por crimes contra a segurança do Estado, acabando condenados com penas suspensas, que as autoridades portuguesas consideraram muito brandas.

À margem de toda esta movimentação interna, mas acabando por se vir a refletir na política ultramarina, dissidentes do PAIGC assassinam, em Conakri, Amílcar Cabral e prendem o secretário-geral do partido, Aristides Pereira, a mulher do primeiro, e ainda vários outros dirigentes.

No meio de todo este torvelinho, Marcello Caetano fala ao País, no dia 15 de janeiro, com um discurso centrado, inevitavelmente, na tónica do Ultramar[600]. Não se sumariam aqui, por repetitivos e recorrentes, os argumentos invocados pelo Presidente do Conselho. No entanto, vale a pena referir que desta vez, invoca um novo trunfo, recolhido da experiência alheia.

No dia 18 de novembro do ano anterior, o representante da Bélgica no Conselho de Segurança da ONU apelara a Portugal para que seguisse o exemplo do seu país nos anos sessenta e concedesse pacificamente a independência aos seus territórios africanos.

Suportando-se nos resultados calamitosos desta descolonização, e citando as desilusões de Paul Spaak sobre a parcialidade da ONU, que ajudara a fundar, conclui que da organização não se pode esperar nem justiça nem paz: «Não são as Nações Unidas que terão capacidade, pois, para garantir quaisquer acordos de entrega do poder aos movimentos terroristas que a sua maioria ululante acarinha, louva e apoia.»

Glosando a seguir o tema proposto pelo Papa, afirma: «Mas então a paz é possível? É, claro que é.» Mas para tanto, a comunidade internacional tem de inverter a sua tática:

> Mas, mesmo nessas zonas, não de guerra, mas de traiçoeira guerrilha, podiam acabar se os esforços que por todo o mundo estão a ser feitos para fazer capitular os portugueses fossem realizados para convencer os guerrilheiros a depor as armas.

Acaba a referir-se, sem o nomear, ao caso da capela do Rato, falando de «cristãos com casos de consciência por causa do Ultramar», em tom sarcástico:

> Preocupados com a salvação das suas almas. Pondo as mãos em atitudes devotas ou espetando o dedo a proferir sentenças de moral.
>
> Que bom que é ser moralista! Que bom, no remanso da sua casa, antes ou depois do jantar, dizer como as coisas devem correr para tudo ficar no melhor dos mundos! Que bom poder resolver os problemas da consciência com algumas sentenças ambíguas, praticando gestos inconsequentes, ou fazendo prédicas e orações!

Os governantes, afirma, também têm problemas de consciência, mas de outro tipo, perspetivados segundo uma visão apocalíptica do futuro reclamado pelos pacifistas, em alternativa ao quase idílico oásis do presente:

> Se amanhã, por fraqueza ou errada visão de quem governa suceder em África que milhares de famílias percam os seus lares, e as mulheres a sua honra, e as pessoas as suas vidas, e a desolação, a ruína e a morte se espalharem onde hoje reina a paz e floresce o progresso – será aos devotos pacifistas que as vítimas e a Nação inteira pedirão responsabilidades e clamarão justiça?

Este discurso foi bem recebido pelos *ultras* da Assembleia Nacional, pelo menos a julgar por uma carta de Casal-Ribeiro, datada de 21, na qual este, a propósito das últimas intervenções de Miller Guerra, segundo as quais era «discutível a presença de Portugal em África», se afirma pronto «para continuar a apoiar o Governo e verberar com energia e alguma autoridade os seus detratores, como é o caso, entre outros, do deputado Miller Guerra»[601].

A saída estrondosa dos dois deputados liberais deixou Marcello Caetano apreensivo e preocupado com a extensão daqueles gestos de rutura definitiva. Por isso, através de um dos mais moderados membros da «ala liberal», Mota Amaral, convida para um almoço, a realizar no dia 15, os seguintes deputados, considerados os mais representativos do grupo: além do emissário, Magalhães Mota, Pinto Machado, José da Silva, Joaquim Macedo, Correia da Cunha, Oliveira Dias, Sousa Pedro e Francisco Balsemão.

Segundo este último[602], o almoço decorreu em «espírito de abertura» e, animado por isso, escreve a Marcello Caetano sobre os problemas do *Expresso*, designadamente, a incompreensão, se não má vontade, por parte do Governo, «nomeadamente por parte de quem preside ao setor da Informação» e a perseguição que lhe é movida por parte da Comissão Central do Exame Prévio, que acabara de lhes exigir o envio da totalidade das provas.

2

«EU, POR MIM,
SEMPRE ME TIVE NA CONTA DE LIBERAL...»

No dia 26 de fevereiro de 1973, Marcello Caetano escreve, numa carta ao Governador-Geral da Guiné:

> De há tempos para cá venho a notar, pelo que me dizem as pessoas que têm estado na Guiné e pelo que o Snr. Ministro do Ultramar me informa da correspondência trocada, que o estado de espírito do Sr. General em relação ao Governo não é dos melhores.
> Nestas coisas sou partidário de uma explicação pessoal, olhos nos olhos.[603]

António de Spínola aproveita esta oportunidade para, numa longa resposta[604], «expressar claramente o [seu] pensamento sobre a questão ultramarina e, em especial, sobre a solução do problema da Guiné».

Começa por fazer o ponto da situação, no qual deixa emergir o «síndrome da Índia» que se mantinha latente no subconsciente dos altos comandos militares, desde a perda de Goa, em 1961, e a subsequente responsabilização, em termos aviltantes para a classe castrense, do seu Governador, general Vassalo e Silva. Apesar de extensa, vale a pena cotejá--la com algum pormenor, porque toca a questão do regime, em termos de alternativas, e convoca o pensamento de Marcello Caetano, que resume e deixa claro.

> Afirmou V. Ex.ª[605] que tendo os africano optado pela intolerância face à presença do branco, qualquer solução política corresponderia a apressar a nossa saída de África, de onde é legítimo concluir-se que apenas nos resta impor a hegemonia pela força das armas; ouvi também a V. Ex.ª a opinião de que mais facilmente aceitaria uma derrota militar na Guiné do que uma solução política que implicasse quaisquer concessões; e, anteriormente, já V. Ex.ª, perante a perspetiva de um cessar-fogo, me tinha expressado a opi-nião de que considerava inconveniente o termo da guerra na Guiné por tal

facto originar a deslocação da luta para Cabo Verde. Daqui as apreensões que me assaltaram face à hipótese de uma regressão a conceitos que julgava totalmente arredados do espírito de V. Ex.ª.

Uma tal hipótese, a meu ver, só nos oferece como alternativa o prolongamento da atual situação de desgaste até que a Nação se esgote ou, a exemplo da Índia, sobrevenha uma derrota militar, pois não vejo, no quadro da análise ponderada da situação militar, que outras alternativas se nos ofereçam na hipótese de rejeição das soluções políticas. Não ignoro que uma derrota militar possa ser encarada em certos setores como fatalidade solucionadora; mas se a derrota militar pode oferecer à expiação os seus responsáveis imediatos, a História não deixará de julgar quantos a não souberam evitar.

Recorda as hipóteses, já perdidas, de entabulamento de negociações, no quadro de um cessar-fogo, às quais se tinha imposto «a sobreavaliação das possibilidades dos grupos de pressão que postulam a estrutura da Nação assente no monolitismo e na conservação da sua unidade pela força», um «postulado [...] tão vulnerável à análise crítica [...], e tão evidentemente transitório face à perenidade dos valores nacionais que se impõe salvaguardar, que bem parece reclamar profunda meditação e largo debate, em ordem a dissipar o travo da dúvida de estarmos a caminhar para a desagregação do Todo Nacional.»

Defendo, portanto, que é na fórmula de autonomia progressiva radicada na comparticipação crescente das massas africanas que se encontra a solução ainda possível. Autonomia cuja via de concretização, tanto quanto penso, não pode deixar de ser a outorga do estatuto de estados federados aos territórios ultramarinos, de forma harmónica e progressiva, mas desde já admitida e revelada, em ordem a criar um clima de aceitação internacional que nos permita comandar a evolução dos acontecimentos. E não tenho dúvidas em afirmar que, ao contrário da opinião de certo setor minoritário metropolitano, essa é a vontade da Nação, no seu todo pluricontinental.

Parecem páginas retiradas do livro *Portugal e o Futuro*, o qual, apesar de ter sido quase imediatamente esquecido, no turbilhão dos acontecimentos do 25 de Abril, e arrumado nas prateleiras das bibliotecas, de onde os historiadores, anos mais tarde, o recolheriam no seu afã de tentar compreender rumos traçados, caminhos seguidos e pontos de chegada, não pode deixar de ser considerado uma acha flamejante na fogueira que acabaria por devorar Marcello Caetano e o regime.

LIVRO SEGUNDO PRESIDENTE DO CONSELHO DE MINISTROS 737

Nesse sentido, anote-se uma dúvida subtil, quanto à linha política seguida por Marcello Caetano, naquele momento, no respeitante ao Ultramar:

A ascensão de V. Ex.ª à Presidência do Governo em setembro de 1968 abriu à Nação novas perspetivas de solução do problema nacional; perspetivas em que se inseriu frontalmente a linha política em que, desde a primeira hora, baseei a minha ação de governo. [...] Todavia, a partir do período que antecedeu as últimas eleições presidenciais, foi criado um clima de desconfiança em volta da minha pessoa, em que se chegou ao desplante de pôr em dúvida o meu patriotismo.[606]

Esta carta é uma declaração de rutura entre os dois homens, num contexto de agravamento da situação militar na Guiné.

Com efeito, a 22 de março, aparecem pela primeira vez, naquele teatro de operações, os mísseis terra-ar «Strela», de fabrico russo. Todos os militares da Guiné sabiam e se apercebiam, por experiência própria, desde o mais simples soldado ao general Comandante-Chefe, passando pelos capitães, alferes e furriéis, que a única vantagem operacional que as tropas portuguesas tinha sobre os grupos de combate do PAIGC era a força aérea que bombardeava as bases – também ditas «santuários» – da guerrilha e os seus trilhos de infiltração, e acorria, aqui e ali, para desbloquear situações de combate, por vezes muito complicadas. No momento em que os rebeldes conseguissem bloquear a aviação militar portuguesa, era o fim. Como, aliás, é reconhecido pelo Comandante-Chefe da Guiné: «O aparecimento dos mísseis, limitando sensivelmente a movimentação dos nossos meios aéreos, criou ao PAIGC a possibilidade de isolar povoações de fronteira [e respetivos aquartelamentos] e de sobre elas desencadear potentes e prolongadas ações de fogo, em manifesta situação de superioridade sobre as nossas guarnições militares, dotadas de armamento obsoleto, impedidas de entrar no espaço territorial dos países limítrofes e de bater pelo fogo as povoações desses territórios, a partir das quais o PAIGC implantavam as suas "bases de fogos"»[607].

Nessa mesma data, o general António de Spínola escreve ao Chefe do Estado-Maior General das Forças Armadas, general Costa Gomes[608], e ao ministro do Ultramar, Silva Cunha[609].

Ao primeiro, diz, para justificar a adoção de medidas de reforço de defesa:

738 MARCELLO CAETANO UMA BIOGRAFIA POLÍTICA

Defrontamos, neste momento, no Teatro de Operações, uma situação que, pela sua gravidade atual e claras perspetivas de evolução, inspira as mais justificadas apreensões [...]

Ao segundo, afirma:

[...] sinto-me neste momento, e como Governador, na estrita obrigação de informar V. Ex.ª que, perante a manifesta insuficiência de meios para enfrentar a situação atual na Província e as claras perspetivas do seu agravamento, [...] nada mais é possível, no âmbito provincial, senão aguardar serenamente o desfecho que prevemos. [...]

Em resumo, aproximamo-nos, cada vez mais, da contingência do colapso militar; e deste facto, que me ultrapassa, entendo dever o Governo Central tomar plena consciência para que, em tal caso, aliás já com precedente aberto, fique bem definida a responsabilidade que a cada escalão compete na evolução dos acontecimentos e no seu desfecho.

1973 era ano de eleições para deputados à Assembleia Nacional. Nesta perspetiva, tal como em 1969, a «oposição democrática» realiza em Aveiro o seu terceiro congresso, entre os dias 4 e 8 de abril. Pode afirmar-se que nunca, em Portugal, se tinham discutido, sob o ponto de vista da oposição, e com uma tal magnitude, a conjuntura política, social e económica do País, no conjunto das oito secções em que o congresso se dividiu[610], abarcando praticamente todos os temas, desde o desenvolvimento económico e social, aos problemas do trabalho; da segurança social e saúde, ao urbanismo e habitação; da problemática da educação, cultura e juventude, ao desenvolvimento regional e administração local; e, finalmente, o momentoso problema da organização do Estado no contexto da defesa dos Direitos do Homem, e as perspetivas políticas do País tanto internamente como no contexto internacional.

Este congresso marca assumidamente uma clara viragem à esquerda da oposição portuguesa, no seu conjunto, com destaque para última secção, na qual, ao longo das quatro dezenas de comunicações apresentadas[611], são escalpelizados praticamente todos os problemas políticos, desde a caracterização do «fascismo» – termo à data utilizado recorrentemente para designar o regime em vigor –, até à discussão aberta do problema colonial, que é analisado explicitamente em cinco das teses apresentadas*. Interessante é o facto de, na tese que abre o painel, da autoria de Medeiros Ferreira, aparecer o famoso princípio dos «três "D"» – Descolonizar, Desenvolver, Democratizar – que servirá de lema-base ao processo de transição para a democracia iniciado com o golpe de 25 de Abril de 1974 (ao qual, na circunstância, acrescenta o "S" de Socializar)[612]. Na impossibilidade de recensear os conteúdos das comunicações, dados os limites desta biografia, retêm-se apenas alguns dos aspetos mais frisantes das conclusões do Congresso, designadamente a caracterização do regime, agora sob o consulado de Marcello Caetano, sobre o qual se afirma que, com o advento deste, não sofreu qualquer alteração relevante: «A experiência dos cinco últimos anos do regime define-se como um salazarismo disfarçado que rapidamente se transformou num salazarismo desorientado.»[613] A propósito do problema colonial, é dito que «Marcello Caetano fracassa estrondosamente na resolução do problema que mais condiciona a sua tentativa para levar a cabo um reformismo capitalista, pois a guerra, longe de se atenuar, agrava-se ainda mais, já que intactos e mesmo acrescidos se mantêm os motivos que lhe deram origem»[614]. Neste contexto é defendida, explicitamente, a «luta contra a guerra colonial»:

> É urgente empreender uma larga campanha sobre as consequências da guerra colonial, forçando o debate tão amplo quanto possível com as populações.
> É urgente o desenvolvimento de uma ampla campanha nacional exigindo o fim da guerra e a abertura imediata de negociações com os movimentos de libertação das colónias na base do reconhecimento do direito dos povos das colónias à autodeterminação e à independência.
> É urgente a denúncia dos crimes de guerra cometidos pelo exército colonial.[615]

Feita uma homenagem à coragem cívica dos cristãos reunidos na capela do Rato, na passagem do ano, e aprovada uma moção em que se exigem esclarecimentos sobre a utilização de napalm na guerra em África, a declaração final do Congresso conclui que «os objetivos imediatos, possíveis de atingir através da ação unida das forças democráticas» são: «Fim

---

* J. Peixoto da Silva, «O problema colonial»; H. Barrilaro Ruas, «Questão colonial: impasse colonial»; Vinício Alves da Costa Sousa, «A guerra colonial»; Comissão Democrática de Rio Tinto, «A NATO, Portugal e as guerras coloniais»; e Eduardo de Sousa Ferreira, «Evolução e continuidade na estratégia colonial portuguesa».

da guerra colonial; Luta contra o poder absoluto do capital monopolista; Conquista das liberdades democráticas.» Tudo inserido no «objetivo final da conquista do socialismo», afirmado como «indispensável para a construção de uma sociedade justa e digna»[616].

Na primavera de 1973, para Marcello Caetano, os tempos são de extremos: ou tudo ou nada. E de dramatização exacerbada do discurso. Como aconteceu a 9 de abril, quando falou no encerramento do seminário promovido pela Comissão Concelhia de Lisboa da ANP[617], que pode ser considerado como uma resposta ao Congresso de Aveiro.

Centrando-se no socialismo – história, ideologia e métodos –, refere-se, com algum desdém, à simpatia com que este está a ser encarado pela burguesia, à qual se refere com a mesma agressividade de sempre.

> Nem faltam respeitáveis burgueses e não menos respeitáveis senhoras burguesas que, com a mesma leviandade da corte de Maria Antonieta, onde se acolhiam jubilosamente as ideias novas que os levariam ao cadafalso, fazem gala em mostrar a sua abertura de espírito ao concederem nas conversas de salão a sua simpatia ao sistema que, a ser posto em prática, se apressaria a tomar conta deles...

Invetivando os liberais e reafirmando, no essencial, a linha política seguida, diz que o tempo é de opções claras, num dilema em que não há terceiras vias – nós ou o comunismo:

> Lanço o meu grito de alerta! Cada vez mais se define claramente a opção oferecida aos portugueses. Não se iludam! Têm de escolher, mas varonilmente, mas decididamente, entre um regime de verdadeira e sã democracia, como o nosso, onde dia a dia os dirigentes auscultam as necessidades do povo e, numa ação constante e perseverante, vão eliminando carências, apurando fórmulas de justiça social, promovendo o progresso – e a opressão comunista, que de democracia só tem o nome usurpado, e dilacera a Pátria, entroniza o ódio, semeia a guerra civil e no ventre de promessas irrealizáveis, a coberto de críticas irresponsáveis, só traz consigo o domínio do terror, da miséria e do medo.[618]

Marcello Caetano repete, neste momento, quase *ipsis verbis*, a afirmação de Salazar, em 1945: «os verdadeiros democratas somos nós»[619].

Contrariamente ao que afirma o Presidente do Conselho, Pinto Balsemão, em artigo publicado no *Expresso*, no dia 21 de abril, intitulado «Uma terceira força», fala de «uma nova força política», que já não pode ser ignorada porque é constituída por «muitos milhares de pessoas colocadas em pontos estratégicos nas decisões a tomar sobre o futuro e o presente de Portugal»[620]. O então deputado e diretor do referido semanário referia-se, por certo, a um conjunto de personalidades que, sendo liberais, e por isso mesmo, não se reviam nas posições extremas, à direita e à esquerda, da ANP e da CDE, respetivamente.

Por iniciativa dos então deputados Magalhães Mota, Oliveira Dias e José da Silva, realizou-se, em Lisboa, nos dias 28 e 29 de julho de 1973 um «Encontro de Reflexão Política»[621], que, por se ter realizado nas instalações da SINASE, uma empresa de consultadoria sediada na Rua Braancamp, também já foi chamado «Congresso do Franjinhas»*.

Era a geração jovem a procurar afirmar-se, como foi dito na intervenção de abertura, como alternativa à «grande parte dos dirigentes portugueses (desde as empresas à vida pública)» que já não estava «em condições ideais para pensar em termos de futuro», mas «mais em idade de reforma que de reformas»[622].

Convocado segundo princípios de grande abertura – «não houve dogmas nem definições de princípios: apenas um esforço para encontrar respostas adequadas a problemas concretos»[623] –, pretendia, segundo as conclusões aprovadas no final, ser o primeiro passo para a abertura de «um processo participado, com vista a fazer nascer [...] um ou mais agrupamentos políticos que procurem obter o seu reconhecimento oficial e a necessária autorização de funcionamento por parte do Governo», num quadro de «normalização da vida política portuguesa no sentido da sua democratização», para a qual consideravam essenciais as seguintes «con-

---

* Entre os participantes, contavam-se: Joaquim Magalhães Mota, Xavier Pintado, José da Silva, José Ferreira Dias, Tomás Oliveira Dias, João Botequilha, António Martins, Henrique Barrilaro Ruas, Francisco Pinto Balsemão, Alarcão e Silva, Correia da Cunha, Mota Amaral, Marcelo Rebelo de Sousa, Manuel Alegria, Gomes Cardoso, Gastão da Cunha Ferreira, Emílio Rosa, Afonso Moura Guedes, João Salgueiro, Mário Pinto, Manuel Vieira Machado, Botelho Tomé, António Flores de Andrade, Mário Pina Correia, Rogério Martins, Brás Rodrigues, Raquel Ribeiro, Pedro Lagido, Orlando Grosso, Fernando Teixeira, Maria Luís Salinas, Cláudio Teixeira, Licínio Moreira, Manuel Gama Machado, António Figueiredo Lopes, Mário de Carvalho, Joaquim Macedo, José Ferreira Júnior, Oliveira Antunes, José Manuel Burnay, José Vera Jardim, Teresa Seabra, Fernando Queirós, Sousa Pinto, Sande Lemos, Ponce Dentinho e Pinto Leite. (Ruy Miguel, *«Congresso do Franjinhas»*, Lisboa, Nova Arrancada, 1999, pp. 13-14).

dições mínimas»: «a realização das reformas sociais, económicas e políticas necessárias tanto na Metrópole como no Ultramar, designadamente assegurando condições de participação a todos os níveis, as liberdades e garantias processuais penais, os direitos de reunião, de associação – incluindo o de associação política – de e à informação, a liberdade sindical, o reforço do movimento cooperativo e o controlo democrático das instituições»[624].

No fundo, não era mais do que – como depois viria a acontecer – o embrião de um partido do centro, com o que se completaria, de uma forma razoável, o leque das opções políticas dos portugueses.

Ao contrário do que se perspetivara, o encontro não teve seguimento. A urgência dos tempos, marcada pela deterioração inexorável da situação interna, impôs a «transição por golpe», de que falam os cientistas políticos. Pode, no entanto, afirmar-se que a continuação do encontro veio a verificar-se quando, menos de um ano depois, naquele mesmo espaço e com a presença de muitos dos primeiros participantes, nasceu o Partido Popular Democrático (PPD).

Inscreve-se também neste movimento das camadas mais jovens e ativas da sociedade portuguesa no sentido da democratização, a preparação, nesta mesma altura, de um projeto estatutos de partido político, combinado entre Sarsfield Cabral, Rui Vilar e Marcelo Rebelo de Sousa, que tinha por objetivo «testar a reação do regime»[625].

Deixámos Marcello Caetano a verberar os perigos catastróficos do socialismo, perante os participantes no seminário promovido pela Concelhia de Lisboa da ANP, a 9 de abril.

Dez dias depois, a alguns milhares de quilómetros de distância, mas com vivas repercussões cá dentro, é fundado o Partido Socialista. Nas instalações da Fundação Friederich Ebert, em Bad Munstereifeld (arredores de Bona), na Alemanha, realiza-se o Congresso da Ação Socialista Portuguesa, com a presença de 27 membros idos expressamente de Portugal e outros países europeus. Considerando «os superiores interesses da Pátria; a atual estrutura e dimensão do movimento; as exigências concretas do presente; e a necessidade de dinamizar os militantes para as grandes tarefas do futuro», foi deliberado, por maioria de dois terços, a transformação da Ação Socialista Portuguesa em Partido Socialista[626], tendo-se registado sete votos contra, entre os quais, o de Maria Barroso, mulher de Mário Soares.

LIVRO SEGUNDO PRESIDENTE DO CONSELHO DE MINISTROS 743

No último dia do mês, as Brigadas Revolucionárias distribuem, através de petardos, em lugares públicos centrais de vários pontos do país*, panfletos apelando à mobilização para as comemorações do 1.º de Maio e, simultaneamente, é divulgado o documento «Para uma Frente Revolucionária dos trabalhadores portugueses», que prepara o congresso onde será criado o Partido Revolucionário do Proletariado (PRP). A ação das BR estende-se de norte a sul do país e já não fica circunscrita á cintura industrial de Lisboa e áreas limítrofes. E, no próprio 1 de maio, realiza um atentado contra o Ministério das Corporações e Previdência Social – aquela que será a última ação violenta da organização – e volta a espalhar panfletos utilizando o método descrito.

Embora estas ações tivessem sido programadas com vista a evitar vítimas, o que, em geral foi conseguido, no dia 14 de março, os deputados Roboredo e Silva e Casal-Ribeiro sugeriram no plenário da Assembleia Nacional, com vários «Apoiados», a pena de morte para os terroristas[627].

No dia 11 de abril, cumpriram-se dez anos sobre a publicação da encíclica *Pacem in terris*, de João XXIII. Na circunstância, um grupo de cristãos distribui o documento «Dez anos depois». Ao nível institucional, a Igreja portuguesa, representada pelo respetivo episcopado, publica a «Carta pastoral no décimo aniversário da "Pacem in terris"»[628], datada de 4 de maio, de que foi relator o patriarca de Lisboa, D. António Ribeiro, que, dois meses antes, fora elevado ao cardinalato, pelo papa Paulo VI. O patriarca, no preciso momento em que assumira funções de chefe da Igreja de Lisboa, rejeitara qualquer «enfeudamento ou interferência indevida» entre a Igreja e o Estado, afirmando: «Se os Estados modernos desejam legitimamente afirmar a sua autonomia, também a Igreja quer manter a liberdade essencial que a sua natureza e missão exigem.»[629]

A pastoral agora publicada vai muito mais longe e, ao contrário do que acontecera nos tempos do seu predecessor, o cardeal Cerejeira, não hesita em abordar temas sempre quentes, sobretudo naquele momento de avançada crispação da sociedade portuguesa, no contexto da configuração autoritária, em cujas baias ideológicas e políticas o Estado teimava em permanecer, constituindo uma lufada de ar fresco a quebrar as bafien-

---

* Segundo uma nota da DGS, em Águeda, Vila Franca de Xira, Moita, Baixa da Banheira, Seixal, Cacilhas, Cova da Piedade, Grândola, Barreiro, Vila Real de Santo António, Olhão, Portimão, Faro, Setúbal, Porto e Lisboa.

tas e conformistas tomadas de posição anteriores, nas quais, sistematicamente, os bispos – salvo raras exceções – abençoavam acriticamente as atitudes do Poder. O cerne do documento, constante dos segundo e terceiro capítulos, debruça-se, respetivamente, sobre os «direitos humanos fundamentais» e a «participação político-social».

Particularmente significativa de uma mentalidade nova e atual é a afirmação de que «a validade e a força injuntiva dos direitos fundamentais do homem são anteriores e superiores a qualquer ordem jurídica positiva. Estes direitos provêm da lei natural e, por consequência, urgem por si mesmos.» Centrando a análise «sobre o direito de participação» circunscrito, pelas necessidades de economia do texto, à participação político--social, explana o tema da «participação» no contexto do «pluralismo»: «a Igreja reconhece e defende o pluralismo de opções políticas»:

> O caminho concreto de cada sociedade em direção ao futuro deverá ser o resultado da conjugação de todos os aspetos da verdade, pelo confronto leal e pela superação das opiniões dos indivíduos e dos grupos. Nenhum povo sobreviverá, a longo prazo, se não proceder ao reconhecimento efetivo do pluralismo legítimo, isto é, do valor real da personalidade própria de cada homem, assegurando-lhe participação nas responsabilidades do conjunto social.

O exercício do pluralismo exige algumas condições, designadamente no que se refere à participação direta nos centros de decisão e na «escolha dos dirigentes políticos», um dos aspetos de «primacial importância na vida do País»:

> Requer-se, pois, que nela haja participação consciente dos cidadãos aos quais cabe o direito de sufrágio. Este, para ser efetivo, deve poder exercer-se livre e ordenadamente.

Finalmente, o direito à informação:

> Um dos fatores de maior significado, na existência real do pluralismo político, é o que se refere aos meios de comunicação social. O seu papel é decisivo na formação e informação da opinião pública. Numa constante procura da verdade objetiva e na justa avaliação das responsabilidades sociais e morais que lhes cabem, devem eles refletir o reconhecimento da liberdade de expressão das opiniões legítimas dos indivíduos e dos grupos.

Apenas um comentário, porque os textos são suficientemente claros, quanto à defesa dos direitos essenciais de pessoa humana: os bispos, aprovando o texto do patriarca de Lisboa, desta vez, não se ficam por vagas declarações de princípios, mas descem à realidade dos condicionalismos políticos do momento, afirmando preceitos que deviam ser respeitados, independentemente das conveniências políticas dos detentores do Poder.

A defesa destes princípios vai de todo ao arrepio do pensamento do Presidente do Conselho, que usou da palavra no encerramento do I Congresso da ANP, realizado em Tomar, entre 3 e 6 de maio – um congresso morno, que passou praticamente ao largo dos grandes problemas nacionais e no qual uma das intervenções mais interessantes foi a do ministro da Educação, Veiga Simão, por sinal, não filiado na organização, que expôs as linhas da reforma do ensino em curso no seu ministério. Por seu lado, o ministro do Ultramar, Silva Cunha, proclama que «não aceitamos as teses derrotistas de abandono, que repudiamos, propósitos de entendimento que constituem verdadeira traição, que continuaremos no Ultramar sem ceder, sem transigir, sem capitular na luta que lá se trava».

Razão tinha o general António de Spínola, quando disse a Marcello Caetano que o seu patriotismo vinha a ser posto em causa nos mais altos níveis do Poder, sendo mesmo considerado um traidor, porque as suas propostas de entendimento – na perspetiva do principal responsável sobre a política ultramarina – constituíam «verdadeira traição».

O congresso foi encerrado com um discurso de Marcello Caetano que, uma vez mais, aproveita os tablados do partido único – o seu partido – para, indiretamente, se dirigir ao País[630]. Trata-se de um discurso autojustificativo do acentuar da repressão, então em curso, justificada, como sempre, em nome da liberdade, um discurso que não pode ser considerado um regresso ao passado, porque, no essencial, o agora Presidente do Conselho não se separou desse passado, e manteve, ao longo dos anos, uma coerência política notável de continuidade as níveis ideológico e político.

Afirmadas as bases fundamentais da ANP[*], em relação às quais «não há transigências possíveis nem compromissos admissíveis», declara que a

---

[*] «[A] subordinação ao interesse nacional, o respeito da personalidade humana entendida como inserção dos valores individuais na vida social cujas exigências não podem ser preteridas, a defesa da família e das comunidades locais e profissionais, o reconhecimento da propriedade privada e da livre empresa condicionado embora às exigências da sua função social, o acatamento do Estado em que o Poder exprima o interesse geral e disponha de autoridade para se sobrepor aos egoísmos dos grupos ou das classes, o repúdio

organização está aberta à inscrição de todos os que os aceitem, na certeza de que há margem para a discussão «de táticas, de processos, de ritmo, de maneiras de fazer». Em suma, e uma vez mais, a reafirmação do princípio básico enunciado no seu discurso de posse: continuidade quanto aos princípios e renovação quanto aos métodos.

Segundo o Presidente do Conselho, «o povo português sabe o que quer» e quer tudo aquilo que o Governo tem realizado, quer a política que tem sido seguida, e repudia não só as derivas de «alguns pretensos intelectuais que dele falam sem o conhecerem, sem o amarem e, sobretudo, sem o servirem», mas também os ataques da oposição democrática que defendem um regime que seria «a catástrofe».

Repete, então, a afirmação de que «praticamos a verdadeira democracia»:

> [...] sendo a democracia o governo de acordo com a vontade popular, nós praticamos a verdadeira democracia. Através do sufrágio e por mil formas expressivas bem patentes nos contactos, hoje tão fáceis e abertos, com os governantes, o povo português tem manifestado a cada momento a sua insofismável vontade. É essa vontade que a cada momento auscultamos e fazemos por satisfazer. A democracia não é a confusa algaraviada das bases onde se repetem chavões doutrinários apressadamente aprendidos na literatura de propaganda para dar a impressão de que se comanda a cúpula. É a auscultação permanente das necessidades, dos anseios, das aspirações populares e a procura de fórmulas eficazes para resolver pela melhor forma o que seja do interesse do maior número.

Mantém, e cada vez mais arreigadamente, uma visão pessimista do mundo, que, na sua perspetiva, sofre de desregramento em todos os setores – na economia, na moral, na ordem social, no trabalho e na política –, sem que o Ocidente, tolhido por «uma mentalidade paralisante das defesas do mundo liberal» saiba reagir, limitando-se a titubear «palavras que tiveram sentido no século passado e repete atitudes de tempos pacíficos, completamente ineficazes para a batalha a que hoje é desafiado», entre as quais a defesa da liberdade. Num remoque à sua sempre tão detestada burguesia, que será, ela própria, uma das, se não a principal, responsáveis pelo estado das coisas, afirma: «Os próprios capitalistas, e talvez sobre-

---

da violência e a luta pela melhoria progressiva das condições de vida do povo português mediante a educação e o acesso à cultura, o incremento da produção e a justa repartição dos rendimentos.»

LIVRO SEGUNDO PRESIDENTE DO CONSELHO DE MINISTROS   747

tudo eles, têm medo de defender a ordem de coisas que, bem ou mal, os sustenta.»

Liberdade? Com certeza. Mas para manter o que constitui a essência de uma sociedade personalista, para conservar a dignidade do homem como centro de decisões e senhor dos seus destinos, para empenhar os indivíduos na construção do futuro por suas mãos – e não para deixar o caminho aberto a totalitarismos que só querem os direitos burgueses para exterminar a burguesia e implantar a afrontosa ditadura materialista que, em nome de um falso humanismo, reduz o homem a mero produtor numa sociedade mecânica submetida a um poder despótico.

Ao contrário do que outros dizem, afirma que «o perigo do totalitarismo está nesses movimentos extremistas». Assumindo a sua política num quadro de justa medida entre extremos, diz:

Representamos, nós, uma posição de centro em que se procura a cada passo fazer apelo à razão. Pretendemos ser os mantenedores da regra numa sociedade que pende para o desregramento, os paladinos do equilíbrio num momento em que tudo parece desmoronar-se.

Ou seja, o regime português era o regime ideal e o único possível para a manutenção do equilíbrio desejável no seio da sociedade contemporânea.

É nesta perspetiva que enquadra as eleições legislativas a realizar no outono, que o Partido Comunista não deixaria de aproveitar para, indiretamente, transformar «em fase aguda da preparação revolucionária», através da defesa da luta contra a guerra colonial e a reclamação das liberdades fundamentais, no que era acompanhado pela restante oposição.

Suportando-se na sua original teoria das liberdades, já analisada, afirma:

Se há Governo que tenha a preocupação de garantir as liberdades fundamentais, é o meu.[*]

---

[*] E continua: «São liberdades fundamentais o direito à vida e à integridade pessoal e ao bom nome e reputação, o direito de trabalhar e ao produto do trabalho, o direito a professar uma religião, o direito à intimidade da pessoa e do lar, a formar família e à educação dos filhos, o direito à iniciativa na escolha de atividade ou profissão, o direito de ter opinião, o direito de apropriação e de dispor do que é seu... Tudo isto, que em grande parte desaparece das sociedades comunistas ou comunizadas, são liberdades fundamentais pelas quais nos batemos contra as pretensões totalitárias. Para além delas, há direitos instrumentais que têm de estar condicionados pela realização do que é essencial.»

Em nome destes princípios, declara que «para salvar o essencial da liberdade há que negar as liberdades à revolução». E, reclamando-se da lucidez que falta ao conjunto dos seus inimigos declarados e até aos seus críticos, conclui:

> Abrir caminho à Revolução, facilitando-lhe, sem reservas, todas as vias pelas quais ela possa inserir-se nos espíritos antes de destruir as instituições, só por inocência ou por conivência.
>
> Inocentes são os ingénuos que, por falta de experiência ou de reflexão, fechando muitas vezes os olhos às mais palpáveis realidades, pensam que a liberdade sem peias, a inundação da liberdade, tudo salva, tudo limpa e tudo redime.
>
> Coniventes são os que tendo já vendido a alma ao diabo, mas sem o confessar, conservam velhos rótulos para mais à vontade poderem prestar o seu auxílio à realização dos projetos revolucionários.
>
> Eu, por mim, sempre me tive na conta de liberal: mas não pertenço ao número desses inocentes, e não se pode esperar que alinhe na conivência.

É um tempo de marcação de espaços e opções políticas.

Enquanto em Aveiro, a oposição, assumia decididamente uma política de rutura com o regime, numa clara viragem à esquerda, em que era nítido o peso do Partido Comunista; em Lisboa, os liberais tentam lançar a «terceira via»; e em Tomar o regime defendia a sua perenidade em torno da fidelidade aos princípios basilares do Estado Novo, com «palavras corteses, encomiásticas, "ordeiras", enaltecendo os governos e governantes ou vituperando irresponsavelmente o País», uma fidelidade cuja autenticidade era contestada à direita, designadamente, o «modo de condução da política nacional, sobretudo no que respeita ao Ultramar e à guerra» e «as hesitações e contradições do Poder»[631]; enquanto tudo isso acontecia, as forças da direita-radical lançam-se naquela que seria a sua última batalha[632], organizando o «Congresso dos Combatentes», que se reuniria no Porto, de 1 a 3 de junho[633]. Projetado em grande, e na perspetiva da constituição de um forte grupo de pressão a favor das teses mais integristas e reacionárias do espectro político – com a invocada «legitimidade» acrescida de se tratar de combatentes «autênticos» – o congresso não passou de um tiro de pólvora seca, resultado não só dos boicotes do Governo, que conseguiu, de alguma forma, controlar os trabalhos, mas também da existência de divisões internas, no seio dos próprios organizadores, que levaram à marginalização do grupo de Lisboa – precisamente o mais radical. Segundo Jaime Nogueira Pinto, um dos principais líderes desta fação, «mau grado a campanha de silêncio ou de exploração pela imprensa das manobras de sabotagem, [o Congresso] constituiu a última grande manifestação coletiva da Juventude Portuguesa de, contra os desígnios da classe política situacionista ou oposicionista, manter o País na sua dimensão territorial e espiritual, aliada a um vivo sentimento integracionista»[634].

O mais importante deste Congresso, assentou no facto de alguns oficiais, entre os quais o tenente-coronel Firmino Miguel e os majores Carlos Fabião e Ramalho Eanes, grupo a que se juntou o capitão Vasco Lourenço, na recolha de assinaturas – por sinal, todos com comissões na Guiné –, terem decidido, na altura da sua preparação, promover o envio de um telegrama de protesto, assinado por dois militares guineenses condecorados com a Torre e Espada – Marcelino da Mata e Reboredo de Brito – e também subscrito por cerca de 400 oficiais, que era uma desautorização da representatividade do conclave:

> Os abaixo assinados, militares dos Quadros Permanente e Combatentes do Ultramar com várias comissões de serviço em campanha:
> Não reconhecem aos organizadores do «1.º Congresso dos Combatentes do Ultramar», e portanto ao próprio «Congresso» a necessária representatividade;
> Não estando dispostos a permitir que a sua qualidade de combatentes possa vir a ser utilizada para fins estranhos aos verdadeiros interesses da Nação Portuguesa;
> Não desejando caucionar com o silêncio as posições e atitudes que, eventualmente, venham a ser tomadas em seu nome;
> E não participando na referida reunião;
> Declaram-se totalmente alheios às «conclusões» que vierem a ser tiradas, sejam elas quais forem.[635]

Era a primeira vez que os militares dos graus intermédios do Exército assumiam uma posição conjunta e um sinal de que alguma coisa começava a mudar no seio das Forças Armadas, tendo como epicentro a Guiné, onde a marcha da guerra se agudizava.

No dia 8 de maio, tem início o ataque do PAIGC a Pirada, junto à fronteira Norte do território; a guarnição, composta por cerca de 200 homens, teve de ser reforçada com um elevado conjunto de unidades de tropas especiais, Comandos, Para-quedistas e Artilharia; e, no termo dos combates, que duraram um mês, as forças portuguesas tinham sofrido 39 mortos e 122 feridos.[636] Dez dias depois, os rebeldes realizam a «Operação Amílcar Cabral», contra o quartel de Guileje, no sul do território, conjugando-a com um ataque a Guidage, a norte, numa ação concertada que visava isolar as guarnições situadas na fronteira. A última mensagem recebida de Guileje dizia: «Estamos cercados de todos os lados», seguindo-se o silêncio total. Perante a violência do ataque, materializada em cinco dias de flagelação contínua, e as dificuldades de apoio aéreo, devidas aos mísseis terra-ar dos rebeldes, o comandante ordenou a retirada, sendo a base ocupada pelas forças atacantes*.

Em face dos acontecimentos, o Chefe do Estado-Maior General das Forças Armadas, general Costa Gomes, durante uma estadia na Guiné para se inteirar da situação, acorda com Spínola, a 8 de junho, uma remodelação do dispositivo, assente no recuo das forças portuguesas e na manutenção de um reduto final defensável, pelo menos o tempo suficiente para permitir uma solução política. No entanto, como acentuam autores militares, esta tática de «trocar espaço por tempo» – interpretada e apresentada em Lisboa como uma afirmação de Costa Gomes segundo a qual a situação na Guiné estava controlada e que o território podia ser defendido – «é a clara admissão de que as forças portuguesas abdicavam da posse de boa parte da Guiné e das suas populações para se concentrarem num reduto central», pelo que «a soberania portuguesa seria assim apenas formal». Além disso, este reduto «seria militarmente e politicamente cada vez menos indefensável», pelo que «com a adoção de uma estratégia deste tipo o Governo português sujeitava as Forças Armadas a uma derrota e o País a uma situação de vexame internacional»[637].

Um vexame a que Marcello Caetano acabou por ser sujeito pouco depois, durante a sua visita a Londres, de 16 a 18 de julho, realizada a convite do Governo do Reino Unido, por ocasião das comemorações do sexto centenário da Aliança Luso-Britânica e em retribuição da visita que o duque de Edimburgo, marido da rainha, fizera a Portugal, em junho.

---

* A propósito deste ataque, Spínola enviou, no dia 22, o seguinte telegrama ao ministro da Defesa: «Conforme seu pedido telefónico informo que sob pressão do IN [inimigo] comandante local mandou evacuar Guileje e destruir aquartelamento sem ordem deste comando. Trata-se lamentável estado de pânico perante manifesta superioridade inimigo o que em caso algum justifica tal decisão. Esclareço Guileje estava sem comunicações Bissau virtude destruição antena pelo inimigo. Mandei levantar auto de corpo de delito comandante responsável. Insisto pedido reforços.» (Aniceto Afonso e Carlos de Matos Gomes, *Os Anos da Guerra Colonial...*, op. cit., p. 721.)

No dia 10 de julho, o diário londrino *The Times* publicou uma reportagem do padre Adrian Hastings, baseada em relatórios de missionários, na qual denuncia, *urbe et orbe*, os massacres já descritos, levados a cabo por tropas do exército português, no mês de dezembro, em três aldeias da zona de Tete, em Moçambique. Estas acusações foram oficialmente desmentidas pelo Governo português no dia seguinte.

Embora se tenha referido que a data da publicação, rente à visita do Presidente do Conselho, fora mera coincidência, o mais provável é que tudo o que se passou tivesse sido previamente concertado para, aproveitando a ocasião e a presença do chefe do Executivo português, projetar intencionalmente a questão colonial, procurando retirar daí dividendos políticos, a capitalizar não só pelos movimentos de libertação das colónias portuguesas, mas também pela oposição interna ao regime. Aponta neste sentido a deslocação a Londres de uma delegação do Partido Socialista, chefiada por Mário Soares, que se fazia acompanhar por Jorge Campinos, para se avistar com o líder da oposição trabalhista, Harold Wilson, e organizar manifestações contra a visita oficial de Marcello Caetano. Na capital britânica, Mário Soares deu ainda uma conferência de imprensa, ladeado por Adrian Hastings, para «denunciar os bombardeamentos de Wiriamu»[638]. Ao contrário do que o Governo português afirmava, não se tratara apenas de «danos colaterais», suscetíveis de serem justificados num qualquer erro de cálculo.

No dia 12, a BBC-TV transmite uma breve entrevista com Marcello Caetano, na qual este é confrontado com os problemas da democratização e da descolonização[639]. Sobre o primeiro, afirma que, apesar da sua admiração pelas instituições britânicas, «isso não quer dizer que pense que o sistema político da Grã-Bretanha possa e deva ser adotado por qualquer país, em qualquer época, em qualquer latitude, em qualquer longitude», salientando que

Cada povo deve ter as instituições que melhor se adaptem à sua índole.

A uma pergunta direta sobre se é sua intenção dar independência aos territórios ultramarinos, responde habilmente, com uma não-resposta, que contorna a questão de fundo:

São perguntas que não podem ser feitas a uma pessoa que não é um autocrata. Eu não tenho a possibilidade de, por mim, dar ou não dar. A independência é uma solução que só os povos podem resolver; não pode ser dada por um político. Não posso ser eu a dar a independência. Isso é uma maneira muito errada de pôr as questões.

Sobre a eventualidade, aliás prevista, da realização de manifestações contra a sua visita, transfere a responsabilidade para o governo inglês, afirmando tratar-se de «um problema que deve preocupar sobretudo os países que recebem, e que têm de manter a sua posição cordial relativamente aos seus hóspedes».

No dia 15, véspera da chegada de Marcello Caetano, realiza-se uma manifestação contra a política africana do Governo de Lisboa, junto à Embaixada de Portugal, e a oposição britânica pede a anulação da visita, sendo que os partidos Trabalhista e Liberal decidem boicotá-la.

Não restam dúvidas que o ambiente político era declaradamente hostil ao Governo Português e ao seu chefe. A questão ultramarina que, desde há muito tempo era o «calcanhar de Aquiles» de um regime ensimesmado e incapaz de se libertar de si próprio, assumia um protagonismo avassalador, no contexto da política portuguesa a todos os níveis, era atirada para as páginas de um dos mais prestigiados e influentes jornais europeus, e reforçava toda a gama de argumentos – agora também ao nível da «ética militar» –, contra o colonialismo português.

Acompanhado da sua filha, Ana Maria, que, com elevado brilho e elegância[640], desde há muito substituía a mãe, agora falecida, em cerimónias protocolares, Marcello Caetano desembarca em Londres no dia 16 de julho, decorrendo a visita segundo o programa anteriormente previsto, uma visita meramente protocolar e sem conteúdo político palpável.

Na véspera do regresso, o Presidente do Conselho responde «a atoardas» – a expressão é sua[641] –, afirmando:

> Trata-se de uma campanha internacional contra Portugal, campanha que não hesita perante os meios a empregar.

Insiste nesta interpretação dos factos, a 19 de julho, nas curtas palavras que dirigiu à multidão arregimentada, em termos de «manifestação nacional», para o largo fronteiro ao Palácio de S. Bento[642], a qual, à semelhança de outra, que tivera lugar em Moçambique no dia anterior, era de apoio ao Chefe do Governo e de repúdio contra os ataques a que fora sujeito:

> Atrás de uma cabala virá outra. Depois de uma campanha de difamação outra virá. Para afastar de nós a opinião mundial. Para nos apresentar

LIVRO SEGUNDO PRESIDENTE DO CONSELHO DE MINISTROS 753

como réprobos. Para nos fazer vacilar na nossa fé e tentar desorientar a nossa resolução.

Na «conversa em família» de 26 de julho, Marcello Caetano encerra a polémica, inscrevendo estas movimentações internacionais numa «nova forma de terrorismo»[643], terminando:

> Temos de estar atentos. Serenos e firmes. Não nos deixando abalar pelos ataques. Sabendo ripostar oportunamente. Opondo a força da nossa convicção às perfídias do adversário. E, sobretudo, afirmando o nosso destemor e a nossa vontade para resistir a esta nova forma de terrorismo.
> Porque o que se pretende no campo internacional é intimidar-nos pelo terror. Mas não. Também assim nos não vencem.

Quase no final desta intervenção televisiva, Marcello Caetano apresenta a sua explicação dos factos:

> O Governo português [...] Repetidamente tem dito o que todos, no íntimo, sabem: que nunca ordenou, consentiu ou aprovou qualquer ato de violência contra as populações civis dos territórios onde se desenrola a luta de guerrilhas desencadeada pelos terroristas.
> Uma luta dessas, em que atuam pequenos grupos terroristas empregando meios traiçoeiros, onde abundam o emprego de minas, a prática de emboscadas, os ardis armados nas aldeias, o ataque de inimigos invisíveis, é muito difícil evitar que haja, aqui além, alguns excessos na reação dos que são agredidos, muitas vezes, eles próprios, nativos africanos. Em parte nenhuma do mundo onde se verificaram circunstâncias análogas isso se conseguiu, por maior que fosse a disciplina imposta.

Está, em absoluto, fora de causa que, tanto Marcello Caetano como o seu Governo, alguma vez hajam determinado ou aprovado quaisquer atos deste tipo. No entanto, há uma coisa a que os estadistas não podem furtar-se, qual seja a «responsabilidade política». E, nesse, como em vários outros aspetos, Marcello Caetano teria de carregar com o terrível ónus político de atos cometidos por outros, mas temporal e circunstancialmente ligados à sua administração. Um ónus de que, neste caso, talvez se pudesse ter libertado ou, pelo menos, aliviado, se tivesse permitido uma investigação imparcial, aberta e profunda, do que acontecera, punindo exemplarmente os seus autores e responsáveis. Essa hipótese foi-lhe sugerida pelo entrevistador da BBC, a 17 de julho: «Vossa Excelência estaria preparado para permitir um inquérito feito por um grupo internacional?». A resposta é pela negativa, embora dada indiretamente: «desde que o boato foi levantado sobre excessos das tropas portuguesas em Moçambique que o Governo Português começou a procurar reunir todos os elementos que lhe permitissem fazer um juízo sobre a questão. Mas isso pelo respeito que deve aos seus princípios, pela orientação que sempre tem dado aos seus militares e não por causa de exigências internacionais».

Em meados de agosto, o Eng. Jorge Jardim desloca-se a Tete, acompanhado pelo jornalista Bruce Loudon, para tentar descobrir o local e testemunhos do massacre, sobre o qual parecia ser o único a ter uma estratégia: «assumir e explicar». Mas nem Marcello Caetano nem Kaúlza de Arriaga quiseram seguir nesta direção[644].

«Estou em condições de assegurar – conta Manuel José Homem de Mello – quanto o «incidente» [...] perturbou e afetou Marcello Caetano. Sem poder confessar o que sabia, não desejando – como lhe cumpria – pôr em causa o procedimento das Forças Armadas [...], Caetano jamais «recuperou» a estabilidade psíquica indispensável ao prosseguimento da liderança política em que estava investido. [...] O desgosto assumiu aspetos de tragédia pessoal que, segundo sou levado a crer, acompanhou Marcello Caetano até à última morada.»[645]

Infelizmente, não se tratava de boatos, mas de realidades muito duras, num quadro em que, ao colapso, mais do que previsível para a Guiné, se juntava um agravamento da ofensiva da guerrilha em Moçambique, com consequências no moral da população das zonas mais afetadas, referenciadas numa carta de Gonçalo Mesquitela para o seu «querido amigo e compadre», Marcello Caetano, em 7 de julho: «sentem-se aqui preocupações no aspeto militar. A situação do istmo de Tete, a aproximação de atividades terroristas na Beira e a "infeção" de Vila Pery instalam na opinião pública um princípio de alarme que pode agravar-se», sendo que a própria DGS «parece ultrapassada pelos acontecimentos» e «a informação militar não consegue supri-la»[646]. Este agravamento devia-se, em boa parte, ao falhanço da manobra estratégica de Kaúlza de Arriaga, assente no combate à guerrilha segundo a tática da guerra de frentes. O inêxito foi completo e a FRELIMO, em vez de ser destruída, acabou por recuperar dos desaires iniciais, reforçando e estendendo a sua ação.

No dia 31 de julho, Kaúlza de Arriaga é substituído pelo general Basto Machado nas funções de Comandante-Chefe de Moçambique e, no dia 6 de agosto, António de Spínola regressa à metrópole, sendo as suas funções de Governador e Comandante-Chefe entregues ao general Bettencourt Rodrigues, que chega a Bissau a 21 de setembro.

A carta, datada de 9 de julho[647], em que Marcello Caetano comunica ao primeiro, o fim do seu comando, é um monumento de subtileza e cinismo político, no qual as críticas severas se escondem por detrás de um cortejo de louvores, sobretudo quando se refere aos discursos proferidos, então reunidos em volume que o Comandante-Geral lhe oferecera: «Junta o Senhor General, à vivacidade da inteligência, a facilidade da palavra que lhe sai vibrante, concisa e persuasiva», admirando-lhe a «agilidade de espírito e facilidade de expressão». Quanto ao aspeto operacional, o discurso muda de tom:

> Como lastimo que se venha embora! Mas reconheço a vantagem, para si, para Moçambique, para todos nós, em outra pessoa rever os conceitos e as táticas da ação antissubversiva em Moçambique.
>
> No plano militar a opinião é pragmática. E quando, como sucedeu, embora os planos parecessem certos, o inimigo progride a cada momento, há vantagem em que outro comando, não comprometido com as disposições adotadas, tome o pulso à situação e ensaie outras soluções se lhe parecer que não foram eficazes as anteriores.

Um dos aspetos no qual, independentemente dos contextos políticos, a situação militar começava a claudicar e a ameaçar ruturas perigosas, era o problema dos oficiais intermédios, sobretudo ao nível dos comandantes de companhia, ou seja, dos capitães. A Academia Militar, para além do desprestígio em que caíra, deixava de ser uma carreira atrativa para os jovens, na perspetiva da guerra, vendo a sua frequência drasticamente diminuída: em 1973, era frequentada apenas por 72 alunos, restando 423 vagas por preencher[648]. Esta situação levava a que os capitães existentes fossem sujeitos a comissões sucessivas, com intervalos cada vez mais curtos, provocando um evidente e inevitável desgaste físico e psicológico.

Para obviar a esta situação, o ministro do Exército e da Defesa, Sá Viana Rebelo, faz promulgar o Decreto-lei n.º 353/73, de 13 de julho, segundo o qual

Os oficiais do quadro especial de oficiais (QEO) podem transitar para os quadros permanentes das armas de infantaria, artilharia e cavalaria mediante a frequência, na Academia Militar, de um curso intensivo, equivalente para todos os efeitos aos cursos normais professados ao abrigo do Decreto-Lei n.º 42151, de 12 de fevereiro de 1959.

Dada a complexidade do decreto, para quem não está afeito aos pormenores da carreira castrense, em termos de antiguidades e promoções, deixemos as explicações a militares:

> O Governo pretendia acelerar a promoção desses oficiais [oriundos do quadro de complemento, ditos milicianos] mais velhos em idade, embora tivessem à sua frente, na escala de antiguidades, outros capitães de idade inferior. O objetivo era triplo: criar um incentivo à profissionalização dos milicianos; repescar para o posto de major oficiais com idade menos própria para o comando de companhias; e, simultaneamente, retardar a promoção de capitães ainda jovens, aumentando-lhe o tempo de permanência no posto.[649]

A reação a este decreto, considerado a causa próxima do despoletar de um movimento que, de corporativo, a breve trecho, se transformaria em político, levando ao golpe militar de 25 de Abril, foi quase imediata, iniciando-se, uma vez mais, na Guiné, onde, no dia 18 de agosto, um grupo de cerca de duas dezenas de oficiais se reúnem, no Clube Militar de Bissau, nomeando uma comissão encarregada de redigir um projeto de exposição a enviar às mais altas instâncias das Forças Armadas e do Exército, assim como ao ministro da Educação.

Perante o descontentamento e consequente agitação, o ministro tenta emendar a mão, através do Decreto-lei n.º 409/73, de 20 de agosto, que procurava amortecer as consequências do anterior: segundo as novas disposições, apenas os capitães e subalternos saíam prejudicados, salvaguardando-se os direitos dos oficiais superiores, que também eram prejudicados pelo primeiro.

> Há, todavia, a noção de que se havia ido longe de mais e que algo deveria ser feito para minorar o abalo causado [...]. Mas o aspeto mais grave da questão residiu na falta de apoio aos oficiais lesados por parte da generalidade da hierarquia do Exército, cavando ainda mais profundamente o fosso já existente entre os oficiais mais jovens e os de patente superior.[650]

Apensa a uma carta de Santos Costa – o experiente militar, que fora, durante dezenas de anos, o braço direito de Salazar na recondução da classe castrense aos quartéis, no seu disciplinamento, reorganização e reequipamento –, para Marcello Caetano, datada de 10 de novembro[651], está a cópia de uma outra que, no dia 1 de agosto de 1973, o primeiro dirigira a Sá Viana Rebelo, na qual afirma que «o mais elementar bom senso aconselha a *suspensão do diploma* para melhor consideração dos seus efeitos e fundamentos», acentuando: «E note que não falo em revogação, *mas apenas na suspensão do diploma para estudo*. Não compromete ninguém, nem nenhuma solução: acalma os exaltados, faz renascer a serenidade e permite a formação de um clima de tranquilidade necessário à ponderação amadurecida de todos os factos e circunstâncias.» Chama, finalmente, a atenção do ministro para a necessidade de informar o Presidente do Conselho do que estava a acontecer, ao qual, por sua vez, caberia dar conhecimento do Chefe do Estado[652].

Sá Viana Rebelo não suspendeu o decreto. Apenas o emendou, e mal. E o movimento de contestação estendeu-se, não só à Metrópole, como a todas as colónias em guerra, através da subscrição, por centenas de capitães, de uma exposição coletiva que seria entregue nas presidências do Conselho e da República.

A primeira reação do Governo apontava para procedimento disciplinar contra os capitães, sobretudo contra aqueles que encabeçavam o movimento, nos termos do Regulamento de Disciplina Militar (RDM). «Mas – segundo narra Marcello Caetano –, logo a seguir vieram exposições análogas, com centenas de assinaturas, de Angola e da Metrópole. E chegaram notícias de que em Moçambique o estado de espírito era ainda pior. Nenhuma das pessoas com quem conversei sobre o assunto julgou possível proceder disciplinarmente contra tantos oficiais – praticamente todos os do quadro.»[653]

Alea jacta est. Os dados estavam, de facto, lançados e, como se descobriria em pouco tempo, era o início de um percurso sem retorno.

Já no final do quinto ano de governo de Marcello Caetano, Jorge Jardim e Kennett Kaunda concluem, a 12 de setembro, o «Programa de Lusaka», que visava o início de negociações entre Portugal e FRELIMO para uma futura independência de Moçambique. Mas Portugal já não tinha nem condições nem credibilidade internacional para quaisquer negociações sobre o futuro das colónias; além disso, a prioridade dada por Marcello Caetano às relações com a África do Sul e a Rodésia – precisamente os outros dois regimes de África proscritos da comunidade internacional –, impedia qualquer solução que não fosse apoiada por estes dois países.

No dia 27 de setembro de 1973, completam-se cinco anos de governo de Marcello Caetano.

Ao contrário do que acontecera nos anos precedentes, o Presidente do Conselho não confere ao momento especial solenidade. Limita-se a falar ao País através de mais uma «conversa em família», na perspetiva das eleições legislativas que se aproximavam[654]. Depois de resumir a obra realizada ao longo dos cinco anos do seu mandato como Chefe do Governo, fala sobre as eleições, destacando a hipótese de a oposição aproveitar o período da campanha eleitoral para tecer críticas ao Governo, desistindo à boca das urnas, sob a alegação de não ter condições para as disputar em pé de igualdade com as listas governamentais, constituídas sob a égide da ANP. Aliás, recorde-se, foi para o evitar que o Decreto-lei n.º 471/73, de 21 de setembro, acrescenta à lista dos inelegíveis todos «os que, tendo-se candidatado em eleição anterior, hajam desistido da candidatura proposta ou feito declaração pública e incitamento dos eleitores à abstenção do ato eleitoral», fazendo incorrer na pena de suspensão dos direitos políticos por cinco anos, «os que, tendo aceite a candidatura [...], subscrito a apresentação de listas de candidatos, ou feito parte da respetiva comissão eleitoral, manifestem publicamente, por qualquer meio, o propósito de não concorrer» e ainda «os que, por qualquer meio, incitem ou aconselhem os eleitores a absterem-se de votar».

Salazar nunca fora tão longe, nem mesmo nos períodos de maior dureza.

Embora não o refira explicitamente, afirma para justificar estas medidas:

> O Governo tem a obrigação de proporcionar todas as facilidades para que o ato eleitoral venha a constituir uma séria manifestação da vontade nacional.
>
> Mas ninguém lhe pode exigir que, por boa-fé excessiva, aceite um jogo em que os parceiros desde logo digam não quererem jogar segundo as regras, mas apenas aproveitá-las para fazer batota – e uma batota que neste caso é a revolução social e o abandono do Ultramar.

No ato eleitoral que se aproxima, os eleitores ficam perante várias e graves opções:

Estamos num momento muito delicado da vida nacional. Em que há que tomar opções decisivas. Optar por continuar um regime que em tantos aspetos se tem revelado adaptado às necessidades do País, ou implantar outro a caminho do desconhecido. Optar por preservar na construção de soluções nossas, de acordo com as realidades, para os problemas a resolver aqui e no Ultramar, ou adotar soluções que o estrangeiro nos queira impor, com a catástrofe em África e a redução de Portugal na Europa a um cantão na Península Ibérica. Optar pelos homens que, sem ambições pessoais, se dispõem a servir a Pátria, ou por outros que se preparam para fazer as contas dos seus ódios, dos seus ressentimentos e dos recalques, de mistura com muita utopia, muito primarismo ideológico, muito aventureirismo irresponsável.

Grandes opções!

Quem assim fala, é um homem profundamente cansado e desiludido, que começa a dar sinais de desespero, um desespero feito de uma solidão política ineludível, que o leva a procurar apoio ou, pelo menos, algum refrigério junto dos poucos amigos que ainda lhe restam.

Nos princípios de agosto, quando preparava as listas da ANP para as eleições legislativas, das quais excluiu os «liberais» – com exceção de José da Silva e Mota Amaral, que aceitaram continuar – pede a Freitas do Amaral que o vá ver ao Palácio de Queluz, onde se refugiara para passar alguns dias de férias[655]. Começa por lhe perguntar se aceita ser candidato a deputado. Perante a resposta negativa, pede-lhe que convide os seus amigos António de Sousa Franco e Alberto Xavier – os mesmos a quem, com ele, propusera, em 1970, a direção do Gabinete de Estudos da ANP – que também declinaram o convite. Após a rutura com os «liberais» e com os «ultras», Marcello Caetano vê-se também abandonado pelos jovens da direita democrática, precisamente aqueles que poderiam ser o seu último recurso para salvar, *in extremis*, o que restava do seu projeto político: «Também ele vive o drama maior de qualquer líder político – a solidão na hora em que as coisas começam a correr mal.»

Provavelmente, Marcello Caetano já esperava a recusa.

Mas, para além do convite, ele precisava, acima de tudo, de desabafar: fazer um balanço sintético do que tinha sido conseguido e falar dos grandes problemas que enfrentava. Se nas áreas económica e social se tinha obtido um progresso assinalável, persistiam «duas graves questões encravadas num impasse: a liberalização política interna, e o problema ultramarino». A primeira falhara, «por exclusiva culpa» da «ala liberal», pelo que «tão cedo não voltaremos a ter condições para novas aberturas». Mas o grande e gravíssimo problema era o Ultramar:

> Tenho dedicado horas e horas sem fim a este problema angustiante. Para já, não encontro outra solução que não seja continuar a defesa militar, e ir preparando os territórios, através de uma autonomia progressiva e da participação crescente das populações na vida pública e administrativa, para um dia poderem, conscientemente, assumir o seu próprio destino. Que desonra seria para Portugal criar novos Brasis? Só que a independência do Brasil foi uma independência branca, ao passo que hoje em dia a ONU não aceita independências brancas e europeias. Se a comunidade internacional aceitasse a independência branca de Angola e Moçambique, eu próprio teria a maior honra em lha conceder. Mas independências de maioria negra, treinada na guerra contra o branco e impreparada para a paz multirracial, e ainda por cima instalar em Angola e Moçambique regimes comunistas de obediência soviética? Não é possível. Daqui concluo que temos de continuar a guerra, por um lado, e de apostar na autonomia progressiva e participada, por outro.

Se quanto à autonomia estava em condições de assumir o seu desenvolvimento, nem que para tanto tivesse de substituir o ministro do Ultramar, Silva Cunha, que teimava em manter uma forte centralização administrativa ultramarina em Lisboa, quanto à guerra, o problema era muito mais complicado e escapava ao seu controlo.

> Agora, quanto à continuação da guerra... tenho as maiores dúvidas. Porque as Forças Armadas, que existem para fazer a guerra, já não se querem continuar a bater, e o que desejam é a paz. Não tenho ilusões a esse respeito. O moral das nossas tropas é péssimo, e a infiltração comunista nos oficiais milicianos e nos sargentos é enorme. Não sei dizer por quanto tempo mais aguentarão o grande esforço que lhes é pedido. Suspeito de que não será por muito. A minha obrigação, como chefe do Governo, é traçar a política a seguir pelos militares, pelos diplomatas e por toda a administração pública. Mas por quanto tempo serei obedecido? Eu não posso, só para lhes fazer a vontade, decretar uma paz que não nos daria garantias, ou conceder independências que seriam prematuras. Preciso de tempo. E portanto preciso de que os militares continuem a combater, enquanto os nossos inimigos nos atacarem. Mas é claro que tudo tem um limite: se as Forças Armadas, que são fiadoras da integridade da Pátria, não quiserem continuar a guerra e enten-

derem dever tomar o Poder para acabar com ela, eu de bom grado lho cede-rei. Só espero que não me metam na cadeia por lhes fazer a vontade.

Alarmado pelo desabafo de Marcello Caetano, Freitas do Amaral pede ao pai, que pertencia aos círculos próximos do Presidente da República, que fosse falar com Américo Tomás para lhe pedir, e insistir, na demissão de Marcello Caetano, «o mais rapidamente possível», das funções de Presidente do Conselho[656]. Duarte do Amaral desempenhou-se do pedido, no dia seguinte, numa conversa de duas horas, que não obteve as consequências desejadas.

Ano Seis

27 de setembro de 1973
a
25 de Abril de 1974

1

«POR MIM, NÃO TINHA APEGO AO PODER, E SE AS FORÇAS ARMADAS QUERIAM IMPOR A SUA VONTADE SÓ TINHAM UMA COISA A FAZER – ASSUMIR O GOVERNO.»

Parafraseando García Márquez, bem pode dizer-se que, no dia 27 de setembro, data em que começa o sexto ano de mandato de Marcello Caetano na chefia do Governo, se inicia a contagem decrescente de uma morte anunciada e, como se viu, pressentida pelo próprio.

Américo Tomás fora avisado do estado de espírito e da fragilidade política em que se encontrava o Presidente do Conselho, a quem o primeiro, posteriormente, tece duras críticas, alijando para o segundo as suas próprias responsabilidades na definição da política nacional. Para o Chefe do Estado, o problema não era a perceção aguda, a até «luminosa presciência» dos problemas, evidenciada por Marcello Caetano, mas sim a sua atuação, caracterizada por uma «incompreensível hesitação», que «ajudou a queda do Estado Novo, em vez de o defender tenazmente, como era mister»[657].

Aliás, a gravidade da situação não era desconhecida no Palácio de Belém. Quando faz o balanço do ano de 1973, afirma que, a partir do segundo semestre, «foi sempre aumentando a inquietação do Chefe do Estado, por se acentuar nele a impressão, como que a perceção, de que, em crescente contraste com a aceleração do desenvolvimento do País [...], se iam degradando, sucessivamente mais, certos conceitos fundamentais, cujo cultivo e defesa se estavam infelizmente descurando»; além disso, acentuava-se «cada vez mais, o antagonismo entre as hostes marcelistas (cuja coesão parecia começar suportando a corrosão do tempo e dos acontecimentos) e antimarcelistas, separadas por um fosso cada vez mais cavado e fortemente prejudicial à política nacional e de união, que mais convinha ao Estado Novo e a Portugal»[658]. De acordo com o que deixou escrito nas suas «memórias», o Chefe do Estado discordara da revisão da Constituição e da autonomia para as colónias nela consagrada, não gostou da atitude do Governo perante o Congresso dos Combatentes, nem da substituição de Kaúlza de Arriaga, nem da designação de Costa Gomes para Chefe do Estado-Maior General e, posteriormente, da de António de Spínola para o cargo de Vice-Chefe do mesmo, nem das medidas tomadas, ou melhor, não tomadas, para fazer face à falta de capitães; verberou as constantes dúvidas de Marcello Caetano, considerando inadmissível a sua exposição pública, que estariam subjacentes nos seus discursos sobre o Ultramar. Anotou que, no início de 1973, a atuação do Chefe do Governo «continuava a não corresponder, em quase tudo, às palavras firmes que vinham sendo proferidas», sobretudo em matéria de defesa:

> Apontava-se grande parte do mal à vista, apontava-se também a necessidade de estar atento e firme, mas a preocupação de querer parecer mais liberal do que no tempo do governo do doutor Salazar, fez com que, sucessivamente, fosse abrandada a máquina defensiva na sua cada vez mais indispensável vigilância, pela retirada de poderes e de prestígio aos organismos policiais e, até, aos militares, subestimando a importância da Legião e da Mocidade Portuguesa, dando ouvidos aos que afirmavam ser esses organismos excrescências, já sem razão de subsistirem. Na realidade, [...] a ação não correspondia normalmente às afirmações, nem às necessidades que os acontecimentos iam impondo: um amolecimento progressivo, para que o chefe do Estado ia chamando repetidamente a atenção. Para o mal, que ia crescendo e se reconhecia, as palavras firmes não faltaram, mas não bastavam, pois a elas deveria ter-se seguido, imposta pela guerra, uma orientação não menos firme, que as hesitações, por um lado, e o receio, por outro, da perda de imagem de maior liberalismo, infelizmente frustraram.[659]

Justifica-se aqui uma pergunta: perante um retrato tão negativo, porque é que o Presidente da República não utilizou os seus poderes constitucionais para demitir Marcello Caetano – cuja atuação, pelos vistos, tantos estragos estava a causar –, nomeando para o substituir uma personalidade mais consensual e mais sintonizada com os princípios que entendia serem os mais adequados para o País?

É fácil alijar responsabilidades. Fácil e cómodo. Principalmente quando o acusado está morto e não se pode defender. E sobretudo, quando se trata de passar uma esponja pela história, na tentativa de fazer sobressair uma imagem impoluta, como se ele fosse apenas uma personagem marginal do drama que então se vivia, e não um dos seus protagonistas.

Apesar de limitado pelas condições prévias que lhe tinham sido impostas no momento da designação para chefiar o Governo, Marcello Caetano, bem ou mal, assumiu as suas responsabilidades. O Presidente da

República, não obstante todas as críticas que mantinha sobre a marcha da governação, demitiu-se de o fazer, recusando correr os riscos, que podia e devia ter corrido, em função do desempenho do mais alto cargo da hierarquia do Estado e das respetivas Forças Armadas, um cargo para o qual se voluntariara, não podendo argumentar nunca ter sido forçado.

Ao contrário de atitudes, Américo Tomás, num momento tão grave como o do ano de 1973, continuava o seu périplo pelo País, que percorria de lés-a-lés, desde que fora eleito pela primeira vez, em 1958, bisando, triplicando ou quadruplicando visitas, sem nunca se esquecer de anotar o número de ordem de cada uma delas, e procedendo a inaugurações, públicas ou privadas, um pouco por todo o lado.

Quando, em março de 1969, Marcello Caetano visitou os Estados Unidos, foi-lhe prometido por Richard Nixon que as relações entre ambos os países iam entrar numa nova fase, agora de colaboração e bom entendimento. O principal apoio de que Portugal necessitava era de natureza militar, para reforçar os meios de defesa na guerra de África. Neste quadro, e perante notícias da então considerada alta probabilidade de utilização pelo PAIGC de meios aéreos contra as tropas portuguesas, o Governo português pediu o fornecimento de mísseis terra-ar «Red Eye». O pedido foi recusado sob a invocação de a pretensão ir contra o que fora aprovado pelas duas câmaras do Congresso do Estados Unidos.

No dia 6 de outubro de 1973, começa a Guerra de Yon Kippur, com um ataque maciço dos exércitos da Egito e da Síria contra as posições de Israel, no Canal do Suez e nos montes Golan, apanhando de surpresa os israelitas e consolidando rapidamente as suas posições. O contra-ataque de Israel necessitava da ajuda dos Estados Unidos, através de uma ponte aérea, que teria necessariamente de fazer escala em território europeu, cujos países, receosos das retaliações árabes, recusaram. Na mesma linha se pronuncia o Governo português, através do ministro dos Negócios Estrangeiros, Rui Patrício, quando o pedido lhe foi feito pelo Encarregado de Negócios da embaixada americana, Richard Post; os americanos insistem e Portugal, no dia 12, exige várias garantias: auxílio em caso de retaliação; não aprovação de legislação antiportuguesa no Congresso dos Estados Unidos; apoio às posições portuguesas no Conselho de Segurança da ONU, quanto à independência da Guiné; cumprimento escrupuloso do acordo sobre a Base das Lajes; e fornecimento dos mísseis «Red Eye»[660].

A resposta do Governo americano, assinada pelo próprio presidente e dirigida ao Presidente do Conselho, recebida no dia seguinte, é um autêntico ultimato:

> Caro Senhor Primeiro-Ministro: Este é um momento difícil para a paz mundial e para as relações entre Portugal e os Estados Unidos. O que nós estamos a fazer visa contribuir para o fim das hostilidades e para uma paz durável no Médio Oriente, mas precisamos da vossa cooperação. O nosso encarregado de Negócios explicou o que requeremos. Não podemos estar agora a regatear convosco na base de hipotéticos resultados que poderão advir da cooperação. Não podemos providenciar-vos as armas específicas pedidas pelo vosso Ministro dos Negócios Estrangeiros. Se forem ameaçados de terrorismo ou por um boicote de petróleo em resultado da vossa ajuda à paz mundial, estaremos dispostos a consultas bilaterais sobre as medidas que juntos poderemos tomar. Eu ficarei muito grato pela sua reflexão pessoal e cuidadosa acerca do que lhe exponho e do nosso problema comum. Sabe que o tempo é importante para ambos. Devo dizer-lhe com toda a franqueza, senhor Primeiro-Ministro, que a sua recusa em ajudar neste momento difícil forçar-nos-á a adotar medidas cujos efeitos não podem ser outros senão os de melindrar a nossa relação. Se tivermos de procurar rotas alternativas, isso será um fator a recordar caso as contingências a que se refere o seu Ministro dos Negócios Estrangeiros se verificarem. Faço-lhe este pedido a si, pessoalmente, senhor Primeiro-Ministro. As melhores saudações. Sinceramente. Richard Nixon.

Portugal, o elo da cadeia, a todos os níveis, o mais fraco, apesar de recusa das garantias solicitadas, não podia senão ceder. Marcello Caetano responde a Nixon:

> Caro senhor Presidente: Recebi a sua mensagem e fará ideia da enorme responsabilidade que a resposta implica para mim numa ocasião em que me é impossível consultar os representantes dos órgãos constitucionais do país ou até os meus conselheiros pessoais e em pleno período eleitoral. Por outro lado, o risco que a decisão implica obrigaria em rigor a consultar também os países com os quais temos pactos de defesa, nomeadamente a Espanha. Vejo porém que o seu apelo é formulado em termos de extrema necessidade e não quero forçá-lo às medidas violentas que ele deixa supor. Nessas condições, vou instruir o meu Governo no sentido de autorizar a passagem dos aviões americanos, confiado na palavra de Vossa Excelência em que o meu país não

ficará sem defesa no caso de prováveis consequências graves desta decisão. Sinceramente. Marcello Caetano.[661]

Como consequência, no dia 28 de novembro, na cimeira árabe de Argel, é decretado o embargo petrolífero a Portugal.

No dia 28 de outubro, realizaram-se as eleições de deputados à Assembleia Nacional. A campanha eleitoral «já não foi como a anterior», conta um dos candidatos, muito próximo de Marcello Caetano e, por isso, insuspeito de criticismo militante: «Ao simulacro de autenticidade que se "respirara" quatro anos antes – quando a esperança de renovação ainda não era uma palavra vã – sucedera um melancólico "cumprir de calendário". As "eleições" voltaram a ser quase idênticas às do salazarismo: dificuldade de inscrição nos cadernos eleitorais, obstáculos às consultas dos cadernos, ausência de suficientes garantias de fiscalização eleitoral. Apenas a imprensa beneficiava de maior "abertura" por banda do Exame Prévio, ainda que tivesse voltado a ser proibido discutir a "política ultramarina" a exemplo do que ocorrera no consulado anterior.»[662] Por isso, acrescenta este então candidato, não obstante ter sido – inevitavelmente – eleito: «os números apurados a favor das *listas* da ANP [...] tinha[m] um significado relativo, uma vez que nada poderia assegurar que fossem genuínas.»[663]

As oposições, tal como previsto, desistiram à boca das urnas, invocando a inexistência de garantias mínimas de seriedade. Nesse mesmo sentido se pronunciara Sá Carneiro na sua coluna «Visto», publicada, a 13 de outubro, no *Expresso*:

> A restauração das liberdades públicas parece-me ser neste momento o fim essencial a atingir, se bem que não único, pois elas condicionam o progresso político, económico e social de que os portugueses carecem.
>
> Ora, tal restauração seria, em meu entender, pior servida pela participação eleitoral do que pela atitude contrária. Aquela serviria designadamente para provar que afinal até há pelo menos uma certa liberdade política. A não participação fundamentada denunciaria que ele não existe senão numa aparência que tem de rejeitar-se, recusando situar-se dentro dela.[664]

Não há muito a dizer sobre a composição da Assembleia Nacional, agora aumentada para 150 deputados, resultante do reforço da representação ultramarina, no que se refere a Angola e Moçambique, cujo número passa de sete para doze, para cada uma dessas colónias, e do ajustamento em alguns círculos, como por exemplo os de Lisboa e Porto. A taxa de renovação, que na legislatura anterior fora de 65 por cento, desce agora para 40 por cento, uma das mais baixas de todo o Estado Novo. Trata-se de uma Assembleia de recurso, sinal de esgotamento do marcelismo, povoada de uma multidão de ilustres desconhecidos, quase todos personagens políticos secundários e sem relevo, destacando-se em sentido contrário, neste universo de mediocridade, a repescagem de Daniel Barbosa, que deixara a Assembleia em 1957 e de Baltazar Rebelo de Sousa, que fora deputado até 1961. Refira-se, finalmente, que apenas 11 dos deputados – 7,4 por cento – não tinham quaisquer vínculos políticos ao regime e/ou às suas instituições, uma percentagem que também é uma das mais baixas de todo o Estado Novo[665].

O facto que mais ressalta é o de uma impressionante linha de continuidade relativamente ao consulado anterior. Os dados referentes a esta legislatura confirmam, em tudo, o fechamento do regime sobre si próprio. Com desalento para os próprios – e ainda – fiéis a Marcello Caetano, como Manuel José Homem de Mello:

> A nova Assembleia diferia da anterior quase como da noite para o dia. O «sol» da esperança fora rapidamente encoberto pelas sombras da «ortodoxia». Sem a «ala liberal» e com os deputados «marcelistas-progressistas» reduzidos a não mais do que meia dúzia, desde logo verifiquei que voltara a ser, apenas, um «estranho em ninho de cucos». [...] Decidi ficar em S. Bento como se já lá não estivesse. Era óbvio que deixara de ter sentido alimentar qualquer ilusão. Aquela deixara de ser a minha «casa».[666]

Por esta altura, o deputado que vimos a citar testemunha uma atitude de Marcello Caetano bem reveladora do seu temperamento austero e da simplicidade do seu estilo de vida. À vista do automóvel do seu amigo, «um Mercedes vermelho, 280SE novinho em folha», «franze o sobrolho» e «dispara»: «um político que se preze não pode deslocar-se num carro assim...»[667]

Ao nível da Câmara Corporativa parece existir um esforço de abrangência, ou seja, meter nela «quase tudo o que cabia no regime», com a inclusão, na secção política – da responsabilidade do Governo –, de personalidades como Miguel Pádua Bastos, José Torres Campos, Joaquim Macedo Correia, Almeida Cotta, Custódia Lopes, Franco Nogueira, Xavier Pintado e Camilo de Mendonça, entre outros, onde vão enfileirar

LIVRO SEGUNDO PRESIDENTE DO CONSELHO DE MINISTROS 771

com Freitas do Amaral, Martins de Carvalho, Gonçalves Pereira, Antunes Varela, Sedas Nunes e Maria de Lurdes Pintasilgo, além de muitos outros, que já vinham da legislatura anterior, devendo salientar-se a permanência dos dois últimos, aos quais se junta João Salgueiro, a menos de seis meses do 25 de Abril.

Quem – apesar dos protagonismos assumidos uma dúzia de anos antes e das esperanças que chegou a suscitar no quadro da sucessão de Salazar – nunca teve qualquer chance de se integrar nas elites desta fase final do Estado Novo, foi Adriano Moreira: «Provavelmente não aceitaria. Mas, ele não lhe foi oferecido. Este é um dos lados menos felizes da política. Malquerenças – para não dizer ódios – separam, irremediavelmente, pessoas, mesmo e quando poderiam vogar em águas não muito afastadas.»[668]

Entretanto, a Guiné, onde Bettencourt Rodrigues, o novo Governador e Comandante-Chefe, chegara três dias antes, o PAIGC, no dia 24 de setembro, proclamou unilateralmente a independência, em Madina do Boé, por deliberação da sua primeira Assembleia Nacional Popular. É adotada uma Constituição e Luís Cabral, irmão do assassinado Amílcar Cabral, é o primeiro Presidente do Conselho do Governo. A independência foi de imediato reconhecida por 72 países. No dia 2 de novembro, a Assembleia Geral da ONU aprova a histórica Resolução A/3061 (XXVII), única no direito de descolonização, que reconhece a independência da República da Guiné-Bissau, em consequência da qual Portugal é considerado potência ocupante e convidado a retirar, e ainda uma recomendação ao Conselho de Segurança para a admissão da nova república. E, no dia 19, a Guiné-Bissau é admitida como o 42.º Estado membro da Organização dos Estados Africanos (OUA).

Ao contrário do que afirmava o PAIGC, segundo o qual, dominava firmemente 75 por cento do território, a delegação portuguesa nas Nações Unidas classificou este ato como de pura propaganda, informando que aquele movimento não controlava qualquer parcela de território e que a administração portuguesa exercia a sua autoridade sobre toda a província, afirmações a que se associou o general Spínola, em entrevista ao *Diário de Notícias*.

Relativamente a Moçambique, no dia 13 do mesmo mês, o papa Paulo VI recebeu no Vaticano os bispos de Tete, Quelimane e Nampula, que o informaram sobre a situação no território, com destaque para os massacres de Wiriyamu, assunto sobre o qual o papa já falara com o secretário da Conferência Pan-Africana das Igrejas, e aos quais se referiu publicamente no dia seguinte «como tristes acontecimentos de Moçambique». Quanto à situação militar, pode dizer-se, muito sumariamente, que, a partir de 1972, a FRELIMO melhorou a sua atividade guerrilheira[669]. O fulcro da atividade militar portuguesa centrava-se na defesa da zona da barragem de Cahora Bassa, em função da qual foi definido o planeamento tático-militar, assim recordado pelo então ministro do Ultramar, Silva Cunha:

> Criou-se em Tete uma zona operacional sob o comando de um oficial que acumulava com o cargo de governador de distrito. [...]
> Organizaram-se também os aldeamentos, com alguma lentidão, há que reconhecê-lo, em consequência fundamentalmente da falta de meios.
> Simultaneamente, organizou-se a defesa próxima e imediata dos estaleiros da barragem e a proteção dos itinerários que os serviam.
> De tudo, apenas funcionou com eficiência a proteção dos estaleiros e itinerários.
> As populações frequentemente abandonavam em massa os aldeamentos. Aconteceu mesmo que, depois destes construídos, nas vésperas de serem transferidos para eles, fugiam, refugiando-se nas matas.
> O plano de contenção do inimigo no istmo de Tete falhou e a guerrilha começou a atuar nas áreas de Manica e Vila Pery, avançando em direção à Beira, apesar da concentração maciça de tropas realizada na zona.
> Começou a lavrar um certo pânico entre as populações civis.

Relativamente a Angola, a situação era diferente. Combatido pelas tropas portuguesas, que a partir do comando de Costa Gomes, contaram com a colaboração da UNITA, mas, sobretudo, debilitado por graves cisões internas, a atividade militar do MPLA decresceu, sendo que, «no início dos anos 70, a guerra era uma realidade remota para a maioria da população branca em Angola», nunca atingindo centros urbanos importantes, podendo afirmar-se, com António Costa Pinto, que «a conclusão de que "os nacionalistas não constituíram uma ameaça credível à presença portuguesa em Angola durante a fase da luta armada", muito embora de fraca utilidade para a análise das guerras coloniais, parece aproximar-se da realidade»[670].

Realizadas as eleições, Marcello Caetano procede à remodelação do Governo, numa tentativa de salvar o que ainda fosse possível do seu projeto inicial.

Silva Cunha, pouco sintonizado com a política de autonomia progressiva e participada, é transferido do Ultramar para a Defesa Nacional; o Interior é reforçado com um dos fiéis do Presidente do Conselho, César Moreira Batista; a Justiça, recusada por Diogo Freitas do Amaral, é entregue a Lino Neto; para o Exército entra o general Andrade e Silva; o Ultramar fica sob a alçada do seu dileto e fiel Baltazar Rebelo de Sousa, que dá superiores garantias de implementar a política de autonomia definida pelo Presidente do Conselho; às Corporações e Segurança Social ascende Silva Pinto, dado o seu desempenho muito positivo como secretário de Estado do Trabalho e Previdência Social; e, para a Saúde, o Chefe do Governo chama o seu amigo Clemente Rogeiro.

Dos tempos de Salazar, subsistiam apenas Silva Cunha (desde 1965), Rui Sanches e Pereira Crespo (1968), Rui Patrício e Augusto Vítor Coelho (subsecretários de Estado em 1965 e 1968, respetivamente).

Trata-se de, quatro anos depois de uma remodelação feita sob o primado da economia, dar uma resposta política a uma crise política. Uma crise que se revelava entre os militares, dos mais jovens aos generais; na questão colonial, no contexto dos desenvolvimentos já sumariados; no fracasso das eleições, traduzido no facto de nem metade dos recenseáveis estarem recenseados, e, destes, nem 50 por cento terem votado; e, finalmente, porque as classes médias, cada vez mais insatisfeitas e desiludidas, queriam maior participação no poder[671].

A propósito desta remodelação governamental e do espírito político que lhe estava subjacente, é interessante verificar a resposta de Marcello Caetano a Freitas do Amaral, quando este, acabado de ser convidado para a pasta da Justiça, lhe perguntou, replicando um gesto que o primeiro tivera com Salazar, em 1944, ao ser convidado para a mesma pasta: «E o que acha que eu poderia fazer de interessante no Ministério da Justiça?» A resposta foi clara e incisiva:

> O país está confrontado com a subversão em duas frentes: a ultramarina e a metropolitana. O combate à subversão no Ultramar compete essencialmente às Forças Armadas; na metrópole, tem de caber à polícia e aos tribunais. Ora, ultimamente, aparecem cada vez mais magistrados tolerantes e complacentes para com a subversão. A palavra de ordem, no Ministério da Justiça, tem de ser pois, «mão dura sobre os juízes». Senão, dentro em breve estaremos em pura anarquia.[672]

O jovem professor de Direito, que não deixara de sentir alguma emoção por, aos 32 anos, estar a ser convidado para ministro, cai das nuvens:

MARCELLO CAETANO UMA BIOGRAFIA POLÍTICA

«Num segundo, o meu sonho liberalizador desfez-se mais depressa do que o açúcar no chá: eu estava sendo convidado para ser o Ministro da repressão!»[673]

Espartilhado por todos os lados e setores da vida nacional, Marcello Caetano, em desespero de causa, tenta ainda ganhar algum espaço de manobra, através da constituição de um bloco de apoio, composto por jovens da direita moderada, uma associação política, no âmbito da ANP, mas aberta a não filiados, uma espécie de SEDES de direita. É a recuperação de uma ideia antiga e por várias vezes tentada sem êxito. O núcleo central – segundo a narrativa de Freitas do Amaral[674] – seria constituído não só por membros do Governo, mas também por outras pessoas que deviam perfilhar uma evolução não socializante do regime, ou seja, nem extrema-direita nem social democratas. Neste grupo incluíam-se Augusto Athayde, Nogueira de Brito, Pinto Cardoso, Duarte Ivo Cruz, congregando ainda nomes como os de João Padrão, Basílio Horta, Miguel Pupo Correia, Mário Quartin Graça, entre outros. Freitas de Amaral e Adelino Amaro da Costa também foram convidados. O primeiro recusou, mas o segundo aceitou. «E dados os seus extraordinários dotes de inteligência, jeito político e facilidade de escrita, logo foi incumbido por Silva Pinto da redação de uma espécie de *programa* da associação.»

E logo aqui surgem divergências de orientação: enquanto no projeto se admitia que a direção pudesse ter uma maioria de não filiados na ANP, princípio que visava a maior abrangência, Marcello Caetano impôs o contrário. Apesar de contrafeitos, os organizadores contemporizaram e seguiram em frente, sendo que, nas vésperas do 25 de Abril os aderentes fundadores andavam à volta das quatro dezenas. Mas era demasiado tarde: «Os reformistas do centro-direita, depois da derrota dos reformistas do centro esquerda, chegavam demasiado tarde: chegara a hora dos revolucionários.» Com efeito, a sua primeira reunião terminou praticamente à hora em que, na rádio, era transmitida a canção «Grândola, vila morena», o sinal para a saída dos militares dos quartéis para derrubar o regime.

Particularmente importante, no contexto da agitação entre os capitães, é a reunião do movimento em Óbidos, no dia 1 de dezembro de 1973, na qual foram abordados dois temas essenciais: o rumo a seguir pelo movimento e quais os chefes a contactar. Quanto ao primeiro, começou a ficar clara a ideia de que era necessário o emprego da força, o que conduziria à conquista do poder; relativamente ao segundo, as opções centravam-

-se em Costa Gomes e António de Spínola, com alguns votos em Kaúlza de Arriaga.

Enquanto os capitães se agitam e multiplicam reuniões, um pouco por todo o lado, em torno de objetivos cada vez menos corporativos e, na inversa, cada dia mais políticos, também aos níveis das cúpulas militares há movimentações.

A libertação dos generais Kaúlza de Arriaga e António de Spínola dos seus comandos em Moçambique e na Guiné, respetivamente, deixa--os livres para a atividade política, assente nos respetivos projetos – de há muito evidentes – de protagonizar o Poder, assumindo-se, cada um a seu modo, como reservas da Nação, para a salvação do sistema. O mais ativo é Kaúlza de Arriaga, que a 14 de setembro, reúne, num almoço promovido por Venâncio Deslandes, com Spínola e Pinto Resende, no qual o primeiro «fez uma larga e bem fundamentada crítica à política de Marcello Caetano e manifestou a sua preocupação perante o crescente agravamento da situação do País, tendo sido acompanhado nas suas preocupações por todos os presentes»[675]. Algum tempo depois, no dia 4 de dezembro, novo encontro entre Kaúlza e Spínola, agora num jantar em casa de Costa Leite (Lumbralles), um dos homens mais próximos de Américo Tomás e, na altura, adversário das teses e procedimentos políticos de Marcello Caetano. Conta António de Spínola:

> O General Kaúlza abriu o diálogo com uma crítica cerrada à política de ambiguidade de Marcelo Caetano que, em seu entender, estava sendo sub--repticiamente orientada no sentido do colapso militar no Ultramar, com a inerente responsabilização das Forças Armadas, acabando por concluir que se impunha substituir o Presidente do Conselho. Depois, a conversa passou para o campo de uma possível intervenção militar, tendo o General Kaúlza de Arriaga afirmando que, para o efeito, se encontrava ligado aos Generais Silvino Silvério Marques e Henrique Troni e que este último lhe garantira o comprometimento da Força Aérea, nomeadamente do Regimento de Para-quedistas. Quanto ao Exército, expressou a sua convicção de que as unidades de Cavalaria não deixariam, certamente de responder a uma chamada minha.
>
> Da minha parte, manifestei total concordância com a crítica formulada, mas pus reservas quanto à oportunidade de uma intervenção militar, suge-rindo, como melhor solução, a via constitucional do Presidente da Repú-blica, junto de quem tanto o General Kaúlza como o Prof. Lumbralles tinham acesso, salientando o facto de este último ser conselheiro de Estado. [...] Ter-minei expressando a opinião de que a situação era complexa e se apresentava

particularmente grave, pois a guerra do Ultramar tinha criado uma situação de desprestígio para os chefes militares, cuja ascendência não era reconhecida pela grande massa dos capitães.

E, assim, aconselhei o General Kaúlza a que aguardasse em melhor esclarecimento da situação.[676]

Não se tratava – escreveu, anos mais tarde, Kaúlza de Arriaga – de qualquer golpe de Estado, «mas sim de uma tentativa de concertar intenções que conduzissem à exposição franca e leal mas decisiva ao Presidente do Conselho de Ministros e depois ao Presidente da República dos desejos das Forças Armadas», a qual, na sua perspetiva, assentavam apenas em «ideias gerais»:

> Defendia a liberalização progressiva de todo o sistema político, paralelamente à reorganização e saneamento dos serviços públicos e das Forças Armadas e ao seu represtígio, à distribuição mais equitativa da riqueza, à adaptação das remunerações ao custo de vida, à resolução do problema urgente da Guiné, à criação em Angola e Moçambique de situações contrassubversivas favoráveis que possibilitassem, se fosse caso disso, negociar numa base de força e que permitissem a realização de referendos sérios após a mentalização totalmente isenta das populações.[677]

A realização destes objetivos pressupunha, numa primeira fase, a demissão coletiva do Governo, «indicando o Presidente da República a área das personalidades que deveria constituir o novo Governo», ficando, para uma segunda fase, a resolução do problema «da própria Presidência da República»[678].

O general Spínola desligou-se da conspiração, afirmando que «não queria fazer um 18 de abril, mas um 28 de maio», e que «o faria sozinho, com a sua equipa e quando o entendesse oportuno»[679].

Estas movimentações chegam aos ouvidos dos homens do Movimento dos Capitães e, através deles, ao general Costa Gomes que, de imediato, dá conhecimento dos factos ao agora ministro da Defesa, Silva Cunha. A intenção inicial era a de abafar o caso, mas, no dia 17 de dezembro, o major Carlos Fabião – um dos homens próximos de Spínola –, que frequentava um curso de formação no Instituto de Altos Estudos Militares, aproveitou uma aula para denunciar publicamente a preparação de um golpe militar, dirigido por Kaúlza de Arriaga, em que estariam também implicados os generais Troni, Joaquim Luz Cunha, Silvino Silvério

Marques e o prof. Adriano Moreira. A prossecução do golpe implicaria a eliminação física de Costa Gomes e de António de Spínola.

Ficava, assim, desmontado e desfeito o golpe que poderia ter salvo Marcello Caetano da responsabilização máxima, a que seria sujeito em 25 de Abril. E, simultaneamente, queimado politicamente Kaúlza de Arriaga, sob a suspeita de chefiar um golpe de direita, clarificava-se, junto dos capitães, que mantinham e aprofundavam as bases do movimento, a questão da respetiva chefia: Costa Gomes e António de Spínola.

Rematando a sua narrativa dos factos, Kaúlza de Arriaga afirma que «a "revolta dos generais" é produto de um espírito inventivo», salientando, no entanto, ser evidente «que havia qualquer coisa em marcha», designadamente «os esforços que vinha desenvolvendo, junto do Presidente da República, para promover a formação de um Governo que correspondesse às exigências e aos interesses do País»:

> Em quatro audiências e através de um documento que apresentei em abril ao Chefe do Estado, esforcei-me por demonstrar que, se ninguém operasse as grandes modificações que a situação do País impunha, este cairia no abismo, e, assim, ou o Presidente da República atuava constitucionalmente neste sentido ou alguém teria de atuar revolucionariamente por ele. Mas como resulta dos factos, infelizmente, nada consegui.[680]

No final do ano, a 22 de dezembro, o Governo procura calar o protesto dos capitães, alargando os quadros de oficiais das três armas do Exército no posto de coronel, regulando a situação dos oficiais do quadro permanente oriundos do quadro de milicianos, mediante a frequência dos cursos normais da Academia militar e, sobretudo, pela aprovação de uma nova tabela de vencimentos dos militares do Quadro Permanente, que vai contemplar, precisamente, a classe dos capitães, cujos vencimentos, comparativamente com os de general, nunca tinham sido tão favorável aos primeiros.

No mesmo dia, é também publicado no *Diário do Governo* o decreto-lei que cria o cargo de Vice-Chefe do Estado-Maior General das Forças Armadas, destinado ao general António de Spínola, que se encontrava sem funções, desde a sua chegada da Guiné, em agosto.

Mais tarde, a partir do exílio, Marcello Caetano refere-se negativamente a estas reformas, por considerar, e bem, que tinham sido tomadas sob pressão, o que, na sua opinião, de modo algum deveria acontecer, porque

A revogação das medidas tomadas quanto ao recrutamento do quadro permanente era uma capitulação e deixava em aberto outra vez um grave problema existente. Quanto aos vencimentos, desencadeariam o ciúme e a competição dos funcionários civis e receava bem que não solucionassem os fundos males com que nos debatíamos. Não me enganei. O movimento dos capitães prosseguiu, politizou-se cada vez mais sob a influência de oficiais esquerdistas e entrou francamente na via da conspiração.[681]

É ainda neste contexto que Marcello Caetano alude a uma conversa tensa com o general Costa Gomes, à data Chefe do Estado-Maior General das Forças Armadas, que o procurou para lhe dizer que fora contactado por representantes dos capitães, os quais se queixavam de as suas aspirações não serem defendidas pelas respetivas hierarquias e vinham expor-lhe as suas queixas; e que lhes respondera que daí em diante tomaria a sua defesa, que era, no fundo, o que estava a fazer.

Segundo Costa Gomes[682], Marcello Caetano ficou zangado, tal como acontecera com o ministro do Exército, por ele ter recebido os capitães, ainda por cima, na sua própria casa, dizendo-lhe também que ele estava exorbitar das suas funções, porque o problema era do Exército e era neste âmbito que tinha de ser resolvido: «Deixe lá o problema – disse-lhe o Presidente do Conselho –, porque o problema não é seu.»

Quanto à defesa dos capitães, assumida por Costa Gomes, diz Marcello Caetano:

> Estranhei que o fizesse. As Forças Armadas só podem subsistir quando respeitem a disciplina e a atitude dos capitães, com a organização do seu movimento e a apresentação das suas exposições, era claramente indisciplinada. Qualquer êxito desta atitude seria o desfazer irremediável das estruturas militares: depois dos capitães, como se negaria legitimidade a um movimento de sargentos? Ou a sovietes de soldados? Um governo consciente das suas responsabilidades não podia reconhecer movimentos assim, menos ainda dialogar com eles. Por mim, não tinha apego ao Poder, e se as Forças Armadas queriam impor a sua vontade só tinham uma coisa a fazer – assumir o governo.[683]

O general afirmou que a sua demissão não estava em causa, nem era essa a intenção dos capitães, mas apenas que lhes fosse feita justiça. Marcello Caetano respondeu que, quando a ordem estivesse restabelecida, voltaria a debruçar-se sobre o assunto. A conversa terminou com as seguintes palavras:

– Que tempo considera necessário a partir da cessação do movimento? – interrogou o General.

– Não preciso de muito, desde que me convença da sinceridade do procedimento dos oficiais: quinze dias, três semanas...

Quando, finalmente, as medidas foram tomadas, no final de dezembro, já chegavam tarde... Provavelmente, seria sempre demasiado tarde. Porque o movimento dos capitães deixara de ser corporativo e, gradualmente, tornava-se político. No dia 24 de novembro, numa reunião realizada na Parede, que reuniu 45 oficiais, iniciara-se uma segunda fase do movimento, já marcadamente política. Os presentes são instados a trazer das respetivas unidades, para a reunião seguinte, resposta sobre os caminhos a seguir:

1.ª hipótese – «Conquista do poder para, com uma Junta Militar, criar no país as condições que possibilitem uma verdadeira expressão nacional (democratização)»;

2.ª hipótese – «Legitimação do Governo, através de eleições livres, devidamente fiscalizadas pelo Exército, seguindo-se um referendo sobre o problema do Ultramar»;

3.ª hipótese – «Utilização de reivindicações exclusivamente militares, como forma de alcançar o prestígio das Forças Armadas, e de pressão sobre o Governo, com vista à obtenção da 2.ª hipótese».[684]

Muitos outros factos avulsos, internos e externos, também não apontam para a estabilidade do regime, neste final de 1973: a continuação da agitação estudantil, em Lisboa e no Porto; a greve nas oficinas da CP, no Entroncamento; a aprovação pela Assembleia Geral da ONU da nomeação de uma comissão para investigar localmente as chacinas que teriam ocorrido em Moçambique; a subida e rarefação dos combustíveis, resultante do embargo pelos países árabes, como retaliação pelo apoio à ponte aérea entre os Estados Unidos e Israel.

Entre tudo isto, ressalta a «declaração de voto» de vencida da procuradora à Câmara Corporativa, Maria de Lourdes Pintasilgo, a que Sá Carneiro deu visibilidade através da sua coluna no *Expresso*, de 1 de dezembro, sob o título de «Um não categórico»[685]. Tratava-se de aprovar o IV Plano de Fomento. Referindo-se ao «modelo global de desenvolvimento» em que o plano assentava, designadamente a afirmação de que «o sentido global da evolução a visar não poderá deixar de ser, a prazo, o da sintonização com a Europa desenvolvida», escreveu a procuradora:

MARCELLO CAETANO UMA BIOGRAFIA POLÍTICA

A este modelo de desenvolvimento para um país que, além de ter um baixíssimo rendimento per capita, faz face a uma das fases mais difíceis da sua história [...], vejo-me obrigada a opor um não tão categórico como categórica me parece a definição do modelo de desenvolvimento que o Plano adota.[686]

O elogio do ex-deputado, parece resultar mais da atitude frontal de Maria de Lourdes Pintasilgo que «no marasmo do conformismo laudatório da política oficial, [...] constitui acontecimento de grande relevo», do que na identificação com os princípios teóricos e ideológicos invocados na declaração de voto, que assentam numa crítica radical ao desenvolvimento do sistema capitalista, no qual, segundo o Plano, Portugal queria inserir-se*.

---

* «Não creio – afirma a procuradora –, por isso, que, mesmo no caso de uma integração europeia mais intensa, o País deva seguir a mesma via, tão diversas são as condições estruturais da Nação Portuguesa e as dos países que constituem o que o Plano chama de "Europa desenvolvida". Em nome de quê esta crítica? Em nome do próprio contexto em que o Plano diz situar-se: "desenvolvimento económico e social", "modelo global de desenvolvimento". O modelo global não é, em primeiro lugar, na terminologia correta, aquele que integra todos os setores e todas as regiões de uma sociedade. É sobretudo aquele que unifica os diversos aspetos da realidade de uma sociedade, dinamizando-a para a tornar capaz de tomar nas mãos a sua própria evolução histórica. É aquele que atribui um caráter envolvente, integral (de objetivo e de meio), ao fator humano ou antropológico, no seu enraizamento sociológico, histórico e ecológico. Quer dizer: é indispensável saber quem são os homens e as mulheres que vão ser autores desse desenvolvimento, que mecanismos os movimentam e engrandecem, que forças ancestrais os condicionam e os determinam, que expressões adquire o seu querer comum perante o hoje que vivemos, que realidade telúrica os torna aptos para atividades específicas e criadoras e que condições ambienciais são exigidas para que possam sentir e exprimir uma vida verdadeiramente humana.»

2

«PRECISAMOS DE TEMPO.
TEMOS DE GANHAR TEMPO...»

No dia 14 de janeiro de 1974, o general António de Spínola é investido nas funções de Vice-Chefe do Estado-Maior General das Forças Armadas. E, embora o seu discurso não tivesse sido tão contundente como se esperava – a frase «as Forças Armadas não são guarda pretoriana do poder» foi eliminada da versão final[687] – defendeu a disciplina e a coesão das Forças Armadas, consideradas «não apenas como instrumento técnico de defesa militar, na ordem externa, mas muito principalmente como garante dos valores morais da Nação»[688] –, a televisão não transmitiu a cerimónia, por ordem do ministro da Defesa.

Após a tomada de posse, o general visitou Marcello Caetano para lhe agradecer a nomeação e apresentar cumprimentos, aproveitando para lhe anunciar para breve a publicação do livro em que trabalhava já havia algum tempo, e que era a continuação das reflexões que encetara na Guiné, depois de ter sido proibido da prosseguir as conversações que, na sua perspetiva, poderiam ter conduzido à paz. O Presidente do Conselho perguntou-lhe se tinha autorização para o fazer e ele respondeu «que certamente o governo tinha confiança nele», ao que o primeiro respondeu que a questão não era essa, mas que se tratava de cumprir os regulamentos. «Se tem alguma relutância em submeter aos seus superiores imediatos a apreciação do que escreveu, eu próprio me ofereço para fazer a leitura e posso garantir-lhe que o farei com a maior largueza de espírito», concluiu Marcello Caetano[689].

Nesse mesmo dia, em Moçambique, a morte da mulher de um fazendeiro, na zona da Beira, desencadeia graves incidentes entre civis brancos e elementos das Forças Armadas, acusadas pelos primeiros de os não defenderem convenientemente, não combatendo o terrorismo e não cumprindo o seu dever. Da gravidade dos incidentes falam dois telegramas, datados do dia 22, enviados por oficiais daquela colónia para o «movimento dos capitães», nos quais se fala da concretização dos «nossos

MARCELLO CAETANO UMA BIOGRAFIA POLÍTICA

receios criação bode expiatório» e se afirma que «Prestígio FA muito afetado enxovalhado ameaça irreversibilidade»[*].

O «síndrome da Índia» que, até aqui, parecia circunscrito aos oficiais superiores, começa a espalhar-se e a afetar até os próprios capitães. Além disso, estes telegramas revelam que o moral das tropas estava gravemente afetado, o que não deixaria de comprometer a sua eficiência no teatro de operações. Combatia-se por obrigação, até porque eram muito poucos os militares que sentiam estar a defender a Pátria. Para a grande maioria dos portugueses, militares incluídos, a Pátria era a realidade europeia. O resto, por muito engenhosas que fossem as argumentações dos políticos, era «a África», lugares física e sociologicamente distantes, para onde se ia como se ia para o Brasil, e para onde era tão difícil emigrar – sim, para a «África» emigrava-se, não se migrava – como para outro país qualquer, e onde uma guerra, que durava havia treze anos e permanecia sem fim à vista, se tornava cada vez mais absurda e sem sentido. A mística do «Império», se é que alguma vez existiu desde que fora imposta pelo Estado Novo, em 1930, dissolvera-se há muito e entrara para a lista dos anacronismos, da qual os políticos se serviam para adornar os seus discursos. Para avaliar esta realidade, basta responder à pergunta: Quantos «voluntários» se ofereceram para combater no Ultramar durante os treze anos de guerra?

Face à gravidade dos acontecimentos, o general Costa Gomes parte para Moçambique, no dia 16, levando consigo fotocópias do original do livro de Spínola, *Portugal e o Futuro*, que o ministro da Defesa lhe entregara

---

[*] O primeiro diz: «Virtude atos terrorismo fazenda Vila Pery população civil esta cidade, Vila Manica e Beira realizou manifestações. Na cidade Beira manifestação realizou-se a 17 de janeiro de 1974 começou junto edifício governo distrito, terminou messe oficiais. População civil evidenciou falta confiança FA, apedrejou edifício messe partindo muitos vidros, disparou alguns tiros pistola sobre o mesmo. Começam concretizar-se nossos receios criação bode expiatório. Solicitamos medidas urgentes conduzam impedir FA continuem sendo enxovalhadas.» E no segundo lê-se: «Pedimos contacto imediato órgãos governo responsáveis motivo manifestações Beira já referidas e repetidas dia seguinte com pedradas insultos ao Exército incluindo Gen/CC [General/Comandante-Chefe] que foi alvo direto insultos. Cidade Vila Pery situação agrava-se ameaçando recontro entre população civil europeia e Exército. Capitão Comandos Garcia Lopes ferido consequência pedrada. Elaboração texto documento para apresentar General Costa Gomes altura sua vinda Nampula e circular a ser subscrita todo pessoal exigindo medidas imediatas. Sugerimos elaboração documento com maior número assinaturas possível, a enviar jornais referindo manifestações e declinando responsabilidades situação subversiva exigindo preto no branco. Prestígio FA muito afetado enxovalhado ameaça irreversibilidade.» (Transcritos in Aniceto Afonso e Carlos de Matos Gomes, *Os Anos da Guerra Colonial...*, op. cit., p. 773.)

na véspera e, pouco menos de um mês depois, a 11 de fevereiro, emite parecer favorável à publicação, com base nos seguintes argumentos:

> O livro [...] apresenta, de uma forma muito elevada, a solução que julga melhor para resolver o maior problema com que a Nação se debate – a guerra no Ultramar.
>
> O Gen. Spínola defende com muita lógica uma situação equilibrada que podemos situar mais ou menos a meio de duas soluções extremas que têm sido largamente debatidas: a independência pura, simples e imediata de todos os territórios ultramarinos patrocinada pelos comunistas e socialistas e a da integração num todo homogéneo de todas aquelas parcelas preconizada pelos extremistas de direita. [...]
>
> Julgo que o livro está em condições de ser publicado, acrescentando mesmo que o Gen. Spínola acaba de prestar desta forma ao país serviços que devem ser considerados tão brilhantes como os que com tanta galhardia e integridade moral provou possuir nos campos de batalha.[690]

Segundo o autor do parecer, quem o deveria ter dado era o ministro da Defesa, Silva Cunha, acrescentando que «o mais que o ministro podia fazer, se achava que a matéria do livro o transcendia politicamente, era mostrá-lo ao presidente do Conselho»[691].

Num jogo de gato e de rato, atribuído por Silva Cunha a Spínola, que se furtava sempre à entrega do texto para aprovação, e perante a inevitabilidade de ter de ser concedida autorização para a sua publicação, face às consequências políticas que a sua proibição não deixaria de provocar, mormente ao nível do «movimento dos capitães», o ministro da Defesa exara, no dia 13, o seguinte despacho, suportando-se no parecer de Costa Gomes: «Embora não conheça o texto, autorizo com fundamento no presente parecer do Senhor General Chefe do EMGFA»[692].

Nos labirínticos percursos dos vários atores políticos naquele acelerar da História que foram os três últimos meses do Estado Novo, em que cada qual procura alijar responsabilidades, é sempre difícil distinguir entre os atos e as suas justificações posteriores.

Costa Gomes deixou-nos uma análise pertinaz e lógica da situação:

> O doutor Silva Cunha diz que o não leu, mas eu tenho as minhas dúvidas. Foi justamente ele que me entregou as fotocópias recebidas das mãos do diretor da PIDE, major Silva Pais, com quem se encontrava diariamente. Só quem não conhecia o método de trabalho da PIDE poderia imaginar que

o livro, uma vez impresso, não fosse do imediato conhecimento do doutor Silva Cunha. No mínimo, o major Silva Pais informaria o ministro do tema tratado no livro. O que ele não quis foi assumir a responsabilidade da sua publicação, remetendo essa mesma responsabilidade (o que aconteceu pela primeira vez) para o CEMGFA.[693]

Quanto ao facto de o Presidente do Conselho também desconhecer o livro, o então Marechal, emite uma opinião irrecusável: não leu porque não quis ler:

> Se o Marcello Caetano se tivesse mostrado disposto a ler o livro, de certeza que o Spínola lho teria dado. Se realmente ele não queria que Marcello Caetano interviesse na alteração, proibição ou modificação de alguns capítulos do livro (que, naturalmente, o general Spínola poderia ou não acatar), não lhe falava nele.[694]

Numa palavra, por omissão, todos se salvaguardaram para a História os não poder acusar de cumplicidade ou, pelo menos, conivência com um ato que – todos o sabiam ou, pelo menos, pressentiam –, não deixaria de ter consequências políticas num momento como aquele, em que o regime deslizava imparavelmente para o fim.

Quase simultaneamente, no dia 12 de fevereiro, o bispo de Nampula, D. Manuel Vieira Pinto, publica o documento «Imperativo de consciência» – também subscrito por outros missionários –, no qual acusa a Conferência Episcopal de Moçambique de não cumprir a sua missão profética na Igreja, de vários modos, entre os quais se destacam: «não reconhecendo ao povo de Moçambique o direito, que lhe foi conferido por Deus, à própria identidade e a construir a sua própria história»; «não proclamando e não defendendo suficientemente os direitos fundamentais do homem», designadamente, o direito ao desenvolvimento segundo as suas características, o direito de associação e de livre expressão, e o direito à informação. No final, propõe aos bispos, entre o mais, o seguinte: a declaração de «que em Moçambique existe um povo com cultura e índole própria e, consequentemente, com direito a escolher o seu próprio caminho, em conformidade com o direito dos povos à autodeterminação»; que «a Igreja oriente a sua ação missionária de modo que o povo tome consciência deste e de outros direitos»; «reconheça as reivindicações dos movimentos de libertação, conforme os direitos do homem»; «denuncie a Concordata e o Acordo Missionário» e «renuncie a colaborar no ensino estadual que é uma forma de alienação do povo» e ainda «aos subsídios e a outros privilégios».[695]

Os bispos de Moçambique não gostaram do documento, em que a sua atitude de colaboração com o regime colonial era posta em causa, da mesma forma que não tinham gostado da homilia que o bispo Vieira Pinto pronunciara, no início de janeiro, por ocasião da comemoração do Dia Mundial da Paz, na qual afirmara:

> É necessário não confundir a paz com o poder constituído, com as forças da ordem, com a falta de armas, com o medo por parte dos débeis e a repressão por parte dos fortes, com o silêncio dos mortos. [...] A mentira é uma forma de opressão. É um homicídio. A mentira mata; até as meias verdades matam. Até o silêncio, cúmplice do mal, mata. [...] A paz em Moçambique impõe – primeiro que tudo o dever de refletir sobre a guerra – guerra que não queremos – com nova mentalidade e com novos propósitos. Refletir sobre a guerra – aqui, hoje – significa reconhecer e identificar claramente os conflitos que dentro e fora do nosso contexto, concorrem para destruir a paz. [...] Significa interrogarmo-nos seriamente se esta guerra será um meio digno, um meio apto para resolver o conflito, se na base desta contenda, mais do que uma agressão ou uma legítima defesa, não está a justa aspiração deste povo à emancipação.[696]

Esta afirmação continuada do direito dos moçambicanos à emancipação política, vinda de um bispo, era demasiado grave, não só para as autoridades portuguesas, mas também para a Conferência Episcopal, que se juntaram num coro que afirmava tratar-se de uma atitude subversiva relativamente à política definida pelo regime, e lesiva da sua dignidade. Por isso, o Governo ordenou a sua expulsão – na companhia de mais onze missionários –, sendo transportado para Lisboa no dia 14 de abril.

É num quadro de profundo pessimismo que Marcello Caetano se dirige aos membros da ANP, no termo da conferência anual da organização, com um discurso significativamente intitulado «Vencer a hora sombria»[697].

Tratava-se, para o Presidente do Conselho, de uma crise atravessada por todo o Ocidente, uma «crise de instituições correlacionada com a deterioração da sua economia e o abalo da sua ordem social». Aliás, na sua essência, era uma crise social, que abalava as estruturas sociais da sociedade, entre as quais destaca a família e a Igreja Católica. Uma crise para a qual o Ocidente não encontra respostas válidas, porque «continua apegado a mitos», ou seja, «não consegue erguer-se acima de certos preconceitos particularistas da opinião pública dominante, forjada por interesses dos partidos ou de grupos de pressão, ou por correntes ideológicas assentes em abstrações».

Neste contexto, considera necessário não permitir a consolidação das classes privilegiadas: os estudantes; «determinados eclesiásticos» que abusam do respeito que lhes é votado, «para, impunemente, desferirem ataques à ordem social e às autoridades constituídas»; os grandes capitalistas «que julgam vergar tudo à força do seu dinheiro»; e «os sindicatos operários naqueles países onde lhes é consentido dispor dos destinos da economia nacional e jogar com as necessidades públicas, lançando libérrima e ousadamente os seus desafios à sociedade que deles depende».

Porque tal consolidação levaria ao regresso «ao que havia de pior no regime feudal»:

> Os governos mover-se-ão impotentes no meio dos poderosos senhorios dos partidos políticos, dos potentados financeiros, dos clãs ideológico-literários, das forças clericais, das organizações sindicalistas, das cidadelas universitárias... Cada grupo com as suas próprias leis, a sua conceção peculiar do Direito, as suas hierarquias privativas, a sua imprensa e os seus processos de agir sobre a opinião, e – quem sabe? – com as suas milícias armadas ou os seus bandos de ação direta.
>
> O Estado, a ser assim, breve soçobraria. E um anarquismo turbulento se apossaria da vida social.

Por isso, regressa à teoria do «Estado forte», nos precisos termos em que o fizera Salazar, que cita:

> No presente momento, sobretudo, torno a dizer que seria erro mortal enfraquecer o poder do Estado. E quando digo poder do Estado refiro-me ao império da lei que a todos deve impor-se e à autoridade do Governo que tem de manter-se prestigiada. Não esqueçamos a verdade lapidarmente expressa por Salazar: «Não há Estado forte onde o Governo o não é».

Mergulha, então, na grande questão política do país – o Ultramar e a sua defesa –, afirmando que o ataque que lhe é desferido, para além da ação militar propriamente dita, envolve também a retaguarda:

> Porque a atividade dos inimigos de Portugal não se traduz apenas em ações terroristas no Ultramar: visa também o moral dos portugueses. O moral das tropas e o moral dos civis. O moral das frentes como o das retaguardas. A subversão procura destruir por dentro o poder ou a Nação contra o qual se encarniça. E por isso na contrassubversão não devem fazer-se dessas distinções: em rigor, embora com funções diferentes, militares e civis todos devem ser combatentes, onde quer que estejam, onde quer que se ocupem, porque a retaguarda pode facilmente passar a ser frente, e é, na verdade, em muitos casos já, uma frente ativa e arriscada de combate.

Neste «combate sem tréguas e que se arrasta anos após ano, num fervilhar constante de incertezas e de surpresas», importa não esmorecer, nem se deixar vencer pela impaciência e pelo cansaço, mantendo a política seguida desde 1961 relativamente aos três territórios em guerra, da qual destaca os esforços feitos quanto ao seu desenvolvimento económico.

«Mas há ou não uma política ultramarina em marcha?», pergunta a terminar. Responde, de imediato: Claro que sim e estava materializada na revisão da Constituição que «lançou as bases de uma transformação que está em marcha», pela qual «as províncias ultramarinas, chamem-se ou não Estados, ficaram com poderes e instituições que delas fazem autênticas regiões autónomas, em melhor posição que a maior parte dos Estados federados».

Na sequência destas afirmações, lança nova questão: «Então por que motivo se não consagrou logo a Comunidade Portuguesa concebida como um Estado Federal?»

Para lhe responder, recorda o seu parecer de 1962, do qual não se envergonhava nem repudiava. Até porque, «ao contrário de muitos patriotas mal esclarecidos», no campo dos princípios, continua a considerar «que a fórmula da federação dos territórios portugueses numa União ou Comunidade como a dos Estados Unidos da América ou como o Brasil, tenha alguma coisa de condenável do ponto de vista nacional».

> A verdade é que não tenho de me envergonhar do voto emitido há dez anos, nem o repudio. Mas em política as circunstâncias contam muito, contam às vezes decisivamente. Em 1962 eu pensava que valia a pena pôr de pé

a construção federal – com a sua complexidade, sobrepondo órgãos federais aos órgãos dos Estados federados e reduzindo a própria metrópole a um destes – porque ela seria aceite pacificamente pelo mundo e nos permitiria vencer as guerrilhas desajudadas por uma vez do auxílio externo e do apoio das Nações Unidas.

Hoje sei que não é assim. As guerrilhas e os seus aliados, as Nações Unidas e as que andam desunidas, não aceitarão outra solução política que não seja a entrega do poder aos movimentos terroristas, com expulsão, imediata ou a curto prazo (como sucedeu em Madagáscar e no Zaire) dos brancos residentes nos territórios.

A coesão nacional, entendida no todo pluricontinental, deveria ter sido realizada em torno da língua portuguesa e das tradições portuguesas – «Essas sociedades africanas só poderão encontrar o cimento da sua unidade nas tradições portuguesas e na língua que a todos permite entenderem-se.»

E um dos nossos maiores erros foi pensar que a correção da sua fala e o amor à sua riqueza cultural podiam ser transmitidos por missionários estrangeiros.

Cometemos esse erro, e outros teremos cometido na nossa política do Ultramar. Não tão grandes, porém, como o da demissão da Europa perante a África.

De acordo com estas palavras, pode concluir-se que, para Marcello Caetano, a autonomia progressiva e participada em que assentava a sua política ultramarina parecia, de alguma forma, secundarizar ou esbater a individualidade cultural e antropológica das diversas culturas autóctones de cada um dos territórios ultramarinos.

Regressando ao enquadramento da defesa dos territórios ultramarinos em África no quadro de defesa do Ocidente, termina:

A África e a Europa estão naturalmente destinadas a ser continentes complementares. A África, milenariamente adormecida, precisou e precisa da iniciativa e da tecnologia europeia. A Europa carece, como pão para a boca, das matérias-primas e da energia natural existentes na África. Simplesmente, se a Europa não for capaz de permanecer ligada à África, outros poderes se apressarão a ocupar o lugar vago. Esse poderio não será o americano: podemos vaticiná-lo com segurança e não vale a pena dizer aqui por quê. Nem o da América do Norte, nem o da América do Sul. Se a Europa sair ou for expulsa definitivamente da África não será do Ocidente que virão os sucessores. E enganam-se redondamente os que nas Américas acalentam a esperança de que, forçando Angola e Moçambique a deixar de ser portuguesas, como hoje pacificamente são, poderiam ter segurança no outro lado do Atlântico.

No dia 18 de fevereiro, Marcello Caetano recebe um exemplar do livro *Portugal e o Futuro*, do general António de Spínola, «com uma amável dedicatória do autor»[698]. Por falta de tempo, só pôde iniciar a leitura na noite de 20, a partir das onze horas.

> Já não larguei a obra antes de chegar à última página, por alta madrugada. E ao fechar o livro tinha compreendido que o golpe de Estado militar, cuja marcha eu pressentia há meses, era agora inevitável.[699]

Tendo por subtítulo «Análise da Conjuntura Nacional»[700], o livro do Vice-Chefe do Estado Maior General das Forças Armadas começa com uma justificação: «Porque surgiu este livro?»:

> Elegeu-se a questão ultramarina em primeiro problema nacional do presente pois, com efeito, o futuro de Portugal depende de uma adequada resolução das situações decorrentes da guerra que enfrentamos, consumindo vidas, recursos e capacidades, e retirando cada vez maior potencialidade ao ritmo a que teremos de processar o nosso desenvolvimento para cobrir a distância que nos separa dos países de cujo lado deveríamos estar. Situa-se o problema ultramarino no núcleo da temática da encruzilhada em que nos encontramos; e, por isso mesmo, em momento que é acima de tudo de análise objetiva, de repensamento de estratégias e de formulação de opções, afigura-se-nos de elementar lógica o recurso ao debate construtivo, ao diálogo aberto à participação nacional e até – porque não? – à consulta final da Nação.[701]

Além disso, o livro é assumido como uma resposta:

> [...] a quantos receiam qualquer fórmula de evolução; [...] a quantos, agitando a bandeira de princípios que fizeram história, mas que o tempo arquivou e o mundo de hoje não aceita, acabarão por conduzir o País à desin

tegração pela via revolucionária; [...] aos intolerantes, afinal destruidores da unidade nacional que pretendem defender; [...] aos que, cegos à potencialidade do espírito lusíada, desprezam quanto pode construir-se sobre as bases do nosso secular esforço, e que, em nome de utopias, pretendem reduzir o País a um canto sem expressão no contexto das nações.[702]

Além do «Introito» acabado de citar, a obra estrutura-se em cinco capítulos – «A crise que enfrentamos», «A nossa posição no Mundo», «As nossas contradições», «Os fundamentos de uma estratégia nacional», «Uma hipótese de estruturação política da Nação» – dos quais é extraída uma conclusão final.

Começa com uma afirmação lapidar:

> Portugal vive hoje, sem dúvida, uma das horas mais graves, senão a mais grave, da sua História, pois nunca as perspetivas se apresentaram tão nebulosas como as que se deparam à geração atual.[703]

A análise da situação de crise nacional é desenvolvida ao longo das páginas do livro com base em três princípios:

> O primeiro é o do reconhecimento do direito dos povos à autodeterminação, sendo no seu respeito que haveremos de, pela via da comunidade, construir a verdadeira unidade, capaz de resistir às vicissitudes do presente. [...]
> O segundo princípio [...] levar-nos-á a deixar de considerar intocável o recurso à consulta popular. O afastamento puro e simples da consulta pública, seja qual for o pretexto, é a negação absoluta do conceito constitucional de que «a soberania reside em a Nação». [...]
> Finalmente, nada resultaria se todo este processo se gerasse e processasse no alto segredo dos responsáveis. Não se poderia obter a compreensão e o apoio externo para soluções desconhecidas, nem se concitaria a unidade interna face a uma linha de ação que escapasse ao cidadão comum [...]. Haveria, portanto, de ter-se a coragem de anunciar propósitos e de os fazer plebiscitar no contexto geral da Nação.[704]

O essencial do livro está contido nas conclusões, nas quais, depois da afirmação de que «não pode aceitar-se que, ao fim de tantos anos de sacrifícios e sangue vertido, o drama da Índia se repita em qualquer outra parcela do Mundo Português»[705], é assumida a continuação em África.

LIVRO SEGUNDO PRESIDENTE DO CONSELHO DE MINISTROS   791

Mas não pela força das armas, nem pela sujeição dos africanos, nem pela sustentação de mitos contra os quais o Mundo se encarniça. Havemos de continuar em África. Sim! Mas pela visão clara dos problemas no quadro de uma solução portuguesa.[706]

Afirmando ter chegado «a altura de reequacionar o problema nacional», no sentido de conseguir que «Portugal seja um país progressivo e de paz, incorporando parcelas africanas prósperas e portuguesas por auto-determinação das suas gentes, e como tal imposto pela sua evidência à aceitação do mundo»[707], defende «uma ampla desconcentração e descentralização de poderes em clima de crescente regionalização de estruturas político-administrativas dos nossos Estados africanos, num quadro de raiz federativa»[708], tudo com base num «programa de pontos concretos, revelando claramente a revisão dos nossos propósitos, e detalhando-lhes as etapas devidamente programadas», quais sejam:

> [...] promoção imediata das elites e instituições africanas, evolução por tempos para uma constituição federal sobre instituições democráticas verdadeiramente representativas, intenção clara e anunciada, desde já, de submeter essa constituição a referendo dentro de um prazo razoável.[709]

Marcello Caetano já respondera, por antecipação, a esta tese, no seu último discurso no plenário da ANP, até porque já nesse momento estava convencido que o anunciado livro «era fundamentalmente a defesa da solução federativa»[710].

E, bem vistas as coisas, a mensagem de António de Spínola não contém nada de novo, limitando-se a repescar, segundo um enquadramento menos teórico e mais consistente com o estado de crise generalizada do País, em 1974, a hipótese que o primeiro colocara em cima da mesa uma década antes. Não viria, portanto, daí qualquer dano substancial para o andamento da política nacional.

O que transformava a publicação deste livro num ato grave, mesmo muito grave, era a transposição do debate para a praça pública, num desafio muito claro e objetivo àquilo que eram chamadas as «hesitações» do Presidente do Conselho. Grave ainda – e sobretudo – por estas virem de um general prestigiado por uma carreira militar brilhante, que o *Expresso*[711], dois meses antes, elegera como «político do ano», chamando a atenção precisamente para o livro: «Só se aguarda com ampla curiosidade o seu próximo livro acerca do futuro do Ultramar». Uma gravidade que se acentua ainda pelo facto de a contestação à política ultramarina vir dos dois principais responsáveis pelas Forças Armadas – António de Spínola e Costa Gomes: o primeiro porque escreveu o livro e o segundo porque aprovou a sua publicação. Tudo isto num ambiente de agitação crescente entre os militares, que avançavam, decidida e irrevogavelmente, para a politização do «movimento dos capitães».

Portugal e o Futuro, posto à venda no dia 22 de fevereiro, vendeu 100 mil exemplares. O que, além de se ter transformado num dos maiores *best-sellers* de sempre em Portugal, tinha – e este facto é decisivo – um claro significado político: a sociedade portuguesa estava sedenta de alternativas.

Neste mesmo dia, às 11 horas da manhã, Marcello Caetano, que os convocara de véspera, recebe em sua casa os generais Costa Gomes e António de Spínola, que compareceram fardados[712]. Marcello Caetano recebeu-os friamente, avisando, logo no início, que a conversa «seria das mais graves e desagradáveis» da sua vida, da qual se limita a fazer um resumo, registando como ponto fundamental o seguinte:

> [...] o livro do general Spínola tinha uma primeira parte crítica que não podia deixar de influenciar a disposição das Forças Armadas quanto à continuação da defesa do Ultramar, de pesar sobre a opinião pública no tocante aos rumos da política interna e de reduzir a já escassa margem de manobra do governo português na sua política exterior. Não era uma tese, e sim um manifesto.

Atento este facto, e considerando ainda que o livro e a autorização para a sua publicação eram da responsabilidade do Vice-Chefe e do Chefe do Estado Maior General das Forças Armadas, respetivamente, «colocava o governo em situação delicadíssima porque, a manter a política até aí seguida, ficava aberto o divórcio entre ele e os mais altos representantes das Forças Armadas».

> Era-me por isso manifestamente impossível continuar a governar, com um corpo de oficiais insubmissos e os chefes militares discordantes. Mas não tinha lógica que fosse eu naquele momento a pedir a demissão. O manifesto lançado, sob o nome de Spínola, pelo Estado Maior General, traduzia a intenção de um golpe de Estado e então era necessário que cada qual chamasse a si as responsabilidades que lhes competiam, a tempo de não deixar degradar a situação. Eu tinha resolvido partir nessa tarde, sexta-feira antes do Carnaval, a passar os dias tradicionais de férias no Hotel do Buçaco, em busca de algum repouso do corpo e do espírito. Pois bem: aproveitassem os senho-

LIVRO SEGUNDO PRESIDENTE DO CONSELHO DE MINISTROS   793

res generais aqueles dias da minha ausência para se avistarem com o Chefe do Estado, lhe exporem as suas ideias e os sentimentos das Forças Armadas e reivindicassem para estas o Poder. Tudo se passaria entre as mais altas hierarquias e sem qualquer obstáculo da minha parte, pois nem sequer diria a ninguém fosse o que fosse daquela conversa.

Os generais protestaram a sua lealdade ao Governo, ou, pelo menos, a sua não intenção de o derrubar.

Segundo Spínola, Costa Gomes «apoiando-se na leitura de alguns recortes de jornais do Ultramar e noutros documentos, demonstrou a consistência das análises contidas no livro, acabando por sublinhar que o mesmo traduzia a real situação do País, facto que o Governo deveria ter em consideração, mas que não o inibia de continuar a governar». Costa Gomes, afirma: «Respondi-lhe imediatamente que não estava nada interessado em política e que não tinha sido para isso que dera o parecer sobre o livro. Se o senhor Presidente do Conselho achava que, depois da publicação do livro, não podia continuar a governar o País, era ele próprio quem se devia dirigir ao Presidente da República e pedir a sua demissão.»

Idêntica é a resposta de António de Spínola. De acordo com a sua narrativa, disse ter-se limitado «a divulgar publicamente as teses e as análises críticas contidas num documento reservado, que lhe entregara em 1970, e as opiniões expressas em inúmeros pareceres e propostas, apresentados posteriormente, sem que, todavia, tais documentos tivessem sido considerados em termos práticos. E que, em face do crescente agravamento da situação do País, entendera ter chegado o momento de consciencializar a opinião pública em ordem à criação de condições humanas que permitissem ao Governo solucionar a crise nacional à luz realista das soluções possíveis, pelo que não via razão para que ele – Marcello Caetano – não continuasse à testa do Governo.»

À tarde, o Presidente do Conselho foi para o Buçaco, tal como tinha planeado e só regressou a Lisboa no dia 26.

No dia seguinte – 23 de fevereiro –, o *Expresso* noticia a publicação e transcreve, com grande relevo, alguns excertos do livro, que se torna um ponto de referência por todo o País, Ultramar incluído, produzindo «profunda sensação»[713].

Entretanto, no dia 17 de fevereiro, enquanto o Presidente das República se deslocava a Torres Novas «para satisfação do pedido que lhe tinha sido formulado pelo presidente do seu município, com o apoio do governador civil de Santarém», para mais algumas inaugurações – desta feita, um lar de terceira idade, e uma exposição de Arte Sacra –, o ministro da Educação, Veiga Simão, intervindo no ato de posse do Reitor e da Comissão Instaladora da nova Universidade do Minho, informa que, a partir de 1975, Portugal passaria a dispor de 11 Universidades, 11 Institutos Politécnicos e 9 Escolas Normais Superiores, ao todo, 31 escolas superiores.

No dia 21, tomam posse os dois novos conselheiros de Estado, Arantes de Oliveira e Silva Cunha, os quais nunca teriam oportunidade de participar em qualquer reunião do Conselho «por ele não ter sido convocado; o que constituiu – na opinião de Américo Tomás – mais um lapso, uma omissão e um erro da governação e do chefe do Estado»[714].

Imediatamente a seguir, Américo Tomás recebe, em audiência, o general António de Spínola, que lhe oferece o livro de que era autor, na qual, o segundo «afirmou, modestamente, que o seu livro apenas pretendia constituir um contributo pessoal para resolução do problema nacional que se vivia e da guerra de África», ao que o Presidente da República respondeu que «conforme conversas anteriores entre ambos havidas, a sua opinião se mantinha sem alteração, convictamente a mesma de sempre: "que o problema ultramarino português só poderia ter uma de duas soluções, a que se estava há muito seguindo, ou seja a busca da vitória militar, através da luta, que se vinha travando contra o terrorismo comunista e não só, há treze anos, em defesa da sagrada integridade da Pátria, ou a entrega, pura e simples, dos territórios portugueses de Angola, Guiné e Moçambique, aos movimentos terroristas que os estavam atacando"»[715]. O general António de Spínola reagiu: «não diga isso, senhor presidente, pois entre os dois extremos haverá, decerto, várias soluções possíveis e, entre elas, a minha, que admito não ser a melhor de todas». O Chefe do Estado encerrou a questão: «não tenha ilusões, senhor general, ou uma ou outra». Até porque, após ter «passado pela vista, numa primeira e rápida leitura, o livro [...], logo e sem qualquer hesitação, profeticamente o crismou de "Portugal sem Futuro"»[716].

Neste passo das suas «memórias», Américo Tomás avoca em sua defesa o desconhecimento, se não total, pelo menos mínimo, do que se passava, o que, para além de uma forte gripe (sempre oportuna em casos de crise), resultava também da circunstância de «estar desamparado, ao contrário do que anteriormente sucedera, de informações seguras e quase sempre imediatas e, portanto, a tempo»[717].

> Para mais, nos últimos meses, sentia-se colocado entre dois fogos, o dos derrotistas e o dos despreocupados; dos que combatiam implacavelmente a

LIVRO SEGUNDO PRESIDENTE DO CONSELHO DE MINISTROS   795

atuação do doutor Marcello Caetano e daqueles que o olhava, como se ele fosse um Deus, ou pelo menos um génio, a seguir cegamente e sem discutir, sobretudo dentro do «clã» de admiradores incondicionais e dos seus fanáticos seguidores.[718]

Entre os primeiros, alinhavam Luís Lupi, Kaúlza de Arriaga, Soares Martinez, Franco Nogueira, Duarte Amaral e Henrique Tenreiro.

No entanto, o Presidente da República foge às grandes e decisivas opções. Por outras palavras, procura fugir ao juízo da História, lavando as mãos, como Pilatos. Traça então o «seu» retrato completo de Marcello Caetano:

> [...] o chefe do Estado, reconhecendo a sua espantosa produtividade, a sua cultura, a sua inteligência, lamentava não menos os seus defeitos, os seus erros, a sua vaidade, o seu egocentrismo, o contraste frequente e desconcertante, entre as suas palavras e as suas atuações, a falta de firmeza nos momentos difíceis, as tergiversações bruscas e o seu mais recente, mas errado convencimento, de que só entre os seus antigos alunos poderia encontrar os seus melhores colaboradores e os melhores servidores da Nação.[719]

Apesar disso, e reconhecendo posteriormente ter errado o alvo que visava, hesita tanto, ou mais, que Marcello Caetano:

> Na análise da situação, o chefe do Estado não se sentia muito inclinado para a substituição do doutor Marcello Caetano na chefia do Governo, dado o inegável esforço por ele despendido, o prestígio e o ambiente geral que tinha buscado conseguir e logrado alcançar, as suas valiosas realizações, materiais e sociais e rápido desenvolvimento social atingido: tudo isso motivaria, não pequenas surpresas e perturbações, mais ou menos generalizadas, perante uma substituição por muitos incompreendida, e que viria a complicar ainda mais a difícil situação em que se vivia.[720]

Marcello Caetano regressara do período de descanso no Buçaco e, tomando conhecimento de que os generais não tinham reclamado o Poder junto do Presidente da República, solicita-lhe uma audiência, que se realizaria no dia 28, na qual o encontrou «emocionado, como era natural», face ao livro de António de Spínola[721]. De acordo com a sua narrativa, depois de ter referido ao Presidente da República a conversa que tivera com os dois generais, a gravidade de que se revestia publicação do livro, que «empresta[va] uma bandeira ao chamado «movimento dos capitães», os quais «estavam dispostos a solidarizar-se com os dois generais se alguma sanção lhe fosse aplicada», deixando o Governo numa situação «delicadíssima», e considerando, finalmente, que «havia interesses muito altos a salvaguardar», desafia Américo Tomás a tomar a iniciativa:

> Em meu entender, o Chefe do Estado deveria tentar manter a iniciativa e, aceitando a exoneração do Governo que ali lhe propunha, procurar formar outro governo com maior liberdade de movimentos e que esconjurasse o perigo iminente.

Não obstante todas as críticas e reservas que Marcello Caetano lhe merecia, tanto pessoal como politicamente, o Presidente da República prefere passar ao largo do problema:

> O Senhor Presidente respondeu que a minha exoneração não fazia sentido: o País mostrava confiança em mim, ele só tinha razões para a manter também. E se substituísse o Governo ia lançar-se no desconhecido – numa aventura que não seria só dele, mas do País. Portanto, o que havia a fazer era procurar, pelos meios constitucionais, obter a expressão da vontade da Nação e, de acordo com ele, proceder então.
> Com estas instruções nos separamos.

O fabuloso memorialista das *Últimas Décadas de Portugal*, que, a partir das suas agendas, foi capaz de reconstituir minuciosamente as suas visitas a um qualquer concelho escondido de Trás-os-Montes, da Beira ou do Algarve, e de descrever as cerimónias nas quais cortou mais uma fita na inauguração de Palácios da Justiça ou de quaisquer empreendimentos públicos ou privados, onde quer que se realizassem, ou no lançamento de mais um navio, modesto cargueiro que fosse, o homem que guarda, como ninguém (à exceção de Salazar) o filme da sua intervenção na vida pública do País, ignora este momento crucial da sua não-intervenção política, limitando-se a considerações sobre a inoportunidade, inconveniente difusão e consequências perigosas do livro, «não pelo seu valor real, mas pela oportunidade e pela utilidade excecionais fornecidas aos que atacavam Portugal, não apenas o seu Governo e o seu regime, mas o seu próprio futuro».

No dia 5 de março, numa reunião alargada do Movimento dos Capitães, realizada no atelier do arquiteto Braula Reis, em Cascais – com a presença de 197 oficiais do Exército, em representação de mais de 600, incluindo, pela primeira vez, ex-milicianos –, é aprovado, por 111 dos presentes, o documento «O Movimento, as Forças Armadas e a Nação», lido pelo major Melo Antunes, o seu principal redator, que pode ser considerado como o ponto de não-retorno na politização galopante do movimento.

Nesse mesmo dia, Marcello Caetano, usando das suas prerrogativas constitucionais, que não usava desde dezembro de 1970, quando apresentara aos deputados a sua proposta de revisão da Constituição, dirige-se à Assembleia Nacional.

O seu discurso, intitulado «Reflexão sobre o Ultramar»[722], é, no essencial, uma resenha e uma reafirmação de tudo o que dissera nos discursos que pronunciara ao longo dos mais de cinco anos de mandato como Presidente do Conselho, designadamente, a afirmação de que a questão ultramarina era o problemas mais grave que se punha à Nação portuguesa, do princípio da legítima defesa perante agressões preparadas e perpetradas a partir de países estrangeiros, a defesa do princípio da autonomia e a recusa não só da autodeterminação, mas também das negociações com os «movimentos terroristas».

Prevenindo-se contra os descrentes da sua orientação política relativamente àquele que era, de facto, o grande problema nacional, e contra a qual se levantavam vozes discordantes, no seio das mais altas instâncias das Forças Armadas, para além das que se mantinham, desde a sua escolha para as funções que desempenhava, afirma, quase no final:

> Não esgotei o que sobre o tema do Ultramar português poderia dizer-vos. Nos cinco anos e cinco meses que levo de responsabilidade pelo Governo do País não se terá passado um só dia em que os problemas ultramarinos tivessem deixado de estar presentes no meu espírito. Sem obsessão. Sempre aberto à consideração e ao estudo de todas as soluções. Sempre atento a todas as possibilidades de trilhar novos caminhos.
>
> Se hoje vos recordei o que disse publicamente nesse já longo período acerca de diversos aspetos das questões suscitadas pela situação e pelo destino do Ultramar, foi apenas para demonstrar que esses aspetos não estiveram ausentes das minhas meditações e que os examinei criticamente à luz do interesse nacional.

O tempo é de clarificações políticas. E, por isso, lança um repto à Assembleia Nacional:

Mas, meus senhores, o problema não é meu: é da Nação inteira.

Tenho procurado na política seguida ser fiel intérprete do pensamento, do sentimento, da consciência nacionais.

A consulta ao eleitorado, as resoluções da Assembleia Nacional, a auscultação da opinião pública do norte ao sul do País e aquém e além-mar, têm sido os meus guias.

É indispensável porém que mais uma vez se afirme o rumo a seguir.

Há milhares de soldados longe das suas terras e das suas famílias que em África arrostam dificuldades e perigos e arriscam a vida na defesa da causa de Portugal.

Há milhares de nativos africanos que ombro a ombro com os seus irmãos europeus enfileiram nas forças armadas e de segurança para sustentar a paz de Portugal.

Há milhões de portugueses, sem distinção de raça ou de cor, que nas províncias ultramarinas têm a sua vida, e ao destino delas ligaram a sua sobrevivência e o seu próprio destino.

E todos esses – os combatentes e os residentes – não podem viver na dúvida, não podem sustentar-se de equívocos, carecem de certezas.

O Governo a que presido comprometeu-se numa orientação. E não pode renegar os seus compromissos.

Mas nem eu, nem nenhum dos homens que me acompanha no Governo, nenhum de nós ocupa os seus lugares por ambição pessoal.

Anima-nos unicamente o espírito de servir o interesse nacional, o espírito de servir, pela melhor maneira, a Pátria comum.

É à Assembleia Nacional que compete agora dizer se o rumo que seguimos está certo.

E disciplinadamente me submeterei depois ao veredicto de quem tem autoridade para o proferir.

Este repto fora antecipadamente combinado, obtido o acordo do ministro do Ultramar, Rebelo de Sousa, com a Comissão do Ultramar da Assembleia Nacional, a qual já tinha redigido antecipadamente a moção de apoio a propor ao plenário.

A Comissão foi logo convocada e os seus líderes puseram-se ao trabalho de redigir a moção com o pedido de que não se referissem a nenhum caso concreto, não tocassem no livro do General de perto ou de longe, e apenas procurassem marcar as orientações que o governo devia seguir.[723]

LIVRO SEGUNDO PRESIDENTE DO CONSELHO DE MINISTROS   799

Feito o trabalho de casa, a moção é apresentada imediatamente a seguir à comunicação do Presidente do Conselho, sendo aprovada ao fim de três dias consecutivos de debate[724]. Um debate que seria de todo consensual e unânime, segundo a prática louvaminheira e seguidista da Câmara, não fora o caso de o mais jovem deputado da Assembleia, Mota Amaral – por sinal, um dos dois únicos sobreviventes da «ala liberal» –, numa intervenção tempestuosa, a recordar momentos da legislatura anterior, se ter levantado contra o facto de a moção proposta ser demasiado limitada, circunscrevendo-se aos termos genéricos da recorrente dicotomia entre os bons e os maus, sendo os primeiros «os que a todo o momento clamam por repressão, os que em toda a parte vislumbram cabalas e traições, os que sistematicamente confundem divergência de pareceres com subversão – grandes inquisidores de impossíveis dogmas políticos, por si mesmo arvorados em monopolizadores do nobilíssimo culto da Pátria»[725]. Mota Amaral continua:

> Indiferente ao alarmismo de certos setores de opinião, insensível ao derrotismo de outros, situados no extremo oposto do espectro das tendências políticas existentes, o povo português continua disposto a trabalhar e a lutar e a sofrer pela realização dos verdadeiros objetivos nacionais.
>
> O que se torna indispensável é definir com clareza quais sejam esses objetivos; e que eles sejam viáveis e resultem de uma efetiva participação popular. Porque é moralmente injustificado, politicamente inaceitável e desde logo impossível arrancar do País sacrifícios em nome de ideais que ninguém saiba bem quais sejam, ou não passem de puro mito, ainda que grandioso, ou se pretendam impor sem aceitação, que é fruto do debate democrático. Seguindo essa linha de orientação que por mim frontalmente rejeito, será talvez possível aguentar, por mais ou menos tempo, nunca indefinidamente; mas jamais se logrará vencer.
>
> E é a vitória o que nós pretendemos. Não a vitória das armas, porque – bem o sabemos – guerras como a que enfrentamos podem-se perder, não se podem ganhar.

O que estava em causa – escrevera o deputado no dia anterior a Marcello Caetano[726] – era o facto de o texto parecer «demasiado frouxo, equívoco mesmo, de forma alguma correspondendo ao voto de apoio solicitado pelo Chefe do Governo». Ou, como diria aos seus colegas deputados, «após ao enunciado de uns quantos considerandos, de duvidosa articulação recíproca, algum deles francamente infeliz, não se encontrou

800 MARCELLO CAETANO UMA BIOGRAFIA POLÍTICA

fórmula menos vaga do que o "apoio à política do Governo [...], em particular no que respeita à defesa e valorização do ultramar"».

Indo ao cerne da questão, Mota Amaral, desafia – no meio de interrupções e apartes de Henrique Tenreiro, Casal-Ribeiro, Elmano Alves e Veiga de Macedo – os seus pares para uma atitude inequívoca:

> Se a gravidade da situação na metrópole e nos outros territórios portugueses chega ao ponto de o Chefe do Governo ter de vir pedir a esta Assembleia – facto, julgo eu, sem precedentes na vigência da Constituição de 1933 – um voto de confirmação da sua política ultramarina, não podemos nós fugir às responsabilidades que nos cabem como representantes da Nação. A Assembleia Nacional tem, pois, de manifestar-se claramente e sem tibiezas a favor da autonomia progressiva e participada do ultramar. E olhando para o futuro, corajosamente deve exortar o Governo a acelerar as soluções políticas, promovendo sem descanso a participação dos naturais dos territórios ultramarinos na sua administração e no governo local e introduzindo reformas legislativas que o evoluir tão rápido, nalguns casos explosivo, da situação económico-social desses territórios inequivocamente impuser.

Como era de esperar – e talvez fosse desejado por Marcello Caetano que, recorde-se, queria apenas um apoio genérico à sua política – a moção, aprovada ao fim de três dias de intervenções, dominadas sobretudo pelos deputados ultramarinos, é tão vaga e praticamente irrelevante quanto isto:

> A Assembleia Nacional [...] resolve manifestar o seu apoio à política do Governo, que vem sendo claramente definida e sustentada pelo Sr. Presidente do Conselho, em particular no que respeita à defesa e valorização do ultramar.

No discurso pronunciado perante os deputados, Marcello Caetano afirmou:

> Precisamos de tempo. Temos de ganhar tempo se quisermos prosseguir honestamente o nosso intento de construção espiritual e material. Não podemos dispensar ou perder um minuto sequer: porque todo o tempo é pouco para agir, e agir eficazmente.

«Tempo, deem-me tempo», pedia, desde o início do seu consulado, «aos impacientes» e aos «estadistas estrangeiros» com quem se avistava[727].

Mas tempo era tudo o que Marcello Caetano não tinha. O tempo de que dizia necessitar, fora malbaratado ao longo de dezenas de anos: primeiro, nas décadas de 30 e 40, segundo a ficção do «Império»; depois, nas duas seguintes, na ficção de um integracionismo artificial, que transformara o «Império» num único País, cujas fronteiras se estendiam do Minho a Timor; a seguir, na ilusão da vitória militar sobre a guerra de guerrilha desenvolvida pelos movimentos independentistas; finalmente, desde o início da sua governação, na ficção de que era possível acelerar a construção de «novos Brasis», baseando-se sobretudo no desenvolvimento económico dirigido *da* e *pela* metrópole, e num centralismo político assente na inexistência de elites autóctones, que o regime sempre cuidara de não fazer surgir nem crescer, tudo feito à margem da evolução histórica da Humanidade, na qual a livre determinação dos povos e a respetiva independência assumiam a categoria de axioma fundamental e irrecusável, tido como princípio básico essencial do Direito Público Internacional.

Tempo era, repete-se, o que Marcello não tinha. Não o tinha agora, como nunca o tivera. No início do seu consulado o tempo estava praticamente esgotado. Para recuperar o tempo perdido, teria sido necessário dar um salto decidido para a frente, correndo riscos e procurando novos caminhos. Era preciso acelerar e ele optou por manter o passo, acabando por ser rotulado de irresoluto.

Em 1976, defende-se desta qualificação – «Eu tinha de decidir assuntos muito graves, carecendo de ponderação, e não podia andar a reboque dos desejos de cada um»[728] – e afirma que tinha um projeto para as grandes questões nacionais:

> Aí o que essas pessoas chamam a minha irresolução era a resolução de não fazer asneiras. Por exemplo: na política interna como na ultramarina a minha resolução era a de não perder o controlo de qualquer evolução que promovesse. Por isso queria que a liberalização interna se processasse gradualmente, em passos lentos, e sem hesitar em travá-la quando verificasse que pelas «aberturas» consentidas passavam logo todos os elementos subversivos, perante a passividade ou a intimidação dos que deviam combatê--los no campo dos princípios e da ação política. Quando me incitavam a dar uma volta súbita ao regime para o transformar numa democracia à moda ocidental, eu respondia o que respondi a Alçada Batista [...]: «Quais as conse-

quências imediatas que daí aviriam? Não tenho dúvida de que uma onda de desordem, subversão e anarquia um pouco tempo tomaria conta da sociedade portuguesa...»[729]

Não é, pois, necessário recorrer à elaboração de teorias explicativas para a atuação de Marcello Caetano. Ele próprio a define, em retrato de corpo inteiro, segundo o qual não se tratou de hesitar, mas de afirmar. A política que determinara para si próprio e os caminhos traçados para a prosseguir não resultaram de acasos, nem de pressões, mas da vontade firme de quem estava convencido ser este o único caminho.

> [...] Sou acusado de ser resoluto, de ser perseverante na defesa do Ultramar. E quando se diz que não tive coragem para a abandonar, é verdade. Faltou-se coragem para, sem que o povo português o decidisse, entregar o Ultramar aos movimentos subversivos que atuavam por conta de imperialismos estrangeiros. Faltou-me coragem para desamparar os portugueses, pretos e brancos, que no Ultramar viviam a sua vida e possuíam os seus haveres confiados na proteção da bandeira verde-rubra. Faltou-me coragem para, sem mandato da História nem da Nação, destruir Portugal. Porque para tudo isso era preciso ter muita coragem.[730]

Marcello Caetano admitia a independência das colónias?

É claro que sim – «A História diz-nos que a vocação dos antigos territórios coloniais é a independência política» e «estava claro que o mundo contemporâneo não admitia outra evolução»[731] –, mas a prazo e com condições prévias:

> Na altura em que tomei conta do Poder, em 1968, o dilema estava criado: ou tentarmos fazer aceitar uma solução, por nós formulada e conduzida, de autonomia progressiva de sociedades cuja estrutura populacional se conservasse, ou rendermo-nos às injunções das Nações Unidas que, como se viu, levariam a regimes racistas negros com a destruição da obra realizada pelos Portugueses. Optei pelo primeiro termo: não me parece [...] que pudesse fazer outra coisa.

Neste quadro de preparação da solução política, mantinha-se o esforço militar, que remete para o papel das Forças Armadas, as quais, além de terem de ser «o instrumento de uma política nacional», deviam ser «essencialmente obedientes»[732].

No seu retrato da situação, feito no exílio, em 1976, as Forças Armadas «não estavam, em 1974, vencidas, esgotadas ou desarticuladas», afirmando mesmo que «as Forças Armadas nessa data «se encontravam aptas a desempenhar-se das suas missões»[733].

Mas, na realidade dos factos, em 1974, as Forças Armadas estavam em desagregação. Ou melhor, mantinham-se unidas – e cada vez mais –, mas não em torno da política do Governo, nem dos seus objetivos militares e políticos, antes pelo contrário, estavam unidas precisamente contra a política do Governo. E agora já não apenas, nem especialmente, centradas em reivindicações corporativas, mas na contestação aberta da manutenção do sistema político segundo o autoritarismo antidemocrático que o caraterizava desde 1933, e se vinha a acentuar a partir de 1972.

Um dos aspetos mais controversos e controvertidos da governação de Marcello Caetano é o da sua política externa, que Pedro Aires Oliveira considerou completamente subordinada à «questão ultramarina», e na qual «os elementos de continuidade do consulado de Marcello Caetano em relação aos últimos anos do salazarismo superaram, largamente as linhas de rutura»[734], concluindo que o regime não podia ser generoso nas liberdades democráticas a conceder às populações africanas, quando as negava aos cidadãos da metrópole: «Enquanto esta questão não fosse resolvida, os caminhos para a solução do problema colonial estariam sempre bloqueados. Incapaz de se desembaraçar da influência paralisante dos ultras, Caetano não pôde, ou não quis, operar as mudanças necessárias à inversão deste estado de coisas. E, com a sua queda, foi todo o "dominó imperial" português que se desmoronou.»

Segundo o seu ministro dos Negócios Estrangeiros, Rui Patrício, os fundamentos da orientação política de Marcello Caetano de defesa do Ultramar – assentes na «sua imensa cultura histórica e humanística, [n]a sua inteligência e racionalidade de professor e pensador, [n]a sua enorme experiência dos assuntos e problemas nacionais e nomeadamente dos ultramarinos, [n]as suas responsabilidades de chefe do Governo, [n]o seu grande patriotismo e [n]a sua completa isenção pessoal em relação a interesses e pressões materiais, ideológicas ou de grupos ou fações políticas» –, «traduziam essencialmente a sua interpretação dos interesses fundamentais da Nação portuguesa», vistos «à luz dos ensinamentos ditames da História, das aspirações dos povos que integravam a Nação e tendo em

MARCELLO CAETANO UMA BIOGRAFIA POLÍTICA

conta as realidades políticas, militares, económicas e sociais, internas e externas»[735]. E baseavam-se nos seguintes princípios:

> Em primeiro lugar, estava a preocupação de preservar e consolidar uma sociedade multirracial em todos os territórios que constituíam Portugal, um país pluricontinental. Também pretendia assegurar que toda e qualquer escolha, presente ou futura, do destino do país, de qualquer uma das suas partes componentes ou das relações entre elas fosse feita pelos próprios habitantes e não imposta nem determinada do exterior. Daqui resultava a diretiva básica de não pactuar com movimentos armados de legitimidade duvidosa e comando estrangeiro.[736]

A política externa – que o Presidente do Conselho definia e comandava[737] – assumia o princípio de evitar ou recusar, no âmbito do Ministério dos Negócios Estrangeiros, conversações ou negociações com os movimentos de libertação. Os fundamentos desta atitude foram atrás definidos a propósito da proibição feita a António de Spínola para avançar nas negociações com o PAIGC. No entanto, «conversas ou relacionamentos pessoais nunca foram proibidos nem contrariados»[738].

É neste quadro que deve ser entendido o encontro entre Rui Patrício e o ministro brasileiro, Gibson Barbosa, em novembro de 1972, a pedido do último, no qual este «foi muito enfático em defender as negociações com os movimentos de libertação a serem realizadas com o apoio dos governos dos Estados africanos de orientação política moderada», dizendo-lhe que se conseguisse um acordo com os movimentos independentistas ficaria «mais importante que Vasco da Gama». Respondeu o ministro português que Portugal estava disposto «a dialogar com todos e quaisquer Estados africanos, sem limite de assunto ou de tema a discutir, mas também sem condições prévias sobre os resultados das conversações»; Portugal também não aceitava a participação formal ou oficial dos movimentos de libertação, mas «nada impediria que eles assistissem ou assessorassem os representantes dos governos africanos». Destas propostas daria imediato conhecimento a Marcello Caetano[739]. E o assunto morreu por aqui, sem qualquer desenvolvimento posterior.

Tudo leva a crer que Rui Patrício tinha uma visão menos inflexível do que Marcello Caetano relativamente à questão ultramarina:

> A «africanização» das forças militares portuguesas e dos quadros da administração civil era uma direção em curso e que importava acelerar.

LIVRO SEGUNDO PRESIDENTE DO CONSELHO DE MINISTROS 805

A autorização para a formação livre de partidos, tanto na Metrópole como no Ultramar, junto com uma ampla amnistia e um apelo ao diálogo com os diversos movimentos ou tendências, teriam sido iniciativas com que alguns sonhavam, mas muitos impediam ou contrariavam.

A responsabilidade pelo desfecho não era de Caetano nem do seu Governo, mas... de todos os outros:

> [...] por um lado, as pressões e os obstáculos levantados no interior do próprio regime contra as iniciativas reformistas de Caetano e, por outro, as posições e atitudes derrotistas e anti ultramarinas, ou mesmo antinacionais, assumidas por quase todas as correntes de oposição ao regime. Umas e outras foram as grandes responsáveis e as causas determinantes da autoderrota que a Nação portuguesa se infligiu em 25 de Abril de 1974.[740]

Fosse como fosse, a coberto de uma posição oficial irredutível relativamente a contactos com os movimentos de libertação, o Governo português, melhor dizendo, Marcello Caetano – em desespero de causa? –, entre março e abril de 1974, aceita contactos exploratórios, não oficiais e secretos, com o PAIGC e com o MPLA. No primeiro, patrocinado pelo governo britânico, e realizado em Londres nos dias 26 e 27 de março, no maior segredo, através do embaixador Villas-Boas, procurava-se atingir um cessar-fogo na Guiné, onde «a guerra tinha atingido patamares muito difíceis»[741], em troca do reconhecimento da respetiva independência. Tratou-se de um encontro exploratório, apoiado pelos governos senegalês e nigeriano, que deveria ter continuação no dia 5 de maio, face à circunstância de o representante do PAIGC, Vítor Saúde Maria, ter exigido o alargamento da independência a Cabo Verde, exigência que ficou sem resposta por parte do representante do Governo português. O segundo, partiu de Marcello Caetano que se serviu do seu então ministro do Interior, César Moreira Batista, contornando o ministro dos Estrangeiros, para incumbir Matos e Lemos, conselheiro de Imprensa da embaixada em Roma, de sondar as autoridades italianas sobre a sua recetividade «face a uma alteração da política portuguesa, incluindo uma eventual independência dos territórios africanos»[742]. A história destas movimentações em Roma é confusa e contraditória, envolvendo Matos e Lemos, políticos da Democracia Cristã italiana, entre os quais, Aldo Moro, e um representante do MPLA, e a sua chamada à colação serve apenas para demonstrar que, ao contrário do que era oficial e formalmente afirmado, Marcello Caetano, nos derradeiros momentos do seu consulado, começava a considerar a hipótese de alterar a sua linha de rumo relativamente às colónias.

«Estas negociações – afirmam Aniceto Afonso e Matos Gomes – representam o fim da coerência da política colonial do regime, que nunca admitiu separar os casos, com receio do efeito de dominó sobre os outros territórios. Também constitui um sinal de verdadeiro desespero [...]. Tomada no seu conjunto, a política colonial do regime já não fazia qualquer sentido.»[743]

Na interpretação de Miguel Caetano, «as negociações de última hora são a consequência da alteração das premissas com que procurara resolver a questão colonial. Confirmado que não teria o apoio das Forças Armadas, nem ao nível das chefias, nem dos quadros intermédios, só pode tirar uma conclusão – não haverá mais tempo para conseguir apoios internacionais à sua política. A situação militar, que estava estabilizada em Angola e Moçambique, poderá ser posta em causa pela revolta das Forças Armadas.»[744]

Anos mais tarde, correu uma notícia, segundo o qual Marcello Caetano teria projetado uma independência branca de Angola e de Moçambique. Para a primeira, contaria com a colaboração do então Governador-Geral, Eng.º Santos e Castro[745]. Mas não há fontes seguras que permitam avaliar da sua credibilidade, acrescendo ainda o facto de esta atitude não se compaginar com o legalismo exacerbado a que sempre submeteu a sua atuação política*.

---

* No mesmo sentido aponta Freitas do Amaral, que refere o testemunho colhido de Ribeiro e Castro, seu correligionário político, e filho de Santos e Castro, segundo o qual o pai nunca lhe tinha referido tal projeto. Conta Freitas do Amaral: «E o que me disse [José Ribeiro e Castro] foi, em resumo o seguinte: [...] As orientações de Marcello Caetano eram claras: chame o maior número de pessoas, aumente o número de nativos nas instituições, reforce as estruturas da sociedade civil angolana, habitue-os a estudar e a decidir os problemas de Angola em Luanda. "Temos de preparar o futuro, não temos de precipitá-lo. O que é preciso é que um dia Angola possa seguir o seu destino, como um novo Brasil, se assim o desejar. Mas não podemos consentir ou encorajar soluções prematuras, que ponham em risco a vida e os haveres das populações ou não tenho um mínimo de aceitação na comunidade internacional".» (Freitas do Amaral, *O Antigo Regime e a Revolução...*, op. cit., pp. 135-137).

3

«[...] FICA-ME A TRANQUILIDADE DE TER SEMPRE PROCURADO CUMPRIR RETAMENTE O MEU DEVER PARA COM O PAÍS, QUE O MESMO É DIZER, PARA COM O POVO PORTUGUÊS»

Depois de obtida a aprovação da moção de apoio à sua política ultramarina, no dia 11 de março Marcello Caetano reúne-se com Américo Tomás a quem comunica oficialmente o respetivo conteúdo. O Presidente da República, que considerara a consulta do Chefe do Governo à Assembleia Nacional uma manifestação de falta de firmeza[746], apresentou-se «maldisposto e visivelmente descontente», exprimindo «clara e cruamente o seu desconsolo e as suas razões de queixa sobre o que se estava passando nos últimos tempos da governação pública»[747]. Continuando a sua narrativa, Américo Tomás afirma que o chefe do Governo «ficou chocado [...] com o que ouviu e com as razões de queixa legitimamente expressas pelo chefe do Estado e pareceu ter caído em pânico, quando o chefe do Estado acrescentou ter o chefe do Governo de exonerar, sem demora e dos cargos que estavam exercendo, o Chefe e o Vice-Chefe do Estado Maior General das Forças Armadas». Marcello Caetano perguntou como poderia fazer isso, se fora ele a autorizar a publicação do livro? Américo Tomás mostrou-se inflexível. A questão não era essa:

> A razão era porém diferente, mas determinante: não poderem, nem deverem, continuar à frente do Estado Maior General das Forças Armadas dois oficiais generais que mostravam não acreditar na vitória militar portuguesa em África e que advogavam uma solução política, quando era precisamente a solução militar aquela em que a Nação, o seu Governo e o seu Exército, estavam empenhados desde o início, por não considerar qualquer outra solução alternativa admissível.

Perante isto, o chefe do Estado «verificou que o chefe do Governo ficara sucumbido, não tardando a procurar precipitar a sua retirada».

Nas suas «memórias» de 1974, Marcello Caetano passa ao lado destes factos, referindo apenas ter informado o Presidente da República da ratificação, por parte da Assembleia Nacional, da política que vinha a ser implementada, em face do que iria «prosseguir com decisão na atividade governativa normal de maneira a tranquilizar o País e chamá-lo à consciência de outras graves questões existentes», entre as quais «a do agravamento da inflação resultante da crise do petróleo ocorrida no final do ano anterior». Para tanto, projetara uma remodelação do setor económico do Governo, que tinha sido adiada por causa da publicação do livro de Spínola, a qual se traduzia no desdobramento da pasta da Economia em dois ministérios – Agricultura e Comércio – e a criação do Ministério da Indústria e Energia, para os quais teria de escolher «pessoas muito experientes e profundamente conhecedoras dos setores, porque as circunstâncias não permitiam perda de tempo e indecisões nas resoluções».

O Sr. Presidente da República – narra Marcello Caetano – pareceu-me pouco bem disposto e fez reparos a todas as soluções de orgânica e de pessoas que formulei, bem como às prioridades de atuação que indiquei. O meu estado de espírito naquele período não podia também ser dos melhores e por isso a nossa conversa terminou num ambiente de certa tensão, como nunca sucedera durante cinco os anos e meio em que naquelas funções colaborávamos.

Desta descrição está de todo ausente a questão dos generais referida por Américo Tomás, a qual, no entanto, fez parte da conversa, dado o teor da carta que adiante se transcreve. Mas confirma-se a tensão entre os dois mais altos dirigentes do Estado.

Ao início da tarde desse mesmo dia, regressado a Belém, depois de um almoço com dois amigos – Moreira Batista e Henrique Tenreiro – Américo Tomás encontra uma carta que Marcello Caetano escrevera imediatamente a seguir à audiência da manhã:

Senhor Presidente:
A nossa conversa desta manhã radicou-me a convicção de que não devo continuar na chefia do Governo. Peço, pois a Vossa Excelência o favor de promover a minha substituição.
Sou efetivamente responsável por ter dito ao ministro da Defesa que se louvasse na informação do general Costa Gomes para autorizar a publicação do livro do general Spínola. Pelo erro cometido, devo pagar.

Por outro lado, as críticas feitas por Vossa Excelência à atuação do Governo em vários setores são inteiramente procedentes e só provam que o cansaço de cinco anos e meio, agravados por uma afeção cardíaca, me privam da energia necessária neste difícil momento da vida nacional para conduzir os negócios públicos.

Resta-me agradecer penhoradamente a Vossa Excelência a confiança que me dispensou e todas as atenções – e tantas foram! – que neste longo período lhe fiquei devedor.

Com o maior respeito, consideração e velha amizade, me subscrevo...[748]

A invocação, por Marcello Caetano, da afeção cardíaca que o afetava desde havia algum tempo não é uma mera frase justificativa e muito menos um exercício de retórica. De facto – e conformou-se depois com a sua morte –, este problema de saúde, acrescido aos problemas respiratórios de que há muito sofria, era bem real e pode até ter sido uma condicionante da sua governação, no sentido da perda do ímpeto e do entusiasmo com que iniciara o seu mandato como Presidente do Conselho.

Américo Tomás parece ter sido apanhado de surpresa pela atitude e, numa primeira reação, aconselha-se com os ministros da Defesa e do Interior, respetivamente, Silva Cunha e Moreira Batista, posto o que convoca telefonicamente Marcello Caetano para comparecer com urgência no Palácio de Belém, para lhe dizer «convictamente e sem rodeios»:

Já é tarde para, qualquer de nós, abandonar o seu cargo – temos de ir até ao fim – (ou seja, na realidade, vencer ou ser vencido).

Para Marcello Caetano, foi com estas palavras que

[...] o Chefe do Estado me ratificou a sua confiança e me deu luz verde para proceder.

Em sentido contrário, Américo Tomás afirma:

Ora tais palavras estão longe de representar, propriamente, uma reiteração de confiança, se em tal sentido foram tidas [...]. Longe disso, tanto na sua essência, como na intenção que as ditou. E com elas parece ter-se conformado o doutor Marcello, pois não insistiu pela substituição solicitada na sua carta. E talvez tenha sido um grande mal.[749]

Não se volta a insistir na reiterada e manifesta intenção de Américo Tomás em sacudir as suas próprias responsabilidades num desfecho histórico de que é, queira ou não, e muito objetivamente, um dos principais responsáveis. Uma atitude levada ao limite – que seria, pelo menos, intelectualmente muito pouco séria, se não fosse sobretudo dramática e absurda –, de responsabilizar pela não demissão, a própria pessoa que acaba de a pedir, formalmente e por escrito. Tudo num contexto de extrema tensão política, a que o Presidente da República não podia manter-se alheio, refugiando-se numa espécie de limbo que, segundo a sua estratégia, o libertava da obrigação de assumir perante o País as responsabilidades do cargo a que, voluntariamente, se candidatara e que aceitara com manifesto interesse.

Marcello Caetano não forçou a demissão. Provavelmente, diremos nós hoje – com aquela segurança que a distância no tempo, a falta de envolvimento pessoal e o conhecimento das consequências –, teria sido melhor para ele ter batido com a porta, com estrondo – como muitas vezes o fizera no passado –, forçando uma definição clara do Presidente da República e de todas as elites do País. Mas isso poderia conduzir, com grandes hipóteses, dadas as circunstâncias de crise, à queda do regime, um regime que ajudara a construir e que considerava adequado a Portugal. E exigia um exame rápido e frio da situação. Um distanciamento que ele já não conseguia, porque por debaixo daquela couraça de frieza e distância, estava um emotivo – como fica bem evidente na correspondência trocada, desde o exílio, com Maria Helena Prieto[750] – que reprimia sistematicamente os seus sentimentos, num esforço constante e permanente, para vincar a sua independência, tanto no desempenho das suas funções universitárias, com colegas e alunos, como nas suas relações políticas, e até no trato familiar: Marcello Caetano cultivava a racionalidade.

Apegado ao seu legalismo, o Presidente do Conselho considerou-se confirmado. E bem. Uma demissão não se insinua. Afirma-se.

O Presidente da República exigia-lhe a exoneração imediata dos dois generais rebeldes dos altos postos que ocupavam. Mas Marcello Caetano tinha plena consciência de que esse ato podia ser, como foi, o acender do rastilho que faria explodir o enorme barril de pólvora em que o País político se transformara, plenamente espelhado pela determinação, a 9 de março, de entrada em estado de prevenção rigorosa em todos os quartéis do País e também nas forças de Segurança Pública, um facto que não acontecia desde o assalto ao paquete «Santa Maria», em 1961. Por outro lado, o Presidente do Conselho não podia perder a face. Por isso, concebeu um plano que poderia ser uma resposta, pelo menos provisória, para o problema: «Era meu desejo conservar nos seus postos os Generais Costa Gomes e Spínola, de modo a evitar pretextos para recrudescimentos da indisciplina, mas para isso tornava-se necessário que eles fizessem qualquer coisa que permitisse ao governo mantê-los.»[751]

À manifestação de rebelião pública dos dois generais que ocupavam os lugares de topo na hierarquia militar, Marcello Caetano contrapôs a exigência de um ato de vassalagem também público, assim delineado:

> Devia pedir-se agora ao Chefe do Estado Maior General das Forças Armadas para vir, acompanhado pelo Vice-Chefe e por todos os oficiais-generais em serviço na metrópole, à presença do Presidente do Conselho dizer apenas isto: que as Forças Armadas não têm política própria, por ser da sua natureza e da sua ética cumprir as diretrizes traçadas pelos poderes constituídos e que o País podia estar certo de que nesse rumo se manteriam.
>
> Feita esta declaração solene pelo General Costa Gomes, tendo ao lado o General Spínola, nada impediria que fossem mantidos nos seus lugares.[752]

Costa Gomes, convocado sozinho para uma reunião, realizada no dia 12, na qual estiveram presentes os ministros do Exército, da Marinha e da Defesa, e ainda o secretário de Estado da Aeronáutica e o subsecretário de Estado do Exército, recusou liminarmente a sugestão, respondendo que «O problema não se resolve com a guerra, mas através de ações políticas», deixando «bem claro que não estaria presente, até porque, além das razões invocadas, também estava convencido de que não contaria, para tal, com o apoio das Forças Armadas»[753]. Com ele, solidarizaram-se o general António de Spínola e o almirante Tierno Bagulho, este último, por sinal, procurador à Câmara Corporativa, na sua qualidade de Secretário-adjunto do Secretariado Geral da Defesa Nacional.

No dia seguinte, Marcello Caetano recebe, separadamente, os dois generais, que lhe comunicam a decisão de não comparecer ao ato marcado para o dia seguinte, tendo o Presidente do Conselho deixado muito claro que «a sua não comparência na audiência do dia seguinte implicava a exoneração dos cargos onde estavam, o que mostraram compreender com toda a cordura. Separamo-nos nos melhores termos.»[754]

Esta atitude do Chefe do Estado Maior General das Forças Armadas não assumia, contudo, por parte deste, a rutura definitiva com o Presi-

dente do Conselho. Segundo Marcelo Rebelo de Sousa, «meu Pai contou-
-me [...], sendo, na altura, ainda vivo Francisco Costa Gomes – que falara,
longamente com este e que, depois de ter admitido com dúvidas ainda ir
à cerimónia, propusera escrever artigo no *Diário de Notícias* a manter pontes com Marcello Caetano, apesar de não alinhar na manifestação da chamada "brigada do reumático".»[755]

O ato, realizado no dia 14 de março, que ficou para a História como
depreciativo nome de «Brigada do Reumático», defraudou o projeto do
Presidente do Conselho que, na circunstância, em resposta ao general
Paiva Brandão, Chefe do Estado Maior do Exército, pronunciou uma
pequena declaração absolutamente irrelevante sob qualquer ponto de
vista – como irrelevante, para não dizer patética, fora aquela vassalagem
– na qual afirma:

> O Chefe do Governo escuta e aceita a vossa afirmação de lealdade e dis-
> ciplina. A vossa afirmação de que as Forças Armadas não só não podem ter
> outra política que não seja a definida pelos poderes constituídos da Repú-
> blica, como estão, e têm de estar, com essa política quando ela é a da defesa
> da integridade nacional. [...]
>
> O País está seguro de que conta com as suas Forças Armadas E em todos
> os escalões destas não poderão restar dúvidas acerca da atitude dos seus
> comandos.
>
> Pois vamos então continuar, cada um na sua esfera, dentro de um pensa-
> mento comum, a trabalhar a bem da Nação.[756]

Nesse mesmo dia, os generais são demitidos das suas funções, por
despacho do Presidente do Conselho. O general Joaquim Luz Cunha, que
fora ministro do Exército entre 1962 e 1968, e, naquela altura, desempenhava as funções de Comandante-Chefe das Forças Armadas em Angola,
substitui Costa Gomes; o lugar ocupado por António de Spínola é, logicamente, extinto, porque fora criado especificamente para ele.

Com esta cerimónia, Marcello Caetano procurava não só ladear a
questão da indisciplina dos dois generais, mas também fazê-la reverter
em seu favor, através da sua retratação pública. Se tudo tivesse acontecido como planeado, o Presidente do Conselho pensava que sairia politicamente reforçado e acalmaria os capitães. No entanto, aquele que podia
ter sido o momento da recuperação da sua autoridade e da sua iniciativa
políticas, inegavelmente fragilizadas pela publicação de *Portugal e o Futuro*,
transformou-se numa tremenda derrota política – porventura a maior,

por ser a mais pública e frontal –, porque os primeiros não só mantiveram a atitude inicial, mas desfeitearam-no publicamente, recusando-se a comparecer.

É neste momento – comentará, anos mais tarde, Manuel José Homem de Mello – que se perde a derradeira hipótese de se evitar o pior. Aceitando ceder às pressões dos ultras, liderados por Tomás, Marcello Caetano demite os dois generais, consentindo em identificar-se com a chamada «ala ortodoxa» ou «imobilista» do regime. Se o regime viesse a ser derrubado – como efetivamente foi – através de um movimento revolucionário, Marcello Caetano e todos os que lhe permaneceram leais até ao fim, apareceriam, aos olhos da opinião pública e dos líderes da Revolução, como coniventes na tentativa de manter o status quo a qualquer preço.[757]

No dia seguinte, Marcello Caetano faz a projetada remodelação na área económica do Governo, acompanhada da reformulação da respetiva orgânica. Para ministro de Estado Adjunto do Presidente do Conselho é nomeado Mário de Oliveira, um dos seus seguidores, em substituição de Mota Campos, que é deslocado para a Agricultura e Comércio; Manuel Cotta Dias passa a acumular as Finanças com a Coordenação Económica; e Daniel Barbosa, seu velho amigo, chefia a Indústria e Energia. Não há nomes novos: vê-se obrigado a recorrer ao seu, cada vez mais reduzido, círculo de amigos fiéis, caso do último, que desde há muito, se afastara das lides governativas.

No ato de posse, o Presidente do Conselho pronuncia um pequeno discurso, sobretudo centrado no elogio dos ministros empossados, terminando com apelo à luta, independentemente das garantias de vitória[758]:

Há um ditado antigo segundo o qual «Deus manda combater – não manda vencer». Nós, Portugueses, estamos a lutar em muitas frentes de combate. E todas elas eriçadas de obstáculos que surgem independentemente da nossa vontade e até sem possibilidade, muitas vezes, da nossa previsão.

Não sei mesmo se alguma vez a Nação enfrentou simultaneamente tantos adversários – uns por inimizade dos homens, outros por adversidade das circunstâncias.

Mas perante a gravidade e a multiplicidade das lutas a sustentar não podemos cruzar os braços. A todo o desafio temos de dar resposta. Estamos aqui para combater. E quando se combate com inteligência, com decisão, com afinco, combate-se com honra. A vitória pode vir ou não se ela não depender só de nós. Mas em todos os casos resta-nos a consciência do dever cumprido. E a verdade é que tenho fé na nossa capacidade de vencer os fados adversos e a insânia dos homens: tenho fé que a união, a serenidade, a consciência nacional do povo que somos há oito séculos triunfarão afinal desta crise, uma crise que avassala o mundo e ameaça comprometer o caráter daquilo que em Portugal respeitamos do passado, somos no presente e queremos conservar como nossa individualidade de futuro.

É, como se vê, um discurso bastante sereno e, dir-se-ia mesmo, resignado; um discurso de fim de linha, de quem já não alimenta grandes esperanças, em que realça sobretudo a honra do combate, muito mais do que a vitória... Aliás, vão no mesmo sentido afirmações feitas ao seminário parisiense *Le Point*, transcritas por jornais portugueses, onde a propósito da evolução da situação dos territórios ultramarinos, afirma: «Quer por tradição, quer por efeitos da minha educação jurídica, nunca faço previsões. Nunca sei o que o futuro nos reserva e é-me impossível prever a situação daqui a alguns anos.»[759] Trata-se, portanto, de gerir o presente, porque o futuro e as suas perspetivas já tinham desaparecido dos horizontes de Marcello Caetano.

A demissão dos generais Costa Gomes e António de Spínola tem repercussões imediatas no «movimento dos capitães»: em protesto, os oficiais do Centro de Instrução de Operações Especiais de Lamego sublevam-se, declarando-se desligados do respetivo Comando e da Região Militar do Porto; em Lisboa, há movimentações no sentido de se conseguirem adesões de unidades envolventes, mas são recusadas sob a invocação de falta de preparação para uma ação militar conjunta.

Apesar disso, na noite de 15 para 16 de março, os capitães do Regimento de Infantaria n.º 5, das Caldas da Rainha, assumem o comando do quartel e, de madrugada, avançam sobre Lisboa, numa ação descoordenada, em que ficam isolados, e na sequência da qual são presos cerca de duas centenas de militares.

Informados da sublevação, e de acordo com os protocolos estabelecidos para estes casos, os Presidentes da República e do Conselho deslocam-se, para o Quartel General da 1.ª Região Aérea, em Monsanto.

E não me agradou – conta Américo Tomás – o ambiente que encontrei na unidade de Monsanto, de desinteresse, pelo menos aparente [...]. Só me pareceu verdadeiramente diligente, operante e determinado, o ministro do

Exército. No Presidente do Conselho notei um alheamento, que me pareceu praticamente total e que me chocou deveras: em suma e em conclusão, não regressei a casa bem impressionado, nem otimista.[760]

Diferente e bastante mais positivo é o balanço de Marcello Caetano:

> [...] o conjunto de elementos positivos neste incidente fora apreciável. Só numa unidade militar se dera a rebelião e por intromissão de oficiais estranhos e prisão dos comandantes; todas as tropas haviam obedecido às ordens do governo, incluindo as dadas para atacar o quartel das Caldas no caso de recusa de rendição; e o público tinha-se mantido sereno, sem quaisquer mostras de nervosismo e menos ainda de aplauso do ato de rebeldia.[761]

O País entrava em prevenção rigorosa e, na manhã do dia 16, segundo o *Diário de Lisboa*, «Lisboa tornou-se numa cidade controlada e na autoestrada do Norte, entre as sete e as nove da manhã, não foi permitida a passagem de qualquer automóvel»[762]. Ainda segundo o mesmo vespertino, num relato fiel dos acontecimentos, que decalca, aliás, a nota distribuída pela Secretaria de Estado da Informação e Turismo, «ao ver-se intercetada, a companhia autotransportada resolveu retroceder para as Caldas da Rainha. A interceção foi feita por forças de Artilharia 1, de Cavalaria 7 e da GNR. Uma vez a coluna dentro do quartel, logo este foi cercado por unidades da região militar de Tomar. Pode dizer-se que foi o fim da insubordinação.» Sobre as motivações que estariam por detrás deste ato, nem uma palavra, como é natural, dada a vigilância da Censura, agora denominada Exame Prévio. Mas, no dia 18, o jornal *República* publica na sua página desportiva uma mensagem de confiança «aos muitos nortenhos que no fim de semana avançaram até Lisboa, sonhando com a vitória», concluindo que «perder uma batalha não é perder a guerra»[763].

Para Marcello Caetano «O êxito do Governo foi total.»[764] E, como habitualmente, a nota oficial distribuída pelo Governo, cerca das 18 horas do dia 16, termina com a frase, também recorrente desde havia dezenas de anos, em casos semelhantes: «Reina a ordem em todo o País.»

Também o agora ministro do Interior, César Moreira Batista, navegava nas águas mansas do otimismo: as informações que lhe eram transmitidas pela DGS «indiciavam que o MFA só contava com apoios pouco significativos no meio militar, incluindo a GNR e a PSP»[765]

No entanto, o Presidente do Conselho não ficou nem podia ficar descansado, até porque lhe chegavam «rumores de que se preparava qualquer coisa, a tempo de evitar a punição dos oficiais presos» e com os ministros militares tratou de se assegurar que «as tropas cuja intervenção poderia ser decisiva estavam bem comandadas, em mãos de confiança e prontas a agir outra vez, como em 16 de março»[766].

Fruto da precipitação e do improviso, o golpe fracassou. No entanto, serviu para que os militares se apercebessem que o êxito de qualquer operação, para fazer frente e/ou derrubar o regime, dependia da articulação das diversas forças aderentes e de uma planificação – em linguagem militar, um «plano de operações» – rigorosa, facto que veio a ser assumido a 24 de março, numa reunião da Comissão Coordenadora do Movimento, na qual Otelo Saraiva de Carvalho assume a responsabilidade da sua elaboração e da preparação da operação a desencadear, ficando o golpe marcado, em princípio, para a semana de 20 a 27 de abril.

Reagindo aos acontecimentos, a Comissão Coordenadora divulga, a 18 de março, um comunicado, que devia ter sido de circulação restrita aos membros do movimento, mas que veio a ser amplamente divulgado em meios de esquerda civis pela CDE*, com o objetivo de levantar o moral aos elementos mais desmoralizados, no qual se afirma que o episódio e os acontecimentos que o tinham antecedido «permitem-nos prosseguir o nosso Movimento com mais segurança e realismo», e termina com um apelo «para que se mantenham firmes em relação aos já anunciados objetivos do Movimento»[767].

No dia 23, o jornal *Le Monde* publica uma extensa reportagem sobre Portugal, sob o título: «Un processus de dégradation qui pourrait aboutir à un coup d'état militaire».

Era, ou parecia dever ser, óbvio, para toda a gente que, dadas as movimentações dos militares, a coincidência do golpe das Caldas com a demissão dos generais, e todo o ambiente que se vivia *na* e em *torno da* instituição castrense, que o movimento não morrera no momento da rendição nas

---

* A CDE apoiou o Movimento, emitindo no dia 27 de março uma circular em que afirmava: «[...] o Movimento a que assistimos no dia 16 de março não tem essencialmente o significado de um ato isolado de um grupo de corajosos militares, mas encontra-se na continuidade de um movimento de descontentamento das Forças Armadas, que atinge hoje proporções muito largas, quanto ao papel que lhes é atribuído na Guerra Colonial e na sustentação do Regime Fascista». E mais à frente: «[...] os movimentos militares terão tanto maiores possibilidades de alcançar os objetivos justos a que se proponham, quanto mais identificados com as preocupações e os sentimentos gerais do Povo Português, quanto mais próximos estiverem das largas camadas que vivem oprimidas [...]». In Diniz de Almeida, *Origens e Evolução do Movimento dos Capitães*, Lisboa, Edições Sociais, s.d., pp. 300-301.

LIVRO SEGUNDO PRESIDENTE DO CONSELHO DE MINISTROS   817

Caldas da Rainha. Mas, pelo menos segundo o testemunho do então Presidente do Conselho, não era essa a sua perceção.

Marcello Caetano volta à televisão para aquela que seria a sua última «conversa em família» no dia 28 de março. Segundo as palavras então proferidas[768], o País estava com ele, justificando a afirmação com o facto de, desde o seu discurso de 16 de fevereiro, terem sido aos milhares as «mensagens de apoio, de incitamento, de estímulo», vindas «de todos os recantos do País, de aquém e além-mar», e às centenas as cartas de pessoas amigas. Faz seguidamente um balanço sintético do «esforço titânico» desenvolvido pelos homens do Governo para melhorar as condições económicas e sociais dos portugueses e, sobretudo, para defender o Ultramar e as suas gentes, segundo os parâmetros da civilização e da cultura portuguesa:

> Manter o caráter português que há de moldar o futuro das nossas províncias ultramarinas, conferir segurança a quantos, sob a égide de Portugal, vivem em África e contribuem para nela se radicar a civilização e a cultura que representamos – eis uma causa que justifica os sacrifícios económicos e o tributo de sangue da Nação. Os soldados que em África se batem, defendem valores indestrutíveis, e uma justa causa.

Referindo-se à tentativa de golpe das Caldas da Rainha, começa por criticar a imprensa, principalmente a estrangeira, e todos aqueles que se queixam de em Portugal não existir informação completa, afirmando: «Nada, porém, do que de verdadeiro se passa e que ao público interesse deixa de ser trazido ao conhecimento dele».

> É inegável que entre a mera curiosidade de alguns senhoritos, que gostam de saber novidades, enquanto tomam o seu café, e a vida dos nossos colonos e dos nossos soldados, não há que hesitar. Gemam embora alguns por não saberem tudo quanto quereriam da marcha das campanhas – não é só a salvação pública que está em causa, é a segurança dos nossos, tantos deles filhos ou parentes de muitos de nós.

A «aventura» dos militares é vista, não como uma atitude política, mas como um ato de irreflexão:

> Irreflexão, por não considerarem que em tempo de guerra subversiva toda a manifestação de indisciplina assume particular gravidade. Irreflexão,

por não terem em conta que há manobradores políticos, cá dentro e lá fora, prontos a explorar todos os episódios de que possam tirar partido, para cavar dissensões internas e minar os alicerces do Estado, e para fazer beneficiar interesses do estrangeiro.

Marcello Caetano termina as últimas palavras que dirigiu ao País, que governava desde o dia 27 de setembro de 1968, com a evocação já muitas vezes feita, daquele momento-chave que terá ditado toda a sua governação – a visita à Guiné, Angola e Moçambique, entre os dias 13 e 21 de abril de 1969:

> Não esqueço a jubilosa multidão nativa que espontaneamente me cercou em Bissau, quando, de surpresa, entrei sozinho na Catedral. Nem o acolhimento entusiasta da população de Luanda. Nem a chegada a Lourenço Marques, numa atmosfera de indescritível alegria, que fez durar horas o trajeto do aeroporto à Ponta Vermelha, constantemente saudado e abraçado por gente de todas as etnias. Nem a juventude da Beira, que me acompanhou nas suas motocicletas, e o colorido da visita à cidade com passagem pelos bairros chineses e industânicos. Nem o espantoso remate com a visita a Nova Lisboa, e a caminhada, a pé, do aeroporto ao Palácio do Governo, no meio de milhares de brancos e pretos, cercado de jovens, na mais exaltante e esfuziante manifestação de patriotismo que me foi dado até hoje viver e que culminou, à noite, com a multidão iluminada por archotes, ao redor da estátua de Norton de Matos, em frente da varanda do palácio onde me encontrava, a entoar, num coro grandioso, o Hino Nacional.
>
> Julgam que posso abandonar esta gente que tão eloquentemente mostrou ser portuguesa e querer continuar a sê-lo?
>
> Não. Enquanto ocupar este lugar não deixarei de os ter presentes, aos portugueses do Ultramar, no pensamento e no coração.

O homem que assim justifica um longo e difícil mandato de mais de cinco anos é um homem cansado, exausto física e psicologicamente, e politicamente desiludido: «Via-o – testemunha um dos seus filhos – cansado da intriga permanente e cada vez mais distante.»[769]

Isso mesmo transparece de uma carta, datada de 20 de março, ao seu amigo López Rodó:

> Tenho vivido dias difíceis mas que graças ao apoio do povo português e à fidelidade das Forças Armadas fui vencendo. Na grave situação internacional

que v. conhece bem estas discussões internas são criminosas. Mas o que mais falta aos homens é bom senso![770]

Nos inícios de abril, Marcello Caetano, acompanhado da filha, Ana Maria, participa, em casa do seu amigo, Manuel José Homem de Mello, num jantar em que está presente «o "Estado-Maior político" do regime», integrado pelos seus mais destacados apoiantes: Albino dos Reis, Amaral Neto, Moreira Batista, Daniel Barbosa, Cotta Dias e Baltazar Rebelo de Sousa. O seu estado de abatimento é notado por todos os presentes:

> O abatimento físico e moral de Marcello Caetano é indisfarçável. Nenhum dos presentes fica com a menor dúvida de que estava à beira do colapso psicológico. Procurámos animá-lo. Em vão. À saída formula votos de que «ao menos que se consiga evitar a entrega do poder aos comunistas».[771]

Marcello Caetano fala do apoio do povo português. Parecia ser, de facto, assim, se nos ativermos à estrondosa aclamação que recebeu, no dia 31 de março, por ele descrita:

> Em 31 de março fui, de surpresa, com o ministro de Estado, Doutor Mário de Oliveira, ao Estádio de Alvalade, assistir ao desafio Benfica-Sporting. Quando o alto-falante anunciou que eu me achava no camarote principal, a assistência, calculada em 80 000 espectadores, como que movida por mola oculta, levantou-se a tributar-me quente e demorada ovação que a TV transmitiu a todo o País. Isso foi interpretado como repúdio por aventuras militares. E note-se que, tendo saído do estádio quinze minutos antes do final do desafio, não houve ninguém nas duas longas filas de pessoa que, como eu, procuravam evitar a confusão do final e por entre as quais passei, que não me desse palmas – o que às pessoas que me acompanhavam pareceu ainda mais expressivo que a manifestação coletiva. E as informações que chegava, ao Governo também garantiam sossego geral e apoio ao regime.[772]

Já atrás foi referido o caráter volátil das aclamações populares. Com efeito, menos de um mês depois, o mesmo povo aclamaria, com igual ou ainda mais intenso fervor, os militares que o tinham derrubado.

Quanto às Forças Armadas, nem eram fiéis nem estavam unidas, tanto ao nível dos mais altos comandos, como ao dos oficiais intermédios, congregados em torno do já então denominado Movimento das Forças Armadas, que, desde há bastante tempo, deixara de ser um movimento reivindicativo, em torno das respetivas carreiras, para se tornar numa conspiração não apenas contra a política do marcelismo, mas e sobretudo contra o regime no seu todo, ou seja, desde o seu início a 11 de abril de 1933.

Marcello Caetano, à semelhança de Salazar em 1961, foi brando para com os revoltosos, limitando-se, na prática, a espalhar os cabecilhas por várias unidades do País. A sua intenção teria sido, porventura, a de apaziguar os ânimos e recuperar a iniciativa. Mas já era tarde.

No dia 20 de abril, a polícia política do regime publica a que seria a sua última nota:

> Desde o início do corrente mês, mas com maior intensidade nos últimos dias, tem-se verificado por parte das várias organizações comunistas uma grande atividade na difusão de panfletos e outras atuações de propaganda, através das quais se incita a ações revolucionárias no 1.º de Maio.
>
> Ataca-se, ao mesmo tempo, o esforço da Nação em defesa dos territórios portugueses no Ultramar e faz-se a defesa das organizações terroristas que nos atacam e dos métodos que empregam, com os quais criminosamente se solidarizam.
>
> Com base nas averiguações feitas foram detidos em Lisboa 15 indivíduos e 15 no Porto, especialmente ligados aos «setores de informação e divulgação» daquelas organizações, alguns dos quais estão de há muito referenciados como seus orientadores ativos.
>
> As averiguações conduziram a apurar que era nas oficinas do semanário «Notícias da Amadora» que se imprimia muito do material subversivo, tendo nelas sido apreendidos largos milhares de exemplares de panfletos revolucionários.

Pelo menos aparentemente, a DGS e, com ela, o Governo e as suas forças apenas perspetivavam manifestações para o 1.º de Maio que se aproximava, para as quais o Partido Revolucionário do Proletariado (PRP), no dia 20 de março, apelaram no sentido da sua transformação numa jornada de combate. Interrogado, anos mais tarde, sobre se a DGS teria também sido surpreendida com o golpe de 25 de Abril, respondeu: «Se foi ou não, ignoro. Mas nada me disse antes da revolução estar na rua.»[773]

De resto, Marcello Caetano afirma ter recebido garantias de defesa dos altos comandos do regime[774]. Quem eram estes? Não os indica. Por-

LIVRO SEGUNDO PRESIDENTE DO CONSELHO DE MINISTROS   821

ventura terá contado com o apoio das chefias militares, expresso na manifestação pública de 14 de março. Mas, como veio a ficar demonstrado, os decrépitos generais não representavam coisa nenhuma. Nem sequer se evidenciou a suposta força que o Presidente da República teria. Todos não passavam de tigres de papel.

Na madrugada do dia 25 de Abril, Marcello Caetano é «surpreendido no primeiro sono» por um telefonema do diretor da DGS, major Silva Pais, informando-o de que estava em curso um movimento militar e que «a coisa era grave»: os revoltosos tinham ocupado as emissoras de rádio e a RTP, dominavam o Quartel-General da Região Militar de Lisboa e tinham o apoio de Caçadores 5, informações confirmadas pelo ministro da Defesa, que se deslocara para o seu ministério.

Pouco depois, novo telefonema de Silva Pais: era preciso que saísse imediatamente de casa. Para onde? Normalmente, em casos de crise, o refúgio eram as instalações da Força Aérea em Monsanto. Mas, naquele momento, tal destino não parecia aconselhável, porque, conhecedores de que fora aí que se refugiara em 16 de março, os revoltosos poderiam tentar aprisioná-lo. Por outro lado, «a Polícia não sabia de lado estava a Força Aérea»[775]. Para onde, então? Após alguns momentos de hesitação, o diretor da DGS responde-lhe: «Para o Carmo, senhor presidente. Venha para o Quartel de Carmo, que a Guarda Nacional Republicana está fixe.»

Embora lhe parecesse um lugar pouco indicado, dada a urgência das decisões, Marcello Caetano ruma ao Quartel do Carmo no qual, segundo as suas «reminiscências da época revolucionária dos anos 20», «o Governo se reunia nos momentos críticos».

Segundo as suas palavras, «não procurava refúgio, mas um local onde, a coberto de golpes de mão, pudesse acompanhar os acontecimentos e intervir na medida do possível», até porque, segundo julgava saber, estava aí instalado o Comando-Geral da Guarda Nacional Republicana, dispondo de um centro de transmissões, e aquartelava um esquadrão de Cavalaria que policiava o Governo.

Só que, em vez de um Quartel-General dotado de meios de comando e de defesa, Marcello Caetano encontrou uma colmeia, onde enxameavam «as famílias dos comandantes e de muitos oficiais, sargentos e praças»; e o esquadrão já tinha saído, ficando a guarnição reduzida a uma companhia de comando e serviços... ou seja, praticamente inoperacional. O reduto, visto numa perspetiva de defesa e possível resistência, transformava-se «numa ratoeira» que, no caso do cerco que viria a verificar-se, nem sequer permitia uma evacuação para outro local, porque não reunia condições para a aterragem de helicópteros.

E se o ainda Presidente do Conselho esperava uma ação decidida e eficaz por parte desta força militarizada, restar-lhe-ia a desilusão:

> O facto de haver uma revolução e estar presente o presidente do Conselho não levou aqueles brilhantes oficiais a tomar quaisquer providências de defesa exterior do quartel, sobretudo a guarda das ruas que confluíam no largo fronteiro e dos pontos que de fora dominavam os edifícios – como o passadiço do elevador de Santa Justa.

Bem pelo contrário, horas mais tarde, quando foi disparada uma rajada de arma automática sobre a fachada do quartel, à qual se «seguiram corridas aflitas de senhoras pelos corredores», instalou-se o pânico «nas famílias dos senhores comandantes e em certos ilustres oficiais».

São por demais conhecidos os pormenores do golpe de 25 de Abril, desde a sua eclosão, às 0,20 horas com a emissão da primeira quadra da canção «Grândola, vila morena», até à rendição de Marcello Caetano, cerca das 19,30 horas.

Marcello Caetano não pôde contar com apoios de ninguém, entre as forças que se diziam baluartes militares do regime, designadamente a GNR e a Legião Portuguesa; a própria força do Exército, mandada avançar sobre o Terreiro do Paço, onde se concentravam a maioria dos ministérios, «parou numa das ruas da Baixa e aí assistiu à vitória da populaça que estava em frente ao Ministério do Exército».

Em suma, desabafa Marcello Caetano:

> O que não encontrei foi quem combatesse pelo Governo. Com o General comandante da Legião Portuguesa estive em contacto e dei ordens precisas. Todavia a Legião rendeu-se ao primeiro grupo de insurretos que apareceram no Quartel da Penha de França. O povinho, uma vez triunfante no Terreiro do Paço, veio em passeata até ao Largo do Carmo, fronteiro ao quartel, que ocupou sem qualquer resistência. Assisti pasmado à inércia do Comando da GNR, onde só um coronel na reserva mostrava coragem e decisão mas inutilmente porque não podia mandar. Concertei com o general que as tropas da Guarda que estavam na cidade cercassem o Largo do Carmo, o que colheria

LIVRO SEGUNDO PRESIDENTE DO CONSELHO DE MINISTROS   823

os manifestantes entre dois fogos. Disseram que assim se faria. Soube depois que, efetivamente, uma força subiu até ao Largo de Camões, outra veio pela D. Pedro V. Mas em vez de atuar, pararam e retiraram.

Voláteis as aclamações da multidão, sempre disposta a apoiar os heróis vencedores, mas também não é menos volátil a apreciação dos políticos quando a aclamação se transforma em vaia: a partir daí, as multidões transmutam-se em «populaça» e «povinho»...

Desde muito cedo, ficou claro que o Governo e o seu Chefe não tinham a mínima hipótese de resistir. O que acontecia, não tanto pela força bélica dos revoltosos, que em alguns casos manobrava com equipamento obsoleto e sem poder de fogo, mas pela fragilidade do próprio sistema político que, naquele momento, já não passava de uma velha árvore carcomida pelos anos, que cairia ao primeiro abalo, fosse ele qual fosse, viesse ele donde viesse.

A Marcello Caetano não restava senão resistir... para negociar.

É neste momento que Pedro Feytor Pinto, então diretor dos serviços de informação da Secretaria de Estado da Informação e Turismo, se cruza com a História portuguesa, segundo a sua própria expressão[776]. Foi acordado às 4 horas da manhã por um telefonema do diretor da Emissora Nacional, informando-o de que a estação fora ocupada e que a revolução estava em marcha. Já passava da uma hora e meia da tarde quando, na companhia de Nuno Távora, soube que Marcello Caetano estava no Quartel do Carmo, para onde se dirigiram e, após várias peripécias, conseguiram chegar junto dele, oferecendo-se para levar uma mensagem ao general António de Spínola, que foi ditada pelo próprio Presidente do Conselho:

> Julgo absolutamente indispensável que alguém com responsabilidades tome conta da situação, quando não o poder está na rua.
> Estou à disposição do Senhor General Spínola no Quartel do Carmo.[777]

Às 16,30, António de Spínola recebe a mensagem. Pouco tempo depois, esta era-lhe confirmada telefonicamente pelo seu autor. Para espanto dos emissários, o general afirmou: «Eu não chefio nenhuma revolução pois não tomei nem nunca tomaria as armas contra o meu governo.»[778] Por isso, precisava de ser mandatado pelos responsáveis do levantamento.

Inicialmente, os responsáveis pelo MFA tinham decidido que, feito o golpe, o Poder seria entregue ao general Costa Gomes. Mas este desaparecera, e não restava outra alternativa, senão aquela que lhes era apresentada, pelo que pediram a Spínola que se deslocasse ao Carmo para receber a rendição de Marcello Caetano, que foi feita nos termos da mensagem escrita[779].

Cerca das 19,30, Marcello Caetano, depois de, com toda a dignidade, ter recusado uma saída pelas traseiras – «Janelas, telhados, traseiras, não. Eu saio pela mesma porta por onde entrei.» [780] –, entra, acompanhado pelos ministros Rui Patrício e Moreira Batista, e pelo seu ajudante militar comandante Coutinho Lanhoso, na chaimite «Bula» que o conduz ao Quartel da Pontinha, onde aguardará o embarque para o Funchal.

Tudo está consumado. E, apesar de se tratar da derrocada de um regime de mais de quarenta anos, sem grandes danos.

> Mais uma vez verifiquei – conclui Feytor Pinto – que em Portugal as revoluções acabam por solucionar-se bastante bem, apesar de constatar que até ali apenas tinha havido um golpe de Estado, efetuado por militares, que em vez de virem de Braga como no 28 de maio de 1926 tinham vindo da Escola Prática de Santarém e Torres Novas, embora trouxessem nas botas o pó e a lama das terras de África.[781]

Duas décadas depois, Manuel José Homem de Mello comenta os últimos momentos do Estado Novo:

> A falta de resposta militar ao desencadear da Revolução permanece, até hoje, inexplicável a muito boa gente. Mas não a mim, que tivera ensejo de acompanhar, bem de perto, os derradeiros dias – e as derradeiras horas – do regime.
>
> Ainda ao começo da tarde, o eng.º Rui Sanches, ministro das Obras Públicas, sobrinho, por afinidade, do chefe do Governo, telefonava para minha casa indagando as razões que levariam «o tio Marcello» a não reagir. Tanto mais quanto, até pelo menos a essa altura, parecia quase certo que os efetivos militares, colocados à disposição dos revolucionários, não seriam de molde a suportar, com êxito, uma investida dos que se mantinham – ou pareciam manter-se... – fiéis ao regime. Pelos vistos, até alguns dos «mais próximos», ignoravam a decisão que Marcello Caetano há muito tomara de não resistir, pelas armas, a qualquer iniciativa militar que se propusesse derrubar a situação. A menos que... [...] «o poder corresse o risco de cair na rua ou nas mãos dos comunistas».
>
> Só assim se torna compreensível que um legalista da estirpe de Marcello Caetano tenha entregue, expeditamente, o poder – que exercia apenas por

LIVRO SEGUNDO PRESIDENTE DO CONSELHO DE MINISTROS

delegação do chefe de Estado – ao general Spínola «ignorando», completamente, a existência política de Américo Tomás.[782]

No momento em que – ainda e sempre dominado pelo legalismo em que assentara toda a sua carreira política –, entregava o poder ao general Spínola, para que não caísse na rua, a rua que, desde a sua juventude, aprendera a temer, Marcello Caetano assumia a sua derrota pessoal como Presidente do Conselho, no termo de um consulado atribulado e complexo, feito de esperanças e desilusões, num permanente equívoco assente num equilíbrio impossível entre evolução e continuidade.

Mas o que derruía não era, apenas nem sobretudo, o seu projeto, mas o próprio sistema político, ou seja, o Estado Novo, que ele ajudara a instaurar, do qual fora um dos principais teóricos, em cujo percurso se empenhara convictamente ao longo de dezenas de anos, acabando por garantir, por palavras, por atos e omissões, a sua sobrevivência.

Naquele momento, Marcello Caetano carregava sobre os seus ombros todo o peso de quase meio século da história de Portugal, em que dominou o autoritarismo ditatorial de Salazar – o principal artífice, mestre e autor do sistema político –, a quem as leis da vida e da morte permitiram uma saída de cena mansa e tranquila, em «cheiro de celebridade», para usar a sua própria expressão[783]. Um sistema autoritário que Marcello Caetano, peado pelos seus próprios pré-conceitos ideológicos, e numa luta cada vez mais solitária, não conseguiu nem podia reformar. A herança era demasiado pesada, os apoios escassos e as resistências vinham do próprio topo do Poder.

As próprias elites – e não apenas as elites políticas –, de uma maneira geral, não apostaram nele, mantendo-se, quando muito, em prudente reserva, abandonando-o à sua sorte. Com efeito, as elites portuguesas sempre preferiram as certezas do passado às incertezas do futuro, reconfortando-se num presente pequenino e sem horizontes. Aqueles que se diziam herdeiros dos descobridores de Quinhentos que, dominando medos e pavores, se abalançaram, com êxito e glória, num salto sobre o desconhecido, mantiveram-se amarrados ao cais do Restelo, onde uma espécie de mar, lânguido e sonolento – em brutal contraste com o fragor medonho do Cabo das Tormentas, tão epicamente evocado por Camões e Pessoa – os embalava numa modorra acrítica, estéril e inoperante, com se a História tivesse parado no Infante D. Henrique. Só que o Infante era o Futuro, o Risco, a Audácia, e os que se proclamavam seus herdeiros não passavam de uma corte de usufrutuários das migalhas que restavam do

Mundo cujas rotas ele abrira, ganhando um lugar na História. Aos últimos não restaria mais do que uma apagada nota de rodapé nas vulgatas da história de Portugal.

No dia 25 de Abril de 1974, Marcello Caetano caía de pé, absolutamente só.

Tal como acontecera ao rei D. Carlos, morto em 1908, não tanto pelos seus atos, mas em nome de todos os desmandos cometidos pelo «Rotativismo» que herdara, Marcello Caetano era apeado, sofrendo as desconsiderações reservadas aos vencidos – *væ victis!* –, mas, na realidade, era a queda de um regime que, apesar dos seus esforços, revelava toda a sua decrepitude. Com ou sem Marcello Caetano, o Estado Novo cairia sempre. Porque já estava morto, esgotado. Fosse o golpe de direita ou de esquerda. Era uma carta fora do baralho da política do mundo ocidental, no qual, pelo menos geograficamente, se inseria.

O «povo português», em nome do qual eram justificadas todas as políticas, justas e injustas, sobretudo ao nível das suas «forças vivas», de entre as quais se destacavam – até pela situação de guerra continuada ao longo de 13 anos – as Forças Armadas, estava por tudo. Menos pela manutenção do *status quo*. Teria sido absolutamente necessário dar o salto. Nem que fosse para o desconhecido.

Marcello Caetano não o tentou, ou se o fez, desistiu rapidamente. Mas também não tinha apoio visível e sustentado para o fazer. A manutenção do regime da Constituição de 1933, com as adaptações mínimas consideradas necessárias e imprescindíveis para que, no essencial, tudo continuasse na mesma, revelou-se impossível, não apenas no contexto internacional, mas também e sobretudo ao nível da política interna.

No dia 25 de Abril de 1974, as forças supostamente fiéis ao regime não reagiram e, praticamente, não deram um passo nem arriscaram um milímetro na sua defesa. O que é também uma manifestação gritante da «convicção» com que se afirmavam defensores do que diziam ser os «valores perenes da Pátria».

Ao contrário de quase todos – o Palácio de Belém incluído –, os quais, salvaguardando-se na fidelidade à pureza dos princípios herdados, nunca avançaram para além das críticas e das resistências, Marcello Caetano assumiu-se como um político de corpo inteiro. E não faz sentido, do ponto de vista da história política, isolá-lo como único e exclusivo responsável pela situação que, inviabilizada qualquer transição pactuada, impôs o golpe de 25 de Abril de 1974.

EPÍLOGO BREVE

«... UM LEÃO SEM JUBA E SEM GARRAS»

Na madrugada do dia 26 de abril de 1974, Marcello Caetano é conduzido ao aeroporto da Base n.º 1 da Força Aérea, onde o esperava um avião, no qual se lhe juntaram os ex-ministros Moreira Batista e Silva Cunha, e, finalmente, o almirante Américo Tomás, que os transportou para o Funchal. Aqui permanece até ao dia 20 de maio, data em que, acompanhado do ex-Chefe do Estado, é levado para o Brasil, onde, depois de uma brevíssima passagem por S. Paulo, se fixa no Rio de Janeiro, cidade em que residirá até à sua morte. Primeiro, por sugestão do seu amigo Pedro Calmon, permaneceu alguns dias no Mosteiro de S. Bento, por sinal, a ordem religiosa na qual o seu grande referente espiritual – monsenhor Pereira dos Reis – se acolhera, no final da vida: «Fiel à tradição da regra do santo patriarca para quem o hóspede é a imagem de Cristo, não me negou o Mosteiro a sua acolhida e durante vinte dias tive o privilégio de ocupar uma cela monástica e de conviver com a comunidade.»[784]

Depois, a partir de inícios de junho, aluga um apartamento no bairro do Flamengo, começando a refazer a sua vida.

Em outubro de 1940, Marcello Caetano justificou a sua não-aceitação das funções de secretário de Estado das Colónias por motivos que não tinham «nenhum caráter político»: «Apenas o desejo de não deixar a Universidade por enquanto, – enquanto, digo, não tiver aí começado, ao menos, uma obra que, no caso de falhar como estadista, me console do que fui como Professor.»[785] Três décadas e meia depois, estas palavras tornam-se realidade.

Marcello Caetano mantinha, desde muito cedo, fortes ligações ao Brasil, sobretudo nas áreas cultural e universitária, nas quais gozava de um enorme prestígio. Estava ainda no Mosteiro quando foi convidado para lecionar na Universidade Gama Filho, a maior universidade privada do Brasil, da qual se torna professor, a partir de 1 de junho, e onde fundou e dirigiu o Instituto de Direito Comparado. Durante o período do exílio, para além das inúmeras conferências e palestras realizadas um pouco por todo o Brasil, versando o Direito Administrativo e a Ciência Político--Constitucional, e ainda temas sobre história luso-brasileira, escritores e historiadores de ambos os países[786], publicou vários livros jurídicos: *Princípios Fundamentais de Direito Administrativo* (1977), *Direito Constitucional* (1978) e, quando faleceu, tinha terminado o primeiro volume da *História do Direito Português, 1140-1495* (publicado postumamente, em 1981) e trabalhava no segundo volume, que se iniciava com os *Subsídios para a História das Fontes do Direito em Portugal no século XVI*, incluídos em posterior reedição. Em 1975, traduzira para português o livro *Brasil Barroco*, do escritor suíço Maurice Pianzola, sob o quase-pseudónimo José Alves das Neves.

Na área profissional, Marcello Caetano conseguiu, num curto espaço de tempo, refazer a sua vida. No entanto, permaneceu sempre um homem profundamente marcado pela sua derrota política. Como anotou outro biógrafo, «Ser derrubado por um golpe de Estado é a suprema humilhação para quem, na sua altivez, acreditava ser respeitado por todos.»[787]

Logo que chegou ao Funchal, iniciou a redação do «depoimento sobre os sacrificados cinco anos e meio em que tive sobre os meus ombros o encargo do governo português», trabalhando nele afincadamente «até o dia que, dois meses decorridos, o terminei, já no Rio de Janeiro»[788]. O *Depoimento*, publicado em 1974, é dedicado a Joaquim da Silva Cunha, César Moreira Batista, general Andrade e Silva, e Francisco Elmano Alves, todos presos após o golpe militar: os três primeiros por terem sido ministros e o último «por, na Ação Nacional Popular, ter procurado erguer uma barreira ideológica à expansão do comunismo em Portugal»[789].

Na sua essência, o livro é uma autojustificação do seu consulado, assumindo o papel de vítima em todo o processo:

> Sacrifiquei interesses, preferências e inclinações pessoais, tranquilidade de espírito, tudo quanto me era caro, porque julguei que seria feia ação, indigna do meu passado cívico, recusar-me por comodismo a ocupar um posto que no consenso geral implicava «a mais difícil herança da História de Portugal». Durante cinco anos e meio trabalhei sem olhar a horas e sem contar a fadiga, procurando todas as formas de ser útil ao povo português através de mil dificuldades que a cada momento surgiam na marcha do mundo e na vida da Nação. Pautei a minha conduta política pela Constituição vigente que observei com escrúpulo e fiz aplicar com não menos honestidade e rigor do que se pratica nos regimes apregoados democráticos.

Como repetidas vezes expliquei, não curei de fazer política de direita ou de esquerda, preocupando-me acima de tudo em procurar ser fiel ao mandato regularmente recebido e pacificamente exercido com sucessivas ratificações eleitorais e em averiguar as necessidades do povo português para as satisfazer da melhor maneira e com a maior eficácia possível. Lutei contra os partidos totalitários, os movimentos que procuravam desmembrar o território de Portugal, as atividades clandestinas, os perturbadores do sossego público pelo terror, e como era meu dever, reprimi a desordem, a imoralidade, a subversão. Fui vencido neste combate, hoje em dia apelidado de «fascista». E em consequência vi-me privado de liberdade, primeiro, e expulso do meu País, depois; tive a casa assaltada, e os parcos bens amealhados ao longo de uma vida de trabalho ameaçados de confisco; fui vaiado, insultado e caluniado, houve quem reclamasse o meu julgamento como criminoso e até me são discutidos os direitos adquiridos em quarenta e seis anos de exercício de funções públicas![790]

Marcello Caetano sente-se profundamente injustiçado. E, apesar de ferido no seu orgulho, este livro é bastante sereno.

Ainda não é o ajuste de contas, que ficará para mais tarde, quando, a partir de 1977, passa a confidenciar com Joaquim Veríssimo Serrão a apreciação que faz da situação em Portugal, à qual sempre se manteve extremamente atento, e dos atores da política posterior ao 25 de abril. Provavelmente destinadas, exclusivamente, ao seu correspondente, as cartas, posteriormente publicadas[791], revelam um homem amargo, cáustico e profundamente ressentido, que dispara em todas as direções, com uma violência extrema, acusando tudo e todos pelo seu falhanço político, cujas responsabilidades pessoais nunca reconheceu. Especialmente visados são os setores liberais, desde os que, com ele, tinham partilhado responsabilidades governativas e políticas, até aos que começavam, então, a integrar-se na nova ordem política e constitucional democrática, na sequência, aliás, da postura que haviam assumido no decurso do seu consulado.

Em 1977, Marcello Caetano publica o livro *Minhas Memórias de Salazar*[792], que complementa o anterior, na medida em que aproveita a história da governação do primeiro Presidente do Conselho para descrever o seu próprio percurso político, desde a entrada para Auditor Jurídico do Ministério das Finanças (1929) até à exoneração das funções de Ministro da Presidência (1958), ao longo do qual acumulou o riquíssimo currículo que justificou, aos olhos de quase toda a gente, a sua nomeação para o substituir, em 1968.

MARCELLO CAETANO UMA BIOGRAFIA POLÍTICA

Ambos os livros, que são, afinal, a sua versão da história integral do regime que se perpetuou em Portugal, desde 1933 a 1974, vista por quem não foi um mero espectador, marginal e descomprometido, mas um dos seus mais empenhados obreiros, revelam que Marcello Caetano manteve uma ideia de Portugal como uma Nação uníssona, em torno um destino imposto de cima, por quem, pelas suas especiais qualidades – casos de Salazar e dele próprio – dominando os problemas e as circunstâncias políticas de cada momento, reunia as condições necessárias para o dirigir. E assume a intangibilidade do sistema político do Estado Novo como o único viável para o País.

Por outro lado, reclama para si e para os seus seguidores incondicionais o monopólio do patriotismo, recusando às restantes vozes que se levantavam nos interstícios e nas margens do sistema político, as contribuições que, polifonicamente, incluindo as próprias dissonâncias, se poderiam ter integrado no conjunto harmónico de uma sociedade plural.

Os anos do exílio são também um tempo de introspeção.

Estava, finalmente, liberto dos espartilhos inerentes às funções de homem público, tanto na política como na Universidade, nas quais construiu uma imagem de distância, como reconhece em carta à sua então amiga e confidente Maria Helena Prieto:

> Sou transparente, dizes tu. Opinião que me encheu de espanto ao fim de tantos anos de ouvir dizer que era fechado, complicado, enigmático e não sei que mais. [...] Reconheço que nem sempre era fácil lidar comigo.[793]

A derrota política, a idade, os problemas de saúde, tudo se conjugou para que Marcello Caetano abrisse um pouco, ainda que reservadamente, o seu lado humano:

> E vens tu agora dizer-me que eu sou transparente... Talvez nestes dias de descompromisso e de reflexão. Talvez agora a minha alma tenha deixado de se agitar na angústia de não sacrificar à idolatria de um só valor a complexidade desconcertante da vida humana.[794]

No dia 25 de abril de 1979, Marcello Caetano faz um resumo dorido dos últimos vinte anos da sua vida:

> Neste dia, há cinco anos, perdi muito, perdi sobretudo a Pátria, perdi a fé nos homens e a confiança nos amigos – e iniciei uma fase em que as traições,

as desilusões, as cobardias, os abandonos se sucederam numa frequência surpreendente. Há vinte anos que a minha vida não é fácil: dez anos a assistir ao espetáculo mais trágico que se pode presenciar, a morte lenta da razão de um ente querido; cinco anos e meio de cuidados, noite e dia, no governo, em época das mais difíceis da história portuguesa; sobre isto uma revolução em que me vi desamparado de qualquer defesa e mais cinco de exílio com a derrocada à minha volta de tudo aquilo em que acreditei a vida inteira e a fuga de quantos se diziam meus amigos fiéis. E nestes vinte anos, sempre fazendo esforço para andar (aparentemente) calmo e sorridente. Primeiro, porque se chegasse a casa com má disposição ou cariz fechado, era óleo lançado para a fogueira que logo levantava altas labaredas. Depois porque no governo era expiado o meu semblante a cada minuto e se parecesse preocupado logo a aflição se instalava à minha volta e a especulação e a inquietação lavravam no País. No próprio dia 25 de Abril eu tinha de estar calmo. E depois, no Brasil, que culpa teriam os Brasileiros das minhas mágoas? E era preciso criar à minha volta o melhor ambiente possível...[795]

Entretanto, no verão de 1978, Marcello Caetano fizera à sua confidente a confissão da que foi, certamente, a maior rutura da sua vida interior: «[...] eu perdi a fé»[796]. Ou seja, perdera aquele que tinha sido um dos fundamentos mais sedimentados e determinantes da sua educação, assumido segundo a conceção abrangente da doutrina do Corpo Místico de Cristo, que lhe fora transmitida pelo padre Pereira dos Reis, de quem deixou escrito ter sido, a seguir a seu pai, o grande referente da sua formação nos tempos da juventude.

Não o motivara – explicou – «qualquer ideia mesquinha (zanga com os padres, política da Igreja, etc.)», mas resultara de um processo gradual e lento, no contexto do racionalismo que balizava o seu pensamento: «Que pena tenho de não ser irracional!»[797]. Aqui se deixam, sem qualquer comentário, por se tratar de matéria muito pessoal e íntima – que o biógrafo considera fazer parte da área reservada a que cada homem tem direito, independentemente da sua exposição pública –, as suas razões:

> Na base de qualquer atitude religiosa está a fé (virtude sobrenatural, etc., etc.). [...] Se falta a fé, o resto é hipocrisia social, casca sem miolo. Ora, eu perdi a fé. Por um processo lento, que dura há bastantes anos, durante os quais lutei com a razão, procurei não abandonar práticas, evitei dar escândalo. O caso é que nada aguentou. E se nesse processo a modificação litúrgica teve algum papel, não foi pelo horror às mudanças [...]. Aquilo que me

perturbou foi, numa idade em que a sensibilidade se comove com as reminiscências da infância e da formação maternal, entrar numa igreja e ver tudo diferente: talvez melhor, não discuto, mas diferente do que significou a religiosidade da minha adolescência embalada em canto gregoriano e num ambiente de respeitoso recolhimento místico perante o grande mistério de Deus e da Redenção. Mas, repito, isso não tocou a razão, não foi por isso que eu deixei de crer; apenas na medida em que, se a fé é irracional [...] pelas frinchas dos sentidos e dos sentimentos, ela poderia reviver. Não reviveu. Às vezes, perde-se a fé e conserva-se o respeito pela Igreja em que ela foi vivida: em mim desapareceu uma e não ficou o outro. Mas são coisas distintas: não sou mais católico, porque não creio mais nos dogmas que definem o catolicismo; não sou mais cristão, porque não acredito na divindade de Cristo; não sou religioso, porque não presto culto a Deus, a quem não nego, apenas considero a criação e conservação do mundo um grande e prodigioso mistério insuscetível de ser penetrado pela inteligência humana, capaz apenas de procurar hipóteses explicativas, das quais a existência de Deus é uma delas.[798]

Uma coisa é a fé, outra a Igreja. Se a primeira pertence à área espiritual, portanto intocável – ou se tem fé ou se não tem –, a segunda insere-se no jogo da conduta humana a das suas relações em sociedade:

> À Igreja Católica, sim, deixei de respeitar. Não como entidade histórica que desempenhou o seu papel na evolução da Humanidade. Mas como Igreja, comunidade de fiéis com uma hierarquia de ordem, em conjunto depositários do que dizem ser um tesouro revelado, como tal indiferente às mudanças do tempo e às contingências do espaço. Tenho lido as explicações do *aggiornamento*, da adaptação ao mundo, da valoração do homem a par de Deus, etc. Disso tudo tirei apenas que a Igreja é uma organização humana, política, oportunista, que capta fiéis como os candidatos captam votos. Respeitava-a se ela continuasse igual a si mesma e não temesse cair de pé para não negar nada do que um dia apresentou como eterno. Mas afinal é uma espécie de CDS.[799]

Aos 73 anos, Marcello Caetano que, cerca de um ano antes, se autodefinia como «um leão sem juba e sem garras»[800], era um homem exausto e doente. O seu amigo e também confidente Veríssimo Serrão conta que, no ano seguinte, em agosto, ele «tinha já perdido o amor da vida»[801].

Morreu, na sequência de uma crise cardíaca fulminante – que se seguia a outras menos graves –, no dia 26 de outubro de 1980. Dois meses antes, tinha completado 74 anos.

LIVRO SEGUNDO PRESIDENTE DO CONSELHO DE MINISTROS 835

Marcello Caetano disse que, no dia 25 de Abril da 1974, tinha perdido «sobretudo a Pátria»[802] e que «o Portugal onde me era doce viver acabara», restando-lhe o exílio: «estou condenado a ser um exilado para o resto dos meus dias e prefiro sê-lo em terra alheia a sofrê-lo na terra que foi meu berço»[803]. Em junho de 1978, escrevia:

> A verdade verdadeira, nua e crua, é que não me apetece ir a Portugal mesmo para entrar e sair. Criei um sentimento de rejeição da atualidade portuguesa que me leva a separar o Portugal que foi (e é o meu) do Portugal que é (onde não tenho lugar).[804]

No outono seguinte, deixou aos filhos as «Instruções para o caso da minha morte», nas quais dizia: «Também me é indiferente que o corpo fique no Brasil ou vá para o jazigo da família em Portugal: quem cá ficar resolva como preferir.»[805]

Mas, pouco tempo antes da sua morte, escreveu ao seu confidente, que insistia com ele para que regressasse a Portugal:

> Voltar a Portugal, para quê? Já não tenho casa para viver, nem livros para estudar, nem ocupações a preencher, nem meios de subsistência. Mentia se lhe dissesse que não tenho saudades desse sol e da boa gente que de longe me tem acarinhado. Mas encontrei no Brasil o coração aberto que aí se me fechou. Prefiro acabar aqui os dias e nem depois de morto pretendo voltar à terra que me foi ingrata.[806]

Cumprindo a sua última vontade, a família decidiu que os seus restos mortais ficassem no Brasil, onde está sepultado no cemitério de São João Batista, do Rio de Janeiro.

NOTAS

Livro Primeiro – **NA SOMBRA DE SALAZAR**

[1] Almoço com Joaquim Veríssimo Serrão, no restaurante do Clube Ginástico do Rio de Janeiro, em 18 de agosto de 1980. (Joaquim Veríssimo Serrão, *Marcello Caetano – Confidências no Exílio*, Lisboa, Verbo, 1985, p. 333.)

[2] «Anunciação», *Nação Portuguesa*, Ano I, n.º 1, 1914, pp. 1-2.

[3] Fontes Pereira de Melo, Discurso na Câmara dos Deputados em 18 de janeiro de 1965, cit. por Oliveira Martins, *Portugal Contemporâneo*, vol. II, 9.ª ed., Lisboa, Guimarães & C.ª Editores, 1977, p. 289.

[4] Orlando Ribeiro, *Portugal, o Mediterrâneo e o Atlântico*, 4.ª ed., Lisboa, Livraria Sá da Costa Editora, 1986, p. 106.

[5] Orlando Ribeiro, *Portugal, o Mediterrâneo e o Atlântico*, op. cit., p. 108.

[6] Miguel de Barros Alves Caetano, «História dos Alves Caetano» (5.ª versão). Texto inédito, cedido pelo Autor.

[7] Maria Beatriz da Rocha-Trindade, «As micropátrias do interior português», in *Análise Social*, vol. XXIII (98), 1987-4.º, p. 724.

[8] Maria Beatriz da Rocha-Trindade, «As micropátrias...», op. cit., p. 724.

[9] Miguel Caetano, «História dos Alves Caetano», citando Maria da Conceição Lusitânea Martins, *Pessegueiro de Baixo – Monografia do Meio*, Instituto Superior de Serviço Social, Lisboa, 1960.

[10] Miguel Caetano, «História dos Alves Caetano».

[11] Miguel Caetano, «História dos Alves Caetano».

[12] Miguel Caetano, «História dos Alves Caetano».

[13] Alexandre Herculano, *Opúsculos II*, Lisboa, Editorial Presença, (1983), pp. 83--84.

[14] Miguel Caetano, «História dos Alves Caetano».

[15] Miguel Caetano, «História dos Alves Caetano».

[16] Marcello Caetano, *Minhas Memórias de Salazar*, 3.ª ed., Lisboa, Verbo, 1985, p. 258.

[17] Cit. por Miguel Caetano, «História dos Alves Caetano».

[18] Padre António Carvalho da Costa, *Corografia Portugueza*, Tomo II, Lisboa, 1708 (Edição digital da Comissão Nacional para as Comemorações dos Descobrimentos Portugueses, 2001), pp. 48-49.

[19] Miguel Caetano, *www.geneall.net/P/forum_msg.php?id=97216*.

[20] Miguel Caetano, «História dos Alves Caetano».

[21] Marcello Caetano, *Minhas Memórias de Salazar*, op. cit., p. 258.

[22] Cit. por Miguel Caetano, «História dos Alves Caetano».

[23] Marcello Caetano, *Minhas Memórias...*, op. cit., p. 259.

[24] Marcello Caetano, *Minhas Memórias...*, op. cit., pp. 259-260.

[25] Marcello Caetano, *Minhas Memórias...*, op. cit., p. 258.

[26] António Alves Caetano, «Inventário dos artigos de José Maria Alves Caetano». Texto inédito, cedido por Miguel Caetano.

[27] *Estatutos da Casa da Comarca de Arganil*, Lisboa, 1954, p. 4, in Maria Beatriz Rocha-Trindade, «Do rural ao urbano: o associativismo como estratégia de sobrevivência», *Análise Social*, vol. XXII (91), 1986-2.º, p. 324.

[28] Cipriano Nunes Barata, *Memórias de Um Velho Regionalista*, Lisboa, Separata de Comunidades Portuguesas, cit. por Maria Beatriz Rocha-Trindade, «Do rural ao urbano: o associativismo como estratégia de sobrevivência», *Análise Social*, vol. XXII (91), 1986-2.º, p. 323.

[29] Maria Beatriz Rocha-Trindade, «Do rural ao urbano: o associativismo como estratégia de sobrevivência», *Análise Social*, vol. XXII (91), 1986-2.º, p. 328.

[30] Miguel Caetano, «História dos Alves Caetano».

[31] Marcello Caetano, *Minhas Memórias...*, op. cit., p. 259.

[32] Marcello Caetano, «A falência do Senhor dos Passos», *Ordem Nova*, Volume I (N.ºs 1 a 12 – 1926), pp. 31-32.

[33] Manuela Goucha Soares, *Marcello Caetano – O Homem que Perdeu a Fé*, Lisboa, A Esfera dos Livros, 2009, p. 32.

[34] Raul Proença, *Guia de Portugal – Lisboa e Arredores*, vol. I, Lisboa, 1924, reimpressão da Fundação Calouste Gulbenkian, 2006, p. 308.

[35] Joaquim Vieira, *Fotobiografias do Século XX – Marcello Caetano*, Lisboa, Temas e Debates, 2004, p. 19.

[36] Marcello Caetano, *Mandato Indeclinável*, Lisboa, Verbo, 1970, p. 190.

[37] Marcello Caetano, *Minhas Memórias...*, op. cit., p. 13.

[38] Marcello Caetano, «Uma página de história», *A Voz*, 29 de janeiro de 1966.

[39] Marcello Caetano, *Minhas Memórias...*, op. cit., pp. 14-15.

[40] Marcello Caetano, *Minhas Memórias...*, op. cit., p. 15.

[41] Marcello Caetano, *Minhas Memórias...*, op. cit., p. 15.

[42] Marcello Caetano, *Minhas Memórias...*, op. cit., p. 15.

[43] António Alçada Batista, *Conversas com Marcello Caetano*, Lisboa, Moraes Editores, 1973, p. 148).

44 Maria Helena Prieto, *A Porta de Marfim – Evocação de Marcello Caetano*, Lisboa, Editorial Verbo, Lisboa/S. Paulo, 1992, p. 169.
45 Miguel Caetano, depoimento escrito de 11 de Abril de 2012.
46 António Alçada Batista, *Conversas ...*, op. cit., p. 180.
47 Marcello Caetano, *Minhas Memórias...*, op. cit., p. 12.
48 Joaquim Vieira, *Marcello Caetano...*, op. cit., p. 22.
49 Miguel Caetano, *Entrevista*, 11-04-2012.
50 Marcello Caetano, *Minhas Memórias...*, op. cit., p. 12.
51 Marcello Caetano, *Minhas Memórias...*, op. cit., p. 12.
52 Marcello Caetano, *Minhas Memórias...*, op. cit., p. 12.
53 Marcello Caetano, *Minhas Memórias...*, op. cit., p. 15.
54 Marcello Caetano, *Minhas Memórias...*, op. cit., p. 354.
55 Marcello Caetano, *Minhas Memórias...*, op. cit., p. 354.
56 *Nação Portuguesa*, n.º 5 (1925), 3.ª série, p. 232.
57 *A Época*, 30 de abril de 1923.
58 *A Época*, 17 de maio de 1923.
59 Miguel Caetano, entrevista, 11 de Abril de 2012.
60 José Barreto, «Sousa, José Fernando de», in António Barreto e Maria Filomena Mónica (Coord.), *Dicionário de História de Portugal*, vol. IX, Suplemento, Porto, Figueirinhas, 2000, p. 474.
61 «Editorial», *A Voz*, 29 de janeiro de 1966. José Tengarrinha, «Época, A», in António Barreto e Maria Filomena Mónica (Coord.), *Dicionário de História de Portugal*, vol. VII, Suplemento, Porto, Figueirinhas, 2000, p. 643.
62 Marcello Caetano, «Uma página de História», *A Voz*, 29 de janeiro de 1966.
63 José Barreto, «Sousa, José Fernando de», in António Barreto e Maria Filomena Mónica (Coord.), *Dicionário de História de Portugal*, vol. IX, Suplemento, Porto, Figueirinhas, 2000, p. 475.
64 Marcello Caetano, «Uma página de História», *A Voz*, 29 de janeiro de 1966.
65 Sublinhado do original.
66 Alusão clara às *Canções*, de António Botto, de que acabara de sair a 2.ª edição, e ao opúsculo *Sodoma Divinizada*, de Raul Leal, que saíra em janeiro de 1923.
67 Fernando Martins, *Pedro Theotónio Pereira: uma biografia (1902-1972)*, Tese de doutoramento apresentada na Universidade de Évora, 2004, que é o mais completo estudo sobre a vida e obra do biografado, pp. 148-155.
68 Jorge Borges de Macedo, *Marcelo Caetano Historiador*, separata da *Revista Brotéria*, vol. 114 – n.º 2 – fevereiro de 1982, p. 7.
69 Jorge Borges de Macedo, *Marcelo Caetano Historiador*, op. cit., pp. 8-9.
70 *Nação Portuguesa*, N.ºs 5, 6 e 7-8 (1925), 3.ª Série.
71 *Um grande jurista português – Fr. Serafim de Freitas*, separada de *Nação Portuguesa*, Lisboa, 1925. O trabalho fora publicado nos n.ºs 6 e 7-8 da 3.ª série (1925).
72 Jorge Borges de Macedo, *Marcelo Caetano Historiador*, op. cit., p. 15.

840 MARCELLO CAETANO UMA BIOGRAFIA POLÍTICA

[73] Leão Ramos Ascensão, *O Integralismo Lusitano*, Lisboa, 1942, p. 58.

[74] Marcello Caetano, *Minhas Memórias...*, op. cit., p. 16.

[75] *A Voz*, 31 de janeiro de 1971. Cf. José Tengarrinha, «*Voz, A*», in António Barreto e Maria Filomena Mónica (Coord.), *Dicionário de História de Portugal*, vol. IX, Suplemento, Porto, Figueirinhas, 2000, p. 604.

[76] Marcello Caetano, *Minhas Memórias...*, op. cit., pp. 17-18.

[77] *A Voz*, 5 de setembro de 1927, p. 1.

[78] Marcello Caetano, *Minhas Memórias...*, op. cit., p. 52.

[79] Marcello Caetano, *Minhas Memórias...*, op. cit., p. 51.

[80] Marcello Caetano, *Minhas Memórias...*, op. cit., p. 50.

[81] Marcello Caetano, *Minhas Memórias...*, op. cit., p. 18.

[82] Marcello Caetano, *Minhas Memórias...*, op. cit., p. 16.

[83] Marcello Caetano, *Minhas Memórias...*, op. cit., p. 99.

[84] Marcello Caetano, *Minhas Memórias...*, op. cit., p. 99.

[85] Marcello Caetano, *Minhas Memórias...*, op. cit., pp. 99-100.

[86] Fernando Manuel dos Santos Martins, *Pedro Theotónio Pereira*. Ver ainda: Pedro Theotónio Pereira, *Memórias – Postos em que servi e algumas recordações pessoais*, 2 vols., Lisboa, Verbo, 1973; Marcello Caetano, *Minhas Memórias de Salazar...*, Op. cit.; Fernando Rosas, «Pereira, Pedro Teotónio», in Fernando Rosas e J. M. Brandão de Brito (Dir.), *Dicionário de História do Estado Novo*, vol. II, Lisboa, Círculo de Leitores, 1996, pp. 718-719; Manuel de Lucena, «Pereira, Pedro Teotónio», in António Barreto e Maria Filomena Mónica (Coord.) *Dicionário de História de Portugal*, vol. IX, Porto, Livraria Figueirinhas, 2000, pp. 42-60.

[87] Virgínia Carlota Hermann Von Bötischer, era filha de um engenheiro que viera para Portugal em meados do século XIX e estava ligado à introdução do telefone no nosso País.

[88] Fernando Manuel dos Santos Martins, *Pedro Theotónio Pereira...*, *op. cit.*, p. 67.

[89] Pedro Theotónio Pereira, *Memórias...*, vol. I, op. cit., p.p. 13-14.

[90] Pedro Theotónio Pereira, *Memórias...*, vol. I, op. cit., p. 29.

[91] Pedro Theotónio Pereira, *Memórias...*, vol. I, op. cit., p. 30.

[92] Pedro Theotónio Pereira, *Memórias...*, vol. I, op. cit., p. 32. «O liceu foi na minha vida uma época que não me deixou grandes recordações, podendo mesmo dizer que foi completamente vazia quando procuro compará-la com os anos vividos na Universidade.» (*Idem, ibidem*, p. 27).

[93] Fernando Manuel dos Santos Martins, *Pedro Theotónio Pereira...*, op. cit., p. 80.

[94] Fernando Manuel dos Santos Martins, *Pedro Theotónio Pereira...*, op. cit., p. 81.

[95] Na sua edição de 16 de dezembro de 1920, *A Monarquia* referia-se a Pedro Theotónio Pereira como «um companheiro que de há muito vem acompanhando o nosso movimento com o esforço inquebrantável da sua vontade e

NOTAS 841

o equilíbrio admirável da sua bela inteligência» (cit. por Fernando Martins, *Pedro Theotónio Pereira...*, op. cit., p. 98.

[96] Pedro Theotónio Pereira, *Memórias...*, vol. I, op. cit., p. 33.

[97] Manuel de Lucena, «Pereira, Pedro Teotónio», op. cit., p. 42

[98] Pedro Theotónio Pereira, *Memórias...*, vol. I, op. cit., p. 34.

[99] António Costa Pinto, *Os Camisas Azuis – Ideologias, Elites e Movimentos Fascistas em Portugal, 1914-1945*, Lisboa, Editorial Estampa, 1994, p. 25.

[100] António Costa Pinto, *Os Camisas Azuis...*, op. cit., p. 29.

[101] *Nação Portuguesa*, n.º 1 (1.ª série), 8 de abril de 1914, pp. 4-6.

[102] António Costa Pinto, *Os Camisas Azuis*, op. cit., p. 25.

[103] António Costa Pinto, *Os Camisas Azuis...*, op. cit., p. 29.

[104] Manuel Braga da Cruz, «O Integralismo Lusitano e o Estado Novo», in *O Fascismo em Portugal*, Lisboa, Regra do Jogo, 1982, p. 129.

[105] Marcello Caetano, *Problemas da Revolução Corporativa*, Lisboa, Editorial Ação, 1941, p. 136.

[106] Marcello Caetano, *Minhas Memórias...*, op. cit., pp. 362-363.

[107] Marcello Caetano, *Minhas Memórias...*, op. cit., p. 363.

[108] Marcello Caetano, *Minhas Memórias...*, op. cit., p. 364.

[109] Marcello Caetano, *Problemas da Revolução Corporativa*, op. cit., p. 137.

[110] Marcello Caetano, *Minhas Memórias...*, op. cit., p. 364.

[111] A dissolução da Junta Central resultou das dissensões internas irredutíveis relacionadas com o reconhecimento de D. Manuel II como legítimo herdeiro do trono, através do Pacto de Paris, celebrado em abril, a que se opunham os partidários da linha de sucessão miguelista corporizada por D. Duarte Nuno de Bragança.

[112] Manuel Braga da Cruz, «O integralismo lusitano nas origens do salazarismo», in *Análise Social* vol XVIII (70), 1982-1.º, 137-182.

[113] Manuel Braga da Cruz, «O Integralismo Lusitano e o Estado Novo», in *O Fascismo em Portugal – Atas do Colóquio*, Lisboa, A Regra do Jogo, 1982, p. 116.

[114] Fernando Manuel dos Santos Martins, *Pedro Theotónio Pereira...*, op. cit., p. 203.

[115] Cit. por Joaquim Vieira, *Marcello Caetano...*, op. cit., p. 20.

[116] Fernando Manuel dos Santos Martins, *Pedro Theotónio Pereira...*, op. cit., p. 203.

[117] *A Ideia Nacional*, 2 de abril de 1927, cit. por Fernando Martins, *Pedro Theotónio Pereira...*, op. cit., p. 265; *Ordem Nova*, n.º 12, fevereiro de 1927, p. 392.

[118] Marcello Caetano, «A Restauração de Portugal», texto integral in *Ordem Nova*, N.º 10, dezembro de 1926, pp. 303-315.

[119] Entre os muitos aderentes à campanha, contam-se Alexandre Herculano, Brito Aranha, Inocêncio Francisco da Silva, Anselmo José Braamcamp e José Estêvão Sítio (da SHIP, *http://www.ship.pt/ship/historia.php*).

120 Franco Nogueira, *História de Portugal*, II Suplemento, Porto, Civilização, pp. 494-495.

121 Marcello Caetano, «Explicação necessária», *Ordem Nova*, n.º 10, dezembro de 1926, p. 315.

122 Marcello Caetano, «Explicação necessária», op. cit., p. 316.

123 Marcello Caetano, «Explicação necessária», op. cit., p. 316.

124 Ano em que se desvincularam José Maria Ribeiro da Silva, Pedro Theotónio Pereira, Manuel Múrias, Rodrigues Cavalheiro, Marcello Caetano e Pedro Moura de Sá. (José Manuel Quintas, «Integralismo Lusitano – uma síntese», (http://www.angelfire.com/pq/unica/.).

125 Fernando Martins, *Pedro Theotónio Pereira...*, op. cit., p. 264.

126 Fernando Manuel dos Santos Martins, *Pedro Theotónio Pereira...*, op. cit., p. 206.

127 Fernando Manuel dos Santos Martins, *Pedro Theotónio Pereira...*, op. cit., p. 84.

128 Ana Isabel Sardinha Desvignes, *António Sardinha (1887-1925) – Um intelectual no século*, Lisboa, ICS, 2006, p. 257.

129 António Rodrigues Cavalheiro, «Carta ao Dr. Pequito Rebelo sobre António Sardinha e o seu hispanismo», in AAVV, *António Sardinha e o iberismo: Acusação Contestada*, s.e., Lisboa, 1974, p. 63, cit. por Fernando Martins, *Pedro Theotónio Pereira...*, op. cit., p. 276.

130 Cit. por Fernando Martins, *Pedro Theotónio Pereira...*, op. cit., p. 216.

131 Fernando Martins, *Pedro Theotónio Pereira...*, op. cit., p. 206.

132 Eduardo Freitas da Costa, *Acuso Marcello Caetano*, Lisboa, Liber, 1975, pp. 15-16.

133 Marcello Caetano, «Um ano depois...», *Ordem Nova*, n.º 12, fevereiro de 1927, p. 363.

134 Joaquim Vieira, *Marcello Caetano...*, op. cit., p. 21.

135 Marcello Caetano, «Um ano depois...», *Ordem Nova*, n.º 12, fevereiro, 1927, p. 363.

136 Marcello Caetano, «Um ano depois...», op. cit., pp. 365-266.

137 *Ordem Nova*, n.º 1, março de 1926, pp. 5-13.

138 Luís de Almeida Braga, «O Integralismo lusitano», *Alma Portuguesa*, n.º 2, Série I, setembro 1913, p. 53.

139 Luís de Almeida Braga, «O Integralismo lusitano», in *Alma Portuguesa*, Série I, n.º 2, setembro de 1913, pp. 53-57.

140 «Anunciação», in *Nação Portuguesa*, Ano I, N.º 1, 8 de abril de 1914, pp. 1-3.

141 Marcello Caetano, «Um ano depois...», op. cit., p. 363.

142 Marcello Caetano, «Anunciação...», op. cit., p. 11.

143 António Costa Pinto, *Os Camisas Azuis...*, op. cit., p. 67.

144 J. M. Tavares Castilho, *Os Deputados da Assembleia Nacional (1935-1974)*, Lisboa, Assembleia da República/Texto, 2009, p. 42.

145 Pedro Theotónio Pereira, «*A Época* e o seu tempo», *A Voz*, 29 de janeiro de 1966.

146 Marcello Caetano, «Discurso de Coimbra», in *Páginas Inoportunas*, Lisboa, Bertrand, 1959, p. 170.

147 Citado por Joaquim Vieira, *Marcello Caetano...*, op. cit., p. 26.

148 Marcello Caetano, *Minhas Memórias...*, op. cit., p. 18.

149 Marcello Caetano, *Minhas Memórias...*, op. cit., p. 18.

150 Marcello Caetano, *Minhas Memórias...*, op. cit., p. 20.

151 Marcello Caetano, *Minhas Memórias...*, op. cit., p. 21.

152 Marcello Caetano, «Óbidos», *Nação Portuguesa*, Série V, fevereiro de 1929, tomo II, n.º 8, pp. 117-126. Neste mesmo ano, em colaboração com Luís Freitas Garcia, publica a monografia *Óbidos*, reimpressa em 2007 por iniciativa da Comissão de Iniciativa e Turismo da Câmara Municipal de Óbidos e edição da Alêtheia.

153 Miguel Caetano, entrevista, 11 de Abril de 2012.

154 Marcello Caetano, *Minhas Memórias...*, op. cit., p. 49.

155 Orlando Raimundo, *A Última Dama do Estado Novo*, Lisboa, Temas e Debates, 2003, p. 59.

156 Marcello Caetano, «A nossa "adesão"», *Ordem Nova*, N.ºs 4 e 5, Junho-Julho de 1926, pp. 147-151.

157 Marcello Caetano, *Minhas Memórias...*, op. cit., p. 21.

158 Carta de Salazar a Joaquim Dinis da Fonseca, de 30 de julho de 1927, in Marcello Caetano, *Minhas Memórias...*, op. cit. 33.

159 A expressão é de Helena Matos, *Salazar*, vol. I – *A Construção do Mito*, Lisboa, Temas e Debates, 2003.

160 Decreto n.º 16 044, de 16 de outubro de 1928.

161 Marcello Caetano, *Minhas Memórias...*, op. cit., p. 22.

162 Marcello Caetano, *Minhas Memórias...*, op. cit., p. 22.

163 Pedro Theotónio Pereira, *Memórias...*, vol. I, op. cit., p. 65.

164 Pedro Theotónio Pereira, *Memórias...*, vol. I, op. cit., p. 65.

165 Fernando Martins, *Pedro Theotónio Pereira...*, op. cit., p. 354.

166 Marcello Caetano, *Minhas Memórias...*, op. cit., p. 22.

167 Marcello Caetano, *Minhas Memórias...*, op. cit., p. 23.

168 Marcello Caetano, *Minhas Memórias...*, op. cit., p. 24.

169 Marcello Caetano, *Minhas Memórias...*, op. cit., p. 24.

170 Marcello Caetano, *Minhas Memórias...*, op. cit., p. 25.

171 Orlando Raimundo, *A Última Dama...*, op. cit., p. 61.

172 Orlando Raimundo, *A Última Dama...*, op. cit., p. 60.

173 Orlando Raimundo, *A Última Dama...*, op. cit., p. 60.

174 Miguel Caetano, carta a Orlando Raimundo, 22 de Janeiro de 2004. Cópia cedida pelo autor.

175 Orlando Raimundo, *A Última Dama...*, op. cit., p. 60.

176 Marcello Caetano, «Óbidos», *Nação Portuguesa*, n.º 8, fevereiro de 1929, Série V, 1929, Tomo II, pp. 117-126.

177 Marcello Caetano, *Minhas Memórias...*, op. cit., p. 49.

178 Orlando Raimundo, *A Última Dama...*, op. cit., p. 63.

179 Marcello Caetano, «Apologia do Espírito Ortodoxo», in *Ensaios Pouco Políticos*, 2.ª ed., Lisboa, Verbo, 1971, pp. 1-22.

180 Marcello Caetano, *Apontamentos para a História da Faculdade de Direito de Lisboa*, Separata da *Revista da Faculdade de Direito da Universidade de Lisboa*, vol. VIII, Lisboa, 1961, p. 110.

181 Marcello Caetano, *Minhas Memórias...*, op. cit., p. 48.

182 Marcello Caetano, *Minhas Memórias...*, op. cit., p. 48. Sublinhado acrescentado.

183 Marcello Caetano, *Minhas Memórias...*, op. cit., p. 48.

184 Também Manuel Múrias afirma ter vasculhado «conscienciosamente» a imprensa da época, não tendo encontrado «quaisquer referências desagradáveis ao doutoramento de Marcello Caetano» (Manuel Maria Múrias, *De Salazar a Costa Gomes*, Lisboa, Nova Arrancada, 1998, p. 162.)

185 *Diário de Notícias*, 16 de junho de 1931, p. 1.

186 *Diário de Notícias*, 18 de junho de 1931, p. 1.

187 *Diário de Lisboa*, 18 de junho de 1931, p. 5.

189 Marcello Caetano, *Minhas Memórias...*, op. cit., p. 48.

189 Marcello Caetano, *Minhas Memórias...*, op. cit., p. 48.

190 Marcello Caetano, «Discurso de Coimbra», 23 de novembro de 1951, *Páginas Inoportunas*, op. cit., pp. 169-170.

191 Marcello Caetano, «Discurso de Coimbra», 23 de novembro de 1951, *Páginas Inoportunas*, op. cit., p. 170.

192 Marcello Caetano, *Minhas Memórias...*, op. cit., p. 35.

193 Marcello Caetano, *Minhas Memórias...*, op. cit., p. 37.

194 Marcello Caetano, *Minhas Memórias...*, op. cit., p. 37.

195 Marcello Caetano, *Minhas Memórias...*, op. cit., p. 48.

196 J. M. Tavares Castilho, *Os Deputados...*, op. cit., pp. 48-57.

197 Helena Matos, *Salazar*, vol. I, *A Construção do Mito*, Lisboa, Temas e Debates, p. 135.

198 Oliveira Salazar, «Ditadura administrativa e revolução política», in *Discursos*, vol. I, Coimbra, Coimbra Editora, pp. 64-65.

199 Marcello Caetano, *Minhas Memórias...*, op. cit., p. 44.

200 António de Araújo, *A Lei de Salazar*, Coimbra, Edições Tenacitas, 2007, pp. 21-22.

201 António de Araújo, *A Lei de Salazar...*, op. cit., p. 22.

202 Marcello Caetano, *Minhas Memórias...*, op. cit., p. 44.

NOTAS 845

203 Pedro Theotónio Pereira, *Memórias...*, vol. I, op. cit. p. 89.

204 Marcello Caetano, *Minhas Memórias...*, op. cit., p. 45.

205 Marcello Caetano, *Minhas Memórias...*, op. cit., p. 45.

206 Marcello Caetano, *Minhas Memórias...*, op. cit., p. 52.

207 Marcello Caetano, *Manual de Ciência Política e Direito Constitucional*, 5.ª ed., Coimbra, Coimbra Editora, 1967, pp. 494-495.

208 *União Nacional – Manifesto do Governo e Discursos dos Ex.mos Srs. Presidente do Ministério e ministros das Finanças e do Interior, na reunião de 30 de junho de 1930*, s.e., s.d., p. XIX.

209 Oliveira Salazar, *Discursos*, vol. I, op. cit., pp. 94-95.

210 *União Nacional – Manifesto do Governo...*, op. cit..

211 António Costa Pinto, *Os Camisas Azuis...*, op. cit., p. 188.

212 Comissão do Livro Negro Sobre o Regime Fascista, *Cartas e Relatórios de Quirino de Jesus a Oliveira Salazar*, Presidência do Conselho de Ministros, 1987, p. 106.

213 Marcello Caetano, *Minhas Memórias...*, op. cit., p. 54.

214 Marcello Caetano, *Minhas Memórias...*, op. cit., p. 54.

215 Fernando Martins, *Pedro Theotónio Pereira...*, op. cit., p. 375.

216 Marcello Caetano, *Minhas Memórias...*, op. cit., p. 50.

217 Os outros diretores eram António Borges Coutinho (Marquês da Praia e de Monforte) e José Gago da Câmara Medeiros.

218 Marcello Caetano, *Minhas Memórias...*, op. cit., p. 51.

219 Marcello Caetano, «A obra financeira de Oliveira Salazar», in *Jornal do Comércio e das Colónias*, 26 de abril de 1934.

220 Marcello Caetano, «Como se gastam os dinheiros públicos», in *Jornal do Comércio e das Colónias*, 13 de julho de 1932.

221 Carta de Marcello Caetano a Salazar, in José Freire Antunes, *Salazar e Caetano – Cartas Secretas (1932-1968)*, Lisboa, Círculo de Leitores, 1993, p. 91.

222 Tal rascunho também não aparece no Arquivo Marcello Caetano depositado na Torre do Tombo.

223 Hermínio Martins, *Classes*, Status *e Poder*, Lisboa, ICS, 1998.

224 Jean Baptiste Duroselle, *L'Éurope – Histoire de ses Peuples*, Perrin, 1990, p. 544; René Rémond, *Introdução à História do Nosso Tempo*, Lisboa, Gradiva, p. 344.

225 René Rémond, *Introdução à História do Nosso Tempo*, op. cit., p. 345.

226 António Costa Pinto, «Fascismo», in Fernando Rosas e J. M. Brandão de Brito, *Dicionário de História do Estado Novo*, vol. I, Lisboa, Círculo de Leitores, 1996, pp. 345-346; Idem, «Movimento Nacional Sindicalista», in António Barreto e Maria Filomena Mónica (coord.), *Dicionário de História de Portugal*, vol. VIII, op. cit., pp. 556-557. O trabalho essencial e incontornável sobre o MSN é do mesmo autor: *Os Camisas Azuis...*, op. cit..

227 Rolão Preto, *Salazar e a sua época: comentário às entrevistas do atual chefe do governo com o jornalista António Ferro*, Lisboa, Imprensa Moderna, 1933. As entrevistas

de Salazar a António Ferro foram publicadas pelo *Diário de Notícias* na segunda metade do mês de dezembro de 1932 e posteriormente editadas em livro: António Ferro, *Salazar*, Lisboa, Empresa Nacional de Publicidade, 1933.

[228] João Morais e Luís Violante, *Contribuição para uma Cronologia dos Factos Económicos e Sociais – Portugal 1926-1985*, Lisboa, Livros Horizonte, 1986, p. 54.

[229] Renzo de Felice, recenseado por Stanley G. Payne, «Fascismo, Modernismo e Modernização», in *Penélope*, n.º 11, 1933, p. 87.

[230] Pierre Milza, *Mussolini*, Lisboa, Verbo, 2001, p. 428.

[231] Emilio Gentile, *Le origine dell'ideologia fascista (1918-1925)*, Bolonha, Il Mulino, 1996, pp. 11-12, cit por Pierre Milza, *Mussolini*, Lisboa, Verbo, 2001, p. 428. Sublinhados no original.

[232] Carta de Marcello Caetano a Oliveira Salazar, sem data, in José Freire Antunes, *Salazar e Caetano...*, op. cit., pp. 91-92.

[233] Joaquim Vieira, *Marcello Caetano...*, op. cit., pp. 35-36.

[234] Constituição Política de 11 de abril de 1933, artigo 5.º.

[235] J. J. Gomes Canotilho, *Direito Constitucional e Teoria da Constituição*, 7.ª ed., Coimbra, Almedina, 2003, p. 178.

[236] Marcelo Rebelo de Sousa, *Os Partidos Políticos no Direito Constitucional Português*, Braga, Livraria Cruz, 1983, pp. 223-224.

[237] Marcello Caetano, *Posição Atual do Corporativismo Português*, Gabinete de Estudos Corporativos do Centro Universitário de Lisboa da Mocidade Portuguesa, Lisboa, 1950, p. 12.

[238] Cf. Marta Duarte, «José Pires Cardoso», *in* Manuel Braga da Cruz e António Costa Pinto (Dir.), *Dicionário Biográfico Parlamentar*, vol. I, Lisboa, Imprensa das Ciências Sociais, 2004, p. 333.

[239] Câmara Corporativa, Reunião Plenária n.º 3, em 10 de janeiro de 1955, in *Atas da Câmara Corporativa*, n.º 26, 11 de janeiro de 1955, pp. 295-296. Cf. ainda, José Pires Cardoso, *O Sentido Social da Revolução – O Sistema Corporativo*, Lisboa, Edições Panorama, 1966, pp. 14-16.

[240] Marcelo Rebelo de Sousa, *Os Partidos Políticos...*, cit., p. 225.

[241] Esta argumentação é extensa e pormenorizadamente defendida por Afonso Rodrigues Queiró no *Parecer n.º 10/VII – Alterações à Constituição Política*, de 8 de abril de 1959 (Cf. *Pareceres da Câmara Corporativa*, 1959, vol. II, pp. 272--322).

[242] Marcelo Rebelo de Sousa, *Os Partidos Políticos...*, op. cit., pp. 225-226.

[243] Marcello Caetano, *Manual de Ciência Política e Direito Constitucional*, op. cit., p. 464.

[244] Entrevista a António Ferro, de setembro de 1938 (António Ferro, *Salazar*, s/l, Edições do Templo, 1978, p. 274).

[245] Manuel Braga da Cruz, *O Partido e o Estado no Salazarismo*, Lisboa, Presença, 1988, p. 33.

[246] Marcello Caetano, *Manual...*, op. cit., p. 204. Embora reconheça estes factos, o Autor aplica ao sistema a fórmula de «bicameralismo imperfeito», no que é contrariado por vários autores, entre os quais Jorge Campinos (*A Ditadura Militar*, Lisboa, Publicações Dom Quixote, 1975, pp. 106 e ss.) e António de Araújo, *Na Génese da Constituição de 1933 (Apontamentos sobre o sistema de Governo)*, Separata da Revista *O Direito*, ano 133.º (2001), n.º IV, p. 832).

[247] Discurso pronunciado na Assembleia Nacional, em 25 de maio de 1940, in Oliveira Salazar, *Discursos e Notas Políticas*, vol. III, Coimbra, Coimbra Editora, 1943, p. 236.

[248] Marcello Caetano, *Manual...*, cit., p. 465.

[249] Constituição Política de 1933, artigo 71.º

[250] Discurso de 9 de dezembro de 1934, in *Discursos*, vol. I, 5.ª ed., Coimbra, Coimbra Editora, 1961, p. 385).

[251] Pedro Theotónio Pereira, *Memórias...*, vol. I, op. cit., pp. 102.

[252] Pedro Theotónio Pereira, *Memórias...*, vol. I, op. cit., pp. 102-103.

[253] Pedro Theotónio Pereira, *Memórias...*, vol. I, op. cit., pp. 101.

[254] Marcello Caetano, *Minhas Memórias...*, op. cit., p. 58.

[255] Pedro Theotónio Pereira, *Memórias...*, vol. I, op. cit., pp. 102.

[256] Marcello Caetano, *Minhas Memórias...*, op. cit., p. 58.

[257] Marcello Caetano, *Minhas Memórias...*, op. cit., p. 48.

[258] O relato foi feito pelo Eng.º Higino de Queirós «a muitos amigos ainda vivos para testemunhar a narração do revelador episódio». Eduardo Freitas da Costa, *Acuso Marcelo Caetano*, op. cit., p. 32.

[259] Fernando Martins, *Pedro Theotónio Pereira...*, op. cit., p. 416.

[260] Pedro Theotónio Pereira, *Memórias...*, op. cit., p. 128.

[261] Artigos n.ºs 50.º a 52.º do ETN.

[262] J. M. Tavares Castilho, *Os Procuradores da Câmara Corporativa (1935-1974)*, Lisboa, Assembleia da República / Texto, 2010, pp. 60 e segs.

[263] Marcello Caetano, «Vida Nova?» in *Jornal do Comércio e das Colónias*, 26 de setembro de 1933. Cit. por Fernando Martins, Pedro Theotónio Pereira..., op. cit., p. 434.

[264] Marcello Caetano, *Posição Atual do Corporativismo Português*, Lisboa, ed. do Gabinete de Estudos Corporativos do Centro Universitário de Lisboa da Mocidade Portuguesa, 1950, p. 9.

[265] Marcello Caetano, *Minhas Memórias...*, op. cit., p. 59.

[266] Marcello Caetano, *Minhas Memórias...*, op. cit., p. 59.

[267] Marcello Caetano, *Apontamentos para a História da Faculdade de Direito de Lisboa*, op. cit., pp. 16-17.

[268] Marcello Caetano, *Apontamentos para a História da Faculdade de Direito de Lisboa*, op. cit., pp. 131-132.

[269] Marcello Caetano, *Minhas Memórias...*, op. cit., p. 59.

848 MARCELLO CAETANO UMA BIOGRAFIA POLÍTICA

[270] Marcello Caetano, *Minhas Memórias...*, op. cit., p. 59.

[271] Franco Nogueira, *Salazar*, vol. II – *Os Tempos Áureos*, Coimbra, Atlântida Editora, 1977, pp. 237 e segs.

[272] José Freire Antunes, *Salazar e Caetano...*, op. cit., p. 93. Nas suas «Memórias», Caetano data esta carta de janeiro de 1934, mas o compilador anota que Salazar escreveu no topo: «Tratado o caso na Comissão Executiva em 2/XII/33».

[273] Marcello Caetano, *Minhas Memórias...*, op. cit., p. 60.

[274] Marcello Caetano, *Minhas Memórias...*, op. cit., p. 60.

[275] Marcello Caetano, *Minhas Memórias...*, op. cit., p. 61.

[276] Marcello Caetano, *Minhas Memórias...*, op. cit., p. 62.

[277] Cartas de Marcello Caetano a Salazar datadas de 5 e 11 de setembro de 1934, in José Freire Antunes, *Salazar e Caetano...*, op. cit., pp. 93-95.

[278] César de Oliveira, «A República e os municípios», in César de Oliveira (dir.), *História dos Municípios e do Poder Local*, Lisboa, Círculo de Leitores, 1996, p. 260.

[279] César de Oliveira, «A República e os municípios», op. cit., p. 259.

[280] Marcello Caetano, «A lição de 95 anos», in *Nação Portuguesa*, n.º 12, 1926, p. 503.

[281] Hipólito Raposo, «Formas e Reformas administrativas», in *Diário de Notícias*, 11 de setembro de 1930, cit. por José Manuel Quintas, «O Integralismo face à institucionalização do Estado Novo: Contra a "Salazarquia", in *História*, n.º 44, abril de 2002.

[282] *Código Administrativo*, artigo 71.º.

[283] *Código Administrativo*, artigo 71.º, § 2.º.

[284] *Código Administrativo*, artigo 73.º.

[285] Marcello Caetano, *Manual de Direito Administrativo*, Lisboa, Empresa Universidade Editora, (1937), p. 165.

[286] Marcello Caetano, *Manual de Direito Administrativo*, op. cit., p. 224.

[287] Marcello Caetano, *Princípios e Definições*, Textos de 1936 a 1967 compilados por António Maria Zorro, Lisboa, s.e, 1969, p. 135.

[288] Marcello Caetano, *Princípios e Definições*, op. cit., pp. 116-117.

[289] Constituição Política de 11 de abril de 1933, artigos 5.º e 6.º.

[290] Hermínio Martins, *Classes, Status e Poder*, op. cit., p. 34.

[291] G. W. F. Hegel, *Principes de la Philosophie du Droit*, Éditions Gallimard, 1940, p. 268.

[292] Emile Durkeim, *As Regras do Método Sociológico*, 1895, in M. Braga da Cruz, *Teorias Sociológicas*, Lisboa, Fundação Calouste Gulbenkian, 1989.

[293] Pedro Tavares de Almeida, *Eleições e Caciquismo no Portugal Oitocentista (1868--1890)*, Lisboa. Difel, 1991, pp. 150-152.

[294] Paulo Otero, «Corporativismo político», *in* António Barreto e Maria Filomena Mónica (coord.), *Dicionário de História de Portugal*, Suplemento, vol. VII, Livraria Figueirinhas, 1999, pp. 425-431.

[295] Textos integrais em *A Igreja e a Questão Social*, 3.ª ed., Lisboa, União Gráfica, 1945.

[296] Paulo Otero, «Corporativismo político», op. cit., p. 427.

[297] Manuel Braga da Cruz, *As Origens da Democracia Cristã e o Salazarismo*, Lisboa, Presença/GIS, (1980).

[298] Manuel Braga da Cruz, *As Origens da Democracia Cristã...*, *cit.*, pp. 125-126.

[299] Manuel Braga da Cruz, *As Origens da Democracia Cristã...*, cit., p. 36.

[300] Manuel Braga da Cruz, *As Origens da Democracia Cristã...*, cit., p. 37.

[301] Manuel Braga da Cruz, *As Origens da Democracia Cristã...*, cit., p. 46.

[302] Cit. por José Brandão, *Sidónio – Contribuição para a história do presidencialismo*, Lisboa, Perspetivas e Realidades, 1983, p. 75.

[303] Ver J. M. Tavares Castilho, *Manuel Gomes da Costa – Fotobiografia*, Lisboa, Museu da Presidência da República, 2006, pp. 55 e segs..

[304] Marcello Caetano, *Posição Atual do Corporativismo Português*, op. cit., p. 13.

[305] Marcello Caetano, *O Sistema Corporativo*, s. e., Lisboa, 1938, p. 5.

[306] Marcello Caetano, «Corporativismo», *Jornal do Comércio e das Colónias*, 16 de fevereiro de 1933.

[307] Marcello Caetano, «Panorama corporativo português, *Jornal do Comércio e das Colónias*, 20 de fevereiro de 1933.

[308] Oliveira Salazar, «Propaganda nacional», discurso pronunciado na inauguração do Secretariado da Propaganda Nacional, em 26 de outubro de 1933, in *Discursos*, vol. I., cit., p. 263.

[309] Marcello Caetano, *Lições de Direito Corporativo*, Lisboa, 1935.

[310] Marcello Caetano, *O Sistema Corporativo*, Lisboa, 1938.

[311] Marcello Caetano, *Problemas da Revolução Corporativa*, Lisboa, Editorial Ação, 1941.

[312] Marcello Caetano, *Posição Atual do Corporativismo Português*, Lisboa, Gabinete de Estudos Corporativos do Centro Universitário de Lisboa da Mocidade Portuguesa, 1950.

[313] Marcello Caetano, *O Sistema Corporativo*, op. cit., p. 5.

[314] Marcello Caetano, *Posição Atual do Corporativismo Português*, op. cit., p. 12.

[315] Marcello Caetano, *O Sistema Corporativo*, op. cit., p. 7; Idem, *Problemas da Revolução Corporativa*, op. cit., p. 59.

[316] Marcello Caetano, *O Sistema Corporativo*, op. cit., p. 9.

[317] Marcello Caetano, *Problemas da Revolução Corporativa*, op. cit., p. 65.

[318] Marcello Caetano, *O Sistema Corporativo*, op. cit., p. 7.

[319] Marcello Caetano, *O Sistema Corporativo*, op. cit., p. 7.

[320] Marcello Caetano, *O Sistema Corporativo*, op. cit., p. 7.

[321] Marcello Caetano, *O Sistema Corporativo*, op. cit., p. 8.

[322] Marcello Caetano, *O Sistema Corporativo*, op. cit., p. 8.

[323] Marcello Caetano, *O Sistema Corporativo*, op. cit., p. 9.

324 Marcello Caetano, *O Sistema Corporativo*, op. cit., p. 9.

325 Marcello Caetano, *O Sistema Corporativo*, op. cit., p. 21.

326 Marcello Caetano, *O Sistema Corporativo*, op. cit., p. 24.

327 Marcello Caetano, *O Sistema Corporativo*, op. cit., p. 27.

328 Marcello Caetano, *O Sistema Corporativo*, op. cit., p. 27.

329 Marcello Caetano, *O Sistema Corporativo*, op. cit., p. 28.

330 Marcello Caetano, *Problemas da Revolução Corporativa*, op. cit., p. 11.

331 Marcello Caetano, *Problemas da Revolução Corporativa*, op. cit., p. 12.

332 Marcello Caetano, *Problemas da Revolução Corporativa*, op. cit., p. 16.

333 Marcello Caetano, *Problemas da Revolução Corporativa*, op. cit., p. 17.

334 Marcello Caetano, *Problemas da Revolução Corporativa*, op. cit., p. 107.

335 Marcello Caetano, *Problemas da Revolução Corporativa*, op. cit., pp. 107-108.

336 Marcello Caetano, *Problemas da Revolução Corporativa*, op. cit., p. 108.

337 Marcello Caetano, *Problemas da Revolução Corporativa*, op. cit., pp. 108-109.

338 Marcello Caetano, *Problemas da Revolução Corporativa*, op. cit., p. 109.

339 Marcello Caetano, *Problemas da Revolução Corporativa*, op. cit., pp. 119-120.

340 Marcello Caetano, *Problemas da Revolução Corporativa*, op. cit., p. 111.

341 Marcello Caetano, *Problemas da Revolução Corporativa*, op. cit., p. 122.

342 Marcello Caetano, *Problemas da Revolução Corporativa*, op. cit., p. 118.

343 Marcello Caetano, *Problemas da Revolução Corporativa*, op. cit., pp. 118-119.

344 Marcello Caetano, *Problemas da Revolução Corporativa*, op. cit., p. 119.

345 Marcello Caetano, *Posição Atual do Corporativismo Português*, op. cit., p. 22.

346 Marcello Caetano, *Posição Atual do Corporativismo Português*, op. cit., pp. 22-23.

347 Marcello Caetano, *Problemas da Revolução Corporativa*, op. cit., p. 124.

348 Ver J. M. Tavares Castilho, *Os Deputados...*, op. cit., pp. 213 e segs; *Idem, Os Procuradores...*, op. cit., pp. 129 e segs.

349 Carta de Salazar a Caetano, de 21 de novembro de 1934, in José Freire Antunes, *Salazar e Caetano...*, op. cit. p. 96.

350 Carta de Caetano a Salazar, de 22 de novembro de 1934, in José Freire Antunes, *Salazar e Caetano...*, op. cit. p. 96.

351 Marcello Caetano, *Minhas Memórias...*, op. cit., p. 337.

352 Ver J. M. Tavares Castilho, *Os Deputados...*, op. cit., pp. 213 e segs..

353 *Anais da Assembleia Nacional e da Câmara Corporativa* – 1935, Lisboa, Assembleia Nacional, pp. 187-195.

354 Marcello Caetano, *Minhas Memórias...*, op. cit., p. 338.

355 Fernando Manuel dos Santos Martins, *Pedro Theotónio Pereira...*, op. cit., pp. 459-464.

356 Franco Nogueira, *Salazar*, vol. II, op. cit., p. 351.

357 Franco Nogueira, *Salazar*, vol. II, op. cit., p. 364.

358 Marcello Caetano, *O Conselho Ultramarino – Esboço da sua história*, Lisboa, Agência Geral do Ultramar, 1967, pp. 94-95.

359 Marcello Caetano, «Carta a um jovem português sobre o serviço do Império», in Marcello Caetano, *Perspetivas da Política, da Economia e da Vida Colonial*, Lisboa, Livraria Morais, 1936, pp. 183-192.

360 Marcello Caetano, *Minhas Memórias...*, op. cit., pp. 10-11.

361 Marcello Caetano, *Perspetivas...*, op. cit., pp. 103-119.

362 Marcello Caetano, *Minhas Memórias...*, op. cit., p. 63.

363 Marcello Caetano, *Minhas Memórias...*, op. cit., p. 61.

364 Miguel Caetano, depoimento escrito de 30 de abril de 2012.

365 Miguel Caetano, depoimento escrito de 30 de abril de 2012.

366 Carta de Caetano a Salazar, de 20 de janeiro de 1937, in José Freire Antunes, *Salazar e Caetano...*, op. cit., p. 97.

367 Marcello Caetano, *Minhas Memórias...*, op. cit., p. 63.

368 Carta de Salazar a Caetano, de 9 de agosto de 1937, in José Freire Antunes, *Salazar e Caetano...*, op. cit., p. 97.

369 Cartão de Salazar a Caetano, de 11 de novembro de 1937, in José Freire Antunes, *Salazar e Caetano...*, op. cit., p. 98.

370 Decreto-lei n.º 26 611, de 19 de maio de 1936, que aprova o Regimento da Junta de Educação Nacional, artigo 40.º. Sobre a Mocidade Portuguesa, cf. António Maria Zorro, *Chama Inquieta*, Lisboa, Parceria A. M. Pereira, Lda., 1973; Lopes Arriaga, *Mocidade Portuguesa – Breve história de uma organização Salazarista*, Lisboa, Terra Livre, 1976; Simon Kuin, «Mocidade Portuguesa», *in* António Barreto e Maria Filomena Mónica (Coord.), *Dicionário de História de Portugal*, cit., vol. VIII, pp. 499-501; Idem, «Mocidade Portuguesa», in Fernando Rosas e J. M. Brandão de Brito (Dir.), *Dicionário de História do Estado Novo*, cit., vol. II, p. 607-609. Sobre os antecedentes da organização, cf. António Costa Pinto e Nuno Afonso Ribeiro, *A Ação Escolar Vanguarda*, Lisboa, Cooperativa Editora História Crítica, 1980.

371 *Regulamento da Mocidade Portuguesa*, aprovado pelo Decreto n.º 27 301, de 4 de dezembro de 1936.

372 Cit. in António Maria Zorro, *Chama Inquieta*, op. cit., p. 19.

373 As palavras da intervenção foram reconstituídas a partir da gravação para radiodifusão e transcritas in António Maria Zorro, *Chama Inquieta*, op. cit. pp. 119-126.

374 Marcello Caetano, *A Missão dos Dirigentes*, Lisboa, (1.ª ed. 1941), 3.ª ed., 1952, pp. 50-51.

375 Marcello Caetano, *A Missão dos Dirigentes*, op. cit., p. 50.

376 Marcello Caetano, *Minhas Memórias...*, op. cit., pp. 71-72.

377 Carta de Caetano a Salazar, de 29 de abril de 1938, in José Freire Antunes, *Salazar e Caetano...*, op. cit., p. 98.

378 Carta de Salazar a Caetano, de 24 de setembro de 1938, in José Freire Antunes, *Salazar e Caetano...*, op. cit., p. 99.

379 Carta de Salazar a Caetano, de 19 de junho de 1939, in José Freire Antunes, *Salazar e Caetano...*, op. cit., p. 99.

380 Carta de Caetano a Salazar, de 17 de agosto de 1940, in José Freire Antunes, *Salazar e Caetano...*, op. cit., pp. 99-100. Sublinhados do original.

381 Carta de Salazar a Caetano, de 20 de agosto de 1940, in José Freire Antunes, *Salazar e Caetano...*, op. cit., p. 100.

382 António Maria Zorro, *Chama Inquieta*, op. cit., pp. 215-219.

383 António Maria Zorro, *Chama Inquieta*, op. cit., pp. 220-225.

384 José Freire Antunes, *Salazar e Caetano...*, op. cit., p. 101.

385 Marcelo Rebelo de Sousa, *Baltazar Rebelo de Sousa – Fotobiografia*, Venda Nova, Bertrand Editora, 1999, p. 22.

386 Marcello Caetano, *A Missão dos Dirigentes – Reflexões e diretivas sobre a Mocidade Portuguesa*, Lisboa, Mocidade Portuguesa, 1941. Todas as citações e referências contidas neste estudo são feitas a partir da 3.ª edição, publicada em 1952.

387 Marcello Caetano, *Por Amor da Juventude*, Lisboa, s. e., Lisboa, 1944.

388 Marcello Caetano, *Por Amor da Juventude*, op. cit., p. 7.

389 Marcelo Rebelo de Sousa, *Baltazar Rebelo de Sousa...* op. cit., p. 29.

390 Marcello Caetano, *Por Amor da Juventude*, op. cit., p. 8.

391 Marcello Caetano, *Por Amor da Juventude*, op. cit., p. 11. Sublinhados do original.

392 Marcello Caetano, *Por Amor da Juventude*, op. cit., pp. 14-15.

393 Marcello Caetano, *A Missão dos Dirigentes...*, op. cit., p. 10.

394 Marcello Caetano, *A Missão dos Dirigentes...*, op. cit., pp. 12-14.

395 Marcello Caetano, *A Missão dos Dirigentes...*, op. cit., pp. 14-15.

396 Marcello Caetano, *A Missão dos Dirigentes...*, op. cit., p. 16.

397 Marcello Caetano, *A Missão dos Dirigentes...*, op. cit., p. 16.

398 Marcello Caetano, *A Missão dos Dirigentes...*, op. cit., p. 16.

399 Marcello Caetano, *A Missão dos Dirigentes...*, op. cit., pp. 29-31.

400 Marcello Caetano, *A Missão dos Dirigentes...*, op. cit., p. 32.

401 Marcello Caetano, *A Missão dos Dirigentes...*, op. cit., pp. 32-33.

402 Marcello Caetano, *A Missão dos Dirigentes...*, op. cit., p. 35.

403 Marcello Caetano, *A Missão dos Dirigentes...*, op. cit., pp. 37-41.

404 Marcello Caetano, *A Missão dos Dirigentes...*, op. cit., pp. 42-43.

405 Marcello Caetano, *A Missão dos Dirigentes...*, op. cit., p. 45.

406 Marcello Caetano, *Minhas Memórias...*, op. cit., pp. 110-111.

407 Marcello Caetano, *Minhas Memórias...*, op. cit., p. 8.

408 Marcello Caetano, *Minhas Memórias...*, op. cit., p. 112.

409 Marcelo Rebelo de Sousa, *Baltazar Rebelo de Sousa...*, op. cit., p. 31.

410 «He has [...] a very unattractive character. Caused trouble when boys at a youth camp did not salute when he walked through.» Citado por Fernando Manuel Santos Martins, *Pedro Theotónio Pereira...*, op. cit., p. 607.

411 «A fanatical supporter of the regime, he is inclined to be choleric and malicious and is much feared by his political opponents.» Citado por Fernando Manuel Santos Martins, *Pedro Theotónio Pereira...*, op. cit., p. 607.

412 Marcello Caetano, «Eleições» – Quinta palestra pela Rádio e Televisão em 11 de setembro de 1969, in *Pelo Futuro de Portugal*, Lisboa, Verbo, 1969, p. 321.

413 Carta datada de 10 de outubro de 1940, transcrita in Marcelo Rebelo de Sousa, *Baltazar Rebelo de Sousa*, op. cit., pp. 29-30.

414 Jorge Borges de Macedo, «Marcelo Caetano e o Marcelismo», in João Medina (dir.), *História de Portugal dos tempos pré-históricos aos nossos dias*, vol. XIII, II – Opressão e resistência, Amadora, Clube Internacional do Livro, 1995, p. 266. Este ensaio foi também publicado em edição autónoma: Jorge Borges de Macedo, *Marcelo Caetano e o Marcelismo*, Lisboa, Colibri, 1995.

415 Carta de Salazar a Caetano de 6 de junho de 1941, in José Freire Antunes, *Salazar e Caetano...*, op. cit., pp. 101-102.

416 Carta de Salazar a Caetano de 18 de junho de 1941, in José Freire Antunes, *Salazar e Caetano...*, op. cit., p. 102.

417 Marcello Caetano, *Minhas Memórias...*, op. cit., pp. 124-135.

418 Marcello Caetano, *Minhas Memórias...*, op. cit., p. 134.

419 Marcello Caetano, *Princípios e Definições*, op. cit., pp. 117-118.

420 Marcello Caetano, *Minhas Memórias...*, op. cit., p. 152.

421 Ver Franco Nogueira, *Salazar*, vol. III, Coimbra, Atlântida Editora, 1978.

422 Franco Nogueira, *Salazar*, vol. III, op. cit., pp. 386-387.

423 Marcello Caetano, *Minhas Memórias...*, op. cit., p. 153.

424 Carta de Caetano a Salazar, de maio de 1942, in José Freire Antunes, *Salazar e Caetano...*, op. cit., p. 104.

425 Carta de Caetano a Salazar, de 19 de junho de 1942, in José Freire Antunes, *Salazar e Caetano...*, op. cit., pp. 104-105.

426 Carta de Caetano a Salazar, de 12 de setembro de 1942, in José Freire Antunes, *Salazar e Caetano...*, op. cit., pp. 105-106.

427 Carta de Salazar a Caetano, de 28 de setembro de 1942, in José Freire Antunes, *Salazar e Caetano...*, op. cit., p. 106.

428 Carta de Caetano a Salazar, de 8 de outubro de 1942, in José Freire Antunes, *Salazar e Caetano...*, op. cit., p. 107-108.

429 Carta de Salazar a Caetano, de 20 de novembro de 1942, in José Freire Antunes, *Salazar e Caetano...*, op. cit., p. 109.

430 Arquivo Nacional – Torre do Tombo, AOS/CO/PC 18-A, fls. 364-365.

431 Pareceres subscritos: 2/III – Nacionalização de capitais de diversas empresas; 3/III – «Casal da Escola»; 4/III – Fiscalização das sociedades por ações; 5/III – Criação do Conselho de Fomento; 8/III – Convenção Ortográfica Luso-Brasileira; 9/III – Estatuto da Assistência Social (*Relator*); 10/III – Reabilitação de delinquentes e jurisdicionalização do cumprimento das penas e das medidas

854 MARCELLO CAETANO UMA BIOGRAFIA POLÍTICA

de segurança; 11/III – Concessões de terrenos no Ultramar; 17/III – Construção de casas de rendas económicas. (J. M. Tavares Castilho, *Os Procuradores...*, op. cit., p. 368).

[432] Marcello Caetano, *Minhas Memórias...*, op. cit., p. 156.

[433] *Diário das Sessões*, n.º 48, de 25 de fevereiro de 1944.

[434] Marcello Caetano, *Minhas Memórias...*, op. cit., p. 156.

[435] Marcello Caetano, *Minhas Memórias...*, op. cit., pp. 156-157.

[436] Carta de Caetano a Salazar, de 28 de janeiro de 1943, in José Freire Antunes, *Salazar e Caetano...*, op. cit., p. 110.

[437] Carta de Caetano a Salazar, de 1 de março de 1943, in José Freire Antunes, *Salazar e Caetano...*, op. cit., pp. 113-114.

[438] Carta de Caetano a Salazar, de 27 de abril de 1943, in José Freire Antunes, *Salazar e Caetano...*, op. cit., p. 114. Sublinhado acrescentado.

[439] Todo o discurso está transcrito em Marcello Caetano, *Minhas Memórias...*, op. cit., pp. 157-161.

[440] Marcello Caetano, *Minhas Memórias...*, op. cit., p. 161.

[441] Fernando Manuel Santos Martins, *Pedro Theotónio Pereira...*, op. cit., p. 608.

[442] Marcello Caetano, *Minhas Memórias...*, op. cit., p. 161.

[443] Marcello Caetano, *Minhas Memórias...*, op. cit., p. 161.

[444] Carta não datada, mas que o compilador situa em novembro ou dezembro de 1943. José Freire Antunes, *Salazar e Caetano...*, op. cit., p. 116.

[445] Carta de Caetano a Salazar, de 25 de janeiro de 1944, in José Freire Antunes, *Salazar e Caetano...*, op. cit., pp. 117-118.

[446] Carta de Caetano a Salazar, de 10 de fevereiro de 1944, in José Freire Antunes, *Salazar e Caetano...*, op. cit., pp. 118-119.

[447] Carta de Salazar a Caetano, de 15 de fevereiro de 1944, in José Freire Antunes, *Salazar e Caetano...*, op. cit., pp. 119-120.

[448] Carta de Caetano a Salazar, de 17 de fevereiro de 1944, in José Freire Antunes, *Salazar e Caetano...*, op. cit., pp. 120-122. [Sublinhados no original].

[449] ANTT, AOS, Diários, 1944.

[450] Marcello Caetano, *Minhas Memórias...*, op. cit., p. 177.

[451] A conversa está transcrita in Marcello Caetano, *Minhas Memórias...*, op. cit., pp. 179 e segs. Marcello Caetano refere que registou o diálogo logo que chegou a casa.

[452] Marcello Caetano, *Minhas Memórias...*, op. cit., p. 180.

[453] Francisco Ribeiro de Meneses, *Salazar*, Lisboa, D. Quixote, 2009, p. 356.

[454] Marcello Caetano, *Constituições Portuguesas*, 6.ª ed., Lisboa, Verbo, p. 106

[455] Oliveira Salazar, «O caso de Goa», discurso proferido em 30 de novembro de 1954, na Assembleia Nacional, in *Discursos e Notas Políticas*, vol. V, Coimbra, Coimbra Editora, 1959, p. 270.

[456] Oliveira Salazar, *Discursos e Notas Políticas*, vol. V, op. cit., pp. 270-271.

457 Transcrito no *Boletim Geral das Colónias*, N.º 230-231, Vol. XX, 1944, pp. 11-
-14.

458 Cf. Pedro Tavares de Almeida e António Costa Pinto, «Os ministros portugue-
ses, 1851-1999. Perfil social e carreira política», in Pedro Tavares de Almeida,
António Costa Pinto e Nancy Bermeo (org.), *Quem Governa a Europa do Sul?*,
Lisboa, ICS, 2006, p. 34.

459 Marcello Caetano, *Minhas Memórias...*, op. cit., p. 9.

460 Marcello Caetano, *Perspetivas da Política, da economia e da vida colonial*, Lisboa,
Livraria Morais, 1936; *Idem, Do Conselho Ultramarino ao Conselho do Império*, Lisboa, Agência Geral das Colónias, 1943.

461 René Rémond, *Introdução à História do Nosso Tempo...*, op. cit., p. 257.

462 René Rémond, *Introdução à História do Nosso Tempo...*, op. cit., p. 257.

463 René Rémond, *Introdução à História do Nosso Tempo...*, op. cit., pp. 258-259.

464 René Rémond, *Introdução à História do Nosso Tempo...*, op. cit., p. 259.

465 Isabel Castro Henriques, «A sociedade colonial em África. Ideologias, hierarquias, quotidianos», in Francisco Bethencourt e Kirti Chaudhuri (dir.), *História da Expansão Portuguesa*, vol. V – *Último Império e Recentramento (1930-1998)*,
Lisboa, Círculo de Leitores, 1999, p. 219.

466 Isabel Castro Henriques, «A sociedade colonial em África...», op. cit., pp. 219-
-220.

467 Marcello Caetano, Declaração de voto datada de 10 de março de 1941 emitida
sobre um parecer do Conselho do Império Colonial, in *Boletim Geral das Colónias*, ano XVII, n.º 191, maio de 1941, pp. 87-88.

468 Marcello Caetano, *Traditions, Principes et Méthodes de la Colonisation Portugaise*,
Lisboa, Agência Geral do Ultramar, 1951.

469 Marcello Caetano, *Os Nativos Os Nativos na Economia Africana*, Coimbra, Coimbra Editora, 1954, p. 17.

470 Marcello Caetano, *Os Nativos na Economia Africana*, op. cit., p. 16.

471 Marcello Caetano, *Os Nativos na Economia Africana*, op. cit., pp. 14-16.

472 Marcello Caetano, *Os Nativos na Economia Africana*, op. cit., p. 16.

473 «Em Angola e Moçambique existem quase 10 000 000 de indígenas. Imagine-
-se o que pode representar para a indústria portuguesa que esta gente compre produtos seus!» Marcello Caetano, *Os Nativos na Economia Africana*, op. cit.,
p. 62.

474 Marcello Caetano, *Os Nativos na Economia Africana*, op. cit., p. 71.

475 Marcello Caetano, *Os Nativos na Economia Africana*, op. cit., p. 81.

476 Marcello Caetano, *Os Nativos na Economia Africana*, op. cit., p. 89.

477 Marcello Caetano, *Os Nativos na Economia Africana*, op. cit., p. 103.

478 Marcello Caetano, *Os Nativos na Economia Africana*, op. cit., pp. 103-104.

479 Marcello Caetano, *Os Nativos na Economia Africana*, op. cit., pp. 138-139.

480 Marcello Caetano, *Os Nativos na Economia Africana*, op. cit., p. 144.

[481] Marcello Caetano, «Comunicação à Colónia [de Moçambique] feita pelo Prof. Doutor Marcello Caetano, antes da sua partida, por intermédio do Rádio Clube de Moçambique, em 7 de setembro de 1945», in *Boletim Geral das Colónias*, n.º 247, vol. XXII, 1946, p. 45.

[482] Cf. *Diário das Sessões*, n.º 70, de 19 de janeiro de 1951 – Suplemento, pp. 293--314.

[483] Apesar de contestado no parecer da Câmara Corporativa, o artigo foi aprovado pela Assembleia Nacional, passando a constituir o artigo 158.º da Constituição Política após a integração do Ato Colonial, segundo a Lei de revisão constitucional n.º 2048, de 11 de junho de 1951: Artigo 158.º – A organização económica do ultramar deve integrar-se na organização económica geral da Nação portuguesa e comparticipar por seu intermédio na economia mundial. / § único – Para atingir os fins indicados neste artigo facilitar-se-á pelos meios convenientes, incluindo a gradual redução ou suspensão dos direitos aduaneiros, a livre circulação dos produtos dentro de todo o território nacional. O mesmo princípio se aplicará quanto à possível circulação das pessoas e dos capitais.

[484] Marcello Caetano, *Minhas Memórias...*, op. cit., p. 191.

[485] Marcello Caetano, *Minhas Memórias...*, op. cit., p. 184.

[486] Marcello Caetano, *Minhas Memórias...*, op. cit., pp. 183-184.

[487] Marcello Caetano, *Minhas Memórias...*, op. cit., p. 184.

[488] Marcello Caetano, *Minhas Memórias...*, op. cit., p. 184.

[489] Luís C. Lupi, *Memórias – Diário de um inconformista (1943 a 1957)*, vol. III, ed. do Autor, 1973, p. 127.

[490] Marcello Caetano, *Minhas Memórias...*, op. cit., p. 203.

[491] José Freire Antunes, *Salazar e Caetano...*, op. cit. p. 142.

[492] Marcello Caetano, *Princípios e Definições...*, op. cit., p. 57.

[493] *Boletim Geral das Colónias*, n.º 247, vol. XXII, 1946, pp. 23-24.

[494] Marcello Caetano, *Princípios e Definições*, op. cit., p. 13.

[495] Marcello Caetano, *Minhas Memórias...*, op. cit., p. 192.

[496] Marcello Caetano, *Minhas Memórias...*, op. cit., p. 192.

[497] Marcello Caetano, *Minhas Memórias...*, op. cit., p. 193.

[498] «Exposição do Deputado Henrique Galvão, à Comissão de Colónias da Assembleia Nacional, em [22 de] janeiro de 1947» [58 páginas, numeradas e rubricadas pelo Autor] – Arquivo Histórico Parlamentar – Processo N.º 42/DP – Assembleia Nacional – Arquivo, Reg. 3378, Secção XXVIII, Caixa 48, N.º 10 – Fls. 57-114]. Trata-se de um longo texto de 58 páginas datilografadas, numeradas e rubricadas pelo autor, que o reviu. Parece ter sido redigido com alguma pressa, pois a pontuação nem sempre é a mais correta, facto que não se compagina com as qualidades estilísticas do autor, escritor experiente e talentoso como se comprova pelos vários livros publicados. Este relatório já

foi publicado, pelo menos parcialmente, em versões retocadas pelo autor. As transcrições insertas nesta biografia são feitas a partir do documento original.

[499] Marcello Caetano, *Minhas Memórias...*, op. cit., p. 257.

[500] *Diário das Sessões* n.º 77, 23 de janeiro de 1947, p. 355.

[501] Marcello Caetano considerava este diploma muito importante, como se prova pelo facto de ter mandado publicar em opúsculo, pela Divisão de Publicações e Biblioteca da Agência Geral das Colónias, a sua versão em francês.

[502] Carta de Caetano a Salazar, de 23 de setembro de 1946, in José Freire Antunes, *Salazar e Caetano...*, op. cit. p. 192.

[503] Contrariamente ao que é natural no respetivo estatuto, esta «interinidade» durou mais de oito anos, entre 6 de novembro de 1936 e 4 de fevereiro de 1947.

[504] Oliveira Salazar, *Discursos e Notas Políticas*, vol. IV, Coimbra, Coimbra Editora, 1951, pp. 55-69.

[505] Oliveira Salazar, *Discursos...*, vol. IV, op. cit., p. 58.

[506] Oliveira Salazar, *Discursos...*, vol. IV, op. cit., pp. 65-66.

[507] Oliveira Salazar, *Discursos...*, vol. IV, op. cit., pp. 66-67.

[508] Oliveira Salazar, *Discursos...*, vol. IV, op. cit., p. 67.

[509] Oliveira Salazar, «No fim da guerra», in *Discursos...*, vol. IV, op. cit., pp. 95-96.

[510] Oliveira Salazar, Discursos..., vol. IV, op. cit., pp. 101-122.

[511] Oliveira Salazar, *Discursos...*, vol. IV, op. cit., p. 106.

[512] Oliveira Salazar, *Discursos...*, vol. IV, op. cit., p. 116.

[513] Afirmou em 7 de outubro de 1945, quando justificou a dissolução da Assembleia Nacional e a convocação de eleições: «Relativamente ao *clima político*, é por demais evidente que a bandeira da vitória foi desfraldada e ficou drapejando ao vento da democracia; mas a ideia, suficientemente vaga para ser aceite como lema, revelou-se bastante imprecisa para servir de base à construção política.» (Oliveira Salazar, *Discursos...*, vol IV, op. cit., p. 175).

[514] Lei n.º 2009, de 17 de setembro de 1945.

[515] Entrevista aos jornais *Diário de Notícias* e *O Século*, de 14 e 15 de novembro de 1945.

[516] César de Oliveira, «A evolução política», in Fernando Rosas (coord.), *Portugal e o Estado Novo (1930-1960)*, – Joel Serrão e A. H. de Oliveira Marques, *Nova História de Portugal*, vol. XII, Lisboa, Presença, 1992, p. 53.

[517] Oliveira Salazar, «Preparação nacional para o pós-guerra», discurso proferido na abertura do II Congresso da União Nacional, em 25 de maio de 1944, in *Discursos e Notas Políticas*, vol. IV, Coimbra, Coimbra Editora, 1951, p. 56.

[518] Franco Nogueira, *História de Portugal* (Suplemento), op. cit., p. 43.

[519] Marcelo Rebelo de Sousa, *Baltazar Rebelo de Sousa...*, op. cit., p. 33.

[520] Marcello Caetano, *Minhas Memórias...*, op. cit., p. 7.

[521] Marcelo Rebelo de Sousa, *Baltazar Rebelo de Sousa...*, op. cit., p. 33.

522 Franco Nogueira, *Salazar*, vol. III, op. cit., p. 548.

523 Oliveira Salazar, *Discursos...*, vol. IV, op. cit. p. 88.

524 Carta de Caetano a Salazar, de 27 de outubro de 1944, in José Freire Antunes, *Salazar e Caetano...*, op. cit., p. 130.

525 Carta de Caetano a Salazar, de 23 de novembro de 1944, in José Freire Antunes, *Salazar e Caetano...*, op. cit., p. 135.

526 Carta de Caetano a Salazar, de 6 de janeiro de 1945, in José Freire Antunes, *Salazar e Caetano...*, op. cit., p. 143.

527 Carta de Caetano a Salazar, de 16 de janeiro de 1945, in José Freire Antunes, *Salazar e Caetano...*, op. cit., p. 145.

528 Franco Nogueira, *Salazar*, vol. III, op. cit., pp. 560-561.

529 Carta de Caetano a Salazar, de 31 de janeiro de 1945, in José Freire Antunes, *Salazar e Caetano...*, op. cit., p. 146.

530 José Freire Antunes, *Salazar e Caetano...*, op. cit., pp. 147-149.

531 Marcello Caetano, *Minhas Memórias...*, op. cit. p. 190.

532 Carta de Caetano a Salazar, de 20 de fevereiro de 1945, in José Freire Antunes, *Salazar e Caetano...*, op. cit., p. 150.

533 Carta de Caetano a Salazar, de 17 de março de 1945, in José Freire Antunes, *Salazar e Caetano...*, op. cit., p. 153.

534 José Freire Antunes, *Salazar e Caetano...*, op. cit., p. 153.

535 Carta de Caetano a Salazar, de 7 de maio de 1945, in José Freire Antunes, *Salazar e Caetano...*, op. cit., p. 158.

536 Carta de Caetano a Salazar, de 4 de abril de 1945, in José Freire Antunes, *Salazar e Caetano...*, op. cit., p. 155.

537 César de Oliveira, «A evolução política», op. e loc. cit., p. 59.

538 Franco Nogueira, *Salazar*, vol. IV, Coimbra, Atlântida Editora, 1980, p. 22.

539 Em conferência de imprensa, realizada no dia 24 de outubro de 1945, o MUD afirma que só em Lisboa o movimento tem o apoio de 50 mil assinaturas.

540 Cit. por José Adelino Maltez, *Tradição e Revolução*, vol. II, Lisboa, Tribuna, 2005, p. 436.

541 Carta de Caetano a Salazar, de 28 de novembro de 1945, in José Freire Antunes, *Salazar e Caetano...*, op. cit., p. 166.

542 Franco Nogueira, *Salazar*, vol. IV, op. cit., p. 36.

543 José Freire Antunes, *Salazar e Caetano...*, op. cit., p. 149.

544 Resumo de Marcello Caetano, in José Freire Antunes, *Salazar e Caetano...*, op. cit., pp. 167-168.

545 José Freire Antunes, *Salazar e Caetano...*, op. cit., pp. 168-170.

546 Franco Nogueira, *Salazar*, vol. IV, op. cit., pp. 36-37.

547 Carta de Caetano a Salazar, de 18 de dezembro de 1945, in José Freire Antunes, *Salazar e Caetano...*, op. cit. p. 172.

548 Franco Nogueira, *Salazar*, vol. IV, op. cit., p. 37.

549 Carta de Caetano a Salazar, de 25 de janeiro de 1946, in José Freire Antunes, *Salazar e Caetano...*, op. cit., p. 174.

550 Marcello Caetano, *Minhas Memórias...*, op. cit., pp. 260-261.

551 Marcello Caetano, *Minhas Memórias...*, op. cit., p. 261.

552 Marcello Caetano, *Minhas Memórias...*, op. cit., p. 265.

553 Marcello Caetano, *Minhas Memórias...*, op. cit., p. 265.

554 Carta de Salazar a Caetano, de 18 de março de 1946, in José Freire Antunes, *Salazar e Caetano...*, op. cit., p. 180.

555 Carta de Salazar a Caetano, de 29 de março de 1946, in José Freire Antunes, *Salazar e Caetano...*, op. cit., pp. 180-181.

556 Franco Nogueira, *Salazar*, vol. IV, op. cit., p. 50.

557 Marcello Caetano, *Hoje, como Ontem: o Estado Novo*, Porto, União Nacional, 1946.

558 Marcello Caetano, *Hoje, como Ontem...*, op. cit., p. 26.

559 Marcello Caetano, *Hoje, como Ontem...*, op. cit., p. 28.

560 Marcello Caetano, *Hoje, como Ontem...*, op. cit., p. 30.

561 Marcello Caetano, *Hoje, como Ontem...*, op. cit., pp. 30-31.

562 Marcello Caetano, *Hoje, como Ontem...*, op. cit., p. 39.

563 Marcello Caetano, *Hoje, como Ontem...*, op. cit., p. 40.

564 Marcello Caetano, *Hoje, como Ontem...*, op. cit., p. 42.

565 Marcello Caetano, *Hoje, como Ontem...*, op. cit., p. 43.

566 Marcello Caetano, *Hoje, como Ontem...*, op. cit., p. 48.

567 Marcello Caetano, *Hoje, como Ontem...*, op. cit., p. 51.

568 Marcello Caetano, *Hoje, como Ontem...*, op. cit., pp. 51-53.

569 Marcello Caetano, *Minhas Memórias...*, op. cit., p. 266.

570 Franco Nogueira, *Salazar*, vol. IV, op. cit., p. 50.

571 Marcello Caetano, *Minhas Memórias...*, op. cit., pp. 266-268.

572 Marcello Caetano, *Minhas Memórias...*, op. cit., p. 270.

573 Franco Nogueira, *Salazar*, vol. IV, op. cit., p. 55.

574 Franco Nogueira, *Salazar*, vol. IV, op. cit., p. 55.

575 João Morais e Luís Violante, *Cronologia...*, op. cit., pp. 112-113.

576 Franco Nogueira, *Salazar*, vol. IV, op. cit., p. 57.

577 José Freire Antunes, *Salazar e Caetano...*, op. cit., p. 195.

578 Carta de Caetano a Salazar, de 16 de outubro de 1946, in José Freire Antunes, *Salazar e Caetano...*, op. cit., pp. 195-196.

579 Nota de Salazar para o Ministro das Colónias, de 18 de outubro de 1946, in José Freire Antunes, *Salazar e Caetano...*, op. cit., pp. 196-197.

580 Carta de Caetano para Salazar, de 19 de outubro de 1946, in José Freire Antunes, *Salazar e Caetano...*, op. cit., pp.197-198.

581 Oliveira Salazar, «Relevância do fator político e a solução portuguesa», in *Discursos...*, vol. IV, op. cit., pp. 243-262.

582 Marcello Caetano, *Minhas Memórias...*, op. cit., p. 275.

[583] Marcello Caetano, «O momento político e económico», Discurso pronunciado por ocasião do encerramento da 1.ª Conferência da União Nacional, na noite de 11 de novembro de 1946 no salão do Liceu D. Filipa de Lencastre do bairro social do Arco do Cego, edição do *Jornal do Povo*.

[584] Marcello Caetano, *Minhas Memórias...*, op. cit., p. 275.

[585] José Freire Antunes, *Salazar e Caetano...*, op. cit., p. 200.

[586] José Freire Antunes, *Salazar e Caetano...*, op. cit., pp. 200-201.

[587] Marcello Caetano, *Minhas Memórias...*, op. cit., p. 275.

[588] Marcello Caetano, *Minhas Memórias...*, op. cit., p. 277.

[589] Marcello Caetano, *Minhas Memórias...*, op. cit., p. 277.

[590] Fernando Rosas, *O Estado Novo*, José Mattoso, *História de Portugal*, vol. VII, Lisboa, Círculo de Leitores, 1994, p. 404.

[591] Marcello Caetano, *Minhas Memórias...*, op. cit., p. 281.

[592] Carta de Caetano para Salazar, de 28 de dezembro de 1946, in José Freire Antunes, *Salazar e Caetano...*, op. cit., pp. 206-207.

[593] Franco Nogueira, *Salazar*, vol. IV, op. cit., pp. 65-66.

[594] Franco Nogueira, *Salazar*, vol. IV, op. cit., p. 66.

[595] Franco Nogueira, *Salazar*, vol. IV, op. cit., p. 66.

[596] Fernando Martins, *Pedro Theotónio Pereira...*, op., cit., p. 690.

[597] Citada por Franco Nogueira, *Salazar*, vol. IV, op. cit., pp. 66-67.

[598] Franco Nogueira, *Salazar*, vol. IV, op. cit., pp. 62-63.

[699] Marcello Caetano, *Minhas Memórias...*, op. cit., p. 281.

[600] Marcello Caetano, *Minhas Memórias...*, op. cit., p. 281.

[601] Marcello Caetano, *Minhas Memórias...*, op. cit., pp. 283-284.

[602] Marcello Caetano, *Minhas Memórias...*, op. cit., p. 285.

[603] Carta de Caetano a Salazar, de 3 de março de 1947, in José Freire Antunes, *Salazar e Caetano...*, op. cit. p. 215.

[604] Carta de Salazar a Caetano, de 5 de março de 1947, in José Freire Antunes, *Salazar e Caetano...*, op. cit. p. 216.

[605] Carta de Salazar a Caetano, de 1 de março de 1947, in José Freire Antunes, *Salazar e Caetano...*, op. cit. pp. 214-215.

[606] Oliveira Salazar, «Governo e política», in *Discursos...*, vol. IV, op. cit., pp. 265-278.

[607] Marcello Caetano, *Minhas Memórias...*, op. cit., pp. 288-289.

[608] Marcello Caetano, *Minhas Memórias...*, op. cit., p. 293.

[609] Marcello Caetano, *Minhas Memórias...*, op. cit., p. 285.

[610] José Freire Antunes, *Salazar e Caetano...*, op. cit., p. 92.

[611] Marcello Caetano, *Portugal e o Direito Colonial Internacional*, Lisboa, s.e, 1948.

[612] Marcello Caetano, *Portugal e a Internacionalização dos Problemas Africanos – História duma batalha: da liberdade dos mares às Nações Unidas*, Lisboa, Ática, 1963.

[613] José Freire Antunes, *Salazar e Caetano...*, op. cit., p. 223.

614 Marcello Caetano, *Minhas Memórias...*, op. cit., p. 285.

615 Marcello Caetano, *Minhas Memórias...*, op. cit., p. 294.

616 Marcello Caetano, *Minhas Memórias...*, op. cit., p. 294.

617 Marcelo Rebelo de Sousa, *Baltazar Rebelo de Sousa...*, op. cit., p. 49.

618 Marcello Caetano, *Minhas Memórias...*, op. cit., p. 295.

619 Manuel Maria Múrias, *De Salazar a Costa Gomes*, op. cit., p. 196.

620 Marcello Caetano, *Princípios e Definições*, op. cit., p. 150.

621 Marcello Caetano, *Princípios e Definições*, op. cit., p. 170-171.

622 *Diário da Manhã*, de 4 de abril de 1947, p. 1.

623 Marcelo Rebelo de Sousa, *Baltazar Rebelo de Sousa...*, op. cit., p. 50.

624 Marcello Caetano, *Minhas Memórias...*, op. cit., pp. 293-294.

625 Marcello Caetano, *Minhas Memórias...*, op. cit., p. 294.

626 Marcello Caetano, *Minhas Memórias...*, op. cit., p. 294.

627 Marcello Caetano, *Minhas Memórias...*, op. cit., p. 293.

628 Nuno Caiado, *Movimentos Estudantis em Portugal: 1945-1980*, Lisboa, Instituto de Estudos para o Desenvolvimento, 1990, p. 28.

629 Carta de Caetano a Salazar, de 2 de maio de 1947, in José Freire Antunes, *Salazar e Caetano...*, op. cit., p. 218.

630 Marcello Caetano, *Princípios e Definições*, op. cit., p. 171.

631 José Freire Antunes, *Salazar e Caetano...*, op. cit., p. 221.

632 Marcello Caetano, *Minhas Memórias...*, op. cit., p. 299.

633 Carta de Caetano a Salazar, de 31 de julho de 1947, in José Freire Antunes, *Salazar e Caetano...*, op. cit., pp. 220-221.

634 Marcello Caetano, *Minhas Memórias...*, op. cit., pp. 301-302.

635 Fernando de Castro Brandão, *António de Oliveira Salazar...*, op. cit., p. 290.

636 Carta de Salazar a Caetano, de 22 de outubro de 1947, in José Freire Antunes, *Salazar e Caetano...*, op. cit., p. 222.

637 Carta de Caetano a Salazar, de 24 de outubro de 1947, in José Freire Antunes, *Salazar e Caetano...*, op. cit., pp. 222-224.

638 Marcello Caetano, *Minhas Memórias...*, op. cit., pp. 302-303.

639 Marcello Caetano, *Minhas Memórias...*, op. cit., p. 304.

640 Marcello Caetano, *Minhas Memórias...*, op. cit., p. 305.

641 Fernando de Castro Brandão, *António de Oliveira Salazar...*, op. cit., pp. 291 e segs.

642 Oliveira Salazar, Discursos..., vol. IV, op. cit., pp. 287-311.

643 Marcelo Rebelo de Sousa, *Baltazar Rebelo de Sousa...*, op. cit., p. 50.

644 Manuel Maria Múrias, *De Salazar a Costa Gomes*, op. cit., p. 196.

645 Cit. por Marcelo Rebelo de Sousa, *Baltazar Rebelo de Sousa...*, op. cit., p. 50.

646 O tema dessa conferência foi «O respeito da legalidade e a justiça das leis».

647 Marcello Caetano, *Minhas Memórias...*, op. cit., p. 306.

648 Carta de Caetano a Salazar, de 9 de março de 1948, in José Freire Antunes, *Salazar e Caetano...*, op. cit., pp. 227-228.

[649] Para uma descrição mais pormenorizada dos factos, cf. Adriano Moreira, *A Espuma do Tempo – Memórias do Tempo de Vésperas*, Coimbra, Almedina, 2000, pp. 103 e segs.

[650] Adriano Moreira, *A Espuma do Tempo...*, op. cit., pp. 109-110.

[651] Carta de Caetano a Salazar, de 31 de março de 1948, in José Freire Antunes, *Salazar e Caetano...*, op. cit., p. 228.

[652] Carta de Salazar a Caetano, de 5 de abril de 1948, in José Freire Antunes, *Salazar e Caetano...*, op. cit., p. 229. [Sublinhado acrescentado.]

[653] Carta de Caetano a Salazar, de 8 de abril de 1948, in José Freire Antunes, *Salazar e Caetano...*, op. cit., p. 230.

[654] Refere-se a Adriano Moreira que, sendo advogado da família do general Marques Godinho, esteve preso sem qualquer acusação no Aljube durante dois meses.

[655] Carta de Caetano a Salazar, de 8 de abril de 1948, in José Freire Antunes, *Salazar e Caetano...*, op. cit., pp. 229-231. [Sublinhados acrescentados]

[656] Carta de Salazar a Caetano, de 13 de abril de 1948, in José Freire Antunes, *Salazar e Caetano...*, op. cit., p. 231.

[657] Marcello Caetano, *Princípios e Definições*, op. cit., p. 95.

[658] Cartão de Salazar a Caetano, de 29 de julho de 1948, in José Freire Antunes, *Salazar e Caetano...*, op. cit., p. 234.

[659] José Freire Antunes, *Salazar e Caetano...*, op. cit., p. 235.

[660] Carta de Caetano a Salazar, de 30 de setembro de 1948, in José Freire Antunes, *Salazar e Caetano...*, op. cit., p. 238.

[661] Marcello Caetano, *Minhas Memórias...*, op. cit., p. 316.

[662] Transcrito em Marcello Caetano, *Páginas Inoportunas*, Lisboa, Bertrand, (1961), pp. 143-166.

[663] Marcello Caetano, *Páginas Inoportunas*, op. cit., p. 147.

[664] Marcello Caetano, *Páginas Inoportunas*, op. cit., pp. 147-148.

[665] Marcello Caetano, *Páginas Inoportunas*, op. cit., p. 148.

[666] Marcello Caetano, *Páginas Inoportunas*, op. cit., pp. 153-154.

[667] Marcello Caetano, *Páginas Inoportunas*, op. cit., pp. 155-156.

[668] Marcello Caetano, *Páginas Inoportunas*, op. cit., p. 158.

[669] Marcello Caetano, *Páginas Inoportunas*, op. cit., p. 161.

[670] Marcello Caetano, *Páginas Inoportunas*, op. cit., pp. 163-164.

[671] Marcello Caetano, *Páginas Inoportunas*, op. cit., p. 164.

[672] Carta de Salazar a Caetano, de 19 de novembro de 1948, in José Freire Antunes, *Salazar e Caetano...*, op. cit., p. 239.

[673] Carta de Caetano a Salazar, de 19 de novembro de 1948, in José Freire Antunes, *Salazar e Caetano...*, op. cit., pp. 239-240.

[674] António Ferro, *Salazar*, s/l, Edições do Templo, 1978, p. 274.

[675] Oliveira Salazar, *Discursos...*, op. cit., vol. IV, p. 121.

[676] Marcello Caetano, *Minhas Memórias...*, op. cit., p. 317.

[677] Marcello Caetano, *Minhas Memórias...*, op. cit., p. 319.

[678] Marcello Caetano, *Minhas Memórias...*, op. cit., p. 319.

[679] Marcello Caetano, *Minhas Memórias...*, op. cit., p. 319 e segs.

[680] Marcello Caetano, *Minhas Memórias...*, op. cit., p. 321.

[681] Carta de Caetano a Salazar, de 3 janeiro de 1949, in José Freire Antunes, *Salazar e Caetano...*, op. cit., p. 241.

[682] Fernando de Castro Brandão, *António de Oliveira Salazar...*, op. cit., p. 303.

[683] Oliveira Salazar, *Discursos...*, vol. IV, op. cit., pp. 349-381.

[684] Oliveira Salazar, *Discursos...*, vol. IV, op. cit., pp. 379-380.

[685] Oliveira Salazar, *Discursos...*, vol. IV, op. cit., pp. 380-381.

[686] Marcello Caetano, *Princípios e Definições*, op. cit., p. 112.

[687] Marcello Caetano, *Princípios e Definições*, op. cit., p. 112.

[688] José Freire Antunes, *Salazar e Caetano...*, op. cit., p. 242.

[689] S/A, *Eleições Presidenciais*, Lisboa, Edições Delfos, s. d., p. 16.

[690] José Adelino Maltez, *Tradição e Revolução*, vol. II, op. cit., pp. 455-456.

[691] Marcello Caetano, *Minhas Memórias...*, op. cit., pp. 328-329.

[692] Marcello Caetano, *Princípios e Definições*, op. cit., p. 133.

[693] Marcello Caetano, *Minhas Memórias...*, op. cit., p. 329.

[694] Diário da Manhã, 26 de janeiro de 1949, cit, por Manuel Maria Múrias, *De Salazar a Costa Gomes*, op. cit., p. 196.

[695] Cartão de Salazar a Caetano, de 28 de janeiro de 1949, in José Freire Antunes, *Salazar e Caetano...*, op. cit., p. 243.

[696] Carta de Caetano a Salazar, de 29 de janeiro de 1949, in José Freire Antunes, *Salazar e Caetano...*, op. cit., p. 243.

[697] Carta de Caetano a Salazar, de 14 de fevereiro de 1949, in José Freire Antunes, *Salazar e Caetano...*, op. cit., pp. 244-245.

[698] Carta de Salazar a Caetano, de 14 de fevereiro de 1949, in José Freire Antunes, *Salazar e Caetano...*, op. cit., pp. 245-246.

[699] Franco Nogueira, *Salazar*, vol. IV, op. cit., p. 168.

[700] Marcello Caetano, *Minhas Memórias...*, op. cit., p. 332.

[701] Filipe Ribeiro de Meneses, *Salazar*, op. cit., p. 427.

[702] Carta de Salazar a Caetano, de 22 de março de 1949, in José Freire Antunes, *Salazar e Caetano...*, op. cit., pp. 246-247.

[703] Carta de Caetano a Salazar, de 23 de março de 1949, in José Freire Antunes, *Salazar e Caetano...*, op. cit., p. 247.

[704] Manuel Maria Múrias, *De Salazar a Costa Gomes*, op. cit., p. 197.

[705] Marcello Caetano, *Minhas Memórias...*, op. cit., p. 333.

[706] Carta de Caetano a Salazar, de 26 de março de 1949, in José Freire Antunes, *Salazar e Caetano...*, op. cit., p. 248.

[707] Carta de Salazar a Caetano, de 31 de março de 1949, in José Freire Antunes, *Salazar e Caetano...*, op. cit., pp. 249-250.

708 Marcello Caetano, *Minhas Memórias...*, op. cit., p. 335.

709 A taxa de renovação é de 42,5 por cento, quando a média de todas as legislaturas é de 55 por cento. (Ver J. M. Tavares Castilho, *Os Deputados...*, op. cit., p. 313.)

710 Carta de Caetano a Salazar, de 19 de novembro de 1949, in José Freire Antunes, *Salazar e Caetano...*, op. cit., p. 250.

711 Marcello Caetano, *Minhas Memórias...*, op. cit., p. 339.

712 Marcello Caetano, *Minhas Memórias...*, op. cit., p. 445.

713 J. J. Gomes Canotilho, *Direito Constitucional e Teoria da Constituição*, 7.ª ed., Coimbra, Almedina, p. 178. Cf. ainda Jorge Miranda, *Manual...*, p. 305-306; Marcello Caetano, *Manual de Ciência Política e Direito Constitucional*, op. cit., pp. 490-491; Idem, *Constituições Portuguesas*, 6.ª ed., Lisboa, Verbo, pp. 113-115.

714 Oliveira Salazar, *Discursos*, vol. I, op. cit., p. 87.

715 Veja-se o artigo 85.º do Projeto de Constituição, publicado em 1932 (que não teve acolhimento no texto final): «A Assembleia Nacional será composta de 90 deputados eleitos por quatro anos, sendo 45 por sufrágio dos corpos administrativos e colégios corporativos coloniais e 45 por sufrágio direto.» Cf. Jorge Miranda, *Manual...*, op. cit., p. 305. Sobre o sufrágio corporativo, cf. Marcello Caetano, *Manual...*, op. cit., pp. 217 e segs., pp. 484-487 e p. 490. Sobre o Corporativismo português, o estudo essencial é o de Manuel de Lucena, *A Evolução do Sistema Corporativo Português*, 2 vols., Lisboa, Perspetivas e Realidades, 1976.

716 Artigo 102.º da Constituição.

717 O Título III subdividia-se em cinco capítulos: I – Da constituição da Assembleia Nacional; II – Dos membros da Assembleia Nacional; III – Das atribuições da Assembleia Nacional; IV – Do funcionamento da Assembleia Nacional e da promulgação das leis e resoluções; V – Da Câmara Corporativa.

718 Sobre a Câmara Corporativa, ver J. M. Tavares Castilho, *Os Procuradores...*, op. cit.

719 Artigo 102.º.

720 Marcello Caetano, *Manual...*, op. cit., p. 570.

721 Artigo 103.º.

722 *Idem*, § 1.º. Por norma, o parecer devia ser emitido no prazo de 30 dias.

723 José Freire Antunes, *Salazar e Caetano...*, op. cit., p. 267.

724 Marcello Caetano, *Minhas Memórias de Salazar, cit.*, p. 347.

725 J. M. Tavares Castilho, *Os Deputados...*, op. cit.

726 Marcello Caetano, *Minhas Memórias de Salazar...*, op. cit., p. 337.

727 *Diário das Sessões* n.º 70, de 19 de janeiro de 1951.

728 *Diário das Sessões* n.º 74, de 24 de fevereiro de 1951.

729 Carta de Caetano a Salazar, de 1 de maio de 1950, in José Freire Antunes, *Salazar e Caetano...*, op. cit., p. 261.

730 Carta de Salazar a Caetano, de 5 de maio de 1950, in José Freire Antunes, *Salazar e Caetano...*, op. cit., p. 261.

731 Os de Marcello Caetano e Francisco José Vieira Machado.

732 Carta de Salazar a Caetano, de 1 de fevereiro de 1951, in José Freire Antunes, *Salazar e Caetano...*, op. cit., p. 281.

733 Manuel Braga da Cruz, «Eleições», in António Barreto e Maria Filomena Mónica (Org.), *Dicionário de História de Portugal,* vol. VII, cit., pp. 608--609).

734 Maria João Avillez, *Soares...*, op. cit., p. 84.

735 Parecer n.º 13/V, de 19 de fevereiro de 1951, in *Diário das Sessões*, n.º 74, de 24 de fevereiro de 1951, pp. 388-415.

736 *Diário das Sessões*, n.º 70, p. 411.

737 *Diário das Sessões*, n.º 70, p. 400.

738 *Diário das Sessões*, n.º 74, p. 404.

739 Aprovado pelo Decreto-Lei n.º 24 862, de 8 de janeiro de 1935.

740 *Diário das Sessões*, n.º 74, pp. 404-405.

741 *Diário das Sessões*, n.º 74, p. 405.

742 *Diário das Sessões*, n.º 74, p. 407.

743 Parecer n.º 13/V, *cit.*, p. 407.

744 *Atas da Câmara Corporativa*, n.º 1, 2 de janeiro de 1954.

745 Marcello Caetano, *Manual...*, op. cit., p. 580, Nota 1.

746 Carta de Caetano a Salazar, de 7 de maio de 1951, in José Freire Antunes, *Salazar e Caetano...*, op. cit., p. 292.

747 Carta de Caetano a Salazar, de 17 de maio de 1951, in José Freire Antunes, *Salazar e Caetano...*, op. cit., p. 295.

748 Oliveira Salazar, *Discursos...*, vol. IV, op. cit., pp. 432-433.

749 Oliveira Salazar, *Discursos...*, vol. IV, op. cit., pp. 435.

750 Marcello Caetano, *Posição Atual do Corporativismo Português*, op. cit., p. 12.

751 Marcello Caetano, *Posição Atual do Corporativismo Português*, op. cit., p. 13.

752 Franco Nogueira, *Salazar*, vol. IV, op. cit., p. 173.

753 Marcello Caetano, *Minhas Memórias...*, op. cit., p. 346.

754 Manuel Maria Múrias, *De Salazar a Costa Gomes*, op. cit., p. 207.

755 Marcello Caetano, *Minhas Memórias...*, op. cit., p. 361.

756 Adriano Moreira, *Notas do Tempo Perdido*, op. cit., 1996, pp. 33-34.

757 Adriano Moreira, *Notas do Tempo Perdido*, op. cit., p. 29.

758 Adriano Moreira, *O Novíssimo Príncipe*, 4.ª ed., Lisboa, Edições Gauge, 1986, pp. 88 e 90.

759 Adriano Moreira, *Notas do Tempo Perdido*, op. cit., p. 38.

760 Marcello Caetano, *Minhas Memórias...*, op. cit., p. 361.

761 Marcello Caetano, *Minhas Memórias...*, op. cit., p. 362.

762 Marcello Caetano, *Minhas Memórias...*, op. cit., p. 372.

763 Marcello Caetano, *Minhas Memórias...*, op. cit., p. 372.

764 Lei n.º 2 048, de 11 de junho de 1951, artigo 80.º – § 2.º.

7655 Franco Nogueira, *Salazar*, vol. IV, op. cit., p. 217; cf. ainda Marcello Caetano, *Minhas Memórias...*, op. cit., p. 373.

766 Carta de Caetano a Salazar, de 25 de Abril de 1951, in José Freire Antunes, *Salazar e Caetano...*, op. cit., pp. 290-291.

767 Carta de Caetano a Salazar, de 7 de maio de 1951, in José Freire Antunes, *Salazar e Caetano...*, op. cit., p. 292.

768 Carta de Caetano a Salazar, de 17 de maio de 1951, in José Freire Antunes, *Salazar e Caetano...*, op. cit., pp. 295-296.

769 Marcello Caetano, *Minhas Memórias...*, op. cit., pp. 375-376.

770 Marcello Caetano, *Minhas Memórias...*, op. cit., p. 374.

771 Marcello Caetano, *Minhas Memórias...*, op. cit., p. 372.

772 Marcello Caetano, *Minhas Memórias...*, op. cit., pp. 365-366.

773 Carta datada de 30 de junho de 1934. Conf. o texto integral *em* Franco Nogueira, *Salazar*, vol. II, op. cit., pp. 280-281.

774 Marcello Caetano, *Minhas Memórias...*, op. cit., p. 368.

775 Oliveira Salazar, *Discursos*, vol. V, cit., p. 69.

776 Oliveira Salazar, *Discursos*, vol. V, cit., p. 69. É também esse o entendimento de Manuel Braga da Cruz, quando afirma que, por ocasião da morte de D. Manuel II, em 1932, Salazar aproveita «a primeira e excelente oportunidade de ensaiar o equilíbrio que manteria ao longo do Estado Novo na gestão do apoio monárquico: manter aberta a «questão do regime», subordinando-a à questão do sistema, o mesmo é dizer, não retirar a esperança aos monárquicos de uma restauração real mas canalizando as suas energias para uma restauração nacional» (Manuel Braga da Cruz, *Monárquicos e Republicanos no Estado Novo*, Lisboa, Publicações Dom Quixote, 1986, p. 188).

777 Marcello Caetano, *Minhas Memórias...*, op. cit., p. 376.

778 «O problema da sucessão presidencial», in Oliveira Salazar, *Discursos e Notas Políticas*, vol. V, Coimbra, Coimbra Editora, 1959, pp. 11-23.

779 Nuno Severiano Teixeira, «Lopes, Francisco Higino Craveiro», in Fernando Rosas e J. M. Brandão de Brito (dir.), *Dicionário de História do Estado Novo*, vol. I, op. cit., pp. 524; Daniel Melo, «Lopes, Francisco Higino Craveiro», in António Barreto e Maria Filomena Mónica (coord.), *Dicionário de História de Portugal*, vol. VIII, op. cit., pp. 389-390; Fernando Rosas e Alice Samara, *Francisco Craveiro Lopes – Fotobiografia*, Lisboa, Museu da Presidência da República, 2006; Manuel José Homem de Mello (int. e coord.), *Cartas de Salazar a Craveiro Lopes – 1951-1958*, Lisboa, Edições 70, 1990.

780 Manuel José Homem de Mello, *Cartas de Salazar a Craveiro Lopes...*, op. cit., p. 21.

781 Marcello Caetano, *Minhas Memórias...*, op. cit., p. 378.

[782] Carta de Salazar a Caetano, de 18 de junho de 1951, in José Freire Antunes, *Salazar e Caetano...*, op. cit., p. 296.

[783] Carta de Caetano a Salazar, de 18 de junho de 1951, in José Freire Antunes, *Salazar e Caetano...*, op. cit., p. 297.

[784] Carta de Salazar a Caetano, de 21 de junho de 1951, in José Freire Antunes, *Salazar e Caetano...*, op. cit., p. 299.

[785] Marcello Caetano, *Minhas Memórias...*, op. cit., p. 382.

[786] Sobre a candidatura de Quintão Meireles, ver S/A, *Eleições Presidenciais*, op. cit., pp. 76 e segs.

[787] Marcello Caetano, *Minhas Memórias...*, op. cit., p. 383.

[788] Marcello Caetano, *Minhas Memórias...*, op. cit., p. 384.

[789] Oliveira Salazar, *Discursos...*, vol. V, op. cit. p. 68.

[790] Oliveira Salazar, *Discursos...*, vol. V, op. cit. pp. 69-70.

[791] Marcello Caetano, *Minhas Memórias...*, op. cit., p. 386.

[792] Texto integral in Marcello Caetano, *Páginas Inoportunas*, op. cit., pp. 167--184.

[793] Marcello Caetano, *Páginas Inoportunas*, op. cit., pp. 167-175.

[794] Marcello Caetano, *Páginas Inoportunas*, op. cit., p. 177.

[795] Marcello Caetano, *Páginas Inoportunas*, op. cit., pp. 177-178.

[796] Marcello Caetano, *Páginas Inoportunas*, op. cit., p. 179.

[797] Marcello Caetano, *Páginas Inoportunas*, op. cit., p. 178.

[798] Marcello Caetano, *Pelo Futuro de Portugal*, Lisboa, Verbo, 1969, p. 13.

[899] Marcello Caetano, *Páginas Inoportunas*, op. cit., p. 180.

[800] Marcello Caetano, *Páginas Inoportunas*, op. cit., p. 181.

[801] Marcello Caetano, *Páginas Inoportunas*, op. cit., pp. 181-182.

[802] Marcello Caetano, *Minhas Memórias...*, op. cit., p. 390.

[803] Fernando Rosas e Alice Samara, *Francisco Craveiro Lopes...*, op. cit., p. 29.

[804] Marcello Caetano, *Minhas Memórias...*, op. cit., p. 391.

[805] Carta de Salazar a Caetano, de 26 de novembro de 1951, in José Freire Antunes, *Salazar e Caetano...*, op. cit., pp. 303-304.

[806] Carta de Caetano a Salazar, de 17 de dezembro de 1951, in José Freire Antunes, *Salazar e Caetano...*, op. cit., p. 305.

[807] Carta de Caetano a Salazar, de 16 de abril de 1951, in José Freire Antunes, *Salazar e Caetano...*, op. cit., p. 310.

[808] Marcello Caetano, «A legitimidade dos governantes à luz da doutrina cristã», in *Páginas Inoportunas*, op. cit. pp. 185-213.

[809] Marcello Caetano, *Páginas Inoportunas*, op. cit., p. 189.

[810] Marcello Caetano, *Páginas Inoportunas*, op. cit., p. 190.

[811] Marcello Caetano, *Páginas Inoportunas*, op. cit., pp. 191-192.

[812] Marcello Caetano, *Páginas Inoportunas*, op. cit., pp. 206-207.

[813] Marcello Caetano, *Páginas Inoportunas*, op. cit., p. 208.

[814] António Alçada Batista, *Conversas com Marcello Caetano*, op. cit., pp. 54-55.

[815] Jorge Borges de Macedo, «Marcelo Caetano e o Marcelismo», in João Medina (dir.), *História de Portugal dos Tempos Pré-históricos aos Nossos Dias*, vol. XIII, tomo II, Amadora, Clube Internacional do Livro, s/d., p. 275.

[816] José Freire Antunes, *Salazar e Caetano...*, op. cit., pp., 311-316.

[817] Franco Nogueira, *Salazar*, vol. IV, p. 259.

[818] Carta de Caetano a Salazar, de 3 de junho de 1952, in José Freire Antunes, *Salazar e Caetano...*, op. cit., pp. 318-319.

[819] Decreto de 21 de julho de 1952.

[820] Marcello Caetano, *Minhas Memórias...*, op. cit., p. 393.

[821] Carta de Caetano a Salazar, de 15 de junho de 1952, in José Freire Antunes, *Salazar e Caetano...*, op. cit., p. 322.

[822] Marcello Caetano, *Minhas Memórias...*, op. cit., pp. 394 e segs.

[823] Marcello Caetano, *Princípios e Definições*, op. cit., p. 170.

[824] Marcello Caetano, *Minhas Memórias...*, op. cit., p. 401.

[825] *Diário das Sessões*, n.º 167, de 20 de novembro de 1952.

[826] Carta de Caetano a Salazar, de 25 de novembro de 1952, in José Freire Antunes, *Salazar e Caetano...*, op. cit., p. 332.

[827] Marcello Caetano, *Minhas Memórias...*, op. cit., p. 403.

[828] Marcello Caetano, *Minhas Memórias...*, op. cit., p. 405.

[829] Carta de Salazar a Caetano, de 12 de dezembro de 1949, in José Freire Antunes, *Salazar e Caetano...*, op. cit., p. 253.

[830] Câmara Corporativa – Sessão Plenária n.º 5, em 25 de novembro de 1952, *Diário das Sessões*, Suplemento ao n.º 169, de 26 de novembro de 1952.

[831] Carta de Salazar a Caetano, de 27 de novembro de 1952, in José Freire Antunes, *Salazar e Caetano...*, op. cit., p. 333.

[832] Carta de Caetano a Salazar, de 5 de dezembro de 1952, in José Freire Antunes, *Salazar e Caetano...*, op. cit., p. 334.

[833] *Diário das Sessões*, n.º 229, de 28 de abril de 1953.

[834] Carta de Salazar a Caetano, de 23 de dezembro de 1953, in José Freire Antunes, *Salazar e Caetano...*, op. cit., p. 343.

[835] Marcello Caetano, *Minhas Memórias...*, op. cit., p. 441.

[836] Marcello Caetano, *Minhas Memórias...*, op. cit., p. 442.

[837] *Diário de Lisboa*, 29 de outubro de 1953, pp. 1 e 3.

[838] Carta de Salazar a Caetano, de 31 de outubro, de 31 de outubro de 1953, in José Freire Antunes, *Salazar e Caetano...*, op. cit., p. 342.

[839] «Reunião da Comissão Central da U.N. em 9-1-1954 – Aspetos focados pela Comissão Executiva» (AOS/CO/PC-50, Pasta 3, fls. 5-9).

[840] Manuel Braga da Cruz, *Monárquicos e Republicanos no Estado Novo*, Lisboa, Dom Quixote, 1986, p. 202.

[841] Marcelo Rebelo de Sousa, *Baltazar Rebelo de Sousa...*, op. cit., pp. 64-65.

842 Marcelo Rebelo de Sousa, *Baltazar Rebelo de Sousa...*, op. cit., pp. 63 e 65.

843 J. M. Tavares Castilho, *Os Deputados...*, op. cit., pp. 149 e segs.

844 *Diário das Sessões*, n.º 3, de 30 de novembro de 1953.

845 Carta de Caetano a Salazar, de 6 de dezembro de 1953, in José Freire Antunes, *Salazar e Caetano...*, op. cit., p. 344.

846 José Freire Antunes, *Salazar e Caetano...*, op. cit. p. 359.

847 *Atas da Câmara Corporativa*, n.º 26, 11 de janeiro de 1955.

848 Para uma análise detalhada deste parecer – que, apesar da sua profundidade, não teve o menor acolhimento na Assembleia Nacional – ver J. M. Tavares Castilho, *Os Procuradores...*, op. cit., pp. 79-91

849 *Atas da Câmara Corporativa*, n.º 26, cit..

850 Carta de Caetano a Salazar, de 6 de janeiro de 1955, in José Freire Antunes, *Salazar e Caetano...*, op. cit., pp. 359-360.

851 Carta de Salazar a Caetano, de 10 de janeiro de 1955, in José Freire Antunes, *Salazar e Caetano...*, op. cit., pp. 360-361.

852 Marcello Caetano, *Minhas Memórias...*, op. cit., p. 450.

853 Marcello Caetano, *Minhas Memórias...*, op. cit., p. 450.

854 Carta de Salazar a Caetano, de 11 de janeiro de 1955, in José Freire Antunes, *Salazar e Caetano...*, op. cit., p. 361.

855 Mário Soares, *Portugal Amordaçado – Depoimento sobre os anos do fascismo*, Lisboa, Arcádia, 1974, p. 192.

856 Franco Nogueira, *Salazar*, vol, IV, op. cit., p. 362.

857 Marcello Caetano, *Minhas Memórias...*, op. cit., p. 452. Caetano garante que este diálogo lhe foi reproduzido por Craveiro Lopes quando já tinha abandonado a Presidência e que o anotara imediatamente.

858 Marcello Caetano, *Minhas Memórias...*, op. cit., p. 452.

859 Marcello Caetano, *Minhas Memórias...*, op. cit., p. 452.

860 Franco Nogueira, *Salazar*, vol. IV, op. cit., pp. 383-384.

861 Marcello Caetano, *Minhas Memórias...*, op. cit., p. 453.

862 Marcello Caetano, *Minhas Memórias...*, op. cit., pp. 453-455.

863 Marcello Caetano, *Minhas Memórias...*, op. cit., p. 450.

864 Marcello Caetano, *Minhas Memórias...*, op. cit., p. 455.

865 Marcelo Rebelo de Sousa, *Baltazar Rebelo de Sousa...*, op. cit., p. 68.

866 Marcelo Rebelo de Sousa, *Baltazar Rebelo de Sousa...*, op. cit., pp. 69-70.

867 Marcello Caetano, *Minhas Memórias...*, op. cit., p. 473.

868 Marcello Caetano, *Princípios e Definições*, op. cit., pp. 164-165.

869 António Ferro, *Salazar*, Lisboa, Empresa Nacional de Publicidade, 1933, pp. 78-80.

870 Marcello Caetano, *Minhas Memórias...*, op. cit., p. 456.

871 Marcello Caetano, *Minhas Memórias...*, op. cit., p. 456.

872 Marcello Caetano, *Minhas Memórias...*, op. cit., p. 456.

870 MARCELLO CAETANO UMA BIOGRAFIA POLÍTICA

[873] Oliveira Salazar, «O Plano de Fomento – princípios e pressupostos», discurso de 28 de maio de 1952, in *Discursos e Notas Políticas*, vol. V, Coimbra, Coimbra Editora, 1959, p. 96.

[874] Proposta de lei referente ao I Plano de Fomento, in *Diário das Sessões*, n.º 168, 21 de novembro de 1952, p. 1053.

[875] Marcello Caetano, *Minhas Memórias...*, op. cit., p. 457.

[876] Marcello Caetano, *Minhas Memórias...*, op. cit., p. 471.

[877] Francisco Rui Cádima, *Salazar, Caetano e a Televisão Portuguesa*, Lisboa, Editorial Presença, 1996, pp. 23 e segs.

[878] O respetivo titular, tenente-coronel Gomes de Araújo, estava prestar provas para o generalato.

[879] Francisco Rui Cádima, *Salazar, Caetano e a Televisão Portuguesa*, op. cit., pp. 29-30.

[880] Marcello Caetano, *Minhas Memórias...*, op. cit., p. 472.

[881] Santos Costa desempenhou «interinamente» as funções de ministro do Exército de 12 de abril de 1954 a 14 de agosto de 1958.

[882] Franco Nogueira, *Salazar*, vol. IV, op. cit., p. 405.

[883] O testamento institui a «Fundação Calouste Gulbenkian», portuguesa, perpétua, e com sede em Lisboa, tendo fins de caridade, artísticos, educativos e científicos, cujo património é constituído: «*a)* Por todos os bens da herança do testador, seja qual for a sua natureza e lugar da sua situação, a que, por este testamento ou outro posterior, ele testador não der destino diverso; *b)* Por todos os bens e valores que constituem capital dos «trusts» já criados pelo testador, ou que venham a constituir capital dos «trusts» por ele instituídos neste testamento, ou que, de futuro, venha a instituir, em favor de quaisquer pessoas de sua família ou que não sejam de sua família, singulares ou coletivas, à medida que esses «trusts», por qualquer motivo, terminem, designadamente por morte ou extinção dos respetivos beneficiários; e *c)* Por todos os outros bens que o testador, durante sua vida e por qualquer título, venha a destinar especialmente à Fundação a organizar pelos seus executores testamentários, ou que venha a doar à Fundação, se ele próprio a chegar a criar, em vida, como é seu desejo.»

[884] Marcello Caetano, *Minhas Memórias...*, op. cit., pp. 475-477.

[885] Marcello Caetano, *Minhas Memórias...*, op. cit., pp. 474-475.

[886] Carta de Caetano a Salazar, de 19 de janeiro de 1956, in José Freire Antunes, *Salazar e Caetano...*, op. cit., p. 373.

[887] Marcello Caetano, *Minhas Memórias...*, op. cit., p. 459.

[888] Marcello Caetano, *Princípios e Definições*, op. cit., pp. 114-115.

[889] Marcello Caetano, *Princípios e Definições*, op. cit., p. 67.

[890] Oliveira Salazar, «Circular sobre a integração europeia, para as missões diplomáticas, do Presidente do Conselho de Ministros, de 6 de março de 1953,

in Ruy Teixeira Guerra, António Siqueira Freire e José Calvet de Magalhães, *Os Movimentos de Cooperação e Integração Europeia no Pós-guerra e a Participação de Portugal nesses Movimentos*, Oeiras, Instituto Nacional de Administração – Departamento de Integração Europeia, 1981, pp. 61-65. Sobre as relações de Portugal com a Europa, ver J. M. Tavares Castilho, *A Ideia de Europa no Marcelismo...*, op. cit..

[891] Carta de Salazar a Caetano, de 23 de abril de 1956, in José Freire Antunes, *Salazar e Caetano...*, op. cit., pp. 375-376.

[892] Marcello Caetano, *Ensaios Pouco Políticos*, op. cit., pp. 131-133.

[893] *Diário de Lisboa*, de 24 de abril de 1956, pp. 1 e 14.

[894] Marcello Caetano, *Minhas Memórias...*, op. cit., p. 459.

[895] Marcello Caetano, *Minhas Memórias...*, op. cit., pp. 460 e segs..

[896] Oliveira Salazar, *Discursos...*, vol. IV, op. cit., pp. 313-314.

[897] Marcello Caetano, *Minhas Memórias...*, op. cit., p. 469.

[898] Marcello Caetano, *Minhas Memórias...*, op. cit., p. 470.

[899] Marcello Caetano, *Minhas Memórias...*, op. cit., p. 470.

[900] Marcello Caetano, *Minhas Memórias...*, op. cit., p. 470.

[901] Marcello Caetano, *Minhas Memórias...*, op. cit., p. 471.

[902] José Cardoso Pires, «Técnica do golpe de censura», in *E Agora, José?*, Lisboa, Moraes Editores, 1977, pp. 197-243.

[903] Marcello Caetano, *Minhas Memórias...*, op. cit., p. 531.

[904] Marcello Caetano, *Minhas Memórias...*, op. cit., pp. 531-532.

[905] Carta de Caetano a Salazar, de 28 de julho de 1957, in José Freire Antunes, *Salazar e Caetano...*, op. cit., pp. 385-386.

[906] Carta de Salazar a Caetano, de 28 de julho de 1957, in José Freire Antunes, *Salazar e Caetano...*, op. cit., pp. 386-387.

[907] Marcello Caetano, *Minhas Memórias...*, op. cit., p. 478.

[908] Marcello Caetano, *Problemas Políticos e Sociais da Atualidade Portuguesa*, Lisboa, Centro de Estudos Político-Sociais, 1956.

[909] Cunha Leal, *Coisas de Tempos Idos – Coisas do Tempo Presente (Comentários a afirmações do Sr. Ministro da Presidência)*, Lisboa, Editorial Inquérito, 1956. A carta de Marcello Caetano foi publicada em vários jornais, como, por exemplo, no *Diário de Lisboa*, de 20 de novembro de 1956.

[910] Franco Nogueira, *Salazar*, vol. IV, op. cit., pp. 443-445.

[911] Marcello Caetano, *Princípios e Definições*, op. cit., pp. 26-27.

[912] Marcello Caetano, *Princípios e Definições*, op. cit., pp. 172-173.

[913] Marcello Caetano, *Ensaios Pouco Políticos*, op. cit., p. 139.

[914] Sobre os debates na ONU, ver Franco Nogueira, *Salazar*, vol. IV, op. cit., pp. 439 e segs.

[915] Marcello Caetano, *Ensaios Pouco Políticos*, op. cit., pp. 138.

[916] Marcello Caetano, *Ensaios Pouco Políticos*, op. cit., pp. 138-139.

917 Fernando Martins, *Pedro Theotónio Pereira...*, op. cit., p. 864.

918 O texto integral do discurso está transcrito em Marcello Caetano, *Páginas Inoportunas*, op. cit., pp. 215-239.

919 Marcello Caetano, *Minhas Memórias...*, op. cit., p. 520.

920 Marcello Caetano, *Minhas Memórias...*, op. cit., pp. 520-521.

921 Marcello Caetano, *Minhas Memórias...*, op. cit., p. 522.

922 Carta de Caetano a Salazar, de 6 de agosto de 1956, in José Freire Antunes, *Salazar e Caetano...*, op. cit., p. 378.

923 Manuela Goucha Soares, *Marcello Caetano...*, op. cit., p. 148.

924 Orlando Raimundo, *A Última Dama do Estado Novo...*, op. cit., p. 62.

925 Adriano Moreira, *A Espuma do Tempo...*, op. cit., p. 115.

926 Adriano Moreira, *A Espuma do Tempo...*, op. cit., p. 115.

927 Citado por Manuela Goucha Soares, *Marcello Caetano...*, op. cit., pp. 141-143.

928 Marcelo Rebelo de Sousa, *Baltazar Rebelo de Sousa...*, op. cit., p. 73.

929 Marcelo Rebelo de Sousa, *Baltazar Rebelo de Sousa...*, op. cit., p. 73.

930 Marcelo Rebelo de Sousa, *Baltazar Rebelo de Sousa...*, op. cit., pp. 73-74.

931 Miguel Caetano, depoimento escrito de 20-05-2012.

932 Franco Nogueira, *Salazar*, vol. IV, op. cit., p. 443.

933 Franco Nogueira, *Salazar*, vol. IV, op. cit., p. 444.

934 Manuel José Homem de Mello, *Cartas de Salazar a Craveiro Lopes...*, op. cit., p. 50.

935 Manuel José Homem de Mello, *Cartas de Salazar a Craveiro Lopes...*, op. cit., p. 50.

936 Manuel José Homem de Mello, *Cartas de Salazar a Craveiro Lopes...*, op. cit., p. 51.

937 Manuel José Homem de Mello, *Cartas de Salazar a Craveiro Lopes...*, op. cit., p. 51.

938 Manuel José Homem de Mello, *Cartas de Salazar a Craveiro Lopes...*, op. cit., pp. 52-53.

939 Marcello Caetano, *Minhas Memórias...*, op. cit., p. 538.

940 Manuel José Homem de Mello, *Cartas de Salazar a Craveiro Lopes...*, op. cit., p. 53.

941 Marcello Caetano, *Minhas Memórias...*, op. cit., p. 537.

942 Marcello Caetano, *Minhas Memórias...*, op. cit., p. 540.

943 Marcello Caetano, *Minhas Memórias...*, op. cit., p. 540.

944 Marcello Caetano, *Minhas Memórias...*, op. cit., p. 540.

945 Franco Nogueira, *Salazar*, vol. IV, op. cit., p. 445.

946 Marcello Caetano, *Minhas Memórias...*, op. cit., p. 529.

947 Marcello Caetano, *Minhas Memórias...*, op. cit., p. 530. Em nota de rodapé, Marcello Caetano refere que Salazar voltou a citar este trecho em 18 de fevereiro de 1965, também na posse dos mesmos órgãos.

948 Franco Nogueira, *Salazar*, vol. IV, op. cit., p. 468.

949 Marcello Caetano, *Princípios e Definições*, op. cit., pp. 173-174.

950 Marcello Caetano, *Minhas Memórias...*, op. cit., p. 546.

951 Marcello Caetano, *Minhas Memórias...*, op. cit., p. 546.

952 Marcello Caetano, *Minhas Memórias...*, op. cit., p. 548.

953 Marcello Caetano, *Minhas Memórias...*, op. cit., p. 549.

954 Marcello Caetano, *Minhas Memórias...*, op. cit., p. 550.

955 Marcello Caetano, *Minhas Memórias...*, op. cit., pp. 551-553.

956 Marcello Caetano, *Minhas Memórias...*, op. cit., p. 551.

957 Marcello Caetano, *Minhas Memórias...*, op. cit., p. 555.

958 Marcello Caetano, *Minhas Memórias...*, op. cit., pp. 569 e segs.

959 David Lander Raby, «Delgado, Humberto da Silva Torres», *in* António Barreto e Maria Filomena Mónica (Coord.), *Dicionário de História de Portugal*, cit., vol. VII, p. 497. Cf. ainda Manuel Braga da Cruz, «Eleições», *Idem*, p. 612.

960 Franco Nogueira, *História de Portugal*, II Suplemento, op. cit., p. 104.

961 Franco Nogueira, *Salazar*, vol. IV, op. cit., p. 511.

962 Fernando Martins, *Pedro Theotónio Pereira...*, op. cit., pp. 883-884.

963 Transcrita in Fernando Martins, *Pedro Theotónio Pereira...*, op. cit., pp. 881-882.

964 Marcello Caetano, *Minhas Memórias...*, op. cit., pp. 578-583

965 Carta de Caetano a Salazar, de 10 de agosto de 1958, in José Freire Antunes, *Salazar e Caetano...*, op. cit., p. 390.

966 Carta de Salazar a Caetano, de 10 de agosto de 1958, in José Freire Antunes, *Salazar e Caetano...*, op. cit., pp. 390-391.

967 António Alçada Batista, *Conversas com Marcello Caetano*, op. cit., pp. 28-29.

968 Adriano Moreira, *A Espuma do Tempo*, op. cit., p. 66.

969 Adriano Moreira, *A Espuma do Tempo*, op. cit., p. 66.

970 Adriano Moreira, *A Espuma do Tempo*, op. cit., p. 66.

971 Os textos principais publicados neste revista estão compilados em *A Construção de uma Doutrina Portuguesa de Direito Público – Artigos Doutrinais n'O Direito*, Coimbra, Edições Almedina, 2012.

972 Manuela Goucha Soares, *Marcello Caetano...*, op. cit., p. 129.

973 Manuela Goucha Soares, *Marcello Caetano...*, op. cit., p. 129.

974 A primeira edição saiu em 1952, sob o título *Direito Constitucional e Ciência Política*; em 1955, é publicada a 2.ª edição, com o nome de *Ciência Política e Direito Constitucional*, complementada com o estudo *A Constituição de 1933*, publicada em 1956; depois de uma 3.ª edição, denominada *Curso de Ciência Política e Direito Constitucional*, em dois volumes, em 1963 ganha forma definitiva o *Manual de Ciência Política e Direito Constitucional*.

975 Manuela Goucha Soares, *Marcello Caetano...*, op. cit., p. 130.

976 Leonor Xavier, *Rui Patrício – A vida conta-se inteira*, Lisboa, Temas e Debates, 2010, p. 51.

[977] Manuela Goucha Soares, *Marcello Caetano...*, op. cit., p. 131.

[978] Manuela Goucha Soares, *Marcello Caetano...*, op. cit., p. 132.

[979] Manuela Goucha Soares, *Marcello Caetano...*, op. cit., p. 132.

[980] Manuela Goucha Soares, *Marcello Caetano...*, op. cit., p. 134.

[981] Miguel Caetano, depoimento de 20 de maio de 2012.

[982] A. Sedas Nunes, «Portugal, sociedade dualista em evolução», in *Análise Social*, vol. II, n.º 7-8, 2.º semestre, 1964, pp. 407-462.

[983] Texto integral in Marcello Caetano, *Pela Universidade de Lisboa*, Lisboa, 1974.

[984] Marcello Caetano, *Pela Universidade de Lisboa*, op. cit., pp. 143-144. Sobre o tema, e de forma mais aprofundada, o Reitor interveio nas sessões do Senado da Universidade de Lisboa a 19 de fevereiro e 9 de março de 1969, sendo que ambas constituem um estudo aprofundado sobre as origens da Universidade de Lisboa (*Idem, ibidem*, pp. 54-93).

[985] Carta de Salazar a Caetano, de 26 de fevereiro de 1960, in José Freire Antunes, *Salazar e Caetano...*, op. cit., p. 396.

[986] *Diário de Notícias*, 4 de dezembro de 1961.

[987] Henrique Galvão, *O Assalto ao «Santa Maria»*, Lisboa, Edições Delfos, 1973, p. 153.

[988] Serafim Ferreira e Arsénio Mota, *Para um Dossier da Oposição Democrática*, Tomar, Nova Realidade, 1969, p. 246.

[989] «Programa para a Democratização da República». Texto completo in Serafim Ferreira e Arsénio Mota, *Para um Dossier da Oposição Democrática*, op. cit., pp. 169-246.

[990] Fernando Valença, *As Forças Armadas e as Crises Nacionais – A Abrilada de 1961*, Mem-Martins, Publicações Europa-América, s.d., p. 52.

[991] Fernando Valença, *As Forças Armadas e as Crises Nacionais...*, op. cit., p. 230.

[992] Manuel José Homem de Mello, *Cartas de Salazar a Craveiro Lopes...*, op. cit., p. 76.

[993] Manuel José Homem de Mello, *Cartas de Salazar a Craveiro Lopes...*, op. cit., p. 78.

[994] Adriano Moreira, *A Espuma do Tempo...*, op. cit., p. 180.

[995] Cit. por José Freire Antunes, *Kennedy e Salazar: O Leão e a Raposa*, Lisboa, Difusão Cultural, 1961, p. 211.

[996] Depoimento de Manuel José Homem de Mello, cit. por José Freire Antunes, *Kennedy e Salazar...*, op. cit., p. 215.

[997] Entrevista: Miguel Caetano, 14 de março de 2012.

[998] Fernando de Castro Brandão, *António de Oliveira Salazar...*, op. cit., p. 465.

[999] Manuel Braga da Cruz (org.), *Correspondência de Santos Costa*, Lisboa, Verbo, 2004, p. 98.

[1000] Entrevista: Miguel Caetano, 14 de março de 2012.

[1001] José Adelino Maltez, *Tradição e Revolução...*, II vol., op. cit., p. 521.

[1002] Oliveira Salazar, Discurso pronunciado na sessão da Assembleia Nacional de 3 de janeiro de 1962, in *Discursos e Notas Políticas*, vol. VI, Coimbra, Coimbra Editora, 1967, p. 211.

[1003] Artigo 2.º do Ato Colonial, de 8 de julho de 1930, posteriormente integrado na Constituição.

[1004] Em 1960 foram proclamadas 16 independências no continente africano: Camarões, Togo, Zaire ou Congo-Kinshasa, Somália, Daomé, Nigéria, Alto-Volta, Costa do Marfim, Chade, República Centro-africana, Congo--Brazaville, Gabão, Senegal, Mali, Nigéria e Mauritânia. (Jean Heffer e Michel Launay, *A Era das Duas Superpotências – 1945-1973*, Lisboa, Publicações Dom Quixote, 1995, p. 195).

[1005] Marcello Caetano, «Vencer a hora sombria», discurso proferido a 16 de fevereiro de 1974, na conferência anual da Ação Nacional Popular, in *Depoimento*, op. cit., p. 219.

[1006] Franco Nogueira, *Salazar*, vol. V, op. cit., 396.

[1007] Franco Nogueira, *Um Político Confessa-se (Diário: 1960-1968)*, Porto, Civilização, 1986. As citações são feitas a partir da 3.ª edição, datada de 1987.

[1008] Franco Nogueira, *Um Político Confessa-se...*, op. cit., p. 26.

[1009] Franco Nogueira, *Um Político Confessa-se...*, op. cit., pp. 37-38.

[1010] Fernando Rosas, «Prefácio», in Fernando Rosas e Pedro Aires Oliveira, *A Transição Falhada – O Marcelismo e o Fim do Estado Novo (1968-1974)*, Lisboa, Editorial Notícias, 2004, p. 11.

[1011] *Diário de Lisboa*, de 27 de março de 1962.

[1012] Gabriela Lourenço, Jorge Costa e Paulo Pena, *Grandes Planos – Oposição Estudantil à Ditadura, 1956-1974*, Lisboa, Âncora Editora/Associação 25 de Abril, 2011, p. 41.

[1013] Gabriela Lourenço et Al., *Grandes Planos...*, op. cit., p. 42.

[1014] José Freire Antunes, *Salazar e Caetano...*, op. cit., p. 399.

[1015] Nuno Caiado, *Movimentos Estudantis em Portugal: 1945-1980*, op. cit., pp. 104--105.

[1016] José Freire Antunes, *Salazar e Caetano...*, op. cit., p. 399.

[1017] Carta de Marcello Caetano ao ministro da Educação, de 5 de abril de 1962, in José Freire Antunes, *Salazar e Caetano...*, op. cit., p. 400.

[1018] Franco Nogueira, *Um Político Confessa-se...*, op. cit., pp. 25-26.

[1019] José Freire Antunes, *Salazar e Caetano...*, op. cit., p. 400.

[1020] José Freire Antunes, *Salazar e Caetano...*, op. cit., p. 399.

[1021] Carta de Salazar a Caetano, de 9 de abril de 1962, in José Freire Antunes, *Salazar e Caetano...*, op. cit., pp. 400-401.

[1022] Franco Nogueira, *Um Político Confessa-se...*, op. cit., p. 127.

[1023] Manuel Maria Múrias, *De Salazar a Costa Gomes*, op. cit., p. 146.

[1024] Miguel Caetano, depoimento escrito de 30 de abril de 2012.

MARCELLO CAETANO UMA BIOGRAFIA POLÍTICA

Livro Segundo – **PRESIDENTE DO CONSELHO DE MINISTROS**

[1] Reportagem de João Coito, *Diário de Notícias*, 7 de setembro de 1968, pp. 1 e 7.

[2] Cruz Vermelha Portuguesa. *Diário de Lisboa*, 7 de setembro de 1968, p. 1.

[3] *O Século*, 8 de setembro de 1968, p. 1.

[4] *Diário de Notícias*, 8 de setembro de 1968, p. 1.

[5] *Diário da Manhã*, 8 de setembro de 1968, p. 1.

[6] *Diário de Lisboa*, 8 de setembro de 1968, p. 1.

[7] *O Século*, 17 de setembro de 1968, p. 1.

[8] *Diário de Notícias*, 17 de setembro de 1968, p. 1.

[9] *Diário de Notícias*, 17 de setembro de 1968, p. 7.

[10] *Diário de Lisboa*, 17 de setembro de 1968, p. 1.

[11] *O Século*, 27 de setembro de 1968, p. 1.

[12] *Diário de Notícias*, 27 de setembro de 1968, p. 1.

[13] *Diário da Manhã*, 27 de setembro de 1968, p. 1.

[14] *Diário de Lisboa*, 2 7 de setembro de 1968, p. 1.

[15] Oliveira Salazar, «Erros e fracassos da era política», in *Discursos...*, vol. VI, op. cit., pp. 351-352.

[16] João Coito. «Festa de Patiño, em Alcoitão – Noite fabulosa num palácio suspenso», *Diário de Notícias*, 7 de setembro de 1968, p. 7.

[17] Marcello Caetano, carta a Santos Costa, 12 de agosto de 1965, in Manuel Braga da Cruz (org.), *Correspondência de Santos Costa*, op. cit., p. 98

[18] Franco Nogueira, *Salazar*, vol. VI, op. cit., p. 410.

[19] Marcello Caetano, *Depoimento*, Rio de Janeiro, Distribuidora Record, 1974, p. 12.

[20] Franco Nogueira, *Salazar*, vol. VI, op. cit., p. 406.

[21] Marcello Caetano, *Depoimento...*, op. cit., p. 12.

[22] A Ata do Conselho de Estado de 17 de setembro de 1968 está integralmente transcrita em Franco Nogueira, *Salazar*, vol. VI, op. cit., pp. 408-412.

[23] Américo Thomaz, *Últimas Décadas...*, vol. III, Lisboa, Fernando Pereira – Editor, 1983, p. 295.

[24] Américo Thomaz, *Últimas Décadas...*, vol. III, op. cit., p. 295.

[25] Américo Thomaz, *Últimas Décadas...*, vol. III, op. cit., p. 295.

[26] Américo Thomaz, *Últimas Décadas...*, vol. III, op. cit., pp. 296-297.

[27] Manuel José Homem de Mello, *Meio Século de Observação*, Lisboa, Dom Quixote, 1996, p. 150.

[28] Manuel José Homem de Mello, *Meio Século de Observação*, op. cit., p. 150.

[29] Carta de Joaquim Veríssimo Serrão, 24 de setembro de 1968, in José Freire Antunes (org.), *Cartas Particulares a Marcello Caetano*, vol. I, Lisboa, Dom Quixote, 1985, p. 395.

NOTAS 877

30 Marcello Caetano, Carta a Santos Costa, de 21 de setembro de 1968, in Manuel Braga da Cruz (org.), *Correspondência de Santos Costa*, op. cit., p. 99.

31 Américo Thomaz, *Últimas Décadas...*, vol. III, op. cit., p. 297.

32 Américo Thomaz, *Últimas Décadas...*, vol. III, op. cit., p. 297.

33 Franco Nogueira, *Um Político Confessa-se...*, op. cit., p. 314.

34 José Freire Antunes, *Nixon e Caetano – promessas e abandono*, Lisboa, Difusão Cultural, 1992, p. 41.

35 Américo Thomaz, *Últimas Décadas...*, vol. III, op. cit., p. 298.

36 Marcello Caetano, *Depoimento*, op. cit., pp. 14-15.

37 Marcello Caetano, *Depoimento*, op. cit., p. 14.

38 Adriano Moreira, *A Espuma do Tempo...*, op. cit., p. 357.

39 Fernando Otero, *Os Últimos Meses de Salazar – agosto de 1968 a julho de 1970*, Coimbra, Almedina, 2008, p. 199.

40 Entrevista com Miguel Caetano, 14 de março de 2012.

41 Consta que a gravação terá sido interrompida e retomada por três vezes, porque Américo Tomás não conseguira suster as lágrimas.

42 Franco Nogueira, *Um Político Confessa-se*, op. cit., p. 316.

43 *O Século*, 27 de setembro de 1968, p. 1.

44 *O Século*, 27 de setembro de 1968, p. 1.

45 *Diário de Notícias*, 27 de setembro de 1968.

46 *Diário da Manhã*, 27 de setembro de 1968, p. 1.

47 *Diário de Lisboa*, 27 de setembro de 1968, p. 1.

48 *Diário de Notícias*, 28 de setembro de 1968.

49 *Jornal do Fundão*, 13 de outubro de 1968.

50 *Jornal do Fundão*, 29 de setembro de 1968.

51 *República*, 27 de setembro de 1968 (1.ª edição), p. 1.

52 *República*, 27 de setembro de 1968 (1.ª edição).

53 *República*, 27 de setembro de 1968 (2.ª edição).

54 Marcelo Rebelo de Sousa, *Baltazar Rebelo de Sousa...*, op. cit., p. 250.

55 Marcello Caetano, *Depoimento*, op. cit., p. 15.

56 Marcelo Rebelo de Sousa, *Baltazar Rebelo de Sousa...*, op. cit., p. 250.

57 Franco Nogueira, *Um Político Confessa-se...*, op. cit., p. 315.

58 Franco Nogueira, *Um Político Confessa-se...*, op. cit., p. 315.

59 Franco Nogueira, *Um Político Confessa-se...*, op. cit., p. 316.

60 «Saibamos ser dignos desta hora», in Marcello Caetano, *Pelo Futuro de Portugal*, Lisboa, Verbo, pp. 13-20.

61 Manuel Gonçalves Cerejeira, carta de 27 de setembro de 1968, in José Freire Antunes (org.), *Cartas Particulares a Marcello Caetano*, vol. II, Lisboa, Dom Quixote, 1985, p. 321.

62 Afonso Rodrigues Queiró, carta a Marcello Caetano, 27 de setembro de 1968, in José Freire Antunes (org.), *Cartas Particulares a Marcello Caetano*, vol. I, Lisboa, Dom Quixote, 1985, pp. 46-47.

MARCELLO CAETANO UMA BIOGRAFIA POLÍTICA

[63] Domingos Monteiro, carta a Marcello Caetano, 28 de setembro de 1968, in José Freire Antunes, *Cartas Particulares...*, vol. I, op. cit., pp. 225-226.

[64] António José Saraiva, *Maio e a Crise da Civilização Burguesa*, Mem-Martins, Publicações Europa-América, 1970.

[65] «O partido comunista português e os acontecimentos na Checoslováquia», in *Avante!*, n.º 395, setembro de 1968, pp. 1-2.

[66] A. Van Acker, cit. in L.-J. Rogier, R. Aubert e M. D. Knowles, *Nova História da Igreja*, vol. V, tomo III, Petrópolis, Editora Vozes, 1976, pp. 130-131.

[67] O. Voilliard, G. Cabourdin, F. G. Dreyfus e R. Marx, *Documents d'Histoire Contemporaine*, tomo II – 1851-1971, 5.ª ed., Paris, Armand Colin, 1971, p. 347.

[68] Oliveira Salazar, «Circular sobre a integração europeia...», cit..

[69] Carta de Marcello Caetano a Baltazar Rebelo de Sousa, 1 de outubro de 1968, in Marcelo Rebelo de Sousa, *Baltazar Rebelo de Sousa...*, op. cit., pp. 251-252.

[70] Carta de Caetano a Baltazar Rebelo de Sousa, 13 de outubro de 1968, in Marcelo Rebelo de Sousa, *Baltazar Rebelo de Sousa...*, op. cit., p. 253.

[71] Carta de Caetano a Baltazar Rebelo de Sousa, 13 de outubro de 1968, in Marcelo Rebelo de Sousa, *Baltazar Rebelo de Sousa...*, op. cit., p. 254.

[72] Marcello Caetano, «O Governo, fiel à Constituição Política, não pode deixar de ser fiel aos ideais corporativos», in *Pelo Futuro de Portugal*, op. cit., pp. 21-25.

[73] Marcello Caetano, «Revolução permanente», in *Pelo Futuro de Portugal*, op. cit., pp. 39-45.

[74] Marcello Caetano, «O estado dos nossos dias tem de constituir um estado social», discurso pronunciado no Palácio de S. Bento ao receber os agradecimentos dos dirigentes corporativos», in *Mandato Indeclinável*, Lisboa, Verbo, 1970, p. 196.

[75] Carta de Pedro Theotónio Pereira a Marcello Caetano, 6 de novembro de 1968, AMC, Cx. 44, Correspondência/Pereira, Pedro Teotónio, n.º 118.

[76] Carta de Pedro Theotónio Pereira a Marcello Caetano, sem data, in José Freire Antunes, *Cartas Particulares...*, vol. II, op. cit., p. 386.

[77] Fernando Manuel Santos Martins, *Pedro Theotónio Pereira...*, op. cit., p. 974.

[78] Marcello Caetano, «Alocução ao Conselho da Associação do Tratado do Atlântico», in *Pelo Futuro de Portugal*, op. cit., pp. 27-31.

[79] Marcello Caetano, «O Ocidente é um bloco», in *Pelo Futuro de Portugal*, op. cit., pp. 33-38.

[80] Marcello Caetano, *O 25 de abril e o Ultramar*, Lisboa, Verbo, 1976, pp. 63-64.

[81] *Diário das Sessões*, n.º 148, 26 de novembro de 1968, p. 2725.

[82] Marcello Caetano, «Pela reta intenção de bem servir o povo português», in *Pelo Futuro de Portugal*, op. cit., pp. 47-68.

[83] «Manifesto à Nação», in Mário Soares, *Escritos Políticos*, 4.ª ed., Lisboa, Editorial Inquérito, 1969, pp. 211 e segs.

84 «O Partido Comunista Português e o momento político atual», *Avante!*, n.º 396, Outubro-Novembro de 1968.

85 «A tarefa decisiva do momento – Luta por objetivos concretos imediatos», *Avante!*, n.º 397, dezembro de 1968.

86 «Todos ao recenseamento!», *Avante!*, n.º 397, dezembro de 1968.

87 *Diário da Manhã*, 4 de dezembro de 1968.

88 *Diário da Manhã*, 17 de dezembro de 1968.

89 Manuel Braga da Cruz, «Castro, José Guilherme Rato de Melo e», in António Barreto e Maria Filomena Mónica (coord.), *Dicionário de História de Portugal – Suplemento*, vol. VII, op. cit., p. 256; J. M. Tavares Castilho, *Os Deputados da Assembleia Nacional*, op. cit..

90 Carta de José Soares da Fonseca a Marcello Caetano, 19 de fevereiro de 1969, in José Freire Antunes, *Cartas Particulares...*, vol. 2.º, op. cit., p. 245.

91 Cit. in José Adelino Maltez, *Tradição e Revolução...*, vol. II, op. cit., p. 546.

92 «A nova Comissão Executiva», *Diário da Manhã*, 17 de dezembro de 1968, p. 1.

93 *Diário da Manhã*, 21 de dezembro de 1968, p. 3.

94 João Morais e Luís Violante, *Cronologia...*, op. cit., p. 204.

95 Segundo a exposição feita ao Conselho Paroquial de Santa Maria de Belém, em 19 de abril de 1968, pelo pároco Padre José da Felicidade Alves, texto policopiado (Arquivo particular do biógrafo).

96 Encarnação Reis, *Igreja sem Cristianismo ou Cristianismo sem Igreja?*, Lisboa, Moraes Editores, 1969, p. 29.

97 Encarnação Reis, *Igreja sem Cristianismo ou Cristianismo sem Igreja?*, op. cit., p. 412.

98 Decreto-lei n.º 23 406, de 27 de dezembro de 1933.

99 Decreto-lei n.º 24 631, de 6 de novembro de 1934, preâmbulo.

100 É interessante notar que na parte final do preâmbulo são evitados todos os termos relacionados com o conceito de «escolha», que é substituído por «designação» e «organização».

101 Esta imposição é ainda assim extremamente restritiva, porque aos homens não é exigido saber ler e escrever e a contribuição mínima de 100$0 pode resultar de vários impostos (contribuição predial, contribuição industrial, imposto profissional e imposto sobre aplicação de capitais). Pelo contrário, à mulher exige-se que saiba ler e escrever e que a contribuição de 200$00 resulte apenas da contribuição predial.

102 As comissões eram constituídas por um funcionário da secretaria da Câmara Municipal designado pelo presidente, por um delegado do Presidente da Câmara externo à autarquia e por um representante do Governador Civil, que presidirá (artigo 5.º). Na prática, são os comissários do Estado que controlam em absoluto todo o processo.

880 MARCELLO CAETANO UMA BIOGRAFIA POLÍTICA

[103] Designadamente repartições e serviços civis, militares ou militarizados do Estado e dos corpos administrativos e dos organismos corporativos e de coordenação económica (artigo 14.º, 1).

[104] Decreto-lei n.º 37 570, artigo 59.º.

[105] Lei n.º 2137, de 23 de dezembro de 1968, Base I.

[106] Riccardo Marchi, *Império, Nação, Revolução – As direitas radicais portuguesas no fim do Estado Novo (1959-1974)*, Lisboa, Texto, 2009, p. 201; José Manuel Tavares Castilho, «As direitas radicais na fase terminal do Estado Novo», in *Relações Internacionais*, setembro de 2011, n.º 31, pp. 205-208.

[107] *Movimento Operário – a década de 70*, Catálogo da exposição, Lisboa, Câmara Municipal de Lisboa, 1997, p. 9.

[108] Gonçalves Rapazote, *Ao Compasso da Renovação, 1968-1969*, Lisboa, Ministério do Interior, 1969, p. 19.

[109] Gonçalves Rapazote, *Ao Compasso da Renovação...*, op. cit., p. 32.

[110] Gonçalves Rapazote, *Ao Compasso da Renovação...*, op. cit., pp. 36-37.

[111] Carta de Baltazar Rebelo de Sousa, carta a Marcello Caetano, 21 de dezembro de 1968, in José Freire Antunes, *Cartas Particulares...*, op. cit., p. 179.

[112] Carta de Marcello Caetano a Baltazar Rebelo de Sousa, 12 de janeiro de 1970, in Marcelo Rebelo de Sousa, *Baltazar Rebelo de Sousa...*, op. cit., pp. 255-256.

[113] Miguel Caetano.

[114] Carta de Marcello Caetano a Maria Helena Prieto, 25 de Abril de 1979, in Maria Helena Prieto, *A Porta de Marfim...*, op. cit., p. 281.

[115] Marcello Caetano voltará ao concelho de Arganil a 21 de setembro de 1969, numa visita à freguesia de Celavisa, e, por último, a 17 de outubro de 1970, desta vez para se inteirar pessoalmente das consequências dos incêndios que tinham lavrado nos concelhos de Arganil e Góis (Rui Sanches, «Marcello Caetano e a Comarca de Arganil», in *Arganília – Revista Cultural da Beira-Serra*, II série, n.º 21, junho de 2007, pp. 59-74.

[116] Marcello Caetano, «Vamos conversar em família...» – Primeira palestra pela Rádio e Televisão, em 8 de janeiro de 1969, in *Pelo Futuro de Portugal*, op. cit., pp. 69-79.

[117] Marcello Caetano, *Depoimento*, op. cit., pp. 56-57.

[118] Marcello Caetano, *Depoimento*, op. cit., p. 57.

[119] Marcello Caetano, *Pelo Futuro de Portugal*, op. cit., p. 16.

[120] Marcello Caetano, «É preciso que a nação seja mais rica» – Segunda palestra pela Rádio e Televisão, em 10 de fevereiro de 1969, in *Pelo Futuro de Portugal*, op. cit., pp. 81-91.

[121] Carta de Marcello Caetano a Baltazar Rebelo de Sousa, 20 de fevereiro de 1969, in Marcello Rebelo de Sousa, *Baltazar Rebelo de Sousa...*, op. cit., pp. 257-259.

[122] «O momento político analisado pelo Chefe do Governo em entrevista concedida a um jornal brasileiro», in *A Capital*, 23 de março de 1969. O texto inte-

gral da entrevista foi publicado pelo entrevistador – o jornalista João Alves das Neves – no artigo «A primeira entrevista do Prof. Dr. Marcello Caetano», in *Arganília*, ano 2007, n.º 21, pp. 114-125.

[123] *A Capital*, 19 de março de 1969.

[124] Este documento, encontrado pelo biógrafo no Centro de Documentação e Arquivo do Ministério da Administração Interna, numa pasta que contém vários documentos arquivados aleatoriamente, configura o esquema clássico da «denúncia anónima», já que não tem qualquer elemento identificativo.

[125] Marcello Caetano, *Pelo Futuro de Portugal*, op. cit., p. 101.

[126] Marcello Rebelo de Sousa, *Baltazar Rebelo de Sousa...*, op. cit., pp. 263-264.

[127] Victor Pereira, «Emigração e desenvolvimento da previdência social em Portugal», in *Análise Social*, vol. XLIV (192), 2009, pp. 471-510.

[128] Victor Pereira, «Emigração e desenvolvimento...», cit., pp. 504-505.

[129] José Freire Antunes, *Nixon e Caetano – promessas e abandono*, Lisboa, Difusão Cultural, 1992, p. 66.

[130] José Freire Antunes, *Nixon e Caetano...*, op. cit., p. 66.

[131] José Freire Antunes, *Nixon e Caetano...*, op. cit., p. 66.

[132] Marcello Caetano, *Pelo Futuro de Portugal*, op. cit., pp. 95-96.

[133] Entrevista de Franco Nogueira, in José Freire Antunes, *Nixon e Caetano...*, op. cit., p. 66.

[134] Hermínio Martins, *Classe*, Status *e Poder*, op. cit., p. 68.

[135] Marcello Caetano, *Depoimento*, op. cit., pp. 27-28.

[136] Marcello Caetano, *Depoimento*, op. cit., p. 30.

[137] Américo Thomaz, *Últimas Décadas...*, vol. IV, op. cit., pp. 27-28.

[138] Marcello Caetano, *Pelo Futuro de Portugal*, op. cit., p. 103.

[139] Marcello Caetano, *Depoimento*, op. cit., p. 31.

[140] Franco Nogueira, *História de Portugal – 1973-1974*, II Suplemento, Porto, Civilização, 1981, p. 482.

[141] Marcello Caetano, «O segredo do triunfo está no vigor da vontade de vencer», discurso pronunciado em Luanda, na sessão do Conselho Legislativo de Angola, a 15 de abril de 1969, in *Pelo Futuro de Portugal*, op. cit., p. 117.

[142] Marcello Caetano, «Temos de conquistar a paz», discurso pronunciado em Bissau, no Conselho Legislativo da Guiné, a 14 de abril de 1969, in *Pelo Futuro de Portugal*, op. cit., pp. 107-112.

[143] Cit. in Aniceto Afonso e Carlos Matos Gomes, *Os Anos da Guerra Colonial – 1961-1975*, Matosinhos, Quidnovi, 2010, p. 500.

[144] Marcello Caetano, discurso pronunciado em Luanda, na sessão do Conselho Legislativo de Angola, a 15 de abril de 1969, in *Pelo Futuro de Portugal*, op. cit., pp. 113-125.

[145] Marcello Caetano, carta a Baltazar Rebelo de Sousa, 25 de Abril de 1969, in Marcelo Rebelo de Sousa, *Baltazar Rebelo de Sousa...*, op. cit., p. 267.

146 Marcello Caetano, «A unidade nacional não prescinde das variedades regionais», discurso pronunciado em Lourenço Marques, na sessão conjunta dos Conselhos Legislativo e Económico e Social de Moçambique, a 18 de abril de 1969, in *Pelo Futuro de Portugal*, op. cit., p. 127-134.

147 José Freire Antunes, *Nixon e Caetano...*, op. cit., p. 85.

148 Manuel José Homem de Mello, *Meio Século de Observação*, op. cit., p. 184.

149 Marcello Caetano, «Não venho fatigado: venho com a alma em festa», mensagem dirigida à Nação, no aeroporto de Lisboa, em 21 de abril de 1969, dia de regresso da viagem ao Ultramar, in *Pelo Futuro de Portugal*, op. cit., p. 144.

150 Marcello Caetano, «Não venho fatigado...» in *Pelo Futuro de Portugal*, op. cit., p. 145.

151 Marcello Caetano, *Depoimento*, op. cit., p. 32.

152 Marcello Caetano, *Depoimento*, op. cit., p. 33.

153 Marcello Caetano, carta a Baltazar Rebelo de Sousa, 25 de Abril de 1969, in Marcelo Rebelo de Sousa, *Baltazar Rebelo de Sousa...*, op. cit., p. 266.

154 Celso Cruzeiro, *Coimbra, 1969 – A crise académica, o debate das ideias e a prática, ontem e hoje*, Porto, Edições Afrontamento, 1989, pp. 127 e segs.

155 Celso Cruzeiro, *Coimbra, 1969...*, op. cit., p. 130.

156 Celso Cruzeiro, *Coimbra, 1969...*, op. cit., p. 131.

157 Marcello Caetano, *Depoimento*, op. cit., p. 55.

158 Celso Cruzeiro, *Coimbra, 1969...*, op. cit., p. 182.

159 Celso Cruzeiro, *Coimbra, 1969...*, op. cit., pp. 182-183.

160 Marcello Caetano, *Depoimento*, op. cit., p. 57.

161 Marcello Caetano, *Depoimento*, op. cit., p. 14.

162 Américo Thomaz, *Últimas Décadas...*, vol. III, op. cit., p. 297.

163 Marcello Caetano, *Problemas da Revolução Corporativa*, op. cit., pp. 120-121.

164 Marcello Caetano, *Manual de Ciência Política...*, op. cit., pp. 217-223.

165 Oliveira Martins, *As eleições*, 1878.

166 Marnoco e Sousa, *Direito Político – Poderes do Estado*, 1910.

167 Marcelo Rebelo de Sousa, depoimento escrito de 17 de julho de 2012.

168 Marcello Caetano, *Manual de Ciência Política...*, op. cit., p. 495.

169 Marcello Caetano, *Renovação na Continuidade*, Lisboa, Verbo, 1971, pp. XVI--XVII.

170 Marcello Caetano, *Renovação na Continuidade*, op. cit., p. XX.

171 António Alçada Batista, *Conversas com Marcello Caetano*, op. cit., pp. 114-115.

172 António Alçada Batista, *Conversas com Marcello Caetano*, op. cit., pp. 115-116.

173 António Alçada Batista, *Conversas com Marcello Caetano*, op. cit., p. 116.

174 António Alçada Batista, *Conversas com Marcello Caetano*, op. cit., p. 117.

175 António Alçada Batista, *Conversas com Marcello Caetano*, op. cit., p. 121.

176 António Alçada Batista, *Conversas com Marcello Caetano*, op. cit., pp. 122-123.

177 Marcello Caetano, *Depoimento*, op. cit., p. 33.

NOTAS 883

[178] Marcello Caetano, *Pelo Futuro de Portugal*, op. cit., p. 185.

[179] Marcello Caetano, *Pelo Futuro de Portugal*, op. cit., p. 184.

[180] Marcello Caetano, *Pelo Futuro de Portugal*, op. cit., p. 173.

[181] Marcello Caetano, *Pelo Futuro de Portugal*, op. cit., p. 173.

[182] Marcello Caetano, «Assim vamos trabalhando...», in *Pelo Futuro de Portugal*, op. cit., pp. 201-214.

[183] Marcelo Rebelo de Sousa, depoimento escrito, 17 de julho de 2012.

[184] João Palma-Ferreira (coord.), *As Eleições de outubro de 1969 – Documentação básica*, Mem-Martins, Europa-América, 1970, pp. 45-46.

[185] João Palma-Ferreira (coord.), *As Eleições de outubro de 1969...*, op. cit., p. 53.

[186] O primeiro Congresso Republicano reunira nesta mesma cidade a 6 de outubro de 1957.

[187] *II Congresso Republicano de Aveiro – Teses e Documentos*, 2 vols., Seara Nova, 1969.

[188] João Palma-Ferreira (coord.), *As Eleições de outubro de 1969...*, op. cit., p. 63.

[189] Mário Soares, «O 31 de janeiro», in *Escritos Políticos*, 4.ª ed., Lisboa, Inquérito, 1969, pp. 131-143.

[190] Mário Soares, *Portugal Amordaçado...*, op. cit., pp. 614-615; Maria João Avillez, *Soares – Ditadura e Revolução*, Lisboa, Público, 1996, pp. 214-215.

[191] Maria João Avillez, *Soares...*, op. cit., p. 215.

[192] Mário Soares, «A Constituição de 1933 e a evolução democrática do País», in *II Congresso Republicano de Aveiro...*, vol. II, op. cit., pp. 95-105.

[193] Para uma descrição pormenorizada (sob o respetivo ponto de vista), ver Mário Soares, *Portugal Amordaçado*, op. cit., pp. 630 e segs.; em João Palma-Fernandes, *As Eleições de outubro de 1969...*, inserem-se declarações de ambas as coligações que podem ajudar a clarificar todo o processo.

[194] Artigo 14.º da Lei n.º 2015, de 28 de maio de 1946.

[195] Gonçalves Rapazote, *Ao Compasso da Renovação – 1969-1971*, Ministério do Interior, 1971, p. 22.

[196] Ver *Eleições no Regime Fascista*, Comissão do Livro Negro sobre o Fascismo, 1979, p. 24.

[197] Ver *Eleições no Regime Fascista*, op. cit., p. 32. Sublinhado acrescentado.

[198] Ver *Eleições no Regime Fascista*, op. cit., pp. 32-33.

[199] Ver *Eleições no Regime Fascista*, op. cit., p. 40.

[200] Maria João Avillez, *Soares...*, op. cit., p. 216.

[201] Maria João Avillez, *Soares...*, op. cit., p. 217.

[202] Maria João Avillez, *Soares...*, op. cit., p. 216.

[203] Gonçalves Rapazote, *Ao Compasso da Renovação – 1968-1969*, op. cit., p. 134.

[204] Gonçalves Rapazote, *Ao Compasso da Renovação – 1968-1969*, op. cit., p. 140.

[205] Da autoria do ajudante do Procurador Geral da República, Manuel Maria Gonçalves, mereceu a concordância do Procurador Geral, conselheiro Furtado dos Santos e, depois de homologado por despacho do ministro, foi publi-

884 MARCELLO CAETANO UMA BIOGRAFIA POLÍTICA

cado no *Diário do Governo* em 9 de agosto de 1969. Ver texto completo em João Palma-Fernandes, *As Eleições de outubro de 1969...*, op. cit., pp. 621-623.

[206] Gonçalves Rapazote, *Ao Compasso da Renovação* – 1969-1971, Lisboa, Ministério do Interior, 1971, p. 36.

[207] Gonçalves Rapazote, *Ao Compasso da Renovação* – 1969-1971, op. cit. p. 39.

[208] *Movimento Operário...*, op. cit., p. 16.

[209] Francisco Sá Carneiro, carta a Marcello Caetano, 12 de maio de 1969, in José Freire Antunes (org.), *Cartas Particulares a Marcello Caetano*, vol. I, op. cit., pp. 311-312.

[210] Marcello Caetano, «Eleições», in *Pelo Futuro de Portugal*, op. cit., pp. 313-323.

[211] Marcello Caetano, «Nem prometi de mais nem cumpri de menos», in *Mandato Indeclinável*, Lisboa, Verbo, 1970, pp. 13-22.

[212] Marcello Caetano, *Pelo Futuro de Portugal*, op. cit., p. 7.

[213] Marcello Caetano, *Pelo Futuro de Portugal*, op. cit., pp. 10-11.

[214] João Palma-Ferreira (coord.), *As Eleições de outubro de 1969...*, op. cit., p. 179.

[215] José Freire Antunes, *Nixon e Caetano...*, op. cit., p. 105. Este autor refere ainda que estes rumores «circulavam nas embaixadas da Alemanha Ocidental, França e Itália», consultadas pelo embaixador antes de os transmitir a Washington (*Idem*, p. 106).

[216] Franco Nogueira, *Salazar – O Último Combate (1964-1970)*, vol. VI, Porto, Civilização, 1985, pp. 433-434. Em Portugal, esta entrevista foi totalmente cortada pela Censura.

[217] Marcello Caetano, *Depoimento*, op. cit., p. 14.

[218] Diogo Freitas do Amaral, *O Antigo Regime e a Revolução – Memórias Políticas (1941-1975)*, Venda Nova, Bertrand/Nomen, 1995, pp. 99-100.

[219] Diogo Freitas do Amaral, *O Antigo Regime e a Revolução...*, op. cit., pp. 100-101.

[220] António de Araújo, «Mandarins, senhores da terra e políticos», in António Costa Pinto e André Freire, *Elites, Sociedade e Mudança Política*, Oeiras, Celta, 2003, p. 145.

[221] *Eleições no Regime Fascista*, op. cit., p. 63.

[222] *Eleições no Regime Fascista*, op. cit., p. 64.

[223] Ofício de 22 de outubro de 1969, in *Eleições no Regime Fascista*, cit., p. 65.

[224] *Eleições no Regime Fascista*, op. cit., p. 67.

[225] Marcelo Rebelo de Sousa, *Os Partidos Políticos no Direito Constitucional Português*, Braga, Livraria Cruz, 1983, p. 216.

[226] João Palma-Ferreira, *As Eleições de outubro de 1969...*, op. cit., p. 51.

[227] Marcello Caetano, *Depoimento*, op. cit., p. 57.

[228] Marcello Caetano, *Depoimento*, op. cit., p. 58.

[229] Francisco Sá Carneiro, *Textos*, 1.º vol., Lisboa, Editorial Progresso Social e Democracia, 1981, pp. 15-16.

[230] José Freire Antunes, *Cartas Particulares...*, vol. I, op. cit. p. 318.

[231] Marcello Caetano, «Portugal não pode ceder», in *Mandato Indeclinável*, op. cit., pp. 23-31.

[232] João Palma-Ferreira (coord.), *As Eleições de outubro...*, op. cit., p. 353.

[233] Marcelo Rebelo de Sousa, *Baltazar Rebelo de Sousa...*, op. cit., p. 270.

[234] Transcrita em Marcello Caetano, *Mandato Indeclinável*, op. cit., pp. 33-64.

[235] Aniceto Afonso e Carlos Matos Gomes, *Os Anos da Guerra Colonial...*, op. cit., p. 525

[236] Marcello Caetano, «Temos agora de votar», discurso de 27 de outubro de 1969, in *Mandato Indeclinável*, op. cit., pp. 65-73.

[237] Américo Thomaz, *Últimas Décadas...*, vol. IV, op. cit., p. 71.

[238] Marcello Caetano, *Depoimento*, op. cit., p. 61.

[239] Marcello Caetano, *Depoimento*, op. cit., p. 60.

[240] Cit. por José Freire Antunes, *Nixon e Caetano...*, op. cit., p. 101.

[241] Marcello Caetano, *Depoimento*, op. cit., p. 61.

[242] José Freire Antunes, *Nixon e Caetano...*, op. cit., p. 101.

[243] Vasco Pulido Valente, *Marcello Caetano – As desventuras da razão*, Lisboa, Gótica, 2002, p. 64.

[244] Manuel José Homem de Mello, *Meio Século de Observação*, op. cit., p. 152.

[245] Marcello Caetano, «O Governo tem um mandato indeclinável a cumprir», in *Mandato Indeclinável*, op. cit., pp. 75-85.

[246] Marcello Caetano, *Depoimento*, op. cit., p. 62.

[247] Franco Nogueira, *História de Portugal*, II Suplemento, op. cit., p. 487.

[248] Memórias inéditas de Fernando Santos e Castro, in José Freire Antunes, *A Guerra de África (1961-1974)*, vol. II, Lisboa, Círculo de Leitores, 1995, p. 854.

[249] Para o texto integral, ver *Diário das Sessões*, n.º 3, 2 de dezembro de 1969.

[250] *Diário das Sessões*, n.º 3, 2 de dezembro de 1969.

[251] Tiago Fernandes, *Nem Ditadura, nem Revolução – a Ala Liberal e o Marcelismo (1968-1974)*, Lisboa, Assembleia da República/Dom Quixote, 2006.

[252] J. M. Tavares Castilho, *Os Deputados...*, op. cit., p.313.

[253] Marcelo Rebelo de Sousa, *Baltazar Rebelo de Sousa...*, op. cit., pp. 269-270.

[254] Marcello Caetano, *Depoimento*, op. cit., p. 66.

[255] J. M. Tavares Castilho, «A elite parlamentar do Marcelismo (1965-1974)», in António Costa Pinto e André Freire (org.), *Elites, Sociedade e Mudança Política*, op. cit., pp. 43-66.

[256] J. M. Tavares Castilho, *Os Deputados...*, op. cit., pp. 254 e segs.

[257] Ver J. M. Tavares Castilho, *Os Procuradores...*, op. cit., pp. 173 e segs.

[258] Marcello Caetano, *Depoimento*, op. cit., p. 76.

[259] Marcello Caetano, *Depoimento*, op. cit., p. 75.

[260] Marcello Caetano, Entrevista publicada no *Diário de Notícias* de 23 e 24 de outubro de 1969, in *Mandato Indeclinável*, op. cit., p. 43.

[261] António Alçada Batista, *Conversas...*, op. cit., p. 143.

[262] Marcello Caetano, *Depoimento*, op. cit., p. 63.

[263] Marcello Caetano, *Depoimento*, op. cit., p. 63.

[264] Carta de Franco Nogueira a Marcello Caetano, 30 de dezembro de 1969, in José Freire Antunes (org.), *Cartas Particulares...*, vol. I, op. cit., p. 62.

[265] Carta de Franco Nogueira a Marcello Caetano, 8 de janeiro de 1970, in José Freire Antunes (org.), *Cartas Particulares...*, vol. I, op. cit., pp. 63-64.

[266] Marcello Caetano, *Depoimento*, op. cit., p. 63.

[267] Diogo Freitas do Amaral, *O Antigo Regime e a Revolução...*, op. cit., p. 106.

[268] Marcelo Rebelo de Sousa, *Baltazar Rebelo de Sousa...*, op. cit., p. 285.

[269] Marcello Caetano, «Remodelação ministerial – razões a que obedeceu», palestra pela rádio e televisão, 17 de janeiro de 1970, in *Mandato Indeclinável*, op. cit., pp. 87-95.

[270] Marcelo Rebelo de Sousa, *Baltazar Rebelo de Sousa...*, op. cit., pp. 278 e segs.

[271] Franco Nogueira, *Um Político Confessa-se...*, op. cit., p. 182.

[272] Franco Nogueira, *Um Político Confessa-se...*, op. cit., p. 35.

[273] Marcello Caetano, *Depoimento*, op. cit., p. 64.

[274] Marcello Caetano, *Depoimento*, op. cit., pp. 64-65.

[275] *Diário das Sessões*, n.º 8, 13 de dezembro de 1969, pp. 108-113.

[276] *Diário das Sessões*, n.º 4, 10 de dezembro de 1969, pp. 34-39.

[277] *Diário das Sessões*, n.º 6, 12 de dezembro de 1969, pp. 69-70.

[278] *Diário das Sessões*, n.º 25, 20 de fevereiro de 1970. Texto integral transcrito in J. M. Tavares Castilho, *A Ideia de Europa no Marcelismo...*, op. cit., pp. 310-314.

[279] Francisco do Casal-Ribeiro de Carvalho, carta a Marcello Caetano, 18 de dezembro de 1969, in José Freire Antunes, *Cartas Particulares...*, vol. I, pp. 283-286.

[280] Franco Nogueira, carta a Marcello Caetano, 30 de dezembro de 1969, in José Freire Antunes, *Cartas Particulares...*, vol. I, op. cit., p. 62. Esta carta responde a uma do agora destinatário em que este o desaconselhava a tomar posições em empresas do setor privado.

[281] Miguel Caetano, depoimento escrito, 6 de maio de 2012.

[282] Texto integral in Rogério Martins, *Caminhos de País Novo*, s.e., 1970, pp. 85-121. Para um resumo com os principais excertos, ver J. M. Tavares Castilho, *A Ideia de Europa no Marcelismo...*, op. cit., pp. 287-295.

[283] Para uma descrição pormenorizada, ver J. M. Tavares Castilho, *A Ideia de Europa no Marcelismo...*, op. cit., pp. 113-118 e 305-356.

[284] *Diário das Sessões*, n.º 28, 27 de fevereiro de 1970, pp. 522-523.

[285] Ver José Manuel Tavares Castilho, *A Ideia de Europa no Marcelismo...*, op. cit., pp. 142-148.

[286] Texto integral: *Diário das Sessões*, n.º 30, 8 de abril de 1970, pp. 569-572. Transcrito por José Manuel Tavares Castilho, *A Ideia de Europa no Marcelismo...*, op. cit., pp. 335-343.

287 Texto integral: *Diário das Sessões*, n.º 34, 15 de abril de 1970, pp. 666-671. Transcrito por José Manuel Tavares Castilho, *A Ideia de Europa no Marcelismo...*, op. cit., pp. 343-356. Foi também publicada em opúsculo: José Pedro Pinto Leite, *Política Nacional e Relações Internacionais*, Lisboa, Moraes Editores, 1970.

288 Carta de Rogério Martins a Marcello Caetano, 5 de março de 1970, in José Freire Antunes, *Cartas Particulares...*, vol. II, op. cit., p. 398.

289 Augusto de Sá Viana Rebelo, *Salazar e Caetano, Falar Claro*, Lisboa, Nova Arrancada, 2003.

290 Marcelo Rebelo de Sousa, *Baltazar Rebelo de Sousa...*, op. cit., p. 283.

291 Marcelo Rebelo de Sousa, *Baltazar Rebelo de Sousa...*, op. cit., p. 284.

292 Diogo Freitas do Amaral, *O Antigo Regime e a Revolução...*, op. cit., pp. 102-103.

293 Marcelo Rebelo de Sousa, depoimento escrito, 17 de julho de 2012.

294 Marcello Caetano, *Depoimento*, op. cit., p. 66.

295 Rogério Martins, discurso pronunciado na Associação Industrial Portuense, 6 de maio de 1969, in *Caminhos de País Novo*, op. cit., p. 15.

296 Carta de António Alçada Batista a Marcello Caetano, 12 de janeiro de 1970, in José Freire Antunes (org.), *Cartas Particulares...*, vol. I, op. cit., pp. 116-119.

297 Marcello Caetano, *Depoimento*, op. cit., p. 66.

298 Marcello Caetano, *Depoimento*, op. cit., p. 67. (Sublinhado acrescentado).

299 Américo Thomaz, *Últimas Décadas...*, vol. IV, op. cit., p. 80.

300 Marcelo Rebelo de Sousa, *Baltazar Rebelo de Sousa...*, op. cit., p. 313.

301 Marcelo Rebelo de Sousa, *Baltazar Rebelo de Sousa...*, op. cit., p. 314.

302 Marcello Caetano, «A hora é de ação», discurso pronunciado ao aceitar a eleição para Presidente da Ação Nacional Popular, em 21 de fevereiro de 1970, in *Mandato Indeclinável*, op. cit., pp. 97-121.

303 Carta a Marcello Caetano, 23 de fevereiro de 1970, ANTT, AMC, Cx. 44, Correspondência/Pereira, Pedro Teotónio, n.º 124.

304 Miguel Caetano, «Marcello Caetano – Apontamentos Biográficos», documento inédito cedido pelo Autor.

305 Marcello Caetano, *Minhas Memórias...*, op. cit., p. 527.

306 José Freire Antunes, *Cartas Particulares...*, vol. I, op. cit., p. 408.

307 Jorge Borges de Macedo, carta a Marcello Caetano, 22 de fevereiro de 1970, in José Freire Antunes, *Cartas Particulares...*, vol. I, op. cit., p. 408.

308 Franco Nogueira, *História de Portugal*, II Suplemento, op. cit., p. 493.

309 Marcello Caetano, *Depoimento*, op. cit., pp. 62-63.

310 Sá Carneiro, *Intervenções Parlamentares*, Lisboa, Assembleia da República, 2000, p. 16.

311 Pelo facto de os deputados se sentarem na bancada por ordem alfabética.

312 Francisco C. P. Balsemão, *Informar ou Depender?*, Lisboa, Ática, 1971, p. 196.

313 Sá Carneiro, *Intervenções Parlamentares*, op. cit., pp. 36-40.

314 Cit. in Francisco C. P. Balsemão, *Informar ou Depender?*, op. cit., p. 197.

888   MARCELLO CAETANO UMA BIOGRAFIA POLÍTICA

[315] *Diário das Sessões*, n.º 39, 22 de abril de 1970, pp. 312-313.

[316] *Diário das Sessões*, n.º 39, 22 de abril de 1970, pp. 312-313.

[317] *Diário das Sessões*, n.º 39, 22 de abril de 1970, p. 313.

[318] Francisco Pinto Balsemão, carta a Marcello Caetano, 6 de fevereiro de 1970, in José Freire Antunes, *Cartas Particulares...*, vol. I, op. cit., pp. 302-303.

[319] Marcello Caetano, carta a Francisco Pinto Balsemão, 15 de julho de 1971, in José Freire Antunes, *Cartas Particulares...*, vol. I, op. cit., pp. 304-306.

[320] Carta de José Pedro Pinto Leite a Marcello Caetano, 4 de fevereiro de 1970, in José Freire Antunes, *Cartas Particulares...*, vol. II, op. cit., pp. 210-211.

[321] Marcelo Rebelo de Sousa, *Baltazar Rebelo de Sousa...*, op. cit., pp. 317-318.

[322] Emílio Rui Vilar e António Sousa Gomes, *Sedes: Dossier 70/72*, Lisboa, Moraes, 1973, pp. 319 e segs.

[323] Emílio Rui Vilar e António Sousa Gomes, *Sedes: Dossier 70/72*, op. cit., pp. 20-21.

[324] Emílio Rui Vilar e António Sousa Gomes, *Sedes: Dossier 70/72*, op. cit., pp. 21-23.

[325] Marcello Caetano, *Depoimento*, op. cit., p. 67.

[326] Versão integral dos Estatutos da SEDES in Emílio Rui Vilar e António Sousa Gomes, *Sedes: Dossier 70/72*, op. cit., pp. 326-347.

[327] Publicado no *Diário do Governo*, III Série, n.º 250, de 28 de outubro de 1970.

[328] Marcello Caetano, *Depoimento*, op. cit., p. 68.

[329] Marcello Caetano, carta a Américo Tomás, 7 de março de 1970, in José Freire Antunes (org.), *Cartas Particulares...*, vol. I, op. cit., p. 104.

[330] Marcello Caetano, *Depoimento*, op. cit., pp. 69-70.

[331] Guillermo O'Donnell e Philippe C. Schmitter, *Transitions from Authoritarian Rule – Tentative Conclusions about Uncertain Democracies*, Baltimore / Londres, The Johns Hopkins University Press, 2.ª ed., 1989, pp. 7-11.

[332] Juan J. Linz e Alfred Stepan, *A Transição e Consolidação da Democracia – A Experiência do Sul da Europa e da América do Sul*, (trad. Brasileira), S. Paulo, Paz e Terra, 1999, pp. 21-22.

[333] Talvez com a única exceção de Vasco Pulido Valente – *Marcello Caetano – As desventuras da razão*, op. cit. – à qual poderá acrescentar-se o ensaio de Jorge Borges de Macedo – *Marcelo Caetano e o Marcelismo*, op. cit..

[334] Rolão Preto, *Carta a um Republicano*, Lisboa, s/e, 1971, pp. 11-12.

[335] Marcello Caetano, «Na véspera de reformas importantes para os Açores», mensagem às populações dos Açores, 28 de março de 1970, in *Mandato Indeclinável*, op. cit., pp. 125-130.

[336] Mário Soares, *Um Político Assume-se...*, op. cit., p. 138.

[337] Mário Soares, *Escritos do Exílio*, Venda Nova, Bertrand, 1975, p. 18.

[338] Mário Soares, *Escritos do Exílio*, op. cit., pp. 30-32.

[339] Mário Soares, *Um Político Assume-se...*, op. cit., p. 143.

[340] Marcello Caetano, «Não há liberdade contra a lei», palestra pela rádio e televisão, 8 de abril de 1970, in *Mandato Indeclinável*, op. cit., pp. 131-142.

[341] Depoimento de Tomás de Oliveira Dias, citado por Vasco Pinto Leite, *A Ala Liberal...*, op. cit., pp. 111-112.

[342] Tiago Fernandes, *Nem Ditadura, Nem Revolução...*, op. cit., pp. 37-38.

[343] Marcello Caetano, *Depoimento*, op. cit., p. 65.

[344] Transcrito in Vasco Pinto Leite, *A Ala Liberal...*, op. cit., pp. 219-232.

[345] Cartão de Marcello Caetano a Pedro Pinto Leite, 26 de dezembro de 1969, fac-similado in Vasco Pinto Leite, *A Ala Liberal...*, op. cit., p. 321.

[346] Cartão de Marcello Caetano a Pedro Pinto Leite, 5 de fevereiro de 1970, fac-similado in Vasco Pinto Leite, *A Ala Liberal...*, op. cit., p. 322.

[347] Carta de José Pinto Leite a Marcello Caetano, 5 de fevereiro de 1970, in José Freire Antunes (org.), *Cartas Particulares...*, vol. II, op. cit., p. 211.

[348] Cartão de Marcello Caetano a José Pinto Leite, 28 de abril de 1970, fac-similado in Vasco Pinto Leite, *A Ala Liberal...*, op. cit., p. 323. (Sublinhados do original).

[349] Marcello Caetano, carta a José Pinto Leite, 19 de junho de 1970, in José Freire Antunes (org.), *Cartas Particulares...*, vol. II, op. cit., p. 217.

[350] Discurso de Pinto Leite na Assembleia Nacional a 14 de abril de 1970, editado em opúsculo pela Moraes Editores.

[351] Marcello Caetano, cartão a José Pinto Leite, 27 de junho de 1970, fac-similado in Vasco Pinto Leite, *A Ala Liberal...*, op. cit., p. 325.

[352] Marcello Caetano, cartão a José Pinto Leite, 27 de junho de 1970, fac-similada in Vasco Pinto Leite, *A Ala Liberal...*, op. cit., p. 326.

[353] Depoimento de Joaquim Pinto Machado, 16 de fevereiro de 1987, in Vasco Pinto Leite, *A Ala Liberal...*, op. cit., p. 274.

[354] Marcelo Rebelo de Sousa, depoimento escrito, 17 de julho de 2012.

[355] Aniceto Afonso e Carlos de Matos Gomes, *Os Anos da Guerra Colonial...*, op. cit., p. 551.

[356] Citado in José Freire Antunes, *Nixon e Caetano...*, op. cit., pp. 74-75.

[357] Citado in José Freire Antunes, *Nixon e Caetano...*, op. cit., p. 140.

[358] Citado in José Freire Antunes, *Nixon e Caetano...*, op. cit., p. 122.

[359] Bernard Droz e Anthony Rowley, *História do Século XX*, 3.º vol., Lisboa, Publicações Dom Quixote, 1991, p. 204.

[360] António Melo, José Capela, Luís Moita e Nuno Teotónio Pereira (ed.), *Colonialismo e Lutas de Libertação – 7 Cadernos sobre a Guerra Colonial*, Porto, Afrontamento, 1974, p. 257.

[361] *Information Catholique*, 12 de dezembro de 1969, in António Melo et al., *Colonialismo e Lutas de Libertação...*, op. cit., p. 257.

[362] António Melo et al., *Colonialismo e Lutas de Libertação...*, op. cit., p. 257.

[363] Eduardo Brazão.

890 MARCELLO CAETANO UMA BIOGRAFIA POLÍTICA

[364] Conto de Alexandre Herculano, in *Lendas e Narrativas*.

[365] Leonor Xavier, *Rui Patrício – A vida conta-se inteira*, Lisboa, Temas e Debates, 2010, pp. 169-170.

[366] Marcello Caetano, «Ardil desmascarado», palestra pela rádio e televisão, 7 de julho de 1970, in *Mandato Indeclinável*, op. cit., pp. 207-213.

[367] Franco Nogueira, *Um Político Confessa-se...*, op. cit., pp. 102-103.

[368] Franco Nogueira, *História de Portugal*, II Suplemento, op. cit., p. 346.

[369] Contornando a flor uma discreta faixa com a escrita: «Paulus VI Deiparae patrocinium pro tota Ecclesia implorans auream Rosam Fatimensi templo D. D. – Die XIII Maii MCMLXV» (http://www.vatican.va/holy_father/paul_vi/speeches/1965/documents/hf_p-i_spe_19650328_fatima_po.html).

[370] Versão oficial portuguesa em http://www.vatican.va/holy_father/paul_vi.

[371] *Informations Catholiques Internationalles*, 1 de setembro de 1970, in António Melo et al., *Colonialismo e Lutas de Libertação...*, op. cit., p. 260.

[372] Manuel Gonçalves Cerejeira, carta a Marcello Caetano, 8 de julho de 1970, in José Freire Antunes (org.), *Cartas Particulares...*, vol. II, op. cit., pp. 324-325.

[373] Fernando dos Santos Costa, carta a Marcello Caetano, 10 de julho de 1970, in José Freire Antunes (org.), *Cartas Secretas...*, vol. I, op. cit., pp. 276-277.

[374] Aniceto Afonso e Carlos de Matos Gomes, *Os Anos da Guerra Colonial...*, op. cit., p. 490.

[375] Transcrita in João Dias Rosas, *Rumos da Política Económica – Declarações Públicas do Ministro das Finanças e da Economia no período de 1968-1972*, Lisboa, s.e., 1972, pp. 87-100.

[376] Marcello Caetano, *Mandato Indeclinável*, op. cit., pp. 172-173.

[377] Marcello Caetano, «O Estado dos nossos dias tem de constituir um Estado social», in *Mandato Indeclinável*, op. cit., pp. 193-200.

[378] Carta de Francisco José do Vale Guimarães a Marcello Caetano, 25 de maio de 1970, in José Freire Antunes (org.), *Cartas Particulares...*, vol. I, op. cit., p. 324. Vale Guimarães, advogado, nasceu em Aveiro, de cujo distrito foi governador civil entre 1954-1959 e 1968-1974.

[379] Carta de Franco Nogueira a Marcello Caetano, 25 de junho de 1970, in José Freire Antunes (org.), *Cartas Particulares...*, vol. I, op. cit., p. 69.

[380] Marcello Caetano, «Na morte de Salazar», discurso pronunciado pela rádio e televisão em 27 de julho de 1970, in *Mandato Indeclinável*, op. cit., pp. 215-221.

[381] *Presos Políticos – Documentos 1970-1971*, Porto, Afrontamento, 1972, p. 55.

[382] Yves Congar, *Pour une Eglise servante et pauvre*, Paris, Éditions du Cerf, 1963.

[383] Mário de Oliveira, *Maria de Nazaré – Um pequeno Povo de Pobres reconhece-A como a companheira ideal no esforço a desenvolver para a libertação de todos*, Porto, Afrontamento, s.d..

[384] Mário de Oliveira, *Maria de Nazaré...*, op. cit., p. 46.

[385] Mário de Oliveira, *Maria de Nazaré...*, op. cit., p. 47.

NOTAS   891

386 José da Silva, *Subversão ou evangelho?: o processo do pároco de Maceira da Lixa no Tribunal Plenário do Porto*, Porto, Afrontamento, 1971.

387 Aniceto Afonso e Carlos de Matos Gomes, *Os Anos da Guerra Colonial...*, op. cit., p. 572.

388 Silva Cunha, *O Ultramar, a Nação e o «25 de Abril»*, Coimbra, Atlântida Editora, 1977, p. 342.

389 José Freire Antunes, *Nixon e Caetano...*, op. cit., p. 144.

390 Marcello Caetano, carta a Lopez-Rodó, 6 de setembro de 1970, in José Freire Antunes (org.), *Cartas Particulares...*, vol. II, op. cit., p. 292.

391 Marcello Caetano, «Em Santiago de Compostela», oração proferida na Universidade de Santiago de Compostela por ocasião da colação do grau de Doutor honoris causa, in *Mandato Indeclinável*, op. cit., pp. 223-235.

392 Marcello Caetano, «Balanço de dois anos de governo: A reforma da sociedade portuguesa tem de ser feita em paz», in *Renovação na Continuidade*, Lisboa, Verbo, 1971, pp. 1-28.

393 Marcello Caetano, *Pelo Futuro de Portugal*, op. cit., pp. 18 e 20.

394 *Razões da Presença de Portugal no Ultramar – Excertos de discursos proferidos pelo Presidente do Conselho de Ministros Prof. Doutor Marcello Caetano*, Lisboa, Secretaria de Estado da Informação e Turismo, 1.ª ed. (1971), 4.ª ed. atualizada com índice ideográfico (1973).

395 Marcello Caetano, *Depoimento*, op. cit., p. 62.

396 Artigo 45.º da Constituição Política.

397 José Freire Antunes, *Nixon e Caetano...*, op. cit., pp. 231-232.

398 Por exemplo, *Diário de Lisboa*, 6 de outubro de 1970, p. 2, sob o título: «Vão ser alteradas as leis sobre liberdade religiosa».

399 Manuel Gonçalves Cerejeira, carta a Marcello Caetano, 6 de abril de 1970, in José Freire Antunes (org.), *Cartas Particulares...*, vol. II, op. cit., p. 323.

400 Marcello Caetano, carta a Manuel Gonçalves Cerejeira, 28 de outubro de 1970, in José Freire Antunes (org.), *Cartas Particulares...*, vol. II, op. cit., p. 326.

401 Manuel Gonçalves Cerejeira, carta a Marcello Caetano, 30 de outubro de 1970, in José Freire Antunes (org.), *Cartas Particulares...*, vol. II, op. cit., p. 327.

402 Ver Pedro Aires de Oliveira, «A política externa do Marcelismo: a questão africana», in Fernando Martins (ed.), *Diplomacia e Guerra – Política externa e política de defesa em Portugal. Do final da monarquia ao marcelismo*, Lisboa, Edições Colibri – CIDEHUS-Universidade de Évora, 2001, pp. 233-265.

403 António de Spínola, carta a Marcello Caetano, 12 de novembro de 1970, in José Freire Antunes (org.), *Cartas Particulares...*, col. I, op. cit., pp. 148-149.

404 Américo Thomaz, *Últimas Décadas...*, vol. IV, op. cit., 136.

405 Alpoim Calvão, *De Conakry ao M.D.L.P. – Dossier secreto*, Lisboa, Intervenção, 1976, p. 83.

[406] *CGTP – 20 Anos com os trabalhadores – Breve Memória*, Lisboa, CGTP, 1990, p. 20.

[407] Emílio Rui Vilar e António Sousa Gomes, *Sedes: Dossier 70/72*, op. cit. pp. 213-214.

[408] Mendes Ribeiro, «Uma luz verde», *Diário de Lisboa*, 5 de novembro de 1970, in Emílio Rui Vilar e António Sousa Gomes, *Sedes: Dossier 70/72*, op. cit. p. 215.

[409] Francisco Cazal-Ribeiro, «Anti-SEDES... O quê?», *A Voz*, 7 de novembro de 1970, in Emílio Rui Vilar e António Sousa Gomes, *Sedes: Dossier 70/72*, op. cit. pp. 218-219.

[410] Artur Portela Filho, «Dar de beber a quem tem SEDES», *Jornal do Fundão*, janeiro de 1971, in Emílio Rui Vilar e António Sousa Gomes, *Sedes: Dossier 70/72*, op. cit. pp. 219-220.

[411] Diogo Freitas do Amaral, *O Antigo Regime e a Revolução...*, op. cit., p. 110.

[412] Diogo Freitas do Amaral, *O Antigo Regime e a Revolução...*, op. cit., pp. 110-111.

[413] Diogo Freitas do Amaral, *O Antigo Regime e a Revolução...*, op. cit., p. 111.

[414] Diogo Freitas do Amaral, carta a Marcello Caetano, 13 de junho de 1970, in José Freire Antunes (org.), *Cartas Particulares...*, vol. I, pp. 218-220.

[415] Marcello Caetano, carta a Diogo Freitas do Amaral, 19 de junho de 1970, in Diogo Freitas do Amaral, *O Antigo Regime e a Revolução...*, op. cit., p. 112. Interpretando a expressão usada pelo remetente, o destinatário escreve: «Expressão latina que à letra significa "Deus está acima de tudo", o que, no contexto, pretendia significar "Deus lá sabe por que tudo começa a correr mal neste país".»

[416] Marcello Caetano, «Reformas e resistências», conversa em família de 16 de novembro de 1970, in *Renovação na Continuidade*, op. cit., pp. 29-41.

[417] *Diário de Lisboa*, 17 de novembro de 1970, pp. 1 e 13.

[418] *Diário das Sessões*, n.º 48, 26 de novembro de 1970.

[419] Sá Carneiro, *Intervenções Parlamentares*, op. cit., pp. 45-50.

[420] Marcello Caetano, «Revisão constitucional», discurso proferido perante a Assembleia Nacional, em 2 de dezembro de 1970, in *Renovação na Continuidade*, op. cit., pp. 43-70.

[421] *Diário das Sessões*, n.º 50 (Suplemento), 3 de dezembro de 1970, p. 1048-(10).

[422] Marcello Caetano, *Pelo Futuro de Portugal*, op. cit., pp. 131-132.

[423] Marcello Caetano, *Depoimento*, op. cit., p. 34.

[424] Marcelo Rebelo de Sousa, *Baltazar Rebelo de Sousa...*, op. cit., p. 316.

[425] *Diário das Sessões*, n.º 70, p. 400.

[426] Artigo 176.º, § 2.º da Constituição: «Apresentada uma proposta ou projeto de revisão constitucional, quaisquer outros só poderão ser apresentados no prazo de vinte dias, a contar da data daquela apresentação.»

[427] João Bosco Mota Amaral, carta a Marcello Caetano, 15 de dezembro de 1970, in José Freire Antunes (org.), *Cartas Particulares...*, vol. I, op. cit., pp. 370-371.

NOTAS 893

[428] Marcello Caetano, carta a João Bosco Mota Amaral, 17 de dezembro de 1970, in José Freire Antunes (org.), *Cartas Particulares...*, vol. I, op. cit., pp. 371-372.

[429] João Bosco Mota Amaral, carta a Marcello Caetano, 12 de janeiro de 1971, in José Freire Antunes (org.), *Cartas Particulares...*, vol. I, op. cit., pp. 372-373.

[430] Texto integral do projeto in *Revisão Constitucional – Textos e documentos*, Lisboa, (Secretaria de Estado da Informação e Turismo), 1971, pp. 45-54.

[431] Diogo Freitas do Amaral, *O Antigo Regime e a Revolução...*, op. cit., p. 115. Texto integral do projeto in *Revisão Constitucional – Textos e documentos...* op. cit., pp. 55-57.

[432] Marcello Caetano, carta a Duarte Pinto Freitas do Amaral, 27 de março de 1971, in José Freire Antunes (org.), *Cartas Particulares...*, vol. I, op. cit., p. 232.

[433] Marcello Caetano, *Depoimento*, op. cit., p. 65. Sublinhado acrescentado.

[434] Aniceto Afonso e Carlos de Matos Gomes, *Os Anos da Guerra Colonial...*, op. cit., p. 587.

[435] Marcelo Rebelo de Sousa, *Baltazar Rebelo de Sousa...*, op. cit., p. 328.

[436] Marcello Caetano, «As reformas em marcha», conversa em família em 15 de fevereiro de 1971, in *Renovação na Continuidade*, op. cit., pp. 71-85.

[437] Diogo Freitas do Amaral, *O Antigo Regime e a Revolução...*, op. cit., p. 115.

[438] Diogo Freitas do Amaral, *O Antigo Regime e a Revolução...*, op. cit., pp. 115--116.

[439] André Gonçalves Pereira, carta a Marcello Caetano, 8 de março de 1971, in José Freira Antunes (org.), *Cartas Particulares...*, vol. I, op. cit., p. 111.

[440] Para um dossier documental completo sobre este assunto, ver *Revisão Constitucional – Textos e documentos*, Lisboa, (SEIT), 1971.

[441] Diogo Freitas do Amaral, *O Antigo Regime e a Revolução...*, op. cit., p. 117.

[442] Jorge Miranda, *Inconstitucionalidade de Revisão Constitucional – 1971, Um Projeto de Francisco de Sá Carneiro*, Lisboa, Assembleia da República, 1977, p. 14.

[443] Jaime Nogueira Pinto, *Portugal – Os Anos do Fim*, vol. II, Lisboa, Sociedade de Publicações Economia & Finanças, Lda., 1977, pp. 58-59.

[444] Américo Thomaz, *Últimas Décadas...*, vol. IV, op. cit., p. 145.

[445] Marcello Caetano, «Quem está com o Chefe do Governo?», discurso pronunciado no banquete promovido pelas comissões do Norte da ANP, no Porto, em 2 de abril de 1971, in *Renovação na Continuidade*, op. cit., pp. 87-101.

[446] Para uma descrição pormenorizada da constituição desta comissão e dos respetivos trabalhos, ver José Manuel Tavares Castilho, *A Ideia de Europa no Marcelismo...*, op. cit., pp. 133 e segs.

[447] *Relatório da Comissão de Estudos sobre a Integração Económica Europeia, Lisboa, setembro de 1970*, (policopiado), pp. 6-13. Parcialmente transcrito in José Manuel Tavares Castilho, *A Ideia de Europa no Marcelismo...*, op. cit., pp. 359--383. O documento, na sua versão integral (policopiada), foi gentilmente cedido ao Autor pelo Dr. José da Silva Lopes.

448 José Manuel Tavares Castilho, *A Ideia de Europa no Marcelismo...*, op. cit., pp. 137-138.

449 *Relatório da Comissão de Estudos...*, op. cit., pp. 85-91.

450 *Relatório da Comissão de Estudos...*, op. cit., pp. 136-139.

451 Transcrito in José Manuel Tavares Castilho, *A Ideia de Europa no Marcelismo...*, op. cit., pp. 305-356.

452 José Manuel Tavares Castilho, *A Ideia de Europa no Marcelismo...*, op. cit., p. 338.

453 *Presos Políticos – documentos 1970-1971*, op. cit., pp. 113 e segs.

454 *Presos Políticos – documentos 1970-1971*, op. cit., p. 127.

455 *Presos Políticos – documentos 1970-1971*, op. cit., p. 127 e 129.

456 António Alçada Batista, *Conversas com Marcello Caetano...*, op. cit., p. 143.

457 Marcello Caetano, *Depoimento*, op. cit., p. 80.

458 António José Saraiva, *Maio e a Crise da Civilização Burguesa*, op. cit., p. 156.

459 José Freire Antunes, *Nixon e Caetano...*, op. cit., p. 143.

460 Francisco Dutra Faria, carta a Marcello Caetano, 17 de março de 1973, in José Freire Antunes (org.), *Cartas Particulares...*, vol. I, op. cit., p. 293.

461 Richard Robinson, «Igreja Católica», in António Barreto e Maria Filomena Mónica (coord.), *Dicionário de História de Portugal* (Suplemento), vol. VIII, op. cit., p. 225.

462 Para um dossier pormenorizado, ver Cesare Bertulli, *A Cruz e a Espada em Moçambique*, Lisboa, Portugália Editora, s.d.. E ainda Aniceto Afonso e Carlos de Matos Gomes, *Os Anos da Guerra Colonial...*, op. cit., pp. 615-617.

463 Fernando dos Santos Costa, carta a Marcello Caetano, 1 de setembro de 1971, in José Freire Antunes (org.), *Cartas Particulares...*, vol. I, op. cit., pp. 278-279.

464 Miguel Caetano, «Marcello Caetano e a modernização de Portugal», in *Arganília*, n.º 21, 2007, pp. 14-15.

465 Francisco Sá Carneiro, *Uma Tentativa de Participação Política*, Lisboa, Moraes Editores, 1971.

466 Marcello Caetano, carta a Francisco Sá Carneiro, 5 de maio de 1971, in José Freire Antunes (org.), *Cartas Particulares...*, vol. I, op. cit., pp. 317-318.

467 Marcello Caetano, «As reformas na Assembleia Nacional», conversa em família em 23 de julho de 1971, in *Renovação na Continuidade*, op. cit., p. 186.

468 Marcello Caetano, «Recordações de um velho professor...», reconstituição do improviso no almoço oferecido por um grupo de alunos em 15 de maio de 1971, in *Renovação na Continuidade*, op. cit., pp. 111-120.

469 Marcello Caetano, «Agradecimento a Portalegre», reconstituição do improviso proferido no almoço oferecido pela Câmara Municipal de Portalegre, em 23 de maio de 1971, in *Renovação na Continuidade*, op. cit., pp. 121-124.

470 Decreto-lei n.º 27 058, de 30 de setembro de 1936.

471 Marcello Caetano, *Depoimento*, op. cit., pp. 68-69.

472 Marcello Caetano, «Mensagem à Legião Portuguesa», in *Renovação na Continuidade*, op. cit., pp. 125-128.

473 Oliveira Salazar, «Mensagem à Legião Portuguesa», in *Discursos e Notas Políticas*, vol. V, op. cit., pp. 385-389.

474 Marcello Caetano, «Caminho de unidade, de dignidade e de progresso», in *Renovação na Continuidade*, op. cit., pp. 129-140.

475 Sublinhado acrescentado.

476 Pedro Theotónio Pereira, carta a Marcello Caetano, 30 de maio de 1971, ANTT – AMC, Cx. 44, Correspondência/Pereira, Pedro Teotónio, n.º 133.

477 *Diário de Lisboa*, 28 de maio de 1971, pp. 1 e 8.

478 *The Guardian*, 31 de março de 1971, cit. por José Freire Antunes, *Nixon e Caetano...*, op. cit., p. 156.

479 José Freire Antunes, *Nixon e Caetano...*, op. cit., p. 157.

480 Marcello Caetano, «Na sessão inaugural da reunião ministerial da NATO», discurso proferido na sala da Assembleia Nacional em 3 de junho de 1971, in *Renovação na Continuidade*, op. cit., pp. 141-147.

481 Marcello Caetano, «Saudação aos membros do Conselho de Ministros do Atlântico Norte», brinde no banquete oferecido no Palácio de Queluz, em 4 de junho de 1971, in *Renovação na Continuidade*, op. cit., pp. 149-152.

482 *Diário de Lisboa*, 4 de junho de 1971, pp. 1 e 6.

483 *Diário de Lisboa*, 4 de junho de 1971, p. 6.

484 *Diário de Lisboa*, 3 de junho de 1971, p. 16.

485 Marcello Caetano, «Não há lugar para derrotismos nem cabe tolerância para terrorismos», in *Renovação na Continuidade*, op. cit., pp. 161-171.

486 Marcello Caetano, «Nem comunismo opressor, nem liberalismo suicida!», discurso proferido na sessão encerramento do 2.º Plenário das Comissões Locais da Ação Nacional Popular do Distrito de Setúbal em 20 de junho de 1971, in *Renovação na Continuidade*, op. cit., pp. 173-180.

487 Adriano Moreira, *O Novíssimo Príncipe*, 4.ª ed., Lisboa, Edições Gauge, 1986, pp. 88 e 90.

488 Américo Thomaz, *Últimas Décadas...*, vol. IV, op. cit., p. 183.

489 Américo Thomaz, *Últimas Décadas...*, vol. IV, op. cit., pp. 184-185.

490 Américo Thomaz, *Últimas Décadas...*, vol. IV, op. cit., p. 190.

491 Américo Thomaz, *Últimas Décadas...*, vol. IV, op. cit., p. 191.

492 Marcello Caetano, «Agradecimento do agraciamento com a Grã-cruz da Ordem da Torre e Espada», reconstituição do improviso proferido no Palácio de Belém, a 27 de setembro de 1971, in *Progresso em Paz*, Lisboa, Verbo, 1972, pp. 9-12.

493 Cit. in Américo Thomaz, *Últimas Décadas...*, vol. IV, op. cit., pp. 182-183.

494 Marcello Caetano, «Não estamos em tempos fáceis», discurso perante os dirigentes da ANP, no Palácio de S. Bento, em 27 de setembro de 1971, in *Progresso em Paz*, op. cit., pp. 1-8.

495 Cálculos obtidos a partir dos dados referentes aos censos da população de 1960 e 1970, in António Barreto (org.), *A Situação Social em Portugal, 1960--1995*, Lisboa, Instituto de Ciências Sociais, 1996, p. 65.

496 Marcello Caetano, *Renovação na Continuidade*, op. cit., pp. VII-XXXIX.

497 Marcelo Rebelo de Sousa, *Baltazar Rebelo de Sousa...*, op. cit., p. 326.

498 Marcelo Rebelo de Sousa, *Baltazar Rebelo de Sousa...*, op. cit., p. 326.

499 Joaquim da Silva Pinto, «Algumas considerações e evocações sobre os anos finais do Salazarismo e a fase marcelista do regime da Constituição de 33», in João Medina (dir.), *História de Portugal – Dos tempos pré-históricos aos nossos dias*, vol. XIII, tomo II, Alfragide, Clube Internacional do Livro, 1995, pp. 287-315. À data da demissão de João Salgueiro, Joaquim Dias da Silva Pinto era secretário de Estado do Trabalho e Previdência, funções que desempenhou até 7 de novembro de 1973, data em que assumiu as funções de ministro das Corporações e Segurança Social, que manteve até ao dia 25 de Abril de 1974.

500 Miguel Caetano, depoimento escrito, 6 de maio de 2012.

501 Marcelo Rebelo de Sousa, depoimento escrito, 3 de agosto de 2012.

502 Joaquim Veríssimo Serrão, *Marcello Caetano – Confidências no Exílio*, op. cit., p. 215.

503 Joaquim Veríssimo Serrão, *Marcello Caetano – Confidências no Exílio*, op. cit., p. 213.

504 Joaquim Veríssimo Serrão, *Marcello Caetano – Confidências no Exílio*, op. cit., p. 213.

505 Joaquim Veríssimo Serrão, *Marcello Caetano – Confidências no Exílio*, op. cit., p. 214.

506 Manuel de Lucena, *A Evolução do Sistema Corporativo Português*, vol. II – *O Marcelismo*, Lisboa, Perspetivas e Realidades, 1976, p. 14.

507 Manuel de Lucena, *A Evolução do Sistema Corporativo Português*, vol. II, op. cit., p. 19.

508 Daniel Bessa, *O Processo Inflacionário Português, 1945-1980*, Porto, Afrontamento, 1988, pp. 669 e segs.

509 Fonte: Luís Aguiar Santos, «Inflação em Portugal desde 1970: Moral da História», http://www.causaliberal.net/home/artigos/luis-aguiar-santos.

510 Marcello Caetano, «Acerca do custo de vida», conversa em família de 21 de outubro de 1971, in *Progresso em Paz*, op. cit., pp. 23-31.

511 Marcello Caetano, «Planeamos e cumprimos», conversa em família de 16 de novembro de 1971, in *Progresso em Paz*, op. cit., pp. 35-45.

512 *Diário do Governo*, n.º 260, I Série, 5 de novembro de 1971.

513 Graça Franco, *A Censura à Imprensa (1820-1974)*, Lisboa, Imprensa Nacional – Casa da Moeda, 1993, p. 164. Ver ainda Alberto Arons de Carvalho, *A Censura e as Leis de Imprensa*, Lisboa, Seara Nova, 1973.

514 Marcello Caetano, *Páginas Inoportunas*, op. cit., p. 161.

515 Cesare Bertulli, *A Cruz e a Espada em Moçambique*, op. cit., pp. 287 e segs.

516 Francisco Sá Carneiro, *Textos*, I vol., op. cit., pp. 321-323.

517 José Freire Antunes, *Nixon e Caetano...*, op. cit., p. 166.

518 Marcello Caetano, «Os acordos com os Estados Unidos», conversa em família de 16 de dezembro de 1971, in Progresso em Paz, op. cit., pp. 55-64.

519 Marcello Caetano, «Pela segurança, bem-estar e progresso do povo português!», discurso na conferência anual da ANP, em 28 de fevereiro de 1972, in *Progresso em Paz*, op. cit., pp. 83-106.

520 António de Spínola, *País sem Rumo – Contributo para a História de uma Revolução*, Lisboa, SCIRE, 1978, pp. 25-26.

521 António de Spínola, *País sem Rumo*, op. cit., p. 27.

522 António de Spínola, *País sem Rumo*, op. cit., p. 28. Ver ainda Silva Cunha, *O Ultramar, a Nação e o 25 de Abril*, op. cit., pp. 51 e segs.

523 Marcello Caetano, *Depoimento*, op. cit., pp. 190-191.

524 António de Spínola, *País sem Rumo*, op. cit., p. 36.

525 Américo Thomaz, *Últimas Décadas...*, vol. IV, op. cit., p. 166.

526 Américo Thomaz, *Últimas Décadas...*, vol. IV, op. cit., p. 166.

527 José Freire Antunes, *Nixon e Caetano...*, op. cit., p. 190.

528 António de Spínola a José Freire Antunes (*Nixon e Caetano...*, op. cit., p. 190).

529 Silva Cunha, *O Ultramar, a Nação e o 25 de Abril*, op. cit., p. 51.

530 Silva Cunha, *O Ultramar, a Nação e o 25 de Abril*, op. cit., p. 51.

531 Marcello Caetano, «A lição do Brasil», discurso proferido na rádio e televisão, em 10 de abril de 1972, in *Progresso em Paz*, op. cit., pp. 107-115.

532 Marcello Caetano, «Glória aos que combatem pela Pátria», discurso proferido na Liga dos Combatentes, em Lisboa, a 4 de maio de 1972, in *Progresso em Paz*, op. cit., pp. 117-124.

533 António de Spínola, carta a Marcello Caetano, 18 de junho de 1972, in José Freire Antunes (org.), *Cartas Particulares...*, vol. I, op. cit., pp. 153-154.

534 Diogo Freitas do Amaral, *O Antigo Regime e a Revolução*, op. cit., pp. 121-123.

535 Manuel José Homem de Mello, *Meio Século de Observação*, op. cit., p. 185.

536 Entrevista a José Freire Antunes, in *Nixon e Caetano...*, op. cit., p. 239.

537 Jorge Fernandes Alves, *Jorge de Mello «Um Homem», Percursos de Um Empresário*, Lisboa, Edições INAPA, 2004, p. 179.

538 Jorge Fernandes Alves, *Jorge de Mello...*, op. cit., p. 179.

539 José Soares da Fonseca, carta a Salazar, 10 de abril de 1965 (ANTT, AOS/CO/PC-6-A, Pasta 29, fls. 653-651).

540 José Soares da Fonseca, carta a Salazar, 23 de maio de 1965 (ANTT, AOS/CO/PC-6-A, Pasta 29, fls. 670-674).

541 Marcello Caetano, «Novas reformas, novos passos em frente», conversa em família em 11 de maio de 1972, in *Progresso em Paz*, op. cit., pp. 125-138.

542 Marcello Caetano, «Política é trabalho», discurso proferido na reunião das comissões da ANP de Santarém, in *Progresso em Paz*, op. cit., pp. 143-152.

543 Marcello Caetano, «Contra a revolução fomentadora de anarquia e criadora de miséria», discurso proferido na sessão de encerramento do Plenário da Comissão Distrital de Setúbal da ANP, em Almada, a 18 de junho de 1972, in *Progresso em Paz*, op. cit., pp. 159-170.

544 Marcello Caetano, «Unidos como um só», conversa em família em 3 de julho de 1972, im *Progresso em Paz*, op. cit., pp. 171-182.

545 Marcello Caetano, carta a Américo Tomás, 23 de junho de 1972, in Américo Tomás, *Últimas Décadas*, vol. IV, op. cit., p. 237.

546 Américo Tomás, carta a Marcello Caetano, 30 de junho de 1972, in *Últimas Décadas*, vol. IV, op. cit., p. 239.

547 Jorge Fernandes Alves, *Jorge de Mello...*, op. cit., pp. 179-180.

548 Marcelo Rebelo de Sousa, *Baltazar Rebelo de Sousa...*, op. cit., p. 340.

549 Marcello Caetano, *Progresso em Paz*, op. cit., p. 182.

550 Manuel José Homem de Mello, *Meio Século de Observação*, op. cit., p. 185.

551 Marcelo Rebelo de Sousa, *Baltazar Rebelo de Sousa...*, op. cit., pp. 341-342.

552 *Diário das Sessões*, n.º 194, 10 de agosto de 1972.

553 Marcello Caetano, *Depoimento*, op. cit., p. 84.

554 Cit. in José Manuel Tavares Castilho, *A Ideia de Europa...*, op. cit., p. 390.

555 Texto integral in Emílio Rui Vilar e António Sousa Gomes, *SEDES: Dossier 70/72*, op. cit., pp. 171-190.

556 Marcelo Rebelo de Sousa, *Baltazar Rebelo de Sousa...*, op. cit., p. 344.

557 Marcelo Rebelo de Sousa, *Baltazar Rebelo de Sousa...*, op. cit., p. 344.

558 Cit. in José Freire Antunes, *Nixon e Caetano...*, op. cit., p. 240.

559 Marcello Caetano, *Progresso em Paz*, op. cit., pp. 187 e segs.

560 Marcello Caetano, *Progresso em Paz*, op. cit., pp. 194-201.

561 Marcello Caetano, «Aos rurais e aos pescadores», discurso em S. Bento, ao receber os agradecimentos dos trabalhadores rurais e dos pescadores, em 27 de setembro de 1972, in *As Grandes Opções*, Lisboa, Verbo, 1973, pp. 1-6.

562 Marcello Cetano, *As Grandes Opções*, op. cit., pp. 7-22.

563 Marcello Caetano, *Progresso em Paz*, op. cit., pp. IX-XI.

564 Américo Thomaz, *Últimas Décadas...*, vol. IV, op. cit., p. 257.

565 Marcello Caetano, *Depoimento*, op. cit., p. 83.

566 José Freire Antunes, *Nixon e Caetano...*, op. cit., p. 236.

567 José Ribeiro dos Santos, carta a Marcello Caetano, Natal de 1972, in José Freire Antunes (org.), *Cartas Particulares...*, vol. II, op. cit., p. 222.

568 Para uma listagem completa das Resoluções do Conselho de Segurança das Nações Unidas sobre Portugal e África durante os anos de governo de Marcello Caetano, ver Norrie Macqueen, «As guerras coloniais», in Fernando Rosas e Pedro Aires Oliveira (coord.), *A Transição Falhada...*, op. cit., pp. 291-293.

[569] António de Spínola, *País sem Rumo*, op. cit., p. 41.

[570] António de Spínola, *País sem Rumo*, op. cit., p. 42.

[571] António de Spínola, *País sem Rumo*, op. cit., pp. 412-43.

[572] António de Spínola, *Por Uma Portugalidade Renovada*, Lisboa, Agência-Geral do Ultramar, 1973, p. 160.

[573] António de Spínola, carta a Marcello Caetano, 24 de outubro de 1972, in José Freire Antunes (org.), *Cartas Particulares...*, vol. I, op. cit., pp. 155--158.

[574] Marcello Caetano, «A ordem internacional tem de resultar da razão», in *As Grandes Opções*, op. cit., pp. 23-28.

[575] Marcello Caetano, «Alguns problemas no início da sessão parlamentar de 1972-1973», conversa em família transmitida em 14 de novembro de 1972, in *As Grandes Opções*, op. cit., pp. 29-42.

[576] ANTT – AMC, Cx. 44, Correspondência/Pereira, Pedro Teotónio, n.º 137.

[577] Refere-se ao discurso pronunciado por Marcello Caetano em Santarém, a 21 de maio de 1972.

[578] ANTT – AMC, Cx. 44, Correspondência/Pereira, Pedro Teotónio, n.º 147.

[579] ANTT – AMC, Cx. 44, Correspondência/Pereira, Pedro Teotónio, n.º 150.

[580] Sobre a ofensiva contra as cooperativas, na sequência do Decreto-lei n.º 520/71, de 24 de novembro, ver Lino de Carvalho e Gorjão Duarte (org.), *As Cooperativas em Questão – Para a história do Decreto-lei n.º 520/71*, Lisboa, Seara Nova, 1972.

[581] É o seguinte o texto integral do comunicado do Conselho Escolar da Faculdade de Letras de Lisboa: «O Conselho Escolar da Faculdade de Letras da Universidade de Lisboa, na sua reunião de 30 de novembro, considerou a situação anormal em que desde há uma semana têm decorrido os trabalhos escolares, com grave prejuízo dos alunos que efetivamente desejam cumprir os seus deveres e com manifesto desprestígio da Faculdade que se vê impossibilitada de cumprir a sua missão. Nesta conformidade, o Conselho decidiu encerrar o edifício da Faculdade até ao dia 10 de dezembro, esperando que os estudantes estejam decididos a prosseguir os respetivos cursos para que assim possam dignificar a Universidade e preparar o futuro profissional que os tornará úteis à sociedade e à Nação. Se, com a reabertura das aulas, prosseguir o estado de desordem, o Conselho ver-se-á obrigado a encerrar novamente a Faculdade.» (*Diário de Lisboa*, 2 de dezembro de 1972).

[582] *Diário de Lisboa*, 2 de dezembro de 1972.

[583] Diogo Freitas do Amaral, *O Antigo Regime e a Revolução...*, op. cit., p. 126.

[584] Mário Soares, *Um Político Assume-se...*, op. cit., pp. 152 e segs.

[585] Mário Soares, *Escritos do Exílio*, op. cit., p. 199.

[586] Leonor Xavier, *Rui Patrício...*, op. cit., pp. 140 e 142.

[587] Texto integral in Mário Soares, *Escritos do Exílio*, op. cit., pp. 197-205.

588 Para uma visão global, ver *Terror em Tete – Relato documental das atrocidades dos portugueses no distrito de Tete, Moçambique (1971-1972)*, Porto, A Regra do Jogo, 1974; José Amaro (org.), *Massacres na Guerra Colonial – Tete, um exemplo*, Lisboa, Ulmeiro, 1976.

589 Marcello Caetano, *As Grandes Opções*, op. cit., p. 169.

590 No dia 2 de abril de 1976, o então coronel Jaime Neves afirmou: «Nunca houve guerra sem mortandade. O mal é da guerra!... e de mais ninguém!» [José Amaro (org.), *Massacres na Guerra Colonial...*, op. cit., p. 3].

591 Marcello Caetano, «Melhoria da situação do funcionalismo público», in *As Grandes Opções*, op. cit., p. 67-75.

592 Para um dossier completo deste caso, ver Francisco Salgado Zenha, Francisco de Sousa Tavares, Jorge Sampaio, José Vasconcelos de Abreu e José Vera Jardim, *O Caso da Capela do Rato no Supremo Tribunal Administrativo*, Porto, Afrontamento, 1973.

593 *Diário de Lisboa*, 6 de janeiro de 1973.

594 Miller Guerra, *Progresso na Liberdade*, op. cit., pp. 444-445.

595 Miller Guerra, *Progresso na Liberdade*, op. cit., p. 451.

596 Para todo o processo, ver Silva Pinto (coord.), *Ser ou não ser Deputado*, Lisboa, Arcádia, 1973, pp. 137 e segs.

597 José Freire Antunes, *Sá Carneiro: Um Meteoro nos Anos Setenta*, Lisboa, Dom Quixote, 1982, p. 49.

598 Miller Guerra, *Progresso na Liberdade*, op. cit., pp. 460-478.

599 José Pedro Castanheira, *O que a Censura Cortou*, Lisboa, Expresso, 2009.

600 Marcello Caetano, «Só temos um caminho: defender o Ultramar!», in *As Grandes Opções*, op. cit., pp. 43-58.

601 Francisco de Moncada do Casal-Ribeiro de Carvalho, carta a Marcello Caetano, 25 de janeiro de 1973, in José Freire Antunes (org,), *Cartas Particulares...*, vol. I, op. cit., pp. 287-288.

602 Francisco Pinto Balsemão, carta a Marcello Caetano, 21 de fevereiro de 1973, in José Freire Antunes (org,), *Cartas Particulares...*, vol. I, op. cit., pp. 308-310.

603 Marcello Caetano, carta a António de Spínola, 26 de fevereiro de 1973, in Marcello Caetano, *O 25 de abril e o Ultramar – Três entrevistas e alguns documentos*, Lisboa, Verbo, s. d., pp. 99-105.

604 António de Spínola, *País sem Rumo*, op. cit., pp. 47-52.

605 Spínola utiliza sempre o extenso «Vossa Excelência» que, por comodidade, aqui se abrevia.

606 José Freire Antunes, *A Guerra de África...*, vol. II, op. cit., p. 1011.

607 António de Spínola, *País sem Rumo*, op. cit., pp. 53-54.

608 António de Spínola, *País sem Rumo*, op. cit., pp. 54-56.

609 António de Spínola, *País sem Rumo*, op. cit., pp. 56-58.

610 Secções do III Congresso da Oposição Democrática: 1.ª – Desenvolvimento Económico e Social; 2.ª – Estrutura e Transformação das Relações de Trabalho; 3.ª – Segurança Social e Saúde; 4.ª – Urbanismo e Habitação; 5.ª – Educação, Cultura e Juventude; 6.ª – Desenvolvimento Regional e Administração Local; 7.ª – Organização do Estado e Direitos do Homem; 8.ª – Situação e Perspetivas Políticas no Plano Nacional e Internacional.

611 *3.º Congresso da Oposição Democrática – Teses – 8.ª Secção*, Lisboa, Seara Nova, 1974.

612 José Medeiros Ferreira, «Da necessidade de um plano para a nação», in *3.º Congresso da Oposição Democrática – Teses – 8.ª Secção*, op. cit., pp. 11-22.

613 *3.º Congresso da Oposição Democrática – Conclusões*, Lisboa, Seara Nova, 1973, p. 131.

614 *3.º Congresso da Oposição Democrática – Conclusões*, op. cit., p. 140.

615 *3.º Congresso da Oposição Democrática – Conclusões*, op. cit., p. 142.

616 *3.º Congresso da Oposição Democrática – Conclusões*, op. cit., p. 154.

617 Marcello Caetano, «Servir ou destruir Portugal», in *As Grandes Opções*, op. cit., pp. 77-85.

618 Sublinhado acrescentado.

619 Oliveira Salazar, *Discursos*, vol. IV, op. cit. p. 120.

620 Cit. in João Morais e Luís Violante, *Cronologia...*, op. cit., p. 235.

621 Magalhães Mota, Oliveira Dias e José da Silva, *Encontro de Reflexão Política*, Lisboa, Moraes, 1973.

622 Magalhães Mota et al., *Encontro de Reflexão Política*, op. cit., pp. 25-26.

623 Magalhães Mota, «Introdução», in Magalhães Mota et al., *Encontro de Reflexão Política*, op. cit., p. 11.

624 Magalhães Mota et al., *Encontro de Reflexão Política*, op. cit., pp. 113-114.

625 Marcelo Rebelo de Sousa, depoimento escrito, 3 de agosto de 2012.

626 «Ata da fundação do Partido Socialista», in Victor Cunha Rego e Friedhelm Merz (coord.), *Liberdade para Portugal*, Amadora, Bertrand, 1976, p. 49.

627 *Diário das Sessões*, n.º 235, 14 de março de 1973.

628 D. António Ribeiro, *Documentos Pastorais*, vol. I, op. cit., pp. 193-211. Também publicada em opúsculo: *Conferência Episcopal da Metrópole, Carta Pastoral no Décimo Aniversário da «Pacem in terris»*, Lisboa, Secretariado Geral do Episcopado, 1973.

629 D. António Ribeiro, «Ao serviço do Reino de Deus na Igreja de Lisboa», homilia por ocasião da entrada na Sé Patriarcal, em 21 de novembro de 1971, in *Documentos Pastorais*, vol. I, Lisboa, Rei dos Livros, 1996, pp. 11-26.

630 Marcello Caetano, «Em defesa da liberdade», discurso proferido no encerramento do I Congresso da ANP, em Tomar, a 6 de maio de 1973, in *As Grandes Opções*, op. cit., pp.

631 Jaime Nogueira Pinto, *Portugal – Os Anos do Fim*, vol. II, Lisboa, Sociedade de Publicações Economia & Finanças, 1977, pp. 147 e 148.

902   MARCELLO CAETANO UMA BIOGRAFIA POLÍTICA

[632] Riccardo Marchi, *Império, Nação, Revolução...*, op. cit., p. 371.

[633] Sobre o Congresso dos Combatentes, ver Riccardo Marchi, *Império, Nação, Revolução...*, op. cit., pp. 371 e segs.; Jaime Nogueira Pinto, *Portugal – Os Anos do Fim*, vol. II, op. cit., pp. 143 e segs..

[634] Jaime Nogueira Pinto, *Portugal – Os Anos do Fim*, vol. II, op. cit., p. 146.

[635] Boaventura Sousa Santos, Maria Manuela Cruzeiro e Maria Natércia Coimbra, *O Pulsar da Revolução – Cronologia da Revolução de 25 de Abril (1973-1976)*, Porto e Coimbra, Edições Afrontamento / Centro de Documentação 25 de Abril da Universidade de Coimbra, 1997, pp. 16-17.

[636] Aniceto Afonso e Carlos de Matos Gomes, *Os Anos da Guerra Colonial...*, op. cit., p. 721.

[637] Aniceto Afonso e Carlos de Matos Gomes, *Os Anos da Guerra Colonial...*, op. cit., p. 731.

[638] Maria João Avillez, *Soares...*, op. cit., p. 293; Mário Soares, *Um político assume-se...*, op. cit., p. 165.

[639] Marcello Caetano, «Antes da viagem», entrevista difundida pela BBC-TV, em 12 de julho de 1973, in *As Grandes Opções*, op. cit., pp. 149-154.

[640] Pedro Feytor Pinto, *Na Sombra do Poder*, op. cit., p. 240.

[641] Marcello Caetano, «Respondendo a atoardas», entrevista à BBC-TV News, em 17 de julho de 1973, in *As Grandes Opções*, op. cit., pp. 167-171.

[642] Marcello Caetano, «No regresso a Lisboa», na manifestação nacional realizada por ocasião do regresso de Londres, em 19 de julho de 1973, in *As Grandes Opções*, op. cit., pp. 177-181.

[643] Marcello Caetano, «Uma nova forma de terrorismo», conversa em família em 26 de julho de 1973, in *As Grandes Opções*, op. cit., pp. 183-193.

[644] Aniceto Afonso e Carlos de Matos Gomes, *Os Anos da Guerra Colonial...*, op. cit., p. 739.

[645] Manuel José Homem de Mello, *Meio Século de Observação*, op. cit., p. 187.

[646] Gonçalo Mesquitela, carta a Marcello Caetano, 11 de julho de 1973, in José Freire Antunes (org.), *Cartas Particulares...*, vol. I, op. cit., p. 328.

[647] Marcello Caetano, carta a Kaúlza de Arriaga, 9 de julho de 1973, in José Freire Antunes (org.), *Cartas Particulares...*, vol. II, op. cit., p. 279.

[648] Avelino Rodrigues, Cesário Borga e Mário Cardoso, *O Movimento dos Capitães e o 25 de Abril – 229 dias para derrubar o fascismo*, Lisboa, Moraes, 1974, p. 267.

[649] Aniceto Afonso e Carlos de Matos Gomes, *Os Anos da Guerra Colonial...*, op. cit., p. 735.

[650] Aniceto Afonso e Carlos de Matos Gomes, *Os Anos da Guerra Colonial...*, op. cit., p. 740.

[651] Fernando dos Santos Costa, carta a Marcello Caetano, 10 de novembro de 1973, in ANTT, AMC, Cx. 24, Correspondência/Costa, Fernando dos Santos, n.ºs 46 e 46, Anexo 1.

[652] Sublinhados no original.

[653] Marcello Caetano, *A Verdade sobre o 25 de Abril*, s. e., 1976, p. 6.

[654] Marcello Caetano, *Na Véspera das Eleições*, Lisboa, Secretaria de Estado da Informação e Turismo, 1973.

[655] Diogo Freitas do Amaral, *O Antigo Regime e a Revolução*, op. cit., pp. 127-129.

[656] Diogo Freitas do Amaral, *O Antigo Regime e a Revolução*, op. cit., pp. 129-130.

[657] Américo Thomaz, *Últimas Décadas...*, vol. IV, op. cit., p. 306.

[658] Américo Thomaz, *Últimas Décadas...*, vol. IV, op. cit., p. 332.

[659] Américo Thomaz, *Últimas Décadas...*, vol. IV, op. cit., p. 275.

[660] José Freire Antunes, *Nixon e Caetano...*, op. cit., pp. 277-278.

[661] José Freire Antunes, *Nixon e Caetano...*, op. cit., p. 280.

[662] Manuel José Homem de Mello, *Meio Século de Observação*, op. cit., p. 190.

[663] Manuel José Homem de Mello, *Meio Século de Observação*, op. cit., pp. 190-191.

[664] Francisco Sá Carneiro, «Vantagens e desvantagens da participação eleitoral», in *Textos*, II vol., op. cit., p. 206.

[665] Ver J. M. Tavares Castilho, *Os Deputados da Assembleia Nacional...*, op. cit..

[666] Manuel José Homem de Mello, *Meio Século de Observação*, op. cit., p. 191.

[667] Manuel José Homem de Mello, *Meio Século de Observação*, op. cit., p. 191.

[668] Marcelo Rebelo de Sousa, *Baltazar Rebelo de Sousa...*, op. cit., p. 393.

[669] António Costa Pinto, *O Fim do Império Português*, Lisboa, Livros Horizonte, 2001, p. 61.

[670] António Costa Pinto, *O Fim do Império Português*, op. cit., pp. 58-59.

[671] Marcelo Rebelo de Sousa, *Baltazar Rebelo de Sousa...*, op. cit., p. 389.

[672] Diogo Freitas do Amaral, *O Antigo Regime e a Revolução...*, op. cit., p. 132.

[673] Diogo Freitas do Amaral, *O Antigo Regime e a Revolução...*, op. cit., p. 132.

[674] Diogo Freitas do Amaral, *O Antigo Regime e a Revolução...*, op. cit., p. 133-134.

[675] António de Spínola, *Portugal sem Rumo*, op. cit., p. 85.

[676] António de Spínola, *Portugal sem Rumo*, op. cit., pp. 85-86.

[677] Kaúlza de Arriaga, *No Caminho das Soluções do Futuro*, Lisboa, Ed. abril, 1977, pp. 73-74.

[678] Kaúlza de Arriaga, *No Caminho das Soluções do Futuro...*, op. cit, p. 74.

[679] Kaúlza de Arriaga, *No Caminho das Soluções do Futuro...*, op. cit, p. 74.

[680] Kaúlza de Arriaga, *No Caminho das Soluções do Futuro...*, op. cit, p. 76.

[681] Marcello Caetano, *Depoimento*, op. cit., p. 188.

[682] Maria Manuela Cruzeiro, *Costa Gomes, o Último Marechal*, Lisboa, Editorial Notícias, 1998, pp. 178-179.

[683] Marcello Caetano, *Depoimento*, op. cit., p. 187.

[684] Boaventura de Sousa Santos et al., *O Pulsar da Revolução...*, op. cit., p. 28.

[685] Francisco Sá Carneiro, *Textos*, II vol., op. cit., pp. 241-247.

[686] Texto completo in Câmara Corporativa, *Pareceres (X Legislatura), Ano de 1973*, vol. III, Lisboa, INCM, 1974, pp. 865-876.

687 José Freire Antunes, *Nixon e Caetano...*, op. cit., p. 327.

688 Manuel Bernardo, *Marcello e Spínola – A Rutura. As Forças Armadas e a Imprensa na Queda do Estado Novo (1973-1974)*, Lisboa, Edições Margem, 1994, p. 194.

689 Marcello Caetano, *Depoimento*, op. cit., p. 193.

690 Transcrito in Boaventura de Sousa Santos et al., *O Pulsar da Revolução...*, op. cit., p. 47.

691 Maria Manuela Cruzeiro, *Costa Gomes...*, op. cit., p. 190.

692 Boaventura de Sousa Santos et al., *O Pulsar da Revolução...*, op. cit., p. 47.

693 Maria Manuela Cruzeiro, *Costa Gomes...*, op. cit., p. 189.

694 Maria Manuela Cruzeiro, *Costa Gomes...*, op. cit., p. 189-190.

695 Cesare Bertulli, *A Cruz e a Espada em Moçambique*, op. cit., pp. 323-325.

696 Cesare Bertulli, *A Cruz e a Espada em Moçambique*, op. cit., pp. 325-326.

697 Marcello Caetano, *Depoimento*, op. cit., pp. 211-221.

698 Marcello Caetano, *Depoimento*, op. cit., p. 196.

699 Marcello Caetano, *Depoimento*, op. cit., p. 196.

700 António de Spínola, *Portugal e o Futuro – Análise da Conjuntura Nacional*, Lisboa, Arcádia, 1974.

701 António de Spínola, *Portugal e o Futuro...*, op. cit., pp. 11-12.

702 António de Spínola, *Portugal e o Futuro...*, op. cit., p. 15.

703 António de Spínola, *Portugal e o Futuro...*, op. cit., p. 19.

704 António de Spínola, *Portugal e o Futuro...*, op. cit., pp. 56-58.

705 António de Spínola, *Portugal e o Futuro...*, op. cit., p. 236.

706 António de Spínola, *Portugal e o Futuro...*, op. cit., p. 236.

707 António de Spínola, *Portugal e o Futuro...*, op. cit., p. 238.

708 António de Spínola, *Portugal e o Futuro...*, op. cit., p. 240.

709 António de Spínola, *Portugal e o Futuro...*, op. cit., p. 242.

710 Marcello Caetano, *Depoimento*, op. cit., p. 195.

711 *Expresso*, 23 de dezembro de 1973.

712 Para o relato desta conversa, ver Marcello Caetano, *Depoimento*, op. cit., pp. 196-197; António de Spínola, *País sem Rumo...*, op. cit., pp. 74-75; Maria Manuela Cruzeiro, *Costa Gomes...*, op. cit., p. 192; Luís Nuno Rodrigues, *Marechal Costa Gomes – No Centro da Tempestade*, Lisboa, A Esfera dos Livros, 2008, p. 117.

713 Marcello Caetano, *Depoimento*, op. cit., p. 197.

714 Américo Thomaz, *Últimas Décadas*, vol. IV, op. cit., p. 345.

715 Américo Thomaz, *Últimas Décadas*, vol. IV, op. cit., p. 345.

716 Américo Thomaz, *Últimas Décadas*, vol. IV, op. cit., p. 346.

717 Américo Thomaz, *Últimas Décadas*, vol. IV, op. cit., p. 347.

718 Américo Thomaz, *Últimas Décadas*, vol. IV, op. cit., p. 347.

719 Américo Thomaz, *Últimas Décadas*, vol. IV, op. cit., p. 348.

720 Américo Thomaz, *Últimas Décadas*, vol. IV, op. cit., p. 347.

[721] Para e descrição desta audiência, ver Marcello Caetano, *Depoimento*, op. cit., pp. 197-198; Américo Thomaz, *Últimas Décadas...*, vol. IV, op. cit., p. 348.

[722] Marcello Caetano, *Reflexão Sobre o Ultramar*, discurso na Assembleia Nacional em 5 de março de 1974, Lisboa, Secretaria de Estado da Informação e Turismo, 1974.

[723] Marcello Caetano, *Depoimento*, op. cit., p. 198.

[724] O debate realizou-se nos dias 6, 7 e 8 de março de 1974. (*Diário das Sessões*, n.os 36, 27 e 38, de 7, 8 e 9 de março de 1974).

[725] *Diário das Sessões*, n.º 37, 8 de março de 1974, p. 746-752

[726] João Bosco Mota Amaral, carta a Marcello Caetano, 7 de março de 1974, in José Freire Antunes (org.), *Cartas Particulares...*, vol. I, pp. 381-382.

[727] Marcello Caetano, *Depoimento*, op. cit., p. 37.

[728] Marcello Caetano, *O 25 de abril e o Ultramar – Três entrevistas e alguns documentos*, Lisboa, Verbo, 1976, p. 60.

[729] Marcello Caetano, *O 25 de abril e o Ultramar...*, op. cit., pp. 60-61.

[730] Marcello Caetano, *O 25 de abril e o Ultramar...*, op. cit., pp. 61-62.

[731] Marcello Caetano, *O 25 de abril e o Ultramar...*, op. cit., p. 65.

[732] Marcello Caetano, *O 25 de abril e o Ultramar...*, op. cit., p. 65.

[733] Marcello Caetano, *O 25 de abril e o Ultramar...*, op. cit., pp. 65-66.

[734] Pedro Aires Oliveira, «A Política Externa», in Fernando Rosas e Pedro Aires Oliveira (coord.), *A Transição Falhada – O Marcelismo e o Fim do Estado Novo (1968-1974)*, Lisboa, Editorial Notícias, 2004, pp. 303-337.

[735] Leonor Xavier, *Rui Patrício...*, op. cit., pp. 213-214.

[736] Leonor Xavier, *Rui Patrício...*, op. cit., p. 214.

[737] Leonor Xavier, *Rui Patrício...*, op. cit., p. 215.

[738] Leonor Xavier, *Rui Patrício...*, op. cit., p. 217.

[739] Leonor Xavier, *Rui Patrício...*, op. cit., pp. 218-219.

[740] Leonor Xavier, *Rui Patrício...*, op. cit., p. 221.

[741] Leonor Xavier, *Rui Patrício...*, op. cit., p. 210.

[742] José Pedro Castanheira, «Conversações em Roma», in *Expresso*, 27 de abril de 1996.

[743] Aniceto Afonso e Carlos de Matos Gomes, *Os Anos da Guerra Colonial...*, op. cit., p. 785.

[744] Miguel Caetano, depoimento escrito de 25 de julho de 2012.

[745] Sobre esta polémica, ver Silvino Silvério Marques, *Marcello Caetano, Angola e o 25 de Abril*, Mem-Martins, Editorial Inquérito, 1995.

[746] Américo Thomaz, *Últimas Décadas...*, vol. IV, op. cit., p. 350.

[747] Para a reconstituição desta conversa, ver: Américo Thomaz, *Últimas Décadas...*, vol. IV, op. cit., p. 352; Marcello Caetano, *Depoimento*, op. cit., pp. 199-200.

[748] Américo Thomaz, *Últimas Décadas...*, vol. IV, op. cit., pp. 352-353.

[749] Américo Thomaz, *Últimas Décadas...*, vol. IV, op. cit., p. 353.

750 Maria Helena Prieto, *A Porta de Marfim...*, op. cit.

751 Marcello Caetano, *Depoimento*, op. cit., p. 200.

752 Marcello Caetano, *Depoimento*, op. cit., p. 201.

753 Maria Manuela Cruzeiro, *Costa Gomes...*, op. cit., pp. 205-206.

754 Marcello Caetano, *Depoimento*, op. cit., p. 201.

755 Marcelo Rebelo de Sousa, depoimento escrito, 3 de agosto de 2012.

756 Texto integral in Marcello Caetano, *Depoimento*, op. cit., pp. 238.239

757 Manuel José Homem de Mello, *Meio Século de Observação*, op. cit., p. 192.

758 Marcello Caetano, *Reforma dos Ministérios que se Ocupam da Economia*, Discurso na cerimónia de posse de novos membros do Governo no Palácio de S. Bento, em 15 de março de 1974, Lisboa, Secretaria de Estado da Informação e Turismo, 1974.

759 *Diário de Lisboa*, 18 de março de 1974.

760 Américo Thomaz, *Últimas Décadas...*, vol. IV, op. cit., p. 357.

761 Marcello Caetano, *Depoimento*, op. cit., pp. 203-204.

762 *Diário de Lisboa*, 17 de março de 1974.

763 Cit. em Boaventura de Sousa Santos et al., *O Pulsar da Revolução...*, op. cit., p. 54.

764 Marcello Caetano, *O 25 de abril e o Ultramar...*, op. cit., p. 38.

765 Manuel José Homem de Mello, *Meio Século de Observação*, op. cit., p. 193.

766 Marcello Caetano, *O 25 de abril e o Ultramar...*, op. cit., pp. 39-40.

767 Texto integral in Diniz de Almeida, *Origens e Evolução do Movimento dos Capitães*, op. cit., pp. 295-296.

768 Texto integral in Marcello Caetano, *Depoimento*, op. cit., pp. 240-246.

769 Miguel Caetano, entrevista a José Freire Antunes, in *Nixon e Caetano...*, op. cit., p. 339.

770 Marcello Caetano, carta a López Rodó, 20 de março de 1974, in José Freire Antunes (org.), *Cartas Particulares...*, col. II, op. cit., p. 294.

771 Manuel José Homem de Mello, *Meio Século de Observação*, op. cit., p. 193.

772 Marcello Caetano, *O 25 de abril e o Ultramar...*, op. cit., p. 40.

773 Marcello Caetano, *O 25 de abril e o Ultramar...*, op. cit., p. 41.

774 Marcello Caetano, *O 25 de abril e o Ultramar...*, op. cit., p. 41.

775 Para uma descrição dos acontecimentos, ver Marcello Caetano, *O 25 de abril e o Ultramar...*, op. cit., pp. 41-54.

776 Pedro Feytor Pinto, *Na Sombra do Poder*, Lisboa, D. Quixote, 2011, p. 273.

777 Transcrita in António de Spínola, *Portugal Sem Rumo*, op. cit., p. 125. Embora concordante, no essencial, a versão de Feytor Pinto é ligeiramente diferente, por ser talvez uma interpretação do original: «O texto ficou-me gravado na sua essência de não se pretender que corresse, em vão, o sangue dos portugueses, para que o poder não caísse na rua e que o general parecia ser a pessoa em melhores condições para se responsabilizar pela situação.» (Pedro Feytor Pinto, *Na Sombra do Poder*, op. cit., p. 267).

[778] Pedro Feytor Pinto, *Na Sombra do Poder*, op. cit., p. 268.

[779] Pedro Feytor Pinto, *Na Sombra do Poder*, op. cit., p. 270.

[780] Pedro Feytor Pinto, *Na Sombra do Poder*, op. cit., p. 271.

[781] Pedro Feytor Pinto, *Na Sombra do Poder*, op. cit., p. 272.

[782] Manuel José Homem de Mello, *Meio Século de Observação*, op. cit., p. 214.

[783] Oliveira Salazar, *Discursos*, vol. I, op. cit., p. LXI.

[784] Marcello Caetano, *Depoimento*, op. cit., p. 207.

[785] Marcelo Rebelo de Sousa, *Baltazar Rebelo de Sousa*, op. cit., pp. 29-30.

[786] *Marcello Caetano no Exílio – Estudos, Conferências, Comunicações*, Lisboa, Verbo, 2006.

[787] Joaquim Vieira, *Marcello Caetano...*, op. cit., p. 191.

[788] Marcello Caetano, *Depoimento*, op. cit., p. 7.

[789] Marcello Caetano, *Depoimento*, op. cit., p. 5.

[790] Marcello Caetano, *Depoimento*, op. cit., pp. 206-207.

[791] Joaquim Veríssimo Serrão, *Marcello Caetano – Confidências no Exílio*, Lisboa, Verbo, 1985; Idem, *Correspondência com Marcello Caetano*, Lisboa, Bertrand Editora, 1994.

[792] Marcello Caetano, *Minhas Memórias de Salazar*, (1.ª ed.), Lisboa, Verbo, 1977

[793] Maria Helena Prieto, *A Porta de Marfim...*, op. cit., pp. 38-39.

[794] Maria Helena Prieto, *A Porta de Marfim...*, op. cit., p. 39.

[795] Maria Helena Prieto, *A Porta de Marfim...*, op. cit., pp. 281-282.

[796] Marcello Caetano, carta a Maria Helena Prieto, 5 de junho de 1979, in *A Porta de Marfim...*, op. cit., pp. 146-147.

[797] Maria Helena Prieto, *A Porta de Marfim...*, op. cit., p. 122.

[798] Maria Helena Prieto, *A Porta de Marfim...*, op. cit., pp. 146-147.

[799] Maria Helena Prieto, *A Porta de Marfim...*, op. cit., p. 147.

[800] Maria Helena Prieto, *A Porta de Marfim...*, op. cit., p. 128.

[801] Joaquim Veríssimo Serrão, *Marcello Caetano – Confidências...*, op. cit., p. 349.

[802] Maria Helena Prieto, *A Porta de Marfim...*, op. cit., p. 281.

[803] Maria Helena Prieto, *A Porta de Marfim...*, op. cit., p. 128.

[804] Maria Helena Prieto, *A Porta de Marfim...*, op. cit., p. 127.

[805] Manuela Goucha Soares, *Marcello Caetano...*, op. cit., p. 238.

[806] Joaquim Veríssimo Serrão, *Marcello Caetano – Confidências...*, op. cit., p. 380.

ANTOLOGIA

Incluem-se nesta breve antologia textos extraídos de discursos pronunciados por Marcello Caetano, considerados mais relevantes sob a perspetiva política:

1. «O momento político e económico» – No encerramento da 1.ª Conferência da União Nacional, em 11 de Novembro de 1946.
2. «Discurso de Coimbra» – Na sessão plenário de abertura do III Congresso da União Nacional, em 23 de Novembro de 1951.
3. «Saibamos ser dignos desta hora» – No Palácio de S. Bento, na posse das funções de Presidente do Conselho de Ministros, em 27 de Setembro de 1968.
4. «Revisão constitucional» – Na Assembleia Nacional, em 2 de Dezembro de 1970.
5. «Reflexão sobre o Ultramar» – Na Assembleia Nacional, em 5 de Março de 1974.
6. Última «conversa em família», em 28 de Março de 1974.

Sobre o primeiro, pronunciado quando desempenhava as funções de ministro das Colónias, Marcello Caetano afirmou ter sido importantíssimo na sua vida política, já que, depois dele «ficou a ser, a seguir ao Presidente do Conselho, a principal figura do Governo».

O segundo marcou uma etapa essencial no seu percurso político, fazendo--o sobressair no seio das elites do Estado Novo: por um lado, porque, no debate entre monarquia e república que se travava no interior do sistema político, ele encerra a questão, assumindo a defesa do sistema republicano; por outro, sobretudo porque levanta publicamente o candente tema da substituição de Salazar, afirmando que o regime continuará após o seu desaparecimento.

Quanto ao terceiro, é transcrito na totalidade, por se tratar do discurso com que inaugura o seu consulado como Presidente do Conselho, no qual são expressos os princípios que enformarão a sua governação.

O quarto, no qual faz a apresentação à Assembleia Nacional da proposta de revisão da Constituição, interessa essencialmente na parte que se refere ao processo de autonomia progressiva e participada das então designadas «províncias ultramarinas».

Os dois últimos, pronunciados em Março de 1974, enquadram-se no processo, já irreversível, da queda do regime: na comunicação à Assembleia Nacional, exige uma tomada de posição explícita da Câmara Legislativa sobre a política ultramarina. A transcrição dos excertos da última «conversa em família» justifica-se, historicamente, por ser a sua última comunicação ao País e por reafirmar a presença de Portugal em África.

1 «O MOMENTO POLÍTICO E ECONÓMICO»[1]

[...]

O nosso sistema de governo será responsável pelas dificuldades económicas actuais?

O sistema por que nos temos governado cifra-se essencialmente em meia dúzia de pontos: estabilidade governativa; independência do Governo relativamente à pressão de interesses particulares ou a movimentos meramente emocionais da opinião; ordem financeira assente no equilíbrio orçamental e no desafogo da tesouraria; organização económica assegurando a supervisão do Estado sobre os dados fundamentais da produção, da repartição e do consumo; defesa a todo o transe da situação dos trabalhadores e das classes sociais que vivem de rendimentos fixos; manutenção da tranquilidade pública para que se trabalhe e produza em paz.

[...]

O Estado Novo é suficientemente largo para nele caberem tendências diversas

Política que não é de modo nenhum imutável nas suas orientações práticas. O Estado Novo é suficientemente largo para nele caberem tendências diversas desde que se proponham actuar segundo os princípios constitucionais básicos.

Toda a gente sabe ou se não sabe pode verificar que dentro da União Nacional há uma tendência conservadora, uma tendência centrista e uma tendência social-progressista; isto é, a par daqueles que defendem as concepções tradicionais da organização social e da propriedade privada, para quem as reformas são forçadas transigências com uma corrente contrária errada e perigosa, encontram-se os par-

---

[1] Discurso pronunciado por ocasião do encerramento da 1.ª Conferência da União Nacional, na noite de 11 de Novembro de 1946 no salão do liceu D. Filipa de Lencastre do bairro social do Arco do Cego. Edição: *Jornal do Povo*. Subtítulos do original.

tidários entusiastas de uma transformação da sociedade portuguesa que assente fundamentalmente na educação das massas, no aperfeiçoamento do escol, no desenvolvimento da produção, na melhoria da repartição dos rendimentos, no alargamento da assistência social. E, no centro, entre ambas as correntes, encontram-se os que julgam necessário andar mais depressa e ver com mais largueza do que os conservadores, mas sem ir para já tão longe como os progressistas.

Existem estas correntes, e, a meu ver, a sua existência e a sua vivacidade são o penhor da própria vitalidade do Estado Novo. Mas são correntes e não são «partidos», isto é, não são grupos que entre si disputem a posse do Poder, não são clientelas ávidas de conseguir ensejo de partilhar as benesses da burocracia, não são clãs reunidos em torno de personalidades tutelares, antes todas afirmam a sua confiança total e a sua adesão sem reservas à chefia prestigiosa de Salazar.

É claro que as diversas tendências procuram fazer prevalecer a sua orientação e daí resultam renovações de quadros, mudanças de pessoal, que, sobretudo na política local, criam certo desassossego transitório. Mas isto é o que numa organização política como a nossa se chama «vida». Ai de nós se estagnássemos! Ai se deixássemos cristalizar o pensamento e a acção! Ai se não arejássemos as camadas dirigentes permitindo o acesso de elementos mais novos e mais ousados!

O importante é que não deixemos de aproveitar nenhum esforço, nenhuma boa vontade dos nacionalistas portugueses, novos ou velhos, colocados mais à direita ou mais à esquerda, conservadores ou progressistas, sempre que estejam em causa interesses superiores da Nação. Há lugar para todos os que, de coração aberto, professem os nossos ideais.

[...]

Se a posição de considerar impecável tudo quanto se faz é perniciosa, porque embota as faculdades críticas, inibe de verificar e de corrigir os erros e impede o aperfeiçoamento da obra, – o denegrimento sistemático, a insatisfação permanente, a ansiedade vaga por um ideal inatingível não é menos inconveniente à marcha resoluta e firme de quem detém o Governo.

[...]

Se vamos a ser tão exigentes que não toleremos uma só mácula no funcionamento das instituições, temos de mudar de planeta: não vale a pena sequer mudar de partido porque com os vermelhos ou com os azuis, podemos estar certos de vir a encontrar na melhor das hipóteses as mesmas deficiências e os mesmos erros.

E digo na melhor hipótese – as mesmas – porque um regime como o Estado Novo, a que tanto se acusa de «tecnicismo», e onde, por isso, há a preocupação da selecção do funcionalismo e um constante desvelo pela sua disciplina, um regime onde os Ministros quase não fazem política e por isso gastam as suas horas a acompanhar os negócios da administração pública mantendo-os em geral sob a sua vigilante atenção, um regime assim, fundado sob a preocupação da moralidade e do zelo pelo interesse geral, oferece muito mais garantias do que ofereceria um regime demagógico, de indisciplina dos serviços e de desprestígio e desatenção dos governantes.

Se, pois, sabemos de coisas que não estão certas, corrijamo-las: e dêmo-nos por felizes de estarmos num regime que, por definição, pretende e permite essas correcções; e dêmo-nos por felizes em não vivermos em regime onde as coisas erradas fossem muito mais numerosas e de muito maior gravidade!

Exortação final: fé no ideal, desinteresse na acção, resolução de vencer
[...]
Ouço às vezes perguntar quem é que assegura o futuro da Revolução Nacional. Respondo sem dificuldade: se vós quiserdes, senhores, sereis vós, com a vossa tenacidade e o vosso entusiasmo que assegurareis o futuro – vós todos e aqueles que convosco vierem ter para servir, em profunda comunhão de ideais, em íntima conjugação de esforços, a causa da honra, de felicidade e da grandeza de Portugal!

2 «DISCURSO DE COIMBRA»[2]

[...]
Estou neste Congresso por devoção e por obrigação. Por alturas do 28 de Maio, muito novo ainda, já eu tinha marcado posição política; mas a minha consciência cívica amadureceu depois, à medida que ia assistindo ao desenrolar da experiência salazarista na qual, sempre em modesto plano embora, tenho tido a sorte de poder colaborar a partir de 1929.
[...]
Quando em 1926 o Exército deu o golpe de Estado todos sabíamos o que não queríamos. Não queríamos o regime demagógico em que faltava a autoridade ao Poder, a segurança às pessoas, a paz nas ruas e nos espíritos. Não queríamos a ficção de um governo parlamentar em que uma classe profissional de políticos se arrogava a representação nacional para jogar um jogo de ambições e interesses do qual a Nação estava ausente. Não queríamos a esterilidade de uma política que agitava todos os problemas sem resolver nenhum e nos conduzira à ruína financeira, à miséria económica, à ineficácia da Administração.

Também sabíamos confusamente o que queríamos: era um regime que nos processos e nos resultados fosse o contrário disto. O que não acertávamos sempre era com a maneira de atingir esse desejo.

---

[2] Discurso pronunciado na sessão plenária de abertura dos trabalhos do III Congresso da União Nacional, na cidade de Coimbra, em 23 de Novembro de 1951. (*Páginas Inoportunas*, Lisboa, Bertrand, 1959, pp. 167-184.)

Tomei parte em muitas reuniões e conciliábulos dos primeiros tempos da Ditadura Militar. Assisti ao fazer e desfazer de muitos planos e programas. Vi surgir e desaparecer muitos homens que se julgavam providenciais. Cheguei a descrer de que, por falta de ideias assentes e de comando firme, se fosse até ao fim. Presto homenagem agora aos homens, mais velhos do que eu, que por então não desesperaram. Sobretudo à geração dos tenentes que teve de tomar conta de tudo – desde as administrações dos concelhos aos gabinetes ministeriais, passando pelas prevenções dos quartéis – e que com a sua fidelíssima tenacidade, em certos momentos mesmo com a sua esperança cega e inquebrantável, tornou possível que um dia Salazar fosse chamado em condições de poder salvar o País.

Eram muitos aqueles que de início apoiavam Salazar? Não eram. A oposição ao Governo, forte e aguerrida, redobrou de actividade quando viu que tinha homem pela frente. E dentro da Ditadura, nos meios militares e civis, não faltavam os descrentes e os concorrentes. Salazar teve de ir pouco a pouco conquistando a Nação, com a manifesta sinceridade dos seus actos, com a cristalina clareza dos seus discursos e das suas notas oficiosas, com a honestidade comprovada dos seus resultados. Mais do que ao apoio das pessoas que se entretinham a falar de política, o sucesso de Salazar deve-se à clarividência do General Carmona e à confiança que o Ministro soube captar da massa anónima que por esse país fora trabalha, sofre – e paga contribuições!

Salazar pôde, pois, lançar os alicerces de uma estrutura política que se integra na série de grandes experiências de adaptação do Estado moderno às novas condições de vida social características da época que tem o seu começo com a deflagração da guerra de 1914-18. A esta estrutura, que lentamente se tem vindo a formar e consolidar de 1932 para cá sobre os alicerces da Ditadura, é que chamamos o *Estado Novo*.

Embora consciente das dificuldades da empresa, mas como simples contribuição para estudo mais amplo e profundo, vou tentar inventariar os resultados positivos que, no campo político, se obtiveram com o Estado Novo.

Em primeiro lugar, conseguiu-se – e isso, logo desde o dia 28 de Maio de 1926 – que, desaparecidos os partidos e a sua política formal e convencional, o Estado passasse a ser um instrumento efectivo de realização do interesse nacional, não apenas considerado quanto aos superiores objectivos da política interna e externa, mas também no desempenho das tarefas mais comezinhas, embora não menos essenciais, da administração quotidiana. O Estado existe para realizar as aspirações da Nação inteira e para prover às necessidades da vida colectiva: não é uma ficção ao serviço de profissionais da política.

Em segundo lugar, o Estado, que recebe a expressão dos anseios da colectividade e que é o instrumento da sua realização, precisa de ter consciência, inteligência e vontade: tem de trabalhar segundo planos e com serviços bem ordenados. Para isso precisa de um *governo estável*, com ministros que possam ser chefes administrativos mas cuja actividade seja coordenada e orientada segundo um pensamento político encarnado num chefe. O Estado Novo deu-nos um governo estável e proporcionou-nos um pensamento e um chefe ao serviço de ideais colectivos.

Em terceiro lugar, a transformação do Estado numa grande empresa nacional que necessita quotidianamente de resolver os mais variados, complexos e urgentes problemas de interesse vital para a colectividade, tantas vezes em competição com interesses opostos de outros países, impede que a actividade governativa e administrativa continue a decorrer, como no século XIX, no quadro turbulento das assembleias parlamentares e ao sabor dos impulsos cegos ou emocionais de uma opinião pública apaixonadamente disputada pela imprensa partidária ou dominada por interesses plutocráticos. O Estado Novo deu-nos um governo com autoridade para resolver por si os problemas correntes, tanto por via legislativa como administrativa, sem dependência do Parlamento ou da opinião pública.

Em quarto lugar, o Estado moderno vê levantarem-se, a afrontar o poder político no quadro da Nação, fortes coligações de interesses económicos e sociais, nomeadamente os *trusts*, os *cartéis*, as associações patronais e os sindicatos operários, que em tantos países procuram desviar num sentido particularista as decisões dos Governos, minam ou corrompem a Administração, influem na imprensa e, o que é pior, estabelecem um ambiente de luta de classes de que o Estado acaba por se tornar simples joguete. O Estado Novo organizou as empresas económicas e as profissões em grémios e sindicatos oficialmente reconhecidos e chamou-os à colaboração com o Poder público sob a égide do comum interesse nacional.

Mas, em quinto lugar, uma já antiga tradição e o ambiente universal exigem que o governo dos povos não se passe inteiramente a ocultas da Nação e que a opinião pública possua órgãos de fiscalização, de informação e até de julgamento quanto às linhas gerais da orientação política. O Estado Novo possui assembleias parlamentares onde a administração pública pode ser censurada e a opinião esclarecida, e essas assembleias provêm do sufrágio que permite periodicamente campanhas de elucidação do eleitorado e votações para apreciação da obra feita.

Finalmente em sexto lugar – e compreende-se que paremos aqui, deixando de lado aspectos somenos –, um dos gravíssimos problemas do nosso tempo é o equilíbrio entre a autoridade deste governo, dotado de amplos poderes de decisão e com tamanha ingerência em todos os aspectos da vida social, sobretudo no campo económico – e a liberdade do indivíduo no seu tríplice aspecto civil, político e económico.

[...]

ANTOLOGIA 915

*

Vejamos agora quais são as mais importantes críticas ou apreensões que, sempre no plano político e dentro do campo nacionalista, podem ser suscitadas pelo regime do Estado Novo, tal como o praticamos.

[...]

A primeira das grandes apreensões de que vale a pena falar é a respeitante ao destino do Estado Novo no dia em que Salazar deixar de exercer a Presidência do Conselho.

Por muito que ela nos desagrade, a hipótese é inevitável: Salazar não é imortal. Ora o Presidente do Conselho lançou os alicerces do Estado Novo; delineou, depois, em discursos memoráveis, o seu projecto; e através de duas dezenas de anos, pelo meio de graves vicissitudes, tem-no procurado realizar. Pelos direitos de autoria, pelo capital de experiência acumulado, pela inegável superioridade intelectual, pela admirável clareza de visão, pelos títulos irrecusáveis que tem à gratidão de todos os portugueses, Salazar não é no Estado Novo apenas um Primeiro-Ministro: é um Chefe e um Mestre.

Resulta daí que insensivelmente todas as instituições do Estado Novo passaram a gravitar em seu redor. Ele é o árbitro de todas as dúvidas e o oráculo de todas as soluções. Para quem conhece a sua prudência, o seu equilíbrio e o seu espírito de justiça, não é de admirar que assim suceda, não por preguiça ou renúncia dos seus colaboradores mas, geralmente, por apelo em última instância de quantos se vêem a braços com uma grave dificuldade, enleados nalguma dessas teias que a tendência invasora do Estado ou a subtileza arguta da burocracia todos os dias lançam sobre as iniciativas individuais.

Assim nos fomos habituando a ver em Salazar a personificação da autoridade do Estado Novo e o chefe que nos une, nos arbitra e nos conduz. Como se passarão as coisas para a sua sucessão em circunstâncias normais? O que consideramos virtudes do Estado Novo não será apenas a projecção do talento político de Salazar? O Estado Novo será verdadeiramente um regime – isto é, um sistema de regras institucionais que permita a regularidade do governo da Nação –, ou não será mais do que o conjunto das condições adequadas ao exercício do Poder por um homem de excepcional capacidade governativa?

Eis as dúvidas que temos visto formuladas por muitos e que mais ou menos pairam no espírito de todos.

[...]

Eu creio, meus senhores, que a gigantesca personalidade de Salazar, longe de ser um perigo para o futuro do regime, é e será sempre um património moral inestimável de que devemos orgulhar-nos e que em todos os tempos há-de representar para os seus continuadores a mais nobre e eloquente das lições e o mais estimulante e fecundo dos exemplos.

A continuação do Estado Novo para além de Salazar não constitui problema justamente porque existe a sua doutrina e a sua obra, doutrina e obra que lançaram as bases sólidas de um sistema e que educaram já toda uma geração. E no dia – que Deus permita venha longe! – em que os desígnios de Deus impuserem que outro homem tome o seu lugar, tenho a firme esperança de que o Estado Novo se manterá sem custo no rumo traçado, desde que os nacionalistas portugueses, fiéis à inapreciável orientação recebida durante tantos anos de governo da Inteligência, sejam capazes de, nessas horas necessariamente críticas, praticar três virtudes pessoais e políticas: união, serenidade – e juízo!

*

Mais funda ainda vai outra apreensão – que constitui para muitos uma reserva formal à aceitação plena do regime instituído pela Constituição de 1933: o Estado Novo reveste a forma republicana, o Chefe do Estado é eleito periodicamente por sufrágio universal. Uns por sentimento ou por tradição e outros pelo temor de que alguma vaga emocional, empolgante do eleitorado em certo momento perturbado da vida do País deite a perder num dia o trabalho construtivo de muitos anos – pensam que reside aí um motivo de fraqueza das Instituições, que só o exercício vitalício e a sucessão hereditária poderiam evitar.

É este um problema em que tenho meditado muito: a formação da minha juventude, o respeito que me merece a tradição monárquica da Nação, a amizade carinhosa que voto aos seus representantes actuais – tudo me impeliria para essa solução, se a razão e um certo instinto político me não afastassem dela.

[...]

Há vinte e cinco anos pensava e escrevia eu que as Ditaduras só podiam alcançar sentido nacional quando apoiadas no espírito de continuidade e na consciência de responsabilidade dinástica de um monarca. Mas entretanto o Mundo deu muita volta e viu-se que não era Afonso XIII quem sustentava Primo de Rivera, e sim Primo de Rivera quem sustentava Afonso XIII; como não era Vítor Manuel quem aguentava o fascismo, e sim o fascismo quem aguentava Vítor Manuel. Os tronos mais assentes na tradição, e firmados na amizade e fidelidade dos povos, não conseguiram manter-se pelo prestígio da legitimidade quando estalaram as graves crises que puseram em causa princípios e métodos muito mais vitalmente ligados às preocupações hodiernas do que o sistema de desempenho e designação das funções do Chefe do Estado.

Que diremos então de um país onde a tradição monárquica, depois de 80 anos de república coroada, acabou por ser quebrada de tal maneira que hoje só pode ser sentida e compreendida por uma minoria?

Não. O problema crucial não se me afigura esse. Os regimes políticos já não se classificam em regimes de chefe de Estado hereditário e regimes de chefe de

Estado electivo: o que o Mundo nos mostra são realidades muito diferentes. O que interessa saber é se o governo de uma nação obedece efectivamente a um chefe – como a Rússia ou os Estados Unidos –, ou se está dissolvido na competição dos interesses e dos partidos. O comando único, o comando de um só – apoiado no sentimento e na vontade da nação cujos anseios profundos e legítimas aspirações interprete, exprima e realize, essa é que é a forma que o novo tipo de Estado solicita, para corresponder à extensão e profundidade das tarefas que os homens dele esperam.

[...]

O apego a um conceito tradicional de legitimidade temo eu que nos faça perder de vista o que há de mais autenticamente profundo no conflito travado. Por um lado, favorecendo a nossa velha tendência para acreditar que as culpas dos males sociais ou o remédio para eles tudo pode ser atribuído a uma simples mudança de instituições; por outro lado absorvendo no ataque ou na defesa dessas instituições energias de homens de boa vontade que «todas não seriam de mais», para queimar no «drama que vem mais de longe», no «conflito bem mais patético» que o das formas clássicas de regime e que hoje obriga a mobilizar todas as forças do Espírito para conter o assalto do materialismo invasor!

Compreendo, sinto e respeito as opiniões das pessoas que pensam neste caso diferentemente de mim. Mas tenho a certeza de que nos separa não um problema de fins e sim mera questão de meios. Já disse que acredito firmemente que as nações se encaminham para os governos de homens representativos do interesse nacional e, enquanto representativos, estáveis no Poder. Mas creio que a História está a gerar novos regimes de governo por um só, diferentes das monarquias antigas cuja estrutura social obedeceu a condições de vida muito diversas das actuais. E é preciso ter sempre presente que a Monarquia não é só um chefe do Estado vitalício e hereditário; este tem de corresponder ao remate de toda uma organização social e política sem a qual a contradição das instituições torna inevitavelmente precária a posição do monarca.

[...]

Pois bem: o que estamos em vias de fazer é, nesta ocasião em que tantas coisas ruem e tantas outras se transformam, salvar o que há de mais vitalmente profundo do génio da Nação portuguesa para, com o auxílio de tudo quanto possamos aproveitar para o nosso intento e através de novas formas que só pouco a pouco se vão definindo de entre a bruma espessa do futuro, o conservar como foco irradiante de novas soluções e de novas energias que nos permitam manter a identidade de Portugal através dos séculos e, permanecendo iguais a nós mesmos, sermos antigos sem sermos velhos, sermos experientes sem sermos fechados à experiência, sermos de todos os tempos em que ressoe a mensagem de Cristo e por isso mesmo sermos sempre do nosso tempo.

MARCELLO CAETANO UMA BIOGRAFIA POLÍTICA

Saberemos nós corresponder a tão dura exigência da Idade Nova? Eu tenho fé que sim. E invocando a Deus cuja Providência preside misericordiosamente à sorte da Humanidade, fiado na sua protecção e em que sejamos dignos de merecê-la, termino com a certeza de que tinha razão António Sardinha: «Ninguém como nós, no longo crepúsculo que envolve os destinos do Mundo e da Civilização, possui motivos de firme e elevada esperança!

3 «SAIBAMOS SER DIGNOS DESTA HORA»[3]

O Senhor Presidente da República resolveu, no seu alto critério e segundo as normas constitucionais, designar-me para a presidência do Conselho de Ministros. Afastado há bastantes anos da vida pública essa escolha surpreendeu-me. Tenho a consciência do que valho e do que posso e nunca poderia considerar-me à altura das gravíssimas responsabilidades deste momento histórico.

Elogio a Salazar

Em todo o mundo e em qualquer país são hoje bem pesadas as funções do governo.

Mas que dizer quando se trata de suceder a um homem de génio que durante quarenta anos imprimiu à política portuguesa a marca inconfundível da sua poderosíssima personalidade, dotada de excepcional vigor do pensamento, traduzida por uma das mais eloquentes expressões da nossa língua e senhora de uma vontade inflexível e uma energia inquebrantável que ao serviço do interesse nacional não tinha descanso nem dava tréguas?

Compreende-se bem que, sem falsa modéstia, eu tenha hesitado em aceitar o esmagador encargo. Mas a lúcida serenidade do Chefe do Estado que a Providência proporcionou ao País nesta hora, venceu os meus escrúpulos. A vida tem de continuar. Os homens de génio aparecem esporadicamente, às vezes com intervalos de séculos, a ensinar rumos, a iluminar destinos, a adivinhar soluções, mas a normalidade das instituições assenta nos homens comuns. O País habituou-se durante largo período a ser conduzido por um homem de génio: de hoje para diante tem de adaptar-se ao governo de homens como os outros.

Razões da aceitação da chefia do Governo

Alguém teria de arcar com as dificuldades dessa nova fase da vida constitucional. Desde que nas presentes circunstâncias quem de direito me chamou

---

[3] Discurso pronunciado no Palácio de S. Bento, na posse das funções de Presidente do Conselho de Ministros, em 27 de Setembro de 1968. Subtítulos do original. (*Pelo Futuro de Portugal*, Lisboa, Verbo, 1969, pp. 13-20).

a assumir as duras responsabilidades do momento, entendi não poder fugir a elas.

Pensei no povo português que, bem o tem demonstrado pela sua exemplar conduta cívica nesta ocasião, anseia antes de tudo por que se mantenha a independência nacional, a integridade do território, a ordem que permita o trabalho e facilite a aceleração do progresso material e moral.

Pensei particularmente na necessidade de não descurar um só momento a defesa das províncias ultramarinas às quais me ligam tantos e tão afectuosos laços e cujas populações tenho presentes no coração.

Pensei nas Forças Armadas que vigiam em todo o vasto território português e nalgumas partes dele se batem lutando contra um inimigo insidioso, em legítima defesa da vida, da segurança e do labor de quantos aí se acolhem à sombra da nossa bandeira.

Pensei na juventude a quem as gerações mais velhas têm de ajudar a preparar-se para vencer as árduas dificuldades de um futuro cheio de interrogações...

Necessidade do apoio do País

Não me falta ânimo para enfrentar os ciclópicos trabalhos que antevejo. Mas seria estulta a pretensão de os levar a cabo sem o apoio do País. Entre as fórmulas lapidares em que o Dr. Salazar concretizou um pensamento cuja riqueza iguala a perene actualidade, encontra-se aquela frase tão divulgada e tão verdadeira, bem adequada a esta hora: «Todos não somos de mais para continuar Portugal.»

Esse apoio terá muitas vezes de ser concedido sob a forma de crédito aberto ao Governo, dando-lhe tempo para estudar problemas, examinar situações, escolher soluções. Outras vezes será solicitado através da informação tão completa e frequente quanto possível, procurando-se estabelecer comunicação desejável entre o Governo e a Nação.

Preocupações imediatas

Neste momento não se estranhará que a minha preocupação imediata seja a de assegurar a normalidade da vida nacional, garantir a continuidade da administração pública e, se possível, a aceleração do seu ritmo, reduzir ao mínimo os factores de crise de modo a podermos vencer vitoriosamente as dificuldades da ocasião.

Temos de fazer face a tarefas inadiáveis. Enquanto as Forças Armadas sustentam o combate na Guiné, em Angola e em Moçambique, e nas chancelarias e nas assembleias internacionais a diplomacia portuguesa faz frente a tantas incompreensões, não nos é lícito afrouxar a vigilância na retaguarda. Em tal situação de emergência há que continuar a pedir sacrifícios a todos, inclusivamente nalgumas liberdades que se desejaria ver restauradas.

Apelo à união dos portugueses

Não quero ver os portugueses divididos entre si como inimigos e gostaria que se fosse generalizando um espírito de convivência em que a recíproca tolerância das ideias desfizesse ódios e malquerenças. Mas todos sabemos, pela dolorosa experiência alheia, que se essa tolerância se estender ao comunismo estaremos cavando a sepultura da liberdade dos indivíduos e da própria Nação. E que se vacilarmos perante certos ímpetos anárquicos, correremos o risco de nos vermos cercados de ruínas sobre as quais só um feroz despotismo poderá vir a reconstruir depois. Se queremos conservar a liberdade temos de saber defendê-la dos seus excessos, porventura os mais perigosos dos inimigos que a ameaçam.

Manutenção da ordem pública

O desejo sinceríssimo de um regime em que caibam todos os portugueses de boa vontade não pode, pois ser confundido com cepticismo ideológico ou tibieza na decisão. A ordem pública é condição essencial para que a vida das pessoas honestas possa decorrer com normalidade: a ordem pública será inexoravelmente mantida.

Continuidade e renovação

Disse há pouco da minha preocupação imediata em assegurar a continuidade. Essa continuidade será procurada, não apenas na ordem administrativa, como no plano político. Mas *continuar* implica uma ideia de movimento, de sequência e de adaptação. A fidelidade à doutrina brilhantemente ensinada pelo Dr. Salazar não deve confundir-se com o apego obstinado a fórmulas ou soluções que ele algum dia haja adoptado. O grande perigo para os discípulos é sempre o de se limitarem a repetir o Mestre, esquecendo-se que um pensamento tem de estar vivo para ser fecundo. A vida é sempre adaptação. O próprio Dr. Salazar teve ensejo, durante o seu longo governo, de muitas vezes mudar de rumo, reformar o que ensaiara antes, corrigir o que a experiência revelara errado, rejuvenescer o que as circunstâncias mostravam envelhecido. Quem governa tem constantemente de avaliar, de optar e de decidir. A constância das grandes linhas da política portuguesa e das normas constitucionais do Estado não impedirá, pois, o Governo de proceder, sempre que seja oportuno, às reformas necessárias.

Saibamos ser dignos desta hora

Entro a exercer as árduas funções em que fui investido animado de uma grande fé. Fé na Providência de Deus sem cuja protecção são vãos os esforços dos homens. E fé no povo português que espero firmemente saberá corresponder ao apelo de quem, com absoluto desinteresse, apenas deseja servir a sua Pátria e fazer quanto possa para ajudar os seus concidadãos numa hora difícil a prosseguir no caminho penosamente trilhado da dignidade, da paz e da justiça social.

ANTOLOGIA   921

Temos de cerrar fileiras, aquém e além-mar, para avançarmos juntos, com prudência, sim, mas seguramente. *A* divisão pode-nos ser fatal a todos. *A* dispersão enfra-quecer-nos-á sem remédio. Saibamos ser dignos desta hora. O mundo tem os olhos postos em Portugal: a dignidade do povo português responderá a essa curiosidade ansiosa.

4. «REVISÃO CONSTITUCIONAL»[4]

[...]

Continuidade ou renovação?

Ao tomar conta do Governo logo anunciei que não hesitaria perante as reformas necessárias. Assim tenho procedido, reformando aquilo que careça de ser melhorado, alterando o que pareça exigir modificação, nas oportunidades que se me afiguram propícias, segundo as linhas julgadas convenientes ao País, mas sem espírito de demolição nem frenesim de mudança. Oiço, volta não volta, perguntar se no rumo adoptado se opta pela continuidade ou pela renovação. Eis uma pergunta a meus olhos injustificada. A vida da Nação exige continuidade e só nela pode inserir-se fecundamente a renovação. Não há pois que colocar a questão em termos disjuntivos, não há que escolher entre continuidade ou renovação, mas apenas que afirmar o propósito de renovação na continuidade, isto é, de seguirmos sendo quem somos, mas sem nos deixarmos ancilosar, envelhecer e ultrapassar.

A guerra subversiva no ultramar

[...]

Contra nós foi desencadeada uma guerra subversiva que não surgiu da revolta das populações, que não traduz a aversão dos portugueses do Ultramar contra a sua Pátria, que não representa o anseio de velhas nações, despojadas injustamente da soberania, reencontrarem a independência perdida... As populações querem sobretudo trabalhar e viver em paz, em todo o ultramar a bandeira verde-rubra é amada e respeitada, em nenhuma das províncias existia há quinhentos anos, quando se tornaram portuguesas, nação etnicamente homogénea e politicamente organizada que houvéssemos oprimido.

Os vários movimentos chamados libertadores que nos dão combate na Guiné, em Angola e em Moçambique foram formados no estrangeiro, com dirigentes que o estrangeiro sustenta e apoia e é de territórios estrangeiros que nos desferem os ataque e enviam os guerrilheiros.

---

[4] Discurso proferido perante a Assembleia Nacional, em 2 de Dezembro de 1970. Subtítulos do original. (*Renovação na Continuidade*, Lisboa, Verbo, 1971, pp. 43-70.)

Uma vasta organização de países africanos, asiáticos e socialistas conspira contra Portugal, acoitando quantos se apresentem como nossos inimigos, subsidiando as actividades terroristas, fornecendo armas, material e instrutores às guerrilhas e movimentando no Mundo a propaganda antiportuguesa, que na tribuna das Nações Unidas encontra o seu púlpito de eleição, mas que depois se insere nos meios informativos através da falsa notícia c do comentário insidioso, quando não do ataque impudico.

[...]

Nesta campanha está em causa a conquista das almas

Enganar-se-ia redondamente quem pensasse que nesta campanha o principal são as operações militares. A guerra subversiva difere por completo das guerras clássicas. Na luta que hoje se trava no Ultramar português o que se disputa não são áreas, vilas ou cidades; não há batalhas, nem vitórias consequentes a choques de forças armadas; o que está em causa são as almas, é a adesão das populações.

[...]

Caracteres da guerra subversiva e armas com que temos de lutar

[...] A guerra subversiva é um combate que se dissemina nos territórios e infiltra nas retaguardas. O cansaço da luta prolongada, a insinuação das objecções de consciência, a perversão dos costumes, a corrupção da mentalidade, a destruição dos conceitos de honra pessoal, de dever cívico e de amor pátrio, tudo isso faz parte de um plano de desagregação da frente interna, enquanto pelo resto do mundo se ensaiam todos os meios de pressão susceptíveis de procurar conduzir o País à mudança da sua política ultramarina.

E nesse caminho não há preocupações de coerência nem escrúpulos morais. Não vemos por esse mundo homens que se intitulam democratas afirmar que o Chefe do Governo português – ele próprio, por um acto pessoal – deveria quanto antes consumar o abandono das províncias ultramarinas, negociando a sua entrega aos bandos terroristas?

Julgava eu que o procedimento democrático era o seguido há um ano: submeter ao sufrágio popular esse problema vital da Nação Portuguesa. A resposta, aquém e além-mar, foi clara, inequívoca, esmagadoramente decisiva. Só uma atitude de franco desrespeito pela sua vontade, atitude que não seria apenas ditatorial porque seria tirânica, podia levar o Chefe do Governo a renegar o mandato recebido. O apelo à tirania não pode acobertar-se decentemente com o manto da democracia.

A revisão constitucional mantém fundamentalmente o texto de *1933*

[...]

Uma ideia fundamental serviu de ponto de partida para a revisão proposta: a estrutura política da Constituição de 1933 deve ser mantida. Primeiro, porque, concebida de acordo com as lições da experiência nacional e segundo princípios cientificamente válidos, deu boas provas durante a vigência de quase quarenta anos, duração só excedida na nossa História pela Carta Constitucional de 1826. E, em segundo lugar, porque rever não é substituir, e não se trata de decretar uma nova Constituição, de que o País não sente necessidade e para o que não conferiu mandato à Assembleia eleita.

[...]

Liberdades individuais

Quanto à declaração de direitos constante do artigo 8.º, nela se encontram incluídas todas as garantias fundamentais de que depende, nas sociedades civilizadas de tipo ocidental europeu, o respeito da personalidade individual. As alterações a introduzir visam reforçar as garantias judiciárias dos arguidos, a regular mais estritamente a prisão preventiva e a consagrar em termos genéricos a faculdade de recorrer contenciosamente dos actos administrativos definitivos e executórios que os interessados considerem terem sido praticados com violação da lei.

É corrente falar-se, a propósito da acção do Governo da minha presidência, em liberalização. Professor vai para quarenta anos de disciplinas de Direito público, não se estranhará que tenha uma formação que pode ser considerada liberal. Mas todos quantos me conhecem ou tenham lido as minhas obras sabem qual o meu conceito de liberdade. Para o jurista, que sou, a liberdade individual não pode ser avaliada fora do meio social em que os cidadãos vivem e relativamente ao qual têm deveres imperiosos a respeitar e a cumprir. A liberdade não é o capricho, não é o reino do egoísmo fantasista de cada um, não é a licença do procedimento anárquico: é a faculdade que se reconhece às pessoas de obedecer às leis mais do que aos homens, o direito de só se ser obrigado a fazer ou a deixar de fazer alguma coisa em consequência de lei geral, isto é, que preceitue em termos iguais para quantos se encontrem em iguais condições.

Não há liberdade sem ordem

Não há pois antinomia entre a liberdade e a lei: pelo contrário, não pode haver garantia da liberdade de cada um sem lei que paute o procedimento de todos de modo a evitar os choques de interesses, de apetites, de cobiças, dos indivíduos entre si c a lesão da paz social e do interesse colectivo.

Essa harmonização de interesses e conveniências de modo a manter cada qual na sua órbita e a permitir a normal convivência na sociedade fazendo prevalecer nela a justiça é o que se chama a ordem.

MARCELLO CAETANO UMA BIOGRAFIA POLÍTICA

A missão da autoridade na variedade dos seus órgãos e manifestações – seja o Poder que legisla, seja o Governo que executa, sejam os tribunais que julgam, seja a administração que prevê, orienta e providencia –, a missão da autoridade, dizia eu, é a de sustentar e conservar essa ordem sem a qual os direitos individuais são precários e as liberdades não passam de platónicas ilusões.

Garantindo aos indivíduos meios eficazes de conter o Poder dentro da legalidade, e de defender os seus direitos ameaçados ou ofendidos por actos ilegais, contribui-se para assegurar a ordem jurídica.

O desiderato de todos os governos legítimos é a manutenção do equilíbrio entre a liberdade dos indivíduos e a autoridade que lhes deve garantir a vida, a integridade pessoal, a propriedade, a prática religiosa, o bom nome e reputação e os outros direitos fundamentais da personalidade.

Necessidade da lei para garantia das liberdades

Em países onde arreigadas tradições de civismo dão aos indivíduos consciência dos limites dos seus direitos e da extensão dos seus deveres sociais, talvez possam ser menos explícitas as leis e mais restrita a intervenção da autoridade.

Entre nós, porém, passará ainda tempo antes que seja possível dispensar as leis que regulam o exercício das liberdades e reduzir os órgãos e agentes da autoridade a meros espectadores da actividade dos cidadãos.

Nem creio, aliás, que essa seja a tendência actual dos Estados. O aparecimento em cena de grandes massas de gente cada vez mais impaciente, inconformada e desejosa de fazer pesar a sua vontade na vida social; o desregramento de costumes de certos movimentos juvenis; o recrudescimento da violência manifestado por todo o lado em atentados, assaltos, raptos e outros actos de subversão, tudo isso impõe que o Poder não se desarme e, pelo contrário, tenha de reforçar os meios de intervenção para prevenir e proteger legítimos interesses individuais e a própria subsistência da sociedade civilizada.

[...]

Ao tomar posse do Governo, recordando esse estado de coisas, afirmei que «em tal situação de emergência há que continuar a pedir sacrifícios a todos, inclusivamente nalgumas liberdades que se desejaria ver restauradas».

Desde então nunca perdi o ensejo de informar o País dos perigos que o ameaçam c da necessidade de manter essa atitude de sacrifício, que procurei em todos os domínios reduzir o mais possível, seja na restrição da liberdade de imprensa (a comparação dos jornais hoje publicados com os de há três anos mostrará o esforço realizado para a aliviar), seja no plano fiscal, onde o peso tributário está longe de atingir o normal em finanças de guerra.

Mas as circunstâncias críticas não se modificaram: o País tem de continuar a manter-se unido e vigilante para fazer frente vitoriosamente aos seus inimigos. O Governo vai abrindo caminhos para a normalidade, vai descomprimindo pressões desnecessárias, vai procurando criar nos Portugueses maior consciência dos seus direitos e das suas responsabilidades, mas não pode abdicar dos meios de intervenção sem os quais lhe seria impossível corresponder ao grave e pesado mandato de defesa da integridade territorial do País que a Nação lhe cometeu.

[...]

O Ultramar na revisão constitucional

Resta-me fazer referência às profundas modificações introduzidas nos preceitos constitucionais relativos ao Ultramar.

Como se sabe, até 1951 tínhamos duas leis constitucionais: a Constituição Política propriamente dita, só aplicável à Metrópole, e o Acto Colonial.

Na revisão de 1951 a matéria do Acto Colonial, profundamente remodelada na forma e no espírito, foi acrescentada à Constituição Política, onde passou a ser o título VII da 2.ª parte, com umas quatro dezenas de artigos divididos por seis capítulos.

Entendeu o Governo que, na linha de integração a que obedece a nossa política, esse título não tinha razão de ser com tal extensão e variedade de matérias. Destas, tudo o que merecia ser conservado na Constituição foi agora, na proposta que vos é submetida, incluído nos lugares próprios, ficando assim a lei fundamental a ser realmente comum a todo o território nacional.

No título VII da 2.ª parte, reduzido a quatro artigos, permanece apenas o que diz respeito à especialidade do regime político-administrativo das províncias ultramarinas, definidas como regiões autónomas dentro do Estado Português unitário.

Assimilação espiritual e autonomia das províncias ultramarinas

Sei que para muitas pessoas, impressionadas pela intensa propaganda integracionista, a ideia de autonomia das províncias ultramarinas é chocante. Mas sem razão.

No texto actual da Constituição, fiel nesse ponto ao estatuído desde 1930, reconhece-se a autonomia das províncias ultramarinas, determinando-se que tenham «organização político-administrativa adequada à situação geográfica e às condições do meio social».

Nem de outra maneira poderia ser. Compreende-se que se prossiga, sem desfalecimentos, uma política de assimilação espiritual, de modo a que Metrópole e Ultramar constituam uma unidade cada vez mais homogénea.

Essa política, porém, mesmo nos planos da cultura, deve respeitar as diferenciações regionais, como sucede dentro da própria Metrópole. Em cada província ultramarina há populações com seus usos, costumes, religiões e práticas que em tudo quanto não ofenda os princípios morais da civilização respeitamos e procuramos conservar, fazendo, quando muito, evoluir colectivamente os agregados sociais.

Mas quanto à administração – que erro enorme se cometeria se pretendêssemos tratar os territórios do Ultramar como simples circunscrições a que se aplicasse um Código Administrativo uniforme! Que equívoco seria pensar na possibilidade de os governar de Lisboa através de governadores civis! E que lastimável confusão a das suas economias tropicais, com estádios próprios de desenvolvimento e sujeições inevitáveis ao meio e à localização dos territórios, com a economia metropolitana!

A autonomia regional não afecta a soberania

As províncias ultramarinas carecem de manter uma organização político-administrativa como a que a Constituição lhes assegura: com leis votadas para cada uma pelos seus órgãos legislativos, com governo privativo que assegure a marcha corrente da administração pública, com finanças provinciais que permitam custear as despesas locais com as receitas localmente cobradas segundo o orçamento elaborado e aprovado pela sua assembleia electiva.

A soberania do Estado una e indivisível nem por isso deixará de afirmar-se em todo o território da Nação, através da supremacia da Constituição e das leis provenientes dos órgãos centrais (onde as províncias aumentarão a sua representação) e da nomeação dos governadores delegados do Governo Central cujos direitos de inspecção e superintendência se mantêm íntegros.

O Governo Central conserva, juntamente com os encargos da defesa nacional, o dever de zelar pelo respeito dos direitos individuais de todos os elementos da população do Ultramar, sem discriminação. À igualdade jurídica de todos os portugueses tem de corresponder sempre e em todos os lugares a compenetração social. Se localmente se manifestarem algures tendências de segregação, elas serão inexoravelmente combatidas pela intervenção do Poder Central caso venha a ser necessário. Não desistiremos da nossa política de fraternidade racial, não renunciaremos ao nosso intento de prosseguir na formação de sociedades multirraciais, não transigiremos quanto à manutenção de um estatuto único para os portugueses de qualquer raça ou de qualquer cor.

Integração bem entendida

É dentro destes princípios que seguirá a política ultramarina de Portugal. Em Abril de 1969, ao discursar perante os Conselhos Legislativo e Económico-Social de Moçambique, na cidade de Lourenço Marques, dizia eu que «uma integração bem entendida de todas as parcelas no todo português exige que cada uma nele se insira de acordo com as suas próprias feições geográficas, económicas e sociais. Não seria sã uma unidade que fosse conseguida, não por acordo de vontades obtido na harmonia dos interesses, mas pelo espartilhamento forçado, segundo figurinos abstractamente traçados. A unidade nacional não prescinde das variedades regionais».

Grandes regiões, como Angola e Moçambique, de extensão imensa e incalculáveis potencialidades económicas, onde a todo o momento surgem novos problemas acarretados por um desenvolvimento impetuoso, com estruturas sociais muito diversas das deste rectângulo europeu onde nos comprimimos há muitos séculos, não seria razoável que não possuíssem uma administração localmente apta a dar seguimento rápido, adequado e eficaz às questões de que depende a marcha quotidiana da vida social.

Renovação sem convulsão

Nesse, como noutros pontos em que se sugerem alterações à Constituição, o Governo não pretendeu senão corresponder a aspirações nacionais, atendendo a necessidades novas ou indo ao encontro de expressões de necessidades antigas a que os tempos vão dando novos matizes, novo estilo ou novo vigor.

E fá-lo na plena consciência das responsabilidades que lhe cabem, depois de ponderar bem quais os passos viáveis no caminho que a Nação tem de percorrer corajosamente através das dificuldades do mundo contemporâneo, sem negar a sua identidade, sem comprometer a sua coesão e sem perder de vista os seus interesses e os seus destinos.

Espero confiadamente que, como até agora tem acontecido, o povo português e os seus representantes acompanhem o Governo nesta política ao mesmo tempo prudente e ousada, uma política de movimento, uma política de reforma, uma política de progresso, mas cujo desenvolvimento se pretende conduzir com o mínimo de abalos e, sobretudo, procurando preservar aquelas extraordinárias qualidades e puras virtudes populares que formam o inestimável património moral da Nação lusíada a que Deus nos concedeu a graça de pertencer.

5. «REFLEXÃO SOBRE O ULTRAMAR»[5]

[...]
Nenhuma dúvida pode haver de que o mais grave problema que presentemente se põe à Nação portuguesa é o Ultramar.

[...]
Mas na hora actual essa evolução de uma sociedade pluricontinental e multirracial é perturbada por crescente pressão internacional adversa. Uma pressão determinada por preconceitos ideológicos, por interesses imperialistas, por soli-

---

[5] Discurso proferido na Assembleia Nacional, em 5 de Março de 1974. (*Depoimento*, Rio de Janeiro, Record, 1974, pp. 222-237). [Mantêm-se as notas do original].

dariedades continentais que cada dia encontra novas maneiras para se manifestar, afastando todos os limites da razão e todas as normas da moral e do direito internacionais. Uma pressão que encontrou nas assembleias constitucionais ou dependentes das Nações Unidas o ambiente propício de formação, de ampliação e de aplicação. E de que decorre a mais incrível campanha contra o nosso País, com mobilização de recursos avultados e de poderosas forças e com o uso das mais variadas armas – desde a calúnia à agressão.

Em face deste ataque, que tudo indica estar em aumento, impõe-se que os portugueses adoptem uma atitude consciente e definida. E por isso se lhes pede, através da sua mais alta assembleia representativa, nova reflexão.

É para a facilitar que me proponho recapitular a orientação que tem sido seguida pelo Governo, de acordo com o sufrágio popular e dentro das linhas traçadas na revisão constitucional de 1971.

[...]

Nunca será demais recordar que as operações militares em Angola, em Moçambique e na Guiné resultaram da legítima defesa perante uma agressão preparada e desencadeada a partir de territórios estrangeiros.

Perante o ataque a vidas e fazendas em território português o nosso dever era conter a agressão, castigar os agressores e tomar as medidas indispensáveis à segurança de pessoas e bens.

As forças militares foram chamadas a cooperar nesta acção de polícia. Só que o ataque dos adversários foi continuando sob as formas insidiosas da guerra subversiva. E vimo-nos assim envolvidos numa luta desgastante de todos os dias, em que fatalmente o inimigo, com forças ínfimas embora, pode conservar a iniciativa e constantemente vibrar golpes na economia e no moral das populações.

Como, porém, tive ocasião de dizer em Julho de 1972, «as forças militares que servem na África portuguesa e hoje têm cerca de metade dos seus efectivos constituídos por africanos, não fazem a guerra: asseguram a paz.

Não dominam, não subjugam, não anexam, não conquistam – apenas vigiam, e repelem quando necessário a força pela força, proporcionando aos habitantes a possibilidade de fazer normalmente a sua vida, apoiando a sua evolução e promoção social, e garantindo o fomento e progresso dos territórios»[6].

[...]

Repetidamente tenho versado este tema – da razão por que defendemos de armas na mão o Ultramar.[7]

---

[6] *Progresso em Paz*, pág. 177 [Nota do original].

[7] Discurso na Assembleia Nacional em 27 de Novembro de 1968, Pelo Futuro de Portugal, pág. 51-62; no Conselho Legislativo da Guiné, em 14 de Abril de 1969, *idem*, pág. 111; à ANP, 21 de Fevereiro de 1970, *Mandato Indeclinável*, pág. 113-114; no Palácio Foz, 27 de Setembro de 1970, *Renovação na Continuidade*, págs. 9-11; na RTP, em 15 de Janeiro de 1973, *As Grandes Opções*, pág. 56, etc.

E mostrei que não podemos deixar de proteger populações cuja vontade é permanecerem portuguesas, nem deixar de preservar uma obra de civilização erguida e mantida por obra e graça de Portugal e que só com Portugal subsistirá.

Nomeadamente ao sul do Equador as duas grandes províncias de Angola e de Moçambique que Portugal criou a partir de um mosaico de pobres e geralmente decadentes tribos esparsas por territórios inóspitos, Angola e Moçambique são povoadas por pretos, brancos e asiáticos que amam a África e, por nascença ou por escolha, a têm por terra-mãe. [...]

Consideramos, por isso, nosso dever defender os que confiantes em Portugal são fiéis à sua bandeira; e entendemos ser nossa obrigação salvaguardar uma obra que representa um positivo contributo para o progresso da Humanidade e da Civilização.

[...]

A defesa do Ultramar impôs-se-nos, pois, pela necessidade moral de preservar vidas e bens daqueles que, em territórios secularmente portugueses, portugueses são. E impôs-se-nos pela consciência de termos uma missão a cumprir: a de garantir o prosseguimento e o aperfeiçoamento de sociedades onde se não pratiquem discriminações raciais e se faça vingar a harmonia entre os homens de qualquer cor de pele.

[...]

Enquanto assegurávamos a paz e a ordem nos territórios ultramarinos, pensávamos no futuro destes. É curioso notar que em todos os territórios o desencadeamento dos ataques terroristas coincide com o início de uma era de notável desenvolvimento económico e social.

Era preciso desvendar perspectivas de evolução política no quadro desse desenvolvimento. E assim fiz no decurso da minha inesquecível viagem a África, em Abril de 1969, nos vários discursos pronunciados na Guiné, em Angola e em Moçambique.

Do que disse então fiz um resumo na conversa tida na Televisão em 17 de Junho desse ano de 1969 que me permito reproduzir agora. Disse eu: «Anunciei nos discursos que fiz em África os pontos fundamentais da nossa política: consolidação das sociedades multirraciais que cultivamos e das quais está ausente toda a discriminação de cor, raça ou religião; autonomia progressiva do governo das províncias de acordo, segundo a Constituição, com o respectivo estado de desenvolvimento e os seus recursos próprios; participação crescente das populações nas estruturas políticas e administrativas; fomento dos territórios com ampla abertura à iniciativa, à técnica, ao capital de todos os países sob a única condição de se proporem valorizar a terra e a gente, e não explorá-las».[8]

---

[8] *Pelo Futuro de Portugal*, pág. 206.

Se tenho ou não sido fiel a este programa, o País julgará. Foi de acordo com ele que se operou a revisão constitucional de 1971 na parte referente ao Ultramar. Em seguimento da reforma renovaram-se as instituições políticas e administrativas das províncias ultramarinas, dando-lhes possibilidades novas de acção. Pensam alguns que se não foi suficientemente longe. A verdade, porém, é que se foi até onde razoavelmente pareceu que se podia ir. E é fácil formular críticas à distância, passados os acontecimentos. Não me esqueci, porém (e haverá mais pessoas que não se esqueceram) das dificuldades que tiveram de ser superadas para se chegar onde se chegou.

Na política prosseguida tem papel destacado a ideia da concessão de autonomia progressiva e participada às províncias ultramarinas.

[...]

A autonomia política e administrativa de cada província implica a existência de governo próprio, com uma assembleia legislativa eleita que vota as leis de aplicação local, e a liberdade de administração das suas finanças e do património provincial.

Esta autonomia, porém, sendo tão ampla que, como mais de uma vez tem sido notado, excede em faculdades as normalmente conferidas nas federações política aos estados federados, não pode ser desagregadora. Muitas razões aconselham a manter a autoridade dos governadores como representantes do governo central. E não é das menores a que há pouco indiquei: impedir que o poder económico de certas minorias, ou a força cega de alguma maioria impeçam o convívio pacífico, equilibrado e harmonioso que tem de existir nas sociedades um tir nas sociedades multirraciais.

Qual será, porém, a evolução da autonomia das províncias ultramarinas?

Peço licença para novamente me citar. Para citar o que escrevi em 1970 no prefácio do livro *Mandato Indeclinável*.

«Em política só cabem as visões históricas e essas são incompatíveis com as juras para a eternidade: não se pode dizer que tudo se há-de passar desta ou daquela maneira até à consumação dos séculos. Ainda aqui o que importa é preparar o futuro: prepará-lo para que seja um futuro português, construído por nossas mãos para preservar a nossa alma.»

Pode perguntar-se agora qual é a melhor via para preparar este *futuro português*.

E há quem pretenda que a manutenção da luta contra o terrorismo pode vir a cavar um fosso entre Portugal e as populações susceptível de comprometer esse portuguesismo que pretendemos garantir para o futuro.

Tal raciocínio pressupõe a aceitação da existência de um levantamento nacional guinéu, angolano ou moçambicano contra a Pátria comum. O que não é exacto. As populações da Guiné, de Angola e de Moçambique não se sublevaram contra Portugal. São, pelo contrário, vítimas inocentes dos ataques terroristas; e sofrerão porventura por vezes as consequências do combate aos elementos subversivos que nelas se infiltram e acoitam. Defendê-las é um dos nossos deveres; é uma das nossas missões.

Nesta luta, repetidamente se acentua, o que está em causa é a adesão das almas, não a conquista de terras ou a subjugação de povos.

Chamamos a nós essa adesão na medida em que cumprimos missão de todos os governos legítimos: realizar o bem comum, correspondendo às necessidades sociais e às justas aspirações individuais. Nas regiões desoladas da África intertropical, nesses vastos espaços onde desde o princípio do mundo a humanidade se sente frágil sob a pressão de uma natureza hostil, coube ao europeu o desbravamento da selva, o domínio dos perigos que ameaçavam a vida, o aproveitamento das potencialidades da terra. As populações nativas foram assim pouco a pouco libertas da miséria, da ignorância e da opressão. [...]

Há assim uma evolução em marcha que, como acabei de dizer, consiste em construir um futuro português através da educação e promoção das populações ao serviço das quais se ponham as infra-estruturas necessárias para o aproveitamento óptimo da riqueza da terra e do trabalho que a valorize.

Eis um caminho sério e seguro que estamos a trilhar, com empenhamento de capitais, prodígios de técnica, heroísmo de esforços e devoção entusiasta. Mas um caminho que leva algum tempo a percorrer. Porque, não tenhamos dúvidas, para construir solidamente qualquer obra humana o tempo é um material imprescindível.

[...]

Precisamos de tempo. Temos de ganhar tempo se quisermos prosseguir honestamente o nosso intento de construção espiritual e material. Não podemos dispensar ou perder um minuto sequer: porque todo o tempo é pouco para agir, e agir eficazmente.

[...]

Seria possível acelerar as soluções políticas? Esse é um tema que submeto em especial à vossa consideração.

É aqui que pode ter lugar um debate franco e aberto. Já o provocamos no País por ocasião das eleições de 1969 e a resposta do eleitorado foi categórica. Não pode, porém, a meu ver, admitir-se permanentemente esse debate por motivos que mais de uma vez têm sido expostos.

Primeiro porque, segundo o consenso geral, pode discutir-se a preparação de uma decisão. Mas quando a decisão está tomada, e sobretudo se essa decisão é tão grave na vida nacional, que exige mobilização dos espíritos, sacrifício dos recursos e serviço militar aturado e arriscado, não é lícito depois estar a discutir--se todos os dias a decisão que se executa do que se decidiu.

Segundo porque estando nós empenhados numa luta com inimigos poderosos aos quais não faltam meios de pressão psicológica nem dinheiro para nos inundar com a sua propaganda, esse debate seria a brecha facultada ao inimigo para, com mais descaramento do que já tem, espalhar as suas mentiras, divulgar as suas doutrinas, incrementar junto da juventude e do povo em geral a campanha de intimidação já agora por tantas formas e em tantos campos posta em marcha.

Mas a Assembleia Nacional, essa, tem o direito e o dever de se pronunciar sobre os novos aspectos que com o rodar dos tempos vão assumindo os problemas nacionais.

Para isso foi eleita.

Podia, dentro da ideia de acelerar o processo da evolução política do Ultramar português, aceitar-se o princípio da autodeterminação dos povos e recorrer--se ao plebiscito das populações.

[...]

O plebiscito traduzido em votação por esses sertões sobre os destinos de territórios sem tradições nacionais que significado poderia ter?

Não o temeria eu. Mas repugna-me aquilo que sei de certeza constituir em qualquer caso uma paródia de democracia directa.

Se não o temo agora, também sei que, abandonado o campo aos nossos inimigos, eles saberiam aproveitar-se devidamente da inexperiência e ingenuidade das populações, e não deixariam de pôr imediatamente em prática todos os meios de coação moral e física em cujo emprego são mestres e que podem impunemente fazer sob as bênçãos do progressismo enternecido.

[...]

Aliás, que mais expressivo, autêntico, indiscutível plebiscito se pode querer que o apurado ao longo destes doze anos em que os inimigos de Portugal desafiaram a sua soberania?

Formaram-se em território estrangeiro guerrilhas bem pagas, bem armadas, bem instruídas por gente vinda da China, de Cuba ou da Rússia. Tentou-se apoiar a guerrilha em redes estendidas pelos territórios formados por aderentes ou simpatizantes. Multiplicaram-se os golpes de mão, os atentados contra os sobas e régulos não colaborantes, as acções de intimidação contra as populações. E tudo no meio de cada vez mais ensurdecedora orquestração publicitária no mundo a apoiar o terrorismo e seus agentes e com a ajuda moral e pecuniária de governos com quem mantemos relações diplomáticas e de igrejas cujos cultos facultamos e protegemos.

E apesar disso as populações continuam fiéis a Portugal. [...]

Esta atitude das populações não significa nada?

Não exprime uma vontade que, de acordo com a mentalidade, as tradições, o modo de ver e o modo de ser das populações africanas, é bem mais significativa do que a deposição nas urnas de quadrados de papel tendo impresso um leopardo ou um leão?

Negociações com os movimentos terroristas – para quê?

Para, num diálogo sereno e amistoso, apurarmos o que pensam e o que querem? Nunca o esconderam e nós bem o sabemos: pensam que é chegada a sua hora com os ventos da História a seu favor e querem que lhes entreguemos pura e simplesmente os territórios portugueses do Ultramar.

Para discutirmos com eles o processo de entrega e acordarmos as fases da nossa retirada, as garantias que concederiam a Portugal e aos portugueses, os laços políticos ou outros a manter?

Nesta altura da História, mesmo que se decidisse em Portugal entrar por esse caminho, não sei como se poderia ter fé em acordos com movimentos chamados de libertação. Como já lá vai o tempo das ilusões da descolonização por via das soluções federais – desde que se desfez a União Francesa e que a própria Comunidade Britânica, de tão sólidas raízes e fortes tradições, com a feliz fórmula, para mais, da fidelidade a uma distante e tolerante monarquia unificadora, entrou em franca decadência e pouco mais é que uma reminiscência.

[...]

Negociações hoje só podem, para já ou a prazo, conduzir à entrega das províncias ultramarinas.

Como noutros ensejos tenho dito «estamos prontos para todas as conversas que tenham por objecto o regresso dos terroristas à sua terra, a sua reintegração na pátria portuguesa, e até o estudo da aceleração da participação dos naturais das províncias na sua administração e no governo local»[9].

Como continuamos a dialogar com os interessados no futuro da sua terra – isto é, com todos aqueles que, vivendo nas províncias, nelas permanecendo e trabalhando, contribuindo para o seu progresso e sentindo verdadeiramente os seus problemas, estejam em condições de participar no estudo das decisões a tomar para o bem comum.

A política seguida tem sido, pois, a de defender energicamente em todos os campos a integridade de Portugal aquém e além-mar.

---

[9] Conversa de 14 de Novembro de 1972, *As Grandes Opções*, pág. 40

Põe-se todavia em dúvida que essa defesa seja suportável pela Nação, quer pelo seu custo financeiro, quer pelos reflexos que o esforço por ela implicado possa ter no seu progresso económico.

Os fatos desmentem mais temores.

Devo dizer, aliás, que nunca vi num país que se defende ser posta em causa a necessidade, a conveniência, a oportunidade, a extensão do esforço de defesa, por razões económicas e financeiras.

Quando estão em causa vidas de milhares ou milhões de portugueses e a integridade do território nacional, é isso que conta em primeiro lugar. Mesmo que a defesa implique sacrifícios. Sacrifícios que tiveram de fazer as populações martirizadas pelas grandes guerras devastadoras deste século e que sofreram ataques inclementes, a destruição dos lares, a morte dos entes queridos, a privação da liberdade, a perda do património, a fome, o exílio e a ruína, sem que se abalasse a sua vontade de resistir e de vencer.

No nosso caso as populações, salvo o luto que entristeceu tantas famílias, não tiveram até agora sofrimentos comparáveis, resultantes do esforço da defesa no Ultramar.

E também não se ressentiram as finanças das despesas enormes que temos sido obrigados a fazer. Continua o orçamento equilibrado, não se excedeu na carga fiscal um limite modesto, a dívida pública continua a estar muito aquém das nossas possibilidades de crédito.

Se sofremos inflação são a Europa e a América as causas dela, não a África.

E quanto ao progresso económico e social creio que ninguém de boa-fé poderá afirmar que por virtude da defesa do Ultramar esteja paralisado.

Em poucas épocas da História portuguesa, permita-se-me dizê-lo, se terá visto esforço tamanho, desenvolvido em toda a frente da economia, da educação e da segurança social, como nos últimos anos se realizou.

Não deixou de se fazer fosse o que fosse por virtude da defesa do Ultramar. Aliás, a minha doutrina é a de que para sustentar o Ultramar o País precisa de fomentar cada vez mais a sua riqueza – a começar pela primeira das riquezas de uma Nação, que é o seu povo e a educação dele.

Dir-se-ia que a defesa do Ultramar, em vez de travão, tem sido um estímulo para o desenvolvimento nacional.

Não será por falta de dinheiro que nos renderemos: ponto é que para resistir não haja falta de vontade.

[...]

Não esgotei o que sobre o tema do Ultramar português poderia dizer-vos. Nos cinco anos e cinco meses que levo de responsabilidade pelo Governo do País não se terá passado um só dia em que os problemas ultramarinos tivessem deixado de estar presentes no meu espírito. Sem obsessão. Sempre aberto à consideração e ao estudo de todas as soluções. Sempre atento a todas as possibilidades de trilhar novos caminhos.

[...]

Mas, meus senhores, o problema não é meu: é da Nação inteira.

Tenho procurado na política seguida ser fiel intérprete do pensamento, do sentimento, da consciência nacionais.

A consulta ao eleitorado, as resoluções da Assembleia Nacional, a auscultação da opinião pública do norte ao sul do País e aquém e além-mar, têm sido os meus guias.

É indispensável porém que mais uma vez se afirme o rumo a seguir.

[...]

O Governo a que presido comprometeu-se numa orientação. E não pode renegar os seus compromissos.

Mas nem eu, nem nenhum dos homens que me acompanha no Governo, nenhum de nós ocupa os seus lugares por ambição pessoal.

Anima-nos unicamente o espírito de servir o interesse nacional, o espírito de servir, pela melhor maneira, a Pátria comum.

É à Assembleia Nacional que compete agora dizer se o rumo que seguimos está certo.

E disciplinadamente me submeterei depois ao veredicto de quem tem autoridade para o proferir.

6. ÚLTIMA "CONVERSA EM FAMÍLIA"[10]

[...]

Olhando para o trabalho realizado nos cinco anos e meio de governo, fazendo exame de consciência sobre as intenções que me têm norteado e os actos que tenha cometido, fica-me a tranquilidade de ter sempre procurado cumprir rectamente o meu dever para com o País, que o mesmo é dizer, para com o Povo Português.

[...]

Tem-se a Nação recusado a abandonar as terras de além-mar, onde grandes comunidades vivem e progridem como núcleos integrantes da Pátria Portuguesa.

Não se trata de territórios adquiridos de fresca data, onde meia dúzia de funcionários e de empresários explorem velhas nações subjugadas. Mas de grandes regiões descobertas pelos portugueses desde há cinco séculos, ocupadas, primeiro, nas costas marítimas donde irradiou a influência para vastos sertões des-

---

[10] 28 de Março de 1974 (*Depoimento*, pp. 240-246).

povoados, ou quase, do interior, pelos quais divagavam tribos selvagens nas mais primitivas condições de vida.

Foi Portugal que fez Angola; foi Portugal que criou Moçambique. E nessas duas grandes províncias se fixaram milhares de famílias que para lá levaram as concepções e as técnicas da civilização, lá plantaram fazendas, lá estabeleceram indústrias, lá rasgaram estradas e disciplinaram rios, lá ergueram cidades modernas, que são o orgulho de Portugal e da África.

De todas as infâmias que os adversários da nossa presença em África têm posto a correr contra nós e alguns portugueses infelizmente repetem, confesso que me fere mais a de que defendemos o Ultramar para favorecer os grandes interesses capitalistas.

[...] Não. O que defendemos em África são os portugueses, de qualquer raça ou de qualquer cor, que confiam na bandeira portuguesa; é o princípio de que os continentes não são reservados a raças, mas neles deve ser possível, para aproveitar os espaços vazios e valorizar as riquezas inertes, o estabelecimento de sociedades multirraciais; é o direito dos brancos a viver nos lugares que tornaram habitáveis e trouxeram à civilização, e a participar no seu governo e administração. Num mundo que proclama a luta contra o racismo, que nega a legitimidade das discriminações raciais, é isso mesmo que defendemos: a possibilidade de, na África Austral, onde de longa data os europeus se fixaram, prosseguirem a sua evolução sociedades políticas não baseadas na cor da pele.

Manter o carácter português que há-de moldar o futuro das nossas províncias ultramarinas, conferir segurança a quantos, sob a égide de Portugal, vivem em África e contribuem para nela se radicar a civilização e a cultura que representamos – eis uma causa que justifica os sacrifícios económicos e o tributo de sangue da Nação. Os soldados que em África se batem, defendem valores indestrutíveis, e uma causa justa. Disso se devem orgulhar e por isso os devemos honrar.

Para todos esses não há outra coisa a fazer por Portugal senão o abandono puro e simples do Ultramar Português. Ainda há pouco isso foi afirmado uma vez mais. A propósito da publicação em Portugal de um livro em que se faz a análise da nossa posição frente ao problema ultramarino[11], a Imprensa internacional e os nossos costumados adversários apressaram-se a perfilhar e proclamar tudo o que nessa análise lhes pareceu favorável às suas teses. Mas repudiando simultaneamente qualquer solução que não fosse a entrega imediata do Ultramar aos movimentos chamados «de libertação».

[...]

Voltando ao alvoroço de certos meios de informação estrangeiros, quando vislumbraram a divisão das Forças Armadas em Portugal: não acham que é motivo de meditação?

---

[11] Referência ao Livro de António de Spínola, *Portugal e o Futuro* (Nota do biógrafo).

Há pouco, referi-me à irreflexão dos oficiais que se lançaram na aventura de há dias. Irreflexão, por não considerarem que em tempo de guerra subversiva toda a manifestação de indisciplina assume particular gravidade. Irreflexão, por não terem em conta que há manobradores políticos, cá dentro e lá fora, prontos a explorar todos os episódios de que possam tirar partido, para cavar dissensões internas e minar os alicerces do Estado, e para fazer beneficiar interesses do estrangeiro.

[...]

Mas o que sobretudo o estrangeiro não pode compreender é como o Chefe do Governo Português, em 1969, andou, sem escolta, pelas províncias onde grassava o terrorismo.

Não esqueço a jubilosa multidão nativa que espontaneamente me cercou em Bissau, quando, de surpresa, entrei sozinho na Catedral. Nem o acolhimento entusiasta da população de Luanda. Nem a chegada a Lourenço Marques, numa atmosfera de indescritível alegria, que fez durar horas o trajecto do aeroporto à Ponta Vermelha, constantemente saudado e abraçado por gente de todas as etnias. Nem a juventude da Beira, que me acompanhou nas suas motocicletas, e o colorido da visita à cidade com passagem pelos bairros chineses e industânicos. Nem o espantoso remate com a visita a Nova Lisboa, e a caminhada, a pé, do aeroporto ao Palácio do Governo, no meio de milhares de brancos e pretos, cercado de jovens, na mais exaltante e esfuziante manifestação de patriotismo que me foi dado até hoje viver e que culminou, à noite, com a multidão iluminada por archotes, ao redor da estátua de Norton de Matos, em frente da varanda do palácio onde me encontrava, a entoar, num coro grandioso, o Hino Nacional.

Julgam que posso abandonar esta gente que tão eloquentemente mostrou ser portuguesa e querer continuar a sê-lo?

Não. Enquanto ocupar este lugar não deixarei de os ter presentes, aos portugueses do Ultramar, no pensamento e no coração. Procuremos as fórmulas justas e possíveis para a evolução das províncias ultramarinas, de acordo com os progressos que façam e as circunstâncias do mundo: mas com uma só condição, a de que a África portuguesa continue a ter a alma portuguesa e que nela prossiga a vida e a obra de quantos se honram e orgulham de portugueses ser!

CRONOLOGIA

1906

Agosto, 17 – Marcello José das Neves Alves Caetano nasce, em Lisboa, filho de José Maria Alves Caetano e de Josefa Maria das Neves, na Travessa das Mónicas, n.º 43-2.º, no Bairro da Graça.

1907

Março, 3 – Foi batizado na igreja da Graça, da freguesia de Santo André e Santa Marinha, tendo como padrinhos o casal Josefina e José Marcelino Carrilho.

1908

Janeiro, 16 – Irmão da Irmandade da Santa Cruz dos Passos da Graça. Tem 18 meses de idade.

1914

– A família muda-se para a Paróquia dos Anjos.

1916

Agosto, 15 – Conclui a instrução primária do 2.º grau, «aprovado com distinção». Fez as primeiras letras numa escola particular, na Rua da Graça, e depois frequentou as escolas oficiais n.ºs 4 (Campo de Santa Clara), 1 (Campo de Santana) e 68 (Penha de França).

Outubro – Entra para o Liceu Camões. Pouco tempo depois, dá-se a morte da mãe, vítima de insuficiência cardíaca. Marcello tem 10 anos.

1917

– Mons. Pereira dos Reis vai para a paróquia dos Anjos, a que pertencia a família Caetano, que vivia num prédio mesmo junto à igreja. Torna-se intensa a ligação entre o pai de Marcello e Pereira dos Reis.

1919
– Novo casamento do pai, do qual nascem mais quatro filhos.

1922
– Após algumas hesitações, ingressa na Faculdade de Direito de Lisboa.

1924
– Nos inícios do ano, é um dos principais animadores do Instituto de Estudantes Católicos de Lisboa.

Março/Abril – Participa, com Pedro Theotónio Pereira, no congresso da União dos Estudantes Católicos Portugueses, sendo o primeiro acontecimento público em que os nomes de Pedro Theotónio Pereira e Marcello Caetano aparecem juntos.

1925
– Inicia-se no jornalismo e torna-se secretário da redacção da revista *Nação Portuguesa*, órgão oficial do Integralismo Lusitano, de que se torna militante. Publica, em separata da mesma revista, o seu primeiro trabalho: *Um Grande Jurista Português: Frei Serafim de Freitas*. Foi ainda redactor de *A Época*.

1926
Março – Começa a publicar-se a revista *Ordem Nova* de que é director e co-fundador.

Abril, 19 – Fundação do Instituto António Sardinha por jovens monárquicos radicais, destinado à promoção de estudos na área política. Caetano e Theotónio Pereira integram a direcção.

Maio, 28 – Golpe militar que derruba a 1.ª República e instaura a Ditadura Militar.

Junho – É um dos impulsionadores de uma greve dos estudantes contra a obrigatoriedade de um estágio de 18 meses para admissão à recém-criada Ordem dos Advogados.

Dezembro, 1 – Marcello Caetano faz uma conferência na sessão comemorativa do 1.º de Dezembro na Juventude Católica, na qual afirma – com algum escândalo – que durante a dinastia filipina não houve usurpação do poder.

1927
– Integra a redacção da *Ideia Nacional*, jornal fundado nesse ano por João do Amaral, onde mantém a coluna «Vida Literária».

– Começa a trabalhar no jornal católico e monárquico *A Voz*, jornal de grande expansão que sucede a *A Época* e que era director o Conselheiro Fernando de Sousa.

– Ainda estudante, publicou o livro didáctico *Legislação Civil Comparada*.

Fevereiro
– As autoridades fecham o Instituto António Sardinha, no quadro do encerramento das organizações de carácter político.

Junho
– Licencia-se em Direito na Faculdade de Direito de Lisboa, com a classificação de «Muito Bom com Distinção».

Dezembro, 20
– Nomeado oficial do Registo Civil de Óbidos, funções que desempenhará até 1929.

1928

Abril, 27
– Salazar assume as funções de ministro das Finanças.

Julho, 27
– Nomeado sub-delegado do Procurador da República na Comarca das Caldas da Rainha.

1929

– Restaurada a Faculdade de Direito de Lisboa, começa a preparar o doutoramento.

– Convidado por Pedro Teotónio Pereira, torna-se chefe do Contencioso da Companhia de Seguros Fidelidade.

Março
– Em nome de toda a direcção, Marcello Caetano e Theotónio Pereira dissolvem o Instituto António Sardinha.

Novembro, 7
– Nomeado Auditor Jurídico do Ministério das Finanças por Salazar, a quem fora apresentado por Theotónio Pereira.

1930

– Secretaria Salazar na elaboração do projecto da Constituição.

Junho, 24
– Numa semana de cultura religiosa realizada em Lisboa, profere a conferência: «Apologia do Espírito Ortodoxo».

Outubro
– Casa com Teresa Teixeira de Queiroz de Barros, filha do poeta João de Barros, de quem teve 4 filhos.

1931

– Inicia uma colaboração jornalística duradoura no *Jornal do Comércio e das Colónias*, dirigido por Diniz Bordalo Pinheiro.

Junho
– Presta provas de doutoramento na Faculdade de Direito de Lisboa, com o trabalho *A Depreciação da Moeda depois da Guerra*, tornando-se, aos 25 anos, o primeiro doutor na especialidade de Ciências Político-Económicas.

- Torna-se presidente da comissão encarregada de regulamentar os seguros de crédito.

1932
- Entra para a redacção da revista *O Direito*, da qual se torna co-proprietário e assumirá a direcção em 1947.
- Escreve a sua primeira carta a Salazar.

Julho, 5
- Salazar torna-se Presidente do Ministério. É o primeiro governo de Salazar.

Novembro, 23
- Membro da Junta Consultiva da União Nacional.

1933

Janeiro, 15
- Estava prevista para este dia uma conferência de Rolão Preto em Coimbra, que foi proibida. Escreve a Salazar uma carta em que defende o Nacional-Sindicalismo.

Abril, 7
- Salazar convida-o para subsecretário de Estado das Corporações. Recusa.

Abril, 12
- Publica no *Jornal do Comércio* um artigo de apoio ao seu amigo Theotónio Pereira, que fora nomeado subsecretário de Estado das Corporações.

Junho, 19
- Aprovado, em concurso de provas públicas, para a vaga professor do 3.º Grupo (Ciências Políticas), da Faculdade de Direito da Universidade de Lisboa com a dissertação *O Poder Disciplinar no Direito Administrativo Português*.

Outubro
- Inicia a sua carreira docente como professor de Direito Administrativo e Curso de Administração Colonial.

Outubro
- A convite de Salazar, torna-se membro da 1.ª Comissão Executiva da UN. Além dele, Albino dos Reis e António Carneiro Pacheco.

Outubro, 30
- Decreto-Lei n.º 23185 que organiza o Supremo Tribunal Administrativo, sobre estudo e projecto de Marcello Caetano.

Novembro, 14
- Eleito representante dos professores auxiliares à Assembleia Geral da Universidade.

1934
- Nomeado director da Companhia de Seguros Fidelidade.

Janeiro
- Abandona a Comissão Executiva da União Nacional, depois de Salazar não ter dado seguimento à realização do seu 1.º Congresso.

Abril, 26
- Caetano publica no *Jornal do Comércio e das Colónias* um artigo, que o SPN editará em opúsculo no mesmo ano, referente ao aniversário da entrada de Salazar para o Governo.

Maio	– Salazar convida-o para, em conjunto com Fezas Vital, elaborar o projecto do Código Administrativo.
Setembro, 11	– Carta de Caetano a Salazar em que dá conta da conclusão da primeira parte do Código Administrativo.
Setembro, 14	– Pronuncia uma conferência sobre «A posição do indivíduo no Estado Corporativo».

1935

Agosto, 10	– Como «Director Cultural», inicia 1.º Cruzeiro de Férias dos Estudantes da Metrópole às Colónias, que visita Cabo Verde, Guiné, S. Tomé e Príncipe e Angola, viagem que se prolongará até 3 de Outubro.
Novembro	– Procurador à Câmara Corporativa, na qualidade de Presidente da Direcção do Grémio dos Seguradores.

1936

	– Nomeado vogal da direcção do Instituto de Alta Cultura (Secção de Relações Culturais) do Ministério da Educação.
	– Participa no primeiro Curso de Férias para Estrangeiros da Faculdade de Letras de Lisboa, com a conferência «As fórmulas históricas da colonização portuguesa».
Janeiro, 16	– Caetano pronuncia uma Conferência na Sociedade de Geografia de Lisboa.
Maio, 6	– Eleito, por cooptação, vogal do Conselho do Império Colonial, cargo que ocupará até 1942. Trabalhou em duas secções: Administração, e Finanças e Economia. Desempenhará as funções até 1943.
Dezembro, 31	– É promulgado o Código Administrativo, do qual se reclama o principal redactor.
	– A convite do Comissário Nacional, Nobre Guedes, torna-se Director dos Serviços de Formação Nacionalista da Mocidade Portuguesa.

1937

	– Professor do Instituto de Serviço Social, desde a sua fundação.
	– Publica o *Manual de Direito Administrativo*.
Outubro, 21 a 23	– «Primeira Reunião de Dirigentes» da MP. Marcello Caetano profere a sua primeira lição na organização.

1938

Março-Abril	– Desloca-se a Itália para inaugurar a cadeira de Estudos Portugueses na Universidade de Roma. Conferências na Faculdade

de Direito e na Universidade Gregoriana. Regressa no dia 28 de Abril.

– Percorre os Açores e a Madeira para estudar a reforma administrativa das Ilhas Adjacentes.

– Publica *Problemas da Revolução Corporativa*.

1939
– Presidente do Conselho Administrativo da Caixa de Previdência do Ministério da Educação Nacional, até 1940.

1940
Agosto, 14 – Nomeado Comissário Nacional da Mocidade Portuguesa. Tem como ajudante-de-campo Baltazar Rebelo de Sousa. Toma posse no dia 24.

Agosto, 31 – Discursa na Escola Central de Graduados da Mocidade Portuguesa.

Dezembro, 3 – Decreto-Lei n.º 31 095: Aprova o novo Código Administrativo, que é em grande parte da autoria de Marcello Caetano.

Dezembro, 28 – Discursa junto da campa de Mouzinho de Albuquerque, na cerimónia comemorativa do feito de Chaimite.

– Publica: *História do Direito Português – Súmula das lições do Professor Marcello Caetano*.

1941
Junho, 6 – Carta de Salazar a convidá-lo para integrar a missão especial ao Brasil, presidida por Júlio Dantas, para agradecer a participação daquele país nas Comemorações do Duplo Centenário. A missão partiu de Lisboa a 22 de Julho e chegou ao Rio de Janeiro em 5 de Agosto.

Agosto, 10 – Discurso: «Aos Portugueses do Brasil».

Agosto, 11 – É feito sócio-correspondente do Instituto da Ordem dos Advogados do Brasil.

Agosto – Nesta data é redactor principal da revista *O Direito*.

Dezembro, 1 – Discursa na Escola Central de Graduados da Mocidade Portuguesa.

1942
Março, 14 – Discursa na homenagem a João de Azevedo Coutinho.

Novembro, 15 – Conferência em Coimbra, na qual aborda os problemas da juventude e do ensino universitário.

Novembro, 20	– Carta de Salazar convidando-o para a Câmara Corporativa. Aceita. É a sua segunda passagem pela câmara, sendo designado para a 20.ª Secção (Política a Administração Geral). É ainda 2.º Vice-presidente da Mesa; Assessor das Secções de Educação Física e Desportos e das Autarquias Locais. Relata o Parecer n.º 9/III – Estatuto da Assistência Social.
	– Rege, por acumulação, a cadeira de Economia Política e Direito Industrial no Instituto Superior Técnico, até 1944.

1943

	– Publica *Do Conselho Ultramarino ao Conselho do Império*.
Maio, 27	– Discursa na cidade de Vila Real.
Julho, 5	– Faz na Emissora Nacional o elogio comemorativo do 11.º aniversário de Salazar como Presidente do Conselho.
Agosto-Setembro	– Férias com a família no Hotel da Urgeiriça.

1944

Fevereiro, 25	– O *Diário das Sessões* da Assembleia Nacional publica o Parecer n.º 9/III – Estatuto da Assistência Social, de que é relator.
Março, 4	– Discursa na Evocação do Infante D. Henrique, realizada na Escola Central de Graduados da Mocidade Portuguesa.
Abril	– Pronuncia na Associação Comercial de Lisboa a conferência «Predições sem profecia sobre reformas sociais».
Maio, 31	– Editorial do *Diário da Manhã*: «O abandono do sistema autoritário do Estado Novo só poderia, portanto, encaminhar para o totalitarismo comunista. E a guerra fez-se contra os totalitarismos...»
Agosto, 7	– Discursa na Escola Central de Graduados da Mocidade Portuguesa.
Agosto	– Férias com a família em S. Martinho do Porto. Junta-se-lhes Laureano Lopez Rodó, à data um jovem assistente da Faculdade de Direito de Madrid.
Setembro, 6	– Toma posse como Ministro das Colónias, depois de ter recusado o convite para a pasta da Justiça. Desempenhará as funções até 24 de Fevereiro de 1947.
Outubro, 23	– Discursa no Conselho do Império.

1945

Março, 15	– Discursa na posse dos governadores da Guiné e S. Tomé.
Abril, 29	– Discursa na Sociedade de Geografia.
Junho, 9	– Inicia uma viagem de 5 meses por S. Tomé, Angola e Moçambique, até 14 de Novembro.

MARCELLO CAETANO UMA BIOGRAFIA POLÍTICA

Dezembro, 8 — Dá uma entrevista ao diário *A Voz*.

1946

Janeiro, 27 — Morte do Pai.

Fevereiro, 5 — Discursa na posse de dois inspectores ultramarinos.

Março, 17 — Profere, na Sociedade de Geografia, o discurso de homenagem a D. Teodósio de Gouveia, arcebispo de Lourenço Marques, designado cardeal.

Maio, 27 — A convite da Comissão Municipal do Porto da UN, profere o discurso comemorativo do 20.º Aniversário da Revolução Nacional: "Hoje como ontem: o Estado Novo".

Junho, 22 — Discursa na posse do governador de Timor, capitão Óscar Ruas.

Junho, 30 — Dá uma entrevista ao *Diário da Manhã*.

Setembro, 30 — Publicação do Decreto-lei n.º 35 885, que reorganiza a Escola Superior Colonial. Com este decreto, considera cumprida a sua missão como Ministro das Colónias.

Novembro, 4 — Discursa na homenagem a António Enes prestada pela Academia das Ciências de Lisboa.

Novembro, 9 — Início da 1.ª Conferência da União Nacional. Salazar profere o discurso de abertura e Caetano o de encerramento (11 de Novembro): «O momento político e económico».

1947

Janeiro, 8 — É inaugurada a "linha aérea imperial", (ligação Lisboa – Luanda – Lourenço Marques), cuja iniciativa partira de Caetano.

Fevereiro, 4 — Remodelação governamental. Abandona o Governo.

Março, 4 — Posse da Comissão Executiva da União Nacional, de que Caetano será presidente até 1949, procedendo à sua renovação. Acompanham-no França Vigon e Ulisses Cortês.

Março, 29 — Promove um acto de adesão, público e colectivo, de uma nova geração de universitários e profissionais liberais.

Abril, 4 — «Editorial» de Caetano no *Diário da Manhã*, sobre o papel da imprensa.

Maio, 2 — Carta a Salazar condenando a actuação da polícia na universidade.

Maio, 28 — Discursa na comemoração do 21.º aniversário do «28 de Maio», no Pavilhão dos Desportos.

Junho — É convidado pelo Governo para chefiar em Julho a delegação portuguesa à Conferência Internacional do Trabalho, em Genebra. Depois, participaria no Congresso Internacional

ANTOLOGIA 947

	de Ciências Administrativas em Berna. Permaneceu na Suíça durante todo o mês de Julho.
Julho, 31	– Reagindo à uma ofensiva do Governo contra os professores da Faculdade de Medicina, escreve, da Suíça, a Salazar pedindo a exoneração das funções de presidente da Comissão Executiva da União Nacional, uma decisão que este conseguirá protelar.

1948

Janeiro, 22	– Nasce o Centro de Acção Popular, que reúne jovens próximos de Caetano.
Janeiro, 30	– Discursa na reunião de camaradagem dos Antigos Graduados da Mocidade Portuguesa.
Fevereiro, 19	– Discursa na posse da comissão concelhia de Lisboa da União Nacional.
Março, 1	– Discurso transmitido pela Emissora Nacional. Afirma: «Sou professor de Direito e não escondo o meu culto da legalidade».
Março, 31	– Carta a Salazar, comunicando-lhe o convite para a administração do Banco Nacional Ultramarino.
Abril, 13	– Eleito Administrador do Banco Nacional Ultramarino, funções que manterá até Junho de 1951.
Julho, 29	– Discursa perante dirigentes das comissões distritais da União Nacional, na Exposição de Obras Públicas.
Outubro, 23	– Discurso na Ordem dos Advogados: «O respeito pela legalidade e a justiça das leis».
Novembro, 11	– Pronuncia a conferência «António Enes e o Ultramar», na Sociedade de Geografia de Lisboa.

1949

Janeiro, 7-9	– Realiza-se no Porto a II Conferência de Dirigentes da UN. Discurso de Salazar na sessão inaugural; Caetano discursa na sessão de encerramento e no jantar que se seguiu.
Janeiro, 14	– Dá uma entrevista ao *Diário Popular*.
Janeiro, 27	– Sessão de propaganda da União Nacional, especialmente dedicada aos jovens. Caetano discursa, afirmando a certo passo: «Importa sobrepor aos homens, que passam, as instituições, que permanecem».
Março, 31	– Abandona a presidência da Comissão Executiva da União Nacional.
Abril, 26	– Pronuncia uma conferência em Madrid, sobre o tema dos municípios.
Novembro, 25	– Eleito Presidente da Câmara Corporativa.

1950

Março, 23 – Profere a conferência «Posição actual do corporativismo português», a convite do Gabinete de Estudos Corporativos do Centro Universitário de Lisboa da Mocidade Portuguesa.

Abril, 9 – Desloca-se à Universidade de Bristol para participar num simpósio universitário sobre o problema colonial. Permanece na Inglaterra cerca de duas semanas.

Maio, 27 – Fala aos microfones de Rádio Universidade, a propósito do aniversário do 28 de Maio.

– Publica *A Administração Municipal de Lisboa durante a 1.ª Dinastia*.

1951

Janeiro, 19 – O *Diário das Sessões* insere o Parecer n.º 11/V – Revisão do Acto Colonial, de que é relator Marcello Caetano.

Abril, 18 – Morte de Carmona, presidente da República. Reacende-se a questão monárquica.

Maio, 28 – Discursa nas comemorações do 28 de Maio.

Junho, 14 – Deixa o lugar de Administrador do BNU para ocupar o de Comissário do Governo junto do Banco de Angola.

Julho, 17 – Discursa no encerramento da campanha eleitoral de Craveiro Lopes para a Presidência da República.

Novembro, 22 – Inicia-se em Coimbra o III Congresso da União Nacional. Marcello Caetano pronuncia no dia 23 o chamado «Discurso de Coimbra».

– Publica *Tradições, Princípios e Métodos da Colonização Portuguesa*.

1952

Abril, 19 – Profere na Câmara Municipal de Braga a conferência «A legitimidade dos governantes a luz da doutrina cristã».

Julho, 21 – Decreto que nomeia Caetano membro vitalício do Conselho de Estado.

Setembro – Desloca-se a Moçambique para, em representação do Governo, presidir ao Congresso Internacional de Turismo Africano.

1953

– Vice-presidente do Conselho Ultramarino.

Abril, 28 – Comemorações do 25.º aniversário da entrada de Salazar para o Governo. Sessão conjunta da Assembleia Nacional e da Câmara Corporativa. No discurso que proferiu, afirma:

«A obra de Salazar vale como uma lição e obriga como uma norma.»

Outubro, 29 – Entrevista ao *Diário de Lisboa*, durante a campanha eleitoral, em que refere a crise do parlamentarismo e o início da era da tecnocracia

Novembro, 23 – Salazar assina o decreto e o diploma relativos à concessão da grã-cruz da Ordem do Império Colonial a Marcello Caetano.

1954

Julho, 30 – Reunião do Conselho de Estado para análise da situação de Goa, Damão e Diu, alvo de bloqueio por parte da União Indiana. Caetano defende que embora concordasse na impossibilidade de negociações para transferir a soberania portuguesa sobre a Índia, preconizava que a todo o transe se procurasse manter o contacto diplomático com a União Indiana, sobretudo a fim de evitar surpresas e conseguir dilações.

Agosto, 28 – Discursa nas comemorações do VII Centenário das Cortes de Leiria.

Novembro, 15 – Discursa na homenagem do Conselho Ultramarino a Almeida Garrett no primeiro centenário da sua morte.

1955

Janeiro, 10 – 20.º aniversário da Câmara Corporativa. Caetano promove uma sessão comemorativa.

Julho, 7 – Remodelação governamental. Marcello Caetano é ministro da Presidência.

Outubro, 18 – Decreto-lei n.º 40 341 – autoriza o Governo a promover a constituição de uma sociedade anónima de responsabilidade limitada com a qual contrate a concessão do serviço público de televisão em território português. A iniciativa da criação da RTP deve-se a Marcello Caetano.

1956

– Publica *A Constituição de 1933, Estudo de Direito Político*.

Janeiro – Durante todo o mês acumula interinamente a pasta das Comunicações.

Fevereiro, 25 – Discursa no Simpósio sobre Higiene e Segurança Social.

Março, 2 – Dá uma entrevista à «United Press», em Paris.

Abril, 23 – Discursa no jantar oferecido pela Associação dos Correspondentes da Imprensa Estrangeira em Lisboa.

Maio, 28	– É inaugurada a exposição "30 anos de cultura", de sua iniciativa e planeamento.
Maio, 30	– Inauguração do IV Congresso da UN.
Julho, 18	– Decreto-lei n.º 40 690. Institui a Fundação Calouste Gulbenkian e aprova os respectivos Estatutos, redigidos por Salazar, Marcello Caetano e Azeredo Perdição.
Outubro, 17	– É inaugurado o Centro de Estudos Político-Sociais da União Nacional, com uma conferência de Marcello Caetano.
Dezembro, 26	– Acumula interinamente a pasta dos Negócios Estrangeiros, por doença do ministro, até 11 de Fevereiro.

1957

Abril,15	– Discursa na sessão inaugural da 30.ª reunião do Instituto Internacional de Civilizações Diferentes, em Lisboa.
Maio, 2	– Caetano discursa em Braga.
Maio, 20	– Faz o discurso inaugural do Congresso da Federação Internacional dos Chefes de Redacção: «Responsabilidades da informação».
Maio, 26	– Discursa no Congresso de Industriais e Economistas promovido pela Associação Industrial Portuguesa, para inaugurar as novas instalações da FIL, à Junqueira: «Perseverança no presente e confiança no futuro».
Maio, 27	– Desempenha interinamente as funções de Ministro dos Negócios Estrangeiros, até 27 de Junho.
Junho	– Torna-se o primeiro membro do Governo a utilizar a TV para uma exposição sobre problemas de interesse geral.
Outubro, 30	– Discursa no Porto durante a campanha eleitoral para a eleição dos deputados à Assembleia Nacional.

1958

	– Superintende a representação portuguesa na Exposição Internacional de Bruxelas.
Abril, 28	– Discursa na cerimónia da inauguração da estátua de Salazar, com que se comemorava o 30.º aniversário da entrada deste para o Governo.
Maio, 24	– Discursa no Liceu Camões, em Lisboa, durante a campanha eleitoral de Américo Tomás para a presidência da República.
Junho, 1	– Reunião do Conselho de Estado para analisar a elegibilidade dos candidatos à Presidência da República. Caetano pronuncia-se pela rejeição de ambos os candidatos da oposição: Delgado e Arlindo Vicente.

Junho, 18	– Discursa na inauguração do Colóquio de Estudos Etnográficos, no Porto.
Agosto, 14	– Remodelação governamental. Caetano abandona as funções de Ministro da Presidência. Caetano pede uma audiência a Américo Tomás, a quem apresenta o pedido de renúncia do cargo de membro vitalício do Conselho de Estado. Esta renúncia nunca foi publicada, mas até 1968 não volta a participar nas reuniões.
Outubro, 13	– Carta de Salazar a Caetano, insistindo para que aceite o convite feito pelo Ministro das Finanças para o governo do Banco de Fomento. Mantém a recusa.

1959

Janeiro, 16	– Nomeado Reitor da Universidade de Lisboa.
Fevereiro, 6	– Discursa pela primeira vez como Reitor na assembleia-geral da Universidade de Lisboa.
Fevereiro, 23	– Conferência no Instituto Superior de Estudos Ultramarinos, em que defende os Planos de Fomento.
Novembro	– Discursa na sessão de encerramento do «Congresso Histórico de Portugal Medievo» realizado em Braga.

1960

Junho, 11	– Pronuncia no Instituto de Altos Estudos Militares, em Pedrouços, uma conferência sob o título «A África e o Futuro», na qual afirma que «o problema mais grave ao sul do Equador não é o da independência: é o da situação em que num Estado governado por nativos ficarão os colonos europeus.»
Agosto, 16	– *Inicia-se* em Luanda e Lourenço Marques o I Curso Universitário de Férias, promovido e dirigido por Marcello Caetano, que se desloca a estas cidades.
Novembro	– Morte do sogro, João de Barros.

1961

Abril, 11-13	– Abrilada. Tentativa de golpe de Estado, liderada pelo ministro da Defesa, Botelho Moniz, destinada a substituir Salazar. Embora se tivesse mantido à margem da conspiração, consta que Caetano seria escolhido para o substituir na Presidência do Conselho.

1962

Fevereiro, 2	– Memorial para o Conselho Ultramarino, em que defende uma solução federal que o problema ultramarino.

MARCELLO CAETANO UMA BIOGRAFIA POLÍTICA

Abril, 5 – Demite-se das funções de Reitor da Universidade de Lisboa, na sequência dos incidentes ocorridos com a comemoração do «Dia do Estudante».

1963
– Escolhido para professor da Faculdade Internacional de Direito Comparado e eleito vice-presidente do conselho da mesma.

1964
Agosto, 26 – Discursa no Congresso Europeu de Enfermagem, promovido pelo Comité Internacional Católico das Enfermeiras e das Assistentes Médico-Sociais, tendo como tema geral «A Enfermagem na Europa de Amanhã»: «Portugal e a Europa».

1965
Maio, 10 – Conferência na Associação dos Jornalistas e Homens de Letras do Porto e repetida no Instituto de Estudos Políticos de Madrid em 20 de Maio: «A opinião pública no Estado Moderno».

1966
Dezembro – É convidado por Baltazar Rebelo de Sousa para pronunciar a conferência de encerramento do ciclo comemorativo dos 40 anos do 28 de Maio. Recusa.

1967
Fevereiro, 2 – Intervenção de M. Caetano na Universidade de Valparaíso, no Chile: «Juventude de hoje, juventude de sempre».
Maio, 18 – Conferência num colóquio sobre o desenvolvimento regional, em Abrantes: «Regiões e municípios».

1968
Junho, 6 – Última carta de Salazar para Marcello Caetano: «O mundo está a viver em permanente desvario: as massas caminham através da anarquia para ditaduras ferozes, e os homens públicos parece julgarem que podem defender o supremo bem dos povos – a ordem – com o seu liberalismo. Eis o drama que muito bem vê e exprime na sua carta.»
Setembro, 7 – Salazar é operado a um hematoma cerebral provocado pela queda de início de Agosto e não volta a retomar funções. A doença é tornada pública.

Setembro, 16	– O estado de saúde de Salazar é considerado irreversível. Sofre uma trombose cerebral e entra em coma.
Setembro, 17	– Reunião do Conselho de Estado. Caetano, que pedira e exoneração das funções em 1958, comparece.
Setembro, 26	– Américo Tomás dirige-se ao País, às 21,30, através da televisão e anuncia que Marcello Caetano é o novo Presidente do Conselho.
Setembro, 27	– Caetano toma posse, no Palácio de S. Bento. Pronuncia o discurso «Saibamos ser dignos desta hora».
Setembro, 27	– Remodelação do governo.
Outubro, 10	– Discursa para os presidentes das Corporações: «O governo, fiel à constituição política, não pode deixar de ser fiel aos ideais corporativos».
Outubro, 16	– Reunião da NATO, em Lisboa. Marcello Caetano faz uma «Alocução ao Conselho da Associação do Tratado do Atlântico».
Outubro, 24	– Durante a visita oficial a Portugal do Chanceler da República Federal Alemã, Kurt Kiesinger, discursa no banquete oferecido no Palácio de Queluz: «O Ocidente é um bloco».
Novembro, 6	– «Revolução permanente» – Saudação aos delegados reunidos no Ministério das Corporações.
Novembro, 27	– Discursa na abertura da última sessão legislativa da Assembleia Nacional: «Pela recta intenção de bem servir o povo português».

1969

Janeiro, 8	– Primeira *Conversa em família*, através da rádio e da televisão: «Vamos conversar em família...»
Fevereiro, 10	– *Conversa em família*: «É preciso que a nação seja mais rica».
Março, 14	– O vespertino *A Capital* reproduz uma entrevista de Marcelo Caetano ao jornal brasileiro *Estado de S. Paulo*, em que este anuncia pela primeira vez a sua intenção de publicar uma Lei de Imprensa.
Março, 25	– Data de uma "Informação" avulsa e anónima, ao ministro do Interior, sobre uma iniciativa que visava a recolha de assinaturas para pedir ao Presidente da República maior liberdade de acção para o Presidente do Conselho.
Março, 27	– Remodelação do Governo, que incide sobretudo nos sectores económicos.
Março, 30	– Reúne em Washington com Nixon, por ocasião dos funerais de Eisenhower.
Março	– Visita oficialmente o Alentejo.

Abril, 8	– *Conversa em família*: «Valorizar a terra e dignificar a gente».
Abril, 13	– Inicia uma viagem a Angola, Moçambique e Guiné.
Abril, 14	– Discursa em Bissau, no Conselho Legislativo da Guiné: «Temos de conquistar a paz».
Abril, 15	– Discursa em Luanda, na sessão do Conselho Legislativo de Angola: «O segredo do triunfo está no vigor da vontade de vencer».
Abril, 17	– «A Universidade de Luanda aspira a ser compreendida em todo o mundo», é o do improviso na cerimónia de entrega do diploma de curso ao primeiro licenciado pela Universidade de Luanda.
Abril, 18	– Doutoramento «honoris causa» pela Universidade de Lourenço Marques. Discursa: «Que a universidade de Lourenço Marques cresça, progrida, floresça».
Abril, 18	– Discursa em Lourenço Marques, na sessão conjunta dos Conselhos Legislativo e Económico e Social de Moçambique: «A unidade nacional não prescinde das variedades regionais».
Abril, 21	– Mensagem dirigida à Nação, no aeroporto de Lisboa, no regresso da viagem ao Ultramar: «Não venho fatigado: venho com a alma em festa».
Maio, 11	– Discursa na inauguração da obra de rega dos campos do Mira: «Louvada seja a terra, louvada seja a água...»
Maio, 19	– O *New York Times* publica uma entrevista com M. Caetano.
Maio, 21 e 22	– Visita à cidade do Porto.
Maio, 21	– Discursa da varanda da Câmara Municipal do Porto: «Um estado social – mas não socialista».
Maio, 21	– Discursa no Palácio da Bolsa do Porto «É necessário que a empresa privada se compenetre da sua função social».
Junho, 9	– «Honremos e prestigiemos o professor primário!» – Agradecimento ao professorado primário, no Palácio de S. Bento.
Junho, 17	– *Conversa em família*: «Assim vamos trabalhando...».
Julho, 8 a 13	– Visita oficialmente o Brasil.
Julho, 13	– Discursa no regresso a Portugal.
Agosto	– Visita a Beira e Trás-os-Montes.
Setembro, 11	– *Conversa em família*: «Eleições».
Setembro, 27	– Discursa ao agradecer os cumprimentos que lhe foram apresentados pela passagem do primeiro aniversário do Governo: «Nem prometi de mais nem cumpri de menos».
Setembro	– Visita o Alto Alentejo e a Beira Baixa.
Outubro, 6	– Discursa no Palácio das Necessidades ao assumir a gerência interina do Ministério dos Negócios Estrangeiros, após a demissão de Franco Nogueira: «Portugal não pode ceder».

ANTOLOGIA   955

Outubro, 23 e 24 – O jornal *Diário de Notícias* publica uma entrevista concedida ao jornalista João Coito: «Panorama da política portuguesa antes das eleições».

Outubro, 24 – Refugia-se no Posto de Comando da Força Aérea em Monsanto, devido a rumores de um golpe de estado.

Outubro, 25 – Profere uma alocução através da Rádio e da Televisão: «Temos agora de votar».

Outubro, 26 – Realização das eleições, sendo eleitos todos os candidatos de União Nacional.

Outubro – Visita a Beira Alta.

Dezembro, 17 – Palestra pela Rádio e Televisão: «O governo tem um mandato indeclinável a cumprir».

Dezembro – Visita oficialmente a Madeira.

1970

Janeiro, 15 – Procede a uma remodelação governamental.

Janeiro, 17 – Palestra pela Rádio e Televisão: «Remodelação ministerial – razões a que obedeceu».

Fevereiro, 21 – Realiza-se no Hotel Estoril-Sol o quinto e último congresso da União Nacional. Em sua substituição e sob proposta de Marcelo Caetano é criada a Acção Nacional Popular (ANP), de cuja Comissão Central é eleito presidente.

Fevereiro, 27 – Toma posse a Comissão Central da ANP. Discursa: «A hora é de acção».

Março, 28 – Dirige uma mensagem às populações dos Açores, no início da visita oficial ao arquipélago: «Na véspera de reformas importantes para os Açores»

Março – Recebe alguns dos signatários do pedido de aprovação dos Estatutos da SEDES.

Abril, 8 – Palestra pela Rádio e Televisão: «Não há liberdade contra a lei».

Abril, 27 – O *Times* publica uma entrevista de Marcello Caetano.

Maio, 20 a 23 – Viagem oficial a Espanha.

Junho, 5 – Visita a Portugal do Primeiro-Ministro da África do Sul, John Vorster. No jantar oferecido Caetano pronuncia o discurso «Garantir a paz em África».

Junho, 13 – Discursa numa visita aos Paços do Concelho de Lisboa: «Saudação ao município de Lisboa».

Junho, 15 – Discursa no Palácio de São Bento ao receber os agradecimentos dos dirigentes Corporativos: «O Estado dos nossos dias tem de constituir um Estado social».

MARCELLO CAETANO UMA BIOGRAFIA POLÍTICA

Junho, 17	– Discursa no Palácio de S. Bento ao receber os agradecimentos dos armadores e pescadores: «Só o trabalho enriquece as nações».
Julho, 27	– Salazar morre, aos 81 anos de idade.
Julho, 27	– Discurso transmitido pela rádio e televisão: «Na morte de Salazar».
Agosto, 19	– Segunda visita de Marcelo Caetano a Espanha. «Oração proferida na Universidade de Santiago de Compostela por ocasião da colação do grau de Doutor *"honoris causa"*».
Setembro, 27	– Segundo aniversário da posse. Discursa perante as comissões distritais da Acção Nacional Popular, no Palácio Foz: «Balanço de dois anos de governo: a reforma da sociedade portuguesa tem de ser feita em paz».
Novembro, 16	– *Conversa em família*: «Reformas e resistências».
Novembro, 17	– Aprova a «Operação Mar Verde», através de Alpoim Calvão que se deslocara a Lisboa como enviado de Spínola, com a condição de as forças não deixarem vestígios comprometedores para Portugal.
Dezembro, 2	– O Governo submete à Assembleia Nacional: Proposta de Lei de «Revisão Constitucional», subscrita pelo próprio Presidente do Conselho. Discursa perante os deputados: «Revisão constitucional».

1971

Fevereiro, 15	– *Conversa em família*: «As reformas em marcha».
Março, 31	– O jornal *The Guardian* publica declarações de Marcelo Caetano.
Abril, 2	– Discursa no Porto no banquete promovido pelas comissões do Norte da ANP: «Quem está com o chefe do governo?»
Abril, 6	– O jornal francês *L'Aurore* publica uma entrevista com Marcello Caetano.
Abril, 13	– Discursa na primeira reunião do Conselho Coordenador da Função pública: «O governo quer a reforma administrativa»
Abril, 21	– Reunião do Conselho de Estado (é a primeira de Marcello Caetano), que dá o seu acordo à convocação extraordinária, com carácter de urgência, da Assembleia Nacional para deliberar sobre a autonomia de Angola e Moçambique.
Maio, 15	– Diz algumas palavras de improviso no almoço oferecido por um grupo de antigos alunos residentes ao norte do Douro, em Santo Tirso: «Recordações de um velho professor...»

ANTOLOGIA 957

Maio, 23	– Palavras no final do almoço oferecido pela Câmara Municipal de Portalegre por ocasião da visita à cidade e da entrega da medalha de ouro do Município: «Agradecimento a Portalegre».
Maio, 28	– «Mensagem à Legião Portuguesa» – Lida em todas as concentrações da organização.
Maio, 29	– Discursa na sessão comemorativa do 28 de Maio, em Braga «Caminho de unidade, de dignidade e de progresso».
Junho, 3 e 4	– Decorre em Lisboa uma reunião do Conselho do Atlântico. Marcello Caetano discursa.
Junho, 4	– Profere um brinde no banquete oferecido aos participantes na reunião do Conselho de Ministros da NATO, no Palácio de Queluz: «Saudação aos membros do Conselho de Ministros do Atlântico Norte».
Junho, 14	– Pronuncia algumas palavras de agradecimento na visita feita pelos representantes dos participantes no II Colóquio Nacional de Municípios realizado em Lourenço Marques: «Actualidade do municipalismo».
Junho, 15	– *Conversa em família*: «Não há lugar para derrotismos nem cabe tolerância para terrorismos».
Junho, 20	– Discursa proferido na sessão encerramento do 2.º Plenário das Comissões Locais da Acção Nacional Popular do Distrito de Setúbal: «Nem comunismo opressor, nem liberalismo suicida!»
Julho, 23	– *Conversa em família*: «As reformas na Assembleia Nacional».
Setembro, 27	– Discurso proferido perante os dirigentes da ANP no Palácio de São Bento no terceiro aniversário da sua posse: «Não estamos em tempos fáceis».
Setembro, 27	– No Palácio de Belém, pronuncia um improviso de «Agradecimento do agraciamento com a grã-cruz da Ordem da Torre e Espada».
Outubro, 4	– Discursa na cerimónia de cumprimentos que lhe apresentaram as Forças Armadas pejo seu agraciamento com a grã-cruz da Ordem da Torre e Espada.
Outubro, 21	– *Conversa em família*: «Acerca do custo de vida».
Novembro, 16	– *Conversa em família*: «Planeamos e cumprimos».
Dezembro, 13	– Cimeira entre Richard Nixon e Georges Pompidou nos Açores. Marcello Caetano é o anfitrião e discursa.
Dezembro, 16	– *Conversa em família*: «Os acordos com os Estados Unidos».
Dezembro, 24	– Mensagem proferida através da Emissora Nacional de Radiodifusão: «Mensagem do natal aos portugueses ausentes».

1972

Janeiro, 8	– Discursa no almoço comemorativo do 25.º aniversário da linha aérea Lisboa – Luanda – Lourenço Marques: «No aniversário da inauguração da linha aérea para África».
Fevereiro, 28	– Discursa na conferência anual da ANP no Palácio dos Congressos, no Estoril: «Pela segurança, bem-estar e progresso do povo português!».
Abril, 10	– Discurso proferido na Rádio e na Televisão: «A lição do Brasil».
Maio, 4	– Discursa na Liga dos Combatentes: «Glória aos que combatem pela Pátria!».
Maio, 11	– *Conversa em família*: «Novas reformas, novos passos em frente».
Maio, 21	– Discurso de agradecimento da oferta da medalha comemorativa do bicentenário da cidade de Castelo Branco.
Maio, 21	– Discursa na reunião das comissões da ANP Santarém: «Política é trabalho».
Maio, 26	– Spínola desloca-se a Lisboa onde, em reunião conjunta com o Presidente do Conselho e com o ministro do Ultramar, faz entrega dos relatórios das suas conversações com o Presidente senegalês. Marcelo Caetano ordena a suspensão das conversações, com argumentos de ordem jurídico-legal sobre a interpretação e os efeitos de um cessar-fogo.
Junho, 17	– É homenageado pelo Município de Lisboa. Discursa: «Uma vida municipal intensa e produtiva vale uma política eficaz».
Junho, 18	– Discursa na sessão de encerramento do Plenário da Comissão Distrital de Setúbal da ANP Almada: «Contra a revolução fomentadora de anarquia e criadora de miséria».
Junho, 22	– Discute com Américo Tomás a questão das eleições presidenciais.
Junho, 23	– Envia a Américo Tomás uma curta carta em que, na qualidade de presidente da Comissão Central da ANP, lhe solicita a indicação da sua disponibilidade para se recandidatar.
Junho, 30	– Américo Tomás responde afirmativamente ao convite que lhe fora feito por Marcelo Caetano.
Julho, 3	– *Conversa em família*: «Unidos como um só».
Julho, 25	– O Colégio Eleitoral reconduz Tomás no cargo de presidente da República.
Agosto, 11	– Remodelação do governo. A principal alteração é a substituição do ministro das Finanças e da Economia, Dias Rosas, por Cota Dias, importante dirigente da ANP.

Setembro, 6 a 8	– Visita o Brasil.
Setembro, 27	– Recebe os agradecimentos dos trabalhadores rurais e dos pescadores, pronunciando algumas palavras: «Aos rurais e aos pescadores».
Setembro, 27	– Discursa perante as comissões da Acção Nacional Popular no Palácio de São Bento: «Ao cabo de quatro anos: problemas e soluções».
Outubro, 12	– Decreto-Lei n.º 391/72 que concede o direito de pensão de velhice aos trabalhadores por conta de outrém nas actividades agrícolas, silvícolas e pecuárias não abrangidas pelas seguranças sociais até aí existentes.
Outubro, 14 e 15	– Visita de Ian Smith a Lisboa, onde se encontra com Marcello Caetano para discutir a situação em Moçambique.
Novembro, 10	– Discursa na sessão de encerramento do Congresso Luso-Hispano-Americano de Direito Internacional: «A ordem internacional tem de resultar da razão».
Novembro, 14	– *Conversa em família*: «Alguns problemas no início da sessão parlamentar de 1972-1973».
Dezembro, 16	– Massacre de Wiriyamu, na zona de Tete, Moçambique. Massacres também em Chewola e Juwua. O massacre de Wiriyamu só seria denunciado em Julho de 1973.

1973

Janeiro, 1	– Comunicação através da rádio e da televisão: «Melhoria da situação do funcionalismo público».
Janeiro, 9	– O Conselho de Ministros decide, com base no Art.º 1.º do Decreto-lei n.º 25317 de 13 de Maio de 1935, demitir ou rescindir os contratos com todos os funcionários públicos ou administrativos presentes na vigília da Capela do Rato, na madrugada do dia 1 de Janeiro.
Janeiro, 15	– Dirige-se ao País através da rádio e televisão: «Só temos um caminho: defender o ultramar!».
Janeiro, 25	– Renúncia ao mandato do deputado Francisco Sá Carneiro.
Janeiro, 31	– Discursa na audiência aos delegados no INTP: «Prosseguir na dignificação e promoção dos trabalhadores».
Fevereiro, 6	– Numa das mais dramáticas sessões que a Assembleia Nacional assistiu durante todo o Estado Novo, Miller Guerra renuncia ao mandato.
Fevereiro, 26	– Carta a Spínola, na qual refere ter tido conhecimento através do ministro do Ultramar e de outras pessoas que tinham estado na Guiné, de que o seu estado de espírito relativa-

MARCELLO CAETANO UMA BIOGRAFIA POLÍTICA

	mente ao Governo Central não era dos melhores e reclamava uma explicação pessoal.
Março, 22	– Aparecem, pela primeira vez, na Guiné, os mísseis terra-ar Strela, de fabrico russo. A partir deste momento, dá-se uma viragem decisiva no curso da guerra.
Abril, 9	– Discursa no encerramento do seminário promovido pela Comissão Concelhia de Lisboa da ANP: «Servir ou destruir Portugal».
Maio, 3 a 6	– Decorre em Tomar o I Congresso da ANP, que reafirma, no essencial, a linha política definida por Marcelo Caetano, que discursa no encerramento: «Em defesa da liberdade».
Maio, 7	– Procede a uma remodelação ministerial: Silva Cunha deixa a pasta do Ultramar para se ocupar da Defesa Nacional.
Maio, 24	– Discursa em Aveiro: «O apelo do interesse geral».
Maio	– Dá uma entrevista ao director da publicação francesa *Nouvelles Litéraires*.
Junho, 1	– Agrava-se, em extremo, a situação na Guiné.
Junho, 7	– Discursa no almoço em honra do príncipe Filipe, de Inglaterra, em Sintra: «A aliança foi sempre útil à Grã-Bretanha».
Junho, 9	– Escreve a Kaúlza de Arriaga, criticando-o sobre a evolução da guerrilha em Moçambique.
Junho, 9	– Discursa na Escola Náutica D. Henrique: «Progressos da marinha mercante»
Junho, 15	– Manifestação, em Londres, contra a política africana do Governo português. A Oposição britânica pede a anulação da visita de Marcelo Caetano, enquanto os Partidos Trabalhista e Liberal decidem boicotar a visita.
Junho, 27	– Discursa no Palácio de São Bento na manifestação de agradecimento pela reforma da divisão judicial: «Novos tribunais».
Junho, 30	– Primeiras reacções de descontentamento dos oficiais do Quadro Permanente provenientes da Academia Militar, face às disposições do Decreto-Lei n.º 353/73, de 13 de Julho.
Julho, 1	– Discursa num almoço de confraternização com os trabalhadores, em Ferreira do Alentejo: «Aos trabalhadores rurais».
Julho, 10	– O jornal britânico *Times* publica o depoimento do padre Adrian Hastings sobre o massacre de Wiriyamu, na zona de Tete, em Moçambique, em Dezembro de 1972. A publicação do artigo ocorre cerca de uma semana antes da visita de Caetano a Londres e desencadeia vasta contestação.
Julho, 11	– O Governo português faz o primeiro desmentido oficial sobre as acusações do Times.

Julho, 12	– Antes da visita à Grã-Bretanha, dá uma entrevista que foi difundida pela BBC-TV.
Julho, 13	– Decreto-lei n.º 353/73 que permite a passagem dos oficiais do Quadro Especial de Oficiais aos quadros permanentes das armas de Infantaria, Artilharia e Cavalaria, mediante a frequência de um curso intensivo na Academia Militar. É este decreto que está na origem do Movimento dos Capitães.
Julho, 15	– Manifestação, em Londres, contra a política africana do Governo português.
Julho, 16 a 19	– Visita oficial a Londres, no meio de grande turbulência. O Partido Trabalhista organiza manifestações de rua contra a presença de Caetano, em que se incorporam oposicionistas portugueses.
Julho, 17	– Dá uma entrevista à BBC-TV News: «Respondendo a atoardas».
Julho, 19	– Regressa da sua visita a Londres. Manifestação de apoio à chegada ao aeroporto. Discursa na manifestação nacional realizada em frente do Palácio de São Bento.
Julho, 26	– *Conversa em família*: «Uma nova forma de terrorismo».
Setembro, 5	– Datada de 28 de Agosto e assinada por 51 oficiais, é enviada aos mais altos representantes do Estado uma exposição colectiva dos oficiais do QP do Exército em serviço na Guiné. É o primeiro documento colectivo do Movimento dos Capitães.
Setembro, 9	– Reunião, perto de Évora, de vários oficiais de todas as armas e serviços, em reacção aos Decretos-Leis n.ºs 353/73 e 409/73. Elaboram um documento que será enviado aos Presidentes da República e do Conselho.
Setembro, 14	– Encontro de generais para preparação de uma acção concertada contra o governo, designadamente para discutir a hipótese de substituição de Marcelo Caetano.
Setembro, 23	– O diário italiano *Il Tempo* publica uma entrevista com Marcelo Caetano.
Setembro, 24	– Proclamação unilateral da República da Guiné-Bissau por deliberação da I Assembleia Nacional Popular do PAIGC, em Madina do Boé.
Setembro, 27	– *Conversa em de família*: «Na véspera de eleições».
Setembro	– Preside no Porto à sessão inaugural do Gabinete de Estudos Político-Sociais da ANP daquele distrito. Discursa.
Setembro	– Concede uma entrevista ao diário alemão *Die Well*.
Outubro, 13	– O contra-ataque de Israel, na guerra com o Egipto, depende de uma ponte aérea dos Estados Unidos. Ante a recusa dos outros aliados ocidentais, receosos de retaliações árabes,

	Nixon e Kissinger viram-se para Portugal e pedem a Base das Lajes. A mensagem de Nixon é dura e Caetano vê-se obrigado a ceder.
Outubro, 16	– Os países árabes produtores de petróleo decidem embargar o seu fornecimento aos países que apoiavam Israel na guerra. O embargo atingiu Portugal, como uma das consequências das facilidades concedidas aos americanos nos açores.
Outubro, 25	– Concede uma entrevista ao *Diário de Notícias*.
Outubro, 25	– Faz uma comunicação ao País: «O dever de votar».
Novembro, 7	– Remodelação do Governo.
Novembro, 24	– Reunião do Movimento dos Capitães, em S. Pedro do Estoril, na qual pela primeira vez se debatem objectivos políticos: fim da guerra colonial, restabelecimento da liberdade e da democracia.
Dezembro, 8	– O semanário *Expresso* informa que "o general António de Spínola conclui a última revisão do seu livro, que sairá em princípios de Janeiro.
Dezembro, 17	– O major Carlos Fabião atribui a Kaúlza de Arriaga, durante uma aula no Instituto de Altos Estudos Militares, a preparação de um golpe militar.
Dezembro	– Desloca-se a Madrid, para assistir ao funeral de Carrero Blanco, Chefe do Governo espanhol, morto em espectacular atentado da autoria da ETA.

1974

Janeiro, 14	– António de Spínola toma posse das funções de Vice-Chefe do Estado-Maior General das Forças Armadas. Neste mesmo dia, ao ser recebido por Marcello Caetano, informa-o da publicação próxima de um livro sobre a questão ultramarina.
Fevereiro, 6	– Discursa para agradecer os cumprimentos dos delegados do INTP: «Os trabalhadores e a Nação».
Fevereiro, 8	– Profere o discurso «As escolas estão ao serviço da Educação Nacional».
Fevereiro, 16	– Discursa na conferência anual da Acção Nacional Popular: «Vencer a hora sombria».
Fevereiro, 20	– Termina a leitura do livro de Spínola. Escreverá mais tarde: «Ao fechar o livro tinha compreendido que o golpe militar, cuja marcha eu pressentia há meses, era agora inevitável.»
Fevereiro, 21	– Recebe Costa Gomes e Spínola e desafia-os a reivindicarem o poder para as Forças Armadas junto do presidente da República. Os dois generais recusam.

Fevereiro, 22	– É publicado o livro *Portugal e o Futuro*, de Spínola, com o efeito de um terramoto político. Spínola propõe: a democratização do regime, a adesão à CEE, o final da guerra em África e uma solução federalista.
Fevereiro, 28	– Depois de umas curtas férias no Buçaco (23-26 de Fevereiro) Marcello Caetano pede a demissão a Américo Tomás, que a recusa.
Março, 5	– Faz na Assembleia Nacional um longo e dramático discurso: «Reflexão sobre o Ultramar», onde afirma: «Mas, meus senhores, o problema não é meu: é da Nação inteira. [...] É à Assembleia Nacional que compete agora dizer se o rumo que seguimos está certo. E disciplinadamente me submeterei depois ao veredicto de quem tem autoridade para o proferir.»
Março, 5	– Reunião do Movimento dos Capitães, em Cascais, onde são aprovadas as suas bases gerais programáticas no documento «O Movimento, as Forças Armadas e a Nação».
Março, 8	– A Assembleia Nacional aprova, por unanimidade e aclamação, uma moção de apoio à política ultramarina do Governo.
Março, 11	– Na sequência da aprovação da moção de apoio à sua política pela AN, reúne-se com o Presidente da República, para debater e remodelação do sector económico do Governo. Tomás renova-lhe a sua confiança política em Caetano, mas impõe a demissão de Costa Gomes e Spínola.
Março, 14	– «Brigada do Reumático». Manifestação por parte de vários generais, que se deslocam a S. Bento, de apoio à política Ultramarina do Governo. Marcelo Caetano discursa: «As Forças Armadas têm a política da Nação».
Março, 14	– Demite os generais Costa Gomes e Spínola dos cargos de Chefe e Vice-Chefe do Estado Maior General das Forças Armadas.
Março, 15	– Remodelação do Governo.
Março, 16	– Levantamento militar iniciado no Regimento de Cavalaria 5, das Caldas da Rainha.
Março, 18	– Marcelo Caetano concede uma entrevista ao semanário parisiense *Le Point*: «Quer por tradição, quer por efeitos da minha educação jurídica, nunca faço previsões. Nunca sei o que o futuro nos reserva e é-me impossível prever a situação daqui a alguns anos.»
Março, 20	– Escreve a Lopez Rodó: «Tenho vivido dias difíceis, mas que graças ao apoio do povo português e à fidelidade das Forças Armadas fui vencendo.»

Março, 24	– Última reunião da Comissão Coordenadora do MFA. Decide refazer o plano de operações militares, de que é encarregado o major Otelo Saraiva de Carvalho. O golpe é marcado para a semana de 20 a 27 do mês de Abril.
Março, 28	– Última *Conversa em família*.
Abril, 25	– O MFA derruba a mais velha ditadura do Mundo. O Presidente do Conselho rende-se incondicionalmente, cerca das 19,30 h, ao general António de Spínola.

FONTES

Arquivo Nacional da Torre do Tombo
Arquivo Oliveira Salazar (AOS);
Arquivo Marcello Caetano (AMC).

Arquivo Histórico Parlamentar
Boletins Biográficos dos Dignos Procuradores.
Registos Biográficos dos Dignos Procuradores.
Processos de Acórdãos da Comissão de Verificação de Poderes da Câmara Corporativa.
«Exposição do Deputado Henrique Galvão, à Comissão de Colónias da Assembleia Nacional, em [22 de] Janeiro de 1947» [58 páginas, numeradas e rubricadas pelo Autor] – Processo N.º 42/DP – Assembleia Nacional – Arquivo, Reg. 3378, Secção XXVIII, Caixa 48, N.º 10 – Fls. 57-114].

Inéditos (cedidos pelo Dr. Miguel Caetano)
Miguel Caetano, *História dos Alves Caetano* (5.ª versão) – Memória familiar.
Miguel Caetano, *Marcello Caetano – Apontamentos Biográficos.*
António Caetano, *Inventário dos artigos de José Maria Alves Caetano.*

Publicações oficiais
União Nacional – Manifesto do Governo e Discursos dos Ex.mos Srs. Presidente do Ministério e ministros das Finanças e do Interior, na reunião de 30 de Junho de 1930, s.e., 1930.
Boletim Geral das Colónias.
Actas da Câmara Corporativa, 1953-1974.
Diário das Sessões, 1935-1974.
Anais da Assembleia Nacional e da Câmara Corporativa, I a X Legislaturas, 1936-1975.
Primeiro Ano de Governo de Marcello Caetano, Lisboa, SEIT, 1969.
Segundo Ano de Acção do Governo de Marcello Caetano, Lisboa, SEIT, 1970.
Terceiro Ano de Governo de Marcello Caetano, Lisboa, SEIT, 1971.

Quarto Ano de Governo de Marcello Caetano, Lisboa, SEIT, 1972.
Quinto Ano de Governo de Marcello Caetano, Lisboa, SEIT, 1973.
Revisão Constitucional – Textos e documentos, Lisboa, SEIT, 1971.
Relatório da Comissão de Estudos sobre a Integração Económica Europeia, Lisboa, setembro de 1970, (policopiado), 1972.
Cartas e Relatórios de Quirino de Jesus a Oliveira Salazar, Lisboa, Presidência do Conselho de Ministros, 1987.
A Política de Informação no Regime Fascista, Comissão do Livro Negro Sobre o Regime Fascista, 1980.
Eleições no Regime Fascista, Lisboa, Comissão do Livro Negro Sobre o Regime Fascista, 1979.
Trabalho, Sindicatos e Greves do Regime Fascista, Lisboa, Comissão do Livro Negro Sobre o Regime Fascista, 1984.

Jornais e revistas
Alma Portuguesa (1913)
Nação Portuguesa (1.ª, 2.ª, 3.ª, 4.ª e 5.ª Séries, 1914-1929)
A Época (1923)
Ordem Nova, (1926-1927)
A Ideia Nacional (1927)
A Monarquia
A Voz
Jornal do Comércio e das Colónias
Avante!
A Capital
Diário da Manhã
Diário de Notícias
Época (1970-1974)
Expresso
Expresso Revista.
Flama
Jornal do Fundão
Novidades
O Século
Observador
República

BIBLIOGRAFIA

Obras de Marcello Caetano e artigos citados

Um grande jurista português – Fr. Serafim de Freitas, separada de *Nação Portuguesa*, Lisboa, 1925.

«A lição de 95 anos», in *Nação Portuguesa*, n.º 12, 1926.

Legislação Civil Comparada, 1926.

Óbidos, com Luís de Freitas Garcia, reimpressão (1.ª ed. 1929), Lisboa, Aletheia, 2007.

A Depreciação da Moeda Depois da Guerra, 1931.

«Como se gastam os dinheiros públicos», in *Jornal do Comércio e das Colónias*, 13 de Julho de 1932.

Do Poder Disciplinar no Direito Administrativo Português, 1932.

A Moeda Portuguesa e a Crise Britânica, 1932.

«Corporativismo», in *Jornal do Comércio e das Colónias*, 16 de Fevereiro de 1933.

«Panorama corporativo português, *Jornal do Comércio e das Colónias*, 20 de Fevereiro de 1933.

«Vida Nova?» in *Jornal do Comércio e das Colónias*, 26 de Setembro de 1933.

«A obra financeira de Oliveira Salazar», in *Jornal do Comércio e das Colónias*, 26 de Abril de 1934.

Direito Colonial Português, Lisboa, 1934. Este volume, da autoria de Mário Neves, foi redigido sobre as notas de Marcello Caetano.

A Codificação Administrativa em Portugal, 1935.

Lições de Direito Corporativo, Lisboa, 1935.

Perspectivas da Política, da Economia e da Vida Colonial, Lisboa, Livraria Morais, 1936.

O Município na Reforma Administrativa, 1936. Deste estudo será publicada, em 1945, uma tradução em espanhol, na coletânea *Estudios Jurídicos Portugueses*.

Manual de Direito Administrativo, Lisboa, Empresa Universidade Editora, (1937).

O Sistema Corporativo, Lisboa, 1937.

Lições de Direito Penal, 1939.

Estatuto dos Funcionários Civis – Legislação Coordenada, 1939.

MARCELLO CAETANO UMA BIOGRAFIA POLÍTICA

A Missão dos Dirigentes – Reflexões e directivas sobre a Mocidade Portuguesa, Lisboa, Mocidade Portuguesa, 1941.

Problemas da Revolução Corporativa, Lisboa, Editorial Ação, 1941.

A Antiga Organização dos Mesteres da Cidade de Lisboa, 1942.

Do Conselho Ultramarino ao Conselho do Império, Lisboa, Agência Geral das Colónias, 1943.

Tratado Elementar de Direito Administrativo, Coimbra, 1944. Traduzido para espanhol, pelo Prof. Laureano Lopez Rodó, em 1946.

Donde vem a Inconfidência Mineira?, 1944.

Por Amor da Juventude, 1945.

«Comunicação à Colónia [de Moçambique] feita pelo Prof. Doutor Marcello Caetano, antes da sua partida, por intermédio do Rádio Clube de Moçambique, em 7 de Setembro de 1945», in *Boletim Geral das Colónias*, n.º 247, vol. XXII, 1946.

«O momento político e económico», Discurso pronunciado por ocasião do encerramento da 1.ª Conferência da União Nacional, na noite de 11 de Novembro de 1946 no salão do Liceu D. Filipa de Lencastre do bairro social do Arco do Cego, edição do *Jornal do Povo*, 1946.

Hoje, como Ontem: o Estado Novo, Porto, União Nacional, 1946.

Viagem Ministerial à África – Alguns Discursos e Relatórios, 1946.

As Campanhas de Moçambique em 1895 segundo os Contemporâneos (organização, prefácio e notas), 1947.

Manual de Direito Administrativo, edição totalmente refundida, 1947.

O Problema do Método no Direito Administrativo Português, Lisboa, 1948.

Portugal e o Direito Colonial Internacional, Lisboa, Livraria Moraes, 1948. Na segunda edição (1963), passou a intitular-se *Portugal e a Internacionalização dos Problemas Africanos*.

A Administração Municipal de Lisboa Durante a 1.ª Dinastia (1179-1383), 1950.

Posição Actual do Corporativismo Português, Gabinete de Estudos Corporativos do Centro Universitário de Lisboa da Mocidade Portuguesa, Lisboa, 1950.

As Cortes de 1385, 1951.

O Concelho de Lisboa na Crise de 1383-85, 1951.

Tradições, Princípios e Métodos da Colonização Portuguesa, Lisboa, Agência Geral do Ultramar, 1951 (versões simultâneas em francês e inglês).

A Missão dos Dirigentes, Lisboa, 3.ª ed., 1952 (1.ª ed. 1941).

Manual de Ciência Política e Direito Constitucional, 5.ª ed., Coimbra, Coimbra Editora, 1967. A primeira edição saiu em 1952, sob o título *Direito Constitucional e Ciência Política*; em 1955, é publicada a 2.ª edição, com o nome de *Ciência Política e Direito Constitucional*, complementada com o estudo *A Constituição de 1933*, publicado em 1956; depois de uma 3.ª edição, denominada *Curso de Ciência Política e Direito Constitucional*, em dois volumes, em 1963 ganha forma definitiva como *Manual de Ciência Política e Direito Constitucional*.

As Cortes de Leiria de 1254, 1954.

Três Livros Sobre História da Administração Pública, 1954.

Os Nativos na Economia Africana, Coimbra, Coimbra Editora, 1954.

Regimento dos Oficiais das Cidades, Vilas e Lugares destes Reynos de 1504 (prefácio), 1955.

Problemas Políticos e Sociais da Actualidade Portuguesa, Lisboa, Centro de Estudos Político-Sociais, 1956.

A constituição de 1933 – Estudo de Direito Político, 2.ª ed., 1957 (1.ª ed. 1955).

História da Organização dos Mesteres da Cidade de Lisboa, 1959.

Páginas Inoportunas, Lisboa, Bertrand, 1959.

Serafim de Freitas e a Sua Obra, prefácio à tradução portuguesa de Fr. Serafim de Freitas, *Do Justo Império Asiático dos Portugueses*, 1960.

Apontamentos para a História da Faculdade de Direito de Lisboa, Separata da *Revista da Faculdade de Direito da Universidade de Lisboa*, vol. VIII, Lisboa, 1961.

Cartas de Eça de Queirós aos Seus Editores de Genelioux e Lugan, 1961.

Das Fundações, 1962.

Lições de História do Direito Português, 1962.

Portugal e a Internacionalização dos Problemas Africanos – História duma batalha: da liberdade dos mares às Nações Unidas, Lisboa, Ática, 1963 (4.ª ed. 1971).

Subsídios para a História das Cortes Medievais Portuguesas, 1963.

Ozanam Universitário, Edição do Conselho Particular de Lisboa da Sociedade de S. Vicente de Paulo, 1965.

Recepção e Execução dos Decretos do Concílio de Trento em Portugal, 1965.

História Breve das Constituições Portuguesas, 1965.

A Opinião Pública no Estado Moderno, 1965.

Os Antecedentes da Reforma Administrativa de 1832, 1967.

As Pessoas Colectivas no novo Código Civil, 1967.

Juventude de Hoje, Juventude de Sempre, Separata da revista «Rumo», Lisboa, 1967.

O Conselho Ultramarino – Esboço da sua história, Lisboa, Agência Geral do Ultramar, 1967.

Pelo Futuro de Portugal, Lisboa, Verbo, 1969.

Princípios e Definições, Textos de 1936 a 1967 compilados por António Maria Zorro, Lisboa, Edições Panorama, 1969.

Mandato Indeclinável, Lisboa, Verbo, 1970.

Ensaios Pouco Políticos, Lisboa, Verbo, 1970.

Razões da Presença de Portugal no Ultramar – Excertos de discursos proferidos pelo Presidente do Conselho de Ministros Prof. Doutor Marcello Caetano, Lisboa, SEIT, 1.ª ed. (1971), 4.ª ed. atualizada com índice ideográfico (1973).

Renovação na Continuidade, Lisboa, Verbo, 1971.

Progresso em Paz, Lisboa, Verbo, 1972.

Acção Nacional Popular, Lisboa, Edições ANP, 1973

970 MARCELLO CAETANO UMA BIOGRAFIA POLÍTICA

As Grandes Opções, Lisboa, Verbo, 1973.
Na Véspera das Eleições, Lisboa, Secretaria de Estado da Informação e Turismo, 1973.
Depoimento, Rio de Janeiro, Distribuidora Record, 1974.
Pela Universidade de Lisboa, Lisboa, 1974.
Reflexão Sobre o Ultramar, discurso na Assembleia Nacional em 5 de março de 1974, Lisboa, SEIT, 1974.
Reforma dos Ministérios que se Ocupam da Economia, Discurso na cerimónia de posse de novos membros do Governo no Palácio de S. Bento, em 15 de março de 1974, Lisboa, SEIT, 1974.
A Verdade sobre o 25 de Abril, s. e., 1976.
Constituições Portuguesas, Lisboa, Verbo, 1976.
Minhas Memórias de Salazar, Lisboa, Verbo, 1977.
O 25 de Abril e o Ultramar – Três Entrevistas e Alguns Documentos, Lisboa, Verbo, 1977.
Marcello Caetano no Exílio – Estudos, Conferências, Comunicações, Lisboa, Verbo, 2006.
Artigos Doutrinais n'O Direito, A Construção de uma Doutrina Portuguesa de Direito Público, Coimbra, Edições Almedina, 2012.

Marcello Caetano colaborou ainda na *Verbo – Enciclopédia Luso-brasileira de Cultura*; *Staatslexikon* (enciclopédia de ciências do Estado); na obra coletiva do Max Planck – Institut fur Auslandisches offentliches Recht und Volkerrecht sobre a proteção jurisdicional contra o Executivo (1969); e em várias revistas de referência estrangeiras.

Além dos citados, publicou ainda muitas dezenas de artigos científicos na revista *O Direito*, que foram descritos por António de Araújo, em «Caetano, Marcello José das Neves Alves», in Cruz, Manuel Braga da e Pinto, António Costa, (dir.), *Dicionário Biográfico Parlamentar (1935-1974)*, vol. I, pp. 300-305).

Sobre Marcello Caetano e o seu governo

«Sessão de saudade dedicada à memória de Marcelo Caetano, 30 de Outubro de 1980», in *Revista da Academia Brasileira de Letras*, ano 80, n.º 140, Julho-Dezembro de 1980, pp. 151-157.
AAVV, *A Queda de Salazar e a 'Primavera Marcelista'*, *Visão História*, n.º 2, Julho de 1908.
Amaral, Diogo Freitas do, «O pensamento político de Marcello Caetano», in *O Independente*, 17-9-1993.
Antunes, José Freire Antunes (org.), *Cartas Particulares a Marcello Caetano*, 2 vols. I, Lisboa, Dom Quixote, 1985.

BIBLIOGRAFIA 971

ANTUNES, José Freire Antunes, *Salazar e Caetano – Cartas Secretas (1932-1968)*, Lisboa, Círculo de Leitores, 1993.

ANTUNES, José Freire, *Nixon e Caetano – promessas e abandono*, Lisboa, Difusão Cultural, 1992.

ARAÚJO, António de, «Caetano, Marcelo José das Neves Alves Caetano», in *Dicionário Biográfico Parlamentar (1935-1974)*, I vol., pp. 300-305.

BAPTISTA, António Alçada, *Conversas com Marcello Caetano*, Lisboa, Moraes Editores, 1973.

BARBOSA, Márcio, *Marcello e Spínola: A Missão do Fim*, Coimbra, Almedina, 2011.

BERNARDO, Manuel, *Marcello e Spínola – A Rutura. As Forças Armadas e a Imprensa na Queda do Estado Novo (1973-1974)*, Lisboa, Edições Margem, 1994.

BRITO, J. M. Brandão de (coord.), *Do Marcelismo ao Fim do Império*, Lisboa, Editorial Notícias, 1999.

CÁDIMA, Francisco Rui, *Salazar, Caetano e a Televisão Portuguesa*, Lisboa, Presença, 1996.

CAETANO, António Alves, «Marcello Caetano, modelo de vida», in *Arganília*, n.º 21, 2007, pp. 16-27.

CAETANO, Miguel, «Marcello Caetano e a modernização de Portugal», in *Arganília*, n.º 21, 2007, pp. 14-15.

CASTILHO, J. M. Tavares, *A Ideia de Europa no Marcelismo (1968-1974)*, Lisboa, Afrontamento/Assembleia da República, 2000.

CASTILHO, José Manuel Tavares, «O Marcelismo e a Construção Europeia», in *Penélope*, 18, 1998, pp. 77-122.

COSTA, Eduardo Freitas da, *Acuso Marcelo Caetano*, Lisboa, Liber, 1975.

FRAZÃO, António, e FILIPE, Maria do Céu Barata, *Arquivo Marcello Caetano – Catálogo*, 2 vols., Lisboa, Instituto dos Arquivos Nacionais / Torre do Tombo, 2005.

GODINHO, José Magalhães, *Carta Aberta ao Presidente do Conselho – Análise de um Regime*, Lisboa, Cadernos República, 1973.

MACEDO, Jorge Borges de, «Marcelo Caetano e o Marcelismo», in João Medina (dir.), *História de Portugal dos tempos pré-históricos aos nossos dias*, vol. XIII, II – Opressão e resistência, Amadora, Clube Internacional do Livro, 1995, pp. 266 e segs.. Também publicado em separado: *Marcelo Caetano e o Marcelismo*, Lisboa, Colibri, 1995.

MACEDO, Jorge Borges de, *Marcelo Caetano Historiador*, separata da *Revista Brotéria*, vol. 114 – n.º 2 – fevereiro de 1982.

MARQUES, Paulo, *Marcello Caetano: Ideólogo ou "enfant térrible" do regime?*, Lisboa, Parceria A. M. Pereira, 2008.

MARQUES, Silvino Silvério, *Marcello Caetano, Angola e o 25 de Abril*, Mem-Martins, Editorial Inquérito, 1995.

MOREIRA, Vivaldi, «Marcello Caetano íntimo», in *Revista da Academia Brasileira de Letras*, ano 80, n.º 140, Julho-Dezembro de 1980, pp. 162-165.

972 MARCELLO CAETANO UMA BIOGRAFIA POLÍTICA

O Governo de Marcelo Caetano, Tentativa de Salvar a Ditadura, Lisboa, Edições Avante!, 1997.

Palma-Ferreira, João (coord.), *As Eleições de Outubro de 1969 – Documentação básica*, Mem-Martins, Europa-América, 1970.

Pereira, André Gonçalves, «Marcello Caetano – Professor da Faculdade de Direito de Lisboa», in *Revista da Faculdade de Direito da Universidade de Lisboa*, vol. XXVIII, 1987, pp. 179-184.

Pinto, Joaquim da Silva, «Algumas considerações e evocações sobre os anos finais do Salazarismo e a fase marcelista do regime da Constituição de 33», in João Medina (dir.), *História de Portugal – Dos tempos pré-históricos aos nossos dias*, vol. XIII, tomo II, Alfragide, Clube Internacional do Livro, 1995, pp. 287-315.

Prieto, Maria Helena, *A Porta de Marfim – Evocação de Marcello Caetano*, Lisboa, Editorial Verbo, Lisboa/S. Paulo, 1992.

Rebelo, Augusto de Sá Viana, *Salazar e Caetano, Falar Claro*, Lisboa, Nova Arrancada, 2003.

Reis, Joana, *A Transição Impossível – A ruptura de Francisco Sá Carneiro com Marcello Caetano*, Lisboa, Casa das Letras, 2010.

Rosas, Fernando e Oliveira, Pedro Aires (coord.), *A Transição Falhada*, Lisboa, Editorial Notícias, 2004.

Sanches, Rui, «Marcello Caetano e a Comarca de Arganil», in *Arganília – Revista Cultural da Beira-Serra*, II série, n.º 21, junho de 2007, pp. 59-74.

Serrão, Joaquim Veríssimo, *Correspondência com Marcello Caetano (1974-1980)*, Venda Nova, Bertrand, 1994.

Serrão, Joaquim Veríssimo, *Marcello Caetano – Confidências no Exílio*, Lisboa, Verbo, 1985.

Soares, Manuela Goucha, *Marcello Caetano – O Homem que Perdeu a Fé*, Lisboa, A Esfera dos Livros, 2009.

Valente, Vasco Pulido, «Caetano, Marcelo José das Neves Alves», in *Dicionário de História de Portugal – Suplemento*, vol. I, pp. 198-216.

Valente, Vasco Pulido, «Marcello Caetano: a queda e o exílio», in *Portugal – Ensaios de História Política*, Lisboa, Aletheia Editores, 2009, pp. 303.

Valente, Vasco Pulido, *Marcello Caetano – As desventuras da Razão*, Lisboa, Gótica, 2002.

Vicente, Padre José, «"Pela Universidade de Lisboa! – Estudos e Orações", livro de Marcello Caetano», in *Arganília*, n.º 21, 2007, pp. 28-32.

Vieira, Joaquim, *Fotobiografias do Século XX – Marcello Caetano*, Lisboa, Temas e Debates, 2004.

BIBLIOGRAFIA 973

Obras gerais e de referência

ANTUNES, José Freire, *A Guerra de África (1961-1974)*, 2 vols., Lisboa, Círculo de Leitores, 1995.

BARRETO, António e MÓNICA, Maria Filomena (coord.), *Dicionário de História de Portugal* (Suplemento), 3 vols., Porto, Figueirinhas, 1999.

BETHENCOURT, Francisco e CHAUDHURI, Kirti (dir.), *História da Expansão Portuguesa*, vol. V – *Último Império e Recentramento (1930-1998)*, Lisboa, Círculo de Leitores, 1999.

CANOTILHO, J. J. Gomes, *Direito Constitucional e Teoria da Constituição*, 7.ª ed., Coimbra, Almedina, 2003.

CRUZ, Manuel Braga da e PINTO, António Costa (dir.), *Dicionário Biográfico Parlamentar (1935-1974)*, 2 Vols., Lisboa, Imprensa das Ciências Sociais / Assembleia da República, 2004.

DROZ, Bernard e ROWLEY, Anthony, *História do Século XX*, 3.º vol., Lisboa, Publicações Dom Quixote, 1991.

DURKEIM, Emile, *As Regras do Método Sociológico*, 1895, in CRUZ, M. Braga da, *Teorias Sociológicas*, Lisboa, Fundação Calouste Gulbenkian, 1989.

DUROSELLE, Jean Baptiste, *L'Éurope – Histoire de ses Peuples*, Perrin, 1990.

GUIMARÃIS, Alberto Laplaine, AYALA, Bernardo Donis de, MACHADO, Manuel Pinto, ANTÓNIO, Miguel Félix, *Os Presidentes e os Governos da República no Século XX*, CGD/Imprensa Nacional-Casa da Moeda, 2000.

MARQUES, A. H. de Oliveira, *História de Portugal*, vol. III, 2.ª ed., Lisboa, Palas Editores, 1981.

MORAIS, João e Violante, Luís, *Contribuição para uma Cronologia dos Factos Económicos e Sociais – Portugal 1926-1985*, Lisboa, Livros Horizonte, 1986.

NAMORADO, Maria e PINHEIRO, Alexandre Sousa, *Legislação Eleitoral Portuguesa – Textos Históricos (1820-1974)*, Tomo II, Lisboa, Comissão Nacional de Eleições, 1998.

NOGUEIRA, Franco, *História de Portugal – 1973-1974*, II Suplemento, Porto, Civilização, 1981.

O Tempo e o Modo – Revista de Pensamento e de Acção (Antologia), Lisboa, Fundação Calouste Gulbenkian, 2003.

OLIVEIRA, César de (dir.), *História dos Municípios e do Poder Local*, Lisboa, Círculo de Leitores, 1996.

PROENÇA, Raul, *Guia de Portugal – Lisboa e Arredores*, vol. I, Lisboa, 1924, reimpressão da Fundação Calouste Gulbenkian, 2006.

RÉMOND, René, *Introdução à História do Nosso Tempo*, Lisboa, Gradiva, 1994.

RIBEIRO, Orlando, *Portugal, o Mediterrâneo e o Atlântico*, 4.ª ed., Lisboa, Livraria Sá da Costa Editora, 1986.

ROGIER, L.-J., AUBERT, R. e KNOWLES, M. D., *Nova História da Igreja*, vol. V, tomo III, Petrópolis, Editora Vozes, 1976.

974 MARCELLO CAETANO UMA BIOGRAFIA POLÍTICA

Rosas, Fernando (coord.), *Portugal e o Estado Novo* (1930-1960), Serrão, Joel e Marques, A. H. de Oliveira, *Nova História de Portugal*, Lisboa, Editorial Presença, 1992.

Rosas, Fernando e Brito, J. M. Brandão de, *Dicionário de História do Estado Novo*, 2 vols., Lisboa, Círculo de Leitores, 1996.

Rosas, Fernando, *O Estado Novo*, Mattoso, José, *História de Portugal*, vol. VII, Lisboa, Círculo de Leitores, 1994.

Santos, Boaventura Sousa, Cruzeiro, Maria Manuela e Coimbra, Maria Natércia, *O Pulsar da Revolução – Cronologia da Revolução de 25 de Abril (1973-1976)*, Porto/Coimbra, Edições Afrontamento/Centro de Documentação 25 de Abril da Universidade de Coimbra, 1997.

Sousa, Marcelo Rebelo de Sousa, *Os Partidos Políticos no Direito Constitucional Português*, Braga, Livraria Cruz, 1983.

Voilliard, O., Cabourdin, G., Dreyfus, F. G. e Marx, R., *Documents d'Histoire Contemporaine*, tomo II – 1851-1971, 5.ª ed., Paris, Armand Colin, 1971.

Outras obras

3.º Congresso da Oposição Democrática – Teses – 8.ª Secção, Lisboa, Seara Nova, 1974.

A Igreja e a Questão Social, 3.ª ed., Lisboa, União Gráfica, 1945.

AAVV, *António Sardinha e o iberismo: Acusação Contestada*, s.e., Lisboa, 1974.

Abreu, Paradela de (coord.), *Os Últimos Governadores do Império*, Lisboa, Edições Neptuno, 1994.

Afonso, Aniceto e Gomes, Carlos Matos Gomes, *Os Anos da Guerra Colonial – 1961–1975*, Matosinhos, Quidnovi, 2010.

Alexandre, Paulo Morais, «Melo, Martinho Nobre de», in Barreto, António e Mónica, Maria Filomena (Coord.), *Dicionário de História de Portugal*, vol. VIII, pp. 449-450.

Almeida, Diniz de, *Ascensão, Apogeu e Queda do M. F. A.*, Lisboa, Edições Sociais, s. d..

Almeida, Diniz de, *Origens e Evolução do Movimento dos Capitães*, Lisboa, Edições Sociais, s.d..

Almeida, João Miguel de, *A Oposição Católica ao Estado Novo (1958-1974)*, Lisboa, Edições Nelson de Matos, 2008.

Almeida, Pedro Tavares de e Pinto, António Costa, «Os ministros portugueses, 1851-1999. Perfil social e carreira política», in Almeida, Pedro Tavares de, Pinto, António Costa e Bermeo, Nancy (org.), *Quem Governa a Europa do Sul?*, Lisboa, ICS, 2006.

Almeida, Pedro Tavares de, *Eleições e Caciquismo no Portugal Oitocentista (1868–1890)*, Lisboa. Difel, 1991.

ALVES, Jorge Fernandes, *Jorge de Mello «Um Homem», Percursos de Um Empresário*, Lisboa, Edições INAPA, 2004.

AMARAL, Diogo Freitas do, *O Antigo Regime e a Revolução – Memórias Políticas (1941--1975)*, Venda Nova, Bertrand/Nomen, 1995.

AMARO, José (org.), *Massacres na Guerra Colonial – Tete, um exemplo*, Lisboa, Ulmeiro, 1976.

AMORIM, Fernando Pacheco de, *Na Hora da Verdade – Colonialismo e neo-colonialismo na proposta de lei de revisão constitucional*, Coimbra, ed. do Autor, 1971.

ANTUNES, José Freire Antunes, *Kennedy e Salazar: O Leão e a Raposa*, Lisboa, Difusão Cultural, 1961.

ANTUNES, José Freire, *Sá Carneiro: Um Meteoro nos Anos Setenta*, 2.ª ed., Lisboa, Dom Quixote, 1982.

ARAÚJO, António de, «Mandarins, senhores da terra e políticos», in PINTO, António Costa e FREIRE, André, *Elites, Sociedade e Mudança Política*, Oeiras, Celta, 2003.

ARAÚJO, António de, *Na Génese da Constituição de 1933 (Apontamentos sobre o sistema de Governo)*, Separata da Revista *O Direito*, ano 133.º (2001), n.º IV.

ARRIAGA, Kaúlza de, *No Caminho das Soluções do Futuro*, Lisboa, Ed. Abril, 1977.

ARRIAGA, Lopes, *Mocidade Portuguesa – Breve história de uma organização Salazarista*, Lisboa, Lisboa, Terra Livre, 1976.

ASCENSÃO, Leão Ramos, *O Integralismo Lusitano*, Lisboa, 1942.

AVILLEZ, Maria João, *Soares – Ditadura e Revolução*, Lisboa, Público, 1996.

BALSEMÃO, Francisco C. P., *Informar ou Depender?*, Lisboa, Ática, 1971.

BAPTISTA, António Alçada, *Documentos Políticos*, Lisboa, Moraes Editores, 1970.

BARRETO, António (org.), *A Situação Social em Portugal, 1960-1995*, Lisboa, Instituto de Ciências Sociais, 1996.

BARRETO, José, «Estatuto do Trabalho Nacional», in BARRETO, António e MÓNICA, Maria Filomena (Coord.), *Dicionário de História de Portugal*, vol. I, pp. 680-684.

BARRETO, José, «Sousa, José Fernando de», in BARRETO, António e MÓNICA, Maria Filomena (Coord.), *Dicionário de História de Portugal*, vol. IX, pp. 474-475).

BARROS, Júlia Leitão de, «Melo, Martinho Nobre de», in ROSAS, Fernando e BRITO, J. M. Brandão de (dir.), *Dicionário de História do Estado Novo*, vol. II, pp. 559-560.

BELTRÃO, Luísa e HATTON, Barry, *Uma História para o Futuro – Maria de Lourdes Pintasilgo*, Lisboa, Tribuna, 2007.

BERTULLI, Cesare, *A Cruz e a Espada em Moçambique*, Lisboa, Portugália Editora, s.d..

BESSA, Daniel, *O Processo Inflacionário Português, 1945-1980*, Porto, Afrontamento, 1988.

Boletim Anti-Colonial 1 a 9, Porto, Afrontamento, 1971.

BRAGA, Luís de Almeida, «O Integralismo lusitano», in *Alma Portuguesa*, n.º 2, Série I, setembro 1913.

BRANDÃO, Fernando de Castro, *António de Oliveira Salazar – Uma Cronologia*, Lisboa, Prefácio, 2011.

BRANDÃO, José, *Sidónio – Contribuição para a história do presidencialismo*, Lisboa, Perspectivas e Realidades, 1983.

BRITO, J. M. Brandão de e ROLLO, Maria Fernanda, «Dias Júnior, José do Nascimento Ferreira», in ROSAS, Fernando e BRITO, J. M. Brandão de (dir.), *Dicionário de História do Estado Novo*, vol. I, pp. 266-269.

CABRITA, Felícia e AZEVEDO, Clara, «Os mortos não sofrem», in *Expresso Revista*, 5 de Dezembro de 1992, pp. 12-21.

CABRITA, Felícia, «A mentira oficial», in *Expresso Revista*, 5 de Dezembro de 1992, pp. 22-25.

Cadernos Necessários (1969-1970), Porto, Afrontamento, 1975.

CAEIRO, Joaquim Croca, *O Papel das Elites Políticas e Sociais na Evolução do Estado Novo*, Lisboa, Universidade Lusíada Editora, 2009.

CAIADO, Nuno, *Movimentos Estudantis em Portugal: 1945-1980*, Lisboa, Instituto de Estudos para o Desenvolvimento, 1990.

CALVÃO, Alpoim, *De Conakry ao M.D.L.P. – Dossier secreto*, Lisboa, Intervenção, 1976.

CAMPINOS, Jorge Campinos, *A Ditadura Militar*, Lisboa, Publicações Dom Quixote, 1975.

CARDOSO, José Pires, *O Sentido Social da Revolução – O Sistema Corporativo*, Lisboa, Edições Panorama, 1966.

CARNEIRO, Francisco Sá, *Textos*, 2 vols., Lisboa, Editorial Progresso Social e Democracia, 1981.

CARNEIRO, Francisco Sá, *Uma Tentativa de Participação Política*, Lisboa, Moraes Editores, 1971.

CARNEIRO, Sá, *Intervenções Parlamentares*, Lisboa, Assembleia da República, 2000.

CARVALHO, Alberto A. de, CARDOSO, A. Monteiro, *Da Liberdade de Imprensa*, Lisboa, Meridiano, 1971.

CARVALHO, Alberto Arons de, *A Censura e as Leis de Imprensa*, Lisboa, Seara Nova, 1973.

CARVALHO, Lino de Carvalho e DUARTE, Gorjão (org.), *As Cooperativas em Questão – Para a história do Decreto-lei n.º 520/71*, Lisboa, Seara Nova, 1972.

CARVALHO, Otelo Saraiva de, *Alvorada em Abril*, Lisboa, Bertrand, 1977.

CASTANHEIRA, José Pedro, «Conversas em Roma», in *Expresso Revista*, 27 de Abril de 1996, pp. 48-60.

CASTANHEIRA, José Pedro, *O que a Censura Cortou*, Lisboa, Expresso, 2009.

CASTILHO, J. M. Tavares Castilho, «As direitas radicais na fase terminal do Estado Novo», in *Relações Internacionais*, setembro de 2011, n.º 31, pp. 205-208.

CASTILHO, J. M. Tavares, «A elite parlamentar do Marcelismo (1965-1974)», in PINTO, António Costa e FREIRE, André (org.), *Elites, Sociedade e Mudança Política*, Oeiras, Celta, pp. 43-66.

CASTILHO, J. M. Tavares, *Manuel Gomes da Costa – Fotobiografia*, Lisboa, Museu da Presidência da República, 2006.

CASTILHO, J. M. Tavares, *Os Deputados da Assembleia Nacional (1935-1974)*, Lisboa, Assembleia da República/Texto, 2009.

CASTILHO, J. M. Tavares, *Os Procuradores da Câmara Corporativa (1935-1974)*, Lisboa, Assembleia da República/Texto, 2010.

CATARINO, Manuel e ASSOR, Miriam, *Spínola, Senhor da Guerra*, 2.ª ed., Lisboa, Presslivre, 2010.

CERVELLÓ, Josep Sanchez, *A Revolução Portuguesa e a Sua Influência na Transição Espanhola (1961-1976)*, Lisboa, Assírio e Alvim, 1993.

CGTP – 20 Anos com os trabalhadores – Breve Memória, Lisboa, CGTP, 1990.

CHORÃO, Luís Bigotte, «Ferreira, Manuel Gonçalves Cavaleiro de», in BARRETO, António e MÓNICA, Maria Filomena (Coord.), *Dicionário de História de Portugal*, vol. VIII, pp. 30-31.

CNSPP, *Presos Políticos – Documentos, 1970-1971*, Porto, Afrontamento, 1972.

CNSPP, *Presos Políticos – Documentos 1972-1974*, Lisboa, Iniciativas Editoriais, 1975.

CONFERÊNCIA EPISCOPAL DA METRÓPOLE, *Carta Pastoral no Décimo Aniversário da «Pacem in Terris»*, Lisboa, Secretariado Geral do Episcopado, 1973.

CONFRARIA, João, «Dias Júnior, José do Nascimento Ferreira», in BARRETO, António e MÓNICA, Maria Filomena (Coord.), *Dicionário de História de Portugal*, vol. VII, pp. 527-529.

COSTA, Padre António Carvalho da, *Corografia Portugueza*, Tomo II, Lisboa, 1708 (Edição digital da Comissão Nacional para as Comemorações dos Descobrimentos Portugueses, 2001).

CRUZ, Manuel Braga da (org.), *Correspondência de Santos Costa (1936-1982)*, Lisboa, Verbo, 2004.

CRUZ, Manuel Braga da Cruz, *O Estado Novo e a Igreja Católica*, Lisboa, Bisâncio, 1998.

CRUZ, Manuel Braga da, «Castro, José Guilherme Rato de Melo e», in BARRETO, António e MÓNICA, Maria Filomena (coord.), *Dicionário de História de Portugal*, vol. VII, p. 256.

CRUZ, Manuel Braga da, «Eleições», in BARRETO, António e MÓNICA, Maria Filomena(Org.), *Dicionário de História de Portugal*, vol. VII, pp. 608-609.

CRUZ, Manuel Braga da, «O Integralismo Lusitano e o Estado Novo», in *O Fascismo em Portugal – Actas do Colóquio*, Lisboa, A Regra do Jogo, 1982, p. 116.

CRUZ, Manuel Braga da, «O integralismo lusitano nas origens do salazarismo», in *Análise Social* vol XVIII (70), 1982-1.º, 137-182.

CRUZ, Manuel Braga da, *As Origens da Democracia Cristã e o Salazarismo*, Lisboa, Presença/GIS, (1980).

CRUZ, Manuel Braga da, *Monárquicos e Republicanos no Estado Novo*, Lisboa, Dom Quixote, 1986.

CRUZ, Manuel Braga da, *O Partido e o Estado no Salazarismo*, Lisboa, Presença, 1988.

CRUZEIRO, Celso, *Coimbra, 1969 – A crise académica, o debate das ideias e a prática, ontem e hoje*, Porto, Edições Afrontamento, 1989.

CRUZEIRO, Maria Manuela, *Costa Gomes, o Último Marechal*, Lisboa, Editorial Notícias, 1998.

CRUZEIRO, Maria Manuela, *Melo Antunes – O Sonhador Pragmático*, Lisboa, Editorial Notícias, 2004.

CUNHA, J. da Luz, ARRIAGA, Kaulza de, RODRIGUES, Bettencourt, e MARQUES, Silvino Silvério, *África, Vitória Traída*, Lisboa, Ed. Intervenção, 1977.

CUNHA, J. Silva, *Ainda o "25 de Abril"*, Lisboa, Centro do Livro Brasileiro, 1984.

CUNHA, Silva, *O Ultramar, a Nação e o «25 de Abril»*, Coimbra, Atlântida Editora, 1977.

D. *António Ferreira Gomes – Nos 40 anos da carta do Bispo do Porto a Salazar*, Centro de Estudos da História Religiosa – UCP, Lisboa, Multinova, 1998.

DESVIGNES, Ana Isabel Sardinha, *António Sardinha (1887-1925) – Um intelectual no século*, Lisboa, ICS, 2006.

DUARTE, Marta, «Cardoso, José Pires», *in* Manuel Braga da Cruz e António Costa Pinto (Dir.), *Dicionário Biográfico Parlamentar*, vol. I, p. 333.

Eleições Presidenciais, Lisboa, Edições Delfos, s.d..

ESQUÍVEL, Patrícia, «Monteiro, Domingos», in ROSAS, Fernando e BRITO, J. M. Brandão de (dir.), *Dicionário de História do Estado Novo*, vol. II, p. 623.

FARINHA, Luís Manuel, «Ferreira, Manuel Gonçalves Cavaleiro de», in ROSAS, Fernando e BRITO, J. M. Brandão de (dir.), *Dicionário de História do Estado Novo*, vol. I, p. 352.

FERNANDES, Tiago, *Nem Ditadura, nem Revolução – a Ala Liberal e o Marcelismo (1968--1974)*, Lisboa, Assembleia da República/Dom Quixote, 2006.

FERREIRA, Serafim e MOTA, Arsénio, *Para um Dossier da Oposição Democrática*, Segunda Série, s/e, Tomar, 1969.

FERRO, António, *Salazar*, Lisboa, Empresa Nacional de Publicidade, 1933.

FERRO, António, *Salazar*, s/l, Edições do Templo, 1978.

FRANCO, Graça, *A Censura à Imprensa (1820-1974)*, Lisboa, Imprensa Nacional – Casa da Moeda, 1993.

GALVÃO, Henrique, *O Assalto ao «Santa Maria»*, Lisboa, Edições Delfos, 1973.

GENTILE, Emilio, *Le origine dell'ideologia fascista (1918-1925)*, Bolonha, Il Mulino, 1996.

GUERRA, Miller, *Progresso na Liberdade*, 2.ª ed., Lisboa, Moraes Editores, 1973.

GUERRA, Ruy Teixeira, FREIRE, António Siqueira e MAGALHÃES, José Calvet de, *Os Movimentos de Cooperação e Integração Europeia no Pós-guerra e a Participação de Portugal nesses Movimentos*, Oeiras, Instituto Nacional de Administração – Departamento de Integração Europeia, 1981.

HEGEL, G. W. F., *Principes de la Philosophie du Droit*, Éditions Gallimard, 1940.

HENRIQUES, Isabel Castro, «A sociedade colonial em África. Ideologias, hierarquias, quotidianos», in BETHENCOURT, Francisco e CHAUDHURI, Kirti (dir.), *História da Expansão Portuguesa*, vol. V, 1999.

HERCULANO, Alexandre, *Opúsculos II*, Lisboa, Editorial Presença, (1983).

II Congresso Republicano de Aveiro – Teses e Documentos, 2 vols., Seara Nova, 1969.

JESUS, Quirino Avelino de, *Nacionalismo Português*, Porto, Imprensa Industrial Gráfica, 1932.

KUIN, Simon, «Mocidade Portuguesa», *in* BARRETO, António e MÓNICA, Maria Filomena (Coord.), *Dicionário de História de Portugal*, vol. VIII, pp. 499-501.

KUIN, Simon, «Mocidade Portuguesa», in ROSAS, Fernando e BRITO, J. M. Brandão de (Dir.), *Dicionário de História do Estado Novo*, vol. II, p. 607-609.

LEAL, Cunha, *Coisas de Tempos Idos – Coisas do Tempo Presente (Comentários a afirmações do Sr. Ministro da Presidência)*, Lisboa, Editorial Inquérito, 1956.

LEAL, Ernesto Castro, «Jesus, Quirino Avelino de», in BARRETO, António e MÓNICA, Maria Filomena (coord.), *Dicionário de História de Portugal*, vol. VIII, pp. 306--307.

LEITE, José Pedro Pinto, *Política Nacional e Relações Internacionais*, Lisboa, Moraes Editores, 1970.

LEITE, Vasco Pinto Leite, *A Ala Liberal de Marcello Caetano – O Sonho Desfeito de José Pedro Pinto Leite*, Lisboa, Tribuna, 2003.

LINZ, Juan J. e STEPAN, Alfred, *A Transição e Consolidação da Democracia – A Experiência do Sul da Europa e da América do Sul*, (trad. Brasileira), S. Paulo, Paz e Terra, 1999.

LOURENÇO, Gabriela, COSTA, Jorge e PENA, Paulo, *Grandes Planos – Oposição Estudantil à Ditadura, 1956-1974*, Lisboa, Âncora Editora/Associação 25 de Abril, 2011.

LUCENA, Manuel de, «Pereira, Pedro Teotónio», in BARRETO, António e MÓNICA, Maria Filomena (Coord.) *Dicionário de História de Portugal*, vol. IX, pp. 42-60.

LUCENA, Manuel de, *A Evolução do Sistema Corporativo Português*, 2 vols., Lisboa, Perspectivas e Realidades, 1976.

LUPI, Luís C., *Memórias – Diário de um inconformista (1943 a 1957)*, vol. III, ed. do Autor, 1973.

MACQUEEN, Norrie, «As guerras coloniais», in ROSAS, Fernando e OLIVEIRA, Pedro Aires (coord.), *A Transição Falhada – O Marcelismo e o Fim do Estado Novo (1968--1974)*, pp. 291-293.

MACQUEEN, Norrie, *A Descolonização da África Portuguesa*, Mem-Martins, Editorial Inquérito, 1998.

MADEIRA, João Martins, «Zenha, Francisco Salgado», in ROSAS, Fernando e BRITO, J. M. Brandão de (dir.), *Dicionário de História do Estado Novo*, vol. II, pp. 1019-1020.

MALTEZ, José Adelino, *Tradição e Revolução*, II vol., Lisboa, Tribuna, 2005.

MARCHI, Riccardo, *Império, Nação, Revolução – As direitas radicais portuguesas no fim do Estado Novo (1959-1974)*, Lisboa, Texto, 2009.

MARQUES, Silvério Vasco e BORGES, Aníbal Mesquita, *Portugal – Do Minho a Timor*, Lisboa, Veja, 2008.

MARTELO, David, *A Espada de Dois Gumes – As Forças Armadas do Estado Novo (1926--1974)*, Mem-Martins, Publicações Europa-América, 1999.

MARTINS, Fernando Manuel Santos, *Pedro Theotónio Pereira: Uma Biografia (1902--1972)*, Tese de Doutoramento apresentada no Departamento de História da Universidade de Évora, Évora, 2004.

MARTINS, Hermínio, *Classes, Status e Poder*, Lisboa, ICS, 1998.

MARTINS, Oliveira, *Portugal Contemporâneo*, vol. II, 9.ª ed., Lisboa, Guimarães & C.ª Editores, 1977.

MARTINS, Rogério, *Caminhos de País Novo*, ed. do autor, 1970.

MARTINS, Rogério, *Tempo Imperfeito*, Lisboa, ed. do autor, 1973.

MARTINS, Susana, «Rocha, Albino Vieira da», in Manuel Braga da Cruz e António Costa Pinto (dir.), *Dicionário Biográfico Parlamentar, 1935-1974*, vol. II, pp. 470-472.

MATIAS, Augusto José, *Católicos e Socialistas em Portugal (1875-1975)*, Lisboa, Instituto de Estudos para o Desenvolvimento, 1989.

MATOS, Helena, *Salazar*, vol. I – *A Construção do Mito*, Lisboa, Temas e Debates, 2003.

MELLO, Manuel José Homem de (int. e coord.), *Cartas de Salazar a Craveiro Lopes – 1951-1958*, Lisboa, Edições 70, 1990.

MELLO, Manuel José Homem de, *Meio Século de Observação*, Lisboa, Publicações Dom Quixote, 1996.

MELO, António, CAPELA, José, MOITA, Luís e PEREIRA, Nuno Teotónio (ed.), *Colonialismo e Lutas de Libertação – 7 Cadernos sobre a Guerra Colonial*, Porto, Afrontamento, 1974.

MELO, Daniel de, «Matos, José Maria Mendes Ribeiro Norton de», in ROSAS, Fernando e BRITO, J. M. Brandão de (dir.), *Dicionário de História do Estado Novo*, vol. II, pp. 553-555.

MELO, Daniel, «Lopes, Francisco Higino Craveiro», in BARRETO, António e MÓNICA, Maria Filomena (coord.), *Dicionário de História de Portugal*, vol. VIII, pp. 389--390.

MENESES, Francisco Ribeiro de, *Salazar*, Lisboa, D. Quixote, 2009.

MIGUEL, Ruy, «*Congresso do Franjinhas*», Lisboa, Nova Arrancada, 1999.

MILZA, Pierre, *Mussolini*, Lisboa, Verbo, 2001.

MIRANDA, Jorge, *Inconstitucionalidade de Revisão Constitucional – 1971, Um Projeto de Francisco de Sá Carneiro*, Lisboa, Assembleia da República, 1977.

MOREIRA, Adriano, *A Espuma do Tempo – Memórias do Tempo de Vésperas*, Coimbra, Almedina, 2000.

MOREIRA, Adriano, *Notas do Tempo Perdido*, Matosinhos, Contemporânea Editora, 1996.

MOREIRA, Adriano, *O Novíssimo Príncipe*, 4.ª ed., Lisboa, Edições Gauge, 1986.

MOTA, Magalhães, DIAS, Oliveira e SILVA, José da, *Encontro de Reflexão Política*, Lisboa, Moraes, 1973.

Movimento Operário – a década de 70, Catálogo da exposição, Lisboa, Câmara Municipal de Lisboa, 1997.

MÚRIAS, Manuel Maria, *De Salazar a Costa Gomes*, Lisboa, Nova Arrancada, 1998.)

NOGUEIRA, Franco, *Salazar*, 6 vols., Coimbra, Atlântida Editora, 1977-1980 (I a IV) e Porto, Livraria Civilização, 1984-1985 (V e VI)

NOGUEIRA, Franco, *Um Político Confessa-se (Diário: 1960-1968)*, 3.ª ed., Porto, Civilização, 1987.

NUNES, A. Sedas, «Portugal, sociedade dualista em evolução», in *Análise Social*, vol. II, n.º 7-8, 2.º semestre, 1964, pp. 407-462.

O'DONNELL, Guillermo e SCHMITTER, Philippe C., *Transitions from Authoritarian Rule – Tentative Conclusions about Uncertain Democracies*, 2.ª ed., Baltimore/Londres, The Johns Hopkins University Press, 1989.

OLIVEIRA, César de, «A evolução política», in ROSAS, Fernando (coord.), *Portugal e o Estado Novo (1930-1960)*, 1992.

OLIVEIRA, César de, «A República e os municípios», in OLIVEIRA, César de (dir.), *História dos Municípios e do Poder Local*, Lisboa, Círculo de Leitores, 1996.

OLIVEIRA, Mário de, *Maria de Nazaré – Um pequeno Povo de Pobres reconhece-A como a companheira ideal no esforço a desenvolver para a libertação de todos*, Porto, Afrontamento, s.d..

OLIVEIRA, Pedro Aires de, *Armindo Monteiro – Uma biografia política*, Venda Nova, Bertrand Editora, 2000.

OLIVEIRA, Pedro Aires, «A Política Externa», in ROSAS, Fernando e OLIVEIRA, Pedro Aires (coord.), *A Transição Falhada – O Marcelismo e o Fim do Estado Novo (1968--1974)*, pp. 303-337.

OTERO, Fernando, *Os Últimos Meses de Salazar – agosto de 1968 a julho de 1970*, Coimbra, Almedina, 2008.

OTERO, Paulo, «Corporativismo político», *in* BARRETO, António e MÓNICA, Maria Filomena (coord.), *Dicionário de História de Portugal*, vol. VII, pp. 425-431.

PAYNE, Stanley G., «Fascismo, Modernismo e Modernização», in *Penélope*, n.º 11, 1933.

PEREIRA, Pedro Theotónio, *Memórias – Postos em que servi e algumas recordações pessoais*, 2 vols., Lisboa, Verbo, 1973.

PEREIRA, Victor, «Emigração e desenvolvimento da previdência social em Portugal», in *Análise Social*, vol. XLIV (192), 2009, pp. 471-510.

PINTO, António Costa Pinto, *O Fim do Império Português*, Lisboa, Livros Horizonte, 2001.

PINTO, António Costa, «Fascismo», in ROSAS, Fernando e BRITO, J. M. Brandão de, *Dicionário de História do Estado Novo*, vol. I, pp. 345-346.

PINTO, António Costa, «Movimento Nacional Sindicalista», in BARRETO, António e MÓNICA, Maria Filomena (coord.), *Dicionário de História de Portugal*, vol. VIII, pp. 556-557.

982 MARCELLO CAETANO UMA BIOGRAFIA POLÍTICA

Pinto, António Costa, *Os Camisas Azuis – Ideologias, Elites e Movimentos Fascistas em Portugal, 1914-1945*, Lisboa, Editorial Estampa, 1994.

Pinto, Jaime Nogueira, *O Fim do Estado Novo e As Origens do 25 de Abril*, Lisboa, Difel, 1995.

Pinto, Jaime Nogueira, *Portugal – Os Anos do Fim*, 2 vols., Lisboa, Sociedade de Publicações Economia & Finanças, Lda., 1977.

Pinto, Pedro Feytor, *Na Sombra do Poder*, Lisboa, Dom Quixote, 2011.

Pinto, Silva (coord.), *Ser ou não ser Deputado*, Lisboa, Arcádia, 1973.

Prata, Ana, «Zenha, Francisco Salgado», in Barreto, António e Mónica, Maria Filomena (coord.), *Dicionário de História de Portugal – Suplemento*, vol. IX, pp. 605-606.

Preto, Rolão, *Carta a um Republicano*, Lisboa, s/e, 1971.

Preto, Rolão, *Salazar e a sua época: comentário às entrevistas do actual chefe do governo com o jornalista António Ferro*, Lisboa, Imprensa Moderna, 1933.

Príncipe, César, *Os Segredos da República*, Lisboa, Caminho, 1979.

Quintas, José Manuel, «O Integralismo face à institucionalização do Estado Novo: Contra a "Salazarquia"», in *História*, n.º 44, Abril de 2002.

Raby, David Lander, «Delgado, Humberto da Silva Torres», *in* Barreto, António e Mónica, Maria Filomena (Coord.), *Dicionário de História de Portugal*, vol. VII, p. 497.

Raimundo, Orlando, *A Última Dama do Estado Novo e Outras Histórias do Marcelismo*, Lisboa, Temas e Debates, 2003.

Rapazote, Gonçalves, *Ao Compasso da Renovação, 1968-1969*, Lisboa, Ministério do Interior, 1969.

Rapazote, Gonçalves, *Ao Compasso da Renovação, 1969-1971*, Lisboa, Ministério do Interior, 1971.

Raposo, Hipólito, «Formas e Reformas administrativas», in *Diário de Notícias*, 11 de Setembro de 1930.

Rego, Manuela, «Matos, José Maria Mendes Ribeiro Norton de», in Barreto, António e Mónica, Maria Filomena (coord.), *Dicionário de História de Portugal*, vol. VIII, pp. 436-438.

Rêgo, Raul, «*Continuidade*» – *Glosas ao discurso eleitoral do prof. Marcelo Caetano*, Lisboa, Cadernos República, 1973.

Rêgo, Raul, Gomes, João, *Relações Igreja-Estado – Entrevista com o Bispo do Porto*, Lisboa, Cadernos República, 1973.

Rego, Victor Cunha e Merz, Friedhelm (coord.), *Liberdade para Portugal*, Amadora, Bertrand, 1976.

Reis, Encarnação, *Igreja sem Cristianismo ou Cristianismo sem Igreja?*, Lisboa, Moraes Editores, 1969.

Ribeiro, D. António, *Documentos Pastorais*, vol. I, Lisboa, Rei dos Livros, 1996.

Robinson, Richard, «Igreja Católica», in Barreto, António e Mónica, Maria Filomena (coord.), *Dicionário de História de Portugal*, vol. VIII, p. 225.

BIBLIOGRAFIA 983

ROCHA-TRINDADE, Maria Beatriz da, «As micropátrias do interior português», in *Análise Social*, vol. XXIII (98), 1987-4.º.

RODRIGUES, Avelino, BORGA, Cesário e CARDOSO, Mário, *O Movimento dos Capitães e o 25 de Abril – 229 dias para derrubar o fascismo*, Lisboa, Moraes, 1974.

RODRIGUES, Luís Nuno, *Marechal Costa Gomes – No Centro da Tempestade*, Lisboa, A Esfera dos Livros, 2008.

ROSA, José Chaves, DIAS, Maria da Conceição Castro, SOUSA, Maria Idalina Neves de e LOFF, Maria Isabel, *SEDES – Dossier 73/75*, Lisboa, Moraes Editores, 1982.

ROSAS, Fernando Rosas e SAMARA, Alice Samara, *Francisco Craveiro Lopes – Fotobiografia*, Lisboa, Museu da Presidência da República, 2006.

ROSAS, Fernando, «Jesus, Quirino Avelino de», in ROSAS, Fernando e BRITO, J. M. Brandão de (dir.), *Dicionário de História do Estado Novo*, vol. I, pp. 497-498.

ROSAS, Fernando, «Pereira, Pedro Teotónio», in ROSAS, Fernando e BRITO, J. M. Brandão de (Dir.), *Dicionário de História do Estado Novo*, vol. II, pp. 718-719.

ROSAS, Fernando, «Prefácio», in Fernando Rosas e Pedro Aires Oliveira, *A Transição Falhada – O Marcelismo e o Fim do Estado Novo (1968-1974)*, Lisboa, Editorial Notícias, 2004.

ROSAS, João Dias, *Rumos da Política Económica – Declarações Públicas do Ministro das Finanças e da Economia no período de 1968-1972*, Lisboa, s.e., 1972.

S/A, *Eleições Presidenciais*, Lisboa, Edições Delfos, s.d.-.

SALAZAR, Oliveira, *Discursos e Notas Políticas*, 6 vols., Coimbra, Coimbra Editora.

SANTOS, Paula Borges, «Bastos, Miguel Pádua Rodrigues», in Manuel Braga da Cruz e António Costa Ponto (dir.), *Dicionário Biográfico Parlamentar – 1935--1974*, vol. I, pp. 246-247.

SARAIVA, António José, *Maio e a Crise da Civilização Burguesa*, Mem-Martins, Publicações Europa-América, 1970.

SILVA, Ana Filipa, «Cruz, Domingos Cândido Braga da», in Manuel Braga da Cruz e António Costa Ponto (dir.), *Dicionário Biográfico Parlamentar – 1935-1974*, vol. I, pp. 496-497.

SILVA, Botelho da, (coord.), *Dossier Goa – Vassalo e Silva e a Recusa do Sacrifício Inútil*, Lisboa, Liber, 1975.

SILVA, José da, *Subversão ou Evangelho?: o Processo do Pároco de Maceira da Lixa no Tribunal Plenário do Porto*, Porto, Afrontamento, 1971.

SOARES, Mário, *Escritos do Exílio*, Venda Nova, Bertrand, 1975.

SOARES, Mário, *Escritos Políticos*, 4.ª ed., Lisboa, Editorial Inquérito, 1969.

SOARES, Mário, *Portugal Amordaçado – Depoimento sobre os anos do fascismo*, Lisboa, Arcádia, 1974.

SOARES, Mário, *Um Político Assume-se – Ensaio autobiográfico, político e ideológico*, Lisboa, Temas e Debates/Círculo de Leitores, 2011.

SOUSA, Marcelo Rebelo de Sousa, *Baltazar Rebelo de Sousa – Fotobiografia*, Venda Nova, Bertrand Editora, 1999.

Sousa, Marcelo Rebelo de, *A Revolução e o Nascimento do PPD*, vol. I, Lisboa, Bertrand Editora, 2000.

Spínola, António de, *País sem Rumo – Contributo para a História de uma Revolução*, Lisboa, SCIRE, 1978.

Spínola, António de, *Por Uma Portugalidade Renovada*, Lisboa, Agência-Geral do Ultramar, 1973.

Spínola, António de, *Portugal e o Futuro – Análise da Conjuntura Nacional*, Lisboa, Arcádia, 1974.

Teixeira, Nuno Severiano, «Lopes, Francisco Higino Craveiro», in Rosas, Fernando e Brito, J. M. Brandão de (dir.), *Dicionário de História do Estado Novo*, vol. I, pp. 524.

Tengarrinha, José, *Época, A*, in Barreto, António e Mónica, Maria Filomena (Coord.), *Dicionário de História de Portugal*, vol. VII, p. 643.

Tengarrinha, José, «*Voz, A*», in Barreto, António e Mónica, Maria Filomena (Coord.), *Dicionário de História de Portugal*, vol. IX, p. 604.

Terror em Tete – Relato documental das atrocidades dos portugueses no distrito de Tete, Moçambique (1971-1972), Porto, A Regra do Jogo, 1974.

Themido, João Hall, *Dez Anos em Washington (1971-1981)*, Lisboa, Publicações D. Quixote, 1995.

Thomaz, Américo, *Últimas Décadas de Portugal*, 4 vols., Lisboa, Fernando Pereira – Editor, 1980-1983.

Torgal, Luís Reis, *Estados Novos – Estado Novo*, 2 vols., Coimbra, Imprensa da Universidade de Coimbra, 2009.

Valença, Fernando, *As Forças Armadas e as Crises Nacionais – A Abrilada de 1961*, Mem-Martins, Publicações Europa-América, s.d..

Valente, José Carlos, «Estatuto do Trabalho Nacional», in Rosas, Fernando e Brito, J. M. Brandão de (dir.), *Dicionário de História do Estado Novo*, vol. I, pp. 319-320.

Vilar, Emílio Rui e Gomes, António Sousa, *Sedes: Dossier 70/72*, Lisboa, Moraes, 1973.

Xavier, Leonor, *Rui Patrício – A vida conta-se inteira*, Lisboa, Temas e Debates, 2010.

Zenha, Francisco Salgado, Tavares, Francisco de Sousa, Sampaio, Jorge, Abreu, José Vasconcelos de e Jardim, José Vera, *O Caso da Capela do Rato no Supremo Tribunal Administrativo*, Porto, Afrontamento, 1973.

Zorro, António Maria, *Chama Inquieta*, Lisboa, Parceria A. M. Pereira, Lda., 1973.

ÍNDICE ONOMÁSTICO

Abreu, Augusto Cancela de, 303, 307

Abreu, João Paulo Cancela de, 254, 386

Abreu, Lopo de Carvalho Cancela de, 369, 432, 442, 541

Aguiar, Eleutério Gomes de, 566

Almeida, Manuel Lopes de, 402, 405, 446

Alves, Francisco Elmano Martinez da Cruz, 830

Alves, José Felicidade (padre), 457, 571, 879

Amaral, Diogo Pinto de Freitas do, 537, 542, 553, 635, 638, 773

Amaral, Duarte Pinto de Carvalho Freitas do, 534, 627, 628

Amaral, João Bosco Soares Mota, 582,

Amaral, João Mendes da Costa, 56

Amaral, Joaquim Mendes da Costa do, 227

Amorim, Fernando Pacheco de, 641

Andrade, António Flores de, 741

Antunes, Ernesto Augusto de Melo, 797

Araújo, Domingos Gusmão de, 71

Araújo, Manuel Gomes de, 420, 432,

Arriaga, Kaúlza Oliveira de, 393, 600, 650, 681, 694-695, 754-755, 765, 775-777, 795

Balsemão, Francisco José Pereira Pinto, 582, 731, 741

Barbosa, Daniel Maria Vieira, 248, 252-253, 270, 369, 770, 813

Barros, Henrique Teixeira de Queirós de, 47

Barros, João de, 45-48, 57, 80, 87-88, 101

Barros, Teresa Teixeira de Queirós de, 367

Batista, César Henrique Moreira, 369, 417, 432, 442, 773, 805, 815, 830

Bento XV, papa, 54

Bossa, José Silvestre Ferreira, 145

Braga, Luís de Almeida, 72

Cabral, Amílcar, 587, 591-593, 596, 600, 613, 627, 681, 685-686, 717--718, 731, 750, 771

Caetano, Ana Maria de Barros Alves, 88, 367

Caetano, Arminda das Neves Alves, 35, 41

Caetano, Emília das Neves Alves, 35, 41

Caetano, João de Barros Alves, 45-48, 57, 80, 87-88, 101

Caetano, João Maria das Neves Alves, 35

Caetano, José Maria Alves, 29, 31, 225

Caetano, José Maria de Barros Alves, 29, 31, 33-35, 88, 225, 387, 393

Caetano, Lucinda das Neves Alves, 35, 41

Caetano, Miguel de Barros Alves, 13, 34, 47, 53, 87, 147, 370, 394-395, 407, 548, 563, 568, 673, 806

Caetano, Nuno José Alves, 34-35, 52

Caetano, Olga de Jesus das Neves Alves, 41

Calvão, Guilherme Almor de Alpoim, 613

Campos, João Mota de, 673, 813

Campos, José de Melo Torres, 770

Cardoso, José Pires, 110, 135, 332-333, 856

Carmona, António Óscar de Fragoso, 81, 95, 97, 144, 220, 226-227, 247, 261, 274-276, 278-279, 281, 293, 301-302, 307-308, 311, 316, 376, 665

Carneiro, Francisco Manuel Lumbrales Sá, 520,

Carvalho, António Caetano de, 553, 559

Carvalho, Henrique de Miranda Vasconcelos Martins de, 638, 771

Carvalho, Otelo Nuno Romão Saraiva de, 816

Casal-Ribeiro, Francisco de Moncada do, 534, 537, 547-548, 733, 743, 800

Castelo Branco, João Paulo Dupuich Pinto, 559, 728

Castro, Fernando Augusto de Santos e, 530-531, 559, 708, 806

Castro, José Guilherme Rato de Melo e, 46, 70, 453-456, 500, 519, 528, 533-534, 537, 559, 586

Cerejeira, Manuel Gonçalves (D.), 337, 395, 435, 463, 595, 650, 743

Coelho, José Gabriel Pinto, 91, 100, 289

Correia, Joaquim Carvalho Macedo, 568, 582, 627, 733, 770

Correia, José Dias de Araújo, 270, 534

Cortês, Ulisses Cruz de Aguiar, 248, 343, 534

Costa, Adelino Manuel Lopes Amaro da, 774

Costa, Fernando dos Santos, 16, 144, 215-216, 223, 231-232, 244-246, 248-249, 261, 264-265, 282, 305, 307-308, 322, 337, 339-340, 343, 348, 361, 370-372, 374-375, 377, 380-383, 393-394, 416, 418, 595, 652, 757

Costa, Mário Júlio Brito de Almeida, 432, 541, 620, 706

Cotta, José Coelho de Almeida, 369, 541, 549, 559, 565, 567, 618, 770

Cravinho, João Cardona Gomes, 474, 645

Crespo, Manuel Pereira (almirante), 432, 541, 688, 706, 773

Cunha, Joaquim da Luz (general), 776, 812

Cunha, Joaquim Moreira da Silva, 202, 254, 263, 369, 432, 541, 551, 559, 613, 688, 706, 737, 745, 760, 772-773, 776, 783-784, 794, 809, 829-830

Cunha, José Gabriel Mendonça Correia da, 566, 568, 582, 627, 733, 741

Cunha, Paulo Arsénio Veríssimo, 286

Cunhal, Álvaro Barreirinhas, 29, 119, 450, 497

Delgado, Humberto da Silva, 104, 209, 336, 379, 471, 543, 693

Deslandes, Venâncio Augusto (general), 512-513, 688, 695, 708, 775

Dias, José Nascimento Ferreira (Júnior), 248, 324-325, 332, 346, 741

Dias, Manuel Artur Cotta Agostinho, 559

Dias, Tomás Duarte da Câmara Oliveira, 537, 559, 581-582, 733, 741

Duarte, Teófilo, 248

Duque, Rafael da Silva Neves, 175, 281

Eanes, António dos Santos Ramalho, 88, 749

Evangelista, Júlio Alberto da Costa, 534

Fabião, Carlos Alberto Idães Soares, 749, 776

Fernandes, António Júlio de Castro, 70, 227, 452, 456

Ferreira, António Jacinto, 323

Ferreira, Manuel Gonçalves Cavaleiro de, 223, 336-337

Figueiredo, Mário de, 97, 119, 276, 281, 302-303, 305-306, 322, 324, 372-375, 377, 415-416, 446, 452

Fonseca, Joaquim Dinis da, 82, 174, 312

Fonseca, José Soares da, 187, 301, 327, 337, 343, 416, 418, 432, 446, 454, 695

Franco, António Luciano Pacheco de Sousa, 386, 616, 759

Galvão, Henrique Carlos Mata, 205, 208-209, 231, 391, 856, 874, 965

Godinho, José Garcia Marques (general), 232, 265, 367

Gomes, António Ferreira (D.), 380, 502-503, 652, 654

Gomes, Francisco da Costa (general), 392, 588, 600, 708, 737, 750, 765, 772, 775-778, 782-783, 792-793, 808, 811-812, 814, 823

Guedes, Francisco José Nobre, 152, 156, 158, 162, 386, 741

Guerra, João Pedro Miller Pinto de Lemos, 454, 537, 556, 565-566, 582, 627, 728, 730, 733

Guerra, Rui Teixeira, 645

Gulbenkian, Calouste Sarkis, 348-349

Hastings, Adrian, 726, 751

Jardim, Jorge Pereira, 254, 331, 681, 754, 757

Jesus, Quirino Avelino de, 96-97, 100, 122

João XXIII, papa, 437, 593, 599, 627, 743

Kaunda, Kenneth, 600, 757

Leal, Francisco Pinto da Cunha, 359- -361

Leão XIII, papa, 77, 105, 128, 138

Leite (Lumbralles), João Pinto da Costa, 101, 105, 113, 187, 224, 276, 301, 303, 322, 337, 340, 347, 374, 377, 379-381, 654, 775

Leite, José Pedro Maria Anjos Pinto, 500, 537, 544-546, 550, 556, 559, 566, 568, 581-586, 618-620, 629- -630, 647, 675, 741

Lima, Fernando Andrade Pires de, 245, 282, 337, 416

Lopes, Francisco Higino Craveiro, 306-308, 311, 318, 327, 331-332, 336-340, 342, 348-349, 361-363, 366, 370-380, 393-394, 401-402

Lopes, José da Silva, 645, 707

Lourenço, Vasco, 749

Macedo, Henrique Veiga de, 254, 343, 534, 545, 800

Machado, Francisco José Vieira, 70, 188, 201, 209, 637
Maria, Vítor Saúde, 805
Marques, Eduardo Augusto, 173, 187, 289, 334
Marques, Silvino Silvério, 775-776
Martins, Rogério, 474, 541, 548-549, 551, 555, 674, 706, 741
Mata, José Caeiro da, 91, 119, 223, 245, 322
Matos, José Maria Mendes Ribeiro Norton de, 279, 281, 292, 311, 471, 818
Mello, Jorge de, 695, 700
Mello, José Manuel de, 701, 707
Mello, Manuel José Homem de, 372--373, 393, 417, 694, 701, 754, 770, 813, 819, 824
Melo, Martinho Nobre de, 91-93, 97
Mendonça, Camilo António de Almeida Gama Lemos de, 254, 331, 359, 369, 559, 770
Mesquitela, Gonçalo Castel-Branco da Costa de Sousa Macedo, 369, 442, 754
Miranda, Gustavo Neto de, 559
Mondlane, Eduardo, 596
Moniz, Castro Alves Dias Botelho (general), 223
Moniz, Jorge Botelho, 223, 231, 232, 245, 248-249, 254, 392-393, 654
Moniz, José Estêvão Abranches Couceiro do Canto, 432, 474
Monsaraz, Alberto, 55
Monteiro, Armindo Rodrigues de Sttau, 51
Monteiro, Domingos, 201, 221, 435
Moreira, Adriano José Alves, 16, 265, 301, 367-370, 385, 392-393, 397, 420-421, 641, 665, 680, 771, 777
Moro, Aldo, 805

Mota, Joaquim Jorge de Magalhães Saraiva da, 537, 568, 582, 627, 733, 741
Moura, Francisco José Cruz Pereira de, 496, 727
Múrias, Manuel Maria, 56, 65, 70-71, 254, 263, 282

Negreiros, Joaquim Trigo de, 203, 343, 377
Neto, Agostinho, 590-593, 596
Neto, Carlos Monteiro do Amaral, 534, 559, 618, 728, 819
Neto, Francisco Lino, 496, 773
Neves, Josefa Maria das, 34
Nixon, Richard, 437, 476, 659, 682--683, 767-768
Nogueira, Alberto Marciano Gorjão Franco, 66, 170, 214, 220, 222-223, 227, 231, 245, 247, 276, 304, 340, 348, 361, 370, 376, 379-380, 394, 401-402, 406, 418, 420, 423, 432--433, 446, 476, 478, 513, 521, 531-533, 535, 537, 540-541, 543, 548, 550, 564, 598, 603, 647, 700, 795
Nosolini, José [Pinto Osório da Silva Leão], 322
Nunes, Adérito de Oliveira Sedas, 135, 388, 439, 537, 556, 771

Oliveira, Eduardo Arantes e, 343, 350
Oliveira, Fernando Alberto de, 474, 541
Oliveira, José Gonçalo da Cunha Sottomayor Correia de, 393, 420, 432, 474, 513
Oliveira, Mário Ângelo Morais de, 263, 369, 598-599, 813, 818
Oliveira, Mário de (padre), 571

ÍNDICE ONOMÁSTICO   989

Pacheco, António Faria Carneiro, 91, 119-121, 144, 151, 155-157, 332

Pais, Sidónio Bernardino Cardoso da Silva, 39, 60, 130

Pais, Silva (major), 538-539, 783-784, 821

Paulo VI, papa, 21, 438, 591, 593-594, 596, 627, 650, 727, 743, 771

Pereira, André Roberto Delaunay Gonçalves, 386, 537, 554, 636, 638-639, 771

Pereira, Aristides, 731

Pereira, João Theotónio (Júnior), 59

Pereira, Nuno Teotónio, 496, 727

Pereira, Olímpio da Conceição, 627

Pereira, Pedro Theotónio, 13, 15-16, 30, 55, 59-60, 63, 65, 68-72, 78, 82-83, 97-98, 101-102, 113, 115--116, 142, 144, 151, 185, 246, 383, 416, 419-420, 444, 562-563, 657, 721-722

Pina, Luís Maria da Câmara (general), 421

Pinheiro, Diniz Bordalo, 57, 101

Pintado, Valentim Xavier, 474, 451, 568, 614, 675, 706, 741, 770

Pintasilgo, Maria de Lourdes Ruivo da Silva Matos, 537, 638, 771, 779-780

Pinto, Alfredo Vaz, 432, 541

Pinto, Francisco de Paula Leite, 343, 388, 407

Pinto, Jaime Nogueira, 462, 749

Pinto, Joaquim Dias da Silva, 541, 559, 583, 673, 773-774

Pinto, Luís Filipe Leite, 227

Pinto, Luís Maria Teixeira, 521, 547

Pinto, Manuel Vieira (D.), 652, 784--785

Pinto, Mário, 741

Pinto, Pedro Feytor, 701, 823-824

Post, Richard, 587, 767

Preto, Francisco de Barcelos Rolão, 103-105, 573

Prieto, Maria Helena, 810, 832

Proença, Fernando Cid de Oliveira, 638

Proença, José João Gonçalves de, 432, 521, 535, 537, 541, 639, 729

Queiró, Afonso Rodrigues, 295, 298, 333, 435, 559, 636

Queiroz, Raquel Teixeira de, 45

Ramos, Rui de Moura, 627

Rapazote, António Manuel Gonçalves Ferreira, 432, 452, 463, 515, 534, 541, 559, 581, 706

Raposo, Hipólito, 55, 124, 130

Rebelo, Augusto de Sá Viana, 432, 541, 551, 688, 724, 755, 757

Rebelo, Horácio Sá Viana, 331, 432, 541, 688, 724, 755, 757

Reis, Albino Soares Pinto dos (Júnior), 120

Reis, José Manuel Pereira dos (monsenhor), 41-43, 48, 829, 833

Resende, Sebastião Soares de (D.), 650

Ribeiro, António (D.), 650, 743

Ribeiro, Maria Raquel, 566, 582, 741

Rocha, Albino Vieira da, 90-92

Rodó, Laureano López, 182, 528, 601, 818

Rodrigues, José Manuel Bettencourt Conceição, 432, 541, 755, 771

Rodrigues, Manuel Maria Sarmento, 323, 337, 397, 435

Rogeiro, Clemente, 369, 773

Rogers, William, 682

Rosa, João Pereira da, 355-356

Rosas, João Augusto Dias, 254, 369, 432, 473-474, 513, 541, 597, 706

Salazar, António de Oliveira, 19, 24, 65, 97, 99, 101, 104, 213-214, 223, 235, 242, 283, 290, 330, 357, 380, 384, 396, 413-415, 422-423, 559

Salgueiro, João Maurício, 474, 541, 553, 568, 614, 673-674, 701, 707, 741, 771

Sanches, Rui Alves da Silva, 254, 432, 541, 773, 824

Santos, Celestino dos, 232

Santos, Hermes Augusto dos, 559

Santos, Joaquim de Jesus, 432

Santos, José António Ribeiro dos, 715-716

Santos, Rafael Valadão dos, 627

Saraiva, Alberto da Cunha Rocha, 91, 119

Saraiva, José Hermano, 432, 487, 541

Sardinha, António, 55-56, 63-65, 67--69, 72, 78, 254

Senghor, Leopold, 479, 600, 686

Serrão, Joaquim Veríssimo, 29, 418, 831, 834

Silva, Alberto de Andrade e (general), 773, 830

Silva, Alberto Eduardo Nogueira Lobo de Alarcão e, 627, 741

Silva, Armando Júlio de Roboredo e, 546, 743

Silva, Joaquim Germano Pinto Machado Correia da, 520

Silva, José da, 520, 582, 599, 645, 707, 733, 741, 759

Silva, José Maria Ribeiro da, 65, 72, 202

Silva, Manuel António Vassalo e (general), 395-396, 735

Silva, Mário da (general), 392

Silva, Vítor Manuel Pires de Aguiar e, 627

Simão, José Veiga, 254, 540-541, 597, 633, 723, 745, 794

Soares, Mário Alberto Nobre Lopes, 29, 293, 443, 471, 497, 500, 519, 524, 574, 576, 579-580, 599, 724, 742, 751

Sousa, Baltazar Rebelo de, 158, 254, 263, 331, 343, 368, 369, 441, 464--465, 471, 480, 528, 541, 559, 770, 773, 819

Sousa, José Fernando de [Nemo], 53-54, 56, 66, 77

Sousa, Mário Pais de, 97, 100, 148

Spínola, António Sebastião Ribeiro de, 587, 600, 612-613, 681, 685--689, 693-694, 703, 717-719, 735, 737, 745, 750, 755, 766, 771, 775--777, 781, 782-784, 789, 791-795, 804, 808, 811-812, 814, 823-825

Teles, Miguel Galvão, 387, 496, 553--554

Tenreiro, Henrique Ernesto Serra dos Santos, 417, 534, 654, 795, 800, 808

Terças, José Alves (padre), 54

Tomás, Américo Deus Rodrigues, 20, 23, 223, 307, 343, 377-379, 383, 394, 415-416, 418, 420-421, 431, 433, 475, 477, 485-486, 524, 526, 532, 558, 600, 613, 642, 665--667, 688-689, 693-695, 699--702, 705, 707, 715, 765, 767, 775, 794, 796, 807, 808-810, 814, 825, 829

Touré, Sekou, 613

Varela, João de Matos Antunes, 336, 343, 416, 420, 612, 737, 695, 771

Veiga, António Jorge Martins da Mota, 119, 432

Veloso, Afonso de Melo Pinto, 286, 334

Ventura, Raul Jorge Rodrigues, 343

Vilar, Emílio Rui da Veiga Peixoto, 527, 742

Vital, Domingos Fezas, 97, 123, 147-148, 289

Wilson, Harold, 751

Xavier, Alberto, 386, 616, 759